J. von Staudingers
Kommentar zum Bürgerlichen Gesetzbuch
mit Einführungsgesetz und Nebengesetzen
Zweites Buch. Recht der Schuldverhältnisse
§§ 826−829;
Produkthaftungsgesetz

Kommentatorinnen und Kommentatoren

Dr. Karl-Dieter Albrecht
Vorsitzender Richter am Bayerischen
Verwaltungsgerichtshof, München

Dr. Hermann Amann
Notar in Berchtesgaden

Dr. Martin Avenarius
Wiss. Assistent an der Universität Göttingen

Dr. Christian von Bar
Professor an der Universität Osnabrück,
Honorary Master of the Bench, Gray's
Inn (London)

Dr. Wolfgang Baumann
Notar in Wuppertal

Dr. Okko Behrends
Professor an der Universität Göttingen

Dr. Detlev W. Belling, M.C.L.
Professor an der Universität Potsdam

Dr. Werner Bienwald
Professor an der Evangelischen Fach-
hochschule Hannover

Dr. Andreas Blaschczok
Professor an der Universität Leipzig

Dr. Dieter Blumenwitz
Professor an der Universität Würzburg

Dr. Reinhard Bork
Professor an der Universität Hamburg,
Richter am Hanseatischen Oberlandes-
gericht zu Hamburg

Dr. Wolf-Rüdiger Bub
Rechtsanwalt in München, Lehrbeauf-
tragter an der Universität Potsdam

Dr. Elmar Bund
Professor an der Universität Freiburg
i. Br.

Dr. Jan Busche
Wiss. Assistent an der Freien Universität
Berlin

Dr. Michael Coester, LL. M.
Professor an der Universität München

Dr. Dagmar Coester-Waltjen,
LL.M.
Professorin an der Universität München

Dr. Dr. h. c. mult. Helmut
Coing
em. Professor an der Universität
Frankfurt am Main

Dr. Matthias Cremer
Notar in Dresden

Dr. Hermann Dilcher †
em. Professor an der Universität Bochum

Dr. Heinrich Dörner
Professor an der Universität Düsseldorf

Dr. Christina Eberl-Borges
Wiss. Mitarbeiterin an der Universität
Potsdam

Dr. Werner F. Ebke, LL.M.
Professor an der Universität Konstanz

Dr. Eberhard Eichenhofer
Professor an der Universität Jena

Dr. Volker Emmerich
Professor an der Universität Bayreuth,
Richter am Oberlandesgericht Nürnberg

Dipl.-Kfm. Dr. Norbert Engel
Leitender Ministerialrat im Bayerischen
Senat, München

Dr. Helmut Engler
Professor an der Universität Freiburg
i. Br., Minister in Baden-Württemberg
a. D.

Dr. Karl-Heinz Fezer
Professor an der Universität Konstanz,
Honorarprofessor an der Universität
Leipzig, Richter am Oberlandesgericht
Stuttgart

Dr. Johann Frank
Notar in Amberg

Dr. Rainer Frank
Professor an der Universität Freiburg
i. Br.

Dr. Bernhard Großfeld, LL.M.
Professor an der Universität Münster

Dr. Karl-Heinz Gursky
Professor an der Universität Osnabrück

Dr. Ulrich Haas
Professor an der Universität Halle-Wit-
tenberg

Norbert Habermann
Richter am Amtsgericht Offenbach

Dr. Johannes Hager
Professor an der Humboldt-Universität
Berlin

Dr. Rainer Hausmann
Professor an der Universität Konstanz

Dr. Dott. h. c. Dieter Henrich
Professor an der Universität Regensburg

Dr. Reinhard Hepting
Professor an der Universität Mainz

Joseph Hönle
Notar in Tittmoning

Dr. Bernd von Hoffmann
Professor an der Universität Trier

Dr. Heinrich Honsell
Professor an der Universität Zürich,
Honorarprofessor an der Universität
Salzburg

J. von Staudingers Kommentar zum Bürgerlichen Gesetzbuch mit Einführungsgesetz und Nebengesetzen

Zweites Buch
Recht der Schuldverhältnisse
§§ 826–829;
Produkthaftungsgesetz

Dreizehnte
Bearbeitung 1998
von
Jürgen Oechsler

Redaktor
Norbert Horn

Sellier – de Gruyter · Berlin

Die Kommentatoren

Dreizehnte Bearbeitung 1998
JÜRGEN OECHSLER

12. Auflage
§ 826: Senatspräsident i. R. Dr. KARL SCHÄFER
(1984)
§§ 827–829: Senatspräsident i. R. Dr. KARL
SCHÄFER (1985)
Produkthaftungsgesetz: ✕

11. Auflage
§ 826: Senatspräsident i. R. Dr. KARL SCHÄFER
(1975)
§§ 827–829: Senatspräsident i. R. Dr. KARL
SCHÄFER (1969)
Produkthaftungsgesetz: ✕

Sachregister

Rechtsanwalt Dr. Dr. VOLKER KLUGE, Berlin

Zitierweise

STAUDINGER/OECHSLER (1998) § 826 Rn 1
STAUDINGER/OECHSLER (1998) Einl 1 zum
ProdHaftG
STAUDINGER/OECHSLER (1998) § 1 ProdHaftG
Rn 1

Zitiert wird nach Paragraph bzw Artikel und
Randnummer.

Hinweise

Das **vorläufige Abkürzungsverzeichnis** für das
Gesamtwerk STAUDINGER befindet sich in
einer Broschüre, die zusammen mit dem Band
§§ 985–1011 (1993) geliefert worden ist.

Der **Stand der Bearbeitung** ist jeweils mit Monat
und Jahr auf den linken Seiten unten angege-
ben.

Am Ende des Bandes befindet sich eine Übersicht über den aktuellen **Stand des Gesamtwerks**
STAUDINGER zum Zeitpunkt des Erscheinens
dieses Bandes.

Die Deutsche Bibliothek – CIP-Einheitsaufnahme

J. von Staudingers Kommentar zum Bürgerlichen Gesetzbuch : mit Einführungsgesetz und
Nebengesetzen / [Kommentatoren Karl-Dieter Albrecht . . .]. – Berlin : Sellier de Gruyter
  Teilw. hrsg. von Günther Beitzke . . . – Teilw. im Verl. Schweitzer, Berlin. – Teilw. im
Verl. Schweitzer de Gruyter, Berlin
  Teilw. u. d. T.: J. v. Staudingers Kommentar zum Bürgerlichen Gesetzbuch
  ISBN 3-8059-0784-2

Buch 2. Recht der Schuldverhältnisse
  §§ 826–829, Produkthaftungsgesetz / Red. Norbert Horn. – 13. Bearb. / von Jürgen
Oechsler. – 1998
  ISBN 3-8059-0900-4

© Copyright 1998 by Dr. Arthur L. Sellier &
Co. – Walter de Gruyter GmbH & Co., Berlin.

Printed in Germany.
Satz und Druck: Buch- und Offsetdruckerei
Wagner GmbH, Nördlingen.
Bindearbeiten: Lüderitz und Bauer, Buch-
gewerbe GmbH, Berlin.
Umschlaggestaltung: Bib Wies, München.

⊗ Gedruckt auf säurefreiem Papier, das die
DIN ISO 9706 Norm über Haltbarkeit erfüllt.

Inhaltsübersicht

---

* Zitiert wird nicht nach Seiten, sondern nach
Paragraph bzw Artikel und Randnummer; siehe
dazu auch S VI.

Vorwort

Professor Dr. GÜNTHER HÖNN, Universität des Saarlandes, und Rechtsanwalt Dr. MARKUS DÖNNEWEG haben mir freundlicherweise die korrigierten Fahnen ihrer Kommentierung des § 826 BGB in der Neuauflage des Kommentarwerkes von SOERGEL überlassen, wofür ich ihnen besonders verbunden bin.

Ein herzlicher Dank gilt schließlich auch meinen Potsdamer Assistenten für ihren Einsatz bei der Fahnenkorrektur: Herrn OLAF BAUER, Frau DANIELA BLESSIN, Herrn MICHAEL JÜNEMANN, Frau RENI MALTSCHEW und Frau BERIT RICHTER.

Potsdam, im Juni 1998   JÜRGEN OECHSLER

§ 826

Wer in einer gegen die guten Sitten verstoßenden Weise einem anderen vorsätzlich Schaden zufügt, ist dem anderen zum Ersatze des Schadens verpflichtet.

Materialien: TE Nr 15 § 1; E I § 705; E II § 749; E III § 810.

Schrifttum

ARZT, Die Ansicht aller billig und gerecht Denkenden (Diss Tübingen 1962)

vBAR, Verkehrspflichten – Richterliche Gefahrsteuerungsgebote im deutschen Deliktsrecht (1980)

ders, Empfiehlt es sich, die Voraussetzungen der Haftung für unerlaubte Handlungen mit Rücksicht auf die gewandelte Rechtswirklichkeit und die Entwicklungen in Rechtsprechung und Lehre neu zu ordnen? – Wäre es insbesondere zweckmäßig, die Grundtatbestände der § 823 Absätze 1 und 2, § 826 BGB zu erweitern oder zu ergänzen?, Bundesminister der Justiz (Hrsg), Gutachten und Vorschläge zur Überarbeitung des Schuldrechts, Bd 3 (1981) 1681

BAUDENBACHER, Zur funktionalen Anwendung von § 1 des deutschen und Art 1 des schweizerischen UWG, ZHR 144 (1980) 145

BAUMBACH/HEFERMEHL, Wettbewerbsrecht (19. Aufl 1996)

BREITHAUPT, Die guten Sitten, JZ 1964, 283

BRÜGGEMEIER, Deliktsrecht (1986)

BÜLOW, Der Begriff der guten Sitten im Wettbewerbsrecht, WiR 1974, 231

COING, Allgemeine Rechtsgrundsätze in der Rechtsprechung des Reichsgerichts zum Begriff der „guten Sitten", NJW 1947/48, 218

DAMM, Kontrolle von Vertragsgerechtigkeit durch Rechtsfolgenbestimmung – Nichtigkeit und Nichtigkeitsbeschränkung bei Gesetzes- und Sittenverstoß, JZ 1986, 913

DEUTSCH, Entwicklung und Entwicklungsfunktion der Deliktstatbestände – Ein Beitrag zur rechtsetzenden von der rechtsprechenden Gewalt im Zivilrecht, JZ 1963, 385

ders, Allgemeines Haftungsrecht (2. Aufl 1995)

ders, Fahrlässigkeit und erforderliche Sorgfalt – Eine privatrechtliche Studie (1963)

ders, Unerlaubte Handlungen und Schadensersatz (2. Aufl 1993)

GAUL, Treu und Glauben sowie gute Sitten in der Zwangsvollstreckung oder Abwägung nach „Verhältnismäßigkeit" als Maßstab der Härteklausel des § 765a ZPO, in: FS Baumgärtel (1990) 75

vGODIN, Über den Verstoß gegen die wettbewerblichen guten Sitten, GRUR 1966, 127

GRUNWALD, Sittenwidrigkeit, Rechtswidrigkeit und dolus malus (Diss Göttingen 1974)

HABERSTUMPF, Die Formel vom Anstandsgefühl aller billig und gerecht Denkenden in der Rechtsprechung des Bundesgerichtshofs (1976)

HÖNN, Zur Bedeutung spezieller Normen für die Konkretisierung von Generalklauseln am Beispiel des Wettbewerbsrechts, in: FS Mühl (1981) 309

KEPPMANN, Die neuere dogmengeschichtliche Entwicklung der objektiven Tatbestände der §§ 823, 826 BGB (1959)

A KRAFT, Interessenabwägung und gute Sitten im Wettbewerbsrecht (1963)

KÖTZ, Deliktsrecht (7. Aufl 1997)

KUPISCH/KRÜGER, Deliktsrecht (1983)

LARENZ, Das „allgemeine Persönlichkeitsrecht" im Recht der unerlaubten Handlungen, NJW 1955, 521

MAYER-MALY, Das Bewußtsein der Sittenwidrigkeit (1971)

ders, Was leisten die guten Sitten?, AcP 194 (1994) 105

MERTENS, Deliktsrecht und Sonderprivatrecht – Zur Rechtsfortbildung des deliktischen Schutzes von Vermögensinteressen, AcP 178 (1978) 227

ders, Zur Bankenhaftung wegen Gläubigerbenachteiligung, ZHR 143 (1979) 174

Jürgen Oechsler

ders, Verkehrspflichten und Deliktsrecht – Gedanken zu einer Dogmatik der Verkehrspflichtverletzung, VersR 1980, 397

MESTMÄCKER, Über das Verhältnis des Rechts der Wettbewerbsbeschränkungen zum Privatrecht, AcP 168 (1968) 235

ders, Macht – Recht – Wirtschaftsverfassung, ZHR 137 (1973) 97

MEYER-CORDING, Gute Sitten und ethischer Gehalt des Wettbewerbsrechts, JZ 1964, 273

NASTELSKI, Unbestimmte Rechtsbegriffe, Generalklauseln und Revision, GRUR 1968, 545

OTT, Systemwandel im Wettbewerbsrecht – Die Generalklausel des § 1 UWG und ihre Rückwirkungen auf Rechtsprechung und Dogmatik, in: FS Raiser (1974) 403

ROTH-STIELOW, Verträge, unerlaubte Handlungen und Sozialstaatsprinzip, JZ 1973, 185

SACK, § 1 UWG und Wirtschaftspolitik, WRP 1974, 247

ders, Die lückenfüllende Funktion der Sittenwidrigkeitsklauseln, WRP 1985, 1

ders, Das Anstandsgefühl aller billig und gerecht Denkenden und die Moral als Bestimmungsfaktoren der guten Sitten, NJW 1985, 761

SCHMIDT-SYASSEN, Zur Wechselwirkung von Wirtschaftsrecht und bürgerlichem Recht bei der Konkretisierung von freiheitsbeschränkenden Generalklauseln (Diss Bonn 1973)

SCHRICKER, Gesetzesverletzung und Sittenverstoß (1970)

REBE, Privatrecht und Wirtschaftsordnung (1978)

REICHOLD, Lauterkeitsrecht als Sonderdeliktsrecht – Zur Rolle zivilistischen Denkens bei der Anwendung von § 1 UWG, AcP 193 (1993) 204

SIMITIS, Gute Sitten und ordre public (1960)

STEINDORF, Die guten Sitten als Freiheitsbeschränkung, in: Summum Ius Summa Iniuria (1963) 58

E STEFFEN, Verkehrspflichtverletzungen im Spannungsfeld von Bestandsschutz und Handlungsfreiheit, VersR 1980, 409

STOLL, Kausalzusammenhang und Normzweck im Deliktsrecht (1968)

ders, Richterliche Fortbildung und gesetzliche Überarbeitung des Deliktsrechts (1984)

STRACHE, Das Denken in Standards (1968)

TEUBNER, Standards und Direktiven in Generalklauseln (1971)

WIEACKER, Rechtsprechung und Sittengesetz, JZ 1961, 337

C WOLF, Die Veränderungen des Inhalts und Anwendungsbereichs von § 826 BGB nach neuerer Rechtsprechung und Literatur (Diss Bielefeld 1988)

M WOLF, Der Ersatzberechtigte bei Tatbeständen sittenwidriger Schädigung, NJW 1967, 709.

Systematische Übersicht

Alphabetische Übersicht

Jürgen Oechsler

A. Einleitung

I. Tatbestand

1. Entstehungsgeschichte und Zweck der Vorschrift

a) Überblick

1 § 826 BGB beruht auf dem **Rechtsgedanken einer haftungsrechtlichen Deprivilegierung des Vorsatztäters zum Schutz seiner Opfer**. Die Norm ergänzt den allgemeinen Vermögensschutz für den Fall der Vorsatztat insoweit, als Haftungsbeschränkungen und -ausschlüsse, die ansonsten die Ersatzansprüche der Geschädigten einschränken, nicht zugunsten desjenigen gelten, der bewußt und mindestens unter Inkaufnahme von Vermögensschäden seines Opfers handelt und dabei gegen die guten Sitten verstößt (unten Rn 12). Praktisch konkurriert die Norm mit allen allgemeinen Instituten des Vermögensschutzes und vermag im Sonderfall der Vorsatztat dort obwaltende Haftungsprivilegien zu überwinden (unten Rn 13, 15). Der Maßstab der **guten Sitten** nimmt dabei weder auf vorrechtliche ethisch-moralische Vorstellungen Bezug, noch auf überpositive Sozialnormen, sondern ist Rechtsgrundlage für die Ausbildung von Rechtsregeln für das gegenseitige Verhalten im Rechtsverkehr; der zentrale Maßstab liegt im Schutz der berechtigten Verhaltenserwartungen der Verkehrsteilnehmer (unten Rn 24 ff). Die Vorschrift ist zugleich eine zentrale Rechtsgrundlage für Rechtsfortbildungen im Vermögensschutz (unten Rn 20 ff, 32 ff); die in ihr angelegte Entwicklungsfunktion erklärt sich ebenfalls aus dem Zweck der Deprivilegierung des Vorsatztäters, weil allein diesem im Präzedenzfall zumutbar ist, daß sein Verhalten „rückwirkend" als sittenwidrig bewertet wird (unten Rn 21). Charakteristisch für § 826 BGB ist ferner der partielle Bruch mit der zivilrechtlichen Vorsatztheorie; dadurch wird die Haftungsverantwortung von der individuellen Sensibilität des Täters für

Sittenverstöße unabhängig, und Rechtsfortbildungen sind möglich (unten Rn 61 ff). Die Verantwortlichkeit des Täters ist allerdings durch die Beachtlichkeit des erheblichen Verbotsirrtums beschränkt (unten Rn 67 ff). Der Schutzbereich der Norm wird nach hier vertretener Meinung im Regelfall allein durch den Tätervorsatz bestimmt und nur in Ausnahmefällen durch die zu § 823 Abs 2 BGB entwickelten dogmatischen Institute (unten Rn 99 ff).

b) Entstehungsgeschichte der Vorschrift*
§ 826 BGB geht auf einen Kompromiß zurück, durch den der Gesetzgeber 2 einerseits über die Kasuistik des römischen Rechts hinausgelangen, andererseits aber die Gefahren einer durch die Rechtsprechung nur schwer beschränkbaren deliktischen Generalklausel vermeiden wollte (COING NJW 1951, 596 f; vCAEMMERER, in: FS zum hundertjährigen Bestehen des DJT [1960] 49, 66; MAYER-MALY AcP 194 [1994] 105, 113).

Dem Teilentwurf vKÜBELS aus dem Jahre 1882 lag zunächst folgendes Modell einer 3 Generalklausel für das Deliktsrecht zugrunde: „Hat jemand durch eine widerrechtliche Handlung oder Unterlassung aus Absicht oder aus Fahrlässigkeit einem Anderen einen Schaden zugefügt, so ist er diesem zum Schadensersatz verpflichtet" (TE Nr 15 § 1).

Die erste Kommission hielt diese Norm im Vergleich zum französischen Recht für 4 nicht umfassend genug, lehnte es aber gleichzeitig ab, etwaige Lücken durch die Schaffung von Spezialtatbeständen zu schließen; denn es „könne nicht richtig sein, eine große Zahl spezieller Delikte zu schaffen, die dem Hauptprinzipe sich nicht unterordnen ließen und neben diesem als Singularitäten erschienen. Das Gesetzbuch müsse ein Hauptprinzip aussprechen, welches alle jene Singularitäten entbehrlich mache." (Prot I 967, zitiert nach JAKOBS/SCHUBERT 875). Der Ermittlung des Hauptprinzips lag zunächst folgende, später aufgegebene Differenzierung zugrunde: „Wer ein *besonderes* Recht ausübe, müsse immer haftfrei sein, auch wenn er aus Schikane handele, wer aber nur kraft seiner natürlichen Freiheit handele, dürfe diese nicht zum Schaden Anderer mißbrauchen und ein Mißbrauch sei es, wenn seine Handlungsweise den in den **guten Sitten** sich ausprägenden Auffassungen und dem **Anstandsgefühle aller billig und gerecht Denkenden** widerspreche." (Prot I aaO). Diese Unterscheidung, die Fälle des Rechts- und Institutionsmißbrauchs als „Ausübung besonderer Rechte" ausdrücklich vom Anwendungsbereich der Norm ausschließen wollte, wurde erstmals in den Beratungen der Vorkommission des Reichsjustizamtes in Frage gestellt (vgl die Prot Vorkommission RJA, S 535 f, zitiert nach JAKOBS/ SCHUBERT 893), letztlich aber erst auf Intervention des Abgeordneten GRÖBER im Reichstag aufgegeben (zum Gang der Debatte JAKOBS/SCHUBERT 901; vgl auch den Bericht der

---

* **Schrifttum**: JAKOBS/SCHUBERT, Die Beratung des Bürgerlichen Gesetzbuchs in systematischer Zusammenstellung der unveröffentlichten Quellen, Recht der Schuldverhältnisse III (1983); JAKUBEZKY, Bemerkungen zu dem Entwurfe eines Bürgerlichen Gesetzbuches für das Deutsche Reich (1892); vKÜBEL, Teilentwurf zum Obligationenrecht zur Ausarbeitung eines Bürgerlichen Gesetzbuches (1882); Motive zu dem Entwurfe eines Bürgerlichen Gesetzbuches für das Deutsche Reich (1888); Protokolle der 2. Kommission für die zweite Lesung des Entwurfs eines Bürgerlichen Gesetzbuchs für das Deutsche Reich (1890–1896)(1897).

zweiten Kommission, Drucks Nr 440/9. Legislaturperiode, IV. Session [1895/96] 104 und MUGDAN, Die gesamten Materialien zum BGB, Bd 2 1298).

5 Aus dieser Differenzierung ergab sich indes auch das gesuchte **Hauptprinzip**: „Als Delikt müsse es gelten, bei Ausübung der natürlichen Freiheit durch eine illoyale, die guten Sitten verletzende Handlungsweise einem Dritten zu schaden." (Prot I 968, zitiert nach JAKOBS/SCHUBERT 875). Dem generalklauselartigen Hauptprinzip gemäß sollte auch die **fahrlässige sittenwidrige Schädigung** zum Schadensersatz verpflichten. Zum Umfang des Tatbestandes wird dabei in den Protokollen folgendes bemerkt: „Das Prinzip greife allerdings weit und seine Handhabung erfordere Umsicht und Behutsamkeit, indessen man dürfe vertrauen, daß die Richter die Aufgabe, welche das Prinzip an sie stelle, zu lösen wissen würden." (Prot I 968, zitiert nach JAKOBS/SCHUBERT 875). Die Motive prononcieren demgegenüber die **Aufgabe des Richters** noch stärker: „Es ist namentlich Aufgabe des Richters, im einzelnen Falle zu prüfen, ob bei bloßer Fahrlässigkeit der Verstoß gegen die guten Sitten anzunehmen oder zu verneinen ist." (Mot II 727).

6 Auf diese Weise gelangt die Kommission im ersten Entwurf zu zwei das Deliktsrecht regierenden Generalnormen. § 704 E I regelt den Fall der widerrechtlichen vorsätzlichen oder fahrlässigen Schadenszufügung (Abs 1) bzw Rechtsverletzung mit Schadensfolge (Abs 2). Das zuvor ermittelte Hauptprinzip folgte darauf in Gestalt der klarstellenden Norm des § 705 E I: „Als widerrechtlich gilt auch die kraft der allgemeinen Freiheit an sich erlaubte Handlung, wenn sie einem Anderen zum Schaden gereicht und ihre Vornahme gegen die guten Sitten verstößt."

7 **Bewertung**: Wenn diese Ergebnisse auch später in einigen zentralen Punkten revidiert werden sollten, beinhalten sie einige Wertentscheidungen, die auch für die heutige Interpretation des § 826 BGB maßgeblich sind. Dies betrifft nicht nur die Definition der guten Sitten (sog Anstandsformel), die später von der Praxis auch zur Konkretisierung des § 138 BGB aufgegriffen wurde und bis auf den heutigen Tag Anwendung findet (unten Rn 24 ff). Bedeutender noch erscheint die Überlegung, der Verstoß gegen die guten Sitten repräsentiere quasi die Generalklausel des Rechts der unerlaubten Handlungen, wobei dem Richter die besondere Aufgabe ihrer Konkretisierung zukomme. Auch heute wird § 826 BGB als „kleine Generalklausel" (unten Rn 20 ff) und das Tatbestandsmerkmal der guten Sitten im Sinne eines richterlichen Rechtsfortbildungsauftrages verstanden (unten Rn 20 ff, 32 ff).

8 Die **zweite Kommission** ging indes von anderen Vorstellungen aus als die erste. Sie hielt zwar äußerlich an den beiden Tatbeständen des ersten Entwurfes fest, schränkte diese jedoch in Bezug auf den Geltungsbereich ein. So sollte nicht mehr, wie in § 705 E I vorgesehen, auch die fahrlässige sittenwidrige Vermögensschädigung zum Schadensersatz verpflichten, sondern nur noch die vorsätzliche. In den Materialien heißt es dazu etwas unklar, für eine Fahrlässigkeitshaftung bestehe kein Bedürfnis, im übrigen würde damit vom geltenden Recht abgewichen (Prot II 566 ff, 576; vgl auch Prot des Reichsjustizamtes 535, zitiert nach JAKOBS/SCHUBERT 893). Was mit dieser Abweichung vom geltenden Recht näher gemeint war, erhellt eine Bemerkung JAKUBEZKYS: „Die Vorschrift, welche auch die gemeinrechtliche **actio doli**. . . ersetzt, soweit diese nicht unter § 704 Abs 1 fällt, dürfte auf vorsätzliches Thun (oder Unterlassen) zu beschränken sein; bei der Ausdehnung auf Fahrlässigkeit liegt die Gefahr

einer ungebührlichen Beschränkung der persönlichen Freiheit allzu nahe." (JAKU-
BEZKY, Bemerkungen 165).

Daß die Endfassung des § 826 BGB auf Rechtsgedanken beruht, die auf die römi- 9
sche **actio doli** zurückgehen, ist heute weithin konsentiert (vgl nur HONSELL JuS 1976, 621,
628, Fn 125; KIPP/COING, Erbrecht [14. Aufl 1989] § 38 IV 3a; LÖWISCH, Deliktsschutz relativer
Rechte [1969] 135). Den Kerngedanke der actio doli faßt WINDSCHEID so zusammen:
„Das römische Recht hat nicht den Satz aufgestellt, daß jeder den durch seine
Schuld, wohl aber den Satz, daß jeder den durch seine Arglist entstandenen Schaden
zu ersetzen verpflichtet sei." (WINDSCHEID/KIPP, Lehrbuch des Pandektenrechts II [9. Aufl
1960] § 451). Die Klage war durch jede widerrechtliche, bösliche Vermögensbeschädi-
gung begründet, die nicht in anderer Weise ebensogut ausgleichbar war (DERNBURG,
Pandekten II [4. Aufl 1894] § 136; vgl auch RGZ 8, 176, 178). Dadurch geriet die actio doli in
ein **Konkurrenzverhältnis zu den übrigen Instituten des Vermögensschutzes**, das auch für
die heutige systematische Stellung des § 826 BGB charakteristisch ist. Durch die
acito doli sollte nämlich „nur eine Aushilfe gewährt werden für diejenigen Fälle, wo
eine eclatante Schädlichkeit sonst durch die Rechtspflege nicht erreicht und für den
Betroffenen nicht unschädlich gemacht werden könnte" (vKELLER, Pandekten II [2. Aufl
1867] § 368). Dies bedeutet, daß die actio doli gegenüber den allgemeinen Instituten
eigentlich subsidiär war. Doch handelte es sich dabei um eine auch für § 826 BGB
charakteristische **praktische Subsidiarität**, denn die Klage war auch dann statthaft,
wenn die Erfolgsaussichten einer allgemeinen Klageart unsicher und zweifelhaft
waren (DERNBURG aaO). Die Subsidiarität resultiert also weniger aus rechtlichen, als
aus praktischen Gründen. Dort wo die einfacheren Voraussetzungen der allgemeinen Klagearten nachweisbar waren, bedurfte es des stets schwierigen Nachweises des
Vorsatzes aus praktischen Gründen nicht. Dieselbe praktische Überlegung kennzeichnet heute das **Verhältnis des § 826 BGB zu anderen Normen des Vermögensschutzes**,
wie bspw § 823 Abs 1 BGB (vgl dazu nur LARENZ/CANARIS, Schuldrecht II/2 § 78 I 1 a 2. Abs).
Im Falle vorsätzlicher Begehung konkurriert § 826 BGB stets mit § 823 Abs 1 BGB,
auch wenn der Tatbestand dieser Norm verwirklicht ist, doch kommt es aus praktischen Gründen auf den schwierigen Nachweis des Vorsatzes nicht an, wenn bereits
unter den in subjektiver Hinsicht erleichterten Voraussetzungen des § 823 Abs 1
BGB dieselbe Rechtsfolge (Schadensersatz) erstrebt werden kann.

Im Anschluß an diese Überlegungen erschien im **zweiten Entwurf** folgende Neufas- 10
sung des § 749: „Wer durch eine Handlung, die er nicht in Ausübung eines ihm
zustehenden Rechtes vornimmt, in einer gegen die guten Sitten verstoßenden Weise
einem Anderen vorsätzlich Schaden zufügt, ist dem Anderen zum Ersatze des verursachten Schadens verpflichtet."

Diese Fassung ging unverändert als § 810 in die **Reichstagsvorlage** (dritter Entwurf) 11
ein (RT-Drucks Nr 87 der Session 1895/1897). Doch fiel im Reichstag insbesondere auf
Hinwirken des Abgeordneten GRÖBER die Einschränkung der Ersatzpflicht bei Ausübung eines dem Gegner zustehenden Rechtes weg (vgl oben Rn 4); der Fall des
Rechts- und Institutionenmißbrauchs war damit vom Tatbestand des im Anschluß
verabschiedeten § 826 BGB miterfaßt.

c)   **Systematische Stellung und Zwecksetzung: Die Deprivilegierung des Vorsatztäters sowie der Rechts- und Institutionenmißbrauch**

12   Daß ein Verstoß gegen die guten Sitten nur bei Schädigungsvorsatz des Anspruchs-gegners Ersatzansprüche begründet, wird bisweilen aus der Funktion des Delikts-rechts in einem marktwirtschaftlichen System erklärt. Gerade weil der Konkurrenz-kampf auf die gegenseitige Vereitelung von Erwerbsaussichten angelegt sei, komme ein uneingeschränkter Ersatz einfacher Vermögensschäden, sog **primärer Vermögens-interessen**, nicht in Betracht (vBAR, in: Gutachten 1681, 1719; vgl auch MERTENS ZHR 143 [1979] 174, 177 f). Wenn jedoch im Umkehrschluß für den Fall der vorsätzlichen Scha-denszufügung eine Ausnahme gemacht wird, stellt sich die Frage nach dem **teleolo-gischen Zusammenhang zwischen Schädigungsvorsatz und gesteigerter Haftungsverant-wortung**. Entstehungsgeschichtlich hat § 826 BGB insoweit die Nachfolge der actio doli des römischen Rechtes angetreten (oben Rn 8 f), die den Vorsatztäter einer mit den allgemeinen Klagearten konkurrierenden, erweiterten Haftung unterwarf. Der zugrundeliegende Rechtsgedanke kommt heute bisweilen in der latinisierten Formel **fraus omnia corrumpit** zum Ausdruck (vgl etwa DEUTSCH, Allgemeines Haftungsrecht [2. Aufl 1995] Rn 67; H P WESTERMANN Jura 1980, 532, 533). Diese wohl erst im 19. Jahrhundert entstandene Wendung (vgl ausführlich zu diesem Stichwort ROLAND/BOYER, Locutions Latines et Adages du droit français contemporain II [2. Aufl 1986]) bringt den Rechtsgedanken zum Ausdruck, daß die üblichen Haftungseinschränkungen und -privilegien nicht zugun-sten desjenigen gelten, der bewußt und unter Inkaufnahme von Schäden gegen einen anderen vorgeht. Dieser Rechtsgedanke findet sich in unterschiedlichen Ausprägun-gen und mit verschiedenen Rechtsfolgen in einer Reihe von Normen des bürger-lichen Gesetzbuchs wieder (vgl nur die §§ 124, 142 Abs 2, 162, 173, 226, 347, 407 Abs 1, 443, 463 Satz 2, 477 Abs 1 Satz 1, 478 Abs 2, 479 Satz 2, 480 Abs 2, 521, 523, 524, 540, 599, 600, 637, 638 Abs 1 Satz 1, 678, 687 Abs 2, 694, 702a Abs 1 Satz 2, 819, 824, 839 Abs 1 Satz 2, 892 Abs 1 Satz 1 1. Fall, 990, 1000 Satz 2 BGB usw).

13   Ein zentraler Anwendungsbereich des § 826 BGB liegt daher gerade in der **Überwin-dung von Haftungsprivilegien**: Die Norm durchbricht etwa die Sperrwirkung des Familienrechts gegenüber den allgemeinen deliktischen Schadensersatznormen (unten Rn 442), beschränkt das Recht auf Irrtum bei Inanspruchnahme eines gesetz-lich geregelten Verfahrens (unten Rn 545) ebenso wie den Ausschluß der Haftung des Aktionärs wegen der Ausübung seines Stimmrechtes nach § 117 Abs 7 Nr 1 AktG (unten Rn 286 f); über sie können Schäden aus bloß mittelbaren und nicht betriebsbe-zogenen Eingriffen in den Gewerbebetrieb ebenso liquidiert werden (unten Rn 384, 421) wie Schäden aus der Zulassung von börsennotierten Wertpapieren, für die eigentlich die §§ 45, 46 BörsenG eine abschließende Regelung treffen (unten Rn 167). Darüber hinaus ist § 826 BGB auch Grundlage für die **Überwindung allgemeiner haf-tungsbegrenzender Prinzipien** wie der Relativität der Schuldverhältnisse, wenn bspw der Gutachter für die Folgen seines fehlerhaften Testats nicht nur dem unmittelbaren Vertragspartner, dem Auftraggeber, haftet, sondern auch einem unbekannten Drit-ten, der auf das Testierte vertraut hat (unten Rn 207 ff) oder wenn ein externer Dritter wegen seines Eindringens in die eigentlich nur inter partes geltende Vertragsbezie-hung zur Verantwortung gezogen wird (Vertragsbruch, allerdings nicht unproblema-tisch unten Rn 227 ff). § 826 BGB überwindet im Sonderfall der Vorsatztat aber auch die gesetzlich begrenzte Finanzierungsverantwortung im Kapitalgesellschaftsrecht, und zwar durch Begründung einer Haftung der Gesellschafter für materielle Unter-kapitalisierung in besonderen Konstellationen (unten Rn 315 ff) oder eine Haftung

externer Dritter für eine Hinauszögerung des Insolvenzverfahrens über das Vermögen der Gesellschaft (unten Rn 351 ff).

In all diesen Fällen liegt die **Rechtfertigung für die verschärfte Haftung** im **Sonder-** **14** **umstand der vorsätzlichen Begehungsweise.** Allerdings bezweckt § 826 BGB **keine Bestrafung** des Anspruchsgegners wegen seiner besonderen Einstellung zum Delikt, denn die Norm ist ihrem Zweck nach auf Schadensausgleich gerichtet und soll nicht kriminelles Unrecht sühnen. Der Vorsatztäter scheint jedoch auch aus zivilrechtlicher Sicht in erhöhtem Maße verantwortlich, weil er sein Opfer einem besonders gefährlichen Angriff unterwirft; denn mindestens schätzt er das Gefahrenpotential seines Handelns richtig ein und setzt sein Opfer unter billigender Inkaufnahme dieser aus. Dieser **erhöhten Gefährdung der Opfer** muß auf der Rechtsfolgenseite auch **ein erhöhter Schutz** entsprechen. Zum anderen läßt die Vorsatztat wohl regelmäßig den **Schutzzweck der meisten Haftungsprivilegien** entfallen. Durch diese eröffnet die Rechtsordnung Freiräume von der Haftungsverantwortung, um bestimmtes gesellschaftlich erwünschtes Verhalten grundsätzlich zu ermöglichen. So erleichtert etwa der Ausschluß einer Haftung für fahrlässige Vermögensschädigung, der sich aus einem Umkehrschluß aus §§ 823 Abs 1 und 2, 826 BGB ergibt, den Wettbewerb und die gegenseitige Konkurrenz, das Haftungsprivileg des Aktionärs bei der Ausübung seines Stimmrechtes in der Hauptversammlung nach § 117 Abs 7 Nr 1 AktG die unbekümmerte Durchsetzung seiner Rechte innerhalb der Gesellschaft, und der abschließende Haftungstatbestand der §§ 44, 45 BörsenG schränkt das Risiko der Wertpapieremission auf ein ökonomisch erträgliches Maß ein (unten Rn 167). Diese Normen wollen jedoch keine Freiräume für bewußte rechtswidrige Vermögensschädigungen eröffnen. Die Formel „fraus omnia corrumpit" offenbart hier möglicherweise ihren tieferen Sinn, weil die Vorsatztat das Maß dessen überschreitet, was die Rechtsordnung an gegenseitiger Beeinträchtigung der Verkehrsteilnehmer hinzunehmen bereit ist, um bestimmte gesellschaftlich erwünschte Verhaltensweisen zu ermöglichen.

§ 826 BGB liegt somit der Regelungsgedanke einer **Deprivilegierung des Vorsatztäters** **15** **zum Schutz seiner Opfer** zugrunde. Die Norm konkurriert, wie die Beispiele gezeigt haben, mit allen Instituten des zivilrechtlichen Vermögensschutzes und ergänzt diese um eine Sonderregel für den Fall der vorsätzlichen Begehung. Dieser Rechtsgedanke läßt ein **praktisches Konkurrenzverhältnis zum allgemeinen Vermögensschutz** des deutschen Zivilrechts entstehen, der bereits beim Rechtsvorgänger der actio doli beobachtet werden konnte (oben Rn 9): Der besondere, durch § 826 BGB vermittelte Vermögensschutz entfaltet seine praktische Bedeutung vor allem dort, wo der allgemeine Vermögensschutz durch Normen und Prinzipien zum Schutz des Verantwortlichen eingeschränkt ist. In solchen Konstellationen stellt sich regelmäßig die Frage, ob die entsprechenden Einschränkungen nicht zu Lasten des Vorsatztäters aufgegeben werden müssen, weil die vorsätzliche Begehungsweise den Schutzzweck dieser Einschränkungen entfallen läßt. Die Beantwortung dieser Frage hängt regelmäßig davon ab, ob das Gesetz eine Einschränkung der Haftungsverantwortung des Täters bezweckt oder ob diesem nur eine aus anderen Gründen bestehende Beschränkung reflexartig zugute kommt. Bspw kann der Scheinvater im Unterhaltsprozeß gegen den Erzeuger des Kindes die Nichtehelichkeit des Kindes wegen § **1593 BGB** solange nicht geltend machen, wie eine Anfechtung der Ehelichkeit noch nicht erfolgt ist; ist eine Anfechtung nicht mehr möglich, wirkt diese Sperre endgültig. Hier greift § 826

BGB richtiger Ansicht nach auch im Falle vorsätzlicher Schädigung durch den Erzeuger nicht (zB wenn der Erzeuger den Scheinvater arglistig von einer rechtzeitigen Anfechtungsklage abhält). Denn der eigentliche Zweck der Norm liegt in der Wahrung des Familienfriedens, nicht aber in der Privilegierung des Erzeugers (unten Rn 453). Der § 826 BGB zugrundeliegende Gedanke einer Deprivilegierung des Vorsatztäters zum Schutz seiner Opfer ist folglich nicht einschlägig, weil hier kein Haftungsprivileg zu überwinden ist.

16 Orientiert an diesem Regelungsgegenstand bedarf insbesondere die Anwendung des § 826 BGB in den Fällen des **Rechts- und Institutionenmißbrauchs** kritischer Einschränkung. Das Reichsgericht äußert etwa die Ansicht, es sei „gerade der Zweck des § 826, gegenüber formalen, von der Wirklichkeit absehenden Rechtsvorschriften einen Ausgleich zu bieten" (RGZ 152, 379, 400). Nicht ohne Emphase hat auch der Bundesgerichtshof auf die **Sonderstellung des § 826 BGB im Deliktsrecht** aufmerksam gemacht (BGH FamRZ 1960, 706, 708: „Rechtsnorm höhrer Art"), und die Wissenschaft ist ihm durch Attestierung einer „normkorrigierenden Funktion" der Vorschrift (ENGEL, Der Rückgriff des Scheinvaters wegen Unterhaltsleistungen [1974] 63) und einer in ihr obwaltenden „gesteigerten Rechtswidrigkeit" zT gefolgt (DEUTSCH JZ 1963, 385, 390; ders, in: FS Gernhuber [1993] 581, 595). In äußersten Fällen sei der Richter nicht gehindert, auch ein durch positivrechtliche Normen gedecktes Verhalten als sittenwidrig zu beurteilen (MünchKomm/MERTENS Rn 36). Ausgangspunkt für das Reichsgericht war vor allem die Entstehungsgeschichte des § 826 BGB, im Rahmen derer der Gesetzgeber seinen ursprünglichen Plan aufgab, die Ausübung positiver Rechte stets – auch im Schikanefall – von Schadensersatzsanktionen freizustellen (vgl die oben Rn 4 zT im Wortlaut zitierten Passagen sowie RG aaO).

17 Jede Überlegung zum *Miß*brauch eines Rechts oder Rechtsinstituts setzt jedoch zunächst ein teleologisch begründetes Konzept betreffend den rechtmäßigen *Ge*brauch voraus. Nur wenn feststeht, welche Fälle eine Norm nach ihrem Schutzzweck abdeckt, läßt sich eine Aussage darüber treffen, ob im Einzelfall ihr Anwendungsbereich überschritten ist. Unterbleibt diese Vorüberlegung, gerät der Mißbrauchsvorwurf unvermeidlich zum **Scheinargument**. So liegt ein praktisches Anwendungsproblem des § 826 BGB bspw in der Frage, ob der Geldgeber und eigentliche Träger eines Unternehmers seine Haftung durch Gründung einer **Kommanditgesellschaft** derart einschränken kann, daß er selbst eine Kommanditistenstellung einnimmt und einen vermögenslosen Komplementär vorschaltet (vgl dazu unten Rn 327 f). Wer in solchen Fällen bereits aus der tatsächlichen Ungewöhnlichkeit der Konstellation im Vergleich zum gesetzlich geregelten Modellfall auf einen Mißbrauch schließt, greift argumentativ zu kurz. Denn die entscheidende und vorgelagerte Frage besteht allein darin, ob die §§ 161 ff HGB, insbesondere unter teleologischen Aspekten wie bspw dem Gläubigerschutz, auf diesen Fall Anwendung finden können oder nicht. Dieser Fall zeigt zweierlei: Die abschließende Festlegung einer Norm (hier: eines Normstrukturtyps) auf einen bestimmten tatsächlichen Anwendungsfall beeinträchtigt die offenen (teleologischen) Strukturen des Rechts, die der notwendigen Anpassung der Norm an die sich ständig ändernden Lebensverhältnisse dienen. Wird dem Anspruchsgegner in § 826 BGB die Berufung auf eine Norm als Mißbrauch abgeschnitten, bedeutet dies zugleich, daß eine Rechtsentwicklung in dieser Richtung nicht mehr stattfinden kann – ein Umstand, der im Vorstadium der Mißbrauchsüberlegungen bei der Konkretisierung des Normzwecks

mitbedacht werden sollte. Zweitens rechtfertigt § 826 BGB **keine Normkorrektur** und räumt dem Rechtsanwender **keine Verwerfungskompetenz** ein, sondern ist vielmehr ein **Instrument der teleologischen Reduktion**, das dem Geschädigten seine Ansprüche dort durchzusetzen hilft, wo der Anspruchsgegner sich auf eine schützende oder privilegierende Norm nicht mehr berufen kann, weil sein Verhalten von deren Zwecksetzung nicht mehr gedeckt ist. Das Problem der klassischen Mißbrauchsfälle liegt schließlich allein in der Konkretisierung der Schutzzwecke der vermeintlich mißbrauchten Norm: Regelmäßig stellt sich die Frage, ob ein bestimmtes Verhalten – soweit die Anwendung des § 826 BGB in Frage steht, geht es regelmäßig um die Vorsatztat – den teleologischen Schutzbereich der Norm überschreitet oder nicht.

Eine ähnlich kritische Würdigung verdient der in der Praxis bevorzugte Topos der **18** sog „**formalen Rechtsposition**", hinter der sich zu „verschanzen" dem Anspruchsgegner zum Vorwurf gereicht. So begründet etwa das Reichsgericht die Anwendbarkeit des § 826 BGB bei der Ausnützung eines unrichtigen Titels (unten Rn 503 ff und hier RGZ 155, 55, 58). Das abwertende Prädikat „formal" verdeckt jedoch auch bei dieser Fragestellung nur die eigentliche Problemstellung. Ob ein materiell unrichtiger Titel als formale Rechtsposition betrachtet werden muß, hängt ja gerade davon ab, welchen Stellenwert man der materiellen Rechtskraft dieses Titels beimißt. Darin liegt die eigentliche, von der Praxis bis auf den heutigen Tag nicht befriedigend, sondern allenfalls durch Appell an ein unbestimmtes Gerechtigkeitsgefühl (dazu unten Rn 472, 480) beantwortete Frage. Allzu leicht mündet daher die Bezeichnung einer bestimmten Rechtsposition als „formal" nur in eine petitio principii, die das eigentliche Problem – den Streit um die teleologische Reichweite des Instituts – verdeckt.

Nur begrenzten Erkenntniswert für die Beurteilung eines Rechtsmißbrauchs besit- **19** zen schließlich die bekannten Aspekte der **Treuwidrigkeit des Rechtserwerbs, der Schädigungsabsicht bei Ausübung eines Rechts und der Kollusion**, die die hM bevorzugt in den Mittelpunkt ihrer Überlegungen stellt (mit umfangreichem Nachweis SOERGEL/ HÖNN/DÖNNEWEG Rn 44 ff, 45). Denn diese Begriffe setzen ihrerseits Wertungen voraus, auf denen die Entscheidung über den Verstoß gegen die guten Sitten letztendlich gründet. So existiert Treuwidrigkeit nicht „an sich", sondern immer nur in bezug auf Verhaltensanforderungen in der jeweiligen Einzelsituation; daß Schädigungsabsicht in einer dem Konkurrenzkampf verpflichteten Marktwirtschaft nicht allein Schadensersatz begründet, geht sogar unmittelbar aus § 826 BGB selbst hervor, der nur die *sittenwidrige* Schädigungsabsicht mit entsprechenden Sanktionen belegt; wer daher die Sittenwidrigkeit gerade aus der Schädigungsabsicht ableitet (RGZ 155, 327, 333), mag bisweilen einer petitio principii unterliegen. Nicht zuletzt setzt der Begriff der Kollusion eine Bewertung des Zusammenwirkens der in Anspruch genommenen Täter und ihrer Beziehungen zum geschädigten Opfer voraus; auf die Maßstäbe, die diesem Werturteil zugrundeliegen, nicht aber auf das äußere Verhalten der Beteiligten kommt es dann zur Begründung des Sittenwidrigkeitsurteiles an.

d) Generalklausel und Entwicklungsfunktion

Nach verbreiteter Auffassung trägt § 826 BGB **Generalklauselcharakter** (DEUTSCH JZ **20** 1963, 385, 389; ders, Allgemeines Haftungsrecht [2. Aufl 1995] Rn 67; vBAR, in: Gutachten 1681, 1704 im Anschluß an STAUDINGER/SCHÄFER[12] Rn 5; MünchKomm/MERTENS Rn 3; stark einschränkend SOERGEL/HÖNN/DÖNNEWEG Rn 3; EIKE SCHMIDT MDR 1971, 539 f). Insbesondere der

Begriff der guten Sitten wird als **Auftrag an den Richter zur Rechtsfortbildung**, dh zur Entwicklung neuer Verhaltenspflichten verstanden. Auf die Einzelheiten wird noch im systematischen Zusammenhang mit diesem Tatbestandsmerkmal einzugehen sein (unten Rn 28, 32 ff).

21 Mit überzeugenden Argumenten hat DEUTSCH (JZ 1963, 385, 390) diesen rechtsfortbildenden Aspekt des § 826 BGB mit der zentralen Zwecksetzung der Norm – der Deprivilegierung des Vorsatztäters zum Schutz seiner Opfer – in teleologische Verbindung gebracht. Wird das Verhalten des Anspruchsgegners nämlich an rechtlichen Maßstäben gemessen, die *vor seiner* Tat noch nicht durch die Rechtsprechung konkretisiert waren, sondern bringt das über sein Verhalten urteilende Gericht erst *im nachhinein* seine Tat als Sittenverstoß auf den Punkt, so entsteht ein **Rückwirkungsproblem** (vgl dazu MERTENS AcP 178 [1978] 227, 239: „Wer als Bank die im Einzelfall ex post facto gefundene Regel verletzt hat, riskiert allemal als Vorsatztäter deklariert zu werden"). Würde das Verhalten des fahrlässig Handelnden unter diesen tatsächlichen Voraussetzungen bewertet, müßte die daraus resultierende Haftung „überraschend erscheinen und wäre zu drückend" (DEUTSCH aaO). Deshalb kann nach DEUTSCH allein der Vorsatztäter zur Verantwortung gezogen werden, weil bei ihm ein solcher Überraschungseffekt nicht zu besorgen sei (DEUTSCH JZ 1963 390). Allerdings kennt auch der Vorsatztäter regelmäßig nur die *tatsächlichen* Umstände der Tat, vermag aber deren normative Bewertung durch die Rechtsprechung nicht ohne weiteres vorwegzunehmen. Deshalb kann auch der Vorsatztäter durch die rechtliche Bewertung des ihm bekannten tatsächlichen Geschehens „überrascht" werden. Nun zählt aber nach ganz **hM** das Bewußtsein der Sittenwidrigkeit nicht zu den Tatbestandsvoraussetzungen des § 826 BGB (dazu unten Rn 61 ff). Soweit der Täter in einer bestimmten Tatsachenkonstellation die Schädigung eines anderen bewußt in Kauf genommen hat, ist ihm das Unsicherheitsmoment einer nachträglichen gerichtlichen Bewertung zumutbar. Außerhalb der Grenzen des erheblichen Verbotsirrtums (dazu unten Rn 67 ff) reicht seine Faktenkenntnis aus, ihn zur Verantwortung zu ziehen (ignorantia iuris haut excusat).

22 Auf phänomenologischer Ebene äußert sich die Entwicklungsfunktion des § 826 BGB vor allem darin, daß die auf der Grundlage der Norm entwickelten Rechtsinstitute nach längerer regelmäßiger Anwendung einen solchen Grad von Konsistenz und Akzeptanz erfahren, daß sie in den Anwendungsbereich anderer Deliktsnormen „abwandern" können (vgl etwa vBAR, in: Gutachten 1681, 1704). Als Beispiel für das **Abwandern von Rechtsinstituten aus dem Anwendungsbereich des § 826 BGB** wird gelegentlich der Boykott genannt (vBAR, in: Gutachten 1681, 1704; DEUTSCH JZ 1963, 385, 390; MERTENS AcP 178 [1978] 227, 239), doch zeigt sich gerade bei näherer Betrachtung der Entwicklungsgeschichte, daß die Besorgung des Boykottproblems auf der Grundlage von § 826 BGB eher eine Interimslösung des Reichsgerichtes war, der eine Begründung aus dem Recht am eingerichteten und ausgeübten Gewerbebetrieb *voranging* und später nachfolgte (unten Rn 406). Dennoch mangelt es an einschlägigen Beispielen nicht: Auf der Grundlage von § 826 BGB entwickelten sich so unterschiedliche Institute wie das allgemeine Persönlichkeitsrecht (unten Rn 59 f), das Recht der eigenkapitalersetzenden Gesellschafterleistungen (unten Rn 314), der gesellschaftsrechtliche Minderheitenschutz (unten Rn 282), der Ersatz von Streikschäden (unten Rn 417 ff), die Inhaltskontrolle von Allgemeinen Geschäftsbedingungen (unten Rn 187) oder die Rückrufpflicht des Verkäufers (unten Rn 91).

Umstritten ist schließlich die Frage, inwieweit die Norm des § 826 BGB selbst der **23** **Rechtsfortbildung im Rahmen eines beweglichen Systems** zugänglich ist. In einem großangelegten systematischen Überblick hat insbesondere MERTENS (AcP 178 [1978] 227, 236) die Auffassung vertreten, „die §§ 823 I und II und 826 [seien] in ihrem ursprünglichen Gehalt kaum noch die tatbestandlichen Grundpfeiler, sondern nur noch relativ statische Elemente und Haltepunkte in diesem Zusammenspiel beweglicher Kräfte." (vgl auch ders ZHR 143 [1979] 174; MünchKomm/ders Rn 7; ähnlich LARENZ/CANARIS, Schuldrecht II/2 § 78 II 2 e). Methodisch schließt diese Überlegung an WILBURG an, der die haftungsbegründenden Elemente des Schadensrechtes dergestalt in einem beweglichen System kombinieren wollte, daß die Haftung im Einzelfall „nicht das Zusammentreffen aller oder beliebiger Elemente voraus[setzen], sondern ... aus beliebigen Verbindungen sich ergeben [sollte]." (WILBURG, Die Elemente des Schadensrechts [1941] 28 f; ders, Entwicklung eines beweglichen Systems des bürgerlichen Rechts [1950]). Gegenüber dem beweglichen System bestehen jedoch grundlegende **methodische Zweifel**, die bereits andernorts vertieft wurden (OECHSLER, Wettbewerb, Reziprozität und externe Effekte im Kreditkartengeschäft [1992] 67 ff). Besondere Bedenken gegenüber der Auflösung des Tatbestandes von § 826 BGB und der Integration seiner Einzelelemente in ein bewegliches System beliebig kombinierbarer Einzelkomponenten bestehen jedoch vor allem unter teleologischen Gesichtspunkten. Der Zweck des § 826 BGB steht nämlich in engem Zusammenhang mit der Beschränkung des subjektiven Tatbestandes auf die Vorsatzschuld; es geht ja gerade um die Deprivilegierung des Vorsatztäters (unten Rn 12 ff). Ein bewegliches System hat aber die Auflösung dieses Zusammenhangs zum Ziel, in dem bspw der objektiv weite Tatbestand des § 826 BGB mit subjektiv weiterreichenden Verantwortungsprinzipien kombiniert wird, die ursprünglich zu § 823 Abs 1 BGB entwickelt wurden. Der praktische Erkenntnisgewinn eines beweglichen Systems für die Fortbildung des § 826 BGB liegt daher vor allem in der **Aufgabe des Vorsatzerfordernisses** (konsequent insoweit MERTENS ZHR 143 [1979] 174, 182 ff). Damit wird jedoch das Normtelos von § 826 BGB, maW die äußerste Grenze der Rechtsfortbildung dieser Norm, klar überschritten und es entstehen haftungsbegründende Tatbestände, deren eigene teleologische Rechtfertigung alles andere als klar ist. Bezeichnenderweise, wenn auch nicht ganz konsequent, verweigern deshalb auch Befürworter des beweglichen Systems diesen letzten Schritt (LARENZ/CANARIS, Schuldrecht II/2, § 78 III 1 c; grundsätzlich kritisch SOERGEL/ HÖNN/DÖNNEWEG Rn 4; vgl auch STOLL, Richterliche Fortbildung und gesetzliche Überarbeitung des Deliktsrechts [1984] 33 ff und STEFFEN VersR 1980, 409).

2. Verstoß gegen die guten Sitten

a) Die berechtigten Verhaltenserwartungen im Verkehr

In den Motiven zu § 826 BGB wird das Tatbestandsmerkmal der guten Sitten auf die **24** bekannte **Anstandsformel** gebracht; danach orientiert sich das Merkmal am „Anstandsgefühl aller billig und gerecht Denkenden" (Mot II 727, vgl das vollständige Zitat oben Rn 4). Das Reichsgericht hat diese Formulierung frühzeitig aufgegriffen (RGZ 48, 114, 124 f – Brisbane); sie ist seitdem in zahlreichen Abwandlungen geläufig (dazu SACK NJW 1985, 761 und HABERSTUMPF, Die Formel vom Anstandsgefühl aller billig und gerecht Denkenden in der Rechtsprechung des BGH [1976]).

Das Tatbestandsmerkmal knüpft sprachlich an moralische Kategorien an und wurde **25** bisweilen genau in diesem Sinne verstanden (vgl LOTMAR, Der unmoralische Vertrag [1896] passim, aber auch BGHZ 17, 327, 332, wonach sich das Gesetz durch § 826 BGB die Vorschriften der **Moral** zu eigen mache und COING NJW 1947/48, 218, der auf das „sittliche Bewußtsein des Volkes schlechthin" verweist). Historisch bestand seine Funktion wohl in der Sanktionierung von Solidaritäts- und Traditionsbrüchen: Die Schadenskompensation erwies sich dabei als ein Mittel, den illoyalen Rechtsgenossen in die überlieferten Verhaltensweisen zurückzuzwingen (ähnlich OTT, in: FS Raiser [1974] 403, 410 und TEUBNER, Standards und Direktiven in Generalklauseln 52 ff).

26 **Kritik:** Eine **Anknüpfung an vorrechtliche, ethische Normen** erscheint **heute** aus verschiedenen Gründen **nicht mehr möglich.** Aus Moral und Weltanschauung einer noch so erdrückenden Mehrheit entstehen unter der geltenden Verfassungsordnung nämlich keine gesetzlichen Verpflichtungswirkungen zu Lasten der gegen sie Verstoßenden (**Art 4 Abs 1 GG**; ähnlich E WOLF, AT [3. Aufl 1982] 347). Dabei erscheint die Feststellung des Gerechtigkeitsgefühls *aller* billig und gerecht Denkenden in einer von **pluralistischen Wertvorstellungen** geprägten Gesellschaft ohnehin illusorisch; nicht ohne Grund mußte der Sittenmaßstab im Laufe seiner Anwendung durch die Gerichte, wie bspw im Wettbewerbsrecht, auf ganz bestimmte Adressatenkreise hin eingeschränkt werden, ohne daß auch dadurch jemals ein ethischer Konsens verbürgt worden wäre (OTT, in: FS Raiser [1974] 403, 411; ähnlich HÖNN, in: FS Mühl [1981] 309, 310). In der Praxis sucht der Rechtsanwender bei der Lösung der komplexen Probleme einer hochdifferenzierten Wettbewerbswirtschaft oft überhaupt vergeblich nach einem vorrechtlichen Konsens über das sittlich Erlaubte: Ob der Minderheitsgesellschafter einer Aktiengesellschaft einem bestimmten Sanierungsplan der Mehrheit zustimmen muß oder nicht (unten Rn 371 ff), läßt sich bspw ebensowenig unter Rückgriff auf vorrechtliche moralische Kategorien beantworten wie die Frage, worüber genau der Vertreiber von Warenterminoptionen den am Erwerb interessierten Anleger aufklären muß, um nicht sittenwidrig zu handeln (unten Rn 169). Das **Fehlen ethischen Konsenses** hinsichtlich solcher Fragen ist bei näherer Betrachtung auch **kein Zufall**: Denn auf neuartige Konfliktsituationen reagieren die Beteiligten regelmäßig nicht im Wege ethischer Konsensbildung, sondern durch gegensätzliches Behaupten ihrer wirtschaftlichen Interessen – andernfalls käme es gar nicht erst zum Rechtsstreit, weil eine Seite in der Konsequenz des bestehenden Konsenses nachgeben müßte. Den Beteiligten, aber auch außenstehenden Dritten, fehlt nämlich regelmäßig der Überblick über die einschlägigen Argumente, Lösungsmöglichkeiten und Folgewirkungen, die bei der Besorgung eines neuartigen Konfliktes eine Rolle spielen. So scheint im Rahmen des § 826 BGB der Rekurs auf ethische Konsensbildungen die denkbar schlechteste Referenz, weil diese Norm gerade neuartige Interessenkollisionen auflösen und so den zivilrechtlichen Vermögensschutz ergänzen will (ähnlich OTT, in: FS Raiser [1974] 403, 415).

27 Die **hM** beschränkt sich daher heute eher auf ein das Merkmal der guten Sitten prägendes **ethisches Residuum.** Danach geht es letztlich um eine **rechtsethische Verbindlichkeit** der guten Sitten, um eine Interaktion von Ethik und Moral einerseits und zivilistischen Standards andererseits (MAYER-MALY AcP 194 [1994] 105, 171; SOERGEL/ HÖNN/DÖNNEWEG Rn 8, 24). Der Begriff der Ethik wird dabei häufig nicht einmal im Sinne eines Rekurses auf vorrechtliche Moralvorstellungen gebraucht, sondern als besonderes, auf den jeweiligen Norminhalt bezogenes Prädikat (vgl nur SACK NJW 1985, 761, 768: „Alle Normen des Rechts, die einen Interessenausgleich bezwecken, sind ethischer (moralischer, sittlicher) Natur."; vgl auch MünchKomm/MERTENS Rn 9).

Entsprechend soll das Merkmal der guten Sitten auf die aus Sicht des Rechts ver- **28**
bindlichen Normen der Ethik verweisen (SACK NJW 1985, 761, 768). Der **Richter** ist kraft
seines Amtes **Repräsentant der billig und gerecht Denkenden** und damit zur Entscheidung darüber berufen, welche Sittengesetze gesetzliche Verbindlichkeit beanspruchen dürfen und welche nicht (SACK NJW 1985, 761, 763 im Anschluß an EBERHARD SCHMIDT
JZ 1954, 374; BAUMBACH/HEFERMEHL EinlUWG Rn 71; SOERGEL/HÖNN/DÖNNEWEG Rn 24). Um
zu entscheiden, wer überhaupt zum Personenkreis der billig und gerecht Denkenden
zählt, muß sich der Richter aber ein Urteil darüber bilden, was billig und gerecht ist
(SACK aaO; ähnlich HÖNN, in: FS Mühl [1981] 309, 311). Historischer Vorläufer dieser Auffassung ist die keineswegs unumstrittene sog „**Volksgeistthese**", nach der der Jurist
kraft Herkunft, Bildung und Ausbildung idealer Repräsentant des Volksgeistes und
damit Repräsentant der billig und gerecht Denkenden sein soll (ARZT, Die Ansicht aller
billig und gerecht Denkenden 63 ff; 74 ff; SACK NJW 1985, 761, 764). Daß der Richter eigene
Wertungen und Überzeugungen heranziehen darf, wenn es am erforderlichen ethischen Konsens bei den beteiligten Verkehrskreisen fehlt, ist allerdings nicht unumstritten (tendenziell kritisch bis einschränkend: MünchKomm/MERTENS Rn 34 im Anschluß an
WIEACKER JZ 1961, 337, 340 und BREITHAUPT JZ 1964, 283).

Kritik: Die von der Repräsentationstheorie beschriebene These scheint indes bei der **29**
praktischen Normanwendung nicht immer zuverlässig. Bereits ein erster Überblick
über den praktischen Anwendungsbereich des § 826 BGB zeigt, daß die Gerichte in
ihren Entscheidungen nicht vorherrschende Sozialnormen zitieren und zwischen diesen wertend selektieren (etwas anderes mag im Einzelfall für den gelegentlichen
Einsatz der Demoskopie im Wettbewerbsrecht gelten [TEUBNER, Standards und Direktiven 118], der jedoch keine große praktische Bedeutung hat). Im typischen Anwendungsfall des § 826 BGB fehlt es im übrigen gerade an überpositiven, ethischen
Konsensbildungen, auf die der Rechtsanwender zurückgreifen könnte (zu den Gründen oben Rn 26). Deshalb tritt „an die Stelle einer nicht bestehenden Sozialmoral . . .
die Rechtsmoral" (BAUMBACH/HEFERMEHL, UWG EinlUWG Rn 71). Die Aufgabe der
Gerichte besteht also nicht in einer *Auswahl* aus dem Fundus bestehender Sozialnormen, sondern in der **Neuschöpfung abstrakter Verhaltenspflichten**, anhand derer das
Verhalten des Anspruchsgegners auf seine Verträglichkeit mit der Rechts- und Sit-
tenordnung hin überprüft werden kann (BAUMBACH/HEFERMEHL, UWG EinlUWG
Rn 72).

Der mit dem Tatbestandsmerkmal der guten Sitten teleologisch verbundene **Ver- 30**
pflichtungsgrund liegt also folglich nicht in vorrechtlichen, überpositiven Sozialnormen (vgl entsprechend auch den sog „innerrechtlichen Ansatz" bei LARENZ/CANARIS, Schuldrecht
II/2, § 78 II 1). Dies räumt indirekt auch die Repräsentationstheorie ein, wenn sie im
Urteil des Richters über die Kategorien „billig" und „gerecht" den eigentlich maßgeblichen Konkretisierungsakt erkennt und nicht in der aufgrund dieses Urteils
ausgewählten Sozialnorm (OTT, in: FS Raiser [1974] 403, 415; ähnlich BREITHAUPT JZ 1964,
283); denn die bloße Tatsache, daß sich ein **Verhalten „eingebürgert"** hat, läßt noch
keine entsprechende Sittennorm entstehen (BGHZ 10, 228, 232; SOERGEL/HÖNN/DÖNNE-
WEG Rn 30; vgl zur Unbeachtlichkeit des **moralischen Verfalls in Notzeiten** RGZ 104, 327, 330; RGZ
120, 144, 148; RGZ 129, 357, 381; MünchKomm/MERTENS Rn 34; STAUDINGER/SCHÄFER[12]
Rn 39).

So läßt sich praktische Sozialethik nicht durch Rekurs auf bestehende Sozialnormen **31** betreiben, sondern nur durch ein **Haftungsprinzip**, das sich einerseits ergebnisoffen auch auf neue Interessenkollisionen hin konkretisieren läßt, andererseits aber in seiner teleologischen Ausrichtung dem friedlichen Zusammenleben der Rechtssubjekte Rechnung trägt. Im Privatrecht nimmt das **Vertrauensprinzip** diese Stellung ein (grundlegend LARENZ, Allgemeiner Teil des deutschen Bürgerlichen Rechts [7. Aufl 1989] 43 f). Es begegnet im Recht der unerlaubten Handlungen als **Vertrauensgrundsatz** (vgl nur vBAR, Verkehrspflichten [1980] 117 ff; MünchKomm/MERTENS Rn 24), nach dem jeder Verkehrsteilnehmer von den übrigen Teilnehmern ein verkehrsgerechtes Verhalten erwarten darf, wenn er sich nur selbst entsprechend verhält. Die §§ 823 ff BGB schützen die damit verbundenen Erwartungen der Verkehrsteilnehmer in ganz unterschiedlicher Intensität. In ihrem systematischen Zusammenhang sichert § 826 BGB den Anspruchsberechtigten vor Verhaltensweisen, die auf einem vorsätzlichen Verstoß gegen solche ungeschriebenen Verhaltensnormen beruhen, auf deren Einhaltung der am Verkehr Beteiligte billigerweise vertrauen darf. Bei der Konkretisierung des Merkmals der guten Sitten geht es folglich um die Feststellung, welches Verhalten der Anspruchssteller vom Anspruchsgegner erwarten darf. Diese Aufgabe erschöpft sich nicht im Nachvollzug der tatsächlichen Erwartungsinhalte des Anspruchsstellers, denn diese können überzogen und einseitig sein. Vielmehr geht es um die Klärung der *berechtigten* Erwartungen des Anspruchsgegners. Die guten Sitten sind nach diesem Verständnis **nicht** gleichzusetzen mit dem **Anstands"gefühl"**, **sondern** den **Anstands"erwartungen"** oder präziser formuliert, den **berechtigten Verhaltenserwartungen im Verkehr** (ähnlich formuliert auch der BGH: „**Grundanschauungen loyalen Umgangs unter Rechtsgenossen**" NJW 1981, 2184, 2185; vgl auch MünchKomm/MERTENS Rn 9: „gesellschaftliche Normvorstellungen darüber, was ... als anständiges Verhalten erwartet werden kann."). Trotz seiner Ergebnisoffenheit erscheint das Merkmal danach nicht inhaltsleer; denn es läßt zum einen den Rechtsfortbildungsauftrag an die Rechtsprechung verstehen (unten Rn 32 ff), erklärt, warum sich der Maßstab der guten Sitten an konkurrierende Verhaltens- und Sorgfaltsmaßstäbe, etwa die in einer Vertragsbeziehung konkretisierten, anpassen muß (unten Rn 37 ff) und warum die guten Sitten in § 138 BGB und § 826 BGB nicht notwendig auf dieselbe Weise konkretisiert werden (unten Rn 43 ff).

b)   Der Rechtsfortbildungsauftrag

32 Bereits in den **Gesetzesmaterialien** findet sich die Auffassung der von einer allgemeinen Fahrlässigkeitshaftung ausgehenden ersten Kommission, daß die nähere Konkretisierung des Sittenmaßstabes der Rechtsprechung überlassen bleiben müsse: „Es ist namentlich Aufgabe des Richters, im einzelnen Falle zu prüfen, ob bei bloßer Fahrlässigkeit der Verstoß gegen die guten Sitten anzunehmen oder zu verneinen ist." (Mot II 727). Diese Notwendigkeit erklärt sich aus der Zwecksetzung des § 826 BGB, den Anspruchsberechtigten dort vor Vorsatztaten zu schützen, wo die allgemeinen Institute des Vermögensschutzes nicht greifen. Nicht zufällig war ein entsprechendes Entwicklungsmoment bereits in der römischen **actio doli** (zu dieser oben Rn 9) grundgelegt: „Der Prätor ist sich bewußt, daß die Bedingungen einer solchen Klage nicht so genau und richtig im Allgemeinen aufgestellt werden können, daß im einzelnen Falle bloß richtige Subsumtion und logische Operation nöthig wäre. Die Rechtsidee selbst muß im einzelnen Falle noch eine berichtigende Wirksamkeit ausüben können" (vKELLER, Pandekten II [2. Aufl 1867] § 368).

33 Heute **bezeichnen die guten Sitten „das ungeschriebene, aus der Interessenforschung zu**

gewinnende Recht" (DEUTSCH JZ 1963, 385, 389) und werden als „Elastizitätsfaktor" verstanden (MAYER-MALY AcP 194 [1994] 105, 108). Durch sie wird „[d]er Richter . . . partiell zu einem dezentralen Gesetzgeber . . ." (OTT, in: FS Raiser [1974] 403, 417).

Nach der hier vertretenen Ansicht (oben Rn 31) ergibt sich der Rechtsfortbildungsauf- **34** trag zwanglos aus dem **Schutz der berechtigten Erwartungen** der Verkehrsteilnehmer in das gegenseitige Verhalten im Verkehr. Denn Erwartungsinhalte ändern sich mit den Ereignissen, auf deren rechtliche Behandlung sie sich beziehen. Beim Auftreten eines neuen Konfliktes wird der Anspruchssteller erwarten, vor einem bestimmten Verhalten des in Anspruch Genommenen geschützt zu werden; zum Rechtsstreit aber kommt es nur dann, wenn die andere Seite gerade auf der Erlaubtheit ihres Verhaltens besteht. Der Rechtsanwender löst solche Interessenkonflikte, indem er – orientiert an den Verhaltenserwartungen der einen oder anderen Seite und unter Beachtung rechtlicher Prinzipien – zu einer begründeten Entscheidung darüber gelangt, welche Erwartungen berechtigt und welche unberechtigt sind. Auf diese Weise entstehen Verhaltenspflichten – mitunter sogar ex post (zum Rückwirkungsproblem oben Rn 21 ff) –, anhand derer das Verhalten des Anspruchsgegners auf seine Sittenwidrigkeit hin bewertet werden kann. Diese für den konkreten Fall entwickelten Verhaltenspflichten lassen sich aber entsprechend ihrem Schutzzweck auf gleiche Fälle unmittelbar, auf vergleichbare analog übertragen und erfahren so eine stärkere Verallgemeinerungsfähigkeit.

Diese praktische Beobachtung bestimmt auch das **Verhältnis der Sittenwidrigkeit nach** **35** **§ 826 BGB** zu den **Verkehrssicherungspflichten** im Rahmen des § 823 Abs 1 BGB und den **Schutzgesetzen** im Rahmen des § 823 Abs 2 BGB. In diesem Zusammenhang wird die Sittenwidrigkeit treffend als eine „Rechtswidrigkeit im Werden" bezeichnet (DEUTSCH JZ 1963, 385, 390); den von der Praxis aufgestellten Sittengeboten eignet anfänglich noch nicht die Konsistenz und Fallerprobtheit, die für Verkehrssicherungspflichten und Schutzgesetze typisch sind, da sie aus Einzelfällen entstehen und kasuistischen Entwicklungsprozessen unterliegen. Durch Präzisierung ihrer Schutzzwecke gegenüber neuen Fällen, teleologische Reduzierung im Hinblick auf nicht zu erfassendes und Erstreckung auf zusätzlich einzubeziehendes Material gewinnen sie erst nach und nach einen konkreten Regelungsinhalt. In einem solchen Anfangsstadium befindet sich beim Stand der vorliegenden Kommentierung etwa die zum Abstimmungsverhalten des Minderheitsgesellschafters entwickelten Verhaltensgebote (unten Rn 287 f, 371 ff). Andererseits können die als gute Sitten entwickelten Verhaltenspflichten eine Konsistenz und Fallerprobtheit erreichen, die im Hinblick auf ihre Akzeptanz in Praxis und Wissenschaft den Verkehrspflichten des § 823 Abs 1 BGB und Schutzgesetzen des § 823 Abs 2 BGB in nichts nachstehen. MERTENS nennt als treffendes Beispiel die Haftung wegen Gläubigergefährdung und Konkursverschleppung (AcP 178 [1978] 227, 238).

Unter diesem Gesichtspunkt erscheint es kritikwürdig, daß die **hM** die **aus den guten** **36** **Sitten begründeten Verkehrspflichten zum Schutz fremden Vermögens** nicht als **Schutzgesetze iSd § 823 Abs 2 BGB** anerkennt (so aber BGH NJW 1987, 2671, 2672; vgl auch MEDICUS JZ 1986, 778, 780; PICKER JZ 1987, 1041, 1047; STOLL, Richterliche Fortbildung und gesetzliche Überarbeitung des Deliktsrechts [1984] 42; für eine Anerkennung DEUTSCH JZ 1963, 385, 390; MERTENS AcP 178 [1978] 227, passim; ders VersR 1980, 397; ; vBAR, in: Gutachten 1681, 1720 f; ders, Verkehrspflichten [1980] 157 ff; ders JuS 1988, 169, 171). Denn dadurch wird der weitere

Rechtsfortbildungsprozeß in falsche Bahnen gelenkt. Wie bereits DEUTSCH zutreffend bemerkte (390), rechtfertigt sich die in § 826 BGB vorgesehene Haftungsbeschränkung auf Vorsatz nur deshalb, weil ein fahrlässiger Schadensverursacher durch Rechtsfortbildungen – und dies bedeutet sehr konkret: durch die Bewertungen seines Verhaltens anhand nachträglich durch die Rechtsprechung konkretisierter Maßstäbe – einem zu starken Überraschungs- und Rückwirkungseffekt ausgesetzt würde (dazu bereits oben Rn 21). Die Notwendigkeit dieser Haftungsbeschränkung entfällt jedoch, sobald die Verhaltenspflichten eine Konsistenz und Akzeptanz erlangt haben, die derjenigen der positiv legitimierten Schutzgesetze in § 823 Abs 2 BGB in nichts nachsteht. Denn bei der Durchsetzung solcher Verhaltenspflichten ist ja gerade kein Überraschungs- oder Rückwirkungseffekt mehr zu beseitigen, so daß uU auch die fahrlässige Verletzung mit Schadensersatz bewehrt werden muß. Diese Möglichkeit scheidet indes aus, wenn die zugrundeliegenden Verkehrspflichten gerade nicht als schadensersatzbegründende Schutzgesetze in den Anwendungsbereich des § 823 Abs 2 BGB „abwandern" können. Die hM, die sich dieser Möglichkeit verschließt, „verstopft" – bildlich gesprochen – eine der kommunizierenden Röhren des vom Gesetzgeber systematisch durchdacht angelegten Deliktsrechtes und erzwingt, daß sich die weitere Rechtsentwicklung auf systemwidrige Weise Bahn bricht. So muß im Tatbestand des § 826 BGB offen oder verdeckt das Vorsatzerfordernis aufgeweicht werden, um auch fahrlässige Verstöße durch Schadensersatz sanktionieren zu können. Die Gefahren aber, die dieser Bruch mit dem Normtelos auslöst – immerhin geht es in § 826 BGB um die Deprivilegierung des Vorsatztäters (oben Rn 12 ff) – scheinen wesentlich größer als diejenigen einer Ausweitung des § 823 Abs 2 BGB auf richterrechtliche Verkehrspflichten.

c) Anpassung der guten Sitten an konkurrierende Sorgfaltsmaßstäbe

37 In einem grundlegenden Beitrag zum Thema hat MERTENS zahlreiche Schadensersatzhaftungen des Sonderprivatrechts als „Kinder des § 826 BGB" bezeichnet, „die man durch Reduktion der subjektiven Merkmale aus dieser Vorschrift gewonnen hat" (MERTENS AcP 178 [1978] 227, 233; zustimmend vBAR, in: Gutachten 1681, 1721). Grundlegend für diese Funktion des § 826 BGB ist die Anpassungsfähigkeit des Sittenmaßstabes an die in den einzelnen Sachgebieten obwaltenden Verhaltensmaßstäbe, seien es solche des kollektiven Arbeitsrechts, des Kapitalgesellschaftsrechts oder Familienrechts. Geläufig ist in diesem Zusammenhang auch die Vorstellung, daß sich der Inhalt der guten Sitten nach den Maßstäben **eines begrenzten Personenkreises** richten kann, soweit dieser allein durch die Sittennorm geschützt wird (BGH NJW-RR 1989, 1255, 1257; ählich BGHZ 15, 356, 364 = NJW 1955, 377; HÖNN, in: FS Mühl [1981] 309, 323; SOERGEL/HÖNN/DÖNNEWEG Rn 26; SACK NJW 1985, 761, 762). Stehen die deliktischen Rechtsfolgen einer Gläubigerbenachteiligung in Rede, so kommt es nicht auf die allgemeinen Sittlichkeitsmaßstäbe an, wie sie bspw auch zwischen Konkurrenten gelten, sondern allein auf die zwischen Kaufleuten geltenden Maßstäbe (BGH WM 1964, 671, 674; vgl auch ders NJW 1962, 1099).

38 Dieser Zusammenhang wird dadurch verständlich, daß über das Merkmal der guten Sitten die berechtigten Verhaltenserwartungen der beteiligten Kreise im Verkehr geschützt sind (oben Rn 31). Denn danach bezeichnen die guten Sitten iSd § 826 BGB zunächst nur einen **Mindeststandard** (DAMM JZ 1986, 913, 918) bzw etwas unscharf formuliert (dazu oben auch Rn 27) ein **rechtsethisches Minimum**, das von *allen* Verkehrsteilnehmern gleichermaßen einzuhalten und zu erwarten ist (LARENZ/CANARIS, Schuldrecht

II/2 § 78 II b; SOERGEL/HÖNN/DÖNNEWEG § 826 Rn 25, 28). Präziser formuliert der Bundesgerichtshof, daß es insoweit „um die **Grundanschauungen loyalen Umgangs unter
Rechtsgenossen**" gehe (BGH NJW 1981, 2184, 2185; vgl auch RGZ 55, 367, 373; 80, 219, 221;
BGHZ 10, 228, 232 = NJW 1953, 1665), womit schließlich durchschnittliche Maßstäbe
gemeint sind (MünchKomm/MERTENS Rn 34). Stehen sich Anspruchsteller und
Anspruchsgegner jedoch in einer Sonderverbindung gegenüber, können die in ihr
obwaltenden *besonderen* Sorgfaltsanforderungen den *allgemeinen* Maßstab überla-
gern und verschärfen. Dies folgt aus dem Zweck des § 826 BGB, den Vorsatztäter
zum Schutz seiner Opfer zu deprivilegieren. Entsprechend kann sich, wer seinem
Vertragspartner vorsätzlich Schaden zufügt, auch im Rahmen des § 826 BGB nicht
hinter allgemeine Verhaltensmaßstäbe zurückziehen. Vielmehr darf sein Opfer das
Verhalten und die Sorgfalt, die es aufgrund seiner Sonderrechtsbeziehung zum Täter
erwarten kann, auch im Rahmen des § 826 BGB voraussetzen. Daß die guten Sitten
ansonsten einen Mindeststandard repräsentieren, darf nämlich den Vorsatztäter, der
zu seinem Opfer im Zeitpunkt der Schädigung bereits in einer erhöhten Vertrauens-
beziehung stand, nicht entlasten; der **Sittenmaßstab** ist kein Schlupfwinkel für den
Vorsatztäter, sondern **paßt sich berechtigten Sondererwartungen des Opfers an.** Daran
bewahrt sich eine Metapher DEUTSCHS (in: FS Gernhuber 581, 592), nach der die Sittenwidrigkeit funktional betrachtet als eine Art der Rechtswidrigkeit im Werden
erscheint, deren Inhalt nicht bestimmt ist, und die – möchte man ergänzen – im
Einzelfall durch konkurrierende Sondermaßstäbe bestimmt werden kann.

Praktisch zeigt sich dies etwa in den Fällen, in denen das Sittenwidrigkeitsurteil auf **39**
arglistigem Verschweigen eines für das Opfer wichtigen Umstandes beruht (unten
Rn 158 ff). Hier folgen einschlägige Offenbarungspflichten, die das Verschweigen als
Unterlassen überhaupt erst sittenwidrig werden lassen, häufig aus (vor)vertraglichen
Sonderrechtsbeziehungen zwischen Täter und Opfer (unten Rn 158). Dogmatisch verständlich wird diese Überlagerung des allgemeinen Mindeststandards der guten
Sitten durch die in einer Sonderrechtsbeziehung geltenden erhöhten Sorgfaltsmaßstäbe aus dem **Schutz von Erwartungen**: Grundsätzlich werden durch § 826 BGB nur
die allgemeinen Erwartungen des Opfers an Mindestmaßstäbe gegenseitigen Verhaltens im Verkehr geschützt; wie aber bei der Auslegung von Willenerklärungen ein
Sonderhorizont dem objektiven Empfängerhorizont hinzugerechnet werden muß, so
zählen auch zu den berechtigten Erwartungsinhalten des durch § 826 BGB Geschützten diejenigen Sondermaßstäbe, hinsichtlich derer der Täter zuvor Vertrauen beim
Opfer geschaffen hat.

Im übrigen ist auch eine **Einschränkung der guten Sitten in § 826 BGB durch Spezial-** **40**
normen möglich. So bieten die guten Sitten in § 826 BGB keine Rechtsgrundlage für
die Begründung eines Diskriminierungsverbotes jenseits von § 26 Abs 2 GWB (aA
P ULMER GRUR 1977, 565, 577; dagegen zu Recht SOERGEL/HÖNN/DÖNNEWEG Rn 37).

Aus dieser Anpassung und Überlagerung der guten Sitten durch konkurrierende **41**
Sondermaßstäbe heraus ist überhaupt nur verständlich, warum die Vorschrift in so
völlig unterschiedlichen Lebensbereichen wie dem Familienrecht und dem Girover-
kehrsrecht gleichermaßen praktisch zum Einsatz kommt. Diese Flexibilität des
Sittenmaßstabes macht schließlich den Weg frei, **§ 826 BGB mit den Instituten des
Sonderprivatrechts teleologisch abzustimmen** und diese über § 826 BGB auf **einheitliche**

Wertungsgrundlagen zurückzuführen (MERTENS AcP 178 [1978] 227, 255; MESTMÄCKER AcP 168 [1968] 235, 254).

42 Allerdings bestehen diesbezüglich auch **Schranken**: § 826 BGB sanktioniert Verhaltensunrecht mit Schadensersatz. Daraus folgt, daß etwa Marktstrukturhaftungen, die nicht mehr an einen individuellen Verschuldensvorwurf anknüpfen, aus dieser Vorschrift ebensowenig begründet werden können (unten Rn 422 ff) wie Rechtskraftdurchbrechungen, deren prozessual gestaltende Wirkungen über eine Schadenskompensation inter partes hinausschießen (unten Rn 472 ff).

d) **Relativität des Bedeutungsinhaltes und systematisches Verhältnis zu anderen Rechtsbegriffen und Instituten**

43 Nach hM besteht **kein einheitlicher, für die gesamte Rechtsordnung verbindlicher Maßstab der guten Sitten** (BAUMBACH/HEFERMEHL EinlUWG Rn 69; DEUTSCH JZ 1963, 385, 389; SOERGEL/HÖNN/DÖNNEWEG Rn 20; MAYER-MALY AcP 194 [1994] 105, 171; SCHRICKER, Gesetzesverletzung und Sittenverstoß 493; TEUBNER, Standards und Direktiven 62; aA SACK GRUR 1970, 493, 502; FIKENTSCHER, Wettbewerb und Gewerblicher Rechtsschutz [1958] 108). Wie unterschiedlich die unter dem Merkmal der guten Sitten zusammengefaßten Gegenstände sein können, zeigt sich etwa praktisch daran, daß § 120b GewO unter dem Merkmal – ganz anders übrigens als § 826 BGB (oben Rn 26) – Vorstellungen zusammenfaßt, die letztlich aus Sittlichkeit und Moral begründet werden (MAYER-MALY AcP 194 [1994] 105, 129). Daß sich der in § 826 BGB zugrundeliegende Maßstab von dem anderer Vorschriften unterscheiden muß, die auf die guten Sitten Bezug nehmen, folgt nach der hier vertretenen Auffassung (oben Rn 31, vgl aber auch gerade zuvor 37 ff) daraus, daß sich der Sittenmaßstab im Rahmen des § 826 BGB an den berechtigten Erwartungen der Verkehrteilnehmer orientiert und deren Bezugspunkt dem Merkmal einen besonderen, vom Regelungsgegenstand anderer Sittennormen verschiedenen Inhalt verleiht.

44 Insbesondere im **systematischen Verhältnis von § 138 BGB und § 826 BGB** (dazu BGHZ 10, 228, 232; BGH NJW 1970, 657; dargestellt bei COING WM 1980, 1026; MERTENS ZHR 143 [1979] 174, 182; RÜMKER KTS 1980, 493, 507) sind wegen der unterschiedlichen Funktionen beider Normen nicht durchweg gleiche Maßstäbe anzulegen. Im Rahmen des § 138 BGB fungieren die guten Sitten als Grenze der rechtsgeschäftlichen Privatautonomie, in § 826 BGB als Maßstab zur Bewertung deliktischen Verhaltens. Dies kann zu **Überschneidungen der Anwendungsbereiche** führen, wenn das deliktische Verhalten zugleich auch auf rechtsgeschäftliche Rechtsfolgen zielt. In diesen Fällen wird der Sittenwidrigkeitsmaßstab der gemeinsamen Funktion beider Vorschriften entsprechend nach denselben Sachgesichtspunkten konkretisiert (COING aaO; RÜMKER aaO; vgl auch BGHZ 67, 119, 122; WM 1958, 249, 250; NJW 1970, 657, 658; MünchKomm/MERTENS Rn 92; BGB-RGRK/STEFFEN Rn 11; SOERGEL/HÖNN/DÖNNEWEG Rn 245). Praktisch bedeutsam wird die Konkurrenz beider Normen etwa in den Fällen sittenwidriger Kreditsicherung, wenn die Drittgläubiger Ansprüche gegenüber dem Hauptgläubiger geltend machen, der sich in sittenwidriger Weise Sicherheiten vom Schuldner bestellen ließ (unten Rn 349), oder auch in den Fällen des Geliebtentestaments (unten Rn 467), wo die Nichtigkeit des Testamentes nach § 138 BGB möglicherweise einen eigenständigen Schadensersatzanspruch des übergangenen Abkömmlings oder Ehegatten nach § 826 BGB verhindert. Denn greifen wegen der Nichtigkeit des Rechtsgeschäftes die Vorschriften über die ungerechtfertigte Bereicherung (beim nichtigen Sicherungs-

vertrag) bzw die gesetzliche Erbfolge (beim nichtigen Geliebtentestament), so kann
es uU am Schaden iSd § 826 BGB fehlen, weil der durch das sittenwidrige Rechtsgeschäft geplante Vermögenserwerb auf Kosten des Anspruchsstellers gescheitert ist
bzw rückabgewickelt werden muß. In dieser Funktion wird § **138 BGB** gelegentlich
auch als „gebremster" § 826 BGB bezeichnet (MERTENS 182), weil die Vorschrift beim
sittenwidrigen Rechtsgeschäft zur Anwendbarkeit der §§ 812 ff BGB führt und die
scharfe Haftung nach § 826 BGB für den Täter vermeidet. Hier scheint allerdings
aufgrund des Schutzzwecks von § 826 BGB Vorsicht geboten, denn § 138 BGB verhält sich nur zu den allgemeinen Folgen sittenwidriger rechtsgeschäftlicher Willensbetätigung und nicht zu den Fällen vorsätzlicher Vermögensschädigung durch ein
Rechtsgeschäft. Wegen der nach § 826 BGB gebotenen Deprivilegierung des Vorsatztäters zum Schutz seiner Opfer (dazu oben Rn 12 ff) müssen daher alle durch die
Vorsatztat entstandenen Schäden liquidierbar sein (Verzugsschäden, Schäden, die
infolge zwischenzeitlicher Reaktion auf die Vorsatztat entstanden sind, usw); § **138
BGB** eröffnet insoweit **kein Haftungsprivileg für die Vorsatztat** (vgl auch RGZ 143, 48, 54).
Nur in denjenigen Fällen, in denen durch die Nichtigkeitsfolge des § 138 BGB jeder
Schaden des Opfers beseitigt ist, wenn also der übergangene Nachkömmling bei
Nichtigkeit des Geliebtentestaments die erstrebte Rechtsfolge in das Vermögen des
Erblassers kraft Gesetzes antritt, scheidet ein Anspruch aus § 826 BGB aus.

Nach ganz **hM** impliziert die Sittenwidrigkeit eines Verhaltens seine **Rechtswidrigkeit** 45
(Mot II 726; BGH NJW 1979, 162, 163; DAMM JZ 1986, 913, 918; DEUTSCH JZ 1963, 385, 389;
HÖNN, in: FS Mühl [1981] 309, 322; OTT, in: FS Raiser [1974] 403, 413; REUTER ZGR 1987, 489,
498). Daß die **Rechtsprechung** bisweilen dennoch **zwischen Sittenwidrigkeit und Rechtswidrigkeit unterschieden** hat, beruht auf einem komplizierten Zusammenhang: Da
nach der herrschenden Vorsatztheorie, der Vorsatz stets auch auf die Rechtswidrigkeit bezogen sein muß, die Haftung nach § 826 BGB aber aus praktischen Überlegungen heraus nicht vom Bewußtsein der Sittenwidrigkeit abhängen kann, wurden
Sittenwidrigkeit und Rechtswidrigkeit zur Rechtfertigung eines Sonderweges bei der
Beurteilung der Sittenwidrigkeit in § 826 BGB begrifflich unterschieden (RGZ 72, 4,
7; anknüpfend BGH NJW 1951, 596 f dazu kritisch MAYER-MALY, Das Bewußtsein der Sittenwidrigkeit 41; vBAR RabelsZ 44 [1980] 455, 466 sowie unten Rn 63). Mit Blick auf die Entwicklungsfunktion der Norm im Einzelfall begegnet die Vorstellung, die Sittenwidrigkeit
repräsentiere einen Fall **minderer Rechtswidrigkeit**, weil die Kriterien der Rechtswidrigkeit nach und nach kasuistisch herausgearbeitet werden müßten (DEUTSCH 390:
„Rechtswidrigkeit im Werden"). Im Hinblick auf die Funktion der Norm in den Fällen des
Rechts- und Institutionenmißbrauchs findet sich auch die Vorstellung von einer
gesteigerten Rechtswidrigkeit (DEUTSCH 389; ebenso etwa ENGEL, Der Rückgriff des Scheinvaters wegen Unterhaltsleistungen [1974] 63). Schließlich wird die Sittenwidrigkeit auch unter
dem Aspekt der Eingrenzung des Anwendungsbereiches von § 826 BGB als **qualifizierte Form der Rechtswidrigkeit** verstanden (LARENZ/CANARIS, Schuldrecht II/2, § 78 II b;
vgl aber auch die skeptische Ansicht zur Vergleichbarkeit beider Kategorien überhaupt bei CANARIS
AcP 184 [1984] 201, 236).

Zur praktischen Normanwendung tragen solche Prädikate indes wenig bei. Auch 46
verwandte Topoi wie „**Unerträglichkeit**" und „**Unanständigkeit**", die im Zusammenhang mit der Bewertung eines Verhaltens als sittenwidrig bevorzugt Verwendung
finden, erscheinen bei näherer Betrachtung letztlich nur als „sittlich-moralische Auf-
ladungen" (DAMM JZ 1986, 913, 918) ohne normativ greifbaren Gehalt. Richtiger

Ansicht nach unterscheiden sich Sittenwidrigkeit und Rechtswidrigkeit allein „in der Qualität der entweder richterlich formulierten oder gesetzlich statuierten Kontrollnormen" (Damm aaO). Die **Sittenwidrigkeit** ist schließlich nach Entstehungsgeschichte, systematischer Anlage und Zweck der Vorschrift **neben dem Vorsatz das zentrale Kriterium zur Einschränkung der Haftung nach § 826 BGB.** Im systematischen Zusammenspiel des Rechts der unerlaubten Handlungen kennzeichnet § 826 BGB gegenüber den beiden Tatbeständen des § 823 BGB gerade der objektiv weite Tatbestand, dessen Anwendung vor allem durch das erhöhte Verschuldenserfordernis eingeschränkt ist (vgl statt vieler Coing NJW 1951, 596, 597). Die Norm könnte ihre Auffang- und Rechtsfortbildungsfunktion kaum wahrnehmen, wenn der Maßstab der Sittenwidrigkeit noch über den in § 823 BGB zu stellenden Rechtswidrigkeitsanforderungen anzusiedeln wäre.

e)　Normative Indikatoren für den Sittenverstoß

47 **Von geringem Erkenntniswert und zweifelhaftem praktischen Nutzen** scheinen indes die geläufigen normativen Indikatoren eines Sittenverstoßes. Leerformeln treten bisweilen an die Stelle einer Auseinandersetzung in der Sache, wenn die Sittenwidrigkeit durch eine „verwerfliche Zweck-Mittel-Relation" oder eine „eigennützige Mißachtung fremder Interessen" begründet wird. „Verwerflichkeit" und „Mißachtung" existieren nämlich nicht an sich, sondern lassen sich nur durch *Bewertung* eines tatsächlichen Handelns in einer bestimmten Konstellation feststellen. Die Entscheidung über den Sittenverstoß hängt daher letztlich allein von den Maßstäben ab, die dieser Bewertung zugrundeliegen. Daß das Bewertungs*ergebnis* danach auf die sprachliche Formel einer verwerflichen Zweck-Mittel-Relation gebracht wird, ist eine andere Frage, die zur Entscheidung in der Sache meist nichts beiträgt.

48 Erkennbar befriedigen die geläufigen Indikatoren ein **praktisches Bedürfnis nach subsumtionsfertigen Formeln** oder Prinzipien, obwohl vor allem dort, wo der Sittenbegriff situationsbezogen fortentwickelt und auf neuartige Fallkonstellationen hin konkretisiert werden muß, substantielle Vorgaben durch das Recht nicht möglich sind. So besteht die Funktion der bekannten **Formeln** nicht selten darin, trotz des Innovationsschrittes in der Sache den Eindruck einer Anknüpfung an bekannte Tradition zu erwecken. Einen erheblichen rechtsfortbildenden Schritt vollzog der **Bundesgerichtshof** bspw im Hinblick auf die Frage, ob der Minderheitsgesellschafter einer Aktiengesellschaft die Zustimmung zum Sanierungsplan der Mehrheitsgesellschafter verweigern darf oder ob er sich im Falle der Verweigerung schadensersatzpflichtig macht. Das Gericht begründete die Möglichkeit einer Schadensersatzpflicht aus § 826 BGB unter Hinweis auf die Formel von der Verhältnismäßigkeit zwischen Mittel und Zweck (vgl unten Rn 373). Stehe das durch die Zustimmungsverweigerung angestrebte Ziel des Minderheitsgesellschafters außer Verhältnis zu den verursachten Folgen, könne eine Schadensersatzpflicht begründet sein (BGH WM 1995, 882, 894 ff – Girmes II). Der Topos einer Verhältnismäßigkeit von Mittel und Zweck ermöglicht indes kaum eine überzeugende Sachbegründung (dazu unten Rn 375): Denn der Minderheitsgesellschafter wird von seinem Standpunkt aus sehr wohl der Meinung gewesen sein, der von ihm verfolgte Zweck rechtfertige das eingesetzte Mittel. Fraglich ist gerade, aufgrund welcher Maßstäbe das Gericht zu einer anderen Beurteilung gelangt ist. Diese Maßstäbe allein tragen das Sittenwidrigkeitsverdikt; stehen sie fest, erscheint die Feststellung einer unverhältnismäßigen Mittel-Zweck-Relation als entbehrliche Rhetorik.

In Kenntnis dieses Mißstandes **schwächt die hM die Indikationswirkung der einzelnen** 49
Topoi stark ab und fordert, daß diese neben allen objektiven und subjektiven
Umständen des Einzelfalles in eine Gesamtabwägung eingehen müßten (Münch-
Komm/MERTENS Rn 33, letzter Satz; SOERGEL/HÖNN/DÖNNEWEG Rn 38; STAUDINGER/SCHÄFER[12]
Rn 42). Damit steht jedoch zugleich fest, daß den einzelnen Topoi keine eigenstän-
dige und zweifelsfreie Indikationswirkung zukommt.

aa) Verhaltensanforderungen

Unter dem Titel „**sozialethisch fundierte rechtliche Wertungsprinzipien**" (MünchKomm/ 50
MERTENS Rn 18) wird bisweilen ein Katalog von Verhaltensweisen aufgeführt (Münch-
Komm/MERTENS Rn 32; SOERGEL/HÖNN/DÖNNEWEG Rn 46; STAUDINGER/SCHÄFER[12] Rn 38 ff),
deren Nachweis im Einzelfall regelmäßig einen Sittenverstoß begründen soll (beson-
ders dezidiert hinsichtlich der Indikationswirkung MünchKomm/MERTENS Rn 32, vorletzter Satz).
Es handelt sich dabei etwa um die arglistige Täuschung, das grob rücksichtslose
Enttäuschen fremden Vertrauens, die eigennützige Mißachtung fremder Interessen,
die rücksichtslose Durchsetzung auf Kosten der Allgemeinheit, die Ausbeutung der
Schwäche und Unerfahrenheit eines anderen usw.

Kritik: Rasch zeigt sich jedoch, daß keine dieser Verhaltensweisen per se sittenwidrig 51
ist: Selbst die schadensträchtige Täuschung eines anderen – scheinbar der ureigenste
Anwendungsfall des § 826 BGB – ist in Sondersituationen nicht sittenwidrig, wie die
Täuschung über die Finanzsituation des gerade in der Sanierung befindlichen Unternehmens (unten Rn 162) oder das Täuschungsrecht der Arbeitnehmerin auf die Frage
des Arbeitgebers nach einer Schwangerschaft (vgl nur SCHAUB, Arbeitsrechts-Handbuch
[8. Aufl 1996] § 26 III 2c) zeigen. Auch die Bemühungen um den Begriff der **Rücksichtslosigkeit** (vgl SOERGEL/HÖNN/DÖNNEWEG Rn 48, vor allem unter Hinweis auf das Urteil zum
Fluglotsenstreik BGHZ 70, 277, 282) führen nicht sonderlich weit, wenn in anderem
Zusammenhang eingeräumt werden muß, daß niemand seine Interessen prinzipiell
hinter diejenigen Dritter zurücksetzen muß (RGZ 138, 373, 376; BGHZ 102, 68, 77; BGH
NJW 1985, 2023, 2024; SOERGEL/HÖNN/DÖNNEWEG Rn 43). Nicht der Begriff der Rücksichtslosigkeit vermag danach das Sittenwidrigkeitsverdikt zu begründen, sondern
nur der von den Gerichten angelegte, jedoch nicht immer offenbarte Wertmaßstab,
aufgrund dessen ein Einzelverhalten als rücksichtslos bezeichnet wird.

Ähnlich verhält es sich mit den bereits eingangs thematisierten Argumenten aus der 52
Zweck-Mittel-Relation (vgl etwa die Urteile BGHZ 102, 68, 71 f; NJW 1957, 587, 588; WM 1985,
860, 868). Daß anstößige Mittel bei Verfolgung legitimer Zwecke das Sittenwidrigkeitsverdikt begründen können, mag sich im Einzelfall bewahrheiten (BGH WM 1960,
551, 553; SOERGEL/HÖNN/DÖNNEWEG Rn 40), hängt aber entscheidend davon ab, aufgrund
welcher Wertungen das Mittel als anstößig anzusehen ist (vgl in diesem Zusammenhang
etwa die grundsätzliche Unzulässigkeit von **agent provocateurs**: BGHZ 8, 83; NJW 1981, 1626 oder
die Erlaubtheit einer **Drohung mit der Strafanzeige** zur Durchsetzung von Ansprüchen aus der Straftat
RGZ 110, 382, 384; RGZ 112, 226, 228; BGHZ 25, 217, 221). Hingegen resultiert die Sittenwidrigkeit schwerlich allein aus der **planmäßigen Schädigung** (so STAUDINGER/SCHÄFER[12]
Rn 43), denn jedes wettbewerbliche Verhalten unter Konkurrenten ist mit einiger
Planung daraufhin angelegt, der anderen Seite Marktanteile abzutrotzen und ihr so
unfreiwillige Vermögensverluste zu bescheren. Eher an eine petitio principii
gemahnt auch die Vorstellung, die Sittenwidrigkeit könne aus einer **Unverhältnismäßigkeit von Mittel und Zweck** resultieren (SOERGEL/HÖNN/DÖNNEWEG Rn 49; BGB-RGRK/

STEFFEN Rn 27). Denn die Maßstäbe, aus denen sich etwas über die Verhältnismäßigkeit aussagen läßt, sind gerade die im Einzelfall zu findenden Sittengebote.

53 **Bedeutend ist allerdings die Frage, inwieweit die persönlichen Motive des Täters bei der Beurteilung seines Verhaltens als Sittenverstoß eine Rolle spielen können.** Hier ist **nach einer Auffassung** Zurückhaltung erforderlich, weil es im Rahmen des § 826 BGB auf Sozialmoral, nicht dagegen auf die moralische Qualität des Individuums ankomme (MünchKomm/MERTENS Rn 37). Der **Gegenansicht** (SOERGEL/HÖNN/DÖNNEWEG Rn 42, letzter Satz; STAUDINGER/SCHÄFER[12] Rn 44) ist hingegen **zuzustimmen**, weil die innere Einstellung des Täters im Rahmen des Vorsatzschuldvorwurfs, und dort bei der Prüfung eines erheblichen Verbotsirrtums, von Bedeutung ist (unten Rn 69). Ein **Sonderproblem** liegt schließlich darin, daß an sich **sittenwidrige Motive dann unbeachtlich** sind, **wenn das Verhalten auf jeden Fall durch die Wahrnehmung berechtigter Belange gerechtfertigt ist** (RGZ 101, 322, 326: Strafanzeige aus Rachsucht; vgl zum ganzen SOERGEL/HÖNN/DÖNNEWEG Rn 41 im Anschluß an RGZ 138, 373, 375 f und BGH WM 1972, 934).

bb) Rechtsbruch und ähnliches
54 Das Sittenwidrigkeitsverdikt kann im Einzelfall aus einer Normverletzung resultieren. Die **Sittenwidrigkeit aufgrund Gesetzesverstoßes** entfaltet jedoch allenfalls im Rahmen des § 1 UWG praktische Bedeutung; wegen § 823 Abs 2 BGB stellt sich diese Frage in § 826 BGB kaum (vgl deshalb hier nur die Kommentierung des § 823 BGB und BAUMBACH/HEFERMEHL § 1 UWG Rn 608 ff sowie die Sondermeinung von SACK WRP 1985, 1, 9 f; ders NJW 1985, 761, 768). Zum **Rechts- und Institutionenmißbrauch** vgl oben Rn 16 ff.

55 Andererseits wird die Auslegung der guten Sitten durch die wertsetzende Bedeutung der **Grundrechte** in der Privatrechtsordnung mitbeeinflußt (BVerfGE 7, 198, 206 – Lüth; vgl dazu MAYER-MALY AcP 194 [1994] 105, 136 ff; SOERGEL/HÖNN/DÖNNEWEG Rn 36). Im Rahmen des § 826 BGB wird dies vor allem bei der Behandlung von Boykotten praktisch erfahrbar. Eine wesentliche Einschränkung ergibt sich jedoch aus der bloß **mittelbaren Drittwirkung** der Grundrechte (BVerfGE 7, 198, 205 f; 73, 261, 265). Abzulehnen ist deshalb eine unmittelbare Anwendung des Art 3 Abs 1 GG in dem Sinne, daß etwa jedermann die willkürliche Verweigerung eines Vertragsabschlusses mit anderen Privatrechtssubjekten verboten wäre (dazu unten Rn 440). Auch beinhalten die guten Sitten eine ausgeprägt analytische Komponente, die Deduktionen aus dem Verfassungstext Schranken setzt. So beruhen die zu findenden Maßstäbe bei aller normativen Wertung auch auf Analysen der im Einzelfall oder im jeweiligen Falltypus involvierten wirtschaftlichen Interessen. In diesem Sinne werden die guten Sitten zu Recht als „das ... aus der Interessenforschung zu gewinnende Recht" verstanden (DEUTSCH JZ 1963, 385, 389) und lassen erfahrungsgemäß für Grundrechtsdeduktionen nur eingeschränkten Raum (allgemein dazu mwN OECHSLER, Gerechtigkeit im modernen Austauschvertrag 140 ff).

56 Daß die **Verletzung von Standesregeln** einen Sittenverstoß begründen kann, aber nicht muß (MünchKomm/MERTENS Rn 25; SOERGEL/HÖNN/DÖNNEWEG Rn 77; STAUDINGER/SCHÄFER[12] Rn 47; TROCKEL NJW 1971, 1057, 1059), ergibt sich aus der Überlegung, daß auch Wettbewerbsbeschränkungen und sonstige eigennützige Interessen bisweilen als Standesinteressen getarnt sind (RGZ 48, 114, 125; 55, 367, 373; 145, 399 f; BGHZ 60, 28, 39 f = NJW 1973, 315). Die Bejahung eines Sittenverstoßes setzt hier also in jedem Fall ein positives Urteil darüber voraus, ob die Standesregel selbst mit den guten Sitten übereinstimmt. Ein eigenständiger Fragekreis ergibt sich schließlich aus den Erwartungen, die einem Berufsstand entgegengebracht werden und der daran möglicherweise anschließenden **Berufshaftung** (dazu unten Rn 203 ff).

cc) Institutionenschutz, insbesondere Persönlichkeitsschutz

Nach MERTENS umschließen die guten Sitten auch die Gewährleistung der grundle-   **57** genden freiheitssichernden, friedenswahrenden und machtbrechenden Institutionen in einer offenen Gesellschaft (MünchKomm/MERTENS Rn 26 ff), womit so unterschiedliche Fragestellungen wie die Verletzung der Eigentumsrechte und die Verfälschung der Spielregeln des lauteren Wettbewerbs angesprochen sind. Zur Konkretisierung des § 826 BGB in der praktischen Fallanwendung tragen solche Überlegungen indes kaum bei (vgl zur Kritik an der Abstraktionshöhe SOERGEL/HÖNN/DÖNNEWEG Rn 37). Im Hinblick auf den Schutz des lauteren Wettbewerbs scheint das Verhältnis zwischen Ursache und Folge im übrigen nachgerade verkehrt; denn was heute als lauterer Wettbewerb anzusehen ist, verdankt sich im wesentlichen einer am Einzelfall geschulten Kasuistik und nicht abstrakten Prinzipien. Bedeutung und Schutzwürdigkeit der Institutionen einer freien Marktwirtschaft unterliegen gerade ständigem Wandel und lassen sich nicht in Form eines Sittengebotes auf einem bestimmten status quo verfestigen. Deshalb kommt es im Einzefall nicht allein darauf an, ob ein Verhalten auf die bestehenden Institutionen einwirkt, sondern auch darauf, ob die Art und Weise dieser Einwirkung zu beanstanden ist oder nicht (sehr scharf allerdings die Kritik bei SOERGEL/HÖNN/DÖNNEWEG aaO: „Ideologieverdacht").

Auch in anderem Zusammenhang versteht die **hM** die **guten Sitten nicht als objektive**   **58** **Garantie**. Denn die Sittenwidrigkeit ist weder mit dem Begriff des **ordre public** gleichzusetzen (anders noch SIMITIS, Gute Sitten und ordre public 197; zum heutigen Stand MAYER-MALY AcP 194 [1994] 105, 126 ff), noch bedeutet sie **Sozialwidrigkeit** (BGHZ 106, 269, 271; MAYER-MALY AcP 194 [1994] 105, 136 ff; aA vormals SACK GRUR 1970, 493, 502).

Der Beitrag des § 826 BGB zum Schutz der **Persönlichkeit** als einer zentralen Institu-   **59** tion der Rechtsordnung erscheint heute vor allem als ein Stück Rechtsgeschichte, nachdem der Persönlichkeitsschutz sich aus vielfältigen Sacherwägungen heraus (vgl dazu nur HUBMANN, Das Persönlichkeitsrecht [2. Aufl 1967] 177 ff) in den Anwendungsbereich des § 823 Abs 1 BGB verlagert hat (vgl zu diesem Vorgang und seinen historischen Ursachen vCAEMMERER, in: FS zum hundertjährigen Bestehen des DJT [1960] 49, 104 f; vgl auch LARENZ NJW 1955, 521).

Zuvor war als Sittenverstoß etwa die **leichtfertige Aufstellung ehrverletzender Behaup-**   **60** **tungen** und mitunter sogar die Verbreitung wahrer Behauptungen angesehen worden (BGH LM Nr 2 zu § 826 [Ge]; RGZ 140, 392, 400). Auch als Vorläufer des **Datenschutzes** fungierte die Norm, wenn etwa die Angaben einer Auskunftei über lange zurückliegende Vorstrafen (RGZ 115, 416) oder sachlich nicht gerechtfertigte Informationen über verjährte Verfehlungen erteilt wurden (RG JW 1928, 1211). Inbesondere bösartige Indiskretionen berührten den Anwendungsbereich etwa in dem Fall, in dem eine Familientragödie auf die Bühne gebracht wurde (OLG Kiel Ufita 1929, 559 = JW 1930, 78 – Donner). Aber auch vor leichtfertigen Erklärungen eines Arztes hinsichtlich der Geisteskrankheit seines Patienten bot die Vorschrift Schutz (RGZ 72, 175).

3.　Der subjektive Tatbestand*

a)　Die Durchbrechung der zivilrechtlichen Vorsatztheorie

61 Nach **hM** sind im subjektiven Tatbestand des § 826 BGB **drei Grundsätze** zu beobachten: (1) **Der Täter muß sich der Sittenwidrigkeit seines Handeln nicht bewußt sein** (RGZ 72, 175, 176; 136, 293, 298; 143, 48, 51; LZ 1933, 659; BGHZ 8, 83, 87 f mwN = NJW 1953, 297; BGHZ 10, 228, 233; BGH NJW 1961, 2302, 2303; NJW 1962, 1099, 1100; NJW 1986, 180, 181; vgl nur MünchKomm/Mertens Rn 42; Soergel/Hönn/Dönneweg Rn 54). (2) Doch muß er die **tatsächlichen, das Sittenwidrigkeitsurteil prägenden Umstände kennen** (BGHZ 8, 83, 87 f = NJW 1953, 297; NJW 1951, 596; NJW 1961, 2302, 2303; MünchKomm/Mertens Rn 43; Soergel/Hönn/Dönneweg Rn 64; BGB-RGRK/Steffen Rn 33). (3) Der **beim Opfer verursachte Schaden muß vom Vorsatz des Täters umfaßt sein** (RGZ 72, 175, 176; BGH WM 1956, 1229; NJW 1962, 1766).

62 In dieser Aufspaltung des subjektiven Tatbestandes erkennt die Kritik zu Recht einen **Bruch mit der im Zivilrecht geltenden Vorsatztheorie** (vBar, in: Gutachten 1681, 1705; ders, Verkehrspflichten 212 ff; Geilen JZ 1964, 6, 9; Honsell JuS 1976, 621, 628; Mayer-Maly Das Bewußtsein der Sittenwidrigkeit 37 ff, 40; Niese JZ 1956, 457; Wiethölter JZ 1963, 205, 209). Im bürgerlichen Recht repräsentiert der Vorsatz nämlich eine Schuldform, während er im Strafrecht nach heute **hM** Teil der Tathandlung ist und der Schuldvorwurf dort auf einer eigenständigen Vorsatz*bewertung* beruht (Vorsatzschuldvorwurf Baumann AcP 155 [1956] 495, 514; Geilen JZ 1964, 6, 9; Mayer-Maly AcP 170 [1970] 153 ff). Als Schuldform (vgl § 276 BGB) muß der Vorsatz im Zivilrecht daher anders als im Strafrecht alle Elemente der Tat umfassen, auch die Rechtswidrigkeit. Entsprechend konstatiert das Reichsgericht: „Das vorsätzliche Handeln schließt richtiger Ansicht nach nicht nur die Erkenntnis des schädigenden Erfolges, sondern auch die Erkenntnis der Rechtswidrigkeit des Handelns in sich." (RGZ 72, 4, 6). Mit dieser Konsequenz bricht die hM jedoch in § 826 BGB, wenn sie bei dieser Norm gerade keine Kenntnis und kein Bewußtsein der Sittenwidrigkeit voraussetzt.

63 Die unterschiedlichen **Begründungen für diesen Systembruch** sind gemessen an ihrer argumentativen Schlagkraft sehr ungleichgewichtig. Das Reichsgericht zog sich noch auf die formale Überlegung zurück, „daß zum Tatbestande des § 826 BGB außer der Schadenszufügung objektiv nur ein Verstoß gegen die guten Sitten, nicht gegen das Recht, gehört . . .". Im Rahmen der Vorsatztat sollte es aber nur auf die Kenntnis der Rechtswidrigkeit, nicht der Sittenwidrigkeit ankommen (RGZ 72, 4, 7 dazu kritisch Mayer-Maly, Das Bewußtsein der Sittenwidrigkeit 41; vBar RabelsZ 44 [1980] 455, 466). Die damit implizierte Unterscheidung von Sittenwidrigkeit und Rechtswidrigkeit läßt sich indes nicht aufrechterhalten (oben Rn 45). Ähnlich zweifelhaft sind Argumente aus der **Volksgeisttheorie**, die historisch betrachtet die Konkretisierung des Maßstabs der guten Sitten durch den Richter rechtfertigen sollen (dazu oben Rn 28): Der Richter ist danach kraft Herkunft, Bildung und Ausbildung idealer Repräsentant des Volks-

---

* **Schrifttum**: J Baumann, Schuldtheorie und Verbotsirrtum im Zivilrecht?, AcP 155 (1956) 495; Geilen, Strafrechtliches Verschulden im Zivilrecht?, JZ 1964, 6; Honsell, Probleme der Haftung für Auskunft und Gutachten, JuS 1976, 621; Mayer-Maly, Rechtsirrtum und Rechtsunkenntnis als Probleme des Privatrechts, AcP 170 (1970) 133; ders, Das Bewußtsein der Sittenwidrigkeit (1971); Niese, Die moderne Strafrechtsdogmatik und das Zivilrecht, JZ 1956, 457, 465; Wiethölter, § 823 II BGB und die Schuldtheorie, JZ 1963, 205.

geistes und damit Repräsentant der billig und gerecht Denkenden (ARZT, Die Ansicht
aller billig und gerecht Denkenden 63 ff; 74 ff; SACK NJW 1985, 761, 764). Es sei folglich nicht
seine Aufgabe, „zu der Auffassung der niedrigen Volkskreise kritiklos herabzustei-
gen" (CROME, System des deutschen bürgerlichen Rechts [1902] 1041, A.9). Derartige Überlegungen sind mit dem ihnen zugrundeliegenden Standesdenken heute überholt.

Ein sachliches Argument ergibt sich jedoch aus der **Problematik des Verbotsirrtums**. 64
Unter dem Regime der Vorsatztheorie werden nämlich Tatbestands- und Verbotsirrtum gleichbehandelt (RGZ 72, 4, 6; MAYER-MALY, Das Bewußtsein der Rechtswidrigkeit
42). Der Täter ist demnach bereits dann iSd § 826 BGB entschuldigt, wenn er sich der
Sittenwidrigkeit seines Tuns nicht bewußt ist. So wird der Bruch mit der Vorsatztheorie erforderlich, um dem Täter „die Berufung auf Defekte seines eigenen Gewissens
[zu] versperren" (so allerdings distanziert MAYER-MALY, Das Bewußtsein der Sittenwidrigkeit
38; vgl auch vBAR, Verkehrspflichten 212 ff). Würde das individuelle Sittlichkeitsbewußt-
sein nämlich als Maßstab der Verantwortlichkeit zugrundegelegt, müßte gröberes
Moralempfinden prämiert werden; einer erleichterten Haftung erläge, wer an sein
Verhalten geringere Ansprüche stellte (LEHMANN in Anm zu RG JW 1931, 1924; dazu HON-
SELL JuS 1976, 621, 628). Die **Kritik** hat eingewandt, dabei handele es sich letztlich allein
um ein praktisches Problem des Nachweises über die Einstellung des Täters, dem
systematisch richtiger auf prozeßrechtlicher Ebene durch Umkehrung der Beweislast
(MAYER-MALY, Das Bewußtsein der Sittenwidrigkeit 43) bzw durch einen gegen den Täter
gerichteten prima-facie-Beweis zu begegnen sei (HONSELL JuS 1976, 621, 629). An der
prozessualen Lösung überzeugt aber schon nicht, daß dem Vorsatztäter erlaubt sein
soll, einen Exkulpationsbeweis zu führen, dessen Gegenstand die eigene Gewissenlosigkeit ist. Dies würde Grund und Umfang des in § 826 BGB erstrebten Ver-
trauensschutzes im deliktischen Verkehr (oben Rn 31) vom individuellen Grad sittlicher Einstellungen abhängig machen. Wirksam kann Verkehrsschutz nur durch
Ausschaltung individueller Sorgfaltsmaßstäbe und durch Statuierung typischer
Durchschnittsanforderungen gewährleistet werden. Die Unbeachtlichkeit des einfachen Verbotsirrtums zielt daher letzten Endes auf eine **notwendige Typisierung des**
vorsätzlichen Verhaltens in § 826 BGB (so bereits GEILEN JZ 1964, 6, 9): Nicht was der
einzelne tatsächlich für sittengemäß ansieht, gibt danach den Ausschlag, sondern
was er bei Zugrundelegung normativer, teleologisch am Verkehrsschutz orientierter
Maßstäbe zugrundelegen durfte.

Für die **Notwendigkeit eines Bruchs mit der Vorsatztheorie** spricht darüber hinaus ent- 65
scheidend auch die in § 826 BGB angelegte **Rechtsfortbildungsfunktion** (dazu oben
Rn 20 ff, 28, 32 ff). Denn sollen bestehende Lücken im deliktischen Schutz geschlossen
und neue Verhaltensregeln zur Ordnung des Verkehrs in neuen Konstellationen
begründet werden, kann es nicht darauf ankommen, daß der Täter die Sittenwidrigkeit seines Tuns subjektiv-wertend vorwegnehmen kann. Denn Rechtsfortbildung
bedeutet in diesen Fällen konkret, daß das Verhalten des Täters im „Präzedenzfall"
durch die Gerichte ex post bewertet werden muß (zur teleologischen Rechtfertigung dieses
Rückwirkungseffektes oben Rn 21; vgl auch DEUTSCH JZ 1963, 385, 390; MERTENS AcP 178 [1978]
227, 239). Hier kann sich der Anspruchsgegner bei seiner Tat überhaupt nicht sicher
an den bestehenden Verhaltensmaßstäben orientieren, weil diese erst nach seiner Tat
durch die Rechtsprechung konkretisiert werden. Dieser Rückwirkungseffekt ist aber
unvermeidbar, wenn das Recht weiterentwickelt und die Verkehrsteilnehmer auch in
neuartigen Tatsachenkonstellationen wirksam geschützt werden sollen. Auch kriti-

sche Stimmen konzedieren bisweilen, daß die praktischen Zwecke des § 826 BGB ohne einen Bruch mit der Vorsatztheorie und des durch sie gebotenen Bewußtseins der Rechtswidrigkeit nicht zu erreichen sind (MAYER-MALY, Das Bewußtsein der Sittenwidrigkeit 43).

66 Dagegen spricht auch nicht das historisch angelegte Argument, der Bruch mit der Vorsatztheorie widerspreche dem **Kerngedanken der actio doli**, die § 826 BGB entwicklungsgeschichtlich vorausging (HONSELL JuS 1976, 621, 628, Fn 125). Denn der Gesetzgeber hat nach kontroversen Erwägungen sehr bewußt im Normtext den Vorsatz nur auf den Schaden und nicht auf die Rechtswidrigkeit bezogen (vgl die einschlägigen Überlegungen in: Prot I 969 ff, zitiert nach JAKOBS/SCHUBERT, Die Beratung des Bürgerlichen Gesetzbuchs III [1983] 876 ff).

b) Die subjektive Einstellung und das Korrektiv des erheblichen Verbotsirrtums

67 Die Durchbrechung der Vorsatztheorie erklärt sich zunächst aus der Notwendigkeit, den **einfachen Verbotsirrtum** im Rahmen des § 826 BGB nicht als Entschuldigungsgrund zu berücksichtigen; denn dadurch würde die rechtsfortbildende Funktion der Norm unterlaufen (oben Rn 65). Dennoch gefährdet der mit der Rechtsfortbildung verbundene Rückwirkungseffekt (oben Rn 21) den Täter in erheblichem Maße, weil für die Beurteilung seines Verhaltens vor der Tat noch keine festen Maßstäbe bestehen, sondern dieses erst anhand ex post konkretisierter Normen bewertet wird. Damit die Haftung nach § 826 BGB nicht völlig losgelöst von jeder persönlichen Verantwortung des Täters begründet werden kann – dies bedeutete einen Bruch mit dem in § 276 BGB statuierten Verschuldensprinzip –, ist ein Korrektiv bei der Durchbrechung der Vorsatztheorie erforderlich: Dieses liegt in der **Beachtlichkeit des erheblichen Verbotsirrtums** (BGH NJW 1963, 1872, 1873; vgl auch NJW 1964, 447, 449; NJW 1980, 2460, 2461; OLG Düsseldorf WM 1997, 699 sowie RGZ 123, 271, 279). Der **Bundesgerichtshof** begründet diesen Zusammenhang bei der Parallelproblematik des § 1 UWG so: „Zwar ist im allgemeinen davon auszugehen, daß denjenigen, der in Kenntnis aller Tatumstände objektiv sittenwidrig im Sinne von § 1 UWG gehandelt hat, auch ein Verschulden trifft ... Dies kann jedoch nicht ohne weiteres auch dann gelten, wenn neue Tatbestände auftreten, für deren wettbewerbsrechtliche Beurteilung aufgrund der Generalklausel des § 1 UWG die Rechtsprechung noch keine festen Rechtsgrundsätze entwickelt hat." (BGHZ 27, 264, 273).

68 Nach zutreffender Auffassung des Bundesgerichtshofes kann daher „(die) **innere Einstellung des Handelnden**, der sein Vorgehen **ohne einen auf Gewissenlosigkeit** beruhenden Irrtum für erlaubt oder gar für geboten gehalten hat, ... ausnahmsweise dazu führen, die Sittenwidrigkeit der Schädigung zu verneinen" (BGH NJW 1963, 1872, 1873; vgl auch NJW 1964, 447, 449; NJW 1980, 2460, 2461; OLG Düsseldorf WM 1997, 699 sowie RGZ 123, 271, 279). Der vom Bundesgerichtshof (NJW 1963, 1872) entschiedene **Fall** ist paradigmatisch für das zugrundeliegende Problem: Eine im **Giroverfahren** tätige Zwischenbank hatte den ihr erteilten Auftrag ausgeführt und den angewiesenen Betrag auf dem Konto der Bank des Empfängers gutgeschrieben, obwohl sie wußte, daß diese Empfängerbank zahlungsunfähig war. Von diesem Vorgang profitierte die Zwischenbank auch selbst, und zwar als Gläubigerin der Empfängerbank, weil die Gutschrift auf einem bei ihr unterhaltenen Konto der Empfängerbank erfolgte. In der Entscheidung vertritt der BGH die Auffassung, es entspreche den Anschauungen des redlichen Geschäftslebens, daß der Giroverkehr durch Gutschriften auf dem

Konto der Bank des Überweisungsempfängers nicht mehr fortgesetzt werden dürfe, sobald das gutschreibende Kreditinstitut erkenne, daß der Erfolg der Überweisung wegen der Lage der Empfängerbank nicht mehr erreicht werden könne (BGH 1873). Die beklagte Bank berief sich hingegen darauf, eine solche Verkehrssitte nicht gekannt zu haben, und in der Tat belegt der Bundesgerichtshof die Existenz der einschlägigen Verhaltsnorm nicht durch weitere Quellen (BGH 1873). Während das Gericht eine bestehende Schutzlücke im Giroverkehr durch Statuierung einer neuen Verhaltenspflicht schließt, konzediert es dabei zugleich ihrem *ersten* Adressaten einen möglichen Irrtum über die rechtliche Bedeutung zum Tatzeitpunkt.

Zu Recht aber entschuldigt nach Auffassung des BGH die Unkenntnis von der Ver- **69** botsnorm nur ausnahmsweise (BGH NJW 1963, 1872, 1873; vgl die oben Rn 64 genannten Gründe). In diesem Zusammenhang wird auch verständlich, warum es nach Auffassung des Gerichts für die Erheblichkeit des Verbotsirrtums auf die **innere Einstellung des Täters**, insbesondere eine mögliche **Gewissenlosigkeit ankommt**. Zu entscheiden ist nämlich, ob dem Täter auch ohne konkrete Kenntnis von der erst später durch die Rechtsprechung konkretisierten Verhaltensnorm Bedenken im Hinblick auf sein eigenes Verhalten kommen mußten. Dann nämlich *deklariert* die später statuierte Verhaltenspflicht nur einen Standard, den der Täter selbst hätte erkennen und einhalten können. Hier geht es wie im Strafrecht um eine **Parallelwertung in der Laiensphäre**, also um die Frage, ob aus Sicht des Verpflichtungsadressaten auch ohne positive Kenntnis des Norminhaltes die Verbotenheit des Verhaltens nachvollziehbar war. Setzt der Täter sich in einer solchen Situation über Maßstäbe hinweg, denen ein redlicher Verkehrsteilnehmer sein Verhalten ohne sonderliche Gewissensanspannung wie selbstverständlich unterworfen hätte – handelt er also bei der Beurteilung der Lage gewissen*los* –, entschuldigt ihn die Unkenntnis der Verbotsnorm nicht. Anhaltspunkte für eine solche Gewissenlosigkeit läßt der vom BGH entschiedene Fall insoweit erkennen, als die Zwischenbank durch die Ausführung der Giroüberweisung nicht nur dem eigentlichen Empfänger der Zahlungsleistung schadete, sondern zusätzlich selbst daraus profitierte. Solcher Nutzen aus dem Schaden eines anderen konnte aber gerade deshalb bedenklich erscheinen, weil im konkreten Fall der Schaden durch einfaches Verzögern der Überweisung und Rückfrage zu vermeiden gewesen wäre.

Ein praktisch bedeutender Fall des erheblichen Verbotsirrtums begegnet bei der **70** **Erschleichung von Vollstreckungsbescheiden**, wo nach Auffassung des BGH eine Durchbrechung der materiellen Rechtskraft des Bescheides dann nicht in Betracht kommt, wenn der Darlehensgläubiger den Bescheid zu einem Zeitpunkt beantragt hat, in dem die geltend gemachten Darlehenszinsen nach dem Stand der Rechtsprechung noch nicht als sittenwidrig erscheinen durften (unten Rn 529).

Zu Recht wurde in der Voraufl die Auffassung vertreten, daß **die strengen strafrecht-** **71** **lichen Maßstäbe über die Vermeidbarkeit des Verbotsirrtums keine Anwendung** finden können (STAUDINGER/SCHÄFER[12] Rn 68 gegen HUECK/NIPPERDEY, Lehrbuch des Arbeitsrechts [7. Aufl] II/2 § 49 I D); denn die auf der Grundlage von § 826 BGB entwickelten Verhaltensnormen lassen die Konsistenz und Erkennbarkeit der positiven Strafrechtsnormen vermissen. Richtiger Ansicht nach kommt es für die Frage der Vermeidbarkeit des Verbotsirrtums darauf an, wie gefestigt eine Rechtsprechung ist, gegen deren Prinzipien verstoßen wurde (MünchKomm/MERTENS Rn 45; vgl noch einmal BGHZ

27, 264, 273). **Rechtliche Beratung** durch Rechtsanwälte oder Wissenschaftler soll allerdings nicht in jedem Falle entschuldigen (BGH WM 1983, 1235; WM 1979, 809). Die **redliche Überzeugung, zur Wahrnehmung berechtigter Interessen zu handeln**, kann jedoch entschuldigen (RGZ 71, 109, 113; 91, 350, 359; 123, 271, 279; 155, 234, 238; BGHZ 101, 380, 388; NJW 1963, 1872, 1873; NJW 1986, 1751, 1754; WM 1973, 15, 18; VersR 1990, 987, 988).

72 Die bei der Beurteilung des erheblichen Verbotsirrtums zu berücksichtigende **subjektive Einstellung des Täters steht** zugleich **einer rein objektiven Konkretisierung der guten Sitten in § 826 BGB entgegen.** Die Rechtsprechung schießt daher bisweilen über das Ziel hinaus, wenn sie feststellt, „zur Erfüllung des Tatbestandes des § 826 BGB [sei] nur ein objektiver Verstoß gegen die guten Sitten erforderlich", auf Motive und Beweggründe des Täters komme es gerade nicht an (RGZ 79, 17, 23, zu Recht kritisch MAYER-MALY, Das Bewußtsein der Sittenwidrigkeit 40). Zwar setzt § 826 BGB aus den vorgestellten Überlegungen heraus beim Täter kein positives Bewußtsein der Sittenwidrigkeit voraus, doch finden subjektive Bewertungen und Motive des Täters eingeschränkt im Rahmen der **Prüfung eines erheblichen Verbotsirrtums** Beachtung. *Un*beachtlich sind subjektive Einstellungen und Motive des Täters daher nie, sondern sie müssen stets im Hinblick auf die Möglichkeit eines erheblichen Verbotsirrtums hin *mit*bedacht werden. Die Durchbrechung der Vorsatztheorie im Rahmen des § 826 BGB ist teleologisch nämlich nur wegen der Unbeachtlichkeit des *einfachen* Verbotsirrtums gerechtfertigt, sie erlaubt keineswegs die Nichtbeachtung des *erheblichen* Verbotsirrtums (oben Rn 69).

73 Die Berücksichtigung der subjektiven Einstellung des Anspruchsgegners zur Tat steht daher einer vollständigen **Objektivierung des Sittenmaßstabes** im Rahmen des § 826 BGB entgegen. Objektivierungstendenzen im Sittenmaßstab des § 1 UWG zB gegenüber Maßnahmen, „die den Bestand des Wettbewerbs aufheb[en]" (vgl nur BGHZ 23, 365, 371 – Suwa) und die aus einer **funktionalen Betrachtung des § 1 UWG** heraus begründet werden (E ULMER GRUR 1937, 769; BAUDENBACHER ZHR 144 [1980] 145; ders GRUR 1981, 19; BURMANN WRP 1968, 258, 263), sind auf die Verhältnisse des § 826 BGB nicht übertragbar (SOERGEL/HÖNN/DÖNNEWEG Rn 15 ff; zum Verhältnis von § 826 BGB und § 1 UWG vgl unten Rn 381 ff). Für eine weitere Objektivierung des Sittenmaßstabes reicht auch das Interesse an einer Einheit der Rechtsordnung und einer teleologisch vermittelnden Auffangfunktion des Sittenmaßstabes gegenüber den Instituten des Sonderprivatrechts nicht aus (vgl aber MESTMÄCKER AcP 168 [1968] 235, 254 f; REUTER ZGR 1987, 488, 498 ff; MERTENS AcP 178 [1978] 227, 233; REBE, Privatrecht und Wirtschaftsordnung 162; SACK NJW 1985, 761, 765). Denn die regelmäßige Nichtbeachtung der subjektiven Einstellung des Täters bedeutet letztlich einen Bruch mit der in § 826 BGB trotz der erwähnten Einschränkungen prinzipiell vorausgesetzten Vorsatzschuld – eine Konsequenz, die die Entwicklungsmöglichkeiten der Norm eher über ihre Zwecksetzung hinaus ausdehnt. Gerade unter diesem Gesichtspunkt versagt die **hM** der Gleichsetzung von guten Sitten mit dem **ordre public** (so SIMITIS, Gute Sitten und ordre public 197; zum Meinungsstand MAYER-MALY AcP 194 [1994] 105, 126 ff) oder der **Sozialwidrigkeit** die Anerkennung (SACK GRUR 1970, 493, 502; BGHZ 106, 269, 271 = NJW 1989, 830; MAYER-MALY AcP 194 [1994] 105, 136 ff; SOERGEL/HÖNN/DÖNNEWEG Rn 13).

74 Aufgrund der vorangegangenen Überlegungen ist jedoch **kein Schluß auf die Geltung der Schuldtheorie im Rahmen des § 826 BGB** möglich (so aber NIESE JZ 1956, 457; WIETHÖLTER JZ 1963, 205, 209). Die Schuldtheorie betrachtet den Vorsatz nämlich als Teil der

Tathandlung und bewertet ihn auf einer eigenen Schuldstufe. Für eine eigenständige Verschuldensprüfung ist im Rahmen des § 826 BGB anders als im Strafrecht kein Anlaß, weil es hier nicht um die Bewertung der subjektiven Einstellung des Täters zur Tat und deren Sühne geht, sondern um Schadensausgleich (BAUMANN AcP 155 [1956] 495, 514). Richtiger Ansicht nach läßt sich nur von einer teleologisch begründeten, sachlich eng begrenzten Ausnahme vom Prinzip der Vorsatzschuld sprechen (ähnlich, wenn auch kritisch distanziert GEILEN JZ 1964, 6, 9).

c) Schädigungsvorsatz

Der in § 826 BGB vorausgesetzte Vorsatz, einem anderen Schaden zuzufügen, setzt **75** in jedem Fall voraus, daß der Täter im **Bewußtsein der Schädigung** handelt (RG HRR 1929, Nr 1572) und daß er die Schädigung will oder **zumindest billigend in Kauf nimmt**. Es genügt also **bedingter Vorsatz** (BGH NJW 1951, 596 Anm COING; MDR 1957, 30 Anm POHLE; RGZ 90, 108). Bedingt vorsätzlich handelt der Täter aber dann (vgl zum folgenden JESCHECK/WEIGEND, Lehrbuch des Strafrechts, AT [5. Aufl 1996] § 29 III 3), wenn er die Verwirklichung des gesetzlichen Tatbestandes ernstlich für möglich hält und sich mit ihr abfindet. Der Täter muß Größe und Nähe der Tat erahnen und sich dafür entscheiden, sie zur Erreichung des von ihm in Angriff genommenen Handlungsziels hinzunehmen.

Die **Motivationslage des Täters** ist dabei **nicht unbeachtlich**, weil der Vorsatz anders als **76** im Strafrecht als Schuldform fungiert und sich – trotz der teleologischen Durchbrechungen der Vorsatztheorie in § 826 BGB (dazu oben Rn 61 ff) – prinzipiell auch auf die die Rechtswidrigkeit begründenden Umstände beziehen muß (vgl BGH NJW 1951, 596, 597 Anm COING, wonach Vorsatz der auf einen rechtswidrigen Erfolg gerichtete Wille ist). Dies wirkt sich praktisch dahin aus, daß ein **erheblicher Verbotsirrtum** des Täters den Vorsatz entfallen läßt, wobei die Voraussetzungen der Erheblichkeit im Zivilrecht aufgrund anderer Zwecküberlegungen konkretisiert werden als im Strafrecht (dazu oben Rn 71). Allerdings muß die Schädigung **nicht notwendig das zentrale Motiv des Handelns** bilden (RGZ 143, 48, 51; BGHZ 8, 387, 393; NJW 1967, 493, 495). Ein **Tatbestandsirrtum**, bspw ein Irrtum über den zum Schaden führenden Kausalverlauf, läßt den Vorsatz ebenfalls entfallen (dazu unten Rn 89 ff). Der Umstand, daß der Täter sich der Tatsachenkenntnis bewußt verschlossen hat, berührt hingegen ein Beweisproblem (unten Rn 96 ff).

Im Gegensatz zu den beiden Tatbeständen des § 823 BGB muß sich der Vorsatz auf **77** **die gesamten Schadensfolgen beziehen** (grundlegend BGH NJW 1951, 596, 597 Anm COING; NJW 1963, 148, 150; NJW 1991, 634, 636). Der Täter haftet also **nicht** bereits für einen weiteren (Folge-)Schaden, wenn dieser lediglich adäquat kausal verursacht ist, sondern er muß das Entstehen der einzelnen Schadenspositionen bewußt in seinen Willen aufgenommen haben. Der Bundesgerichtshof erklärt dies aus dem Umstand, daß im Rahmen des § 826 BGB die unerlaubte Handlung gerade in der Vermögensschädigung bestehe (BGH NJW 1951, 596, 597). Der entscheidende Wertungsgesichtspunkt liegt jedoch darin, daß der **Schutzbereich des § 826 BGB entscheidend durch den Schädigungsvorsatz eingeschränkt** wird (ähnlich OLG Düsseldorf NJW-RR 1990, 732, 734 letzter Satz im Anschluß an BGH NJW 1979, 1599, 1600; dazu noch unten Rn 99 ff). Gerade weil der Tatbestand des § 826 BGB objektiv weitgefaßt ist, hängt die Verantwortlichkeit des Anspruchsgegners vom Umfang seines Vorsatzes ab. Praktisch haftet er daher auch für **mittelbare Schäden**, wenn er diese bewußt in Kauf genommen hat, trägt aber andererseits keine Verantwortung für unmittelbare Schäden, deren er sich bei seinem Handeln nicht bewußt war.

78 Im einzelnen braucht der Täter den **genauen Kausalverlauf** zwar **nicht** vorauszusehen, ebensowenig den genauen **Schadensumfang** (BGH NJW 1963, 148, 150; NJW 1991, 634, 636). Sein Bewußtsein muß sich jedoch auf einzelne Schadenspositionen hin spezifiziert haben und nicht nur eine sehr allgemein gehaltene Schädigungsmöglichkeit einschließen (BGH NJW 1951, 596, 597; NJW 1963, 579, 580).

79 Besondere Bedeutung kommt hier der **Einschränkung des geschützten Personenbereichs** zu. Der Täter braucht die Person des Geschädigten nicht zu kennen, er muß sich jedoch „der Richtung, in der sich sein Verhalten zum Schaden anderer auswirken konnte" bewußt sein (BGH NJW 1963, 579, 580; VersR 1966, 1032, 1034; vgl auch RGZ 157, 213, 220; BGHZ 108, 134, 143; LM Nr 4 zu § 826 [Gb] und Nr 9 zu § 826 BGB [Ge]; NJW 1963, 579, 580; NJW 1965, 249, 251; NJW 1991, 634, 636; VersR 1966, 1032, 1034). Der Rechtsprechung geht es erkennbar darum, die für eine arbeitsteilige, wirtschaftlich komplex organisierte Gesellschaft typischen Fälle zu erfassen, in denen ein **Gefahrenpotential** einerseits zwar **klar erkannt** ist, die Person des Betroffenen jedoch mehr oder weniger vom Zufall abhängt. Einerseits soll der **Täter nicht durch Zufälligkeiten der Schadensverteilung freigestellt** werden, andererseits wird ihm aber **keine Verantwortung für solche Gefahrenherde** zugemutet, **deren Potential er nicht überschauen** konnte.

80 Anschauliche Beispiele für diesen Zusammenhang liefern die Fälle der **Auskunftshaftung** (näheres unten Rn 198 ff). So wird der Vorsatz zu Recht dann bejaht, wenn der Täter ein erkannt unrichtiges Wertgutachten über ein Grundstück zu Verkaufszwecken angefertigt hat, der Auftraggeber davon jedoch nicht gegenüber einem Käufer, sondern einem Darlehensgeber Gebrauch macht (BGH VersR 1966, 1032, 1034). Denn aus Sicht des Täter macht es keinen Unterschied, ob ein Käufer oder ein Darlehensgeber (im Hinblick auf zu bestellende Grundpfandrechte) über den falsch testierten Verkehrswert irrt und dadurch Schaden erleidet. Hat der Experte aber ein Wertgutachten von vornherein nur zu dem Zweck erstellt, daß sich der Auftraggeber intern ein Bild darüber machen konnte, ob der Sachwert des Anwesens den ihm vorliegenden Kaufangebot entsprach, haftet er Dritten gegenüber nicht, wenn der Auftraggeber ihnen gegenüber vom Gutachten Gebrauch macht (BGH NJW 1991, 3282, 3283 f). Andererseits aber wird einem Steuerberater zugerechnet, daß der von ihm erstellte Zwischenabschluß möglicherweise auch bei Kreditverhandlungen vorgelegt wird (BGH NJW 1987, 1758, 1759).

81 Auch ansonsten trifft den Täter **keine Verantwortung**, wenn das **Gefahrenpotential nicht in vollem Umfang erkannt** ist. Ein Mäster, der seinen Kälbern verbotenerweise Hormone als Masthilfe zuführt, haftet bspw nicht dafür, daß seine Kunden als Folge geänderten Verbraucherverhaltens Gewinneinbußen erleiden, sobald der Hormonskandal bekannt wird; sind solche Schäden nämlich dem Mäster nicht bewußt und daher auch nicht bedingt in seinem Tatplan eingeschlossen, scheidet Vorsatz aus (OLG Düsseldorf NJW-RR 1990, 732, 734). Täuscht der Verkäufer arglistig über einen Mangel des Fahrzeugs, haftet er dennoch nicht für Schäden, die Dritten aus dem Weiterverkauf des Pkw entstanden sind (OLG Hamm NJW 1974, 2091, 2092; OLG München NJW 1980, 1581, 1582); erleidet der Käufer mit dem Fahrzeug einen Unfall, haftet der Verkäufer nicht für die weiteren Personen- und Sachschäden (allerdings soll er für den

Schaden am Fahrzeug selbst haften BGHZ 57, 137, 143 = NJW 1972, 36; dazu noch kritisch unten
Rn 102). Wer auf die Erwerbsanzeige eines Wechselnehmers nicht reagiert, obwohl er
weiß, daß seine eigene Unterschrift auf dem Wechsel gefälscht wurde, haftet nicht
dafür, daß der Wechselnehmer später noch weitere, mit der Unterschrift des Täters
gefälschte Akzepte erwirbt, wenn er daran nicht gedacht hat (BGH NJW 1963, 148,
150).

d)   Gewissenlosigkeit, Leichtfertigkeit und Angaben ins Blaue hinein
Unter dem Gesichtspunkt der Vorsatzschuld problematisch sind die Fälle, in denen   **82**
die Praxis den vorsätzlichen Sittenverstoß bereits im Falle von Gewissenlosigkeit
oder Leichtfertigkeit annimmt (vgl etwa RGZ 72, 175; BGHZ 10, 228, 233; WM 1956, 1229;
WM 1962, 934; WM 1966, 1149; WM 1975, 559; NJW 1986, 180, 181; NJW 1987, 1758; NJW 1990,
389, 390). Denn **Gewissenlosigkeit** wird allgemein mit grober Fahrlässigkeit gleichgesetzt (BGHZ 10, 228, 233) und im Einzelfall an den Vorwurf einer **Enttäuschung**
besonderen, durch das eigene Ansehen oder den Beruf des Täters begründeten Vertrauens
angeknüpft (BGH WM 1956, 1229; dazu HONSELL JuS 1976, 621, 628); das Merkmal der
Leichtfertigkeit ist hingegen dem Strafrecht entlehnt und bedeutet dort ein fahrlässiges Handeln „aus besonderem Leichtsinn oder besonderer Gleichgültigkeit" (RGSt
71, 176; dazu vBAR, in: Gutachten 1681, 1770).

Das zugrundeliegende Problem läßt sich an der **Leitentscheidung des Reichsgerichts**   **83**
(RGZ 72, 175) verdeutlichen: Dort verlangte der Kläger Ersatz des Schadens, der ihm
durch den Versuch, ihn als geisteskrank entmündigen zu lassen, entstanden war. Der
beklagte Arzt hatte gegenüber der Ehefrau des Klägers und deren Verwandten auf
Befragen und ohne weitere Untersuchung geäußert, der Kläger sei geisteskrank und
müsse entmündigt werden. Das Reichsgericht (aaO 176) entschied, ein Verstoß gegen
die guten Sitten könne nicht bereits deshalb verneint werden, weil der Handelnde
sich der Arglist seines Verhaltens nicht bewußt sei; „auch die Außerachtlassung der
im Verkehr gebotenen Sorgfalt kann in besonders gearteten Fällen einen solchen
Verstoß enthalten, und auch hierbei kann sich der Handelnde ebensogut der Möglichkeit eines Eintritts der Vermögensschädigung bewußt sein, wie in dem Falle
arglistigen Handelns . . ." (176). Auch die künftigen Entscheidungen in diesem Problembereich betrafen vor allem Fälle, in denen **Gutachten, Testate oder Auskünfte**
ohne methodengerechte Sachprüfung erstellt und an eine Person weitergegeben wurden, die zu ihrem eigenen Schaden oder zum Schaden Dritter von diesen Gebrauch
machte (dazu im einzelnen unten Rn 207 ff). Regelmäßig kennt hier der Täter die Unrichtigkeit seiner Voten und Empfehlungen nicht, weiß aber, daß er diese unter grobem
Verstoß gegen die Sorgfaltspflichten bei der Gutachtenerstellung abgegeben hat und
daß daher die Gefahr ihrer Unrichtigkeit besonders hoch ist.

Die **Kritik** erkennt in diesen Entscheidungen die **Gefahr einer Ausweitung des § 826   84**
BGB zur allgemeinen Fahrlässigkeitshaftung (vgl HOPT AcP 183 [1983] 608, 633: „Denaturierung der Vorsatzhaftung"; ASSMANN JuS 1986, 885; 890; vBAR, in: Gutachten 1681, 1770; DAMM JZ
1991, 373, 383 f; GRUNEWALD AcP 187 [1987] 285, 306 f; HONSELL JuS 1976, 621, 628; JOST, Vertraglose Auskunfts- und Beratungshaftung 262 f; LAMMEL AcP 179 [1979] 337, 341 f; MAYER-MALY,
Das Bewußtsein der Sittenwidrigkeit 40). Die Rechtsprechung hat dem entgegengehalten,
daß durch das Erfordernis des Schädigungsvorsatzes der Charakter der Vorsatztat
gewahrt bleibe (vgl schon RGZ 72, 175, 176 sowie BGH NJW 1962, 1766). Die Kritik (vgl nur
HONSELL JuS 1976, 621, 628) wiederum äußert Skepsis daran, daß in den problemati-

schen Fällen dem Täter jeweils alle das Sittenwidrigkeitsurteil prägenden tatsächlichen Umstände bekannt gewesen seien, wie dies von der **hM** in Durchbrechung der Vorsatzschuldtheorie bei § 826 BGB gefordert wird (dazu oben Rn 61 ff).

85 **Stellungnahme**: Die Anforderungen der Kritik an die Bewußtheit des Sittenverstoßes erscheinen aus mehreren Gründen überhöht. Zum einen kann aus den bereits dargelegten Gründen (oben Rn 64 ff) nicht gefordert werden, daß der Täter sich der Sittenwidrigkeit bewußt ist, also das Werturteil der Rechtsordnung antizipiert oder nachvollzieht. Zum anderen aber genügt nach **hM** im Rahmen des § 826 BGB auch **bedingter Vorsatz** (oben Rn 75); dessen Voraussetzungen liegen jedoch in den vorgestellten Problemkonstellationen regelmäßig vor. Dies zeigt – bei aller Vorsicht im Hinblick auf den unterschiedlichen systematischen Stellenwert des Vorsatzes – der **Vergleich mit dem strafrechtlichen Erkenntnisstand**. Bedingt vorsätzlich handelt danach derjenige Täter, der die Verwirklichung des gesetzlichen Tatbestandes ernstlich für möglich hält und sich mit ihr abfindet. Der Erfolg muß dabei nicht angestrebt, noch als solcher erkannt sein, sondern im Bewußtsein der Gefährdung der geschützten Rechtsgüter dem Lauf der Dinge überlassen bleiben. Entscheidend ist allein, daß der Täter die Größe und Nähe der Tat erahnt und sich dafür entscheidet, sie zur Erreichung des von ihm in Angriff genommenen Handlungsziels hinzunehmen (JESCHECK/ WEIGEND, Lehrbuch des Strafrechts, AT [5. Aufl 1996] § 29 III 3).

86 Auch in den erwähnten Auskunfts- und Begutachtungsfällen liegen danach die Voraussetzungen des bedingten Vorsatzes vor. Der Täter kennt hier zwar nicht positiv die Unrichtigkeit des von ihm Testierten, er weiß aber, daß sein Testat auf so unsicheren Grundlagen beruht, daß die Gefahr seiner Unrichtigkeit besonders groß ist. So ist ihm **zwar nicht die die Sittenwidrigkeit begründende Tatsache selbst** (die Unrichtigkeit des Testats) **bekannt, wohl aber die Gefahrenquelle** (die ungeeignete Ermittlungsmethode), aufgrund derer mit dem Eintritt der Tatsache bei hoher Wahrscheinlichkeit zu rechnen war. Dafür, daß in § 826 BGB **positive Kenntnis der Gefahrenquelle genügt**, spricht der systematische Vergleich zu § **142 Abs 2 BGB**, der einen ähnlichen Fall regelt: Wer die Anfechtbarkeit eines Rechtsgeschäfts kennt, wird danach so behandelt, als kenne er die Nichtigkeit. Auch hier ist dem Verantwortlichen das entscheidende, die verschärfte Haftung (vgl § 819 BGB) begründende Tatbestandsmerkmal nicht positiv bekannt; er weiß jedoch um eine vorgelagerte „Gefahrenquelle" (die Anfechtbarkeit), die den Eintritt des Tatbestandsmerkmals als überaus wahrscheinlich erscheinen läßt. Für § 826 BGB muß Entsprechendes gelten: Weiß der Täter zwar nicht positiv, ob sich ein Sittenverstoß ereignet hat, hat er jedoch bewußt eine Gefahrenquelle geschaffen, aus der ein Sittenverstoß mit erheblicher Wahrscheinlichkeit resultieren kann, handelt er vorsätzlich, wenn er unter diesen Umständen den unfreiwilligen Vermögensverlust eines anderen in Kauf nimmt.

87 Besonders deutlich wird diese Problematik noch einmal bei der **ins Blaue hinein erteilten Auskunft oder Zusicherung** (RG JW 1911, 584; BGH NJW 1980, 2460, 2461; NJW 1991, 3282, 3283; vgl auch KG NJWE-VHR 1997, 91). Hier weiß der Täter zwar nicht, daß seine Auskunft unrichtig ist; weil er diese jedoch in keiner Weise überprüft hat, kennt er die *Gefahr* und hohe *Wahrscheinlichkeit* ihrer Unrichtigkeit. Arg e § 142 Abs 2 BGB ist er daher so zu stellen, als ob er ihre Unrichtigkeit kennen würde (vgl gerade oben Rn 86).

Aufgrund dieser Überlegungen erscheint eine **Reform des § 826 BGB** und eine Erwei- **88**
terung seines Tatbestandes um den Fall der Leichtfertigkeit in den vorgestellten
Fallkonstellationen **entbehrlich** (aA vBar, in: Gutachten 1681, 1770).

e)   Tatbestandsirrtum, sittenwidriges Unterlassen und nachträglicher Vorsatzeintritt

Der Anspruch nach § 826 BGB setzt Kenntnis der tatsächlichen, das Sittenwidrig- **89**
keitsurteil prägenden Umstände voraus (Nachweis oben Rn 61 ff). Irrt der Anspruchsgegner hier (**Tatbestandsirrtum**), entfällt die Vorsatzschuld; der Tatbestandsirrtum ist
also stets beachtlich (BGH NJW 1973, 2285 f; SOERGEL/HÖNN/DÖNNEWEG Rn 63).

Von erheblicher praktischer Bedeutung ist deshalb die Frage, ob der Anspruchstel- **90**
ler den Anspruchsgegner dadurch in die Rolle des Vorsatztäters zwingen kann, daß
er ihm **noch nachträglich über die tatsächlichen Umstände** seines gutgläubig begangenen Sittenverstoßes **in Kenntnis setzt**. Diese unter dem Stichwort **mala fides superveniens** erörterte Fragestellung (vgl etwa RG GRUR 1931, 161, 164 – Granitol; RG JW 1927, 775
– Batschari Krone; RGZ 143, 48, 56; BGH NJW 1956, 249, 251; REIMER, Wettbewerbs- und Warenzeichenrecht [3. Aufl 1954] 506; STAUDINGER/SCHÄFER[12] Rn 74) spielt insbesondere dort eine
praktische Rolle, wo der Sittenverstoß nicht in einen einmaligen Akt des Täters
mündet, sondern in einer **Dauerhandlung** besteht oder **Dauerwirkungen** zeitigt. Vollstreckt der Anspruchsgegner etwa gutgläubig aus einem unrichtigen Urteil, so soll es
für die aus § 826 BGB hergeleitete Rechtskraftdurchbrechung ausreichen, wenn er
im Verfahren über den aus § 826 BGB begründeten Anspruch nachträglich Kenntnis
von der Fehlerhaftigkeit des zu durchbrechenden Ersturteils erlangt (BGHZ 101, 380,
385 = NJW 1987, 3256; NJW 1987 3259, BRAUN NJW 1988, 49; dazu unten Rn 494).

Häufig begegnet die Fragestellung im Zusammenhang mit der Beurteilung der **Sit- 91
tenwidrigkeit eines Unterlassens**. So wurden die **Rückrufpflichten** des Herstellers bzw
des Produzenten aus folgender Überlegung heraus auf der Grundlage von § 826
BGB begründet: „[W]enn [der Täter] von einem Fehler dieser Art, den das Fahrzeug
zur Zeit des Inverkehrbringens gehabt hat, *nachträglich erfährt*, ist er verpflichtet,
der dadurch von ihm gesetzten Gefahr nach Kräften zu begegnen" (RGZ 163, 21, 26;
dazu vBar JZ 1979, 728, 729). Es liegt also möglicherweise beim geschädigten Abnehmer, dem Produzenten oder Verkäufer Kenntnis vom Fehler zu verschaffen, um eine
Verantwortung nach § 826 BGB und damit eine Handlungspflicht zu begründen.
Ähnliche Fälle der sittenwidrigen Unterlassung sind vorstellbar: Sittenwidrig handelt bspw auch der Antragsteller vor dem **Patentamt**, der zunächst gutgläubig eine
Erklärung über den Stand der Technik abgegeben hat und danach von patenthin-
dernden Umstände erfährt, dies aber nicht vor Erteilung des Patentes mitteilt (RGZ
140, 184, 189 ff).

Regelmäßig hängt die Sittenwidrigkeit der Unterlassung von einer **Pflicht zum Tätig- 92
werden** ab. Diese begründet die Rechtsprechung aus sehr allgemeinen Überlegungen
heraus, wie etwa dem **Ingerenzgedanken**: „(W)er wenn auch unwissend, eine Gefahr
für den allgemeinen Verkehr gesetzt hat, muß sobald er die Gefahr erkannt hat, alles
tun, was ihm den Umständen nach zugemutet werden kann, um sie abzuwenden"
(RGZ 163, 21, 26; ähnlich BGHZ 74, 281, 287 für unrichtige Arbeitszeugnisse; dazu vBar JZ 1979,
728, 729; für Bankauskünfte OLG München WM 1980, 505, 507). In der Praxis können solche
Pflichten indirekt auch dadurch entstehen, daß sich beide Parteien in einer Sonder-

rechtsbeziehung (etwa Vertrag) gegenüberstehen; denn die in der Sonderrechtsbeziehung zu beobachtenden Sorgfaltsmaßstäbe beeinflussen den Gegenstand dessen, was die Parteien an „guten Sitten" voneinander erwarten dürfen, dh der Vorsatztäter kann sich seiner ansonsten (im Vertrag) gesteigerten Verantwortung nicht im Rahmen des § 826 BGB entledigen (dazu oben Rn 37 ff). Dies zeigen praktisch gerade die Fälle des **arglistigen Verschweigens** (unten Rn 158).

93 Eine Sonderstellung nimmt die **Begründung des Kontrahierungszwangs bei Monopolmißbrauch** ein (dazu unten Rn 431). Denn dieser beruht nach der wegweisenden Konzeption NIPPERDEYS auf einem vorläufigem Unterlassungsanspruch, der kein Verschulden voraussetzen soll (NIPPERDEY, Kontrahierungszwang und diktierter Vertrag [1920] 67). Der praktische Unterschied ist jedoch nicht groß, weil im Verfahren über einen Unterlassungs- und Beseitigungsanspruch der subjektive Tatbestand spätestens mit Darlegung der klagebegründenden Tatsachen eintritt.

94 **Stellungnahme**: In den vorgestellten und ähnlichen Fällen billigt die **hM** im Grundsatz zu Recht, daß der Anspruchsgegner auch nachträglich noch mit pflichtenbegründender Wirkung von den das Sittenwidrigkeitsurteil begründenden Tatsachen Kenntnis erlangen kann und dann im Rahmen des § 826 BGB die Rolle des Vorsatztäters einnimmt (RG GRUR 1931, 161, 164 – Granitol; JW 1927, 775 – Batschari Krone; DEUTSCH JZ 1963, 385, 390; REIMER, Wettbewerbs- und Warenzeichenrecht [3. Aufl 1954] 506; E ULMER BB 1949, 543). Dies eröffnet dem Anspruchsteller aber praktisch die Möglichkeit, gegenüber dem Anspruchsgegner noch während der gerichtlichen Auseinandersetzung die materiellen Voraussetzungen der Schadensersatzpflicht herbeizuführen. Problematisch daran erscheint, daß so die zentrale Anwendungshürde des § 826 BGB, das Vorsatzerfordernis, in seiner praktischen Beschränkungswirkung ausgeschaltet wird. § 826 BGB beruht gerade auf dem Rechtsgedanken, daß der Vorsatztäter vor allem deshalb depriviligiert werden muß, weil seine Tat das Opfer in besonderer Weise gefährdet. Dies gilt indes kaum bei nachträglicher Kenntniserlangung des zunächst gutgläubig Handelnden; sein hinzutretender Vorsatz fügt dem laufenden Geschehen bzw Unterlassen idR **kein gefahrenerhöhendes Element** hinzu. Dennoch kann die Rechtsordnung auch in diesen Fallkonstellationen ein vorsätzliches Unterlassen dann nicht hinnehmen, wenn eine Pflicht zum Tätigwerden besteht. Der entscheidende Gesichtspunkt liegt jedoch darin, daß die **Pflicht zum Tätigwerden in diesen Fällen besonders strengen Anforderungen** unterliegen muß, weil sie praktisch die alleinentscheidende Sachvoraussetzung des Anspruchs aus § 826 BGB darstellt. Praktisch bedeutet dies, daß bspw die im Rahmen des § 823 Abs 2 BGB entwickelte **Lehre vom Schutzzweck der Norm** ausnahmsweise auch im Rahmen des § 826 BGB Anwendung finden muß, weil der Vorsatzcharakter der Tat, hinter dem diese Lehre normalerweise im Rahmen des § 826 BGB zurücktreten muß, in seiner praktischen Bedeutung als die den Anwendungsbereich entscheidend einschränkende Sachvoraussetzung hier nicht greift (dazu unten Rn 110).

95 Für die **sittliche Beurteilung** eines Verhaltens kommt es nach **hM** auf den **Tatzeitpunkt** an (RGZ 120, 144, 148; RGZ 129, 357, 381; LG Hildesheim NJW 1987, 333, 334; SOERGEL/HÖNN/ DÖNNEWEG Rn 31). Dies bedeutet indes, daß ein Unterlassen durch geänderte normative Bewertung von einem sittengemäßen in ein sittenwidriges Verhalten umschlagen kann. Praktisch bedeutsam wird dies für die Bestandskraft eines über einen sittenwidrigen Ratenkredit ergangenen Vollstreckungsbescheids, wenn der zugrundelie-

gende Mahnbescheid zu einem Zeitpunkt beantragt wurde, in dem der Ratenkredit nach den Maßstäben der Rechtsprechung noch nicht sittenwidrig war (unten Rn 529).

f) Beweisfragen, Indizwirkung der Sittenwidrigkeit, das Sich-Verschließen gegenüber Tatsachen

Zu Recht gehen Praxis und Wissenschaft davon aus, daß ein Teil der Auseinander- **96** setzung um die Anforderungen an die Vorsatzschuld eigentlich auf **Beweisproblemen** beruht (BGH WM 1975, 559, 560, letzter Satz; HONSELL JuS 1976, 621, 629; MAYER-MALY, Das Bewußtsein der Sittenwidrigkeit 43). So hat der Bundesgerichtshof etwa entschieden, daß der **Beweis über den bedingten Vorsatz** in § 826 BGB idR durch den Nachweis eines solchen Grades an Leichtfertigkeit beim Täter geführt werden könne, daß dieser eine Schädigung der anderen Seite in Kauf genommen haben *müsse* (BGH WM 1975, 559, 560). Über diesen Einzelgesichtspunkt hinaus, liegt ein zentrales Anliegen bei der Konkretisierung des subjektiven Tatbestandes von § 826 BGB in der **Unterscheidung von prozessualen Problemen des Vorsatz***nachweises* gegenüber den materiellen Voraussetzungen der Vorsatz*schuld*. Nur so läßt sich der Eindruck vermeiden, die Anforderungen an die Vorsatzschuld würden durch die Praxis ständig gesenkt, obwohl von der Sache her möglicherweise nur die Beweissituation erleichtert wird.

Unter diesem Gesichtspunkt sind vor allem diejenigen Fallgestaltungen zu würdi- **97** gen, in denen der Täter vor den die Sittenwidrigkeit begründenden Tatsachen **„geradezu die Augen verschließt"**. Die geläufige Formel, das Sich-Verschließen stehe der positiven Kenntnis gleich (vgl etwa BGH NJW 1992, 3167, 3174 im Anschluß an BGH NJW 1987, 1758, 1759 und OLG Frankfurt/M WM 1989, 1618, 1619 f; OLG Oldenburg OLG Rep 1997, 58; ferner BGH WM 1961, 1126, 1127; NJW 1967, 493, 495; NJW 1975, 1362, 1362; MünchKomm/ MERTENS Rn 46; LARENZ/CANARIS, Schuldrecht II/2 § 78 III 1 a.; SOERGEL/HÖNN/DÖNNEWEG Rn 54), greift viel zu weit, da es in diesen Fällen regelmäßig um ein Beweisproblem geht. Dem Täter kann nämlich hier nur nachgewiesen werden, daß er ganz erhebliche Gründe hatte, gerade diejenigen tatsächlichen Umständen weiter aufzuklären, an die rückblickend betrachtet das Sittenwidrigkeitsverdikt anknüpft. Die in § 826 BGB vorausgesetzte positive Kenntnis der tatsächlichen Umstände (oben Rn 61) kann hingegen gerade nicht bewiesen werden. In diesen Konstellationen ist aber die positive Kenntnis nicht etwa ausnahmsweise entbehrlich, sondern die Gründe, die die Folgerung auf ein Sich-Verschließen zulassen, tragen als einschlägige Erfahrungssätze einen **Anscheinsbeweis** dafür, daß der Täter auch Kenntnis von den tatsächlichen Umständen erlangte. Diesen Anscheinsbeweis, und darin liegt ein wesentlicher Unterschied gegenüber der üblichen Formel, darf der Anspruchsgegner aber durch eigenen Beweis erschüttern.

Richtiger Ansicht nach beinhaltet auch die Frage nach der **indizierenden Wirkung 98 eines Sittenverstoßes für die Vorsatzschuld** eigentlich ein prozessuales Problem. Nach Auffassung des Bundesgerichtshofes wird nämlich „aus der Art und Weise, in der sich ein sittenwidriges Verhalten kundgibt, ... nicht selten zu folgern sein, ob der Schädiger vorsätzlich gehandelt hat oder nicht." (BGH WM 1975, 559, 560). Wie das Gericht bereits im nachfolgenden Satz deutlich macht, ist diese Aussage im Zusammenhang mit Fragen der Beweisführung über die Vorsatzschuld zu verstehen (vgl ferner die Entscheidungen BGH WM 1979, 326; WM 1984, 744, 745; NJW 1986, 180, 182; BGHZ

96, 231 = NJW 1986, 837, 841; NJW 1987, 1758, 1759; WM 1991, 2034, 2035; RGZ 90, 106, 109). Zu weit geht daher die Überlegung, daß Gericht habe „aus dem groben Fehlverhalten des Täters de[n] Schädigungsvorsatz gewissermaßen normativ erschlossen." (MERTENS ZHR 143 [1979] 174, 182; kritisch zu Recht RÜMKER ZHR 143 [1979] 195, 203). Versteht man die Indizwirkung nämlich als reines Beweisproblem, so beinhaltet sie eine „prozessuale Selbstverständlichkeit": Immer wenn die äußerlichen, das Sittenwidrigkeitsurteil prägenden Umstände einen allgemeinen Erfahrungssatz rechtfertigen, aufgrund dessen der Schluß auf die Vorsatzschuld möglich ist, wird der Vorsatz im Wege eines Anscheinsbeweises vermutet, mit der Konsequenz allerdings, daß der vermeintliche Täter diesen wieder durch eigene Beweisführung erschüttern kann.

II. Rechtsfolgen

1. Einschränkung durch die Lehre vom Schutzbereich der Norm

99 Nach wie vor nicht restlos geklärt erscheint die Frage, ob die Haftungsverantwortung nach § 826 BGB zusätzlich durch die historisch zum Tatbestand des § 823 Abs 2 BGB entwickelte **Lehre vom Schutzbereich der Norm** einzuschränken ist (zur Entstehungsgeschichte vgl nur DEUTSCH, Allgemeines Haftungsrecht [2. Aufl 1995] Rn 299 f und vor allem RABEL, Das Recht des Warenkaufs, Bd 1 [1936] 502 ff). Dies wird von der heute **hM** befürwortet (grundlegend BGHZ 96, 231, 236 = NJW 1986, 837; vgl zuvor BGHZ 57, 137, 142 = NJW 1972, 36; NJW 1979, 1599, 1560; OLG Düsseldorf NJW-RR 1990, 732, 734; OLG Köln VersR 1980, 539; vCAEMMERER, in: FS Larenz [1973] 621, 641; MünchKomm/MERTENS Rn 52 ff; ders ZHR 143 [1979] 174, 181 f; SACK NJW 1975, 1303, 1304 f; EIKE SCHMIDT MDR 1971, 539 f; SOERGEL/HÖNN/DÖNNEWEG Rn 71; STOLL, Kausalzusammenhang und Normzweck im Deliktsrecht [1968] 15, Fn 41; MANFRED WOLF NJW 1967, 709) und von einer **Minderheit** abgelehnt (grundsätzlich DEUTSCH, Allgemeines Haftungsrecht, Rn 318, der allerdings hinsichtlich der Entwicklungsfunktion des § 826 BGB eine Ausnahme machen will; aus praktischen Gründen an der Bedeutung zweifelnd: BGB-RGRK/STEFFEN Rn 40 sowie das ältere Schrifttum, etwa STAUDINGER/WERNER[10/11] Vorbem 33 zu § 249 sowie differenzierend die STAUDINGER/SCHÄFER[12] Rn 84 f).

100 Dabei verdient zunächst Beachtung, daß die Lehre vom Schutzbereich ganz unterschiedliche Prinzipien und Rechtssätze mitumfaßt (dazu DEUTSCH, Allgemeines Haftungsrecht [2. Aufl 1995] Rn 297), wie etwa die Grundsätze zur Einschränkung der Norm **auf einen persönlichen bzw gegenständlichen Schutzbereich** oder die Überprüfung der Frage, ob die Befolgung der Norm die Gefahr des Schadenseintrittes verringert hätte (**Rechtswidrigkeitszusammenhang**).

101 Mit gutem Grund wird etwa das Bestehen eines **Rechtswidrigkeitszusammenhangs** auch bei der Anwendung des § 826 BGB beachtet (BGH NJW 1979, 1599, 1600; vgl auch OLG Karlsruhe ZIP 1985, 409). Kann nämlich der dem Täter zur Last gelegte Sittenverstoß hinweggedacht werden, ohne daß der Schadenseintritt entfällt, fehlt es am inneren Zusammenhang zwischen dem Vorwurf der Vorsatzschuld und dem eingetretenen Schaden. Dies hat der Bundesgerichtshof für den Fall entschieden, daß der Kläger Kundenwechsel bei seiner Hausbank diskontieren ließ. Die bekl Bank seines Geschäftspartners hatte nämlich seiner Hausbank auf Anfrage eine **unrichtige Auskunft über die Kreditwürdigkeit** ihres Kunden erteilt. Der Kläger hatte davon zwar nichts erfahren, wollte aber dennoch gegenüber der Bank des Geschäftspartners den Schaden liquidieren, der ihm infolge der weiteren Kreditierung seiner dem Wechsel

zugrundeliegenden Forderungen gegenüber diesem Geschäftspartner entstanden war. Zu Recht entschied das Gericht, daß den Täter der haftungsbegründende Vorwurf einer sittenwidrigen Vermögensschädigung nur dann trifft, „wenn der Geschädigte die ihn schädigende Handlung gerade deswegen vorgenommen hat, weil er dazu sittenwidrig veranlaßt worden ist." (BGH NJW 1979, 1599, 1600).

Dasselbe Problem stellt sich bei der **Rückabwicklung eines Kaufvertrages**, wenn der **102** Käufer **wegen arglistiger Täuschung** des Verkäufers erfolgreich **angefochten** hat, das gekaufte Kraftfahrzeug jedoch durch einen von ihm allein verschuldeten Unfall zerstört worden ist. Auch hier stellte der **Bundesgerichtshof** Schutzzwecküberlegungen bei der Anwendung des § 826 BGB an und bejahte „eine Zurechenbarkeit des Unfallschadens zu Lasten des Schädigers (Verkäufers)" deshalb, weil der Käufer keinen Nachteil dadurch erleiden sollte, daß ihm die Kaufsache „aufgeschwatzt" worden sei (BGHZ 57, 137, 142 = NJW 1972, 36). Zu Recht hat die **hM** hier eine Überdehnung des Rechtswidrigkeitszusammenhangs kritisiert (vCAEMMERER, in: FS Larenz [1973] 621, 641; FLUME NJW 1977, 1777, 1779; HUBER JuS 1972, 439, 440; LIEB JZ 1972, 442, 443 f); der arglistig verschwiegene Mangel hatte nämlich die Unfallgefahr für den Käufer nicht erhöht.

Fraglich ist jedoch, ob über diese offensichtlichen Fälle eines fehlenden Begrün- **103** dungszusammenhangs zwischen Sittenverstoß und Schadenseintrittes hinaus, der Anwendungsbereich des § 826 BGB auf einen **persönlichen und gegenständlichen Schutzbereich** eingeschränkt werden muß. Das Reichsgericht hat die Einschränkung auf einen persönlichen Schutzbereich unter Hinweis auf den umfassenden Geltungsanspruch des Sittenwidrigkeitsverdiktes verneint. „Schlechthin jeder, der durch solches [sittenwidriges] Handeln Schaden leidet, kann ihn ersetzt verlangen, sofern er ihm nur vorsätzlich zugefügt worden ist. Es wäre auch gar kein innerer Grund dafür erkennbar, warum ein Verhalten, sofern es überhaupt gegen die guten Sitten verstößt, nur gewissen Personen gegenüber eine Schadensersatzpflicht begründen sollte, anderen gegenüber dagegen nicht." (RGZ 79, 55, 59). Die daraus abgeleitete These von der **Unteilbarkeit der Sittenwidrigkeit**, nach der ein Sittenwidrigkeitsverdikt zum Schutze aller Verkehrsteilnehmer gelte (SOERGEL/KNOPP [10. Aufl] Rn 58; SERICK, Eigentumsvorbehalt und Sicherungsübereignung Bd III [1970] § 31 III 2 Fn 42) wird heute **zu Recht abgelehnt** (vgl nur MünchKomm/MERTENS Rn 53). Die guten Sitten konkretisieren sich nämlich anhand der schützenswerten Erwartungen der Verkehrsteilnehmer auf ein verkehrsgerechtes Verhalten (oben Rn 31); daher kann dasselbe Verhalten vor den Verständnishorizonten einzelner Teilnehmergruppen unterschiedliche Bedeutung entfalten, mit der Folge, daß Sittenwidrigkeit nur gegenüber einer Gruppe besteht (vgl die Konkretisierung des § 1 UWG).

Die **Begründung der hM** faßt STOLL (Kausalzusammenhang und Normzweck im Deliktsrecht **104** [1968] 15, Fn 41 unter Bezugnahme auf MANFRED WOLF NJW 1967, 709) überblickshaft so zusammen: Zunächst erscheint die Auffassung unzutreffend, § 826 BGB schütze jedermann gegen die Schmälerung seines Vermögens und kenne keine Differenz zwischen mittelbar und unmittelbar Geschädigten. Sei nämlich anerkannt, daß aus der Generalklausel des § 826 BGB ungeschriebene Verhaltensnormen zum Schutz bestimmter Interessen entwickelt würden, dann stelle sich Bedarf nach Korrektur der Haftungstatbestände ein. Diesem sei aber durch die andernorts anerkannten Prinzipien der Haftungseinschränkung Rechnung zu tragen.

105 Doch beruht die von STOLL angemahnte **Unterscheidung zwischen mittelbar und unmittelbar Geschädigten** (vgl zu dieser auch BGHZ 56, 40, 45; NJW 1979, 1599, 1600) auf hinterfragenswerten begrifflichen Grundlagen. Von mittelbarer Schädigung läßt sich nämlich regelmäßig nur im Hinblick auf den Anwendungsbereich einzelner Haftungsnormen sprechen (dazu und zum folgenden präzise MANFRED WOLF NJW 1967, 709): Wer einen Schaden erleidet, der nach den Tatbestandsvoraussetzungen der Norm nicht ersetzt wird, ist mittelbar geschädigt. Im Umkehrschluß sind daher gerade diejenigen Personen unmittelbar iSd § 826 BGB geschädigt, denen eine Rechtsgutsverletzung zugefügt wurde, die den Tatbestand der Norm erfüllt; dies liegt insbesondere vor, wenn die Rechtsgutsverletzung vom Vorsatz erfaßt wird (so auch SOERGEL/ HÖNN/DÖNNEWEG Rn 76). Die Befürchtung, § 826 BGB könne auch auf mittelbar Geschädigte Anwendung finden, ist daher eher mißverständlich und verdeckt die eigentliche Frage, auf welchen Personenkreis die Vorschrift überhaupt Anwendung findet. Der von STOLL ferner zutreffend erkannte Bedarf nach Abgrenzung und Einschränkung des Tatbestandes verweist die weiteren Überlegungen dabei aber nicht zwangsläufig auf die Lehre vom persönlichen und gegenständlichen Schutzbereich der Norm; denn im Tatbestand des § 826, einer Norm, deren objektiver Tatbestand weit und deren subjektiver durch das Vorsatzerfordernis gerade eng gefaßt ist (COING NJW 1951, 596, 597), übernimmt der **Schädigungsvorsatz** diese **praktische Abgrenzungsfunktion** (DEUTSCH, Allgemeines Haftungsrecht Rn 318; BGB-RGRK/STEFFEN Rn 40, vgl auch BGH NJW 1979, 1599, 1600, wo der fehlende Rechtswidrigkeitszusammenhang den Vorsatzschuldvorwurf entfallen läßt).

106 Eine Einschränkung des Anwendungsbereichs von § 826 BGB über das Vorsatzerfordernis vermag aber nach MERTENS das Regelungsanliegen der Lehre vom Schutzzweck der Norm nicht vollständig zu ersetzen; denn hier entstehe ein **deliktsrechtliches Steuerungsproblem**, dessen angemessene Lösung nicht allein aus dem jeweiligen psychologischen Befund (Tätervorsatz) gewonnen werden könne (Münch-Komm/MERTENS § 826 Rn 53; ähnlich ders ZHR 143 [1979] 174, 181 f; ähnlich SOERGEL/HÖNN/ DÖNNEWEG Rn 70). Diese Kritik wirft letztlich die **Grundsatzfrage nach dem Zweck des § 826 BGB** auf. Zweifellos sperrt sich eine am Vorsatzerfordernis orientierte Eingrenzung des Normanwendungsbereiches in gewissem Umfang dem modernen Bedürfnis nach der Entwicklung von Tatbestands*typen*, die jenseits individueller Schuldvorwürfe im Verkehr verläßliche Verhaltensmaßstäbe vorgeben können. Jedoch ist auch und gerade die Entwicklungsfunktion des § 826 BGB eng an das Vorsatzerfordernis geknüpft: Denn nur der „Vorsatztäter", also derjenige, der in der Tatsachenkonstellation des Präzedenzfalles bewußt unfreiwillige Vermögensverluste seines Opfers in Kauf nimmt, darf durch die rückwirkende richterliche Bewertung seines Verhaltens als sittenwidrig „überrascht" werden (DEUTSCH JZ 1963, 385, 390; dazu oben Rn 21, 65; vgl zugleich die Grenze des erheblichen Verbotsirrtums oben 67 ff). Die **Forderung eines vom Vorsatz unabhängigen persönlichen und gegenständlichen Schutzbereiches**, der sich am Zweck der jeweils verletzten Verhaltenspflicht orientiert, ist dagegen stets ein **deutliches Anzeichen für das Abrücken vom Vorsatzerfordernis**: Wer nämlich unter Verletzung gleich welcher Norm den Schaden einer anderen Person will, erscheint aufgrund der entstehungsgeschichtlichen Zwecksetzung des § 826 BGB (actio doli, fraus omnia corrumpit usw, dazu oben Rn 9, 12) stets verantwortlich. Der Täter bezieht durch seinen (Schädigungs-)Willen das Opfer in den Schutzbereich des § 826 BGB ein, ohne daß es weiterer objektiver Rechtfertigungen für die Anwendbarkeit der

Norm bedürfte. Darin liegt gerade die Konsequenz einer auf objektiver Tatbestandsebene weiten, auf subjektiver Ebene engen Norm.

Dieser Zusammenhang zeigt sich deutlich bei der **praktischen Anwendung der Schutz-** **107**
bereichslehre im Zusammenhang mit § 826 BGB. Wird die **Eröffnung des Insolvenzver-**
fahrens über das Vermögen einer finanziell maroden Aktiengesellschaft durch eine
Kapitalerhöhung verzögert, die von vornherein zu einer dauerhaften Sanierung des
Unternehmens nicht ausreicht, so soll nach Auffassung des Bundesgerichtshofes der
während der Verzögerung zwischenzeitlich eingetretene Wertverlust der Altaktien
nicht unter den Schutzbereich der Norm fallen (BGHZ 96, 231, 236 f = NJW 1986, 837; zu
Recht kritisch LARENZ/CANARIS, Schuldrecht II/2 § 78 II 3; dazu näher unten Rn 358 f). Zwischen
der Konkursverschleppung und dem Wertverfall der Aktie fehle es nämlich an einem
inneren Zusammenhang. Ob es während der Insolvenzverzögerung zum Erwerb von
Unternehmensanteilen komme oder nicht, hänge aus Sicht des Täters vom Zufall ab
und sei für ihn ohne Bedeutung. Dagegen will das Gericht den Wertverlust derjenigen Aktien in den Schutzbereich des § 826 BGB einbeziehen, die gerade im Rahmen
der Kapitalerhöhung ausgegeben wurden (238). Diese Unterscheidung zeigt aber,
daß es praktisch vor allem auf die Reichweite des Schädigungsvorsatzes ankommt (so auch
SOERGEL/HÖNN/DÖNNEWEG Rn 73; vgl auch OLG Düsseldorf NJW-RR 1990, 732, 734) und weniger auf einen im Detail abzugrenzenden Schutzbereich; denn dort, wo Anleger
bewußt und zielgerichtet von den Betreibern im Hinblick auf die zu erwartenden
Gewinnaussichten ihrer Unternehmensbeteiligung hintergangen werden (Ausgabe
der jungen Aktien bei der unzureichenden Kapitalerhöhung), fällt der Wertverlust
der Aktien unter den Schutzbereich des § 826 BGB, dort wo der Täter – an der
Grenze zur Fahrlässigkeit handelnd – angesichts seiner grob fahrlässig geplanten
Sanierungsmaßnahme die Aktionäre als mögliche Opfer nicht im Auge hat, soll der
Ersatz entfallen. Daß letztlich nicht etwa die alten Aktien *sachlich* aus dem Schutzbereich des § 826 BGB herausfallen, sondern daß auch deren Wertverluste ersetzbar
sind, wenn nur der nötige Schädigungsvorsatz nachgewiesen werden kann, zeigt folgende mögliche **Fallvariante**: Betreibt der Täter die Sanierung der Aktiengesellschaft
bewußt so, daß die Eröffnung des Insolvenzverfahrens nur verzögert wird und verleitet er einen lästigen Konkurrenten absichtlich zum Kauf alter, bereits im Umlauf
befindlicher Aktien, um ihn „mit ins Verderben zu reißen", so dürfte auch aus Sicht
des Bundesgerichtshofes kaum ein Zweifel daran bestehen, daß hier der Täter seinem Opfer für den Wertverlust der „alten" Aktien nach § 826 BGB verantwortlich
ist.

Eine weitere Gefahr tritt hinzu. Die **Schutzbereichslehre wirkt** im Rahmen des § 826 **108**
BGB **nicht notwendig haftungsbeschränkend, sondern möglicherweise auch haftungs-**
begründend (vgl dazu EIKE SCHMIDT MDR 1971, 538, 539). Dies zeigt die Vorstellung, die
Schutzbereichsabgrenzung solle dort zum Einsatz gelangen, wo die Grenze von der
Vorsatz- zur Fahrlässigkeitshaftung nicht klar zu ziehen sei (SOERGEL/HÖNN/DÖNNEWEG
Rn 70; vgl auch das OLG Düsseldorf NJW-RR 1990, 732, 734, wonach „der Schutzbereich des § 826
BGB ... *mit* durch die Reichweite des Schädigungsvorsatzes bestimmt wird"). Hier scheinen sich
indes unterschiedliche Gesichtspunkte zu vermengen: Die Praxis handhabt zweifel-
los das Vorsatzerfordernis bisweilen recht großzügig; fraglich ist jedoch, ob die
Konsequenz dieser Erkenntnis darin besteht, die Schutzbereichsabgrenzung in den
problematischen Fällen als weitere, letztlich die Haftung (mit)begründende Sachvoraussetzung anzuerkennen, um dadurch die Grenzziehung zwischen Vorsatz und

Fahrlässigkeit zu erübrigen. Diese mit der Schutzbereichslehre verbundene Haftungserweiterung führt nämlich im Ergebnis zu einem **Abrücken vom Vorsatzerfordernis** (konsequent Mertens ZHR 143 [1979] 174, 182). Unter solchen Bedingungen, in denen die Zwecksetzung des § 826 BGB (Deprivilegierung des *Vorsatz*täters) überschritten ist, stellt sich in der Tat die Frage einer teleologischen Reduktion des entschieden zu weit gewordenen Tatbestandes von § 826 BGB (so Sack NJW 1975, 1303, 1304 f; vgl auch Eike Schmidt MDR 1971, 538 f).

109 Vom hier vertretenen Standpunkt aus sind jedoch **alle „mittelbaren" Schadensfolgen grundsätzlich ersetzbar**, sofern der Täter sie in seinen Vorsatz aufgenommen hat (ebenso MünchKomm/Mertens Rn 58; **aA** Manfred Wolf NJW 1967, 709, 711; Soergel/Hönn/ Dönnweg Rn 70). Daß der Vorsatz hier als Abgrenzungskriterium praktisch funktioniert, zeigt die Entscheidung des OLG Düsseldorf im **Hormonskandal** (NJW-RR 1990, 732, 734). Nach Auffassung des Gerichtes haftet nämlich der Mäster, der seinen Kälbern verbotenerweise Hormone als Masthilfe zugeführt hat, nicht nach § 826 BGB dafür, daß seinen Kunden oder anderen Verbrauchern von Kalbfleisch als Folge geänderten Verbraucherverhaltens Umsatz- und Gewinneinbußen entstehen, sobald der Hormonskandal bekannt wird. Denn diese Schäden seien gerade nicht mehr vorausgesehen und billigend in Kauf genommen. Ähnliche Überlegungen gelten für die **Folgeschäden rechtswidriger Arbeitskampfmaßnahmen** (dazu unten Rn 421); auch hier kommt es vor allem darauf an, ob die verantwortliche Streikpartei sich der Schäden bewußt war. Daß die Lehre vom Schutzbereich der Norm und nicht der Vorsatz in Fällen des **Monopolmißbrauchs** praktisch zum Einsatz kommt (OLG Köln VersR 1980, 539, 540), erklärt sich daraus, daß der Monopolmißbrauch selbst nicht aus dem Rechtsgedanken des § 826 BGB (Deprivilegierung des Vorsatztäters, oben Rn 12 ff) begründet ist (unten Rn 433 ff). Vgl auch zur Überschreitung des Schutzzwecks bei der Verletzung **ausländischer Embargobestimmungen** (BGH NJW 1991, 634, 635; Junker JZ 1991, 699).

110 In **zwei Ausnahmfällen** allerdings muß auch nach hier vertretener Ansicht im Rahmen des § 826 BGB die Verantwortung des Anspruchsgegners auf einen persönlichen und sachlichen Schutzbereich eingeschränkt werden. Es sind dies zunächst Fallkonstellationen, in denen der Anspruchssteller einen in die Zukunft gerichteten Anspruch (zB einen vorbeugenden Unterlassungsanspruch) geltend macht und auch noch nachträglich im Gerichtsverfahren die Voraussetzungen des § 826 BGB dadurch herbeiführt, daß er seinen Gegner über die Tatsachenlage in Kenntnis setzt. Immer dann, wenn der **Anspruchsgegner durch nachträgliche Kenntnisverschaffung in die Rolle des Vorsatztäters versetzt wird** (mala fides superveniens, dazu bereits oben Rn 94), stellt der Schädigungsvorsatz kein ernsthaftes Anwendungshindernis mehr dar, weil der Anspruchssteller es in der Hand hat, diese Tatbestandsvoraussetzung jederzeit eintreten zu lassen. Wo aber der Schädigungsvorsatz bei der Abgrenzung des Anwendungsbereichs von § 826 BGB ausfällt, muß in der Konsequenz des oben Gesagten die Lehre vom Schutzbereich diese Aufgabe übernehmen, weil andernfalls der Anspruchsgegner mit einer uferlosen Verantwortung überzogen werden könnte.

111 **Zweitens** scheint eine Einschränkung des Tatbestandes dort plausibel, wo die Verhaltensnorm, deren Verletzung durch den Täter den Sittenverstoß begründet, durch die Rechtsprechung noch nicht die Konkretisierung und Konsistenz erfahren hat, die ihren Geltungsumfang für den Täter klar erkennbar machen. Hier stellt die Einschränkung des § 826 BGB möglicherweise ein notwendiges **Korrektiv der Entwicklungs- und Rechtsfortbildungsfunktion** der Norm dar (so DEUTSCH, Allgemeines Haftungsrecht Rn 318), das dazu dient, den sachlichen Gegenstand einer Verhaltensnorm zu präzisieren.

2. Mitverschulden des Geschädigten

Im Rahmen der in § 254 BGB zu treffenden Abwägung der Verschuldensanteile fällt 112
die vorsätzliche sittenwidrige Schädigung des Täters schwer ins Gewicht. Die Rechtsprechung geht soweit, im Einzelfall **auch grobe Fahrlässigkeit** des Geschädigten **nicht anspruchsmindernd zu berücksichtigen** (BGH NJW 1992, 310, 311). Grundlage ist ein an den Gedanken des venire contra factum proprium angelegter Rechtsgedanke: „Wer … einen anderen vorsätzlich und sittenwidrig geschädigt hat, kann sich grundsätzlich nicht darauf berufen, jener habe sich dagegen nicht ausreichend gesichert, ihm, dem Schädiger, vielmehr vertraut" (ebenso BGHZ 76, 216, 218 = NJW 1980, 1618; NJW 1984, 921, 922).

Von diesem Grundsatz existieren **Ausnahmen** (Überblick in BGH NJW 1984, 921, 922) für 113
den Fall, daß überwiegend der Anspruchsteller für den Schaden verantwortlich ist und der Sittenverstoß nicht so stark ins Gewicht fällt (so BGHZ 57, 137, 145 f = NJW 1972, 36: Täuschung des Verkäufers über Mangel des Kfz, dessen Zerstörung bei einem Unfall allein vom Käufer zu vertreten ist). Ein Mitverschuldensbeitrag soll auch zu berücksichtigen sein, wenn der Täter keine klaren Vorstellungen von der Höhe des Schadens hat (BGH WM 1970, 633; vgl auch BAG NJW 1970, 1861, 1862) oder wenn der bedingt vorsätzlich Handelnde dem Opfer Sicherungsmöglichkeiten angeboten hat, die den Schaden verringert hätten (BGH WM 1969, 660).

Die **Rechtsprechung** verfährt jedoch **nicht immer einheitlich.** Abhängig vom Einzelfall 114
wird auch ein fahrlässiges Verhalten des Opfers schadensmindernd berücksichtigt, wenn der Täter bedingt vorsätzlich gehandelt hat (BGHZ 47, 110, 117 = NJW 1967, 1039); bisweilen wird § 254 BGB geprüft, ohne auf die Sonderbedingungen eines Anspruchs aus § 826 BGB einzugehen (BGH FamRZ 1960, 192, 193).

Stellungnahme: Die eingeschränkte Anwendung verdient wegen der Zwecksetzung 115
des § 826 BGB, den Vorsatztäter zum Schutze seiner Opfer zu deprivilegieren, volle Zustimmung. § 254 BGB bietet keine Grundlage, den Vorsatztäter (partiell) von den Folgen seines Angriffs auf das besonders naive Opfer freizustellen. Ausgehend von diesem Grundsatz müssen dennoch erhebliche Verschuldensanteile der anderen Seite im Einzelfall Berücksichtigung finden, um nicht umgekehrt dem Opfer Freiräume für verantwortungsloses Verhalten zu Lasten des Täters zu eröffnen.

Findet im Wege des Schadensersatzes nach § 826 BGB eine Rückabwicklung statt, so 116
ist **§ 817 Satz 2 BGB nicht anwendbar,** wenn der Geschädigte selbst mit dem Anspruchsgegner an einem Sittenverstoß teilgenommen hat (Verlöbnis zur Zeit der Ehe des anderen Partners). Der Bundesgerichtshof begründet dies aus der besonderen systematischen Stellung des § 817 Satz 2 BGB (BGH FamRZ 1960, 192, 194; NJW 1992, 310, 311 mwN).

3. Haftung für Dritte und Gehilfen

117 Die Zurechnung vorsätzlichen sittenwidrigen Verhaltens von Organen findet nach § 31 BGB statt. Die Anwendung des § 831 BGB setzt vorsätzliches sittenwidriges Verhalten des **Verrichtungsgehilfen** voraus (RGZ 73, 434, 436; BGH NJW 1956, 1715; WM 1989, 1047, 1050; OLG Frankfurt/M NJW 1966, 254, 257); dabei kommt auch eine Eigenhaftung des Gehilfen in Betracht (BGH BB 1966, 53; OLG Frankfurt/M DB 1984, 447; LG Karlsruhe BB 1982, 1709 f). Im Rahmen des **Exkulpationsbeweises** stellt sich jedoch die Frage, inwieweit der Geschäftsherr mit vorsätzlichen sittenwidrigen Schädigungen seines Verrichtungsgehilfen rechnen mußte. Dies wurde zumindest aus Sicht des Mandanten für seinen Rechtsanwalt verneint (BGH NJW 1979, 1882, 1883). In Fällen **mittelbarer Täterschaft**, wenn eine gutgläubig handelnde Person als „Werkzeug" bei der Tatausführung mißbraucht wird, haftet der Hintermann, sofern er das Tatgeschehen steuert, unmittelbar aus § 826 BGB (RGZ 73, 434, 436). Dritte kommen schließlich als **Gehilfen des vorsätzlich handelnden Täters iSd § 830 Abs 2 BGB in Betracht**, wenn sie von dessen vorsätzlichem Sittenverstoß wissen und ihm praktische oder psychische Beihilfe leisten: Ist etwa einer **Bank** bekannt, daß ihr Kunde das bei ihr unterhaltene **Girokonto** zur Empfangnahme der Entgelte aus betrügerischen Anlagegeschäften benutzt, so soll sie nach § 826 BGB für den Schaden der getäuschten Anleger haften (LG Hanau WM 1996, 1540). **Problematisch** daran erscheint, daß der Anlagebetrug eine Vertragsstörung im Verhältnis zwischen Anleger und Betrüger hervorruft, die die Bank nur ausnutzt. Das bloße Ausnutzen einer Vertragsstörung zwischen Dritten ist indes nicht sittenwidrig (vgl allgemein unten Rn 227 ff sowie speziell zur Scheckeinlösung durch Banken unten Rn 252 ff). Im übrigen dürfte das bloße Profitieren auch kaum für eine Zurechnung nach § 830 Abs 1 Satz 1 BGB ausreichen. Nur wenn der Betrüger um die Kenntnis der Bank weiß und diesen Umstand seinerseits als Bestätigung des eigenen Tuns empfindet (psychische Beihilfe) und der Bank wiederum dieses stillschweigende Einvernehmen bekannt ist, kommt wohl eine Gehilfenhaftung in Betracht.

4. Schadensersatz

118 Der Schadensbegriff richtet sich nach § 249 BGB. Eigenständige Bedeutung entfalten die Wertungen des § 826 BGB bei der **Berechnung des Schadens**. Denn im Rahmen der Naturalrestitution (§ 249 BGB) und bei der Geldkompensation (§§ 250 Satz 2, 251 BGB) findet wiederum eine **Deprivilegierung des Täters** zum Schutz seiner Opfer statt. Dies bedeutet konkret etwa, daß Beschränkungen der Ersatzpflicht, die üblicherweise dem Schutz des wegen Fahrlässigkeit Verantwortlichen dienen, zugunsten des Vorsatztäters nicht greifen. Wer aus § 826 BGB für eine Insolvenzverschleppung verantwortlich ist, haftet etwa nicht nur beschränkt auf den Quotenschaden, sondern muß den vollen **Schaden des Neueintretenden** ersetzen (unten Rn 357). Resultiert der Schaden aus zuvor erbrachten Unterhaltsleistungen, so findet die Vorschrift des § **1613 BGB** keine Anwendung (unten Rn 451), mit der Folge, daß auch für die Vergangenheit Ersatz verlangt werden kann. Die Vorschrift kommt richtiger Auffassung nach auch als Grundlage für **Schadensersatzansprüche von Verbrauchern** im Wettbewerbsrecht in Betracht (unten Rn 386).

119 Eine signifikante Erweiterung der Haftung besteht darin, daß der Ersatzanspruch auch auf **das positive Interesse** aus einem Vertrag gerichtet sein kann. Dies gilt etwa für den Fall, daß der Täter die Abwesenheit eines Leistungshindernisses vortäuscht bzw dessen Anwesenheit arglistig verschweigt; der Geschädigte hat in diesen Fällen einen Anspruch, so gestellt zu werden, als wäre das Leistungshindernis nie eingetreten (unten Rn 154). Auf das positive Interesse kann auch derjenige haften, der auf sittenwidrige Weise die Formnichtigkeit eines Rechtsgeschäftes herbeiführt (unten Rn 196). In den Fällen des sittenwidrigen Doppelverkaufs kann der übergangene Erstkäufer vom Zweitkäufer gar **Herausgabe der Kaufsache** verlangen (unten Rn 228).

§ 826 BGB eröffnet in Grenzen ferner ein **Abschöpfungsrecht**, insbesondere bei Zah- **120** lung von Schmiergeldern an Angestellte (dazu unten Rn 236, 387). Zwar kann der Arbeitgeber das Entgelt nicht ohne weiteres als Schadensersatz herausverlangen. Weist er jedoch nach, daß gerade unter dem Einfluß des manipulierten Angestellten ein für ihn ungünstiger Abschluß zustandekam, so spricht ein Beweis des ersten Anscheins dafür, daß sein Vermögensschaden der Höhe des Schmiergeldes entsprach.

Fraglich ist allerdings, ob § 826 BGB einen **Wiedereinstellungsanspruch des Arbeitneh-** **121** **mers** begründen kann (HUECK, in: FS Hedemann [1958] 131, 139; vSTEIN RdA 1991, 85, 93; SOERGEL/HÖNN/DÖNNEWEG Rn 88 a). Zur Begründung dieses Anspruchs soll es nicht darauf ankommen, daß die Kündigung oder Lösung des Arbeitsverhältnisses sittenwidrig ist, sondern daß die verweigerte Wiedereinstellung gegen die guten Sitten verstößt. Die Fragestellung steht den Fällen des Kontrahierungszwangs bei Monopolmißbrauch (unten Rn 429 ff) und des Aufnahmeanspruchs in einen Verein (unten Rn 266 ff) systematisch nahe und begegnet daher ähnlichen Bedenken: Rechtsgrund für die Pflicht des Arbeitgebers, abermals mit dem alten Arbeitnehmer zu kontrahieren, können allein diejenigen arbeitsrechtlichen Wertungen und Prinzipien sein, die durch die entsprechende Weigerung des Arbeitgebers verletzt sind. Die entscheidende Frage ist, ob diese Wertungen oder Prinzipien jeweils als Rechtsfolge eine Kontrahierungspflicht gebieten. Der Weg über einen vorbeugenden Abwehranspruch auf der Grundlage von § 826 BGB scheint demgegenüber eher ein technischer Kunstgriff, bei dem die entscheidenden materiellen Wertungen nicht offengelegt werden (vgl ausführlicher unten Rn 433 f).

5.   Unterlassungs- und Beseitigungsansprüche

Aus § 826 BGB kann ein Unterlassungsanspruch begründet sein (RGZ 48, 114, 118), **122** der nicht **nur bei Wiederholungsgefahr**, sondern auch **vorbeugend** bei Erstbegehungsgefahr gewährt wird (RG Recht 1919, Nr 2116; BGHZ 76, 216, 218; NJW 1992, 310, 311; vCAEMMERER, in: FS zum hundertjährigen Bestehen des DJT [1960] 49, 52).

Schädigungsvorsatz wird dabei **nicht vorausgesetzt** (RGZ 60, 1, 7; 78, 210, 213; RGZ 134, **123** 342, 355 f – Benrather Tankstelle; vCAEMMERER, in: FS zum hundertjährigen Bestehen des DJT [1960] 49, 52; MAYER-MALY, Das Bewußtsein der Sittenwidrigkeit [1971] 44 ff; MünchKomm/MERTENS Rn 85; SOERGEL/HÖNN/DÖNNEWEG Rn 92; vgl **aber** BGHZ 8, 387 393; zweifelnd OLG Saarbrücken NJW-RR 1987, 500, 501). Die zentrale Begründung NIPPERDEYS (Kontrahierungszwang und diktierter Vertrag [1920] 67), die Rechtsordnung dürfe auch unvorsätzliche Sittenverstöße nicht einfach hinnehmen, leuchtet allerdings angesichts von § 826 BGB, der ausdrücklich nur den vorsätzlichen Sittenverstoß inkriminiert, kaum ein.

Allerdings liegt darin **kein Problem der Praxis**. Da insbesondere der vorbeugende Unterlassungsanspruch in die Zukunft gerichtet ist, vermag der Anspruchsteller leicht den Anspruchsgegner dadurch in die Rolle des Vorsatztäters zu versetzen, daß er ihm noch nachträglich – etwa im Gerichtsverfahren – Kenntnis von der Sachlage verschafft (mala fides superveniens, dazu oben Rn 90 ff).

124 Die Begründung eines Unterlassungsanspruchs aus dem einfachen Sittenverstoß ist dennoch nicht unbedenklich, wenn man bedenkt, daß selbst so weitreichende Rechtsfolgen wie der **Kontrahierungszwang beim Monopolmißbrauch** auf der Grundlage des vorbeugenden Unterlassungsanspruchs begründet wurden (NIPPERDEY 57 ff sowie unten Rn 432 ff). Denn anders als in den Tatbeständen des § 823 BGB wird der Schutzbereich des § 826 BGB zentral durch den Vorsatz eingeschränkt. Dies spricht dafür, die Anforderungen an die objektive Unterlassungs- bzw Handlungspflicht strenger zu fassen als in den übrigen Anwendungsfällen des § 826 BGB, weil die übliche Korrektur durch den Schädigungsvorsatz aus den erwähnten praktischen Gründen ausscheidet. Konkret bedeutet dies, daß auf den Unterlassungsanspruch die Lehre vom **Schutzbereich der Norm** Anwendung findet (oben Rn 99 ff).

6. Einrede

125 § 826 BGB schützt den Anspruchsberechtigten schließlich auch vor sittenwidriger Durchsetzung bzw Befriedigung von Ansprüchen durch Einräumung einer Einrede (ganz hM BGH WM 1977, 410, 411; WM 1971, 824; MünchKomm/MERTENS Rn 88; SOERGEL/HÖNN/DÖNNEWEG Rn 95 f). Die auf §§ 242, 826 BGB gestützte **Einrede der Arglist** (BGH WM 1968, 252, 253; WM 1968, 573, 575) erscheint heute eher als eine historische Reminiszenz an das gemeinrechtliche Rechtsinstitut der exceptio doli und berührt vor allem den Fragenbereich des **Rechts- und Institutionenmißbrauchs** (dazu oben Rn 16 ff; ebenso MERTENS aaO; vgl STAUDINGER/SCHÄFER[12] Rn 4).

7. Sonstige Ansprüche

126 Zur Vorbereitung der Schadensersatzklage kann auf der Grundlage von § 242 BGB ein **vorbereitender Auskunftsanspruch** begründet sein. Voraussetzung ist, „daß der Berechtigte entschuldbarerweise über Bestehen und Umfang seines Rechts im Ungewissen, der Verpflichtete hingegen in der Lage ist, unschwer solche Auskünfte zu erteilen" (BGHZ 10, 385, 387 im Anschluß an RGZ 158, 377, 379; vgl ferner BGHZ 55, 201, 203; NJW 1957, 669; NJW 1982, 1807, 1808; NJW 1986, 423, 424; OLG Düsseldorf ZIP 1988, 964). Begrenzt wird die Auskunftspflicht vor allem in den Fällen, „in denen der Auskunftsberechtigte und der Auskunftsverpflichtete in einem gewissen Wettbewerb miteinander stehen." Hier prüft die Rechtsprechung regelmäßig, inwieweit die erteilten Auskünfte der mißbräuchlichen Ausnutzung zugänglich sind (BGHZ 10, 385, 387). Die Praxis will so insbesondere Ausforschungen verhindern (OLG Hamm WM 1987, 1297, 1298; OLG Düsseldorf ZIP 1988, 964, 965, OLG Schleswig NJW-RR 1991, 1338). In diesen systematischen Zusammenhang zählt auch der Anspruch auf **Rechenschaftslegung**: Auskunftsziel ist dabei nicht der Grund, sondern die Höhe des zu erwartenden Schadensersatzanspruchs (vgl BGHZ 10, 385, 387; GRUR 1973, 375, 377 f: sittenwidrige Benutzung geschäftlicher Kennzeichen; vgl aber auch einschränkend BGH GRUR 1969, 292, 294).

Die Auskunftserteilung kann andererseits auch **Teil des Schadensersatzanspruchs** aus **127**
§ 826 BGB sein, wenn der Schaden erst durch eine bestimmte Information des
Opfers behoben werden kann. Dies gilt im Falle der Verletzung von **Inhalts- und
Ausschließlichkeitsbindungen in Vertriebssystemen**: Hier hat die Vertriebszentrale
gegenüber dem Außenseiter einen Anspruch auf Auskunft darüber, welcher Absatzmittler seine Bindungen durchbrochen und den Außenseiter beliefert hat, weil die
Lücke im Vertriebssystem einen Schaden darstellt, der nur durch entsprechende
Information behoben werden kann (zur Inhaltsbindung: RGZ 148, 364, 375; GRUR 1939,
562, 567; BGH GRUR 1964, 320, 323; zu Vertriebsbindungen: BGH GRUR 1968, 272, 277; GRUR
1974, 351, 352). Auch beim **Geheimnisverrat** hat der Inhaber des Betriebsgeheimnisses
prinzipiell einen Anspruch gegenüber dem unberechtigten Benutzer auf Preisgabe
des illoyalen Informanten, wobei allerdings das Interesse des Benutzers, der Straf-
verfolgung zu entgehen, im Rahmen einer Interessenabwägung mitberücksichtigt
werden muß (vgl auch BGH GRUR 1976, 367 Anm Fritze, zu den Grenzen der Auskunft beim
Verrat von Betriebsgeheimnissen; Zeuner, in: FS Reimers [Aus dem Hamburger Rechtsleben 1979]
217; MünchKomm/Mertens Rn 82 Fn 117).

Auch die **Veröffentlichung** einer auf der Grundlage von § 826 BGB ergangenen Ent- **128**
scheidung kann Teil des Schadensausgleichs sein und daher vom Gericht angeordnet
werden (BGH GRUR 1966, 92, 95; RG MuW 1931, 398, 400; MuW 1933, 126). Für Wettbewerbsstreitigkeiten trifft § 23 UWG insoweit eine Sonderregelung.

III. Prozessuale Durchsetzung

Nach der Normentheorie von Rosenberg (Rosenberg/Schwab, Zivilprozeßrecht **129**
[15. Aufl 1993] § 117 II 1) trägt der Anspruchssteller die Darlegungs- und Beweislast für
die objektiven und subjektiven Tatbestandsvoraussetzungen der Norm. Die Einzelheiten werden jeweils folgend im systematischen Zusammenhang dargestellt. **Allgemeine Beweiserleichterungen** bestehen jedoch in den Fällen der Indizierung des
Schädigungsvorsatzes durch die tatsächlichen Einzelumstände des Sittenverstoßes
und des Anscheinsbeweises, wenn der Täter sich der Kenntnis „bewußt verschließt"
(oben Rn 96 ff).

Da die **guten Sitten** keine vorrechtlichen Sachverhalte repräsentieren (dazu oben **130**
Rn 26), die die Gerichte wie Tatsachen in ihren Urteilen feststellen könnten, sondern
vielmehr maßgeblich auf einer rechtlichen Bewertung beruhen, ist die Bejahung
eines Sittenverstoßes eine **Rechtsfrage**, die der eigenständigen Beurteilung durch das
Revisionsgericht unterliegt (RGZ 51, 369, 383; 58, 219, 220; 86, 191, 195). Etwas anderes
gilt natürlich für die Feststellung der tatsächlichen, dem mutmaßlichen Sittenverstoß
zugrundeliegenden Umstände (BGH WM 1962, 527, 529).

Die **Zuständigkeit für Klagen** auf der Grundlage von § 826 BGB richtet sich nach § 32 **131**
ZPO, im Anwendungsbereich des Europäischen Gerichtsstands- und Vollstreckungs-
übereinkommens (BGBl 1972 II 774; letzte Änderung BGBl 1994 II 3707) nach **Art 5 Nr 3**.
Nach dieser Vorschrift ist das Gericht des Ortes zuständig, bei dem das schädigende
Ereignis eingetreten ist. Für einen Teilausschnitt des praktischen Anwendungsberei-
ches von § 826 BGB gilt aber auch **Art 5 Nr 4** des Abkommens, wonach die Scha-
densersatzklage, die auf eine mit Strafe bedrohte Handlung gestützt wird, vor dem
Strafgericht erhoben werden kann, bei dem öffentliche Klage erhoben worden ist,

soweit das Strafgericht nach seinem Recht auch über zivilrechtliche Ansprüche erkennen kann. In Wettbewerbsstreitigkeiten bestimmt **§ 24 Abs 2 UWG** zwar einen ausschließlichen Gerichtsstand, für eine Klage aus § 826 BGB bleibt es jedoch bei dem Gerichtsstand des **§ 32 ZPO** (BGHZ 41, 314, 316), was jedoch wegen § 24 Abs 2 UWG nicht zu praktischen Unterschieden führt (vgl dazu auch KG WRP 1996, 1043).

IV. Konkurrenzen

132 Nach Entstehungsgeschichte und Zweck ist § 826 BGB daraufhin ausgelegt, mit den speziellen Instituten des zivilrechtlichen Vermögensschutzes zu konkurrieren und diese für den Fall der vorsätzlichen Begehung zu ergänzen (vgl oben Rn 12 ff, 15). Die einzelnen Konkurrenzfragen sind daher in die folgende Darstellung des praktischen Anwendungsbereiches der Norm (unten Rn 145 ff) an systematisch einschlägiger Stelle eingearbeitet. Darüber hinaus gelten folgende allgemeine **Prinzipien**:

133 (1) Entsprechend der Zwecksetzung der Norm – der Deprivilegierung des Vorsatztäters zum Schutz seiner Opfer (dazu oben Rn 12 ff) –, tritt die Ersatzpflicht nach § 826 BGB **grundsätzlich nicht** hinter Normen, die die Haftungsverantwortung einschränken, zurück. Denn die durch solche Normen eröffneten Handlungsmöglichkeiten dürfen nicht zu Freiräumen für den Vorsatztäter geraten (vgl hier nur § 117 Abs 7 Nr 1 AktG unten Rn 282 ff; § 1600a Satz 2 BGB unten Rn 455; vgl grundsätzlich zur Durchbrechung der Sperrwirkung des Familienrechts gegenüber dem Deliktsrecht unten Rn 442).

134 (2) **§ 826 BGB tritt jedoch hinter zwei Arten von Normen zurück.** Dies sind einmal **Spezialnormen**, die den Fall der vorsätzlichen Begehung besonders und daher abschließend regeln (§§ 7 ff AnfG, § 31 Nr 1 KO unten Rn 336 ff; §§ 45, 46 BörsG, was allerdings aufgrund der besonderen Gesetzeslage zu Recht umstritten ist; unten Rn 167). Hier vermag die allgemeine Zwecksetzung des § 826 BGB – die Deprivilegierung des Vorsatztäters zum Schutz seiner Opfer – den Vermögensschutz nicht zu ergänzen, weil die Vorsatztat bereits im Regelungsgegenstand der anderen Norm berücksichtigt worden ist. Ferner tritt § 826 BGB hinter solchen Normen zurück, die nicht auf eine Haftungsfreistellung des Täters zielen, sondern sonstige, übergeordnete Regelungszwecke gegenüber Dritten oder der Allgemeinheit verfolgen, im Hinblick auf die die Freistellung des Täters als bloßer Reflex oder mittelbare Folgewirkung erscheint. Hier greift § 826 BGB in seinem Regelungsanliegen, Haftungsprivilegien zu Lasten des Täters und zugunsten des Opfers zu überwinden (oben Rn 12 ff), nicht, weil gerade keine Haftungprivilegien vorliegen (§ 1593 BGB, unten Rn 452; § 839 BGB, unten Rn 138; zum Schutz der **allg Nachahmungsfreiheit** im Leistungsschutzrecht unten Rn 388). Der Normzweck liegt hier nicht in einem wie auch immer begründeten Haftungsprivileg, sondern dieses erweist sich vielmehr als Reflex bzw notwendige Folgewirkung zur Erreichung sonstiger Zwecksetzungen, die mit einer Freistellung des Täters gerade nichts gemein haben.

135 (3) **Ansonsten** ist für das Konkurrenzverhältnis von § 826 BGB zu den übrigen Normen des zivilrechtlichen Vermögensschutzes eine **praktische Subsidiarität** kennzeichnend, wie sie bereits bei dem historischen Vorgänger, der actio doli beobachtet werden konnte (oben Rn 9). Diese Subsidiarität resultiert nicht aus rechtlichen, sondern aus praktischen Gründen. Dort wo dasselbe Anspruchsziel ohne den für § 826 BGB unverzichtbaren Vorsatznachweis erreicht werden kann, spielt § 826 BGB

keine praktische Rolle. Zwar sprechen gegen die Anwendung der Norm keine Rechtsgründe (vgl etwa zur **Konkurrenz zu § 823 Abs 1 BGB**: BGHZ 59, 30, 34; BGHZ 69, 128, 139; BGHZ 80, 25, 27 f; aA SACK WRP 1985, 1, 2). Wegen der tatsächlichen Schwierigkeit des Beweises vorsätzlicher Begehung hat die Norm im Anwendungsbereich dieser Vorschriften allerdings eine eingeschränkte praktische Bedeutung (vgl dazu nur LARENZ/CANARIS, Schuldrecht II/2, § 78 I 2 a).

§ 826 BGB eröffnet gegenüber konkurrierenden Ansprüchen stets folgende praktische Vor- 136 teile: Er unterliegt der langen Verjährung des § 852 BGB, ein leichtes Mitverschulden der Gegenseite wird regelmäßig nicht berücksichtigt (unten Rn 112 ff), in international gelagerten Fällen folgt der Anspruch zumindest nach hM dem Deliktsstatut (unten Rn 139 ff), die nationale und internationale Zuständigkeit folgt den für deliktische Klagen maßgeblichen Normen und Grundsätzen (unten Rn 131).

Zur Konkurrenz mit **§ 138 BGB** vgl oben Rn 44.   137

§ 839 BGB schließt die §§ 823 ff BGB und damit § 826 BGB grundsätzlich aus (BGH 138 VersR 1983, 639, 640; SG Hannover NJW-RR 1988, 614). Die Sperrwirkung endet jedoch dort, wo eine in Ausübung eines öffentlichen Amtes begangene Amtspflichtverletzung gleichzeitig eine nach Privatrecht zu beurteilende unerlaubte Handlung des Dienstherrn darstellt (BGH aaO). Die Praxis nimmt bisweilen bei der Begründung des § 839 BGB auf den Tatbestand des § 826 BGB Bezug; dadurch läßt sich vermeintlich begründen, warum eine ansonsten nur zugunsten der Allgemeinheit bestehende Amtspflicht ausnahmsweise auch einmal gegenüber dem Anspruchsteller verletzt worden sein kann; „denn ein Beamter, der in einer den Tatbestand des § 826 BGB erfüllenden Weise durch Ausübung seiner Amtsgewalt einem Dritten Schaden zufügt, verletzt eine ihm diesem Dritten gegenüber obliegende Amtspflicht" (BGHZ 14, 319, 324 im Anschluß an RGZ 140, 423, 430; vgl auch BGHZ 23, 145, 149; 69, 128, 138; WM 1962, 727, 529). Der in § 826 BGB vorausgesetzte Vorsatznachweis hat schließlich auch Bedeutung für das Verweisungsprivileg des § 839 Abs 1 Satz 2 BGB.

V.   Internationaler und interlokaler Anwendungsbereich

Nach **hM** richtet sich der internationale Anwendungsbereich von § 826 BGB nach 139 der **Tatortregel** (vgl speziell für § 826 BGB nur: SOERGEL/HÖNN/DÖNNEWEG Rn 256). Danach findet das am Deliktsort (Handlungs- und Erfolgsort) zur Zeit der Vollendung des deliktischen Tatbestandes geltende Recht Anwendung (vgl allgemein BGHZ 57, 265 = NJW 1972, 387; MünchKomm/KREUZER Art 38 EGBGB Rn 35). Ferner ist nach der sog Ubiquitätsregel bei einem Auseinanderfallen von Handlungs- und Erfolgsort bzw bei einer Konkurrenz mehrerer Handlungs- und Erfolgsorte jeweils der für den Geschädigten materiell **günstigste** berufen. Das Gericht trifft eine entsprechende Wahlpflicht, der Geschädigte hat eine Wahlbefugnis (MünchKomm/KREUZER Rn 50 f).

Gegen diese Anknüpfung sprechen jedoch **erhebliche Zweifel**. Zum einen ist die Tat- 140 ortregel auf den Schutz bestimmter Rechtsgüter zugeschnitten; denn auf deren Belegenheit kommt es ja gerade an (MünchKomm/KREUZER Rn 42 f). § 826 BGB schützt aber das Vermögen als solches, das regelmäßig nicht einem bestimmten Ort zugeordnet werden kann. Unter § 826 BGB fallen daher nicht selten sog „Streudelikte", deren Wirkungen den Geltungsbereich gleich mehrerer Rechtsordnungen berühren

(MünchKomm/Kreuzer Rn 39). Stärker aber spricht noch gegen die Tatortregel, daß **§ 826 BGB häufig den besonderen zivilrechtlichen Vermögensschutz ergänzt und vervollständigt.** Insbesondere passen sich die guten Sitten besonderen, zwischen den Parteien aufgrund einer Sonderverbindung geltenden Verhaltensmaßstäben an (dazu oben Rn 37 ff). Würde hier der durch § 826 BGB verbürgte Rechtsschutz von einem anderen Statut regiert als der Rechtsschutz *aus der Sonderrechtsverbindung*, könnten Sachzusammenhänge zerissen werden und Wertungswidersprüche entstehen. Wenn der Bundesgerichtshof etwa die Ausübung des Stimmrechts durch den Minderheitsgesellschafter kumulativ auf der Grundlage der gesellschaftsrechtlichen Treupflicht und des § 826 BGB beschränkt (BGH WM 1995, 882, 894 ff – Girmes II), kann nicht einmal das Gesellschaftsstatut (Sitz der Hauptverwaltung der Gesellschaft) und einmal der Tatort maßgeblich sein, zumal hier der Maßstab der guten Sitten stark von den gesellschaftsvertraglichen Pflichten des Minderheitsgesellschafters beeinflußt wird (dazu unten Rn 282 ff). Der Aufnahmeanspruch in Vereine beruht etwa auf einer „an die Vorschrift des § 826 BGB und an die Tatbestandselemente des § 27 GWB angelehnte(n) Formel" (BGHZ 63, 282, 285 = NJW 1975, 771, unten Rn 266 ff). Es erschiene schlicht widersinnig, diesen einheitlichen Tatbestand in kartell-, gesellschaftsrechtliche und deliktische Elemente auseinanderzudividieren und entsprechend anzuknüpfen. Wenn die Rechtsausübungssperre des § 1600a Satz 2 BGB dadurch mißbraucht wird, daß Kind und Erzeuger die Feststellung der Vaterschaft böswillig unterlassen und der Regreß daher über § 826 BGB stattfinden muß (vgl hier nur Engel, Der Rückgriff des Scheinvaters wegen Unterhaltsleistungen [Diss Tübingen 1974] 61 ff), erscheint ebenfalls einheitlich das Unterhaltsstatut (Art 18 EGBGB) berufen und nicht etwa die deliktische Tatortregel.

141 **Richtiger Ansicht nach** ist deshalb der im Schrifttum herrschenden (Firsching, in: FS Zajtay [1982] 143, 147; P Fischer, Die akzessorische Anknüpfung des Deliktsstatuts [Diss Berlin 1989]; Jayme, Die Familie im Recht der unerlaubten Handlungen 269 sowie MünchKomm/Kreuzer Art 38 EGBGB Rn 66 mN der hM Rn 65 Fn 191), **von der Rechtsprechung aber abgelehnten** (BGH VersR 1961, 518; JR 1977, 19) **akzessorischen Bestimmung des Statuts von § 826 BGB** zu folgen. Danach unterstehen die von § 826 BGB geregelten Rechtsverhältnisse dem **Statut des Sonderrechtsverhältnisses, das den Maßstab der guten Sitten im Verhältnis von Anspruchsberechtigten und -verpflichteten konkretisiert.**

142 ZT folgt die **hM** diesem Gedanken bereits im Hinblick auf den **wettbewerbsrechtlichen Anwendungsbereich** der Norm. Hier wird auch der internationale Anwendungsbereich des § 826 BGB auf den Bereich eingeschränkt, in dem wettbewerblichen Interessen der Beteiligten aufeinanderstoßen (MünchKomm/Mertens[2] Rn 105; Soergel/Hönn/Dönneweg Rn 257).

143 Eine andere Frage ist, inwieweit **ausländisches Recht** bei der Beurteilung der guten Sitten Anwendung finden muß. Entscheidend ist hier wiederum die grundlegende Beobachtung, daß die guten Sitten letztlich die berechtigten Erwartungen der beteiligten Kreise im Hinblick auf die im Verkehr zu beobachtende Sorgfalt schützen (oben Rn 31). Was berechtigterweise erwartet werden darf, richtet sich daher – auch wenn grundsätzlich deutsches Recht Anwendung findet – möglicherweise auch nach den (rechtlichen) Gegebenheiten eines ausländischen Ortes. Findet also deutsches Recht auf einen ausländischen Sachverhalt Anwendung, so müssen die im Ausland geltenden Verhaltensmaßstäbe in den Grenzen des Art 6 EGBGB berücksichtigt

werden (BGH GRUR 1958, 189, 187; BGHZ 40, 391, 400). Erlaubt die ausländische Rechtsordnung ein im Inland verbotenes Verhalten, wird der vor Ort entsprechend agierenden Seite regelmäßig kein Sittenverstoß vorzuwerfen sein, wenn das ausländische Recht nicht mit wesentlichen Grundsätzen der deutschen Rechtsordnung offensichtlich unvereinbar ist (Art 6 EGBGB). Vgl auch zur Heranziehung **ausländischer Verhaltensmaßstäbe**, wenn ein deutsches Unternehmen im Ausland mit einem ausländischen Unternehmen im Wettbewerbsverhältnis steht (BGHZ 35, 329, 331; NJW 1968, 1572; vgl noch weitergehend BGHZ 40, 391, 395).

Im Verhältnis zum **Beitrittsgebiet** bestimmt EGBGB Art 232 § 10, daß § 826 BGB auf **144** die seit dem 3. 10. 1990 begangenen Delikte Anwendung findet. Für den Zeitraum davor gelten die §§ 327 ff ZGB der DDR. Es kommt darauf an, wann der Tatbestand des § 826 BGB vollendet worden ist. Da der Schaden ebenfalls zu den Tatbestandsvoraussetzungen zählt, findet die Vorschrift Anwendung, wenn der Schaden nach dem Stichtag eingetreten ist (ähnlich MünchKomm/MERTENS EinigungsV Rn 226; SOERGEL/ HÖNN/DÖNNEWEG Rn 259). Im Zweifel gilt das alte Recht (ebenso HÖNN/DÖNNEWEG aaO).

B.   Der praktische Anwendungsbereich

I.   Vorüberlegung

§ 826 BGB ergänzt den allgemeinen zivilrechtlichen Vermögensschutz für den Son- **145** derfall der vorsätzlichen Begehung und setzt zu Lasten des bewußt und willentlich handelnden Täters **haftungsbegrenzende Prinzipien und Normen außer Kraft**. Der Vorsatztäter verliert also den ansonsten gewährten gesetzlichen Mindestschutz vor den Ansprüchen seiner Opfer und wird weitergehend für deren Vermögensschäden zur Verantwortung gezogen als der fahrlässig Handelnde (oben Rn 12 ff).

Diese Zwecksetzung erklärt auch die in der Vorschrift angelegten **Rechtsfortbildungs- 146 möglichkeiten**; denn die Weiterentwicklung des Maßstabes der guten Sitten im Einzelfall bedeutet stets, daß der Täter nachträglich durch die richterliche Bewertung seines Verhaltens als sittenwidrig „überrascht" werden kann. Im Präzedenzfall der Rechtsfortbildung tritt ja ein **Rückwirkungseffekt** dadurch ein, daß vor der Tat noch keine festen (richterlichen) Maßstäbe zur Bewertung des Verhaltens bestanden, sondern daß diese erst nachträglich konkretisiert werden müssen. Diese Belastung ist aber gerade demjenigen Täter zumutbar, der die Einzelumstände seines Verhaltens kennt, sich der Schädigung des anderen bewußt ist und diese billigend in Kauf nimmt (DEUTSCH JZ 1963, 385, 390); seine Verantwortlichkeit muß zudem durch die Berücksichtigung erheblicher Verbotsirrtümer eingeschränkt werden (oben Rn 64 und 67 ff).

Der **folgende Überblick** über den praktischen Anwendungsbereich des § 826 BGB **147** stellt die **Ergänzungs- und Fortbildungsfunktionen** der Norm im jeweiligen systematischen Zusammenhang des betreffenden Rechtsgebiets in den Vordergrund. Dabei soll die aktuelle Bedeutung und Wirkungsweise der Norm in fünf bedeutenden Bereichen – dem Vertragsrecht (II), dem Unternehmens- und Gesellschaftsrecht (III), dem Wirtschaftsrecht (IV), dem Familien- und Erbrecht (V) sowie dem Prozeßrecht (VI) – deutlich werden. Die Kommentierung des § 826 BGB erscheint dann wie die **Sollseite in der dogmatischen Bilanz des zivilrechtlichen Vermögensschutzes**. Denn überall dort, wo ausschließlich der Vorsatztäter für ein bestimmtes Verhalten nach dem Maßstab der guten Sitten zur Verantwortung gezogen wird, sind Verhaltensmaßstäbe noch am Entstehen, die nach einer Phase der Konsolidierung und Durchsetzung möglicherweise aus dem Anwendungsbereich der Norm abwandern und im Rahmen der Tatbestände des § 823 BGB oder anderer Normen an einen weiteren Adressatenkreis gerichtet werden. Ein eigener **arbeitsrechtlicher Abschnitt** erschien nicht erforderlich, weil der Anwendungsbereich des § 826 BGB im Individualarbeitsrecht regelmäßig an allgemeine vertragsrechtliche Problemstellungen anknüpft und im Zusammenhang dargestellt werden soll (vgl zur Auskunftshaftung für falsche Dienstzeugnisse unten Rn 219 ff oder zum Vertragsbruch des Arbeitnehmers unten Rn 234 ff); im kollektiven Arbeitsrecht aber hat die Norm heute ihre praktische Bedeutung weitgehend eingebüßt und erscheint gelegentlich eher als historische Reminiszenz an frühere Entwicklungsstufen (vgl zum Boykott unten Rn 405 ff sowie zum Arbeitskampfrecht unten Rn 417 ff).

148 Die vorliegende Anordnung des Fallmaterials unterscheidet sich bewußt von der herkömmlichen Darstellungsweise, die regelmäßig an den einzelnen Topoi zur Begründung der Sittenwidrigkeit orientiert ist (zB Mißbrauch, Erschleichen, unverhältnismäßige Schädigung usw; vgl dazu sowie zur Kritik oben Rn 47 ff). Denn hier wird die Auffassung vertreten, daß sich der Maßstab der guten Sitten weniger anhand solch allgemein gefaßter Argumentationsmuster erfassen läßt, als vielmehr im Zusammenhang der Wertungen des jeweiligen Rechtsgebiets, im Rahmen dessen § 826 BGB den Rechtsschutz ergänzt und fortbildet (dazu oben Rn 31). Ob der Täter sittenwidrig iSd § 826 BGB gehandelt hat, bestimmt sich nämlich im Familienrecht nach anderen Maßstäben als im Gesellschafts- oder Arbeitsrecht. In jedem Einzelfall stellt sich aber die Frage, ob zu Lasten des vorsätzlichen Schädigers die im jeweiligen Rechtsgebiet gültigen Wertungen, Prinzipien und Normen weiterentwickelt bzw in ihrer haftungsbeschränkenden Wirkung auf der Grundlage von § 826 BGB überwunden werden können. Dabei sind die allgemeinen Formeln vom Erschleichen, Mißbrauchen und Ausnützen wenig hilfreich, sondern verdecken eher die zugrundeliegende Wertungsfrage nach der Zulässigkeit der Rechtsfortbildung für den Fall der Vorsatztat.

II. Ergänzung des Vertragsrechts

1. Vorvertragliches Verhalten

a) Bestimmung zur Abgabe einer Willenserklärung durch arglistige Täuschung, Erschleichen des Vertragsabschlusses

149 Wird die eine Vertragsseite von der anderen Seite durch **arglistige Täuschung** zur Abgabe einer Willenserklärung bestimmt, steht ihr nach § 123 BGB ein Anfechtungsrecht mit der Möglichkeit einer Rückabwicklung des Vertrages ua gem § 812 BGB zu. Regelmäßig besteht in diesen Fällen jedoch auch sog Fehleridentität, so daß auch eine Anfechtung der infolge Täuschung abgegebenen dinglichen Willenserklärungen möglich ist; dadurch eröffnen sich dem Getäuschten weitere Anspruchsgrundlagen, etwa §§ 985, 816 BGB usw. Gleichzeitig kommen Ansprüche wegen culpa in contrahendo in Betracht. Bezieht sich die arglistige Täuschung schließlich auf einen verdeckten Sachmangel, treten Ansprüche aus Gewährleistungsrecht hinzu (§§ 463 Satz 2, 462, 634 f, 537 f BGB usw), Ansprüche aus culpa in contrahendo wegen vorsätzlicher Mängeltäuschung können konkurrieren. Im übrigen begründet das zugrundeliegende Verhalten auch den **Vorwurf der Sittenwidrigkeit wegen Vertragserschleichung** (RGZ 59, 155; BGH WM 1985, 866, 868; NJW 1992, 3167, 3174), unabhängig davon, ob die tatbestandsmäßigen Voraussetzungen eines Betruges iSd § 263 StGB vorliegen oder nicht (BGH WM 1983, 1235; RG JW 1906, 60). Dabei kommt ein Anspruch aufgrund § 826 BGB nach der Rechtsprechung auch dann noch in Betracht, wenn die **Anfechtungsfrist gem § 124 BGB verstrichen** ist (RGZ 79, 194, 197; 84, 131, 133; BGHZ 42, 37, 41 f; NJW 1962, 1196, 1198; NJW 1969, 604, 605; WM 1972, 586, 587). Dies ist indes **nicht unproblematisch**, weil der Gesetzgeber in § 124 BGB der Verantwortung des Vorsatztäters zeitliche Grenzen gesetzt hat. Daß der Täter für dasselbe Verhalten nach § 826 BGB erweitert einstehen soll, leuchtet nicht recht ein.

Als Gegenstand der arglistigen Täuschung kommen alle Umstände in Betracht, die **150** die Gegenseite zum Abschluß des Vertrages motiviert haben. Dies sind etwa **falsche Auskünfte** über die zu erwartenden Mieterträge einer Kaufsache (bzgl Abtretung einer Hypothek RG Recht 1912, Nr 1157), über die nötigen persönlichen Voraussetzungen des Käufers für die Nutzung der Kaufsache (OLG Celle BB 1970, 985), über das Bestehen eines Schutzrechtes vor Abschluß eines Lizenzvertrages (RG LZ 1913, 772), über Preisunterschiede (RGZ 55, 368; JW 1910, 187; HRR 1928 Nr 1557). Auch die sonstige Erregung von Fehlvorstellungen, etwa durch Begebung eines ungedeckten Schecks (RG JW 1927, 892), ist beachtlich.

Insbesondere **vertragsfremde Dritte haften für falsche Auskünfte**, wenn sie etwa einen **151** Kreditsuchenden durch unrichtige Auskünfte über dessen Kreditwürdigkeit bzw über den Wert der von ihm angebotenen Sicherheiten gegenüber einem Darlehensgeber unterstützen (BGH WM 1959, 84; OLG Celle WM 1965, 25; RG WarnR 1929 Nr 10) oder schädigen (LG Hamburg 324 O 69/96 – 11. 7. 1997). Gleiches gilt etwa für einen Makler, der dem Verkäufer einen Interessenten unter bewußt falschen Angaben über dessen Zahlungsunfähigkeit zuführt (RG WarnR 80 Nr 49) oder den Dritten, der einen Vertragsschluß zwischen zwei Beteiligten durch Täuschung zustandebringt (RGZ 61, 250; 63, 146; JW 1929, 3149). Der Verleger eines Restaurantführers haftet schließlich für unrichtige Auskünfte seiner Testesser (BGH ZIP 1998, 39).

Eine arglistige Täuschung begründet den Sittenverstoß nach § 826 BGB jedoch nur, **152** wenn der Anspruchssteller selbst von der Täuschung erfahren hat. Andernfalls fehlt es am **Rechtswidrigkeitszusammenhang** (BGH NJW 1979, 1599, 1600; vgl auch OLG Karlsruhe ZIP 1985, 409).

Grundsätzlich ist der **Schadensersatzanspruch** bei einer arglistigen Täuschung auf **153** Ersatz des **negativen Interesses** gerichtet. Der Geschädigte hat dann einen Anspruch, so gestellt zu werden, wie er ohne Eintritt des schädigenden Ereignisses stünde. Dies gilt auch dann, wenn der Getäuschte von seinem Anfechtungsrecht keinen Gebrauch macht (RGZ 83, 245, 246; 103, 154, 159; 132, 76, 81; BGH NJW 1960, 237; WM 1969, 496, 498). Seinem Interesse kann durch Rückabwicklung des Vertrages oder durch Ersatz des durch die Täuschung verursachten wirtschaftlichen Mehraufwandes Rechnung getragen werden. Der Schaden läßt sich indes schwerlich unter Bezug auf einen hypothetischen Vertragsinhalt bestimmen, wie er bei voller Kenntnis der Sachlage zwischen den Parteien vereinbart worden wäre (so Lieb JZ 1972, 442, 443; ablehnend Schlechtriem, Vertragsordnung und außervertragliche Haftung [1972] 302; vCaemmerer, in: FS Larenz [1973] 621, 639 f; MünchKomm/Mertens Rn 69; Soergel/Hönn/Dönneweg Rn 82). Eine solche Schadensberechnung ist nicht nur aus praktischen Gründen zu unsicher, sie widerspricht auch dem Schutzzweck des § 826 BGB, der anders als etwa das Institut des Wegfalls der Geschäftsgrundlage nicht auf einen korrigierenden Eingriff in das subjektive Wertgefüge von Leistung und Gegenleistung gerichtet ist. § 826 BGB zielt auf Ersatz des sittenwidrig und arglistig verursachten Vermögensschadens, nicht aber auf eine nachträgliche **Vertragsanpassung** an veränderte Rahmenbedingungen.

154 Wird die **Abwesenheit eines Leistungshindernisses vorgetäuscht** bzw dessen Anwesenheit arglistig verschwiegen, richtet sich der Schadensersatz auf das **positive Interesse**; denn der Geschädigte hat dann gegenüber dem Täter einen Anspruch, so gestellt zu werden, als wäre das Leistungshindernis nie eingetreten. Dies gilt insbesondere beim arglistigen Verschweigen eines **Sachmangels** (RGZ 103, 154, 160; bzgl Eintritt einer Bedingung RG LZ 1915, 1512; WarnR 1915, Nr 200; MünchKomm/Mertens Rn 70; Soergel/Hönn/Dönneweg Rn 85; offen gelassen BGH NJW 1960, 237, 238).

155 Bei arglistiger Täuschung des Verkäufers über eine tatsächlich fehlende Eigenschaft der Kaufsache oder bei arglistigem Verschweigen eines Mangels hat der Geschädigte nach § 826 BGB einen Anspruch auf **Rückabwicklung des Vertrages**. Fraglich ist dann insbesondere, ob die Risikoverteilung nach der Wertungsvorgabe der §§ **350 f BGB** erfolgt. Beide Vorschriften gelten ansonsten unmittelbar im Rahmen der §§ 346 ff BGB und als maßgebliche Wertung bei der Rückabwicklung nach §§ 812, 818 Abs 3 BGB (Larenz/Canaris, Schuldrecht II/2 § 73 III d; aA BGH NJW 1988, 3011; Reuter/Martinek, Das Recht der ungerechtfertigten Bereicherung § 17 III 3 b). Auf die Verhältnisse des § 826 BGB gewendet, darf der getäuschte Käufer seinen vollen Schaden liquidieren, wenn er den Untergang der Sache nicht verschuldet hat (Fall des § 350 BGB). Ist der Untergang hingegen von ihm zu verantworten, mindern sich seine Schadensersatzansprüche um einen Abschlag in Höhe des Wertes der zerstörten Kaufsache (Fall des § 351 BGB). Der Bundesgerichtshof wendet jedoch eine zu Lasten des Täuschenden gehende strengere Risikoverteilung an; nach dieser schließt auch ein Verschulden des getäuschten Käufers am Untergang der Kaufsache die Rückabwicklung nicht zwingend aus, sondern führt nur zu einer **Anspruchsminderung nach § 254 BGB** (BGHZ 57, 137, 143 f). Begründet wird dies mit der Überlegung, § 826 BGB schütze den Käufer davor, daß ihm eine Sache „aufgeschwätzt" werde; deshalb sei er grundsätzlich vom Risiko des späteren Untergangs der Sache freigestellt (142). Diese Argumentation entspricht zwar dem in § 826 BGB grundgelegten Regelungsgedanken, daß die Rechtsordnung dem *arglistig* gegen die guten Sitten Verstoßenden den Mindestschutz vor Ansprüchen des Geschädigten abspricht, den sie anderen Tätern regelmäßig zuerkennt (hier ginge es um den Schutz nach § 351 BGB). Diese Überlegung trifft jedoch nur dann zu, wenn die Sache gerade aufgrund desjenigen Mangels untergeht, den der Verkäufer verschwiegen bzw über dessen Abwesenheit er aktiv getäuscht hat. Fehlt es hingegen am Rechtswidrigkeitszusammenhang zwischen der Beschädigung oder Zerstörung der Kaufsache und der vorangegangenen arglistigen Täuschung, so ist auch eine strengere Behandlung des Täters nach § 826 BGB nicht gerechtfertigt (ähnlich bereits vCaemmerer, in: FS Larenz [1973] 621, 640; Lieb JZ 1972, 442; MünchKomm/Mertens Rn 67, Fn 87; Soergel/Hönn/Dönneweg Rn 85; Flessner NJW 1972,

1777, 1779; HUBER JuS 1972, 439; WIELING JuS 1973, 397, 402; aA STAUDINGER/SCHÄFER[12] Rn 10,
84; HERR NJW 1972, 250; KÜHNE JZ 1972, 110).

b)   Leichtfertige Auskünfte

Die Praxis wendet § 826 BGB auch bei der Gewähr von Auskünften an, über deren **156**
Wahrheitsgehalt sich der Täter **grob fahrlässigerweise keine Kenntnis** verschafft hat.
Vorausgesetzt wird, daß die Auskunft für den Empfänger erkennbar von Bedeutung
ist und der Täter unter Verfolgung eigener Interessen im Bewußtsein einer möglichen Schädigung des Empfängers handelt (BGH NJW 1992, 3167, 3174 im Anschluß an
BGH NJW 1987, 1758, 1759 und OLG Frankfurt/M WM 1989, 1618, 1619 f: Der Täter hatte erklärt,
sich mit zusätzlichen Barmitteln an der Kapitalerhöhung zu beteiligen, ließ sich aber den Betrag
dadurch „zurückerstatten“, daß das konkursreife Unternehmen eine praktisch nicht mehr durchsetzbare Forderung des Täters in ungefähr gleicher Höhe erfüllte. Die Erklärung des Täters sollte
gesellschaftsferne Dritte zur Zeichnung veranlassen, obwohl von vornherein mit dem Scheitern des
Sanierungsprojektes zu rechnen war).

Das zentrale Problem dieser Gestaltungen liegt in der Annahme des Schädigungs- **157**
vorsatzes; auch eine **ins Blaue hinein erteilte Auskunft oder Zusicherung** erfüllt das
Vorsatzerfordernis bei der Täuschung (RG JW 1911, 584; BGH NJW 1980, 2460, 2461; NJW
1991, 3282, 3283; vgl auch KG NJWE-VHR 1997, 91). Der Täter kennt die Unrichtigkeit
seiner Auskunft zwar nicht positiv; weil er ihre Voraussetzungen jedoch in keiner
Weise überprüft hat, weiß er um die *Gefahr* und hohe *Wahrscheinlichkeit* ihrer
Unrichtigkeit; dies reicht zur Bejahung des Vorsatzes aus (oben Rn 82 ff).

c)   Arglistiges Verschweigen bei Bestehen einer Aufklärungspflicht

Das Verschweigen eines Umstandes rechtfertigt den Vorwurf des vorsätzlichen Sit- **158**
tenverstoßes nur dann, wenn eine Vertragsseite der anderen zu entsprechender
Offenbarung verpflichtet ist. Eine **Offenbarungspflicht** entsteht, wenn die andere
Seite nach Treu und Glauben mit Rücksicht auf die Verkehrssitte eine Mitteilung
erwarten durfte (vgl nur RGZ 69, 13; 77, 309, 314; 91, 80; 111, 234; BGH NJW 1970, 655). Bei
der Frage, was der Anspruchsteller vom Täter verlangen darf, blendet die Praxis
bestehende vertragliche bzw vorvertragliche Sonderrechtsbeziehungen aus gutem
Grund im Rahmen der Beurteilung eines Sittenverstoßes nicht aus. Der Vorsatztäter
kann nämlich im Rahmen des § 826 BGB gegenüber seinem Opfer nicht wie ein
Fremder behandelt werden, also so, als gäbe es die Sonderrechtsbeziehung zwischen
beiden gar nicht. Wenn die guten Sitten auch ansonsten zunächst nur ein Mindestmaß an Verhaltenserwartungen des Opfers an den Täter im Verkehr schützen, so
muß im Verhältnis zwischen den Vertragsparteien berücksichtigt werden, daß dieser
allgemeine Erwartungshorizont beim Opfer zusätzlich durch die erhöhte vertragliche
Pflichtenanspannung konkretisiert wird und daher zwischen Gläubiger und Schuldner Sondermaßstäbe bestehen (allgemein oben Rn 38 f). Ob daher im Einzelfall auch
eine nach § 826 BGB relevante Aufklärungspflicht besteht, bestimmt sich idR nach
der zwischen den Parteien bestehenden Sonderrechtsverbindung.

Nach Treu und Glauben (§ 242 BGB) darf ein Vertragspartner vom anderen nicht **159**
vollumfängliche Information über alle Belange des Geschäftes erwarten; es besteht
also **keine allgemeine Offenbarungspflicht** (RGZ 91, 80, 81 f; vgl etwa auch OLG Hamm OLG
Rep 1996, 215). Wohl aber darf erwartet werden, daß er die andere Seite über die für
sie erkennbar entscheidungserheblichen Umstände aufklärt (BGH NJW 1971, 1795,

1799; WM 1991, 1548, 1551). Die Entscheidungserheblichkeit hängt dabei von den Einzelfallumständen ab: Nicht jede **Ausnutzung eines Irrtums** der Gegenseite ist also sittenwidrig; vielmehr muß sich die Fehlvorstellung auf einen erheblichen Umstand beziehen (vgl RG JW 1910, 187). Ein verborgener **Sachmangel** bildet regelmäßig einen entscheidungserheblichen Umstand (arg e § 463 BGB; vgl etwa zu Fäulnis im verkauften Haus: RGZ 103, 154). Der Verkäufer eines **Gebrauchtwagens** muß insbesondere auf einen **Unfallschaden** hinweisen (BGHZ 57, 137, 142 = NJW 1972, 36); dieselbe Pflicht trifft auch den Vermittler des Verkaufs (BGHZ 63, 382, 388; NJW 1967, 1222, 1223; NJW 1977, 1914, 1915); auch wenn das Kfz **im Ausland repariert** wurde, besteht eine Offenbarungspflicht (OLG Celle OLG Rep 1996, 208). Auch **Rechtsmängel** begründen Aufklärungspflichten (RG Recht 1914, Nr 922 f bei Hypotheken). Bei der Bestellung oder Übertragung einer Hypothek darf gegenüber dem Erwerber und Kreditgeber nicht ein für Dritte bestellter **Rangvorbehalt** verschwiegen werden (RG Recht 1907, Nr 3306). Nimmt der Arbeitnehmer zu einem späteren Zeitpunkt ein zweites Arbeitsverhältnis auf und überschreitet das Einkommen aus diesem **Doppelarbeitsverhältnis** die Geringfügigkeitssperre nach § 8 SGB IV, so muß der Arbeitnehmer dies dem Arbeitgeber dennoch **nicht** melden (BAG NZA 1995, 935, 936); antwortet er jedoch auf Anfrage des Arbeitgebers unrichtig, wird er schadensersatzpflichtig (BSG DB 1988, 716; BAG NZA 1995, 935, 936). Gegenüber dem **unterhaltsberechtigten Ehegatten** besteht keine allgemeine Offenbarungspflicht hinsichtlich unerwarteter Einkommenssteigerungen (OLG Hamm OLG Rep 1996, 215); auch muß beim Vergleich über den Unterhaltsanspruch ein anspruchsschmälernder Ehebruch nicht aufgedeckt werden (BGH LM Nr 3 zu § 826 [Fa]; NJW 1968, 2051; MDR 1961, 739). Besonderheiten gelten auch für die **Aufklärung der Versicherung** über gefahrenerhebliche Umstände (unten Rn 188). Sucht ein Gläubiger einen **Bürgen**, muß er diesen grds nicht über die Vermögensverhältnisse des Schuldners aufklären (RGZ 91, 80, 81 f).

160 Auch gegen **Dritte** kann sich der Anspruch des § 826 BGB richten, wenn diese eine eigenständige Aufklärungspflicht trifft. Dies gilt etwa für den **Rechtsanwalt**, der als Vertreter des Grundstücksverkäufers verschweigt, daß die auf dem Grundstück ruhende erste Hypothek fällig ist und die Zwangsversteigerung auf Grund dieser Hypothek unmittelbar zu erwarten ist (RG JW 1929, 3149), für den Berater des Hausverkäufers über Schwammarbeiten (RG JW 1936, 3310), den Stellvertreter des Gemeinschuldners, der trotz Wissens um die bevorstehende Insolvenz zur Leistung drängt (BGH BB 1966, 53). Zu beachten sind auch die Fälle, in denen das Reichsgericht eine Aufklärungspflicht des Dritten aus der **wirtschaftlichen Beteiligung** am erschlichenen Geschäft begründet, wenn die anderen Beteiligten arglistig getäuscht haben (RG Recht 1909, Nr 2658).

161 Tendenziell ist die Aufklärung über **Chancen** und **künftige Ereignisse** entbehrlich. Dies gilt etwa grundsätzlich für die mit dem Erwerb einer Kaufsache verbundenen weiteren Gewinnchancen des Käufers (RG LZ 1914, 758); auch muß nicht über Umstände informiert werden, die die Siegchancen der Gegenseite in einer gerichtlichen Auseinandersetzung erhöhen: Die Partei eines Prozeßvergleichs muß der Gegenseite nicht ihre eigenen **Beweisschwierigkeiten** offenbaren (RG WarnR 1935, Nr 35). Der Aufklärung bedarf es nicht, wenn für den durchschnittlich informierten Verkehrsteilnehmer bzw Vertragspartner **keine Täuschungsgefahr** besteht. So braucht der **Konkursverwalter** bei Abschluß von Massegeschäften nicht über das Risiko der Masseunzulänglichkeit zu informieren, weil die Vertragspartner bereits durch die

Konkurseröffnung ausreichend gewarnt sind (BGH NJW 1987, 3133, 3135). **Aufklärungs-bedarf** besteht jedoch im Hinblick auf ansonsten undurchsichtige **Spielgewinnchancen** (Schneeball-System: OLG Celle NJW 1996, 2660; LG Düsseldorf NJW-RR 1997, 306; LG Gießen VersR 1997, 717, vgl auch § 6c UWG).

d)   Verschweigen der Konkursreife bei bestehender Sanierungsabsicht
Einen Sonderfall nehmen die **Hinweispflichten betreffend die Konkursreife** des Ver-   **162** handlungspartners ein, wenn die Verantwortungsträger eine **Sanierung** des Unter-nehmens beabsichtigen. Wird die Eröffnung des Insolvenzverfahrens über das Vermögen des Unternehmens nämlich deshalb hinausgezögert, weil ein ernsthafter Versuch zur Neuordnung der Finanzgrundlagen des Unternehmens beabsichtigt ist, bedeutet die damit verbundene Konkursverschleppung nach hM keinen Sittenver-stoß (unten Rn 363ff). Der Erfolg einer Unternehmenssanierung hängt jedoch davon ab, daß das Unternehmen nach außen „sein Gesicht wahren" und sich als „gesund" darstellen kann (dazu LUTTER/TIMM/HOMMELHOFF BB 1980, 737, 741 mwN; im Anschluß an diese OLG Düsseldorf ZIP 1981, 847, 856 = WM 1981, 969; WM 1991, 960, 963; vgl insbesondere noch RGZ 143, 48, 56; BGHZ 75, 96, 115 f; NJW 1970, 657, 658; WM 1978, 896, 897; WM 1985, 866, 868 mwN). Die vollständige Offenbarung der Zahlungsschwierigkeiten würde hinge-gen regelmäßig einen Wettlauf der Gläubiger zwecks Zugriffs auf das verbleibende Vermögen auslösen und die bisherigen Geschäftspartner zur Zurückhaltung vor neuen Abschlüssen veranlassen, damit also das Sanierungsziel fast sicher gefährden. Aus denselben Gründen eröffnet bspw das Gesetz in den §§ 234, 235 AktG die Möglichkeit, eine Kapitalerhöhung auf das vorausgegangene Geschäftsjahr zurück-zubeziehen und den Abschluß für dieses Geschäftsjahr zu korrigieren (dazu LUTTER/HOMMELHOFF/TIMM 741). Eine **Offenbarungspflicht** soll jedoch im Einzelfall bestehen, wenn der Kreditgeber **eigennützige Ziele** verfolgt (BGH WM 1985, 866, 868; zur berechtig-ten Kritik an dieser Unterscheidung RÜMKER ZHR 143 [1979] 195, 204 f; KOLLER JZ 1985, 1013, 1015 sowie im Rahmen der Ausführungen zur **Kredittäuschung** unten Rn 341 ff).

Die **Berechtigung zur Unternehmenssanierung impliziert** folglich **eine zweckgebundene**   **163** **Befugnis zur Verschleierung der Vermögensverhältnisse.** Aus der Zweckgebundenheit folgt, daß die Offenbarung nur solange unterbleiben darf, wie der betreibende Sanie-rer redlicherweise vom Sanierungserfolg ausgeht. Erkennt er das Scheitern der Sanierungsbemühungen, ist er zu sofortiger Aufklärung der hingehaltenen Gläubi-ger verpflichtet. Unter diesen Gesichtspunkten sind die Belegstellen zur Offenba-rungspflicht hinsichtlich der eigenen **Zahlungsunfähigkeit** (RG LZ 1923, 20) und zum Verbot der aktiven Täuschung über sie (BGH WM 1963, 1343) zu würdigen. Zu weit geht es folglich, wenn das Organ einer bereits in der Krise befindlichen Kapitalge-sellschaft eine irrtümlich geleistete Zahlung annimmt, obwohl es selbst Zweifel über die Berechtigtheit der Zahlung hat und somit eine Gefährdung der Rückforderungs-ansprüche des Leistenden im erwarteten Konkursverfahren in Kauf nimmt (RG Recht 1911, Nr 2883).

Zur Frage, inwieweit die Organe einer Kapitalgesellschaft deren Vertragspartner auf   **164** die eingetretene **Überschuldung** hinweisen müssen vgl unten Rn 297 ff.

e) Prospekthaftung und Aufklärung bei Warenterminoptionsgeschäften*

165 Werden **Kommanditanteile an einer Publikumspersonengesellschaft mittels Prospektwerbung vertrieben**, anerkennt die Praxis einen allgemeinen Erfahrungssatz, „daß für die Vollständigkeit und Richtigkeit der in Verkehr gebrachten Werbeprospekte einer Publikums-Kommanditgesellschaft jeder einstehen muß, der durch von ihm in Anspruch genommenes und ihm entgegenbrachtes Vertrauen auf den Willensentschluß des Kapitalanlegers Einfluß genommen hat." (BGHZ 77, 172, 175). Dem Massencharakter dieser Gesellschaften entsprechend schützt die Rechtsprechung dabei **typisierte Erwartungen** gegenüber dem Komplementär, den **Intiatioren, Gestaltern** und **Gründern** sowie Personen, die daneben Einfluß in der Gesellschaft ausüben und Mitverantwortung tragen (zur Kritik vgl hier nur ASSMANN, Prospekthaftung 249 ff). Prospekte repräsentieren dabei die praktisch bedeutsamste Informationsquelle für die Anleger. „Aus der Bedeutung, die dem Emissionsprospekt zukommt, muß aber weiter gefolgert werden, daß auch alle jene Personen für eine sachlich richtige und vollständige Information einzustehen haben, die durch ihr nach außen in Erscheinung tretendes **Mitwirken an der Prospektgestaltung** einen besonderen – zusätzlichen – Vertrauenstatbestand schaffen. Dazu gehören insbesondere solche Personen und Unternehmen, die mit Rücksicht auf ihre allgemein anerkannte und herausgehobene berufliche und wirtschaftliche Stellung oder ihre Eigenschaft als berufsmäßige Sachkenner eine Garantenstellung einnehmen" (BGH 176 f).

166 Der Bundesgerichtshof betrachtet diese Haftung jedoch als eine **Sonderregelung**, bei

---

* **Schrifttum:** ASSMANN, Prospekthaftung als Haftung für die Verletzung kapitalmarktbezogener Informationsverkehrspflichten nach deutschem und US-amerikanischem Recht (1985); ders, Entwicklungstendenzen der Prospekthaftung, WM 1983, 138; ASSMANN/SCHÜTZE, Handbuch des Kapitalanlagerechts (1990); BALLERSTEDT, Zur Haftung für culpa in contrahendo bei Geschäftsabschluß durch Stellvertreter, AcP 151 (1950/51), 501; VBAR, Vertrauenshaftung ohne Vertrauen – Zur Prospekthaftung bei der PublikumsKG in der Rechtsprechung des BGH, ZGR 1983, 476; BUNDSCHUH, Die Haftung für die Verletzung der Aufklärungspflicht beim Vertrieb von Warenterminoptionen – Eine Übersicht über die Rechtsprechung des Bundesgerichtshofes, WM 1985, 249; COING, Haftung aus Prospektwerbung für Kapitalanleger in der neuen Rechtsprechung des Bundesgerichtshofes, WM 1980, 206; EBENROTH/ KRÄUTER, Die Eigenhaftung des GmbH-Geschäftsführers, BB 1990, 569; HENSSLER, Anlegerschutz durch Information, ZHR 153 (1989), 611; HOPT, Aktuelle Rechtsfragen der Haftung für Anlage- und Vermögensberatung (2. Aufl 1985); HORN, Börsentermingeschäfte nach deutschem Recht, ZIP 1990, 2; KOLLER, Informationsobliegenheiten bei Börsentermingeschäften, BB 1990, 2202; KÖNDGEN, Zur Theorie der Prospekthaftung, AG 1983, 85, 120; KÜBLER, Müssen Anlageempfehlungen anlegergerecht sein? – Zum Stellenwert der amerikanischen „suitability"-Doktrin im deutschen Recht, in: FS Coing, Bd 2 (1982) 193; MEDICUS, Zur Eigenhaftung des GmbH-Geschäftsführers aus Verschulden bei Vertragsverhandlungen, in: FS Steindorff (1990) 725; NIRK, Vertrauenshaftung Dritter bei Vertragsdurchführung?, in: FS Hauss (1978) 267 ff; PLEYER/HEGEL, Zur Grundlage der Prospekthaftung bei der Publikums-KG in der Literatur, ZIP 1986, 681; SCHÄFER, Novellierung des Börsengesetzes, ZIP 1989, 1103; SCHMITZ, Dritthaftung aus culpa in contrahendo (1980); SCHWARK, Spekulation – Markt – Recht, in: FS Steindorff (1990), 473; ders, Zur Haftung der Emissionsbanken bei Aktienemissionen – börsen-, bilanzund gesellschaftsrechtliche Aspekte, ZGR 1983, 162; VSTEBUT, Aufklärungspflichten und Haftungsrisiken von Finanzdienstleistern, ZIP 1992; WACH, Der Terminhandel in Recht und Praxis (1986).

der weitgehende systematische Übereinstimmung mit der in § 45 BörsG geregelten Haftung für solche Prospekte angestrebt ist, die Grundlage für die Zulassung von Wertpapieren im Börsenhandel sind (BGH WM 1981, 483, 484; WM 1981, 1021, 1022). Diese Regelung ist nicht übertragbar auf ein „Rechtsgeschäft eines Dritten mit einer GmbH im allgemeinen Rechtsverkehr, bei dem die Tatsache, daß diese für ihre Geschäfte mit einem Prospekt geworben hat, eine Alltäglichkeit ohne außergewöhnliche Besonderheiten und Zusammenhänge darstellt." (BGH WM 1981, 1021, 1022 f; WM 1983, 554 f.; WM 1986, 1383).

Werden aufgrund eines Prospektes Wertpapiere zum Börsenhandel zugelassen, soll **167** nach **hM** im übrigen die Regelung der **§§ 45, 46 BörsG** abschließend sein und eine **Anwendung des § 826 BGB sperren** (ASSMANN, ASSMANN/SCHÜTZE [Hrsg], Handbuch des Kapitalanlagerechts [1990] § 7 Rn 117; SOERGEL/HÖNN/DÖNNEWEG Rn 201; APT, BörsenG [5. Aufl 1909] § 46 Rn VI; NUSSBAUM, Kommentar zum BörsG [1910] §§ 45 46 Rn VIIc; OLG Düsseldorf WM 1981, 960, 965; WM 1981, 969, 971; LG Düsseldorf ZIP 1980, 188, 189). Die **Gegenansicht** verneint eine Sperrwirkung gegenüber § 826 BGB (CANARIS, Bankvertragsrecht [2. Bearb 1981] Rn 2290; MünchKomm/MERTENS² Rn 195). Eine **vermittelnde Meinung** will § 826 BGB mit den gem §§ 45, 46 BörsG modifizierten Rechtsfolgen anwenden; danach wäre der Schadensersatzanspruch nach § 46 Abs 1 BörsG beschränkt, dem Schädiger stünde die Ersetzungsbefugnis nach § 46 Abs 2 BörsG zu, und der Anspruch entstünde nicht bei Kenntnis oder grob fahrlässiger Unkenntnis des Anlegers nach § 46 Abs 3 Satz 2 BörsG (SCHWARK, BörsG [2. Aufl 1994] §§ 45, 46 Rn 44 im Gegensatz zur Voraufl und ZGR 1983, 162, 183). Der **Bundesgerichtshof** stellt hingegen auf den **Zweck der Einzelvorschrift** ab: Wegen des unrichtigen Prospektes kann gem §§ 823 Abs 2 BGB iVm 88 Abs 1 Nr 2 BörsG kein Schaden liquidiert werden, der durch Wertpapiere entstanden ist, die nicht aufgrund dieses Prospektes zugelassen wurden; die Beschränkung des Ersatzanspruchs auf die zugelassenen Papiere nach § 46 Abs 1 BörsG dürfe nicht umgangen werden, weil sonst entgegen der ratio legis ein unübersehbares Haftungsrisiko entstehen würde (BGH NJW 1986, 837, 840). Die besseren Gründe dürften gegen jegliche Sperrwirkung sprechen: Die Vorschrift des § 48 Abs 2 BörsG, die weitergehende *vertragliche* Ansprüche zuläßt, hat eher klarstellende Funktion und soll nicht deliktische Anspruchsgrundlagen ausschließen (so auch SCHWARK aaO). Ansonsten greift aber der § 826 BGB zugrundeliegende allgemeine Regelungsgedanke, daß der Vorsatztäter nicht am gesetzlichen Minimalschutz des redlichen oder bloß fahrlässig handelnden Schädigers teilnimmt; der Schutz der durch ihn in besonderer Weise gefährdeten Opfer erfordert vielmehr seine Deprivilegierung im Hinblick auf die üblichen Haftungsbeschränkungen (vgl oben Rn 12 ff). Dieser Rechtsgedanke kommt im übrigen in **§ 46 Abs 3 Satz 2 BörsG** zum Ausdruck, wo der gesetzliche Haftungsausschluß im Falle arglistigen Vorgehens des Emittenten nicht greift. Insbesondere ist beim arglistigen Emittenten kein unübersehbares Haftungsrisiko zu besorgen; wer sich bei der Prospektemission auf eine vorsätzliche Täuschung der Anleger einläßt, gewärtigt das Risiko weitreichender Täuschungswirkungen bewußt und muß auch deshalb für dieses einstehen.

Weiß eine **Bank**, daß ihr Kunde auf einem bei ihr unterhaltenen **Girokonto Gewinne** **168** **aus betrügerischen Anlagegeschäften** vereinnahmt, so soll sie als Gehilfin des Anlagenbetrügers gem § 830 Abs 2 BGB den Geschädigten nach § 826 BGB haften (LG Hanau WM 1996, 1540). Diese Rechtsprechung steht indes in gewissem **Widerspruch zur Vertragsbruchsjudikatur**: Danach handelt eine Bank gerade dann nicht sittenwidrig, wenn sie als Außenseiterin Störungen im Vertragsverhältnis zwischen Dritten nur ausnutzt (vgl allgemein unten Rn 227 ff sowie speziell zur Scheckeinlösung durch Banken unten Rn 253 ff). Auch bei der Kontoführung nutzt die Bank letztlich Störungen im vertraglichen Verhältnis zwischen Anleger und Betrüger nur aus; daraus kann ihr nicht der Vorwurf der Sittenwidrigkeit iSd § 826 BGB erwachsen. Im übrigen dürfte der bloße Profit für eine Zurechnung nach § 830 Abs 1 Satz 1 BGB ebenfalls schwerlich ausreichen. Nur wenn der Betrüger um die Kenntnis der Bank weiß und diese seinerseits als Bestätigung des eigenen Tuns empfindet (psychische Beihilfe) und der Bank wiederum dieses stillschweigende Einvernehmen bekannt ist, kommt wohl eine Gehilfenhaftung in Betracht.

169   Besondere Regeln gelten schließlich für den Vertrieb von **Warenterminoptionen**. Weil die Gewinnchancen dieser Geschäfte für den Laien schwer durchschaubar sind, besteht erhöhter Informationsbedarf. Wird diesem nicht Rechnung getragen und kommen die Anleger zu Schaden, können aufgrund von **§ 826 BGB** Ansprüche gegen die Hintermänner der meist kapitalistisch organisierten Vermittlungsgesellschaften begründet sein, und zwar auch dann, wenn diese während der Vertragsverhandlungen kein besonderes Vertrauen gegenüber den Kunden in Anspruch genommen haben.

170   Die **praktische Bedeutung des § 826 BGB** in diesem Problembereich erklärt sich nicht nur aus der Tatsache, daß die Grundsätze der Prospekthaftung nicht anwendbar sind. Regelmäßig scheitert auch eine **Eigenhaftung** der Gesellschafter oder Gesellschaftsorgane aus **culpa in contrahendo** (vgl dazu nur BALLERSTEDT AcP 151 [1950/51] 501; MEDICUS, in: FS Steindorf 750; NIRK, in: FS Hauß 267; ULMER NJW 1983, 1577; SCHMITZ, Dritthaftung). Denn die Warenterminoptionen werden regelmäßig über **Telefonverkäufer** vertrieben; die Gesellschafter und Geschäftsführer hingegen nehmen an den Verhandlungen nicht teil und können folglich gegenüber den Anlegern kein persönliches Vertrauen für sich in Anspruch nehmen. Ferner besteht nach Auffassung der Praxis **kein spezieller Durchgriffstatbestand** wegen des Prospektinhaltes (BGH WM 1981, 1021, 1022; WM 1984, 766).

171   Das Urteil über die **Sittenwidrigkeit** gem § 826 BGB gründet anders als beim Anspruch aus culpa in contrahendo indes nicht auf einem besonderen Vertrauen des Geschädigten in den Anspruchsgegner, sondern auf dem **Mißbrauch eines Informationsvorsprungs** durch den Anspruchsgegner (BGH WM 1982, 1374, 1375; WM 1982, 738, 740; ASSMANN, Prospekthaftung 254 f sowie aus Sicht der Praxis BUNDSCHUH WM 1985, 249, 252). Dieser wiegt deshalb besonders schwer, weil der Zwischenverkäufer oder Vermittler von Börsenpapieren seinem Kunden zur Rechenschaft darüber verpflichtet ist, inwieweit das von ihm geforderte Entgelt vom Marktpreis dieser Anlagen abweicht (KÜBLER, in: FS Coing [Bd 2] 193, 197 ff, der auf die noch weitergehende „shingle"-Doktrin Bezug nimmt; vgl zu dieser auch ASSMANN, Prospekthaftung 182 ff). Denn im Marktpreis oder Börsenkurs eines Risikogeschäftes drücken sich die auf dem Markt bestehenden Gewinnerwartungen aus. In dem Maße, in dem das vom Vermittler geforderte Entgelt diesen Kurs übersteigt, vermindern sich folglich die Chancen des Anlegers, bei erwartetem Verlauf der Marktentwicklung Gewinne zu erzielen. Wer aber als Verkäufer oder Vermittler seinen diesbezüglichen Informationsvorsprung gewerbsmäßig auf Kosten unerfahrener Anleger ausnutzt, handelt sittenwidrig iSd § 826 BGB (BGH WM 1982, 738, 740).

Die Praxis war bisher vor allem mit der Vermittlung von **Warenterminoptionen** 172 beschäftigt, die an der Londoner Rohstoffbörse gehandelt werden (anschaulich BUND-SCHUH WM 1985, 249). Gegen Bezahlung einer Prämie erlangt der Käufer das Recht, zu einem bestimmten Termin Lieferung oder Abnahme von Waren zu einem im voraus vereinbarten Preis zu verlangen. Abhängig von der Marktentwicklung kann er zum Stichtag einen Differenzgewinn zwischen Tageskurs und vereinbartem Kaufpreis erzielen, wobei es nicht unbedingt zur wirklichen Ausführung des Kaufvertrages kommen muß, sondern meist über ein Gegengeschäft der Differenzbetrag verein-nahmt wird. Diese Warenterminoptionen werden in Deutschland idR über **kapitali-stisch organisierte Vermittlungsgesellschaften** vertrieben, die die Optionen an ihre Kunden jedoch nicht zum Börsenkurs, sondern mit einem bisweilen 100%igen Auf-schlag veräußern (vgl BUNDSCHUH WM 1985, 249). In Höhe des Aufschlages übersteigt dann der von den Kunden gezahlte Kaufpreis den durchschnittlich zu erwartenden Marktwert, wodurch sich die Gewinnchancen des Kunden entsprechend verschlech-tern. Diese Zusammenhänge bleiben dem Kunden jedoch verborgen, wenn die Vermittlungsgesellschaft einen **Gesamtpreis** verlangt, in den die Börsenprämie nicht unterscheidbar von den Provisionsanteilen eingeht. Gerade auf diesem Umstand gründet idR die **Sittenwidrigkeit**, weil der unerfahrene Anleger seine Gewinnaussich-ten nicht zuverlässig einschätzen kann; seine Sicherheit ist nur gewährleistet, wenn die auf dem Börsenplatz gebildete Optionsprämie von den Provisionsanteilen getrennt ausgewiesen ist und eine Aufklärung über die Gewinnchancen erfolgt (vgl BGH WM 1982, 738, 739 f; WM 1983, 554, 555; WM 1986, 734; WM 1988, 291, 292).

Entsprechend streng verfährt die Praxis daher bei der **Aufklärung privater Kapitalan-** 173 **leger** über die Risiken der Vermittlung von Termingeschäften. Der gewerblich tätige Vermittler muß ein mit diesen Geschäften nicht vertrautes Publikum grundsätzlich **schriftlich** aufklären (vgl mwN BGH WM 1994, 2231, 2233). Informiert werden muß dabei über die wesentlichen Grundlagen des Geschäfts, die wirtschaftlichen Zusammen-hänge und über die dem Termingeschäft innewohnenden Risiken und deren Verhält-nis zu den tatsächlichen Gewinnaussichten (ausführlich BGH WM 1994, 453 f; std Rsp seit BGH WM 1981, 374; vgl an neueren Entscheidungen noch BGH WM 1994, 1746 und mit ausführ-lichem Überblick über die Rechtsprechung OLG Düsseldorf WM 1995, 1710 und 1798; vgl nunmehr auch VuR 1996, 114). Die **äußere formale Gestaltung** der schriftlich erteilten Aufklärung muß geeignet sein, dem unerfahrenen und flüchtigen Leser einen realistischen Ein-druck von den Risiken des Anlagegeschäftes zu vermitteln (vgl die vorgenannten Entscheidungen).

Unerfahren in diesem Sinne kann je nach Lage des Falles **auch der im Handelsregister** 174 **eingetragene Kaufmann** sein, wenn er mit dem Handel von Termingeschäften nicht beruflich befaßt ist (BGH NJW 1981, 1440; NJW 1991, 1106, 1107; OLG Düsseldorf ZIP 1989, 220, 223). Die Aufklärung besteht indes **nicht zugunsten des geschäftlich erfahrenen Kunden** und auch dann nicht, wenn der Kunde erklärt, eine Beratung nicht zu benö-tigen (BGH WM 1996, 1214).

Die praktisch bedeutsamste Einschränkung des Anspruchs aus § 826 BGB resultiert 175 aus dem Tatbestandsmerkmal des **Vorsatzes**. **So reicht die bloße Kenntnis des Organs vom Inhalt der schriftlichen Aufklärung nicht aus**; vorausgesetzt wird vielmehr **Kompe-tenz in der Sache**, aufgrund derer der Schluß auf die Lücken- oder Fehlerhaftigkeit der schriftlichen Aufklärung möglich ist. Die Praxis setzt deshalb beim verantwort-

lichen Organ enge Vertrautheit mit dem Wesen und der Technik des Terminoptions-
geschäftes voraus, also etwa konkretes Wissen um die Bedeutung der Londoner
Börsenprämie, die Auswirkungen von Aufschlägen usw (detailliert BGH WM 1985, 565,
566). So kommt es konkret darauf an, ob ein haftender Geschäftsführer selbst in der
Telefonvermittlung von Anlagen tätig war (BGH WM 1983, 554, 555) oder ob er sich
aufgrund längerer Einarbeitungszeit entsprechendes Wissen erworben hat (BGH WM
1986, 734, 735). Weil der Sittenwidrigkeitsvorwurf in diesen Fällen mit dem Wissens-
und Erfahrungsvorsprung des haftenden Organs begründet wird (BGH WM 1988, 291,
292, 294), kommt Vorsatz also nur bei vorhandenem faktischen Hintergrundwissen in
Betracht. Im übrigen besteht **keine tatsächliche Vermutung** dafür, daß ein Geschäftsführer der Vermittlungsgesellschaft die Tätigkeit der anderen Geschäftsführer in
allen Einzelheiten überblickt und schon deshalb eine Fehlinformation hätte verhindern können (BGH WM 1985, 565, 566). Im Regelfall kommt eine Ersatzpflicht aber
dann in Betracht, wenn das haftende Organ an der Abfassung des irreführenden
Prospektes mitgewirkt hat und dort wesentliche Informationen vorenthalten hat
(BGH WM 1986, 1383, 1384; WM 1988, 291, 292). Denkbar ist dabei insbesondere auch,
daß das Organ sich bei der Abfassung von eigener Unkenntnis der technischen und
wirtschaftlichen Hintergründe nicht abhalten läßt und dabei den Kunden „**ins Blaue
hinein**" Auskunft gibt (vgl den ähnlich liegenden Fall KG NJWE-VHR 1997, 91, wo die Mitarbeiter einer auf Kapitalanlagenvermittlung spezialisierten Gesellschaft dem Kunden gegenüber
erklärten, die Finanzierung eines Anlageobjekts über ein Lebensversicherungsdarlehen gehe
„100%ig" klar, obwohl die Voraussetzungen in der Person des Kunden nicht vorlagen). Auch in
einem solchen Fall muß nach allgemeinen Grundsätzen (vgl dazu oben Rn 82 ff, 87) der
Vorsatz bejaht werden.

176 Die **Darlegungs- und Beweislast** für die Voraussetzungen einer Haftung trägt der
Geschädigte (ausführlich BGH WM 1985, 565, 566). Allerdings braucht der Geschädigte
die Höhe der Londoner Optionsprämie zum Tatzeitpunkt in seinem Klagevortrag
nicht genau zu beziffern, wenn ihm gerade diese Information vom Schädiger vorenthalten wurde (BGH WM 1986, 734). Weiterhin trägt, wer eine vollständige Aufklärung
des Geschädigten vorsätzlich verhindert hat, die Beweislast dafür, daß der Geschädigte das Geschäft auch bei ordnungsgemäßer Belehrung abgeschlossen hätte (BGH
WM 1984, 221; WM 1984, 961 f). Fraglich ist weiter die Verteilung der **Beweislast** beim
Streit um die Frage, ob dem Geschädigten überhaupt ein Prospekt mit den nötigen Informationen **zugegangen** ist. Richtiger Ansicht nach kann aber für eine durch § 826 BGB
sanktionierte Aufklärungspflicht nichts anderes als für sonstige Aufklärungspflichten gelten; danach hat regelmäßig der Aufklärungspflichtige selbst die Beweislast für
die Weitergabe der entsprechenden Informationen zu tragen (offengelassen in BGH WM
1988, 281, 292; unklar in WM 1988, 41, 43; kritisch allgemein GRUNEWALD AcP 187 [1987] 285).
Zum **Verjährungsbeginn** des Anspruchs vgl OLG Düsseldorf OLG Rep 1997, 270.

177 Der Bundesgerichtshof begründet bei vorsätzlicher Verletzung einer auf den Vertrieb von Warenterminoptionen bezogenen Aufklärungspflicht eine **Haftung der
Geschäftsführer, Gesellschafter und sonstigen für die Geschäftsabwicklung maßgeblichen
Personen**, wenn diese persönliche Verantwortung für die Aufklärung des geschädigten Kunden tragen. Auch ein **ausländischer Broker** kann haften (OLG Düsseldorf WM
1996, 1489; OLG Hamburg 4 U 11/97 – 21. 11. 1997). Ein Unterlassen der Aufklärung bedeutet dann einen sittenwidrigen Mißbrauch der eigenen geschäftlichen Überlegenheit
(BGH WM 1994, 453; WM 1994, 1746, 1747 mwN; vgl auch OLG Düsseldorf WM 1995, 1710).

Gerechtfertigt ist diese Haftung aus der Überlegung, daß diese Hintermänner und **178**
nicht die Telefonverkäufer, über die Informationen verfügen, deren Weitergabe an
die Anleger Schädigungen vermeiden könnte. In dem Maße aber, in dem die Mittel
zur Verhinderung einschlägiger Sittenverstöße einem oder mehreren Hintermännern
zur Verfügung stehen, scheint es gerechtfertigt, diese auch in Anspruch zu nehmen.
Bei **Termindirektgeschäften** stellt sich die Gefahrenlage prinzipiell nicht anders dar,
wenn auch nicht alle Überlegungen zur Prämienbildung bei den Optionsgeschäften
unmittelbar übertragbar sind; auch hier bestehen entsprechende Aufklärungspflichten (vgl dazu ausführlich BGH WM 1990, 61; OLG Düsseldorf WM 1989, 175). Schließlich
besteht eine ähnliche Haftung auch hinsichtlich sog **Stillhalteoptionen** (BGH WM 1992,
1935; WM 1984, 766).

Erhöhte Aufklärungspflichten bestehen auch beim sog „**Financial Notes Special**"; **179**
dabei handelt es sich um Beteiligungen an amerikanischen Gesellschaften, deren
Zweck es ist, Vermögenswerte von in Liquidation oder Konkurs befindlichen amerikanischen Banken (promissory notes) bei der amerikanischen Bankeneinlageversi-
cherung (FDIC) beträchtlich unter dem Nennwert zu ersteigern, mit dem Ziel, sie
möglichst gewinnbringend zu verwerten. Hier trifft die kapitalistisch organisierte
Gesellschaft möglicherweise eine **Haftung aus cic**, wenn nicht ausreichend darüber
informiert wurde, daß die erworbenen Vermögenswerte Kredite ohne ausreichende
Sicherung darstellen, deren Rückführbarkeit zweifelhaft ist und daß der Kostenan-
teil 20% beträgt (OLG Düsseldorf WM 1996, 587). Die **Grundsätze über die Haftung der
Organe bei der Vermittlung von Warenterminoptionen** sollen allerdings **nicht übertragbar** sein (OLG aaO).

2.   Verletzung vertraglicher Haupt- und selbständiger Nebenleistungspflichten

a)   Die vorsätzliche Vertragspflichtverletzung im Verhältnis der Vertragsparteien
Nach **hM** ist die Verletzung vertraglicher Pflichten im Verhältnis von Gläubiger und **180**
Schuldner **ohne das Hinzutreten weiterer Umstände nicht sittenwidrig** (BGHZ 12, 308, 317 f
unter Bezugnahme auf RAG 3, 145; MünchKomm/MERTENS Rn 120; SOERGEL/HÖNN/DÖNNEWEG
Rn 205). Ein Sittenverstoß komme erst dann in Betracht, wenn der Schuldner die
Rechte des Gläubigers bewußt durchkreuze, um diesem vorsätzlich Schaden zuzufü-
gen (RG WarnR 1909 Nr 89; Recht 1912 Nr 739; MünchKomm/MERTENS Rn 121; ähnlich SOER-
GEL/HÖNN/DÖNNEWEG Rn 205 jeweils mwN). Auch könne nur die Verletzung einer
Hauptleistungspflicht das Sittenwidrigkeitsverdikt begründen (BGH GRUR 1960, 558,
560; GRUR 1960, 1853; vgl dazu FRIEDRICH AcP 178 [1978] 468, 477: ein „Riß" im Vertrag sei noch
kein [sittenwidriger] „Vertragsbruch" [dazu unten Rn 224 ff]; ähnlich HERMANN GRUR 1955, 21
und MünchKomm/MERTENS Rn 121, 27: Verletzung besonders gewichtiger Pflichten).

Stellungnahme: Diese Auffassung ist schwer in Einklang mit dem Regelungsgehalt **181**
der guten Sitten zu bringen. Diese statuieren zwar zunächst nur einen Mindeststandard an Verhaltensmaßstäben, dessen Beobachtung im Verkehr jeder Privatrechts-
träger vom anderen erwarten darf (vgl oben Rn 38). Dieser Mindeststandard erhöht
sich aber stets dann, wenn Täter und Opfer in einer (vertraglichen) Sonderrechtsbeziehung stehen. Schwerlich ist nämlich der gegen die guten Sitten verstoßende
Vorsatztäter im Rahmen des § 826 BGB seinem Vertragspartner nur wie gegenüber
einem Fremden verantwortlich. Das von ihm verletzte besondere vertragliche Vertrauensverhältnis wird bei der Beurteilung eines Sittenverstoßes nicht ausgeblendet,

sondern beeinflußt vielmehr, wie bereits das Beispiel der vorvertraglichen Aufklä-rungspflichten gezeigt hat (vgl oben Rn 158 ff), den Maßstab dessen, was beide Parteien auch im Rahmen des § 826 BGB an Verhalten voneinander erwarten dürfen (vgl auch oben Rn 31). In den Grenzen der gesetzlichen Leistungsstörungsregeln (§§ 275 ff, 306 ff, 323 ff, 459 ff BGB usw) ist aber die Erwartung des Gläubigers in die Vertrags-treue des Schuldners geschützt. § 826 BGB taugt zwar nicht als Rechtsgrundlage eines alternativen Leistungsstörungsrechtes (insoweit spricht KRASSER, Der Schutz vertrag-licher Rechte gegen Eingriffe Dritter 293 ff mit gutem Grund von einem Vorrang des Leistungsstö-rungsrechtes), kann aber den spezialgesetzlichen Schutz für den Fall der vorsätzlichen Begehungsweise (zB **vorsätzliche Erfüllungsverweigerung** bzw **Vertragsaufsage**) flan-kieren (dazu, wenngleich mit anderem Ergebnis auch FRIEDRICH AcP 178 [1978] 468, 488 ff). Wenig überzeugt auch die **Differenzierung der hM zwischen der Verletzung besonders gewichtiger oder einfacher Pflichten**; denn jede Vertragspflicht, deren vorsätzliche Ver-letzung der Gegenseite einen Schaden iSd § 826 BGB zufügen kann, erscheint schon nach System und Zweck dieser Vorschrift ausreichend gewichtig, um die Schadens-ersatzsanktion auszulösen (vgl auch MünchKomm/MERTENS Rn 27: „Auch die Verletzung des Vertrages durch einen der Vertragspartner selbst muß jedenfalls immer dann als sittenwidrig ange-sehen werden, wenn in ihr die Mißachtung der Institution unverkennbar ist"). Im übrigen dürfte hinsichtlich der vorstellbaren Schadensfolgen kaum jemals ein praktischer Unter-schied zwischen der Nichterfüllung einer Hauptleistungspflicht oder einer unselb-ständigen Aufklärungspflicht bestehen.

182 Praktische Bedeutung gewinnt § 826 BGB dadurch, daß der internationale Anwen-dungsbereich der Norm nicht nach dem Vertrags-, sondern dem Deliktsstatut bestimmt wird (hM, allerdings zweifelhaft oben Rn 139 ff), die Zuständigkeit sich nach dem Tatort richtet (oben Rn 131) und ein Mitverschulden des Opfers nach § 254 BGB nur eine eingeschränkte Bedeutung hat (oben Rn 112).

183 Die **„Beteiligung" vertragsfremder Dritter an der vorsätzlichen Vertragsverletzung** bedeutet indes keinen Sittenverstoß. Weil Dritte nämlich nicht Adressaten der Rechte und Pflichten aus dem Vertrag sind, kommt es hier auf andere, „bei Gele-genheit" des Vertragsbruches vorliegende Umstände zur Begründung des Sittenwid-rigkeitsverdiktes an (BGH NJW 1964, 114, 116; siehe auch unten Rn 226). Dies gilt insbesondere bei der **Beurteilung wettbewerblichen Verhaltens** (OLG Stuttgart NJW 1958, 465; FRIEDRICH AcP 178 [1978] 468; vgl auch SEMLER GRUR 1983, 625).

184 Daß die Verletzung jeder Vertragspflicht den Ersatzanspruch nach § 826 BGB begründen kann, wenn sie nur vom entsprechenden Schädigungsvorsatz begleitet wird, bestätigt auch die **Kasuistik**. Dies zeigt sich etwa bei der Verletzung einer Hauptleistungspflicht im Rahmen eines **Doppelverkaufs**. Hat der Verkäufer die Sache ein zweites Mal veräußert und anläßlich der Erfüllung des zweiten Kaufvertrages das Eigentum bereits übertragen, hat der erste Käufer einen Schadensersatzanspruch, wenn ihm ein durchsetzbarer Erfüllungsanspruch zusteht (OLG Thüringen, Urteil v 7. 11. 1995 – 8 U 407/85 – JURIS). Gleiches gilt bei der vorsätzlichen Erzeugung eines (Sach-)Mangels, wenn etwa eine später veräußerte Software mit **Computerviren** ver-setzt wird (ROMBACH CR 1990, 101, 184) oder eine **Programmsperre** enthält, die die Weiterveräußerung verhindert (OLG Hamburg 2 U 76/96 – 13. 2. 1997 – JURIS).

185 Auch der **vorsätzliche Verstoß gegen eine Nebenpflicht** führt zur Schadensersatzsanktion, etwa wenn die persönliche Nebenpflicht verletzt wird, einen **Wechsel** nicht an Dritte zu diskontieren (BGH NJW 1979, 1704, 1705), eine **Hypothek** mit Vorrang eintragen zu lassen (RG Gruchot 51, 987) oder ein **Ladenlokal** nicht in unmittelbarer räumlicher Nähe des Gläubigers an Konkurrenten zu verpachten (OLG Karlsruhe BadRspr 1924, 105). Auch bloße Störungen des vertraglichen Leistungsaustausches wie der sittenwidrige **Rückruf** einer gelieferten und im voraus bezahlten Ware können darunter fallen (BGH WM 1968, 729).

Im Rahmen von **Interessenwahrungsverträgen** (§ 675 BGB) oder bei der Verfolgung **186** gemeinsamer Interessen wie im **Gesellschaftsvertrag** (§ 705 BGB) begründet auch nach **hM** der **Vertrauensbruch** regelmäßig das Sittenwidrigkeitsurteil (BGHZ 12, 308, 319 f [Gesellschaft]; RGZ 79, 194 [Treuhänder]; RG JW 1926 563 [Handelsvertreter]; vgl STAUDIN-GER/SCHÄFER[12] Rn 165).

b) Inhaltskontrolle
Die Inhaltskontrolle vorformulierter Klauselwerke wurde vom Reichsgericht **187** zunächst auf der Grundlage von § 138 BGB und der im Rahmen des § 826 BGB entwickelten **Lehre vom Monopolmißbrauch** (unten Rn 439 ff) betrieben (grundlegend RGZ 20, 115; vgl auch RGZ 39, 177; RGZ 62, 264). Ausgangspunkt der Leitentscheidung war ein Haftungsausschluß für grobes Verschulden in den Geschäftsbedingungen eines Frachtführers. Aus Sicht des Reichsgerichts kam es nun auf die Ausweichmöglichkeiten des Kunden entscheidend an. Konnte sich der Kunde anderweitig gegen einschlägige Schäden absichern, war ein Haftungsausschluß zulässig. Sittenwidrig erschien es jedoch, „wenn dem Publikum die Möglichkeit der anderweitigen Wahrung seiner Interessen nicht oder nur unter unverhältnismäßig schweren Bedingungen geboten (wurde)" (RGZ 20, 115, 117). In der weiteren Entwicklung löste sich die Inhaltskontrolle jedoch bald vom Gedanken des Monopolmißbrauchs (dazu RAISER, Das Recht der Allgemeinen Geschäftsbedingungen [1935] 302 ff).

c) Begründung von Leistungs- und Annahmeverweigerungsrechten
Verschweigt der Versicherungsnehmer vor Abschluß des Vertrages dem **Versicherer** **188** gefahrenerhebliche Umstände, so läßt sich im Versicherungsfall **nicht ohne weiteres** ein allgemeines **Leistungsverweigerungsrecht des Versicherers** auf der Grundlage von § 826 BGB begründen (BGH VersR 1984, 630; VersR 1991, 1404, 1405). Denn in den **§§ 16 ff VVG** sind die **Rechtsfolgen der arglistigen Täuschung abschließend geregelt** (Prämienerhöhung, Kündigung, Rücktritt usw); insbesondere darf über § 852 BGB nicht die Anfechtungsfrist nach §§ 22 VVG iVm 124 BGB wegen arglistiger Täuschung unterlaufen werden. § 826 BGB konkurriert nur dort, wo die §§ 16 ff VVG gerade keine Anwendung finden, dh bei Täuschung über andere als gefahrenbegründende Umstände oder wenn der Versicherungsnehmer bereits im Zeitpunkt des Vertragsschlusses die Absicht gefaßt hatte, den Versicherungsfall herbeizuführen (BGH VersR 1991, 1404, 1405; VersR 1989, 465).

Fraglich ist, ob im Einzelfall ein **Leistungsverweigerungsrecht des Gesamtschuldners** **189** begründet sein kann, wenn der **Gläubiger** gegen ihn **in bewußter Schädigungsabsicht** vorgeht, weil dieser weiß, daß der Gesamtschuldner praktisch auf die anderen keinen Rückgriff nehmen kann. Der Bundesgerichtshof hält dies in der Tat in Ausnahmefällen für möglich (BGH WM 1984, 906). Allerdings sind die Einzelheiten alles andere als klar. So geht das Gericht zunächst davon aus, daß ein Gläubiger stets gegen einen Gesamtschuldner vollstrecken dürfe und nicht auf dessen Rückgriffsmöglichkeiten gegenüber den anderen Rücksicht zu nehmen brauche. Allerdings soll eine Ausnahme in den Fällen gelten, in denen der Gläubiger aus „mißbilligenswerten Motiven" die Absicht hat, gerade diesem Gesamtschuldner Schaden zuzufügen, weil er um die Aussichtslosigkeit des Rückgriffs weiß. Hier soll es für das Sittenwidrigkeitsverdikt nicht auf das Bewußtsein des Täters ankommen, dem Gesamtschuldner Schaden zuzufügen, weil sich dies noch im Rahmen des (nach § 421 BGB) Erlaubten bewege, sondern allein auf die verwerfliche Motivation (BGH aaO). An dieser Entscheidung befremdet, daß ein objektiv rechtmäßiges Verhalten allein durch hinzutretende, nach außen schwer erkennbare Motive auf einen Sittenverstoß hinauslaufen soll. Ansonsten verfährt das Gericht wesentlich strenger. Denn selbst dann, wenn der Gläubiger durch sein nachlässiges Vorgehen gegen denjenigen Gesamtschuldner, der im Innenverhältnis die Schuld allein zu tragen hätte, die Rückgriffsmöglichkeiten der anderen infolge Zeitablaufs zunichte macht, steht den anderen Gesamtschuldnern kein Leistungsverweigerungsrecht zur Verfügung (BGH WM 1967, 397).

190 Insbesondere gereicht es dem Gläubiger nicht zum Vorwurf eines Sittenverstoßes, wenn er gegen den Schuldner vorgeht, obwohl er weiß, daß dieser bei Vertragsschluß einem **Irrtum** unterlegen ist, **der nicht zur Anfechtung berechtigt.** Denn Irrtümer sind nur im Rahmen der § 119 ff BGB beachtlich und können nicht durch ein Leistungsverweigerungsrecht auf der Grundlage von § 826 BGB durchgesetzt werden (so für einen unbeachtlichen Motivirrtum OLG Köln JW 1927, 1894, 1895).

191 § 826 BGB kann schließlich eine Einrede **gegenüber nicht mehr gerechtfertigten Ansprüchen aus Sachenrechten** begründen. So kann der Erwerber von Grundeigentum sich gegenüber dem behaupteten Besitzrecht des Veräußerers verteidigen, daß dieser aufgrund eines **Sicherungsnießbrauches** geltend macht, obwohl der zugrundeliegende Sicherungsbedarf nicht mehr besteht (RG SeufA 80, Nr 137).

192 Der zugrundeliegende Rechtsgedanke reicht indes noch weiter: Immer dann, wenn bei einer **fiduziarisch gebundenen Vollrechtsübertragung** das Sicherungsinteresse befriedigt ist und nach dem zugrundeliegenden Sicherungsvertrag eine Rückgewährpflicht entstanden ist, kann sich der Sicherungsgeber gegen unberechtigtes Vorgehen des Sicherungsnehmers aus dem Sicherungsrecht auf der Grundlage von § 826 BGB verteidigen. Denn im Verhältnis zwischen Sicherungsgeber und -nehmer konkretisiert sich der Maßstab der guten Sitten aufgrund der besonderen, aus dem Sicherungsvertrag resultierenden Treuepflichten; dies entspricht der allgemeinen systematischen Stellung des § 826 BGB, im Rahmen derer sich der Sittenmaßstab den Sorgfaltsmaßstäben aus im Einzelfall konkurrierenden Sonderrechtsbeziehungen anpaßt (oben Rn 38 f). Weiß der Sicherungsnehmer noch nicht um die endgültige **Befriedigung des Sicherungsinteresses**, so kann ihn der Sicherungsgeber auch noch nachträglich darüber in Kenntnis setzen und den in § 826 BGB vorausgesetzten Vorsatz nachträglich eintreten lassen (mala fides superveniens, vgl oben Rn 90 ff). Dieser Anspruch gilt **auch gegenüber Dritten**, denen das ursprünglich fiduziarisch gebundene Recht abgetreten wurde: Tritt der Sicherungsnehmer die Sicherungsgrundschuld abredewidrig an einen Dritten ab, so kann der Sicherungsgeber und Eigentümer dem aus der Sicherungsgrundschuld vollstreckenden Zessionar den Anspruch gegenüber dem Zedenten auf Rückübertragung der Sicherungsgrundschuld aus dem Siche-

rungsvertrag nach § 826 BGB entgegenhalten, wenn der Zessionar bei Abtretung mit dem Sicherungscharakter der Grundschuld rechnete, die Nichtvalutierung der Grundschuld kannte und eine Schädigung des Sicherungsgebers billigend in Kauf nahm (BGHZ 59, 1, 2 = NJW 1972, 1463; dazu Bähr JuS 1972, 669; Friedrich NJW 1968, 1655; Lopau JuS 1972, 502, 505).

Ausnahmsweise steht dem Gläubiger auch ein **Annahmeverweigerungsrecht** auf der   **193** Grundlage von § 826 BGB zu bzw ein Anspruch auf Ersatz des durch den Erfüllungs-modus verursachten Schadens. Dies gilt etwa für die **Begleichung einer Schuld durch eine Vielzahl geringfügiger Einzelüberweisungen**, wenn die dadurch verursachten Buchungskosten einen Großteil des Nettobetrages aufzehren (AG Brillon NJW-RR 1993, 1015). Maßgeblich für das Sittenwidrigkeitsverdikt kann hier wie bei anderen Modalitäten der Vertragserfüllung der Vorwurf **schikanösen Verhaltens** sein (§ 226 BGB; vgl dazu auch Soergel/Hönn/Dönneweg Rn 108).

d)   Durchbrechung von Einwendungen

Die Durchbrechung der Einrede der **Verjährung** auf der Grundlage von § 826 BGB   **194** hat besondere Bedeutung bei der Geltendmachung der **Provisionsansprüche des Han-delsvertreters** gegenüber dem Prinzipal, die nach § 88 HGB in vier Jahren, beginnend mit dem Schluß des Jahres, in dem sie fällig sind, verjähren. Sittenwidrig handelt der Prinzipal, wenn er dem Handelsvertreter provisionspflichtige Geschäfte verschwie-gen hat (BGH NJW 1978, 799) oder wenn er dem Handelsvertreter verschweigt, daß er aus Provisionsanteilen ein Kautionskonto gebildet hat (OLG Karsruhe, zitiert nach Stöt-ter NJW 1978, 799). § 826 iVm § 249 BGB vermittelt hier dem Handelsvertreter den Anspruch, so gestellt zu werden, als ob die Provisionsansprüche nicht verjährt seien (BGH WM 1977, 410 dazu Stötter NJW 1978, 799).

Bei der **Berufung auf den Differenzeinwand nach § 764 BGB** verfährt die Praxis zugun-   **195** sten des Schuldners großzügig (dazu Häuser ZIP 1981, 933, 941 f). Auf den Differenzein-wand kann sich eine Vertragspartei auch noch nachträglich berufen, wenn sie bereits zuvor einen Zwischensaldo gegenüber dem anderen Geschäftspartner beglichen hat (BGHZ 58, 1 = WM 1972, 178). Es schadet auch nicht, wenn ein Börsenfachmann sich auf § 764 BGB beruft (BGHZ 58, 1 = WM 1972, 178). Vergleiche aber den Fall, daß die Warenterminfirma die Herausgabe des Gewinns aus Gründen verweigert, über die sie zuvor getäuscht hatte (BGH WM 1980, 768).

Eine eigene vor allem im Rahmen des § 125 BGB relevante Problemstellung liegt in   **196** der **arglistigen Berufung auf Formmängel** (dazu etwa Reinhart JZ 1971, 461; G und D Rei-nicke MDR 1954, 644; dies NJW 1955, 217 f). Die zentrale Frage besteht darin, ob wegen Sittenverstoßes – etwa bei Täuschung über die Formerfordernisse oder über die eigene Bereitschaft, entsprechende Einreden nicht zu erheben, – ein **Anspruch auf das Erfüllungsinteresse** begründet sein kann. Die Bejahung eines Sittenverstoßes schließt nämlich prinzipiell den Anspruch des Opfers ein, so gestellt zu werden, als habe die schädigende Verletzung der guten Sitten nicht stattgefunden. Ist diese dar-auf gerichtet, das Zustandekommen des Vertrages zu verhindern, richtet sich die Ersatzpflicht entsprechend auf das positive Interesse (oben Rn 196). Vgl. auch zum **Sittenverstoß durch Verhalten nach Vertragsschluß** (RGZ 107, 357, 364, 365; dazu G und R Reinicke MDR 1954, 641, 644).

e) Sittenwidriges Herbeiführen des Vertragsendes

197 Auch die Art und Weise, in der eine Seite das Vertragsende herbeiführt, kann in den Anwendungsbereich von § 826 BGB fallen. Wird ein Pachtvertrag etwa in letzter Stunde gekündigt, um dem Pächter die vertraglich vorgesehene **Möglichkeit der Abwendung der Kündigung abzuschneiden**, liegt ein Sittenverstoß vor, der die Kündigung unwirksam macht (RGZ 150, 232, 242; zurückhaltend wird die Sittenwidrigkeit der Änderungskündigung nunmehr in BGH WM 1997, 2251 beurteilt). Ähnliches gilt bei der **Schaffung von Kündigungsgründen**, wenn Vermieter und Mieter ein Kündigungsrecht für den Fall der Veräußerung an Dritte vereinbart haben, der Vermieter das ihm gehörende Grundstück aber an seine Ehefrau veräußert, um die Voraussetzungen des Kündigungsgrundes eintreten zu lassen (RG LZ 1920, 856). Veräußert der Vermieter die Wohnung nach einer **Eigenbedarfskündigung** an Dritte, so entfällt der Vorwurf der Sittenwidrigkeit nur, wenn dieser Verkauf durch eine nachhaltige Änderung der finanziellen Situation des Vermieters erforderlich wurde (AG Düsseldorf DWW 1997, 156; vgl zur gesamten Fragestellung auch KLINKHAMMER NJW 1997, 221). Schließlich zählen dazu die Fälle, in denen ein Partner **planmäßig aus dem (Gesellschafts-)Vertrag herausgedrängt** wird (RGZ 114, 68, 71 f) oder der Gläubiger dem Schuldner unbillig den Kredit abschneidet, um dessen Grundstück in der Zwangsversteigerung billig erstehen zu können (RGZ 58, 219).

3. Auskunftshaftung*

a) Grundlagen

198 Die Erteilung einer Auskunft kann als vertragliche Hauptleistung geschuldet sein,

---

* **Schrifttum**: ALTENBURGER, Grundlagen der Dritthaftung von Sachverständigen für fahrlässig falsche Beleihungswertgutachten, WM 1994, 1597; ASSMANN, Grundfälle zum Vertrag mit Schutzwirkung für Dritte, JuS 1986, 885; vBAR, Verkehrspflichten (1980) 230 ff; ders, Unentgeltliche Investitionsempfehlungen im Wandel der Wirtschaftsverfassung Deutschlands und Englands – Ein Beitrag zur Ersatzfähigkeit reiner Vermögensschäden, RabelsZ 44 (1980) 455; BARTLING, Die Haftung für fehlerhafte Gutachten der gerichtlich beauftragten Sachverständigen im Spannungsfeld von Deliktsrecht und Staatshaftungsrecht (Diss Göttingen 1982); BISCHOFF, Die Haftung gegenüber Dritten für Auskünfte, Zeugnisse und Gutachten (Diss Tübingen 1973); BLOMEYER, Schadensersatzansprüche des im Prozeß Unterlegenen wegen Fehlverhaltens Dritter (1972); BREINERSDORFER, Die Haftung der Banken für Kreditauskünfte gegenüber dem Verwender (Diss Mainz 1990); BRÜNE/LIEBSCHER, Die fehlende und falsche Drittschuldnerauskunft durch den Arbeitgeber, BB 1996, 743; CANARIS, Schutzgesetze – Verkehrspflichten – Schutzpflichten, in: FS Larenz (1983) 27; DAMM, Entwicklungstendenzen der Expertenhaftung, JZ 1991, 373; DIRICHS, Die Haftung der Banken für Rat und Auskunft (Diss Münster 1976); ders, Die Haftung für die Erteilung einer falschen Kreditauskunft bei Mitwirkung zweier Banken, WM 1976, 1078; DÖBEREINER, Haftung des gerichtlichen Sachverständigen für Folgen grob fahrlässiger Falschbegutachtung, BB 1979, 131; DÖBEREINER/vKEYSERLINGK, Sachverständigenhaftung (1979); EBKE, Wirtschaftsprüfer und Dritthaftung (1983); EBKE/FECHTRUP, Zur Haftung des Wirtschaftsprüfers bei unrichtigen Auskünften über einen Kreditnehmer gegenüber einer Bank, JZ 1986, 1112; GLASER, Haftung des Sachverständigen für seine Gutachten, DWW 1985, 168; ders, Haftung des Bausachverständigen, JR 1971, 365; GRUNEWALD, Die Haftung des Experten für seine Expertise gegenüber Dritten, AcP 187 (1987) 285; HIRTE, Berufshaftung – Ein Beitrag zur Entwicklung eines einheitlichen Haftungsmodells für Dienstleistungen (1996); HOFFMANN, Der Einfluß des

sie kommt im Verhältnis der Vertragspartner jedoch auch als Gegenstand einer Neben- oder Schutzpflicht in Betracht. Darüber hinaus kann auch ein vorvertragliches Vertrauensverhältnis Rechtsgrundlage sein (vgl den Überblick über die Fallkonstellationen der Auskunftshaftung bei Lorenz, in: FS Larenz [1983] 575, 584 ff und Musielak, Haftung für Rat, Auskunft und Gutachten). In diesen Fällen haftet der Auskunftgeber für die Folgen einer unrichtigen Auskunft nach den Voraussetzungen der allgemeinen Institute des Leistungsstörungsrechts (Gewährleistung, positive Forderungsverletzung, culpa in contrahendo).

Praktische Bedeutung entfaltet § 826 BGB hingegen in jenen Fällen, in denen Aus- **199** kunftgeber und -nehmer sich nicht in einer vertraglichen Sonderrechtsbeziehung gegenüberstehen. Hier greift nach verbreiteter Ansicht die Sperrwirkung des § **676 BGB** nicht, wenn das Opfer vom Täter eine Auskunft erbittet und „auf diese entscheidende Maßnahmen, insbesondere eine Vermögensverschiebung, vornehmen will und dies dem, der die Auskunft erteilt, ohne weiteres erkennbar ist." (RG SeuffA 80 Nr 10; dazu vBar RabelsZ 44 [1980] 455, 464; zur überholten Zwecksetzung des § 676 BGB ausführlich Lammel AcP 179 [1979] 337, 347 f).

Haben Auskunftgeber und Auskunftnehmer nicht ausdrücklich einen Vertrag **200** geschlossen, so behilft sich die Praxis gelegentlich auch mit einem **stillschweigenden Auskunftsvertrag** zwischen beiden Parteien, wenn die Auskunft für den Auskunftnehmer von erheblicher Bedeutung ist und er sie zur Grundlage wesentlicher Entschlüsse machen wollte, vor allem, wenn der Auskunftgeber über besondere

Gefälligkeitsmoments auf das Haftungsmaß, AcP 167 (1967) 394; Hohloch, „Vertrauensprinzip" – Beginn einer Konkretisierung?, NJW 1979, 2369; Honsell, Probleme der Haftung für Auskunft und Gutachten, JuS 1976, 621; Hopt, Nichtvertragliche Haftung außerhalb von Schadens- und Bereicherungsausgleich, AcP 183 (1983) 608; Jost, Vertragslose Auskunfts- und Beratungshaftung (1990); K Huber, Verkehrspflichten zum Schutz fremden Vermögens, in: FS vCaemmerer (1978) 359; Köndgen, Selbstbindung ohne Vertrag (1981); Lammel, Zur Auskunftshaftung, AcP 179 (1979) 337; Littbarski, Strenge Haftung des Sachverständigen – Sicherheit für den Auftraggeber, ZIP 1996, 812; W Lorenz, Das Problem der Haftung für primäre Vermögensschäden bei der Erteilung einer unrichtigen Auskunft, in: FS Larenz (1973) 575; Mertens, Berufshaftung, Haftungsprobleme alter Professionen, VersR 1974, 509; ders, Deliktsrecht und Sonderprivatrecht – Zur Rechtsfortbildung des deliktischen Schutzes von Vermögensinteressen, AcP 178 (1978) 227; Musielak, Haftung für Rat, Auskunft und Gutachten (1974); Müssig, Falsche

Auskunftserteilung und Haftung, NJW 1989, 1697; Nissl, Die Haftung des Experten für Vermögensschäden Dritter (Diss München 1971); Otto/Mittag, Die Haftung des Jahresabschlußprüfers gegenüber Kreditinstituten (Teil 1) WM 1996, 91; Pickart, Die neuere Rechtsprechung des Bundesgerichtshofes zur Haftung für Ratschläge und Auskünfte, WM 1966, 698; Quick, Die Haftung des handelsrechtlichen Abschlußprüfers, BB 1992, 1675; Rasehorn, Zur Haftung für fehlerhafte Sachverständigengutachten, NJW 1974, 1172; Schulze, Grundprobleme der Dritthaftung bei Verletzung von Auskunfts- und Beratungspflichten in der neueren Rechtsprechung, JuS 1983, 81; Speckmann, Haftungsfreiheit für gerichtliche Sachverständige auf Kosten der Geschädigten?, MDR 1975, 461; Stahl, Zur Dritthaftung von Rechtsanwälten, Steuerberatern, Wirtschaftsprüfern und öffentlich bestellten und vereidigten Sachverständigen (Diss Tübingen 1989); vStebut, Aufklärungspflichten und Haftungsrisiken von Finanzdienstleistern, ZIP 1992, 1698; Wasner, Die Haftung des gerichtlichen Sachverständigen, NJW 1986, 119.

Sachkunde verfügt oder ein eigenes wirtschaftliches Ziel verfolgt (std Rechtsprechung seit RG JW 1905, 138; RGZ 52, 365, 366 f; 82, 337, 339; 131, 139; HRR 1936, 1106; RGZ 157, 228; 169, 324; BGH NJW 1953, 60; inbesondere aber BGH NJW 1990, 513; NJW 1991, 352; NJW 1992, 3167, 3168; WM 1992, 1031, 1034). Diese Rechtsprechung fordert indes zu Recht **Kritik heraus** (vgl hier nur LAMMEL AcP 179 [1979] 337, 339 ff.; vBAR RabelsZ 44 [1980] 455, 464). Denn von einem stillschweigenden Vertragsschluß kann nur dort die Rede sein, wo der Auskunftgeber einen vertraglichen Verpflichtungswillen gefaßt, ihn allerdings nicht erklärt hat. In den kritischen Fallkonstellationen der Auskunftshaftung fehlt es jedoch nicht allein an der Willens*erklärung*, sondern bereits am Verpflichtungs*willen* selbst. Der stillschweigende Auskunftsvertrag erweist sich daher als eine Fiktion mit undurchsichtiger Zwecksetzung. Eine rechtsgeschäftliche Fiktionen vermeidende **quasivertragliche Begründung** der Auskunftshaftung (dazu KÖNDGEN, Selbstbindung ohne Vertrag 354 ff und 362 ff; vgl aber auch zur Haftung aus einseitigem Leistungsversprechen STOLL, in: FS Flume 1978 767) konnte sich dagegen im geltenden dualen System vertraglicher und gesetzlicher Verpflichtungswirkungen nicht durchsetzen (vgl etwa CANARIS, in: FS Larenz [1983] 27, 93 f).

201 Daneben erscheint **§ 826 BGB** seit RGZ 72, 175 **als alternative Rechtsgrundlage einer Auskunftshaftung** in der Praxis, wobei die Wissenschaft eine gefährliche Ausweitung des Normtatbestandes kritisiert (vgl hier nur vBAR RabelsZ 44 [1980] 455, 465 f; HONSELL JuS 1976, 621, 628; LAMMEL AcP 179 [1979] 337, 341 f sowie unten Rn 217).

202 Drittens ist die Praxis bemüht, einen Teilbereich der Problematik durch das Institut des Vertrages mit **Schutzwirkungen für Dritte** zu bewältigen. Es handelt sich dabei regelmäßig um Fälle, in denen der Auskunftgeber auf vertraglicher Grundlage der anderen Seite eine unrichtige Expertise erstellt hat, die diese gegenüber einem Dritten verwendet. Die Einbeziehung des Dritten in die Schutzwirkungen des Vertrages über die Auskunft (BGH WM 1986, 711; BGHZ 84, 281, 289 f.; BGHZ 70, 337 = NJW 1978, 1374; JZ 1995, 306, 309 mAnm MEDICUS JZ 1995, 308 und CANARIS ebenda 441) begegnet jedoch gerade bei **Wertermittlungsgutachten** einer tatsächlichen Schwierigkeit: Dem Auftraggeber eines Gutachtens ist oft an einem für ihn günstigen möglicherweise sogar beschönigenden Testat über das ihm gehörende Objekt gelegen – ein Umstand der auch dem Gutachter regelmäßig bekannt sein dürfte. Die Einbeziehung des Dritten in den Schutzbereich des Gutachtenvertrages läßt sich deshalb in Anbetracht des Interessengegensatzes nur schwer aus dem Verpflichtungs*willen* von Auftraggeber und Gutachter begründen (BGHZ 74, 281, 290; JZ 1995, 306, 308; MEDICUS JZ 1995, 308). Die Wissenschaft diskutiert die Wendung der Praxis zum Vertrag mit Schutzwirkungen für Dritte deshalb zu Recht auch unter dem Stichwort einer **Rückkehr zum Vertrauensprinzip** (vgl etwa vBAR RabelsZ 44 [1980] 455, 466 f; HOHLOCH NJW 1978, 2369; kritisch HOPT AcP 183 [1983] 608, 641).

203 Ein **vierter Begründungsweg** zeichnet sich durch die noch im Entstehen befindliche **Theorie der Berufshaftung** ab. Bereits W LORENZ hat in einer Analyse der Rechtsprechung festgestellt, „daß die Haftung für unrichtige Auskunft ... auf der mit bestimmter Öffentlichkeits- und Vertrauenswirkung ausgestatteten Berufsstellung des die Auskunft Erteilenden beruht" (LORENZ, in: FS Larenz [1973] 575, 591). Zugrunde liegt ein Rechtsgedanke, der bereits dem **römischen Recht** in Gestalt der sog mensorischen Klage vertraut war (D. 11.6 – Si menso falsum modum dixerit). Als entscheidende Wertungsgrundlage für die Haftung erscheint danach das **Vertrauen in**

die beruflichen Fähigkeiten des Experten (grundlegend LAMMEL AcP 179 [1979] 337, 347; ähnlich LORENZ aaO; einschränkend HOPT AcP 183 [1983] 608, 645, zur grundsätzlichen Kritik am Vertrauensprinzip 641; HOPT gründet die Berufshaftung daneben auch auf den Schutz des Auskunftgebers vor dem durch Wissensvorsprung überlegenen Experten und auf wohlfahrtsoptimierende Gesichtspunkte aaO 650 f und 652 f; vgl nunmehr auch HIRTE, Berufshaftung [1996]; ferner GAWAZ, Bankenhaftung für Sanierungskredite [1997] 140 ff sowie rechtsvergleichend DECKU, Zwischen Vertrag und Delikt – Grenzfälle vertraglicher und deliktischer Haftung dargestellt am Beispiel der Berufs- und Expertenhaftung zum Schutze des Vermögens Dritter im deutschen und englischen Recht [Diss Trier 1997]).

Über den **systematischen Standort der Berufshaftung herrscht indes Uneinigkeit**. Die **204** Auffassung, diese Haftung repräsentiere neben Vertrag und Delikt eine eigenständige Kategorie (LAMMEL AcP 179 [1979] 337, 347), konkurriert mit der Vorstellung, die Berufshaftung sei eine übergreifende (teleologische) Klammer für die Institute Vertrag, culpa in contrahendo und laufende Geschäftsverbindung (HOPT AcP 183 [1983] 608, 657 ff). Richtiger Ansicht nach dürfte es sich jedoch in erster Linie um ein im Deliktsrecht anzusiedelndes, bei der Begründung vermögensschützender Verkehrspflichten anwendbares Institut handeln (vBAR RabelsZ 44 [1980] 455, 479; MERTENS AcP 178 [1978] 227, 240 f). Für die **Anwendung des § 826 BGB** kommt es auf die Entscheidung dieser Frage jedoch nicht an; denn der Sittenmaßstab der Vorschrift kann im Einzelfall auch von den konkurrierenden, zwischen Täter und Geschädigtem bestehenden vertraglichen Maßstäben beeinflußt und an diesen ausgerichtet werden (oben Rn 38 f; dies kritisiert zu Unrecht LAMMEL AcP 179 [1979] 337, 342).

Als Alternativkonzepte zur Berufshaftung verstehen sich die **Lehre vom Übernahme- 205 prinzip** (LARENZ/CANARIS, Schuldrecht II/2 § 76 III 3 b) bzw die Konzeption einer **gesetzlichen Auskunftshaftung aufgrund des Vertrauensprinzips** (CANARIS, in: FS Larenz [1983] 27, 93 ff). In Anknüpfung an die Strafrechtsdogmatik soll es für die Begründung von Gefahrabwendungspflichten zunächst darauf ankommen, ob der Täter eine entsprechende Aufgabe *übernommen* hat. Auf dieser Grundlage hat der Bundesgerichtshof etwa die Verantwortlichkeit eines Beifahrers bejaht, der es unternommen hatte, im Rückspiegel den Verkehr zu beobachten und dabei durch Unachtsamkeit einen Unfall verschuldet hat (BGH VersR 1961, 233, 234). Die Fälle der Gutachter- und Expertenhaftung lassen sich unter diesem Gesichtspunkt jedoch kaum verläßlich fassen, weil hier der Fachmann regelmäßig nur eine Expertise vorlegt, darüber hinaus aber nicht ausdrücklich erklärt, wemgegenüber er im einzelnen Verantwortung übernehmen will. Regelmäßig müßte der Rechtsanwender hier also prüfen, ob sich das tatsächliche Verhalten des Experten so auslegen läßt, daß darin eine konkludente Übernahme gesehen werden kann oder nicht. Im Ergebnis kommt es also in den einschlägigen Konstellationen nie auf den expliziten Übernahmeakt an, sondern nur auf die Wertungen, deren Verwirklichung im Sachverhalt die Annahme einer solchen konkludenten Übernahme gebieten. Von daher scheint es geboten, unmittelbar diese zugrundeliegenden Wertungen in den Mittelpunkt der Überlegungen zu stellen, zumal das Übernahmekriterium problematischerweise an pseudo-rechtsgeschäftliche Kategorien anknüpft: Der Täter soll ja haften, weil er *willentlich* übernommen hat. Stellt man deshalb auf die zugrundeliegenden Wertungen ab, ist der Unterschied zur Berufshaftung nicht so groß: Auch das Übernahmeprinzip gründet auf dem Vertrauensgedanken (LARENZ/CANARIS aaO, letzter Absatz), es spezifiziert nur den zugrundeliegenden Vertrauen*statbestand* (Expertenstellung) nicht so präzise wie die Berufshaftung. Die **gesetzliche Auskunftshaftung** (CANARIS, in: FS Larenz [1983] 27, 93 ff) soll schließlich davon abhängen, daß eine andernorts vertraglich geschuldete Auskunft an den ersatzberechtigten Dritten „gerichtet" ist. Selten wird der Auskunftgeber jedoch erklären, an wen seine Auskunft im einzelnen gerichtet ist, weshalb dem Rechtsanwender abermals nur die Aufgabe bliebe, aus dem konkludenten Verhalten auf eine entsprechende Gerichtetheit zu schließen. Deshalb sollte auch hier das Vertrauensprinzip als zentrales Wertungskriterium im Vordergrund der Überlegungen stehen.

206 Ob das Problem der Auskunftshaftung künftig über eine besondere **Dienstleistungshaftung** gelöst werden wird, wie sie sich im Vorschlag einer EU-Richtlinie (ABlEG C v 18. Januar 1991 = BT-Drucks 12/180) andeutet (BAUMGÄRTEL JZ 1992, 321; DEUTSCH ZRP 1990, 454; FRIETSCH DB 1992, 929; HEINEMANN ZIP 1991, 1193), bleibt ebenso offen wie das Schicksal dieser Richtlinie (vgl Europe, Agence international d'information pour la presse No 6250, 13/14 Juin 1994).

b)   Expertenhaftung

207 Hat ein Experte jenseits vertraglicher Bindung einem anderen **bewußt falsche** Auskünfte erteilt, liegen die Voraussetzungen des § 826 BGB unproblematisch vor, weil die Norm in Fällen arglistiger Täuschung neben § 123 BGB Anwendung findet (oben Rn 149).

208 Den eigentlichen Anwendungsbereich der Norm verdeutlicht indes die berühmte **Entscheidung RGZ 72, 175**: Dort war dem Anspruchsteller erheblicher Schaden durch den Versuch seiner Frau und anderer Verwandten entstanden, ihn als geisteskrank entmündigen zu lassen. Anlaß dazu hatte der Hausarzt gegeben, der auf Anfrage der Ehefrau, ohne weitere Prüfung den Anspruchsteller für geisteskrank erklärt hatte. Das Reichsgericht (aaO 176) entschied, ein Verstoß des Arztes gegen die guten Sitten könne nicht bereits deshalb verneint werden, weil dieser sich der Arglist seines Verhaltens nicht bewußt sei; „auch die Außerachtlassung der im Verkehr gebotenen Sorgfalt kann in besonders gearteten Fällen einen solchen Verstoß enthalten, und auch hierbei kann sich der Handelnde ebensogut der Möglichkeit eines Eintritts der Vermögensschädigung bewußt sein, wie in dem Falle arglistigen Handelns..." (aaO 176).

209 Bereits in dieser Entscheidung zeigen sich **zwei** wesentliche, für die weitere Anwendung des § 826 BGB zentrale **Wertungsgesichtspunkte**. Danach haftet der Täter auch, wenn er sich **des Sittenverstoßes nicht bewußt** ist (vgl dazu auch oben Rn 61 ff), insbesondere kann der Sittenverstoß aber auf einem **besonders schwerwiegenden Sorgfaltsverstoß** beruhen (vgl dazu auch oben Rn 82 ff).

210 Diese Grundsätze haben heute erhebliche Relevanz bei der Anwendung des § 826 BGB zur Begründung einer Haftung wegen unrichtiger **Wertermittlungsgutachten**. Denn diese werden erfahrungsgemäß in Auftrag gegeben, um gegenüber Dritten – etwa bei Veräußerung der begutachteten Sache oder bei der Sicherung eines Kreditgebers – Verwendung zu finden. Ein falsches Wertermittlungsgutachten kann aber unrichtige Vorstellungen bei dem am Erwerb oder an der Besicherung interessierten Dritten hervorrufen und diesen zu vermögensschädigenden Dispositionen veranlassen (im Überblick BGH NJW 1991, 3282; NJW-RR 1986, 1150 [Tierarzt]; WM 1969, 36 [Schätzung eines Gemäldes]). Dies gilt gerade auch für **Gutachten und Auskünfte über den Bestand und die Ertragslage eines Unternehmens** (BGH NJW 1956, 1595; WM 1969, 470; NJW 1986, 180). Unter diesem Gesichtspunkt haften **Wirtschaftsprüfer** (BGH NJW 1973, 321; WM 1977, 52; WM 1987, 257, 258; JZ 1986, 1111; OLG Saarbrücken BB 1978, 1434; OLG Oldenburg, VersR 1981, 88), **Steuerberater** (BGH NJW 1987, 1758: Zwischenabschlußprüfung zur Vorlage bei dem Kreditgeber; OLG Frankfurt/M WM 1989, 1618; dazu auch Hopt NJW 1987, 1745; Otto/ Mittag WM 1996, 325; Schindhelm/Grothe DStR 1989, 445; vgl nun auch BGH vom 18. 12. 1997 – IX ZR 180/96 zur Pflicht des Steuerberaters, die Kosten eines aussichtslosen Rechtsstreits zu ersetzen) und uU auch **Kommanditisten,** wenn sie die Bilanz unterzeichnen (BGH WM 1962, 579; BB 1964, 1273, vgl auch unten Rn 327 ff). Zur Anwendbarkeit des § 323 Abs 1 Satz 3 HGB auf die Haftung des **Abschlußprüfers** LG Frankfurt/M WM 1997, 1932 Anm Ebke BB 1997, 1731.

Ähnliches gilt insbesondere auch für unmittelbare **Kreditauskünfte von Banken über** **211** **ihre Kunden** (BGH NJW 1979, 1599; WM 1955, 230; WM 1962, 1110; WM 1958, 1080; WM 1970, 1021; WM 1971, 206; WM 1973, 635 und 1134; WM 1974, 272; WM 1976, 498, 500; WM 1979, 428 und 548; OLG Hamburg WM 1975, 703, 705). Der **praktische Anwendungsbereich des § 826 BGB** liegt in den Fällen, in denen zwischen der Bank und dem ihre Auskunft Empfangenden keine Vertragsbeziehung besteht. Die Bedeutung der Vorschrift nimmt hier jedoch tendenziell ab, weil Praxis und Literatur zunehmend außerdeliktischen Lösungen zuneigen (grundlegend BGHZ 69, 82, 86 bzgl Warnpflichten und Canaris, Bankvertragsrecht, Erster Teil [4. Aufl 1990] Rn 22, 25). Auf der Grundlage von § 826 BGB ist der Kunde zunächst nur geschützt, wenn er von der Auskunft der Bank erfahren und sein Verhalten auf diese gegründet hat; andernfalls fehlt es am erforderlichen **Rechtswidrigkeitszusammenhang** (BGH NJW 1979, 1599, 1600). Bei der Auslegung der Auskunft muß berücksichtigt werden, daß die Bank im Interesse ihrer Kunden **zurückhaltende Formulierungen** wählen darf (RG JW 1917, 36; HRR 1930 Nr 6; BGH NJW 1970, 1773) und nicht alle Einzelumstände ihrer Geschäftsbeziehung zum Kunden aufzudecken braucht (zB keine Aufdeckung von Sicherheitsleistungen RG HRR 1931, Nr 931; vgl aber auch KG BankA 1927, 163; indes Hinweis auf die Sicherungsübereignung des Warenlagers RG HRR 1930, Nr 215). Ihre Auskünfte gelten grundsätzlich auch nur zugunsten des Anfragenden und nicht für jeden Dritten (BGH VersR 1976, 830 mwN).

Auch **sonstige Auskünfte und Gutachten** können bei Dritten schädigungsträchtige **212** Erwartungen wecken (RG JW 1926, 2918 [Empfehlung einer **Kreditgenossenschaft**]; WM 1962, 933 [**privates Gutachten im Prozeß**]; WM 1962, 933; NJW 1972, 678, 680 [**Rechtsanwalt**]; dazu: Vollkommer, Anwaltshaftung [1989] Rn 256; Borgmann/Haug, Anwaltshaftung [2. Aufl 1986] 196 ff; OLG Rostock JRfPrV 1939, 43 [Haftung des **Arztes,** bei wissentlich falscher Bescheinigung einer Todesursache zur Vorlage bei der Versicherung]; KG NJWE-VHR 1997, 91 [falsche Auskunft über die **Finanzierbarkeit eines Anlageobjektes**]; vgl schließlich Brüne/Liebscher BB 1996, 743 [zur falschen **Drittschuldnerauskunft des Arbeitgebers** in der Zwangsvollstreckung]).

In all diesen Fällen setzt der **Sittenverstoß** ein **leichtfertiges und gewissenloses** Verhalten **213** des Auskunftgebers voraus (BGH NJW 1979, 1599; NJW 1986, 180, 181; NJW 1987, 1758; NJW 1991, 3282, 3283). Darunter sind durchweg Konstellationen zu verstehen, in denen der Verstoß gegen die üblichen Methoden so schwer ausfällt, daß der Täter sich **der naheliegenden Gefahr der Unrichtigkeit** seines Testates **klar bewußt** ist (vgl den Überblick in BGH NJW 1991, 3282, 3283). Sittenwidrig handelt etwa derjenige Experte, der die **Grundlagen seiner gutachterlichen Erkenntnisse nur nachlässig ermittelt** hat (BGH NJW

1991, 3282, 3283), seinen Schlußfolgerungen **ungeprüfte Angaben Dritter** zugrundelegt (BGH NJW 1986, 180, 181) oder ein von Dritten gefertigtes **Gutachten ohne Prüfung seiner Richtigkeit unterzeichnet** (RG SeuffA 93 Nr 91; BGH WM 1962, 579, 581). Erlaubt ist hingegen die **Betrauung qualifizierter Angestellter** mit der Erstellung des Gutachtens, wenn die wesentlichen Punkte in einer Schlußbesprechung geklärt werden (BGH NJW 1973, 321, 322). **Nicht erforderlich** ist, daß der Auskunftgeber **wissentlich falsche Informationen** weitergibt (BGH NJW 1986, 180, 181); es reicht vielmehr aus, daß er Angaben „**ins Blaue**" hinein macht (BGH NJW 1991, 3282, 3283). Schädlich ist auch „**gewissenlose Rücksichtslosigkeit**" (BGH NJW 1991, 3282, 3283). Darunter versteht die Praxis ein eigennütziges Vorteilsstreben ohne Rücksicht auf die Belange Dritter; dieses äußert sich ua darin, daß sich der Auftragnehmer über Bedenken einfach hinwegsetzt oder gegenüber den Folgen des eigenen leichtfertigen Verhaltens gleichgültig eingestellt ist (BGH aaO).

214 Den Kern des Sittenwidrigkeitsverdiktes bildet schließlich **das enttäuschte Vertrauen** des Dritten (BGH NJW-RR 1986, 1150, 1151; vgl auch NJW 1991, 3282, 3283). Wie die Praxis mitunter scharf herausstellt (BGH WM 1986, 711), liegt **das zentrale Problem** der vorgestellten Fallkonstellationen darin, daß zwischen den Parteien des Gutachtervertrages eine Leistung (Auskunft) ausgetauscht wird, die bei vertragsgemäßer Verwendung die Interessen Dritter betreffen muß: Der Auftraggeber erwartet ein Gutachten, daß er Dritten gegenüber verwenden kann, um gerade die Vorstellungen der Dritten in seinem Sinne zu beeinflussen. Der mit der Expertise beauftragte Fachmann weiß, daß Dritte möglicherweise im Vertrauen auf seinen Expertenstatus ihre Entscheidungen am Testierten orientieren.

215 Der **Schädigungsvorsatz kann** schließlich **durch die Art und Weise des Sittenverstoßes indiziert** sein (BGH NJW 1986, 180, 182). So wird der Vorsatz zu Recht dann bejaht, wenn der Täter ein erkannt unrichtiges Wertgutachten über ein Grundstück zu Verkaufszwecken angefertigt hat, der Auftraggeber davon jedoch nicht gegenüber einem Käufer, sondern einem Darlehensnehmer Gebrauch macht (BGH VersR 1966, 1032, 1034). Denn aus Sicht des Täters macht es keinen Unterschied, ob ein Käufer oder ein Darlehensgeber (im Hinblick auf zu bestellende Grundpfandrechte) über den falsch testierten Verkehrswert irrt und dadurch Schaden erleidet. Ein **Steuerberater** handelt bei Erstellung eines Zwischenabschlusses auch gegenüber der Bank vorsätzlich, der gegenüber sein Auftraggeber später den Zwischenabschluß vorlegt (BGH NJW 1987, 1758, 1759). Der Vorsatz eines **Tierarztes** wird bejaht, wenn er die mögliche Schadensrichtung seines Verhaltens voraussieht und die Art des Schadens antizipiert und in seinen Willen aufgenommen hat (BGH NJW-RR 1986, 1150, 1151). Hat der Experte aber ein Wertgutachten von vornherein nur zu dem Zweck erstellt, daß sich der Auftraggeber intern ein Bild darüber machen konnte, ob der Sachwert des Anwesens den ihm vorliegenden Kaufangebot entsprach, haftet er nicht, wenn der Auftraggeber Dritten gegenüber vom Gutachten Gebrauch macht (BGH NJW 1991, 3282, 3283 f).

216 Der **Umfang der Ersatzpflicht** hängt schließlich von der **Reichweite des Schädigungsvorsatzes** ab (grundlegend mwN BGH NJW 1979, 1599, 1600 sowie oben Rn 105 ff).

217 Das **Schrifttum kritisiert eine Überdehnung des Tatbestandes** von § 826 BGB, weil der Täter sich des Sittenverstoßes nicht bewußt zu sein brauche (oben Rn 61 ff), auch

leichtfertiges und gewissenloses Verhalten sittenwidrig sei (oben Rn 82 ff), die Sittenwidrigkeit den Vorsatz indiziere (oben Rn 96 ff) und grundsätzlich bedingter Vorsatz genüge (oben Rn 75; ASSMANN JuS 1986, 885, 890; DAMM JZ 1991, 373, 383 f; GRUNEWALD AcP 187 [1987] 285; HONSELL JuS 1976, 621, 628; JOST, Vertraglose Auskunfts- und Beratungshaftung 262 f; MAYER-MALY, Das Bewußtsein der Sittenwidrigkeit 37 ff).

Stellungnahme: Obwohl der Bundesgerichtshof bisweilen selbst einräumt, § 826 BGB **218** „strapaziert" zu haben (BGHZ 74, 281, 289), scheint es fraglich, ob ernsthaft von einer „Denaturierung der Vorsatzhaftung" (so HOPT AcP 183 [1983] 608, 633) gesprochen werden kann. Denn jede der vom Bundesgerichtshof unternommenen Einschränkungen erklärt sich aus der systematischen und teleologischen Anlage des § 826 BGB. So erscheint der Verzicht auf ein Bewußtsein der Sittenwidrigkeit und der damit verbundene Bruch mit der zivilrechtlichen Vorsatztheorie notwendig, damit nicht derjenige Täter entschuldigt ist, der die Sittenwidrigkeit seines Tuns deshalb nicht erkennt, weil er nur unter geringer Gewissensanspannung gegenüber seinem Opfer vorgeht (ausführlich oben Rn 64). Ferner läuft die Indizwirkung des sittenwidrigen Verhaltens für den Schädigungsvorsatz richtiger Ansicht nach nicht auf einen normativen Begründungszusammenhang hinaus, sondern sie bildet einen den Anscheinsbeweis tragenden Erfahrungssatz (oben Rn 98). Danach können die äußeren Umstände der Tat im Einzelfall durchaus den Erfahrungssatz begründen, daß dem Täter die Konsequenzen seines Handelns bewußt waren und daß er sie billigend in Kauf genommen hat. Schließlich lassen sich auch die Fälle des leichtfertigen Sittenverstoßes mit dem Charakter der Vorsatztat vereinbaren (ausführlich bereits oben Rn 85 f). Denn regelmäßig kennt der Täter in den vorliegenden Fällen zwar nicht die Unrichtigkeit seines Gutachtens, er kennt jedoch dessen erhebliche Mängel und rechnet mit der hohen Wahrscheinlichkeit seiner Unrichtigkeit. Somit kennt der Täter zwar nicht positiv die von ihm gesetzte Gefahr, er weiß aber um die von ihm eröffnete Gefahren*quelle.* Sind dabei keine objektiven Umstände erkennbar, aufgrund deren er darauf vertrauen durfte, daß sich diese Gefahrenquelle im Einzelfall nicht auswirken würde, ist davon auszugehen, daß er den konkreten Gefahreneintritt billigend in Kauf nahm. Denn er ließ sich auch durch die naheliegende Wahrscheinlichkeit des Gefahreneintritts nicht von seinem Verhalten abbringen (ausführlich oben Rn 82 ff; zum Begriff des bedingten Vorsatzes oben Rn 75).

c)   Haftung des Arbeitgebers für Dienstzeugnisse und Drittschuldnerauskünfte
Das Zeugnis, das der Arbeitgeber am Ende eines Arbeitsverhältnisses ausstellt, wird **219** ebenfalls häufig gegenüber Dritten, nämlich den möglichen neuen Arbeitgebern, verwendet. Seine Unrichtigkeit kann deshalb bei diesen Fehlvorstellungen hervorrufen und Anlaß für schädigende Vermögensdispositionen sein. Die praktische Bedeutung des § 826 BGB in diesen Fällen erklärt sich aus der Tatsache, daß Ansprüche aus § 823 Abs 1 BGB wegen eines Eingriffs **in den eingerichteten und ausgeübten Gewerbebetrieb** regelmäßig **nicht** in Betracht kommen, weil es an der Unmittelbarkeit und Betriebsbezogenheit des Eingriffes fehlt (vCAEMMERER, in: FS zum 100jährigen Bestehen des DJT [1960] 49, 96 f).

Die zugrundeliegende Fragestellung ist derjenigen der gerade behandelten Fälle der **220** **Gutachterhaftung** gegenüber Dritten (Rdnr 207 ff) sehr ähnlich. So stellt sich auch hier die Frage, ob der Arbeitgeber bei der Erfüllung dieser arbeitsrechtlichen Nebenpflicht (§§ 630 BGB, 73 HGB) Drittinteressen, nämlich diejenigen des künftigen

Arbeitgebers, berücksichtigen muß. Aufgrund des „**vertrauensheischenden Bescheini-
gungscharakters**" dieser Zeugnisse hält der Bundesgerichtshof sogar eine unmittelbare rechtsgeschäftliche Verpflichtung des Ausstellers gegenüber dem auf das
Zeugnis vertrauenden Dritten für möglich (BGHZ 74, 281, 289 f). Eine Haftung nach
§ 826 BGB sieht er nunmehr als tendenziell weniger geeignet an (BGHZ 74, 281, 289;
anders noch NJW 1970, 2291) – eine Auffassung, der das Schrifttum schon deshalb
zustimmt, weil dem Zeugnisaussteller regelmäßig die Schädigungsabsicht gegenüber
künftigen Arbeitgebern fehle (vgl nur KÖLSCH NZA 1985, 382, 385 mwN).

221 Praktisch bedeutsam sind allein die Fälle des sog **qualifizierten Zeugnisses** (§§ 630 Satz
2 BGB, 73 Satz 2 HGB), in denen der Arbeitgeber Anlaß hat, die Leistungen des
Arbeitnehmers zu begutachten (BGH NJW 1970, 2291). Hier darf der Zeugnisaussteller, gerade weil ihm besonderes Vertrauen entgegengebracht wird, strafbare Handlungen, etwa eine Unterschlagung, nicht verschweigen (BGH NJW 1970, 2291, 2292;
ähnlich bei diversen Fällen des Vertrauensbruchs RG JW 1916, 1190; JW 1937, 3107; HRR 1932
Nr 612; ein bloßer **Verdacht** muß nicht angezeigt werden OLG München HRR 1932 Nr 612). Wird
dem Aussteller erst später die Unrichtigkeit des Zeugnisses in einem solchen Punkt
bewußt, so muß er das Zeugnis korrigieren (BGHZ 74, 281). Dem **Sittenwidrigkeitsurteil** nach § 826 BGB steht nicht entgegen, daß es dem Arbeitgeber wesentlich um
das Fortkommen seines bisherigen Bediensteten ging und nicht um eine Schädigung
Dritter (BGH NJW 1970, 2291). Für den **Schädigungsvorsatz** genügt das Bewußtsein,
daß das Zeugnis einem künftigen Arbeitgeber vorgelegt wird und dieser wegen der
Schwere des Verstoßes gegen die Wahrheitspflicht einen Schaden erleiden kann
(BGH NJW 1970, 2291, 2292). Erforderlich ist aus Sicht des Ausstellers vor allem eine
bestehende **Wiederholungsgefahr**: Geht der Arbeitgeber davon aus, daß sich das vor-
gefallene Vergehen bei einem künftigen Arbeitgeber nicht wiederholen wird, handelt er gerade nicht vorsätzlich, weil er Schäden Dritter nicht in Kauf nimmt.
Fraglich ist allerdings, ob bereits das **Besserungsgelöbnis** des betroffenen Arbeitnehmers für einen entsprechenden Vorsatzausschluß genügt (So jedenfalls OLG Hamburg
NJW 1956, 348; SOERGEL/HÖNN/DÖNNEWEG Rn 200; aA NEUMANN-DUESBERG JR 1956, 411).

222 Der Arbeitgeber haftet schließlich auch, wenn er als **Drittschuldner** dem gegen den
Arbeitnehmer im Wege der Forderungspfändung vorgehenden Gläubiger falsche
Auskünfte über das Vermögen des Arbeitnehmers erteilt und dadurch der Gläubiger
Schaden erleidet (dazu BRÜNE/LIEBSCHER BB 1996, 743). Eine Haftung besteht nach den
allgemeinen Grundsätzen nicht nur bei wissentlich falschen Angaben, sondern auch
dann, wenn der Arbeitgeber die sachlichen Grundlagen seiner Auskunft nicht überprüft (vgl oben Rn 208 ff).

d) **Haftung gerichtlicher Sachverständiger**
223 Eine Sonderstellung nimmt die **Haftung gerichtlicher Sachverständiger** wegen vorsätzlich falsch erstellter Gutachten ein (OLG Hamm VersR 1985, 841, 842; BB 1986, 1397; OLG
Düsseldorf NJW 1986, 2891). Denn der vorsätzliche schädigende Sittenverstoß beruht
hier nicht darauf, daß der Dritte sein Verhalten auf die Ergebnisse der Begutachtung
eingestellt hat und im Vertrauen auf diese einen Schaden erleidet, sondern darauf
daß das Prozeßgericht seine Entscheidung über die Vermögensverhältnisse der Parteien auf das Gutachten stützt (zum Unterschied CANARIS, in: 2. FS Larenz [1983] 27, 97).
Praktische Bedeutung hat § 826 BGB wegen des ansonsten geltenden **Haftungsprivilegs** des Sachverständigen, der nach Auffassung des Bundesgerichtshofes auch im

Rahmen anderer Anspruchsgrundlagen nur für Vorsatz haften soll (BGHZ 62, 54 –
Weigand). Begründet wird dies mit der Stellung des gerichtlichen Sachverständigen
als Gehilfe des Richters analog § 839 Abs 1 Satz 2 BGB, der Gefahr eines Wieder-
aufrollens des Verfahrens sowie der mit der Begutachtung verbundenen Erfüllung
staatsbürgerlicher Pflichten (kritisch allerdings BVerfG NJW 1979, 305, das allenfalls eine
Beschränkung der Haftung wegen einfacher Fahrlässigkeit in Betracht zieht; vgl ferner zur Kritik
ARNDT DRiZ 1974, 185, 304; BLOMEYER ZRP 1974, 214; DAMM JuS 1976, 359; DÖBEREINER BB
1979, 131; HELLMER NJW 1974, 556; HONSELL JuS 1976, 621, 629; HOPT JZ 1974, 551; RASEHORN
NJW 1974, 1172; SPECKMANN MDR 1975, 461; WASNER NJW 1986, 119). Ein **Amtshaftungs-**
anspruch kommt allerdings nicht in Betracht (anders BARTLING, Die Haftung für fehlerhafte
Gutachten 95), weil die Stellung des gerichtlichen Sachverständigen derjenigen eines
Hoheitsträgers nicht vergleichbar ist (vgl dazu BVerfG NJW 1979, 305, 306; WASNER NJW
1986, 119).

4. Der Eingriff Dritter in das vertragliche Leistungsgefüge (Mitwirkung am Vertragsbruch)*

a) Allgemeines

Die Praxis sieht die Beeinträchtigung vertraglicher Ansprüche durch einen ver- 224
tragsfremden Dritten **grundsätzlich nicht** als **ein nach § 826 BGB sittenwidriges Verhal-**
ten an (vgl grundlegend BGHZ 12, 308, 317 ff; ausführlich auch BGH NJW 1981, 2184, 2185 und
mit Überblick über die eigene Rechtsprechung BGH FamRZ 1992, 1401, 1402 f). Begründet wird
dies mit der Überlegung, daß solche Rechtspositionen nicht nach § 823 Abs 1 BGB
geschützt seien und daß das Gesetz in **§ 266 StGB** nur die Verletzung besonderer
Treuepflichten sanktioniere; folglich genüge auch im Rahmen des § 826 BGB die
einfache Vertragspflichtverletzung zur Begründung des Sittenwidrigkeitsverdiktes
nicht (BGHZ 12, 308, 319 f). Diese Betrachtung mündet in die Folgeüberlegung, daß
zum einfachen Vertragsbruch **besondere Umstände** hinzutreten müßten wie bspw die
Mißachtung einer besonderen gesellschaftsvertraglichen Treuepflicht (BGHZ 12, 308,
320), ein **kollusives Zusammenwirken** zwischen vertraglichem Schuldner und Drittem
zur bewußten Vereitelung von Gläubigerrechten (BGHZ 14, 313, 317; JZ 1996, 416, 418),

---

* **Schrifttum:** DEUTSCH, Verleitung zum Vertragsbruch und Schutz der Preisbindung gegen
Außenseiter, JZ 1973, 585; DUBISCHAR, Doppelverkauf und „ius ad rem", JuS 1970, 6; FAB-
RICIUS, Zur Dogmatik des 'sonstigen Rechts'
gemäß § 823 Abs 1 BGB, AcP 161 (1960) 273;
FICKER, Interference with Contractual Rela-
tions und deliktsrechtlicher Schutz der Forderung, in: FS Ficker (1967) 152; FRIEDRICH, Der
Vertragsbruch, AcP 178 (1978) 468; HERMANN,
Verleitung zum Vertragsbruch, GRUR 1955,
21; KOZIOL, Der Schutz vertraglicher Rechte
gegen Eingriffe Dritter und der Schutz von
Preis- und Vertriebsbindungen gegenüber Außenseitern (1971); KRASSER, Der Schutz vertraglicher Rechte gegen Eingriffe Dritter und
der Schutz von Preis- und Vertriebsbindungen

gegenüber Außenseitern (1971); LÖBL, Geltendmachung fremder Forderungsrechte im eigenen Namen – Ein Beitrag zur Lehre von der
Innen- und Außenwirkung der Obligation, AcP
130 (1929) 1; LÖWISCH, Deliktsschutz relativer
Rechte (1969); PIPER, Zur Wettbewerbswidrig-
keit des Einbrechens in fremde Vertragsbeziehungen durch Abwerben von Kunden und Mitarbeitern, GRUR 1990, 643; REHBEIN, Die
Verletzung von Forderungsrechten durch Dritte
(Diss Freiburg 1968); SEMLER, Die Mißachtung
vertraglicher Bindungen Dritter als Wettbe-
werbsverstoß, GRUR 1983, 625; VYGEN, Die
Verleitung zum Vertragsbruch im anglo-amerikanischen und deutschen Recht (Diss Bonn
1970).

die **Verleitung** des Schuldners durch den Dritten zum Vertragsbruch, den Einsatz verwerflicher Mittel oder ein Mißverhältnis von Mittel und Zweck, das mit den Grundanforderungen loyaler Rechtsgesinnung unvereinbar sei (vgl den Überblick bei BGH NJW 1981, 2184, 2185; FamRZ 1992, 1401, 1402 f und JZ 1996, 416, 418). Neuerdings begegnet auch die Formel, daß das Eindringen in die fremde Vertragsordnung von besonderer **Rücksichtslosigkeit** geprägt sein müsse (BGH JZ 1996, 416, 418 mAnm MAYER-MALY; NJW 1994, 128, 129).

225 Zugrunde liegt dabei die **systematische Überlegung**, daß eine deliktische Norm wie § 826 BGB nur solche Verbote mit Schadensersatz bewehren kann, die gegenüber allen Verkehrsteilnehmern gelten und nicht solche, deren Geltungsbereich auf das Verhältnis inter partes beschränkt ist (BGH NJW 1981, 2184, 2185). „Widerrechtlich ist auch die Verletzung des Rechtes aus einem Schuldverhältnisse. Aber wie aus einem solchen nur ein Recht gegen den Schuldner entsteht, so kann auch nur der Schuldner einer Verletzung dieses Rechtes sich schuldig machen. Diese Rechtsverletzung ist überhaupt nicht Gegenstand der Vorschriften über die Schuldverhältnisse aus unerlaubten Handlungen." (Mot II 727). Diese **Relativität der vertraglichen Schuldverhältnisse**, also die Beschränkung ihrer Verpflichtungswirkungen auf das Verhältnis der Vertragsschließenden, ist **Grundlage der Wettbewerbsfreiheit** zwischen den Privatrechtssubjekten (KRASSER, Der Schutz vertraglicher Rechte gegen Eingriffe Dritter 298 ff; VYGEN, Die Verleitung zum Vertragsbruch im anglo-amerikanischen und deutschen Recht 129 f). In diesem Zusammenhang erscheint der Kampf um die Vertragspartner des Konkurrenten als ein zentraler Bestandteil des Wettbewerbs. Daher verleiht die Rechtsordnung überall dort, wo sie den Wettbewerb zugunsten eines Rechtsträgers ausschließen will, nicht relative, sondern absolute Rechte (vgl etwa MÖSCHEL, Recht der Wettbewerbsbeschränkungen [1983] Rn 445 ff zur wettbewerbsrechtlichen Kritik der gewerblichen Schutzrechte). Der Inhaber eines relativen Rechtes kann folglich Dritte nicht ausschließen, und sein außerhalb des Vertragsverhältnisses stehender Konkurrent braucht die eigenen Interessen an einem Leistungsaustausch nicht der vertraglichen Bindungswirkung unterzuordnen (BGH NJW 1981, 2184, 2185; NJW 1994, 128, 129). Die **Rechtsprechung** faßt dieses Prinzip indes **wie ein Haftungsprivileg** auf, das – entsprechend der Zwecksetzung des § 826 BGB – zu Lasten des Vorsatztäters durchbrochen werden müsse, wenn die „Berufung auf die relative Bindungswirkung der Verträge als mißbräuchliches Einspannen der Rechtsordnung für die eigenen Interessen erscheint" (BGH JZ 1996, 416, 418 mAnm MAYER-MALY und Nachweis der eigenen Judikatur). Wird jedoch die Verpflichtungswirkung relativer Rechte auf Dritte erstreckt – wie bspw beim Schutz der inhaltsbindenden Vertriebszentrale gegenüber Außenseitern –, ist unmittelbare Folge dieser „verdinglichenden" Wirkung eine Beeinträchtigung der Wettbewerbsfreiheit (vgl nur SOERGEL/HÖNN/DÖNNEWEG Rn 132).

226 Die **Kritik** weist zu Recht darauf hin, daß in den Fällen des Einbruchs in eine fremde Vertragsbeziehung die Voraussetzungen eines Rechtsmißbrauchs, wie ihn der Bundesgerichtshof zur Begründung heranzieht (vgl gerade oben Rn 225), nicht vorliegen. Begrifflich setzt der Rechtsmißbrauch bereits voraus, daß der Täter eine ihm zustehende Rechtsposition in sittenwidriger Weise ausübt; im Hinblick auf den Vertragsbruch kann davon jedoch aus Sicht des Dritten keine Rede sein, weil ihm nie ein Recht zustand, dessen Ausübung als mißbräuchlich angesehen werden könnte (MAYER-MALY JZ 1996, 419). Stärkere Bedenken weckt die Überlegung, der Eingriff in die fremde Vertragsbeziehung komme zwar nicht allein, wohl aber im Zusammen-

hang mit anderen Faktoren zur Begründung des Sittenwidrigkeitsverdiktes in Betracht. Denn in der Konsequenz dieser Überlegung wird der Dritte doch und entgegen dem zentralen Ordnungsprinzip des Schuldrechtes zum Adressaten der nur relativ wirkenden vertraglichen Pflichten; zwar *begründet* nach dieser Sichtweise das zwischen zwei Personen bestehende Vertragsverhältnis nicht unmittelbar das Sittenverdikt, es *erleichtert* jedoch seine Begründung im Zusammenhang mit anderen Tatumständen und wirkt damit doch pflichtenbegründend. Richtiger Auffassung nach kann daher das Urteil über den Sittenverstoß nur aus dem **Verhalten des Dritten** *anläßlich* eines Vertragsbruchs begründet werden (Plassmann JZ 1962, 463, 467; JZ 1963, 273, 274; Koziol, Der Schutz vertraglicher Rechte gegen Eingriffe Dritter 68; Friedrich AcP 178 [1978], 468, 479 spricht von einem „Vertrags*ein*bruch"; ähnlich auch Löwisch, Deliktsschutz relativer Rechte 139, der allerdings von anderen Prämissen ausgehend zu einem unterschiedlichen Ergebnis gelangt). Denn der Vertrag begründet gegenüber dem Außenstehenden auch nicht eine teilweise, das Sittenwidrigkeitsverdikt mitbegründende Verpflichtungswirkung. Allein entscheidend ist daher das Verhalten des Täters selbst und die Frage, ob dieses Verhaltenspflichten verletzt, deren Einhaltung eine oder beide Vertragsparteien berechtigterweise erwarten dürfen. Daß der Dritte faktisch die Erfüllung vertraglicher Pflichten unmöglich macht, muß hingegen als eigenständiger, das Sittenwidrigkeitsverdikt mitbegründender Umstand außer Betracht bleiben.

b)   Verleitung zum Vertragsbruch

Nicht der Vertragsbruch des vertragsfremden Dritten begründet das Sittenwidrig- **227** keitsurteil, sondern sein *bei Gelegenheit* des Vertragsbruchs gezeigtes Verhalten (vgl gerade oben Rn 226). Dies zeigt sich praktisch an der Rechtsprechung zur Sittenwidrigkeit einer **Verleitung zum Vertragsbruch**. Die **hM** verfährt insoweit konsequent: Nicht einmal die von einem Dritten verübte Anstiftung des Schuldners zum Vertragsbruch iSd § 26 StGB soll den Vorwurf der Sittenwidrigkeit begründen; der Schuldner muß vielmehr durch **Drohungen** aus dem alten Vertrag hinaus- und in den neuen hineingedrängt werden (BGH WM 1970, 245, 246; Deutsch JZ 1973, 585, 586). Entsprechend ist auch die **bloße Mitwirkung** am fremden Vertragsbruch grundsätzlich nicht sittenwidrig (BGH NJW 1992, 2152, 2153), sondern es bedarf etwa besonderer Verlockungen wie der **Übernahme von Vertragsstrafen** wegen Vertragsbruchs durch den Dritten oder der **Erfüllung von Regreßansprüchen**, denen der untreue Schuldner ausgesetzt ist (RGZ 108, 58; JW 1931, 2238; BGH NJW 1981, 2186). Sittenwidrig kann auch die Anstiftung zur **Verletzung einer besonderen Treuepflicht** sein, die den Tatbestand des § 266 StGB verwirklicht (BGHZ 12, 308, 320). Demgegenüber können **berechtigte Interessen** selbst den zielgerichteten Eingriff in eine fremde Vertragsbeziehung als unbedenklich erscheinen lassen: Macht eine Bank die weitere Zusammenarbeit mit ihrem hochverschuldeten Kunden davon abhängig, daß dieser den Vertrag mit seinem Steuerberater beendet, weil letzterer sich zuvor einige Fehler geleistet hat, liegt darin zu Recht kein Vertragsbruch (OLG Stuttgart ZIP 1997, 235).

Bezeichnenderweise reicht es beim **Doppelverkauf** einer Sache nicht aus, daß der **228** Dritte die Bereitschaft des Verkäufers zum Abschluß eines zweiten Kaufvertrages nur ausnutzt (RGZ 103, 419, 421; BGHZ 12, 308; NJW 1981, 2184, 2185; OLG Thüringen, Urteil, Az 8 U 407/85 – JURIS). Die Sittenwidrigkeit kann aber daraus folgen, daß der Zweitkäufer zur Schädigung des Vertragsgläubigers besonders motiviert ist (RG JW 1925, 1752; SeuffA 79, Nr 139). Das gleiche gilt, wenn besondere Treuepflichten verletzt sind (BGHZ 12, 308, 318 ff; vgl auch RG KonkTreuh 129, 105), also wenn der Täter zum Erwerb einer bestimmten Sache durch das Opfer beauftragt wurde, die Sache aber nach Erwerb an einen Dritten übereignet (RG KonkTreuh 129, 105). Unerheblich ist es bei der Beurteilung der Sittenwidrigkeit hingegen, ob der Zweitkäufer einen höheren Preis anbietet (aA wohl BGH WM 1981, 624, 625). Ein evtl Schadensersatzanspruch richtet sich unmittelbar gegen den Zweitkäufer (RGZ 108, 58; DUBISCHAR JuS 1970, 6, 8) und kann auf **Herausgabe der Kaufsache** gerichtet sein (RGZ 108, 58; RG JW 1926, 986, 987). Entsprechend dieser Grundsätze ist auch der **Erwerb eines Zurückbehaltungsrechtes** an der dem Dritten versprochenen Sache nicht per se sittenwidrig (RGZ 83, 237).

229 Besteht zwischen dem Dritten und der durch Vertragsbruch geschädigten Vertragspartei ein **Wettbewerbsverhältnis**, so stellt die Praxis **geringere Anforderungen** an die Verleitung zum Vertragsbruch (vgl BAUMBACH/HEFERMEHL § 1 UWG, Rn 762, 698; GUMPERT BB 1955, 964; HERRMANN GRUR 1955, 21). Es genügt dann, daß der Dritte bewußt auf den Vertragsbruch hinwirkt (RG GRUR 1939, 562, 566); auch braucht das Verleiten **nicht kausal** für den Tatentschluß des Schuldners zum Vertragsbruch zu sein (BGH GRUR 1956, 273, 274 – Drahtverschluß; GRUR 1969, 474 – Bierbezug I).

230 Diese begriffliche Ausweitung geht historisch auf die Judikatur zum **Schutz von Inhalts- und Ausschließlichkeitsbindungen** (Preis- und Vertriebsbindungssystemen) gegenüber Außenseitern zurück (vgl etwa die Entscheidungen RGZ 148, 364; GRUR 1939, 562). Außenseiter fügen dem Prinzipal dadurch Schaden zu, daß sie dessen gebundene Absatzmittler zum vertragswidrigen Verkauf der Ware überreden, um durch freien Verkauf die Marktbearbeitungsstrategien des Prinzipals zum eigenen Vorteil zu durchkreuzen. In solchen Konstellationen führt vermeintlich bereits die **Ausnutzung des Vertragsbruchs** durch den gebundenen Agenten zu einem Vorsprung im Wettbewerb und damit zu einem Sittenverstoß. So begründet auch heute bereits die einfache Ausnutzung einer Verletzung von Inhalts- (§ 16 GWB) oder Ausschließlichkeitsbindungen (§ 18 GWB) tendenziell den Sittenwidrigkeitsvorwurf (BGHZ 37, 30, 34 – Selbstbedienungsgroßhändler; BGHZ 40, 135, 139 – Trockenrasierer II; GRUR 1957, 219, 221 – Bierbezugsvertrag/Westenberg; vgl auch zur Verletzung eines verlagsrechtlichen Wettbewerbsverbotes GRUR 1973, 426, 428 – Medizin-Duden). Diese Entwicklung ist letzlich nicht aus den verwendeten Begriffen (Verleiten, Ausnutzen) zu erklären, die ohnehin in praktischen Fällen kaum voneinander abzugrenzen sind (dazu SEMLER GRUR 1983, 625), sondern allein aus der wirtschaftspolitischen Grundsatzentscheidung des Gesetzgebers über die Zulassung von Vertriebs- und Inhaltsbindungen (vgl §§ 16, 18 – 21 GWB; BAUMBACH/HEFERMEHL § 1 UWG Rn 765). Ob man dieser gesetzgeberischen Entscheidung aber durch einen so weitgreifenden deliktischen Schutz Rechnung tragen muß, bleibt weiterhin eine offene Frage (ähnlich SOERGEL/HÖNN/DÖNNEWEG Rn 132). Vgl schließlich zum Fall eines Vertragsbruchs durch Nichtmitwirkung eines Dritten bei der **Übernahme einer Bezugsbindung eines Unternehmen durch seinen Rechtsnachfolger** (Thüringisches OLG OLG Rep Jena 1997, 48).

231 Außerhalb der Verletzung von Inhalts- und Ausschließlichkeitsbindungen ist auch im Wettbewerbsrecht die **Ausnutzung fremden Vertragsbruchs** unter Sittengesichtspunkten **unbedenklich** (BGH GRUR 1956, 273, 275 – Drahtverschluß; GRUR 1962, 426, 427 – Selbstbedienungsgroßhandel). Die Rechtsentwicklung hat jedoch auch hier gezeigt, daß die begriffliche Abgrenzung von Verleitung und Ausnutzung häufig die eigentlichen lauterkeitsrechtlichen Wertungen überlagert: Im Einzelfall resultiert der Sittenverstoß dann nicht auf einer Verletzung des pacta sunt servanda, sondern auf der

Verschaffung unlauterer Wettbewerbsvorsprünge, der Ausspähung und Ausbeutung fremder Leistungen oder der Durchbrechung enger Vertrauensverhältnisse usw (dazu mN der Kasuistik Semler GRUR 1983, 625, 626).

Dieselben Grundsätze gelten für die **Bestimmung zur ordnungsgemäßen Auflösung des** 232 **Vertrages.** Zu Recht sieht die Praxis darin **idR keinen Sittenverstoß** (dazu Piper GRUR 1990, 643, 644 f); denn der Teilnehmer am Wettbewerb hat keinen Anspruch auf bestimmte Marktpartner, sondern muß mit deren Kündigung rechnen. Auch hier kann das Sittenwidrigkeitsverdikt also nicht auf der Verhinderung eines fortdauernden vertraglichen Leistungsaustausches gründen, sondern nur auf einem eigenständigen Verstoß bei Gelegenheit dieser Störung. Dies wurde für **Fälle** entschieden, in denen der Dritte irreführende Behauptungen aufgestellt (BGH GRUR 1988, 764, 566 f – Krankenkassen-Fragebogen), bezugnehmende unfaire Werbung zu Lasten des Konkurrenten betrieben (OLG Köln WRP 1985, 233, 234), wettbewerbswidrig durch Hausbesuche bei den Kunden geworben hatte (BGH NJW 1970, 1738), bzw auch dann, wenn der Abwerbeaktion eine unlauter beschaffte Kundenliste des Konkurrenten zugrunde lag (BGH GRUR 1963, 197, 201 – Zahnprothesen-Pflegemittel). Vgl auch zur **Befugnis des Dritten, ausnahmsweise auf eine vorzeitige Vertragsbeendigung hinzuwirken** (OLG Stuttgart ZIP 1997, 235: Bank verlangt von hochverschuldetem Kunden, daß er Vertragsbeziehung mit unfähigem Steuerberater beendet).

Abzulehnen ist hingegen die **Lehre vom effizienten Vertragsbruch** (Schäfer/Ott, Lehr- 233 buch der ökonomischen Analyse des Rechts [1978] 266 ff; Finsinger/Simon KritV 1987, 262 ff; vgl auch Brüggemeier ZHR 152 [1988] 514, 515, Fußn 20). Danach soll eine sittenwidrige Verleitung zum Vertragsbruch immer dann ausscheiden, wenn die vertragliche Leistung beim Dritten (dem „Störer") einer (ökonomisch) effizienteren Verwendung zugeführt wird. Zwar mag aus ökonomischer Perspektive ein Vertragsbruch die Güterallokation im Einzelfall optimieren; dies bedeutet indes nicht, daß sich das Recht diese an ökonomischer Effizienz orientierte Perspektive zu eigen machen muß: Daß man den Vertragsbruch ökonomisch *analysieren* kann, bedeutet nämlich nicht, daß man ihn auch nach ökonomischen Kriterien bewerten muß (dazu Oechsler, Gerechtigkeit im modernen Austauschvertrag [1997] 133 ff).

c) Abwerbung und Bestechung von Arbeitnehmern
Entsprechend den bereits dargestellten Grundsätzen (oben Rn 227 ff) ist auch das 234 Abwerben von Arbeitnehmern als solches nicht sittenwidrig (BGH DB 1961, 1308; DB 1962, 1700; DB 1966, 231; NJW 1966, 689; DB 1968, 39; LM Nr 26a zu § 826 [Gd]). Die Praxis steht auch hier auf dem Standpunkt, daß zur Begründung des Sittenwidrigkeitsverdiktes besondere Umstände hinzutreten müßten (vgl die vorgenannten Entscheidungen). Tatsächlich ist aber der Dritte in keinem Fall Adressat der Pflichten aus dem Arbeitsvertrag. Diese gelten vielmehr nur inter partes und gerade nicht gegenüber Dritten, und daran ändert sich nichts, wenn besondere Umstände hinzutreten. Richtiger Ansicht nach gründet daher der Vorwurf der Sittenwidrigkeit in den Fällen der Abwerbung auf einem eigenständigen Verstoß bei Gelegenheit eines Vertragsbruchs. Daß es auf den *Bruch* des Dienst- oder Arbeitsvertrages nicht ankommt, zeigt sich bereits daran, daß auch eine **Verleitung zur ordnungsgemäßen Kündigung** dann sittenwidrig sein kann, wenn der Dritte den Arbeitnehmer uneingeladen zu Hause aufsucht (LAG Düsseldorf DB 1961, 1394; OLG Celle DB 1961, 507), anläßlich der Anwerbemaßnahmen die betriebliche Sphäre des Arbeitgebers verletzt (OLG Düssel-

dorf GRUR 1961, 92) oder die Entscheidung des Arbeitnehmers durch persönlich gehaltene Anschreiben beeinflussen will (LG Hamburg NJW 1973, 2302; vgl zur Beeinflussung auch BGH DB 1968, 39). Andererseits ist **bestimmten Personenkreisen** von vornherein *jede* Abwerbung von Arbeitskräften untersagt, weil ihnen andernfalls die **Verletzung einer besonderen Treuepflicht** gegenüber dem Arbeitgeber vorzuwerfen ist: Dies trifft auf Angestellte wegen ihrer arbeitsrechtlichen Treuepflicht zu (LAG Saarbrücken DB 1965, 518), aber auch auf Gesellschafter im Hinblick auf die Beschäftigten ihrer Gesellschaft (BGH DB 1968, 39), wobei sich auch im Vorvertragsstadium künftige Gesellschafter nicht ohne weiteres ihre Arbeitskräfte gegenseitig abwerben dürfen (BGH DB 1961, 1308). Sittenwidrig ist auch die Behinderung oder Ausbeutung von Konkurrenten im Wettbewerb durch **planmäßige Abwerbung** ihrer Arbeitskräfte und Überleitung des damit verbundenen Know Hows (BGH DB 1966, 231; DB 1968, 39; OLG Thüringen OLG-NL 1997, 115).

235 Gegenüber dem Dritten kann der alte Arbeitgeber ein **vorübergehendes Beschäftigungsverbot** im Wege der auf § 826 BGB gestützten Unterlassungsklage gegenüber dem neuen Arbeitgeber durchsetzen (BGH DB 1961, 1308; GRUR 1971, 358; GRUR 1976, 306; OLG Celle DB 1960, 295; OLG Thüringen OLG-NL 1997, 115). Die Verbotsdauer hängt von dem wettbewerblichen Vorsprung ab, den der neue Arbeitgeber andernfalls auf Kosten des alten erzielen würde (BGH DB 1961, 1308). Ein solches Verbot kommt daher dann nicht in Betracht, wenn zwischenzeitlich keine Konkurrenzsituation zwischen altem und neuem Arbeitgeber besteht, weil sich der Zuschnitt ihrer werbenden Tätigkeiten erheblich verändert hat (BGH GRUR 1976, 306). Das Verbot kann regelmäßig **nicht durch einstweilige Verfügung** durchgesetzt werden, weil insoweit eine Vorwegnahme der Hauptsache zu besorgen ist (OLG Celle DB 1960, 295). Wenig überzeugend sieht die Praxis keinen Anspruch auf Entlassung des bereits vertraglich beschäftigten Arbeitnehmers. Ihre Argumentation, im Wege eines Unterlassungsanspruchs könne der alte Arbeitgeber sich nur gegen *weitere* Ausnutzungen der Störungslage wenden, nicht aber die Aufhebung der Störungs*quelle* verlangen, vermag kaum zu überzeugen (OLG Celle DB 1960, 295). Gegenüber dem untreuen Arbeitnehmer kann der Arbeitgeber **Wiederaufnahme der Arbeitstätigkeit**, auch im Wege der einstweiligen Verfügung verlangen (LAG Frankfurt/M BB 1961, 678), diese aber wegen § 888 Abs 2 ZPO nicht durchsetzen (vgl statt aller LÜKE, in: FS Wolf 459). Dies gilt indes nicht, wenn der Arbeitnehmer sich ordnungsgemäß vom Arbeitsverhältnis gelöst hat (OLG Celle BB 1960, 290). Einen besonderen Schadensersatzanspruch gewährt schließlich § **124b GewO** (zu diesem FRIEDRICH AcP 178 [1978] 468, 471 ff).

236 Die **Bestechung** von Angestellten im geschäftlichen Verkehr zu Zwecken des Wettbewerbs wird nach §§ 299 f StGB (vormals § 12 UWG) bestraft. Gegenüber den Schadensersatzansprüchen nach §§ 13 Abs 6 UWG, 823 Abs 2 BGB hat § 826 nur noch **außerhalb des Wettbewerbs** Bedeutung. Die damit verfolgten Schutzzwecke sind vielfältig: Die Bestechung kann auf Bevorzugung des Dritten durch die Angestellten beim Abschluß von Verträgen oder bei der Vergabe von Aufträgen zielen (RGZ 136, 359; RGZ 161, 229, 233; RGZ 169, 98; BGH NJW 1962, 1099; BAG NJW 1961, 2036); sie dient jedoch uU auch der Ausspähung betriebsinterner Vorgänge (OLG Hamburg BB 1964, 193). Der Arbeitgeber kann die Bestechungsmittel nach § 687 Abs 2 iVm §§ 681, 667 BGB (BAG GRUR 1962, 320) aber auch über den Schadensersatzanspruch nach § 826 BGB herausverlangen (**Abschöpfungsrecht**); denn im Schadensersatzprozeß spricht eine den **Anscheinsbeweis** tragende Erfahrungstatsache dafür, daß der Arbeitgeber

ohne die Bestechung die dem unredlichen Angestellten zugeflossenen Mittel als zusätzliche Gegenleistung vereinnahmt hätte (BGH NJW 1962, 1099, 1100; GRUR 1963, 320, 321; LAG Köln 6 Sa 713/95 – 16. 11. 1996 – JURIS; RGZ 161, 229, 232). Ebenso spricht ein Erfahrungssatz dafür, daß dem Arbeitgeber die Schmiergeldzahlung unbekannt blieb (RGZ 136, 359, 361).

d) Kollusives Handeln und Aushöhlung von Rechten

Sittenwidrig ist regelmäßig ein **planmäßiges, kollusives Zusammenwirken** zwischen der **237** vertragsbrüchigen Partei und dem Dritten zur Vereitelung von Rechten der anderen Vertragsseite (BGHZ 14, 313, 317; MDR 1966, 652; WM 1971, 855; FamRZ 1992, 1401, 1402; BAG ZIP 1997, 603; vgl etwa den Fall der Ausplünderung eines Grundstückes zu Lasten des Hypothekars: RG WarnR 1914, Nr 287; WarnR 1917 Nr 17).

Die **hM** treibt dabei jedoch gelegentlich den Schutz des **Warenlieferanten** und **Vorbe-** **238** **haltsverkäufers** gegenüber anderen Gläubigern zu weit. So begegnet etwa die Auffassung, es widerspreche redlicher Anschauung, wenn ein Drittgläubiger das „nähere Recht" des Verkäufers auf das Kaufgeld dadurch vereitele, daß er Vorbehaltsware zwecks Befriedigung einer „sachfremden" Forderung an sich bringe (BGH NJW 1965, 249, 250). Sittenwidrig sei etwa das **arglistige Begründen einer Aufrechnungslage**, wenn der Drittgläubiger von einem finanzschwachen Vorbehaltskäufer die diesem gelieferte Vorbehaltsware bewußt käuflich erwerbe, um einerseits diesem gegenüber eine Aufrechnungslage zu schaffen und andererseits den Vorbehaltsverkäufer mit seiner Forderung ins Leere laufen zu lassen (BGH NJW 1957, 587, 588; ähnlich RG HRR 1935 Nr 1587; vgl auch zum sog **Aushöhlen fremder Rechte**: STAUDINGER/SCHÄFER[12] Rn 178 f; SOERGEL/ HÖNN/DÖNNEWEG Rn 136; MünchKomm/MERTENS Rn 134, allerdings einschränkend). Auch wenn ein Schuldner Drittgläubiger vor dem Warenlieferanten bevorzuge, könne er sittenwidrig handeln: Ein Kommittent hatte etwa die desolate Finanzlage seines Kommissionärs gekannt und dennoch die Mittel zur Erfüllung des ausgeführten Drittgeschäftes auf dessen Bankkonto überwiesen, wohlwissend, daß sich dort die Bank aus dem Guthaben befriedigen und die andere Vertragspartei, mit der der Kommissionär kontrahiert hatte, leer ausgehen würde (BGH NJW 1969, 249, 251).

Kritik: Diese **hM ist abzulehnen.** Sie führt nämlich über den Umweg der Unrechts- **239** haftung eine dingliche, weil gegenüber Drittgläubigern wirkende **Vorzugsstellung des Warenlieferanten** ein, die an das französische privilège du vendeur gemahnt (Art 2102 4 Code Civil; vgl dazu HÜBNER ZIP 1980, 825). Das deutsche Recht kennt indes **kein Privileg des Warenlieferanten** gegenüber anderen Gläubigern. In anderem Zusammenhang und ohne Auseinandersetzung mit dieser Judikatur hat der Bundesgerichtshof überzeugend klargestellt, daß der Kreditgläubiger, der einen bestimmten Erzeugungsvorgang finanziert, beim Sicherungs- oder Vollstreckungszugriff auf die erzeugte Sache kein Vorrecht gegenüber sonstigen Gläubigern genießt (BGH NJW 1965, 249, 250). Anerkannt ist ebenfalls, daß neben dem Warenlieferanten auch andere Gläubiger an der gelieferten Ware Sicherheiten erwerben können (vgl auch BGH WM 1956, 1517; WM 1958, 249, 252). Die hM steht im Widerspruch zu diesen anerkannten Rechtsprinzipien.

e) Vertragsbruch unter Ausnutzung abstrakter Rechtspositionen*

240 Anläßlich eines Vertragsbruchs markiert die **Ausnutzung abstrakter Rechtspositionen** einen Sonderfall sittenwidrigen Verhaltens. Abstrakte Rechte sind regelmäßig aus Gründen des Verkehrsschutzes dem gutgläubigen einredefreien Erwerb zugänglich und eröffnen so dem Vorsatztäter die Möglichkeit, dem Opfer im Wege der rechtsgeschäftlichen Übertragung an einen gutgläubigen Dritten Einreden abzuschneiden. Wenig problematisch ist dabei, daß der Vorsatztäter auf Schadensersatz in Anspruch genommen werden kann. Fraglich ist indes, ob **der vom Mißbrauch der abstrakten Rechtsbefugnis profitierende Dritte** vom Opfer zur Verantwortung gezogen werden kann. Hier gilt das zur Vertragsbruchsdogmatik Gesagte (oben Rn 225, 227 ff): Der Dritte ist nicht wegen eines Bruchs des zwischen den Parteien bestehenden Vertrages verantwortlich, sondern für sein Verhalten, das er bei Gelegenheit dieses Vertragsbruches gezeigt hat.

aa) Mißbrauch der Vertretungsmacht und mißbräuchliches Überschreiten treuhänderischer Bindungen

241 Ein **Vertreter**, der seine Bindungen im Innenverhältnis zum Vertretenen überschreitet, handelt sittenwidrig (RGZ 108, 405, 407 f; HRR 1929 Nr 1730; HRR 1933 Nr 277). Dem anderen Vertragspartner fällt nach den allgemeinen Grundsätzen der Vertragsbruchsdogmatik (oben Rn 227 ff) ein Sittenverstoß nicht schon dann zur Last, wenn er den Mißbrauch der Vertretungsmacht nur ausnutzt. Erforderlich ist regelmäßig **kollusives Zusammenwirken** mit dem illoyalen Vertreter (RGZ 130, 131, 142; RGZ 136, 359, 360; RGZ 145, 311, 315; BGH NJW 1954, 1159; NJW 1962, 1099; NJW 1968, 1471). **Problematisch**, weil vom Erfordernis des Schädigungsvorsatzes abrückend, erscheint die Überlegung, der Dritte hafte wegen seiner **Leichtfertigkeit** oder **Gewissenlosigkeit**, weil sich ihm der Mißbrauch nach Lage der Einzelumstände geradezu aufgedrängt habe und er deshalb Nachforschungen hätte anstellen müssen (BGHZ 50, 112, 141; NJW 1966, 1911; vgl auch RGZ 145, 311, 314). Das Sich-Aufdrängen der fehlenden Vertretungs- oder Verfügungsmacht kann im Prozeß als tatsächliches Indiz für den Schädigungsvorsatz zwar einen einschlägigen Anscheinsbeweis tragen, nicht aber das Vorsatzerfordernis selbst ersetzen (oben Rn 96 ff). Ferner muß unterschieden werden zwischen der Frage nach der Wirksamkeit der Vertretung auf der einen Seite und nach den Voraussetzungen des § 826 BGB auf der anderen: Daß das Opfer bei grob fahrlässigem Verhalten der Gegenseite gegenüber dieser nicht wirksam vertreten wird, mag möglicherweise aus einem allgemeinen Gerechtigkeitsgedanken heraus begründbar sein (vgl dazu HECKELMANN JZ 1970, 62); § 826 BGB setzt indes Schädigungsvorsatz voraus, dh zumindest *Wissen* um die konkrete Schädigungsmöglichkeit. Deshalb resultiert die Unwirksamkeit der Vollmacht in den Fällen fahrlässig unterlassener Nachforschung nicht auf einer exceptio doli nach § 826 BGB (so aber RGZ 145, 311, 315), sondern auf einem Leistungsverweigerungsrecht nach § 242 BGB (BGH NJW 1966, 1911; BGHZ 50, 112).

242 Die bloße Ausnutzung eines Vertragsbruchs durch Dritte begründet auch bei **Treu-**

---

* **Schrifttum**: CANARIS, Verlängerter Eigentumsvorbehalt und Forderungseinzug durch Banken, NJW 1981, 249; MUSCHELER, Verlängerter Eigentumsvorbehalt und Wechseldiskont, NJW 1981, 657; WANK, Mißbrauch der Treuhandstellung und der Vertretungsmacht, JuS 1979, 402; SCHLOSSER, Auswirkungen verfügungshindernder Abreden bei der rechtsgeschäftlichen Treuhand, NJW 1970, 681.

handverhältnissen keine Schadensersatzpflicht wegen vorsätzlicher sittenwidriger Schädigung. Dies folgt sowohl für die Sicherungstreuhand als auch für die fremdnützige Verwaltungstreuhand aus **§ 137 BGB** (dazu BGH NJW 1968, 1471; WM 1977, 527; HUBER JZ 1968, 791; SCHLOSSER NJW 1970, 681; WANK JuS 1979, 402). Als Vollrechtsinhaber ist der Treuhänder nicht wegen seiner persönlichen Bindung gegenüber dem Treugeber an Verfügungen über das Treugut gehindert. Diese gesetzliche Wertentscheidung darf nicht dadurch unterlaufen werden, daß über § 826 BGB die bloße „Bösgläubigkeit" hinsichtlich eines Überschreitens der treuhänderischen Bindung mit Schadensersatz sanktioniert wird.

bb) Dingliche Rechte

Auch die Verfügung über dingliche Rechte eröffnet wegen ihrer Abstraktheit gegen- **243** über den zugrundeliegenden persönlichen Pflichten die Möglichkeit, die Rechte Dritter zu vereiteln (RGZ 88, 361; RGZ 90, 350; RGZ 91, 170). Dies zeigt sich etwa beim Erwerb einer Grundschuld, der darauf gerichtet ist, dem ursprünglichen Besteller persönliche Einreden abzuschneiden (RG Recht 1908, Nr 1968).

Ob die Übereignung von Grund- oder Wohnungseigentum in der Absicht, laufende **244** **Mietverträge** zu beenden, gegen § 826 BGB verstoßen kann (so prinzipiell das RG JW 1927, 1407; SeuffA 81 Nr 84), ist zumindest zweifelhaft. Nach § 564b Abs 2 BGB ist das Kündigungsrecht erheblich eingeschränkt und dort in Nr 2 Satz 2 – 4 ist zwischen dem Erwerbsinteresse des Wohnungseigentümers und dem Beharrungsinteresse des Mieters ein gesetzlicher Ausgleich geschaffen; soweit der Veräußerer und der Erwerber der vermieteten Immobilie diese gesetzlichen Schranken respektieren, kommt ein sittenwidriges Verhalten wohl nicht in Betracht.

cc) Wechsel

Auch bei der Wechselbegebung besteht die Möglichkeit des Ausschlusses persön- **245** licher Einwendungen nach Art 17 WG und der meisten nicht urkundlichen Gültigkeitseinwendungen gegenüber einem gutgläubigen Dritterwerber nach Art 10, 16 Abs 2 WG analog (**hM** vgl nur ZÖLLNER, Wertpapierrecht [14. Aufl 1987] § 21 IV 2). Sittenwidrig ist daher die Indossierung des Wechsels an einen Dritten mit dem Ziel der **Abschneidung von Einwendungen** des eigenen persönlichen Schuldners (RGZ 51, 357; Recht 1915, Nr 190; DJZ 1914, 1301); dem gutgläubigen Dritten kann der persönliche Schuldner dann nämlich nicht mehr entgegenhalten, daß das der Wechselbegebung zugrundeliegende persönliche Geschäft nicht zustandegekommen ist (vgl den Fall RGZ 56, 317, 321) oder daß aus ihm keine durchsetzbare Verbindlichkeit entstanden ist (zum Ehemäklerlohn insbesondere RG JW 1910, 578; Recht 1910, Nr 1951).

Sittenwidrig ist ggf auch die Ausnutzung der mit der Wechselbegebung verbundenen **246** **Beweislastumkehr**, wenn etwa durch Ziehung eines **Neppwechsels** dem Gast der Beweis über die Höhe der Zeche in einem Animierlokal aufgebürdet wird (zu diesem LG Hamburg WM 1973, 1427; KOHLHOSSER JuS 1977, 513 ff). Wegen Ausnutzung der besonderen Beweislage (vgl nur Art 16 Abs 1 WG) kommen auch Ansprüche **gegenüber einem bösgläubigen Dritterwerber** in Betracht. Dieser erwirbt zwar den Wechsel gem Art 10, 16 Abs 2 und 17 WG nicht einredefrei, hat aber im Prozeß gegenüber dem Bezogenen die bessere prozessuale Ausgangsposition und gefährdet gerade deshalb dessen Vermögen. Wer daher einen Wechsel in Kenntnis der Tatsache erwirbt, daß der Veräußerer bewußt gegen Pflichten aus dem Innenverhältnis verstößt (RG DJZ

1914, 1301; Recht 1915 Nr 189 und Nr 2170; RG LZ 1915, 1011), insbesondere die Vollmacht überschreitet (RG BankA 1926, 343) oder mißbraucht (Wechselbegebung durch Vorstandsmitglied einer Aktiengesellschaft für private Zwecke: RG JW 1931, 794), oder daß Einwendungen einer anderen Partei ausgeschlossen werden sollen (RG JW 1918, 42), handelt sittenwidrig.

247 Grundsätzlich **nicht sittenwidrig** ist das sog **Wechsel-Scheck-Verfahren** (BGH WM 1971, 954). Darin stellt der persönliche Schuldner zugunsten seines Gläubigers einen Scheck auf eine bezogene Bank aus. Im Gegenzug stellt der Gläubiger idR einen auf den Schuldner gezogenen, an eigene Order gerichteten Wechsel aus und versieht diesen mit einem Blankoindossament. Diesen Wechsel nimmt wiederum der Schuldner an und diskontiert ihn bei der im Scheck bezogenen Bank. Wirtschaftlich betrachtet handelt es sich dabei um einen Kredit des Gläubigers an den Schuldner, der davon profitiert, daß seine Forderung durch Einlösung des Schecks sofort beglichen wird, der dafür aber im Gegenzug als Aussteller nach Art 9 Abs 1 WG haftet. Gegen eine sittenwidrige Übervorteilung spricht, daß **das Risiko des Gläubigers** sich **nicht** gegenüber dem Fall **verändert**, daß der Gläubiger den vom Schuldner akzeptierten Wechsel selbst diskontiert (BGH WM 1983, 1406 und insbesondere OLG Hamm WM 1988, 547; WM 1995, 1618). Verfällt das Vermögen des Wechselbezogenen und persönlichen Schuldners, so kann sich der Aussteller und Gläubiger nicht darauf berufen, die diskontierende Bank habe die Bonität des Wechselbezogenen nicht ausreichend geprüft; denn diese **Prüfungspflicht** besteht nur im eigenen Interesse der Bank und **nicht zum Schutz des Ausstellers** (BGH WM 1971, 954, 955; OLG Hamm WM 1988, 491; WM 1995, 1618). Nach den Maßstäben der Praxis handelt die diskontierende Bank allerdings dann **sittenwidrig**, wenn sie bereits bei der Diskontierung des Wechsel wußte bzw wenn es sich ihr aufdrängen mußte, daß der Akzeptant mit ziemlicher Sicherheit bei Verfall nicht werde zahlen können und sie daher Rückgriff auf den Aussteller werde nehmen müssen (BGH WM 1977, 638; WM 1979, 272; WM 1983, 1406 allerdings einschränkend; OLG Hamm WM 1995, 1618; OLG Koblenz NJW-RR 1987, 40; OLG Düsseldorf ZIP 1980, 970). Dann verdient sie die Diskontzinsen von vornherein auf Kosten des Ausstellers, obwohl sie weiß, daß dieser im Innenverhältnis zum Bezogenen nicht für den Wechsel aufkommen soll. Sittenwidrig handelt die Bank auch dann, wenn sie zwar den Wechsel zum Diskont annimmt, den Scheck jedoch nicht einlöst, obwohl sie den Zusammenhang zwischen beiden kennt (OLG Hamm WM 1990, 538, 541).

248 Die Wechselbegebung gibt schließlich aus unterschiedlicher Zielrichtung Anlaß für **arglistige Täuschungen** (RG SeuffA 80, Nr 191; OLG Stuttgart SeuffA 82, Nr 171), die stets den Anwendungsbereich des § 826 BGB begründen (oben Rn 149 ff).

249 Bei **Fälschung der Unterschrift** auf dem Wechsel kann eine **Aufklärungspflicht** des Namensträgers gegenüber dem Inhaber bestehen, wenn der Inhaber ihm den Erwerb anzeigt (BGHZ 47, 110, 114; NJW 1963, 148, 150; WM 1969, 788). Dies gilt allerdings nicht, wenn zum Zeitpunkt der Erwerbsanzeige der Schaden des Wechselinhabers bereits eingetreten ist, weil dieser im Vertrauen auf die falsche Bonität die zum Wechselerwerb notwendige Gegenleistung verausgabt hat und der Zugriff auf den Fälscher mangels Kenntnis der Person praktisch nicht mehr möglich ist. In einem solchen Fall besteht kein schützenswertes Interesse des Inhabers an einer Aufklärung durch den Namensträger. So entsteht die Aufklärungspflicht nicht in jedem Fall (ähnlich RG JW 1928, 2433; vgl aber die schärfere Formulierung in BGHZ 47, 110, 114), sondern gerade dann,

wenn der Namensträger ein **schutzwürdiges Aufklärungsinteresse** des Inhabers erkennen kann. Dieses besteht bei Wiederholungsgefahr, also etwa dann, wenn der Namensträger mehrere Erwerbsanzeigen vom selben Inhaber empfängt und davon ausgehen muß, daß dieser fortwährend hintergangen wird (BGHZ 47, 110, 114; NJW 1963, 148, 150; WM 1969, 788). Sittenwidrig ist die Unterlassung der Aufklärung dann nicht, wenn der Fälscher dem Namensträger persönlich verbunden ist und der Namensträger aus seiner Sicht ausreichend dafür Sorge trägt, daß der Fälscher die Sache bereinigt (BGH LM Nr 1 WG zu Art 7 WG). Wie stets setzt das Sittenwidrigkeitsverdikt Kenntnis des Täters von den zugrundeliegenden tatsächlichen Umständen voraus; eine Haftung tritt also nicht ein, wenn der Namensträger den Fälschungsvorgang auf die Anzeige durch den Wechselinhaber hin nicht richtig durchschaut (RG JW 1928, 638). Bei einer **nachträglichen Fälschung des Wechseltextes**, insbesondere einer Erhöhung der Wechselsumme, muß ein Kenntnis erlangender Indossant seine Nachfolger ebenfalls aufklären, um nicht seinerseits aus § 826 BGB zu haften (RG Recht 1912, Nr 1299). Eine Haftung scheidet aus, wenn der Inhaber den in Ziffern ausgedrückten Betrag der Wechselsumme dem in Buchstaben ausgedrückten anpaßt (RG Recht 1918, Nr 703; vgl Art 6 Abs 1 WG).

In anderem systematischen Zusammenhang steht die Frage nach der Sittenwidrig- **250** keit in Fällen der **Kollision von verlängertem Eigentumsvorbehalt und Wechseldiskontgeschäft** (dazu BGH NJW 1979, 1704, 1705; CANARIS NJW 1981, 249, 256 und MUSCHELER NJW 1981, 657, 660). Erlangt ein Vorbehaltskäufer durch Weiterveräußerung der Vorbehaltsware einen Wechsel von seinem Kunden und reicht diesen bei seiner Bank zum Diskont ein, stellt sich die Frage, ob die diskontierende Bank sittenwidrig handelt, wenn sie vom verlängerten Eigentumsvorbehalt Kenntnis hat. Die Praxis wendet auf diese Fallgestaltungen zu Recht die Dogmatik des Vertragsbruchs (oben Rn 224 ff) an und sieht die Bank gegenüber dem Vorbehaltsverkäufer nur dann als verantwortlich an, wenn diese den Vorbehaltskäufer **durch Einsatz anstößiger Droh- oder Lockmittel zur Diskontierung** *verleitet* hat; das bloße Ausnutzen des vom Vorbehaltskäufer durch die Diskontierung begangenen Vertragsbruchs ist hingegen unschädlich (BGH NJW 1979, 1704, 1705). Der Vorbehaltsverkäufer kann sich dagegen durch antizipierte Zession der Wechselforderungen nach § 398 BGB und durch entsprechende Hinweise gegenüber der Hausbank seines Käufers schützen (so MUSCHELER NJW 1979, 1704, 1705; vgl darüber hinaus insbesondere CANARIS NJW 1981, 249, 256).

dd) Scheck
Die **Begebung ungedeckter Schecks** ist dann sittenwidrig, wenn der Aussteller für den **251** Zeitpunkt der Vorlage beim Bezogenen bewußt nicht für Deckung gesorgt hat (RG JW 1927, 892; JW 1927, 1366; SeuffA 81, Nr 71; WarnRspr 1927, Nr 30; WEIGERT JW 1927, 1366). Die zur Kreditbeschaffung erfolgende wechselseitige Begebung von Schecks, denen keine Warenumsätze zugrundeliegen (**Scheckreiterei, Scheckringverkehr**), ist sittenwidrig (RG SeuffA 88, Nr 145; BGH WM 1969, 334; WM 1970, 663), insbesondere wenn dadurch der Konkurs eines maroden Unternehmens verschleppt wird (BGH BB 1971, 326).

Die mit dem **Einzug abhandengekommener Schecks** betraute Bank kann dem Berech- **252** tigten haften, wenn ihr ein eigenständiger Sittenverstoß nach § 826 BGB zur Last fällt; eine Haftung aus Vertrag mit Schutzwirkungen für Dritte kommt hier nicht in Betracht (OLG Frankfurt/M ZIP 1996, 1898).

253 Bei der **Kollision zwischen Scheck und verlängertem Eigentumsvorbehalt** gilt das zum Wechsel Gesagte (oben Rn 250): Die Bank haftet nicht, wenn sie den Vertragsbruch nur ausnutzt, den der Inhaber durch Scheckeinlösung gegenüber dem Vorbehaltsverkäufer begeht. Sittenwidrig agiert sie nur, wenn sie den Inhaber durch anstößige Droh- oder Lockmittel zur Einlösung verleitet und ihn von der pflichtgemäßen Weiterleitung des Schecks an den Vorbehaltsverkäufer abbringt (BGH WM 1970, 900, 902). Im einzelnen bestehen jedoch Unstimmigkeiten. So wird die Bank in einigen Fallkonstellationen allein deshalb zur Verantwortung gezogen, weil sie weiß, daß der Inhaber den Scheck nicht bei ihr einlösen darf. So wurde etwa hinsichtlich solcher Schecks entschieden, die der Aussteller für die Prolongation eines Wechsels verwendet wissen wollte. In diesen Fällen ist die Einlösung sicherlich dann sittenwidrig, wenn die Bank selbst die Wechselprolongation gewünscht hat (BGH WM 1961, 1186). Es besteht aber keine allgemeine Pflicht, auf die Einlösung solcher Wechsel generell zu verzichten, weil der Inhaber überschuldet ist und der Scheckaussteller durch die strenge Wechselhaftung gefährdet wird (so aber BGH WM 1973, 674; WM 1975, 754; ihnen folgend etwa Soergel/Hönn/Dönneweg Rn 210). In diesen Fällen bricht der Scheckinhaber zwar seine persönliche Vereinbarung gegenüber dem Aussteller über den Verwendungszweck, die einlösende Bank aber nutzt diesen Vertragsbruch nur aus. Nach den Maßstäben der Vertragsbruchsdogmatik ist jedoch nur das *Verleiten* zum Vertragsbruch und nicht bereits das bloße Ausnutzen sittenwidrig (oben Rn 227 ff).

ee) Mißbräuchlicher Widerspruch im Lastschriftverfahren

254 Am Lastschriftverfahren in der Form des sog **Einziehungsermächtigungsverfahrens** (abgedruckt bei Canaris, Bankvertragsrecht [3. Aufl 1988] Rn 536) nimmt der Gläubiger auf eine generelle Ermächtigung seines Schuldners hin teil. Vor mißbräuchlicher Ausnutzung dieser Ermächtigung und insbesondere vor unberechtigten Abbuchungen auf seinem Konto wird der Schuldner dadurch geschützt, daß er jeder vom Gläubiger initiierten Abbuchung binnen sechs Wochen widersprechen kann. Die vergleichsweise lange Dauer dieser Frist lädt indes zum Mißbrauch ein; insbesondere kann durch Ausübung des Widerspruchs das zwischenzeitlich realisierte Konkursrisiko des Gläubigers auf dessen Bank (erste Inkassostelle, hier: Gläubigerbank) verlagert werden. Die Gläubigerbank schreibt nämlich den einzuziehenden Betrag regelmäßig dem Konto des Gläubigers vorläufig gut und trägt im Falle des nachträglichen Widerspruchs das Risiko der Rückerstattung (vgl BGHZ 74, 300; WM 1979, 830; WM 1979, 831; WM 1979, 994; NJW 1985, 847; BGHZ 101, 153; OLG Düsseldorf WM 1976, 935; OLG Hamburg WM 1978, 941; OLG Hamm WM 1984, 300; Canaris, Bankvertragsrecht [3. Aufl] Rn 604; Bauer WM 1981, 1197; Denck ZHR 144 [1980] 171; Sandberger JZ 1977, 277).

255 Die Grenze zwischen befugter und sittenwidriger Ausübung orientiert sich eng am **Schutzzweck des Widerspruchsrechts** (grundlegend BGHZ 74, 300, 305). Danach darf der Schuldner sich durch Ausübung des Rechts schützen. Dafür müssen indes **anerkennenswerte Gründe** vorliegen, die den Schuldner im Zeitpunkt der Mitteilung über die Abbuchung davon abgehalten hätten, nach Ablauf einer angemessenen Bedenkfrist eine Überweisung in Höhe des Abbuchungsbetrages zu veranlassen. Zulässig ist die Ausübung des Widerspruchs daher immer dann, wenn eine **Verbindlichkeit in Höhe der Abbuchung nicht bestand**, eine **Doppelzahlung** droht (Canaris Rn 606) oder der zugrundeliegenden Schuld Leistungsverweigerungs-, Zurückbehaltungsrechte oder Aufrechnungsmöglichkeiten des Schuldners entgegenstehen (BGHZ 74, 300, 305). Auch wenn der Gläubiger Vorschüsse für Leistungen einziehen will, die er nicht

mehr erbringen kann, darf sich der Schuldner durch Ausübung des Widerspruchs schützen (OLG Hamm WM 1995, 479). In diesen Fällen erleidet zwar die Gläubigerbank einen Schaden, weil sie der Schuldnerbank den eingezogenen Betrag wiedervergüten muß, selbst aber mit ihren Rückerstattungsansprüchen gegenüber dem Gläubiger ausfällt; in diesem Schaden realisiert sich indes nur das allgemeine von vornherein im Lastschriftverfahren angelegte Risiko (BGHZ 74, 300, 305 f).

Sittenwidrig handelt der Schuldner hingegen, wenn er den Widerspruch gezielt dazu **256** einsetzt, das Insolvenzrisiko des Gläubigers der Gläubigerbank aufzubürden. Dies trifft auf die Fälle zu, in denen die Abbuchung aufgrund der persönlichen Rechtsbeziehung zwischen Gläubiger und Schuldner materiell berechtigt, dem Schuldner jedoch wegen des aktuellen Vermögensverfalles des Gläubigers unangenehm ist (im Fall BGHZ 74, 300 konnte der Darlehensnehmer das Darlehen im Lastschriftverfahren abrufen; wenige Tage nach der berechtigten Abbuchung wurde jedoch Konkurs über das Vermögen des Darlehensnehmers eröffnet, was der Darlehensgeber zum Anlaß für einen Widerspruch gegen die Abbuchung nahm; vgl auch BGH WM 1979, 830, 831; WM 1979, 994, 995). Zwar nimmt die Gläubigerbank bei der Abwicklung des Zahlungsvorgangs vorübergehend das Konkursrisiko des Gläubigers auf sich; dies erfolgt jedoch aus abwicklungsbedingten, den Zahlungsverkehr ermöglichenden Gründen und nicht, um den Schuldner vom üblichen Konkursrisiko seines Vertragspartners freizustellen (ähnlich CANARIS Rn 604; BGHZ 74, 300, 308 f; WM 1979, 994). Die **Gegenansicht**, die der Gläubigerbank dieses Risiko weitgehend aufbürden will, weil sie aus dem Lastschriftverkehr auch strategische Vorteile ziehe (DENCK ZHR 144 [1980], 171, 180 ff, vgl aber die Einschränkung auf 185), geht zu pauschal über die besondere Zwecksetzung der Risikoübernahme durch die Gläubigerbank hinweg.

An dieser grundsätzlichen Beurteilung ändert sich auch nichts, wenn **über das Ver-** **257** **mögen des Schuldners Konkurs eröffnet** wird und dessen Konkursverwalter den Widerspruch ausübt, um die Masse für die übrigen Gläubiger zu vergrößern (OLG Hamm NJW 1985, 865, 866; H P WESTERMANN, in: FS Hübner [1984] 704; BUCK KTS 1980, 97, 100 mwN). Der Schuldner handelt auch dann sittenwidrig, wenn er – selbst von Vermögensverfall bedroht – den Widerspruch nur erklärt, um in Höhe des Lastschriftbetrages einen anderen Gläubiger in der Befriedigung zu bevorzugen (BGHZ 101, 153, 156). Auch im Falle der **Lastschriftreiterei** ist es sittenwidrig, durch Erklärung des Widerspruchs das einschlägige Risiko auf die Gläubigerbank zu verlagern (BGHZ 74, 309, 315).

Beim **Einzug treuhänderisch zedierter Forderungen** durch den Gläubiger im Wege des **258** Lastschriftverfahrens kommt es schließlich darauf an, ob der Gläubiger als Treuhänder den abgebuchten Betrag noch an den Treugeber auszahlen kann. Ist dies nicht der Fall, darf der Schuldner die Abbuchung widerrufen, um den Treugeber unmittelbar zu befriedigen (BGH WM 1979, 830, 831; WM 1979, 831, 833). Diese Voraussetzung mag im Einzelfall objektiv schwer feststellbar sein (deshalb will CANARIS Rn 607 auf den klar erkennbaren Zeitpunkt der Zahlungseinstellung abstellen). Darauf kommt es indes nicht an; denn sobald der Schuldner subjektiv redlich davon ausgehen darf, daß der Gläubiger den eingezogenen Betrag nicht an den Treugeber weiterführen wird, handelt er bei Ausübung des Widerspruchsrechtes nicht sittenwidrig, weil er über die objektiven Tatumstände irrt. Eine redliche, aber falsche Einschätzung der Vermögenslage des Gläubigers und Treuhänders begründet das Sittenverdikt daher nicht (vgl zum

Tatbestandsirrtum oben Rn 89). Durch Ausübung des Widerspruchsrechtes verlagert der Schuldner zwar das Konkursrisiko des Gläubigers vom Treugeber auf die Gläubigerbank. Der Schuldner ist jedoch nicht im Interesse der Gläubigerbank gezwungen, Behilfe zum Treuebruch des Gläubigers zu leisten (§ 266 StGB!). Trotz der Anmaßung einer Schiedsrichterrolle über die Verteilung des Konkursrisikos zwischen Treugeber und Gläubigerbank dürfte dem Schuldner in diesen Fällen idR kein Sittenverstoß vorzuwerfen sein (ähnlich CANARIS Rn 607).

259 Nach Auffassung der Praxis muß der Schuldner den Widerspruch **nach Ablauf einer angemessenen Überlegungsfrist** erklären (BGHZ 74, 300, 306; WM 1979, 830, 831; WM 1979, 831, 832; WM 1985, 82, 83 f). Begründet wird dies mit einem hypothetischen Vergleich zum Überweisungsverfahren, in dem sich der Auftraggeber spätestens dann festgelegt hat, wenn die Auftragnehmerin weisungsgemäß Dispositionen wie Gutschrift, Auszahlung usw trifft (dazu CANARIS Rn 354). Der Vergleichbarkeit beider Fälle steht nicht entgegen, daß das Lastschriftverfahren für Gläubiger und Gläubigerbank diverse strategische Vorteile mit sich bringt (so aber DENCK ZHR 144 [1980] 171, 180 ff). **Zweifel** bestehen auch an dem Argument, die Praxis behandele den Schuldner durch die Einführung der Überlegungsfrist im Vergleich zum Überweisungsverfahren schlechter (so CANARIS Rn 605). Beim Überweisungsverfahren initiiere ja der Schuldner den Zahlungsvorgang und habe es deshalb in der Hand, den Zahlungsvorgang – anders als bei einer vom Gläubiger veranlaßten Lastschrift – hinauszuschieben (CANARIS stellt deshalb darauf ab, ob der Schuldner ohne Vereinbarung des Lastschrifteinzuges im Zeitpunkt des Widerspruchs eine irreversible Barzahlung oder Überweisung getätigt hätte aaO Rn 605). Dennoch erscheint die Möglichkeit zeitlicher Verzögerung im Überweisungsverfahren kein Vorteil zu sein, der dem Schuldner auch im Lastschriftverfahren erhalten werden müßte; denn Verzögerungen sind, wenn sie den vertraglichen Vereinbarungen zuwiderlaufen, pflichtwidrig (vgl § 271 BGB), auch wenn sie ohne Mahnung rechtsfolgenlos bleiben (§ 284 Abs 1 Satz 1 BGB). Nach einer **weiteren Überlegung** soll es auf die Ausübung des Widerspruch innerhalb der von der Praxis gesetzten Bedenkzeit dann nicht ankommen, wenn der zugrundeliegenden Forderung **Einwendungen und Leistungsverweigerungsrechte** entgegenstehen; denn diese verhinderten regelmäßig den Eintritt des Verzuges bzw beseitigen dessen Folgen bei Ausübung (CANARIS Rn 605). Der Schuldner sei in diesen Fällen rechtlich nicht zu besonderer Eile gehalten. Dies kann jedoch nur im Verhältnis des Schuldners zum Gläubiger gelten; die besondere Brisanz des Widerspruchs liegt aber gerade darin, daß er zum Schaden Dritter, nämlich der Gläubigerbank, führen kann. Auch und gerade auf deren Rechte muß bei der Ausübung des Widerspruchs Rücksicht genommen werden. Der Schuldner darf sich daher für die Geltendmachung seiner Gegenrechte im Wege des Widerspruchs nicht volle sechs Wochen Zeit lassen, wenn die Gläubigerbank während dieser Zeit das Konkursrisiko des Gläubigers trägt. Fraglich ist allerdings, ob in Fällen eines nachlässig verzögerten, ansonsten sachlich gerechtfertigten Widerspruchs der für § 826 BGB erforderliche Schädigungsvorsatz zu bejahen ist.

260 Der **Schuldnerbank** (Zahlstelle) fällt ein Sittenverstoß nicht bereits bei Kenntnis der mißbräuchlichen Ausübung des Widerspruchs durch den Schuldner zur Last (BGHZ 74, 309, 312 f; CANARIS Rn 585). Daß sie auch in einem solchen Fall ihren Anspruch auf Wiedervergütung des Lastschriftbetrags gegenüber der Gläubigerbank behält, entspricht der allgemeinen **Vertragsbruchsdogmatik**, wonach das Ausnutzen eines Vertragsbruchs nicht sittenwidrig ist (oben Rn 224 ff, 227 ff). Anders liegen die Dinge indes bei **Anstiftung des Schuldners** zur mißbräuchlichen Ausübung des Widerspruchs (BGHZ 101, 153, 158), bei einer **Absprache mit dem Schuldner** über den Widerspruch und nachträglicher Hilfe bei der raschen Rückgängigmachung der Buchung (OLG Frankfurt/M ZIP 1996, 1824: §§ 826, 830 Abs 2 BGB) bzw auch bei **Duldung der Lastschrift-reiterei** (BGHZ 79, 309, 314 f).

Ein **Schaden** der Gläubigerbank entsteht nicht bei Verrechnung des gutgeschriebe- **261** nen Betrages auf dem debitorischen Konto des Schuldners (BGH WM 1979, 994, 995; OLG Hamburg WM 1978, 941, 943; CANARIS Rn 608). Bei der Schadensberechnung spielt ferner eine Rolle, ob die Bank sich aus der zugrundeliegenden persönlichen Forde-rung gegenüber dem Schuldner befriedigen kann, die ihr regelmäßig aufgrund entsprechender Vereinbarung in den AGB abgetreten wird (CANARIS Rn 608; vgl auch die zT weitergehenden Überlegungen von KREIFELS, Der Widerspruch des Lastschriftschuldners und seine mißbräuchliche Ausübung gegenüber der Gläubigerbank [1993] 138 ff). Nur ausnahms-weise dürfte der Gläubigerbank ein **Mitverschulden** nach § 254 BGB anzulasten sein, wenn sie etwa den Gläubiger leichtfertig zum Lastschriftverfahren zugelassen hatte oder wenn diesem vor Ablauf der Sechswochenfrist bereits die Verfügung über den gutgeschriebenen Betrag gestattet war und die Bank nicht auf angemessenen Sicher-heiten bestanden hat (so CANARIS Rn 610); denn § 254 BGB ist zu Lasten des Vorsatz-täters im Rahmen der Haftung nach § 826 BGB prinzipiell eingeschränkt (oben Rn 112 ff).

ff) Mißbrauch des Weisungswiderrufs im Kreditkartengeschäft

Durch Stellung von **Rückforderungsklauseln** behalten sich Kreditkartenunternehmen **262** idR das Recht vor, eine dem Vertragsunternehmen gutgeschriebene Zahlung wieder herauszuverlangen, wenn der Karteninhaber der entsprechenden Belastung auf sei-nem Deckungskonto widerspricht (STAUDINGER/MARTINEK [1995] § 675 Rn B 104 f; ders, Moderne Vertragstypen Bd 3 [1993] 103 ff). Hält man diese Klauseln für uneingeschränkt wirksam (so LG Heidelberg WM 1988, 773), woran allerdings erhebliche Zweifel beste-hen (so zu Recht STAUDINGER/MARTINEK [1995] § 675 Rn B 104 f; ders, Moderne Vertragstypen [Band 3] 105), so eröffnen sich aus Sicht des Karteninhabers sittenwidrige Mißbrauchs-möglichkeiten. So erwarb etwa eine Amerikanerin während ihres Urlaubs in Heidel-berg einen teuren Teppich, widersprach aber – nach Hause zurückgekehrt – der Belastung ihres Deckungskontos mit wenig glaubwürdigen Behauptungen (LG Hei-delberg WM 1988, 773). Angesichts des Aufwandes einer Rechtsverfolgung in den Vereinigten Staaten befreite der Widerspruch die Schuldnerin faktisch von ihrer Ver-bindlichkeit. Daß in solchen Fällen gegenüber dem Karteninhaber (auch) ein Schadensersatzanspruch nach § 826 BGB begründet ist, kann dem Geschädigten insoweit weiterhelfen, als für eine Klage aus Delikt andere internationale Zuständig-keiten bestehen und nach hM das deutsche Recht als Recht des Handlungs- und Erfolgsortes Anwendung findet.

Auch das **Kreditkartenunternehmen** kann jedoch nach § 826 BGB schadensersatz- **263** pflichtig sein, wenn es den zahlungsunfähigen Karteninhaber zum Widerspruch verleitet, um dessen Konkursrisiko dem Vertragsunternehmen aufzubürden. Hält man die Rückforderungsklausel nämlich für wirksam, müßte das Vertragsunterneh-men im Falle des Widerspruchs den ihm vom Kreditkartenunternehmen gutgeschrie-benen Betrag herausgeben und sich seinerseits an den zahlungsunfähigen Karteninhaber halten. Das Kreditkartenunternehmen könnte sich so durch Aufforderung des Karteninhabers zum Widerspruch des Insolvenzrisikos entledigen. Ähnlich wie im Lastschriftverfahren (oben Rn 254) dient der Widerspruch jedoch allein dem Schutz des Karteninhabers vor sachlich nicht berechtigter Inanspruchnahme durch das Vertragsunternehmen, nicht aber der nachträglichen Verteilung seines Insolvenzrisikos. Die Unterscheidung zwischen seiner rechtmäßigen und nicht rechtmäßigen Ausübung folgt daher den beim Lastschriftverfahren dargestellten Grundsätzen.

gg) Mißbräuchliches Ausnutzen von Garantien

264 Die **Garantie auf erstes Anfordern** stellt insbesondere sicher, daß der Begünstigte im Garantiefall innerhalb kürzester Zeit von einem kreditwürdigen Dritten (Bank) Ausgleich für eingetretene Schäden erhält (vCAEMMERER, in: FS Riese 295, 297; vgl auch HADDING/WELTER, in: Vorschläge zur Überarbeitung des Schuldrechts [Bd 3] 571, 686). Diese Wirkung setzt jedoch voraus, daß die Anforderung der Garantie allein von **formalen Voraussetzungen** abhängt, nicht aber vom Nachweis der tatsächlichen Voraussetzungen des Sicherungsfalls (dazu insbes RÜSSMANN/BRITZ WM 1995, 1825). Diese funktionsnotwendige Abkoppelung der Garantievoraussetzungen vom zugrundeliegenden Rechtsverhältnis und dem darin bestehenden materiellen Sicherungsbedarf kann mißbräuchlich ausgenutzt werden. Wer etwa eine solche Garantie einfordert, obwohl der Sicherungsfall bei materieller Betrachtung nicht eingetreten war, haftet dem Sicherungsgeber auf Schadensersatz, wenn dieser vom Garanten im Wege des Rückgriffs in Anspruch genommen wird (OLG München WM 1985, 189, 191). Etwas anderes gilt allerdings im Falle der **Rückgarantie** oder **Garantiekette**: Verlangt ein Sicherungsnehmer vom Sicherungsgeber eine Rückgarantie für den Fall, daß er selbst aus einer Garantie von Dritten in Anspruch genommen wird, darf er die Rückgarantie auch dann abrufen, wenn die Inanspruchnahme der ersten Garantie offensichtlich mißbräuchlich erfolgt. Denn der Zweck der Rückgarantie besteht in diesem Fall gerade darin, den Sicherungsnehmer von den Risiken (auch einer unberechtigten Inanspruchnahme) aus der Erstgarantie abzusichern (ähnlich wohl OLG München WM 1985, 189, 191; vgl auch die Entscheidung BGH WM 1984, 44, auf die das OLG München Bezug nimmt).

265 Probleme bereitet auch der **Einsatz der eurocheque-Garantie zur Schöpfung langfristiger Kredite** (BGHZ 64, 79; BGHZ 83, 28; HORN NJW 1974, 1481). Der Scheck ist seiner gesetzlichen Konzeption nach nämlich nicht zur Kreditschöpfung bestimmt (Art 4 ScheckG). Zwar liegt der Zweck der eurocheque-Garantie gerade in der Stärkung der Kreditwürdigkeit des Karteninhabers durch das garantierende Finanzinstitut (HORN NJW 1994, 1481, 1482); der so vermittelte Kredit soll aber nur kurzfristig den im Zahlungsverkehr entstehenden Sicherungsbedarf des Schecknehmers abdecken und nicht die Möglichkeit zur Aufnahme langfristiger Kredite vermitteln (BGHZ 64, 79, 84; BGHZ 88, 28, 34; HORN NJW 1974, 1481, 1482 f). Grundlage für die Beurteilung des einschlägigen Verhaltens ist die **Deckungspflicht** des Karteninhabers: Dieser darf die Garantieleistungen seines Kreditinstitutes nur in Anspruch nehmen, wenn er für deren Deckung im Zeitpunkt der Einlösung Sorge trägt (BGHZ 64, 79, 83; BGHZ 88, 28, 33; HORN NJW 1974, 1481, 1483 f). **Grundsätzlich** trifft den Schecknehmer indes **keine Pflicht zur Nachforschung**, ob der Karteninhaber für Deckung bei seiner Bank gesorgt hat, denn der Sinn der eurocheque-Garantie besteht ja gerade darin, den Schecknehmer von Sorgen um die Deckung freizustellen (BGHZ 64, 79, 83; HORN NJW 1974, 1481, 1484). Etwas anderes gilt nur dann, wenn die äußeren Umstände, insbesondere ungewöhnliche Gestaltungen Anlaß zu erhöhter Rücksichtnahme gegenüber den Interessen der garantierenden Bank geben (BGHZ 64, 79, 84; BGHZ 83, 28, 33: wenn etwa eine Vielzahl von Schecks über 300 DM begeben wurden; HORN NJW 1974, 1481, 1484 f). Die bloße Vordatierung des Schecks zwecks Hinauszögerung der Vorlegungsfrist bzw ein Datumsblankett allein rechtfertigen den Mißbrauchsverdacht jedoch nicht (BGHZ 64, 79, 82; HORN NJW 1974, 1481, 1482). Der Bank steht jedoch ein Leistungsverweigerungsrecht nach § 242 BGB zu, wenn der Schecknehmer sich **grob fahrlässig** der Mißbrauchsgefahr verschließt (BGHZ 67, 79, 83; BGHZ 83, 28, 33; aA HORN NJW 1974, 1481, 1484: analog Art 22 ScheckG nur Vorsatz). Die praktische Bedeutung des **§ 826 BGB** ist demgegenüber wegen des **Vorsatzerfordernisses** eher gering.

III. Gesellschafts- und Unternehmensrecht

1. Anspruch auf Aufnahme in den Verein, Ausschließung und Vertragsstrafe

a) Der Anspruch auf Aufnahme in Verein und Verband*
Der **Bundesgerichtshof** begründet einen Anspruch auf Aufnahme in einen Monopol- 266 verein oder -verband auf der Grundlage einer „an die Vorschrift des § 826 BGB und an die Tatbestandselemente des § 27 GWB angelehnte(n) Formel" (BGHZ 63, 282, 285 = NJW 1975, 771; BGHZ 93, 151, 154 = NJW 1985, 1216). Deren Voraussetzungen lassen Zweifel daran aufkommen, ob § 826 BGB noch als Anspruchsgrundlage in Betracht gezogen wird oder ob hier nicht ein eigener Rechtssatz entstanden ist, der inhaltlich lediglich auf die durch § 826 BGB eröffnete Möglichkeit des Kontrahierungszwangs Bezug nimmt (dazu unten Rn 429 ff). Die Formel besagt nämlich, „daß die Ablehnung der Aufnahme, auch wenn das vom Text der Satzung gedeckt wird, nicht zu einer – im Verhältnis zu bereits aufgenommenen Mitgliedern – sachlich nicht gerechtfertigten ungleichen Behandlung mit unbilliger Benachteiligung eines die Aufnahme beantragenden Bewerbers führen darf." (BGH aaO).

---

* **Schrifttum**: Vgl neben den bekannten Kommentaren: BARTODZIEJ, Ansprüche auf Mitgliedschaft in Vereinen und Verbänden, ZGR 1991, 517; BAECKER, Grenzen der Vereinsautonomie im deutschen Sportverbandswesen (1985); BEUTHIEN, Gesellschaftsrecht und Kartellrecht, DB 1978, 1625 und 1677; BIRK, Der Aufnahmezwang bei Vereinen und Verbänden, JZ 1972, 343; GRUNEWALD, Vereinsaufnahme und Kontrahierungszwang, AcP 182 (1982) 181; HACKL, Vertragsfreiheit und Kontrahierungszwang im österreichischen und deutschen Recht (1980); HADDING/VAN LOOK, Zur Ausschließung aus Vereinen des bürgerlichen Rechts, ZGR 1988, 270; HÄBERLE, Verbände als Gegenstände demokratischer Verfassungslehre, ZHR 145 (1981) 473; KAHN-FREUND, Rechtliche Garantien der innergewerkschaftlichen Demokratie, in: FG E Fraenke (1963) 335 ff; KÜTTNER, Aufnahmezwang für Gewerkschaf- ten?, NJW 1980, 968; VAN LOOK, Individualschutz im Vereinsrecht, WM 1994, 46; NICK-LISCH, Der verbandsrechtliche Aufnahmezwang und die Inhaltskontrolle satzungsmäßiger Aufnahmevoraussetzungen, JZ 1976, 105; REUTER, Pirvatrechtliche Schranken der Perpetuierung von Unternehmen (1973); ders, Anm zu BGH JZ 1985, 534, JZ 1985, 536; SCHOLZ, Koalitionsfreiheit als Verfassungsproblem (1971); SÄKKER/OETKER, Probleme der Repräsentation von Großvereinen (1986); SÄCKER/RANCKE, Verbandsgewalt, Vereinsautonomie und richterliche Inhaltskontrolle, ArbuR 1981, 1; STEINBECK, Der Anspruch auf Aufnahme in einen Verein – dargestellt am Beispiel der Sportverbände, WuW 1996, 91; TEUBNER, Organisationsdemokratie und Verbandsverfassung (1978); TRAUB, Verbandsautonomie und Diskriminierung, WRP 1985, 591.

Jürgen Oechsler

267 In der Sache geht es dabei um eine **Interessen- und Güterabwägung**, in die die berechtigten Interessen, auf deren Durchsetzung der Bewerber angewiesen ist, ebenso eingestellt werden wie die Bedeutung der mit der Mitgliedschaft verbundenen Rechte und Vorteile sowie die Ziele, die der Monopolverein mit der Aufnahmebeschränkung verfolgt. Eine besondere Rolle spielen dabei die **Grundrechte** des Aspiranten (OLG Celle FamRZ 1989, 50 Anm Beyrodt).

268 Anerkennenswerte **Vorteile**, die eine Vereinsaufnahme rechtfertigen können, sind etwa die faktisch stärkere Stellung des Organisierten und sein größeres Ansehen in der Öffentlichkeit (BGHZ 63, 282, 285 = NJW 1975, 771: anläßlich der Aufnahme in den Deutschen Sportbund); das Interesse an der Vertretung von Standesinteressen (BGH NJW 1980, 186); die Beteiligung an der Vergabe öffentlicher Mittel, die über einen zentralen Dachverband fließen bzw auf deren Vergabe dieser faktischen Einfluß nimmt (BGHZ 63, 282, 287 = NJW 1975, 771).

269 Ein **berechtigtes Interesse an der Aufnahmeverweigerung** wurde angenommen, wenn die berufsständischen Interessen im Wirkungsbereich des Anspruchsstellers durch einen zweiten Verband vertreten werden, in welchem er bereits Mitglied ist (BGH NJW 1980, 186: Rechtsanwaltsverein-Rechtsanwaltskammer) oder wenn ihm zugemutet werden kann, seine Interessen außerhalb des Verbandes zu vertreten (LG Münster MDR 1974, 310: Mieterverein). Die **Mitgliedschaft** in einer **gewerkschaftsfeindlich gesinnten Partei** ist Grund für die Aufnahmeverweigerung in die Gewerkschaft, es sei denn, der Aspirant sei aus der Partei ausgetreten und habe sich von deren Zielen glaubhaft abgewandt (BGHZ 93, 151, 154 = NJW 1985, 1216: KPD; NJW 1973, 35, 36: NPD-Abgeordneter). Auch zu erwartende **Störungen des Vereinsklimas** scheinen eine Ablehnung dann zu rechtfertigen, wenn der Aspirant tätliche Angriffe auf Vereinsmitglieder verübt oder schwere Beleidigungen begangen hat (BGHZ 93, 151, 154 f = NJW 1985, 1216; OLG Düsseldorf VersR 1986, 196, 197); der bloße **Verdacht** reicht indes für eine Ablehnung nicht aus (BGH aaO). Für den tatsächlichen Nachweis der Verweigerungsvoraussetzungen trägt der Verein die Beweislast (BGH 93, 151, 154 = NJW 1985, 1216). Auch unterliegt der Verein einem **Verhältnismäßigkeitsgebot**: Der Gerichtshof prüft regelmäßig, ob das mit der Aufnahmebeschränkung verfolgte Ziel nicht durch eine „mildere Ausgestaltung" der Satzungsbestimmungen zu erreichen ist (BGHZ 63, 282, 285 = NJW 1975, 771).

270 Voraussetzung für den Anspruch ist weiter die **Monopolstellung des Anspruchsgegners** (BGHZ 63, 282, 285 = NJW 1975, 771). Der Begriff darf jedoch nicht iSd § 22 Abs 1 Nr 1 GWB verstanden werden. Auf der einen Seite schadet die Existenz von Konkurrenten nicht notwendig (BGHZ 93, 151, 152 = NJW 1985, 1216); auf der anderen Seite kann eine Monopolstellung nicht allein mit der Überlegung begründet werden, „es handele sich um den einzigen – sachlich und örtlich – relevanten Verein" (BGH NJW 1980, 186). Systematisch etwas unklar verknüpft der Bundesgerichtshof die Monopolstellung vielmehr mit dem Gegenstand, auf den sich die Alleinstellung bezieht. So komme eine Monopolstellung einer Vereinigung dort nicht in Betracht, „wo sie die Förderung der Geselligkeit ihrer Mitglieder zum Ziele hat, mag diese auch die einzige ihrer Art sein und die Mitgliedschaft ein gewisses Geltungsbedürfnis befriedigen." (BGH aaO). Im Umkehrschluß läßt sich aus dieser Rechtsprechung folgern, daß das Monopol einen wirtschaftlich, gesellschaftlich oder existentiell erheblichen Bereich betreffen muß; dies ist indes nicht unumstritten (unten Rn 278).

Prinzipiell muß der Bewerber die **satzungsmäßigen Aufnahmevoraussetzungen** erfüllen 271
(RGZ 106, 120; BGHZ 63, 282, 285 = NJW 1975, 771). Dies gilt allerdings nicht, wenn die
Rechtsordnung die Berufung auf die satzungsmäßige Aufnahmebeschränkung
gerade wegen der Monopolstellung des Vereins nicht hinnehmen kann (BGH LM § 38
BGB Nr 5; BGHZ 63, 282, 285 = NJW 1975, 771). Allerdings kann dem Bewerber die
Erfüllung der Aufnahmevoraussetzungen abverlangt werden, wenn damit keine
unverhältnismäßigen Opfer verbunden sind (BGH LM § 38 BGB Nr 5; BGHZ 63, 282, 285
= NJW 1975, 771).

Eine **kritische Würdigung** zeigt, daß der vorgestellte **Anspruch nicht aus § 826 BGB** 272
begründbar ist (ähnlich NICKLISCH JZ 1976, 105, 107; vgl die Zweifel an der Begründbarkeit eines
Kontrahierungszwanges aus § 826 BGB unten Rn 433 f). Denn die Norm vermittelt dem
Anspruchssteller zunächst einen Anspruch auf **Schadensersatz**. Im Wege einer durch
§ 826 BGB erzwungenen Vereinsaufnahme gewinnt der Anspruchsteller aber ein
(Mitgliedschafts-)Recht hinzu. Der Anspruch bewirkt also zunächst nicht die Schließung einer durch deliktisches Unrecht aufgetanen Vermögens*lücke* (quod interest),
sondern die *Vergrößerung* seines Vermögens um ein Recht, das sein berufliches oder
gesellschaftliches Fortkommen erleichtert (ähnlich BARTODZIEJ ZGR 1991, 517, 519).
Schäden kann die Aufnahmeverweigerung überhaupt nur unter folgenden Gesichtspunkten bewirken: der Anspruchsteller müßte auf die Mitgliedschaft derart angewiesen sein, daß ihre Verweigerung zugleich eine Schädigung seines *sonstigen*
Vermögensbestandes (aber nur bzgl des Integritätsinteresses) bedeuten würde,
wobei der Anspruchsgegner zugleich als einziger eine Abwendung dieses Schadens
über die Mitgliedschaft verbürgen müßte. Dies gilt auch dann, wenn man den Kontrahierungszwang aus § 826 BGB nicht als Schadensersatz, sondern als Unterlassungsanspruch versteht (dazu NIPPERDEY, Kontrahierungszwang und diktierter Vertrag 57 ff);
denn der aus § 826 BGB begründete Unterlassungsanspruch ist lediglich ein Minus
gegenüber dem Schadensersatzanspruch: Er soll den Schaden verhindern, der bei
Eintritt auf der Grundlage von § 826 BGB zu liquidieren wäre. Deshalb setzt auch
ein Unterlassungsanspruch aus § 826 BGB voraus, daß bei Schadenseintritt eine
Kompensationspflicht aufgrund derselben Norm begründet wäre. Beim Anspruch
auf Mitgliedschaft geht es aber in der Regel nicht um die Abwehr eines meßbaren
Vermögensschadens, sondern um die Eröffnung künftiger (Erwerbs-)Chancen.
Deren Schutz richtet sich im übrigen nicht allein gegen den Vorsatztäter des § 826
BGB, sondern folgt allgemeineren Sachgesichtspunkten.

Abzulehnen ist aber auch die Instrumentalisierung von § 826 BGB als **Mittel der** 273
Drittwirkung. Nach TEUBNER sind Aufnahmeansprüche letztlich nur aus Art 9 GG
begründbar. Demgegenüber erscheine es als eine sekundäre Frage, ob man den Weg
über § 826 BGB neben zahlreichen anderen Varianten zur Grundrechtsdrittwirkung
wähle (TEUBNER, Organisationsdemokratie und Verbandsverfassung 284 f). § 826 BGB vermittele in einer solchen Konstellation jedoch allenfalls den Schein einer positiven
Legitimationsgrundlage; seine Merkmale müßten letztlich doch durch die Wertungen des Art 9 GG überlagert und verfremdet werden.

Auch an anderer Stelle (unten Rn 433 f) wird die **Auffassung** vertreten, daß sich ein 274
**Kontrahierungs- oder Aufnahmezwang allein aus den Schutzzwecken derjenigen Rechte
begründet, die gerade bei Abschluß- und Aufnahmeverweigerung verletzt würden** und
nicht unmittelbar aus dem § 826 BGB zugrundeliegenden Sittenmaßstab. Ähnlich

stellt auch der Bundesgerichtshof beim Aufnahmeanspruch einen **teleologischen Schutzaspekt** in den Mittelpunkt seiner Überlegungen und nicht die Tatbestandsmerkmale des § 826 BGB (BGHZ 93, 151, 152 = NJW 1985, 1216: IG Metall). Danach geht es um eine rechtliche Kontrolle der Aufnahmepraxis von Vereinen, weil diese Voraussetzung für die **Entstehung vereinsinterner Opposition** und damit die **Kontrolle der Funktionäre durch die Mitglieder** ist. Verfolgt man diesen Gedanken konsequent weiter (vgl dazu insbesondere MünchKomm/REUTER Vor § 21 BGB Rn 110; ders JZ 1985, 536), so kommt es im Einzelfall gar nicht so sehr darauf an, welche besonderen Interessen zugunsten des Anspruchsstellers in die Waagschale fallen, sondern vielmehr darauf zu verhindern, daß die bewußt selektive Handhabung des Aufnahmeverfahrens zu einer Meinungsmonopolisierung im Inneren des Vereins führt (von der Tendenz her anders TEUBNER, Organisationsdemokratie 275, nach dem es darauf ankommen soll, daß das Interesse des Anspruchsstellers nicht mehr durch Identifikation mit dem Vereinszweck befriedigt werden kann, sondern nur durch Mitgliedschaft; kritisch demgegenüber auch GRUNEWALD AcP 182 [1982] 181, 204 f). Unter diesem Gesichtspunkt hängt der Anspruch auf Mitgliedschaft auch nicht davon ab, daß der Anspruchsgegner eine Monopolstellung im wörtlichen Sinne innehat (BGH aaO), sondern davon daß er so nachhaltig an der öffentlichen Meinungsbildung teil hat, daß seine pluralistische Kontrolle im Inneren geboten erscheint. Vereine dieser Art dürfen sich folglich nicht vor politischen Meinungen als solchen schützen, sondern nur gegenüber Meinungen, die gerade auf ihre Vernichtung oder Aufhebung zielen (so bereits MünchKomm/REUTER Vor § 21 BGB Rn 111; vgl in diesem Zusammenhang auch BGHZ 93, 151, 153 f = NJW 1985, 1216; NJW-RR 1986, 583; OLG Frankfurt WuW/E OLG 3752; OLG Düsseldorf VersR 1986, 196, 197; OLG Düsseldorf AfP 1988, 164). Überzeugend hat REUTER den einschlägigen Bindungsgrund auf das Verbot des **venire contra factum proprium** zurückgeführt (REUTER JZ 1985, 536): Wer in der Öffentlichkeit mit dem Anspruch auftritt, eine bestimmte Berufsgruppe oder einen Wirtschaftszweig zu repräsentieren, muß grundsätzlich gegenüber Einflüssen aus der Gruppe der Repräsentierten offen sein. Dahinter verbirgt sich keine rechtsgeschäftliche Fiktion (in diese Richtung zielt aber die Kritik von BARTODZIEJ ZGR 1991, 517, 521), sondern es geht um eine Bindung durch Vertrauensschutz. Denn das Verbot des venire zielt letztlich auf den Schutz des Vertrauens im Verkehr (WIEACKER, Zur rechtstheoretischen Präzisierung des § 242 BGB [1956] 28; CANARIS, Vertrauenshaftung [1971] 270 f, 287 ff; SINGER, Das Verbot widersprüchlichen Verhaltens 79 ff).

275 Ein weiterer Aufnahmegrund kann sich aus der **Verteilung öffentlicher Mittel durch einen Verein** ergeben (BGHZ 63, 282, 287 = NJW 1975, 771: Deutscher Sportbund; GRUNEWALD AcP 182 [1982] 181, 202 f; BIRK JZ 1972, 343, 344; TEUBNER, Organisationsdemokratie und Verbandsverfassung 276 f; vgl noch zu **Sportdachverbänden** BGH LM § 38 BGB Nr 3; NJW 1969, 316; NJW-RR 1986, 583; ähnlich OLG Köln VersR 1980, 539: Züchterverein mit Monopolstellung im Galoppsport; zur Kultursubvention LG Berlin NJW 1962, 206 – Volksbühne). Denn die Mitgliedschaft hält dem einzelnen den Zugang zu staatlichen Privilegien offen, die ihrerseits nach dem Maßstab des Art 3 Abs 1 GG verteilt werden müssen. Allerdings muß dieser Teilhabe nicht unbedingt im Wege der Mitgliedschaft Rechnung getragen werden, wenn der Verein auch Außenseiter an den öffentlichen Mitteln nach gleichen Maßstäben teilhaben läßt (angedeutet bei BGHZ 63, 282, 287 = NJW 1975, 771; GRUNEWALD aaO).

276 Ein Aufnahmeanspruch besteht auch bei **ersatzweiser Wahrnehmung staatlicher Funktionen** (BIRK JZ 1972, 343, 348 f). Hier gebietet das Demokratieprinzip – drittwirkend oder unmittelbar –, eine Aufnahmepraxis, die es gewährleistet, daß das Meinungsbild innerhalb des Vereins potentiell das gesellschaftliche Meinungsbild wiederspiegeln kann.

Fraglich ist schließlich, ob die **bloße Monopolstellung** einen Aufnahmeanspruch ver- 277
mitteln kann. Zu weit geht zweifellos die **These von der „staatsanalogen Mächtigkeit"** solcher Vereine, die die Anwendung der Grundrechte begründen könne (NICKLISCH JZ 1976, 10; kritisch BARTODZIEJ ZGR 1991, 517, 520). Für die Zubilligung eines Aufnahmeanspruchs spricht jedoch, daß dieser oft das letzte Mittel ist, um der Vermachtung eines Vereins vorzubeugen und Außenseiter zu schützen (BARTODZIEJ ZGR 1991, 517, 523 f). Anderseits vermindern Aufnahmeansprüche den Anreiz zur Neugründung konkurrierender Vereine und Verbände (BARTODZIEJ aaO). Ein Engagement, das ansonsten möglicherweise zur Neugründung und damit zu einem vereins*externen* Wettbewerb geführt hätte, wird durch die Vermittlung von Aufnahmeansprüchen nun allenfalls auf einen vereins*internen* Wettbewerb gelenkt. Aus wettbewerbsrechtlicher Sicht rechtfertigt sich daher ein Aufnahmeanspruch nur dort, wo der Aufwand einer Neugründung so groß ist, daß darin allenfalls eine theoretische Alternative zum Aufnahmeanspruch liegen würde (BARTODZIEJ aaO). Einschlägige **Beispiele** sind etwa der Anspruch auf Aufnahme in eine Taxivereinigung (OLG Düsseldorf BB 1965, 1126; vgl zum Prüfungsverband BGHZ 37, 160).

Nicht notwendig muß der Aufnahmeanspruch aus einer **Verfolgung wirtschaftlicher** 278
Zielsetzungen heraus begründet sein (vgl LG Heidelberg NJW-RR 1991, 927: Aufnahme in den Stadtjugendring; LG München NJW-RR 1993, 890: Aufnahme in die Sportwacht). Bei der Durchsetzung rein privater (Freizeit-)Interessen reicht allerdings die Alleinstellung schwerlich zur Begründung des Aufnahmeanspruchs aus. An der Kontrolle der Aufnahmeverfahren von **Geselligkeitsvereinen** besteht grundsätzlich kein schützenswertes Interesse. Dies gilt jedenfalls, soweit rein private Belange berührt sind (BGH NJW 1980, 186; OLG Celle FamRN 1989, 50; einschränkend MünchKomm/REUTER Vor § 21 BGB Rn 111) und dem Aspiranten durch die Ablehnung kein Schaden an seinem Vermögensbestand zugefügt wird.

§ 27 Abs 1 GWB deckt nur einen Teil der Gesamtproblematik ab. Die Norm kommt 279
zwar als Schutzgesetz iSd § 35 GWB und damit als Grundlage für einen Aufnahmeanspruch in Betracht (BGHZ 29, 344, 348 ff; 37, 160, 163). Sie erfaßt jedoch nicht die typischen Wirtschafts- und Berufsvereinigungen, weil diese selbst nicht Unternehmen nach dem Verständnis des GWB sind (MÖSCHEL, Recht der Wettbewerbsbeschränkungen Rn 682). Ferner ist die Schutzrichtung eine rein wettbewerbliche, so daß bei der Konkretisierung ihrer Tatbestandsmerkmale etwa Fragen der verbandsrechtlichen Einflußnahme auf die interne Willensbildung nicht berücksichtigt werden können (MÖSCHEL Rn 683). In der Praxis spielt die Vorschrift neben dem vorgestellten Anspruch keine bedeutende Rolle; der Bundesgerichtshof läßt die Prüfung der Voraussetzungen des § 27 GWB häufig dahinstehen, weil diese Vorschrift „offensichtlich keinen weitergehenden Schutz für den Kläger biete(t)" (BGHZ 63, 282, 286 = NJW 1975, 771). Im Einzelfall kann jedoch auch das Diskriminierungsverbot des § **26 Abs 2 GWB** eine Rolle spielen, wenn es darum geht, dem **Nichtmitglied Zugang zu den Einrichtungen des Vereins** zu verschaffen (BGH NJW 1980, 186; WM 1980, 1311, 1312; WuW/E BGH 2191).

b) Ausschließung aus der Gesellschaft und Vertragsstrafen

280 **Ausschließungsbeschlüsse** kontrolliert die Praxis wie (sonstige) Vereinsstrafen mit Rücksicht auf die **Autonomie des Vereines** nur daraufhin, ob sie in der Satzung eine Grundlage finden, ob das dort vorgesehene Verfahren eingehalten ist und ob der Beschluß gesetzes-, sittenwidrig oder offenbar unbillig ist (BGH NJW 1973, 35). Der gegen ein Mitglied gerichtete Ausschließungsbeschluß kann daher nach denselben Maßstäben unwirksam sein, nach denen dieses Mitglied Aufnahme in den Verein verlangen könnte (vgl dazu oben Rn 226 ff sowie die Entscheidungen BGH NJW 1973, 35, 36; WM 1980, 1311, 1312). Als **Rechtsgrundlage** kommt hier entgegen der Rechtsprechung nicht § 826 BGB in Betracht, sondern das jeweils zu schützende Rechtsgut, das bei Aufnahmeverweigerung bzw Ausschließung unmittelbar verletzt würde (oben Rn 274).

281 Der Verein darf **keine Strafen gegen Nichtmitglieder** verhängen (BGHZ 28, 131, 133 f: „sinnlos und satzungswidrig" zur Ausschließung; WM 1980, 1311, 1312). Gegen die **mittelbare Auswirkung** einer gegen ein Vereinsmitglied ausgesprochenen Strafe kann sich das Nichtmitglied uU auch nach **§ 26 Abs 2 GWB** zur Wehr setzen und insbesondere eine mögliche Beseitigung der Diskriminierung in Berufs- und Wirtschaftsleben verlangen (BGH WM 1980, 1311, 1312). Voraussetzung ist, daß die diskriminierende Maßnahme eine sachlich nicht gerechtfertigte Behandlung darstellt, die zu einer unbilligen Behandlung führt. Eine Rechtfertigung kann sich nur aus der Satzung ergeben und muß unter Abwägung aller Interessen die Maßnahme als gerechtfertigt erscheinen lassen. Die Voraussetzungen des § 826 BGB liegen dabei regelmäßig vor, wenn die Strafe gegen das Mitglied, die das anspruchserhebende Nichtmitglied mitbelastet, nicht durch die Satzung gedeckt ist (BGH aaO).

2. Stimmrechtsausübung und Minderheitenschutz*

282 Gem **§ 117 Abs 7 Nr 1 AktG** haftet der Aktionär wegen der Ausübung seines Stimmrechts nicht aus Abs 1 auf Schadensersatz. Der Gesetzgeber verstand die Vorschrift jedoch einschränkend so, daß „in krassen Fällen" immer auch eine Haftung aus § 826

---

* **Schrifttum:** Vgl neben den bekannten Kommentaren: DREHER, Treuepflichten zwischen Aktionären und Verhaltenspflichten bei der Stimmrechtsbündelung, ZHR 157 (1993) 150; FLUME, Die Rechtsprechung des II. Zivilsenats des BGH zur Treupflicht des GmbH-Gesellschafters und des Aktionärs, ZIP 1996, 161; HENRICHS, Treupflichten im Aktienrecht, AcP 195 (1995) 221; HÄSEMEYER, Obstruktion gegen Sanierungen und gesellschaftsrechtliche Treupflichten, ZHR 160 (1996) 109; HÜFFER, Zur gesellschaftsrechtlichen Treupflicht als richterrechtlicher Generalklausel, in: FS Steindorff (1990) 59; IMMENGA, Bildung von Rechtsmacht durch Treuepflichten, in: FS Hundert Jahre GmbH-Gesetz (1992) 189; LUTTER, Die Treupflicht des Aktionärs, ZHR 153 (1989) 446; MERTENS, Deliktsrecht und Sonderprivatrecht – Zur Rechtsfortbildung des deliktischen Schutzes von Vermögensinteressen, AcP 178 (1978) 227; ders, Unternehmensgegenstand und Mitgliedschaftsrecht, AG 1978, 306; ders, Geschäftsführerhaftung in der GmbH und das ITT-Urteil, in: FS R Fischer (1979) 461; MESTMÄCKER, Verwaltung, Konzerngewalt und Rechte der Aktionäre (1958); SCHLAUS, Auskauf opponierender Aktionäre, AG 1988, 113; TIMM, Zur Sachkontrolle von Mehrheitsentscheidungen im Kapitalgesellschaftsrecht, ZGR 1987, 403; ders, Treuepflichten im Aktienrecht, WM 1991, 481; WIEDEMANN, Gesellschaftsrecht, Bd 1 (1980); ZÖLLNER, Schranken mitgliedschaftlicher Stimmrechtsmacht bei den privatrechtlichen Personenverbänden (1963).

BGB in Betracht zu ziehen sei (vgl die Begründung des Regierungsentwurfs bei KROPFF, Aktiengesetz [1965] 164; **hM**: vgl nur Kölner Kommentar/MERTENS § 117 Rn 8). Diese Überlegung knüpft an die **historische Funktion des § 826 BGB** im Rahmen des **Minderheitenschutzes** im Kapitalgesellschaftsrecht an (dazu WIEDEMANN, Gesellschaftsrecht [Bd 1] 408 ff, 425 ff; ZÖLLNER, Die Schranken mitgliedschaftlicher Stimmrechtsmacht 288 ff)

Zwar hatte das **Reichsgericht** die Bestimmungsrechte der Aktionärsmehrheit gegen- **283** über der -minderheit zunächst noch als Selbstverständlichkeit verstanden, ("Mit dieser Tatsache muß sich jeder abgefunden haben, der Aktien erwirbt", RGZ 68, 235, 246 – Hibernia), später indes Mehrheitsentscheidungen einer **Kontrolle nach § 826 BGB** unterzogen; es kam dabei ua auf die Frage an, ob ein Mehrheitsbeschluß „im Zusammenhang von Inhalt, Beweggrund und Zweck gegen die guten Sitten verstößt" (RGZ 107, 72, 75; zum Nachweis weiterer Entscheidungen: WIEDEMANN 425 ff, zum Nachweis des einschlägigen Schrifttums ZÖLLNER 290 Fn 5). Der Gesetzgeber hat Einzelresultate dieser Judikatur rasch aufgegriffen, insbesondere der Vorläufer des § 243 Abs 2 AktG verdankt seinen Ursprung einschlägigen Vorgaben (dazu ZÖLLNER 290 f). Schließlich kontrollierte auch der Bundesgerichtshof Mehrheitsentscheidungen noch einige Zeit am Maßstab der guten Sitten (BGHZ 31, 258, 278 f).

Heute erfolgt die Kontrolle der Mehrheitsmacht im Verbandsinneren, insbesondere **284** aber die Begrenzung der Stimmrechtsausübung, auf der Grundlage der sog **Treupflicht der Gesellschafter**. Diese fand im Anschluß an die Arbeit von FRANZ SCHOLZ (Ausschließung und Austritt aus der Gesellschaft [3. Aufl 1950] 22) zunächst in die Judikatur zum Gesellschafterausschluß Eingang (BGHZ 9, 157, 163; 80, 346, 349; RAISER ZHR 151 [1987] 422, 425), wurde aber sehr rasch auch zur Begrenzung des Stimmrechts des Mehrheitsgesellschafters eingesetzt (BGHZ 14, 25, 38). Das **Reichsgericht** hingegen hatte den Grundsatz von Treu und Glauben nur auf das Verhältnis des Aktionärs zur Aktiengesellschaft angewandt, nicht aber auf das Verhältnis der Aktionäre untereinander (grundlegend RGZ 158, 248, 254 f mN auf die vorangegangene Judikatur). Heute anerkennt die Praxis die Treupflicht zwischen den Gesellschaftern einer GmbH ebenso (BGHZ 65, 15 = WM 1985, 1444 – ITT) wie zwischen Aktionären (BGHZ 103, 184 = NJW 1988, 1579 – Linotype; WM 1995, 882 – Girmes II).

Die **Wissenschaft** befürwortet bisweilen eine **Ablösung des § 826 BGB** durch eine Haf- **285** tung wegen Treupflichtverletzung, weil der Maßstab der guten Sitten den Blick auf die spezifisch gesellschaftsrechtliche Fragestellung der Bindung der Mehrheit an das Gesellschaftsinteresse verdecke (IMMENGA, in: FS Hundert Jahre GmbHG 189, 191; ähnlich MESTMÄCKER, Verwaltung, Konzerngewalt und Rechte der Aktionäre 334; vgl auch HÄSEMEYER ZHR 160 [1996] 109, 124 f). Die guten Sitten repräsentierten im übrigen lediglich einen sozialethischen Mindeststandard; bei der Bändigung der Mehrheitsstimmenmacht müßten hingegen die schärferen verbandsinternen Maßstäbe mitberücksichtigt werden (WIEDEMANN, Gesellschaftsrecht [Bd 1] 426; ZÖLLNER 290). Auch setze § 826 BGB subjektive Vorwerfbarkeit voraus, der Minderheitsschutz hingegen müsse nach rein objektiven Kriterien möglich sein (IMMENGA aaO; MESTMÄCKER aaO).

Die **Gegenansicht** kritisiert indes die inhaltliche Unbestimmtheit der Treupflicht **286** (FLUME ZIP 1996, 161, 164; ALTMEPPEN NJW 1995, 1749 f). Diese lasse sich gerade im Aktienrecht nicht aus einem zwischen den Aktionären zustandekommenden Gesellschaftsvertrag begründen, sondern allein aus der **Mitgliedschaft**: Die Mitgliedschaft dürfe aber weder zur Erlangung von Sondervorteilen eingesetzt (§ 243 Abs 2 AktG), noch zum Schaden der anderen Gesellschafter ausgeübt werden (grundlegend FLUME, BGB AT I [Bd 2, 1983] 270). Darüber hinaus sei das Stimmrecht frei ausübbar. Die Treupflicht verwirre diese Zusammenhänge, weshalb eine **Rückkehr zur Rechtsprechung des Reichsgerichts auf der Grundlage von § 826 BGB** vorzugswürdig sei (FLUME ZIP 1996, 161, 165). Anderer Meinung nach besteht für eine Haftung wegen Verletzung der Treupflicht kein praktisches Interesse, weil aus dieser nur bei vorsätzlicher Begehung Schadensersatzansprüche ausgelöst würden (so in der Tat BGH WM 1995, 882, 891). In solchen Fällen bestünde aber stets auch ein Anspruch aus § 826 BGB (ALTMEPPEN NJW 1995, 1749, 1750; TIMM WM 1991, 481, 487).

287 Der Bundesgerichtshof hat pragmatisch zugunsten einer **Konkurrenz zwischen Schadensersatzansprüchen wegen Treupflichtverletzung und § 826 BGB** entschieden (BGH WM 1995, 882, 894 ff – Girmes II; vgl zu diesem Verfahren auch OLG Düsseldorf WM 1996, 1366; ZIP 1996, 1211; DZWiR 1997, 30). Einen Sittenverstoß bejaht er für den Fall, daß die Stimmrechtsausübung als Mittel im Verhältnis zu dem mit ihr angestrebten Zweck außer Verhältnis stehe (BGH 894). Ohne den Zusammenhang kenntlich zu machen, greift der Bundesgerichtshof dabei **eine Rechtsprechung des Reichsgerichts** wieder auf. Nach dieser ergibt sich „aus der Befugnis, im Wege des Mehrheitsbeschlusses zugleich auch für die Minderheit zu beschließen und damit mittelbar über deren in der Gesellschaft gebundene Vermögensrechte zu verfügen, … ohne weiteres die gesellschaftliche Pflicht der Mehrheit, im Rahmen des Gesamtinteresses auch den berechtigten Belangen der Minderheit Berücksichtigung angedeihen zu lassen und deren Rechte nicht über Gebühr zu verkürzen." Ausgehend von dieser Wertüberlegung hielt das Reichsgericht „eine sorgfältige und gewissenhafte Prüfung in der Richtung (für) nötig …, ob sich der verfolgte Zweck nicht auch in sehr viel schonenderer Form erreichen läßt." (RGZ 132, 149, 163).

288 **Kritik:** Dieser Maßstab ist jedoch gefährlich weit. Er führt insbesondere dann zu bedenklichen Konsequenzen, wenn über ihn die **Stimmrechtsausübung der Minderheit** diszipliniert werden soll (so BGH WM 1995, 882 – Girmes II; einschränkend noch BGHZ 103, 184, 195 = ZIP 1988, 301; vgl zu diesem Problemkreis bereits DREHER ZHR 157 [1993] 150; HENRICHS AcP 195 [1995] 221, 273; TIMM WM 1991, 481). Der Bundesgerichtshof hält nämlich eine Schadensersatzpflicht der Minderheitsaktionäre für möglich, wenn diese im Falle einer Sanierung einer Kapitalherabsetzung von 5:2 nicht zustimmen, weil sie eine Kapitalherabsetzung von 5:3 durchsetzen wollen (dazu noch ausführlich unten Rn 371 ff): Hier steht das Ziel (die erstrebte schonendere Umstellung) angeblich außer Verhältnis zum Einsatz der Mittel (Verweigerung der Zustimmung zum Sanierungsplan).

289 Die Kritik weist zu Recht darauf hin, daß die Gesellschafter in einem solchen Fall **keinerlei Sondervorteile iSd § 243 Abs 2 AktG für sich erstreben** und der Gesellschaft keinen Schaden zufügen wollen (FLUME ZIP 1996, 161, 165; ähnlich ALTMEPPEN NJW 1996, 1749 f). Gemessen an der Pflicht zur Wahrung des Gesellschaftszwecks ist ihr Verhalten also nicht anstößig. So verstellt das § 826 BGB unterlegte Verhältnismäßigkeitsgebot möglicherweise noch stärker als die Treupflicht (dazu oben Rn 286) den Blick auf den zentralen Zusammenhang: Das Stimmrecht kann letztlich nur durch den Gesellschaftszweck begrenzt werden! Ein weiterer, bereits erörterter Einwand folgt aus der **Zwecksetzung des § 117 Abs 7 Nr 1 AktG.** Diese Norm will gerade verhindern, daß das

Abstimmungsverhalten der Gesellschafter von Haftungssorgen bestimmt ist. Solche Sorgen entstehen aber aus der Unbestimmtheit des § 826 BGB zugrundeliegenden Verhältnismäßigkeitsprinzips. Weil der abstimmende Minderheitsgesellschafter künftig nur schwer einschätzen kann, ob das von ihm erstrebte Ziel noch im Verhältnis zu den Folgen seines Abstimmungsverhaltens steht, wird er – Schadensersatzansprüche der anderen Seite befürchtend – eher einlenken müssen. Auf diese Weise wächst der Gesellschaftermehrheit ein probates Druckmittel zu, den Widerstand der Minderheit zu brechen.

Führt man die Grundsätze des Bundesgerichtshofes (BGH WM 1995, 882 – Girmes II) **290** konsequent fort, so ist schließlich auch eine **Schadensersatzpflicht der Aktienmehrheit wegen Stimmverweigerung** denkbar. Unterbreitet die Minderheit nämlich einen annehmbaren Plan und verweigert die Mehrheit diesem die Zustimmung aus Gründen, die nicht im Verhältnis zum drohenden Zusammenbruch der Gesellschaft stehen, dürften im Grunde dieselben Maßstäbe gelten.

Werden die ablehnenden Aktionäre vertreten, verweigert der **Vertreter** aber nach **291** §§ 135 IV 2, IX AktG die Nennung der Vertretenen, so haftet er selbst nach **§ 179 Abs 1 BGB**, weil er den anderen Gesellschaftern erkennbar für die Erteilung der Vertretungsmacht einstehen will (BGH WM 1985, 882, 886; zustimmend ALTMEPPEN NJW 1995, 1749; zweifelnd LUTTER JZ 1995 1953, 1055 f).

Dem Schadensersatzanspruch steht im übrigen **§ 117 Abs 7 Nr 1 AktG** nicht entgegen- **292** stehen. Im Anschluß an einschlägige Äußerungen des Schrifttums (insbesondere ZÖLLNER, Die Schranken 429; ZÖLLNER/WINTER ZHR 158 [1994] 59, 74) befürwortet das Gericht eine **teleologische Reduktion** der Norm: Der Schadensersatzanspruch ist insoweit ausgeschlossen, als der Eintritt des Schadens durch Erhebung der Anfechtungsklage verhindert werden kann (BGH WM 1995, 882, 890; dazu auch HÄSEMEYER ZHR 160 [1996] 109, 123 f). Dasselbe gilt, wenn die Rückgängigmachung des Beschlusses im Wege der Anfechtung keine praktischen Auswirkungen mehr hat, weil über das Vermögen der Gesellschaft unmittelbar nach Beschlußfassung der Konkurs eröffnet worden ist. Sind die schädigenden Ereignisse **innerhalb der Frist des § 246 Abs 1 AktG eingetreten**, dann besteht keine Pflicht zur vorherigen Erhebung der Anfechtungsklage; diese erschiene viel eher als bloßer Formalismus (BGH aaO).

Für eine **deliktische Begründung des Minderheitenschutzes** spricht sich aus anderen **293** Überlegungen heraus auch MERTENS aus (AcP 178 [1978] 227, 243; ders, in: FS R Fischer 461; ders AG 1978, 309; vgl auch HACHENBURG/MERTENS § 43 Rn 105). Seine Überlegungen zielen allerdings weniger auf die Anwendbarkeit des § 826 BGB als auf § 823 Abs 1 BGB, im Rahmen dessen die **Mitgliedschaft** als sonstiges Recht geschützt sein soll. (vgl nunmehr BGHZ 110, 323 – Schärenkreuzer; HABERSACK, die Mitgliedschaft – subjektives und „sonstiges Recht“ [1996]; REUTER AcP 197 [1997] 322). Ihre Grundannahmen zur deliktischen Qualität der Fragestellung betreffen jedoch auch § 826 BGB. Maßgeblich ist danach die Überlegung, der **Abstimmungsmechanismus erfülle im Verbandsinneren dieselbe Funktion wie Vertrag und Markt im Rahmen einer Volkswirtschaft.** Deshalb lasse sich eine Stimmrechtsausübung, die das Unternehmen in den Dienst unternehmensfremder Interessen stelle bzw die Erwirtschaftung von Gewinnen ermögliche, die nicht auf Leistung, sondern auf Beherrschung beruhten, mit den Fällen marktbezogener Unlauterkeit und Diskriminierung gleichstellen (SOERGEL/HÖNN/DÖNNEWEG

Rn 174 ff behandeln das Problem ebenfalls unter dem Stichwort Machtmißbrauch). An der Möglichkeit einer so weitgefaßten (Rechts-)Analogie läßt indes die fehlende Vergleichbarkeit von Markt- und Abstimmungsmechanismen zweifeln. Entscheidungen im Unternehmensinneren folgen nämlich anderen ökonomischen Gesetzmäßigkeiten als Entscheidungen auf dem Markt; aus gutem Grund dominiert dort nicht die auf dem Markt geschützte Wettbewerbsfreiheit (vgl das Wettbewerbsverbot des Arbeitnehmers und Gesellschafters), sondern eine hierarchisch geleitete Organisation. Im übrigen stellt auch die wettberbsanaloge, deliktische Begründung des Minderheitenschutzes die aus dem Gesellschaftszweck erwachsenden Schranken der Machtausübung in der Gesellschaft nicht ausreichend in den Mittelpunkt ihrer Überlegungen (ähnlich kritisch IMMENGA, in: FS Hundert Jahre GmbHG 189, 203 f; WIEDEMANN, Gesellschaftsrecht, Bd 1, 463 f) und droht daher – wie die Lehre von der Treupflicht und § 826 BGB –, den Pflichtenkreis der Gesellschafter zu weit zu ziehen.

294 Schadensersatzpflichten aus § 826 BGB werden auch bei den grundsätzlich zulässigen **Stimmbindungen** erwogen, etwa für den Fall, daß die heimliche Bindung gerade einen Fremdeinfluß auf die Gesellschaft ermöglicht, der durch die Vinkulierung von Namensaktien nach § 68 Abs 2 AktG unterbunden werden sollte (SIEVEKING/TECHNAU AG 1989, 17, 20).

3.   Rechtsschutz gegen Gesellschafterbeschlüsse

295 Ausnahmsweise kann ein Gesellschafter auch einem unanfechtbar gewordenen Gesellschafterbeschluß den nach § 826 BGB begründeten **Einwand der sittenwidrigen Ausnutzung** entgegenhalten (BGHZ 101, 113, 121 f = NJW 1987, 2514, 2515). Entschieden wurde dies für einen extrem gelagerten Fall: Im Gesellschaftsvertrag war eine Einziehungsklausel für den Fall der Pfändung eines Gesellschaftsanteils vorgesehen. Ein Mitgesellschafter führte diese Pfändung selbst auf der Grundlage einer nichtigen, jedoch vollstreckbaren Urkunde herbei. Die andere Seite verteidigte sich zwar erfolgreich gegen die Vollstreckungsmaßnahme, versäumte es indes, den Einziehungsbeschluß der Gesellschaft anzufechten. Das Gericht knüpfte in seiner Argumentation an seine eigene Judikatur zur Rechtskraftdurchbrechung bei der Erschleichung und Ausnutzung unrichtiger Titel an, im Rahmen derer ebenfalls Rechtssicherheit und Einzelfallgerechtigkeit miteinander in Einklang gebracht werden müssen (dazu unten Rn 472). Zu Recht wurde jedoch kritisiert, daß dem ausgeschlossenen Gesellschafter wegen der Gestaltungswirkung des Einziehungsbeschlusses die durch die Rechtsprechung eröffnete Einrede rechtstechnisch nichts nützt (K SCHMIDT JZ 1987, 1083). Entscheidend kommt es nämlich darauf an, ob der Betroffene trotz des Beschlusses Gesellschafter geblieben ist oder nicht. Dies hängt davon ab, ob der Beschluß als nichtig angesehen wird – dann bliebe er Gesellschafter, und § 138 BGB, nicht aber § 826 BGB käme als Rechtsgrundlage in Betracht, – oder er wurde wirksam ausgeschlossen und § 826 BGB eröffnet ihm lediglich einen **Anspruch auf Wiederherstellung**.

4. Sonderfälle der Organhaftung*

a) Haftung gegenüber den Gesellschaftsgläubigern wegen Verletzung von Aufklärungspflichten

Nach ständiger Rechtsprechung müssen die der GmbH obliegenden Aufklärungs- **296** pflichten von ihrem **Geschäftsführer** als vertretungsberechtigtem Organ erfüllt werden. Unterläßt dieser die Aufklärung, kann er wegen sittenwidriger Schädigung in Anspruch genommen werden (BGHZ 56, 73, 77 f = WM 1971, 589; WM 1965, 1288; WM 1974, 689; WM 1984, 475). In der Praxis ergänzt § 826 BGB dabei insbesondere Ansprüche wegen Eigenhaftung der Geschäftsführer aus culpa in contrahendo (vgl dazu BALLERSTEDT AcP 151 [1950/51] 501; MEDICUS, in: FS Steindorf 750; NIRK, in: FS Hauß 267; ULMER NJW 1983, 1577; SCHMITZ, Dritthaftung).

aa) Aufklärung über die drohende Insolvenz der Gesellschaft

In Fällen vorsätzlicher Konkursverschleppung durch den Geschäftsführer einer **297** GmbH (vgl auch unten Rn 351 ff) nahm der Schadensersatzanspruch nach § 826 BGB gegenüber dem Anspruch aus **§ 823 Abs 2 BGB iVm § 64 Abs 1 GmbHG** in der Praxis zunächst eine Sonderstellung ein. § 64 Abs 1 GmbH schützte nämlich nach bislang üblicher Rechtsprechung nur die Zugriffsmöglichkeiten der Gläubiger auf das bei Eintritt des Konkursgrundes vorhandene Schuldnervermögen: Ersetzt wurde folglich die Differenz zwischen der hypothetischen Quote, die bei rechtzeitiger Eröffnung des Insolvenzverfahrens auf den einzelnen Konkursgläubiger entfallen wäre, und der nunmehr aufgrund Verzögerung anfallenden tatsächlichen Quote (**Quotenschaden**). Nicht über § 823 Abs 2 iVm § 64 Abs 1 GmbHG konnte der Schaden der sog Neugläubiger liquidiert werden (**Neueintrittsschaden**), die infolge Verschleppung des Insolvenzverfahrens ein neues Geschäft mit dem maroden Unternehmen abgeschlossen hatten (RG JZ 1935, 3301, 3302; BGHZ 29, 100, 105 = NJW 1959, 623). Nach der neueren, **gewandelten Rechtsprechung** haben auch diese Gläubiger einen „Anspruch auf Ausgleich des vollen – nicht durch den ‚Quotenschaden‘ begrenzten – Schadens, der ihnen dadurch entsteht, daß sie in Rechtsbeziehungen zu einer überschuldeten oder zahlungsunfähigen GmbH getreten sind.“ (BGHZ 126, 181, Leitsatz b = NJW 1994, 2220). Auch weiterhin kommen zwar Ansprüche aus **culpa in contrahendo wegen Eigenhaftung der Organe** bzw aus **§ 826 BGB** in Betracht (BGH WM 1991, 1548; WM 1964, 671, 674; zur Kritik vgl nur ULMER NJW 1983, 1577, 1580 f), der Anspruch aus § 826 BGB dürfte

---

* **Schrifttum:** Vgl neben den bekannten Kommentaren: BALLERSTEDT, Zur Haftung für culpa in contrahendo bei Geschäftsabschluß durch Stellvertreter, AcP 151 (1950/51) 501; EBENROTH/KRÄUTER, Die Eigenhaftung des GmbH-Geschäftsführers, BB 1990, 569; HAAS, Geschäftsführerhaftung und Gläubigerschutz (1997); MEDICUS, Zur Eigenhaftung des GmbH-Geschäftsführers aus Verschulden bei Vertragsverhandlungen, in: FS Steindorff (1990) 725; NIRK, Vertrauenshaftung Dritter bei Vertragsdurchführung?, in: FS Hauß (1978) 267 ff; K SCHMIDT, Gesellschaftsrecht (3. Aufl 1997); ders, Konkursverschleppung und Konkursverursachungshaftung, ZIP 1988, 1497; SCHMITZ, Dritthaftung aus culpa in contrahendo (1980); ULMER, Volle Haftung des Gesellschafters/Geschäftsführers einer GmbH für Gläubigerschäden aus fahrlässiger Konkursverschleppung?, NJW 1983, 1577; ders, Die GmbH und der Gläubigerschutz, GmbHR 1984, 256; H P WESTERMANN/MUTTER, Die Verantwortlichkeit von Geschäftsführern einer GmbH gegenüber Dritten, DZWiR 1995, 184; WIMMER, Die Haftung des GmbH-Geschäftsführers, NJW 1996, 2546.

jedoch wegen der höheren subjektiven Tatbestandsanforderungen in seiner Bedeutung zurückgehen.

298 Gegenüber der **Eigenhaftung aus culpa in contrahendo** schließt § 826 BGB weiterhin eine **Regelungslücke**. Denn die Eigenhaftung des Geschäftsführers einer GmbH setzt bspw voraus, daß dieser besonderes Vertrauen für seine Person in Anspruch genommen hat (vgl SCHOLZ/UWE H SCHNEIDER § 43 Rn 36; LUTTER/HOMMELHOFF § 43 Rn 29). Der Bundesgerichtshof geht aber davon aus, daß das Faktum der Solvenz bzw Insolvenz der GmbH grundsätzlich nicht Sache des besonderen, vom Geschäftsführer für seine Person in Anspruch genommenen Vertrauens, sondern Gegenstand des „allgemeinen Verhandlungsvertrauens" das der GmbH selbst entgegengebracht wird (BGH WM 1991, 1548, 1549 f). Persönlich gewährleiste der Geschäftsführer idR die Richtigkeit und Vollständigkeit seiner Erklärungen, nicht aber die Solvenz der GmbH, soweit ein entsprechender Einstandswille aus den Einzelumständen nicht klar ersichtlich sei. In diesen Fällen kommt allenfalls ein Anspruch aus § 826 BGB in Betracht, weil die GmbH zur Offenbarung ihrer finanziellen Schwierigkeiten verpflichtet war und der Geschäftsführer diese Verpflichtung als ihr Organ zu erfüllen hatte (BGH 1551).

299 Die **Sittenwidrigkeit** iSd § 826 BGB setzt das Bestehen einer einschlägigen **Offenbarungspflicht** voraus. Diese nimmt die Praxis im Rahmen des § 826 BGB an, wenn dem Vertragspartner unbekannte Umstände vorliegen, „die ihm nach **Treu und Glauben** bekannt sein müssen", weil sie sein Verhalten bei den Vertragsverhandlungen und die von ihm zu treffenden Entscheidungen wesentlich beeinflussen (BGH WM 1991, 1548, 1551). Die guten Sitten werden also am Maßstab von Treu und Glauben konkretisiert, woran sich einmal mehr zeigt, daß die im Begriff der guten Sitten ausgedrückten allgemeinen Verhaltensanforderungen im Rahmen des § 826 BGB von speziellen Verhaltensanforderungen, wie sie aus einer Sonderrechtsbeziehung zwischen den Parteien resultieren, überlagert und ergänzt werden (oben Rn 38 f, 158).

300 Nach diesem Maßstab anerkennt die Praxis eine **Aufklärungspflicht** und bei deren Verletzung einen Sittenverstoß, wenn der **Geschäftsführer** weiß oder wissen muß, daß er zur Erfüllung der begründeten Verbindlichkeit wegen **Zahlungsunfähigkeit** nicht in der Lage ist (BGHZ 87, 27, 34 = WM 1983, 413; WM 1991, 1548, 1551). Gleiches gilt wenn die Durchführung des Vertrages von vornherein stark gefährdet ist, insbesondere, wenn bei **Überschuldung** der GmbH die andere Seite vorgeleistet hat (BGH WM 1982, 1322; WM 1984, 475, 477; WM 1991, 1548, 1551). Streitig ist indes, auf welchen **Zeitpunkt** dabei abzustellen ist. Während es der Praxis darauf ankommt, daß die Unfähigkeit zur Erfüllung des Vertrages bereits bei Abschluß des Vertrages bestand (BGH WM 1982, 1322; WM 1984, 475, 477; offengelassen allerdings WM 1991, 1548, 1551), dürfte richtiger Ansicht nach darauf abzustellen sein, ob der Geschäftsführer zum Zeitpunkt des Vertragsschlusses redlicherweise davon ausgehen durfte, daß der GmbH bei Fälligkeit die notwendigen Erfüllungsmittel wieder zur Verfügung stehen würden (BAUMBACH/HUECK/SCHULZE-OSTERLOH § 64 Rn 34). Ein Schuldner verhält sich nämlich nicht bereits dann nach treuwidrig, wenn er die erforderlichen Erfüllungsmittel nicht bereits beim Vertragsschluß in Händen hält, sondern sie erst bis zur Fälligkeit beschaffen will.

Weiterhin kann das Bestehen einer **dauernden Geschäftsverbindung** ein besonderer 301
Anlaß zur Offenbarung der finanziellen Situation sein (BGH WM 1991, 1548, 1551).

Bei der Prognose darüber, ob Überschuldung eingetreten ist, darf der Geschäftsfüh- 302
rer die vor Gründung der Gesellschaft entstandenen Schulden außer Acht lassen,
weil für diese eine **Differenzhaftung** der Gründer-Gesellschafter besteht (BGH WM
1991, 1548, 1551). Aus ähnlichen Erwägungen heraus dürften auch **Kapitalersatzleistun-
gen** oder Verbindlichkeiten mit **Rangrücktrittsvorbehalt** nicht zu berücksichtigen sein,
weil diese im Konkurs nicht zu Lasten der Konkursgläubiger geltend gemacht werden können. Vgl dazu nunmehr OLG Düsseldorf WM 1997, 699.

Weitgehende Übereinstimmung besteht insoweit, als der Geschäftsführer dann nicht 303
sittenwidrig handelt, wenn er den Konkursantrag unterlassen hat, weil er die Krise
für überwindbar hielt und dadurch eine ernsthafte **Sanierung** des Unternehmens
ermöglichen wollte (BGHZ 108, 134, 144 = WM 1989, 1568; WM 1991, 1548, 1551; SCHOLZ/
UWE H SCHNEIDER § 43 Rn 239; K SCHMIDT, Gesellschaftsrecht 1086; zu diesem Problemkreis noch
ausführlicher unten Rn 368 ff).

Unterbleibt die Aufklärung innerhalb eines Zeitraums von **drei Wochen nach Eintritt** 304
der Zahlungsunfähigkeit, liegt darin arg e §§ 64 Abs 1 Satz 1 GmbHG, 92 Abs 2 Satz 1
AktG **kein Sittenverstoß**. Hält der Geschäftsführer nämlich die gesetzliche Dreiwochenfrist ein, fällt ihm keine sittenwidrige Konkursverschleppung zur Last (BGHZ 75,
96, 114). Hält sich der Geschäftsführer aber im gesetzlichen Rahmen, wenn er erst
nach diesem Zeitraum Öffentlichkeit herstellt, kann nichts anderes gelten, wenn er
während dieses Zeitraums die individuelle Aufklärung unterläßt (ebenso K SCHMIDT,
Gesellschaftsrecht 1086; ders ZIP 1988, 1497, 1503 f).

bb) Aufklärung über die Risikostruktur von Warenterminoptionsgeschäften
Aufgrund der für den Laien schwer einschätzbaren Gewinnaussichten bei Warenter- 305
minoptionsgeschäften bestehen besondere Aufklärungspflichten des Vermittlers
(oben Rn 169 ff). Dabei tragen die **Organe** einer kapitalistisch organisierten Vermittlungsgesellschaft **persönliche Verantwortung** für die Aufklärung der Kunden und
haften bei vorsätzlicher Verletzung der Aufklärungspflichten nach § 826 BGB (BGH
WM 1994, 453; WM 1994, 1746, 1747 mwN). Für die Vermittlung von Termindirektgeschäften gilt dasselbe (BGH WM 1990, 61; OLG Düsseldorf WM 1989, 175). Damit schließt die
Praxis eine Rechtsschutzlücke, die dadurch entsteht, daß die Organe der Vermittlungsgesellschaften selbst weder Vertragspartner sind, noch besonderes Vertrauen
für sich in Anspruch nehmen, das eine Eigenhaftung aus culpa in contrahendo
begründen könnte (zu dieser SCHMITZ, Dritthaftung aus culpa in contrahendo [1980]; NIRK, in:
FS Hauß [1978] 267 ff). An den Vorsatz der Organe werden indes strenge Anforderungen gestellt (oben Rn 175).

b)   Haftung der Geschäftsführung im Innenverhältnis
aa)   Haftung gegenüber der Gesellschaft
Nach Auffassung des Bundesgerichtshofes ist nicht jeder aus eigennützigen Zwecken 306
begangene Verstoß des Geschäftsführers einer GmbH gegen die aus seiner Organ-
stellung oder aus dem Geschäftsführervertrag folgenden Pflichten sittenwidrig.
Erforderlich ist vielmehr eine **grobe Mißachtung des Mindestmaßes an Loyalität und**

Rücksichtnahme, dessen Aufrechterhaltung die Gemeinschaft für ihre Ordnung als maßgebend erachte (BGH NJW-RR 1989, 1255, 1257).

307 **Kritik:** In anderem Zusammenhang wurde indes bereits die Auffassung vertreten, daß im Verhältnis der Vertragsparteien untereinander jede Vertragsverletzung auch sittenwidrig ist (oben Rn 180 ff). Denn Sittenwidrigkeit bedeutet im Einzelfall einen Verstoß gegen normative Verhaltensanforderungen, deren Einhaltung im Verkehr erwartet wird. Was erwartet werden darf, richtet sich aber auch nach einer uU zwischen Täter und Opfer bestehenden Sonderrechtsbeziehung. Dem Vorsatztäter dürfen nämlich im Rahmen des § 826 BGB nicht die niedrigeren, für alle Verkehrsteilnehmer geltenden Sorgfaltsmaßstäbe zugute kommen, wenn er durch Vertragsschluß mit dem Opfer bei diesem besondere Erwartungen im Hinblick auf den Schutz seiner Integritätssphäre geweckt hat. Dann darf das Opfer gerade höhere Erwartungen an sein Verhalten richten als der übrige Verkehr. Die Gesellschaft aber darf vom Geschäftsführer die sorgfältige Erfüllung seiner Pflichten erwarten. Diese Erwartungen sind auf organschaftlicher Ebene (Bestellung) ebenso begründet wie auf schuldrechtlicher (Anstellung). Jede Verletzung der Verpflichtungen bedeutet demnach einen Sittenverstoß, wobei allerdings nur die vorsätzliche Begehung Schadensersatzansprüche nach § 826 BGB auslöst.

308 Die **Praxis** geht aufgrund ihrer engen Sichtweise von einem Sittenverstoß bspw dann aus, wenn ein Geschäftsführer die Gelegenheit verstreichen läßt, für seine im Wohnungsbau tätige Gesellschaft ein Grundstück zu günstigen Konditionen zu erwerben und statt dessen den Erwerb einem anderen Unternehmen überläßt, an dessen Gewinn er beteiligt ist, nur um von diesem das Grundstück für einen wesentlich höheren Preis für die Gesellschaft anzukaufen (BGH NJW-RR 1989, 1255, 1257).

309 Auch in Fällen des **Mißbrauchs der organschaftlichen Vertretungsmacht**, insbesondere bei **kollusivem Zusammenwirken**, erkennt die Rechtsprechung regelmäßig einen Sittenverstoß an (BGH WM 1980, 953, 955; vgl auch oben Rn 237 und unten Rn 334, 339).

310 Bei der Frage nach einer evtl **Verjährung** von Ansprüchen der GmbH nach § 852 BGB kommt es **nicht auf die Kenntniserlangung des untreuen Geschäftsführers** vom Schaden und der Person des Ersatzpflichtigen an, sondern auf die der anderen Organe (BGH NJW-RR 1989, 1255, 1258 f).

bb) Haftung gegenüber den Gesellschaftern

311 Wie der Wortlaut des **§ 43 Abs 2 GmbHG** erhellt, haften die Geschäftsführer wegen der Verletzung organschaftlicher Pflichten nur der Gesellschaft und nicht den Gesellschaftern (vgl nur HACHENBURG/MERTENS, GmbHG Rn 102; LUTTER/HOMMELHOFF, GmbHG [14. Aufl 1995] § 43 Rn 25; SCHOLZ/UWE H SCHNEIDER, GmbHG [8. Aufl 1993] § 43 Rn 25; **aA** LAMMEL ZfgG 36 [1986] 125).

312 Diese Wertung steht auch der Begründung entsprechender Schadensersatzansprüche aus § 826 BGB entgegen (vgl auch HACHENBURG/MERTENS Rn 103: Die Sperrwirkung soll nur greifen, wenn die Gesellschafter Nachteile liquidieren, die lediglich den Schaden der Gesellschaft reflektieren). Denn die Beschränkung der Verantwortlichkeit des Geschäftsführers auf das Verhältnis zur Gesellschaft ist kein Privileg des Geschäftsführers, das – entsprechend der Zwecksetzung des § 826 BGB (zu dieser oben Rn 12 ff) – bei vorsätzlichem

Sittenverstoß entfallen könnte. Nach dem Willen des Gesetzgebers geht es nämlich vorrangig um eine **Haftungskanalisierung** zum Zwecke der gleichmäßigen Befriedigung der Gesellschaftsgläubiger und Gesellschafter (Lutter/Hommelhoff Rn 24): Dadurch daß nur die Gesellschaft die Ersatzleistungen des Geschäftsführers beanspruchen darf, wird sichergestellt, daß deren Gläubiger und Gesellschafter daraus in gleicher Weise, nämlich über das Gesellschaftsvermögen, befriedigt werden. An diesem Regelungsanliegen ändert sich nichts, wenn die Verletzung der Organpflichten zugleich einen vorsätzlichen Sittenverstoß beinhaltet. Aus diesem Grund steht auch der Anspruch aus § 826 BGB allein der Gesellschaft, nicht aber dem einzelnen Gesellschafter zu.

Der **einzelne Gesellschafter** kann den Geschäftsführer aus § 826 BGB jedoch dann in   **313** Anspruch nehmen, wenn die vom Geschäftsführer verletzte Pflicht von vornherein allein seinem Vermögenschutz und nicht dem der Gesellschaft, ihrer Gläubiger und übrigen Gesellschafter dient (einschlägige Beispiele bei Scholz/Uwe H Schneider § 43 Rn 212). Das Prinzip der Haftungskanalisierung sperrt solche Schadensersatzansprüche nicht, weil außer dem anspruchsstellenden Gesellschafter keine weiteren Berechtigten vorhanden sind, deren gleichmäßige Befriedigung über das Gesellschaftsvermögen sichergestellt werden müßte.

5. Erweiterte persönliche Finanzierungsverantwortung der Gesellschafter einer Kapitalgesellschaft*

a) Nominelle Unterkapitalisierung (eigenkapitalersetzende Gesellschafterleistungen)

Die Lehre von den Wirkungen **eigenkapitalersetzender Gesellschafterleistungen** nahm   **314** rechtshistorisch bei der Einrede der Arglist aus § 826 BGB ihren Anfang. Nach Auffassung des Reichsgerichts konnte nämlich der Geltendmachung von Gesellschafterforderungen im Konkurs der Gesellschaft die Einrede der Arglist aus § 826 BGB entgegenstehen (RG JW 1938, 862, 864 f; vgl auch RGZ 158, 302, 310 = JW 1939, 231; RGZ 166, 51, 57). Denn die gesetzlichen Vorschriften zur Kapitalaufbringung und Kapitalerhaltung sicherten den gesellschaftsfernen Gläubigern den Zugriff auf das Stammkapital zu. Ihr Zweck wurde aber nach Ansicht des Gerichts vereitelt, wenn ein (Einmann-)Gesellschafter die Gesellschaft planmäßig mit zu wenig Grundkapital ausstattete und sich nachträglich zu deren Großgläubiger aufschwang. In solchen Fällen durfte er die Forderung nicht zum Nachteil der gesellschaftsfernen Gläubiger

---

* **Schrifttum:** Vgl neben den bekannten Kommentaren: Drobnig, Haftungsdurchgriff bei Kapitalgesellschaften (1959); Grunewald, Gesellschafterhaftung im vorvertraglichen Bereich, ZGR 1986, 580; Hofmann, Zum „Durchgriffsproblem" bei der unterkapitalisierten GmbH, NJW 1966, 1941; Kramer, Das Scheingeschäft des Strohmanns, JuS 1983, 423; Kuhn, Strohmanngründung bei Kapitalgesellschaften (1964); K Schmidt, Konkursantragspflichten bei der GmbH und bürgerliches Deliktsrecht, JZ 1978, 661; Sonnenberger, Das Darlehen des GmbH-Gesellschafters als Mittel der Gesellschaftsfinanzierung, NJW 1969, 2033; U Stein, Das faktische Organ (1984); P Ulmer, Gesellschafterdarlehen und Unterkapitalisierung bei GmbH und GmbH & Co KG, in: FS Konrad Duden (1977) 661; Uhlenbruck, Haftungstatbestände bei Konkursverursachung und -verschleppung, DStR 1991, 351; H P Westermann, § 826 BGB als Grundlage einer „Durchgriffshaftung" des Gesellschafters – Anmerkung zum Urteil des BGH vom 30. 11. 1978 – WM 1979, 229, Jura 1980, 532.

im Konkurs geltend machen, wenn diese daraus einen konkreten Schaden erlitten. Der Bundesgerichtshof knüpfte zunächst äußerlich an diese Rechtsprechung an (BGHZ 31, 258, 269 = WM 1960, 42), leitete die Begründung aber nicht aus der materiellen Unterkapitalisierung der Gesellschaft oder der konkreten Schädigung der Gläubiger ab, sondern aus dem Verbot widersprüchlichen Verhaltens nach § 242 BGB: Danach ist der Gesellschafter mangels Bestehens einer Nachschußpflicht zwar nur zur Aufbringung des Stammkapitals verpflichtet; stellt er aber zwecks Abwendung der Konkursantragspflicht weitere Gelder zur Verfügung, so darf er sie nicht zur Unzeit, noch bevor der damit verfolgte Zweck nachhaltig erreicht worden ist, zurückfordern (BGH 272). Heute wird das Institut vor allem aus dem Prinzip der **Kapitalerhaltung** und mit **Gläubigerschutzgesichtspunkten** begründet (vgl nur SCHOLZ/ K SCHMIDT [8. Aufl Bd 1 1993] §§ 32a, 32b Rn 4; HACHENBURG/ULMER [8. Aufl Bd 1 1992] §§ 32 a,b Rn 6 ff).

b) **„Durchgriffshaftung" und Sonderfälle qualifizierter materieller Unterkapitalisierung**

315 Statten die Gesellschafter ihre Kapitalgesellschaft im Hinblick auf den verfolgten Gesellschaftszweck nur unzureichend mit Stammkapital aus, unterscheidet die Praxis zwischen möglichen eigenen Schadensersatzpflichten dieser Gesellschafter aus § 826 BGB und einer echten, gegen sie gerichteten **Durchgriffshaftung** (BGHZ 31, 258, 271 = WM 1960, 42, vgl zum Theorienstreit K SCHMIDT, Gesellschaftsrecht [3. Aufl 1997] § 9 II 228 ff). Während die Schadensersatzansprüche – auf einem besonderen Rechtsgrund (§ 826 BGB) beruhend – *neben* die Ansprüche gegenüber der Gesellschaft treten können, ist Rechtsfolge der Durchgriffshaftung, daß wegen einer gegenüber der Gesellschaft geltend gemachten Forderung über die Rechtsform der juristischen Person hinweggegangen und eine Haftung der dahinterstehenden Gesellschafter begründet werden kann. Der **Bundesgerichtshof** hat auch die echte Durchgriffsfrage von den Tatbestandsvoraussetzungen des § 826 BGB abhängig machen wollen, nämlich „wenn die Rechtsfigur der juristischen Person in einer gegen § 826 BGB oder § 242 BGB verletzenden Weise mißbraucht wird" (BGHZ 31, 258, 271 = WM 1960, 42; vgl auch DROBNIG, Haftungsdurchgriff bei Kapitalgesellschaften 25). Dies ist jedoch deshalb nicht unproblematisch, weil die Rechtsprechung bereits zuvor die Durchgriffshaftung aus einem **objektiven Mißbrauch der juristischen Person** begründet hatte (BGHZ 20, 4, 13), also bestimmte Tätermotive – insbesondere wohl auch den im Rahmen des § 826 BGB anspruchsbegründenden Vorsatz – außer Betracht ließ. Aus der besonderen Zwecksetzung des § 826 BGB – der Deprivilegierung des Vorsatztäters zum Schutz seiner besonders gefährdeten Opfer – lassen sich im übrigen kaum ernsthaft Wertungen für eine allgemeine Durchgriffsdogmatik herleiten. Die Praxis erkennt vielmehr, daß die Haftung des Vorsatztäters der eigentlich unproblematische Fall ist (BGHZ 20, 4, 13; ähnlich H P WESTERMANN Jura 1980, 532, 533: „fraus omnia corrumpit") und die anspruchsvollere materielle Fragestellung dort beginnt, wo gerade kein Schädigungsvorsatz im Spiel ist.

316 Im Bereich der **Schadensersatzpflichten wegen materieller Unterkapitalisierung** nimmt § 826 BGB heute aus Sicht der Wissenschaft die Funktion einer praktischen Alternative zur Haftungsbegründung aus den diversen Normzwecklehren und Organhaftungstheorien ein (FLUME, Die juristische Person, § 3 III 1 79 ff; vgl insbes auch die Darstellung bei HACHENBURG/ULMER, GmbHG [8. Aufl 1994] Anh § 30 Rn 41). Dies kann jedoch nur die Sonderfälle vorsätzlicher Schädigung betreffen.

Die **Rechtsprechung** jedenfalls geht zu Recht von dem **Grundsatz** aus, daß eine **Gesell-** 317
schafterhaftung allein aufgrund eines Mißverhältnisses zwischen dem Umfang des Stamm-
kapitals und dem satzungsmäßigen Zweck nicht in Betracht komme (BGHZ 31, 258, 268 =
WM 1960, 42; vgl auch die allerdings umstrittene Entscheidung des achten Senats BGHZ 68, 312 =
WM 1977, 658; zur Kritik BGH NJW 1977, 1683, 1686; EMMERICH NJW 1977, 2163; K SCHMIDT JZ
1985, 305; vgl ferner BGH WM 1996, 587; sehr weitgehend auch RGZ 166, 51, 57). Das Gesetz
begnüge sich nämlich aus Gründen der Rechtssicherheit in § 5 Abs 1 GmbHG damit,
ein Mindestkapital vorzuschreiben. Daraus folge zwar nicht, daß das haftende Kapital ganz ohne Rücksicht auf das für die satzungsmäßigen Gesellschaftszwecke
benötigte Kapital festgesetzt werden dürfe, andererseits sei es der GmbH nicht verwehrt, eine Unterkapitalisierung oder einen bloß vorübergehenden Geldbedarf
durch Darlehen ihrer Gesellschafter zu decken oder sich die benötigten Wirtschaftsgüter durch Kauf, Miete oder Pacht von ihren Gesellschaftern zu beschaffen.

Dementsprechend begründet auch das Wissen der Gesellschafter um die unzurei- 318
chende Kapitalausstattung der Gesellschaft allein noch keinen **Schädigungsvorsatz**,
wenn die Gesellschafter nur mit einem wirtschaftlichen Erfolg rechnen durften
(BGHZ 31, 258, 271 = WM 1960, 42). Vorsätzlich handeln sie allenfalls dann, wenn nach
kaufmännischer Erfahrung gar nicht oder nur unter sehr unwahrscheinlichen
Umständen mit einem Erfolg zu rechnen war und daher von vornherein ein hohes
Insolvenzrisiko zu Lasten der Gläubiger der Gesellschaft in Kauf genommen wurde
(ähnlich HACHENBURG/ULMER Anh § 30 Rn 41 f: „Spekulieren auf Kosten der Gläubiger"). Insbesondere läßt sich aufgrund des Normzwecks von § 826 BGB keine Herabsetzung
dieser subjektiven Anforderungen vertreten (so zu Recht ULMER Rn 42).

Folgt man dieser Praxis, so läßt sich auf der Grundlage von § 826 BGB **keine allge-** 319
meine Haftung wegen materieller Unterkapitalisierung begründen. Allenfalls erscheint
die Unterkapitalisierung als ein Merkmal das neben anderen die Typik einer sittenwidrigen, haftungsbegründenden Übervorteilung der Gläubiger begründen kann.

Aus § 826 BGB wird ein Anspruch gegenüber den Gesellschaftern einer GmbH & 320
Co KG bejaht, und zwar im Hinblick auf die **Forderungen von Architekten und Bau-**
handwerkern in einer Sonderkonstellation (BGH WM 1979, 229, 230; ähnlich NJW-RR 1988,
181, 1182; bestätigend noch einmal in WM 1996, 587, 588; vgl auch WESTERMANN Jura 1980, 532,
537). Die von der GmbH & Co KG beauftragten Vertragspartner erbrachten ihre
Werkleistungen nämlich auf Grundstücken, die den Gesellschaftern persönlich und
nicht der GmbH & Co KG gehörten. So konnten die Gesellschaftsgläubiger nicht auf
die von ihnen geschaffenen Werte zugreifen; zusätzliche Vereinbarungen ließen den
Eindruck entstehen, daß die Gesellschafter sich einseitig die Vorteile der Werkleistungen zu Nutze machten, nicht aber die korrespondierende Verantwortung tragen
wollten. Ua spielte es bei der Begründung des Sittenwidrigkeitsurteils auch eine
Rolle, daß die GmbH & Co KG „hinsichtlich der Haftungsmasse ... so ausgestaltet
(war), daß die einseitige Verfolung der Interessen der Gesellschafter unmittelbar
zum Nachteil der Gesellschaftsgläubiger ausschlägt ..." (BGH WM 1979, 229, 230). In
einer **neueren Entscheidung**, die ebenfalls Forderungen von Bauunternehmern
betraf, geht das OLG Oldenburg (IBR 1997, 147) **noch darüber hinaus**: Es erwägt einen
Sittenverstoß bereits infolge der Einschaltung einer konkursreifen GmbH zwischen
Bauträger und Subunternehmer.

321 Ein weiterer potentiell haftungsbegründender Falltypus begegnet bei der **mißbräuchlichen Ausnutzung einer Betriebsaufspaltung** oder **Geschäftsverlagerung**. Sittenwidrig erscheint hier die Zuordnung der Vor- und Nachteile eines Geschäftsbetriebs zu unterschiedlichen Rechtsträgern. Insbesondere wenn eine der beiden Gesellschaften allein die Haftungsverantwortung aus dem Geschäftsbetrieb trägt, ohne von den daraus resultierenden wirtschaftlichen Erfolgen zu profitieren, geraten die Gläubiger in die Gefahr, mit ihren Forderungen auszufallen. Bereits das **Reichsgericht** zog deshalb einen Sittenverstoß für den Fall in Betracht, daß die Haftungsgefahr von vornherein auf das völlig unzureichende Aktienkapital der Betriebsgesellschaft beschränkt werden sollte und die Aktionäre der Besitzgesellschaft aus dem Pachtverhältnis dividendenunabhängige Zinsen beanspruchen konnten (RGZ 158, 302, 310). Allerdings nahm der **achte Senat des Bundesgerichtshofes** eine Betriebsaufspaltung zum Anlaß, festzustellen, daß der bloße Fakt der Unterkapitalisierung einen „Haftungsdurchgriff" nicht rechtfertige (BGHZ 68, 312, 316 ff = WM 1977, 229; distanzierend der zweite Senat NJW 1977, 1683, 1686; zur Kritik EMMERICH NJW 1977, 2163; K SCHMIDT JZ 1985, 305 f).

322 Den Fällen der echten Betriebsaufspaltung vergleichbar sind diejenigen einer **Geschäftsverlagerung oder -aufteilung** zwischen zwei GmbH: So hatte der Alleingesellschafter zweier GmbH bewußt die riskanten Geschäfte einer GmbH zugeordnet, um die zweite, vermögende GmbH, die im selben Geschäftsbereich tätig war, vor diesen zu schützen. Hier soll bereits der Wille, die vermögende GmbH vor Risiken zu schützen, erkennen lassen, daß diese auf die Gläubiger der nicht vermögenden GmbH abgewälzt werden sollen und insoweit Schädigungsvorsatz besteht (OLG Karlsruhe BB 1978, 1332; H P WESTERMANN Jura 1980, 532, 535 f). Allerdings räumt die Rechtsordnung einer Person durchaus die Möglichkeit ein, ihre unternehmerischen Risiken auf mehrere GmbH zu verteilen; insbesondere nach den Wertungen des Konzernrechtes liegt darin allein noch kein Mißbrauch der Gesellschaftsform. Erst wenn auf die Eigenbelange einer GmbH durch den unternehmerisch tätigen Gesellschafter nicht ausreichend Rücksicht genommen wird, kommt eine persönliche Haftung in Betracht (vgl BGHZ 122, 123, 130 = NJW 1993, 1200 – TBB und zum Unternehmensbegriff NJW 1994, 446 – ETC; vgl weiter HOMMELHOFF ZGR 1994, 395, 407 ff zur Zulässigkeit von „Haftungsschotts" und zum „Schottbruch" bei Störung des Eigeninteresses). Zur Vermeidung von Wertungswidersprüchen muß daher auch das, was an guten Sitten iSd § 826 BGB gegenüber dem Gesellschafter erwartet werden kann, mit den konzernrechtlichen Maßstäben in Einklang gebracht werden (vgl auch OECHSLER ZGR 1997, 464, 487 ff). Die Abspaltung eines lukrativen Geschäftsbereichs aus der Gesellschaft kann schließlich auch deren **Minderheitsgesellschafter** benachteiligen (dazu, allerdings im konkreten Fall zurückhaltend LG Mainz WM 1977, 904, 906).

323 Problematischer liegen die Fälle der **Kettengründung (GmbH-Staffette)**: Nach Einstellung des Betriebs der alten (überschuldeten) GmbH, nimmt eine von denselben Gesellschaftern neu gegründete GmbH die gleiche Geschäftstätigkeit auf. Zu Recht gründet die Praxis das Sittenwidrigkeitsurteil nicht allein auf den Umstand, daß der Geschäftsbetrieb der ersten GmbH mit dem Ziel der Weiterführung durch eine neugegründete GmbH eingestellt wird (BGH WM 1996, 587 f Anm SCHWENNICKE WiB 1996, 525; KOWALSKI DZWiR 1996, 243; GOETTE DStR 1996, 840). Dies würde nämlich umkehrt eine Pflicht der Gesellschafter implizieren, den bestehenden Geschäftsbetrieb möglichst bis zur vollständigen Schuldentilgung aufrechtzuerhalten. Eine solche Pflicht besteht jedoch nicht (vgl noch RGZ 114, 68; RG HRR 1933 Nr 299; vgl OLG Thüringen DZWiR 1996, 506: keine sittenwidrige Betriebsübernahme).

Im weitesten Sinne zählen in diesen Problemkreis auch Fälle der **Überbewertung von** 324 **Sacheinlagen**. In Analogie zu § 39 Abs 2 AktG erwägt der Bundesgerichtshof eine entsprechende Schadensersatzpflicht auch der GmbH-Gesellschafter, wenn eine Sacheinlage vorsätzlich oder grob fahrlässig „gesunden kaufmännischen Grundsätzen zuwider" überbewertet wird (BGHZ 29, 300, 305; zur spiegelbildlichen Problematik der Unterbewertung von Sacheinlagen vgl BGH WM 1975, 325, 327).

Der Einsatz von **Strohmännern** bei der Gründung einer GmbH ist als solcher nicht 325 sittenwidrig, wenn er nicht selbst einem verwerflichen Zweck dient (BGHZ 21, 378, 382; BGHZ 31, 258, 271).

c)   **Haftung im qualifizierten faktischen Konzern**
Auch im Rahmen der Haftung im qualifizierten faktischen Konzern (vgl hierzu nur die 326 Entscheidungen: BGHZ 122, 123, 124 = NJW 1993, 1200 – TBB; NJW 1994, 446 – ETC; NJW 1994, 3288, 3289; weitgehend überholt hingegen BGHZ 95, 330 = NJW 1986, 188 – Autokran; BGHZ 115, 187 = NJW 1991, 3142 – Video sowie HIRTE, Der qualifizierte faktische Konzern [1992] und im Hinblick auf die neuere Rechtslage: HACHENBURG/ULMER, GmbHG [8. Aufl 1994] Anh § 77) wird von einer **Mindermeinung § 826 BGB zur Begründung** (mit-)herangezogen (FLUME DB 1992, 25; ALTMEPPEN, Abschied vom „qualifizierten faktischen Konzern" [1991] etwa 59; VERSTEEGEN DB 1993, 1225, 1228; H P WESTERMANN, in: HOMMELHOFF/STIMPEL/ULMER [Hrsg], Der qualifizierte faktische Konzern 21, 24 f; vgl auch SCHWENNICKE WiB 1996, 526 f sowie OECHSLER ZGR 1997, 464, 482 ff). Dies scheint vor allem deshalb gerechtfertigt, weil die Haftung im qualifizierten faktischen Konzern unmittelbar am Gläubigerschutz orientiert und deshalb von der Sache her als strukturneutraler Tatbestand ausgestaltet ist (str, vgl OECHSLER 483 ff mwN). Sie muß konsequenterweise als Haftung für Verhaltensunrecht verstanden werden, die sich von den durch § 826 BGB erfaßten Fällen der Gläubigergefährdung, Kredittäuschung und Insolvenzverschleppung nur marginal unterscheidet (str, vgl OECHSLER 487 ff). Manche nach § 826 BGB entschiedene Fallkonstellation (vgl BGH WM 1996, 587 – GmbH-Staffette) steht daher nicht zufällig den Konstellationen des qualifizierten faktischen Konzerns sehr nahe (SCHWENNICKE WiB 1996, 526, 527; vgl indes zu den vermeintlichen Unterschieden LG Münster WM 1997, 672, 675).

d)   **Erweiterte Kommanditistenhaftung in Sonderfällen***
Auf der Grundlage von § 826 BGB kann die **gesetzliche Haftungsbeschränkung** 327 **zugunsten des Kommanditisten** nach § 171 Abs 1 HGB **nicht durchbrochen** werden; in Betracht kommt allenfalls die **Begründung eines eigenständigen Schadensersatzanspruchs** aufgrund der besonderen Umstände des Einzelfalls (so zu Recht HOFFMANN NJW 1969, 577, 582; kritisch hinsichtlich der Praktikabilität KUHN, in: Ehrengabe Heusinger 203, 206; MERTENS GmbHR 1967, 45, 46, Fn 14). Zu Recht verfährt die Praxis aber bei der Begründung einer solchen Schadensersatzpflicht zu Lasten des Kommanditisten überaus streng. Es genügt bspw nicht, wenn der Kommanditist **alleiniger Inhaber** des

---

* **Schrifttum**: P HOFFMANN, Unbeschränkte Kommanditistenhaftung und gesetzliche Wertung, NJW 1969, 577; G KUHN, Haftungsprobleme bei der GmbH & Co, in: Ehrengabe Bruno Heisinger (1968) 203; MERTENS, GmbH & Co. und Gesellschaftsrechtsdogmatik, GmbHR 1967, 45.

in den Formen der Kommanditgesellschaft organisierten Handelsunternehmens ist und der einzige Komplementär über kein Vermögen verfügt (BGHZ 45, 204, 205). Zwar läge den dispositiven Normen des Personengesellschaftsrecht das Prinzip zugrunde, daß **Unternehmensleitung und persönliche Haftung in einem inneren und unmittelbaren Zusammenhang** zueinander stünden; dabei handele es sich allerdings nicht um einen zwingenden wirtschaftsverfassungsrechtlichen Grundsatz, der bei einer andersartigen Verteilung der Machtverhältnisse im Unternehmen zu beachten sei (BGHZ 45, 204, 205 f).

328 Auch repräsentiert die Form der Kommanditgesellschaft neben der GmbH eine **gleichberechtigte gesellschaftsrechtliche Gestaltungsmöglichkeit zur Beschränkung der persönlichen Haftung** (BGHZ 45, 204, 207 f). Es ist folglich nicht mißbräuchlich, wenn jemand seine Geschäfte als Kommanditist betreibt und einen **vermögenslosen Komplementär vorschaltet** (BGH aaO; ähnlich HOFFMANN NJW 1969, 577, 582).

329 Eine persönliche Haftung des Kommanditisten läßt sich schließlich auch **nicht im Umkehrschluß aus § 172 Abs 4 HGB** für den Fall begründen, daß die KG dem Kommanditisten einen höheren Betrag als die von diesem geschuldeten Einlage ausbezahlt oder daß das als Einlage eingebrachte Handelsgeschäft von Anfang an überschuldet war (BGH WM 1973, 507).

330 Eine persönliche Haftung des Kommanditisten ist daher allein in **seltenen krassen Ausnahmefällen** vorstellbar, etwa wenn jemand mit einem vermögenslosen Komplementär eine KG von vornherein zu dem Zweck gründet, ein Geschäft abzuschließen, das bei dem Geschäftspartner erwartungsgemäß einen Schaden verursacht (so bereits HOFFMANN NJW 1969, 577, 582).

331 Nur ausnahmsweise haftet der Kommanditist auch wegen **Unterzeichnung der Bilanz** (BGH WM 1964, 1163, 1164). Die Unterzeichnung beinhaltet zum einen keine Auskunft „an alle, die es angeht", und auch eine Haftung aus § 826 BGB kommt nur dann in Betracht, wenn sich der Kommanditist bewußt sein muß, daß die in der Bilanz enthaltenen Angaben Dritten zugänglich gemacht werden und für die Beurteilung der Kreditwürdigkeit des Unternehmens dienen können.

332 In der **Aushändigung der Bilanz durch den Kommanditisten** an Dritte kann zum anderen eine **Auskunft** liegen, für die die Grundsätze der Auskunftshaftung nach § 826 BGB (dazu oben Rn 210) allerdings nur modifiziert gelten (BGH WM 1964, 1163, 1164). Der an den **Sanierungsverhandlungen** über das Vermögen der KG mitwirkende Kommanditist wird nämlich nicht mit gleicher Selbstverständlichkeit Adressat von Auskunftspflichten, wie dies die Praxis regelmäßig gegenüber einem Wirtschaftsprüfer annimmt (dazu oben Rn 210). Der Kommanditist haftet vielmehr nur, wenn der durch weitere Kreditgewährung geschädigte Gläubiger *gerade* durch die beanstandete Auskunft des Kommanditisten Gewißheit darüber erhalten sollte, daß die ihm von Seiten der KG gemachten Angaben richtig sind (BGH WM 1964, 1163, 1164, im Anschluß an BGHZ 12, 105, 108). Vorausgesetzt wird dabei weiter, daß der Kommanditist erkannt hat, daß der um Auskunft Ersuchende seine Vermögensdispositionen von den verlangten Informationen abhängig machen wollte (BGH WM 1964, 1163, 1164 im Anschluß an BGH WM 1957, 1432). Ist der Kommanditist jedoch selbst besonders sachkundig oder selbst in stärkerem Maße wirtschaftlich beteiligt, so soll es für die

Begründung einer Haftung nach § 826 BGB ausreichen, daß es ihm **erkennbar** war, daß die Auskunft für den anderen Teil erhebliche Bedeutung hatte und daß dieser sie zur Grundlage einer wesentlichen Vermögensverschiebung machen wollte (BGH WM 1964, 1163, 1164 im Anschluß an BGH WM 1962, 1110).

e)   Weisungen an die Geschäftsführung
Auch durch Weisungen an die Geschäftsführung können die Gesellschafter einer   333
GmbH den Gesellschaftsgläubigern nach § 826 BGB schadensersatzpflichtig werden. Die Problematik betrifft praktisch vor allem Fälle der Hinwirkung auf eine Verzögerung des Konkursantrags und ist im Zusammenhang dieses Fragekomplexes dargestellt (unten Rn 360 ff).

f)   Rechtskraftdurchbrechung gegenüber Gläubigertiteln in Kollusionsfällen
Wirken die Organe der Gesellschaft mit den Gläubigern **kollusiv bei der Entstehung**   334
von Vollstreckungstiteln zusammen, kann ein in Anspruch genommener Gesellschafter dem vollstreckenden Gläubiger die gegen die Gesellschaft bestehenden Einreden nach § 826 BGB weiter entgegenhalten (BGH WM 1996, 204; noch ausführlich zur Rechtskraftdurchbrechung aufgrund § 826 BGB und ihrer Kritik unten Rn 472 ff). Entschieden wurde dies zugunsten eines zu 1% am Kapital beteiligten und von der Geschäftsführung ausgeschlossenen Komplementärs, der aus einem gegen die KG ergangenen Vollstreckungsbescheid in Anspruch genommen werden sollte. Der Titel war durch kollusives Zusammenwirken zwischen dem Geschäftsführer der vermögenslosen Komplementär-GmbH und einem Liquidator zustandekommen und sollte tatsächlich nicht bestehende Provisionsansprüche durchsetzen. Nach Auffassung des Bundesgerichtshofes wurden dabei die Besonderheiten des Mahnverfahrens ausgenutzt, weil dem von der Geschäftsführung ausgeschlossenen Komplementär zielgerichtet Einwendungen gegenüber dem Anspruch abgeschnitten werden sollten.

6.   Finanzierungsverantwortung Dritter für das marode Unternehmen (Gläubigergefährdung, Insolvenzverschleppung usw)*

a)   Einleitung
Auf der Grundlage von § 826 BGB läßt sich eine (erweiterte) Finanzierungsverant-   335

---

* **Schrifttum:** ADEN, Der Vorwurf der Konkursverschleppung gegen den Mitgläubiger, MDR 1979, 891; ARMSPACH, Bankhaftung bei drittgläubigerschädigender Kreditvergabe (Diss Mannheim 1997); BATEREAU, Die Haftung der Bank bei fehlgeschlagener Sanierung, WM 1992, 1517; BINDERL, Die Absichtsanfechtung außerhalb und innerhalb des Konkurses im Verhältnis zu §§ 138 Abs 1, 823, 826 BGB (Diss Heidelberg 1965); CANARIS, Kreditkündigung und Kreditverweigerung gegenüber sanierungsbedürftigen Bankkunden, ZHR 143 (1979) 113; COING, Eine neue Entscheidung zur Haftung der Banken wegen Gläubigergefährdung, WM 1980, 1016; GAWATZ, Bankenhaftung für Sanie-rungskredite (Diss Tübingen 1997); GODBERSEN, Das Verhältnis der §§ 138 Abs 1, 826 zu den Vorschriften über die Gläubigeranfechtung innerhalb und außerhalb des Konkurses (Diss Göttingen 1968); R GRUNWALD, Sittenwidrigkeit, Rechtswidrigkeit und dolus malus (Diss Göttingen 1972); GRUNSKY, Gedanken zum Anwendungsbereich von § 850h Abs 2 ZPO, in: FS Baur (1981) 403; KOLLER, Sittenwidrigkeit der Gläubigergefährdung und Gläubigerbenachteiligung, JZ 1985, 1013; KRUPPA, Die Bankenhaftung bei der Sanierung einer Kapitalgesellschaft im Insolvenzfall (1982); LAUER, Kreditengagement zwischen Sanierung und Liquidation (1987); HOPT, Rechtspflichten der

wortung gesellschaftsfremder Dritter für die Kapitalgesellschaft begründen. In der
Praxis existieren diesbezüglich im wesentlichen zwei Ansätze: Einmal der teleologisch wenig konturenscharfe Tatbestand der **Verschlechterung des Schuldnervermögens**, zT verbunden mit dem Vorwurf einer **Verschleierung der Haftungsverhältnisse**
(unten Rn 336 ff) und zum anderen der praktisch bedeutsamere Fall einer **Insolvenzverschleppung**, der in sich die Frage nach der Rechtsmäßigkeit einer **Gesellschaftssanierung** einschließt (unten Rn 351 ff; vgl hier nur Rümker KTS 1980, 493, 507 und Mertens ZHR
143 [1979] 174, 185 f). Im Schrifttum wird bisweilen auch erwogen, besondere Verantwortung aus den vertraglichen Rücksichtnahmepflichten des Kreditgebers bzw aus
dem in seine Professionalität gesetzten Vertrauen zu begründen; diesen Überlegungen kann hier indes nicht gefolgt werden (unten Rn 377 ff). Von den **Fallgruppen**, die
das **Reichsgericht** seiner Rechtsprechung zugrundelegte (RGZ 136, 247, 253: Konkursverschleppung, Aussaugung, stille Geschäftsinhaberschaft, Kreditbetrug, Gläubigergefährdung, relativiert bereits in RGZ 143, 49 und vor allem in BGHZ 10, 228, 232; zur Kritik ua Coing WM 1980,
1026, 1028; Aden MDR 1979, 891), haben sich folglich nicht alle praktisch bewährt.

b) Verschlechterung und Verschleierung des haftenden Schuldnervermögens

336 Eine vom Schuldner arrangierte **Vermögensverschiebung** unterliegt nicht dem Anwendungsbereich des § 826 BGB, soweit die Vorschriften der **Gläubiger- und Konkursanfechtung** auf sie Anwendung finden; denn dort sind die Rechtsfolgen anfechtbarer
Vermögensverschiebungen abschließend geregelt (BGH WM 1958, 1278 f mwN; vgl auch
WM 1970, 404; WM 1996, 587, 588; WM 1996, 1245). Gleiches dürfte künftig für die §§ 129 ff
InsO gelten.

337 Etwas anderes gilt nur dann, wenn die Sittenwidrigkeit der Verschiebung das in den
Anfechtungsnormen vorausgesetzte Maß überschießt. Einen eigenständigen, die
Anwendung des § 826 BGB neben den Anfechtungsnormen rechtfertigenden Sittenverstoß zieht die Praxis etwa in Betracht, wenn ein Dritter sich **das gesamte pfändbare
Vermögen** des Schuldners aneignet (RGZ 77, 201, 208; BGH NJW 1956, 417; WM 1959, 1419;
WM 1974, 99, 101; vgl auch WM 1996, 587, 588: „**Verschleuderung des Vermögens**"). Allerdings
darf für die vorausgesetzte Eigenständigkeit des Sittenverstoßes nicht stets und allein
auf den Umfang der Sicherungsmaßnahmen abgestellt werden. Denn im Verlauf
einer von fortschreitender Kreditgewähr gekennzeichneten Geschäftsbeziehung zwischen Kreditgeber und -nehmer kann das wesentliche Vermögen nach und nach,

---

Kreditinstitute zur Kreditversorgung, Kreditbelassung und Sanierung von Unternehmen, ZHR
143 (1979) 139; Mertens, Zur Bankenhaftung
wegen Gläubigerbenachteiligung, ZHR 143
(1979) 174; Meyer-Cording, Konkursverzögerung durch erfolglose Sanierungsversuche,
NJW 1981, 1242; Obermüller, Die Gewährung neuer Kredite in der Krise, ZIP 1980,
1059; ders, Kredite vor Konkurseröffnung, ZIP
1980, 337; ders, Die Bank im Konkurs und Vergleich ihres Kunden (3. Aufl 1985); Rümker,
Gläubigerbenachteiligung durch Gewährung
und Belassung von Krediten, ZHR 143 (1979)
195; ders, Verhaltenspflichten der Kreditinstitute in der Krise des Unternehmens, KTS 1980,
493; K Schmidt, Konkursverschleppung und
Konkursverursachungshaftung, ZIP 1988, 1497;
Schönle, Rechtsvergleichende Aspekte
(Frankreich, Belgien, Schweiz), ZHR 143
(1979) 208; Serick, Eigentumsvorbehalt und
Sicherungsübertragung (Bd 3 1970); Ulmer,
Konkursantragspflicht bei Überschuldung der
GmbH und Haftungsrisiken bei Konkursverschleppung, KTS 1981, 469; H P Westermann, Zur Rückführung eines Überziehungskredits in der Unternehmenskrise, KTS 1982,
165.

über mehrere Zeitetappen auf den Kreditgeber übergehen; wenn der Kreditgeber während der einzelnen Etappen jeweils nur auf den üblichen Kreditsicherheiten bestanden hat, kann ihm kaum ein Sittenverstoß zum Vorwurf gemacht werden (vgl etwa RG Recht 1917 Nr 1416). Besonderer Beurteilung bedarf dabei ohnehin die **Besicherung echter Sanierungskredite** (dazu unten Rn 363 und 368 ff).

Stellungnahme: Daß die Übernahme des ganzen pfändbaren Vermögens einen Sitten- **338** verstoß darstellen soll, muß nunmehr kritisch im Hinblick auf **Art 33 Nr 16 EGInsO** (BGBl 1994 I 2911) überprüft werden, der den besonderen Haftungstatbestand des § 419 BGB abschafft. Die § 419 BGB zugrundeliegende Zwecksetzung wird heute vor allem deshalb als überholt angesehen, weil sie den Gläubigerschutz überbewertet; denn durch die Mithaftung des entgeltlichen Vermögensübernehmers erweitert sich praktisch die Haftungsmasse um das Entgelt, daß dieser an den Veräußerer gezahlt hat (vgl nur Schmidt-Räntsch, Insolvenzordnung mit Einführungsgesetz [1995] Art 33 Rn 7). Entsprechend läßt sich auch im Rahmen des § 826 BGB argumentieren, daß ein Kreditgeber, der dem maroden Schuldnerunternehmen Valuta zuschießt, nicht bereits deshalb haftbar sein kann, weil er das ganze pfändbare Vermögen (zur Sicherheit) übernommen hat. Treten hier nicht besondere Umstände der Haftungsverschleierung oder Insolvenzverzögerung hinzu, dürfte eine entgeltliche Übernahme des Vermögens arg e Art 33 Nr 16 EGInsO kaum bedenklich sein.

Eigenständige Sittenverstöße erblickt die hM auch in den Fällen **kollusiven Zusam-** **339** **menwirkens**, wenn ein Dritter bewußt mit dem Schuldner in Gläubigerbenachteiligungsabsicht zusammenwirkt (RGZ 74, 224, 227; BGHZ 56, 339, 355; LM Nr 2 zu § 826 [Ge] und Nr 29 zu § 826 BGB [Gd]; WM 1958, 1278; WM 1964, 613; WM 1970, 404; NJW 1972, 719, 721; 1973, 513; FamRZ 1970, 188). **Weniger streng** verfährt die Praxis dabei offensichtlich **zugunsten solcher Dritter, die aus der Vermögensverschiebung nicht profitieren**: So darf ein Versicherer nach Abtretungsanzeige auch dann an den Zessionar zahlen, wenn ihm der dramatische Vermögensverfall des Zedenten bekannt ist und nicht mehr damit gerechnet werden kann, daß letzterer den Geschädigten aus seinem sonstigen Vermögen befriedigen wird (BGHZ 56, 355). Andererseits kann die Sittenwidrigkeit der Vermögensverschiebung sich aus der **Verletzung besonderer Beziehungen zwischen den beteiligten Parteien** ergeben (BGH WM 1996, 587, 588). Für einen eigenständigen Sittenwidrigkeitsvorwurf reicht es jedoch nicht aus, daß die gesteigerten Erwartungen eines familienrechtlich dem Schuldner eng verbundenen Gläubigers enttäuscht werden (BGH WM 1958, 1278, 1279). Vgl auch zur **Lohnschiebung** unten Rn 464.

Sittenwidrig ist auch die **Kredittäuschung**, bei der Gläubiger und Schuldner in **340** gemeinsamem Zusammenwirken die übrigen Gläubiger über die Kreditwürdigkeit des Schuldners täuschen. Das Sittenwidrigkeitsverdikt liegt in all denjenigen Fällen auf der Hand, in denen der Täter die **Gläubiger eigennützig über die Kreditwürdigkeit des Schuldners im unklaren** läßt (OLG Zweibrücken WM 1985, 86: Ausführung eines Überweisungsauftrages des konkursreifen Kunden durch die Bank, um dessen andere Gläubiger über die Insolvenzgefahr zu täuschen und zu Vorleistungen zu veranlassen). Komplizierter liegen die Dinge, wenn der Gläubiger auf **Einräumung umfangreicher Kreditsicherheiten durch den Schuldner** besteht. Bleiben solche Vereinbarungen vertraulich, können die Drittgläubiger über die Kreditwürdigkeit des Schuldners mit schadensträchtigem Ausgang in die Irre geführt werden (grundlegend: RGZ 136, 293, 295; BGHZ 10, 228, 233). Die Praxis bejaht in solchen Fällen einen Sittenverstoß dann, wenn sich die Beteiligten den konkreten, aus ihrer Vereinbarung resultierenden Möglichkeiten einer Dritt-schädigung grob fahrlässig verschließen (BGHZ 10, 228, 233; zur Problematik des Sich-Verschließens oben Rn 96 ff). Soweit Hauptgläubiger und Schuldner jedoch einen **ernst-haften Sanierungsversuch** unternehmen, gelten andere Maßstäbe (vgl unten Rn 363 ff).

341 Das Sittenwidrigkeitsurteil kann insbesondere auf der von einem Gläubiger bewirk-ten **Intransparenz der Haftungsverhältnisse** gründen (MERTENS ZHR 143 [1979] 174; 186; RÜMKER KTS 1980, 493, 507; in der Terminologie von RGZ 136, 247, 254: **Gläubigergefährdung**). So erzeugt möglicherweise die **Verheimlichung eines Sicherungsvertrages** bei den übrigen Gläubigern falsche Vorstellungen darüber, in welchem Umfang ihr Schuldner bereits auf Fremdkapital angewiesen ist und welche geringe Sicherheit sein unternehmeri-sches Vermögen noch bietet. Die Ambivalenz dieser Problemstellung liegt jedoch gerade darin, daß beide Parteien eines Sicherungsvertrages aus ökonomisch sinnvol-len Gründen mitunter durchaus auf **Vertraulichkeit** angewiesen sind: Die Sanierungs-bemühungen eines Kreditgebers werden durch Offenbarung der tatsächlichen Lage des Schuldners mindestens ebenso erschwert wie die Erfolgsaussichten des schuldne-rischen Unternehmens auf werbende Tätigkeit am Markt, wenn dessen Bedarf an Fremdkapital schlagartig allen Geschäftspartnern gegenüber aufgedeckt würde (vgl dazu BGHZ 75, 96, 115 f und LUTTER/TIMM/HOMMELHOFF BB 1980, 737, 741 mwN). Bei der Statuierung entsprechender **Warn- oder Offenbarungspflichten** (vgl oben Rn 158 ff und neben den noch folgenden Entscheidungen vor allem RGZ 143, 48, 56; BGH NJW 1970, 657, 658) ist die **Praxis** daher **eher zurückhaltend**. Grundsätzlich wird eine **Pflicht zur Aufdek-kung der Sicherungsvereinbarungen verneint** (BGH WM 1978, 896, 897; WM 1985, 866, 868 mwN); sie soll jedoch bestehen, wenn der Kreditgeber **eigennützige Ziele** verfolgt (BGH WM 1985, 866, 868). Die Differenzierung zwischen Eigen- und Fremdnutzen (vgl auch unten Rn 366) erscheint indes terminologisch verunglückt, weil eine uneigennüt-zige Einräumung von Zahlungszielen gegen Bestellung von Sicherheiten in der Praxis nicht vorkommt (RÜMKER ZHR 143 [1979] 195, 204 f; KOLLER JZ 1985, 1013, 1015). Sinnvollerweise kann es hier nur um eine Freistellung der echten Sanierungskredite gehen, deren Ziel die finanzielle Gesundung und damit die zeitlich unbegrenzte Fortsetzung der werbenden Tätigkeit des Schuldners ist; deren Zielsetzung darf nicht durch eine vorschnelle Offenbarung der Haftungslage vereitelt werden. Dagegen besteht immer dann kein schützenswertes Interesse an Vertraulichkeit, wenn das notleidende Unternehmen durch das Darlehen nur noch für eine Übergangszeit am Leben gehalten werden soll, um dem Kreditgeber inzwischen für den sicher erwar-teten Insolvenzfall einen Vorsprung gegenüber den übrigen Gläubigern zu verschaf-fen (dazu unten Rn 351 ff).

342 Zur Gläubigertäuschung kann auch eine **wirtschaftliche Machtstellung des Kreditge-bers** gegenüber dem Schuldner beitragen (vgl bereits zur **Knebelung**: RGZ 136, 293, 295; RGZ 143, 48, 52). Die Praxis geht von Machtstellungen bereits dann aus, wenn der Schuldner in erheblichem Umfang gegenüber einem Kreditgeber verschuldet ist und diesem im wesentlichen sein ganzes Vermögen übereignet hat (BGHZ 19, 12, 17; ähnlich BGH NJW 1956, 417). Weil der Schuldner in dieser Lage Dritten keine Sicherungen mehr bieten könne, dürfe er die Einräumung weiterer Zahlungsziele nur noch von diesem Hauptgläubiger erwarten, dem allein schon aus diesem Grund besondere Macht zuwachse (BGHZ 19, 12, 17). Diese Machtstellung könne wiederum zur Täu-schung der Drittgläubiger führen (vgl auch RGZ 136, 293, 295; RGZ 143, 48, 52). Dies wird bspw angenommen, wenn die dem Schuldner vom Hauptgläubiger auferlegten Bin-

dungen jede Freiheit wirtschaftlicher und kaufmännischer Entschließung beenden (BGHZ 19, 12, 18). Zur Täuschung der anderen Gläubiger kommt es in diesen Fällen dadurch, daß diese in Unkenntnis der Sachlage davon ausgehen, mit einem selbstverantwortlich handelnden Schuldner zu kontrahieren, der ihre Forderungen ebenso wie die der anderen Gläubiger bedienen wird, während tatsächlich der im Hintergrund wirkende Hauptgläubiger die Fäden einseitig zu seinen Gunsten zieht; die damit verbundene Vermögensgefährdung der anderen Gläubiger kann den Sittenverstoß begründen (BGHZ 19, 12, 18; vgl auch BGH WM 1985, 866, 868).

Das eigentliche Problem dieser Fallgestaltungen liegt in der **Grenzziehung zwischen** 343 **einer legitimen Wahrung der Eigeninteressen durch den Hauptgläubiger und einer sittenwidrigen Gläubigertäuschung.** Denn grundsätzlich handelt ein Gläubiger oder Kreditgeber auch dann sittengemäß, wenn er seine eigenen Interessen nicht hinter die der anderen zurückstellt (vgl BGH NJW 1970, 657, 658). Als Kreditgeber muß der im Hintergrund wirkende Hauptgläubiger nämlich bisweilen die wirtschaftliche Bewegungsfreiheit seines Schuldners einschränken, um Mißbrauchs- und Veruntreuungsversuchen bei der Verwendung der zur Verfügung gestellten Finanzmittel vorzubeugen. Die Rechtsprechung zieht die Grenze dort, wo Dritte in Mitleidenschaft gezogen werden (BGHZ 19, 12, 19). In der Tat dürfte dies vor allem in den Fällen zutreffen, in denen der Hauptgläubiger durch die Überlassung von Finanzmitteln den Eintritt der Insolvenz bewußt hinauszögert; denn durch die von ihm veranlaßte Verzögerung trägt er die Verantwortung für die zwischenzeitlich eintretenden Schäden der Drittgläubiger, wenn sein Finanzierungskonzept von vornherein nicht als ernsthafter Sanierungsversuch angelegt war (dazu noch näher unten Rn 363 ff). Zur Begründung eines Sittenverstoßes dürfte es jedoch nicht ausreichen, daß durch das Wirken des Hauptgläubigers lediglich die Sicherungschancen anderer Gläubiger faktisch verschlechtert werden; denn jede Sicherheit, die einem Gläubiger bestellt wird, vermindert die Zugriffschancen der anderen; außerhalb des Insolvenzverfahrens, wo der Grundsatz der par conditio creditorum nicht gilt, ist an einem Wettlauf der Gläubiger im Hinblick auf § 826 BGB nichts auszusetzen.

Die dargestellte Machtproblematik erinnert in der zugrundeliegenden Parallelität 344 von Herrschaft und Haftungsverantwortung an konzernrechtliche Fragestellungen. Das Reichsgericht wollte in der Tat die Sittenwidrigkeit aus einer **stillen Geschäftsinhaberschaft** heraus begründen (RGZ 136, 247, 253; zur praktischen Relevanz: ADEN MDR 1979, 891). Die **konzernrechtliche Relevanz** der beschriebenen Machtstellungen ist indes umstritten (ablehnend RÜMKER KTS 1980, 493, 499 im Anschluß an ULMER ZGR 1978, 457; vgl allerdings die Maßstäbe, nach denen ein qualifizierter faktischer GmbH-Konzern zustandekommen kann: BGHZ 115, 187 – „Video“; BGHZ 122, 123 – „TBB“; dazu OECHSLER ZGR 1997, 464 mwN).

Fraglich ist, welche Bedeutung der **wirtschaftlichen Machtstellung des Gläubigers** dar- 345 über hinaus bei der Begründung des Sittenwidrigkeitsverdiktes zukommen kann. Vor allem das Schrifttum will wirtschaftliche Machtstellungen bei der Beurteilung eines Sittenverstoßes berücksichtigen (SOERGEL/HÖNN/DÖNNEWEG Rn 157; KOLLER JZ 1985, 1013, 1016; vgl insbesondere den auf Strukturprobleme eingehenden Ansatz von MERTENS ZHR 143 [1979] 174, 175; ders AcP 178 [1978] 227, 240 f; MünchKomm/MERTENS Rn 147 ff). Sittenwidrig handelt auch nach Auffassung der Praxis jener Hauptgläubiger, der seine faktische Machtstellung gegenüber dem Schuldner dazu benutzt, sich das gesamte

Unternehmensvermögen anzueignen (BGH NJW 1956, 417, 418; vgl zur Bedeutung wirtschaftlicher Macht noch einmal BGHZ 19, 12, 17; 20, 43, 50). In der Tat besitzt die Problemstellung der Vermögensverschlechterung eine **marktstrukturelle Dimension**. Dies zeigt sich etwa an der Überlegung, die benachteiligten Drittgläubiger verdienten den Schutz des § 826 BGB gegenüber dem Hauptgläubiger dann nicht, wenn sie zuvor die **Möglichkeiten zum Selbstschutz nicht ausgeschöpft** hätten, also bspw nicht auf der Bestellung von Sicherheiten bestanden, obwohl ihnen dies möglich gewesen wäre (RGZ 133, 234, 239; BGH NJW 1970, 657, 658; KOLLER JZ 1985, 1013, 1015). Im Umkehrschluß zeigt sich daran, daß über § 826 BGB **gerade diejenigen Gläubiger geschützt** sind – typischerweise mittelständische Zulieferer –, **denen die ökonomische Verhandlungsmacht fehlt, um gegenüber dem Schuldner auf ausreichender Besicherung zu bestehen**.

346 **Stellungnahme**: Dennoch sind die Möglichkeiten, im Rahmen des § 826 BGB Marktstrukturdefizite auszugleichen, begrenzt; denn der Anspruchsgegner trägt keine persönliche, deliktische Verantwortung für die Konzentration auf dem von ihm beherrschten Markt; hier müssen vielmehr andere, verschuldensunabhängige Mechanismen des Marktmißbrauchs greifen, wie sie den §§ 22, 26 Abs 2 GWB zugrundeliegen (MÖSCHEL, Recht der Wettbewerbsbeschränkungen [1983] Rn 502). So hat es die Rechtsprechung bspw abgelehnt, den Gläubiger, der einen bestimmten Erzeugungsvorgang vorfinanziert hat, beim Zugriff auf das entstandene Erzeugnis gegenüber anderen Gläubigern zu privilegieren (BGH WM 1960, 1223; WM 1956, 1517; WM 1958, 249, 252), wie dies im französischen Recht (Art 2102 4 Cc) üblich ist (dazu oben Rn 238 f). Auch betont die Praxis das Erfordernis einer vorsätzlichen Begehung und rückt damit den **Charakter des § 826 BGB als Sanktion für Verhaltensunrecht** in den Vordergrund der Betrachtungen (RGZ 143, 48, 52; BGH WM 1961, 1126; WM 1962, 527; WM 1963, 1039; WM 1964, 671, 672 f). Überhaupt scheint aber bei der Argumentation mit dem schillernden Begriff wirtschaftlicher Macht Vorsicht geboten, weil sich in diesem vorrechtliche (Vor-)Urteile mit rechtlichen Wertungen oft untrennbar vermengen. Die tatsächliche Machtposition eines Unternehmens ist nämlich als solche kaum sittenwidrig, es kommt vielmehr darauf an, wie sie sich im Einzelfall auf das vertragliche Verhandlungsergebnis auswirkt (HÖNN, Kompensation gestörter Vertragsparität 97 f; OECHSLER, Gerechtigkeit im modernen Austauschvertrag 79 ff). Der Nachweis solcher Auswirkungen stellt jedoch hohe analytische Anforderungen, denen in den einschlägigen Argumentationszusammenhängen eher selten genügt wird.

347 Soweit der Sittenverstoß ua durch Hinweis auf eine wirtschaftliche Machtposition begründet wird, darf schließlich auch das dahinterstehende **Zurechnungsproblem** nicht übersehen werden, bei dem es regelmäßig um die Frage gehen muß, wie der Anspruchsgegner die Machtposition erlangt hat. Ein Gläubiger kann nämlich unfreiwillig im Verlaufe einer dauernden Geschäftsbeziehung in eine faktische Machtstellung gegenüber seinem Schuldner geraten. Dies allein soll nach hM eine besondere Verantwortung gegenüber dem Schuldner und den Drittgläubigern noch nicht begründen. Die **hM** fordert vielmehr, daß eine **Beherrschungsinitiative** vom verantwortlichen Kreditgeber ausgehen muß (vgl BGH NJW 1955, 1272; RÜMKER KTS 1980, 493, 500; MERTENS ZHR 143 [1979] 174, 191). Auch dieses Kriterium erscheint indes unscharf; denn jeder Gläubiger – auch der zunächst passiv agierende – wird zur Sicherung der eigenen Kredite spätestens dann auf den Schuldner Einfluß nehmen müssen, wenn sich dessen finanzielle Gefährdung abzuzeichnen beginnt. Ob dieses eigentlich

bestandssichernde Verhalten wegen seiner Initiativwirkung als haftungsbegründend bewertet werden kann, erscheint eher zweifelhaft.

Vor allem gegenüber Banken wird das Sittenwidrigkeitsurteil bisweilen auch aus **348** einem **Informationsvorsprung** gegenüber anderen Gläubigern begründet: Als Großgläubigerin habe die Bank wesentlich detailliertere Einblicke in die Struktur des Schuldnervermögens und stehe deshalb Drittgläubigern gegenüber stärker in der Verantwortung (RGZ 143, 48, 52; BGH NJW 1970, 657, 658; MERTENS ZHR 143 [1979] 174, 175). Gegenüber einer pauschalen Unterstellung informationeller Überlegenheit der Banken scheint indes Vorsicht geboten (kritisch unter rechtstatsächlichen Aspekten auch RÜMKER ZHR 143 [1979] 195, 197 f). Insbesondere läßt sich aus § 826 BGB keine Strukturverantwortung für entsprechende Marktunvollkommenheiten (Informationsdefizite) konstruieren (unten Rn 422). Kann der in Anspruch genommenen Bank im Einzelfall jedoch ein Überblick über die Vermögensverhältnisse des Schuldners nachgewiesen werden, beeinflußt dies die Maßstäbe, die an ihr Verhalten anzulegen sind. Üblicherweise gereicht es nämlich dem Kreditgeber nicht zum Vorwurf, wenn er einem zahlungsunfähigen Schuldner Zahlungsziele einräumt; er braucht sich insbesondere nicht einschlägig zu vergewissern (RGZ 133, 234, 239; BGH NJW 1970, 657, 658). Die Bewertung der Kreditvergabe ändert sich jedoch, **wenn der Kreditgeber positiv von der finanziellen Notlage des Unternehmens weiß**. Dann führt die Frage nach den mit der Kreditierung verfolgten Zielen vor die Alternative Insolvenzverschleppung oder Sanierung (dazu unten Rn 363 ff).

Soweit der Vorwurf einer sittenwidrigen Kredittäuschung im Hinblick auf einen zwi- **349** schen Schuldner und Kreditgeber geschlossenen **Sicherungsvertrag** erhoben wird, treten **§ 138 BGB und § 826 BGB in Konkurrenz**. Die Rechtsprechung hat im einschlägigen Rahmen wiederholt auf die Unterschiede in Tatbestand und Rechtsfolgen beider Normen aufmerksam gemacht (BGHZ 10, 228, 232; BGH NJW 1970, 657; dargestellt bei COING WM 1980, 1026 und RÜMKER KTS 1980, 493, 507): Danach bezieht sich § 138 BGB ausschließlich auf den Inhalt eines Rechtsgeschäftes, während im Rahmen des § 826 BGB das Gesamtverhalten des Kreditgebers gewürdigt und Vorsatz vorausgesetzt wird. Die aus § 138 BGB resultierende Nichtigkeit von Sicherungsabreden führt zu einer Vermehrung der Konkursmasse, während über § 826 BGB vor allem der Schaden liquidiert werden kann, der durch eine Verzögerung der Eröffnung des Insolvenzverfahrens eingetreten ist. Bei aller Unterschiedlichkeit weist das Schrifttum jedoch darauf hin, daß beide Vorschriften – auf denselben Sachverhalt angewendet – nach im wesentlichen gleichen Gesichtspunkten konkretisiert werden müssen (COING WM 1980, 1026, 1027; RÜMKER KTS 1980, 493, 507). **§ 138 BGB** wird danach bisweilen **als „gebremster" § 826 BGB** verstanden, wenn die Praxis den Drittgläubigerschutz darauf beschränkt, Sicherheiten zum Zwecke der Vollstreckung so zur Verfügung zu stellen, als sei der Sicherungsvertrag nicht abgeschlossen worden (MERTENS ZHR 143 [1979] 174, 182). Bereits das Reichsgericht hat jedoch klargestellt, daß die Nichtigkeit des Sicherungsvertrages nach § 138 BGB der Geltendmachung eines Schadensersatzanspruches nach § 826 BGB nicht entgegensteht (RGZ 143, 48, 54).

In den Fällen der von § 826 BGB erfaßten Vermögensverschiebung und der sitten- **350** widrigen Kredittäuschung ist der **Schadensersatzanspruch** der Drittgläubiger gegenüber dem Hauptgläubiger darauf gerichtet, den Zustand wiederherzustellen, wie er ohne Vermögensverschiebung bzw bei Offenbarung des Inhaltes der Sicherungsvereinbarung entstanden wäre. Hätte der Geschädigte bei Kenntnis der Sachlage etwa vom Abschluß eines Kaufvertrages mit dem Schuldner Abstand genommen, kann er den **Wert der erbrachten Leistung ersetzt** verlangen (RGZ 143, 48, 53); weist er eine alternative Abschlußmöglichkeit gegenüber einer dritten Person nach, so wird ihm **der hypothetische Kaufpreis ersetzt** (RGZ 143, 48, 53). Eine **Beschränkung der Haftung** des Sicherungsnehmers **auf das Sicherungsgut**, wie sie zur Zeit noch in **§ 419 Abs 2 BGB** vorgesehen ist, findet bei vorsätzlicher Täuschung über die Kreditwürdigkeit des Schuldners **nicht** statt (RGZ 143, 48, 53 f). Dies entspricht gerade dem Schutzzweck des § 826 BGB, dem vorsätzlich gegen die guten Sitten verstoßenden Täter der üblichen Haftungsverschonungen zu entheben (oben Rn 12 ff). Zur Berechnung des Quotenschadens unten Rn 357.

c)   **Hinauszögern der Eröffnung des Insolvenzverfahrens
(Konkursverschleppung)**
aa)   **Grundsätze**

351 Erkennt ein Kreditgeber die finanzielle Notlage seines Schuldners, steht es ihm frei, durch Kündigung der eigenen Kredite Anstoß zum endgültigen Zusammenbruch des Schuldnerunternehmens zu geben oder sich passiv zu verhalten (BGH NJW 1970, 657; WM 1965, 475; BGHZ 90, 381, 399; einschränkend hinsichtlich der Kündigungsmöglichkeit CANARIS ZHR 143 [1979] 113, 124 ff; krit dazu RÜMKER KTS 1980, 493, 497 f; vgl unten Rn 377 ff). Im Einzelfall verneint die Praxis daher eine Pflicht der Bank, einen überzogenen Kredit fällig zu stellen (BGH NJW 1970, 657, 658).

352 Diese Freiheit schließt jedoch nicht das Recht ein, den endgültigen Eintritt der Schuldnerinsolvenz aktiv und um jeden Preis – etwa durch Einräumung neuer Zahlungsziele – zu verzögern. Eine **Verschleppung des Insolvenzverfahrens** ist vielmehr sittenwidrig, wenn der Kreditgeber selbst nicht mehr von einer Überwindung der Krise ausgeht, sondern mit der Kreditgewährung das Schuldnerunternehmen nur vorübergehend am Leben erhalten will, um sich während der Interimszeit Sicherungen und Vorteile gegenüber den übrigen Gläubigern zu verschaffen (vgl nur BGH NJW 1970, 657, 658; BGHZ 108, 134, 142). Ein solcher Fall liegt bspw vor, wenn Lieferanten dem Schuldner während dieser Zwischenzeit Zahlungsziele einräumen, der im Hintergrund agierende Kreditgeber aber aufgrund seines Sicherungsvertrages fortwährend Sicherungseigentum an der gelieferten Ware erwirbt (BGH NJW 1970, 657, 658; WM 1964, 671, 673 f). Ausschlaggebend für das Sittenwidrigkeitsurteil ist ein **rücksichtsloses Sichhinwegsetzen** über die Interessen des Schuldners und seiner anderen Gläubiger (BGHZ 19, 12, 17); der **Rechtswidrigkeitszusammenhang** liegt gerade darin, daß sich der Kreditgeber Vorteile auf Kosten derjenigen verschafft, die durch die heimliche Kreditvergabe über die Lebensfähigkeit des Schuldners getäuscht wurden (BGH WM 1961, 1103). Sittenwidrig ist eine Kreditgewährung folglich immer dann, wenn sie gerade so bemessen ist, daß das Schuldnerunternehmen nur vorübergehend zur Verfolgung eigener Sicherungs- und Tilgungsziele weiterwirtschaften, nicht aber die Schulden der Drittgläubiger bedienen kann (BGHZ 19, 12, 18; WM 1964, 671, 673 f; NJW 1970, 657, 658; vgl auch MERTENS ZHR 143 [1979] 174, 189). In diesem Zusammenhang erklärt sich, daß der Gläubiger dem von ihm durch Kredite am Leben erhaltenen Unternehmen nicht folgenlos das gesamte pfändbare Vermögen entziehen kann (BGH NJW 1970, 657, 657 f).

353 Aus bloßem **Abwarten** der weiteren Entwicklung und **Stillhalten** erwächst dem Gläu-

biger allerdings noch nicht der Vorwurf der Sittenwidrigkeit (BGH WM 1964, 671, 673).
Er darf daher auch **fällige Kredite stehen lassen** (BGH NJW 1970, 657, 658) und muß
seinen Schuldner nicht allein deshalb fallen lassen, weil dessen werbende Tätigkeit
ohne zusätzliche zu sichernde Kredite eingestellt werden müßte (BGH WM 1965, 475,
476). Kritisch wird das „Stehenlassen" jedoch, wenn damit dem Schuldner ein Zah-
lungsziel vermittelt wird, dessen einziger Zweck in der Einräumung einer praktischen Vorzugsstellung gegenüber den anderen Gläubigern liegt (BGH WM 1970, 657,
658; ähnlich WM 1965, 475, 476).

Verantwortlich für die Verzögerung der Insolvenz wird der Kreditgeber auch dann, **354**
wenn er auf andere Weise als durch Gewährung neuer Darlehen die **Initiative ergreift**
und bspw auf die Geschäftsführung oder die Sanierung des Schuldners aktiven Einfluß nimmt (dazu BGH WM 1964, 671, 673; WM 1965, 475, 476; RÜMKER KTS 1980, 1980, 493,
512; vgl zur Beherrschungsinitiative oben Rn 347). Ähnliches dürfte gelten, wenn der Kreditgeber und Sanierer gegenüber Dritten **offen für die Kreditwürdigkeit des Schuldners
werben** (BGH BB 1974, 297).

Der Maßstab der Sittenwidrigkeit wird dabei beeinflußt durch die Spezialregeln der **355**
§§ 92 AktG und 64 GmbHG: Ein Verhalten, das den Anforderungen einer dieser Vorschriften genügt, begründet keine Schadensersatzpflicht (BGHZ 75, 96, 114): Wird der
Konkursantrag daher drei Wochen nach Eintritt der Zahlungsunfähigkeit der GmbH
(§ 64 Abs 1 Satz 1 GmbHG) bzw der AG gestellt (§ 92 Abs 2 Satz 1 AktG), liegt
keine sittenwidrige Konkursverschleppung vor. Dieser Zusammenhang erklärt sich
nicht – wie gelegentlich behauptet wird – aus einer Anknüpfung an objektive Berufs-
pflichten (COING WM 1980, 1026, 1030; die Bedeutung der Berufspfichten betont nunmehr auch
GAWAZ, Bankenhaftung für Sanierungskredite [1997] 140 ff; grundlegend dazu auch HIRTE, Berufshaftung [1996]), sondern aus der systematischen Konzeption des § 826 BGB, der als
eine das Privatvermögen schützende Vorschrift mit Spezialnormen des Vermögensschutzes konkurriert und deshalb von ihren Haftungsmaßstäben beeinflußt wird
(oben Rn 38 f). Streitig ist allerdings die Beurteilung bei einer Überschreitung der in
den §§ 92 Abs 2 Satz 1 AktG und 64 Abs 1 Satz 1 GmbHG gesetzten Dreiwochenfrist
für die Stellung des Konkursantrages (tendenziell regelmäßig eine Konkursverschleppung
bejahend K SCHMIDT ZIP 1980, 328, 331 f; dagegen und für einer Orientierung an praktischen
Sanierungserfordernissen RÜMKER KTS 1980, 493, 511 f).

Der Gegenstand der Haftung des § 826 BGB liegt in einem **Verhaltensunrecht** des **356**
Gläubigers. Zu Recht stellt die Rechtsprechung daher strenge Anforderungen an
den **Schädigungsvorsatz**: Mitentscheidend ist dabei die Kenntnis von der Lebensun-
fähigkeit des Unternehmens (BGH WM 1964, 671, 673). Der Gläubiger muß die
**Vermögensverhältnisse des Schuldners so überblicken, daß er die Möglichkeit einer Schä-
digung anderer Gläubiger erkennt** und dann entsprechend in Kauf nimmt (RGZ 143, 48,
52; BGH WM 1961, 1126; WM 1962, 527; WM 1963, 1039). Erforderlich ist der bedingte
Wille, Dritten Schaden zuzufügen (RGZ 143, 48, 52). Dabei kommt es nicht darauf an,
daß sich der Täter in der Person des Geschädigten täuscht (BGHZ 108, 134, 143: zur
Schädigung der Bundesanstalt für Arbeit). Eine **grob fahrlässig unterlassene Aufklärung der
übrigen Gläubiger** reicht dagegen **nicht** aus (RGZ 143, 48, 52). Auch läßt sich aus einer
leichtfertigen Krediteinräumung ohne solide Bonitätsprüfung des Schuldners nicht auf
Schädigungsvorsatz gegenüber Dritten schließen (BGH WM 1964, 671, 672).

357 Die Ersatzpflicht bei einer sittenwidrigen Konkursverschleppung umfaßt zunächst den **Quotenschaden** (BGH NJW-RR 1986, 579, 580), dh die Differenz zwischen der nunmehr tatsächlich auf alle Konkursgläubiger entfallenden Konkursquote und der hypothetischen Quote, die bei rechtzeitiger Eröffnung des Insolvenzverfahrens angefallen wäre. Dabei müssen sich die Drittgläubiger jedoch diejenigen Vermögenswerte als Vorteil anrechnen lassen, die wegen Konkursanfechtung oder Sittenwidrigkeit des Sicherungsvertrages an die Masse zurückgefallen sind (BGH WM 1964, 671, 674). Über § 826 BGB kann aber auch der **volle Neueintrittsschaden** geltend gemacht werden, der dem Drittgläubiger dadurch entstanden ist, daß er während der Verzögerung des Konkurses neu mit dem maroden Unternehmen abgeschlossen hat (BGH WM 1964, 671, 674; WM 1991, 1548; dazu ULMER NJW 1983, 1577, 1580 f); der Geschädigte ist dann so zu stellen, als wäre der Antrag rechtzeitig gestellt worden (BGH WM 1964, 671, 674). Darin lag lange Zeit eine Besonderheit des Anspruchs aus § 826 BGB gegenüber demjenigen aus § 823 Abs 2 iVm § 64 Abs 1 GmbHG. Nach der neueren, **gewandelten Rechtsprechung** haben die Neugläubiger nunmehr auch aus § 823 Abs 2 BGB iVm § 64 GmbHG einen „Anspruch auf Ausgleich des vollen – nicht durch den ‚Quotenschaden' begrenzten – Schadens, der ihnen dadurch entsteht, daß sie in Rechtsbeziehungen zu einer überschuldeten oder zahlungsunfähigen GmbH getreten sind" (BGHZ 126, 181, Leitsatz b = NJW 1994, 2220). Insoweit dürfte die praktische Bedeutung des § 826 BGB im Hinblick auf Ansprüche gegen Geschäftsführer bzw Vorstandsmitglieder zurückgehen.

358 Keinen Ersatz gewährt die Praxis hingegen für den **Wertverlust**, den die **Erwerber von Aktien** dadurch erleiden, daß diese während der Konkursverzögerung und wegen der verschwiegenen Konkursreife zu hoch bewertet wurden. Die Praxis bemüht hier **drei** insgesamt jedoch kaum überzeugende **Argumente: Zunächst** sollen die Erwerber das mit dem Aktienerwerb verbundene spekulative Risiko selbst tragen (BGHZ 96, 231, 236 = NJW 1986, 837). Dieser Satz kann indes kaum für den Fall gelten, daß gegenüber dem Erwerber die Konkursreife arglistig verschwiegen und statt dessen aus eigennützigem Interesse der Schein eines gesunden Unternehmens aufrechterhalten worden ist. Den Schutz vor arglistiger Täuschung (zur Problematik der mit der Konkursverschleppung verbundenen Täuschung oben Rn 162 ff) genießt nämlich auch der Risikoanleger, weil ihm andernfalls jede Chance auf eine sachliche Risikobeurteilung genommen würde. **Zweitens** will der Bundesgerichtshof den Schutz der Erwerber von Beteiligungen mit der zum Zeitpunkt der Entscheidung herrschenden Auslegung der §§ 92 Abs 2 AktG, § 64 Abs 1 GmbHG abstimmen (BGH aaO); diese dienten ebenfalls nur dem Schutz der Gesellschaft und ihrer Gläubiger, nicht aber dem der Erwerber von Beteiligungen an Unternehmen. Sieht man einmal davon ab, daß sich die Rechtsprechung hinsichtlich der Schutzzwecke beider Normen mittlerweile geändert hat (BGH NJW 1994, 2220, 2222 ff; NJW 1993, 2991 Anm K SCHMIDT und CANARIS JZ 1993, 649 ff), so fehlt es für eine solche Analogie auch an der Vergleichbarkeit der Sachverhalte: Bei sittenwidriger Konkursverschleppung kann nämlich nach § 826 BGB der *volle Schaden* desjenigen ersetzt werden, der während der Konkursverzögerung in neue Geschäfte mit der maroden Gesellschaft eingetreten ist (vgl oben Rn 357). Von daher leuchtet es nicht ein, warum gerade der Schutz des Erwerbers von Beteiligungen über § 826 BGB weniger intensiv ausfallen soll. Aus den beschränkten Schutzwirkungen der Konkursantragsnormen läßt sich jedenfalls kein einschlägiges Argument gewinnen, weil über § 826 BGB gerade eine Deprivilegierung des Täters zum (erweiterten) Schutz seiner Opfer möglich ist (oben Rn 12 ff). Die zentrale **dritte**

Rechtfertigung einer Beschränkung des Schadensersatzes soll sich aus der **Lehre vom Schutzzweck der Norm** ergeben, die der Bundesgerichtshof ausdrücklich auf die Konkretisierung der Sittenwidrigkeit in § 826 BGB überträgt (BGH 236 f). Seiner Ansicht nach besteht nämlich zwischen der Konkursverschleppung und dem Wertverfall der Aktie kein innerer Zusammenhang. Vielmehr hänge es vom Zufall ab und sei für die konkursverschleppende Bank ohne Bedeutung, ob es während der Insolvenzverzögerung zum Erwerb von Unternehmensanteilen komme oder nicht. Wie bereits an anderer Stelle ausgeführt (oben Rn 108 ff), ist der Rekurs auf die Lehre vom Schutzzweck der Norm im Rahmen des § 826 BGB stets ein deutliches Zeichen für die Aufweichung des hier vorausgesetzten Schädigungsvorsatzes. Will der Täter seinem Opfer nämlich – wie in § 826 BGB vorausgesetzt – planvoll einen Schaden zufügen, kommt es für die Begründung der gegen ihn gerichteten Ersatzansprüche schwerlich darauf an, welche Norm er zu diesem Zweck gerade verletzt. So dürfte es auch für den Bundesgerichtshof nur geringen Zweifeln unterliegen, daß diejenige Bank aus § 826 BGB haftet, die den Konkurs verzögert, weil sie um den bevorstehenden Aktienkauf der Konkurrentin weiß und dieser gerade in Form des Wertverlustes Schaden zufügen will (vgl deshalb auch die Ausnahme für den Fall der **Kapitalerhöhung** BGHZ 96, 231, 238: dazu unten Rn 368). Der Einschränkung über den Schutzzweck bedarf es folglich nur dort, wo die Begrenzung des Anwendungsbereichs von § 826 BGB über das Vorsatzerfordernis aufgegeben wird; richtiger Ansicht nach liegt darin jedoch keine Beschränkung der Haftung nach § 826 BGB, sondern tendenziell eine Haftungserweiterung, die über den Zweck der Norm – die Deprivilegierung des Vorsatztäters im Haftungsrecht – deutlich hinausgeht (oben Rn 108).

Der Schadensersatzanspruch nach § 826 BGB tritt dabei in Konkurrenz zu Ansprü- **359** chen aus § 823 Abs 2 BGB iVm § 64 GmbHG bzw 92 AktG. Ausnahmsweise ergänzt er diese Anspruchsgrundlagen, wenn ein Gläubiger nicht unter den Schutzbereich dieser Vorschriften fällt. So ist die **Bundesanstalt für Arbeit** mit ihren Erstattungsansprüchen wegen der Zahlung von **Konkursausfallgeld** nicht durch die §§ 92 AktG und 64 GmbHG geschützt, weil ihre (Erstattungs-)Forderungen regelmäßig erst nach Eintritt des Konkurses entstehen (BGHZ 108, 134, 136 f); ihr kann jedoch ein Anspruch nach § 826 BGB zustehen (BGHZ 108, 134, 141 ff).

bb)   Verantwortlichkeit der Gesellschafter für die Verzögerung des Konkursantrags*

Auch durch **Weisungen an die Geschäftsführung** können die Gesellschafter einer **360** GmbH den Gesellschaftsgläubigern nach § 826 BGB schadensersatzpflichtig werden (BGHZ 31, 258, 278 f = WM 1960, 42; vgl allgemein auch STEIN, Das faktische Organ 154 ff). Die Praxis hält dies bspw für möglich, wenn der Geschäftsführer zu Zahlungen veranlaßt wird, die er im Hinblick auf **§ 64 Abs 2 GmbHG** nicht mehr leisten durfte (BGH aaO). Die Haftung der Gesellschafter richtet sich allerdings nicht ausschließlich nach den engen Voraussetzungen des § 826 BGB (so noch BGHZ 31, 258, 272 f); vielmehr kommt

---

* **Schrifttum:** GRUNEWALD, Gesellschafterhaftung im vorvertraglichen Bereich, ZGR 1986, 580; HOFMANN, Zum „Durchgriffsproblem" bei der unterkapitalisierten GmbH, NJW 1966, 1941, 1943; K SCHMIDT, Konkursantragspflicht bei der GmbH und bürgerliches Deliktsrecht; U STEIN, Das faktische Organ (1984); UHLENBRUCK, Haftungstatbestände bei Konkursverursachung und -verschleppung, DStR 1991, 351.

auch ein Anspruch wegen Verletzung der **Treupflicht** in Betracht (BGHZ 65, 15, 21 = WM 1985, 1444 – ITT).

361 Veranlaßt der Gesellschafter den Geschäftsführer zu einer **Verzögerung des Konkursantrags** entgegen **§ 64 Abs 1 GmbHG**, kommt neben § 826 BGB auch § 830 Abs 2 BGB wegen **Anstiftung** oder **Beihilfe** in Betracht (K SCHMIDT JZ 1978, 661, 666 mwN). Richtiger Ansicht nach besteht die Haftung aus § 830 Abs 2 BGB nicht nur bei strafrechtlichen Beteiligungsformen, sondern auch dann, wenn der Gesellschafter vorsätzlich an der *fahrlässigen* Konkursverschleppung des Geschäftsführers teilnimmt (K SCHMIDT aaO).

362 Nach **weitergehenden Vorstellungen** soll die Haftung nicht vom Nachweis einer bestimmten Weisung an die Geschäftsführung abhängig, sondern bereits dann begründet sein, wenn der Gesellschafter eine so mächtige Position in der Gesellschaft einnimmt, daß er de facto über die Stellung des Konkursantrages und die Fortführung der Gesellschaft unter Verdrängung der Geschäftsführer entscheidet (GRUNEWALD ZGR 1986, 597 ff, 599; vgl auch UHLENBRUCK DStR 1991, 351, 352 ff). Begründet wird diese Überlegung mit einer vermeintlichen **Parallele zur Behandlung der Warenterminoptionsvermittlung** durch die Rechtsprechung (vgl oben Rn 169 ff). Auch dort haften nicht die aktiv Involvierten, sondern die über die Erfüllung der Aufklärungspflicht entscheidenden maßgeblichen Hintermänner. Für die Vergleichbarkeit der Fälle spricht zunächst, daß auch die Verhinderung des Konkursantrags auf der mißbräuchlichen Ausnutzung eines Informationsvorsprungs beruhen kann. Dennoch ist eine Gleichbehandlung der Fälle aus zwei Gründen **abzulehnen**: Zunächst folgt im Umkehrschluß aus § 64 GmbHG, daß die Gesellschafter grundsätzlich nicht für die Verschleppung des Konkursantrags verantwortlich sind. Gegen diese gesetzliche Wertung kann daher nur im Ausnahmefall eine entsprechende „Aufklärungspflicht" einzelner Gesellschafter begründet werden. Zweitens unterscheiden sich beide Fallkonstellation doch in einem **wesentlichen Punkt**. Bei der Vermittlung von Warenterminoptionen sind zwar Angestellte der Vermittlungsgesellschaft (Telefonverkäufer) unmittelbar mit der Akquisition der Anleger betraut, regelmäßig verfügen jedoch nur die sog Hintermänner über die Börseninformationen, die erforderlich wären, um die Anleger über das Geschäftsrisiko realitätsgerecht aufzuklären. Der **Zentralisierung der Information** bei diesen Gesellschaftern entspricht daher auch die **Zentralisierung der Haftung**, und zwar auch dann, wenn die Binnenorganisation der Vermittlungsgesellschaft für Außenstehende undurchsichtig ist und nicht klar erscheint, wer im konkreten Fall Verantwortung getragen hat. Denn aufgrund der zentralisierten Information ist auf jeden Fall klar, daß der Hintermann „die Fäden in der Hand" hielt und niemand sonst. Eine solche Zentralisierung der Information aber scheidet bei der Verzögerung des Konkursantrags aus, weil regelmäßig neben dem „beherrschenden" Gesellschafter auch die Geschäftsführer über die tatsächlichen Umstände der Konkursreife aufgeklärt sein dürften. Diese Besonderheit verbietet es gerade, die Haftung wie bei den Vermittlungsgesellschaften stets auf einen Gesellschafter zu zentralisieren, wenn unklar ist, ob dieser aktiv auf die Geschäftsführung Einfluß genommen hat.

cc) Zulässigkeit von Sanierungen

363 Zielt der Abschluß eines umfangreichen Sicherungsvertrages oder die den Insolvenzeintritt verzögernde Kreditgewähr auf eine Sanierung des schuldnerischen Unternehmens, also auf eine **Neugestaltung der Finanzierungsgrundlagen der notleidenden Betriebswirtschaft** (so RÜMKER KTS 1980, 493 mwN), so hat dies Einfluß auf die Konkretisierung des Sittenwidrigkeitsmaßstabes. Bei nachweisbarer **Sanierungsabsicht** gereichen dem Kreditgeber Täuschungs- und Schädigungsmöglichkeiten zu Lasten Dritter nicht ohne weiteres zum Vorwurf (vgl nur BGHZ 10, 228, 233; 96, 231; 90, 381, 399; 108, 134, 144; dagegen noch RGZ 136, 293, 295; krit hinsichtlich der rechtspolitischen Grundannahmen MEYER-CORDING NJW 1981, 1242 und hins der Ausrichtung an subjektiven Tatbestandsvoraussetzungen COING WM 1980, 1026, 1029). Ernsthafte Sanierungsabsicht sowie eine das Sittenwidrigkeitsverdikt ausschließende Seriosität des Sanierungsverfahrens selbst anerkennt die Praxis unter einer Reihe unterschiedlich gewichtiger Voraussetzungen (Aktueller und gründlicher Überblick bei GAWAZ, Bankenhaftung für Sanierungskredite [1997] 86 ff).

Ein Indiz für ernsthaften Sanierungswillen liegt in der Bereitstellung **geeigneter Sanie-** 364 **rungsmittel**. Die zur Verfügung gestellten Fremdmittel müssen ausreichen, auch die Forderungen anderer Gläubiger zu befriedigen (BGHZ 19, 12, 19; NJW 1970, 657, 658; vgl auch MERTENS ZHR 143 [1979] 174, 189). Genügen die Mittel dagegen erkennbar von vornherein nur für eine Verzögerung der endgültigen Konkursreife des Schuldnerunternehmens, liegt der Verdacht nahe, daß der Kreditgeber vorübergehend Zeit gewinnen will, um vor Konkurseröffnung die eigene Gläubigerstellung im Insolvenzverfahren zu verbessern (BGH NJW 1970, 657, 658). Dies gilt insbesondere dann, wenn in der Zwischenzeit Lieferanten dem Schuldner Zahlungsziele einräumen, während der Kreditgeber aufgrund einer Sicherungsabrede mit dem Schuldner die Rechtsinhaberschaft an den gelieferten Vermögensgegenständen erwirbt (BGH WM 1964, 671, 673 f; NJW 1970, 657, 658).

Ob die Sittenwidrigkeit eines Sanierungsvertrages auch von dem Grad der **Wahr-** 365 **scheinlichkeit einer Schädigung Dritter** abhängt, ist dagegen eher zweifelhaft. Der **Bundesgerichtshof** hat zunächst eine entsprechende Differenzierung erwogen (BGHZ 10, 228, 233). Danach sollte ein Sicherungsvertrag, der die naheliegende Möglichkeit einer Schädigung von Drittgläubigern eröffnet, schon seinem objektiven Inhalt nach sittenwidrig sein. In allen übrigen Fällen eines nicht so naheliegenden Schädigungspotentials, müsse das Sittenwidrigkeitsurteil hingegen auf den Beweggründen und Zwecksetzungen der Parteien gründen, etwa auf der Absicht, den Konkurs zu verschleppen (BGHZ 10, 228, 233). Das **Schrifttum** hat eine Unterscheidung zwischen nahe- und fernliegender Wahrscheinlichkeit zu Recht als nicht praktikabel abgelehnt (COING WM 1980, 1026, 1029; KOLLER JZ 1985, 1013, 1015; MERTENS ZHR 143 [1979] 174, 187; RÜMKER ZHR 143 [1979] 195, 205; ders KTS 1980, 493, 509 ff jeweils mwN). Denn stets kann ein solches Urteil nur auf einer Prognose gründen und ist allen Unsicherheiten der künftigen Marktentwicklung ausgesetzt. Der **Bundesgerichtshof** hat sich später wohl selbst von diesem Maßstab mit der Auffassung distanziert, die Sittenwidrigkeit im Einzelfall könne nicht aus der Gefahr des Mißlingens einer Sanierung und damit der Schädigung nichtinformierter Drittgläubiger resultieren, sondern allein aus den von vornherein bestehenden ernsten Zweifel am Gelingen eines Sanierungsversuchs, insbesondere wenn damit zu rechnen sei, daß die Insolvenz allenfalls verzögert, nicht aber verhindert werden könne (BGHZ 75, 96, 114).

Die Praxis fordert ferner, daß der Sanierer seine Einschätzung auf der Grundlage 366 einer **sorgfältigen Prüfung der Vermögenslage des Schuldners** und einer **Einschätzung**

seiner Geschäftsaussichten bildet. Die als Sanierungsabsicht vorausgesetzte ehrliche Überzeugung vom Gelingen des Sanierungsvorhabens (BGHZ 10, 228, 234) müsse auf der Einschätzung eines branchenkundigen Wirtschaftsfachmanns gründen (BGHZ 10, 228, die auf diesen Leitsatz bezogenen Ausführungen der Entscheidung wurden nicht veröffentlicht; vgl RÜMKER KTS 1980, 493, 509 Fn 66). Die Anforderungen an die Prüfung seien dabei schärfer, sobald **Eigennutz** des Kreditgebers bei der Sanierung eine Rolle spiele (BGHZ 10, 228, 234; OBERMÜLLER ZIP 1980, 1059, 1060). Von Eigennutz geht die Praxis dann aus, wenn der Gläubiger die Sanierung betreibt, weil er befürchtet, der Schulder werde seine Kredite nicht zurückzahlen (BGHZ 10, 228, 234). Eine **Differenzierung nach der Qualität der Motive überzeugt** indes schon deshalb **nicht**, weil Sanierungen in der Praxis kaum altruistisch, sondern wohl regelmäßig in Verfolgung eigener wirtschaftlicher Interessen betrieben werden (RÜMKER ZHR 143 [1979] 195, 204 f; KOLLER JZ 1985, 1013, 1015). Auch kann die Ernstlichkeit des Sanierungswillens schwerlich an der Sorgfalt der Prüfung des Schuldnerunternehmens bemessen werden. Dafür ist bereits der Zeitrahmen regelmäßig zu kurz bemessen (arg e §§ 92 Abs 2 Satz 1 AktG, 64 Abs 1 Satz 1 GmbHG). Eine so kurzfristig anfallende Unternehmensprüfung muß ferner auf die betriebswirtschaftliche Erfolgsrechnung des Schuldners zurückgreifen, die sich während der Krise selten in optimalem Zustand präsentiert; die Aussichten der Sanierung selbst sind weiterhin Gegenstand von Prognosen, künftigen Verhandlungen und Marktentwicklungen, deren Ergebnisse sämtlich nicht vorauszusehen sind (so bereits RÜMKER ZHR 143 [1979] 195, 205; ders KTS 1980, 493, 509 ff; SERICK, Eigentumsvorbehalt und Sicherungsübertragung [Bd 3] § 30 V). Unter diesen Umständen kann vom Sanierer allenfalls gefordert werden, daß er sich einen **ernsthaften und möglichst vollständigen Überblick über das Schuldnervermögen** verschafft und sein **Urteil über die Erfolgsaussichten seiner finanziellen Konsolidierung auf fachmännischen Rat gründet.**

367 Der Maßstab der guten Sitten gebietet **nicht**, daß der Sanierer seine **Eigeninteressen hinter die anderer Gläubiger zurückstellt** (BGH NJW 1970, 657, 658 mwN). Doch unterliegt er einer höheren Verantwortung, wenn er den Eintritt eines Insolvenzverfahrens, im Rahmen dessen eine gleichmäßige Behandlung aller Gläubiger sichergestellt wäre, zur Verwirklichung der Sanierungspläne hinausschiebt. Zu Recht weist das Schrifttum darauf hin, daß der **Verzögerung des Insolvenzverfahrens** durch **Vorverlagerung des** dort obwaltenden **Prinzips der par conditio creditorum** Rechnung zu tragen sei (insbesondere COING WM 1980, 1026, 1027; vgl auch MERTENS ZHR 143 [1979] 174, 190: Risikogemeinschaft der Gläubiger; ähnlich wohl auch BGH NJW 1970, 657, 658). Unter dem Gesichtspunkt einer Verantwortung des Sanierers für eine möglichst gleichmäßige Gläubigerbefriedigung erklärt sich, warum ein Kreditgeber nicht sämtliche pfändbaren Vermögenswerte der Befriedigung eigener Sicherungsinteressen zuführen darf (ähnlich: BGH NJW 1970, 657 f; vgl oben Rn 337, allerdings auch Rn 338). Sie erklärt auch, warum der Sanierer gehalten ist, Sanierungsmittel in solchem Umfang zur Verfügung zu stellen, daß der Schuldner auch die Forderungen der Drittgläubiger befriedigen kann (BGHZ 19, 12, 19; NJW 1970, 657, 658; vgl auch MERTENS ZHR 143 [1979] 174, 189).

dd) Sanierung durch Kapitalerhöhung, insbesondere vorfinanzierte Barkapitalerhöhung*

Werden infolge der Verzögerung der Insolvenz die Haftungsverhältnisse verschlei- **368** ert und deswegen die Gesellschaftsanteile auf dem Markt zu hoch bewertet, kann der zwischenzeitliche Erwerber von Anteilen deren späteren Wertverfall nach **hM** nicht als Schaden nach § 826 BGB liquidieren (dazu sowie zur Kritik oben Rn 358 f). Etwas anderes gilt jedoch dann, wenn Mittel der Konkursverschleppung gerade eine Kapitalerhöhung ist. Hier kann dem **Erwerber neuer Aktien** ein Schadensersatzanspruch nach § 826 BGB gegenüber deren Initiatoren zustehen, wenn die Ausgabe der jungen Aktien gerade als Mittel der Konkursverzögerung zum Einsatz kommt, der Konkurs also gerade auf Kosten der Erwerber dieser Aktien hinausgezögert wird (BGHZ 96, 231, 238 = NJW 1986, 837).

Das Sittenwidrigkeitsurteil kann aber auch auf der **Mitwirkung an einer nichtigen 369 Kapitalerhöhung** gründen, die letztlich zum Scheitern eines Sanierungsprojektes führt (OLG Düsseldorf ZIP 1981, 847, 855 = WM 1981, 969; WM 1981, 960, 963; vgl auch die Entscheidungen BGHZ 96, 231 = NJW 1986, 837; NJW 1982, 2823). Inzident kann es daher bei der Prüfung eines Sittenverstoßes auf die Wirksamkeit der Kapitalerhöhung ankommen. Praktische Probleme bereitet dabei insbesondere die Wirksamkeit der sog **vorfinanzierten Barkapitalerhöhung.** Deren Funktion erklärt sich aus einem **in § 92 Abs 2 AktG begründeten Pflichtendilemma.** Dem Vorstand bleibt nur eine Dreiwochenfrist, um die Konkursreife der Aktiengesellschaft zu beseitigen oder den Konkursantrag zu stellen. Diese kurze Spanne reicht aber idR für die ordnungsgemäße Durchführung einer Kapitalerhöhung nicht aus (vgl nur die einmonatige Ladungsfrist nach § 123 Abs 1 AktG und das Eintragungserfordernis nach § 189 AktG: grundlegend dazu LUTTER/HOMMELHOFF/TIMM BB 1980, 737, 738). So stellt sich die Frage, ob Vorauszahlungen auf die künftige Einlagenschuld dergestalt möglich sind, daß die Überschuldung bereits durch die Vorauszahlung beseitigt ist und die Zeichner bei der späteren Eintragung der Kapitalerhöhung ins Handelsregister nicht ein zweites Mal zahlen müssen, wenn das Kapital zu diesem Zeitpunkt nicht mehr zur Verfügung steht. Der **Bundesgerichtshof** hat diese Frage in zwei Entscheidungen offengelassen (BGHZ 96, 231, 242 = NJW 1986, 837; NJW 1982, 2823, 2826); zugunsten dieser Möglichkeiten zeichnet sich jedoch eine **hM** ab (OLG Düsseldorf ZIP 1981, 847, 855 = WM 1981, 969; WM 1981, 960, 963; LUTTER/HOMMELHOFF/TIMM BB 1980, 737, 748, K SCHMIDT ZGR 1982, 519, 529 f), der **zuzustimmen** ist (**aA** allerdings SCHNEIDER/VERHOEVEN ZIP 1982, 644). Es kann nämlich nicht pauschal darum gehen, daß vorzeitige Zahlungen auf die Einlagenschuld in jedem Fall zum Zeitpunkt der Handelsregistereintragung unverbraucht zur Verfügung stehen (BGHZ 51, 157, 159), sondern nur darum, eine Gefährdung der Kapitalaufbringung durch Umgehung der Sachgründungsvorschriften zu vermeiden. Diese Gefahr besteht vor allem, wenn (alte) Forderungen als Einlagen erbracht werden, nicht jedoch, wenn auf eine erst zu beschließende Kapitalerhöhung *Barzahlungen* geleistet werden (vgl K SCHMIDT ZGR 1982, 519, 529 f; ähnlich LUTTER/HOMMELHOFF/ TIMM BB 1980, 737, 745, die allerdings eine Rangrücktrittsvereinbarung für erforderlich halten).

---

* **Schrifttum:** LUTTER/HOMMELHOFF/TIMM, Finanzierungsmaßnahmen zur Krisenabwehr in der Aktiengesellschaft, BB 1980, 737; K SCHMIDT, Die sanierende Kapitalerhöhung im Recht der Aktiengesellschaft, GmbH und Personengesellschaft, ZGR 1982, 519; ders, Organverantwortlichkeit und Sanierung im Insolvenzrecht der Unternehmen, ZIP 1980, 328; SCHNEIDER/VERHOEVEN, Vorfinanzierung einer Barkapitalerhöhung?, ZIP 1982, 644.

370　Die §§ 234, 235 AktG gestatten ausdrücklich eine **Rückbeziehung von Kapitalerhöhungen** auf den Jahresabschluß des vorausgegangenen Geschäftsjahres; dies muß auch für vorfinanzierte Barkapitalerhöhungen gelten (OLG Düsseldorf ZIP 1981, 847, 855 = WM 1981, 969; WM 1981, 960, 963; Lutter/Hommelhoff/Timm BB 1980, 737, 741). Der nachträglich korrigierte Abschluß stellt folglich auch **keine arglistige Täuschung** dar. Die **Mitwirkung an einem Jahresabschluß, der wegen Verstoßes gegen § 235 Abs 1 Satz 2 iVm § 241 Nr 3 AktG nichtig** ist, kann indes einen Verstoß gegen die guten Sitten beinhalten (OLG Düsseldorf ZIP 1981, 847, 855 f = WM 1981, 969; WM 1981, 960, 963).

ee)　Sittenwidrige Verhinderung der Unternehmenssanierung*

371　Sittenwidrig iSd § 826 BGB kann auch die **Verhinderung der Unternehmenssanierung durch Ausübung von Aktionärsstimmrechten** sein (BGH WM 1995, 882, 894 – Girmes II). Bricht die Gesellschaft dabei infolge des Scheiterns der Sanierungsbemühungen zusammen, haften die Minderheitsaktionäre bzw ihr Vertreter für den der Aktiengesellschaft entstandenen Schaden.

372　Der Anspruch aus § 826 BGB tritt aber nach der Rechtsprechung des Bundesgerichtshofs in **Konkurrenz** zur **Haftung wegen vorsätzlicher Verletzung der gesellschaftsvertraglichen Treupflicht** (BGH WM 1995, 882, 889 ff; dazu bereits ausführlich oben Rn 282 ff). Denn die Treupflicht verbiete dem Aktionär mitunter, eine sinnvolle und mehrheitlich angestrebte Sanierung aus eigennützigen Gründen zu verhindern (BGH 887; vgl allgemein zur Begründung positiver Stimmpflichten Scholz/K Schmidt [8. Aufl] Bd 2 § 47 Rn 31; Zöllner, Die Schranken mitgliedschaftlicher Stimmrechtsmacht 353 ff). Die Zustimmung hängt dabei praktisch von der Erfüllung eines **Kriterienkatalogs** ab (BGH 887 vgl zuvor insbesondere K Schmidt ZIP 1980, 328, 336; ders ZGR 1982, 519, 524; Timm WM 1991, 481, 484 f): Erforderlich ist danach, daß der Zusammenbruch der Gesellschaft bei Scheitern der Sanierungsmaßnahme unvermeidlich ist, die Sanierungsmaßnahme hingegen die weitere Verfolgung des Gesellschaftszwecks nach objektiver Einschätzung nachhaltig sicherstellt. Im übrigen darf keine schonendere Sanierung möglich sein und die Stellung des einzelnen Gesellschafters sich im Falle des Zusammenbruchs nicht gegenüber dem Fall des vorzeitigen Austritts aus der bestehenden Gesellschaft (Verkauf der Aktien) verschlechtern. Unter Berücksichtigung der Zwecksetzung des § 117 Abs 7 Nr 1 AktG (dazu oben Rn 289) setzt dieser Anspruch jedoch **Vorsatz** voraus (BGH WM 1995, 882, 891; Zöllner, Die Schranken 430). Der Aktionär soll nicht befürchten müssen, bereits aus einer fahrlässig begangenen Treupflichtverletzung zur Schadensersatzleistung herangezogen zu werden, weil andernfalls der weniger Sachkundige tendenziell von der Ausübung seines Stimmrechtes zurückschrecken würde.

373　Die **Haftung aus § 826 BGB** wird indes aus einem eigenständigen Rechtsgedanken hergeleitet (BGH WM 1995, 882, 894): Sittenwidrig ist insbesondere das **Unverhältnis von Mittel und Zweck der Stimmrechtsausübung** (vgl auch RGZ 132, 149, 163). Die Stimm-

---

*　**Schrifttum:** Dreher, Treupflichten zwischen Aktionären und Verhaltenspflichten bei der Stimmrechtsbündelung, ZHR 157 (1993) 150; K Schmidt, Die sanierende Kapitalerhöhung im Recht der Aktiengesellschaft, GmbH und Personengesellschaft, ZGR 1982, 519; ders, Organverantwortlichkeit und Sanierung im Insolvenzrecht der Unternehmen, ZIP 1980, 328; Schöne, Haftung des Aktionärs-Vertreters für pflichtwidrige Stimmrechtsausübung, WM 1992, 209; Timm, Treupflichten im Aktienrecht, WM 1991, 481; Zöllner, Die Schranken mitgliedschaftlicher Stimmrechtsmacht bei den privatrechtlichen Personenverbänden (1963).

rechtsausübung, ein unter normalen Umständen nicht zu beanstandendes Mittel der Mitwirkung des Gesellschafters, darf keinen Schaden anrichten, der außer Verhältnis zu dem mit ihr erstrebten Nutzen steht. Dies setzt zunächst voraus, daß die zum Beschluß anstehende Sanierungsmaßnahme zur Weiterführung der Gesellschaft unbedingt erforderlich ist. In diesem Fall darf der Minderheitsgesellschafter durch seine Verweigerung aber keinen Vorteil erstreben, der außer Verhältnis zu den Verlusten steht, die ihm und den übrigen Gesellschaftern durch das Scheitern der Sanierung entstehen. Wenn der Sanierungsplan eine Kapitalherabsetzung von 5:2 vorsah, die Minderheitsgesellschafter mit ihrer Verweigerung aber eine Umstellung von 5:3 erreichen wollen und dabei das Scheitern jeder Sanierung riskieren, liegt ein solches Mißverhältnis zwischen Mittel und Zweck vor (BGH 894). Für die Beurteilung der Sittenwidrigkeit soll es insbesondere darauf ankommen, ob der alternative Sanierungsplan der Minderheitsgesellschafter risikoreicher ist als der der Mehrheitsgesellschafter (BGH 894), und ob der Minderheitsgesellschafter eine zweite Abstimmung verhindert und sich dabei der Erkenntnis der Folgen seines Tuns bewußt verschließt (BGH 895).

Im **systematischen Vergleich** geht der Anspruch aus § 826 BGB über die Haftung **374** wegen verletzter Treupflicht hinaus. Bei beiden hängt die Ersatzpflicht des sich verweigernden Gesellschafters zunächst von der Notwendigkeit und Eignung der Sanierungsmaßnahme ab. Die Ablehnung verstößt jedoch nur dann gegen die Treupflicht, wenn dem Gesellschafter durch die Zustimmung kein zusätzlicher Schaden droht, weil die von ihm gehaltenen Anteile bereits jetzt nicht mehr verkäuflich sind. Die Haftung nach § 826 BGB geht weiter: Sie kann uU damit begründet werden, daß der Minderheitsgesellschafter eigene risikoreichere Sanierungsprojekte durchsetzen will als die Mehrheit.

Diese **Konkretisierung des § 826 BGB** ist **im Hinblick auf den Zweck des § 117 Abs 7 Nr 1** **375** **AktG nicht unbedenklich.** Denn § 117 Abs 7 Nr 1 AktG will den Aktionär der Sorge entheben, durch Ausübung seiner Stimmrechte Haftungsrisiken heraufzubeschwören. Damit die Mehrheit seine Mitwirkung in der Hauptversammlung nicht unter Hinweis auf Schadensersatzpflichten ausbremsen kann, läßt der Bundesgerichtshof einen Gesellschafter wegen unrechtmäßiger Abstimmung auch nur im Vorsatzfalle haften (vgl die Begründung des Regierungsentwurfs, abgedruckt bei KROPFF, Aktiengesetz [1965] 163). Diese zutreffende Entscheidung wird aber unterlaufen, wenn die Haftung des Gesellschafters nach § 826 BGB von der undurchsichtigen Mittel-Zweck-Relation abhängen soll. Denn wann das Verhältnis von Mittel und Zweck im Einzelfall überschritten ist, läßt sich aus Sicht des einzelnen Beteiligten nicht prognostizieren. Seine Verantwortlichkeit aus § 826 BGB hängt nicht zwingend davon ab, daß er die letztlich nur vom Bundesgerichtshof zu konkretisierenden Maßstäbe antizipiert; denn für die Anwendbarkeit des § 826 BGB reicht es bereits aus, daß der Täter die tatsächlichen Umstände kennt, die das Sittenwidrigkeitsverdikt begründen (dazu oben Rn 61). Diese Unsicherheit und der mit ihr verbundene wirtschaftliche Druck der Schadensersatzsanktion kann aber für die Mehrheit der Gesellschafter Anlaß sein, sich gar nicht mehr auf die alternativen und womöglich ehrgeizigeren Pläne der Minderheit einzulassen, sondern diese vor die Wahl zu stellen, den eigenen weniger ambitionierten Konzepten zuzustimmen oder eine Haftungsverantwortung zu riskieren. Die Unsicherheit über die Haftungsfolgen des eigenen Stimmverhaltens steht dabei letztlich einem echten Interessenausgleich zwischen Mehrheit und Minderheit entgegen, weil letztere nur unter erheblichen Haftungsgefahren auf ihrer Sichtweise beharren kann. Nicht zuletzt besteht auch die Gefahr, daß nicht die Gesellschafter, sondern letztlich die Gerichte – angerufen wegen Schadensersatzklagen – darüber befinden müssen, welche Sanierungsmaßnahmen weniger risikoreich, aussichtsvoller bzw durchsetzbarer sind. Nur zu leicht tritt dann an die Stelle eines Interessenausgleichs zwischen den Gesellschaftern eine staatliche Sanierungskontrolle.

376   Die beiden Vorsatzhaftungen – der Ersatzanspruch wegen Verletzung der Treupflicht und § 826 BGB – vermitteln den durch das Abstimmungsverhalten der Minderheit geschädigten Mehrheitsaktionären allerdings **keine eigenen Ansprüche wegen des Wertverlustes der Aktien**. Aus Gründen der Kapitalerhaltung und der Zweckgebundenheit des Gesellschaftsvermögens hält der Bundesgerichtshof auch hier an der allgemeinen Sichtweise fest, daß der Wertverlust der Aktie letztlich nur „Reflex" des bei der Aktiengesellschaft selbst eingetretenen Schadens sei und dem einzelnen Aktionär allenfalls einen Anspruch auf Leistung an die Gesellschaft vermittele (BGH WM 1995, 882, 892; WM 1987, 13; BRANDES, in: FS Fleck [1988] 13, 17; MERTENS, in: FS H Lange [1992] 561, 570). Eine Leistung an den Gesellschafter ist erst zulässig, wenn der geltend gemachte Betrag zur vorrangigen Befriedigung der Gläubiger nicht mehr benötigt wird (BGH WM 1995, 882, 892).

d)   Verantwortlichkeit aus der Kreditvergabe

377   Zum hier erörterten Problemkreis zählt schließlich die Frage, ob bereits durch die bloße Kreditgewähr eine besondere Finanzierungsverantwortung entstehen kann. Weitgehende Einigkeit besteht insoweit, daß das aus zahlreichen Einzelvorschriften des BGB resultierende Verbot einer **Kündigung zur Unzeit** (§§ 627 Abs 2, 671 Abs 2, 675, 723 Abs 2 BGB) einen allgemeinen, auf Kredite übertragbaren Rechtsgedanken beinhaltet (CANARIS ZHR 143 [1979] 113, 114, skeptisch jedoch hinsichtlich der praktischen Bedeutung; aA allerdings RÜMKER KTS 1980, 493, 495; HOPT ZHR 143 [1979] 139, 163).

378   Darüber hinausgehend sollen **Schadensersatzpflichten** begründet sein, **wenn ausgereichte Kredite gegenüber einem sanierungsbedürftigen, aber nicht kreditunwürdigen Kunden gekündigt werden**; denn insoweit liege ein Verstoß gegen das Verbot der übermäßigen Schädigung vor (CANARIS ZHR 143 [1979] 113, 124 ff; vgl dazu auch OLG Düsseldorf ZIP 1984, 549, 563 – BuM). Eine so weitgehende Verantwortlichkeit ist **indes** mit den Pflichten der Banken zur Bonitätsprüfung aus § 18 KWG schwer zu vereinbaren, der die Kreditinstitute als Sachwalter fremder Vermögen letztlich unterliegen (ausführlich RÜMKER KTS 1980, 493, 497 f, 500). Im übrigen ließen sich die Grenzen einer solchen Verantwortung im Einzelfall nur schwer ziehen; denn leicht könnte aus einem Erstkredit auch die Pflicht zur Gewährung von Folgekrediten begründet werden und den Kreditinstituten allgemeine Sanierungspflichten aufgebürdet werden (RÜMKER 505).

379   Auch unter dem Gesichtspunkt der **Berufshaftung** (vgl dazu neuerdings auch GAWAZ, Bankenhaftung für Sanierungskredite [1997] 135 ff) lassen sich vergleichbare Pflichten kaum begründen. Insbesondere darf die Pflicht der Kreditinstitute zur Bonitätsprüfung ihrer Kunden gem § 18 KWG nicht über den mit ihr bezweckten Schutz der eigenen An- und Einleger (BGH NJW 1994, 128, 129) hinaus auch auf den Schutz konkurrierender Gläubiger erstreckt werden, die demselben Schuldner Zahlungsziele eingeräumt haben, weil sie **auf das professionelle Vorbild der Bank vertrauten** (MERTENS ZHR 143

[1979] 174, 175; ders AcP 178 [1978] 227, 240 f; MünchKomm/Mertens Rn 147 f; vgl auch Koller JZ 1985, 1013, 1016). Denn durch Austausch und Ergänzung der Schutzzwecke wird der Schutzbereich subjektiver Rechte und Pflichten aufgegeben: An die Stelle einer Verantwortung gegenüber dem Vertragspartner tritt die Verantwortung gegenüber „der Gesellschaft" mit kaum übersehbaren Haftungsfolgen und jenseits der gesetzlichen Schutzzwecke des § 18 KWG (ähnlich Rümker ZHR 143 [1979] 195, 198 f).

Auch aus dem Gesichtspunkt einer **faktischen Monopolstellung** (so Mertens ZHR 143 **380** [1979] 174, 175), durch den die Abhängigkeit eines Kunden gegenüber seiner Hausbank ausgedrückt werden soll, läßt sich eine besondere Finanzierungsverantwortung der Hausbank **nicht** ohne weiteres begründen (kritisch auch Rümker ZHR 143 [1979] 195, 197). Die diesem Ansatz zugrundeliegende wettbewerbsrechtliche Konzeption einer Machtmißbrauchskontrolle als eines notwendigen Gegenstücks zur starken Bindung des Schuldners an die Bank darf im Rahmen des § 826 BGB nicht unkritisch übernommen werden (vgl bereits oben zu den Systemgrenzen Rn 345 ff). Zwar stellt die freie Wahl des Marktpartners einen zentralen Mechanismus des marktwirtschaftlichen Interessenausgleichs dar. Ökonomische und rechtssoziologische Untersuchungen zeigen indes, daß dieser Mechanismus nur eingeschränkt funktionieren kann, wenn die Marktpartner in eine längerandauernde Austauschbeziehung zueinander treten (Williamson, The Economic Institutions of Capitalism [New York, London 1985] 51 ff; Macneil Northwestern University Law Review 72 [1977/78] 845). Stellen sich nämlich beide Seiten – etwa aus Kostengründen – dauerhaft auf eine gegenseitige Zusammenarbeit ein, läßt sich die gemeinsame Partnerschaft zumindest für eine Seite nicht ohne erhebliche Nachteile plötzlich beenden; die im Marktmechanismus vorausgesetzte kurzfristige Umstellungsmöglichkeit auf einen anderen Marktpartner geht damit verloren. Dieser Prozeß wirkt regelmäßig bilateral und damit auch zu Lasten der Hausbank, die möglicherweise erhebliche Anstrengungen unternehmen muß, um ihren finanziell notleidenden Kunden zu sanieren, damit sie nicht selbst mit ihren Rückgewähransprüchen ausfällt und dadurch in den Sog des Untergangs gerät (Mertens ZHR 143 [1979] 174, 175). Aus diesen und ähnlichen Erwägungen heraus beschränkt die hM die Verantwortlichkeit des Hauptgläubigers wegen seiner wirtschaftlichen Machtposition auf die Ausnahmefälle der **Beherrschungsinitiative** (oben Rn 347). Die Begründung einer allgemeinen Sanierungspflicht aus einer faktischen Abhängigkeitsstellung überschreitet dagegen auch die systematischen Grenzen des § 826 BGB, der keine Marktstrukturverantwortung begründen, sondern vorsätzliches Verhaltensunrecht sanktionieren will.

IV. Wirtschaftsrechtlicher Anwendungsbereich

1. Schutz des lauteren Wettbewerbs*

Zwischen den Vorschriften des Gesetzes gegen den unlauteren Wettbewerb (UWG) **381**

---

* **Schrifttum** (Auswahl): Baumbach/Hefermehl, Wettbewerbsrecht (19. Aufl 1996); Emmerich, Recht des unlauteren Wettbewerbs (4. Aufl 1995); vGamm, UWG (2. Aufl 1981);   Sack, Deliktsrechtlicher Verbraucherschutz gegen unlauteren Wettbewerb, NJW 1975, 1303, 1304; ders, Die lückenfüllende Funktion der Sittenwidrigkeitsklauseln, WRP 1985, 1, 4;

und § 826 BGB besteht freie **Anspruchskonkurrenz** (BGHZ 36, 252, 254 ff = GRUR 1962, 321, 314 – Gründerbildnis; GRUR 1964, 218, 220 – Düngekalkhandel; GRUR 1974, 99, 100 – Brünova; GRUR 1977, 539, 541 – Prozeßrechner). Denn § 826 BGB regelt den Spezialfall eines Handelns in Schädigungsabsicht und tritt schon deshalb nicht hinter die Regelungen des UWG zurück, weil es dem Vorsatztäter nicht zugute kommen darf, daß sein Handeln in Wettbewerbsabsicht erfolgte und deshalb *auch* dem Anwendungsbereich des UWG unterfällt (ebenso KÖHLER/PIPER § 1 Rn 32; TEPLIZKY, Wettbewerbsrechtliche Ansprüche 229 Fn 5).

382　Nach **hM** stimmen die an **die guten Sitten** anzulegenden Maßstäbe in beiden Vorschriften überein (SOERGEL/HÖNN/DÖNNEWEG Rn 22, 223, 248; SACK NJW 1975, 1303, 1304; ders WRP 1985, 1, 4; LEHMANN, Vertragsanbahnung 289). Dies folge aus dem Interesse am Erhalt der **Einheit der Rechtsordnung** (vgl zu dieser auch NIEDERLEITHINGER GRUR Int 1996, 467), wonach ein Verhalten stets einheitlich als sittenwidrig oder rechtmäßig behandelt werden müsse. Tatsächlich ergibt sich dieser Gleichklang jedoch bereits aus dem Begriff der guten Sitten selbst (dazu oben Rn 31), ohne daß es auf die Einheit der Rechtsordnung ankäme. Denn über den unbestimmten Rechtsbegriff der guten Sitten in § 826 BGB werden im wesentlichen die Erwartungen des Verkehrs an die Einhaltung von Mindeststandards zur Verhinderung von Schäden geschützt. Der zugrundeliegende Maßstab ist dabei nicht starr und für alle Rechtsgebiete gleich, sondern richtet sich nach den jeweiligen Sachgesetzlichkeiten und den sich auf sie gründenden Erwartungsinhalten. Wie im Vertragsrecht die aus der Sonderrechtsbeziehung resultierenden Treue-, Sorgfalts- oder Aufklärungspflichten auch den Maßstab des gegenseitigen Umgangs in § 826 BGB beeinflussen können (oben Rn 38 f), paßt sich dieser den im Wettbewerb geltenden Sonderregeln an. Auf den Wettbewerb bezogen ist daher ein Verhalten immer dann sittenwidrig iSd § 826 BGB, wenn es den Mindeststandards nicht genügt, deren Einhaltung im wettbewerblichen Verkehr erwartet wird. Diese sind indes durch die umfangreiche Judikatur zu § 1 UWG in weiten Einzelbereichen vorgegeben und müssen daher auch der Anwendung des § 826 BGB zugrundegelegt werden.

383　Praktischer Anwendungsbereich verbleibt § 826 BGB daneben noch wegen der **längeren Verjährung** des § 852 BGB gegenüber § 21 UWG (BGHZ 36, 252, 254 ff = GRUR 1962, 321, 314 – Gründerbildnis; GRUR 1964, 218, 220 – Düngekalkhandel; GRUR 1974, 99, 100 – Brünova; GRUR 1977, 539, 541 – Prozeßrechner). Auch gilt für eine Klage der Gerichtsstand des **§ 32 ZPO**, nicht der des § 24 UWG (BGHZ 41, 314, 316), was jedoch wegen § 24 Abs 2 UWG zu keinen praktischen Unterschieden führt. Denkbar ist auch die Sanktion irreführender Aussagen, die **nicht zu Zwecken des Wettbewerbs** getroffen wurden (PIPER/KÖHLER § 3 Rn 17) oder richtiger Aussagen, die aus sonstigen Gründen

KÖHLER/PIPER, UWG (1995); M LEHMANN, Vertragsanbahnung durch Werbung (1981); NORDEMANN, Wettbewerbsrecht (8. Aufl 1996); REIMER, in: EUGEN ULMER (Hrsg), Recht des unlauteren Wettbewerbs in den Mitgliedstaaten der Europäischen Wirtschaftsgemeinschaft (Bd III: Deutschland 1968); REIMER/vGAMM, Wettbewerbs- und Warenzeichenrecht (Band 2

4. Aufl 1972); REUTHAL, Die unberechtigte wettbewerbliche Abmahnung unter besonderer Berücksichtigung der unberechtigten Schutzrechtsverwarnung (1983); RITTNER, Wettbewerbs- und Kartellrecht (5. Aufl 1995); TEPLITZKY, Wettbewerbsrechtliche Ansprüche (6. Aufl 1992).

sittenwidrig sind (BGH GRUR 1960, 136, 137 – Druckaufträge; vgl auch BAUMBACH/HEFER-
MEHL Einl UWG Rn 358 zu weiteren Anwendungsfällen).

§ 826 BGB findet gelegentlich Anwendung zum Schutz vor **ungerechtfertigten Abmah-** 384
nungen (vgl die Entscheidungen OLG Frankfurt/M NJW-RR 1991, 1006; LG Mannheim WRP
1986, 56: beide gegen sog Abmahnvereine). § 826 BGB füllt dabei eine Regelungslücke
gegenüber § 823 Abs 1 BGB. Denn die Praxis verneint einen Eingriff in den eingerichteten und ausgeübten Gewerbebetrieb dann, wenn sich die Abmahnung nicht auf
die Verletzung eines Immaterialgüterrechtes oder eines wettbewerbsrechtlichen Leistungsschutzrechtes bezieht (BGH NJW 1986, 1815, 1816; OLG Frankfurt/M NJW-RR 1991,
1006).

Zwar findet § 826 BGB auch auf **unberechtigte Schutzrechtsverwarnungen** Anwendung 385
(BGHZ 62, 29, 33 = NJW 1974, 315, 316). Allerdings trifft dies nur auf die Fallgestaltungen zu, in denen der Verwarner die Ungeschütztheit seines vermeintlichen Rechtes
kennt. Die Fälle der fahrlässigen unberechtigten Verwarnung gaben aber dem
Reichsgericht in der Jutefaser-Entscheidung (RGZ 58, 24) gerade Anlaß, das **Recht am**
eingerichteten und ausgeübten Gewerbebetrieb als Grundlage für Abwehransprüche in
Betracht zu ziehen (zum wechselreichen Schwanken der Rechtsprechung zwischen diesem Recht
und § 826 BGB vgl nur vCAEMMERER, in: FS 100 Jahre DJT [1960] 49, 83 ff; STEINDORFF JZ 1960,
582).

§ 826 BGB kann schließlich nach hier vertretener Auffassung auch einen **Schadens-** 386
ersatzanspruch zugunsten des durch eine Wettbewerbshandlung geschädigten Verbrau-
chers eröffnen. Dies hängt damit zusammen, daß in § 826 BGB anders als in § 1
UWG weniger die Absicht im Vordergrund steht, das *eigene* wettbewerbliche Fortkommen zu fördern, als der Wille, einem *anderen* Marktteilnehmer einen Schaden
zuzufügen. Dieser systematische Unterschied war gerade Grund für die historische
Einführung des § 1 UWG und die Ablösung des § 826 BGB als Generalklausel zum
Schutz des lauteren Wettbewerbs (REIMER, in: EUGEN ULMER [Hrsg], Recht des unlauteren
Wettbewerbs [Bd III] 7). Wo der Täter aber unter Bruch einer wettbewerblichen Verhaltenspflicht den Verbrauchern vorsätzlich schadet, besteht idR kein Zweifel daran,
daß der Schutzbereich des § 826 BGB berührt ist. Es kommt dann nicht mehr darauf
an, ob die Verhaltensnorm, auf deren Verletzung das Sittenwidrigkeitsurteil gründet,
dem Schutz des Verbrauchers dient oder nicht (so aber SACK NJW 1975, 1303, 1304 f).
Denn der im Schädigungsvorsatz enthaltene Wille, einem anderen Verkehrsteilnehmer Schaden zuzufügen, ist letztlich die teleologische „Klammer" zwischen deliktischer Handlung und eingetretenem Schaden (umstr, vgl oben Rn 99 ff). Der Vorsatztäter darf sich gegenüber seinem Opfer nicht auf die eingeschränkten Schutzzwecke
einer Verhaltensnorm zurückziehen (vgl noch OLG Celle BB 1970, 985; dazu vorsichtig
LEHMANN, Vertragsanbahnung 290 f). Die Verantwortlichkeit des Täters ist jedoch durch
das beim Schädigungsvorsatz vorausgesetzte *Bewußtsein* der Schädigungsmöglichkeit eingeschränkt; es kommt darauf an, daß der Täter das Gefahrenpotential seines
Verhaltens soweit durchschaut hat, daß er auch die nähere Art des beim Verbraucher
eingetretenen Schadens vorausgesehen hat (zum ganzen unten Rn 105 ff).

Auf der Grundlage von § 826 BGB ist schließlich in Grenzen auch ein **Abschöpfungs-** 387
recht in Wettbewerbsfällen begründbar. Dies gilt insbesondere bei der **Zahlung von**
Schmiergeldern an Angestellte (BGH NJW 1962, 1099, 1100; RGZ 161, 229, 232; MEYER NJW

1983, 1300). Der Arbeitgeber kann das Entgelt zwar nicht ohne weiteres als Schadensersatz herausverlangen (RG MuW 1919/20, 146, 147). Die Praxis hilft jedoch mit **Beweiserleichterungen.** Dafür, daß gerade unter dem Einfluß des Schmiergeldes der Angestellte einen für den Arbeitgeber ungünstigen Abschluß zustande brachte, soll ein Anscheinsbeweis sprechen (RGZ 161, 229, 232; BGH NJW 1962, 1099, 1100; GRUR 1963, 320, 321; LAG Köln 6 Sa 713/95 – 16. 11. 1995 – JURIS), ebenso für den Umstand, daß dem Arbeitgeber die Schmiergeldzahlung unbekannt blieb (RGZ 136, 359, 361). Auch bei der Verwertung von **Betriebsgeheimnissen** kann in die Schadensberechnung die Höhe einer fiktiven Lizenzgebühr einfließen (BGH NJW 1977, 1062, 1063; allgemein zu diesen Berechnungsfragen vBAR UFITA 81 [1978] 57).

2. Leistungsschutzrechte*

a) Allgemeines

388 § 826 BGB darf den bestehenden Leistungsschutz nur *ergänzen*, nicht *ersetzen* (BGHZ 26, 52, 59 – Sherlock Holmes; vgl auch RGZ 120, 94, 97). Dies bedeutet insbesondere, daß der Urheber oder Erfinder nicht über den Umfang der gesetzlichen Schutzrechte hinaus auf der Grundlage von § 826 BGB Schutz genießt, sondern daß die Vorschrift hinter den Zwecken der gesetzlichen Schutzrechte zurückstehen muß. Die **bloße Nachahmung** oder Verwertung einer ungeschützten fremden Leistung rechtfertigt daher regelmäßig den Sittenverstoß nicht; vielmehr kann das Sittenwidrigkeitsverdikt nur **auf zusätzlichen, besonderen Umständen gründen** (vgl zu den Fällen unmittelbarer Leistungsübernahme BGHZ 51, 41, 46; GRUR 1969, 618, 620 – Kunststoffzähne; BAUMBACH/HEFERMEHL § 1 UWG Rn 498 ff oder der vermeidbaren Herkunftstäuschung BGHZ 5, 1, 10 – Hummelfiguren; BAUMBACH/HEFERMEHL § 1 UWG Rn 506 ff). Die Begrenzung der gesetzlichen Schutzrechte garantiert dabei die für den künstlerischen und technischen Fortschritt unverzichtbare **Nachahmungsfreiheit**, das Anknüpfen zwecks Fortentwicklung fremder Leistungen. § 826 BGB bietet keine Handhabe, diese Freiheit über den gesetzgeberischen Willen hinaus einzuschränken.

b) Patenterschleichung

389 Wird die Erteilung eines Patentes durch Täuschung des Patentamtes herbeigeführt

---

* **Schrifttum:** BENKHARD, Patentgesetz (9. Aufl 1993); BLAUROCK, Die Schutzrechtsverwarnung (Diss Freiburg 1970); EMMERLING, Der Schutz einer ausländischen Ausstattung im Inland nach § 1 UWG und § 826 BGB (Diss Mainz 1973); HORN, Die unberechtigte Verwarnung aus gewerblichen Schutzrechten (1972); HUBMANN, Gewerblicher Rechtsschutz (5. Aufl 1988); KÖRNER, Ausstattungsanwartschaft und Wettbewerbsschutz, BB 1968, 1064; MARINOS, Die „sittenwidrige Annäherung" an fremde Kennzeichen (1983); MARTIN, Imitationsanreiz und Schutz vor Nachahmung im Gesetz gegen unlauteren Wettbewerb (1981); H D MAX, Sittenverstoß bei Ausnutzung nicht geschützter gewerblicher Leistung (Diss Göttingen 1975);

NIRK, Zweifelsfragen der Kompetenzverteilung zwischen Bundespatentgericht, Patentamt und den Patentstreitgerichten, in: FS Zehn Jahre Bundespatentgericht (1971) 85; REIMER, Patentgesetz und Gebrauchsmustergesetz (3. Aufl 1968); PFISTER, Das technische Geheimnis „Know How" als Vermögensrecht (1974); REUTHAL, Die unberechtigte wettbewerbliche Abmahnung unter besonderer Berücksichtigung der unberechtigten Schutzrechtsverwarnung (1983); SAMBUC, Rufausbeutung bei fehlender Warengleichartigkeit?, GRUR 1983, 533; SKAUPY, Der Erschleichungseinwand im Patentrecht, JW 1939, 321; ZELLER, Patenterschleichung, GRUR 1951, 51.

(**Patenterschleichung**), anerkennt die Praxis eine aus § 826 BGB begründete **Einwendung im Verletzungsprozeß** (RGZ 140, 184, 188; GRUR 1941, 156, 159; BGH GRUR 1956, 265, 269). Der Inhaber haftet auch einem Dritten auf **Schadensersatz**, wenn sein Lizenznehmer gegenüber diesem das Patent geltend gemacht hatte (RG GRUR 1941, 156). Dies ist deshalb **problematisch**, weil die **Rechtsbeständigkeit des Patentes** im Verletzungsprozeß grundsätzlich nicht überprüft werden darf (RGZ 63, 140, 142; BGH GRUR 1959, 320) und die Voraussetzungen der Patentnichtigkeit und das Verfahren ihrer Geltendmachung in den §§ 21, 22 PatG abschließend geregelt sind. Im übrigen erklärt sich die Judikatur zur Patenterschleichung historisch aus einer mittlerweile geschlossenen **Regelungslücke**; die ursprüngliche zeitliche Beschränkung der patentrechtlichen Nichtigkeitsklage ist nämlich durch die VO vom 23. 10. 1941 (RGBl II 372) aufgehoben.

Zur **Begründung der aktuellen Bedeutung** der Patenterschleichung (an dieser zweifelt **390** immerhin noch BGH GRUR 1954, 107, 111; GRUR 1954, 317, 319; GRUR 1958, 75, 77) wird geltend gemacht, daß es dem Dritten nicht zuzumuten sei, gegenüber dem betrügerischen Inhaber stets im Klageweg vorzugehen. Statt dessen erlaube die **Einwendung aus § 826 BGB**, das zu Unrecht geschützte Verfahren sofort zu benutzen und sich erst nachträglich gegenüber einer möglichen Inanspruchnahme des Täters zu verteidigen (so etwa BENKARD, Patentgesetz [9. Aufl 1993] Rn 67 mwN). Im Verletzungsprozeß muß das ordentliche Gericht nun überprüfen, ob das Patentgericht arglistig über Tatsachen iSd § 21 PatG getäuscht wurde, die eine Vernichtbarkeit des Patents nach § 22 PatG rechtfertigen (BGH GRUR 231, 234 – Zierfalten; zu den Einzelheiten BENKARD Rn 67 f mwN). Dadurch wird der Wert des Patents im Verletzungsprozeß geschmälert, weil der Dritte die Rechtsbeständigkeit partiell in Zweifel ziehen und den Prozeß zu Lasten des Inhabers hinauszögern kann. Die Problematik ist der der Rechts- bzw Bestandskraftdurchbrechung von Titeln systematisch benachbart und verdient wie diese Kritik (unten Rn 472 ff).

Die Kritik an der Anerkennung einer aus § 826 BGB begründeten Einwendung **391** rechtfertigt sich schließlich auch aus der Tatsache, daß nach herrschender und zutreffender Ansicht neben den §§ 21, 22 PatG **kein eigenständiger Nichtigkeitsgrund der Patenterschleichung** gem § 826 BGB anzuerkennen ist (BENKARD aaO; vgl die Entscheidungen BGH GRUR 1954, 107, 111; GRUR 1954, 317, 319).

Der ebenfalls aus § 826 BGB begründete Einwand der **Erschleichung der Patentruhe** **392** (RGZ 140, 184, 192) hat praktische Bedeutung, wenn der Patentinhaber durch Arglist sein Patent aufrechterhalten hat. Dies ist durch Erschleichung der Wiedereinsetzung möglich (BGH GRUR 1952, 564, 565) oder durch Abwendung der Nichtigkeitsklage im Wege eines Abkommens mit einem Nichtigkeitskläger (RGZ 140, 184, 192; RGZ 157, 1; KG GRUR 1940, 32, 35; BENKARD Rn 67 f). Da der Einwand der Erschleichung der Wiedereinsetzung nicht im Nichtigkeitsverfahren geltend gemacht werden kann (BGH GRUR Int 1960, 506, 507), erscheint auch vom hier vertretenen Standpunkt aus angesichts der außerplanmäßigen Regelungslücke eine Geltendmachung über § 826 BGB möglich.

c) Mißbrauch gesetzlicher Leistungsschutzrechte und Marken
§ 826 BGB kann einen **Anspruch auf Einräumung einer Lizenz** an einem **Sperrpatent** **393** vermitteln. Entschieden wurde dies für einen Fall, in dem der Täter ein Vorrich-

tungspatent anmeldete, um dem Erfinder an der Ausnutzung seines älteren Verfahrenspatentes zu hindern (RG GRUR 1940, 437).

394 § 826 BGB kommt auch bei einer **unberechtigten Schutzrechtsverwarnung** in Betracht (BGHZ 62, 29, 33 = NJW 1974, 315, 316). Regelmäßig begründet diese jedoch auch einen Eingriff in den eingerichteten und ausgeübten Gewerbebetrieb nach § 823 Abs 1 BGB (BGHZ 2, 387, 393; 14, 286, 292; 38, 200, 208). Größere praktische Bedeutung entfaltet § 826 BGB gegenüber **unberechtigten Abmahnungen**, denen nicht die Geltendmachung eines Immaterialgüterrechtes oder sonstigen Leistungsschutzrechtes zugrundeliegt (oben Rn 384).

395 Mit Hilfe des § 826 BGB schloß die Praxis eine Lücke im System des nunmehr abgeschafften **Warenzeichengesetzes**. Praktisch bedeutsam waren vor allem **Importfälle**, bei denen der Importeur eine im Ausland zeichenrechtlich geschützte und auch im Inland bereits bekannte Ware einführte, ohne im Inland Warenzeichen- oder Markenschutz zu genießen (vgl BGH GRUR 1967, 304, 305 – Siroset und GRUR 1967, 298, 301 – Modess). Ein inländischer Unternehmer konnte den Importeur dadurch in Bedrängnis bringen, daß er vor diesem ein gleichlautendes Warenzeichen im Inland beantragte. Grundsätzlich wird die Kollision zwischen Zeichenrechten nach dem Prioritätsprinzip entschieden, wobei jedoch eine unzulässige Rechtsausübung nach § 242 BGB des erstrangigen Warenzeichens in Betracht zu ziehen ist (HUBMANN, Gewerblicher Rechtsschutz § 47 IV). Ausnahmsweise ist ein **älterer und schützenswerter Besitzstand** auch auf der Grundlage von § 826 BGB vor dem **Mißbrauch eines Warenzeichens** geschützt (BGH GRUR 1986, 74, 76 f – Shamrock II; GRUR 1967, 298, 301 – Modess; GRUR 1967, 304, 305 – Siroset).

396 Eine **ähnliche Schutzlücke** findet sich bedauerlicherweise auch im **Markenrechtsreformgesetz** vom 25. 10. 1994 (BGBl 1995 I 156). Wer markenrechtlichen Schutz in der Absicht erwirbt, eine bereits im Ausland unter derselben Marke vertriebene Ware vom deutschen Markt fernzuhalten, muß sich daher eine aus §§ 1 UWG, 826 BGB begründete **exceptio doli** entgegenhalten lassen; dem Verletzten steht daneben ein Anspruch auf Löschung der eingetragenen Marke aus diesen Vorschriften zu (OLG Karlsruhe GRUR 1997, 373; dazu HELM GRUR 1996, 593; KIETHE/GROESCHKE WRP 1997, 269). Zur Sittenwidrigkeit einer sog **Hinterhaltsmarke** vgl nunmehr OLG Frankfurt/M WRP 1997, 1208.

397 Grundsätzlich berechtigt allerdings die bloße Benutzung einer nicht geschützten Warenbezeichnung noch nicht allein zur Verteidigung gegenüber einem später eingetragenen Warenzeichen eines Dritten; § 826 BGB schützt **kein** sog „**Vorbenutzungsrecht**" (BGH GRUR 1961, 413, 416 – Dolex). Erforderlich ist vielmehr, daß das Warenzeichen in einen älteren wertvollen und schutzwürdigen Besitzstand eingreift (BGH GRUR 1986, 74, 76 f – Shamrock II mwN), der im Inland erlangt sein muß (Ausnahme: Marken mit Weltgeltung, BGH GRUR 1967, 298, 301 – Modess) und daß die Zeichenanmeldung vorsätzlich erfolgte, um den Inhaber des Besitzstandes zu stören (BGH GRUR 1961, 413 – Dolex). In solchen Fällen kann der Geschädigte aufgrund von § 826 BGB eine exceptio doli geltend machen (BGH GRUR 1961, 413 – Dolex) und Löschung des Zeichens oder Rücknahme der Zeichenanmeldung verlangen (BGH GRUR 1967, 490, 495 – Pudelzeichen; GRUR 1967, 304, 305 – Siroset).

Das **Markenrechtsreformgesetz** vom 25. 10. 1994 (BGBl 1995 I 156) schließt nach § 2 **398**
andere Vorschriften zum Schutz von Warenbezeichnungen nicht aus. Die bisherige
Problematik des Zeichenmißbrauchs wird durch die §§ 12, 13 MarkenG entschärft,
weil danach die Löschung einer Marke möglich ist, wenn sie ein Zeichen betrifft,
dem bereits ein anderer zuvor durch seine Benutzung Verkehrsgeltung verschafft
hat. § 826 BGB kommt jedoch möglicherweise künftig in Fällen der **Markenerschlei-**
chung in Betracht (vgl die ähnliche Problematik in BGH GRUR 1961, 413, 416 – Dolox; GRUR
1962, 522, 524 – Ribana). Im Verletzungsprozeß nach § 14 MarkenG kann danach dem
Inhaber entgegengehalten werden, daß er dem Patentamt gegenüber arglistig die
Voraussetzungen der §§ 12, 13 MarkenG verschwiegen habe. Ähnlich verfährt die
hM im Patentverletzungsprozeß mit dem Einwand der **Patenterschleichung** (oben
Rn 389 ff).

d) Ergänzung des gesetzlichen Leistungsschutzes

Der Erfinder erwirbt auch vor Anmeldung ein Benutzungsrecht am Erfindungsge- **399**
danken. Dieses **Erfinderrecht** vermittelt indes keine Ausschließlichkeitsbefugnisse
(vgl dazu mwN HUBMANN, Gewerblicher Rechtsschutz § 15 II 2 a). Zum Ausgleich erwägt die
Praxis in Sonderfällen einen Anspruch aus §§ 1 UWG und 826 BGB (RG vom
2. 10. 1944, GRUR 1951, 278). Ein solcher bestand nach dem letzten Weltkrieg bis zur
Öffnung des Patentamtes. So wurde es als sittenwidrig angesehen, wenn ein Nach-
ahmer die hilflose Lage eines bis zur Eröffnung des Deutschen Patentamts schutz-
rechtslosen Erfinders ausnutzte, um sich in den Besitz von dessen geistiger
Schöpfung zu setzen (BGHZ 3, 365; KG GRUR 1948, 207, 208; vgl zu einer sog ungeschützten
Altanmeldung OLG Hamburg GRUR 1950, 82).

Eine weitere Regelungslücke schließt § 826 BGB in den Fällen, in denen das **Patent** **400**
nach § 20 PatG wegen einer Säumnis des Inhabers **erloschen** ist (vgl insbes Nr 3), in
denen dem Inhaber jedoch ein **Wiedereinsetzungsgrund** zur Seite steht. Wer diese
Interimszeit bewußt zur Nachahmung ausnutzen will, handelt sittenwidrig (BGH LM
§ 12 PatG Nr 1).

Nur in Ausnahmefällen kommt ein Schutz von **Geisteswerken** oder **Geschmacksmu-** **401**
stern über den spezialgesetzlichen Schutzumfang hinaus in Betracht (grundsätzlich
RGZ 107, 277, 281; vgl als Ausnahmefall OLG Dresden MuW 1933, 207). Problematisch kann
etwa die Verunstaltung eines ansonsten zu Recht nachgedruckten Werkes sein (OLG
Dresden JW 1926, 1242). Als unanstößig gilt auch die werbende Ankündigung eines
Nachdrucks noch während der Laufzeit des Urheberrechts (RGZ 107, 277, 281).

Im **Warenzeichenrecht** wurde eine Ausstattung in Ausnahmefällen über § 826 BGB **402**
auch dann geschützt, wenn sie noch keine Verkehrsgeltung erlangt hatte (BGH GRUR
1961, 413, 416 – Dolox; GRUR 1962, 522, 524 – Ribana). Ebenso wird ausnahmsweise die
tatsächliche **Vorbenutzung eines Zeichens** geschützt, wenn diesem ein älterer und wert-
voller Besitzstand zugrundeliegt (BGH GRUR 1967, 298, 301 – Modess; GRUR 1967, 304,
306 – Siroset; GRUR 1967, 490 – Pudelzeichen; GRUR 1986, 74, 76 f – Shamrock II).

Jenseits des Umfangs gesetzlicher Leistungsschutzrechte besteht **Nachahmungsfrei-** **403**
heit (BAUMBACH/HEFERMEHL § 1 UWG Rn 495). Imitation und Nachschaffung müssen
grundsätzlich offen bleiben, weil ohne sie geistige und technische Fortentwicklungen
nicht denkbar sind. Sittenwidrig ist eine Nachahmung daher uU dann, wenn ihre

Folgen über die erwünschten Imitationsmöglichkeiten hinausschießen, wie dies bei der **vermeidbaren Herkunftstäuschung** der Fall ist (vgl etwa GRUR 1961, 581, 583 – Hummel-Figuren II; GRUR 1960, 244, 246 – Simili-Schmuck). Hier setzt sich der Täter nicht nur mit der fremden Leistung auseinander, sondern versucht auch deren äußere Aufmachung nachzuahmen, um sich an den fremden Erfolg anzuhängen (BAUMBACH/ HEFERMEHL § 1 UWG Rn 506 ff). Die mit der Imitation beabsichtigten wohlfahrtsökonomischen Zwecke können weiter nicht erreicht werden, wenn die Imitation sich von vornherein auf eine bloße Kopie oder Vervielfältigung beschränkt (**unmittelbare Leistungsübernahme**) und eine den technischen Fortschritt fördernde Auseinandersetzung mit der fremden Leistung ausgeschlossen ist (BGHZ 51, 41, 46; GRUR 1969, 618, 620 – Kunststoffzähne).

404 Aus denselben Gründen ist daher die **Begründung eigenständiger Leistungsschutzrechte** über § 826 BGB wie über § 1 UWG abzulehnen, wie dies im Bereich von Modeneuheiten (BGH GRUR 1973, 478 – Modeneuheiten), Computerspielen (OLG Frankfurt/M GRUR 1983, 757 – Donkey King junior) und auf Fortsetzungsbedarf angelegten Serien (BGHZ 41, 55, 57 – Klemmbausteine) bisweilen anerkannt wird. Denn hier gründet das Sittenwidrigkeitsurteil weitgehend auf der Nachahmung als solcher; diese ist aber außerhalb des gesetzlichen Leistungsschutzes nicht beschränkt.

3. Boykott*

405 Seit der irische Gutsverwalter Charles Cunningham **Boycott** auf Veranlassung der irischen Landliga eine Massenkündigung seiner Pächter gewärtigte, sind die Wirkungen organisierter kollektiver Absperrungen eines Gegners sprachlich auf den Punkt gebracht. Die Gefahr des Boykotts liegt insbesondere darin, daß er dem Meinungsstreit durch Einschaltung Dritter ein kollektives Gepräge verleiht und den verrufenen Gegner gerade dadurch in besondere Gefahr bringt. Diese Sondersituation rechtfertigt es, den Boykott auch begrifflich von anderen Blockade- oder Streikmaßnahmen (etwa **Käuferstreik**, dazu REUSS AcP 156 [1957] 89) zu unterscheiden: Der

---

* **Schrifttum:** ADERHOLD, Boykottmaßnahmen gegen Versand- und Selbstbedienungshandel beim Vertrieb hochwertiger technischer Geräte, DB 1965, 619; BIEDENKOPF, Zum politischen Boykott, JZ 1955, 553; HELLE, Boykott und Meinungskampf, NJW 1964, 1497; HUMMEL-LILJEGREN, Boykott durch Verbraucherverbände (1985); KARTTE, Zum Boykottverbot des § 26 Abs 1 GWB, WuW 1961, 170; vKÖLLER, Meinungsfreiheit und unternehmensschädigende Äußerung (1971); KREUZPOINTER, Boykottaufrufe und Verbraucherorganisationen (1980); KÜBLER, Wirtschaftsordnung und Meinungsfreiheit (1966); KÜBLER/LERCHE, Boykott gegen Presse, AfP 1973, 405, 411; LÖHR, Boykottaufruf und Recht auf freie Meinungsäußerung, WRP 1075, 581; MÖSCHEL, Zum Boykott-Tatbestand des § 26 Abs 1 GWB; in: FS Benisch (1989) 339; NIPPERDEY, Boykott und freie Meinungsäußerung, DVBl 1958, 445; PETERS, Boykott und Liefersperre im Wettbewerbsrecht (1957); RASCH, Die Kartellsperre (1930); REUSS, Der sog „Käuferstreik" – Der Boykott als wirtschaftliches Kampfmittel, AcP 156 (1957) 89; SANDROCK, Die Liefersperre in kartell- und zivilrechtlicher Hinsicht, JuS 1971, 57; SATTLER, Die rechtliche Beurteilung der Boykotterklärung (Diss Erlangen/Nürnberg 1971); SCHÜRZHOLZ, Zur Zulässigkeit des Boykotts (Diss Münster 1953); SINNECKER, Die Verrufserklärung (Diss Darmstadt 1969); SPENGLER, Boykottprobleme, WuW 1953, 195; TRIEBOLD, Kartellsperre -Erpressung, WuW 1954, 178; WEICK, Der Boykott zur Verfolgung nichtwirtschaftlicher Interessen (1971).

Verrufer (Boykottant) bestimmt danach die Adressaten (Boykottierer) zur Sperrung oder wirtschaftlichen Aussperrung eines Dritten (Boykottierten) (RGZ 155, 257; BGHZ 19, 72; GRUR 1965, 440; OLG Frankfurt/M BB 1971, 1274).

In der wissenschaftlichen Diskussion wird der Boykott gelegentlich als **Beispiel für** **406** **eine** zunächst **auf § 826 BGB gründende richterliche Rechtsfortbildung** diskutiert, deren Ergebnisse später in den Tatbestand des § 823 Abs 1 BGB abwanderten (so vBar, in: BMJ [Hrsg], Gutachten und Vorschläge zur Überarbeitung des Schuldrechts [Bd 3 1981] 1681, 1704). Bei näherer Betrachtung begegnete die Praxis dem Boykott jedoch eher unentschlossen – einmal über das Recht am eingerichteten und ausgeübten Gewerbebetrieb und einmal über § 826 BGB (dazu vCaemmerer, in: FS zum hundertjährigen Bestehen des Deutschen Juristentages [1960] 49, 84; Deutsch JZ 1963, 385, 390; Mertens AcP 178 [1978] 227, 239). Im Jahre 1890 hatte das Reichsgericht einen Aufruf des Börsenvereins der deutschen Buchhändler in Leipzig zunächst als Eingriff in den eingerichteten und ausgeübten Gewerbebetrieb thematisiert (RGZ 28, 238, 248; zur Entwicklungsgeschichte dieses Rechtsinstituts vgl hier nur vCaemmerer 83 ff). Anläßlich eines späteren Rechtsstreits wegen Liefersperre und Verrufserklärung desselben Vereins hatte sich indes die Beurteilung geändert. Unter Ablehnung eines Schutzes aus § 823 Abs 1 BGB heißt es dort: „insbesondere ist die Vorschrift des § 826 BGB dazu bestimmt und geeignet, in umfassender Weise auch den Gewerbebetrieb gegen illoyale Schädigung sicherzustellen" (RGZ 56, 271, 276). Das Recht am eingerichteten und ausgeübten Gewerbebetrieb erlangte jedoch rasch in einem anderen, von § 826 BGB nicht erfaßten Bereich neue Bedeutung: der **subjektiv gutgläubigen, objektiv aber unrichtigen Patentverwarnung** (vgl RGZ 58, 24, 29 f). Kurze Zeit später stand der Eingriff in den Gewerbebetrieb nunmehr wiederum als anerkanntes Institut auch zur Liquidierung von Schäden wegen Boykotts zur Verfügung (RGZ 76, 35, 46). Der Bundesgerichtshof wiederum hat den Boykott vergleichsweise spät als Eingriff in den Gewerbebetrieb angesehen (BGHZ 24, 200, 205 ff).

Heute ist die **praktische Bedeutung des § 826 BGB** in diesem Bereich erheblich **einge-** **407** **schränkt**. Die mitunter schwierige Prüfung des Schädigungsvorsatzes rechtfertigt sich aus Sicht der Praxis **nur bei solchen Fällen, die aus dem sachlichen Schutzbereich des eingerichteten und ausgeübten Gewerbebetriebs herausfallen**, etwa weil kein unmittelbarer, betriebsbezogener Eingriff stattgefunden hat. Im Mittelpunkt der Anwendung des § 826 BGB steht daher der Ausgleich von **Schäden der vom Boykott mittelbar Betroffenen** (Abnehmer und Zulieferer eines Unternehmens), wenn deren Schädigung vom Verrufer zumindest billigend in Kauf genommen wurde (BGH LM § 829 BGB Nr 38 [Cb]; Mertens AfP 1973, 354 f). Ergänzend tritt hier aber auch die Regelung des § 26 Abs 1 GWB hinzu, die den Kartellbehörden bisher regen Anlaß zur Verhängung von Bußgeldern gegeben hat (dazu Möschel, Recht der Wettbewerbsbeschränkungen Rn 609).

Das kollektive Moment des Boykotts, das die besondere Gefahr dieses Instruments **408** ausmacht, beruht auf der **Veranlassung Dritter** zur Ausführung bestimmter Maßnahmen (Baumbach/Hefermehl § 1 UWG Rn 276). Aus diesem Grund können auch im Rahmen des § 826 BGB die Grundsätze über den Boykott nur bei einer **Personenverschiedenheit von Verrufer und Adressat** Anwendung finden. Dabei schadet es nicht, wenn Mitglieder einer Personengruppe sich wechselseitig zu Maßnahmen aufrufen und diese untereinander vereinbaren (BGH GRUR 1965, 440, 442 – „Milchboykott"). Für den kollektiven Multiplikationseffekt genügt es jedoch nicht, wenn die Ausführenden in die Organisation des Verrufers eingegliedert sind (RGZ 155, 257, 279: Anweisungen innerhalb der Verwaltungsorganisation).

409 An der für den Boykott so wesentlichen kollektiven Mobilisierung fehlt es auch dann, wenn ein Unternehmer die ihm weisungsgebundenen Filialen und Absatzmittler zur Sperre auffordert (BGHZ 19, 72, 77 – Gesangbuch). In einer Marktwirtschaft steht es nämlich jedem Marktteilnehmer frei, auf ein bestimmtes Verhalten der Marktgegenseite mit **Nachfrageentzug** zu reagieren (BGHZ 38, 90, 103; NJW 1977, 628, 629). In diesen Fällen vollziehen die angewiesenen Angestellten und Absatzmittler die Verweigerungsstrategie des Unternehmers nur aufgrund ihrer Weisungsgebundenheit nach und handeln nicht wie der typische Boykottadressat aus eigenem Entschluß.

410 Aber auch die bloße **Abkehr** des Unternehmers wurde früher als sittenwidrig angesehen, wenn sie zur Schadenszufügung in feindseliger Gesinnung erfolgte (RGZ 115, 253; 128, 97; 133, 388; 148, 332; BGH DB 1958, 853; OLG Köln GRUR 1967, 266). Nach der heutigen Rechtslage stellen sich hier jedoch weniger Probleme des deliktischen Verhaltensunrechts als Fragen der objektiven kartellrechtlichen Mißbrauchskontrolle nach den §§ 22 Abs 4, 26 Abs 2 GWB.

411 Der Verrufer muß schließlich auf die **Entschließungsfreiheit der Adressaten** Einfluß nehmen (BVerfGE 25, 156, 264; BGH NJW 1954, 157). Zwar genügen dabei bloße Meinungskundgaben nicht (zur Abgrenung BGH NJW 1985, 60), doch sind die Anforderungen allgemein gering, so daß es genügt, wenn der Verrufer nur seine persönliche Autorität in die Waagschale wirft (BAUMBACH/HEFERMEHL § 1 UWG Rn 278; vgl auch BGH NJW 1985, 60).

412 Die **Sittenwidrigkeit** von Boykottmaßnahmen wurde durch das Reichsgericht zunächst großzügig beurteilt. Grundsätzlich war der Boykott erlaubt und nur unter besonderen Umständen verboten (grundlegend RGZ 140, 423, 431). Die Erlaubtheit des Boykotts stand dabei in enger Verbindung mit der Erlaubtheit der Kartelle, zu deren Disziplinierung die Organisatoren auf den Boykott angewiesen waren (MÖSCHEL, Recht der Wettbewerbsbeschränkungen [1983] Rn 608). Die Sittenwidrigkeit konnte sich daher nur ausnahmsweise aus den Zielen (völlige Existenzvernichtung des Gegners), Motiven (Schikane, Rache), Mitteln (unwahre Behauptungen, aufreizende Darstellung) oder wegen Unverhältnismäßigkeit der Mittel ergeben (RGZ 56, 271; 76, 35; 104, 330; 105, 4, 7; 128, 92, 97; 130, 89, 92; 134, 342, 351; 140, 423; 155, 257; JW 1937, 2195).

413 Heute ist Maßstab für die Zulässigkeit des Boykotts der **Schutz der Meinungsfreiheit** nach Art 5 GG (BVerfG GRUR 1984, 357, 359 – „markt-intern"). Dieses Recht findet seine Schranken in den allgemeinen Gesetzen, zu denen auch § 826 BGB zählt. Allerdings erfolgt die Interpretation dieser Gesetze im Licht der Bedeutung des Grundrechts, und zwar so, daß der besondere Wertgehalt der Meinungsfreiheit gewahrt bleibt. Diese Wechselwirkung zwischen Grundrechten und Schranke (BVerfGE 7, 198, 205, 209 – LÜTH) führt zu einer Güterabwägung, im Rahmen derer ein Boykott rechtmäßig sein kann, wenn er als **Mittel des geistigen Meinungskampfes** in einer die Öffentlichkeit berührenden Frage eingesetzt wird und wenn ihm keine private Auseinandersetzung, sondern die Sorge um politische, wirtschaftliche, soziale oder kulturelle Angelegenheiten der Allgemeinheit zugrunde liegen. „Wenn es darum geht, daß sich

in einer für das Gemeinwohl wichtigen Frage eine öffentliche Meinung bildet, müssen private und namentlich wirtschaftliche Interessen einzelner zurücktreten." Meinungsäußerungen können danach nicht schon wegen ihrer wirtschaftlichen Folgen (Vernichtung von Unternehmen, Verlust von Arbeitsplätzen) untersagt werden (BVerfGE 7, 198, 219 – Lüth). Auch dem wirtschaftlich Stärkeren ist danach der Meinungskampf nicht verwehrt (BVerfGE 25, 256, 264 – Blinkfuer).

Aufgrund der Beschränkung der Boykottfunktionen auf einen Beitrag zum geistigen **414** Meinungskampf sind solche Maßnahmen vom Schutzbereich des Art 5 GG ausgenommen, in denen nicht geistige Argumente zum Einsatz kommen (Darlegungen, Erklärungen und Abwägungen), sondern **wirtschaftlicher Zwang und Druck**. Dies gilt insbesondere dann, wenn die innere Entscheidungsfreiheit der Adressaten des Boykottaufrufs durch Einsatz von wirtschaftlichem Druck eingeschränkt wird (BVerfGE 25, 256, 264 f – Blinkfuer, wo den Adressaten mit Liefersperren gedroht wurde; vgl auch BVerfGE 62, 230 – Hersteller-Denkzettel; BVerfG GRUR 1984, 357, 360 – markt-intern). Zu einem entscheidenden Kriterium für die Rechtmäßigkeit eines Boykotts wird daher die Frage, ob den Adressaten die **innere Entscheidungsfreiheit** zur Durchführung der Boykottmaßnahmen verbleibt oder nicht.

Danach ist der **reine Geschäftsboykott grundsätzlich** nicht durch Art 5 Abs 1 GG **415** geschützt, weil er von vornherein keinen Beitrag zum Meinungskampf in einer die Öffentlichkeit berührenden Frage leisten will. Auch eine Rechtfertigung wegen der Wahrnehmung sonstiger berechtigter Interessen gem § 193 StGB scheidet regelmäßig aus, weil auch hier die Verhältnismäßigkeit zwischen Mittel und Zweck gewahrt bleiben müsse, der Boykott aber sehr häufig bis zur Existenzvernichtung des Verrufenen führen könne und über die verfolgten Ziele hinausschieße (BGHZ 24, 200 – Spätheimkehrer; GRUR 1965, 440 – Milchboykott; GRUR 1980, 242).

Zulässig ist dagegen der Aufruf einer Konzertagentur an eine andere, eine als rechts- **416** radikal bekannte Musikgruppe nicht auftreten zu lassen (LG Köln GRUR 1994, 741), die Aufforderung eines Privatmannes an diverse Unternehmer, keine Anzeigen mehr in Illustrierten zu schalten, weil dort in besonderer Weise sexualbetonte Themen gepflegt würden (OLG Köln NJW 1965, 2345) oder die Aufforderung einer Tierschutzvereinigung, keine Seehundmäntel zu kaufen, weil die Jagd auf Robben grausam sei (OLG Frankfurt/M NJW 1969, 2095).

4. Arbeitskampfmaßnahmen*

Die Bedeutung des § 826 BGB im Arbeitskampfrecht ist heute zum großen Teil ein **417** Stück Historie. Weil Arbeitskampfmaßnahmen (Streik, Aussperrung, Boykott) von

---

* **Schrifttum**: DOERK, Der Streik als unerlaubte Handlung iSd § 826 BGB (1954); GERMELMANN, Theorie und Geschichte des Streikrechts (1980); KONZEN, Der Arbeitskampf im Verfassungs- und Privatrechtssystem, AcP 177 (1977) 473; ders, Streikrecht und Boykott, in: FS Molitor (1988) 181; NIESE, Streik- und Strafrecht (1954); RICHARDI, Verhältnismäßigkeit von Streik und Aussperrung, NJW 1978, 2057; SAVAETE, Sittenwidriges Verhalten im Zusammenhang mit Arbeitskämpfen, AuR 1957, 97; RAMM, Der Begriff Arbeitskampf, AcP 160 (1961) 336; SEITER, Streikrecht und Aussperrungsrecht (1975); SCHWITANSKI, Deliktsrecht, Unternehmensschutz und Arbeitskampfrecht (1986).

vornherein darauf gerichtet sind, den Gegner durch Inaussichtstellen bzw Zufügen von Vermögensschäden wirtschaftlich unter Druck zu setzen, lag die Norm ursprünglich als Anspruchsgrundlage nahe. Die Rechtsprechung des Reichsgerichts und Reichsarbeitsgerichts trug aber den Notwendigkeiten eines kollektiven Regelungsstreites dadurch Rechnung, daß sie den **Arbeitskampf** grundsätzlich **nicht als sittenwidrig** ansah und auf diese Weise dem Anwendungsbereich des § 826 BGB entzog (RGZ 54, 255; 119, 291, 294 f; RAG ARS 4, 217, 220; ARS 7, 404, 409; ARS 14, 293, 296; ARS 15, 41, 44 f). Die Sittenwidrigkeit konnte folglich nur aus den besonderen Umständen des Einzelfalls begründet werden (vgl zur Judikatur HUECK/NIPPERDEY/SÄCKER, Lehrbuch des Arbeitsrechts [7. Aufl 1970] § 49 D 1036 Rn 97 sowie die STAUDINGER/SCHÄFER¹² Rn 236).

418 Heute beurteilt die **hM** rechtswidrige, weil nicht sozialadäquate Arbeitskampfmaßnahmen unter dem Gesichtspunkt eines **Eingriffs in den eingerichteten und ausgeübten Gewerbebetrieb** iSd § 823 Abs 1 BGB (vgl hier nur OTTO, in: RICHARDI/WLOTZKE [Hrsg], Handbuch des Arbeitsrechts [Bd 3 1993] § 282 Rn 6; kritisch SEITER, Streikrecht und Aussperrungsrecht 455 f; zu Entstehungsgeschichte und Kritik an dem von NIPPERDEY entwickelten Begriff der **Sozialadäquanz** vgl hier nur STEINDORF JZ 1960, 582). Dies erklärt sich nicht nur aus den niedrigeren Anspruchsvoraussetzungen dieser Norm, sondern auch aus dem Bestreben, Arbeitskampfmaßnahmen dem Ruch der Sittenwidrigkeit und damit eines moralischen Vorwurfselements zu entheben (HUECK/NIPPERDEY, Lehrbuch des Arbeitsrechts [6. Aufl Bd 2 1957] 635). Ausgangspunkt ist dabei jedoch ein überholter ethischer Inhalt des Sittenbegriffs; das **neuere Schrifttum** betont dagegen die im Begriff der guten Sitten angelegten Rechtsfortbildungsmöglichkeiten (SEITER 464 f).

419 So hält die Arbeitsrechtswissenschaft zumindest partiell an § 826 BGB im Hinblick auf die Kompensation rechtswidriger Arbeitskampfmaßnahmen fest (grundsätzlich SEITER aaO). Die Anwendung der Vorschrift wird etwa erwogen bei ausnahmsweise **anstößigen Massenänderungskündigungen** der Arbeitgeber und **nicht gewerkschaftlich geführten Streiks** (OTTO, in: RICHARDI/WLOTZKE [Hrsg], Handbuch des Arbeitsrechts [Bd 3 1993] § 282 Rn 6).

420 Die Voraussetzungen eines Anspruchs aus § 826 BGB wurden schließlich bei der Durchführung eines **Bummelstreiks** der Fluglotsen im Jahre 1973 bejaht (BGHZ 70, 277, 280 ff = NJW 1978, 816). Sittenwidrig war dort ua der Verstoß gegen das Prinzip der Waffengleichheit iSd Art 9 Abs 3 GG. Denn die Teilnehmer bekannten sich nicht wie beim Streik zu kollektiven Kampfmaßnahmen, sondern entzogen dem Arbeitgeber durch Krankmeldungen (go sick) oder Herabsetzung der Arbeitsleistung (go slow) offene Angriffsmöglichkeiten.

421 Die Sittenwidrigkeit eines Bummelstreiks kann sich ferner aus den **Nachteilen und Belastungen für Außenstehende** ergeben, die den Ausgang des Arbeitskampfes nicht beeinflussen können (BGHZ 77, 277, 282 = NJW 1978, 816). Dies gilt insbesondere, wenn darin mehr als eine bloße Nebenwirkung des Arbeitskampfes liegt, die je nach Lage des Falles hingenommen werden müßte, sondern eine Verstärkung des auf den Arbeitgeber ausgeübten Drucks. Überhaupt rechtfertigt sich der Schutz **außenstehender Unternehmer** (Zulieferer, Abnehmer) in solchen Extremfällen über § 826 BGB aus der Überlegung, daß diese in ihrem Recht am eingerichteten und ausgeübten Gewerbebetrieb nach § 823 Abs 1 BGB mangels unmittelbaren, betriebsbezogenen Eingriffs nicht verletzt sind (vgl dazu auch STAUDINGER/SCHÄFER¹² Rn 236).

5. Schutz der Freiheit des Wettbewerbs, insbesondere Machtmißbrauch*

a) Einführung

Nach **hM** müssen **Störungen im Verhandlungsgleichgewicht** der Vertragsparteien **422** durch die Rechtsordnung kompensiert werden (BVerfGE 81, 242, 255; 89, 232 f; NJW 1994, 2749; vgl im Überblick mit allerdings erheblich differenzierterem Ansatz: HÖNN, Kompensation gestörter Vertragsparität [1981]; KRAMER, Die Krise des liberalen Vertragsdenkens [1974]). Der Grund dafür ist die Überlegung, daß die mit überlegener Machtstellung ausgestattete Partei auf das im Vertrag ausgedrückte Verhandlungsergebnis einseitig Einfluß nehmen könne und damit das Zustandekommen eines Vertrags„richtigkeit" verbürgenden Kompromisses zwischen den Parteien verhindere (SCHMIDT-RIMPLER AcP 147 [1941] 130, 151). Darin aber liege der Kern vertraglicher Ungerechtigkeit; folglich sei es Aufgabe der Privatrechtsordnung, die Entstehung eines **„Rechts des Stärkeren"** zu verhindern. Dieser Gedanke findet auch bei der Konkretisierung des Sittenmaßstabes in § 826 BGB Anwendung (MAYER-MALY AcP 194 [1994] 105, 130, 150 ff; MERTENS AcP 178 [1978] 227, 243; SOERGEL/HÖNN/DÖNNEWEG Rn 165).

Allein, die praktische Umsetzung dieses Gerechtigkeitsgedankens bereitet erheb- **423** liche Probleme. Machtungleichgewichte bestimmen und beleben das Marktgeschehen nämlich in ganz unterschiedlicher Gestalt, ohne daß man aus ihnen bereits Mißbrauchsschlüsse ziehen könnte (WIEDEMANN JZ 1990, 695: „In- und ausländische Erfahrungen belegen, daß die Ungleichgewichtslage kaum justiziabel ist."; vgl zur Kritik auch ADOMEIT NJW 1994, 2467; LIMBACH JuS 1985, 10, 13; ZÖLLNER AcP 176 [1976] 221, 246; OECHSLER, Gerechtigkeit im modernen Austauschvertrag [1997] 145 ff). Problematisch ist es daher, Gerechtigkeitskorrekturen am Vertragsinhalt allein aufgrund des Nachweises einer disparitätischen Verhandlungsposition zwischen den Marktpartnern zu begründen; denn stets stellt sich die Frage, *ob* und *wie* sich die überlegene Verhandlungsmacht der einen Seite zum Schaden der anderen *ausgewirkt* hat und welcher Regelungsbedarf gerade aus der so zu verzeichnenden Rechtsgutsbeeinträchtigung begründet werden kann. Für die rechtliche Beurteilung einer **vorformulierten Klausel** reicht es also nicht aus, sie als Ergebnis eines gestörten Verhandlungsgleichgewichtes zu diskreditieren, so lange nicht feststeht, daß ihre *Wirkungen* die Rechtsstellung der anderen Seite in einer für die Rechtsordnung nicht hinnehmbaren Art und Weise schmälern (§ 9 AGBG; vgl dazu OECHSLER 296 ff sowie zur historischen Bedeutung des § 826 BGB bei der Kontrolle allgemeiner Geschäftsbedingungen oben Rn 187).

Diese Überlegungen beeinflussen auch die **Konkretisierung des Sittenmaßstabes in 424**

---

* **Schrifttum:** BIEDENKOPF, Vertragliche Wettbewerbsbeschränkung und Wirtschaftsverfassung (1958) 217 ff; BYDLINSKI, Zu den Grundlagen des Kontrahierungszwangs, AcP 180 (1980) 1; GRUNEWALD, Vereinsaufnahme und Kontrahierungszwang, AcP 182 (1982) 182; HÖNN, Kompensation gestörter Vertragsparität (1982); KILIAN, Kontrahierungszwang und Zivilrechtssystem, AcP 180 (1980) 56; F KÜBLER, Massenmedien und öffentliche Veranstaltungen – Das Verhältnis der Berichterstattungsfreiheit zu privaten Abwehr- und Ausschlußrechten (1978); ders, Pflicht zur Veröffentlichung politischer Ansichten? – Materialien zur interdisziplinären Medienforschung (Bd 5 1976); MESTMÄCKER, Über das Verhältnis des Rechts der Wettbewerbsbeschränkungen zum Privatrecht, AcP 168 (1968) 235; OECHSLER, Gerechtigkeit im modernen Austauschvertrag (1997); RATHGLAWATZ, Anzeigenauftrag und Kontrahierungszwang, WRP 1982, 625.

§ 826 BGB. Auch hier läßt sich die Sittenwidrigkeit einer Handlung oder eines Rechtsgeschäfts nicht einfach aus einer Disparität zwischen zwei Verhandlungspartnern begründen. Verhaltensweisen geraten folglich nicht allein deshalb in den Anwendungsbereich der Norm, weil sie von einem mächtigen Verband oder einem Monopolisten durchgeführt werden (vgl aber SOERGEL/HÖNN/DÖNNEWEG Rn 165). Diesen Befund bestätigt gerade der **systematische Vergleich mit dem Kartellrecht**. Nach modernem dogmatischem Verständnis werden die Handlungsmöglichkeiten des marktbeherrschenden oder marktmächtigen Unternehmens nicht deshalb beschränkt, weil ihm die Rechtsordnung ein bestimmtes Verhalten als Unrecht vorwirft, sondern allein deshalb, weil die Rechtsordnung **Verhaltensspielräume dieses Unternehmens kontrollieren muß, um die hier fehlende Kontrollfunktion des Wettbewerbes zu surrogieren**. Es geht dabei also **nicht um den Vorwurf von Verhaltensunrecht, sondern um Strukturfragen** wie die Offenhaltung der Märkte und den Schutz der Konkurrenz vor dauerhaften Schädigungen (vgl die Begründung des wissenschaftlichen Beirats beim BWiM BT-Drucks IV/617 96; dazu MÖSCHEL, Recht der Wettbewerbsbeschränkungen [1983] Rn 502).

425 Gegenüber diesem Erkenntnisstand bedeutet jeder Versuch einer „**Monopolkontrolle**" über § 826 BGB einen **dogmatischen Rückschritt**. Denn dabei müßten Fragen der Strukturkontrolle letztlich in die Formen des vorwerfbaren Verhaltensunrechtes „rückübersetzt" werden – eine Strategie, die verdient dem Vorwurf des „**bigness becomes badness**" ausgesetzt wäre (vgl stellvertretend für die Antitrustkritik der sog Chicago School hier nur BORK, The Antitrust Paradox – A Policy in War with Itself [New York 1978]).

426 Bereits die Überlegungen NIPPERDEYS zeigen aber, daß eine Monopolkontrolle über § 826 BGB nur um den Preis einer Verobjektivierung der Norm – gar unter **Verzicht auf das Erfordernis eines Schädigungsvorsatzes** – zu haben ist (NIPPERDEY, Kontrahierungszwang und diktierter Vertrag 67; dazu noch ausführlich unten Rn 432). In eine ähnliche Richtung gehen die Überlegungen MESTMÄCKERS, der unter dem Gesichtspunkt der Einheit der Rechtsordnung den Begriff der guten Sitten in § 826 BGB an die objektiven Maßstäbe der kartellrechtlichen Mißbrauchsaufsicht anpassen will (MESTMÄCKER AcP 168 [1968] 235, 253 ff; vgl auch die Überlegungen BIEDENKOPFS, Vertragliche Wettbewerbsbeschränkung und Wirtschaftsverfassung 217 ff und zur Kritik HÖNN, in: FS Mühl 309, 333; K SCHMIDT, Kartellverfahrensrecht [1977] 269).

427 Fraglich ist jedoch bereits, ob für einen solchen Bruch mit Zweck und System des § 826 BGB überhaupt Bedarf besteht. **§ 826 BGB zielt** seinem Zweck nach **nicht auf objektiven Vermögensschutz, sondern auf die Deprivilegierung des Vorsatztäters im Haftungsrecht**, dem ein sittenwidriges Verhaltensunrecht zum Vorwurf gemacht werden muß (oben Rn 12 ff). Daß das Reichsgericht den Begriff der guten Sitten noch unter Hinblick auf die kritische Versorgungslage während einer Wirtschaftskrise konkretisierte (RGZ 134, 342, 355 f – Benrather Tankstelle), mag angesichts des kaum zureichenden kartellrechtlichen Instrumentariums im Jahre 1931 verständlich erscheinen. Entsprechende Regelungslücken bestehen heute jedoch nicht mehr. Im Gegenteil könnte auf der Grundlage einer Deliktsnorm wohl schwerlich der spezielleren kartellrechtlichen Mißbrauchskontrolle vorgegriffen werden, sondern deren Ergebnisse ließen sich allenfalls wiederholen und bestätigen (so eigentlich auch MESTMÄCKER AcP 168 [1968] 235, 253).

Festzuhalten bleibt jedoch, daß § 826 BGB nach Auffassung der **Rechtsprechung mit** **428**
den kartellrechtlichen Normen (etwa §§ 26, 27 GWB) **frei konkurriert** (BGHZ 29, 344,
348; 41, 271, 278; DB 1969, 78; OLG Düsseldorf WuW/E OLG 981, 985).

b)   Kontrahierungszwang bei Monopolmißbrauch

Als **Anspruchsgrundlage für Kontrahierungszwänge** wegen Monopolmißbrauchs ist **429**
§ 826 BGB **heute in großem Umfang praktisch überholt.** Die einzelnen Tatbestände des
Kontrahierungszwangs gegenüber der Versorgungswirtschaft sind spezialgesetzlich
normiert (Überblick bei Grunewald AcP 182 [1982] 181, 187 ff; Kilian AcP 180 [1980] 47, 53)
und die wettbewerbsrechtliche Seite des Problems in den §§ 22, 26 Abs 2 GWB unter
anderen Sachgesichtspunkten erfaßt (dazu Mestmäcker AcP 168 [1968] 235, 253). Als
Relikt der im Anschluß nachzuzeichnenden Dogmengeschichte bleibt allenfalls der
Rechtsgedanke, daß die Inhaber von faktischen Monopol- und Machtstellungen
einer Abschlußpflicht unterliegen, soweit sie die Verbraucher mit lebenswichtigen
Gütern und Leistungen beliefern (BGH BB 1960, 1352). Dieser Gedanke wird heute
indes **nicht mehr notwendig aus § 826 BGB begründet, sondern aus eigenständigen**
Gerechtigkeitsgedanken und Sachüberlegungen: Nach Flume rechtfertigt sich der Kontrahierungszwang aus dem Schutz der Privatautonomie, weil die Anerkennung einer
willkürlichen Abschlußfreiheit des Monopolisten zur Fremdbestimmung führe
(Flume, AT Bd 2 – Das Rechtsgeschäft [4. Aufl 1992] 612). Nach Larenz kommt es gar nicht
auf die Monopolstellung an; § 826 BGB vermittele vielmehr einen Anspruch gegen
Unternehmen der öffentlichen Hand, die Versorgungsaufgaben wahrnehmen, für
die die Allgemeinheit verantwortlich sei (Larenz, Schuldrecht AT [14. Aufl 1987] § 4 I a;
ähnlich und weiterführend Grunewald AcP 182 [1982] 181, 192 ff). Nach Bydlinski liegt der
Verpflichtungsgrund im öffentlichen Inaussichtstellen von Leistungen zur Bedarfsbefriedigung; hier dürfe dem einzelnen Adressaten, dem zumutbare Ausweichmöglichkeiten fehlten, nicht ohne sachlichen Grund der Vertragsschluß verweigert werden
(Bydlinski AcP 180 [1980] 1, 15 ff).

Das **Reichsgericht** hat aus § 826 BGB einen Kontrahierungszwang mit folgender **430**
Überlegung abgeleitet: „Ein derartiger Zwang mochte im allgemeinen Interesse
hauptsächlich gegenüber Unternehmungen, welche rechtlich oder thatsächlich ein
Monopol besitzen, welche eine öffentliche Zweckbestimmung haben, als Verkehrs-
bedürfnis erscheinen." (RGZ 48, 114, 127). In späteren Entscheidungen gewannen als
Voraussetzungen zum einen die **Unentbehrlichkeit der monopolisierten Güter für das**
Gemeinwohl und zum anderen **die durch Lieferverweigerung bedingte Gefährdung not-**
wendiger Lebensbedürfnisse oder Belange des einzelnen und der Allgemeinheit Bedeutung (vgl RGZ 99, 107, 109; 115, 253, 258; 132, 273, 276; 133, 388, 391; 148, 364, 372; 155, 257, 286;
BGH BB 1960, 1352; BGHZ 63, 282, 285). Begründet wurde dies zT mit einer **Rechtsana-**
logie. Daß die gesetzliche Regelung von Monopolen (sog rechtliche Monopole) zum
Ausgleich stets Kontrahierungspflichten begründete, wurde als allgemeiner Rechtsgedanke verstanden, der für alle übrigen, tatsächlichen Monopole ebenfalls gelten
sollte (RGZ 99, 107, 109). Den Kontrahierungszwang rechtfertigte dabei nie allein die
Monopolstellung selbst, sondern stets die Art der vertriebenen Güter und das öffentliche Interesse an ihnen (RGZ 133, 388, 391). Die Monopolstellung beeinflußte auch
den **Inhalt der Vertragsbedingungen**: Der Monopolist durfte die Vertragsbedingungen
nicht einseitig am eigenen Interesse ausrichten, sondern mußte auf die allgemeinen
Verkehrsbedürfnisse Rücksicht nehmen (RGZ 99, 107, 109).

431 Für die weitere Entwicklung der **Dogmatik des Kontrahierungszwangs** waren insbesondere die **Vorstellungen** NIPPERDEYS (Kontrahierungszwang und diktierter Vertrag [1920]) entscheidend (dazu auch KILIAN AcP 180 [1980] 47, 58). Seine Überlegungen nahmen beim Schadensersatzanspruch ihren Ausgang: Bewirke das Nichtkontrahieren einen Schaden und billige die Rechtsordnung in diesem Fall dem Geschädigten Ersatz zu, impliziere dies stets auch einen (vorbeugenden) Anspruch des Geschädigten auf Unterlassung der drohenden Schädigung. Drohe demnach durch das Nichtkontrahieren ein Schaden, so bestehe eine Rechtspflicht zur Schadensverhütung durch Kontrahieren (NIPPERDEY 57).

432 Nach NIPPERDEY ist der **Schädigungsvorsatz keine Voraussetzung für den Kontrahierungszwang**, weil er prozessual im Wege eines (vorbeugenden) Unterlassungs- bzw. Beseitigungsanspruches durchgesetzt werde, bei dem es auf Verschulden nicht ankomme (NIPPERDEY 67). Schließlich werde auch die nicht vorsätzliche gegen die guten Sitten verstoßende Schädigung von der Rechtsordnung nicht gebilligt (NIPPERDEY 67). Diese Überlegung diente der Rechtfertigung der vorangegangenen und nachfolgenden Rechtsprechung, die aus ähnlichen Gründen bei Unterlassungsansprüchen einen **objektiven Sittenwidrigkeitsbegriff** favorisierte (RGZ 60, 1, 7; 78, 210, 213; 134, 342, 355 f – Benrather Tankstelle). Wenn aber nach diesen Überlegungen der **Unterlassungsanspruch** ein **Implikat des Schadensersatzanspruchs aus § 826 BGB** ist, so kann er nur begründet sein, wenn bei Lieferverweigerung die Voraussetzungen des Schadensersatzanspruchs nach § 826 BGB gegeben wären. Dies setzt zunächst voraus, daß beim Anspruchsberechtigten ohne Lieferung der Gegenseite ein **Schaden** zu erwarten wäre. Zu den Besonderheiten des Kontrahierungszwangs zählt es indes gerade, daß im Vermögen des Anspruchstellers nicht wie sonst eine Vermögenslücke geschlossen bzw ihr Entstehen verhindert wird (quod interest), sondern daß der Anspruchsteller zu seinem bisherigen Vermögen ein Forderungsrecht (gegenüber dem Anspruchsgegner) hinzuwirbt; sein Vermögen vergrößert sich also infolge der Durchsetzung des Anspruchs. Dementsprechend kann die Verweigerung des Vertragsschlusses nur dort einen Schaden bewirken, wo der Anspruchsteller auf eine wirtschaftliche Leistung derart angewiesen ist, daß ihr Nichterhalt gerade durch den Anspruchsgegner eine Schädigung seines sonstigen Vermögensbestandes auslöst. Dies aber setzt denklogisch zweierlei voraus: der Anspruchsgegner muß der einzige Anbieter dieser Leistung sein und das Ausbleiben der Leistung muß den Bestand des Vermögens (Integritätsinteresse), nicht aber die Chancen seiner künftigen Vergrößerung (Erwerbsinteresse), beeinträchtigen. Die **hM hat diesen Rechtsgedanken indes nicht konsequent umgesetzt.** NIPPERDEY glaubte bereits **auf die Monopolstellung als Tatbestandsvoraussetzung verzichten** zu können (55 ff; dazu LARENZ, Schuldrecht AT [14. Aufl 1987] § 4 I a) und die **hM** beschränkt den Anwendungsbereich der Norm nicht auf das zur Wahrung des Vermögensbestandes unbedingt Erforderliche, sondern dehnt den Anspruch auf jede Benutzung öffentlicher Einrichtungen wie etwa Theater aus (unten Rn 434).

433 **Kritik**: Der Unterlassungs- oder Schadensersatzanspruch aus **§ 826 BGB bildet schwerlich eine systematisch überzeugende Rechtsgrundlage für Kontrahierungszwänge.** Im Schrifttum ist wiederholt bemerkt worden, daß § 826 BGB vor allem das Bedürfnis nach einer formalen Anspruchsnorm befriedigte, um systematisch ganz anders geartete Gerechtigkeitserwägungen durchzusetzen (FLUME, AT Bd 2 – Das Rechtsgeschäft [4. Aufl 1992] 612; GRUNEWALD AcP 182 [1982] 181, 197 f; ähnlich KILIAN AcP 180 [1980] 47, 58).

Letztlich läßt sich ein Kontrahierungszwang wohl nur aus den Schutzzwecken derjenigen Rechtsgüter begründen, die beim Unterbleiben des Vertragsschlusses gerade verletzt würden. Berührt die Abschlußverweigerung bspw im weitesten Sinne den **Anwendungsbereich eines Grundrechtes** (Meinungs-, Presse- oder Berufsfreiheit, unten Rn 434 ff), so kann ein Kontrahierungszwang nicht durch Subsumtion unter die Tatbestandsvoraussetzungen des § 826 BGB begründet werden, sondern nur dann, wenn das entsprechende Grundrecht ausnahmsweise einen entsprechenden Leistungsanspruch (mit Drittwirkung) begründet. Ähnliches gilt in den Fällen der Lieferverweigerung durch die Versorgungswirtschaft: Auch hier stellt sich jeweils die Frage, ob durch die Nichtlieferung einer Versorgungsleistung Rechte verletzt werden, deren Integritätsschutz den Belieferungszwang gerade gebietet. Überzeugender hätte der Kontrahierungszwang daher aus einer Rechtsanalogie zu den gesetzlich begründeten Kontrahierungspflichten hergeleitet werden können (Ansätze dazu bei RGZ 99, 107, 109); dies hätte die tragenden Schutzaspekte deutlicher hervortreten lassen und einen Bruch mit dem System des § 826 BGB vermieden.

Daß § 826 BGB nur äußerlich als Anspruchgrundlage für Gerechtigkeitsgesichts- **434** punkte diente, die der Sanktionierung deliktischen Verhaltensunrechts systematisch denkbar fernstehen, zeigt sich deutlich im bekannten Fall des RGZ 133, 388, wo es um den **Anspruch eines Theaterkritikers auf Zugang zum Schauspielhaus** ging. Dieser wurde nur für Ausnahmefälle eines willkürlichen, leichtfertigen und verwerflichen Handelns des Betreibers bejaht. Aus heutiger Sicht berührt die Entscheidung Aspekte des Schutzes von Meinungs- und Pressefreiheit (Art 5 Abs 1 Satz 1 GG; KILIAN AcP 180 [1980] 70), der Berufsfreiheit (Art 12 GG) aber auch des **Zulassungs- und Benutzungsanspruchs gegenüber öffentlichen Einrichtungen**. Diese Rechte sind die maßgebliche Grundlage für die Entscheidung darüber, ob ein Anspruch auf Zulassung zum Theaterbesuch besteht. Im übrigen richtet sich nach der im Verwaltungsrecht herrschenden **Zweistufentheorie** (vgl hier nur die Entscheidung BVerwGE 1, 308) die Frage des „Ob" des Zugangs zu einer öffentlichen Einrichtung nach öffentlichem Recht. So zeigt sich gerade der öffentlich-rechtliche, § 826 BGB fern stehende Sondercharakter der Problematik daran, daß **private Veranstalter** nicht denselben Beschränkungen unterliegen (OLG Frankfurt/M NJW 1982, 2259; LG Frankfurt AfP 1989, 522; vgl dazu auch KÜBLER, Massenmedien und öffentliche Veranstaltungen 68 f). Tritt ein privater **Unternehmer** jedoch **als Verteiler öffentlicher Mittel** auf, soll er wiederum dem Kontrahierungszwang ausgesetzt sein (BGHZ 63, 282, 287; GRUNEWALD AcP 182 [1982] 181, 212 ff). Vgl auch zur öffentlich-rechtlichen **Auftragsvergabe** (OLG Düsseldorf NJW 1981, 585, 587).

Ob ein genereller Kontrahierungszwang **öffentlicher Veranstalter zugunsten der 435** **Massenmedien** aus Art 5 Abs 1 Satz 1 und 2 GG begründbar ist (so KÜBLER, Massenmedien und öffentliche Veranstaltungen 70 ff), ist ebenfalls eine Frage, die den dogmatischen Rahmen des § 826 BGB sprengt. Begründet wird der Kontrahierungszwang aus dem vermeintlich grundrechtlich geschützten Bedürfnis der Allgemeinheit auf Unterrichtung über öffentliche Veranstaltungen. Weil die Unterrichtungsfunktion aber von den Massenmedien wahrgenommen werde, könnten diese sich gegenüber den Veranstaltern auf ein Recht auf Zugang und Berichterstattung berufen. Daran bestehen indes Zweifel: Art 5 Abs 1 Satz 1 GG schützt nur das Recht auf Information aus den „allgemein zugänglichen Quellen" (zum Begriffsinhalt BVerfGE 27, 71, 83; 90, 27, 32). Die nach Art 5 Abs 1 Satz 2 GG geschützte Pressefreiheit vermittelt darüber hinaus kein

Leistungsrecht auf Informationsbeschaffung (BVerwGE 70, 310, 315; ebenso, wenn auch teilweise einschränkend Bonner Kommentar/DEGENHART Art 5 Abs 1 und 2 Rn 322). Einschränkungen ergeben sich allenfalls für die **Kurzberichterstattung** öffentlich-rechtlicher Rundfunkanstalten von öffentlichen Ereignissen, wenn die Senderechte an Privatsender vergeben wurden (FUHR ZUM 1988, 327; HORN JURA 1989, 17; KÜBLER ZUM 1989, 326; LADEUR GRUR 1989, 885). Die Argumentation aus § 826 BGB verdunkelt daher eher die eigentlichen Wertungszusammenhänge.

436 Aus gutem Grund anerkennt die Praxis **keinen Anspruch** von Parteien und Bürgerinitiativen **auf Schaltung politischer Anzeigen in Tageszeitungen** (BVerfGE 42, 53, 62; OLG Karlsruhe NJW 1976, 1209 Anm SCHULTE; aA KILIAN AcP 180 [1980] 47, 72; vgl auch RATH-GLAWATZ WRP 1982, 625; HÄBERLE/SCHEUING JuS 1970, 524; KÜBLER, Pflicht der Presse zur Veröffentlichung politischer Ansichten? passim). Denn die Pressefreiheit der Verleger und Redakteure umfaßt das Recht auf Verbreitung von Nachrichten und Meinungen (BVerfGE 20, 162, 176 – Spiegel). Dies impliziert auch die negative Befugnis, bestimmte Nachrichten und Meinungen *nicht* zuzulassen. Etwas anderes gilt jedoch dort, wo eine **öffentlich-rechtliche Bindung** ins Spiel kommt (zum Rundfunk vgl: BVerfGE 57, 295, 323 ff). Diesen Grundsätzen entsprechend besteht auch bei Monopolstellung eines Presseorgans (OLG Köln VersR 1992, 585) keine Pflicht zur Schaltung von Privatanzeigen oder zum Abschluß eines Inseratvertrages (OLG Karlsruhe OLGZ 1988, 367, 369; LG Karlsruhe NJW-RR 1986, 1250).

437 Bis heute kommt § 826 BGB gelegentlich gegenüber **Versorgungsunternehmen** zum Einsatz, die aufgrund einer tatsächlichen Monopolstellung bei den Abnehmern unbillige Bedingungen und unverhältnismäßig hohe Vergütungen durchsetzen und willkürlich diskriminieren (RGZ 79, 224; RGZ 143, 24). ZT anerkennt der Bundesgerichtshof in solchen Fällen eine **Konkurrenz des § 826 BGB zu § 104 GWB** (BGH MDR 1980, 121; BB 1960, 1352; GRUR 1972, 718). § 826 BGB wurde auch bei der Abwehr einer Sperrung der Wasserversorgung erwogen, die der Durchsetzung umstrittener Versorgungsbedingungen diente (LG Braunschweig NJW 1974, 800). Im weiteren Zusammenhang dieser Rechtsprechung steht auch eine Entscheidung des Rheinschiffahrtsobergerichts Karlsruhe (VersR 1997, 704), in dem eine Bodenseegemeinde, die einen **Bootshafen** privatrechtlich durch Vermietung von Liegeplätzen betreibt, zur Verantwortung gezogen wurde, weil der Hafenmeister trotz Sturmwarnung ein Boot nicht aufnahm.

438 Nach hergebrachten und zT durch § 6 Abs 1 Nr 1 Energiewirtschaftsgesetz vom 13. 12. 1935 überholten Grundsätzen darf die Monopolstellung insbesondere nicht dazu ausgenutzt werden, im **Konkurs** des Abnehmers eine Vorzugsstellung zu sichern (RGZ 132, 273; RGZ 142, 85; RGZ 148, 326): Ein Elektrizitätswerk war danach zur Belieferung des Gemeinschuldners verpflichtet, wenn seine anfallenden Ansprüche als Masseforderungen befriedigt wurden und durfte die Weiterlieferung nicht von der Befriedigung aller Altschulden abhängig machen (vgl dazu auch BGH LM § 17 KO Nr 3 = BB 1960, 1352). Aus demselben Rechtsgedanken folgt aber auch, daß das Versorgungsunternehmen die Lieferung so lange unterbrechen darf, bis der Konkursverwalter sein **Wahlrecht** hinsichtlich einer Erfüllung des Stromlieferungsvertrages ausgeübt hat (RGZ 148, 326, 334). Dieselben Grundsätze finden im Falle der Zwangsverwaltung eines Betriebes Anwendung (RGZ 132, 273).

Ausnahmsweise war einem Versorgungsunternehmen jedoch die **Liefersperre als** 439
Abwehrmaßnahme gegenüber dem sog **Stromboykott** erlaubt (OLG Hamm NJW 1981,
2473): Die Kunden hatten ihre Rechnungen nur teilweise beglichen, um das Energie-
versorgungsunternehmen davon abzubringen, Strom mittels Kernenergie zu gewinnen.

Außerhalb der Grundsätze zum Monopolmißbrauch anerkennt die Praxis, daß ein 440
Unternehmer die **Befugnis** selbst **zu willkürlicher Diskriminierung** seiner Kunden hat.
Ein Lebensmittelverkäufer, der keine Monopolstellung innehat, braucht nicht jeden
Kunden zu beliefern und kann einzelnen das Betreten des Ladens untersagen (OLG
Hamm WM 1964, 311; OLG Celle OLGZ 1972, 281).

V.   Familien- und erbrechtlicher Anwendungsbereich

1.   Ehestörungen

a)   Störungen der inneren Ehegemeinschaft*
Nach ständiger, wenngleich umstrittener Rechtsprechung (vgl zur Kritik nur GERNHU- 441
BER/COESTER-WALTJEN, Familienrecht § 17 III) begründen **Verletzungen der ehelichen**
Treupflicht keine Ansprüche zwischen den Ehegatten **aus § 823 Abs 1 BGB** (vgl hier nur
RGZ 72, 128, 130 ff; BGHZ 23, 215, 216 ff; Einzelnachweis bei GERNHUBER/COESTER-WALTJEN
§ 17 III Fn 1 und Überblick über die Entwicklung der Rechtsprechung bei BGH NJW 1990, 706 f).
Dies wird historisch mit der Überlegung begründet, daß der **Gesetzgeber den römisch-**
rechtlichen Anspruch auf Ehescheidungsstrafe bewußt nicht in das BGB aufnehmen wollte
(Mot IV 615 f). Ferner seien die Rechtswirkungen der Eheverfehlung im Familienrecht abschließend geregelt; die Sonderregeln dort verlören ihren Sinn, wenn auch
nach allgemeinen Voraussetzungen auf Schadensersatz gehaftet werde. Im übrigen
müßten vermögensrechtliche und familienrechtliche Folgen der Ehe unterschieden
werden. Würden letztere verletzt, könnten – entsprechend dem in § 888 Abs 2 ZPO
grundgelegten Rechtsgedanken – nicht dieselben Rechtsfolgen wie bei der Verletzung einer vermögensrechtlichen Pflicht eintreten, die Rechtsfolgen ergäben sich
vielmehr dem Wesen der Ehe entsprechend allein aus den familienrechtlichen Vorschriften. Nach **aA** scheidet § 823 Abs 1 BGB deshalb als Anspruchsgrundlage aus,
weil der **Ehe ein typischer deliktischer Zuweisungsgehalt fehle** (DEUTSCH, in: FS Gernhuber
581, 594) bzw weil die Ehe interindividuell begründet werden müsse (zu diesem Zusammenhang GERNHUBER/COESTER-WALTJEN, Familienrecht § 17 I 1).

Die Praxis hat jedoch die **Sperrwirkung** des Familienrechts gegenüber deliktischen 442
Ansprüchen nachträglich **eingeschränkt** (vgl allerdings bereits BGH WM 1981, 1445, 1446).
Diese gelte nur für die „allgemeinen Deliktsansprüche", nicht jedoch für die „besondere Deliktsregel des § 826 BGB". **Aus § 826 BGB** können daher prinzipiell auch
Ansprüche wegen Verletzung der innerehelichen geschlechtlichen Beziehungen geltend
gemacht werden (BGH NJW 1990, 706, 708; aA noch BGHZ 23, 217, 221; für die Anwendbarkeit
des § 826 BGB allerdings bereits das RG SeufA 61 Nr 38; Warn 1935, Nr 184; RGZ 152, 397 ff; vgl

---

* **Schrifttum:** DEUTSCH, Familienrechte als   1994); KOENIGS, Zur Schadensersatzpflicht des
Haftungsgrund, in: FS Gernhuber (1993) 581 =   Ehebrechers, JR 1954, 206; FIEDLER/ZYDEK,
VersR 1993, 1; GERNHUBER/COESTER-WALT-   Die Schadensersatzpflicht des Ehebrechers, JR
JEN, Lehrbuch des Familienrechts (4. Aufl   1954, 452.

nunmehr auch OLG Karlsruhe NJW-RR 1992, 515; LG Baden FamRZ 1992, 557 f). Der voraus-zusetzende Sittenverstoß ist jedoch nicht bereits durch Verletzung der ehelichen Treupflicht begründet, sondern nur dann, **„wenn sich die Wertmaßstäbe für das Sitten-widrigkeitsurteil nicht aus der ehelichen Lebensgemeinschaft, sondern aus eigenständigen Wertungsbereichen ergeben"** (BGH NJW 1990, 706, 708). Dies bejaht die Praxis etwa, wenn die untreue Ehefrau einverständlich mit dem Störer durch Falschaussage die Klage auf Anfechtung der Ehelichkeit des aus der Ehestörung hervorgegangenen Kindes scheitern läßt (BGH 708 im Anschluß an RGZ 152, 397, 400). Das bloße **Verschwei-gen des Treubruchs** begründet hingegen keinen Sittenverstoß, denn es besteht keine durch Schadensersatz sanktionierte Pflicht, den Ehebruch zu offenbaren (BGH 708; RG 401); der Mutter wird vielmehr eine besondere Konfliktsituation zugute gehalten, weil die Offenbarung der Treupflichtverletzung auch die Unterhaltsinteressen des aus der Ehestörung hervorgegangenen Kindes gefährde. **Sittenwidrig** sei hingegen das Zerstreuen von Zweifeln des Scheinvaters und Ehemanns durch unzutreffende Angaben oder durch ausdrückliches Leugnen des Ehebruchs, ebenso die Verhinde-rung der Ehelichkeitsanfechtungsklage durch Täuschung oder Drohung (BGH 708; vgl zur Täuschung des Scheinvaters durch die Mutter vor Eingehen der Ehe BGH WM 1981, 1445, 1446).

443 **Kritik**: Die vom Ergebnis her zu begrüßende Durchbrechung der familienrechtlichen Sperrwirkung durch § 826 BGB wirft indes erneut die Frage auf, aus welchen Grün-den die Haftung nach § 823 Abs 1 BGB verdrängt sein soll. Denn der Regelungsge-genstand des § 826 BGB liegt in einer Deprivilegierung des Vorsatztäters zur Verbesserung des Schutzes seiner besonders gefährdeten Opfer. Wenn § 826 BGB aber die Sperrwirkung des Familienrechts durchbrechen kann, bedeutet dies konse-quenterweise, daß die Sperrwirkung von der Rechtsprechung als Haftungsprivileg verstanden wird, das zu Lasten des Vorsatztäters aufzugeben ist. Erneut stellt sich folglich die Frage, aus welchen Gründen der Ehestörer anders als andere deliktisch Handelnde im Hinblick auf die Haftung nach § 823 Abs 1 BGB privilegiert sein soll. Dabei dürften letztlich keine Sachgesichtspunkte, sondern allein die – im Ergebnis allerdings unberechtigte – Besorgnis um eine Ausuferung der Haftung wegen Abwehr, Beseitigung und Folgen der Ehestörung sprechen (GERNHUBER/COESTER-WALTJEN, Familienrecht § 17 III).

b) **Störungen des räumlich-gegenständlichen Bereichs der Ehe**

444 Anerkanntermaßen ist jedoch der räumlich-gegenständliche Bereich der Ehe auch nach § 823 Abs 1 BGB geschützt (BGHZ 6, 360 = NJW 1952, 975; BGHZ 34, 80 = NJW 1961, 504). Hier kommen zwar **auch Ansprüche aus § 826 BGB** in Betracht (vgl etwa DEUTSCH, in: FS Gernhuber 581, 596); wegen der im Vergleich zu § 823 Abs 1 BGB engeren Tat-bestandsvoraussetzungen dürfte die Vorschrift indes hier von geringerer praktischer Bedeutung sein.

445 Aus § 826 BGB kann jedoch eine **Einrede des treuen Ehegatten gegen Räumungsklagen** begründet sein (OLG München HRR 1938 Nr 1162). Stellen die Eltern des untreuen Part-ners eine Wohnung beiden Gatten zur Verfügung, können sie vom anderen Gatten nicht Räumung nach § 985 BGB verlangen, um dem untreuen Partner die Weiter-nutzung der Wohnung zu ermöglichen (kritisch zur Begründung aus § 826 BGB GERNHUBER/COESTER-WALTJEN, Lehrbuch des Familienrechts [4. Aufl 1994] § 17 I 1).

2. Rückgewähr von Zuwendungen

Neben den Ersatzvorschriften wegen Rücktritts vom **Verlöbnis** ist § 826 BGB **446** anwendbar (BGH FamRZ 1960, 192; GERNHUBER/COESTER-WALTJEN, Lehrbuch des Familienrechts [4. Aufl 1994] § 8 V 4). Dies betrifft etwa den Fall, daß ein Partner den anderen über das Ableben seines Ehegatten täuscht und ihn deshalb zu diversen Zuwendungen veranlaßt (BGH aaO). Das Verlöbnis ist in dieser Konstellation nämlich nur dann nach § **138 BGB** nichtig, wenn beide Partner von der bestehenden Ehe wissen (vgl Redaktionsanmerkung FamRZ 1960, 194). Eine Anwendung des § 826 BGB kommt jedoch auch bei **nichtigem Verlöbnis** in Betracht (GERNHUBER/COESTER-WALTJEN § 8 I 6). Täuscht ein Partner den anderen über den nahen Tod seines Ehegatten, so verhält sich der andere zwar „anstößig", wenn er die aus seiner Sicht noch bestehende Ehe stört. Ein zu diesem Zeitpunkt abgeschlossenes Verlöbnis dürfte deshalb auch gem § 138 BGB nichtig sein. Dieses Verhalten führt indes nicht dazu, daß der andere Partner den Täuschungen des ersten schutzlos ausgeliefert ist. Vielmehr kann er Zuwendungen, die er wegen der Täuschung an diesen erbracht hat, nach § 826 BGB zurückfordern. Auf diesen Rückforderungsanspruch findet insbesondere § **817 BGB keine Anwendung** (BGH 193 f).

Nach **hM** findet § 826 BGB auch **nach Vernichtung der Ehe trotz § 26 Abs 1 EheG** **447** Anwendung (OLG Celle FamRZ 1968, 524, 525; GERNHUBER/COESTER-WALTJEN, Lehrbuch des Familienrechts [4. Aufl 1994] § 13 VI 5; **aA** MünchKomm/MÜLLER-GINDULLIS § 26 EheG Rn 23). Eine mögliche Sperrwirkung des Familienrechts gegenüber deliktischen Ansprüchen (vgl dazu oben Rn 441 f) greift danach nicht, wenn die zum Schadensersatz verpflichtende Handlung in Täuschungen vor der Ehe und in der Eingehung der Ehe selbst besteht. § 26 Abs 1 EheG sei nur insoweit abschließend, als er vermögensrechtliche Fragen betreffe, die in gleicher Weise im Falle der Scheidung der Ehe in Frage stünden (OLG Celle 525 f: Der getäuschte frühere Ehepartner machte Schadensersatz wegen einer entgangenen Kriegshinterbliebenenrente geltend, die ihm durch die Heirat endgültig entgangen war; aus heutiger Sicht zu diesem Fall GERNHUBER/COESTER-WALTJEN § 13 VI 5 Fn 10).

Auch im Rahmen der Auseinandersetzung einer **nichtehelichen Lebensgemeinschaft** **448** kann es auf § 826 BGB bei der Rückgewähr von Zuwendungen ankommen. Sittenwidrig handelt etwa, wer eine Zuwendung entgegennimmt, obwohl er bereits entschlossen ist, den Partner zu verlassen (OLG Celle NJW 1983, 1065).

Eine Sonderstellung nehmen **Zuwendungen eines Ehegatten an den Ehestörer** ein. **449** Diese begründen nur dann einen Schaden des anderen Ehegatten, wenn dieser einen Anspruch auf den zugewendeten Vermögensgegenstand hat. Ein Anspruch aus § 826 BGB kommt daher nur in Sonderfällen in Betracht, etwa wenn zwischen den Ehegatten Gütergemeinschaft besteht. Im Bereich des Zugewinnausgleichs dürfte die Norm hingegen durch § 1390 BGB verdrängt sein, der den Fall der beeinträchtigenden Schenkung abschließend regelt. Die Sittenwidrigkeit einer § 826 BGB unterfallenden Zuwendung dürfte sich dabei nach den für das sog „Geliebtentestament" geltenden Maßstäben richten (unten Rn 467).

3. Unterhalt

a) Allgemeines

450 Ein Ergebnis der von der Rechtsprechung angenommenen **Sperrwirkung des Familienrechts** gegenüber deliktischen Ansprüchen wegen Ehestörung (dazu oben Rn 441 f) liegt gerade darin, daß der hintergangene Ehemann nicht aufgrund eines Ehebruchs seiner Ehefrau, aus dem ein Kind hervorgegangen ist, von dieser oder von dem am Ehebruch beteiligten Dritten Ersatz des Vermögensschadens verlangen kann, der ihm infolge der Scheinehelichkeit des Kindes entstanden ist (BGHZ 23, 215 = NJW 1975, 670; BGHZ 26, 217 = NJW 1972, 105; BGHZ 57, 229 = NJW 1972, 199). Für den Fall, daß der **Scheinvater vor Eingehung der Ehe von der Mutter arglistig über die Herkunft des Kindes getäuscht wurde**, hatte der Bundesgerichtshof jedoch bereits anders entschieden und Schadensersatzansprüche für möglich gehalten (BGH NJW 1981, 1445, 1446). Nunmehr soll der Anspruch aus § 826 BGB immer dann begründet sein, wenn der Sittenverstoß sich nicht allein aus der Ehestörung selbst, sondern aus **nicht ehespezifischen Umständen**, wie bspw einer arglistigen Täuschung, ergibt (BGH NJW 1990, 706, 708).

451 **Praktische Bedeutung als Regreßnorm** entfaltet § 826 BGB dabei in den Fällen, in denen die Voraussetzungen einer Legalzession nach § 1615b Satz 1 BGB nicht vorliegen, die übergegangenen Ansprüche praktisch nicht durchgesetzt werden können oder die Mutter aus besonderen Gründen für den vollen Unterhalt verantwortlich gemacht wird. Insbesondere findet **§ 1613 BGB keine Anwendung**, so daß der Ersatz auch auf der Grundlage von Unterhaltsleistungen gefordert werden kann, die in der Vergangenheit erbracht wurden (RGZ 164, 65, 69). Das am 1. Juli 1998 in Kraft tretende **Gesetz zur Reform des Kindschaftsrechts** (BGBl I 1997, 2942) wird das System der §§ 1591 ff BGB und damit die Bedeutung des § 826 BGB grundlegend verändern. Da künftig nicht mehr zwischen ehelichen und nichtehelichen Kindern unterschieden wird, dürfte auch die Differenzierung zwischen Rechtsausübungs- und Rechtsanwendungssperren (unten Rn 454 ff) entfallen und damit § 826 BGB überall dort zum Einsatz kommen, wo ein Status irreversibel erschlichen bzw die Beseitigung eines Status arglistig endgültig vereitelt wird.

b) Ansprüche des Scheinvaters gegen den Erzeuger des gem § 1593 BGB als ehelich anzusehenden Kindes

452 Dem Anspruch des Scheinvaters gegen den Erzeuger wegen Unterhaltsansprüchen des aus einer Ehestörung hervorgegangenen Kindes steht **§ 1593 BGB** entgegen, solange die Ehelichkeit des Kindes nicht angefochten worden ist. Fraglich ist, ob der Erzeuger unter den Voraussetzungen des § 826 BGB dennoch haftet, wenn eine Anfechtung ausnahmsweise nicht mehr erfolgen kann. Das **Reichsgericht** hielt dies für möglich. Seiner Auffassung nach diente § 1593 BGB dem Familienfrieden, sollte aber nicht den außerehelichen Geschlechtsverkehr als ungeschehen behandeln, soweit es auf diesen zur Begründung von Ersatzansprüchen ankommt (RGZ 152, 397, 399). Im übrigen mache der Kläger gar nicht die Nichtehelichkeit des Kindes iSd § 1593 BGB geltend, soweit er Schadensersatz wegen des laufenden Unterhalts fordere. Vielmehr berufe er sich gerade auf die gesetzliche Ehelichkeit des Kindes und mache den Anspruchsgegner nur dafür verantwortlich, daß dieser den gesetzlichen Zustand herbeigeführt habe. Diese Argumentation wird in der Literatur als **Scheinbegründung** abgelehnt (G und D Reinicke NJW 1955, 217; ähnlich Boehmer JZ 1953, 745, 747 und zuvor ROQUETTE JW 1937, 741). Auch der **Bundesgerichtshof** lehnt einen Anspruch des Scheinvaters aus § 826 BGB vor Anfechtung der Ehelichkeit prinzipiell ab (BGH 14, 358 = NJW 1954, 1801; NJW 1962, 1057; BGHZ 45 356, 359 f), weil der Anspruchsteller sich entgegen § 1593 BGB zur Begründung darauf berufen müsse, daß das Kind nicht von ihm, sondern von einem anderen gezeugt worden sei. Etwas anderes soll jedoch dann gelten, wenn der Ehemann durch arglistiges Verhalten von der Anfechtung der Ehelichkeit abgehalten worden sei (BGH NJW 1962, 1057 im Anschluß an RG Warn 1935, Nr 184; ähnlich G und D REINICKE NJW 1955, 217, 218; COING NJW 1952, 1336, 1337; ROQUETTE JW 1937, 741, 742). Darüber hinausgehend wird zT jedoch auch eine vollständige Sperrwirkung des § 1593 BGB auch für letzteren Fall gefordert (GERNHUBER/COESTER-WALTJEN, Lehrbuch des Familienrechts [4. Aufl 1994] § 51 I 6).

Stellungnahme: Richtiger Ansicht nach kann § 826 BGB die Sperrwirkung des § 1593   **453** BGB nicht überwinden. Denn § 826 BGB zielt auf eine Deprivilegierung des Vorsatztäters zum Schutz seiner besonderen Gefahren ausgesetzten Opfer (dazu oben Rn 12 ff). § 1593 BGB beinhaltet hingegen kein Haftungsprivileg zugunsten des Erzeugers, sondern schützt das Kind und soll den Familienfrieden garantieren (BGHZ 14, 358, 360 = NJW 1954, 1801). Auch wenn das Versäumnis der Anfechtungsfrist für den mutmaßlichen Scheinvater erhebliche wirtschaftliche Bedeutung hat, sind seine daraus resultierenden Interessen nicht den Schutzzwecken des § 1593 BGB übergeordnet (ähnlich GERNHUBER/COESTER-WALTJEN aaO). Das **Kindschaftsreformgesetz** (vgl oben Rn 451) strebt nunmehr eine weitgehende Gleichbehandlung ehelicher und nichtehelicher Kindschaft an und kennt wohl aus diesem Grund eine dem § 1593 BGB vergleichbare Rechtswirkungssperre zum Schutz des Familienfriedens nicht. Nach § 1599 Abs 1 BGB ist der Ehemann nunmehr dann nicht mehr als Vater des Kindes anzusehen, wenn dies aufgrund einer Anfechtung rechtskräftig festgestellt ist. Dieser dem Wortlaut des § 1600a Satz 2 BGB aF vergleichbare Normtext deutet darauf hin, daß das Gesetz keine Rechtswirkungs-, sondern eine bloße Rechtsausübungssperre begründet und § 826 BGB wie im Rahmen des § 1600a Satz 2 BGB aF anwendbar ist (vgl Rn 455).

c)   **Ansprüche Dritter gegen den Erzeuger des gem § 1593 BGB als ehelich anzusehenden Kindes**

Sind Dritte dem gem § 1593 BGB ehelichen Kind zum Unterhalt verpflichtet, ohne   **454** daß ihnen das Gesetz die Möglichkeit der Anfechtung und damit der Beseitigung der Rechtswirkungen des § 1593 BGB zubilligt (zB Großeltern außerhalb von § 1595 a BGB; vgl nunmehr zum Kreis der Anfechtungsberechtigten § 1600 BGB nF), erwägt die Rechtsprechung, Ansprüche aus § 826 BGB gegen den Scheinvater zuzulassen (BGH LM § 1593 Nr 3; NJW 1962, 1057, 1058: Bei beiden Entscheidungen kam es allerdings nicht auf diese Frage an; ähnlich MünchKomm/MUTSCHELER § 1593 Rn 18). Diese Überlegung ist konsequent, wenn man auch dem Scheinvater im Falle der arglistigen Vereitelung der Anfechtung durch den Erzeuger einen solchen Schadensersatzanspruch zubilligt, was wegen der unterschiedlichen Zwecksetzungen von § 826 BGB und § 1593 BGB bedenklich ist (dazu oben Rn 453; daher wie hier verneinend auch GERNHUBER/COESTER-WALT-JEN § 51 I 7). Denn in beiden Fällen kompensiert § 826 BGB Lücken im Rechtsschutz des Unterhaltspflichtigen, der sich einmal faktisch (so der arglistig gehinderte Scheinvater), ein anderes Mal wegen fehlender rechtlicher Anfechtungsbefugnis (Dritter) an der Durchsetzung seiner Regreßansprüche gehindert sieht.

d) **Ansprüche des Unterhaltspflichtigen gegen den Erzeuger des nichtehelichen Kindes bei Vereitelung der Vaterschaftsfeststellung**

455 Die Fragestellung ist der mit § 1593 BGB verbundenen Problemstellung (oben Rn 452 f) nicht unähnlich. Denn hier begründet § **1600a Satz 2 BGB** (nunmehr § 1594 Abs 1 BGB und § 1600d Abs 4 BGB) zu Lasten des Unterhaltspflichtigen eine **Rechtsausübungssperre** (GERNHUBER/COESTER-WALTJEN § 52 I 5). Regreßansprüche, insbesondere aufgrund von § 1615b Abs 1 Satz 1 BGB, können vor Feststellung oder Anerkennung der Vaterschaft nicht geltend gemacht werden. Klageberechtigt sind aber nur das Kind und sein Erzeuger (§ 1600n Abs 1 BGB), die Mutter erst nach dem Tod des Kindes, der unterhaltpflichtige Scheinvater hingegen gar nicht. Eine Rechtsschutzlücke entsteht daher für den Fall, daß Kind und Erzeuger die **Feststellung der Vaterschaft böswillig unterlassen.** Von den verschiedenen in der Literatur erwogenen Lösungsmodellen (dazu GERNHUBER/COESTER-WALTJEN § 52 I Fn 15) verdient ein **deliktischer Regreß des Unterhaltspflichtigen über § 826 BGB** den Vorzug (so GERNHUBER/ COESTER-WALTJEN aaO, im Anschluß an ENGEL, Der Rückgriff des Scheinvaters wegen Unterhaltsleistungen [Diss Tübingen 1974] 61 ff; NEHLSEN-STRYK FamRZ 1988, 225, 236; vgl OLG Köln FamRZ 1978, 834, 835). Denn anders als im Falle des § 1593 BGB schützt § 1600a Satz 2 BGB keine übergeordneten Interessen (Familienfrieden), sondern erscheint aus Sicht des Erzeugers als Haftungssperre, die § 826 BGB zu Lasten des Vorsatztäters überwinden kann.

456 Allerdings ist das **bloße Unterlassen eines Anerkenntnisses nicht sittenwidrig** iSd § 826 BGB, weil eine korrespondierende schadensersatzbewährte Pflicht nicht besteht (ENGEL, Der Rückgriff 62). Anders liegt der Fall jedoch, wenn der Erzeuger böswillig eine Situation herbeiführt, die jede Möglichkeit einer späteren Zuordnung des Kindes an ihn ausschließt. Dies ist etwa anzunehmen, wenn der Erzeuger durch Vorspiegelungen erreicht, daß die Berechtigten die Anfechtungsfrist nach § 1600h f BGB (nunmehr § 1600b BGB) versäumen oder wenn er das Kind durch Zuwendungen von der Erhebung der Feststellungsklage abhält (so die Beispiele bei ENGEL aaO).

e) **Regreß des Unterhaltspflichtigen gegen die Mutter bei Verschweigen des Vaters**

457 Nach der teilweise überholten Rechtsprechung des Bundesgerichtshofes zur Sperrwirkung des Familienrechts bei Ehestörungen auch gegenüber § 826 BGB (dazu oben Rn 441 f) konnte ein Anspruch gegen die Ehefrau auch nicht damit begründet werden, daß diese sich weigerte, den Erzeuger des Kindes zu benennen (OLG Hamburg FamRZ 1970, 407). Diese Entscheidung steht nur vordergründig in Zusammenhang mit der Wertung, daß die **Mutter nicht zur Offenbarung von Ehestörungen verpflichtet** ist und sich solange sittengemäß verhält, wie sie den Scheinvater nicht aktiv über die Herkunft des Kindes täuscht (BGH NJW 1990, 706, 708; RGZ 152, 397, 401). Denn das **Schweigerecht der Mutter rechtfertigt sich in diesen Fällen nur aus einer ihr zugutegehaltenen Interessenkollision:** Eine Aufklärung der wahren Verhältnisse kann nämlich die Unterhaltsinteressen des Kindes gefährden (vgl BGH und RG aaO). Hat der Scheinvater indes die Ehelichkeit des Kindes wirksam angefochten, endet seine Unterhaltspflicht gegenüber dem Kind. Eine Interessenkollision, auf die sich die Mutter für ihr Schweigen berufen könnte, besteht dann nicht mehr, und es stellt sich im Rahmen des Sittenwidrigkeitsurteils die Frage, ob sie nicht als Mitbeteiligte der zugrundeliegenden Ehestörung den Erzeuger benennen muß, um auf diese Weise zur Behebung des entstandenen Schadens beizutragen (ähnlich SOERGEL/HÖNN/DÖNNEWEG Rn 104).

Allerdings kann der Scheinvater den Erzeuger wegen § 1600a Satz 2 BGB (nunmehr
§ 1594 Abs 1 BGB und § 1600d Abs 4 BGB) erst dann in Anspruch nehmen, wenn entweder Kind oder Erzeuger die Vaterschaft feststellen lassen oder der Erzeuger das Kind
anerkennt. Steht von vornherein fest, daß das Kind die Feststellungsklage nicht
erheben wird (vgl allerdings § 1706 Nr 1 BGB!), stellt sich allerdings die Frage, ob
die Mutter den Namen des Erzeugers allein deshalb offenbaren muß, weil die Wahrscheinlichkeit besteht, daß dieser Feststellungsklage erhoben wird.

f) Regreß des Vaters gegen die Mutter bei Täuschung über die Einnahme empfängnisverhütender Mittel

Keinen Anspruch gewährt der Bundesgerichtshof dem Vater, der mit der Mutter in **458**
einer **nichtehelichen Lebensgemeinschaft** zusammenlebt und von dieser vor dem
Geschlechtsverkehr über die Einnahme empfängnisverhütender Mittel getäuscht
worden ist (BGHZ 97, 372, 379 f; zur **Kritik** vgl nur FEHN JuS 1988, 602, 605; RAMM JZ 1986, 1011;
ROTH-STIELOW JR 1987, 7). Begründet wird dies zunächst aus der Erwägung, der Intim-
bereich zweier volljähriger Partner, die beim freiwilligen Geschlechtsverkehr das
Entstehen von Leben verantworteten, unterliege im Falle der Geburt eines Kindes
grundsätzlich nicht dem Deliktsrecht. Diese Entscheidung gerät nunmehr jedoch in
Widerspruch zu der Judikatur über Ansprüche aus § 826 BGB wegen Ehestörung
(BGH NJW 1990, 706; dazu oben Rn 442). Denn dort ist mittlerweile anerkannt, daß es
sich bei der arglistigen Täuschung über Ehestörungen um ein besonderes, die Sittenwidrigkeit begründendes Moment handelt, aufgrund dessen Schadensersatzansprüche aus § 826 BGB durchgesetzt werden können. Schließen aber selbst die
Ehewirkungen einen Anspruch aus § 826 BGB wegen Täuschung über die Einzelumstände des Intimverkehrs nicht aus, kann für die nichteheliche Lebensgemeinschaft eigentlich nichts anderes gelten. Weiter begründet das Gericht seine
Entscheidung jedoch mit der Überlegung, die Ansprüche des Vaters gegenüber der
Mutter dürften nicht die Lebensverhältnisse des bei der Mutter lebenden Kindes
beeinträchtigen; durch Aberkennung des Ersatzanspruchs wollte das Gericht
„erhebliche persönliche, psychische und wirtschaftliche Beeinträchtigungen" des
Kindes vermeiden (BGH 380). Dieser Gesichtspunkt spielte in vorangegangenen,
ähnlich gelagerten Regreßfällen gegen die Mutter (BGH NJW 1981, 1445) noch keine
Rolle. Im übrigen greift das Argument nicht. Denn das Gesetz regelt den Konflikt
zwischen Unterhalts- und Regreßansprüchen wesentlich differenzierter: Auch in
§ 1615b Abs 1 Satz 1 BGB begegnet der Fall, daß der gesetzliche Zessionar Unterhaltsansprüche gegenüber dem Erzeuger für die Vergangenheit geltend macht und
dadurch Alimentierungsansprüche des Kindes für die Gegenwart beeinträchtigt.
Hier erkennt das Gesetz in Satz 2 dem Regreßgläubiger nicht die Unterhaltsansprüche ab, sondern bestimmt lediglich, daß diese nicht zum Nachteil des Kindes geltend
gemacht werden dürfen. Entsprechend hätte es auch in der hier anstehenden Konstellation ausgereicht, den Vater dazu zu verpflichten, seine Ansprüche so lange
zurückzustellen, wie das Kind gegenüber der Mutter unterhaltsbedürftig ist (ähnlich
FEHN JuS 1988, 602, 605).

g) Rückforderung von Unterhaltszahlungen an den Ehegatten

In den Fällen des § **1575 BGB** endet die Unterhaltpflicht zur Ermöglichung einer **459**
Ausbildung, Fortbildung oder Umschulung des Ehegatten, wenn die Ausbildung
endgültig gescheitert ist. Weil eine Rückforderung bereits geleisteter Zahlungen aus
§ 812 Abs 1 BGB nicht in Betracht kommt, kann Rückerstattung nur unter den

engen Voraussetzungen des § 826 BGB verlangt werden (GERNHUBER/COESTER-WALTJEN § 30 VI 5), also wenn der Ehegatte eine Ausbildung aufgenommen hat, für deren Durchsetzung ihm von vornherein jegliche Voraussetzungen fehlten.

460 Nach **§ 1586 Abs 1 BGB** endet die Unterhaltpflicht gegenüber dem geschiedenen Ehegatten, wenn dieser eine zweite Ehe eingeht. Hatte dieser jedoch statt einer Rente eine **Kapitalabfindung nach § 1585 Abs 2 BGB** verlangt, bleibt diese in voller Höhe bestehen, auch wenn die Abfindungshöhe ausgehend von der Annahme bemessen war, daß der geschiedene Ehegatte keine zweite Ehe eingehen würde (GERNHUBER/COESTER-WALTJEN § 30 XIII 3). Allerdings kommt richtiger Ansicht nach eine **Rückforderung aufgrund § 826 BGB** in Betracht, wenn die Abfindung unter arglistigem Verschweigen einer bereits geplanten weiteren Ehe gefordert wurde (Münch-Komm/RICHTER § 1585 Rn 10; GERNHUBER/COESTER-WALTJEN aaO; vgl auch RG DR 1939, 308).

461 Nach **Aufhebung der Ehe** kann über § 826 BGB nicht Schadensersatz wegen Unterhalts in der Vergangenheit verlangt werden. Weil das Aufhebungsurteil nämlich nur für die Zukunft wirkt, besteht prinzipiell kein Anspruch so gestellt zu werden, als habe die Ehe vor ihrer Aufhebung nicht bestanden (BGHZ 48, 82, 85 = NJW 1967, 2018). Eine Ausnahme wird jedoch für die Zeit erwogen, in welcher ein Ehegatte die Aufhebung der Ehe durch den anderen verhindert (offengelassen in BGHZ 48, 82, 88 = NJW 1967, 2018; BGHZ 80, 235, 239). Befürwortet wird dies mit der Überlegung, die §§ 29, 37 EheG verdienten insoweit haftungsrechtlich keine Beachtung, weil sie vom anderen Ehepartner arglistig mißbraucht würden (GERNHUBER/COESTER-WALTJEN § 14 VII 3).

h) Unterhaltsgefährdung und -vereitelung

462 Aus § 826 BGB kann der Unterhaltsberechtigte gegebenenfalls gegen einen Dritten (häufig die zweite Ehefrau des gegenüber der ersten Ehefrau unterhaltspflichtigen Mannes) vorgehen, dem der Unterhaltsverpflichtete sein **ganzes pfändbares Vermögen** übertragen hat, um der Unterhaltspflicht zu entgehen (RGZ 72, 224, 292 f; BGH WM 1970, 404; LM § 826 Nr 2 [Ge]; vgl daneben die Fälle KG JW 1925, 1889; JW 1931, 2578). Die Regelungen über die **Gläubigeranfechtung** verdrängen § 826 BGB dabei nicht (vgl nur RGZ 72, 225, 229 f), weil die Vereitelung von Alimentierungszwecken einen besonders schweren Sittenverstoß darstellt, der über das in den Anfechtungsnormen bereits erfaßte Maß hinausgeht (vgl zur Konkurrenz von § 826 BGB mit den Gläubiger- und Konkursanfechtungsnormen oben Rn 336 f).

463 Die **Berechnung des Schadensersatzes** orientiert sich an der Unterhaltspflicht. Der Dritte, auf den das Vermögen übertragen wurde, muß auf der Grundlage von § 826 BGB an den Unterhaltsberechtigten in solchem Umfang Leistungen erbringen, wie sie ansonsten vom Unterhaltsverpflichteten geschuldet gewesen wären (BGH LM Nr 2 zu § 826 BGB [Ge]).

464 Kaum mehr praktisch relevant sind die Fälle der **Lohnschiebung** (zur Anwendungsgeschichte STAUDINGER/SCHÄFER[12] Rn 134), durch die sich ein Unterhaltspflichtiger seines pfändbaren Arbeits- oder unternehmerischen Einkommens entledigt, um einschlägigen Zahlungspflichten zu entgehen (BGH WM 1964, 613). Die Praxis hat das Sittenwidrigkeitsurteil im Einzelfall bisweilen aus der fehlenden wirtschaftlichen Notwendigkeit einer Vermögensverschiebung begründet (BGH WM 1964, 613, 614: Übertragung

eines Geschäftsvermögens von erheblichem Wert, während die Gegenleistung in der Gewähr eines Darlehens durch den Erwerber besteht). Die Bedeutung des § 826 BGB ist nunmehr wegen § 850h ZPO gering. Zwar bleibt ein nach § 826 BGB zu ersetzender Schaden solange bestehen, wie der Dritte, auf den das Schuldnervermögen verschoben wurde, nicht an den benachteiligten Gläubiger gem § 850h Abs 2 ZPO Zahlung leistet (BGH WM 1964, 613, 614). Die Einklagung dieses Schadensersatzanspruchs erscheint indes wegen des Vorsatznachweises gegenüber § 850h Abs 2 ZPO ein eher umständlicher Weg (vgl allerdings BGH WM 1958, 168, 171 zur Vermögensverschiebung zwischen Ehegatten, wo die Praxis gelegentlich auch das Zustandekommen einer **Innengesellschaft** erwogen hat; ferner BGH NJW 1953, 418; GERNHUBER/COESTER-WALTJEN § 20 III 6).

Überholt sind schließlich auch die Fälle, in denen die **zweite Ehefrau** mit der Begrün- **465** dung in Anspruch genommen werden konnte, sie **unterhalte ihren Ehemann** vollständig und sei deshalb dafür **verantwortlich, daß dieser keiner Erwerbstätigkeit nachgehen müsse und deshalb seiner ersten Ehefrau keinen Unterhalt leisten könne** (LG Berlin I JW 1926, 1252; RAG JW 1932, 2742; OLG Düsseldorf JW 1929, 1495; vgl auch LG Hamburg HansRZ 1927, 865; LG Cottbus JW 1928, 3066). Denn mittlerweile ist auch der allein im Haushalt der zweiten Ehefrau tätige Ehemann unterhaltspflichtig (zum unterhaltsbegründenden Tatbestandsmerkmal der Leistungsfähigkeit: BGHZ 72, 272, 274 ff = NJW 1980, 340, sowie ergänzend zur Nebenerwerbsobliegenheit BGH NJW 1982, 175).

4. Erbrecht*

a) Sittenwidrige Erbeinsetzung

Sittenwidrig handelt noch nicht, wer den Erblasser durch Zureden oder Gegenvor- **466** stellungen im eigenen Interesse abhält, das von ihm beabsichtigte Testament überhaupt oder mit einem bestimmten Inhalt zu errichten; die Rechtsprechung verlangt das Hinzutreten besonderer Umstände, zB die **Ausnutzung einer Willensschwäche oder Zwangslage des Erblassers** (BGH FamR 1965, 495). Insbesondere die Ausnutzung der verminderten Widerstandskraft **Kranker, geistig Beschränkter oder Pflegebedürftiger** durch die Pflegeperson zum Nachteil der gesetzlichen Erben ist sittenwidrig im Sinne des § 826 BGB (RG DNotZ 1936, 980; BGH LM § 138 Nr 1 [Bc]).

Das **Geliebtentestament** ist heute nur noch in Ausnahmefällen sittenwidrig, nämlich **467** dann, wenn durch die Erbeinsetzung die Entlohnung oder Fortsetzung geschlechtlicher Hingabe erreicht werden soll (BGHZ 53, 369, 370; LM Nr 2 zu § 138 BGB [Cd]). Stets ist dabei jedoch zu prüfen, ob die Erbeinsetzung nicht auch durch achtenswerte Beweggründe motiviert war (BGHZ 52, 17, 20, zum ganzen LANGE/KUCHINKE, Lehrbuch des Erbrechts [4. Aufl 1995] § 35 IV 3 a). Die Bedeutung des § 826 BGB ist in den wenigen verbleibenden Fällen zusätzlich eingeschränkt, weil im Falle der Sittenwidrigkeit

---

* **Schrifttum**: BRÜGGEMANN, Beeinträchtigungen von Erbanwartschaften durch den Erblasser, JA 1970, 347; R KOHLER, Die schuldrechtlichen Ersatzansprüche wegen der Aushöhlung eines Nachlasses, NJW 1964, 1393; J KOHLER, Erblasserfreiheit oder Vertragserbenschutz und § 826 BGB, FamRZ 1990, 464; SIMSHÄUSER, Zur Sittenwidrigkeit des Geliebtentestaments (1971); THIELMANN, Sittenwidrige Verfügungen von Todes wegen (1973); SIEMENS, Wandel in der Rechtsprechung zur Sittenwidrigkeit von Mätressentestamenten unter Berücksichtigung soziologischer Gesichtspunkte (Diss Münster 1974); STEFFEN, Neues vom BGH zum Geliebtentestament, DRiZ 1970, 347.

§ 138 BGB Anwendung findet und die gesetzliche Erbfolge eintritt: Meist ist bereits dadurch der „Schaden" der nahen Angehörigen ausgeglichen. § 826 BGB kommt daher nur in den Fällen in Betracht, in denen der Anspruchsberechtigte im Rahmen der gesetzlichen Erbfolge nicht berücksichtigt wird (etwa wegen § 1924 Abs 2 BGB) und dennoch nachweisen kann, daß der Erblasser ihn statt der Lebensgefährtin eingesetzt hätte.

b) Erbenschutz

468 Vor beeinträchtigenden Schenkungen des Erblassers ist der durch Erbvertrag eingesetzte Erbe nach **§ 2287 Satz 2 BGB** geschützt. Umstritten ist, ob **daneben ein Anspruch aus § 826 BGB** in Betracht kommt. Die Rechtsprechung verneint dies, weil sie § 2287 BGB als eine spezielle und abschließende Regelung des Problemkreises ansieht (BGHZ 108, 73, 77 ff = NJW 1989, 2389; NJW 1991, 1952; im übrigen **hM**: vgl hier nur Münch-Komm/MUSIELAK § 2286 Rn 5; LANGE/KUCHINKE, Lehrbuch des Erbrechts [4. Aufl 1995] § 25 V 4a mwN in Fn 75). Die **Gegenmeinung** weist darauf hin, daß der historische Gesetzgeber – ausweislich der Materialien (Mot V 330) – von einer Konkurrenz beider Normen ausging (KIPP/COING, Erbrecht [14. Aufl 1989] § 38 IV 3 a; KOHLER FamRZ 1990, 464; SCHUBERT JR 1990, 159). Die **hM** stellt jedoch die in § 2286 BGB garantierte Verfügungsfreiheit in den Mittelpunkt ihrer Überlegungen (MUSIELAK aaO); diese könne über das in § 2287 BGB vorgesehene Maß hinaus nicht eingeschränkt werden. Die **MM** macht demgegenüber **zu Recht** geltend, daß dieser Schutzzweck nicht dem durch die Verfügung des Erblassers begünstigten **Dritten** zugute kommen kann; dieser müsse vielmehr für einen von ihm begangenen Sittenverstoß einstehen, soweit der Schutzzweck des § 2286 BGB nicht gerade entgegenstehe (vgl vor allem SCHUBERT JR 1990, 159, 160; ähnlich KÖHLER FamRZ 1990, 464, 465 f und KIPP/COING aaO, wo generell auf die Möglichkeit eines Rechtsmißbrauchs aufmerksam gemacht wird). Soweit § 2286 BGB dem Erblasser Verfügungsfreiheit garantiert, kann danach ein bestimmtes Geschäft nicht zwischen Erben und Dritten über § 826 BGB rückabgewickelt werden, weil damit im Ergebnis die Verfügungsfreiheit des Erblassers nachträglich gerade beschränkt würde. Ein **kollusives Zusammenwirken zwischen Erblasser und Drittem begründet** deshalb **allein noch keinen Anspruch aus § 826 BGB gegenüber dem Dritten** (so auch SCHUBERT 161); vielmehr erscheint es erforderlich, daß dem Dritten ein darüber hinausgehender Sittenverstoß zur Last fällt. Diese Ansicht dürfte sich in vielen Fällen mit den Ergebnissen der **Rechtsprechung** decken. Denn diese anerkennt – etwa in den Fällen einer arglistigen Übervorteilung des Erblassers durch den Dritten – einen **eigenen Anspruch des Erblassers gegenüber dem Dritten**, der mit dem Erbfall vom Erben geltend gemacht werden kann (BGHZ 108, 73, 78 = NJW 1989, 2389).

469 Bei **Widerruf testamentarischer Verfügungen** gewährt der Bundesgerichtshof grundsätzlich **keine Schadensersatzansprüche** (BGH NJW 1967, 1126 [LS]). Richtiger Ansicht nach kommt jedoch in **Ausnahmefällen** durchaus ein Anspruch auf Schadensersatz nach § 826 BGB in Betracht, wenn ein Dritter durch die später widerrufene Erbeinsetzung vom Erblasser bewußt zu langfristigen finanziellen Dispositionen veranlaßt worden ist, denen durch den Widerruf nachträglich die wirtschaftliche Grundlage entzogen wird (Beispiel bei LANGE/KUCHINKE, Erbrecht § 23 I 1 Fn 7). Sittenwidrig erscheint es nämlich, wenn der Erblasser ein von ihm besonders hervorgerufenes Vertrauen ohne sachlichen Grund enttäuscht.

470 § 826 BGB greift schließlich neben der **Schadensersatzpflicht des befreiten Vorerben**

nach § 2138 Abs 2 BGB (RGZ 70, 332: Erteilung einer Löschungsbewilligung für eine dem
Nachlaß zugehörige Hypothek).

c) Vereitelung von Ansprüchen

Auf die Vereitelung von Leistungspflichten aus Vermächtnis (§ 2174 BGB) wendet **471**
der **Bundesgerichtshof** die Grundsätze über die Sittenwidrigkeit des Vertragsbruchs
(oben Rn 224 ff) entsprechend an. Der Vermächtnisnehmer kann daher über § 826
BGB auch einen Dritten in Anspruch nehmen, der in sittenwidriger Weise auf den
Erben eingewirkt hat, um eine Erfüllung der Ansprüche des Berechtigten zu verhindern (BGH FamRZ 1992, 1066, 1067).

VI. Verfahrensrechtlicher Anwendungsbereich

1. Rechtskraftdurchbrechung bei unrichtigen Urteilen*

a) Grundsätzliche Kritik der Rechtsprechung

Aufgrund einer über **neunzigjährigen Rechtsprechung** (vgl die Entscheidung des RG vom **472**

---

* **Schrifttum:** BAUMGÄRTEL/SCHERF, Ist die
Rechtsprechung zur Durchbrechung der
Rechtskraft nach § 826 BGB weiterhin vertret-
bar?, JZ 1970, 316; BÖHM, Nochmals: Unter-
haltsurteil, Statusklage und § 826 BGB, NJW
1957, 403; BRAUN, Rechtskraft und Restitu-
tion, 1. Teil: Der Rechtsbehelf gem § 826 BGB
gegen rechtskräftige Urteile (1979); ders,
Rechtskraft und Rechtskraftdurchbrechung,
NJW 1982, 148; ders, Die ungeschriebenen
Voraussetzungen uneingeschränkter Rechtskraft, JZ 1987, 789; BRUNS, Zur Frage des
Schutzes gegen den Mißbrauch rechtskräftiger
Schuldtitel, JW 1937, 2432; vDICKHUTH-HAR-
RACH, Gerechtigkeit statt Formalismus (1986);
GADOW, Unerlaubte Ausnützung der Rechtskraft, ZZP 61 (1939) 313; GAUL, Die Grundlagen des Wiederaufnahmerechts und die Ausdehnung der Wiederaufnahmegründe (1956);
ders, § 826 BGB und die Rechtskraft des Schei-
dungsurteils und des Schuldausspruchs, FamRZ
1957, 237; ders, Materielle Rechtskraft, Voll-
streckungsabwehr und zivilrechtlicher Ausgleichsanspruch, JuS 1962, 12; ders, Möglichkeiten und Grenzen der Rechtskraftdurchbrechung (Athen 1986); ders, Treu und Glauben
sowie gute Sitten in der Zwangsvollstreckung
oder Abwägung nach „Verhältnismäßigkeit" als
Maßstab der Härteklausel des § 765a ZPO, in:
FS Baumgärtel (1990) 75 ff; GEISSLER, Die
Rechtskraft des Vollstreckungsbescheids auf

dem Prüfstand des sittenwidrigen Ratenkredits,
NJW 1987, 166; GÖTZ, Zivilrechtliche Ersatzansprüche bei schädigender Rechtsverfolgung
(1989); GRÜN, Die Zwangsvollstreckung aus
Vollstreckungsbescheiden über sittenwidrige
Ratenkreditforderungen (1990); GRUNSKY,
Grundlagen des Verfahrensrechts (2. Aufl
1974); ders, Voraussetzungen und Umfang der
Rechtskraftdurchbrechung nach § 826 BGB bei
sittenwidrigen Ratenkreditverträgen, ZIP 1986,
1361; ders, Zur Vollstreckung eines im Ausland
erschlichenen rechtmäßigen Urteils, IPrax
1987, 219; ders, Rechtskraft und Schadensersatzansprüche wegen Erwirkung des Titels, ZIP
1987, 1021; HÖNN, Dogmatische Kontrolle
oder Verweigerung? – Zur Rechtskraftdurchbrechung über § 826 BGB, in: FS Lüke (1997)
265; JAUERNIG, Nochmals: Auswirkungen von
Treu und Glauben im Prozeß und in der
Zwangsvollstreckung, ZZP 66 (1953) 398; KOH-
TE, Rechtsschutz gegen die Vollstreckung des
wucherähnlichen Rechtsgeschäfts nach § 826
BGB, NJW 1985, 2217; LARENZ, Kennzeichen
geglückter richterlicher Rechtsfortbildung
(1965); LÜDERITZ, Sittenwidrige Entscheidungen der freiwilligen Gerichtsbarkeit, NJW 1980,
1087; LUKES, Die Vollstreckungsabwehrklage
bei sittenwidrig erschlichenen und ausgenutzten
Urteilen, ZZP 72 (1959), 99; MÜNZBERG,
Rechtsschutz gegen die Vollstreckung des wucherähnlichen Rechtsgeschäfts nach § 826

14. 10. 1905, RGZ 61, 359), die jedoch selbst in ihren Kernaussagen ständigen Schwankungen unterworfen ist, kann das Erschleichen oder Ausnutzen eines Urteils oder sonstigen Titels einen vorsätzlichen schädigenden Sittenverstoß iSd § 826 BGB beinhalten. Dies soll insbesondere dann gelten, wenn die Art und Weise, in der der Titelgläubiger seine formelle Rechtsstellung unter Mißachtung der materiellen Rechtslage ausnutzt, mit dem **Gerechtigkeitsgedanken** schlechthin unvereinbar erscheint (vgl hier nur BGHZ 101, 380, 383 = NJW 1987, 3256 mwN sowie NJW 1951, 759). Hat daher der Titelgläubiger ein unrichtiges Urteil vorsätzlich erstritten oder nutzt er dieses vorsätzlich in sittenwidriger Weise aus, steht dem Titelschuldner ein **Anspruch auf Herausgabe des Titels und auf Unterlassung der Zwangsvollstreckung** zu.

473 Dieser Anspruch tritt neben speziellere auf **Rechtskraftdurchbrechung** gerichtete Rechtsbehelfe der Zivilprozeßordnung (§§ 578 ff ZPO, unten Rn 481 ff). Die Möglichkeit der Konkurrenz wurde ursprünglich damit begründet, daß eine auf § 826 BGB gestützte Zweitentscheidung die materielle Rechtskraft des ersten Urteils unberührt lasse und nur dessen vermögensrechtliche Folgen augleiche (RGZ 75, 213, 215; BGHZ 50, 115, 118 = NJW 1968, 1275). Von dieser Vorstellung ist die Rechtsprechung mittlerweile stillschweigend abgerückt; deshalb soll nunmehr die **Rechtskraft** in den einschlägigen Fällen „**zurücktreten**" (BGHZ 101, 380, 383 = NJW 1987, 3256; vgl aber bereits zuvor RGZ 61, 359, 365: „Die Wirkung der Rechtskraft muß da zessieren, wo sie bewußt rechtswidrig zu dem Zwecke herbeigeführt ist, dem, was nicht Recht ist, den Stempel des Rechts zu geben."). In der Tat führt die auf § 826 BGB gestützte Klage regelmäßig zu einer **Durchbrechung der Rechtskraft des Ersturteils**, weil Voraussetzung des geltend gemachten Anspruchs stets die Unrichtigkeit des Ersturteils ist (dazu unten Rn 489 ff) und dieses vom erkennenden Gericht überprüft werden muß (vgl auch PRÜTTING/WETH Rn 178).

474 Die Praxis knüpft die Rechtskraftdurchbrechung an **drei Voraussetzungen**: Das angegriffene Urteil muß unrichtig sein (unten Rn 489 ff), darüber muß der Titelgläubiger Kenntnis besitzen (unten Rn 493 ff); ferner ist es erforderlich, daß besondere die Sittenwidrigkeit begründende Umstände hinzutreten (unten Rn 496 ff).

475 Kritik: **§ 826 BGB** gewährt indes **richtiger Ansicht nach keinen Anspruch auf Durchbre-**

BGB, NJW 1986, 361; MUSIELAK, Zur Klage nach § 826 BGB gegen rechtskräftige Urteile, JA 1982, 7; OTT, Schadensersatzansprüche wegen Urteilsmißbrauchs nach § 826 BGB, FLF 1980, 233; PRÜTTING/WETH, Rechtskraftdurchbrechung bei unrichtigen Titeln – Die Rechtsprechung zur Aufhebung sittenwidriger Entscheidungen und ihre Folgen für die Praxis (2. Aufl 1994); REINICKE, Die Kollision zwischen Rechtsfrieden und Gerechtigkeit, NJW 1952, 3; ROSENBERG/SCHWAB/GOTTWALD, Zivilprozeßrecht (15. Aufl 1993); SCHOTT, Zum Begriff der Sittenwidrigkeit bei der Urteilserschleichung und der sittenwidrigen Ausnützung rechtskräftiger Urteile, DR 1940, 414 und DR 1941, 1935; SCHUETZE, Die Geltendmachung

des § 826 BGB gegenüber ausländischen Zivilurteilen, JR 1979, 184; SCHUMANN, Fehlurteil und Rechtskraft, in: FS Bötticher (1969) 289; SLAPNICAR, Erste Anzeichen des Wiederaufnahmerechts im klassischen römischen Zivilprozeß und ihre Bedeutung für die Beseitigung der materiellen Rechtskraft bei einem Verzichtsurteil mit Hilfe materiellen Rechts (§ 826 BGB), in: FG K Peters (1984) 413; SPELLENBERG, Rechtskraft und Gerechtigkeit, JuS 1979, 554; STEINMETZ, Sittenwidrige Ratenkredite in der Rechtspraxis (1985); THUMM, Die Klage aus § 826 BGB gegen rechtskräftige Urteile in der Rechtsprechung des Reichsgerichts und des Bundesgerichtshofs (1959); ZEISS, Restitutionsklage und Klage aus § 826 BGB, JuS 1969, 362.

chung der materiellen Rechtskraft. Dem stehen bereits die prozessuale Natur der Rechtskraft und die mit ihr verbundenen prozeßrechtlichen Schutzzwecke entgegen: Während die formelle Rechtskraft gem § 705 ZPO die Aufhebung oder Abänderung derselben Entscheidung verbietet, zielt die **materielle Rechtskraft** (vgl § 322 Abs 1 ZPO) auf Verhinderung einer zweiten Entscheidung über dieselbe Sache in einem neuen Verfahren. Nach heute herrschendem Verständnis entfaltet die materielle Rechtskraft allein prozessuale Wirkungen (BGHZ 35, 338, 340 = NJW 1961, 1969; BGHZ 36, 365, 367; BÖTTICHER, Kritische Beiträge zur Lehre von der materiellen Rechtskraft [1930] 220 ff; vgl zum Streitstand hier nur ROSENBERG/SCHWAB/GOTTWALD, Zivilprozeßrecht [15. Aufl 1993] 915 ff). Danach verändert die eingetretene materielle Rechtskraft nicht die tatsächlich bestehende materielle Rechtslage; sie begründet auch keine unwiderlegliche Vermutung für das Bestehen einer bestimmten Rechtsfolge. Ihre Wirkung erklärt sich allein aus dem prozessualen Verbot der Wiederholung von Verhandlung und Entscheidung über denselben Streitgegenstand und die Bindung der Parteien an die Entscheidung (**ne bis in idem**). **Dieses prozessuale Verbot kann aber nicht im Wege eines auf materiellen Schadensersatz gerichteten Anspruchs revidiert werden** (ähnlich GAUL, in: FS Flume [1978] 443; JAUERING, Zivilprozeßrecht [24. Aufl 1993] 237 ff; PRÜTTING/WETH Rn 180; REINICKE NJW 1952, 6). Dies zeigt sich insbesondere daran, daß die Schutzwirkungen des prozessualen Verbotes weit über die Interessen der Prozeßparteien hinausgehen: Zwar kommt die materielle Rechtskraft auch dem Titelgläubiger zugute, weil sie seinen Anspruch dauerhaft außer Streit stellt. Darin drückt sich jedoch nur ein Teilaspekt des durch die materielle Rechtskraft verbürgten Rechtsfriedens aus. Darüber hinaus zielt das Verbot des ne bis in idem nämlich auch darauf, die Gerichte nicht durch ständig wiederholte Streitigkeiten zu belasten und ihrem Ansehen nicht dadurch zu schaden, daß Entscheidungen wiederholt werden müssen, um sich dabei möglicherweise noch zu widersprechen (ROSENBERG/SCHWAB/GOTTWALD [15. Aufl 1993] 915 mwN).

Zwar liegt die **Zwecksetzung des § 826 BGB** gerade darin, dem sittenwidrig handeln- **476** den Vorsatztäter den Mindestschutz zu entziehen, den der Schadensverursacher ansonsten in der Rechtsordnung genießt (oben Rn 12 ff). Überaus fraglich erscheint es jedoch, ob eine wie § 826 BGB auf Schadensersatz iSd § 249 BGB gerichtete Norm auch die zur Beseitigung der materiellen Rechtskraft erforderliche prozessuale Gestaltungswirkung entfalten kann. Der von der Rechtsprechung eingeräumte Anspruch auf „Herausgabe des Titels" und auf „Unterlassung der Zwangsvollstrekkung" suggeriert immerhin, daß im Wege der Naturalrestitution solche prozessualen Gestaltungswirkungen erzeugt werden könnten. Im weitgehend auf formalen Verfahrensvoraussetzungen beruhenden Zwangsvollstreckungsverfahren hingegen erscheint gerade ein Anspruch auf Titelherausgabe als Fremdkörper: Gem § 775 Nr 1 ZPO bedarf es zur Einstellung des Vollstreckungsverfahrens nämlich der Aufhebung des Urteils nicht seiner „Herausgabe".

Umgekehrt führt die vorgestellte Judikatur auch dazu, daß der Inhalt der Schadens- **477** ersatznorm des § 826 BGB **von den Teloi eines auf prozessuale Gestaltung zielenden Rechtssatzes** überlagert wird. So erklären sich die **Brüche** dieser Judikatur **mit dem System des § 826 BGB**: Ganz entgegen der sonstigen Dogmatik soll etwa in den Fällen der Rechtskraftdurchbrechung ein Mitverschulden des Titelschuldners berücksichtigt werden, wenn dieser den Erstprozeß nachlässig geführt hat (unten Rn 484). Bei der Beurteilung der sittenwidrigen Ausnutzung eines Vollstreckungsbescheides (unten

Rn 535) hat die Rechtsprechung ferner ein Aktionensystem entwickelt, nach dem es darauf ankommt, ob gerade auf Durchbrechung der materiellen Rechtskraft einer titulierten Ratenkreditforderung oder eines auf sonstigem materiellen Recht beruhenden Titels geklagt wird (BGHZ 103, 44 = NJW 1988, 971). Darüber hinaus braucht der Titelgläubiger die tatsächlichen Umstände der Sittenwidrigkeit bei der Ausnutzung eines unrichtigen Titels nicht zum Tatzeitpunkt zu kennen; es reicht, wenn er nachträglich im Zweitprozeß durch das erkennende Gericht darüber aufgeklärt wird (unten Rn 494).

478 Diesen und ähnlichen Bedenken stellen einige Autoren die Überlegung entgegen, daß eine **Generalklausel** zur Schließung einer Rechtsschutzlücke stets unentbehrlich sei; den vielfältigen Gestaltungen des Titelmißbrauches könne mit dem schwerfälligen Instrumentarium der §§ 578 ff ZPO nicht begegnet werden (GRUNSKY, Grundlagen des Verfahrensrechts [2. Aufl 1974] 497; ROSENBERG/SCHWAB/GOTTWALD [15. Aufl 1993] 981; ähnlich wohl BGHZ 101, 380, 383 = NJW 1987, 3256). Hier sei vielmehr ein Fall des **Rechtsformmißbrauchs** zu besorgen, bei dem sich der Täter nicht auf eine nur formal unantastbare, materiell aber unrichtige Position zurückziehen dürfe (RGZ 61, 359, 365; SOERGEL/HÖNN/DÖNNEWEG Rn 232). Dies gelte insbesondere, wenn der Mißbrauch dem fundamentalen Gerechtigkeitsempfinden widerspreche (BGHZ 101, 380, 383 = NJW 1987, 3256 mwN sowie NJW 1951, 759).

479 Die im Schrifttum **herrschende Gegenansicht** (vgl hier nur ARENS/LÜKE, Zivilprozeßrecht [6. Aufl 1994] Rn 370; BAUMBACH/HARTMANN, ZPO [55. Aufl 1997] Einf §§ 322–327 Rn 30; BAUMGÄRTEL/SCHERF JZ 1970, 316; BLOMEYER, Zivilprozeßrecht [2. Aufl 1985] 623 ff; GAUL, Die Grundlagen des Wiederaufnahmerechts 99 ff; ders, Möglichkeiten und Grenzen der Rechtskraftdurchbrechung 39 ff; JAUERNIG, Zivilprozeßrecht [24. Aufl 1993] 237 ff; MÜNZBERG NJW 1986, 361; PAULUS, Zivilprozeßrecht [1996] Rn 320; PRÜTTING/WETH Rn 178 ff; SCHELLHAMMER, Der Zivilprozeß [5. Aufl 1992] Rn 1152; SCHILKEN, Zivilprozeßrecht [2. Aufl 1995] Rn 1072; WIECZOREK, ZPO [8. Aufl 1993] § 322 Rn C III b; ZEISS, Zivilprozeßrecht [8. Aufl 1993] Rn 610 ff) hält den Katalog der Wiederaufnahmegründe in § 580 ZPO für abschließend; daneben komme § 826 BGB nicht als subsidiärer Rechtsbehelf zur Durchbrechung der Rechtskraft in Betracht (so auch ROSENBERG/SCHWAB/GOTTWALD [14. Aufl 1986] 1042; vgl ferner PRÜTTING/WETH Rn 102). Im übrigen bestehe die von der Praxis behauptete Rechtsschutzlücke deshalb nicht, weil das Gesetz aus rechtsstaatlichen Gründen die Tatbestände einer Rechtskraftdurchbrechung beschränkt habe; darin liege kein Verstoß gegen den Gerechtigkeitsgedanken, sondern gerade dessen Verwirklichung; die kritisierte Rechtsprechung führe vielmehr zu einer Vermehrung und Verteuerung von Prozessen und erhöhe die Rechtsunsicherheit (BAUMBACH/HARTMANN Rn 30 ff; PRÜTTING/WETH Rn 109, 82; WIECZOREK § 322 Rn C III b 2). Bezeichnenderweise räumt der **Bundesgerichtshof** selbst ein, seine Judikatur bringe eine „nicht zu unterschätzende Gefahr für Rechtssicherheit und Rechtsfrieden mit sich und (verursache), wie die Erfahrung lehrt, oft nur nutzlose Belastungen der Gerichte und nicht zuletzt auch der Partei, die sich auf das rechtskräftige Urteil verläßt" (BGHZ 50, 115, 122 = NJW 1968, 12 75). Zu einschlägigen **verfassungsrechtlichen Bedenken** (vgl PRÜTTING/WETH Rn 247 ff; dagegen ROSENBERG/SCHWAB/GOTTWALD [15. Aufl 1993] 981).

480 Die Einwände der **hM** zeigen, **daß die vorliegende Problematik sich nicht auf einen einfachen Konflikt zwischen materieller Rechtskraft auf der einen und materieller Gerechtigkeit auf der anderen Seite reduzieren läßt.** Die Praxis, die bislang nur vergleichsweise pauschal den „Gerechtigkeitsgedanken schlechthin" für ihre Lösung in Anspruch nimmt (vgl noch einmal BGHZ 101, 380, 383 = NJW 1987, 3256), hat es insbesondere versäumt, diejenigen materiellen Schutzanliegen herauszuarbeiten, die ausnahmsweise ein Zurückdrängen derjenigen Gerechtigkeitsmomente gebieten könnten, die durch die materielle Rechtskraft geschützt sind.

b)   Konkurrenzverhältnis des § 826 BGB zu den §§ 578 ff ZPO
Die Begründungsprobleme einer durch § 826 BGB vermittelten Rechtskraftdurch- **481** brechung zeigen sich deutlich am Konkurrenzverhältnis zu den §§ 578 ff ZPO. Das Gesetz gewährt einen Anspruch auf Durchbrechung der materiellen Rechtskraft nach § 580 ZPO in einer Reihe enumerierter Fälle. Insbesondere die in § 580 Nr 3 ZPO erfaßten Fälle der strafbaren Verletzung der prozessualen Wahrheitspflicht stehen den Fällen einer Titelerschleichung iSd § 826 BGB sehr nah. Die Praxis anerkennt dennoch **keine Spezialität des § 580 ZPO** bzw **keine Sperrwirkung gegenüber § 826 BGB**, sondern läßt beide Ansprüche frei miteinander konkurrieren (vgl BGHZ 101, 380, 381 = NJW 1987, 3256; BGHZ 50, 115, 118 = NJW 1968, 1275; RGZ 75, 213, 215). Dies wurde zunächst aus den vermeintlich unterschiedlichen Rechtsfolgen beider Anspruchsgrundlagen begründet: Während aufgrund der §§ 578 ff ZPO die Rechtskraft durchbrochen werde, lasse der Anspruch aus § 826 BGB den Titel unbeeinträchtigt und führe nur zu einer Korrektur seiner vermögensrechtlichen Wirkungen (RGZ 75, 213, 215; BGHZ 50, 115, 118 = NJW 1968, 1275). Obwohl der Bundesgerichtshof mittlerweile selbst einräumt, daß in den Fällen des § 826 BGB auch die materielle Rechtskraft „zurücktreten" muß (so BGHZ 101, 380, 383 = NJW 1987, 3256), hat er an der freien Konkurrenz beider Rechtsinstitute weiter festgehalten (vgl den BGH aaO). Dies geht selbst den Befürwortern eines Anspruchs aus § 826 BGB teilweise zu weit, die den Schadensersatzanspruch als eine **Randkorrektur aus Billigkeitsgründen**, nicht aber als Substitut für die Wiederaufnahmeklage verstehen (Rosenberg/Schwab/Gottwald, Zivilprozeßrecht [15. Aufl 1993] 981).

Fraglich ist weiter, ob die **§§ 578 ff ZPO zT auf die Klage nach § 826 BGB** anwendbar **482** sind. Ausgehend von der freien Konkurrenz beider Institute läßt die Rechtsprechung die Klage nach § 826 BGB auch dann zu, wenn die Fünfjahresfrist für eine Wiederaufnahmeklage nach **§ 586 Abs 2 Satz 2 ZPO** verstrichen ist (RGZ 46, 75, 79; 61, 365; 75 216; 78, 394; BGHZ 50, 115, 120 = NJW 1968, 1275); dies betrifft insbesondere auch den Fall der **schuldhaften Fristversäumnis** (BGHZ 50, 115, 121 = NJW 1968, 1274). Dies erscheint indes schwer hinnehmbar, weil der Titelgläubiger im Extremfall sein Urteil noch 30 Jahre nach Eintritt der materiellen Rechtskraft verteidigen müßte (§ 852 Abs 1 BGB). Ihm dürfte es etwa angesichts der Vergeßlichkeit von Zeugen oder der Vergänglichkeit von Augenscheinsobjekten entsprechend schwer fallen, nach diesem Zeitraum noch Gegenbeweise gegen den vom Schuldner eingebrachten neuen Streitstoff erbringen zu können. Hinzu kommt, daß sich der Anspruch aus § 826 BGB nach den Maßstäben der Praxis nicht nur gegen den Vorsatztäter richtet, sondern auch gegen den gutgläubigen Titelgläubiger, der erst im Prozeß über die unbillige Ausnutzung des Titels durch das über § 826 BGB entscheidende Gericht in Kenntnis der wahren Sachlage versetzt wird (dazu unten Rn 494). Dieser Titelgläubiger hat nicht einmal Anlaß, sich auf eine über den Eintritt der materiellen Rechtskraft hinausreichende Verteidigung seines Urteils einzurichten.

Nach einer mittlerweile überholten Rechtsprechung sollte **§ 581 Abs 1 ZPO** auf die **483**

Schadensersatzklage aus § 826 BGB Anwendung finden (BGH NJW 1964, 1673). Dann wäre die Klage aus § 826 BGB solange als unzulässig abzuweisen, wie der Titelgläubiger wegen seines einschlägigen Verhaltens nicht rechtskräftig strafrechtlich verurteilt worden wäre bzw wenn gegen ihn ein Strafverfahren aus Mangel an Beweisen nicht durchgeführt werden könnte. In einer späteren Entscheidung hat der Bundesgerichtshof diese Entscheidung revidiert. Seiner Ansicht nach ist § 581 ZPO von singulärer Natur, weil der Zivilrichter regelmäßig nicht auf eine strafrechtliche Vorbewertung des Falles angewiesen sei. Für die gebotene Beschränkung der wiederholten Inanspruchnahme der Gerichte im Wege des § 826 BGB müßten in der Praxis andere Wege gefunden werden (BGHZ 50, 115, 122 f = NJW 1968, 1275).

484 Zweifelhaft ist hingegen, ob und inwiefern die Präklusionsvorschrift des **§ 582 ZPO** Anwendung findet. Nach dieser Norm ist die Restitutionsklage nur zulässig, wenn die Partei ohne ihr Verschulden außerstande war, den Restitutionsgrund im früheren Verfahren geltend zu machen. In mehreren Entscheidungen hat der Bundesgerichtshof diesen Maßstab mittelbar zur Begründung der Anforderungen an die Prozeßführung des Schuldners im Erstverfahren und an dessen Darlegungs- und Beweislast im zweiten Verfahren herangezogen. So ist der Klage aus § 826 BGB der Erfolg verwehrt, wenn der Schuldner eine ihm günstige Beweisurkunde nachlässigerweise nicht in den Erstprozeß eingeführt hat und wegen § 582 ZPO eine Restitutionsklage nicht mehr auf diese Urkunde gestützt werden könnte (BGH NJW 1974, 557; vgl auch BGH NJW-RR 1988, 957, 959; ROSENBERG/SCHWAB/GOTTWALD [15. Aufl 1993] 982). Darüber hinaus genügt für die Darlegung der Unrichtigkeit des Ersturteils eine bloße Beanstandung der darin vorgenommenen tatsächlichen oder rechtlichen Würdigung ebensowenig wie der Hinweis auf die unterbliebene rechtliche Würdigung bestimmter Punkte (BGHZ 40, 130, 134 = NJW 1964, 349). Das **Schrifttum** hat spätestens darin eine **starke Annäherung an den Maßstab des § 582 ZPO** erkannt (GAUL JZ 1964, 518 und PRÜTTING/WETH Rn 143).

485 Die Frage der Konkurrenz stellt sich schließlich auch insoweit, als eine **analoge Anwendung der §§ 578 ff ZPO** den **Schadensersatzanspruch nach § 826 BGB verdrängen könnte.** Nach **übereinstimmender Auffassung von Bundesgerichtshof und hM** kommt allerdings eine Erweiterung der in § 580 ZPO enumerierten Tatbestände um einen weiteren nicht in Betracht (vgl nur BGHZ 101, 380, 383 = NJW 1987, 3256; PRÜTTING/WETH Rn 101; aA BRAUN, Rechtskraft und Rechtskraftdurchbrechung 100 ff). Die Rechtsprechung erkennt in § 826 BGB eine leichter zu handhabende Anspruchsgrundlage (BGH aaO), auf die die schwerfälligen Zulassungsvoraussetzungen, insbesondere § 581 Abs 1 ZPO, keine Anwendung finden; das Schrifttum argumentiert mit der Überlegung, daß der Gesetzgeber in Kenntnis der Rechtsprechung zu § 826 BGB das Restitutionsrecht nicht einschlägig erweitert habe (PRÜTTING/WETH Rn 101) und hält allenfalls eine analoge Anwendung der einzelnen Tatbestände für möglich (PRÜTTING/WETH Rn 103). Die Untätigkeit des Gesetzgebers erscheint hingegen als ein methodisch zweifelhaftes Argument; denn schwerlich kann der Rechtsanwender bereits aus der Untätigkeit der Legislative auf einen (negativen) gesetzgeberischen Willen schließen, bürdete er doch damit dem Parlament die Last einer spontanen Reaktion auf jede unliebsame Interpretation der von ihm verantworteten Normen auf.

486 Das **entscheidende Hindernis für eine Rechtsfortbildung des Restitutionsrechts** liegt indes kaum in der Frage, ob die analoge Anwendung der Einzeltatbestände des § 580 ZPO (insbes Nr 3 und 4) oder die Bildung einer Rechtsanalogie zu all diesen Tatbeständen der bevorzugenswerte Weg ist. Vielmehr besteht für die Restitutionsklage kein praktischer Bedarf, weil die Anforderungen der Klage aus § 826 BGB geringer und in der Praxis handhabbarer sind (so in etwa BGHZ 101, 380, 383). Dies bezieht sich zwar nicht auf die aus § 582 ZPO entstehenden Erfordernisse, da diese faktisch bei beiden Klagearten gleichermaßen gelten (oben Rn 484). Auch dürfte das wesentliche Erschwernis kaum aus der Fünfjahresfrist des § 586 Abs 2 Satz 2 ZPO resultieren (oben Rn 482). Regelmäßig ist nämlich nach fünf Jahren das Urteil vollstreckt und ein zuverlässiger Beweis über dessen Unrichtigkeit anläßlich der Vergeßlichkeit von Zeugen, der Vergänglichkeit von Augenschein usw nur schwer zu führen. Der zentrale Unterschied beider Klagearten liegt vielmehr im Erfordernis des **§ 581 Abs 1 ZPO, der die Zulässigkeit der Restitutionsklage an den rechtskräftigen Abschluß eines Strafverfahrens bindet.** Der Zweck dieser Norm ist indes dem System der heutigen Zivilprozeßordnung fremd; denn bei der Konzeption der Vorschrift ging der Gesetzgeber noch nicht vom Grundsatz der freien Beweiswürdigung durch den Zivilrichter aus, sondern wollte verhindern, daß Straf- und Zivilurteile einander widersprachen. Indem § 581 Abs 1 ZPO sicherstellte, daß das Strafgericht zuerst entschied, konnte das später über dieselbe Frage verhandelnde Zivilgericht an das Strafurteil gebunden werden und durfte von diesem nicht abweichen (MünchKomm ZPO/Braun § 581 Rn 1 f; vgl auch BGHZ 50, 115, 122 f = NJW 1968, 1275). Diese ursprüngliche Zwecksetzung ist jedoch insbesondere mit § 286 ZPO nicht zu vereinbaren; durch das Strafurteil wird das über die Restitutionsklage entscheidende Gericht nunmehr in seiner Beweiswürdigung nicht gebunden (§ 14 Abs 2 Nr 1 EGZPO). Angesichts dieser heute überholten Zwecksetzung rückt eine **teleologische Reduktion des § 581 Abs 1 ZPO** in den Bereich des Möglichen. Da die Vorschrift die Beweiswürdigungsfreiheit des Zivilgerichtes nicht beschränken kann, erscheint sie im heutigen System der Zivilprozeßordnung eher wie ein **Sonderfall von § 149 ZPO.** Nach dieser Vorschrift kann der Richter das Verfahren aussetzen, wenn eine strafrechtliche Vorfrage zu klären ist. Der ursprüngliche, im geltenden System nicht zu verwirklichende Zweck des § 581 Abs 1 ZPO wird nämlich noch weitestgehend dadurch erreicht, daß man die Vorschrift im Sinne einer Sollvorschrift versteht, strafrechtliche Vorfragen möglichst durch die Strafgerichtsbarkeit klären zu lassen, wenn dazu aufgrund der Einschlägigkeit der Fragestellungen Anlaß besteht. Diese teleologische Reduktion des § 581 Abs 1 ZPO läßt dem Zivilrichter aber auch die Freiheit, auf die Durchführung eines strafrechtlichen Vorverfahrens zu verzichten, wenn das Fehlverhalten des Titelgläubigers so klar nachgewiesen ist, daß es einer strafgerichtlichen Vorprüfung nicht bedarf. **Fällt das zwingende Erfordernis des § 581 Abs 1 ZPO infolge teleologischer Korrektur weg, ist die Klage nach § 580 ZPO mindestens ebenso praktisch handhabbar wie diejenige nach § 826 BGB;** für die systematisch bedenkliche Konstruktion einer Rechtskraftdurchbrechung mittels Schadensersatzes besteht dann kein Bedürfnis mehr.

Die Frage der Konkurrenz von § 826 BGB zum System der Zivilprozeßordnung kann **487** sich auch bei der **Wiedereinsetzung in den vorigen Stand** (§§ 233 ff ZPO) stellen, wenn die Jahresfrist nach § 234 ZPO abgelaufen und die Fristversäumnis durch ein vorsätzliches sittenwidriges Verhalten des Titelgläubigers eingetreten ist. Wer hier mit der Rechtsprechung von einer freien Konkurrenz mit § 826 BGB ausgeht, wird auch nach Ablauf der Jahresfrist einen Anspruch auf Herausgabe des Titels und Unterlassung der Zwangsvollstreckung zubilligen (RGZ 78, 389). Richtigerweise aber regeln die §§ 233 ff ZPO auch diese Fälle speziell und abschließend; insbesondere vermag der auf Schadensersatz gerichtete § 826 BGB nicht die erforderlichen prozessualen Gestaltungswirkungen zu entfalten (ähnlich PRÜTTING/WETH Rn 111 ff).

488 Problematisch ist schließlich das Verhältnis zur **Abänderungsklage** (vgl MünchKomm ZPO/GOTTWALD § 323 Rn 28; ZÖLLER/VOLLKOMMER [20. Aufl 1997] § 323 Rn 22; HOPPENZ FamRZ 1987, 368; TINTELNOT FamRZ 1988, 242). Der Rechtsbehelf aus § 826 BGB soll nach Auffassung des Bundesgerichtshofs nicht gleichrangig neben die Abänderungsklage nach § 323 ZPO treten, sondern Ausnahmefälle betreffen, in denen die Ausnutzung des Urteils in hohem Maße unbillig und geradezu unerträglich sei (BGH NJW-RR 1987, 1032; vgl auch NJW 1983, 2317; NJW 1987, 368, 369). Ein praktischer Anwendungsbereich bleibt daher in den Fällen der **Präklusion nach § 323 Abs 2 ZPO**: Im Wege der Abänderungsklage können nämlich keine Tatsachen geltend gemacht werden, die bereits im Zeitpunkt der letzten mündlichen Verhandlung über das Ersturteil entstanden waren; ähnlich wie in § 767 Abs 2 ZPO kommt es dabei auf die Kenntnis des späteren Titelschuldners nicht an (OLG Köln FamRZ 1987, 846). **Der Schadensersatzanspruch aus § 826 BGB wird folglich in besonders krassen Fällen des Verschweigens oder der Verletzung einer Auskunftspflicht erwogen** (BGH NJW 1986, 1751, 1754; NJW-RR 1987, 1032, 1033; NJW 1986, 2047, 2049; NJW 1988, 1965, 1967). Auch in diesen Fällen ist jedoch richtiger Ansicht nach die Restitutionsklage nach § 580 ZPO (insbes Nr 3 oder 4) der einschlägige und abschließende Rechtsbehelf; § 826 BGB vermittelt demgegenüber nur einen Schadensersatzanspruch und nicht die zur Rechtskraftdurchbrechung erforderliche prozessuale Gestaltungswirkung.

c) Materielle Unrichtigkeit des Urteils

489 Der von der Praxis zugebilligte Anspruch auf Herausgabe des Titels und Unterlassung der Zwangsvollstreckung setzt voraus, daß das **Urteil objektiv materiell unrichtig** ist (BGHZ 40, 230 = NJW 1964, 349; NJW 1987, 3256, 3257; NJW 1987 3259, 3260). Der Anspruch darf also tatsächlich nicht so bestehen, wie er im Tenor des Urteils zu- oder aberkannt wurde.

490 **Zeitpunkt** für die Beurteilung der Unrichtigkeit ist die letzte mündliche Verhandlung im Zweitprozeß über den Anspruch aus § 826 BGB (BGHZ 101, 380, 384 f = NJW 1987, 3256; NJW 1987, 3259).

491 Die Unrichtigkeit des Urteils darf grundsätzlich nicht **auf Rechtsfehlern**, sondern **nur auf Tatsachen** gründen (BGHZ 101, 380, 384 = NJW 1987, 3256). Denn das Risiko fehlerhafter Rechtsanwendung durch den Richter betreffe beide Parteien gleichermaßen und könne nicht im Wege der Klage nach § 826 BGB von einer Seite auf die andere abgewälzt werden (BGH aaO). Rechtsfehler im angegriffenen Urteil können jedoch uU dann berücksichtigt werden, wenn eine offensichtliche Fehlbeurteilung vorliegt, die zu keinerlei rechtlichen Zweifeln ob ihrer Unrichtigkeit Anlaß geben kann (BGH NJW 1963, 1606, 1608). Gegenüber einem **Vollstreckungsbescheid** können auch Rechtsfehler geltend gemacht werden (unten Rn 528).

492 Für die Unrichtigkeit trägt der aufgrund von § 826 BGB Klage Erhebende die **Darlegungs- und Beweislast** (ROSENBERG/SCHWAB/GOTTWALD [15. Aufl 1993] 981). Für sie gelten **besondere Anforderungen** (dazu BGHZ 40, 130, 134 = NJW 1964, 349; NJW 1964, 1672; BGHZ 50, 115, 123 = NJW 1968, 1275; NJW 1979, 1046, 1047 f): Widersprachen sich die Behauptungen der Prozeßparteien im ersten Verfahren, genügt es nicht, wenn die unterlegene Partei ihre Behauptungen im Prozeß nach § 826 BGB wiederholt und behauptet, die damals obsiegende Partei habe gegen die Wahrheitspflicht nach § 138 ZPO verstoßen. Auch genügt eine **bloße Ergänzung bzw Veränderung des früheren Vortrages nicht**. Selbst die Stellung neuer Beweisanträge zur Untermauerung des bisherigen Vorbringens soll nicht ausreichen. Ebensowenig ist die Klage schlüssig, wenn sie mit tatsächlichen oder rechtlichen Fehlbeurteilungen des Erstgerichtes begründet wird. Für den Anspruch nach § 826 BGB müssen vielmehr Tatsachen dargetan werden, aus denen sich ergibt, daß durch Vollstreckung des Urteils „**die offenbare Lüge den Sieg über die gerechte Sache**" davontragen würde (BGHZ 40, 130, 134 = NJW 1964, 349). Etwas anderes soll jedoch wiederum dann gelten, wenn das Ersturteil auf einer **offenkundigen Fehlbeurteilung** beruht (BGH aaO; NJW 1963, 1606, 1608).

d) Kenntnis des Täters
Der Täter muß um die Unrichtigkeit des Urteils wissen. Fraglich ist indes der maß- **493** geblicher **Zeitpunkt der Kenntnisnahme**. Wird dem Titelgläubiger nämlich vorgeworfen, ein unrichtiges Urteil in sittenwidriger Weise auszunutzen und verlangt der Schuldner Unterlassung der künftigen Zwangsvollstreckung, genügt es nach Auffassung der Praxis, **wenn dem Titelgläubiger im Verfahren über § 826 BGB durch das zur Entscheidung berufene Gericht entsprechende Kenntnis zuteil wird** (BGHZ 101, 380, 385 = NJW 1987, 3256; NJW 1987, 3259, 3260). Nach Kenntniserlangung erscheint das weitere Bestehen auf der Vollstreckung dann gegebenenfalls als sittenwidriges Ausnutzen des Urteils.

Diese **Judikatur geht** jedoch auf gefährliche Weise **an die Grenzen des in § 826 BGB 494 vorausgesetzten Vorsatzcharakters der Tat**. Genügt nämlich auch die spätere Kenntniserlangung (zum generellen Problem des mala fides superveniens oben Rn 90 ff), kann der gutgläubige Titelgläubiger noch nachträglich dem Vorsatztäter nach § 826 BGB gleichgestellt werden. Das Wissen um die tatsächlichen Umstände der Sittenwidrigkeit stellt dann kein selbständiges Anwendungshindernis mehr dar (ebenso BRAUN NJW 1988, 49). Die Konsequenzen zeigen sich spätestens dann, wenn der Schuldner **nach Abschluß aller Vollstreckungs- und Verwertungsmaßnahmen** aufgrund derselben Argumentation **Herausgabe des Erlöses** nach § 826 BGB fordert: Dem Titelgläubiger hilft dann seine Gutgläubigkeit nichts, da ihn das über den Anspruch aus § 826 BGB erkennende Gericht auch noch nachträglich in Kenntnis setzen kann. Seine Weigerung, nach Kenntniserlangung den Erlös herauszugeben, kann dann eine sittenwidrige (weitere) Ausnutzung des Urteils bedeuten. Denn die Weigerung zur Herausgabe des Erlöses unterscheidet sich nicht wesentlich von der Weigerung zum Verzicht auf die weitere Vollstreckung aus dem nachträglich als unrichtig erkannten Titel; beide Weigerungen vollziehen sich nur in unterschiedlichen Stadien der Rechtsdurchsetzung des Titelgläubigers: Wer aber nach § 826 BGB keinen Anspruch auf Vollstreckung des unrichtigen Urteils hat, kann auch keinen Anspruch auf Behalt des Erlöses haben. Selbst der gutgläubige Titelgläubiger müßte sich daher darauf einrichten, den Erlös noch dreißig Jahre seit Eintritt der materiellen Rechtskraft (§ 852 Abs 1 BGB) zu verteidigen (vgl auch oben zur Anwendbarkeit des § 586 Abs 2 Satz 2 ZPO Rn 482). Die Unerträglichkeit dieses Ergebnisses zeigt, wie einseitig die Praxis bisweilen den Gerechtigkeitsgedanken für ihre Erkenntnisziele in Anspruch nimmt.

495 Gelegentlich fordert das **Schrifttum**, für die Kenntnis das Täters komme es auf den **Zeitpunkt der einzelnen Vollstreckungshandlungen** an (Soergel/Hönn/Dönneweg Rn 240g; Funke NJW 1991, 2001), wobei der Schwerpunkt der Vorwerfbarkeit in einem positiven Tun liege, nicht aber in einer unterlassenen Antragsrücknahme (Soergel/Hönn/Dönneweg Rn 240g; Grün NJW 1990, 2865, 2866).

e) Besondere Umstände

496 **Überblick**: Die Vollstreckung aus einem erkannt unrichtigen Urteil als solche gilt noch nicht als sittenwidrig, wenn nicht besondere Umstände hinzutreten (BGHZ 101, 380, 385 = NJW 1985, 3256). In Betracht gezogen werden die Erschleichung des Titels oder seine sittenwidrige Ausnutzung. Auf solche Besonderheiten kann indes verzichtet werden, wenn der Titel schwer und evidentermaßen unrichtig ist.

aa) Titelerschleichung

497 Das Sittenwidrigkeitsurteil der Praxis beruht in einer Vielzahl von Fällen auf der Art und Weise, in welcher der Täter den Titel erlangt hat. Als sog Titelerschleichung kommen danach in Betracht **die Täuschung des Gerichts, der Mißbrauch des Verfahrensrechts und die unbillige Einflußnahme auf den Klagegegner.**

498 Die Fälle der **Täuschung des Gerichtes** ähneln den in § 580 Nr 3 und 4 ZPO geregelten Situationen (zur Konkurrenz vgl oben Rn 481). ZT gründet das Sittenwidrigkeitsverdikt hier auf einer Verletzung der prozessualen Wahrheitspflicht nach § 138 ZPO (RGZ 156, 265, 269; JW 1938, 1262). Einschlägig ist daher der Meineid der Partei (RGZ 46, 75, 79) ebenso wie das arglistige Vorspiegeln einer Tatsache (zB Eigenbedarf beim Räumungsurteil: OLG Celle OLGZ 1979, 64; Bestreiten des Verkehrs mit der Kindesmutter im Vaterschaftsprozeß: BGH FamRZ 1969, 644 oder das arglistige Verschweigen: RG JW 1928, 1853; WarnR 1934 Nr 92). Dazu zählt auch das **Verleiten eines Zeugen zur Falschaussage**, nicht jedoch das bloße Ausnutzen der als falsch erkannten Aussage (BGH LM Nr 7 zu § 826 BGB [Fa]; FamRZ 1957, 210; RG JW 1926, 1148). Sittenwidrig ist allgemein die Verwendung gefälschter Beweismittel (RG HRR 1935 Nr 665) und etwa auch die Vorlegung nachträglich gefertigter Abschriften als Originalurkunden (BGH WM 1968, 969).

499 Ein **Mißbrauch des Verfahrensrechts** findet insbesondere in den Fällen des **Erschleichens einer öffentlichen Zustellung** statt. Schützt der Kläger zu Unrecht vor, den Aufenthaltsort des Beklagten nicht zu kennen, um das Gericht zu einer öffentlichen Zustellung zu verleiten und um dadurch dem Beklagten die Verteidigungsmöglichkeiten abzuschneiden, kann die Rechtskraft des anschließend erschlichenen Versäumnisurteils gegenüber dem Beklagten durchbrochen werden (RGZ 78, 389; BGHZ 57, 108 = NJW 1971, 2226).

500 Sittenwidrig ist auch die ihrerseits **unbillige Einflußnahme auf den Gegner und dessen Verteidigungschancen**, um diesen von einer wirksamen Verteidigung abzuhalten (RGZ 132, 273). Dies gilt insbesondere, wenn finanzielle Notlagen ausgebeutet werden (BGH LM Nr 9 zu § 826 [Fa]) oder dem Gegner versprochen wird, von dem Urteil keinen Gebrauch zu machen (RGZ 36, 349; BGH LM Nr 9 zu § 826 [Fa]). Dazu zählt aber auch die Beseitigung einer dem Täter günstigen Urkunde (OLG München NJW 1976, 213 f) oder das kollusive Zusammenwirken mit seinem Vertreter (BGH LM Nr 9 zu § 826 [Fa]). Ähnlich wird schließlich die **Rechtsmittelverhinderung** behandelt (RG JW 1938, 1168:

„Abkauf der Berufung"; BGH WM 1965, 277; vgl dazu HÖNN Jura 1989, 240, 243 f; SCHMELZ, Der Verbraucherkredit [1989] Rn 634).

Ein Sonderproblem ergibt sich in den Fällen der **Rechtskrafterstreckung nach § 325** **501** **Abs 1 ZPO**. Veräußert der Kläger nach Rechtshängigkeit die streitbefangene Sache und führt den Prozeß als Prozeßstandschafter in **kollusivem Zusammenwirken** mit der Gegenseite zum Nachteil des neuen Eigentümers fort, kann dieser sich gegen das „erschlichene" Urteil gem § 826 BGB zur Wehr setzen (BGH WM 1962, 906, 909; vgl auch RGZ 156, 347).

Liegen die Voraussetzungen des § 826 BGB bei einem **ausländischen Titel** vor, versagt **502** ihm die Praxis die Anerkennung nach § 328 ZPO Abs 1 Nr 4 ZPO (BGHZ 42, 194, 204; BGH WM 1986, 1370; dazu GRUNSKY IPrax 1987, 219; SCHÜTZE JR 1979, 184).

bb) Sittenwidrige Ausnutzung eines unrichtigen Urteils
Nach den Maßstäben der Praxis kann die Sittenwidrigkeit schließlich auch auf der **503** Art und Weise der Durchsetzung des unrichtigen Urteils durch den Titelgläubiger gründen. Die materielle Rechtskraft verbürgt indes gerade, daß der Titelgläubiger auch ein falsches Urteil durchsetzen kann, gleichgültig, ob er dessen Richtigkeit kennt oder nicht. **Die Vollstreckung aus einem erkannt unrichtigen Urteil ist deshalb nicht per se sittenwidrig** (RG Recht 1919 Nr 1093; Recht 1919 Nr 1265; BGH NJW 1979, 1046; VersR 1982, 975, 976). Aus ähnlichen Erwägungen heraus hat das Reichsgericht zunächst die Anwendung des § 826 BGB in den Fällen der Ausnutzung eines nicht erschlichenen Urteils generell abgelehnt (RGZ 67, 151, 153), später allerdings diesbezüglich einen **Rechts- oder Institutionenmißbrauch** für möglich gehalten (RGZ 155, 55). Da die Ausnutzung des unrichtigen Urteils ihrerseits allein nicht zur Begründung eines Sittenwidrigkeitsverdiktes genügt, müssen **weitere Umstände** den Sittenverstoß rechtfertigen, die die Verwertung des Urteils als in „besonders hohem Maß unbillig und geradezu unerträglich" erscheinen lassen (BGHZ 26, 391, 398 = NJW 1958, 826). Ein konsistentes teleologisches Konzept zur Begründung der Sittenwidrigkeit in diesen Fällen sucht man allerdings vergeblich. Statt dessen lassen sich in der Fülle des Fallmaterials ganz unterschiedliche Zweck- und Billigkeitsgesichtspunkte analysieren.

Die Ausnutzung des Titels soll etwa dann sittenwidrig sein, wenn der Bekl den Kla- **504** geanspruch anerkannt hat und **beide Parteien dabei übersehen haben, daß der Klageanspruch bereits zum Zeitpunkt der letzten mündlichen Verhandlung im ersten Prozeß durch den Bekl erfüllt war** (OLG Celle MDR 1982, 408). Hier werden indes **systematische Zusammenhänge zu § 767 Abs 2 ZPO** durchbrochen. Aus dieser Norm folgt gerade die Vollstreckbarkeit des Titels für diesen Fall, und zwar aus der Tatsache, daß die Einwendung der Erfüllung bereits zum Zeitpunkt der letzten mündlichen Verhandlung entstanden war und es auf die Unkenntnis der Parteien zu diesem Zeitpunkt nicht ankommt (BGH NJW 1973, 1328).

Sittenwidrigkeit wird ferner in Betracht gezogen, wenn der Titelschuldner **durch** **505** **außergewöhnliche Umstände an einer Verteidigung verhindert war** (Einsitzen in einer Haftanstalt der DDR: BGH NJW 1983, 2317). Ob der Ausgleich solcher letztlich staatspolitisch bedingter Lasten auf Kosten des Titelgläubigers erfolgen sollte, darf immerhin bezweifelt werden (kritisch auch SCHREIBER JR 1984, 156; BRAUN ZZP 97 [1984] 340). Zur

Ausnutzung von nach dem Verschuldensprinzip ergangenen **Scheidungsurteilen** (RGZ 75, 213; RGZ 156, 265, 269; BGH NJW 1968, 2051; LM Nr 3 zu § 826 [Fa] sowie STAUDINGER/ SCHÄFER[12] Rn 117).

506 Höchst problematisch wurde die Titelausnutzung bisweilen auch als Auffangtatbestand für solche Fälle verstanden, in denen das **Verhalten des Titelgläubigers im Vorprozeß unterhalb der Erschleichungsschwelle** lag (RGZ 155, 55; RGZ 156, 265, 270; BGH LM Nr 8 zu § 826 [Fa]). Hier dient der Vorwurf der Ausnutzung im Ergebnis dazu, die Sittenwidrigkeitsschwelle gegenüber den Erschleichungsfällen zu senken.

507 Zweifelhaft ist, ob die Sittenwidrigkeit der Ausnutzung damit begründet werden kann, daß der titulierte Anspruch über eine **längere Laufzeit** geht. Grundsätzlich ist aber die Ausnutzung unrichtiger Renten- oder Unterhaltstitel als solche nicht sittenwidrig (RGZ 165, 26, 28; BGHZ 26, 391, 398 = NJW 1958, 826). Hier streitet zugunsten des Titelgläubigers bisweilen sogar ein Billigkeitsmoment, wenn der wahre Schuldner in Vermögensverfall geraten ist und der Rentenempfänger durch ein Ende der Zahlungen durch den Titelschuldner besonders hart getroffen würde (BGH NJW 1979, 1046, 1047).

508 Nach der Rechtsprechung einiger Oberlandesgerichte zur Rechtskraftdurchbrechung von Vollstreckungsbescheiden über **wucherische Darlehen** soll eine sittenwidrige **Ausnutzung** ab dem Zeitpunkt anzunehmen sein, ab dem aufgrund des unrichtigen Titels **eine bestimmte Höchstsumme zugunsten des Titelgläubigers beigetrieben** ist. Danach ist der Titel erschöpft, wenn dem Titelgläubiger der Nettokreditbetrag zzgl Restschuldversicherungsprämie und doppelten Kreditkosten zugeflossen ist (OLG Düsseldorf NJW 1987, 938) bzw wenn er das Doppelte des Darlehenskapitals erhalten hat (OLG Frankfurt/M NJW-RR 1996, 110, 111; SCHMELZ, Verbraucherkredit [1989] Rn 646 f; HOPT/MÜLBERT, Kreditrecht, § 607 Rn 319; vgl auch LG Saarbrücken NJW-RR 1986, 1049, 1050). Besonders brisant erscheint daran, daß die Gerichte zT die Frage offenlassen, ob der Gläubiger bei Stellung des Mahnantrags die Sittenwidrigkeit erkennen konnte (so das OLG Frankfurt/M NJW-RR 1996, 110, 111). Damit verschaffen sie dem Schuldner nämlich die Möglichkeit, die Rechtskraft des Titels bereits dann zu durchbrechen, wenn der Durchschnittszins während der Laufzeit des Darlehensvertrages auf den Märkten nachhaltig sinkt. Im Verhältnis zu den Marktbedingungen kann der zuvor nicht anstößige Zinssatz nachträglich die Grenze des § 138 Abs 1 oder Abs 2 BGB überschreiten. Mit gutem Grund kontrolliert der **Bundesgerichtshof** daher diese Fallgestaltungen nur unter den Voraussetzungen der Titel*erschleichung* und nicht der Titel*ausnutzung* (vgl ausdrücklich BGHZ 112, 54, 58 = NJW 1991, 30): Danach kommt es entscheidend darauf an, ob der Titelgläubiger die tatsächlichen Umstände der Sittenwidrigkeit zum **Zeitpunkt der Stellung des Mahnantrags** kannte (BGHZ 101, 380, 387 = NJW 1987, 3256; NJW-RR 1989, 1321, 1322; NJW-RR 1990, 179; NJW-RR 1990, 303). Darüber hinaus bedeutet die Vollstreckung aus einem über einen sittenwidrigen Ratenkredit ergangenen Urteil nicht per se einen Sittenverstoß (BGHZ 112, 54, 57 f = NJW 1991, 30; aA zuvor OLG Hamm NJW-RR 1990, 306; OLG Zweibrücken NJW-RR 1989, 874).

509 Entgegen der Wertung des § 580 Nr 4 ZPO rechtfertigt die **Vollstreckung eines gutgläubigen Dritten aus einem erschlichenen Titel** die Durchbrechung der Rechtskraft noch nicht (RGZ 156, 347, 352; OLG Düsseldorf FamRZ 1957, 222: Vollstreckung des Kindes aus dem von der Mutter erschlichenen Unterhaltsurteil gegen den Scheinvater). Anders liegen die

Dinge jedoch, wenn ein gutgläubiger **Inkassozessionar** die vom Zedenten durch Prozeßbetrug erschlichene Forderung eintreibt (BGHZ 50, 115, 117 ff = NJW 1968, 1275).

cc) Evidenz und Schwere der Unrichtigkeit des Urteils
Besonders gering sind die Anforderungen an eine Rechtskraftdurchbrechung, wenn **510**
das angegriffene Ersturteil unter evidenten und schweren Fehlern leidet. In Betracht
kommen allerdings nur solche **Fehlbeurteilungen, die zu keinerlei rechtlichen Zweifeln
ob ihrer Unrichtigkeit Anlaß geben** (BGH NJW 1963, 1606, 1608). Trägt man die Einzel-
überlegungen des Bundesgerichtshofes zu diesem Themenkomplex zusammen, so ist
allein aufgrund der Art der rechtlichen oder tatsächlichen Fehler eine Rechtskraftdurchbrechung begründet, ohne daß es auf weitere Voraussetzungen ankäme.

Zunächst verringern sich in diesen Fällen die Anforderungen an die **Darlegungslast 511
des Klägers**: Dieser muß keine neuen, im Erstverfahren noch nicht eingeführte Tatsachen vortragen; es genügt, wenn er den Vortrag aus dem Erstverfahren in seiner
Klagebegründung im Zweitprozeß wiederholt und dabei auf die schwere und evi-
dente Unrichtigkeit des Urteils hinweist (BGHZ 40, 130, 134 = NJW 1964, 349). Die
Unrichtigkeit des Ersturteils kann sich hier **ausnahmsweise auch aus einem Rechtsfehler**
ergeben (BGH NJW 1963, 1606, 1608). In einem Prozeß über die Zulässigkeit der weiteren Vollstreckung aus dem Urteil genügt es, wenn der Titelgläubiger die nach § 826
BGB erforderliche Kenntnis von der Unrichtigkeit des Urteils noch während des
Prozesses durch das befaßte Gericht erhält (BGHZ 101, 380, 385 = NJW 1987, 3256). Bei
schwerer und evidenter Unrichtigkeit bedarf es schließlich keiner besonderen, die
Sittenwidrigkeit rechtfertigenden Gründe (BGHZ 101, 380, 386 = NJW 1987, 3256). Praktisch hängt also der Anspruch auf Rechtskraftdurchbrechung allein davon ab, daß
das angegriffene Urteil unter Fehlern der vorausgesetzten Qualität leidet.

f) Rechtsfolge
Der Titelgläubiger hat nach § 249 BGB den vor dem Urteil bestehenden Zustand **512**
wiederherzustellen; deshalb schuldet er die **Herausgabe des Titels** und die **Unterlassung der Zwangsvollstreckung** (grundlegend RGZ 61, 359, 365). Sind Zwangsvollstrek-
kungsmaßnahmen bereits durchgeführt, richtet sich der Anspruch auf Wiederherstellung des zuvor bestehenden Zustandes oder Geldersatz (BGH NJW 1986, 1752).
Freiwillig auf den Titel geleistete Zahlungen sind zurückzugewähren (LG Lübeck NJW
1990, 2892), die durch Zwangsvollstreckung beigetriebenen Beträge müssen herausge-
geben werden (OLG Düsseldorf WM 1987, 714, 716; NJW-RR 1989, 240, 241). Der Titelschuldner hat schließlich einen **vorbeugenden Anspruch** auf **Unterlassung der Zwangsvollstreckung**, wenn eine sittenwidrige Ausnutzung des Titels zu besorgen ist (OLG
Düsseldorf NJW-RR 1988, 939, 940; OLG Koblenz WM 1989, 622, 623). Dieser dürfte wie die
Klage aus § 767 ZPO bereits mit Eintritt der materiellen Rechtskraft des Titels statthaft sein.

Der **einstweilige Rechtsschutz** muß sich konsequenterweise nach §§ 707, 769 ZPO ana- **513**
log richten (so das OLG Karlsruhe FamRZ 1982, 400, 401; OLG Köln VuR 1989, 77, 78; OLG
Zweibrücken WM 1992, 158). Denn die Zwangsvollstreckung wird nur dann gem § 775
Nr 2 ZPO eingestellt, wenn die einstweilige Einstellung der Zwangsvollstreckung
angeordnet ist. Die **§§ 707, 769 ZPO** sind hier der speziellere Rechtsbehelf (**aA** OLG
Hamm MDR 1987, 505; OLG Frankfurt NJW-RR 1992, 511, die eine einstweilige Verfügung nach
§§ 935, 940 ZPO in Betracht ziehen).

514 Im Bruch mit der Dogmatik des § 826 BGB (vgl oben Rn 112 ff) will die Praxis stets ein **Mitverschulden** des Titelschuldners berücksichtigen. So darf die Unrichtigkeit nicht durch eine nachlässige Prozeßführung des Opfers verschuldet sein (RGZ 155, 55; BGH NJW 1974, 557; BGH NJW-RR 1988, 957; einschränkend allerdings BGH NJW 1987, 3256; NJW 1987, 3259). Die Präklusionsvorschrift des § 582 ZPO findet indes keine unmittelbare Anwendung (dazu oben Rn 484). Bei **einverständlicher Täuschung** des Gerichts durch beide Parteien oder wenn die unterlegene Partei über die Täuschung durch die andere in Kenntnis gesetzt war, kommt ein Anspruch aus § 826 BGB nicht in Betracht (RG WarnR 1914 Nr 273; DJ 1936, 1657; JW 1938, 1262).

2. Rechtskraftdurchbrechung beim unrichtigen Vollstreckungsbescheid*

a) Besonderheiten des Mahnverfahrens

515 Die Durchbrechung der Rechtskraft von Vollstreckungsbescheiden beinhaltet deswegen ein Sonderproblem, weil ein im Mahnverfahren geltend gemachter Anspruch

---

* **Schrifttum:** Vgl neben dem zu VI 1 zitierten Schrifttum: BAMBERG, Die mißbräuchliche Titulierung der Ratenkreditschulden mit Hilfe des Mahnverfahrens (1987); BENDER, Nochmals zur Rechtskraft des Vollstreckungsbescheids, JZ 1987, 503; BÖRSTINGHAUS, Vollstreckungsbescheide über Partnerschaftsvermittlungshonorare, MDR 1995, 551; BOYSEN, in: HÖRMANN (Hrsg), Verbraucherkredit und Verbraucherinsolvenz (1986) 468; BRANDL, Aktuelle Probleme des Mahnverfahrens (Diss Regensburg 1982); BRAUN, Rechtskraft und Rechtskraftdurchbrechung (1986); ders, Zur Rechtskraft des Vollstreckungsbescheids, WM 1986, 781; ders, Rechtskraftdurchbrechung bei rechtskräftigen Vollstreckungsbescheiden, ZIP 1987, 687; ders, Ungeschriebene Voraussetzungen uneingeschränkter Rechtskraft, JZ 1987, 789; ders, Die materielle Rechtskraft des Vollstreckungsbescheids – Ein juristisches Lehrstück, JuS 1992, 117; GAUL, Möglichkeiten und Grenzen der Rechtskraftdurchbrechung (Athen 1986); GEISSLER, Die Rechtskraft des Vollstreckungsbescheids auf dem Prüfstand des sittenwidrigen Ratenkreditgeschäfts, NJW 1987, 166; GRÜN, Der Verbraucherkredit (1989); ders, Zwangsvollstreckung aus Vollstreckungsbescheiden über sittenwidrige Ratenkreditformen (1990); ders, Notwendigkeit und Zulässigkeit der Rechtskraftbeschränkung beim Vollstreckungsbescheid, NJW 1991, 2860; GRUNSKY, Voraussetzungen und Umfang der Rechtskraftdurchbrechung nach § 826 BGB bei sitten-

widrigen Ratenkreditverträgen, ZIP 1986, 1364; ders, Zur Rechtskraft des Vollstreckungsbescheids, JZ 1986, 626; ders, Rechtskraft und Schadensersatzansprüche wegen Erwirkung des Titels, ZIP 1987, 1026; ders, Rechtskraft des Vollstreckungsbescheids und ihre Durchbrechung nach dem Urteil des BGH v 24. 9. 1987, WM 1987, 1349; KOHTE, Rechtsschutz gegen die Vollstreckung des wucherähnlichen Rechtsgeschäfts nach § 826 BGB, NJW 1985, 2217; LAPPE-GRÜNERT, Ist der Vollstreckungsbescheid der Rechtskraft fähig?, Rpfleger 1986, 161; MÜNZBERG, Rechtsschutz gegen die Vollstreckung des wucherähnlichen Rechtsgeschäfts nach § 826 BGB, NJW 1986, 361; ders, Die materielle Rechtskraft des Vollstreckungsbescheids, JZ 1987, 477; ders, Zur Rechtskraft der Vollstreckungsbescheide, WM 1987, 128; ders, Schlußwort, JZ 1987, 818; OLZEN, Falsche Partnerwahl, Jura 1996, 634; PRÜTTING/WETH, Rechtskraftdurchbrechung bei unrichtigen Titeln – Die Rechtsprechung zur Aufhebung sittenwidriger Entscheidungen und ihre Folgen für die Praxis (2. Aufl 1994); SCHRAMECK, Umfang der materiellen Rechtskraft bei Vollstreckungsbescheiden (1989); VOLLKOMMER, Schlüssigkeitsprüfung und Rechtskraft, in: FS C H Schwab (1990) 229; WILLINGHAM, Rechtskraftdurchbrechung von Vollstreckungsbescheiden – Überlegungen zur gerichtlichen Behandlung von Forderungen aus Partnerschaftsvermittlungsverträgen, VuR 1996, 263.

seit der Vereinfachungsnovelle vom 3. Dezember 1976 (BGBl I 2847) **keiner Schlüssigkeitsprüfung** mehr unterliegt. Das Mahnverfahren eignet sich folglich zur mißbräuchlichen Titulierung solcher Ansprüche, die im Rahmen eines gerichtlichen Erkenntnisverfahrens nicht schlüssig dargelegt werden könnten. Zwar hat die **Praxis** auch
nach Abschaffung der Schlüssigkeitsprüfung regelmäßig geprüft, ob sich aus dem
Mahnantrag selbst ergibt, daß die behauptete Forderung nicht besteht oder gerichtlich nicht durchgesetzt werden kann (Prütting/Weth Rn 211 mwN; OLG Karlsruhe Rechts-
pfleger 1987, 422; OLG Hamburg MDR 1982, 502). Der Antragsgegner hat jedoch keinen
gesetzlichen Anspruch auf diese Prüfung, ihre gleichmäßige Handhabung bei allen
Gerichten ist im übrigen nicht verbürgt und die Kontrolle der vergleichsweise spär-
lichen Angaben nach § 690 ZPO vermag eine echte Schlüssigkeitsprüfung nicht
regelmäßig zu ersetzen.

Verfassungsrechtliche Bedenken wegen des Fehlens der Schlüssigkeitsprüfung, insbe- **516**
sondere unter dem Gesichtspunkt der Verweigerung rechtlichen Gehörs nach
Art 103 Abs 1 GG, bestehen allerdings nicht, weil der Antragsgegner im Mahnverfahren durch Widerspruch nach § 694 ZPO das Ergehen des Vollstreckungsbescheides bzw durch Einspruch nach § 700 Abs 3 ZPO den Eintritt der materiellen
Bestandskraft des Vollstreckungsbescheides verhindern und rechtliches Gehör in
einem streitigen Verfahren erlangen kann (ähnlich Prütting/Weth Rn 76 ff.; aA noch das
OLG Stuttgart NJW 1985, 2272, 2273 und JZ 1986, 1116, 1117; Grün, Die Zwangsvollstreckung aus
Vollstreckungsbescheiden 205 ff).

Bei der Begründung der Rechtskraftdurchbrechung muß allerdings die **beschränkte** **517**
Schutzfunktion der Schlüssigkeitsprüfung beachtet werden. Die hypothetische Schlüssigkeitsprüfung würde den Antragsgegner nur davor schützen, daß der Antragsteller
einen rechtlich nicht begründeten Anspruch durchzusetzen versuchte. Sie könnte
den Antragsgegner nie davor bewahren, daß der **Antragsteller falsche Tatsachen
behauptet**, die bei rechtlicher Würdigung einen Anspruch rechtfertigen. Denn bei der
Schlüssigkeitsprüfung wäre der Tatsachenvortrag des Antragstellers ungeprüft
zugrundezulegen (vgl § 331 Abs 2 ZPO). Eine **Schlüssigkeitsprüfung schützte den
Antragsgegner daher nur vor Rechts-, nicht aber vor Tatsachenfehlern des Vollstreckungsbescheides** (ähnlich Prütting/Weth Rn 59 ff). Daher rechtfertigt sich auch eine Sonderbehandlung des Vollstreckungsbescheides gegenüber dem Urteil allenfalls hinsichtlich der Rechts-, nicht aber hinsichtlich der Tatsachenfehler.

Im praktisch bedeutsamsten Fall eines Rechtsfehlers, der Titulierung von Ansprü- **518**
chen aus einem **sittenwidrigen Ratenkreditvertrag**, ist der Antragsgegner nunmehr
durch **§ 688 Abs 2 Nr 1 ZPO** geschützt. Diese Ansprüche können nicht mehr im Mahn-
verfahren durchgesetzt werden. Zwar sind weiterhin Fälle vorstellbar, in denen der
Antragsteller den wahren sittenwidrigen Zinssatz verschweigt und statt dessen im
Antrag nur einen niedrigeren, sittengemäßen nennt (Prütting/Weth Rn 27 mwN).
Dabei handelt es sich jedoch nicht um Fallgestaltungen, in denen sich die Täter die
Besonderheiten des Mahnverfahrens zu eigen machten und die deshalb eine Sonderbehandlung gegenüber der Rechtskraftdurchbrechung von Urteilen rechtfertigten.
Denn die tatsächliche Unrichtigkeit des Vollstreckungsbescheides hätte auch durch
eine Schlüssigkeitsprüfung nicht verhindert werden können (vgl gerade oben Rn 517);
hier unterscheidet sich der fehlerhafte Vollstreckungsbescheid in nichts von einem

Versäumnisurteil, das aufgrund eines unrichtigen Tatsachenvortrags des Klägers gegen den Beklagten nach § 331 Abs 2 ZPO ergangen ist.

519 Die im Anschluß zu referierende **Rechtsprechung zur Rechtskraftdurchbrechung von Vollstreckungsbescheiden über sittenwidrige Ratenkreditverträge verliert so größtenteils ihren unmittelbaren Anwendungsbereich.** Sie ist **dennoch nicht bedeutungslos**, weil andere Anwendungsfälle eines Mißbrauchs des Mahnverfahrens zur Durchsetzung unrechtmäßiger Ansprüche vorstellbar bleiben (vgl im Hinblick auf § 656 BGB die Titulierung von Forderungen aus **Ehegattenbürgschaften** unten Rn 533 und **Partnerschaftsvermittlungsverträgen** unten Rn 534).

520 **Kritik**: Ebensowenig wie bei Urteilen ist indes auch bei Vollstreckungsbescheiden eine Rechtskraftdurchbrechung auf der Grundlage eines Schadensersatzanspruchs hinzunehmen (oben Rn 475). Regelmäßig dürften die Restitutionsgründe des § 580 ZPO, insbesondere der Fall Verletzung der Wahrheitspflicht nach **§ 580 Nr 3 ZPO** kaum vorliegen. Denn der Antragsteller muß nur Angaben zu den in § 690 Abs 1 ZPO enumerierten Sachgesichtspunkten machen, weshalb wenig Raum für Wahrheitsverstöße bleibt (vgl dazu PRÜTTING/WETH Rn 105). Angesichts des neugeschaffenen § 688 Abs 2 Nr 1 ZPO stellt sich die Frage einer analogen Anwendung des Restitutionsrechtes bei der Titulierung von Ratenkreditverträgen nicht.

b)   Das Problem der materiellen Rechtskraft des Vollstreckungsbescheides
521 Die im Mahnverfahren abgeschaffte Schlüssigkeitsprüfung hat Praxis und Schrifttum in großem Umfang Anlaß zur Erörterung gegeben, **ob der Vollstreckungsbescheid überhaupt in Rechtskraft erwächst oder doch in eine Rechtskraft minderer Wirkung.** Je nach Beantwortung dieser Frage sind zur Klage aus § 826 BGB alternative Rechtsbehelfe erwogen worden. Die Diskussion, die sich insbesondere an der Titulierung von Ansprüchen aus sittenwidrigen Ratenkreditverträgen entzündete, hat jedoch durch die Einführung des § 688 Abs 2 Nr 1 ZPO an Bedeutung eingebüßt.

522 Soweit **zT die Möglichkeit einer materiellen Rechtskraft des Vollstreckungsbescheides ganz verneint** wird (so, allerdings durch die Rechtsprechung des BGH überholt OLG Köln NJW 1986, 1350; NJW-RR 1986, 1494; BAMBERG, Die mißbräuchliche Titulierung von Ratenkreditschulden mit Hilfe des Mahnverfahrens [1987] 152 ff; dagegen etwa MÜNZBERG JZ 1987, 477, 480; GRUNSKY JZ 1986, 626), erscheint die **Vollstreckungsgegenklage** nach § 767 ZPO zur Geltendmachung materieller Einwendungen gegen die Vollstreckbarkeit des Titels statthaft, zumal eine Präklusion nach §§ 796 Abs 2, 767 Abs 2 ZPO mangels fehlender Rechtskraft nicht eintreten kann.

523 Die **Vollstreckungsgegenklage** wird bisweilen auch mit der Überlegung begründet, die **Rechtskraft des Vollstreckungsbescheides sei von minderer Intensität**. Wegen der unterbliebenen Schlüssigkeitsprüfung müsse der Antragsgegner auch nach Eintritt der materiellen Rechtskraft mit der Behauptung gehört werden, die dem Vollstreckungsbescheid zugrundeliegende Forderung sei gesetzes- oder sittenwidrig (GRÜN, Zwangsvollstreckung aus Vollstreckungsbescheiden passim; ders NJW 1991, 2864; ders WuB IV A § 826 BGB 1.94; VOLLKOMMER, in: FS Schwab 229; ZÖLLNER/VOLLKOMMER, ZPO [18. Aufl 1993] vor § 700 Rn 15 ff; KOHTE NJW 1985, 2217, 2228).

524 Aus ähnlichen Überlegungen heraus wird ein neuer Typus der **Restitutionsklage** –

quasi neben den Tatbeständen des § 580 ZPO – befürwortet (BRAUN, Rechtskraft und Rechtskraftdurchbrechung [1986] insbes 117 f; ders ZIP 1987, 687; ders JZ 1987, 789). Der Titelschuldner dürfe sich gegen die Vollstreckung eines Anspruchs wehren, den der Antragsteller in einem streitigen Verfahren niemals hätte schlüssig vortragen können, ohne daß sich der Antragsgegner gegen ihn erfolgreich verteidigt hätte. Weil der Titelschuldner aber nicht gehört worden sei, könne auf ihn **§ 582 ZPO keine Anwendung** finden. Auch wenn man eine analoge Anwendung des Restitutionsrechtes grundsätzlich billigt, erscheint an dieser Überlegung problematisch, daß das Mahnverfahren für eine bestimmte Art von Ansprüchen praktisch ausgeschlossen wird, weil jeder Titel nachträglich kassiert werden kann. Hier gilt das zur Rechtskraftdurchbrechung bei Urteilen Bemerkte (oben Rn 479): Auch die materielle Rechtskraft selbst ist von Gerechtigkeitsgedanken getragen, so daß die Konstruktion eines Konfliktes zwischen materieller Gerechtigkeit und materieller Rechtskraft das Problem unzulässigerweise vergröbert. Schon aus diesem Grund kann die Rechtskraft nie pauschal bei der fehlerhaften Titulierung bestimmter Ansprüche entfallen, sondern nur dann, wenn Einzelumstände hinzutreten, die den Fällen des § 580 ZPO (und dort insbesondere Nr 3 und Nr 4) vergleichbar sind.

Bisweilen wird eine **Feststellungsklage** nach § 256 ZPO als statthafter Rechtsbehelf **525** erwogen, wobei dem Schuldner ein Anspruch auf Nachholung der eingeschränkten Schlüssigkeitsprüfung zugebilligt wird (OLG Stuttgart NJW 1985, 2272; JZ 1986, 1116; WM 1987, 664; BENDER JZ 1987, 503). Der Antrag ist dann darauf gerichtet, die Zwangsvollstreckung aus dem Vollstreckungsbescheid für unzulässig zu erklären.

Nach zutreffender **hM** ist **auch der Vollstreckungsbescheid der materiellen Rechtskraft 526 fähig** (BGHZ 101, 380 = NJW 1987 3256; NJW 1987, 3259; BGHZ 103, 44 = NJW 1988, 971; JAUERNIG, Zivilprozeßrecht [24. Aufl 1993] 319; PRÜTTING/WETH Rn 29 f m detailliertem Rechtsprechungsnachweis; ROSENBERG/SCHWAB/GOTTWALD, Zivilprozeßrecht [15. Aufl 1993] 1002; SCHELLHAMMER, ZPO [5. Aufl 1991] Rn 1881). Dies ergibt sich aus einer Reihe von Vorschriften: So steht der Vollstreckungsbescheid nach § 700 Abs 1 ZPO einem für vorläufig vollstreckbar erklärten Versäumnisurteil gleich; § 796 Abs 2 ZPO führt zu einer Präklusion von Einwendungen, die vor Zustellung des Vollstreckungsbescheides entstanden sind. Gegen den Vollstreckungsbescheid ist die Wiederaufnahme nach § 584 Abs 2 ZPO statthaft. Als Beleg läßt sich schließlich auch der ausdrückliche gesetzgeberische Wille anführen (BT-Drucks 11/8274, 23; abgedruckt auch bei PRÜTTING/WETH Rn 23; vgl auch den Gesetzgeber der Vereinfachungsnovelle BT-Drucks 7/2729, 46).

c)   Durchbrechung der materiellen Rechtskraft
Der Bundesgerichtshof befürwortet bei Vollstreckungsbescheiden über sittenwidrige **527** Ratenkreditverträge eine **Rechtskraftdurchbrechung unter erleichterten Voraussetzungen** (vgl vor allem BGHZ 101, 380, 383 ff = NJW 1987, 3256; NJW 1987, 3259).

Wie bei der Durchbrechung kommt es zunächst auf die **materielle Unrichtigkeit des 528 Vollstreckungsbescheides** an, wobei jedoch nicht nur eine fehlerhafte Tatsachenwürdigung, sondern gerade auch **Rechtsfehler** geltend gemacht werden (BGHZ 101, 380, 384 = NJW 1987, 3256; vgl auch BGHZ 103, 44, 47 = NJW 1988, 971). Dies erklärt sich aus dem Ziel, die Nachteile der im Mahnverfahren unterbliebenen Schlüssigkeitsprüfung zu kompensieren. Eine Schlüssigkeitsprüfung hätte den Antragsgegner dort aber vor der Durchsetzung rechtlich nicht gerechtfertigter Ansprüche schützen können (oben

Rn 517). Mangels Schlüssigkeitsprüfung bestimmt jedoch der Gläubiger den Inhalt des Titels, so daß er anders als bei Urteilen das Risiko fehlerhafter Rechtsanwendung zu tragen hat.

529 Die **Unrichtigkeit des Vollstreckungsbescheids** bestimmt sich zum **Zeitpunkt** der letzten mündlichen Verhandlung im Verfahren nach § 826 BGB und nach Auffassung des über die Voraussetzungen dieser Norm erkennenden Gerichts (BGHZ 101, 380, 385 = NJW 1987, 3256; vgl bereits oben Rn 490). Jedoch bestimmt sich die **Sittenwidrigkeit** des Ratenkreditvertrages nach dem Stand der Rechtsprechung im Zeitpunkt der Stellung des Mahnantrags (BGHZ 101, 380, 387 = NJW 1987, 3256; NJW-RR 1989, 1321, 1322; NJW-RR 1990, 179; NJW-RR 1990, 303).

530 Voraussetzung ist ferner die **Kenntnis des Titelgläubigers** von der Unrichtigkeit des Titels. Hier genügt es, wenn ihm die Kenntnis durch das über § 826 BGB erkennende Gericht vermittelt wird (BGH NJW 1986, 3257; vgl ausführlicher und insbesondere zur Kritik oben Rn 494). Abzulehnen ist dagegen die Ansicht, auf die Kenntnis des Titelgläubigers komme es dann nicht an, wenn aufgrund des unrichtigen Titels bereits ein **bestimmter Höchstbetrag** zugunsten des Titelgläubigers vollstreckt sei (so BGHZ 112, 54, 58 = NJW 1991, 30; **aA** OLG Düsseldorf NJW 1987, 938; OLG Frankfurt/M NJW-RR 1996, 110, 111; oben Rn 508). Ein Verzicht auf positive Kenntnis kommt auch nicht bei besonders **unerträglichen Ergebnissen** in Betracht (OLG Hamm NJW-RR 1990, 306 f). Andernfalls würde nämlich mit dem Vorsatzcharakter der in § 826 BGB vorausgesetzten unerlaubten Handlung gebrochen (ähnlich SOERGEL/HÖNN/DÖNNEWEG Rn 240g; GRÜN NJW 1990, 2865, 2866; ders, Der Verbraucherkredit Rn 249).

531 Fraglich ist jedoch, ob anders als bei der Rechtskraftdurchbrechung von Urteilen **auf das Vorliegen weiter besonderer Umstände verzichtet werden kann.** Die Rechtsprechung ist hier uneinheitlich. Zwar wird bisweilen behauptet, die **bloße Unschlüssigkeit** des im Mahnverfahren geltend gemachten Anspruchs allein stehe der Vollstreckung aus einem Vollstreckungsbescheid schwerlich entgegen (BGH NJW 1991, 1884; ROSENBERG/SCHWAB/GOTTWALD, Zivilprozeßrecht [15. Aufl 1993] 982, Fn 32; SOERGEL/HÖNN/DÖNNEWEG Rn 240i), doch gelten zumindest **bei sittenwidrigen Ratenkreditverträgen andere Maßstäbe** (vgl auch den der Entscheidung BGHZ 101, 380 = NJW 1987, 3256 vorausgegangenen Streit um eine Herabsetzung der Anforderungen von § 826 BGB bei der Rechtskraftdurchbrechung von Vollstreckungsbescheiden: dafür OLG Hamm NJW 1985, 2275; OLG Bremen NJW 1985, 1499; KOHTE NJW 1985, 2217, 2227 ff; GEISSLER NJW 1987, 166; BRAUN ZIP 1987, 687; aA MÜNZBERG NJW 1986, 361). Bei der **Durchsetzung von Ansprüchen aus sittenwidrigen Ratenkreditverträgen** kann nach Auffassung des dritten Senats „bereits in der Wahl des Mahnverfahrens ein Umstand liegen, der eine spätere Vollstreckung aus dem materiell unrichtigen Titel sittenwidrig macht" (BGHZ 101, 380, 387 = NJW 1987, 3256). Konnte der Titelgläubiger erkennen, „daß bereits die gerichtliche Schlüssigkeitsprüfung zu einer Ablehnung seines Klagebegehrens führen müßte, so liegt allein darin, daß er sich des Mahnverfahrens bediente und, nachdem der Schuldner aufgrund seiner Unerfahrenheit schon gegen den Mahnbescheid nicht rechtzeitig Widerspruch erhoben hatte, den Erlaß eines Vollstreckungsbescheids beantragte, ein besonderer Umstand, der die Vollstreckung aus dem so erwirkten, materiell unrichtigen Titel sittenwidrig macht." (BGH 387). Dieser wird damit begründet, daß der **Zweck des Mahnverfahrens auf die Beschleunigung und nicht auf die Durchsetzung unbegründeter Ansprüche** gerichtet ist (BGH 388). Nicht weiter problematisiert wird dabei jedoch, daß eine Beschleunigung stets nur um den Preis der Durchsetzung auch unrichtiger Titel zu haben ist (ähnlich PRÜTTING/WETH Rn 160 ff).

Diese Grundsätze dienen nur dem **Schutz des ungewandten und prozeßunkundigen** **532** **Schuldners** (BGHZ 103, 44, 49 = NJW 1988, 971); sie gelten daher nicht im Falle **anwaltlicher Beratung** des Antragsgegners und Schuldners (BGH NJW 1987, 3259, 3260). Dabei zeigt sich jedoch ein gewisser Widerspruch: Die besondere Erleichterung der Rechtskraftdurchbrechung folgt aus der fehlenden Schlüssigkeitsprüfung; an dieser ändert die anwaltliche Beratung des Antragsgegners indes nichts. Außerdem ist die Behandlung solcher Fälle nicht bedacht, bei denen der Anwalt falsch oder nicht vollständig unterrichtet wurde (so PRÜTTING/WETH Rn 221 ff.).

Im Ergebnis hat der Bundesgerichtshof das **Mahnverfahren für die Durchsetzung sitten-** **533** **widriger Ratenkreditverträge faktisch verschlossen,** bevor die Regelung des **§ 688 Abs 2 Nr 1 ZPO** in Kraft trat. Nach dieser ist die praktische Bedeutung der dargestellten Grundsätze zurückgegangen. Es steht jedoch zu erwarten, daß sie auf andere Fälle, in denen das Mahnverfahren zur Durchsetzung unschlüssiger Ansprüche gebraucht wird, übertragen werden (vgl etwa die Entscheidung BGH ZIP 1996, 227). **Abgelehnt** wurde die Rechtskraftdurchbrechung allerdings für den Fall, daß eine Bank Ansprüche aus einem Kreditvertrag gegenüber einer **einkommens- und vermögenslosen Ehefrau als Bürgin oder Gesamtschuldnerin** geltend machte, sofern der Mahnbescheid vor der Entscheidung des BGH vom 22. 1. 1991 (NJW 1991, 923) beantragt worden war (OLG Düsseldorf OLG-Report 1997, 32). Nach Auffassung des OLG Köln (WM 1997, 1096) kann der Sittenverstoß ohnehin nicht allen aus dem Umstand begründet werden, daß dem Vollstreckungsbescheid eine sog **Hausfrauenbürgschaft** zugrundelag.

Nach einer Entscheidung des Bundesgerichtshofs aus dem Jahre 1989 ist die Rechts- **534** folge des § 656 Abs 1 Satz 1 BGB auch auf **Partnerschaftsvermittlungsverträge** anzu-wenden (BGHZ 112, 122 = NJW 1990, 2250). Forderungen aus diesen Verträgen sind daher nicht durchsetzbar. Ein **Teil der Rechtsprechung** will auf Vollstreckungsbe-scheide, die über diese Forderungen ergangen sind, **die Grundsätze über die erleich-terte Rechtskraftdurchbrechung von Vollstreckungsbescheiden aufgrund sittenwidriger Ratenkredite anwenden** (LG Stuttgart VuR 1993, 327; LG Würzburg NJW-RR 1992, 52; aA LG Bielefeld [5 O 368/90, vom 5. 2. 1991] und OLG Hamm [18 U 97/91, vom 15. 6. 1992] beide zitiert nach BÖRSTINGHAUS 553). Dem kommt auch die Entscheidung des OLG Düsseldorf sehr nahe, nach der § 826 BGB voraussetzt, daß der Gläubiger von einem unrichti-gen Titel in Kenntnis der Unrichtigkeit Gebrauch macht. Dies soll insbesondere dann der Fall sein, wenn in einem Vollstreckungsbescheid die Vergütung aus einem Partnerschaftsvermittlungsvertrag tituliert ist, weil diese entsprechend § 656 Abs 1 Satz 1 BGB nicht einklagbar sei; der Partnerschaftsvermittler müsse in Kenntnis dieses Umstandes den Titel unredlich erwirkt haben (OLG Düsseldorf NJW 1994, 330). Die Praxis unterscheidet im weiteren danach, ob der Gläubiger im Zeitpunkt der Beantragung des Mahnbescheids von der Entscheidung des Bundesgerichtshofes im Jahre 1990 Kenntnis gehabt haben kann oder nicht (BÖRSTINGHAUS MDR 1995, 551, 554 mwN zur Amtsgerichtsrechtsprechung; vgl auch FELDHOFF VuR 1991, 45, 48 sowie OLZEN Jura 1996, 634; WILLINGHAM VuR 1996, 204). Mit beachtlichen Argumenten hat indes das LG Freiburg (NJW-RR 1992, 1149) die Vergleichbarkeit von sittenwidrigem Ratenkredit und der aus § 656 BGB begründeten Naturalobligation abgelehnt. Der nach § 656 BGB vereinbarte Lohn sei lediglich unerwünscht, nicht aber sittenwidrig; eine Übertragung der ohnehin bedenklichen Rechtsprechung zur Vollstreckung des sittenwidrigen Ratenkredits scheint daher mehr als zweifelhaft. Weiter erkennt die Praxis einen besonderen, die Durchbrechung der Rechtskraft rechtfertigenden Umstand in der **Verschleierung des materiellen Anspruchs im Mahnbescheidsantrag**: Werden in dem gegen einen Rechtsunkundigen eingeleiteten Mahnverfahren die Ansprüche aus dem Partnerschaftsvermittlungsvertrag etwa als Ansprüche aus einem Schuldanerkenntnis deklariert, soll vermeintlich ein Schluß auf die fehlende Gutgläubigkeit des Antragstellers möglich sein (KG KG-Rep Berlin 1995, 70; OLG Stuttgart NJW 1994, 330; LG Erfurt VuR 1996, 95; AG Hamburg VuR 1993, 328; AG Osnabrück VuR 1993, 329; vgl ferner LG Frankfurt/M NJW-RR 1995, 634; LG Köln VuR 1993, 328; LG Hamburg VuR 1992, 239; LG Essen NJW-RR 1990, 1208; zum ganzen etwa Börstinghaus MDR 1995, 551). Fraglich ist indes, wie gegenüber dem Antragsteller der Vorwurf der Umgehung der Schlüssigkeitsprüfung die Rechtskraftdurchbrechung begründen kann (so vor allem LG Köln aaO), wo doch kraft Gesetzes im Mahnverfahren gar keine Schlüssigkeitsprüfung stattfindet (vgl aber zur Praxis oben Rn 515).

535 Die **Judikatur zur erleichterten Rechtskraftdurchbrechung von Vollstreckungsbescheiden** ist im übrigen **sachlich beschränkt**. Der sechste Senat beispielsweise will auf den Nachweis besonderer Umstände nur bei Ratenkrediten verzichten (BGHZ 103, 44, 48 ff = NJW 1988, 971). In allen übrigen Fällen komme es für die Anwendbarkeit des § 826 BGB darauf an, daß das „Vorgehen aus dem Titel das Rechtsgefühl in schlechthin unerträglicher Weise verletz(e)" (BGH 48; NJW 1991, 1884; ZIP 1996, 227, 228). Die Fallgestaltung müsse nach der Art der zugrundeliegenden Rechtsbeziehungen eine klare sittenwidrige Typik aufweisen und ein besonderes Schutzbedürfnis des Schuldners berühren (BGH 50). Aufgrund dieser Judikatur hängen die Erfolgsaussichten einer auf § 826 BGB gestützten Klage von dem dem Titel zugrundeliegenden Rechtsgrund ab. An die Stelle des Sittenwidrigkeitsurteils im Einzelfall scheint daher nach und nach ein **Aktionensystem** zu treten, in dem Klagen gegen titulierte Ratenkredit- und möglicherweise auch Partnerschaftsvermittlungsforderungen anderen Regeln unterliegen als die gegenüber sonstigen Titeln.

536 Eine Rechtskraftdurchbrechung ist nach den Grundsätzen der Praxis immer dann möglich, wenn **sonstige besondere Umstände** vorliegen. Dazu zählt die Einwirkung (durch Täuschung oder Drohung) auf die Verteidigungsbereitschaft des Schuldners (BGHZ 101, 380, 387 = NJW 1985, 3256; Grunsky ZIP 1986, 1361, 1373 f; Geissler NJW 1987, 166, 171). Sehr problematisch und im Ergebnis abzulehnen ist die Erwägung, ein Titel über ein **wucherisches Darlehen** werde immer dann sittenwidrig ausgenutzt, wenn aufgrund des Titels bereits ein bestimmter Höchstbetrag beigetrieben worden sei, ohne daß es auf die Kenntnis des Titelgläubigers von der Sittenwidrigkeit im Zeitpunkt der Stellung des Mahnantrages ankomme (so BGHZ 112, 54, 58 = NJW 1991, 30; aA OLG Düsseldorf NJW 1987, 938 und OLG Frankfurt/M NJW-RR 1996, 110, 111; zur Kritik vgl oben Rn 508).

d) Rechtsfolgen

537 Auch hier vermittelt § 826 BGB einen Anspruch auf Herausgabe des Titels bzw Unterlassung der Zwangsvollstreckung (vgl dazu bereits Rn 512 ff). Besondere Probleme folgen jedoch daraus, daß gegenüber der materiellen Rechtskraft von Vollstreckungsbescheiden auch Rechtsfehler geltend gemacht werden können. Dies impliziert die Möglichkeit, daß der Vollstreckungsbescheid nur zT unrichtig ist.

Bei **teilweiser Unschlüssigkeit** des titulierten Anspruchs kann die Vollstreckung in 538 Höhe des sittenwidrigen Teils untersagt werden; dies betraf etwa den Fall, daß die Berechnung der Verzugszinsen im Vollstreckungsbescheid zu hoch ausgefallen war, nicht aber der eigentliche Darlehenszins (BGHZ 101, 380, 392 f = NJW 1987, 3256; vgl auch NJW-RR 1990, 303; vgl dazu auch GRUNSKY ZIP 1986, 1361, 1365 f; BOYSEN, in: HÖRMANN [Hrsg], Verbraucherkredit und Verbraucherinsolvenz 468, 472 f). Dies führt indes in der Praxis – soweit erkennbar – nicht dazu, daß der Gläubiger die titulierten Zinsen aus einem sittenwidrigen Ratenkreditvertrag teilweise, und zwar nunmehr in sittengemäßer Höhe vollstrecken darf.

Eine Unterlassung der Vollstreckung kann schließlich insoweit nicht verlangt wer- 539 den, als dem Titelgläubiger auch bei Nichtigkeit des Darlehens gesetzliche Ansprüche gegen den Kreditnehmer zustehen (BGH NJW-RR 1989, 622). Die Praxis betreibt hier von der Sache her eine **Forderungsauswechselung**: Wegen der **Bereicherungsansprüche** aus § 812 BGB betreffend die Rückzahlung des Darlehenskapitals, der halben Restschuldversicherungsprämie sowie wegen des Ersatzes eines Verzögerungsschadens darf weiter vollstreckt werden, obwohl der Titel nicht aufgrund dieser materiellen Ansprüche begründet ist. Auch die Kosten des Mahnverfahrens dürfen so beigetrieben werden (LG Hamburg NJW-RR 1986, 1051, 1052; SOERGEL/HÖNN/DÖNNEWEG Rn 240m; aA LG Bonn VuR 1989, 203).

Es ist schließlich noch umstritten, ob den Antragsgegner ein **Mitverschulden** nach 540 § 254 BGB deshalb trifft, weil er auf die Möglichkeit des Widerspruchs gegen den Mahnbescheid hingewiesen wurde (ablehnend ROSENBERG/SCHWAB/GOTTWALD, Zivilprozeßrecht [15. Aufl 1993] 982 Fn 32; nicht geprüft in BGHZ 101, 380 = NJW 1987, 3256; kritisch allerdings JAUERNIG, in: 40 Jahre BGH [1991] 28, 62 f).

3.   Durchbrechung sonstiger Titel

Die Praxis wendet die Grundsätze über die Rechtskraftdurchbrechung im Wege des 541 § 826 BGB auch auf andere Titel an. Dies gilt für die **einstweilige Verfügung** (RG HRR 1935 Nr 665; BGH WM 1969, 474), den **Zuschlagsbeschluß** in der Zwangsversteigerung (RGZ 69, 277; KG DR 1940, 646; BGH LM Nr 2 zu § 826 [Gi]; BGHZ 53, 47, 50 = NJW 1970, 565), auch wenn der Zuschlagsbeschluß selbst nicht unrichtig ist, sondern auf der fehlerhaften Festsetzung des Grundstückswertes beruht (BGH NJW 1971, 1751), den **Kostenfestsetzungsbeschluß** (OLG Nürnberg NJW 1973, 370), den **Entmündigungsbeschluß** (RG WarnR 1922 Nr 46), den **Schiedsspruch** (RG JW 1928, 1853 Anm KISCH JW 1928, 2019; HRR 1937 Nr 1314; BGHZ 34, 274, 280), die **in materielle Rechtskraft erwachsenden Entscheidungen der freiwilligen Gerichtsbarkeit** (BGH LM Nr 10 zu § 826 [Fa]; MDR 1960, 575; DB 1960, 1334: Rückerstattungsverfahren; WM 1968, 969: Wertpapierbereinigungsverfahren; FamRZ 1968, 518: Anerkennung einer Ehe rassisch Verfolgter. Vgl zur Rechtskraftdurchbrechung in **Verbandsklageverfahren** nach § 13 UWG HASSELBACH GRUR 1997, 40).

§ 826 BGB wird verdrängt durch die §§ 88, 89 VglO für den bestätigten Vergleich im 542 Vergleichsverfahren und durch die §§ **186, 196 f KO** (RGZ 158, 82; JW 1938, 2543) für den bestätigten Zwangsvergleich nach der Konkursordnung.

Prozeßvergleiche erwachsen nicht in materielle Rechtskraft (BGH NJW 1977, 583). Des- 543 halb bedarf es auch keiner aus § 826 BGB begründeten Rechtskraftdurchbrechung.

Diese Norm kommt hingegen als **Grundlage materiellrechtlicher Einwendungen gegen den Prozeßvergleich**, etwa im Rahmen einer Vollstreckungsgegenklage nach § 767 ZPO oder im Rahmen der Fortführung des alten Erkenntnisverfahrens, in Betracht (vgl dazu BGH NJW 1971, 467; OLG Hamburg NJW 1975, 225). Die Praxis wendet in diesem Rahmen ihre Überlegungen zur Urteilserschleichung und -ausnutzung entsprechend an (BGH LM Nr 3 zu § 826 BGB [Fa]; MDR 1969, 739; vgl aber auch BGH NJW 1968, 2051 sowie RG Recht 1907 Nr 3507; Gruchot 52, 1027) und gewährt bisweilen die **Arglisteinrede** (RGZ 84, 141; RG JW 1926, 1148; JW 1931, 3112; BGHR Nr 1 zu § 141 Abs 1: Prozeßvergleich; LM Nr 7 zu § 826 [Fa]).

544 Auch **notariell beurkundete Unterwerfungserklärungen** nach § 794 Abs 1 Nr 5 ZPO erwachsen nicht in Rechtskraft. Hier ist regelmäßig die Klage aus § 767 ZPO statthaft (OLG Hamm NJW-RR 1987, 1330).

4. Sittenwidrige Inanspruchnahme von gesetzlich geregelten Verfahren*

545 Wer sich zum Vorgehen gegen seinen Schuldner **eines staatlichen, gesetzlich eingerichteten und geregelten Verfahrens bedient, greift nach ständiger Rechtsprechung nicht notwendigerweise rechtswidrig in den geschützten Rechtskreis der anderen Seite ein, wenn sein Begehren sachlich ungerechtfertigt ist und der anderen Seite aus dem Verfahren Nachteile entstehen** (BGHZ 36, 18, 20 f − NJW 1961, 2254; bereits zuvor BGHZ 20, 169, 171 f = NJW 1956, 787). Insbesondere besteht keine Verpflichtung, vor Ingangsetzung des Verfahrens die eigene sachliche Berechtigung mit Sorgfalt zu prüfen (BGHZ 36, 18, 21 = NJW 1961, 2254); vielmehr billigt die Praxis demjenigen, der ein gesetzlich geregeltes Verfahren in Anspruch nimmt, ein **Recht auf Irrtum** zu (BGHZ 74, 9, 13 f = NJW 1979, 1351; NJW 1985, 1959, 1961). Zur Haftungsbegründung reicht eine fahrlässige Fehleinschätzung der Rechtslage nicht aus. Eine **Ausnahme** besteht allerdings bei einer vorsätzlichen sittenwidrigen Schädigung der anderen Seite iSd **§ 826 BGB** (BGHZ 36, 18, 21 = NJW 1961, 2254; BGHZ 74, 9, 12; NJW 1985, 1959, 1961).

546 Von der Sache her geht es um die Liquidierung solcher **Schäden, die über den Prozeßkostenerstattungsanspruch nicht ersetzbar sind** (Zeiss NJW 1967, 703). Dabei ist von Bedeutung, daß **§ 91 ZPO** die Erstattungspflicht auf die zur zweckentsprechenden Rechtsverfolgung oder Verteidigung notwendigen Kosten beschränkt, also nicht alle durch die Verfahrenseröffnung adäquat verursachten Vermögensnachteile als liquidierbar ansieht. In der Praxis bedeutsam sind vor allem die durch die Vorschrift nicht

---

* **Schrifttum:** Götz, Zivilrechtliche Ersatzansprüche bei schädigender Rechtsverfolgung (1989); Goldschmidt, Der Prozeß als Rechtslage (1925); Häsemeyer, Schadenshaftung im Zivilrechtsstreit (1979); ders, Schadensersatzhaftung aus privatrechtswidrigen Zwangsvollstreckungsakten, JA 1980, 16; Hellwig, Schadensersatzpflichten aus prozessualem Verhalten, NJW 1968, 1072; W Henckel, Prozeßrecht und materielles Recht (1970); Hopt, Schadensersatz aus unberechtigter Verfahrenseinleitung (1969); Konzen, Rechtsverhältnisse zwischen Prozeßparteien (1976); Niese, Doppelfunktionelle Prozeßhandlungen (1950); Schulz-Süchting, Dogmatische Untersuchungen zur Frage des Schadensersatzes bei ungerechtfertigter Inanspruchnahme eines gerichtlichen Verfahrens (Diss Hamburg 1972); Stürner, Organisierte Massenklagen, JZ 1978, 499; Weitnauer, Schadensersatz aus unberechtigter Verfahrenseinleitung, AcP 170 (1970) 446; Zeiss, Schadensersatzpflichten aus prozessualem Verhalten, NJW 1967, 703; ders, Die arglistige Prozeßpartei (1967).

erfaßten **Verzögerungsschäden**, wie sie im Fall von BGHZ 20, 169 typischerweise zu Tage treten: Der Beklagte war bereits in einem anderen Verfahren durch Urteil zur Auflassung verurteilt worden, klagte aber dennoch in einem zweiten Rechtsstreit über drei Instanzen erfolglos auf Feststellung, daß der Kläger nicht berechtigt sei, aus diesem Urteil Rechte herzuleiten. In diesen Fällen berührt der Anspruch aus § 826 BGB die Rechtskraft eines bereits ergangenen Urteils nicht, sondern gründet sich auf einen materiell-rechtlichen Schaden, der insbesondere neben dem Prozeß-kostenerstattungsanspruch geltend gemacht werden kann (dazu ZEISS NJW 1967, 703 und 708).

Der **Kritik** an seiner Rechtsprechung (vgl hier nur HOPT, Schadensersatz aus unberechtigter **547** Verfahrenseinleitung 195 ff; ZEISS NJW 1967, 703, 705 ff) hält der **Bundesgerichtshof** mit gutem Grund entgegen, daß eine Haftung des Klägers bei fahrlässiger Fehleinschätzung der Rechtslage eine praktische Einschränkung des Rechtsschutzes bedeutete (BGHZ 74, 9, 13 f = NJW 1979, 1351; NJW 1985, 1959, 1961). Dieser Gedanke leuchtet im systematischen Zusammenhang des § 91 ZPO unmittelbar ein; denn dort wird die Kostenbelastung der unterlegenen Partei in eben diesem Sinne eingeschränkt; für ihn spricht auch das Grundrecht auf rechtliches Gehör (Art 103 Abs 1 GG).

Als dogmatischen Anknüpfungspunkt sah die Rechtsprechung zunächst das ver- **548** meintliche **Fehlen der Rechtswidrigkeit** (BGHZ 36, 18, 21 = NJW 1961, 2254). Sie konnte sich dabei auf die zT vertretene, allerdings zweifelhafte Auffassung stützen, wonach die Rechtswidrigkeit eine dem Prozeßrecht fremde Kategorie sei (GOLDSCHMIDT, Der Prozeß als Rechtslage 292; NIESE, Doppelfunktionelle Prozeßhandlungen 72 ff; **aA** ZEISS NJW 1967, 703). Gegen das Fehlen der Rechtswidrigkeit bei der unberechtigten Inanspruchnahme eines gesetzlich geregelten Verfahrens spricht jedoch, daß gleichzeitig ein Anspruch nach § 826 BGB möglich sein sollte, der seinerseits inzidenter ein rechtswidriges Verhalten voraussetzt (zur Sittenwidrigkeit als besonderer Fall der Rechtswidrigkeit oben Rn 45). Deshalb hat das Gericht in späteren Entscheidungen seine Auffassung eingeschränkt (BGHZ 74, 9, 13 f = NJW 1979, 1351; NJW 1985, 1959, 1961). Danach schließt die Inanspruchnahme eines solchen Verfahrens den Vorwurf der **Rechtswidrigkeit** nicht schlechthin aus, jedoch indiziert hier bei **subjektiv redlichem Verhalten** nicht schon − wie im Regelfall − die Beeinträchtigung von in § 823 Abs 1 BGB geschützten Rechtsgütern die Rechtswidrigkeit (BGH NJW 1985, 1959, 1961).

Ein überzeugenderer Grund für das Haftungsprivileg liegt jedoch in dem Umstand, **549** daß die **Rechtsfolgen einer unberechtigten Inanspruchnahme der Gegenseite in den gesetzlichen Verfahren abschließend mitgeregelt** sind (BGHZ 36, 18, 21 = NJW 1961, 2254; vgl auch BGHZ 74, 9, 13 f = NJW 1979, 1351; NJW 1985, 1959, 1961). Einzelnormen wie die §§ 717 Abs 2, 945 ZPO sind einschlägige Beispiele dafür, daß der Schutz der Gegenseite vor unberechtigter Inanspruchnahme vom Gesetzgeber zwar erkannt, jedoch eingeschränkt ausgestaltet wurde. In diesem systematischen Zusammenhang erklärt sich nicht zuletzt die **korrigierende Funktion, die die Rechtsprechung § 826 BGB zugedacht hat**; denn diese Norm zielt auf eine **Deprivilegierung des Vorsatztäters** zum Schutz seiner Opfer, also auf eine Durchbrechung ansonsten bestehender Haftungsprivilegien zu Lasten des bewußt und willentlich handelnden Täters (oben Rn 12 ff). Wer ein Verfahren anstrengt, obwohl er positiv weiß, daß es für dieses keinen Sachgrund gibt und dabei Schäden der Gegenseite in Kauf nimmt, verdient zweifellos keinen Schutz mehr und ist für die Folgen seines Handelns nach § 826 BGB voll verantwortlich.

550 Nach § 826 BGB ist indes nur der **Kläger** verantwortlich, dem die **Abwesenheit eines durchsetzbaren Anspruchs klar bewußt** ist (vgl HÄSEMEYER, Schadenshaftung im Zivilrechtsstreit [1979] 130 ff). Das von der Rechtsprechung zugestandene Recht auf Irrtum erweist sich dabei keineswegs als grenzenlos: Wenn etwa Fehlverständnisse, die zur Klage geführt haben, durch das erstinstanzliche Urteil aufgedeckt und korrigiert werden, kann der unterlegene Täter uU einen vorsätzlichen Sittenverstoß dadurch begehen, daß er gegen dieses Urteil – nunmehr wider besseres Wissen – Berufung einlegt (vgl in diesem Sinne LG Münster ZfS 1991, 240). Auch der **Beklagte** kann durch sein Verhalten nach § 826 BGB für Verzögerungen verantwortlich sein, etwa wenn er diese durch Aufstellung bewußt unwahrer Behauptungen erreicht (RGZ 95, 310) oder wenn er den Kläger durch bewußt unwahre Auskünfte zur Klage veranlaßt (OLG Frankfurt/M WRP 1989, 391, 393).

551 Für die bisweilen **von den Gewerkschaften angeregten Massenklagen** hat etwa STÜRNER (JZ 1978, 499, 504) einen Katalog von Kriterien für die Sittenwidrigkeit einer Klageerhebung aufgestellt. Danach soll das Sittenwidrigkeitsverdikt ua aus der relativen Aussichtslosigkeit der Klage, der Unverhältnismäßigkeit von Mittel und Zweck bzw der Verfolgung prozeßfremder Zwecke begründet werden können.

552 Entsprechend der dargestellten Grundsätze handhabt die Praxis die **Rechtsfolgen einer unberechtigten Zwangsvollstreckung** äußerst großzügig. Wenn ein Rechtsanwalt des beitreibenden Gläubigers wegen eines Büroversehens den Schuldner zur Abgabe der eidesstattlichen Offenbarungsversicherung veranlaßt, obwohl die Schuld längst erfüllt wurde, scheidet die Haftung mangels Vorsatzes aus (BGHZ 74, 9, 13 f = NJW 1979, 1351 dazu HÄSEMEYER JA 1980, 16). Umgekehrt reicht das Recht auf Irrtum auch bei den **Verteidigungsmöglichkeiten des Schuldners** sehr weit. Der Schuldner haftet etwa nicht für die Schäden, die dem Gläubiger durch eine sachlich unberechtigte Einstellung nach § 771 Abs 3 ZPO entstehen, soweit vorsätzliches Handeln nicht nachweisbar ist (BGH NJW 1985, 1959, 1961). Unzweifelhaft sittenwidrig ist allerdings die **Erschleichung der Rangpriorität** im Vollstreckungsverfahren durch einen Gläubiger zu Lasten eines anderen. Dies wurde für den Fall entschieden, daß der Erstgläubiger sich die erste Rangstelle im Wege der öffentlichen Zustellung erschleichen konnte, weil er den Wohnort des Schuldners arglistig verschwiegen hat (BGHZ 57, 108 = NJW 1971, 2226). **Listiges Vorgehen** zur Erwirkung der Pfändung begründet keinen Sittenverstoß (OLG Hamburg Das Recht 1918, Nr 1673). **Sittenwidrig** soll das Betreiben der Zwangsvollstreckung hingegen dann sein, wenn der Gläubiger **auch auf anderem Wege Befriedigung** erlangen kann (RG JW Das Recht 1912, Nr 1173) oder ein allgemeines Mißverständnis im Rahmen der Zwangsversteigerung planmäßig ausnutzt (BGH WM 1978, 1319). Zur **Drohung mit der Zwangsvollstreckung** (vgl BGH WM 1984, 1249; OLG Karlsruhe VersR 1992, 793, 704). Der **Gemeinschuldner** begeht schließlich eine vorsätzliche sittenwidrige Vermögensschädigung, wenn er dem Konkursverwalter keine Vollmacht zur Verfügung über sein Auslandsvermögen erteilt (LG Köln ZIP 1997, 745).

553 Sittenwidrig kann auch der **Antrag auf Eröffnung des Insolvenzverfahrens** sein, wenn er nur dem Ziel dient, den Pachtvertrag gegenüber dem Gemeinschuldner zu kündigen (BGH WM 1962, 929, 930).

554 **Versteigerungsverfahren** bieten unter ganz unterschiedlichen Schutzaspekten Raum

für die Besorgung sittenwidrigen Verhaltens. So geht es bei der **Einschaltung von Strohmännern** oder der Abgabe von **Scheinangeboten** um eine Schädigung der Bieter durch Hochtreiben des Preises (RG HRR 1935 Nr 664; BlGenW 1935, 161). Aber auch **Miteigentümer** der zu versteigernden Sache, die selbst mitbieten, können durch Aufdeckung nicht offenbarungspflichtiger ungünstiger Tatsachen die anderen Bruchteilsgemeinschafter sittenwidrig schädigen. Nach dem OLG Köln (VersR 1997, 709) gilt dies indes nicht, wenn der Miteigentümer eine zutreffende Mängelliste erstellt.

Bietungsabkommen bei Versteigerungen sind deshalb problematisch, weil durch Aus- **555** schaltung oder Einschränkung der Konkurrenz unter den Bietern die Chance des *Eigentümers* auf eine optimale Verwertung seines Eigentums geschmälert wird (vgl nunmehr § 298 StGB). Ihre Sittenwidrigkeit hängt jedoch von den Umständen des Einzelfalls ab, insbesondere von dem Ausmaß der Wettbewerbsbeschränkung, der Art und Weise der Ausschaltung einzelner Bieter (vgl grundsätzlich BGH NJW 1961, 1012; NJW 1979, 162, 164; WM 1965, 203, 204; ferner OLG Celle NJW 1969, 1764; OLG Köln NJW 1978, 47; OLG Frankfurt/M ZIP 1989, 388, 400) und der Frage, ob eine unmittelbare Benachteiligung des Eigentümers, dem der Versteigerungserlös zukommen soll, beabsichtigt ist (OLG Köln BB 1963, 1280). Das Sittenwidrigkeitsverdikt ist dabei nicht selten auch aus dem Vorwurf der **Kollusion** der Bieter untereinander oder mit Dritten zu Lasten des am Versteigerungserlös Berechtigten begründet (einschlägige Fälle sind etwa RG JW 1904, 537; RG DJZ 1907, 537; Das Recht 1909, Nr 1487).

Bieterabkommen sind im übrigen **Kartelle** iSd § 1 GWB (aber auch Art 85 Abs 1 **556** EGV), die bei einer spürbaren Beschränkung des Wettbewerbs Schadensersatzansprüche nach § 35 GWB auslösen können (OLG Frankfurt ZIP 1989, 399, 401 f). Bei **Erschleichung des Zuschlags** finden die Grundsätze über die Rechtskraftdurchbrechung nach § 826 BGB Anwendung (vgl oben Rn 541, 489 ff).

Der Eigentümer kann schließlich die Rechte des Versteigerungsverfahrens **zu Lasten** **557** **der betreibenden Gläubiger ausnutzen**, wobei allerdings an einen Mißbrauch hohe Anforderungen gestellt werden (RGZ 80, 153; JW 1917, 812; RGZ 160, 52; BGH LM Nr 2 zu § 826 BGB [Gi]).

Sittenwidrig kann schließlich auch die sachlich nicht begründete Verweigerung der **558** Zustimmung zu einem **Teilungsplan** sein (BGH WM 1972, 934).

5. Bedeutung der Norm im Verwaltungsrecht

Nach der **älteren Rechtsprechung** kann auch die **arglistige Täuschung von Verwaltungs- 559 behörden** sittenwidrig iSd § 826 BGB sein (RG WarnR 1914, Nr 251: Erschleichung der Genehmigung eines Gewerbebetriebs; vgl auch oben zur Patenterschleichung Rn 389 ff). Der Fall der arglistigen Täuschung zur Erlangung eines Verwaltungsaktes ist nunmehr in § 48 Abs 2 Nr 1 VwVfG geregelt.

Fraglich ist jedoch, ob die Rechtsprechung zur **Rechtskraftdurchbrechung unrichtiger** **560** **Titel** auch auf die Bestandskraft von Verwaltungsakten bzw die Rechtskraft von Verwaltungsgerichtsurteilen Anwendung finden kann. Dies wird bisweilen bejaht (VGH München NJW 1968, 1154, 1157; EYERMANN/FRÖHLER [9. Aufl 1988] § 121 VwGO Rn 14). Dagegen sprechen jedoch dieselben grundsätzlichen Zweifel, die bereits allgemein gegenüber einer Rechtskraftdurchbrechung auf der Grundlage von § 826 BGB vorgetragen wurden (oben Rn 475 ff). Hinzu kommen praktische Probleme: Ein Anspruch aus § 826 BGB müßte vor den ordentlichen Gerichten geltend gemacht werden, mit der Folge, daß es zu einer Konkurrenz des Wiederaufnahmeverfahrens nach § 153 VwGO vor den Verwaltungsgerichten und dem Anspruch aus § 826 BGB vor den Zivilgerichten kommen könnte. Im übrigen stehen der Anwendung des § 826 BGB im Einzelfall möglicherweise auch **verwaltungsrechtliche Wertentscheidungen** entgegen. Wer durch einen von dritter Seite arglistig erschlichenen Verwaltungsakt einen Vermögensschaden erleidet, kann kaum ohne weiteres aus § 826 BGB beim Täuschenden Ersatz verlangen. Nach **hM** hat der durch einen fehlerhaften Verwaltungsakt in seinen Rechten betroffene Bürger nämlich keinen *Anspruch* auf Rücknahme, auch wenn die rechtlichen Voraussetzungen des § 48 Abs 2 Satz 3 Nr 1 VwVfG gegeben sind (BVerwGE 27, 145; 28, 122; Kopp, VwVfG [6. Aufl 1996] § 48 Rn 36). Erhält die Behörde daher einen Verwaltungsakt ermessensfehlerfrei aufrecht, nachdem ihr der betroffene Dritte den Sachverhalt vorgestellt hat, so dürften gerade diejenigen öffentlich-rechtlichen Sachgründe, die für eine Aufrechterhaltung des Verwaltungsaktes sprechen, auch einem Ersatzanspruch aus § 826 BGB entgegenstehen. Im Wege des Schadensersatzes darf der Dritte dann nicht so gestellt werden, als sei der erschlichene Verwaltungsakt nie erlassen worden.

561 Ein anderes Problemfeld ist aufgetan, wenn § 826 BGB als **Grundlage einer Einwendung oder eines Gegenrechtes gegen Rechtsmißbrauch** zur Anwendung gelangt (VGH Baden-Württemberg VBlBW 1992, 251, 252). Hier wird in der Regel nur auf den allgemeinen, wohl auch im Verwaltungsrecht beheimateten Rechtsgedanken Bezug genommen, daß jedermann ein Abwehrrecht gegen eine drohende vorsätzliche sittenwidrige Vermögensschädigung zusteht (vgl auch den Fall VGH München NVwZ 1989, 684, wo ein Grundstück [**Sperrgrundstück**] ausschließlich zu dem Zweck erworben wurde, gegen eine Baugenehmigung des Nachbarn klagen zu können; dort wurde ein Verstoß gegen den in §§ 242, 225 BGB angelegten Rechtsgedanken erwogen). Allerdings besteht hier die Gefahr, daß die Anforderungen der speziellen Rücknahme- und Widerrufsgründe im Wege einer Generalklausel unterlaufen werden (vgl in diesem Zusammenhang BSG FamRZ 1970, 647 und den vom BGH verneinten Regreßanspruch eines Sozialversicherungsträgers in FamRZ 1963, 128).

562 § 826 BGB kommt schließlich zugunsten von **Sozialhilfeträgern** als Anspruchsgrundlage in Betracht, wenn der Sozialhilfeempfänger durch Schenkungen sein Vermögen auf Dritte übertragen hat (OLG Köln FamRZ 1986, 988; LG Bonn NJW-RR 1989, 284, 285). Auch dies ist nicht unbedenklich, weil § 826 BGB hier die Funktion der eigentlich erforderlichen öffentlich-rechtlichen Ermächtigungsgrundlage des Verwaltungsträgers gegenüber dem Dritten übernehmen soll.

§ 827

Wer im Zustande der Bewußtlosigkeit oder in einem die freie Willensbildung ausschließenden Zustande krankhafter Störung der Geistestätigkeit einem anderen einen Schaden zufügt, ist für den Schaden nicht verantwortlich. Hat er sich durch geistige Getränke oder ähnliche Mittel in einen vorübergehenden Zustand dieser Art versetzt, so ist er für einen Schaden, den er in diesem Zustande widerrechtlich verursacht, in

gleicher Weise verantwortlich, wie wenn ihm Fahrlässigkeit zur Last fiele; die Verantwortung tritt nicht ein, wenn er ohne Verschulden in den Zustand geraten ist.

Materialien: E I § 708; II § 750; III § 811; Mot II 731; Prot II 579.

Schrifttum

BERGER, Alkohol im Straßenverkehr und seine schadensrechtlichen Folgen, VersR 1992, 168
DEUTSCH, Zurechnungsfähigkeit und Verschulden, JZ 1964, 86
ders, Allgemeines Haftungsrecht (1995)
ders, Haftungsrecht Bd 1 (1976)
DUNZ, Zur Frage der Beweislast für behauptete Bewußtlosigkeit des deliktischen Schädigers und zur Anwendbarkeit des § 827 BGB, JR 1987, 239
EBEL, Schuldfähigkeit im Zivilrecht, VR 1990, 400
GEILEN, Beschränkte Deliktsfähigkeit, Verschulden und Billigkeitshaftung, FamRZ 1965, 401

HANSEN, Beweislast für die Unzurechnungsfähigkeit bei Herbeiführung eines Versicherungsfalles, ZfV 1990, 621
KRAUSE, Probleme der actio libera in causa, Jura 1980, 169
A LANG, Alkohol im Straßenverkehr und Versicherungsschutz, NZV 1990, 169
ders, Zur entsprechenden Anwendung des § 827 Satz 2 BGB im Rahmen des § 61 VVG, NZV 1990, 336
NIEMEYER, Muß ein Entmündigter bei Abschluß eines Wohnungsmietvertrages seine Entmündigung offenbaren?, FuR 1991, 344
OERTMANN, Verschuldungsfähigkeit, LZ 1924, 241.

Systematische Übersicht

Alphabetische Übersicht

A. Regelungsgegenstand

1 Nach den gesetzgeberischen Vorstellungen setzt die Zurechnung eines Delikts ein **Mindestmaß an vernunftorientiertem, willensgesteuertem Verhalten voraus** (zur Entstehungsgeschichte vgl DEUTSCH, Haftungsrecht [Bd 1] 298 ff; ders, Allg Haftungsrecht Rn 449 ff; JAKOBS/SCHUBERT, Die Beratungen des Bürgerlichen Gesetzbuches, Schuldrecht [III 1983] 912 ff). Fehlen dem Täter aufgrund seiner Persönlichkeitsstruktur oder aufgrund einer vorübergehenden persönlichen Befindlichkeit die Voraussetzungen zu einem solchen Verhalten, behandelt ihn das Gesetz als **unzurechnungsfähig** (zum Begriff DEUTSCH, Allg Haftungsrecht Rn 450). Gerade im systematischen Vergleich mit dem an Verkehrserfordernissen ausgerichteten Fahrlässigkeitsmaßstab des BGB (dazu LARENZ, Schuldrecht I [14. Aufl 1987] 278; Überblick bei OECHSLER, Gerechtigkeit im modernen Austauschvertrag [1997] 224 ff) zeigt sich, daß diese Ausnahme zunächst keine Selbstverständlichkeit ist. Der **objektive Fahrlässigkeitsmaßstab** des § 276 Abs 1 Satz 2 BGB ist nämlich von der allgemeinen Vorstellung getragen, das Funktionieren des Rechtsverkehrs erfordere es, „daß jedermann ohne Schaden für sich selbst bei jedem dritten erwachsenen Menschen gewisse Durchschnittsqualitäten voraussetzen darf. Darum ist jeder im Verkehr Stehende verpflichtet, die daselbst erforderliche Sorgfalt anzuwenden . . .“ (EXNER, Das Wesen der Fahrlässigkeit [1910] 107). „Aus diesem Grund lassen wir jeden haften für seine Bosheit und seinen Leichtsinn, für seine Unerfahrenheit und seinen Mangel an Voraussicht . . .“ (STROHAL nach RÜMELIN, Die Gründe der Schadenszurechnung [1910] 52 f). § 827 Satz 1 BGB zieht dieser Haftung eine Grenze: Soweit individuell-subjektive Elemente in der Person des Täters, die freie Willensbetätigung *ausschließen*, kommt eine Zurechnung von Pflichtverletzungen – **innerhalb und außerhalb des Vertrages** (vgl § 276 Abs 1 Satz 3 BGB) – nicht in Betracht. DEUTSCH sieht in § 827

Satz 1 BGB daher einen „Ansatz subjektiven Verschuldens, der einem vorwiegend objektiven Verschuldenssystem aufgepfropft worden ist" (DEUTSCH, Allg Haftungsrecht Rn 451). Die singuläre Durchbrechung des objektiven Fahrlässigkeitsmaßstabes und damit der Ausnahmecharakter erklären, warum nur ein die freie Willensbetätigung **„ausschließender", nicht aber ein sie beeinträchtigender**, abschwächender Umstand Berücksichtigung findet und § 827 Satz 1 BGB **keine verminderte Zurechnungsfähigkeit** wie etwa § 21 StGB kennt (ganz hM: STAUDINGER/SCHÄFER[12] Rn 4, 13; DEUTSCH, Allg Haftungsrecht Rn 469; vgl RGZ 108, 86, 89 f; BGH VersR 1965, 949, 950; 1966, 579; VersR 1977, 430 f; NJW 1979, 2326).

Die zT **nachteiligen Folgen** des § 827 Satz 1 BGB **für die Sicherheit und Reibungslosig-** **2** **keit des Verkehrs** kompensiert zum einen **§ 827 Satz 2 BGB**, indem er denjenigen, der einen Rauschzustand verschuldet hat, so behandelt, als sei er zurechnungsfähig, und zum anderen **§ 829 BGB**, die Billigkeitshaftung.

Methodische Probleme wirft ferner die Frage auf, inwieweit die **strafrechtlichen Ver-** **3** **schuldensmaßstäbe** (§ 20 StGB) zur Konkretisierung des § 827 Satz 1 BGB zur Anwendung kommen dürfen. Während sich nämlich noch die erste Kommission weitgehend um eine Parallelisierung von Geschäftsfähigkeit und Zurechnungsfähigkeit bemühte, knüpfte die zweite Kommission historisch an die Fassung des **§ 51 StGB** von 1871 an („Eine strafbare Handlung ist nicht vorhanden, wenn der Thäter zur Zeit der Begehung der Handlung sich in einem Zustande von Bewußtlosigkeit oder krankhafter Störung der Geistesthätigkeit befand, durch welchen seine freie Willensbestimmung ausgeschlossen war"; zur Entstehungsgeschichte DEUTSCH, Haftungsrecht [Bd 1] 298 ff; ders, Allg Haftungsrecht Rn 449 ff). Der **Gesetzgeber** folgte indes im weiteren Verlauf einer vom 34. DJT empfohlenen (34. DJT I 118 f; 168 f und II 14) Anpassung der Norm an die neuere strafrechtliche Entwicklung nicht, und auch die im Referentenentwurf eines Gesetzes zur Änderung und Ergänzung schadensersatzrechtlicher Vorschriften von 1967 beabsichtigte Anpassung an das Strafrecht (Bd II 76) unterblieb – beides Entscheidungen, die man als historische Zufälligkeit erklären oder als rechtspolitische Wertung des Gesetzgebers interpretieren kann, „daß Strafe und Ersatzpflicht von verschiedenen Voraussetzungen abhängig bleiben sollen" (BGH JZ 1970, 617 Anm TEICHMANN). Zugunsten der letzteren, eine Distanz zu den strafrechtlichen Maßstäben nahelegenden Sichtweise sprechen immerhin die unterschiedlichen Zwecksetzungen von § 827 Satz 1 BGB auf der einen und § 20 StGB auf der anderen Seite, zugunsten der Anlehnung an das Strafrecht die ausgefeiltere strafrechtliche Kasuistik (vgl die weithin pragmatisch für eine Anlehnung an das Strafrecht plädierende Kommentarliteratur: STAUDINGER/SCHÄFER[12] § 827 Rn 1 f; SOERGEL/ZEUNER § 828 Rn 2, 3; MünchKomm/MERTENS Rn 5; krit DEUTSCH, Allg Haftungsrecht Rn 44).

§ 827 Satz 1 BGB ist nicht nur im Rahmen der §§ 823 ff BGB **anwendbar**, sondern **4** überall dort, wo eine Rechtsfolge an ein Verschulden bzw **Mitverschulden** (§ 254 BGB) anknüpft (vgl unten Rn 31 f). Durch die Verweisung in **§ 276 Abs 1 Satz 3 BGB** gilt die Norm auch für Vertragspflichtverletzungen.

B.   Fehlende Verantwortlichkeit (Satz 1)

I.   Allgemeines

1.   Bewußtlosigkeit

5 Nach dem Wortsinn ist unter Bewußtlosigkeit eine **schwere Beeinträchtigung der Wahrnehmungs- und Steuerungsmöglichkeiten** zu verstehen, die eine freie Willensbetätigung ausschließt (ähnlich STAUDINGER/SCHÄFER[12] Rn 5 f). Für die Interpretation des Begriffes kommt es entscheidend auf die Gleichstellung der „Bewußtlosigkeit" mit „einem die freie Willensbestimmung ausschließenden Zustande krankhafter Störung der Geistestätigkeit an". Der Unterschied zwischen beiden dürfte in der Dauer des Zustandes, nicht aber in der Intensität der Willensbeeinträchtigung liegen.

6 Die Voraussetzungen des § 827 Satz 1 BGB liegen nicht bei einer **bloßen Beeinträchtigung der freien Willensbildung** vor, wenn von einem echten Ausschluß nicht die Rede sein kann (vgl oben Rn 1).

7 Gerade in Fällen der Bewußtlosigkeit stellt sich die **Frage, ob der Täter überhaupt gehandelt** hat. Von ihrer Beantwortung hängen (vermeintlich) zwei Folgeentscheidungen ab: Zum einen die **Beweislastverteilung**, weil der Geschädigte alle anspruchsbegründenden Tatsachen und damit auch das Vorliegen einer natürlichen Handlung des Täters zu beweisen hat; zweitens kommt es aber auch im Rahmen der **Haftung nach § 829 BGB** auf das Täterhandeln an; denn diese Norm setzt voraus, daß einer der in §§ 823 – 826 BGB bezeichneten Deliktstatbestände tatbestandlich und rechtswidrig verwirklicht worden ist; davon kann keine Rede sein, wenn der Täter nicht gehandelt hat. Zunächst hat der **Bundesgerichtshof** anerkannt, daß ein bewußtloser Täter (hier: ein infolge Hirnblutung ohnmächtiger Autofahrer) im Rechtssinne gar nicht handeln kann (BGHZ 23, 90, 98); die Billigkeitshaftung des § 829 BGB hat er mit guten Gründen dennoch auch auf diesen Fall erstreckt (vgl § 829 Rn 28 ff). Mit der Frage der Beweislastverteilung befaßt, neigt das Gericht hingegen nunmehr einem **erweiterten, den natürlichen Handlungswillen nicht voraussetzenden deliktischen Handlungsbegriff** zu (BGHZ 98, 135, 138 = VersR 1986, 1241 m Anm BAUMGÄRTEL JZ 1987, 42 und DUNZ JR 1987, 239 f). Dies wird mit der gesetzgeberischen Wertung begründet, die vermeintlich in der Einbeziehung der Bewußtlosigkeit in § 827 Satz 1 BGB liegt; nach dieser sei die Bewußtseinslage aus dem Begriff der Handlung ausgeklammert „und als Element der Deliktsfähigkeit mit der Haftungsvoraussetzung des Verschuldens in der Weise verknüpft worden, daß der Schädiger die Beweislast für den Ausnahmefall einer Bewußtlosigkeit bei der Schadensverursachung trägt." Die überzeugendere, im Ergebnis der Beweislastverteilung übereinstimmende **Gegenansicht** (vgl vor allem BAUMGÄRTEL JZ 1987, 45; DUNZ JR 1987, 239 f) weist darauf hin, daß die materiellrechtlichen Voraussetzungen einer Anspruchsnorm (hier der Handlungsbegriff) nicht von Fragen der Beweislastverteilung abhängig gemacht werden dürften, sondern umgekehrt die Beweislast den materiellrechtlichen Erfordernissen folgen müsse. Nach dieser Betrachtungsweise muß der Geschädigte nur den **äußeren Tatbestand einer unerlaubten Handlung** beweisen; der Täter hingegen trägt die Beweislast für das Fehlen der Zurechnungsfähigkeit. Das Gesetz gehe nämlich regelmäßig von der Zurechnungsfähigkeit aus, und es sei dem Täter am ehesten möglich, die Eigenarten seiner Psyche aufzudecken und über diese Beweis zu führen (so auch DEUTSCH,

Haftungsrecht [Bd 1] 309). **Ergebnis:** Nach Auffassung des Bundesgerichtshofes kann also auch im Zustand der Bewußtlosigkeit „gehandelt" werden, nach Auffassung der Gegenmeinung nicht (so auch DEUTSCH, Allg Haftungsrecht Rn 469; MünchKomm/MERTENS Rn 2 Fn 8).

Die Unterschiede beider Ansichten beeinflussen auch die Frage nach den Tatbe- **8** standsvoraussetzungen der **Notwehr** (vgl insbes § 227 Abs 2 BGB). Fraglich ist insbesondere, ob ein gegenwärtiger rechtswidriger Angriff vorliegt, wenn ein in seinen Rechtsgütern Bedrohter sich gegen eine vom Schädiger initiierte, diesem jedoch infolge Bewußtlosigkeit entglittene Kausalkette zur Wehr setzen will. Erkennt man eine Handlung auch des ohmächtigen Täters an, deren zu erwartendes Resultat nach der Lehre vom Erfolgsunrecht als rechtswidrig anzusehen ist, lassen sich die Notwehrvoraussetzungen bejahen, wobei jedoch die Notwehrausübung gegenüber erkennbar schuldlosen Tätern eingeschränkt ist (SCHÖNKE-SCHRÖDER, StGB [25. Aufl 1997] § 32 Rn 52). Nach der Gegenansicht liegen mangels eines Angriffs iSd § 227 Abs 2 BGB von vornherein nur die Voraussetzungen der für den bewußtlosen Schädiger „milderen" § 228 BGB bzw § 34 StGB vor. Dies scheint ein weiteres Argument für die Gegenmeinung zu sein.

Der Bewußtlosigkeit stehen schließlich **tiefgreifende Bewußtseinsstörungen** gleich **9** (§ 20 StGB), wenn sie die freie Willensbestimmung ausschließen (MünchKomm/MERTENS Rn 2; STAUDINGER/SCHÄFER[12] Rn 3): Dazu zählen Schlaf, schwere Übermüdung, hypnotische Zustände, hochgradige Trunkenheit oder ein sonstiger Berauschungszustand (STAUDINGER/SCHÄFER[12] Rn 5 ff; DEUTSCH, Allg Haftungsrecht Rn 471). Soweit die **Übermüdung** für den Täter bemerkbar ist, verhält er sich indes bereits dann schuldhaft, wenn er sich trotzdem nicht von weiterem Handeln abhalten läßt (MünchKomm/ MERTENS Rn 2; vgl auch BGHZ 23, 76, 83 ff = NJW 1957, 381, allerdings zur Subsumtion der Übermüdung unter eine versicherungsvertragliche Freizeichnungsklausel, in der der Begriff der Bewußtseinsstörung verwendet wurde).

Eine schwere Bewußtseinsstörung kann aus einem **Unfallschock** resultieren, dem **10** nach einem Unfall eintretenden seelischen Ausnahmezustand (BGH VersR 1966, 177, 178; VersR 1966, 458; VRS 20 [1961] 47, 48; VersR 1977, 430, 431). Allerdings klingt dieser Zustand regelmäßig schnell wieder ab und erreicht nur selten die in § 827 BGB vorausgesetzte Stärke (BGH VRS 20 [1961] 47, 48; VersR 1966, 458, 459; ARBAH-ZADEH NJW 1965, 1052; GAISBAUER VersR 1966, 915; SPIEGEL DAR 1972, 291, 294). Nur wenn weitere außergewöhnliche Umstände hinzutreten, kann nach Lage des Falles die Annahme einer elementaren, bewußtes und damit vorsätzliches Handeln vorübergehend ausschließenden Schreckreaktion gegeben sein (BGH VersR 1966, 579). Hier spielt vor allem die **anlagebedingte Neigung zu Erregungszuständen eine Rolle** (BGH VRS 20 [1961] 47, 48; VersR 1966, 177; STAUDINGER/SCHÄFER[12] Rn 11).

Weitere Zustände tiefgreifender Bewußtseinsstörung sind der **Affektsturm**, ein **11** Zustand äußerster Erregung (BGH NJW 1958, 266) und die spontane **panische Schreckreaktion** (STAUDINGER/SCHÄFER[12] Rn 10; OLG Nürnberg VersR 1965, 93: Eine 72 Jahre alte Frau wird durch das Anbellen und Hochspringen eines Dackels erschreckt, fällt hin und verletzt sich; § 827 Satz 1 BGB kommt dabei im Rahmen des Mitverschuldens zur Anwendung). Auch ein **protrahierter Dämmerzustand** kann iSd § 827 Satz 1 BGB relevant werden (OLG Hamm 5. 11. 1986 – 20 U 107/86 – JURIS), während die Praxis bei einer **retrograden Amnesie** die

Bewußtseinsstörung abgelehnt hat (OLG Düsseldorf ZfSch 1994, 93). Zurückhaltend ist auch das OLG Köln (ZfSch 1997, 339) bei der Berücksichtigung eines „**Black Out**" durch eine **Medikamentenallergie**.

12 Schließlich kann vor allem der **Alkoholrausch** zu einer tiefgreifenden Bewußtseinsstörung iSd § 827 Satz 1 BGB führen. Entscheidend ist auch hier der durch Alkoholkonsum hervorgerufene **Ausschluß einer freien Willensbetätigung** (MünchKomm/ Mertens Rn 3). Die bei absoluter Fahruntüchtigkeit regelmäßig auftretende Enthemmung und die damit verbundene Herabsetzung der Kritikfähigkeit genügen beide nicht (BGH NJW 1974, 1377, 1378).

13 Wichtigstes Indiz für eine tiefgreifende Bewußtseinsstötung ist die **Blutalkoholkonzentration** (BAK). Allerdings existiert **keine allgemein maßgebliche BAK**, die stets den Schluß auf fehlende Zurechnungsfähigkeit zuließe (BGH VersR 1965, 656; VersR 1967, 125, 126), weil die **Alkoholtoleranz** individuell sehr unterschiedlich ausfallen kann (BGH VersR 1965, 656; OLG Koblenz DAR 1974, 245, 246; OLG Köln Schadens-Praxis 1995, 89 = RuS 1995, 406). Selbst bei zurückgerechneten **2,93‰** steht daher der Beweis für die Schuldunfähigkeit noch nicht fest, wenn beim Täter jahrelanger Alkoholmißbrauch voranging, der zu erheblicher Alkoholtoleranz führte (OLG Köln Schadens-Praxis 1995, 89 = RuS 1995, 406). Auch eine BAK von **3‰** läßt nicht zwingend auf Schuldunfähigkeit schließen (OLG Hamm NJW 1992, 1635), wobci indcs das **Schrifttum** dazu neigt, hier im Zweifel von den Voraussetzungen des § 827 Satz 1 BGB auszugehen (MünchKomm/ Mertens Rn 3; Staudinger/Schäfer[12] Rn 7). Der **Bundesgerichtshof** hatte zunächst bei **2,26‰** (VersR 1967, 83) bzw **2,5‰** (VersR 1967, 126) die fehlende Zurechnungsfähigkeit bejaht. In einer neueren Entscheidung **verschärft das Gericht** indes **die Anforderungen** mit folgender Begründung: Die Erkenntnis, daß die Führung eines Kfz grob fahrlässig sei, sei mittlerweile so sehr in das Bewußtsein der Verkehrsteilnehmer eingedrungen, daß sich die entsprechende Hemmschwelle stark erhöht habe; folglich sei auch bei einem hohen Grad der Alkoholisierung im Zweifel die Einsichts- und Steuerungsfähigkeit noch zu bejahen (BGH VersR 1989, 469, 470). **Umgekehrt** sind die Voraussetzungen des § 827 Satz 1 BGB unterhalb der Schwelle von **2‰** im Zweifel nicht anzunehmen (MünchKomm/Mertens Rn 3; vgl etwa LG Freiburg ZfSch 1991, 351).

14 Bei der Beurteilung einer tiefgreifenden Bewußtseinsstörung kommt es auf **weitere Indizien** an. Eine alkoholbedingte Unzurechnungsfähigkeit **scheidet aus**, wenn sich der Trinkverlauf lange hingezogen hat, mit der Folge, daß vergleichsweise geringe Ausfallerscheinungen eingetreten sind (OLG Köln aaO), wenn der Täter den Ablauf der Ereignisse unmittelbar im Anschluß an die Tat zu rekonstruieren vermag (OLG Köln aaO sowie VersR 1995, 205), wenn der Täter unmittelbar nach dem Unfall zwar gestörte, aber dennoch in beträchtlichem Maße erhaltene zeitliche, örtliche und situative Orientierung aufweist (OLG Köln aaO). Ferner spricht **gegen Unzurechnungsfähigkeit**, wenn der Täter das Fahrzeug zum Unfallort fehlerfrei gesteuert hat (OLG Köln VersR 1995, 205; LG Köln RuS 1994, 370) und sich nach dem Unfall zielstrebig in Richtung der eigenen Wohung in Bewegung setzt (OLG Köln aaO). Auch daß der Täter nach der Tat bereits Einlassungen zu seiner Verteidigung macht, spricht für seine Zurechnungsfähigkeit (OLG Köln Schadens-Praxis 1994, 292 = RuS 1994, 239).

15 Bei der Einnahme jedweder **Drogen oder sonstiger Rauschmittel** kommt es ebenfalls auf die Herbeiführung eines die freie Willensbestimmung ausschließenden Zustandes an.

2. Ein die freie Willensbildung ausschließender Zustand krankhafter Störung der Geistestätigkeit

Dieser zweite Tatbestand des § 827 Satz 1 BGB entspricht in seinen Voraussetzungen **16** § **104 BGB Nr 2 BGB**; auf die Kommentierung sowie die strafrechtliche Literatur zu § 20 StGB (vgl dazu indes oben Rn 3) kann hier verwiesen werden. Die **medizinische Bezeichnung** der Krankheit selbst ist unbeachtlich; entscheidend ist allein ihre die freie Willensbildung ausschließende Wirkung; auch **Geistesschwäche** kommt in Betracht (RGZ 130, 71; 162, 228; BGH WM 1965, 895). Bei Betreuten kommt es auf eine Einzelfallprüfung an. Die freie Willensbildung ist ausgeschlossen, wenn der Täter infolge seiner Krankheit nicht mehr in der Lage ist, sein Verhalten an vernünftigen Erwägungen auszurichten (RGZ 130, 71; BGH NJW 1970, 1681; FamRZ 1984, 1003; BayObLG NJW 1992, 2101; LAG Düsseldorf 15. 2. 1994 – 3 Sa 1725/93 – Juris; vgl das LG Zwickau RuS 1997, 428 zu einer in **Selbstmordabsicht** begangenen Brandstiftung). Es kommt also nicht darauf an, daß das Verhalten des Täters im Einzelfall bei normativer Betrachtung unvernünftig erscheint, sondern darauf, daß der Täter sein Verhalten überhaupt nicht nach rationalen Kriterien ausrichten kann. **Entgegen dem Wortlaut** führt nicht nur ein Ausschluß der freien Willensbetätigung zur Verneinung der Zurechnungsfähigkeit, sondern auch ein **Ausschluß der Denktätigkeit** (vgl auch § 828 Abs 2 BGB; so bereits Deutsch, Allg Haftungsrecht Rn 469).

Auch eine **sachlich beschränkte Zurechnungsunfähigkeit** ist vorstellbar, etwa bei Ver- **17** folgungswahn gegenüber bestimmten Personen oder speziellen Phobien (Staudinger/ Schäfer[12] Rn 12; Deutsch, Allg Haftungsrecht Rn 470). Andernfalls kann auch der ansonsten krankhaft Gestörte während **lichter Momente** (lucida intervalla) verantwortlich sein (RGZ 108, 86, 89 f; BGH VersR 1965, 949, 950; VersR 1966, 579; VersR 1977, 430 f; Staudinger/Schäfer[12] Rn 14; Deutsch, Allg Haftungsrecht Rn 469).

Bloße Willensschwäche oder leichte Beeinflußbarkeit genügen hingegen nicht (LAG Düs- **18** seldorf 15. 2. 1994 – 3 Sa 1725/93 – Juris; vgl bereits oben Rn 1). Auch **krankhafte Gleichgültigkeit** gegenüber den Folgen des eigenen Handelns oder Unfähigkeit zu ruhiger oder vernünftiger Überlegung genügen nicht (RGZ 108, 86, 89 f; BGH VersR 1965, 949, 950; VersR 1966, 579; VersR 1977, 430 f; NJW 1979, 2326).

3. Beweislastverteilung

Wer sich auf die Unzurechnungsfähigkeit zum Tatzeitpunkt beruft, trägt dafür die **19** Beweislast (BGHZ 39, 103, 108 = NJW 1963, 953; VersR 1977, 430; VersR 1982, 849; NJW 1980, 2183 Anm Zimmermann VersR 1982, 849; OLG Oldenburg VersR 1992, 110; Deutsch, Allg Haftungsrecht Rn 473). **Begründet** ist dies bereits aus der negativen Formulierung des § 827 Satz 1 BGB („nicht verantwortlich"), aus der folgt, daß das Gesetz im Regelfall die Zurechnungsfähigkeit vermutet. Ferner kann der Täter eher als der Geschädigte die seine Psyche betreffenden Einzelumstände aufdecken und über diese Beweis führen.

An dieser Beweislastverteilung ändert sich nichts, wenn der **Täter bewußtlos** und **sein 20**

Verhalten nicht von einem Handlungswillen gesteuert war. Zwar muß der hinsichtlich der Anspruchsvoraussetzungen beweisbelastete Geschädigte auch nachweisen, daß der Täter gehandelt hat. Der BGH (BGHZ 98, 135, 138 = VersR 1986, 1241) hat jedoch in einschlägigem Zusammenhang (vgl ausführlich oben Rn 7) die subjektive Bewußtseinslage des Täters aus dem rechtlichen Handlungsbegriff ausgeklammert und den Begriff der Handlung auf ein rein objektives, äußerliches Geschehen ausgeweitet. Überzeugender erscheint indes die **Gegenansicht** (BAUMGÄRTEL JZ 1987, 42 und DUNZ JR 1987, 239 f), nach der der Handlungswille des Täters weiterhin zum rechtlichen Handlungsbegriff zählt, der Geschädigte indes nur über den äußeren Tatbestand des Handlungsbegriffes Beweis führen müsse, der Täter aber über den inneren Tatbestand, dh den Handlungswillen.

21 An eine vorangegangene **Entmündigung wegen Geistesschwäche** knüpfte **früher** die tatsächliche Vermutung, daß der Täter im Tatzeitpunkt unzurechnungsfähig war (BGH NJW 1968, 1132; OLG Düsseldorf VersR 1977, 1118; vgl noch AG Nördlingen ZfSch 1991, 330; STAUDINGER/SCHÄFER[12] Rn 23; RGZ 108, 86). Allerdings bestand **kein Automatismus** wie bei der Geschäftsunfähigkeit nach § 104 Nr 3 BGB aF; deshalb konnte der Entmündigte für die während **lichter Momente** (lucida intervalla) begangenen Taten zivilrechtlich zur Verantwortung gezogen werden (RGZ 108, 86, 89 f; BGH VersR 1965, 949, 950; VersR 1966, 579; VersR 1977, 430 f; STAUDINGER/SCHÄFER[12] Rn 14; DEUTSCH, Allg Haftungsrecht Rn 469). Auch die Anordnung einer **Betreuung mit Einwilligungsvorbehalt** (§ 1903 BGB) dürfte im Rahmen der sachlichen Reichweite des Einigungsvorbehaltes einen entsprechenden Anscheinsbeweis begründen (DEUTSCH, Allg Haftungsrecht Rn 469).

22 Wer schließlich **ohne erkennbaren Grund auf ein vorausfahrendes Kfz auffährt**, kann den auf diesem Geschehensablauf gründenden Anscheinsbeweis für sein Verschulden nicht mit der Behauptung erschüttern, er sei im Zeitpunkt der Ingangsetzung der zum Unfall führende Kausalkette infolge Gehirnblutung ohnmächtig geworden. Auch hier ist der Täter für seine Behauptung, er habe die Tat im Zustand einer die Erkenntnis- und Steuerungsfähigkeit ausschließenden Bewußtlosigkeit begangen, in vollem Umfang beweispflichtig (OLG Oldenburg VersR 1992, 110; OLG Frankfurt/M VRS 78 [1990] 262 = ZfSch 1990, 221, beide im Anschluß an den ähnlich gelagerten Fall BGHZ 98, 135).

II. Anwendungsbereich der Norm

1. Versicherungsvertragsrecht

a) Anwendungsvoraussetzungen des § 827 Satz 1 BGB im Versicherungsvertragsrecht

23 Der **praktisch bedeutendste Anwendungsbereich** verbleibt § 827 Satz 1 BGB heute im Rahmen des § 61 VVG (BGH VersR 1985, 440; VersR 1989, 469, 470; BGHZ 111, 372 = VersR 1990, 888). Nach dieser Norm entfällt die Verpflichtung des Versicherers zur Leistung, wenn der Versicherungsnehmer den Versicherungsfall vorsätzlich oder durch grobe Fahrlässigkeit herbeigeführt hat. Das **Führen eines Kfz im volltrunkenen Zustand** sieht die Rechtsprechung idR als **grob fahrlässig** an (BGH VersR 1989, 469, 470; OLG Oldenburg VersR 1996, 1270; OLG Köln RuS 1994, 329 = Schadens-Praxis 1994, 292; OLG Hamm NJW 1992, 1635; LG Freiburg ZfSch 1991, 351). Auch eine alkoholbedingte erhebliche Einschränkung der Einsichts- und Hemmungsfähigkeit schließt den Vorwurf grober Fahrlässigkeit nicht aus, wenn „elementare Verhaltensregeln verletzt werden, deren Einhaltung in diesem Zustand unbedingt erwartet werden muß" (BGH VersR 1989, 469, 470); dazu zählt das Verbot der Trunkenheitsfahrt, das nach Auffassung des Bundesgerichtshofes so nachhaltig in das Bewußtsein der Allgemeinheit eingedrungen ist, daß die Hemmschwelle für den Täter auch bei einem hohen Grad der Alkoholisierung noch besteht (BGH NJW 1974, 1377, 1378; VersR 1989, 469, 470).

Der **Vorwurf grober Fahrlässigkeit entfällt** ausnahmsweise, wenn der Täter zuvor im **24** nüchternen Zustand **ausreichende Sicherungsmaßnahmen** gegen die Trunkenheitsfahrt getroffen hat (Abgabe des Kfz-Schlüssels so, daß er nicht mehr zurückgefordert werden kann; Vereinbarung mit Drittem, daß dieser den Täter abhole und Vorkehrungen, daß dies auch praktisch durchgeführt werde: OLG Köln Schadens-Praxis 1994, 292 = RuS 1994, 329; OLG Hamm VersR 1992, 818). Als **unzureichende Sicherungsvorkehrung** erscheint es hingegen, **wenn der Täter nur den festen Willen gefaßt hat, später nicht in trunkenem Zustand zu fahren** (BGH NJW 1974, 1377, 1378); denn der Täter muß damit rechnen, daß infolge Alkoholgenusses gerade dieser Entschluß gefährdet werden kann. Insbesondere hat er der beginnenden Enthemmung ständig durch Anspannung seiner restlichen Kritikfähigkeit entgegenzuwirken und sich ggf noch durch zusätzliche Sicherungsmaßnahmen der tatsächlichen Gewalt über das Kfz zu begeben (BGH aaO). Versäumt der Täter diese Maßnahmen, kann er sich gerade nicht mit der Wirkung des § 827 Satz 1 BGB darauf berufen, bei ihm sei infolge Alkoholgenusses eine erhebliche Enthemmung und Herabsetzung der Kritikfähigkeit eingetreten (BGH NJW 1974, 1377, 1378; VersR 1989, 469, 470). Nicht **grob fahrlässig** ist das Verhalten des Täters hingegen dann, **wenn er vor Eintritt der Trunkenheit mit einer erneuten Kfz-Fahrt nicht mehr zu rechnen brauchte**, sondern diese infolge eines nicht vorhersehbaren Unglücks bzw Notfalles erforderlich wurde (BGH NJW 1989, 1612).

§ 827 Satz 1 BGB gilt **auch im Rahmen des § 152 VVG und des § 3 Nr 1 PflVG** (BGHZ **25** 111, 372 = VersR 1990, 888 Anm Hansen ZfV 1990, 621; vorausgehend ebenso OLG Frankfurt/M VersR 1989, 42). In der Praxis berufen sich Versicherungsnehmer auch dann auf § 827 Satz 1 BGB, wenn sie durch **unerlaubtes Verlassen des Unfallortes** die Aufklärungsinteressen des Versicherers verletzt haben (vgl zu § 7 Abs 1 Nr 2 Satz 2 AKB: OLG Hamm 5. 11. 1986 – 20 V 107/86 – Juris; vgl zu § 2 Abs 2 c S 2 AKB; OLG Köln VersR 1993, 45; zu § 21 Abs 6 ARB: AG Cloppenburg RuS 1991, 387; zur **Hausratsversicherung**: KG 12. 1. 1988 – G U 1466/87 – Juris; vgl schließlich auch OLG Düsseldorf ZfSch 1994, 93).

b)   Entschuldigung wegen Volltrunkenheit
Zu den Voraussetzungen vgl oben Rn 12 ff.   **26**

c)   Anwendbarkeit des § 827 Satz 2 BGB im Rahmen des § 61 VVG
Noch nicht endgültig entschieden ist die Frage, **ob auch § 827 Satz 2 BGB im Rahmen** **27** **des § 61 VVG angewendet werden kann**. Weil der Ausschluß nach § 61 VVG mindestens grobe Fahrlässigkeit voraussetzt, hat das Reichsgericht gefolgert, daß eine Befreiung des Versicherers nur in Betracht komme, wenn sich der Versicherungsnehmer **grob fahrlässig** in den Rauschzustand versetzt habe (RG DR 1941, 1786). Dem ist der **Bundesgerichtshof** für einen Fall der Obliegenheitsverletzung durch den Versicherungsnehmer gefolgt (BGH VersR 1967, 944; vgl auch OLG Köln VersR 1993, 45; LG Saarbrücken VersR 1982, 892; AG Cloppenburg RuS 1991, 378; **offengelassen** von OLG Hamm

VersR 1985, 1078; wohl **hM**: SÜSS ZAKDR 1942, 88; BGB-RGRK/STEFFEN Rn 2, 11). Bei fahrlässigem Sich-in-Rausch-Versetzen findet § 827 Satz 1 BGB hier keine Anwendung. Die **Kritik** (MünchKomm/MERTENS Rn 8 sowie der Richter am BGH A LANG NZV 1990, 336) weist indes **zu Recht** darauf hin, daß nach § 61 VVG die Leistungsfreiheit des Versicherers davon abhängt, daß der Versicherungsnehmer wußte oder wissen mußte, daß sein Verhalten den Eintritt des Versicherungsfalls oder die Vergrößerung des Schadens fördern würde (LANG 337 im Anschluß an BGH VersR 1980, 180). Folglich muß das grobe Verschulden einen unmittelbaren Bezug zur Erhöhung der versicherten Gefahr haben. Aus Sicht des Versicherers steigt die Gefahr einer vertraglichen Pflichtverletzung durch den Versicherungsnehmer aber nicht dadurch, daß letzterer sich grob fahrlässig statt fahrlässig in den Rauschzustand versetzt. Gefährlich ist allein der Rauschzustand als solcher und nicht die subjektive Einstellung, die zu seinem Entstehen geführt hat. Auch fällt es praktisch schwer, zwischen leicht und grob fahrlässigem Sich-in-Rausch-Versetzen zu differenzieren, weil die zugrundeliegende Tätigkeit nicht auf einen weiteren tatbestandlichen Unrechtserfolg, sondern allein auf die Herbeiführung des Rauschzustandes gerichtet ist. **Richtiger Ansicht** nach kommt daher eine Verantwortung des Versicherungsnehmers nur nach den Grundsätzen der **actio libera in causa** in Betracht, weil hier das Verschulden in einem vorgelagerten Stadium der Zurechnungsfähigkeit auf den später eingetretenen Erfolg (die Trunkenheitsfahrt) bezogen ist (MERTENS aaO; LANG aaO): Dem Täter kann also der Vorwurf grober Fahrlässigkeit vor allem deshalb gemacht werden, weil sich ihm vor Eintritt der alkoholbedingten Unzurechnungsfähigkeit in besonders starkem Maße die Möglichkeit aufdrängen mußte, daß er nach Eintritt der Unzurechnungsfähigkeit möglicherweise sein Fahrzeug benutzen und dadurch Dritte sowie die Interessen des Versicherers gefährden könnte (hier ließe sich möglicherweise an die Rechtsprechung zur Unbeachtlichkeit alkoholbedingten Sinkens der Hemmschwelle anknüpfen: BGH NJW 1974, 1377, 1378; VersR 1989, 469, 470). **§ 827 Satz 2 BGB ist nach dieser Sichtweise im Rahmen des § 61 VVG nicht anwendbar.**

d)   Beweislastverteilung

28 Die **Beweislast** für die Voraussetzungen des § 827 Satz 1 BGB trägt auch im Rahmen des § 61 VVG der Versicherungsnehmer (BGHZ 98, 135 = VersR 1986, 1241 Anm BAUMGÄRTEL JZ 1987, 42 und DUNZ JR 1987, 239 f; BGH NJW 1989, 1612; OLG Hamm VersR 1988, 394; LG Oldenburg ZfSch 1992, 167; LG Frankfurt/M VersR 1988, 1062: Beweislast der Erben gegenüber der Feuerversicherung).

29 Nach **Auffassung des Bundesgerichtshofes** enthebt die entsprechende Anwendung des § 827 Satz 1 BGB im Rahmen des § 61 VVG den Versicherer indes nicht der ihm nach dem § 61 VVG obliegenden **Beweislast für die subjektiven Voraussetzungen der Fahrlässigkeit beim Versicherungsnehmer** (BGH NJW 1974, 1377, 1378; VRS 68 [1985] 424; VersR 1989, 469, 470): So setzt die Annahme grober Fahrlässigkeit voraus, daß die im Verkehr erforderliche Sorgfalt durch ein auch subjektiv unentschuldbares Verhalten in hohem Maß außer acht gelassen worden ist. Dabei muß auch die alkoholbedingte verminderte Einsichts- und Hemmungsfähigkeit berücksichtigt werden. Allerdings entschuldigen diese alkoholbedingten Einschränkungen im Regelfall nicht vor dem Vorwurf grob fahrlässiger Pflichtverletzung, wenn eine Trunkenheitsfahrt unternommen wurde (BGH NJW 1974, 1377, 1378; VersR 1989, 469, 470), so daß es auf sie im Regelfall zur Anspruchsbegründung gar nicht ankommen dürfte.

2. Wohnungseigentumsrecht

Ein Wohnungseigentümer haftet den anderen im Hinblick auf § 14 WEG für eine **30**
Pflichtverletzung seines Wohnungsmieters nicht wie für einen Erfüllungsgehilfen,
wenn die Eigenverantwortung des Mieters für sein Verschulden nach § 827 Satz 1
BGB ausgeschlossen ist (BayObLG MDR 1970, 587; OLG Düsseldorf NJW-RR 1995,
1165).

3. Anwendung im Rahmen des Mitverschuldens und des Handelns auf eigene Gefahr

§ 827 Satz 1 BGB ist auch im Rahmen des § 254 BGB anwendbar (BGHZ 9, 316, 317 = **31**
NJW 1953, 977; BGHZ 24, 325, 327 = NJW 1957, 1187; VersR 1975, 133, 135; RGZ 108, 87, 89; 156,
193, 202; OLG Celle NJW 1968, 2146; OLG Schleswig VersR 1976, 975, 976; OLG Zweibrücken
VersR 1978, 1030; OLG Hamm VersR 1997, 126; LG Köln VersR 1984, 796; LG Stuttgart VersR
1985, 150; AG Neuss Schadens-Praxis 1996, 239; MünchKomm/MERTENS Rn 1 Fn 2 mit dem zutref-
fenden Hinweis [in der 2. Aufl], daß ein anderes Verständnis nur bei den Autoren zu erwarten ist, die
§ 254 BGB nach Mitverursachungsanteilen konkretisieren; vgl etwa ROTHER, Haftungsbeschränkung im Schadensrecht [1965] 85 ff; WEIDNER, Die Mitverursachung als Entlastung des Haftpflichtigen [1970] 55 f). Allerdings kann der völlig **betrunkene Mitfahrer** sich nicht darauf
berufen, daß bei ihm alkoholbedingt Zweifel an der Fahrtüchtigkeit des Fahrers
unterblieben seien (BGH VersR 1960, 1146; 1967, 82, 83; 1967, 288, 289).

Besondere Beachtung verdient, daß der andere am Delikt Beteiligte auf einen **32**
**erkennbar Schuldunfähigen bzw in seiner Schuldfähigkeit Beschränkten Rücksicht neh-
men** muß (vgl § 3 Abs 2a StVO; OLG Celle ZfSch 1991, 262 = NJV 1991, 228 Anm SCHRÖDER
NZV 1992, 139; OLG Hamm VersR 1992, 204).

Auch das **Handeln auf eigene Gefahr** setzt Zurechnungsfähigkeit iSd § 827 Satz 1 BGB **33**
voraus (vgl § 828 Rn 18 ff).

Für seine Entlastung nach § 827 Satz 1 BGB im Rahmen des § 254 BGB ist der Täter **34**
beweisbelastet (BGH VersR 1977, 430).

4. Anwendung im Rahmen der Gefährdungshaftung

Vgl dazu § 828 Rn 40.   **35**

5. Entsprechende Anwendung im Rahmen der Bestimmungen zur Erbunwürdigkeit

Der Bundesgerichtshof bringt § 827 Satz 1 BGB schließlich auch im Rahmen der **36**
Feststellung der Erbunwürdigkeit nach § 2339 Nr 1 BGB zur Anwendung, wo die
vorsätzliche und widerrechtliche Tötung des Erblassers ua als Grund genannt ist
(BGHZ 102, 227, 230 = NJW 1988, 822 m Anm HOHLOCH JuS 1988, 819): Der Täter, der seinen
Vater erschlagen hatte, wandte im Rahmen des von seiner Schwester angestrengten
Verfahrens ein, durch Einnahme eines Grippemedikaments und einer größeren
Menge Alkohols unzurechnungsfähig gewesen zu sein; der Bundesgerichtshof legte

ihm – der Beweislastverteilung in § 827 Satz 1 BGB folgend – die Beweislast für die Voraussetzungen der Unzurechnungsfähigkeit auf.

6. Exkurs: Haftung für das Eintreten der eigenen Geschäftsunfähigkeit im Geschäftsverkehr

37 Nach Auffassung des OLG Köln (JZ 1991, 412) kann eine Bank die Schäden, die durch nachträglichen Eintritt der Geschäftsunfähigkeit entstehen, im Wege von AGB auf ihren Kunden überwälzen (kritisch DREHER JZ 1991, 413; vgl auch DONATH BB 1991, 1881, 1883). Zu **Offenbarungspflichten** eines Entmündigten **bei Abschluß eines Wohnungsmietvertrages** (NIEMEYER FuR 1991, 344).

C. Schuldhafte Herbeiführung der Unzurechnungsfähigkeit (Satz 2)

38 Der Täter ist für eine von ihm im Rauschzustand begangene rechtswidrige Tat wie ein fahrlässig Handelnder verantwortlich, wenn er sich durch geistige Getränke oder ähnliche Mittel in einen vorübergehenden Rauschzustand versetzt hat, es sei denn, er sei ohne Verschulden in diesen Zustand geraten.

39 Der Täter muß geistige Getränke oder **ähnliche Mittel** zu sich genommen haben. Die Materialen nennen Morphium, Cocain, Haschisch (Prot II 590). In Betracht kommt allerdings jedes Mittel, daß zu einem Ausschluß der freien Willensbestimmung führt.

40 Das dem Täter zum Vorwurf gemachte **Verschulden** bezieht sich allein auf die Herbeiführung des Rauschzustandes, nicht auf die in diesem Zustand verursachte Tat. Dies folgt aus dem insoweit unzweideutigen Wortlaut (ganz **hM** vgl nur MünchKomm/ MERTENS Rn 7; DEUTSCH, Allg Haftungsrecht Rn 475; BGB-RGRK/STEFFEN Rn 10; STAUDINGER/ SCHÄFER[12] Rn 19). Es wirkt also **nicht entschuldigend**, wenn der Täter sich darauf beruft, er habe noch nie zuvor unter Alkoholeinfluß eine rechtswidrige Tat begangen und daher nicht mit der tatsächlich erfolgten Schädigung gerechnet (BGH NJW 1968, 1132); auch daß der Täter noch während des Trinkvorgangs entschlossen war, sein Kfz nicht zu benutzen, entschuldigt nicht (BGH NJW 1977, 1377; vgl dazu BGH NJW 1974, 1377, 1378; VersR 1989, 469, 470). Zum **Beifahrer**, der sich selbstverschuldet in den vorübergehenden Zustand des Ausschlusses der freien Willensbestimmung begeben hat (OLG Hamm VersR 1997, 126) und zum **Scheunenbrand** nach Alkoholisierung (LG Oldenburg VersR 1985, 934).

41 Auch wirkt es **nicht entlastend**, wenn der Täter darauf vertraut hat, mehr an Alkohol verkraften zu können (vgl bereits Prot II 590; DEUTSCH, Allg Haftungsrecht Rn 476; MünchKomm/MERTENS Rn 7). Eine **Entschuldigung** ist daher praktisch nur dann vorstellbar, wenn Dritte dem Täter das Rauschmittel ohne sein Wissen oder ohne seinen Willen verabreicht haben bzw wenn der Täter über die Wirkungsweise eines berauschenden Mittels nicht aufgeklärt war und dessen Wirkung auch nicht zu kennen brauchte (vor allem bei unbekannten Nebenwirkungen von Medikamenten; vgl BGH NJW 1968, 1132; DEUTSCH, Allg Haftungsrecht Rn 476; STAUDINGER/SCHÄFER[12] Rn 15, 22; BGB-RGRK/STEFFEN Rn 12; MünchKomm/MERTENS Rn 7). Führt die **Alkoholisierung** nicht allein, sondern nur **im Zusammenhang mit einem anderen nicht voraussehbaren Ereignis**

zu einem Zustand iSd § 827 Satz 1 BGB (Unfallschock, der durch Alkoholisierung verstärkt wird), so kann dies jedoch entschuldigen (BGH VersR 1967, 944).

Die **Rechtsfolge** des § 827 Satz 2 BGB besteht darin, daß der Täter so behandelt wird, **42** als falle ihm Fahrlässigkeit zu Last (dazu STAUDINGER/SCHÄFER[12] Rn 19: „Fiktion"; DEUTSCH, Allg Haftungsrecht Rn 476). Ob der Täter daher nach den §§ 823 ff BGB haftet, hängt davon ab, ob die allgemeinen haftungsbegründenden Tatbestandsvoraussetzungen dieser Vorschriften bis auf das Verschulden vorliegen.

Fraglich ist ferner, ob § 827 Satz 2 BGB auch dort anwendbar ist, wo die Haftungs- **43** begründung **mehr als nur einfache Fahrlässigkeit** voraussetzt. Praktisch relevant wird dies insbesondere bei der Frage nach der Anwendbarkeit des § 827 Satz 2 BGB im Rahmen des § 61 VVG. Während die **hM** die analoge Anwendbarkeit unter der Einschränkung bejaht, daß der Täter sich grob fahrlässig in Rausch versetzt haben muß, kann die Norm hier richtiger Ansicht nach keine Anwendung mehr finden, sondern wird durch das Institut der **actio libera in causa** verdrängt (ausführlich oben Rn 27).

Setzt eine Norm **vorsätzliche Begehungsweise** voraus, kann § 827 Satz 2 BGB nach allg **44** Auffassung nicht angewendet werden (BGH NJW 1968, 1132, 1133; DEUTSCH, Allg Haftungsrecht Rn 476; MünchKomm/MERTENS Rn 8; STAUDINGER/SCHÄFER[12] Rn 17); hier greifen die Grundsätze über die actio libera in causa (STAUDINGER/SCHÄFER[12] Rn 17).

Nach einer Auffassung verdrängt § 827 Satz 2 BGB schließlich den **Anspruch aus** **45** **§ 823 Abs 2 BGB iVm § 323a StGB (Rauschtat)** als lex specialis (STAUDINGER/SCHÄFER[12] Rn 18). Dies ist deshalb fraglich und wenig praxisrelevant, weil § 323a StGB wesentlich strengere Anforderungen stellt als § 827 Satz 2 BGB (objektive Bedingung der Strafbarkeit ist etwa das Begehen einer strafbaren Handlung).

Die Lehre von der **actio libera in causa** findet neben § 827 Satz 2 BGB Anwendung **46** (MünchKomm/MERTENS Rn 8; DEUTSCH, Allg Haftungsrecht Rn 474; vgl den Fall OLG Oldenburg VersR 1996, 1270). Hier bezieht sich der Schuldvorwurf auf die im Rauschzustand begangene rechtswidrige Tat, wird aber in das Stadium vorverlagert, in dem der Täter noch zurechnungsfähig war. Versetzt der Täter sich im Hinblick auf den späteren Taterfolg fahrlässig oder vorsätzlich in einen nach § 827 Satz 1 BGB relevanten Zustand, so haftet er für den eingetretenen Erfolg entsprechend fahrlässig oder vorsätzlich.

Der Verletzte muß die Voraussetzungen des § 827 Satz 2 HS 1 BGB **beweisen**; der **47** Täter hingegen das fehlende Verschulden nach Satz 2 HS 2 (BGH NJW 1968, 1132; VersR 1977, 431; DEUTSCH, Allg Haftungsrecht Rn 475; MünchKomm/MERTENS[2] Rn 10).

§ 828

[1] **Wer nicht das siebente Lebensjahr vollendet hat, ist für einen Schaden, den er einem anderen zufügt, nicht verantwortlich.**

[2] **Wer das siebente, aber nicht das achtzehnte Lebensjahr vollendet hat, ist für einen**

Schaden, den er einem anderen zufügt, nicht verantwortlich, wenn er bei der Begehung der schädigenden Handlung nicht die zur Erkenntnis der Verantwortlichkeit erforderliche Einsicht hat. Das gleiche gilt von einem Taubstummen.

Materialien: E I § 709; II § 751; III § 812; Mot II 732 f; Prot II 582.

Schrifttum

BAUMGÄRTL, Willensfähigkeit des Täters als Voraussetzung einer deliktischen Handlung – Zugleich zur Beweislast für das Fehlen der Willensfähigkeit, JZ 1987, 42

BAUER, Minderjährigenhaftung auf dem Prüfstand des Bundesverfassungsgerichts, VW 1989, 753

BERNING, Haftungsfragen bei von Kindern verursachten Schäden unter besonderer Berücksichtigung der Brandstiftung, JA 1986, 12

CANARIS, Verstöße gegen das verfassungsrechtliche Übermaßverbot im Recht der Geschäftsfähigkeit und im Schadensersatzrecht, JZ 1987, 993

ders, Die Verfassungswidrigkeit von § 828 II BGB als Ausschnitt aus einem größeren Problemfeld, JZ 1990, 679

DEUTSCH, Zurechnungsfähigkeit und Verschulden, JZ 1964, 86

ders, Allgemeines Haftungsrecht (1995)

ders, Haftungsrecht (Bd 1 1976)

EBEL, Schuldfähigkeit im Zivilrecht, VR 1990, 400

EBERL-BORGES, Die Tierhalterhaftung des Diebes, des Erben und des Minderjährigen, VersR 1996, 1070

ELL, Kinder als Täter, ZfJ 1992, 632

FILTHAUT, Die neue Rechtsprechung zur Bahnhaftung, NZR 1992, 181

GEILEN, Beschränkte Deliktsfähigkeit, Verschulden und Billigkeitshaftung, FamRZ 1965, 401

ders, Strafrechtliches Verschulden im Deliktsrecht?, JZ 1964, 6

HÄNDEL, Jugendliche Schadensstifter, RdJ 1956, 150, 169

KRAUSE, Probleme der actio libera in causa, Jura 1980, 169

KUHLEN, Strafrechtliche Grenzen der zivil-rechtlichen Deliktshaftung Minderjähriger?, JZ 1990, 273

KÜNNEL, § 116 SGB X – Haftungsfragen bei Verkehrsunfällen, an denen Kinder und Jugendliche beteiligt sind, Die Leistungen 1988, 97, 129, 161, 193

MÖLLERS, Verkehrspflichten gegenüber Kindern, VersR 1996, 153

OERTMANN, Verschuldungsfähigkeit, LZ 1924, 241

PARDEY, Handeln auf eigene Gefahr beim minderjährigen Reiter, VersR 1989, 345

PIENITZ, Der Minderjährige im Haftpflichtrecht (2. Aufl 1960)

SCHEFFEN, Schadensersatzansprüche bei der Beteiligung von Kindern und Jugendlichen an Verkehrsunfällen, VersR 1987, 116

dies, Zivilrechtliche Haftung im Sport, NJW 1990, 2658

dies, Zur Reform der (zivilrechtlichen) Deliktsfähigkeit von Kindern ab dem 7. Lebensjahr, ZRP 1991, 458

dies, Vorschläge zur Änderung des § 828 Abs 1 und 2 BGB, FuR 1993, 82

dies, Der Kinderunfall – Eine Herausforderung für Gesetzgebung und Rechtsprechung, DAR 1991, 121

SCHLEGELMILCH, Die elterliche Aufsichtspflicht – Haftungsfragen, ZAP Fach 2, 121

SCHNEIDER, Haftung für Schäden durch spielende Kinder, DAR 1990, 356

SCHUBART, Schadensersatzklagen gegen Minderjährige, MDR 1957, 531

WAIBL, Die Verschuldensfähigkeit des Minderjährigen im Zivilrecht (1970)

WILLE/BETTGE, Empirische Untersuchungen zur Deliktsfähigkeit nach § 828 BGB, VersR 1971, 878.

Systematische Übersicht

Alphabetische Übersicht

A.   Regelungsgegenstand

Der **Regelungsgegenstand** der Vorschrift entspricht im wesentlichen dem des § 827   **1**
BGB; der weitgehend objektive Verschuldensmaßstab wird partiell zugunsten desjenigen Personenkreises durchbrochen, der aufgrund subjektiv-individueller Eigenschaften persönlich nicht in der Lage ist, deliktische Verantwortung zu tragen (vgl
Näheres bei § 827 Rn 1; zur **Entstehungsgeschichte** im einschlägigen Zusammenhang unten Rn 14).
§ 828 BGB eröffnet ferner Kindern und Jugendlichen einen **Spielraum**, um durch
Versuch und Irrtum zu lernen und heranzureifen (so, wenngleich kritisch distanziert,
DEUTSCH, Allg Haftungsrecht Rn 451).

2 Fraglich und noch nicht entschieden ist, ob diese historische Zwecksetzung um den vermeintlichen **Verfassungsauftrag** ergänzt werden muß, Kinder und Jugendliche **vor einer unverhältnismäßigen Vorbelastung ihrer Existenz** und insbesondere davor zu schützen, daß sie bei **Eintritt der Volljährigkeit** aufgrund bereits entstandener Schulden **faktisch nicht mehr zu einer selbstbestimmten Lebensführung in der Lage** sind (BVerfG NJW 1986, 1859, allerdings im Sinne eines Verbotes an die gesetzlichen Vertreter). Dieser Gedanke beherrscht jedenfalls die jüngste **Debatte um die mögliche Verfassungswidrigkeit des § 828 Abs 2 BGB** in dem Fall, daß der Täter nur leicht fahrlässig gehandelt hat, der Schaden existenzbedrohend groß ist und der Geschädigte von einem Dritten (Versicherung) entschädigt wird (OLG Celle VersR 1989, 709, 710 mit einem vermutlich unzulässigen Vorlagebeschluß [vorkonstitutionelles Recht!] Anm CANARIS JZ 1990, 679; E LORENZ VersR 1989, 711; ACKMANN EWiR 1994, 247; BAUER VW 1993, 753; KUHLEN JZ 1990, 273; vgl auch LG Bremen NJW-RR 1991, 1432 [Abweisung der Klage wegen Rechtsmißbrauchs]; LG Dessau VersR 1997, 242 [Vorlagebeschluß]). Diese Sichtweise begegnet indes **Zweifeln** (zu diesen auch unten Rn 41 ff): Grundsätzlich stellt sich die Frage, ob die Verfassung dem minderjährigen Täter einen Anspruch darauf vermitteln kann, die Rechtsgüter anderer sanktionslos zu beeinträchtigen, um im Zeitpunkt der Volljährigkeit von denjenigen Belastungen freigestellt zu sein, die nicht zuletzt das Opfer (über erhöhte Versicherungsprämien) weiterhin tragen muß. Fraglich ist auch, ob der zugrundeliegende Schutzgedanke bereits teleologisch so präzise gefaßt ist, daß eine Ausuferung des Schuldnerschutzes gegenüber weiteren, ähnlich gewichtigen Belastungen vermieden werden kann; die im Schrifttum zu beobachtende Tendenz, vglb Haftungssperren unabhängig vom Alter des Täters, von dem in der Tat verwirklichten Verschuldensgrad oder vom Bestehen von Versicherungsschutz zu begründen (so vor allem CANARIS JZ 1990, 679, 681; vgl aber auch MEDICUS AcP 192 [1992] 65; E LORENZ 711 f), läßt eher noch erheblichen Konkretisierungsbedarf vermuten. Hinzu kommt, daß der Schutz des Schuldners vor exorbitant hohen, existenzbedrohenden Lasten eigentlich auf **eine prozessuale Fragestellung** hinausläuft: Wirtschaftliche Belastungen dieser Art begründen regelmäßig in der Person des Schuldners die Insolvenzvoraussetzungen; den von ihnen ausgehenden Beeinträchtigungen des verfassungsrechtlich geschützten Persönlichkeitsrechts kann daher überzeugend nur in einem Insolvenzverfahren mit Restschuldbefreiung Rechnung getragen werden, weil allein hier ein Kompromiß zwischen dem Befriedigungsinteresse des Gläubigers auf der einen und dem wirtschaftlichen Existenzinteresse des Schuldners auf der anderen Seite möglich ist. Die Verlagerung dieser Problematik in das Leistungsstörungsrecht oder in § 828 Abs 2 BGB führt hingegen nur zu Systembrüchen und Billigkeitsjudikaturen (PRÜTTING ZIP 1992, 882, 883 im Anschluß an MEDICUS ZIP 1989, 817, 823).

B. Verantwortlichkeit von Kindern, Jugendlichen und Taubstummen

I. Überblick über den persönlichen und sachlichen Anwendungsbereich

3 § 828 BGB gilt überall dort, wo eine Rechtsfolge Verschulden bzw **Mitverschulden** des Täters voraussetzt (zu § 254 BGB vgl etwa BGHZ 9, 316, 317; 34, 355, 366; wN STAUDINGER/SCHÄFER[12] Rn 3). Gem § 276 Abs 1 Satz 3 BGB ist die Norm auch auf vertragliche Pflichtverletzungen anwendbar.

4 Schuldunfähig sind Kinder bis zur Vollendung des **siebten Lebensjahres** (§ 828 Abs 1

BGB). Ihre Ansprüche können auch nicht durch ein Mitverschulden nach § 254 BGB gemindert werden (STAUDINGER/SCHÄFER[12] Rn 6; MünchKomm/MERTENS Rn 3). Verursachen sie einen rechtswidrigen Schaden, kommen allenfalls Ansprüche gegenüber dem Aufsichtspflichtigen nach § 832 BGB in Betracht, und, subsidiär zu diesen, die Billigkeitshaftung nach § 829 BGB (vgl etwa KG DAR 1995, 72; OLG Hamm OLGZ 1994, 292; AG Frankfurt/M VD 1995, 67; LG Frankenthal HVGB-Info 1993, 2133; zur **Beweiserhebung** über die Voraussetzungen des § 828 Abs 1 BGB: OLG Düsseldorf FamRZ 1994, 630).

Heranwachsende vom 7. bis zur Vollendung des 18. Lebensjahres sind hingegen für 5 Schäden nur dann nicht verantwortlich, wenn sie bei der Begehung der schädigenden Handlung nicht die zur Erkenntnis der Verantwortlichkeit erforderliche Einsicht haben. Die hM bezeichnet dies als **bedingte Zurechnungsfähigkeit** (DEUTSCH, Allg Haftungsrecht Rn 457; STAUDINGER/SCHÄFER[12] Rn 7 f; BGB-RGRK/STEFFEN Rn 1): Eine **verminderte Zurechnungsfähigkeit** entsprechend § 21 StGB kennt das Gesetz **nicht**; es gilt vielmehr das **Alles-oder-Nichts-Prinzip** (ganz **hM**; vgl nur WAIBL, Verschuldensfähigkeit 166; DEUTSCH, Allg Haftungsrecht Rn 463; STAUDINGER/SCHÄFER[12] § 828 Rn 40; BGB-RGRK/STEFFEN Rn 7); die Einführung einer verminderten Zurechnungsfähigkeit war im Referentenentwurf von 1967 (dazu unten Rn 45 ff) geplant. Von der Zurechnungsfähigkeit nach § 828 Abs 2 BGB ist die **Frage des Verschuldens** im Einzelfall zu unterscheiden: Die Voraussetzungen des § 828 Abs 2 BGB liegen nach einer zweifelhaften hM bereits dann vor, wenn der Täter allgemein um seine Verantwortung weiß und dieses Wissen auf den Fall anwenden kann (dazu unten Rn 9 ff); die Frage, ob er aufgrund seines Entwicklungsstandes die konkrete Gefahr erkennen konnte und ob er sein Verhalten an dieser Erkenntnis ausrichten konnte (Steuerungsfähigkeit), richtet sich hingegen nach § 276 Abs 1 BGB (vgl unten Rn 8 und Rn 9 ff).

Taubstumme stehen nach § 828 Abs 2 Satz 2 BGB den Heranwachsenden nach Satz 1 6 gleich. Das Gesetz privilegiert indes **richtiger Ansicht** nach nur die Personen, die bereits so frühzeitig ihren Gehörsinn eingebüßt haben, daß sie die Sprache nicht erlernen konnten (RGSt 57, 239). Wird der Hörsinn später verloren, greift die Norm ebensowenig wie im Falle isolierter Stumm- oder Taubheit (MünchKomm/MERTENS Rn 12; STAUDINGER/SCHÄFER[12] Rn 34).

Zur Frage der **Verfassungswidrigkeit**, wenn der Täter leicht fahrlässig gehandelt hat, 7 der Schaden existenzvernichtend hoch ist und der Geschädigte von Dritten (Versicherung) Ersatz erhält vgl bereits oben Rn 2; zur Frage nach dem Einwand des Rechtsmißbrauchs in diesen Fällen unten Rn 41 ff.

II. Einsichtsfähigkeit

1. Einsichtsfähigkeit und Steuerungsfähigkeit

§ 828 Abs 2 BGB entspricht dem § 56 StGB von 1871, der die „**Strafbarkeitseinsicht**" 8 allein für zurechnungsbegründend ansah. Entsprechend setzt die Norm voraus, daß der Jugendliche nicht die zur Erkenntnis der Verantwortlichkeit erforderliche Einsicht hat. Während das moderne Strafrecht längst nicht nur allein auf die Einsichtsfähigkeit des Täters abstellt, sondern auch auf seine Steuerungsfähigkeit (§ 20 StGB, § 3 JGG), verharrt § 828 Abs 2 BGB auf dem älteren Erkenntnisstand – der Referentenentwurf von 1967, der eine Anpassung an den aktuellen strafrechtlichen

Erkenntnisstand beabsichtigte, setzte sich nicht durch –, was dazu führt, daß Fragen der Einsichtsfähigkeit des Täters systematisch im Rahmen des § 828 Abs 2 BGB erörtert werden müssen, Fragen der Steuerungsfähigkeit aber im Rahmen des § 276 Abs 1 BGB (dazu: GEILEN FamRZ 1965, 401; SCHEFFEN FuR 1993, 82; dies ZRP 1991, 458; vgl die Folgeprobleme für die Anwendbarkeit des § 829 BGB: BGHZ 39, 281, 285 = NJW 1963, 1609 und unten § 829 Rn 33). Die **Steuerungsfähigkeit** ist folglich keine Zurechnungsvoraussetzung, die gem § 828 Abs 2 BGB individuell im Hinblick auf das Persönlichkeitsprofil des Täters zu prüfen wäre (aA noch STAUDINGER/SCHÄFER[12] Rn 10 letzter Satz; E SCHMIDT, Grundlagen 512; MEZGER MDR 1954, 598; KOEBEL NJW 1956, 969), sondern die nach § 276 Abs 1 BGB objektiv von den altersgruppenspezifischen Fähigkeiten abhängt (BGH NJW 1970, 1038; NJW 1984, 1958; DEUTSCH, Allg Haftungsrecht Rn 459; MünchKomm/ MERTENS Rn 5). Die Zurechnungsfähigkeit richtet sich also allein nach der **Verstandesentwicklung**.

2. Einsichtsfähigkeit in § 828 Abs 2 BGB und § 276 Abs 1 BGB

9 Nach heute **hM** (die ältere Sichtweise des Reichsgerichts – RGZ 51, 30, 32; RGZ 53, 157, 158 f – wird heute, soweit ersichtlich, nicht mehr vertreten) bezeichnen die Tatbestandsmerkmale **Erkenntnis** und **Einsicht** („doppelte Psychologisierung") die allgemeine und die besondere Voraussicht des Täters (DEUTSCH, Allg Haftungsrecht Rn 458). Dieser muß (1) auf der Grundlage seines persönlichen Entwicklungsstandes überhaupt von einer rechtlichen Verantwortlichkeit wissen und (2) dieses Bewußtsein auf den aktuellen Fall projizieren (DEUTSCH aaO). Notwendiger Erkenntnis*gegenstand* ist eine grobe Orientierung des Täters über rechtliche Sanktionen (nicht unbedingt nur Schadensersatz), deren Eintritt er im konkreten Fall für möglich halten muß. „Diese Einsicht ist zu bejahen, wenn der Jugendliche diejenige geistige Entwicklung erreicht hat, die ihn befähigt, das Unrechtmäßige seiner Handlung und zugleich die Verpflichtung zu erkennen, in irgendeiner Weise für die Folgen seines Tuns einstehen zu müssen" (BGH LM Nr 3 zu § 828; Wortlaut bereits zitiert bei DEUTSCH aaO Rn 458). Ob der Täter hingegen die konkrete von seiner Handlung ausgehende Gefahr erkennen konnte, ist danach eine Frage des Verschuldens, die im Rahmen des § 276 BGB beurteilt werden muß; die in § 828 Abs 2 BGB erforderliche Einsichtsfähigkeit setzt demgegenüber „nicht die Vorstellung voraus, welche besondere Gefahr droht. Es genügt vielmehr die Erkenntnis einer allgemeinen Gefahr und eines allgemeinen Schadens" (BGH LM Nr 3 § 276 [BE]; ähnlich bereits BGH VersR 1957, 415; BGHZ FamRZ 1965, 133 f; VersR 1970, 374; OLG Zweibrücken VersR 1981, 660; OLG Köln MDR 1993, 739; GEILEN FamRZ 1965, 401, 402 f; MünchKomm/MERTENS Rn 7; SOERGEL/ZEUNER § 828 Rn 4; STAUDINGER/SCHÄFER[12] § 828 Rn 13 ff; BGB-RGRK/STEFFEN § 828 Rn 4).

10 In ihrer **praktischen Konsequenz** hat diese Normauslegung dazu geführt, daß § 828 **Abs 2 BGB praktisch nur ein sehr eingeschränkter Anwendungsbereich** verbleibt. Denn fast jeder normal entwickelte Siebenjährige verfügt über die von der hM vorausgesetzte allgemeine Einsichtsfähigkeit; der **Bundesgerichtshof** hat jedenfalls bisher in keiner Entscheidung die Voraussetzungen des § 828 Abs 2 BGB bejahen können (DEUTSCH aaO); die Vorschrift kam nur dort zum Einsatz, wo einzelne Gefahren den Kindern nicht vertraut waren (vgl OLG Hamm VersR 1954, 418: Kalkbrei mit unbekannter Ätzwirkung; OLG Neustadt VersR 1955, 178: gefundene Flasche mit explosiver Flüssigkeit gefüllt; OLG Frankfurt VersR 1978, 157: Gefährlichkeit von ungelöschtem Kalk; eine **Ausnahme** bildet insoweit OLG Koblenz VersR 1989, 485 f, wo ein entwicklungsmäßig zurückgebliebener 7jähriger einen 6jährigen auf dem Kinderspielplatz verletzt hatte).

Kritik: Die Normauslegung durch die hM bedeutet zunächst eine **Haftungsverschär-** **11** **fung zu Lasten der Jugendlichen**; denn die Fähigkeit der jugendlichen Täter, konkrete Gefahren zu erkennen und einzuschätzen, wird nach **hM** nicht mehr nach dem subjektiv-individuellen Maßstab des § 828 Abs 2 BGB, sondern nach dem objektiven gruppentypischen Maßstab des § 276 Abs 1 BGB, also nach strengeren Kriterien, beurteilt. Zur Milderung dieser Ergebnisse wollen Vertreter der hM dennoch im Einzelfall die **subjektive Unfähigkeit** beim Heranwachsenden berücksichtigen (Deutsch, Allg Haftungsrecht Rn 464), doch ist fraglich, wie dies im Rahmen des objektiven Fahrlässigkeitsmaßstabes nach § 276 Abs 1 Satz BGB praktikabel sein soll. Auf der anderen Seite führt die Betrachtungsweise der hM auch zu einer den Geschädigten benachteiligenden Beweislastverteilung, denn dieser trägt die Beweislast für die Voraussetzungen des § 276 Abs 1 BGB, nicht aber für die des § 828 Abs 2 BGB (dazu unten Rn 44). Werden die Anforderungen des § 828 Abs 2 BGB aber im Einzelfall großzügig bejaht, liegen die Tatbestandsvoraussetzungen der Billigkeitshaftung nach § 829 BGB des jugendlichen Täters nicht vor – dort wird fehlende Verantwortlichkeit nach §§ 827, 828 BGB vorausgesetzt –, so daß sich die Frage der Analogiefähigkeit stellt (bejaht bisher nur für die fehlende Steuerungsfähigkeit von BGHZ 39, 281, 285 = NJW 1963, 1609). Unübersehbar ist ferner die mit den Auslegungsergebnissen der hM einhergehende **Rechtszersplitterung**; nur noch die abstrakte Einsichtsfähigkeit soll nach § 828 Abs 2 BGB beurteilt werden; die konkrete Einsichtsfähigkeit in die Gefahren des Geschehensablaufes richtet sich dagegen vermeintlich nach § 276 Abs 1 BGB; die intellektuellen Fähigkeiten des Täters werden so nach zwei Gesichtspunkten beurteilt. Dies bürdet der Rechtsprechung auch aus Sicht von Befürwortern eine kaum praktikable Abgrenzungsarbeit zwischen abstrakter und konkreter Gefahr auf (MünchKomm/Mertens[2] Rn 7 Fn 10): Gerade weil es im Rahmen des § 276 Abs 1 BGB um die Beurteilung von Verhaltensmaßstäben aus dem jeweils zugrundegelegten Gefahrenbegriff geht, sind die Gerichte nämlich auch hier notwendig auf einen Abstraktionsschritt angewiesen; stets geht es ja um die Überprüfung der Möglichkeit, ob der Täter sich anders hätte verhalten können.

Fraglich ist ferner, **wie die in § 828 Abs 2 BGB durch die hM vorausgesetzte allgemeine** **12** **Einsicht in die eigene Verantwortung zu bejahen ist, wenn die konkreten Gefahren des eigenen Tuns nicht erkannt werden können** (so bereits RGZ 53, 157, 158 f). Der Bundesgerichtshof hält dies für möglich (vgl VersR 1957, 415: „Die Erkenntnis, daß sein Verhalten gefährlich sei, setzt nicht die Vorstellung voraus, welche besondere Gefahr droht. Es genügt vielmehr die Kenntnis der allgemeinen Gefahr und des allgemeinen Schadens."). Die Praxis zeigt indes, daß sich eine Entscheidung über die Voraussetzungen der Unzurechnungsfähigkeit nur anhand der konkreten Gefahr treffen läßt (vgl dazu das OLG Koblenz VersR 1989, 485, 486, das zuerst die Frage eines möglichen Verschuldens und damit die konkrete Gefahr prüft und erst im Anschluß die Voraussetzungen des § 828 Abs 2 BGB beurteilt). Die nähere Auseinandersetzung mit dem **zivilrechtlichen Gefahrenbegriff** zeigt, daß dieser im Grunde bereits negativ formulierte Verhaltenspflichten systematisiert: Bejaht die Rechtsordnung nämlich eine Gefahr – also die Wahrscheinlichkeit einer Verletzung geschützter Rechtsgüter –, bejaht sie damit zugleich auch ein Schutzbedürfnis. Die Entscheidung zwischen Recht und Unrecht einer Handlung läßt sich daher nicht unabhängig von der Frage beurteilen, ob das eigene Verhalten ein rechtliches

Schutzbedürfnis zu beeinträchtigen droht (also eine Gefahr schafft bzw verwirklicht) oder gerade nicht: Wer als Heranwachsender einen Knopf betätigt, kann allgemeine Einsicht in die Verbotenheit seines Tuns nur gewinnen, wenn er konkret erkennen kann, ob er damit eine Kaffeemaschine oder einen Fleischwolf einschaltet! Im Referentenentwurf von 1967 (abgedruckt unten Rn 45) wurden diese Zusammenhänge berücksichtigt.

13 Gegen die Auslegung durch die hM spricht methodisch zunächst der **Wortlaut** des § 828 Abs 2 BGB. Denn hier kommt es – worauf die hM in ihrer Interpretation nicht weiter eingeht – auf eine Einsicht an, die „bei Begehung der schädigenden Handlung" vorliegen muß. Eine solche Einsicht ist aber sachlich auf ein konkretes Lebensgeschehen bezogen und schwerlich abstrakter Natur, auch wenn ihr Fehlen im Ergebnis dazu führt, daß beim Täter die „Erkenntnis der Verantwortlichkeit" nicht vorhanden ist (ähnlich RGZ 53, 157, 158).

14 Auch die **Entstehungsgeschichte der Norm** legt ein anderes Verständnis als das der hM nahe. Denn es fehlt nicht an Anhaltspunkten dafür, daß der Gesetzgeber die Einsicht in die konkrete Gefahr im Rahmen des § 828 Abs 2 BGB berücksichtigt wissen wollte. **§ 7 des Entwurfs** (abgedruckt bei JAKOBS/SCHUBERT, Die Beratungen des Bürgerlichen Gesetzbuches, Schuldrecht [III 1983] 913) sah noch keine Haftungseinschränkung für Heranwachsende nach Vollendung des siebenten Lebensjahres vor. Die **erste Kommission** erkannte, daß dies zu „großen Härten" führen würde. Dies hätte nämlich „zur Folge, daß das Kind, sobald es das 7. Lebensjahr zurückgelegt habe, sofern es nicht ausnahmsweise in der Entwicklung so weit zurückgeblieben sei, daß es noch als des Vernunftsgebrauchs entbehrend gelten müsse, in vollem Umfange und gerade so wie der Volljährige deliktsfähig sei. Darin liege nicht allein eine große Abweichung von dem Strafgesetzbuche (§§ 55, 56, 57), sondern auch eine nicht zu rechtfertigende unbillige Behandlung der noch nicht zur vollen Verstandesreife gelangten Unerwachsenen" (Prot I 1004; JAKOBS/SCHUBERT 915). Insbesondere lehnte die Kommission den **Ergänzungsvorschlag** von JOHOW ab, der wie folgt lautete: „Ist der Beschädigte in dem Alter zwischen dem vollendeten 7. und dem vollendeten 18. Jahre, so ist er nicht ersatzpflichtig, wenn er in der Entwicklung so zurückgeblieben ist, daß er die Rechtswidrigkeit seiner Handlung nicht zu erkennen vermocht hat" (JAKOBS/SCHUBERT 915). Den Haftungsausschluß an den Entwicklungsstand zu knüpfen, schien der Kommission gerade nicht akzeptabel, „weil (dadurch) der bezweckte Schutz nur unvollkommen erreicht werden würde." (Prot I 1005; JAKOBS/SCHUBERT 915). Mit einigen redaktionellen Veränderungen, vor allem durch die zweite Kommission (dazu JAKOBS/SCHUBERT 922 ff), ist dagegen der Vorschlag von KURLBAUM („wenn sie bei Begehung der Handlung die zur Erkenntniß der Widerrechtlichkeit erforderliche Einsicht nicht besaß", JAKOBS/SCHUBERT 915) in § 828 Abs 2 BGB eingegangen. Ihn verteidigte die Kommissionsmehrheit gegen den naheliegenden Einwand, bei fehlender Erkenntnis der Widerrechtlichkeit liege ohnehin ein entschuldigender Verbotsirrtum vor; ausschlaggebend war dabei das bemerkenswerte **Argument**, diese Vorschrift erfasse auch den Fall, daß „zwar das Recht des Andern, nicht aber die aus der Handlung dem Rechte drohende Gefahr erkannt sei . . ." (JAKOBS/SCHUBERT 915). Klar erkennbar ging es dem **Gesetzgeber** also von vornherein nicht um eine pauschale Beurteilung der Einsichtsfähigkeit des Heranwachsenden, die nur bei einem außergewöhnlich unterdurchschnittlichen Entwicklungsstand zu verneinen gewesen wäre, sondern um eine Einsichtsfähigkeit, die sich auch auf die konkreten Folgen seines Handelns bezog.

Für die einheitliche Beurteilung der Einsichtsfähigkeit des Täters im Rahmen des **15**
§ 828 Abs 2 BGB sprechen nicht zuletzt **System und Zweck** der Norm. Gerade dort,
wo konkrete individuelle, auf die Täterpersönlichkeit bezogene Maßstäbe angelegt
werden, scheint auch der richtige Ort für die Erörterung der Einsichtsfähigkeit in die
konkrete Gefahr. Die Unterscheidung zwischen abstrakter und konkreter Einsichtsfähigkeit führt dagegen nur zu einer uneinheitlichen rechtlichen Beurteilung der
kognitiven Fähigkeiten des Täters mit allen damit einhergehenden Abgrenzungs-
problemen. Dabei streitet für die Auslegungsergebnisse der hM auch nicht notwendig die mit ihnen verbundene größere Verkehrssicherheit; denn zum einen zielt § 828
BGB gerade auf eine Durchbrechung der durch den objektiven Verschuldensbegriff
verbürgten Verkehrssicherheit (dazu oben Rn 1). Zum anderen aber zeigt die **Rechtsprechung des Reichsgerichts** (vgl insbes RGZ 51, 30, 32; 53, 157), daß die Einbeziehung
der Einsichtsfähigkeit in die konkreten Gefahren der eigenen Tätigkeit nicht zu
lebensfremden, die Verläßlichkeit der Verkehrsverhältnisse erschütternden Ergebnissen führen muß.

Ergebnis: Nach **hM** liegt die in § 828 Abs 2 BGB vorausgesetzte Einsichtsfähigkeit **16**
bereits dann vor, wenn der Täter aufgrund seines persönlichen Entwicklungsstandes
überhaupt von einer rechtlichen Verantwortlichkeit wissen und dieses Bewußtsein
auf den aktuellen Fall projizieren kann; die Einsichtsfähigkeit in die konkrete
Gefährlichkeit seines Tuns hingegen ist eine Frage des Verschuldens nach § 276
Abs 1 BGB. Nach **hier vertretener Auffassung** läßt sich die Einsichtsfähigkeit des
Täters nicht aufspalten; in ihr sind vielmehr abstrakte und konkrete Erkenntnisse
untrennbar verschränkt. Sie beurteilt sich einheitlich nach § 828 Abs 2 BGB.

3. Kasuistik

a) Zum altersgruppenabhängigen Verschuldensmaßstab der hM
Nach **hM** (vgl insbes oben Rn 9 ff) ist die Frage, ob der Heranwachsende die Gefahr **17**
erkennen (konkrete Einsichtsfähigkeit) und sein Verhalten entsprechend dieser
Erkenntnis steuern konnte, nach § 276 Abs 1 BGB zu entscheiden. Die Anwendung
des objektiv-typisierenden Sorgfaltsmaßstabes im Rahmen des § 276 Abs 1 BGB
führt dabei zur Begründung **altersgruppentypischer Sorgfaltsmaßstäbe**. Danach
kommt es darauf an, welches Verhalten von einem der Altersgruppe des Täters angehörenden Jugendlichen zu erwarten ist, wobei auf standardisierte Eigenschaften im
körperlichen, intellektuellen und emotionalen Bereich abgestellt wird (vgl nur
DEUTSCH, Allg Haftungsrecht Rn 461; MünchKomm/MERTENS Rn 8 ff; BGB-RGRK/STEFFEN
Rn 7). Nach der hier **vertretenen Auffassung** darf die Einsichtsfähigkeit des Heranwachsenden nicht in eine abstrakte und konkrete aufgespalten werden: Ausschlaggebend ist allein, daß der Täter nach seinem individuellen Persönlichkeitsprofil in
der Lage war, die konkrete Gefahr seines Tuns zu erkennen.

b) Handeln auf eigene Gefahr
Ein **Handeln auf eigene Gefahr** kann den Ersatzanspruch vor allem gegen den Halter **18**
im Rahmen der Gefährdungshaftung (vgl etwa § 7 StVG, § 833 Satz 1 BGB) mindern
bzw ausschließen (vgl hier nur BGHZ 34, 355, 363 f; STOLL, Das Handeln auf eigene Gefahr
[1961]; DEUTSCH, Haftungsrecht [Bd 1] 327 ff; LARENZ, Schuldrecht I [14. Aufl 1987] § 31 I b). Wer
eine Gefahr bewußt eingeht, erteilt dabei idR **nicht** stillschweigend seine **Einwilligung**
in die Verletzung (so BGH 363; LARENZ mwN). Der Grund für die Minderung und den

Ausfall seiner Ansprüche liegt vielmehr in dem Umstand, „daß sich der Geschädigte mit seinem eigenen und von ihm zu verantwortenden früheren Verhalten in Widerspruch setzt. Es ist der Grundsatz des gegen Treu und und Glauben verstoßenden **venire contra factum proprium**, der es nicht zuläßt, daß der Geschädigte den beklagten Schädiger zur Rechenschaft zieht, ohne dabei zu berücksichtigen, daß er selbst die gefährliche Lage bewußt geschaffen oder mitgeschaffen hat, in der sich der vom Beklagten zu vertretende Beitrag zur Schadensentstehung auswirken konnte." (BGH 363). Daher ist der systematisch richtige Standort „in der vom Gesetz in § **254 BGB** getroffenen Wertung zu suchen" – eine Vorschrift, die ihrerseits auf § 242 BGB beruht (BGH 363 f). Klare Maßstäbe, wann eine Haftungsfreistellung und wann eine Haftungsminderung der anderen Seite zu erfolgen hat, bestehen indes in der Praxis nicht (BGH 364).

19 Gegenüber einem Kind oder Heranwachsenden setzt der Einwand des Handelns auf eigene Gefahr stets **Zurechnungsfähigkeit nach § 828 BGB** voraus (vgl nur DEUTSCH, Haftungsrecht [Bd 1] 302): Kinder unter sieben Jahren also kann der Einwand nicht entgegengehalten werden; bei Heranwachsenden iSd § 828 Abs 2 BGB kommt es hingegen entscheidend darauf an, ob der Verletzte die Gefahr richtig einschätzen konnte, um sie als eigene einzugehen (PARDEY VersR 1989, 345, 346). Dieser Zusammenhang zeigt abermals, daß im Rahmen des § 828 Abs 2 BGB **entgegen der hM** nicht allein eine allgemeine Einsichtsfähigkeit, sondern die Fähigkeit, die konkrete Gefährlichkeit des eigenen Tuns zu erkennen, vorausgesetzt wird (dazu oben Rn 11 ff).

20 Die **Rechtsprechung** bejaht ein Handeln auf eigene Gefahr etwa, wenn ein 15jähriger sich zu einer **Mopedfahrt** entschließt, obwohl es ihm an Fahrpraxis fehlt; die damit verbundenen Gefahren muß er bereits selbst einschätzen können (LG Meiningen 25. 10. 1995 – 3 O 717/95 – JURIS). Dasselbe gilt, wenn ein 17jähriger freiwillig auf dem **Pkw-Dach** mitfährt und beim langsamen Anfahren des Pkw stürzt (OLG Koblenz NZV 1993, 193: Haftungsausschluß). Zwei 14jährige haften einander nicht, wenn sie **zu zweit auf einem Fahrrad** eine gefährliche Gefällstrecke hinabfahren, obwohl ihnen die Gefährlichkeit der Strecke bekannt ist (OLG Braunschweig VersR 1992, 976; zur gemeinsamen **Schlittenfahrt**: vgl LG Tübingen MDR 1960, 671 Anm BÖHMER). Vgl ferner zu einem **Reitunfall des Minderjährigen** LG Kassel VersR 1988, 1160 Anm PARDEY VersR 1989, 345.

21 Dem **Erwachsenen** kann umgekehrt vom Minderjährigen der Einwand des Handelns auf eigene Gefahr entgegengehalten werden, **wenn sich der Erwachsene gerade auf die in der fehlenden Reife Heranwachsenden begründete Gefahr einläßt** (vgl LG Trier Schadens-Praxis 1993, 103, wo der erwachsene Halter einen Jugendlichen ein gebrauchtes Autoradio in sein Fahrzeug einbauen ließ, was später einen Fahrzeugbrand auslöste, sowie OLG Köln RuS 1990, 15: Erwachsener hat 9jährigen zum gegenseitigen „Beinchenstellen" angeregt und wird von diesem verletzt).

c) Unfälle bei Sport und Spiel

22 Die Praxis setzt bereits bei einem **7jährigen** allgemeines Verständnis für die Gefährlichkeit eines Wurfpfeilspiels voraus (OLG Köln VersR 1994, 1248; vgl etwa auch OLG Köln VersR 1996, 588: Wurfspiel mit Kleiderbügeln; OLG München ZfSch 1987, 194: Schlag mit Mini-golfschläger gegen andere Person). Zugunsten des Heranwachsenden berücksichtigt die

Praxis dabei folgende **besonderen Umstände**: Die Motorik des Spieltriebs, den For-
schungs- und Erprobungsdrang, den Mangel an Disziplin, die Rauflust, Impulsivität
sowie Affektreaktionen (BGH NJW 1984, 1358; OLG Oldenburg VersR 1992, 114; LG Passau
ZfSch 1994, 198). Besonderheiten bestehen in einer **Gruppensituation**, wenn Geltungsbedürfnis, spielerische Risikobereitschaft und der Wunsch nach Vermeidung des
Vorwurfs der Ängstlichkeit das Verhalten beeinflussen (OLG Oldenburg VersR 1992,
114).

Von entscheidender Bedeutung für den Grad der Verantwortung sind die **Spielregeln.** **23**
Grundsätzlich erwägt der **Bundesgerichtshof**, daß der Teilnehmer einer gefährlichen
Sportart in Körperverletzungen innerhalb der Regeln einwilligt (BGHZ 34, 355, 363 im
Anschluß an BGHSt 4, 88, 92). **Grobe Regelverstöße**, wie das unkontrollierte Fortwerfen
eines Baseball-Schlägers können daher zu Lasten eines 10jährigen haftungsbegründend wirken (LG Köln VersR 1994, 1074), wobei allerdings wegen des „kindlichen
Übereifers" dem Genugtuungsinteresse des Verletzten im Rahmen des § 847 BGB
nur in sehr geringem Umfang Rechnung getragen werden muß (LG Köln aaO). Weiterhin darf der Heranwachsende **auf die Einhaltung der kindlichen Spielregeln vertrauen**: Haben zwei 13jährige feste Standorte für das Steinewerfen vereinbart und
Warnungs- und Achtungssignale abgesprochen, braucht der Werfende nicht damit zu
rechnen, daß der andere seinen Standort in Richtung der Flugbahn der zuvor gewor-
fenen Steine wechselt (OLG Schleswig, 25. 11. 1992 – 9 U 47/91 – Juris). Mitunter nimmt es
die Rechtsprechung sogar hin, daß ein 10jähriger die **Einhaltung der Spielregeln**
(Kriegsspiel) durch Beinstellen **erzwingt** und dabei einen Beinbruch verursacht (LG
Mannheim VersR 1994, 1440; ähnlich OLG Oldenburg VersR 1992, 114).

Wird ein spielerischer oder sportlicher Wettkampf von einem **Veranstalter** initiiert, **24**
trifft diesen die Hauptverantwortung für die Vermeidung von Sicherheitsgefahren
(OLG Karlsruhe VersR 1995, 187: Seifenkistenrennen des Jugendsportvereins; der Geschädigte
hatte im Zielbereich zu spät abgebremst; dort waren aber auch keine Sicherheitsvorkehrungen
getroffen worden).

d)   Schulunfälle
Das bei Schulunfällen greifende **Haftungsprivileg** nach §§ 637 Abs 4, 636, 539 Abs 1 **25**
Nr 14b RVO aF gilt nicht bei vorsätzlichem Handeln des Täters. Die Gerichte unte-
rer Instanz verfahren dabei zT sehr streng: Stößt ein 14jähriger seine Mitschülerin
auf der Treppe beiseite, so wird bedingter Vorsatz für die dadurch verursachte
Außenbandruptur angenommen (AG Ulm ZfSch 1989, 297; vgl auch zu einem 10jährigen, der
auf seine Mitschülerin einschlägt: LG Köln ZfSch 1989, 15). Treten außergewöhnliche und
dauerhafte Schäden auf, so ist jedoch **richtiger Ansicht** nach der Vorsatz nicht bereits
dann zu bejahen, wenn der Täter dem Opfer die für die körperliche Auseinandersetzung typischen Schmerzen zufügen wollte, sondern nur dann, wenn sein Vorsatz
sich auch gerade auf diese außergewöhnlichen Schäden bezog (OLG Hamm ZfSch 1988,
134 im Anschluß an BGH NJW 1980, 996; OLG Hamburg ZfSch 1996, 371 Anm Diehl ZfSch 1996,
372). Bei einem 14jährigen Schüler ist indes **im Zweifel** nicht davon auszugehen, daß
er einem anderen dauerhafte und schwere Verletzungen zufügen will (OLG Hamburg
aaO).

e)   Unfälle an Hochspannungsleitungen der Bahn
Diese häufigen Unfälle ereignen sich durch Besteigen der Waggondächer von Zügen **26**

der Deutschen Bahn AG; den Jugendlichen ist dabei oft nicht bekannt, daß bereits ein geringer Abstand zur Hochspannungsleitung gefährlich sein kann. Während die Rechtsprechung hier zunächst zu Lasten der Jugendlichen sehr streng verfuhr (OLG Hamm VersR 1990, 913: volle Haftung eines 13jährigen, weil das Anbringen der üblichen Warnhinweise durch die Bahn genügte), hat der **Bundesgerichtshof** die Anforderungen an die Sicherungsverkehrungen der Bahn mittlerweile erhöht (BGH VersR 1995, 672; dazu Möllers VersR 1996, 153; vgl auch Filthaut NZV 1992, 181). Das OLG Hamm (VersR 1996, 1155) sieht dennoch bei einem 14jährigen ein Mitverschulden von $^2/_3$.

f)   Beobachtung des Straßenverkehrs und Rücksichtnahme auf erkennbar in der Schuldfähigkeit Beschränkte

27 Die erwachsenen Teilnehmer im Straßenverkehr müssen auf Schuldunfähige und bedingt Schuldfähige in besonderer Weise **Rücksicht nehmen** (vgl insbesondere § 3 Abs 2a StVO sowie OLG Celle ZfSch 1991, 262 = NJV 1991, 228 Anm Schröder NZV 1992, 139; OLG Hamm VersR 1992, 204). Diese Rücksichtnahmepflicht ist indes altersgruppenabhängig. Während gegenüber einem 7−8jährigen besonders hohe Anforderungen gelten, braucht der Kfz-Fahrer bei einem 12−13jährigen nicht damit zu rechnen, daß dieser unvermittelt die Laufrichtung ändert und, ohne auf den Verkehr zu achten, auf die Fahrbahn läuft (OLG Hamm VersR 1992, 204). **Besondere** über den allgemeinen Entwicklungsstand hinausgehende **Einschränkungen** können gegenüber dem anderen Verkehrsteilnehmer nur dann geltend gemacht werden, wenn sie **erkennbar** sind (OLG Hamm VersR 1992, 204: zu einem nicht erkennbar geistig Behinderten).

28 Den **Heranwachsenden** trifft hingegen die Pflicht zur Einhaltung der Vorfahrt und zur Beobachtung des Straßenverkehrs iSd § 25 Abs 3 StVO (vgl bereits zu den Anforderungen an 7jährige unten Rn 31). Bereits der **7jährige** muß eine einfache und überschaubare **Verkehrssituation** meistern können, nicht aber eine unübersichtliche, zB beim Überqueren einer schmalen Straße, in der verbotswidrig in der zweiten Reihe geparkt wird (AG Dortmund 16. 4. 1996 – 125 C 1870/96 – Juris; strenger OLG Düsseldorf OLG Rp 1992, 104). Eine Haftungsquote von 30% bei Nichtbeachtung des Straßenverkehrs ist möglich (LG Saarbrücken ZfSch 1992, 4; vgl auch OLG Stuttgart NZV 1992, 185). Ein **8jähriger** trägt bei einschlägigem Fehlverhalten idR eine Haftungsquote von $^1/_3$ (OLG Nürnberg VRS 184 [1993] 81; ebenso OLG Hamm NJV 1990, 473; LG Kassel MDR 1994, 255; $^1/_4$ OLG Köln NZV 1992, 233). Diese kann sich indes reduzieren, wenn **vom Verhalten des Kfz-Fahrers gefahrenerhöhende Momente ausgehen** (Durchfahren eines 2,8 Meter breiten Engpasses zwischen einer in die Gegenrichtung sich stauenden Kolonne und einem Bus, $^1/_4$ Haftungsquote: OLG Hamm NZV 1991, 467; Geschwindigkeit des Kfz nicht dem **Gefahrenzeichen Nr 136 „Kinder"** angepaßt: 15%, OLG Köln VersR 1989, 206). Bei einer 9jährigen kann die Haftungsquote $^2/_3$ betragen (vgl AG Hildesheim ZfSch 1995, 83), wenn dem Kfz-Fahrer keine Rücksichtnahmeverletzung zur Last fällt. Ein 10jähriger, der vom Gehweg über eine Bushaltebucht auf die Fahrbahn läuft und die nach § 25 Abs 3 StVO bestehende **Pflicht, den Verkehr zu beobachten**, verletzt, trägt eine Quote von $^1/_2$ (LG Bochum Schadens-Praxis 1995, 73). Vgl auch die Sätze des LG Osnabrück (VersR 1992, 466) bei Vorfahrtsverletzungen: ab 7 Jahren 10%, ab 8 Jahren 40% ab 9 Jahren 60%, ab 10 Jahren 80%, ab 11 Jahren 90%).

29 **Abzulehnen** ist hingegen die Auffassung, der 13jährige müsse bei grober Fahrlässigkeit die **volle Verantwortung** tragen und die Betriebsgefahr trete in ihrer Bedeutung zurück (LG Bochum VRS 81 [1991] 411: willkürliche Schlenkerbewegung durch jugendlichen Rad-

fahrer). Nach dem BGH (DAR 1990, 175, 176) kommt dies zu Lasten von Heranwachsenden nicht in Betracht; dem steht der Freistellungszweck des § 7 StVG entgegen.

g) Übersicht nach Altersklassen

Die vorliegende Darstellung will anhand der Judikatur der letzten zehn Jahre (seit **30** 1987) einen Eindruck über die Anforderungen an die Einsichtsfähigkeit der einzelnen Altersgruppen gewährleisten (für einen umfassenderen Überblick vgl GEIGEL, Der Haftpflichtprozeß [21. Aufl 1993] Kapitel 16; sowie zur älteren Judikatur BGB-RGRK/STEFFEN Rn 8 f; STAUDINGER/SCHÄFER[12] Rn 28 ff)

7jährige: Der Heranwachsende kann eine einfache und überschaubare **Verkehrssitua- 31 tion** meistern, nicht aber eine unübersichtliche, zB beim Überqueren einer schmalen Straße, in der verbotswidrig in der zweiten Reihe geparkt wird (AG Dortmund 16. 4. 1996 – 125 C 1870/96 – JURIS; strenger OLG Düsseldorf OLG Rp 1992, 104). Bei Nichtbeachtung des Straßenverkehrs kann eine Haftungsquote von 30% in Betracht kommen (LG Saarbrücken ZfSch 1992, 4; vgl zum Losreißen von der Hand der Mutter und Lauf auf die Mitte der Fahrbahn: OLG Stuttgart NZV 1992, 185). Ein $7^{1}/_{2}$jähriges Mädchen, das beim Überqueren der Schienen **von einem Zug erfaßt** wird, trägt keinen Mitverschuldensanteil, wenn es durch zahlreiche Reize von unterschiedlichem Signalcharakter (starker, lärmintensiver Verkehr, Schieben des Fahrrades, Begleitung durch ein anderes Kind) abgelenkt ist und die Warnsignale am Bahnübergang nicht wahrnimmt (OLG Frankfurt/M VersR 1995, 1505). Die **Abwehr einer Biene oder Wespe mit einem Messer** ist nach der Sichtweise des BGH (VersR 1997, 834) nur dann fahrlässig, wenn ein Kind dieser Alters- und Entwicklungsstufe trotz möglicher Angst vor dem herannahenden Insekt in der Lage ist, die Gefahr einer Abwehrbewegung mit dem Messer für danebenstehende Personen zu erkennen und sich dieser Einsicht gemäß zu verhalten. Bei einem **Wurfpfeilspiel** genügt bereits das allgemeine Verständnis dafür, daß das eigene Verhalten geeignet ist, Gefahren herbeizuführen (OLG Köln VersR 1994, 1248).

8jährige: Die Einhaltung der Vorfahrtsregeln und die Beachtung des Straßenver- **32** kehrs iSd § 25 Abs 3 StVO wird dem 8jährigen bereits zugemutet. Er trägt bei Mißachtung eine Haftungsquote von $^{1}/_{3}$ (OLG Nürnberg VRS 184 [1993] 81; ebenso OLG Hamm NJV 1990, 473; LG Kassel MDR 1994, 255; $^{1}/_{4}$: OLG Köln NZV 1992, 233). Die Haftungsquote reduziert sich, wenn der Kfz-Fahrer durch sein Verhalten die Gefahr erhöht (Durchfahren eines 2,8 Meter breiten Engpasses zwischen einer in die Gegenrichtung sich stauenden Kolonne und einem Bus: $^{1}/_{4}$ Haftungsquote, OLG Hamm NZV 1991, 467; Nichtanpassung der Geschwindigkeit an das Gefahrenzeichen Nr 136 ["Kinder"]: 15%, OLG Köln VersR 1989, 206).

9jährige: Bei Nichtbeachtung des Verkehrs iSd § 25 Abs 3 StVO kommt bereits eine **33** Haftungsquote von $^{2}/_{3}$ in Betracht (AG Hildesheim ZfSch 1995, 83). Der Heranwachsende weiß, daß er in einem fremden Haus nicht mutwillig Zerstörungen vornehmen darf (OLG Köln OLG Rp Köln 1992, 278). Er kann indes noch nicht erkennen, daß sein Versuch, den radfahrenden Spielgefährten durch das Ausstrecken des Armens zum Anhalten zu bewegen, dazu führt, daß dieser beim Versuch, das Fahrrad anzuhalten, die Beherrschung über sein Fahrrad verliert, stürzt und sich verletzt (OLG Stuttgart ZfSch 1988, 272 = VRS 74 [1988] 405).

34 **10jährige**: Läuft der Heranwachsende auf die Fahrbahn und kommt es dort ua deshalb zu einer **Kollision mit einem Kfz-Fahrer**, weil dieser seiner Rücksichtnahmepflicht gem § 3 Abs 2a StVO nicht gerecht geworden ist, kommt eine Haftungsquote von ½ in Betracht (LG Bochum Schadens-Praxis 1995, 73). Wer die Einhaltung der **Spielregeln** (Kriegsspiel) durch Beinstellen erzwingen will und dabei einen Beinbruch verursacht, haftet uU nicht (LG Mannheim VersR 1994, 1440; ähnlich OLG Oldenburg VersR 1992, 114); das unkontrollierte Fortwerfen eines Baseball-Schlägers stellt indes einen **groben Regelverstoß** dar, bzgl dessen der Heranwachsende bereits die nötige konkrete Einsichtsfähigkeit hat (LG Köln VersR 1994, 1074; vgl auch zum Schlag mit einem Minigolfschläger gegen eine andere Person: OLG München ZfSch 1987, 194). Wacht ein von zu Hause weggelaufener Heranwachsender nachts in einer Scheune auf und stellt fest, daß sein mitgenommenes Meerschweinchen weggelaufen ist, so haftet er nicht für einen **Scheunenbrand**, der dadurch entsteht, daß er mit dem Feuerzeug leuchtet, um das Tier zu suchen (OLG Hamm RuS 1994, 414 = OLG Rp Hamm 1994, 63). Der Heranwachsende muß bereits erkennen, daß ein **Pkw beschädigt** wird, wenn man ihn besteigt und daß **Glas zerspringt**, wenn man mit einem Stein dagegenschlägt (AG Wiesbaden VersR 1994, 341).

35 **11jährige**: Vollführt der Heranwachsende eine sorgfaltswidrige, unkontrollierte Schlenkerbewegung mit seinem Fahrrad im Straßenverkehr, handelt er grob fahrlässig und trägt gegenüber dem kollidierenden Kfz-Fahrer den Schaden allein (LG Bochum VRS 81 [1991] 411; zweifelhaft vgl oben Rn 29). Der Heranwachsende haftet, wenn er einen ihm als zT unberechenbar bekannten großen Hund ableint und dieser auf die Straße läuft (LG Köln Schadens-Praxis 1993, 38). Verletzt sich der Heranwachsende bei einem Seifenkistenrennen, weil er im Zielbereich zu spät abbremst, haftet der das Rennen veranstaltende Jugendsportverein, wenn er keine Sicherheitsvorkehrungen im Zielbereich trifft; ein Mitverschulden kommt nicht in Betracht (OLG Karlsruhe VersR 1995, 187). Beim „Zündeln" mit Spiritus trägt der Täter ⅓ Mitverschulden für eigene Verletzungen (OLG Rp Hamm 1996, 162). Der Heranwachsende erkennt auf jeden Fall die Gefahr eines Pfeilwurfs (LG Nürnberg/Fürth HV-Info 1993, 2413).

36 **12jährige**: Ein Kfz-Fahrer muß nicht damit rechnen, daß ein solcher Heranwachsender unvermittelt die Laufrichtung ändert und ohne auf den Verkehr zu achten auf die Fahrbahn läuft (OLG Hamm VersR 1992, 204). Der Heranwachsende beachtet bereits eine Warnung vor dem Betreten eines gefrorenen Weihers (OLG Köln HSGZ 1994, 255). Zur Verantwortlichkeit für einen **Spielunfall** (LG Passau ZfSch 1994, 198).

37 **13jährige**: Fährt der Heranwachsende auf dem Gehweg Rad und kollidiert er dort mit einem 71jährigen Radfahrer, trägt er einen Mitverschuldensanteil von ⅓ (OLG Düsseldorf VersR 1996, 1120). Setzt der Täter beim Versuch, ein Autoradio zu bedienen, versehentlich das Automatikfahrzeug in Gang, ist er dafür verantwortlich (AG Lukkenwalde Schadens-Praxis 1996, 341). Der Heranwachsende ist verantwortlich für einen **Hausbrand**, wenn er im Dachgeschoßzimmer mit einem Feuerzeug herumhantiert und auf der Matratze geraucht hat (auf der Grundlage eines Anscheinsbeweises: OLG Köln VersR 1994, 1420).

38 **14jährige**: Wer auf einen Eisenbahnwaggon klettert und der Hochspannungsleitung zu nahe kommt, trägt einen Mitverschuldensanteil von ⅔ (OLG Hamm VersR 1996, 1155). Bei einem Schüler, der einen anderen Schüler verletzt, ist idR nicht davon auszugehen, daß er einem anderen dauerhafte und schwere Verletzungen zufügen will (OLG Hamburg ZfSch 1996, 371 Anm Diehl ZfSch 1996, 372).

15jährige: Nimmt der Heranwachsende mit einem Fahrrad selbständig am **Straßen-** 39 **verkehr** teil, ist davon auszugehen, daß er die darin liegenden Gefahren erkennt und sich entsprechend verhält, das Vorfahrtzeichen kennt und beachtet sowie damit rechnet, daß ein Kfz-Fahrer sich der Straßenkreuzung mit höherer als der erlaubten Geschwindigkeit nähert (AG Neuss Schadens-Praxis 1996, 239). Der Heranwachsende kann insbesondere die Gefahren einer Mopedfahrt einschätzen, wenn es ihm selbst an Fahrpraxis fehlt; er kann sich dieser Einsicht entsprechend verhalten (LG Meiningen 25. 10. 1995 – 3 O 717/95 – Juris). Wird ein Heranwachsender bei einem Wurfspiel mit Kleiderbügeln von einem 10jährigen verletzt, trägt er einen Mitverschuldensanteil von 75% (OLG Köln VersR 1996, 588).

4. Anwendung des § 828 BGB auf die Gefährdungshaftung?

Auch ein Unzurechnungsfähiger nach § 828 Abs 1 BGB bzw ein Schuldunfähiger 40 kann die **Haltereigenschaft** etwa iSd § 7 StVG mit Zustimmung seines gesetzlichen Vertreters erwerben (unstreitig: vgl nur Larenz/Canaris, Schuldrecht II/2 [13. Aufl 1994] § 84 I 2 g; vCaemmerer, in: FS Flume [1978] 358, 362). Fehlt es an dieser Zustimmung, stellt sich die **Frage, ob die Halterhaftung ein subjektives Zurechnungselement voraussetzt**. Dies wird heute fast durchgängig bejaht (zum Nachweis der älteren Gegenmeinung: Canaris NJW 1964, 1987, 1990, Fn 26; Hoffmann NJW 1964, 228, 229, Fn 9): Nach **einer Ansicht** kann ein beschränkt Geschäftsfähiger aus einem den §§ 104 ff BGB entlehnten Rechtsgedanken ohne Zustimmung des gesetzlichen Vertreters nicht Halter werden (Canaris NJW 1964, 1987, 1990 f; Larenz/Canaris aaO; Esser/Weyers, Schuldrecht BT [7. Aufl 1991] § 63 II 3; Geigel/Schlegelmilch, Der Haftpflichtprozeß [21. Aufl 1993] Kapitel 18 Rn 12; Jauernig/Teichmann § 822 Rn 2b): Denn ein essentielles Element der Gefahrenbeherrschung, die **Erlangung von Versicherungsschutz**, setze volle Geschäftsfähigkeit voraus; es dürfe nicht derjenige wegen einer Gefahr haften, dessen Haftpflichtversicherungsvertrag nach § 105 BGB nichtig sei. Die **Gegenansicht** (Hoffmann NJW 1964, 228, 232; vCaemmerer 363; Deutsch JuS 1987, 673, 678; W Lorenz, Die Gefährdungshaftung des Tierhalters nach § 833 Satz 1 BGB [1992] 221; MünchKomm/Mertens § 833 Rn 23; weiterer Nachweis Staudinger/Belling/Eberl-Borges [1997] § 833 Rn 111) will hingegen §§ 828, 829 BGB analog zur Anwendung bringen (§ 827 Satz 1 BGB muß nach dieser Auffassung ebenso berufen sein); denn die §§ 104 ff BGB beträfen das rechtsgeschäftliche Eingehen von Verpflichtungen und eigneten sich nicht zur Konfliktlösung bei Tatbeständen des Haftpflichtrechts. Daran wiederum kritisieren **Vertreter der ersten Ansicht** (Canaris aaO), daß bei der Anwendung des § 828 Abs 2 BGB unklar bleibe, was Gegenstand der erforderlichen Einsicht überhaupt sei; keineswegs sei wohl die Kenntnis eines 14jährigen von der verschuldensunabhängigen Haftung nach § 833 Satz 1 BGB gemeint. Darin liegt aber ein entscheidendes Argument: § 828 Abs 2 BGB ist zugeschnitten auf eine Haftung für Verhaltensunrecht, bei der der minderjährige Täter im Rahmen einer Parallelwertung den Unrechtscharakter seines Verhaltens erkennen kann; eine ähnliche Parallelwertung ist bei Gefährdungshaftungen, die den Täter für ein „Unglück" und nicht für eine „Unrecht" bewirkende Handlung zur Verantwortung ziehen, unmöglich (so bereits Eberl-Borges VersR 1996, 1070, 1074). Bedenkt man im übrigen, daß nach **hM** die Voraussetzungen der Unzurechnungsfähigkeit nach § 828 Abs 2 BGB nur in ganz seltenen Extremfällen vorliegen, würde im Ergebnis jeder

Siebenjährige haften, der vor seinen Eltern ein zugelaufenes Tier verbirgt. Nach einer dritten, an den Voraussetzungen des Halterbegriffes in § 833 Satz 1 BGB orientierten Auffassung stellt sich daher unabhängig von den §§ 104 ff BGB und § 828 BGB die Frage, ob der Jugendliche die bestimmende Herrschaft über das Tier ausübt und die Vorteile aus seiner Nutzung zieht. Für die allein problematische Entscheidungsgewalt soll es auf die natürliche Fähigkeit des Heranwachsenden ankommen, für Existenz und Verwendung eines Tiers Verantwortung zu tragen (vgl STAUDINGER/BELLING/EBERL-BORGES [1997] § 833 Rn 115 sowie EBERL-BORGES VersR 1996, 1070, 1075).

5.   Einwand des Rechtsmißbrauchs bei existenzvernichtend hohem Schaden?

41 Nach einer von CANARIS vertretenen Auffassung (JZ 1987, 993, 1001 f; vgl auch JZ 1990, 679) steht dem jugendlichen Täter, der sowohl nach § 828 Abs 2 BGB zurechnungsfähig ist, als auch nach § 276 Abs 1 BGB eine Rechtsgutverletzung verschuldet hat, ein **Leistungsverweigerungsrecht aus § 242 BGB** zu, das sich aus einem Verstoß gegen das „Verhältnismäßigkeitsprinzip" begründet. Im Vordergrund stehen dabei die Vermögensverhältnisse von Schädiger und Geschädigtem. Der Anspruch des Geschädigten sei „gemäß § 242 BGB jedenfalls dann höhenmäßig zu reduzieren, wenn seine volle Befriedigung für den Schädiger ruinös wäre, diesen also bis zum Ende seines Lebens auf das pfändungsfreie Minimum beschränken würde." Auf diese Betrachtungsweise hat sich das **LG Bremen** berufen (NJW-RR 1991, 1432, 1434) und die Klage eines Versicherers aus übergegangenem Recht nach § 67 Abs 1 VVG iHv 32.611,46 DM gegen zwei jugendliche Brandstifter, die weitere Forderungen iHv 500.000,– DM zu gewärtigen hatten, „einstweilen" abgewiesen. Im Anschluß an den Vorlagebeschluß des OLG Celle (VersR 1989, 709, 710 Anm CANARIS JZ 1990, 679; vgl auch LG Dessau VersR 1997, 242 Anm AHRENS VersR 1997, 1064; E LORENZ VersR 1989, 711; ACKMANN EWiR 1994, 247; BAUER VW 1993, 753; KUHLEN JZ 1990, 273) sieht es einen Verstoß gegen die Art 1 Abs 1, 2 Abs 1, 3 Abs 1, 6 Abs 1 und 20 Abs 1 GG (Sozialstaatsprinzip), wenn der **jugendliche Täter (1) leicht fahrlässig gehandelt** hat, **(2) der Schaden durch einen Dritten gedeckt wird** und **(3) der Schaden selbst existenzbedrohend hoch ausfällt.** Seinen Rekurs auf die Schadenshöhe und die Vermögensverhältnisse des Schädigers begründet es mit einer durch die Pandekten verdrängten naturrechtlichen Tradition (1434; zu dieser LANGE, Verhandlungen des 43. DJT [Bd 1 1960] 32). Zugleich beruft sich das Gericht auf eine **veränderte gesellschaftliche Wirklichkeit** und **gewandelte Gerechtigkeitsvorstellungen** (1433); letztere werden nirgends deutlicher als dort, wo das Gericht den Parteien auseinandersetzt, was unter **„ruinösen Folgen"** zu verstehen ist: Danach erscheint es nicht hinnehmbar, daß der Täter „während des genannten Tilgungszeitraums weder nennenswerte Anschaffungen machen noch nennenswerte Urlaubsaufwendungen (wird) tätigen können. Für Freizeitausgaben werden ihm allenfalls minimale Beträge zur Verfügung stehen. Im Kreis von nicht derart finanziell vorgeschädigten Freunden und Bekannten wird er sich ständig zurückgesetzt fühlen. Die Partnersuche ist für ihn als ,finanziellen Krüppel' erheblich erschwert, die Gründung einer Familie mit Kindern so gut wie ausgeschlossen, wenn er nicht ergänzend Sozialhilfe in Anspruch nehmen will. Die Entwicklung seiner noch unfertigen Persönlichkeit wird durch die auf längere Sicht äußerst beengten finanziellen Verhältnisse nachhaltig gestört, weil der allgemeine Erfahrungshorizont verengt, die sozialen Kontakte beeinträchtigt und das Selbstwertgefühl untergraben sind . . ." (1433).

Aus diesen Überlegungen leitet das Gericht im Anschluß an CANARIS (JZ 1987, 993, **42**
1002) folgende **Rechtsfolge** ab (1433): „Die Geltendmachung (des Schadensersatzanspruchs) gegenüber den Bekl ist ... zumindest so lange als eine mit Treu und
Glauben nicht zu vereinbarende mißbräuchliche Rechtsausübung anzusehen, wie die
Bekl ... einkommens- und vermögenslos sind oder in Zukunft keine außergewöhnlichen Einkünfte erzielen oder außergewöhnliche Vermögenswerte erwerben werden. Daraus ergibt sich **ein nach § 242 BGB abzuleitendes Leistungsverweigerungsrecht.**" Die Klage soll „als zur Zeit unbegründet" (CANARIS 1002) abgewiesen
werden.

Gegen diese Auffassung sprechen mehrere **Bedenken** (vgl bereits oben Rn 2). Pro- **43**
blematisch ist bereits die Berücksichtigung von Versicherungsschutz zugunsten des
Täters, weil sie letzlich zu einer **Durchbrechung des versicherungsrechtlichen Tren-
nungsprinzips** führt (zu diesem vgl nur DREWITZ, Der Grundsatz: Die Versicherung folgt der
Haftung [Diss Mannheim 1977]; zu dessen kritikwürdiger Durchbrechung im Rahmen des § 829 vgl
dort Rn 47, 52): Danach entsteht die Eintrittspflicht des Versicherers nämlich nur,
wenn zuvor der Haftungsanspruch begründet ist; nach der vg Auffassung aber führt
das Bestehen von Versicherungsschutz dazu, daß der Haftungsanspruch vorübergehend oder dauernd untergeht, dh der Versicherungsschutz beeinflußt den Haftungsanspruch und nicht umgekehrt (ähnlich E LORENZ VersR 1989, 711, 712). Besondere Bedenken entstehen ferner dadurch, daß die Anwendung des § 242 BGB ein
vorläufiges, in vielen Fällen aber auch endgültiges **Regreßverbot zu Lasten des
Versicherers** begründet und damit zunächst zu einer Überwälzung der Schäden auf
die Versicherer führt. Diese den Schädiger begünstigende Rechtsfolge erscheint
indes nur in einem solchen System gerecht, in dem die Allgemeinheit oder sämtliche vom Versicherungsschutz Begünstigten auch für die Prämien aufkommen und
damit als Versichertengemeinschaft die Lasten aus dem einzelnen Haftpflichtfall im
Verhältnis zueinander tragen (vgl zur insoweit einschlägigen schwedischen Rechtsordnung:
HELLNER, Haftungsersetzung durch Versicherungsschutz in Schweden, in: FLEMING/HELLNER/
vHIPPEL [Hrsg], Haftungsersetzung durch Versicherungsschutz [1980] 24; BLOTH, Produkthaftung
in Schweden, Norwegen und Dänemark [1993] 148 ff). Im deutschen Versicherungswesen
führt das Regreßverbot indes nur dazu, daß die Versicherungen ihre Verluste durch
Erhöhung der Prämien an die Geschädigten bzw versicherten Rechtsgutinhaber
weitergeben; diese tragen die eigentliche Last. Es ist fraglich, ob das Bedürfnis des
jugendlichen Täters, im Freundeskreis der Gleichaltrigen auch finanziell zu impo-
nieren, hier ins Gewicht fallen darf. Schwerer wiegt ein weiteres, bereits ange-
sprochenes Argument (vgl oben Rn 2): Beim Schutz des Schuldners vor existenzbedrohenden Lasten jedweder Art handelt es sich eigentlich um **eine prozessuale
Fragestellung** des Vollstreckungsschutzes, der sich insbesondere im Insolvenzverfahren durch die Restschuldbefreiung Rechnung tragen läßt: Hier hat der Gesetzgeber eine Regelung getroffen, die dem Befriedigungsinteresse des Gläubigers auf
der einen und dem wirtschaftlichen Existenzinteresse des Schuldners auf der
anderen Seite ausreichend Rechnung trägt (PRÜTTING ZIP 1992, 882, 883 im Anschluß an
MEDICUS ZIP 1989, 817, 823). Die Verlagerung des Problems in das materielle Recht,
respektive in § 828 Abs 2 BGB, bedingt nicht nur einen systematischen Schön-
heitsfehler, sondern erzeugt zugleich die Gefahr einer teleologisch nicht mehr
kontrollierten Aufweichung der Bindungswirkung des Schuldverhältnisses bis zu
dem Punkt, an dem jeder Schuldner behaupten kann, die Einforderung des

Geschuldeten durch den Gläubiger stelle wegen ihrer Höhe einen Rechtsmißbrauch dar.

6. Beweislast

44 Der Täter trägt die Beweislast für die Voraussetzungen der Unzurechnungsfähigkeit nach § 828 Abs 2 BGB; dies folgt schon aus der negativen Formulierung der Norm (BGH LM § 828 Nr 1, 3 und 4; DEUTSCH, Allg Haftungsrecht Rn 465; MünchKomm/MERTENS Rn 13; BGB-RGRK/STEFFEN Rn 1; STAUDINGER/SCHÄFER[12] Rn 18). Bei der **Beweiserhebung** über die Voraussetzungen des § 828 Abs 1 BGB muß berücksichtigt werden, daß nach dem Stand der Medizin das Alter eines Kindes nur mit einer Toleranzbreite von 1 – 2 Jahren festgestellt werden kann (OLG Düsseldorf FamRZ 1994, 630). Das Beweisangebot eines vermeintlich 6jährigen ist daher von vornherein untauglich, die Überzeugung des Gerichts herbeizuführen.

C. Reformpläne

45 Der Referentenentwurf von 1967 sah folgende Regelung vor:

"Wer das siebente, aber nicht das achtzehnte Lebensjahr vollendet hat, ist für einen Schaden, den er einem anderen zufügt, nicht verantwortlich, wenn er bei der Begehung der schädigenden Handlung nach seiner sittlichen und geistigen Entwicklung unfähig ist, das Unrecht der Handlung und seine Verantwortlichkeit für deren Folgen einzusehen oder nach dieser Einsicht zu handeln. Hat er diese Fähigkeit jedoch in geringerem Maße als ein Erwachsener, so kann das Gericht die Ersatzpflicht einschränken, soweit dies nach den Umständen, insbesondere nach den Verhältnissen der Beteiligten, der Billigkeit entspricht."

46 Auf systematisch überzeugende Weise (zur Kritik des Entwurfs DEUTSCH, Allg Haftungsrecht Rn 467; WAIBL, Verschuldensfähigkeit 166 f; TEICHMANN JZ 1970, 617, 619) faßt die Regelung die Fragen nach der allgemeinen Einsichtsfähigkeit und der konkreten Gefahrenerkennbarkeit (dazu oben Rn 9 ff) sowie nach der Steuerbarkeit des Verhaltens (dazu oben Rn 8) zusammen und verhindert insbesondere über die Billigkeitsklausel ein Alles-oder-Nichts-Prinzip (dazu oben Rn 5).

47 Ferner wurden Reformpläne geäußert, die **Altersgrenze in § 828 Abs 1 BGB auf zehn Jahre heraufzusetzen** (erstmals NIPPERDEY, Reform des Schadensersatzrechts [1940] 90; vgl nunmehr WILLE/BETTGE VersR 1971, 878, 882; SCHEFFEN FuR 1993, 82; dies ZRP 1991, 458). Anderer Ansicht nach soll die Altersgrenze auf 6 Jahre gesenkt werden (DEUTSCH, Allg Haftungsrecht Rn 456). Zur möglichen Ausstrahlung des Gesetzes zur Beschränkung der Haftung Minderjähriger (BT-Drucks 13/5624) HABERSACK/SCHNEIDER FamRZ 1997, 649, 655.

§ 829

Wer in einem der in den §§ 823 bis 826 bezeichneten Fälle für einen von ihm verursachten Schaden auf Grund der §§ 827, 828 nicht verantwortlich ist, hat gleichwohl, sofern der Ersatz des Schadens nicht von einem aufsichtspflichtigen Dritten verlangt

werden kann, den Schaden insoweit zu ersetzen, als die Billigkeit nach den Umständen, insbesondere nach den Verhältnissen der Beteiligten, eine Schadloshaltung erfordert und ihm nicht die Mittel entzogen werden, deren er zum angemessenen Unterhalt sowie zu Erfüllung seiner gesetzlichen Unterhaltspflichten bedarf.

Materialien: E II § 752; E III § 813; Mot II 734; Prot II 581.

Schrifttum

vBar, Die Billigkeitshaftung in den kontinentalen Rechten der EU, in: FS Lorenz (1994) 73
ders, Gemeineuropäisches Deliktsrecht (Bd 1 1996) Rn 75 ff
Bernstein, Fortwirkende Ausstrahlungen der Haftpflichtversicherung, JZ 1982, 100
Bienenfeld, Die Haftungen ohne Verschulden (1933)
Böhmer, Kann § 829 auch bei einem einsichtsfähigen, aber schuldlosen Jugendlichen angewendet werden?, MDR 1964, 278
ders, Kann § 829 auch im Falle des § 254 analog angewendet werden?, MDR 1962, 778
ders, Ist eine freiwillige Haftpflichtversicherung des gem § 828 BGB Nichtverantwortlichen bei Anwendung des § 829 BGB zu berücksichtigen?, MDR 1963, 21
ders, Anwendungen von § 829 bei außerdeliktischen Schadensersatzfällen, NJW 1967, 865
Bruns, Zur Problematik rausch-, krankheits- oder jugendbedingter Willensmängel des schuldunfähigen Täters im Straf-, Sicherungs- und Schadensersatzrecht, JuS 1964, 473
Deutsch, Zurechnungsfähigkeit und Verschulden, JZ 1964, 86
ders, Allgemeines Haftungsrecht (2. Aufl 1995) 305 ff
Dittenberger, Der Schutz des Kindes gegen die Folgen eigener Handlungen (1903) 78 ff
Geilen, Beschränkte Deliktsfähigkeit, Verschulden und Billigkeitshaftung, FamRZ 1965, 401
Heinsheimer, Die Haftung Unzurechnungsfähiger nach § 829, AcP 95 (1904) 234
Hereth, Nochmals zur analogen Anwendung des § 829 im Fall des § 254, MDR 1963, 273
Höchster, Grenze der Haftung Unzurechnungsfähiger (§ 829 BGB), AcP 104 (1909) 427

Kerschner, Freiwillige Haftpflichtversicherung als Vermögen iSd § 1310 ABGB?, ÖJZ 1979, 282
Lang, Der Genugtuungsanspruch des BGB (1909) 88 ff
Koebel, Billigkeitshaftung von Kindern und Jugendlichen, NJW 1956, 969
Langenbach, Zur Auslegung des § 829 BGB, LZ 1923, 165
Lehnertz, Zur Problematik des § 829 BGB (Diss Köln 1968)
ders, Die Bedeutung des Bestehens einer Haftpflichtversicherung für den Billigkeitsanspruch gem § 829 BGB, VersR 1974, 940
E Lorenz, Billigkeitshaftung und Haftpflichtversicherung, VersR 1980, 697
vMarschall, Zum Einfluß von Versicherungsschutz auf die Haftpflicht, BB 1983, 467
Mezger, Haftet ein zurechnungsfähiger Jugendlicher nach § 829, wenn ihn wegen der typischen Eigenarten seiner Altersgruppe kein Verschulden trifft?, VersR 1954, 597
Reinhardt, Die Billigkeitshaftung im künftigen Schadensersatzrecht, in: Nipperdey (Hrsg), Grundfragen der Reform des Schadensersatzrechts (Arbeitsberichte der Akademie für Deutsches Recht Nr 14 1940) 64
Rümelin, Die Billigkeit im Recht (1921)
Schartz, Das Billigkeitsurteil des § 829 BGB (1904)
Weimar, Gilt die Billigkeitshaftung des § 829 auch im Rahmen vertraglicher Beziehungen?, FamRZ 1965, 401
ders, Die Billigkeitshaftung gem § 829, VersPraxis 1981, 234
Wilts, Analoge Anwendung des § 829?, VersR 1963, 1098
Zipperling, Das Wesen des beneficium compe-

Jürgen Oechsler

tentiae in geschichtlicher Entwicklung (1907)
154 ff.

Systematische Übersicht

Alphabetische Übersicht

A.   Grundlagen

I.   Entstehungsgeschichte und Reformbestrebungen

Die Norm steht in der **naturrechtlichen Tradition** der sog **Äquitätshaftung** (vgl ZIPPER- **1** LING aaO), die ihrerseits auf einem schlichten Rechtsgedanken beruht: Der wohlhabende Täter soll auch dann, wenn er aufgrund fehlenden Entwicklungsstandes oder geistiger Störung für die Folgen seiner Tat nicht verantwortlich gemacht werden kann, subsidiär für die Vermögensverluste der anderen Seite einstehen (vBAR, Gemeineuropäisches Deliktsrecht Rn 75). Vgl dazu die Normen des **ALR** I 6:

§ 41. Wenn Wahn- und Blödsinnige, oder Kinder unter sieben Jahren Jemanden schädigen, so kann nur der Ersatz des unmittelbaren Schadens aus ihrem Vermögen gefordert werden.

§ 42. Doch haftet das Vermögen solcher Personen nur alsdann, wenn der Beschädigte den Ersatz aus dem Vermögen der Aufseher oder der Aeltern nicht erhalten kann.

§ 43. Auch haftet dasselbe nur so weit, als dadurch dem Beschädiger der nöthige Unterhalt, und wenn er ein Kind ist, die Mittel zu einer standesgemäßen Erziehung nicht entzogen werden.

§ 44. Hat der Beschädigte dergleichen Personen durch sein eigenes auch nur geringes Versehen zu der schädlichen Handlung veranlaßt, so kann er sich an das Vermögen derselben nicht halten."

Im Teilentwurf vKÜBLERS (**TE-OR Nr 15 § 8**, abgedruckt auch bei JAKOBS/SCHUBERT, Die Bera- **2** tungen des Bürgerlichen Gesetzbuchs, Schuldrecht [III 1983] 916) fand sich folgende Norm:

„Ausnahmsweise kann auch ein Kind oder eine andere Person, welche im Zustande mangelnder Freiheit der Willensbestimmung einem Anderen Schaden zugefügt hat, von diesem auf vollständigen oder theilweisen Ersatz des Schadens in Anspruch genommen werden, wenn und soweit nach richterlichem Ermessen dringende Rücksichten der Billigkeit dafür sprechen und dem Beschädiger durch die Ersatzleistung die nach Stand und Verhältnissen erforderlichen Mittel zur Erziehung und zum Unterhalte nicht entzogen werden."

3 Die **erste Kommission** lehnte den Vorentwurf indes mit der Begründung ab, hier handele es sich um eine nicht gerechtfertigte Abweichung von den allgemeinen Rechtsgrundsätzen, gegen welche noch das besondere Bedenken spreche, daß sie den zur Entscheidung eines Rechtsstreits berufenen Richter auf dringende Billigkeitsrücksichten verweise, ohne ihm irgendeine feste Entscheidungsnorm an die Hand zu geben (Jakobs/Schubert 916 f; Mot II 734).

4 Jedoch beschloß die **Vorkommission des Reichsjustizamtes** auf ihrer 84. Sitzung am 13. 9. 1892, „eine Haftpflicht der deliktsunfähigen Personen aus ihren unerlaubten Handlungen im Gesetze zu begründen." (Jakobs/Schubert 919). Ausschlaggebend war dabei die Erwägung, „daß ein praktisches Bedürfniß bestehe, in den in Frage kommenden Fällen eine Haftpflicht des Handelnden auf Schadensersatz auch ohne Voraussetzung eines Verschuldens gesetzlich anzuerkennen. Ein solcher Rechtssatz, der sich in verschiedenen neueren Gesetzgebungswerken finde, so in dem preuß A.L.R., dem österreichischen B.G.B. und dem schweiz Obligationenrechte, entspreche dem Standpunkte des modernen Rechtsbewußtseins, hinter welchem der Entw nicht zurückbleiben dürfe ... Dem Beschädigten solle jedoch ein Anspruch nur gewährt werden, wenn nach den konkreten Umständen die Billigkeit es erfordere, den Schaden zu vergüten; aber auch dann dürfe der Anspruch nur als ein subsidiärer gewährt werden, unter der Voraussetzung, daß es dem Beschädigten nicht möglich gewesen sei, Ersatz von dem zur Aufsicht Verpflichteten zu erlangen." (Prot-RJA 539 f; Jakobs/Schubert 919).

5 Besondere Bedenken bereitete der Vorkommission dabei die in den Tatbestand aufzunehmende **Billigkeitsprüfung**: „Man verkannte nicht, daß eine solche an den Art 58 des schweiz. Obl.R. sich anschließende Regelung, welche die Entscheidung, ob Schadensersatz gewährt werden solle, völlig in das billige Ermessen des Richters stelle und diesem dadurch für den einzelnen Fall gewissermaßen die Aufgabe des Gesetzgebers zuweise, nicht unbedenklich sei. Man glaubte jedoch, daß sich ein geeigneter objektiver Maßstab für die Einschränkung des richterlichen Ermessens bei der Mannigfaltigkeit der in Betracht kommenden Lebensverhältnisse nicht werde geben lassen, und daß auch dem Vorschlage, die Haftpflicht des Beschädigten unbedingt davon abhängig zu machen, daß ihm diejenigen Mittel nicht entzogen würden, deren er bedürfe, um die gegenüber seinem Ehegatten und seinen Verwandten ihm obliegenden Unterhaltspflichten zu erfüllen und seinen eigenen standesmäßigen Unterhalt zu bestreiten, das Bedenken entgegenstehe, daß unter Umständen auch in diesem Falle die Gewährung eines theilweisen Ersatzes des Schadens durch die Billigkeit geboten sein könne." (Prot-RJA 541; Jakobs/Schubert 919).

6 Die Fassung des in den ersten Entwurf eingeschalteten § **709a** lautete:

„Kann für den von einer nach den §§ 708, 709 nicht verantwortlichen Person zugefügten Schaden Ersatz von einem aufsichtspflichtigen Dritten nicht erlangt werden, so ist derjenige, welcher den Schaden zugefügt hat, zum Schadensersatz verpflichtet, soweit die Billigkeit nach den Umständen des Falles, insbesondere nach den Verhältnissen der Betheiligten, eine Ersatzleistung erfordert." (Jakobs/Schubert 920; E I- RJA).

In der **zweiten Kommission** setzten sich indes die Bedenken an einer Nichtberücksich- 7 tigung der Unterhaltspflichten des Schädigers durch, die in der Vorkommission noch keine Mehrheit gefunden hatten: **§ 752 E II** lautete daher:

„Wer in einem der in den §§ 746 bis 748 bezeichneten Fälle für einen von ihm verursachten Schaden deshalb nicht verantwortlich ist, weil ihm Vorsatz oder Fahrlässigkeit nicht zur Last fällt, hat gleichwohl den Schaden insoweit zu ersetzen, als die Billigkeit nach den Umständen des Falles, insbesondere nach den Verhältnissen der Betheiligten, eine Schadloshaltung erfordert und ihm nicht die Mittel entzogen werden, die er zum standesgemäßen Unterhalte sowie zur Erfüllung seiner gesetzlichen Unterhaltspflichten bedarf."

In **§ 813 Entwurf III** liegt bereits die in § 829 BGB Gesetz gewordene Fassung vor. In 8 der **XII. Kommission des Reichstags** entspann sich indes noch eine Debatte darüber, ob § 813 E III auf die Fälle der §§ 811, 812 E III (§§ 827, 828) beschränkt bleiben, oder in allen Fällen Anwendung finden sollte, in denen „der Schaden zwar weder durch Vorsatz noch durch Fahrlässigkeit herbeigeführt ist, aber die Billigkeit nach den Umständen, insbesondere nach den Verhältnissen der Beteiligten, eine Schadloshaltung fordert." (so der Abgeordnete Gröber und ihm folgend der Abgeordnete Enneccerus, Jakobs/Schubert 927 f). Der Abgeordnete Struckmann rechtfertigte indes die Einschränkung, weil die erweiterte Fassung „eine grobe Unbilligkeit enthalte und zu kaum erträglichen Unsicherheiten für die Bewegungsfreiheit des Einzelnen führe. Es handele sich in solchen Fällen um eine Anstandspflicht; sie zu einer Rechtspflicht zu machen, sei nicht möglich ohne gleichzeitige entsprechende Ausgestaltung der sozialpolitischen Versicherungsgesetzgebung" (Jakobs/Schubert 928). In den Beratungen äußerte der Abgeordnete vBuchka noch einmal grundsätzliche Kritik am § 813 und erkannte in ihm ein „Aufgeben des gemeinrechtlichen Satzes: casum sentit dominus" (Jakobs/Schubert 928); weitere Kritik wurde im Hinblick auf die strengere Haftung des französischen und badischen Rechtes laut (Jakobs/Schubert aaO). Die Mehrheit entschied sich indes für die heute gültige Fassung.

Während der Bemühungen um eine **Reform des Schadensersatzrechts** in den Jahren 9 1938—1942 bestanden Bemühungen, **eine allgemeine Billigkeitshaftung** in den Fällen nicht schuldhafter, aber objektiv rechtswidriger Verletzungshandlungen einzuführen (§ 7 Abs 1 des Entwurfs einer Deutschen Schadensordnung aus dem Jahre 1940; dazu Reinhardt 64 ff; befürwortet noch von Enneccerus/Lehmann § 229 VII).

Der **RefE aus dem Jahre 1967** (Text abgedruckt bei MünchKomm/Mertens Rn 30) sah keine 10 wesentlichen Änderungen vor, sondern wollte lediglich die Anwendbarkeit der Norm auf § 254 BGB klarstellen.

II. Rechtsvergleich*

Die naturrechtliche Tradition der Äquitätshaftung setzte sich in den kontinentalen 11

---

* **Schrifttum:** vBar, Die Billigkeitshaftung in den kontinentalen Rechten der EU, in: FS Lo- renz (1994) 73; ders, Gemeineuropäisches Deliktsrecht (Bd 1 1996) Rn 75 ff.

Rechtsordnungen nur unvollkommen durch. Vielmehr wird man im Hinblick auf die Haftung Willensunfähiger mit DEUTSCH (Allg Haftungsrecht Rn 452) **vier verschiedene Systeme unterscheiden** können: Ein Teil der Rechtsordnungen entschuldigt das Verhalten dieser Personen generell und sieht keinerlei Haftung vor (Frankreich bis 1968, südamerikanische Staaten usw; Nachweis bei DEUTSCH aaO). Im englischen und amerikanischen Recht hängt die Verantwortlichkeit Jugendlicher hingegen vom Reifegrad ab. In Frankreich (ähnlich: Spanien und Portugal) besteht demgegenüber nach Art 489bis Code civil volle Haftungsverantwortlichkeit dieses Personenkreises. Das deutsche Recht folgt dem vierten Lösungsmodell, der an der Äquitätshaftung orientierten Billigkeitshaftung.

12 Ein historisches Vorbild findet sich bereits im **preußischen ALR** (abgedruckt oben Rn 1). An dieses knüpften in **Österreich** die §§ **1310, 1308 ABGB** an; auch das **Schweizerische Obligationenrecht** kennt in Art 54 Abs 1 eine Kausalhaftung aus Billigkeitsgründen, während die einschlägigen Reformbemühungen in Frankreich um eine Billigkeitshaftung gescheitert sind (dazu vBAR Gemeineuropäisches Deliktsrecht Rn 79). Gleiches gilt für die **Niederlande** (vBAR, Gemeineuropäisches Deliktsrecht Rn 80), hingegen nicht für den **belgischen Code civil**, der seit 1935 in Art 1386bis eine Billigkeitshaftung – sachlich beschränkt auf die Schädigung durch Geistes- oder Bewußtseinsgestörte – eingeführt hat, ähnliches für entwicklungsbedingt unreife Täter (Kinder) indes nicht vorsieht. Im **italienischen Codice civile** wurde schließlich erst 1942 in Art 2047 Abs 2 eine Billigkeitshaftung eingeführt, die am deutschen Vorbild orientiert ein Korrektiv zur Verschuldenshaftung bezweckt (vBAR Rn 82 f). Auch Art 489 des **portugiesischen Código civil** sieht ein Billigkeitshaftung vor (vBAR Rn 84).

13 Schließlich orientiert sich **Art 918 des griechischen Zivilgesetzbuches** so eng am deutschen Vorbild, daß auch die Interpretation dieser Norm weitgehend der Auslegungspraxis des § 829 BGB folgt (vBAR Rn 81).

III. Regelungsgegenstand

14 Der **Regelungsgegenstand** der Norm ist **bis heute umstritten**, was angesichts eines Normtextes, der die Billigkeit – „das Gegenteil eines Rechtssatzes" (KADECKA Verh zum 34. DJT II 510) – zum Tatbestandsmerkmal beruft, nicht verwundert. Die älteste, aus der naturrechtlichen Tradition (vgl oben Rn 1) herleitbare Begründung sieht den Verpflichtungsgrund gerade im **Vermögen des** nach Verschuldensmaßstäben nicht verantwortlichen **Schädigers** ("richesse oblige" so BLUNTSCHLI nach BURCKHARDT ZSchwR 44, 469, 528; vgl auch: „Millionärsparagraph", so BGH VersR 1958, 485, 487; BGHZ 76, 279, 284). Insbesondere nach Auffassung des **Bundesgerichtshofes** hängt das „‚Ob' des Billigkeitsanspruchs ... entscheidend von den gesamten Umständen ab, unter denen **ein wirtschaftliches Gefälle vom Schädiger zum Geschädigten** an erster Stelle steht" (BGH aaO; kritisch LIEB MDR 1995, 992 f). Diese Sichtweise setzt gegenüber dem Wortlaut des § 829 BGB eher problematische Nuancen (so auch DEUTSCH, Allg Haftungsrecht Rn 486); denn dort wird nur „insbesondere" auf die Verhältnisse der Beteiligten abgestellt, ansonsten aber eine umfassende Berücksichtigung aller für den Anspruch maßgeblichen Besonderheiten gefordert, indem eine an „den Umständen" orientierte Billigkeitsentscheidung vorgesehen ist.

15 Nach einer weiteren Überlegung faßt § 829 BGB den Schädiger und sein Opfer in

einer **Verlustgemeinschaft** zusammen (Staudinger/Schäfer[12] Rn 8 im Anschluß an Larenz, Schuldrecht II [12. Aufl] 599; BGB-RGRK/Steffen Rn 3). So plastisch der Begriff der Verlustgemeinschaft die § 829 BGB zugrundeliegende Abkehr vom Verschuldensprinzip und den mit ihr verfolgten wirtschaftlichen Lastenausgleich beschreiben mag, so sehr läßt auch diese Überlegung die teleologischen Gesichtspunkte offen, unter denen ein Verlustausgleich stattfinden muß.

Nicht sonderlich weiter führt auch der Streit, ob die Norm als **Unrechts- oder Gefähr-** **16** **dungshaftung** aufzufassen sei (für eine Unrechtshaftung etwa Heinsheimer AcP 95 [1904] 234, 255; für eine Gefährdungshaftung wohl Larenz/Canaris, Schuldrecht II/2 [13. Aufl] § 84 VII). Eine nähere Sichtung des Fallmaterials läßt nämlich daran zweifeln, ob die klar unterschiedene Zweispurigkeit im Hinblick auf § 829 BGB aufrechtzuerhalten ist (Larenz, Schuldrecht II [12. Aufl 1981] § 71 II 599;, vBar, Verkehrspflichten [1980] 143). Die Norm ist nämlich auf Fälle der Erfolgshaftung ebenso anwendbar (zB die Tat des nach § 827 BGB Einsichts- und Steuerungsunfähigen) wie auf Fälle abgeschwächter Verantwortlichkeit für objektiv rechtswidriges Verhalten; verfügt der Täter nämlich über rudimentäre Einsichts- und Steuerungsfähigkeit unterhalb der Grenze des § 828 Abs 2 BGB, so kann seine Verantwortung als Vorstufe zur Verschuldenshaftung aufgefaßt werden (Deutsch JZ 1964, 86, 89; ders, Allgemeines Haftungsrecht Rn 477; Larenz 598).

In den Mittelpunkt der Überlegungen rückt heute aus ganz unterschiedlichen **17** Gesichtspunkten ein **zentraler teleologischer Gesichtspunkt**, der auf die **Gründe für eine** **Durchbrechung des Verschuldensprinzips** abstellt. Dem deutschen Verschuldensprinzip liegt nämlich ein Garantieelement zugrunde, das in den §§ 827, 828 Abs 1 BGB sachlich beschränkt durchbrochen ist (vgl Larenz, Schuldrecht, Bd 1 [14. Aufl 1987] 278; Überblick bei Oechsler, Gerechtigkeit im modernen Austauschvertrag [1997] 224 ff). Das Funktionieren des Rechtsverkehrs erfordert es nämlich, „daß jedermann ohne Schaden für sich selbst bei jedem dritten erwachsenen Menschen gewisse Durchschnittsqualitäten voraussetzen darf. Darum ist jeder im Verkehr Stehende verpflichtet, die daselbst erforderliche Sorgfalt anzuwenden ..." (Exner, Das Wesen der Fahrlässigkeit [1910] 107). „Aus diesem Grund lassen wir jeden haften für seine Bosheit und seinen Leichtsinn, für seine Unerfahrenheit und seinen Mangel an Voraussicht" (Strohal nach Rümelin, Die Gründe der Schadenszurechnung [1910] 52 f). Die §§ 827, 828 BGB begründen demgegenüber eine Ausnahme, indem sie den Schuldunfähigen für die in seiner Person gründenden außergewöhnlichen Defizite nicht zur Verantwortung ziehen. Die Härten gerade dieser Ausnahme werden durch § 829 BGB kompensiert. Ein erster Erklärungsversuch faßte § 829 BGB daher als reduzierte **Einstandspflicht** **des Schuldunfähigen** für die Mängel der eigenen Individualität auf (Rümelin 52 f). Das neuere Verständnis erklärt die Regelung aus dem **Aufopferungsgedanken**: Die Erweiterung des Handlungsspielraums für den Geschäftsunfähigen erscheint als Aufopferung der Vermögenspositionen des Opfers, für die eine Ausgleichsentschädigung in Gestalt des **aufopferungsähnlichen Billigkeitsanspruchs** begründet werde (Deutsch, Allg Haftungsrecht Rn 480; ders JZ 1964, 86, 89 im Anschluß an Sjögren JherJb 35, 343, 418 ff; MünchKomm/Mertens Rn 2; BGB-RGRK/Steffen Rn 2). Eine weitere Nuance bringt die Begründung des § 829 BGB aus einem **Gefahrerhöhungsmoment** ins Spiel (vBar, Verkehrspflichten 143): „kindliche Unbekümmertheit und jugendliche Fehleinschätzung" bedeute nämlich eine erhöhte Gefährdung Dritter, die nicht verboten werden kann, wegen der aber nach § 829 BGB gehaftet werden müsse.

18 Man wird diese teleologischen Überlegungen der **hM** um Überlegungen zu der **Frage** ergänzen müssen, **warum die Kompensation nach § 829 BGB bei Vertragspflichtverletzungen gerade nicht greift** (hM vgl unten Rn 23 sowie arg e § 276 Abs 1 Satz 3 BGB). Während die §§ 108 ff BGB nämlich keinerlei Ausgleich für den gutgläubigen Partner im Rechtsgeschäft vorsehen, erachtet der Gesetzgeber im Deliktsrecht einen Ausgleich für notwendig. Diese Ungleichbehandlung läßt sich nur mit der Überlegung erklären, daß beim Rechtsgeschäft, insbesondere beim Vertrag, der Geschädigte sich **aus freien Stücken auf den schuldunfähigen Schädiger eingelassen hat** (so bereits DONATH BB 1991, 1881, 1883). In diesen Fällen hält das Gesetz also eine Kompensation für entbehrlich. Daraus folgt, daß der Anwendungsbereich des § 829 BGB über seinen Wortlaut hinaus eingeschränkt werden muß (**teleologische Reduktion**): Überall dort, wo sich der Geschädigte freiwillig auf den Schädiger einläßt, bedarf es eines Ausgleichs nach § 829 BGB ebensowenig wie beim Rechtsgeschäft. Dazu zählen insbesondere diejenigen Fälle, in denen die Vertragspflichtverletzung des Schuldunfähigen einen Deliktstatbestand iSd §§ 823 – 826 BGB erfüllt (aA noch STAUDINGER/ SCHÄFER[12] Rn 16 im Anschluß an BÖHMER JR 1967, 256 und NJW 1967, 865).

19 Die Berücksichtigung dieser teleologischen Maßstäbe vermeidet, daß auf der Grundlage des § 829 BGB ein allgemeiner Billigkeitsausgleich begründet wird. Nichts steht daher entgegen, die Norm als **analogiefähig** (so zu Recht BGHZ 37, 102, 106; MünchKomm/MERTENS Rn 2) anzusehen und **nicht als Rechtssingularität** (so noch STAUDINGER/SCHÄFER[12] Rn 12 f).

B. Tatbestandsvoraussetzungen

I. Einer der in den §§ 823 – 826 BGB bezeichneten Fälle

1. Erstreckung auf Verletzungstatbestände außerhalb der §§ 823 – 826 BGB

20 Die Norm ist nach **hM** nicht nur in den Fällen der §§ 823 bis 826 BGB anwendbar, sondern auch, wenn eine deliktische Handlung nach **§ 831, § 833 Satz 2, § 836 BGB** begangen wurde, weil es sich dabei stets um Sonderfälle des § 823 Abs 1 BGB handelt (RG JW 1915, 580; JW 1917, 38; BGH WM 1976, 1056; OLG Hamm VersR 1977, 531; BGB-RGRK/STEFFEN Rn 4).

21 Ferner kann die Billigkeitshaftung nach § 829 BGB selbständig **neben die Gefährdungshaftung nach § 7 StVG** treten (BGHZ 23, 90, 98; STAUDINGER/SCHÄFER[12] Rn 35; MünchKomm/MERTENS Rn 16).

22 Auch die **§ 830 Abs 1 Satz 2, § 840, §§ 844, 845 BGB** finden Anwendung (BGB-RGRK/ STEFFEN Rn 4); wenn Schadensersatzansprüche gegenüber dem Aufsichtspflichtigen nicht durchsetzbar sind und der Schuldunfähige nach § 829 BGB haftet, entsteht eine gesamtschuldnerische Haftung mit Rückgriffsmöglichkeit (MünchKomm/MERTENS Rn 17; STAUDINGER/SCHÄFER[12] Rn 62).

23 Die Vorschrift ist hingegen **nicht auf Vertragspflichtverletzungen** anwendbar. Dies folgt aus einem Umkehrschluß aus § 276 Abs 1 Satz 3 BGB, in dem die §§ 827, 828 BGB genannt sind, nicht aber § 829 BGB (hM DEUTSCH JZ 1964, 86, 89; STAUDINGER/

SCHÄFER[12] Rn 15; BGB-RGRK/STEFFEN Rn 4; HEINSHEIMER AcP 95 [1904] 237; **aA** WEIMAR MDR 1965, 263). Soweit sich der Geschädigte nämlich freiwillig auf eine geschäftsunfähige Gegenseite eingelassen hat, fehlt es offensichtlich an der in § 829 BGB vorausgesetzten Schutzwürdigkeit (vgl oben Rn 18). Dies muß konsequenterweise auch dann gelten, wenn die eine **Vertragspflichtverletzung begründende Handlung zugleich einen Deliktstatbestand iSd § 829 BGB verwirklicht**; weil der Geschädigte sich auch in solchen Konstellationen aus freien Stücken auf die Gegenseite eingelassen hat, erreicht seine Schutzwürdigkeit nicht den in § 829 BGB vorausgesetzten Grad. Über das Deliktsrecht darf er dann nicht liquidieren, was ihm im Rahmen seiner Sonderverbindung zum Schädiger versagt blieb (**aA** noch die STAUDINGER/SCHÄFER[12] Rn 16 im Anschluß an BÖHMER JR 1967, 256 und NJW 1967, 865).

2. Die Erfüllung der Tatbestandsvoraussetzungen eines rechtswidrigen Delikts

a) Zugrundeliegende Wertung

Auf das **Reichsgericht** (RGZ 146, 213, 125 f; vgl aber auch BGHZ 39, 281, 285 = NJW 1963, **24** 1609) geht die Überlegung zurück, daß § 829 BGB nicht bezwecke, den Schuldunfähigen schlechter zu stellen als den Schuldfähigen. Deshalb greife die Haftung nur, wenn der Schuldunfähige alle objektiven Voraussetzungen einer rechtswidrigen Deliktshaftung erfülle; sähe man von diesem Erfordernis ab, haftete der Schuldunfähige nämlich auch dort, wo ein Schuldfähiger keine Verantwortung mehr trägt. Die **hM** bejaht deshalb heute, insbesondere im Hinblick auf den eindeutigen Wortlaut der Norm, zu Recht, daß die Haftung nach § 829 BGB die **rechtswidrige Verwirklichung eines Tatbestandes der §§ 823 ff BGB** voraussetze (DEUTSCH, Allg Haftungsrecht Rn 481; ESSER/WEYERS § 55 III 2; BGB-RGRK/STEFFEN Rn 8; SOERGEL/ZEUNER Rn 2). Dies wird mit dem Bedürfnis nach einer sachlichen Grenzziehung und der Verhinderung einer allgemeinen Billigkeitshaftung begründet (DEUTSCH, Allg Haftungsrecht Rn 484).

b) Hypothetischer Vergleich mit der Situation eines Schuldfähigen und subjektive Erfordernisse

Nach **hM** setzt die Haftung nach § 829 BGB daher voraus, daß die Tat des Schuld- **25** unfähigen bei einem durchschnittlichen Verkehrsteilnehmer – gemessen am objektiv-typisierenden Sorgfaltsmaßstab des § 276 Abs 1 Satz 2 BGB – als fahrlässig angesehen würde (BGHZ 39, 281, 284; OLG Nürnberg RuS 1990, 301; DEUTSCH, Allg Haftungsrecht Rn 481 mwN; LARENZ, Schuldrecht II [12. Aufl 1981] § 71 II; BGB-RGRK/STEFFEN Rn 6). Dabei kommt es allein auf **die äußeren Merkmale der Tat** an; diese muß so beschaffen sein, daß ein Schuldfähiger in der gleichen Situation sowohl den objektiven als auch den subjektiven Tatbestand einer unerlaubten Handlung nach §§ 823 – 826 BGB verwirklicht hätte (BGHZ 29, 281, 284). Dabei genügt eine objektive Schädigung fremden Vermögens, wenn diese bei einem Zurechnungsfähigen auf das Vorliegen der entsprechenden subjektiven Merkmale hindeuten würde (RGZ 146, 213, 215; STAUDINGER/SCHÄFER[12] Rn 25; LARENZ § 71 II; HÖCHSTER AcP 104 [1909] 427).

Zu Recht bemängelt die **Kritik** (vgl etwa MünchKomm/MERTENS Rn 14), daß damit bereits **26** der äußere Tatbestand eines Delikts zur Grundlage der Billigkeitshaftung gerät, obwohl dieser für sich selbst gesehen noch nicht rechtswidrig ist. Insbesondere in den Fällen des **§ 826 BGB**, wo in der vorsätzlichen Begehungsweise gerade der eigentliche Haftungsgrund liegt (vgl § 826 Rn 12 ff), kann indes kaum von den subjektiven Einstellungen des Täters abgesehen werden; andernfalls wirkte bereits jede einfache Vermögensschädigung iSd § 829 BGB haftungsbegründend.

27 Allerdings vermochte sich die **Lehre von der „natürlichen Schuld"** (Bruns JZ 1964, 473, 478 f; 482; Deutsch, Allg Haftungsrecht Rn 482; ders JZ 1964, 86, 91; Heinsheimer AcP 95 [1904] 234, 238) kaum durchzusetzen, weil der Gegenstand eines vorrechtlichen Schuldbegriffes notwendig im Unklaren bleiben muß. Die **Praxis** der unterinstanzlichen Gerichte bezieht dennoch die „natürliche Schuld" zT in ihre Betrachtungen mit ein (LG Mosbach NJW-RR 1986, 24; AG Dortmund ZfSCH 1993, 150). Zu Recht weist demgegenüber die höchstrichterliche Rechtsprechung darauf hin, daß die Prüfung einer „natürlichen Schuld" dort nicht weiterführen kann, wo gerade die fehlende Zurechnungsfähigkeit zum Schaden beigetragen hat (RGZ 146, 213, 217; BGH NJW 1958, 1630). Dort wo es zur Begründung der Haftung auf die subjektive Tatseite ankommt (§ 826 bzw § 823 Abs 2 iVm einschlägigen Schutzgesetzen), kommt der Rechtsanwender folglich um eine **Parallelwertung** nicht umhin. Erforderlich ist der Nachweis einer besonderen subjektiven Einstellung des Täters, die bei einem Schuldfähigen als Vorsatz gewertet werden müßte (vgl auch MünchKomm/Mertens Rn 14).

c) Das Problem fehlender Handlungsfähigkeit

28 Der **Grundsatz der hM** (vgl oben Rn 24 f), wonach § 829 BGB nur dann anzuwenden ist, wenn eine Haftung des Anspruchsgegners nach §§ 823 – 826 BGB allein an der fehlenden Schuld scheitert, läßt sich in den Fällen fehlender Handlungsfähigkeit nicht aufrechterhalten. In BGHZ 23, 90 etwa wurde der Schädiger infolge einer Gehirnblutung ohnmächtig, worauf das von ihm zuvor geführte, nun herrenlose Kfz eine Reihe von Schäden verursachte. Nach der **Lehre vom Verhaltensunrecht** lag hier keine rechtswidrige Tat vor, weil der Schädiger bereits nicht gehandelt hatte (MünchKomm/Mertens Rn 5; Larenz/Canaris, Schuldrecht II/2 [13. Aufl 1994] § 84 VII 2). Die **Kritik** am Bundesgerichtshof (vgl Mertens aaO sowie zuvor bereits Heinsheimer AcP 95 [1904] 234, 248 f), der hier dennoch § 829 BGB für anwendbar hielt (aaO 98), stellt darauf ab, daß der Handlungsunfähige schwerlich Adressat von Verhaltenspflichten sein könne; allein im Hinblick auf Erfolgseinstandspflichten sei hier die Anwendung des § 829 BGB vorstellbar (Mertens Rn 6 nennt als Bsp die Haftung des Hauseigentümers, der wegen Alkoholrausches den Bürgersteig nicht streuen kann).

29 Die ganz **hM** geht indes zu Recht davon aus, daß § 829 BGB in den einschlägigen Fallkonstellationen anwendbar ist. Der **Bundesgerichtshof** begründet seine Entscheidung mit der Überlegung, daß die Norm Fälle vorübergehender Bewußtlosigkeit ohne Rücksicht darauf erfassen wolle, ob sie nur die Zurechnungsfähigkeit des Täters oder auch das Handeln bzw gar jede willensmäßige Steuerung ausschließen (BGH 23, 90, 98 im Anschluß an RGZ 146, 213, 213; im Ergebnis ebenso Deutsch, Allg Haftungsrecht Rn 481; Larenz, Schuldrecht II [12. Aufl 1981] § 71 II; Staudinger/Schäfer[12] Rn 22). Dem wird man im Hinblick auf den eindeutigen **Wortlaut des § 829 BGB** zustimmen müssen. Denn die Norm setzt voraus, daß der Schädiger in einem der in den §§ 823 – 826 BGB bezeichneten Fälle für den von ihm verursachten Schaden auf Grund der §§ 827, 828 BGB nicht „verantwortlich" ist. Der dabei in Bezug genommene § 827 BGB erfaßt aber ausdrücklich den Fall der Bewußtlosigkeit und stellt so klar, daß der Gesetzgeber von vornherein nicht nur Fälle mangelnden Verschuldens ins Auge gefaßt hat, sondern auch solche Fälle, in denen der Grund für die fehlende Verantwortung auf der Tatbestandsebene liegt und dort der Annahme einer natürlichen

Handlung entgegenstehen kann. Diese Sichtweise erübrigt auch die schwierige Abgrenzung, ob im Einzelfall gerade Unrecht oder Unglück haftungsbegründend wirkt, zumal sich beide Fallkonstellationen im Anwendungsbereich des § 829 BGB überkreuzen (vgl oben Rn 16).

Es kommt folglich auch **nicht** auf die von der Kritik **vorgeschlagene Differenzierung** an, **30** wonach nur solche Kausalketten iSd § 829 BGB haftungsbegründend wirkten, bei denen die Verletzung noch an eine bewußte menschliche Handlung anknüpft und die erst nachträglich infolge plötzlicher Bewußtlosigkeit außer Kontrolle geraten, während eine Haftung bei einem von Anfang an fehlenden menschlichen Verhalten (Reflexbewegung im Zustand der Ohnmacht) ausscheiden soll (MünchKomm/MERTENS Rn 10). Solche Differenzierungen sind für den Geschädigten im übrigen kaum beweisbar (darauf insbesondere abstellend: LARENZ aaO).

Fraglich ist, ob § 829 BGB auch dann Anwendung finden kann, wenn dem **Täter 31 infolge des eigenen Todes** – der nicht in § 827 BGB erfaßt wird – der Handlungsablauf außer Kontrolle gerät (MünchKomm/MERTENS Rn 11). Dies wird man aus zwei Gründen **bejahen** müssen: Wenn der Täter während der Begehung der Tat verstirbt und sich die von ihm initiierte Rechtsgutsverletzung fortsetzt (vgl die Fallkonstellationen BGHZ 23, 90 und 76, 279), läßt sich im nachhinein meist nicht mehr feststellen, welche Taterfolge noch im lebenden Zustand herbeigeführt wurden und welche hinterher. War der Täter aber bei Begehung der Tat (wie in den beiden erwähnten Fallkonstellationen) nicht mehr zurechnungsfähig, bürdete man dem Geschädigten den letztlich nur schwer zu erbringenden Beweis darüber auf, daß seine Schäden vor dem Versterben des Schädigers entstanden sind. Ferner läßt sich die Anwendung des § 829 BGB auf den Zeitraum nach dem Tod des Schädigers aus einem weiteren Argument begründen: Wie der Schädiger nämlich für die in einem (vorübergehenden) Zustande der Bewußtlosigkeit oder krankhaften Störung der Geistestätigkeit begangenen Schäden (§ 827 BGB) haftet, so muß er für die bei endgültigem Verlust von Bewußtsein und Geistestätigkeit eintretenden Vermögensverluste einstehen.

d)   Ersatzanspruch für den Nothelfer?

Der von STOLL (in: FS Weitnauer [1980] 411, 423 ff) erwogene Ersatzanspruch des Not- **32** helfers gegen den Geretteten ließe sich nach § 829 BGB nur begründen, wenn hier auf die tatbestandsmäßige und rechtswidrige Begehung eines „der in §§ 823 bis 826 bezeichneten Fälle" verzichtet würde. Diesen Schritt vollzieht die **hM** indes zu Recht nicht nach, weil dieser Anwendungsfall vom Normzweck (oben Rn 24 f) nicht mehr gedeckt ist (DEUTSCH, Allg Haftungsrecht Rn 484; MünchKomm/MERTENS Rn 2, Fn 2; MEDICUS, Bürgerliches Recht Rn 424; zu einem möglichen Anspruch des Nothelfers aus § 823 BGB in einem Sonderfall: OLG Hamm OLG Report Hamm 1993, 3). Richtigerweise dürfte hier die **Geschäftsherrenhaftung für spezische Risiken der Geschäftsführung** greifen (vgl STAUDINGER/MARTINEK [1994] § 675 Rn A 74 und insbes CANARIS RdA 1966, 41, 42 ff; LARENZ, Schuldrecht II/1 [13. Aufl 1986] 417 ff).

II. Fehlende Verantwortlichkeit aufgrund der §§ 827, 828 BGB

1. Fehlende Steuerungsfähigkeit eines nach § 828 Abs 2 BGB verantwortlichen Jugendlichen

33 Ein eigenes Anwendungsproblem des § 829 BGB liegt im System des **§ 828 Abs 2 BGB** begründet. Diese Norm bezog sich nämlich ursprünglich auf den § 56 StGB aF, der die „**Strafbarkeitseinsicht**" für zurechnungsbegründend ansah. Entsprechend setzt die Norm voraus, daß der Jugendliche nicht die zur Erkenntnis der Verantwortlichkeit erforderliche Einsicht hat. Während das moderne Strafrecht hingegen längst nicht nur allein auf die Einsichtsfähigkeit des Täters abstellt, sondern auch auf seine Steuerungsfähigkeit (§ 20 StGB, § 3 JGG), verharrt § 828 Abs 2 BGB auf dem älteren Erkenntnisstand, was dazu führt, daß Fragen der Steuerungsfähigkeit im Rahmen des § 276 Abs 1 BGB thematisiert werden (GEILEN FamRZ 1965, 401 sowie § 828 Rn 8). In einer Sonderkonstellation, in der der **Bundesgerichtshof** (BGHZ 39, 281, 285 = NJW 1963, 1609) zunächst die Einsichtsfähigkeit nach § 828 Abs 2 BGB bejaht, indes die Steuerungsfähigkeit nach § 276 BGB verneint hatte, wendete er § 829 BGB dennoch an. Die **hM stimmt ihm zu Recht zu** (DEUTSCH JZ 1964, 86, 90; grds auch GEILEN FamRZ 1965, 401, 408 mit Vorbehalten im Hinblick auf die Beurteilung von Einsichts- und Steuerungsfähigkeit im entschiedenen Fall; MünchKomm/MERTENS Rn 12; HAUSS LM Nr 5 zu § 829 BGB; STAUDINGER/SCHÄFER[12] Rn 39 f; LARENZ, Schuldrecht II [12. Aufl 1981] § 71 II; STAUDINGER/SCHÄFER[12] § 829 Rn 38 ff; SOERGEL/ZEUNER § 829 Rn 11; ERMAN/SCHIEMANN § 829 Rn 1). Dem kann hier gefolgt werden, weil andernfalls die systematisch verunglückte Ungleichbehandlung von Einsichts- und Steuerungsfähigkeit im Rahmen des § 829 BGB fortgesetzt würde. Die von der **Kritik** (BÖHMER MDR 1964, 280; JAUERNIG/TEICHMANN Rn 1b) befürchtete Gefahr der Einführung einer allgemeinen altersbedingten Gefährdungshaftung stellt sich dann nicht, wenn die Ausnahme konsequent anhand der systematischen Defiziten des § 828 Abs 2 BGB begründet wird.

34 Nach ganz **hM** setzt § 828 Abs 2 BGB weiterhin nur eine allgemeine Einsichtsfähigkeit in die eigene rechtliche Verantwortlichkeit und eine grobe Orientierung über mögliche Sanktionen voraus. Hingegen beurteilt sich die **konkrete Einsichtsfähigkeit**, dh die persönliche Möglichkeit, Gefahren einzuschätzen, nach § 276 Abs 1 BGB. Diese Aufspaltung der Einsichtsfähigkeit in einen abstrakten und einen konkreten Teil ist indes kritikwürdig; nach hier vertretener Auffassung sollte sich die Einsichtsfähigkeit des jugendlichen Täters durchweg am Maßstab des § 828 Abs 2 BGB orientieren (zum ganzen § 828 Rn 9 ff). Bereits aus diesem Grund ist § 829 BGB auch dann anwendbar, wenn dem Täter die konkrete Einsichtsfähigkeit in die von ihm heraufbeschworene Gefahr fehlt. Die hM, die § 829 BGB im Falle der nach § 276 Abs 1 BGB zu beurteilenden fehlenden Steuerungsfähigkeit anwendet, müßte die Analogie konsequenterweise auch auf die fehlende konkrete Einsichtsfähigkeit ausdehnen.

2. Berücksichtigung der eingeschränkten Einsichts- und Steuerungsfähigkeit alter Menschen?

35 Im **Schrifttum** wird eine analoge Anwendung der §§ 827 ff BGB für den Fall eingeschränkter Einsichts- und Steuerungsfähigkeit alter Menschen erwogen (MünchKomm/MERTENS Rn 13; DEUTSCH JZ 1964, 86, 90; GEILEN FamRZ 1965, 401, 408; BGB-

RGRK/Steffen Rn 9; **aA** dagegen Wilts VersR 1963, 1098, 1101; Koebel NJW 1956, 969, 971; vgl
auch OLG Nürnberg VersR 1965, 93, wo eine alte Dame sich durch einen auf sie zuspringenden
kleinen Hund erschreckt; unproblematisch hingegen BGHZ 76, 279, wo ein Rentner infolge Hirn-
abbaus für seine Tat bereits iSd § 827 Satz 1 BGB nicht mehr verantwortlich war). Insbesondere
bei einer Analogie zu den §§ 827 f BGB scheint aber im Hinblick auf die weitreichende Beeinträchtigung der Sicherheit des Rechtsverkehrs Vorsicht geboten.

3.   Sonstige Fälle fehlenden Verschuldens nach § 276 BGB?

§ 829 BGB ist – mit Ausnahme der oben erwähnten Konstellationen – nur im Falle **36**
fehlender Zurechnungsfähigkeit (§ 827 BGB) bzw Schuldunfähigkeit (§ 828 BGB)
anwendbar; dies folgt schon aus dem insoweit eindeutigen Wortlaut (vgl bereits Stau-
dinger/Schäfer[12] Rn 32 mwN auf das ältere Schrifttum).

Anderer Ansicht nach soll § 829 BGB hingegen auch **in Fällen individueller Unzumut-** **37**
barkeit auf den Entschuldigten analog angewendet werden (Deutsch, Allg Haftungsrecht Rn 477; ähnlich Koziol AcP 196 [1996] 593, 609); dies sei vom Gesetzeszweck der
§§ 827 f BGB getragen; im übrigen spreche dafür ein Argument a maiore ad minus
(Deutsch Rn 482): Wenn die Norm bereits auf Jugendliche angewendet werde, die
wegen der herabgesetzten gruppentypischen Fahrlässigkeit nicht hafteten (gemeint ist
wohl die Entscheidung BGHZ 39, 281, 285), müßte sie erst Recht dann anwendbar sein,
wenn jemand aufgrund individuell-typischer Unzumutbarkeit entschuldigt sei. Dieser Schluß trägt indes schwerlich, weil die Entscheidung BGHZ 39, 281, 285 sich
gerade nicht im Hinblick auf eine allgemeine Herabsetzung der gruppentypischen
Fahrlässigkeit begründen läßt, sondern nur im Hinblick auf spezifische systematische
Defizite des § 828 Abs 2 BGB (Auslagerung der Steuerungsfähigkeit nach § 276
BGB, die dort eher systemwidrig zu einer Entschuldigung führt; dazu oben Rn 33).
Auch ist eine solche Erweiterung nicht vom Normzweck getragen. Die Norm zielt
nämlich auf eine Kompensation der erweiterten Handlungsmöglichkeiten, die den
von vornherein Schuldunfähigen durch §§ 827 f BGB im Rechtsverkehr eröffnet werden (Näheres oben Rn 17). Wer indes ohne Verschulden iSd § 276 Abs 1 Satz 2 BGB
eine rechtswidrige Tat begeht, nimmt keinen *erweiterten* Handlungsspielraum für
sich in Anspruch, sondern verhält sich so, wie es die Rechtsordnung ihm erlaubt. Er
ist folglich auch nicht ausgleichspflichtig.

Keine Anwendung findet § 829 BGB ferner **im Falle des entschuldigenden Irrtums** und **38**
der Unzumutbarkeit normgemäßen Verhaltens (Staudinger/Schäfer[12] Rn 18 mwN auf das
ältere Schrifttum; Deutsch, Allg Haftungsrecht Rn 484). Die XII. Kommission des Reichs-
tages hatte es ausdrücklich abgelehnt, den entschuldigenden Irrtum im Rahmen des
§ 829 BGB zu berücksichtigen (Bericht der RT-Kommission 58 f; Jakobs/Schubert, Die
Beratungen des Bürgerlichen Gesetzbuchs, Schuldrecht [III 1983] 927 f).

III.   Subsidiarität der Haftung

Der Schädiger haftet nur, soweit der Schaden nicht von einem aufsichtspflichtigen **39**
Dritten verlangt werden kann. Einschlägige Anspruchsgrundlage ist § 832 BGB,
wobei der Anspruch aus § 829 BGB ebenso begründet ist, wenn die rechtlichen
Voraussetzungen des Anspruchs nach § 832 BGB nicht vorliegen, wie wenn der
Anspruch aus § 832 BGB **tatsächlich nicht durchsetzbar** ist (MünchKomm/Mertens

Rn 17). Ist der Anspruch nach § 832 BGB lediglich tatsächlich nicht durchsetzbar, so ist eine gesamtschuldnerische Haftung von Schuldunfähigem und Aufsichtspflichtigem die Folge (oben Rn 1). Eine Vorausklage gegenüber dem Aufsichtspflichtigen ist indes in diesem Falle nicht erforderlich (MünchKomm/Mertens Rn 17).

40 Diese Einschränkung hat **historische Gründe**; sie folgt der naturrechtlichen Tradition der Äquitätshaftung (vgl oben Rn 1), die ebenfalls den Aufsichtspflichtigen als den eigentlich Verantwortlichen vorrangig haften ließ. Gegenüber **anderen Anspruchsgrundlagen** besteht die Subsidiarität hingegen nicht.

41 Bei der sog „spiegelbildlichen" Anwendung des § 829 BGB im Rahmen des § 254 BGB soll der Unzurechnungsfähige jedoch nicht entsprechend einwenden dürfen, er selbst erlange vom Aufsichtspflichtigen Ersatz seines Schadens und hafte daher nicht (OLG Celle NJW 1969, 1632). Diese Entscheidung verdient zu Recht Kritik, verschärft sie doch im Rahmen des § 254 BGB die aus § 829 BGB begründete Verantwortlichkeit (so MünchKomm/Mertens Rn 18 Fn 25 und Knippel NJW 1969, 2016 f; Böhmer JR 1970, 339; offengelassen: BGH NJW 1973, 1795).

IV. Billigkeitsprüfung

1. Allgemeines

42 Nach **ständiger Rechtsprechung** muß der Schadensersatz nicht nur durch die Billigkeit gerechtfertigt, sondern im Hinblick auf sie erforderlich sein (BGH NJW 1969, 1762; NJW 1973, 1795; OLG Hamm VersR 1977, 531). Grund, Umfang und Höhe des Anspruchs (vgl den Wortlaut „insoweit") werden dabei durch die Billigkeit bestimmt.

43 Das Billigkeitsurteil beruht ferner stets auf einer **Würdigung der Gesamtumstände** und kann insbesondere nie allein aus den beiderseitigen Vermögensverhältnissen heraus begründet sein (BGHZ 127, 186, 192 = NJW 1995, 111; NJW 1969, 1762; MünchKomm/Mertens Rn 20).

2. Wirtschaftliches Gefälle zwischen Schädiger und Geschädigtem

a) Ausgangsüberlegung

44 Bereits in der naturrechtlichen Tradition der Äquitätshaftung ist die Überlegung grundgelegt, daß der schuldlose Schädiger allein aufgrund seines größeren Vermögens haften solle (oben Rn 1, 14). Soweit geht die Rechtsprechung nicht (BGHZ 127, 186, 192 = NJW 1995, 111; NJW 1969, 1762). Sie berücksichtigt jedoch im Rahmen ihres Billigkeitsurteils, ob der Schädiger vermögensmäßig erheblich besser gestellt ist als der Geschädigte (**wirtschaftliches Gefälle**), wobei es ihr als ungerecht erscheint, wenn der schuldunfähige Schädiger im Besitz erheblicher Mittel verbleibt, während der Geschädigte die Lasten aus dem Unglücksfall zu tragen hat (BGHZ 76, 279, 284; VersR 1958, 485; NJW 1979, 2096). Wegen des **Ausnahmecharakters von § 829 BGB** will die Rechtsprechung nur **erhebliche Vermögensumstände** berücksichtigen (BGH NJW 1958, 1630; NJW 1979, 2096; BGB-RGRK/Steffen Rn 13). Entgegen vereinzelt geäußerter Kritik (Deutsch, Allg Haftungsrecht Rn 7) entspricht die Einbeziehung der Vermögensverhältnisse dem im Gesetzestext gesetzten ausdrücklichen Schwerpunkt (vgl dort „insbesondere") sowie der naturrechtlichen Tradition, an die § 829 BGB anknüpft (oben Rn 1, 14).

b)   **Berücksichtigung von Haftpflichtversicherungen**
Tritt für den schuldunfähigen Schädiger ein Haftpflichtversicherer ein, findet § 829 **45** BGB gerade keine Anwendung, weil andernfalls höchstens eine Entlastung des Versicherers erreicht würde, was die Norm wiederum nicht bezweckt (LARENZ/CANARIS, Schuldrecht II/2 [13. Aufl 1994] § 84 VII 1; BGB-RGRK/STEFFEN Rn 15; AG Ginzburg ZfSchR 1987, 258).

Fraglich ist indes, ob eine **Haftpflichtversicherung** im Vermögen des Schädigers auch **46** dann berücksichtigt werden muß, **wenn die Voraussetzungen der Eintrittspflicht des Versicherers im Einzelfall gar nicht vorliegen.** Die Entwicklung der **Rechtsprechung** zu dieser Frage vollzog sich in mehreren Schritten. Zunächst (BGHZ 23, 90, 99) befürwortete der Bundesgerichtshof vorsichtig die Berücksichtigung von Haftpflichtversicherungen, weil diese auch in die Höhe des Schmerzensgeldanspruchs eingingen (zum Schmerzensgeld entsprechend: BGHZ 18, 149, 165 [GZS]; ähnl DEUTSCH, Allg Haftungsrecht Rn 489). In einer weiteren Entscheidung (BGH VersR 1958, 485, 486 f) distanzierte sich der Bundesgerichtshof gerade von diesem Vergleich, weil in § 847 BGB – anders als in § 829 BGB – die Vermögenslage und insbesondere die Leistungsfähigkeit des Schädigers nicht anspruch*begründend* seien (so auch BGHZ 76, 279, 284). Folglich sollte die Haftpflichtversicherung nicht bei der Entscheidung über den Grund des Anspruchs aus § 829 BGB berücksichtigt werden, sondern nur bei der Bemessung seiner Höhe. Zunächst sollte also ohne Berücksichtigung der Haftpflichtversicherung überprüft werden, ob der Billigkeitsanspruch bestand und dann die Haftpflichtversicherung in seine Höhe eingerechnet werden.

Die Kritik (HANAU VersR 1969, 291, 292; POHLE MDR 1958, 838; BÖHMER MDR 1963, 22) **47** stellte vor allem auf den **Zweck der Haftpflichtversicherung** ab, den Versicherungsnehmer freizustellen und sein Vermögen zu schützen, nicht aber eine Haftungsgrundlage zu schaffen. Diese Einwände griff der Bundesgerichtshof in einer weiteren Entscheidung auf (BGHZ 76, 279, 285), erwog aber zugleich, ob nicht eine **geänderte Sichtweise** gerechtfertigt sei, und zwar aus dem „**Funktionswandel**, durch den der Haftpflichtversicherung vermöge ihrer stark gewachsenen Bedeutung im sozialwirtschaftlichen Gefüge ganz allgemein Rückwirkungen auf das Haftungsrecht zukommen soll" (BGHZ aaO). Bei der **Pflichtversicherung** weise bereits das Bestehen einer Versicherungs*pflicht* darauf hin, daß **auch die Schadloshaltung des Geschädigten** und nicht nur die Freistellung des Versicherten in den **Versicherungszweck** einbezogen sei (BGH aaO). Bei gewissen **Berufshaftpflichtversicherungen**, deren Abschluß zwar nicht einer gesetzlichen, wohl aber einer anerkannten Standespflicht des Versicherungsnehmers entspreche, liege es folglich ebenfalls nicht fern, eine solche Zielsetzung anzunehmen (BGH 285 f). In dieser Entscheidung aber ging es um eine **freiwillige Privathaftpflichtversicherung**, die das Gericht nicht in das Vermögen des Schädigers einrechnete (BGH 286). Der **noch weitergehenden Gegenansicht** (vgl etwa BÖHMER MDR 1963, 21, 22), nach der die Schadloshaltung dem Wunsch und Interesse eines redlichen schuldlosen Schädigers entspreche, hielt das Gericht entgegen, daß dieses Interesse nicht in den versicherungsvertraglichen Deckungsbereich falle (BGH 286). Insbesondere sieht der Gerichtshof die **Einrechnung der vollen Deckungssumme als bedenklich** an: Weil ein vorsichtiger Privatmann in mittleren wirtschaftlichen Verhältnissen mit einer den

Wert seines Vermögens übersteigenden Deckungssumme versichert zu sein pflege, sei eine Ausweitung der Billigkeitshaftung und eine Rückwirkung auf die Prämienkalkulation zu befürchten (BGH 286; so auch DEUTSCH, Allg Haftungsrecht Rn 490; aA offensichtlich LARENZ/CANARIS § 84 VII 1, der die Deckungssumme voll berücksichtigen will). In einer vorläufig abschließenden Entscheidung (BGHZ 127, 186) knüpft der Gerichtshof an diese Rechtsprechung an und erwägt, eine **Kfz-Pflichtversicherung** auch bei der Entscheidung über den Grund des Anspruchs (das „Ob") in das Vermögen des Geschädigten einzurechnen (BGH 191). Denn der Zweck der Pflichtversicherung liege in erster Linie im Schutz des Geschädigten. Dem steht nach Auffassung des Gerichts auch **nicht das Trennungsprinzip** (dazu unten Rn 52) entgegen: „Für den besonderen Anspruch aus § 829 BGB muß sich der auf den Opferschutz gerichtete Zweck der Kfz-Haftpflichtversicherung gegenüber diesem Prinzip durchsetzen" (BGH 192). Allerdings könne das **Bestehen einer Pflichtversicherung nie allein** den Anspruch aus § 829 BGB begründen, vielmehr müßten die gesamten Umstände des Einzelfalls den Ausgleich erfordern, was das Gericht in der mit einer Zurückverweisung endenden Entscheidung bezweifelt (BGH 192). **Freiwillige Haftpflichtversicherungen** will der Bundesgerichtshof indes auch in dieser Entscheidung **nicht** berücksichtigen (BGH aaO 191).

48 Die **nachfolgende Rechtsprechung der Instanzgerichte** ist bei der Einrechnung von Haftpflichtversicherungen in das Schädigervermögen sehr zurückhaltend und will den Anspruch aus § 829 BGB ebenfalls nicht allein wegen Bestehens einer Haftpflichtversicherung begründen (LG Dortmund ZfSch 1995, 366; LG Düsseldorf VersR 1996, 51). Dies entspricht der bereits **zuvor** an die Entscheidung BGHZ 76, 279 anknüpfenden Instanzgerichtsrechtsprechung (OLG Karlsruhe ZfSch 1993, 293; OLG Düsseldorf FamRZ 1994, 630; LG Dortmund VersR 1994, 606; LG Augsburg ZfSch 1988, 2); erwogen wurde die Miteinrechnung jedoch dann, wenn der **Grad der „natürlichen Schuld" beim schuldlosen Schädiger** besonders hoch ist (LG Mosbach NJW-RR 1986, 24; AG Dortmund ZfSch 1993, 150; gegen die Berücksichtigung von Haftpflichtversicherungen aber noch OLG Hamburg ZfSch 1990, 41).

49 Im **Ergebnis** bezieht die Rechtsprechung daher alle gesetzlichen *Pflicht*versicherungen und Berufshaftpflichtversicherungen, die auf Standesrecht beruhen, soweit sie dem Schutz der Geschädigten dienen, in die Entscheidung über die Frage ein, ob der Anspruch aus § 829 BGB begründet ist und wie hoch er zu bemessen ist. Dabei wirkt das Bestehen einer Versicherung allein noch nicht anspruchsbegründend, sondern kann nur gemeinsam mit weiteren Umständen des Einzelfalles die Schadensersatzrechtsfolge tragen. Auch darf in das Vermögen des Schädigers nicht die volle Deckungssumme eingerechnet werden.

50 Im **Schrifttum** wurde bereits seit langem die Einbeziehung aller Haftpflichtversicherungen – der freiwilligen und der gesetzlich vorgeschriebenen – befürwortet, weil es sich dabei gleichermaßen um Vermögenspositionen des Schädigers handele (KNÜTEL JR 1980, 18; KÖTZ, Deliktsrecht Rn 147 ff; MünchKomm/MERTENS Rn 21). Dafür spreche auch der **Rechtsvergleich** (DEUTSCH, Allg Haftungsrecht Rn 491): So hat der österreichische Oberste Gerichtshof (JBl 1982, 149; dagegen KERSCHNER ÖJZ 1979, 282) Haftpflichtversicherungen ebenso einbezogen wie das Schweizerische Bundesgericht im Rahmen der Kausalhaftung nach Art 54 Abs 1 OR (BGE 102 II 226; BG VersR 1979, 96). Nach DEUTSCH (Allg Haftungsrecht Rn 490) ist dies nur konsequent, weil im Rahmen des

§ 829 BGB das Vermögen gerade Haftungsgrund sei (Deutsch aaO will allerdings wie die Rechtsprechung bei der Einrechnung danach unterscheiden, ob die Versicherung allein Freistellungsfunktion zugunsten des Versicherten hat oder auch Schutzfunktion zugunsten des Geschädigten). Auch andere Autoren (Larenz/Canaris, Schuldrecht II/2 [13. Aufl 1994] § 84 VII 1) stimmen der Rechtsprechung im Bereich des PflVG zu und leiten den besonderen Geschädigtenschutz dabei aus § 3 PflVG ab: Der Versicherer würde nicht über den Versicherungsvertrag hinaus belastet, wenn man auch im Verhältnis zu ihm die Rechtslage (hypothetisch) so bewerte, als sei der Täter deliktsfähig; dies entspreche gerade der in § 829 BGB angeordneten Rechtsfolge, während umgekehrt die Geschäftsunfähigkeit des Versicherungsnehmers nicht zum „Glücksfall" für die Versicherung werden dürfe.

Stellungnahme: Gerade diese letzte Sichtweise läßt aber einen **zentralen Kritikpunkt** 51 offenbar werden (vgl ferner zur Kritik: E Lorenz VersR 1980, 697 f; Lieb MDR 1995, 992 f; zuvor Hanau VersR 1969, 291, 292): Wenn der Versicherer bewußt einen Unzurechnungsfähigen iSd § 827 BGB bzw einen Schuldunfähigen iSd § 828 BGB versichert, muß er sich im Rahmen des § 829 BGB gerade nicht so behandeln lassen, als sei dieser geschäftsfähig. Andernfalls bürdeten ihm die Gerichte ein Risiko auf, das er gar nicht versichert hat und änderten den Vertragsgegenstand (E Lorenz VersR 1980, 697, 700). Fraglich ist daher, ob sich die Beurteilung ändern kann, wenn ein Fall der §§ 827 f BGB erst nach Abschluß des Versicherungsvertrages unerwartet eintritt. Ob nämlich der nachträgliche Eintritt der Geschäftsunfähigkeit für die Versicherung wirklich als „Glücksfall" anzusehen ist (so Canaris aaO), hängt davon ab, wie man ihre vertraglichen Pflichten im übrigen beurteilt.

So erwächst ein weiterer wichtiger Einwand aus dem vom Bundesgerichtshof bewußt 52 durchbrochenen (BGHZ 127, 186, 192) **Trennungsprinzip**: Nach diesem folgt die Eintrittspflicht des Versicherers dem Anspruch zwischen Versicherungsnehmer und Geschädigtem und nicht umgekehrt; dh das Bestehen von Versicherungsschutz kann nicht einen Haftungsanspruch begründen, der dann wiederum die Eintrittspflicht auslöst (E Lorenz VersR 1980, 697, 700; Drewitz, Der Grundsatz: Die Versicherung folgt der Haftung [Diss Mannheim 1977]). Die abweichende Sichtweise des Bundesgerichtshofs in diesem Punkt beinhaltet dabei mehr als nur die Durchbrechung eines Prinzips im Ausnahmefall; sie führt zu einer **Änderung des vom Versicherer übernommenen Risikos**. Nach dem Versicherungsvertrag soll dieser nämlich nur dann eintreten, wenn ein Haftungsanspruch gegenüber dem Haftpflichtigen begründet ist. In den einschlägigen Konstellationen besteht aber zunächst weder ein Anspruch aufgrund der §§ 823 bis 826 BGB noch aus § 829 BGB. Daß der Anspruch damit gerechtfertigt wird, es bestünde eine Versicherung für den Fall, daß die Voraussetzungen der §§ 823 ff BGB bzw des § 829 BGB vor*lägen*, bürdet dem Versicherer ein neues Risiko auf: Er muß nun auch dafür einstehen, daß er mit dem Schädiger einen Versicherungsvertrag geschlossen hat! Zu pauschal erscheint daher auch das Argument, die Haftpflichtversicherung repräsentiere einen Vermögenswert auf der Habenseite des Schädigers: Der eigentliche Vermögenswert der Haftpflichtversicherung liegt ja nicht in einer bestimmten Geldsumme (zB iHd Deckungssumme), sondern darin, daß der Versicherer das Haftpflichtrisiko vom Versicherungsnehmer fernhält. Ist dieses Risiko anläßlich einer vom schuldlosen Schädiger verursachten Rechtsgutsverletzung bei Dritten nicht eingetreten, hat die Haftpflichtversicherung für den Schädiger im Hinblick auf diesen Schadensfall auch keinen konkret kapitalisierbaren Vermögenswert, sondern allenfalls den hypothetischen Wert, daß der Versicherer den Schädiger von den wirtschaftlichen Folgen dieser Tat entlastet hätte, wenn der Schädiger für diese verantwortlich gewesen wäre. Daß die Haftpflichtversicherung den Schädiger aber auch künftig, bei weiteren möglichen Haftpflichtfällen schützt, ist kein Argument, aus ihr dort nachträglich eine Eintrittspflicht zu begründen, wo das übernommene Versicherungsrisiko gar nicht eingetreten war. **Richtiger Auffassung nach darf die Haftpflichtversicherung** daher nicht in die Entscheidung über Grund und Höhe des Billigkeitsausgleichs einbezogen werden.

53 **Zweifelhaft** ist die zT erhobene Forderung (vgl BGB-RGRK/Steffen Rn 15 unter Hinweis auf BGH NJW 1976, 2096 f; vBar, in: BMJ [Hrsg], Gutachten und Vorschläge zur Überarbeitung des Schuldrechts [Bd 2 1981] 1681, 1762), im Rahmen des § 829 BGB sei auch zu berücksichtigen, **daß der Geschädigte von der Möglichkeit, sich gegen entsprechende Unfallrisiken zu versichern, keinen Gebrauch gemacht habe.** Dagegen dürften praktische Bedenken sprechen, weil die Möglichkeit des späteren Eintritts der Unzurechnungsfähigkeit kaum ein eigenes besonders versicherungswürdiges Risiko darstellt (Deutsch, Allg Haftungsrecht Rn 489).

c) Vermögensverhältnisse der Unterhaltspflichtigen

54 Nach **hM** müssen im Rahmen der Gesamtbetrachtung auch die **Vermögensverhältnisse der gegenüber dem Schädiger Unterhaltspflichtigen** berücksichtigt werden (BGH NJW 1979, 2096; Koebel NJW 1956, 969; Staudinger/Schäfer[12] Rn 453; BGB-RGRK/Steffen Rn 13; MünchKomm/Mertens Rn 20).

d) Berücksichtigung von Leistungen des Arbeitgebers, Dienstherren oder einer Versicherung

55 Im Rahmen des § 829 BGB ist auch die Übernahme von Schäden durch den Arbeitgeber, den Dienstherren oder eine Versicherung zu berücksichtigen (Deutsch, Allg Haftungsrecht Rn 488; Larenz, Schuldrecht II [12. Aufl 1981] § 71 II; Esser/Weyers, Schuldrecht Bd 2 [7. Aufl] § 55 III 2; Soergel/Zeuner § 829 Rn 5 f; Staudinger/Schäfer[12] Rn 46 ff), auch wenn dies dazu führt, daß der Anspruch aus § 829 BGB durch diese Leistungen gekürzt wird und so nur ein gekürzter Anspruch im Wege der Legalzession bzw rechtsgeschäftlichen Abtretung auf den Arbeitgeber oder Dienstherren übergehen kann (Deutsch, Allg Haftungsrecht Rn 489; aA BGH VersR 1973, 925).

e) Berücksichtigung des vollen Schadensersatzes aus Gefährdungshaftung bei Anspruch auf Schmerzensgeld

56 Erhält der Geschädigte aus einem Gefährdungshaftungstatbestand (etwa § 7 StVG) vollen Ersatz seines materiellen Schadens, ist für einen Schmerzensgeldanspruch nur unter eingeschränkten Voraussetzungen Raum; er ist insbesondere bei der Verursachung von Dauerschäden in Betracht zu ziehen und dann, wenn sein Versagen „dem Billigkeitsdenken kraß widerspricht" (BGHZ 127, 186, 193 = NJW 1995, 111).

3. Tat- und täterbezogene Umstände

57 Im Rahmen der Billigkeitsprüfung sind die **auf die Tat bezogenen besonderen Umstände zu berücksichtigen**, also zB die Schwere der Verletzung, die Frage, ob ein Dauerschaden zurückbleibt bzw die Erwerbsfähigkeit des Verletzten gemindert ist (MünchKomm/Mertens Rn 20; Deutsch, Allg Haftungsrecht Rn 488; Larenz, Schuldrecht II [12. Aufl

1981] § 71 II). Auch **immaterielle Nachteile** können beim Verletzten berücksichtigt werden (BGHZ 76, 279, 282; BGB-RGRK/STEFFEN Rn 11; DEUTSCH, Allg Haftungsrecht Rn 487). Entscheidend kommt es auch darauf an, ob sich in der Verletzung nicht nur **das allgemeine Lebensrisiko des Verletzten** verwirklicht (BGB-RGRK/STEFFEN Rn 11; DEUTSCH, Allg Haftungsrecht 487)

Ferner müssen auch **täterbezogene Merkmale** miteinbezogen werden (DEUTSCH, Allg **58** Haftungsrecht Rn 488); die Rechtsprechung stellt bisweilen auf den „Grad der natürlichen Schuld" ab (LG Mosbach NJW-RR 1986, 24; AG Dortmund ZfSCH 1993, 150; vgl zu dieser Problematik auch oben Rn 27). Allerdings ist dabei der eingeschränkten Einsichts- und Steuerungsfähigkeit Rechnung zu tragen: So soll die Beachtung der Vorfahrt einem Fünfjährigen noch nicht abverlangt werden können (AG Lingen Schadens-Praxis 1993, 201).

4. Mitverschulden des Geschädigten

Das **Mitverschulden des Geschädigten** führt nach § 829 BGB nicht zum Haftungsaus- **59** schluß. Darin liegt eigentlich ein Widerspruch zur naturrechtlichen Tradition der Äquitätshaftung, wonach Billigkeit nur demjenigen Täter gewährt werden kann, der sich selbst billig verhalten hat (vgl ALR I 6 § 44, abgedruckt oben Rn 1 sowie § 1308 ABGB; vgl auch das Equity-Prinzip: „Who comes to equity must come with clean hands", auf das VBAR, Gemeineuropäisches Deliktsrecht Rn 78, aufmerksam macht).

Im Rahmen des § 829 BGB ist das Mitverschulden jedoch nur ein in der Gesamtbe- **60** trachtung zu berücksichtigender Umstand (MünchKomm/MERTENS Rn 20). Die **Praxis** geht dabei soweit, daß auch ein zum Verursachungsbeitrag des Schädigers gleich schweres Mitverschulden die Haftung nicht ausssschließt (OLG Köln VersR 1981, 266 f).

V. Berücksichtigung von Unterhaltspflichten des Schädigers (Schonvermögen)

Der Anspruch besteht ausweislich des Wortlautes nicht, wenn dem Schädiger die **61** Mittel entzogen werden, deren er zum angemessenen Unterhalt sowie zur Erfüllung seiner gesetzlichen Unterhaltspflichten bedarf. Nach dem Willen des Gesetzgebers sollte dieses Vermögen der Haftung nach § 829 BGB vollständig entzogen sein (**Schonvermögen**, **beneficium competentiae**). Dies ist heute **hM** (STAUDINGER/SCHÄFER[12] Rn 59; BGB-RGRK/STEFFEN Rn 18; MünchKomm/MERTENS Rn 26; DEUTSCH, Allg Haftungsrecht Rn 485).

Den Unterhaltspflichten müssen dabei **Verpflichtungen zum Versorgungsausgleich 62** gleichstehen (MünchKomm/MERTENS Rn 26).

Entfallen allerdings mit dem **Ableben des Schädigers** dessen Unterhaltsbedürfnisse, so **63** wird das Vermögen, das zu Lebzeiten diesen Unterhaltsbedürfnissen diente, für den Zugriff des Geschädigten frei. Die Erben haben hier keinen Anspruch auf bevorzugte Behandlung (BGHZ 76, 279, 287). Etwas anderes wird jedoch dann gelten, wenn der Erbe gegenüber dem Erblasser unterhaltsberechtigt war und nun den Nachlaß zur Bestreitung des eigenen Unterhaltes benötigt. Auch er muß sich dann auf die Sperrwirkung berufen dürfen.

VI. Rechtsfolge

64 Die Haftung reicht nach dem Wortlaut nur „insoweit", als dies die Billigkeit gebietet. Je nach Lage der Einzelumstände ist aber auch ein voller Ersatz der Vermögenseinbuße in Betracht zu ziehen.

65 Auch ein **Schmerzensgeld** nach § 847 BGB kann gewährt werden (BGHZ 76, 279, 282). Allerdings kann der Richter aus „fürsorglichen Erwägungen" heraus bei nur begrenzter Zugriffsmöglichkeit Schmerzensgeldansprüche gegenüber wichtigeren Ersatzansprüchen, etwa solchen, die den Lebensunterhalt der Geschädigten sichern sollen, zurückstellen (BGH aaO). Erhält der Geschädigte bereits vollen Ersatz seines materiellen Schadens (etwa im Rahmen einer Gefährdungshaftung), ist für einen Schmerzensgeldanspruch nur unter eingeschränkten Voraussetzungen Raum; er ist insbesondere bei der Verursachung von Dauerschäden in Betracht zu ziehen und dann, wenn sein Versagen „dem Billigkeitsdenken kraß widerspricht" (BGHZ 127, 186, 193 = NJW 1995, 111).

C. Die sog „spiegelbildliche Anwendung" des § 829 BGB auf § 254 BGB

66 Nach heute **ganz hM** ist eine Mitverantwortung des Geschädigten iSd § 829 BGB als **Mitverschulden** iSd § 254 BGB zu berücksichtigen (BGHZ 37, 102, 105 f = NJW 1962, 1199; OLG Oldenburg VersR 1980, 340; OLG Karlsruhe DAR 1989, 25; MünchKomm/MERTENS Rn 15; **aA** noch RGZ 59, 221; JW 1903, Beilage 122, wegen des singulären Charakters von § 829 BGB; vgl auch BÖHMER MDR 1962, 778; STAUDINGER/WERNER[12] § 254 Rn 30). Es ist auch kein Grund ersichtlich, warum der Verantwortungsunfähige für den von ihm allein verursachten Schaden gem § 829 BGB haften, für einen mitverursachten Schaden iSd § 254 BGB indes keine Mitverantwortung tragen sollte (so BGH 106).

67 Die „spiegelbildliche" Anwendung des § 829 BGB greift auch in den Fällen, in denen die Einsichtsfähigkeit des Jugendlichen nach § 828 Abs 2 BGB zu bejahen, die Steuerungsfähigkeit und damit das Verschulden nach § 276 BGB aber aus altersbedingten Gründen zu verneinen ist (MünchKomm/MERTENS Rn 15; zu dieser Problematik oben Rn 33). Gleiches muß gelten, wenn dem Heranwachsenden die konkrete Einsichtsfähigkeit fehlt (oben Rn 34).

68 Allerdings unterzieht die Rechtsprechung § 829 BGB bei seiner Anwendung im Rahmen des § 254 BGB einer **einschränkenden Auslegung:** Vorausgesetzt wird ein **erhebliches Gefälle der Verursachungsanteile** (BGH NJW 1973, 1795; KG DAR 1995, 72; BGB-RGRK/STEFFEN Rn 20; STAUDINGER/SCHÄFER[12] Rn 37). Begründet wird dies mit dem Ausnahmecharakter des § 829 BGB (BGH NJW 1969, 1762, 1763; KG DAR 1995, 72: Keine Mitverantwortung des Deliktsunfähigen, wenn Schädiger haftpflichtversichert). So bleibt auf Seiten des schuldlosen Mitverursachers **kein Raum für die Anrechnung von Haftpflicht-oder Sozialversicherungen** (BGH VersR 1969, 860, 861; VersR 1973, 925; STAUDINGER/SCHÄFER[12] Rn 37; beachte nunmehr **aber** die mögl Konsequenzen der Entscheidung BGHZ 127, 186, 190 ff = NJW 1995, 111; dazu oben Rn 47). Die „spiegelbildliche" Anwendung des § 829 BGB entfällt, wenn der **Unfallgegner haftpflichtversichert** ist (BGHZ 73, 190, 192 = NJW 1979, 973; BGH NJW 1973, 1795; VersR 1975, 133, 135; VersR 1982, 441; OLG Karlsruhe DAR 1990, 137; RuS 1988, 328). Das **Erfordernis eines erheblichen Gefälles der Verursachungs-**

anteile wird **verneint** vom OLG Köln (VersR 1981, 266), wo bei einem „Fechtkampf" ein Fünfjähriger einen Achtjährigen schwer verletzte (ähnliche Konstellation LG Frankenthal HVBG-Info 1994, 2133).

Kritik: Die Einschränkung der „spiegelbildlichen" Anwendung des § 829 BGB im **69** Rahmen des § 254 BGB auf Konstellationen mit einem erheblichen Gefälle der Verursachungsanteile **überzeugt nicht.** Denn zum einen setzt sich diese Einschränkung zum tragenden Grund der spiegelbildlichen Anwendung in Widerspruch: Der Verantwortungsunfähige ist gerade deshalb nach § 254 BGB dennoch verantwortlich, weil es keinen Unterschied machen kann, ob er den Schaden allein verursacht hat (dann evtl Haftung nach § 829 BGB) oder ob er ihn nur mitverursacht hat (dann Anspruchsminderung gem § 254 iVm § 829 BGB). Angesichts der Vergleichbarkeit beider Fälle im Hinblick auf die in § 829 BGB verfolgten Regelungsziele leuchtet es nicht ein, warum hier eine Ungleichbehandlung (unterschiedlich großzügige Auslegung) gerechtfertigt sein soll. Insbesondere überzeugt das Argument nicht, § 829 BGB sei als Ausnahmevorschrift eng auszulegen. Der Satz, daß Ausnahmevorschriften eng auszulegen seien, ist entgegen seiner weiten Verbreitung methodisch nicht haltbar (Larenz, Methodenlehre [6. Aufl 1991] 355). Die Ausnahmevorschrift muß vielmehr wie jede andere Norm so weit und so eng ausgelegt werden, wie es ihr (Schutz-)Zweck gebietet. Dies legt es nahe, im Rahmen der unmittelbaren und der „spiegelbildlichen" Anwendung des § 829 BGB die gleichen Maßstäbe anzuwenden.

Problematisch ist deshalb auch die Auffassung, die dem Verantwortungsunfähigen im **70** Rahmen der „spiegelbildlichen" Anwendung die **Einwendung versagt,** seine eigene Haftung entfalle, weil er selbst von seinem Aufsichtspflichtigen Ersatz für seinen Schaden erlange (OLG Celle NJW 1969, 1632). Dies bedeutet nämlich eine Haftungsverschärfung gegenüber der unmittelbaren Anwendung, wo gem § 829 BGB nur subsidiär gegenüber § 832 BGB gehaftet wird (MünchKomm/Mertens Rn 18 Fn 22 und Knippel NJW 1969, 2016 f; Böhmer JR 1970, 339; offengelassen: BGH NJW 1973, 1795).

D.　Prozessuale Durchsetzung

I.　Allgemeines

Prozessuale Probleme entstehen, wenn die **fehlende Verantwortungsfähigkeit des Schä- 71 digers erst während des Prozesses bekannt** wird. Das Gericht hat keine Hinweis- oder Aufklärungspflicht, daß der Tatsachenvortrag nunmehr auf einen Anspruch nach § 829 BGB umzustellen sei (BGH VersR 1965, 385, 386; Staudinger/Schäfer[12] Rn 63). Es dürfte auch **keine Klageänderung** nach § 263 ZPO vorliegen; zwar werden in § 829 BGB – anders als im Rahmen der §§ 823 – 826 BGB – neben dem Tathergang die allgemeinen Lebensumstände der Beteiligten und übergeordnete in ihren sonstigen Lebensverhältnissen begründete Billigkeitsgesichtspunkte relevant. Dadurch wird aber kein neuer Streitgegenstand eingeführt, sondern allenfalls der bestehende Sachverhalt nach § 264 Nr 1 ZPO ergänzt.

II. Berücksichtigung zukünftiger Entwicklungen

72 Gerade bei minderjährigen Schädigern (§ 828 Abs 2 BGB) liegt aus Sicht des Geschädigten die Hoffnung nahe, daß sich deren Vermögensverhältnisse in Zukunft zum Positiven bessern. Maßgeblicher Zeitpunkt für die Entscheidung über den Ersatzanspruch ist indes die letzte mündliche Tatsachenverhandlung (BGH NJW 1962, 1199). Sind in diesem Zeitpunkt bereits Änderungen in den wirtschaftlichen Verhältnissen absehbar, die eine Billigkeitsentschädigung als gerechtfertigt erscheinen lassen, so kann die mögliche Ersatzpflicht bereits Gegenstand eines **Feststellungsantrages** sein, gerichtet auf Feststellung, daß der Schädiger den Schaden ganz oder teilweise zu ersetzen habe, wenn und soweit die Billigkeit es erfordere und ihm nicht die Mittel zum eigenen Unterhalt und zur Erfüllung gesetzlicher Unterhaltsansprüche entzogen würden (RGZ 169, 394 f; BGH NJW 1958, 1630; NJW 1962, 2201, 2202; OLG Köln VersR 1981, 266). Im Feststellungsurteil kann dem Geschädigten ferner die Berufung auf einen Schadensausgleich gem § 829 BGB bei Eintritt der entsprechenden Voraussetzungen vorbehalten werden (BGH VersR 1967, 1001). Da die Haftung nach § 829 BGB indes ein „wirtschaftliches Gefälle" voraussetzt (vgl oben Rn 44 ff), ist ein entsprechender Antrag im Verfahren nur begründet, wenn substantiierbare Hoffnungen bestehen, daß das **Vermögen des Schädigers das des Geschädigten in absehbarer Zeit deutlich übersteigen** wird (vgl auch OLG Karlsruhe DAR 1990, 137).

73 Ein solcher Feststellungantrag ist grds auch **bei der spiegelbildlichen Anwendung des § 829 BGB** im Rahmen des § 254 BGB möglich (OLG Karlsruhe DAR 1990, 137).

74 Bei **Zuspruch einer Rente** kommt eine **Abänderungsklage** nach § 323 ZPO bei einer Änderung der wesentlichen Vermögensverhältnisse in Betracht (MünchKomm/MERTENS Rn 27). Ansonsten ist eine **Abänderung des Urteils nicht möglich** (STAUDINGER/ SCHÄFER[12] Rn 58).

III. Beweislast

75 Der **Geschädigte** trägt die Beweislast für die anspruchsbegründenden Tatsachen, den Schadenseintritt, die Unmöglichkeit, vom Aufsichtpflichtigen Ersatz zu verlangen, sowie dafür, daß die Billigkeit nach den Umständen des Falles ganz oder zum Teil Schadloshaltung erfordert. Der **Schädiger** muß die anspruchshindernde Tatsache beweisen, daß ihm durch die Ersatzpflicht die Mittel für seinen angemessenen Lebensunterhalt und die Erfüllung seiner gesetzlichen Unterhaltsverpflichtungen entzogen würden.

76 Im Rahmen des § 254 BGB muß der Schädiger die anspruchsbegründenden Voraussetzungen des § 829 BGB beweisen, der mitverantwortliche Geschädigte hingegen die anspruchshindernden.

Gesetz über die Haftung für fehlerhafte Produkte (Produkthaftungsgesetz – ProdHaftG)

Vom 15. Dezember 1989 (BGBl I 2198)

Einleitung zum Produkthaftungsgesetz

Materialien: Entschließung des Rates vom 14. April 1975 betreffend ein Erstes Programm zum Schutz und zur Unterrichtung der Verbraucher, ABlEG Nr C 92/1
Vorschlag einer Richtlinie des Rates zur Angleichung der Rechts- und Verwaltungsvorschriften der Mitgliedstaaten über die Haftung für fehlerhafte Produkte, ABlEG Nr C 241/9
Stellungnahme zu dem Vorschlag einer Richtlinie des Rates zur Angleichung der Rechts- und Verwaltungsvorschriften der Mitgliedstaaten über die Haftung für fehlerhafte Produkte vom 12. und 13. Juli 1978, ABlEG 1979 Nr C 114/15
Entschließung mit der Stellungnahme des Europäischen Parlaments zu dem Vorschlag der Kommission der Europäischen Gemeinschaften an den Rat für eine Richtlinie zur Angleichung der Rechts- und Verwaltungsvorschriften der Mitgliedstaaten über die Haftung für fehlerhafte Produkte, ABlEG 1979 Nr C 127/61
Änderungen zum Vorschlag einer Richtlinie des Rates zur Angleichung der Rechts- und Verwaltungsvorschriften der Mitgliedstaaten über die Haftung für fehlerhafte Produkte vom 1. Oktober 1979, ABlEG Nr C 271/3
Richtlinie des Rates zur Angleichung der Rechts- und Verwaltungsvorschriften der Mitgliedstaaten über die Haftung für fehlerhafte Produkte (EG-Richtlinie Nr 85/374 vom 25. Juli 1985), ABlEG 1985 L 220, 29

Entwurf eines Gesetzes über die Haftung für fehlerhafte Produkte (Produkthaftungsgesetz – ProdHaftG), BR-Drucks 101/88
Entwurf eines Gesetzes über die Haftung für fehlerhafte Produkte (Produkthaftungsgesetz – ProdHaftG), BT-Drucks 11/2447
Zusammenstellung des Entwurfs eines Gesetzes über die Haftung für fehlerhafte Produkte (Produkthaftungsgesetz – ProdHaftG) mit den Beschlüssen des Rechtsausschusses (6. Ausschuß), BT-Drucks 11/5520
Gesetz über die Haftung für fehlerhafte Produkte (Produkthaftungsgesetz – ProdHaftG) vom 15. Dezember 1989 (BGBl I 2198)
Gesetz zur Ausführung des Abkommens vom 2. Mai 1992 über den Europäischen Wirtschaftsraum vom 27. 4. 1993 (BGBl I 512, 2436)
Gesetz zu dem Übereinkommen vom 16. September 1988 über die gerichtliche Zuständigkeit und die Vollstreckung gerichtlicher Entscheidungen in Zivil- und Handelssachen vom 30. 9. 1994 (BGBl II 2658)
Gesetz zur Reform des Markenrechts und zur Umsetzung der Ersten Richtlinie 89/104/EWG des Rates vom 21. Dezember 1988 zur Angleichung der Rechtsvorschriften der Mitgliedstaaten über Marken (Markenrechtsreformgesetz) vom 25. 10. 1994 (BGBl I 3082).

Schrifttum

ADAMS, Produkthaftung – Wohltat oder Plage? – Eine ökonomische Analyse, BB 1987 Beil Nr 20, 1
ANDERLE, Der Haftungsumfang des harmonisierten Produkthaftungsrechtes (1990)
vBAR, Deliktsrecht in Europa, 7 Bände (bis 1993)
ders, Gemeineuropäisches Deliktsrecht Bd 1 (1996)

Jürgen Oechsler

BARTL, Produkthaftung nach neuem EG-Recht (1989)

BEHRENS, Produkthaftung in Ausfüllung der EG-Richtlinie nach den englischen und deutschen nationalen Regeln (1991)

BISCHOF, Prodkthaftung und Vertrag in der EU (1994)

BÖHMEKE-TILLMANN, Konstruktions- und Instruktionsfehler – Haftung für Entwicklungsrisiken? (Diss Marburg 1992)

BORER, Der Fehlerbegriff nach deutschem, amerikanischem und europäischem Recht (Bern 1986)

BORER/KRAMER/POSCH/SCHWANDER, Produktehaftung – Schweiz, Europa, USA, Schweizerische Beiträge zum Europarecht, Bd 29 (Bern 1986)

BOURGOIGNE, Produkthaftung – Alte Argumente für eine neue Debatte?, Europäische Zeitschrift für Verbraucherrecht 1986, 4

BRAND/WOLTZ, Produkthaftung – Rechtsfrage, Konsequenzen, Texte (1990)

BRÄUTIGAM, Deliktische Außenhaftung im Franchising (1994)

BRENDL, Produkt- und Produzentenhaftung – Handbuch für die betriebliche Praxis (Loseblatt)

BRINKMANN, Die EG-Produkthaftungsrichtlinie – Neue Risiken für den Hersteller?, PHI 1986, 76

BRUCKNER, Die Produkt-(Produzenten-)Haftung im europäischen Vergleich unter Berücksichtigung der Haftung der Deutschen Bundespost Telekom, Archiv PR 1992, 103

BRÜGGEMEIER, Organisationshaftung, AcP 191 (1991) 33

ders, Produkthaftung und Produktsicherheit, ZHR 152 (1988) 511

BRÜGGEMEIER/REICH, Die EG-Produkthaftungsrichtlinie und ihr Verhältnis zur Produzentenhaftung nach § 823 Abs 1 BGB, WM 1986, 149

BUCHNER, Neuorientierung des Produkthaftungsrechtes?, DB 1988, 32

vCAEMMERER, Reform der Gefährdungshaftung (1971)

CAHN, Das neue Produkthaftungsgesetz – ein Fortschritt?, ZIP 1990, 482

CANARIS, Die Produzentenhaftpflicht in dogmatischer und rechtspolitischer Sicht, JZ 1968, 494

COWELL, Ein Kompromiß wird Realität, PHI 1986, 20

DEUTSCH, Aspekte für ein europäisches Haftungsrecht (1993)

ders, Das neue System der Gefährdungshaftungen, NJW 1992, 73

ders, Der Zurechnungsgrund der Produzentenhaftung, VersR 1988, 1197

DIEDERICHSEN, Die Haftung des Warenherstellers (1967)

ders, Wohin treibt die Produzentenhaftung?, NJW 1978, 1281

ders, Zur Dogmatik der Produkthaftung nach Inkrafttreten des Produkthaftungsgesetzes, in: Arbeitsgemeinschaft der Verkehrsanwälte im Deutschen Anwaltsverein, Probleme der Produzentenhaftung (1980) 9

DROBNIG, Produktehaftung, in: vCAEMMERER, Vorschläge und Gutachten zur Reform des deutschen internationalen Privatrechts der außervertraglichen Schuldverhältnisse [1983] 298

EBERSTEIN-BRAUNEWELL, Einführung in die Grundlagen der Produkthaftung (1991)

ERMERT, Produkthaftpflicht – Haftung und Versicherungsschutz (2. Aufl 1989)

FEDERSPIEL, Die EG-Produkthaftpflichtrichtlinie aus der Sicht der Verbraucher, PHI 1986, 81

FEGER, Darbietung und Produkthaftung (1990)

FICKER (s auch unter TASCHNER), Grundprobleme der Produktenhaftung, in: FS Konrad Duden (1977) 93 ff

ders, Produkthaftung als Gefährdungshaftung?, in: FS vCaemmerer (1978) 343

FOERSTE, Vertragliche und deliktische Haftung, Strafrecht und Produkthaftpflichtversicherung, in: Graf vWESTPHALEN, Produkthaftungshandbuch Bd 1 (1997)

FREYER, Richtlinienspezifische Probleme am Beispiel der Produkthaftung, EuZW 1991, 49

FRIETSCH, Das Gesetz über die Haftung für fehlerhafte Produkte und seine Konsequenzen für den Hersteller, DB 1990, 29

GIESEN, Produkthaftung im Umbruch, JZ 1989, 517

GILCHER, Produkthaftung für Dienstleistungen (Diss Saarbrücken 1994)

GMILKOWSKY, Die Produkthaftung für Umweltschäden und ihre Deckung durch die Produkthaftpflichtversicherung (1995)

Graf vWestphalen, Produkthaftungshandbuch (Bd 1 1989; Bd 2 1991)

ders, Das neue Produkthaftungsgesetz, NJW 1990, 83

ders, Haftung des Warenherstellers im amerikanischen Recht und der Uniform Commercial Code (1968)

Heck, Produkthaftung (1990)

Hettich, Produkthaftung – Haftungsumfang und Risikobegrenzung (2. Aufl 1990)

Hill-Arning/Hoffman, Produkthaftung in Europa (1995)

vHippel, Produkthaftung und Verbraucherschutz, BB 1978, 721

Höckelmann, Die Produkthaftung für Verlagserzeugnisse (1994)

Hölzlwimmer, Produkthaftungsrechtliche Risiken des Technologietransfers durch Lizenzverträge (1995)

Hohloch, Produkthaftung in Europa – Rechtsangleichungs- und nationale Entwicklungen im zehnten Jahr nach der Produkthaftungsrichtlinie, ZEuP 1994, 408

Hollmann, Die EG-Produkthaftungsrichtlinie, Teil 1 DB 1985, 2389, Teil 2 DB 1985, 2439

ders, Zum Stand der Umsetzung der EG-Produkthaftungsrichtlinie, RIW/AWD 1988, 81

Honsell, Produkthaftungsgesetz und allgemeine Deliktshaftung, JuS 1995, 211

vHülsen, Ist die von der EG-Kommission vorgeschlagene Form der strikten Produzentenhaftung eine gute Lösung?, RIW/AWD 1977, 373

Jöerges/Falke/Micklitz/Brüggemeier, Die Sicherheit von Konsumgütern und die Entwicklung der Europäischen Gemeinschaft (1988)

Junke, Internationale Aspekte des Produkthaftungsgesetzes (1991)

Keilholz, Die Bedeutung der EG-Produkthaftungsrichtlinie 1985 für das private Baurecht, BauR 1987, 259

Kelly/Attree, European Product Liability (London/Dublin/Edinburg/Munich 1992)

B Klein, Produkthaftung bei Baustoffen und Bauteilen (2. Aufl 1990)

D Koch, Produkthaftung (1995)

H Koch, Internationale Produkthaftung und

Grenzen der Rechtsangleichung durch die EG-Richtlinie, ZHR 152 (1988) 537

J Koch, Haftungsprobleme bei Produktspätschäden (1987)

Kötz, Ist die Produzentenhaftung eine vom Verschulden unabhängige Haftung?, in: FS W Lorenz (1991) 109

Kramer, Zur Konzeption des Konsumentenschutzes, KritV 1986, 270

Kretschmer, Die EG-Richtlinie zur Produzentenhaftung und die deutsche Industrie, PHI 1986, 34

Kretschmer/Alleweldt/Buyten/Scheller/Wagener, Produkthaftung in der Unternehmenspraxis (1992)

Kullmann, Das Risiko der Produzentenhaftung, VersR 1988, 655

ders, Aktuelle Rechtsfragen der Produktehaftpflicht (4. Aufl 1993)

ders, Produkthaftungsgesetz (1990)

Kullmann/Pfister, Produzentenhaftung (Loseblatt)

Kuntz, EG-Richtlinie heute und morgen, ZfJ 1992, 214

Lammerich, Die Rechtsnatur der neuen Produkthaftung und ihr Verhältnis zur richterrechtlichen Exkulpationshaftung nach § 823 Abs 1 BGB (1994)

Landfermann, Der geänderte Richtlinienvorschlag der EG-Kommission zur Produkthaftung, RIW 1980, 161

Landscheidt, Das neue Produkthaftungsrecht (2. Aufl 1992)

Lem, Die Haftung für fehlerhafte Produkte nach deutschem und französischem Recht (1993)

Lemor, Verschärfung der Regeln über die Haftung für fehlerhafte Produkte in der EG, VW 1986, 108

Lindenmeyer, Die Entwürfe des Europarats und der Europäischen Gemeinschaft zur Vereinheitlichung des Rechts der Produktenhaftung, WRP 1975, 420

Littbarski, Zum Stand der Internationalen Produkthaftung – Zehn Jahre nach dem Erlaß der EG-Produkthaftungsrichtlinie von 1985, JZ 1996, 231

ders, Produkt-Haftpflichtversicherung, in: Graf

vWESTPHALEN, Produkthaftungshandbuch
(Bd 1 1989) §§ 48 ff
W LORENZ, Europäische Rechtsangleichung
auf dem Gebiet der Produzentenhaftung – Zur
Richtlinie des Rates der Europäischen Gemeinschaften vom 25. Juli 1985, ZHR 151 (1987) 1
ders, Some Comparative Aspects of the European Unification of the Law of Products Liability, Cornell Law Review 60 (1975) 1000
LUCZAK, Das Recht der Produkthaftung in der
Umsetzung der EG-Richtlinie (85/374/EWG)
durch das deutsche Produkthaftungsgesetz vom
15. 12. 1989 (BGBl I 2198) (Diss Mainz 1992)
LÜDERITZ, Gefährdung und Schuld im Produkthaftpflichtrecht – Versuch einer Synthese,
in: FS Rebmann (1989) 755
LUKES, Reform der Produkthaftung (1979)
vMARSCHALL, Deutschland – Gedanken zum
Produkthaftungsgesetz, PHI 1991, 166
ders, Rechtsvergleichende Überlegungen zur
Produkthaftung, AG 1987, 97
MAYER, Das neue Produkthaftungsgesetz,
VersR 1990, 691
J MEYER, Instruktionshaftung (1992)
MICKLITZ, Internationales Produktsicherheitsrecht – Vorüberlegungen, ZERP-DP1/89, 1989
ders, Einheitliche Regelung der Produzentenhaftung in Europa, ZRP 1978, 37
ders, Technische Normen, Produzentenhaftung
und EWG-Vertrag, NJW 1983, 483
ders, Post Market Control of Consumer Goods
(1990)
MUTHIG, Die Haftung des Herstellers für Pro-
duktfehler (1993)
NICKEL, Produzentenhaftung beim Verkauf
mangelhafter Halbfabrikate (1985)
OPFERMANN, Der neue Produkthaftungsentwurf, ZIP 1988, 463
PAULI, Das zukünftige deutsche Produkthaftungsgesetz, PHI 1987, 138
PFEIFER, Produktfehler oder Fehlverhalten des
Produzenten – Das neue Produkthaftungsrecht
in Deutschland, den USA und nach der EG-
Richtlinie (1987)
POSCH, Die EG-Produktehaftungsrichtlinie des
Rats der EG vom 25. 7. 1985, RdW 1985, 299
POTT/FRIELING, Produkthaftungsgesetz, Kom-
mentar (1992)
PREY, Das Produkthaftungsgesetz – Die Pro-

dukthaftung vorher, das Gesetzgebungsverfahren und der Einfluß auf die bisherige Rechtsprechung zur Produkthaftung (Diss Regensburg 1990)
REICH, Europäisches Verbraucherrecht (3. Aufl
1996)
ders, Product Safety and Product Liability, JCP
1986, 133
ders, The Product Liability Debate – Continu-
ed, JCP 1991, 1
ROHLES, Das Produkthaftungsgesetz und seine
Auswirkungen auf die Versicherungswirtschaft,
VW 1988, 571 und 628
ROLLAND, Produkthaftungsrecht (1990)
ders, Zur Sonderstellung des Arzneimittelherstellers im System des Produkthaftungsrechts,
in: FS W Lorenz (1991) 193
SACK, Das Verhältnis der Produkthaftungsrichtlinie der EG zum nationalen Produkthaftungsrecht, VersR 1988, 439
SCHLECHTRIEM, Angleichung der Produkthaftung in der EG, VersR 1986, 1033
ders, Dogma und Sachfrage – Überlegungen
zum Fehlerbegriff des Produkthaftungsgesetzes, in: FS Rittner (1991) 545
SCHMIDT-RÄNTSCH, Die Umsetzung der Produkthaftungsrichtlinie des Rats der EG vom
25. 7. 1985, ZRP 1987, 437
SCHMIDT-SALZER, Produkthaftung, Bd 1: Strafrecht (2. Aufl 1987); Bd 2: Freizeichnungsklauseln (2. Aufl 1985); Bd 3/1 Deliktsrecht (2. Aufl
1990); Bd 4/1 Produkthaftpflichtversicherung
1. Teil (2. Aufl 1990)
ders, Die EG-Richtlinie Produkthaftung, BB
1986, 1103
ders, EG-Richtlinie Produkthaftung: Der Entwurf für das deutsche Transformationsgesetz
(ProdHaftG), BB 1987, 1404
ders, Der Fehler-Begriff der EG-Richtlinie Produkthaftung, BB 1988, 349
SCHMIDT-SALZER/HOLLMANN, Kommentar
EG-Richtlinie Produkthaftung, Bd 1: Deutschland (2. Aufl 1988); Bd 2: Ausland (Loseblatt)
SCHREIBER, Produkthaftung bei arbeitsteiliger
Produktion (1990)
SCHRUPKOWSKI, Die Haftung für Entwicklungsrisiken in Wissenschaft und Technik (1995)
A SCHUBERT, Die Produkthaftpflicht im inter-

nationalen Luftverkehr und deren Versicherung (Diss Köln 1997)

SCHWENZER, Die Umsetzung der EG-Richtlinie zur Produkthaftungspflicht in der BRD (1991)

SIMITIS, Grundfragen der Produzentenhaftung (1976)

ders, Produzentenhaftung – Von der strikten Haftung zur Schadensprävention, in: FS Duden (1977) 605

STORM, Rechtsangleichung durch die EG-Produkthaftungsrichtlinie?, PHI 1986, 112

STÜRMER/KOEPKE/REICHEL, Neue EG-Produkthaftpflicht (1988)

TAEGER, Außervertragliche Haftung für fehlerhafte Computerprogramme (1995)

TASCHNER, Product Liability – Actual Legislation and Law Reform in Europe, in: WOODROFFE, Consumer Law in EEC (London 1984) 113

ders, Produkthaftung – Richtlinie des Rates vom 25. Juli 1985 (1986)

ders, Die künftige Produzentenhaftung in Deutschland, NJW 1986, 611

ders, Die EG-Produzentenhaftung und die deutsche Industrie – Eine Erwiderung, PHI 1986, 54

ders, Internationale Entwicklung in der Produkthaftung, insbesondere Stand der Umsetzung der EG-Richtlinie zur Produkthaftung, PHI 1997, 68

TASCHNER/FRIETSCH, Produkthaftungsgesetz und EG-Produkthaftungsrichtlinie (2. Aufl 1990)

VOGT, Die Einstandspflicht des Produzenten nach § 823 I BGB und nach dem Produkthaftungsgesetz im Vergleich (Diss Heidelberg 1996)

WANDT, Internationale Produkthaftung (1995)

WESCH, Die Produzentenhaftung im internationalen Rechtsvergleich (1994)

WIECKHORST, Bisherige Produzentenhaftung, EG-Produkthaftungsrichtlinie und das neue Produkthaftungsgesetz, JuS 1990, 86

ders, Recht und Ökonomie des Produkthaftungsgesetzes (1994)

ders, Vom Produzentenfehler zum Produktfehler des § 3 ProdHaftG, VersR 1995, 1005

WINCKELMANN, Produkthaftung bei internationaler Unternehmenskooperation (1991)

WOODROFFE, Consumer Law in EEC (London 1984)

ZOLLER, Die Produkthaftung des Importeurs (1992).

Systematische Übersicht

Jürgen Oechsler

Alphabetische Übersicht

A. Überblick

Die in § 1 Abs 1 Satz 1 Produkthaftungsgesetz (ProdHaftG) begründete Haftung **1** (zum Haftungstyp unten Rn 27 ff) beruht von der Sache her auf **drei zentralen Zurechnungskriterien**: der Produktverantwortung des Anspruchsadressaten nach § 4, der Fehlerhaftigkeit des Produkts nach § 3 und dem Inverkehrbringen des Produkts nach § 1 Abs 2. Das **zugrundeliegende Haftungsprinzip** kommt in der Norm des **§ 1 Abs 2 Nr 2** ProdHaftG zum Ausdruck: Der Hersteller ist für den Sicherheitszustand des Produktes zu dem Zeitpunkt verantwortlich, indem er es in den Verkehr bringt. Dies bedeutet, daß er für Fehler des Produkts zu diesem Zeitpunkt haftet, gleichgültig, ob er selbst oder ein anderer sie verursacht oder verschuldet hat.

Von den drei haftungsbegründenden Zurechnungsmerkmalen steht der **Fehlerbegriff** **2** nach § 3 ProdHaftG den Maßstäben der deliktischen Produzentenhaftung nach § 823 Abs 1 BGB am nächsten. Dies hängt sicherlich damit zusammen, daß der Produktfehler nicht nur wegen seiner Gefährlichkeit zum Haftungsgrund einer *Gefährdungshaftung* taugt, sondern auch als eine **„negative Umschreibung" von Verkehrspflichten** angesehen werden kann (zur historischen Grundlage § 3 Rn 5); dort nämlich, wo die Rechtsordnung aufgrund ihrer Wertentscheidung über die Schutzwürdigkeit von Rechtsgütern eine Gefahrenquelle (Produktfehler) erkennt, wird sie idR auch Verhaltenspflichten zu ihrer Kontrolle und Abwehr begründen, deren Verletzung im Rahmen einer Unrechtshaftung wiederum anspruchsbegründend wirkt. Der **erweiterte Herstellerbegriff** in § 4 ProdHaftG geht hingegen deutlich über die Verantwortung hinaus, die im Rahmen einer auf das Täterverhalten zurückgreifenden Haftung begründbar ist. Dies zeigt sich am deutlichsten bei der Importeur- und Lieferantenhaftung (Abs 2 und 3), die nur noch aus den besonderen Gefahren des Produktes, nicht aber mehr aus einem Fehlverhalten der jeweiligen Haftungsschuldner gerechtfertigt erscheint. Diese Haftung berührt gerade im internationalen Wettbewerb einen sensiblen Punkt und war zT Anlaß für außereuropäische Staaten, eine der Produkthaftungsrichtlinie (**ProdHaftRichtl**) angepaßte Haftung einzuführen (vgl unten Rn 110 ff). Weit über die Haftung nach § 823 Abs 1 BGB geht auch § 4 Abs 1 Satz 1

ProdHaftG hinaus, der in Verbindung mit § 5 Satz 1 ProdHaftG eine gesamtschuldnerische Haftung aller Teilprodukt-, Grundstoff- und Endprodukthersteller eines
Produkts begründet und damit den Produktgeschädigten von den nachteiligen Folgen der Arbeitsteilung im Herstellungsprozeß entlastet (vgl allerdings die Ausnahme
in § 1 Abs 3 ProdHaftG). Der Begriff des **Inverkehrbringens** schließlich trägt Züge
einer Kausalhaftung; denn hier knüpft die Verantwortung des Anspruchsgegners an
die bloße Vermarktung des Produktes an (dazu § 1 Rn 44 ff). Der **Produktbegriff** selbst
beinhaltet – wiewohl Tatbestandsvoraussetzung in § 1 Abs 1 Satz 1 ProdHaftG – in
seiner weiten Fassung in § 2 Satz 1 ProdHaftG kein eigenständiges sachliches
Zurechnungskriterium.

3   **Im Verhältnis zu § 823 Abs 1 BGB** birgt das ProdHaftG für den Anspruchsberechtigten
trotz der erweiterten Anspruchsvoraussetzungen auf der Rechtsfolgenseite zahlreiche **Nachteile** (vgl unten Rn 51 ff), von denen die Nichtgewährung von Schmerzensgeld
in der Praxis am schwersten ins Gewicht fällt. Sie gibt dem ProdHaftG weniger den
intendierten Charakter eines Verbraucherschutzgesetzes, als den einer verbesserten
Rückgriffsmöglichkeit für den Kranken- und Unfallversicherer.

4   In § 5 Satz 2 und § 6 Abs 2 Satz 2 ProdHaftG normiert das Gesetz schließlich **zwei
Rückgriffsansprüche**.

B.   Entstehungsgeschichte*

5   Die Produkthaftungsrichtlinie ist das Ergebnis einer durch die Kommission und den

---

* **Schrifttum** (Auswahl): Brinkmann, Die EG-
Produkthaftungsrichtlinie – Neue Risiken für
den Hersteller?, PHI 1986, 76; Brüggemeier/
Reich, Die Produkthaftungsrichtlinie und ihr
Verhältnis zur Produzentenhaftung nach § 823
Abs 1 BGB, WM 1986, 149; Buchner, Neu-
orientierung des Produkthaftungsrechtes?, DB
1988, 32; Cahn, Das neue Produkthaftungsgesetz – ein Fortschritt?, ZIP 1990, 482; Cowell,
Ein Kompromiß wird Realität, PHI 1986, 20;
Diederichsen, Die Haftung des Warenherstellers (1967); ders, Wohin treibt die Produzentenhaftung?, NJW 1978, 1281; Federspiel, Die
EG-Produkthaftpflichtrichtlinie aus der Sicht
der Verbraucher, PHI 1986, 81 f; Freyer,
Richtlinienspezifische Probleme am Beispiel
der Produkthaftung, EuZW 1991, 49;
Frietsch, Das Gesetz über die Haftung für
fehlerhafte Produkte und seine Konsequenzen
für den Hersteller, DB 1990, 29; vHippel, Produkthaftung und Verbraucherschutz, BB 1978,
721; Hohloch, Produkthaftung in Europa,
ZEuP 1994, 408; Hollmann, Die EG-Produkthaftungsrichtlinie, DB 1985, 2389 u 2439; ders,
Zum Stand der Umsetzung der EG-Produkthaftungsrichtlinie, RIW/AWD 1988, 81; Honsell,
Produkthaftungsgesetz und allgemeine Deliktshaftung, JuS 1995, 211; vHülsen, Ist die von
der EG-Kommission vorgeschlagene Form der
strikten Produzentenhaftung eine gute Lösung?, RIW/AWD 1977, 373; Keilholz, Die
Bedeutung der EG-Produkthaftungsrichtlinie
1985 für das private Baurecht, BauR 1987, 259;
Kretschmer, Die EG-Richtlinie zur Produzentenhaftung und die deutsche Industrie, PHI
1986, 34; Kuntz, EG-Richtlinie heute und
morgen, ZfJ 1992, 214; Lemor, Verschärfung
der Regeln über die Haftung für fehlerhafte
Produkte in der EG, VW 1986, 108; Lindenmeyer, Die Entwürfe des Europarats und der
Europäischen Gemeinschaft zur Vereinheitlichung des Rechts der Produktenhaftung, WRP
1975, 420; W Lorenz, Europäische Rechtsangleichung auf dem Gebiet der Produzentenhaftung: Zur Richtlinie des Rates der Europäischen Gemeinschaften vom 25. Juli 1985, ZHR

Rat initiierten, Ende der sechziger Jahre einsetzenden **Verbraucherschutzinitiative auf Gemeinschaftsebene.** Im Vertrag von Rom (v 25. März 1957, BGBl II 755) waren Belange des Konsumentenschutzes ursprünglich allenfalls marginal berücksichtigt, weil unter dem Eindruck der Nachkriegswirtschaft Probleme der Güterversorgung auf der Anbieterseite der Märkte im Vordergrund der Betrachtungen standen (dazu etwa REICH, Europäisches Verbraucherrecht Rn 33 f; vgl dennoch als wesentliches, in Art 2 normiertes Ziel: „die stetige Besserung der Lebens- und Beschäftigungsbedingungen" sowie die Erwähnung der Verbraucher in den Art 39, 85 Abs 3 EWGV, Überblick über den historischen Sachstand in der Entschließung des Rates vom 14. 4. 1975, ABlEG C 92/1 Rn 10 ff).

Der später einsetzende Angebotsüberfluß auf den Märkten und der damit einherge- **6**
hende **strukturelle Übergang von Anbieter- zu Käufermärkten**, aber auch einige spektakuläre **Fälle von Arzneimittelschäden** (Contergan, Thalidomid, dazu REICH, Europäisches Verbraucherrecht Rn 405 f; vgl auch Wirtschafts- und Sozialausschuß ABlEG 1979 Nr C 241/ Rn 2. 10. 1. 2.; BRÜGGEMEIER/REICH WM 1986, 149; KRÄMER, EWG-Verbraucherrecht [1985] Nr 320 ff) bedingten eine nachhaltige Neueinschätzung. Im Anschluß an die Pariser Gipfelkonferenz vom Oktober 1972 und die vorangegangene Debatte im Europäischen Parlament vom 20. September 1972 erläßt der Rat der Europäischen Gemeinschaften am 14. April 1975 sein **Erstes Programm der Europäischen Wirtschaftsgemeinschaft für eine Politik zum Schutz und zur Unterrichtung der Verbraucher** (ABlEG Nr C 92/1), in dem er das Grundanliegen so zum Ausdruck bringt: „Die Entdeckung neuer Werkstoffe, die Verwendung neuer Herstellungsverfahren, die Entwicklung der Kommunikationsmittel, die Erweiterung der Märkte, das Aufkommen neuer Absatzmethoden, alle diese Faktoren haben eine erhöhte Produktion und Lieferung einer außerordentlichen Vielzahl von Gütern und Dienstleistungen wie auch eine erhöhte Nachfrage danach bewirkt. Dies hatte zur Folge, daß der Verbraucher, der früher meist als einzelner Käufer auf einem örtlich begrenzten Markt seine Wahl traf, Teil eines Massenmarktes und das Ziel von Werbekampagnen und Pressionen durch mächtige, gut organisierte Produktions- und Absatzsysteme wurde. Häufig

---

151 (1987) 1; vMARSCHALL, Deutschland – Gedanken zum Produkthaftungsgesetz, PHI 1991, 166; MAYER, Das neue Produkthaftungsgesetz, VersR 1990, 691; OPFERMANN, Der neue Produkthaftungsentwurf, ZIP 1988, 463; PAULI, Das zukünftige deutsche Produkthaftungsgesetz, PHI 1987, 138; POSCH, Die EG-Produktehaftungsrichtlinie des Rats der EG vom 25. 7. 1985, RdW 1985, 299; SACK, Das Verhältnis der Produkthaftungsrichtlinie der EG zum nationalen Produkthaftungsrecht, VersR 1988, 439; SCHLECHTRIEM, Angleichung der Produkthaftung in der EG, VersR 1986, 1033; SCHMIDT-RÄNTSCH, Die Umsetzung der Produkthaftungsrichtlinie des Rats der EG vom 25. 7. 1985, ZRP 1987, 437; SCHMIDT-SALZER, EG-Richtlinie Produkthaftung: Der Entwurf für das deutsche Transformationsgesetz (ProdHaftG), BB 1987, 1285; ders, Der Fehler-Begriff der EG-Richtlinie Produkthaftung, BB 1988, 349; ders, Dokumentation, Produkt-Verschuldenshaftung und verschuldensunabhängige Haftung nach der EG-Richtlinie, DB 1987, 1285; ders, Die EG-Richtlinie Produkthaftung, BB 1986, 1103; SIMITIS, Produzentenhaftung – Von der strikten Haftung zur Schadensprävention, in: FS Duden (1977) 605; TASCHNER, Die künftige Produzentenhaftung in Deutschland, NJW 1986, 611; Graf vWESTPHALEN, Das neue Produkthaftungsgesetz, NJW 1990, 83; ders, Die Haftung des Warenherstellers im amerikanischen Recht und der Uniform Commercial Code (1968); WIECKHORST, Bisherige Produzentenhaftung, EG-Produkthaftungsrichtlinie und das neue Produkthaftungsgesetz, JuS 1990, 86.

haben Hersteller und Händler eher als der Verbraucher die Möglichkeit, die Marktbedingungen zu bestimmen ..." (Tz 6).

7 Diese Einschätzung ist von dem wohlfahrtsökonomischen Verständnis geprägt,
diverse **Marktversagen** zugunsten der Verbraucher kompensieren zu müssen; als
wesentliche Defizite galten die durch den Marktmechanismus nicht ausreichend
geförderte **Verbraucherinformation** und das Fehlen ökonomischer Anreize für eine
Internalisierung von Produkthaftungsrisiken (dazu REICH, Europäisches Verbraucherrecht
Rn 34; allg B WEISBROD, Public Interest Law – An Economic Analysis [1978]). Das Erste Ver-
braucherschutzprogramm des Rates zielte entsprechend auf eine Kompensation des
„Ungleichgewicht(s) an Einfluß zwischen den Herstellern und den Verbrauchern"
(Rn 8 aaO) und konkretisiert diese Aufgabe im Ziel größerer **Produkt- und Dienstlei-
stungssicherheit** (Rn 15 a i aaO): „Der Verbraucher ist vor Schädigung seiner wirtschaftlichen Interessen durch fehlerhafte Waren oder unzureichende Dienstleistungen zu
schützen." (Rn 19 und Rn 15 a ii aaO). Das Erste Programm verpflichtet die Kommission zur Erarbeitung „entsprechende(r) Vorschläge".

8 Noch vor dem Rat der Europäischen Gemeinschaften hatte der **Ministerrat des Euro-
parates** im Jahre 1970 auf Vorschlag des Comité Européen de Coopération Juridique
einen Sachverständigenausschuß eingesetzt, dem der Auftrag erteilt wurde, Maßnahmen zur Harmonisierung des materiellen Rechts der Mitgliedstaaten auf dem
Gebiet der Produzentenhaftung vorzuschlagen. Dieser konnte sich bei seinem Wirken auf Vorarbeiten der Europäischen Kommission stützen, die bereits im Jahre
1968 eine Angleichung der Rechtsvorschriften über die Produkthaftung ins Auge
gefaßt hatte, dieses Ziel jedoch wegen der Beitrittsverhandlungen mit Großbritannien zunächst zurückstellen mußte (dazu W LORENZ ZHR 151 [1987] 1, 2; vgl auch
BT-Drucks 11/2447, 8 IV). In den Jahren 1972 und 1975 legte der Ausschuß Entwürfe für
eine europäische Konvention vor, die am 20. September 1976 vom Europarat als
European Convention on Products Liability in Regard to Personal Injury and Death (European Treaty Series No 91, Strasbourg 27. 1. 1977) angenommen wurde. In einzelnen Punkten kommt dieser Konvention Vorbildfunktion für die nachfolgenden Bestrebungen
der Kommission und des Rates um eine Vereinheitlichung des Produkthaftungsrechts zu (dazu W LORENZ ZHR 151 [1987] 1, 2 ff; ders RIW/AWD 1975, 246; ders, 60 Cornell
LRev 1005 [1975]).

9 Eine aus Mitarbeitern der Kommission und Beamten gebildete Arbeitsgruppe legte
erstmals 1974 einen **ersten Vorentwurf** vor (= VE1, EWG-Dok XI/334/74 – D); ein **zweiter**
folgte 1975 (= VE2, EWG-Dok XI/355/75 – D). Auf dessen Grundlage unterbreitet die
Kommission am 9. September 1976 dem Rat den **Vorschlag einer Richtlinie zur Angleichung der Rechts- und Verwaltungsvorschriften der Mitgliedstaaten über die Haftung für
fehlerhafte Produkte** (K1 = ABlEG v 14. 10. 1976 Nr C 241/9 = BT-Drucks 7/5812, mit Erläuterungen Bulletin der EG, Beilage Nr 11/1976). Zu dieser nehmen der Wirtschafts- und
Sozialausschuß (WSA = ABlEG vom 7. 5. 1979 Nr C 114/15) und das Europäische Parlament (EP = ABlEG v 21. 5. 1979 Nr C 127/61) Stellung, woraufhin die Kommission dem Rat
am 1. Oktober 1979 einen **geänderten Vorschlag** vorlegt (K2 = ABlEG Nr C 271/3 =
BT-Drucks 8/3358) und der Rat am 25. 7. 1985 die **Richtlinie zur Angleichung der Rechts-
und Verwaltungsvorschriften der Mitgliedstaaten über die Haftung für fehlerhafte Produkte** erläßt (RL = ABlEG vom 7. 8. 1985 Nr L 210/29). Die Bundesregierung legte am
18. 3. 1988 durch Zuleitung an den Bundesrat den „**Entwurf eines Gesetzes über die**

Haftung für fehlerhafte Produkte (Produkthaftungsgesetz – ProdHaftG)" vor (BT-Drucks 11/2447). Am 15. Dezember 1989 beschloß der Bundestag das gleichlautende Gesetz (BGBl I 2198), das am 1. Januar 1990 in Kraft trat (§ 19 ProdHaftG).

Die Kommission begründete den ersten Vorschlag mit ihrer Befugnis zur **„Anglei-** **10** **chung des einzelstaatlichen Rechts"** nach Art 100 EWGV (K1 BegrErwägungen Abs 1). Was darunter zu verstehen ist, erhellt der weitere Zusammenhang der Richtlinie, insbesondere Art 11: Danach sollen die nach den Rechtsordnungen der Mitglieds-staaten bestehenden Ersatzansprüche der Mitgliedsstaaten nicht etwa verdrängt werden, sondern mit dem durch die Richtlinie zu schaffenden Recht konkurrieren (K1 Art 11) – eine Entscheidung, die auch in Art 13 der Richtlinie verwirklicht wurde, der Herstellung einer echten Harmonisierung jedoch entgegensteht (W LORENZ ZHR 151 [1987] 1, 36). Der Rechtsangleichungsaspekt scheint daher bei näherer Betrach-tung historisch aus zwei Gesichtspunkten erklärbar, die ihn in seiner Bedeutung für das Verständnis der Richtlinie relativieren:

Zum einen drängte **die französische Regierung** auf die Einführung einer gemein- **11** schaftsweiten Produktgefährdungshaftung, weil im französischen Recht in Rechts-fortbildung der kaufrechtlichen Vorschrift von Art 1645 Code civil zum damaligen Zeitpunkt eine sehr weitreichende Garantiehaftung entstanden war (dazu unten Rn 72), die im internationalen Vergleich als wettbewerbsverzerrend und für die Errichtung des Gemeinsamen Marktes hinderlich empfunden wurde (dazu W LORENZ ZHR 151 [1987] 1, 5; nach dem ersten französischen Gesetzesentwurf zur Ausführung der Richtlinie sollte das neue Produkthaftungsrecht deshalb die alte Garantiehaftung ersetzen: Projet de loi modifiant le code civil et relative à la responsabilité du fait du défaut de sécurité des produits [9ième Legislatur du 23. 5. 1990] abgedruckt bei C LEM, Die Haftung für feh-lerhafte Produkte nach deutschem und französischem Recht [1993] 115 ff). Dieses Regelungsin-teresse findet in den Überlegungen der Kommission seinen Niederschlag: „Unter-schiedlich strenge Haftungsregeln führen zu unterschiedlichen Kostenbelastungen der Wirtschaft in verschiedenen Mitgliedstaaten und insbesondere von im Wettbe-werb miteinander stehenden Herstellern in verschiedenen Mitgliedstaaten" (K1 BegrErwägungen Abs 1). In der Richtlinie selbst ist dieser Zusammenhang noch ange-deutet. Dort nämlich erscheint die Rechtsangleichung ua deshalb erforderlich, „weil deren Unterschiedlichkeit den Wettbewerb verfälschen" (würde) (BegrErwägungen Abs 1). Sollen alle nationalen Hersteller gleichermaßen mit denselben Haftungs- bzw Versicherungskosten belastet werden, kommt es indes nicht darauf an, die nationa-len Rechte vollständig zu vereinheitlichen; vielmehr genügt es sicherzustellen, daß in jedem Mitgliedstaat ein vglb strenges Haftungskonzept als **Mindestschutz für den Ver-braucher** eingeführt wird. So zielt die Richtlinie von vornherein nicht auf die Schaffung von Einheitsrecht, sondern auf die Begründung eines Mindestschutzes der Produktgeschädigten in allen Mitgliedsstaaten (HOHLOCH ZEuP 1994, 408, 427 und 430).

Ein zweiter Gesichtspunkt tritt hinzu: **Zum Zeitpunkt des ersten Richtlinienvorschlages** **12** beinhaltet der EWG-Vertrag, wie bereits erwähnt, **noch keine Ermächtigungsgrund-lage für Verbraucherschutzmaßnahmen der Gemeinschaft** (vgl heute Art 100a EGV). Zur Erfüllung ihres vom Rat erteilten Auftrages standen der Kommission daher nur die allgemeinen generalklauselartigen Ermächtigungen zur Rechtsangleichung nach Art 3 h, 100 EWGV für eine Produkthaftungsrichtlinie zur Verfügung (dazu REICH,

Europäisches Verbraucherrecht Rn 35; lange Zeit war übrigens **umstritten**, ob diese Normen überhaupt ausreichende Kompetenz für den Erlaß der Produkthaftungsrichtlinie gewährten: BÖRNER, in:
FS Hans Kutscher [1982] 43 ff; vHÜLSEN RIW 1977, 373, 377 f; durch die Schaffung des Art 100a
EGV in der Einheitlichen Akte wird dieser Mangel nachträglich als geheilt angesehen: HOHLOCH
ZEuP 1994, 409, 411; ERMAN/SCHIEMANN Vor § 1 PHG Rn 1). In diesem Zusammenhang
erscheint daher die Rechtsangleichungsfunktion der Richtlinie letztlich als Mittel
zum Zweck (Verbraucherschutz). Für einen solchen Zusammenhang spricht die
Begründung von Art 11 im ersten Richtlinienvorschlag der Kommission. Es handelt
sich dabei gerade um diejenige Norm, die eine Konkurrenz zwischen dem durch die
Richtlinie zu schaffenden Tatbestand und den Haftungsrechten der Mitgliedstaaten
zuläßt. Die damit verbundene Beeinträchtigung des Rechtsvereinheitlichungseffek-
tes nimmt die Komission aus folgender Überlegung heraus in Kauf: „Diese Vorschriften (die nationalen Haftungsansprüche) dienen ebenfalls dem Ziele eines
Verbraucherschutzes. Daher läßt die Richtlinie diese Vorschriften unberührt." (K1
BegrErwägungen Abs 24). Dieselbe Überlegung begegnet später in den Begründungserwägungen zur Richtlinie wieder (RL BegrErwägungen Abs 13 Satz 2).

13 Die optimistische Einschätzung des **bundesdeutschen Gesetzgebers**, die Richtlinie
„bring(e) ... einen hohen Gewinn an Rechtsvereinheitlichung" (BT-Drucks 11/2447, 9),
teilt der Rat selbst wohl nicht ganz, wenn er in den Erwägungsgründen zu bedenken
gibt: „Mit dieser Richtlinie läßt sich vorerst keine vollständige Harmonisierung erreichen, sie eröffnet jedoch den Weg für eine umfassendere Harmonisierung." (RL
BegrErwäg Abs 18).

14 **Im ersten Richtlinienvorschlag** verwirklicht die Kommission **zwei Prinzipien**, die in
unterschiedlichem Ausmaß während der späteren Beratungen in vielen Einzelfragen
durchbrochen wurden, ohne daß jeweils ein klares Alternativkonzept an ihre Stelle
getreten wäre. Es handelt sich um die Begründung der Produkthaftung aus dem
Rechtsgedanken einer Umlage der wirtschaftlichen Lasten des Produkthaftungsrisi-
kos auf alle Verbraucher (unten Rn 15 ff) und um das Bestreben einer klaren systematischen Unterscheidung zwischen kaufvertraglicher Gewährleistung und Produkthaftung (unten Rn 19 ff).

15 Im ersten Vorschlag der Kommission wird als Haftungsgrund folgendes **Risikoumlageprinzip** benannt: „Die verschuldensunabhängige Haftung des Herstellers erlaubt
eine sachgerechte Lösung dieses Problems (Verbraucherschutz) ..., weil er seine
Aufwendungen, die er auf Grund dieser Haftung macht, als Herstellungskosten in
die Preiskalkulation eingehen lassen und so auf alle Verbraucher gleicher, jedoch
fehlerfreier Produkte verteilen kann" (K1 BegrErwägungen Abs 5, Erläuterungen dazu Bulletin der EG, Beilage Nr 11/1976, Nr 2, 14). Den zugrundeliegenden Gerechtigkeitsgedanken benennt der Wirtschafts- und Sozialausschuß in seiner zustimmenden Stellungnahme. Es geht darum, „daß der Schaden, den der Verbraucher eines fehlerhaften
Produkts erleidet, jeden anderen Verbraucher des fraglichen Erzeugnisses hätte treffen können. Man kann es als eine Ungerechtigkeit ansehen, wenn dieser zufällig
getroffene Verbraucher den Schaden allein tragen muß ..." (WSA Rn 1.1.3.). Dieser
an das Versicherungsprinzip gemahnende Rechtsgedanke ist in sich zwar nicht zweifelsfrei, weil die Risikolast nicht von allen durch die Haftung Geschützten getragen
wird: Anspruchsberechtigt sind ja auch Dritte, die weder das fehlerhafte Produkt,
noch ein sonstiges Produkt vom Hersteller oder seinen Absatzmittlern bezogen

haben und deshalb über den Kaufpreis nicht am Haftungsrisikio beteiligt wurden. Ein sehr moderner, in Richtung auf eine echte Kausalhaftung weisender Zug, wird jedoch an der Überlegung erkennbar, daß **nicht die** im Einzelfall schwer zu definierenden **spezifischen Produktionsgefahren** die Haftung auslösen, sondern der von jedem Vorwurf des Verhaltensunrechts freie Umlagegedanke. Diesen setzt die Kommission in ihrem ersten Vorschlag auch konsequent um.

Die **Verwirklichung des Umlageprinzips** setzt nämlich voraus, daß der Hersteller die **16** Risiken entweder bei der Preisbildung kalkulieren oder sie bei Dritten versichern kann. Konsequent mündet daher der erste Vorschlag in eine **Begrenzung der Haftungshöhe** (K1 BegrErwägungen Abs 12 f und Art 6 b, 7). Diese Entscheidung wird aus der Überlegung heraus begründet, daß eine verschuldensunabhängige Haftung unberechenbar und allenfalls unter hoher Kostenbelastung versicherbar sei und daher in ihren Auswirkungen für den Hersteller eingeschränkt werden müsse (K1 BegrErwägungen Abs 15). Die Höhe der **wirtschaftlichen Belastungen einer unbeschränkten Haftung** wurden in der Folgezeit kontrovers diskutiert (skeptisch etwa HOLLMANN DB 1985, 2439; aA TASCHNER NJW 1986, 611, 613). Auch im **Wirtschafts- und Sozialausschuß** war das Meinungsbild gespalten; zT wurde die Haftungsbegrenzung als eine Art Kompensation der verschuldensunabhängigen Herstellerhaftung begrüßt (WSA Rn 2.10.1.1.), zT die Höhe der Beträge kritisiert, weil diese die typischen, etwa im Contergan- bzw Thalidomid-Fall aufgetretenen Serienschäden nicht abdeckten (WSA Rn 2.10.1.2.). Das Europäische Parlament wiederum schlägt in seiner Stellungnahme erstmals vor, die Entscheidung über die Haftungsbegrenzung den Mitgliedsstaaten zu überlassen (EP S 64). Die Kommission kommt dem in ihrem zweiten Vorschlag entgegen (K2 BegrErwägungen Abs 18, Art 7 Abs 1). In der Richtlinie ist für Sachschäden indes keine Haftungshöchstgrenze vorgesehen, sondern ein Selbstbehalt „zur Vermeidung einer allzu großen Zahl von Streitfällen" (RL BegrErwägungen Abs 2 Satz 2). Die den Mitgliedsstaaten eingeräumten Optionen zur Einführung von Haftungshöchstgrenzen bei Körper- und Gesundheitsschäden (RL Art 16 Abs 1) werden schließlich aus Rücksichtnahme auf die unterschiedlichen Rechtstraditionen begründet (RL BegrErwägungen Abs 17). Dahinter steht **deutscher Einfluß**; in allen übrigen Mitgliedsstaaten waren Gefährdungshaftungen nämlich bis dato höhenmäßig nicht begrenzt (TASCHNER NJW 1986, 611, 612). Bei der Begründung der Option spielten indes Überlegungen eine Rolle, die mit dem ursprünglichen Umlageprinzip der Kommission allenfalls andeutungsweise in Verbindung gebracht werden können. Die insoweit maßgebliche Bundesregierung verweist auf die Notwendigkeit eines „Ausgleich(es) für die verschärfte Haftung" und glaubt „im Interesse der wirtschaftlichen Vorhersehbarkeit" Schranken setzen zu müssen; auch fehlt das Argument günstigerer Versicherbarkeit nicht (BT-Drucks 11/2447, 12). Schließlich wird die Systematik des deutschen Rechts bemüht, die „im allgemeinen" bei Gefährdungshaftungen Höchstgrenzen der Verantwortlichkeit vorsehe (aaO) – ein Argument, das im Hinblick auf die §§ 833 Satz 1 BGB und § 22 WHG zweifelhaft erscheint. Weicht auch das ProdHaftG vom ersten Vorschlag der Kommission nur in Detailfragen ab, so hat sich das Verständnis vom Zweck der Haftung im Laufe der Verhandlungen wesentlich geändert. Dies zeigt sich noch deutlicher in einer zweiten Entwicklung.

Auf der Grundlage des im ersten Richtlinienvorschlag präsentierten Umlageprinzips **17** bezieht die Kommission konsequent auch die **Haftung für Entwicklungsrisiken** (dazu § 1 Rn 110 ff) in die Richtlinie ein (K1 BegrErwägung Abs 6 und Art 1 Abs 2). Dies wird erwartungsgemäß von den Verbraucherschutzorganisationen unterstützt, die darin gar ein „Kernstück der Richtlinie" erblicken wollen (REICH, Europäisches Verbraucherrecht Rn 412, vgl auch die Stellungnahme des Beratenden Verbraucherausschusses Doc CCC/27/76 v 5. 2. 1976). Die Gegenansicht hingegen kritisiert die von der Haftung ausgehenden Innovationsbehinderungen und Verschlechterungen der wettbewerblichen Rahmenbedingungen (vgl etwa HOLLMANN DB 1985, 2389, 2395). Umstritten ist außerdem, welche wirtschaftlichen Belastungen durch die Versicherung dieser Risiken entstehen (optimistisch etwa PAULI PHI 1987, 138, 142; SACK VersR 1988, 439, 448 mwN; TASCHNER PHI 1986, 54, 55 aA HOLLMANN DB 1985, 2389, 2395; KRETSCHMER PHI 1986, 34, 35). Diesen Bedenken schloß sich der Wirtschafts- und Sozialausschuß in seiner Stellungnahme an; bei gespaltenem Meinungsbild gab die Überlegung den Ausschlag, die Haftung behindere Innovationen und führe zu einer Benachteiligung der europäischen Wirtschaft im Weltvergleich (WSA Rn 1. 2. 1.1). Auch das Europäische Parlament wandte sich gegen die Haftung (EP S 62; vgl auch den Bericht von G J CALEWAERT, Bericht über den Vorschlag der Kommission der Europäischen Gemeinschaften an den Rat für eine Richtlinie, Europäisches Parlament, Sitzungsdokumente 1979 – 1980, Dok 71/79 vom 17. April 1979 zu Ziff 19 f, 16). Die Kommission beharrte indes im zweiten Vorschlag auf ihrem ursprünglichen Standpunkt (K2 BegrErwägungen Abs 6, Art 1 Abs 2), während die Richtlinie wiederum in einen Kompromiß mündete (W LORENZ ZHR 151 [1987] 1, 13): Dem Hersteller wird in Art 7 lit e der Beweis dafür aufgebürdet, daß „der vorhandene Fehler nach dem Stand der Wissenschaft und Technik zu dem Zeitpunkt, zu dem er das betreffende Produkt in den Verkehr brachte, nicht erkannt werden konnte". Mit dem Kriterium der Erkennbarkeit nähert sich die Richtlinie indes einem (objektiven) Verschuldensmaßstab (vgl dazu auch unten Rn 33) und entfernt sich vom ursprünglichen Umlageprinzip denkbar weit. Allerdings steht es den Mitgliedsstaaten frei, diesen Entlastungsbeweis auszuschließen (RL BegrErwägungen Abs 16, Artt 7 e und 15 Abs 1 b). Der deutsche Gesetzgeber hat davon keinen Gebrauch gemacht und dies mit der Annahme begründet, die Haftung für nicht vorhersehbare Entwicklungsfehler sei in der Praxis eher selten und müsse folglich nicht zum Gegenstand der Harmonisierung gemacht werden (BT-Drucks 11/2447, 12). Diese Überlegung hätte indes eher die Einbeziehung der Entwicklungsrisiken gerechtfertigt (PAULI PHI 1987, 138, 142; SACK VersR 1988, 439, 448); mit dem ursprünglich zugrundeliegenden Umlageprinzip steht sie in keinem teleologischen Zusammenhang.

18 Im Laufe der Beratung des ersten Richtlinienvorschlags trat an die Stelle des Risikoumlageprinzips die Überlegung, der Verbraucher müsse durch die Richtlinie bzw die Produkthaftungsgesetze der Mitgliedstaaten vor den **besonderen Risiken der industriellen Produktion** geschützt werden (HOLLMANN DB 1985, 2389; vgl insbes die Begr des RegEntw BT-Drucks 11/2447, 7, A I). Dieser neue Rechtsgedanke wird indes seinerseits nicht konsequent durchgeführt. Dies zeigt die allmähliche **Einschränkung des der Richtlinie zugrundeliegenden Produktbegriffs**. Im ersten Richtlinienvorschlag waren alle beweglichen Sachen von der Haftung erfaßt, insbesondere auch **landwirtschaftlich erzeugte Produkte** (K1 BegrErwägungen Abs 7); denn auch bei letzteren erschien eine Haftung aus Verbraucherschutzgründen geboten (Bulletin der EG, Beilage Nr 11/1976, Nr 3, 14). Doch bereits im Wirtschafts- und Sozialausschuß regten sich Gegenstimmen (WSA 2. 7. 2. 4.), und das Europäische Parlament präsentierte einen Gegenvorschlag, wonach der „Hersteller eines landwirtschaftlichen, handwerklichen oder künstlerischen Produkts" von der Haftung befreit sein sollte, „wenn dieses Produkt offensichtlich nicht die Merkmale einer industriellen Fertigung aufweist" (EP S 63).

Insbesondere Italien drängte in den Beratungen darauf, die Unterschiede industrieller und handwerklicher Produktion stärker zu berücksichtigen (W Lorenz ZHR 151 [1987] 1, 10). Laut zweitem Vorschlag der Kommission erstreckt sich die Haftung also nur „auf bewegliche Sachen, die Gegenstand industrieller Fertigung sind: infolgedessen sind landwirtschaftliche Urprodukte, handwerklich gefertigte Sachen und künstlerische Produkte von dieser Haftung auszuschließen" (K2 BegrErwägung Abs 7, Art 1 Abs 3). Die Richtlinie behält diese Sichtweise in den Erwägungsgründen bei: „Die Haftung darf sich nur auf bewegliche Sachen erstrecken, die industriell hergestellt werden." (RL BegrErwägungen Abs 3 Satz 1). Ein unverkennbarer Widerspruch folgt jedoch aus dem Umstand, daß allein landwirtschaftliche Produkte und Jagderzeugnisse von der Haftung optional ausgenommen werden können (RL BegrErwägungen Abs 3 S 2, Art 2; RL BegrErwägungen Abs 15, Art 15 Abs 1 a). So schien es im ersten Rezeptionsstadium noch unklar, ob die handwerkliche Produktion ausgenommen ist oder nicht (Hollmann DB 1985, 2389, 2391; abl zu Recht Buchner DB 1988, 32, 35). Auch der Rechtsausschuß des Bundestages erörterte dieses Problem, erkannte aber in der einschlägigen Begründungserwägung des Rates (RL BegrErwäg 3) eine für die Normierung unbeachtliche allgemeine Betrachtung und lehnte die Ausnahme der handwerklichen Produktion ab (BT-Drucks 11/5520, 12). Damit brechen Produkthaftungsrichtlinie und ProdHaftG zum einen mit dem Umlageprinzip, weil es in dessen Rahmen auf die Art der Fertigung nicht angekommen wäre; zum anderen läßt die an den Gefahren industrieller Produktion orientierte Durchbrechung des Umlageprinzips ihrerseits jegliche Konsequenz vermissen, so daß die **Ausnahme gerade der landwirtschaftlichen Naturprodukte und Jagderzeugnisse** nicht ohne Grund als „**special interest lobbying**" gedeutet wurde (Reich, Europäisches Verbraucherrecht Rn 410; W Lorenz ZHR 151 [1987] 1, 17 f; Taschner NJW 1986, 611, 613; vgl auch die Kritik des Beratenden Verbraucherausschusses in seiner Stellungnahme vom 21. 2. 1980, Doc CCC/10/10).

Ein zweites, den ersten Richtlinienvorschlag prägendes Prinzip liegt schließlich in **19** der **Eigenständigkeit der Produkthaftung gegenüber der kaufvertraglichen Gewährleistung**. Dieses kommt vor allem im **Fehlerbegriff** der Richtlinie, und dort im Konzept der **Produktsicherheit**, zum Ausdruck. Der erste Vorentwurf definierte den Fehlerbegriff noch über die Gebrauchsuntauglichkeit der Sache (VE 1 Art 3). Daran erschien sowohl die Nähe zur kaufvertraglichen Gewährleistung problematisch, als auch der Umstand, daß der Hersteller über eine Einschränkung der Gebrauchszwecke seine Verantwortung hätte einschränken können (Reich, Europäisches Verbraucherrecht Rn 407 f; Taschner NJW 1986, 611, 614). Deshalb liegt bereits dem zweiten Vorentwurf ein Sicherheitskonzept zugrunde („Eine Sache ist fehlerhaft, wenn sie Personen oder Sachen nicht die Sicherheit bietet, die man zu erwarten berechtigt ist." VE 2 Art 4), und der erste Richtlinienvorschlag verknüpft den Fehlerbegriff systematisch eng mit dem Konzept der **Produktsicherheit**; zugrunde liegt auch hier eine klare Unterscheidung gegenüber der kaufmännischen Gewährleistung (K1 BegrErwägungen Abs 10 und Art 4; vgl auch Schlechtriem VersR 1986, 1033, 1035; Hollmann DB 1985, 2389, 2392). Das Europäische Parlament fordert jedoch demgegenüber, im Rahmen des Fehlerbegriffs auf den „bestimmungsgemäßen Gebrauch" abzustellen und will erstmals die besonderen Umstände des Einzelfalls berücksichtigen, wie etwa die Darbietung oder den Zeitpunkt, zu dem das Produkt in den Verkehr gebracht wurde (EP S 63). Das Parlament nimmt dabei ausdrücklich auf den gleichlautenden Text von Art 2 lit c der Straßburger Konvention des Europarats Bezug (W Lorenz ZHR 151 [1987] 1, 21) und will eine der amerikanischen Rechtsprechung in den sog „misuses cases" vglb

Rechtsentwicklung verhindern (W Lorenz ZHR 151 [1987] 1, 21 f). Im zweiten Richtlinienvorschlag der Kommission wird der Begriff der Produktsicherheit auf Fälle des
„bestimmungsgemäßen Gebrauchs" eingeschränkt (K2 Art 4). Die Richtlinie vollzieht diese Einschränkung jedoch nicht nach und knüpft die Verantwortung an den
Gebrauch, „mit dem billigerweise gerechnet werden muß" (RL Art 6 Abs 1 b).

20 Aus der Eigenständigkeit der Produkthaftung gegenüber der kaufrechtlichen
Gewährleistung erklärt sich schließlich auch die partielle **Ausnahme des weiterfressenden Schadens von der Haftung.** Gegenüber dem ersten Richtlinienvorschlag der
Kommission, der auf dieses Problem nicht weiter einging, kritisiert bereits der Wirt-
schafts- und Sozialausschuß, daß die am Produkt selbst eingetretenen Schäden
systematisch der kaufrechtlichen Gewährleistung unterfielen und daher vom
Anwendungsbereich der Richtlinie ausgenommen werden müßten (WSA Rn 2. 8.).
Diese Überlegung setzte sich bis in Art 9 Abs 1 b der Richtlinie durch und wird
ebenfalls mit der notwendigen Abgrenzung gegenüber dem Kaufvertragsrecht
begründet (Taschner NJW 1986, 611, 616). Dem schloß sich der deutsche Gesetzgeber
bei der Begründung des § 1 Abs 1 Satz 2 ProdHaftG an (vgl den Rechtsausschuß BT-
Drucks 11/5520, 13; BT-Drucks 11/2447, 13; Frietsch DB 1990, 29).

21 An der **Entwicklung des Herstellerbegriffs** läßt sich ebenfalls eine Verselbständigung
gegenüber der Verkäufer-Käuferbeziehung beobachten. Im ersten Vorentwurf der
Arbeitsgruppe sollte der Herstellerbegriff nämlich noch auf die Personengruppe
beschränkt sein, die ein Produkt anfertigt und in den Verkehr bringt (VE 1 Art 2). Im
ersten Richtlinienvorschlag der Kommission setzte sich demgegenüber jedoch eine
Differenzierung zwischen Hersteller und Quasi-Hersteller durch, die um die Verantwortlichkeit des Lieferanten ergänzt wurde (K1 Art 2 sowie BegrErwägungen Abs 8; vgl
schließlich RL Art 3 und BegrErwägungen Abs 4 sowie Reich, Europäisches Verbraucherrecht
Rn 408 f).

22 Insgesamt waren die Beratungen der Richtlinie und des ProdHaftG von der Besorgnis bestimmt, die Einführung einer echten Gefährdungshaftung könne eine „**product
liability crisis**" herbeiführen, wie sie im amerikanischen Produkthaftungsrecht zwischenzeitlich eingetreten war (Diederichsen NJW 1978, 1291; Hollmann DB 1985, 2392;
vHülsen RIW 1979, 375; Landfermann RIW 1980, 166; W Lorenz ZHR 151 [1987] 1, 6 f;
Wandt, Internationale Produkthaftung 121 f). Diese Befürchtungen haben sich indes nicht
bestätigt; im Gegenteil wurde die **praktische Bedeutung des Gesetzes** rückblickend
betrachtet wohl **erheblich überschätzt** (Honsell JuS 1995, 211; Reich, Europäisches Verbraucherrecht Rn 411; Schmidt-Salzer, in: Schmidt-Salzer/Hollmann Einl Nr 209; ders DB
1987, 1285, 1286 ff).

23 So erscheint die Richtlinie als „ein **schwer errungener Kompromiß**" (Taschner NJW
1986, 611, 612), der nur um den Preis der **Ausklammerung zentraler Streitfragen** erreicht
werden konnte (vgl zum Problem des für viele Entscheidungen und Rechtssetzungsakte der EU
charakteristischen „Reduktionismus" Brüggemeier/Reich WM 1986, 149). Dem zuständigen
Referenten scheint dies deshalb akzeptabel, weil eine Grundentscheidung der Richtlinie, die Einführung der Gefährdungshaftung durchgesetzt werden konnte (Taschner aaO). Das ursprüngliche Risikoumlageprinzip wurde indes so vielfältig durchbrochen, daß in Einzelbereichen – zB bei der „Exkulpation" für Entwicklungsfehler
nach § 1 Abs 2 Nr 5 ProdHaftG – schwerlich von einer echten Gefährdungshaftung

zu sprechen ist. **Weltweit** jedoch hat die Richtlinie als Vorbild zur Schaffung nationaler Regelungen erheblichen Erfolg (vgl unten Rn 66 ff und insbes 107 ff und 110 ff). Dafür mag auf der einen Seite das klare Verantwortungsprinzip des Art 7 lit b (§ 1 Abs 2 Nr 2 ProdHaftG) ausschlaggebend gewesen sein; entscheidend war jedoch offensichtlich auch, daß die Richtlinie mit der **Importeurhaftung** nach Art 3 Abs 2 (§ 4 Abs 2 ProdHaftG) einen wettbewerbsneuralgischen Punkt im internationalen Handel berührte. Jedenfalls war gerade Japan, dessen Vorbild auch China folgte, daran interessiert, auf dem heimischen Markt mit einer vglb Haftung nachzuziehen (TASCHNER PHI 1997, 68, 72).

Einen weiteren Fortschritt in der Durchsetzung der Richtlinie brachte das Abkom- **24** men vom 2. Mai 1992 über den Europäischen Wirtschaftsraum (**EWR-Vertrag**), das am 1. Januar 1994 in Kraft getreten ist (BGBl 1993 II 266) und in Anhang III (516) die unterzeichnenden Staaten zur Schaffung eines den Vorgaben der Richtlinie entsprechenden Haftungsrechts verpflichtete. Daß nicht nur die Unterzeichnerstaaten dieser Verpflichtung – bis auf Frankreich – nachgekommen sind, sondern daß auch andere Staaten – Nichtunterzeichner wie die Schweiz und Liechtenstein –, osteuropäische aber auch überseeische Staaten wie Australien, Braslien, China und Japan an der Richtlinie orientierte Haftungsrechte erlassen haben, verdient als Rechtsvereinheitlichungserfolg Beachtung.

Am 13. 12. 1995 legte die Europäischen Kommission ihren **Ersten Bericht zur Umset-** **25** **zung und Anwendung der Produkthaftungs-Richtlinie** vor (KOM [95] 617; vgl auch Kurznotiz in PHI 1996, 56). Darin wird die überwiegend erfolgreiche Umsetzung der Richtlinie konstatiert, Änderungsbedarf im Hinblick auf eine mögliche Abschaffung der Optionen aber mangels praktischer Erfahrung mit den neuen nationalen Gesetzen zunächst verneint.

Den **deutschen Gesetzgeber** trifft indes der **Vorwurf**, durch Schaffung des ProdHaftG **26** wesentlich der **Rechtszersplitterung im deutschen Produzenten- bzw Produkthaftungsrecht** Vorschub geleistet zu haben. Neben den allgemeinen Anspruchsgrundlagen (§§ 823 Abs 1 und 2, 826 BGB) hat er ein Spezialgesetz geschaffen, aufgrund dessen sich eigener Auskunft nach „Änderungen . . . künftig nur in Randbereichen ergeben" (BT-Drucks 11/2447, 11). Die gesetzgebenden Organe bewiesen wenig Verantwortung für das deutsche Haftungssystem, als sie die Minimalstandards der ProdHaftRichtl neben der Produzentenhaftung nach § 823 Abs 1 BGB in ein eigenes Gesetz, sozusagen als blassere Doublette, transformierten. Die Chance zu einer einheitlichen Systematisierung der Produzenten- und Produkthaftung jedenfalls wurde vertan (BUCHNER DB 1988, 32; CAHN ZIP 1990, 482, 488; vgl dazu die Anträge und Kritik der Oppositionsparteien BT-Drucks 11/5520, 11 f sowie die Anträge BT-Drucks 11/3718, BT-Drucks 11/5594), und aus Sicht der Produktgeschädigten ist ein kompliziertes neues Regelwerk entstanden, dessen praktische Bedeutung sich zur Zeit auf Ausnahmefälle beschränkt (LÜDERITZ, in: FS Rebmann [1989] 755, 757). MEDICUS resümiert sarkastisch und angesichts der verbleibenden praktischen Bedeutung des Gesetzes (unten Rn 53) sicher überspitzt, „(d)ieser ‚Strich des Gesetzgebers'", (habe) . . . keine ‚Bibliotheken zu Makulatur' werden lassen, sondern allenfalls die Entstehung weiterer Bibliotheken gefördert!" (Bürgerliches Recht [17. Aufl 1995] Rn 650).

C.   Systematischer Standort und methodische Fragen

I.   Haftungstypus*

27 Die systematische Einordnung des ProdHaftG in das geltende Haftungssystem ist umstritten. Nach einer Auffassung handelt es sich um eine **Gefährdungshaftung** (vgl vor allem TASCHNER NJW 1986, 611, 612; ders allerdings auch in: TASCHNER/FRIETSCH Art 1 Rn 1 f; bereits zuvor ders, in: FS vCaemmerer 343 ff; ebenso DIEDERICHSEN, in: Probleme der Produzentenhaftung 9, 12 f; HOLLMANN DB 1985, 2389; REINELT DAR 1988, 80; ROLLAND § 1 Rn 7, § 3 Rn 2 und bereits im Vorfeld von Richtlinie und Gesetz LUKES, Reform der Produkthaftung 112 ff), wobei der Begriff der Gefährdungshaftung allerdings gelegentlich in einem weiteren Sinne verstanden wird (DIEDERICHSEN aaO; LUKES 113). Nach der **Gegenansicht** begründet das Gesetz eine **verschuldensunabhängige Haftung für objektives Verhaltensunrecht** (so erstmals SCHMIDT-SALZER BB 1986, 1103, 1104; ders/HOLLMANN Art 6 Rn 9 ff; ders, Produkthaftung III/1 [2. Aufl 1990] Rn 4.108 ff; BRÜGGEMEIER/REICH WM 1986, 149, 154; BUCHNER DB 1988, 32, 33; FRIETSCH DB 1990, 29, 30; W LORENZ ZHR 151 [1987] 1, 14; SCHLECHTRIEM VersR 1986, 1033; SCHUBERT PHI 1989, 74; TASCHNER/FRIETSCH § 1 Rn 2, 17 ff; WIECKHORST VersR 1995, 1005, 1014). Eine dritte Auffassung erkennt im Gesetz ein **vom jeweiligen Fehlertyp abhängiges Mischsystem aus Verschuldenshaftung und verschuldensunabhängiger Verhaltenshaftung** (KÖTZ, in: FS W Lorenz 109, 112 ff; ders, Deliktsrecht Rn 461; BRÜGGEMEIER 152 [1988] 511, 517; 535; LÜDERITZ, in: FS Rebmann 755; REICH, Europäisches Verbraucherrecht Rn 182; vgl auch W LORENZ ZHR 151 [1987] 1, 10 ff). Eine **vierte, auch hier vertretene Auffassung** erkennt im Gesetz ein **Mischsystem aus Haftung für Verhaltensunrecht und Gefahr** (MünchKomm/CAHN § 1 Rn 2).

28 Die **praktische Relevanz** der Auseinandersetzung zeigt sich an zwei Sachfragen: (1) Eine echte Gefährdungshaftung gründet sich auf erlaubtes, übermäßiges Risiko (vgl etwa DEUTSCH NJW 1992, 73, 74 sowie die grundlegenden Arbeiten von RÜMELIN, Die Gründe der Schadenszurechnung [1896]; ESSER, Grundlagen und Entwicklung der Gefährdungshaftung [1941]; KÖTZ, in: Gutachten und Vorschläge zur Überarbeitung des Schuldrechts [Bd III 1981] 1785). Führte das Gesetz daher eine echte Gefährdungshaftung ein, wäre die Herstellung

---

* **Schrifttum** (Auswahl): BRÜGGEMEIER/REICH, Die EG-Produkthaftungsrichtlinie und ihr Verhältnis zur Produzentenhaftung nach § 823 Abs 1 BGB, WM 1986, 149; vCAEMMERER, Reform der Gefährdungshaftung (1971); DIEDERICHSEN, Zur Dogmatik der Produkthaftung nach Inkrafttreten des Produkthaftungsgesetzes, in: Arbeitsgemeinschaft der Verkehrsanwälte im Deutschen Anwaltsverein, Probleme der Produzentenhaftung (1980) 9; ders, Wohin treibt die Produzentenhaftung?, NJW 1978, 1281; DEUTSCH, Der Zurechnungsgrund der Produzentenhaftung, VersR 1988, 1197; ders, Das neue System der Gefährdungshaftungen, NJW 1992, 73; KÖTZ, Ist die Produzentenhaftung eine vom Verschulden unabhängige Haftung?, in: FS W Lorenz (1991) 109; LAMME-

RICH, Die Rechtsnatur der neuen Produkthaftung und ihr Verhältnis zur richterrechtlichen Exkulpationshaftung nach § 823 Abs 1 BGB (1994); LUKES, Reform der Produkthaftung (1979); LÜDERITZ, Gefährdung und Schuld im Produkthaftpflichtrecht – Versuch einer Synthese, in: FS Rebmann (1989) 755; SCHLECHTRIEM, Dogma und Sachfrage – Überlegungen zum Fehlerbegriff des Produkthaftungsgesetzes, in: FS Rittner (1991) 545; SCHMIDT-SALZER, Die EG-Richtlinie Produkthaftung, BB 1986, 1103, 1104; FICKER (TASCHNER) Produkthaftung als Gefährdungshaftung?, in: FS vCaemmerer (1978) 343; VOGT, Die Einstandspflicht des Produzenten nach § 823 I BGB und nach dem Produkthaftungsgesetz im Vergleich (Diss Heidelberg 1996).

eines fehlerhaften Produkts zugleich eine erlaubte Tätigkeit, hinsichtlich derer keine (quasi-)negatorischen Unterlassungs- und Beseitigungsansprüche bestünden (DIEDE-RICHSEN, in: Probleme der Produzentenhaftung 9, 12; SCHLECHTRIEM, in: FS Rittner 545, 559). (2) Ferner steht die Entscheidung für den Haftungstyp in engem sachlichem Zusammen-hang mit der **Auslegung des Fehlerbegriffs** in § 3 ProdHaftG: von der Entscheidung für oder gegen eine Haftung für Verhaltensunrecht hängt es ab, ob in § 3 ProdHaftG ausschließlich **Fehler des Produktes** im Sinne eines **Einheitsfehlerbegriffes** zu erfassen sind (so DIEDERICHSEN NJW 1978, 1281, 1284; MünchKomm/CAHN § 3 Rn 3; ROLLAND § 3 Rn 2; TASCHNER/FRIETSCH Art 6 Rn 10; vgl allerdings auch BRÜGGEMEIER/REICH WM 1986, 149, 150) oder ob auch **Fehler des Herstellers** – also echtes Verhaltensunrecht – berücksichtigt werden müssen (so etwa SCHLECHTRIEM, in: FS Rittner 545 ff; KÖTZ, in: FS W Lorenz 109, 112 ff).

Die **historische Auslegung** trägt zur Entscheidung des Streits wenig bei. Der **Rat der** **29** **Europäischen Gemeinschaften** geht in seinen Begründungserwägungen zur Richtlinie von einer „verschuldensunabhängigen Haftung des Herstellers" aus (BegrErwägungen Abs 2) und will diese „nur auf bewegliche Sachen erstrecken, die industriell herge-stellt sind." (Abs 3). Diese zunächst an einem vagen Gefahrenbegriff (industrielle Fertigung) orientierte Begründung wird indes nicht durchgehalten, da die Richtlinie letztlich auch *nicht* industriell gefertigte Produkte (handwerkliche, künstlerische usw) in ihren Anwendungsbereich einbezieht (arg e Art 2 RL). Der **deutsche Gesetz-geber** erstrebt eine verschuldensunabhängige Haftung, „die weitgehend identisch mit der Gefährdungshaftung" sei (BT-Drucks 11/2447, 11). Angesichts dieses unklaren Sprachgebrauchs lehnt es die Wissenschaft zu Recht ab, aus dem Quellenmaterial Argumente für oder gegen einen bestimmten Haftungstypus herzuleiten (DIEDERICH-SEN, in: Probleme der Produzentenhafung 9, 10 f; KÖTZ, in: FS W Lorenz 109, 110).

Eine Gefährdungshaftung ließe sich indes nur bejahen, wenn eine bestimmte **30** erlaubte **Gefahr** und gerade nicht das Verhaltensunrecht des Herstellers zum Haf-tungsgrund berufen wäre. Streitig ist aber bereits, ob die Güterproduktion als solche eine haftungsbegründende Gefahr beinhaltet (ablehnend vCAEMMERER, Reform der Gefährdungshaftung 12; DIEDERICHSEN, in: Probleme der Produzentenhaftung 9, 12; ders, Die Haftung des Warenherstellers [1967] 194 ff). Nach **aA** liegt in der Produktsicherheit nicht die eigentliche Aufgabenstellung der Produkthaftung, sondern in der Schwierigkeit des Geschädigten, in einer arbeitsteiligen Wirtschaft mit ihren sich überkreuzenden Leistungsbeiträgen die Fehlerquellen im Herstellungsvorgang festzustellen und den zivilrechtlich verantwortlichen Schuldner eindeutig zu identifizieren (DEUTSCH VersR 1988, 1197; LÜDERITZ, in: FS Rittner 755, 763). So erscheint im ProdHaftG, wo Teilberei-che der nichtindustriellen Produktion (handwerkliche, künstlerische Erzeugnisse) in den gesetzlichen Anwendungsbereich miteinbezogen werden, die **Produktgefahr** allenfalls als **gesetzgeberisches Motiv, nicht aber als sachlicher Haftungsgrund** (DEUTSCH NJW 1992, 73, 74).

Auf diese Überlegungen kommt es deshalb nicht weiter an, weil das ProdHaftG **31** selbst nicht an eine spezifische Gefahr der Güterproduktion anknüpft, sondern an das Tatbestandsmerkmal des Produktfehlers. Der **Fehlerbegriff** aber „verschlüsselt" **letztlich nur einzelne Verhaltens- bzw Verkehrspflichten des Herstellers** (SCHLECHTRIEM, in: FS Rittner 545; BRÜGGEMEIER ZHR 152 [1988] 511, 517; SCHMIDT-SALZER BB 1986, 1103, 1104;

SIMITIS, in: FS Duden [1977] 605 ff; aA DIEDERICHSEN NJW 1978, 1281, 1284; ROLLAND § 3 Rn 2).

32 Angesichts dieses Befundes ist der von einer **MM** unternommene **Versuch** abzulehnen, **den Begriff der Gefährdungshaftung für den Fall der Produkthaftung auszudehnen** und die Haftung ausnahmsweise aus einer besonderen, „gelegentlichen Gefahrenwirkung" (= „fehlerhaftes" Produkt) zu begründen (so DIEDERICHSEN, in: Probleme der Produzentenhaftung 9, 12 f; ihm folgend MünchKomm/CAHN § 1 Rn 2). Die Alternative zu einer auf Verhaltensunrecht gründenden Haftung für Produkt*fehler* liegt nämlich allein in der reinen Kausalhaftung für die bereits mit dem Produzieren verbundenen Gefahren (BRÜGGEMEIER ZHR 152 [1988] 511, 517 im Anschluß an SIMITIS, in: FS Duden [1977] 605 ff). Eine „Gefährdungshaftung für Produktfehler" führte dagegen zu einer Verwirrung der systematischen Grenzen, wie nicht zuletzt an dem Umstand deutlich wird, daß das fehlerhafte Produkt schwerlich eine „erlaubte Gefahr" iSd Gefährdungshaftung beinhalten kann. Ein solch weiter Begriff der Gefährdungshaftung verdunkelte eher die haftungsbegründende Bedeutung des Fehlerbegriffs, als daß er dessen grundlegende teleologische Funktion im Gesetz erhellte.

33 Schließlich läßt sich kaum leugnen, daß das ProdHaftG **Elemente einer Haftung für Verhaltensunrecht** beeinhaltet. Die gem § 3 Abs 1 lit a ProdHaftG zu berücksichtigende „Darbietung" des Produkts etwa bezieht sich gerade nicht auf einen Fehler des Produktes selbst, sondern auf ein Fehlverhalten des Herstellers im Rahmen von Produktwerbung, -beschreibung usw (vgl hier nur KÖTZ, in: FS W Lorenz 109, 111 sowie § 3 Rn 46 ff). Auch entsprechen nach **ganz hM** die in § 3 ProdHaftG vorausgesetzten **Sicherheitserwartungen** genau dem Maßstab, der zur Begründung von Verkehrspflichten des Herstellers iSd § 823 Abs 1 BGB – also einer Haftung für Verhaltensunrecht – herangezogen wird (so auch BT-Drucks 11/2447,17 f; FRIETSCH DB 1990, 29, 32; KÖTZ, in: FS W Lorenz 109, 112; KULLMANN VersR 1988, 655, 656; ROLLAND § 3 Rn 6; SCHLECHTRIEM VersR 1986, 1033, 1035; ders, in: FS Rittner 545, 549; SCHMIDT-SALZER BB 1988, 349, 350; vWESTPHALEN NJW 1990, 83, 87; WIECKHORST VersR 1995, 1005, 1010). Gleiches gilt für die Entlastungsmöglichkeit wegen Entwicklungsfehlern (§ 1 Abs 2 Nr 5), die gerade von der objektiven Erkennbarkeit des Fehlers abhängt (ähnlich BUCHNER DB 1988, 32, 33).

34 Andererseits beinhaltet das ProdHaftG ebenso zentrale Regelungen, die nicht mehr an die für eine Verhaltenshaftung typischen Sachverhalte anknüpfen, sondern von **verhaltensunabhängigen Tatbestandsvoraussetzungen** abhängen. Das § 1 Abs 2 Nr 2 ProdHaftG zugrundeliegende zentrale Haftungsprinzip beruht auf der Vorstellung, daß der Hersteller für den defizitären Sicherheitszustand des Produkts zum Zeitpunkt seines Inverkehrbringens einzustehen hat, unabhängig davon, ob sein eigenes Verhalten oder das Verhalten eines von ihm nicht kontrollierten Dritten zum Produktfehler geführt hat. Verhaltensunabhängig ist auch die erweiterte gesamtschuldnerische Verantwortung der Teilprodukt-, Grundstoff- und Endprodukthersteller für den Sicherheitszustand des Produkts, die mit einer Ausnahme (§ 1 Abs 3 ProdHaftG) ebenfalls nicht mehr an die Reaktionsmöglichkeiten des Anspruchsgegners auf Sicherheitsrisiken, sondern allein an die Gefahren arbeitsteiliger Produktion anknüpft. Schließlich beruht die nach hM bestehende unbeschränkte Herstellerhaftung für **Ausreißer** gem § 1 ProdHaftG nicht mehr auf Verhaltensunrecht, weil Verhaltensgebote zur Vermeidung von Ausreißern sich bereits begrifflich nicht formulieren lassen (vgl hier nur SCHLECHTRIEM, in: FS Rittner 545, 549 sowie unten Rn 37 und § 3

Rn 104 ff). Umstritten ist schließlich, ob die **Haftung des Quasilieferanten** (§ 4 Abs 1 Satz 2 ProdHaftG) bzw **Importeurs** (§ 4 Abs 2 ProdHaftG) als Haftung für fremdes Verschulden (= Verschulden des Herstellers, so Kötz, in: FS W Lorenz 109, 119 f) oder als echte Gefährdungshaftung verstanden werden kann (Lüderitz, in: FS Rebmann 755, 766). Nach der hier vertretenen Auffassung beruht die Verantwortlichkeit des Quasilieferanten auf Vertrauenshaftung (§ 4 Rn 53 ff), die Haftung des Importeurs aber stellt ein Substitut für die risikoreiche Rechtsdurchsetzung im Ausland dar und steht damit einer Gefährdungshaftung (Gefahr ist die vermeintlich schwierige Rechtsdurchsetzung) nahe (§ 4 Rn 67 ff).

Die **uneinheitliche Begründung der Produkthaftung** sowohl aus verhaltensbezogenen **35** Unrechtselementen und verhaltensunabhängigen Einstandspflichten erklärt sich aus mehreren Sachgesichtspunkten: (1) **Verhaltensunabhängig** ist die Haftung vor allem dort ausgestaltet, wo sie Ansprüche gegenüber den Beteiligten eines arbeitsteiligen Produktionsprozesses begründen soll. Das Gesetz zieht aus der arbeitsteiligen, zwischen Herstellern, Zulieferern und Absatzmittlern organisierten Produktionsverantwortung nicht die entsprechende haftungsrechtliche Konsequenz, sondern läßt – mit einer Einschränkung (§ 1 Abs 3 ProdHaftG) – alle Beteiligten für die Fehler des Endproduktes gleichermaßen einstehen (vgl § 4 Abs 1 Satz 1 iVm § 5 Satz 1 Prod-HaftG). Dies führt notgedrungen dazu, daß etwa Zulieferer und Absatzmittler (§ 4 Abs 2 und Abs 3 Satz 1 ProdHaftG) auch für solche Produktfehler verantwortlich werden, an deren Zustandekommen sie nicht durch eigenes Fehlverhalten beteiligt sind.

(2) **Verhaltensunabhängig** ist auch das § 1 Abs 2 Nr 2 ProdHaftG zugrundeliegende **36** zentrale Haftungsprinzip. Denn danach haftet der Hersteller für Sicherheitsdefizite seines Produktes auch dann, wenn sie von Dritten verursacht oder verschuldet wurden. Es genügt, daß sie dem Produkt zu dem Zeitpunkt anhafteten, in dem er es in den Verkehr gebracht hat.

(3) Die **verhaltensabhängigen** Momente erklären sich hingegen aus den Sachgesetz- **37** lichkeiten der einzelnen Fehlertypen. Denn die bekannte **Unterscheidung der Fehlertypen** (Fabrikations-, Herstellungs-, Instruktions-, Entwicklungsfehler und sog Produktionsbeobachtungsfehler) beruht **auf sachlichen Unterschieden bei der Haftungsbegründung** (vgl vCaemmerer, in: FS Rheinstein Bd II [1969] 659; vHülsen RIW 1980, 365; Kötz, in: FS W Lorenz 109, 110; W Lorenz ZHR 151 [1987] 1, 10 ff; Pfeifer, Produktfehler oder Fehlverhalten des Produzenten 236 ff; an dieser Unterscheidung orientiert sich bspw auch Taschner, in: FS vCaemmerer 343, 350 ff). Deshalb verdienen die zugrundeliegenden sachlichen Unterschiede (Kötz 112 spricht von „Natur der Sache") auch bei der Konkretisierung des § 3 ProdHaftG Beachtung (Brüggemeier ZHR 152 [1988] 511, 535; Kötz 112 ff; Schlechtriem, in: FS Rittner 545, 546; vgl auch Buchner DB 1988, 32, 34; nicht eindeutig MünchKomm/Cahn Rn 4; aA Schmidt-Salzer BB 1988, 349, 356; Schmidt-Salzer/Hollmann Art 6 Rn 112; so auch Mayer VersR 1990, 691, 696; Taschner/Frietsch Art 6 Rn 11; Wieckhorst JuS 1990, 86, 90): Soweit im Bereich der Massenproduktion immer wieder einmal und praktisch unvermeidbar ein Produkt von den Konstruktionsvorgaben abweicht und dadurch Sicherheitsrisiken entstehen läßt (**Fabrikationsfehler**), kann bereits ein Verschuldensvorwurf nicht erhoben werden; auch ist hier nicht immer eine Verhaltenspflicht verletzt (vCaemmerer, in: FS Rheinstein Bd II [1969] 659, 667). Deshalb wird die durch das ProdHaftG begründete Einstandspflicht für solche Ausreißer als Gefähr-

dungs- oder Risikohaftung (Taschner, in: FS vCaemmerer 343, 350; W Lorenz ZHR 151 [1987] 1, 10) bzw als eine verschuldensunabhängige Haftung für Produktfehler verstanden (Kötz, in: FS W Lorenz 109, 113; Schlechtriem, in: FS Rittner 545, 549; Wieckhorst VersR 1995, 1005).

38 Dagegen läßt sich die Haftung für **Konstruktionsfehler** dogmatisch überzeugend **nur in den systematischen Kategorien des Verhaltensunrechts** bewältigen (Kötz, in: FS W Lorenz 109, 114 ff; Brüggemeier ZHR 152 [1988] 511, 518; Lorenz ZHR 151 [1987] 1, 14; vgl auch das Beispiel bei Schmidt-Salzer, Produkthaftungsrecht III/1 Rn 4.114). Dies zeigt sich bereits an dem Umstand, daß ein Konstruktionsfehler durch Verstoß der Produktkonstruktion gegen bestehende technische Anforderungen (also Verhaltensnormen) zustandekommen kann (so gerade auch Taschner, in: FS vCaemmerer 343, 353). Wesentlich problematischer liegen die Fälle, in denen es an verläßlichen technischen Anforderungen fehlt (Taschner aaO: „unausgereiftes Produkt") oder ein Niedrigpreisprodukt mit Hochpreisprodukten um die Befriedigung desselben Bedarfs konkurriert. Gerade im letzteren Fall stellt sich im Anschluß an die Erkenntnisse der amerikanischen Entscheidungspraxis die Frage, ob die Sicherheitserwartungen der Verbraucher nicht durch die Höhe des Produktpreises mitbestimmt werden (risk-utility-Test: Lüderitz in: FS Rebmann 755, 763 ff; Kötz 109, 115 ff; vgl § 3 Rn 85 ff). Bei einem Niedrigpreiswagen können nämlich schwerlich dieselben Sicherheitsvorkehrungen (Überrollbügel, ABS, Airbag usw) erwartet werden wie bei einer Luxuslimousine. Fraglich ist nur, wie diese Preis-/Leistungsrelation in den Erwartungshorizont eines außenstehenden, im Straßenverkehr durch das Kfz verletzten Passanten (innocent bystander) eingehen soll, der weder dessen Preis noch dessen Leistung kennt. Die vorgestellte risk-utility-Relation ist nämlich außer dem Hersteller höchstens noch in Ansätzen dem Käufer des Fahrzeugs bekannt, nicht aber allen sonstigen Verkehrsteilnehmern. Dogmatisch sinnvoll kann sie daher nicht als Teil der Sicherheitserwartungen der Verbraucher in das Produkt konstruiert werden, sondern nur als Gegenstand einer Verhaltenspflicht des Herstellers, bei Gewährleistung einer Basissicherheit, die Sicherheits*maßstäbe* an die Höhe des geforderten Kaufpreises anzupassen (Kötz 109, 116 f; Lüderitz 765 f). Die Verantwortung für Konstruktionsfehler beruht daher nicht ohne Grund auch aus rechtsvergleichender Sicht auf einer Unrechtshaftung (vCaemmerer, in: FS Rheinstein Bd 2 [1969] 659, 666).

39 Auch die Haftung für **Instruktionsfehler** gründet nicht auf einer Gefährdungshaftung. Der Schaden, der durch mangelnde Aufklärung über die Produktverwendung bzw die Produktrisiken entsteht, geht nämlich gar nicht auf einen Produkt*fehler* zurück, sondern auf ein Fehlverhalten des Herstellers (Kötz, in: FS W Lorenz 109, 111; Schlechtriem, in: FS Rittner 545, 551 f; so auch Taschner, in: FS vCaemmerer 343, 354).

40 Eine Haftung für **Entwicklungsfehler** schließlich läßt sich nur als Gefährdungshaftung begründen (vCaemmerer, in: FS Rheinstein Bd II [1969] 659, 669 f). Diesen Schritt hat das ProdHaftG in § 1 Abs 2 Nr 5 aber gerade nicht vollzogen, sondern dort wieder an Verhaltensmaßstäbe angeknüpft (Schlechtriem, in: FS Rittner 545, 551 f).

41 Soweit die Haftung nach § 1 Abs 1 Satz 1 ProdHaftG auf den Vorwurf unrichtigen Verhaltens zurückgreifen muß, erscheint der **Unterschied zur echten Verschuldenshaftung**, wenn überhaupt vorhanden, so **allenfalls marginal**. Umstritten ist nämlich, ob der Verschuldensbegriff in § 276 Abs 1 Satz 2 BGB neben dem Verstoß gegen eine den Anspruchsberechtigten schützende Verhaltenspflicht auch einen Verstoß gegen die sog „**innere Sorgfalt**" voraussetzt (so etwa DEUTSCH, Allgemeines Haftungsrecht [2. Aufl 1995] Rn 387 ff; LARENZ, in: FS Dölle 169, 192 ff; ablehnend BRÜGGEMEIER, Deliktsrecht [1986] Rn 113 ff; KÖTZ, Deliktsrecht [6. Aufl 1996] Rn 118). Danach ist der Schädiger nicht verantwortlich, wenn er den gegenüber dem Geschädigten einzuhaltenden Sicherheitsstandard schuldlos verkennt. Dieser Umstand kann unstreitig im Rahmen des § 1 ProdHaftG keine Berücksichtigung finden. Wer deshalb den Verschuldensbegriff an das zusätzliche Erfordernis eines „inneren" Sorgfaltsverstoßes knüpft, muß konsequenterweise eine durchweg verschuldensunabhängige Haftung bejahen (SCHLECHT-RIEM, in: FS Rittner 545, 553). Wer das mögliche Fehlen eines „inneren" Sorgfaltsverstoßes hingegen nicht berücksichtigt, gelangt zu dem Ergebnis, daß die Haftung nach § 1 Abs 1 Satz 1 ProdHaftG in Teilaspekten, nämlich soweit die Konkretisierung des Fehlerbegriffes betroffen ist, mit der echten Verschuldenshaftung identisch ist (KÖTZ, in: FS W Lorenz 109, 112; BRÜGGEMEIER ZHR 152 [1988] 511, 520 f sowie 535). Für diese letzte Auffassung spricht, daß sich der Anwendungsbereich der „inneren Sorgfalt" heute praktisch auf die Fälle fehlender Deliktsfähigkeit einerseits (§§ 827 f BGB so KÖTZ, in: FS W Lorenz 109, 112) bzw den Fall der richterlichen Rechtsfortbildung von Verkehrspflichten andererseits beschränkt (BRÜGGEMEIER, Deliktsrecht Rn 114). Darüber hinaus erkennt die hM – wie gesehen (oben Rn 33) – keinen praktischen Unterschied zwischen der Begründung von Verkehrspflichten in § 823 Abs 1 BGB und der Konkretisierung von Sicherheitserwartungen in § 3 ProdHaftG. Bezeichnenderweise wird im Rahmen der Produzentenhaftung auch hinsichtlich der Beweislastverteilung zwischen innerer und äußerer Sorgfalt kein Unterschied gemacht (BGHZ 80, 186 = NJW 1981, 1603; ARENS ZZP 104 [1991] 123, 125). Soweit die Haftung daher aus Verhaltensunrecht begründet wird, besteht kein sachlicher Unterschied zur Verschuldenshaftung.

Im **Ergebnis** ist das ProdHaftG **nicht eindeutig einem bestimmten Haftungstyp** zuzuord- **42** nen. Die Haftungsbegründung erfolgt vielmehr – orientiert an den oben vorgestellten unterschiedlichen Sachgesichtspunkten – uneinheitlich: Soweit die Haftung aus Konstruktions-, Instruktions- und Entwicklungsfehlern begründet wird, stehen Verhaltensaspekte bei der Konkretisierung des Fehlerbegriffs bzw bei der Entlastung von diesem (vgl § 1 Abs 2 Nr 5 ProdHaftG) im Vordergrund. Nach hier vertretener Auffassung besteht dann kein sachlicher Unterschied zur echten Verschuldenshaftung. Dagegen knüpft das zentrale § 1 Abs 2 Nr 2 ProdHaftG zugrundeliegende Haftungsprinzip gerade nicht an Verhaltenselemente an: Der Hersteller haftet für alle Sicherheitsdefizite zum Zeitpunkt des Inverkehrbringens, für die von ihm selbst „verschuldeten" ebenso wie für die von dritter Seite verursachten und durch ihn nicht kontrollierbaren. Auch die Erweiterung des Kreises der für die Sicherheit des Produkts Verantwortlichen in § 4 ProdHaftG geht weit über das hinaus, was auf der Grundlage einer Verhaltenshaftung begründet werden könnte.

II. Anwendungsfragen

1. Richtlinienkonforme Auslegung

Nach **Art 5 Abs 1 Satz 1 EGV** treffen die Mitgliedsstaaten alle geeigneten Maßnahmen **43** allgemeiner oder besonderer Art zur Erfüllung der Verpflichtungen, die sich aus dem EGV oder aus Handlungen der Organe der Gemeinschaft ergeben. Nach Auffassung des **Europäischen Gerichtshofes** obliegt diese Verpflichtung „allen Trägern öffentlicher Gewalt . . ., und zwar im Rahmen ihrer Zuständigkeit auch den Gerichten. Daraus folgt, daß das nationale Gericht bei der Anwendung des nationalen Rechts, insbesondere auch der Vorschrift eines speziell zur Durchführung der Richtlinie . . . erlassenen Gesetzes, dieses nationale Recht im Lichte des Wortlauts und des Zwecks der Richtlinie auszulegen hat, um das in Art 189 Abs 3 EGV genannte Ziel zu erreichen." (EuGH Slg 1984, 1891, 1909 = NJW 1984, 2021 2022 – Colson-Kamann/NRW; vgl auch EuGHE 1984, 1921, 1942 – Harz/Tradax). Diese sog **richtlinienkonforme Auslegung** eines Ausführungsgesetzes ist nicht frei von kritischen Implikationen; nicht endgültig geklärt ist bspw die mit ihr thematisch zusammenhängende Frage, ob das Gemeinschaftsrecht gegenüber dem nationalen Recht Vorrang genießt (vgl dazu BVerfGE 37, 271 – Solange I; BVerfGE 73, 339 – Solange II; BVerfGE 89, 155 – Maastricht), was insbesondere bei Konflikten zwischen verfassungsgemäßer und richtlinienkonformer Auslegung entscheidend werden kann (vgl dazu etwa die Standpunkte von LUTTER JZ 1992, 593, 604 ff einerseits und von DIFABIO NJW 1990, 947, 948 ff andererseits). Die richtlinienkonforme Auslegung wird aber grundsätzlich vom **Bundesverfassungsgericht** (BVerfG NJW 1988, 1459, 1460: „Anwendungsvorrang") ebenso wie vom **Bundesgerichtshof** (BGH NJW 1993, 1594, 1595 im Hinblick auf das Haustürwiderrufsgesetz) anerkannt und ist **hM** (BOGDANDY, in: GRABITZ Art 5 Rn 55; EVERLING RabelsZ 50 [1986] 193, 224; ders ZGR 1992, 376; HOMMELHOFF AcP 192 [1992] 71, 95 ff; LUTTER JZ 1992, 593, 604 ff; NETTESHEIM AöR 119 [1994] 261, 276; vgl ferner BEYER-MÖLLERS JZ 1991, 24, 26; GÖTZ NJW 1992, 1849, 1853; JARASS EuR 1991, 211; WINTER NuR 1989, 197, 203; kritisch DIFABIO NJW 1990, 947, 948 ff). Zugrunde liegt die Überlegung, daß die Auslegung des nationalen Rechts dann zu einer Auslegungsfrage des Gemeinschaftsrechts wird, wenn das nationale Recht der Umsetzung einer Richtlinie dient bzw in dem Regelungsbereich Anwendung findet, der durch die Richtlinie abgedeckt werden soll, und die Interpretation des nationalen Rechtes über die Erreichung der Ziele gem Art 189 Abs 3 EGV mitentscheidet.

44 Die richtlinienkonforme Interpretation verdrängt nicht die anderen **Auslegungsmethoden des Savignyschen Auslegungskanons** bei der Interpretation des nationalen Ausführungsgesetzes (aA LUTTER JZ 1992, 593, 604 ff), sondern beeinflußt diese nur in dem Sinne, daß Wortlaut, Entstehungsgeschichte, Systematik und Zweck des nationalen Gesetzes nie isoliert, sondern stets im Hinblick auf die in der Richtlinie vorgegebenen Ziele iSd Art 189 Abs 3 EGV berücksichtigt werden (so auch HOMMELHOFF AcP 192 [1992] 71, 95 ff).

45 Von **entscheidender Bedeutung** ist folglich die **Bestimmung der Ziele der Produkthaftungsrichtlinie. Nach einer Ansicht** steht dabei der **Aspekt der Rechtsvereinheitlichung** entscheidend im Vordergrund. Gerade weil die ProdHaftRichtl auf eine Vereinheitlichung des Produkthaftungsrechtes ziele, sei das ProdHaftG unter Einbeziehung der rechtsvergleichenden Methode so auszulegen, daß im Einzelfall größtmögliche Harmonisierungseffekte erzielt würden (vor allem SACK VersR 1988, 439, 440; ders DAR 1988, 112; ebenso MERKEL NJW 1987, 358, 361; vWESTPHALEN NJW 1990, 83, 84). Diese Sichtweise fordert indes zur **Kritik** heraus; denn sie ist weder durch die Entstehungsgeschichte noch durch das System der Richtlinie gerechtfertigt. Von Anfang an zielte die Richtlinie vorrangig auf „Verbraucher"schutz (genauer: Schutz der Produktgeschädigten), während die in Art 100 EWGV geregelten Befugnisse zur „Angleichung des einzelstaatlichen Rechts" insoweit eine dienende Funktion erfüllten, als sie beim damaligen historischen Stand des EWG-Vertrages die einzigen in Frage kommende

Handlungsbefugnis der Kommission eröffneten (Rn 12). Daß die „Verbrau-cher"schutzaspekte dabei die Harmonisierungsbestrebungen dominierten und ver-drängten, zeigt sich spätestens an Art 13 ProdHaftRichtl, der die bereits etablierten Institute des nationalen Produkthaftungsrechts neben den aufgrund der Richtlinie zu schaffenden Regelungswerken fortgelten läßt und mit der Überlegung begründet wird, die ProdHaftRichtl verbürge letztlich nur einen Mindestschutz für die Produkt-geschädigten und wolle über die Richtlinie hinausgehende Rechtsfolgen zum Wohle der „Verbraucher" nicht beseitigen (oben Rn 11). **Ziel der Richtlinie** ist also **nicht die Harmonisierung des Produkthaftungsrechts, sondern die Verbürgung eines gemeinschafts-weiten Mindestschutzes vor Produktsicherheitsgefahren verbunden mit einem aus der Haftung resultierenden, für alle Unternehmer einkalkulierbaren und versicherbaren Min-destrisiko** (so auch HOHLOCH ZEuP 1994, 408, 427 und 430). Darin liegt eine für die Interpretation wichtige Akzentsetzung: Die an der Richtlinie orientierte Auslegung des ProdHaftG zielt nicht auf die Etablierung eines Produkthaftungs*einheits*rechtes, sondern auf die Bewahrung des in der ProdHaftRichtl bereits bestehenden Mindest-schutzes. Dieser steht gem Art 13 ProdHaftRichtl im Kontext des deutschen Delikts-rechts und muß daher in diesen systematisch eingefügt werden (DIEDERICHSEN, in: Probleme der Produzentenhaftung 9, 22). Dies wiederum bedeutet, daß die durch die Richtlinie in Kauf genommenen Lücken (auch) aus dem Kontext des nationalen Rechts geschlossen werden müssen (SCHLECHTRIEM VersR 1986, 1033, vgl dort auch Fn 4; DIEDERICHSEN 18 ff; LÜDERITZ, in: FS Rebmann 755, 757).

2.   Unmittelbare Anwendung der Richtlinie?

Die richtlinienkonforme Interpretation wird ergänzt durch eine vom EuGH erarbei-   **46** tete „Kollisionsnorm" (LUTTER JZ 1992, 593, 607). Danach kann sich ein Privatrechts-subjekt „in Ermangelung von fristgemäß erlassenen Durchführungsmaßnahmen auf Bestimmungen einer Richtlinie, die inhaltlich als unbedingt und hinreichend genau erscheinen, gegenüber allen innerstaatlichen, nicht richtlinienkonformen Vorschrif-ten berufen" (EuGH Slg 1982, 53, Rn 25). Wird die Richtlinie daher nicht rechtzeitig in nationales Recht umgesetzt oder ist die Umsetzung als solche unzureichend, so müs-sen danach die Gerichte die Richtlinie unmittelbar anwenden, wenn die gerade erwähnten inhaltlichen Voraussetzungen vorliegen (instruktiv BRÖHMER JuS 1997, 117, 119; OEHLER JuS 1997, 317, 318; vgl auch CLASSEN EuZW 1993, 83; JARASS NJW 1991, 2665).

Dieser Grundsatz erfährt indes insoweit eine wesentliche **Einschränkung**, als eine   **47** Direktwirkung nur dann in Betracht kommt, wenn der Staat selbst Verpflichtungs-adressat der durch die Richtlinie vermittelten Rechte ist (**vertikale Direktwirkung**). Soweit eine Richtlinie indes wie die ProdHaftRichtl Rechte zwischen Privatrechts-subjekten begründen soll, kommt eine Direktwirkung nicht in Betracht. Der **EuGH** hat sich mit gutem Grund gegen eine solche **horizontale Direktwirkung** von Richtli-nien ausgesprochen, weil diese andernfalls entgegen Art 189 Abs 3 EGV Verpflich-tungswirkungen gegenüber Privatpersonen erzeugen könnten (EuGH NJW 1994, 2473 = ZEuP 1996, 117, Rn 24 – Paola Faccini Dori/Recreb Srl Anm HERBER; im übrigen hM: HERBER, in: FS Döllerer [1988] 225, 229 mwN; ders ZEuP 1996, 121; speziell zur ProdHaftRichtl FREYER EuZW 1991, 49, 51 f; vgl die abweichenden Ansichten von BLECKMANN, Europarecht [6. Aufl 1997] Rn 435 f gerade für die ProdHaftRichtl; ders BB 1984, 1525; ders/PIEPER, Die EG-Produkthaftungs-richtlinie und ihre Umsetzung in nationales Recht, Internationale Wirtschaftsbriefe [IWB] 1989,

Nr 19 vom 10. 10. 1989, 79 ff; TIMMERMANN RabelsZ 48 [1984] 2, 35 und OLG Celle WM 1991, 110, 111; OLG Hamm NJW-RR 1989, 496; OLG Stuttgart NJW-RR 1988, 558, 559).

3. Vorlagepflicht bei Auslegungsfragen

48 Wenn die Auslegung des ProdHaftG zugleich über die Erreichung der Ziele der ProdHaftRichtl gem Art 189 Abs 3 EGV mitentscheidet, müssen die Gerichte konsequenterweise Auslegungsfragen dem EuGH zur Entscheidung **nach Art 177 EGV** vorlegen (BRÜGGEMEIER/REICH WM 1986, 149, 151; SACK VersR 1988, 439, 443 ff; MERKEL NJW 1987, 358, 361; allgemein bejahend auch EVERLING RabelsZ 50 [1986] 193, 225; aA Graf vWESTPHA-LEN NJW 1990, 83, 84). Diese Notwendigkeit ergibt sich umso mehr, als eine unmittelbare Anwendung der ProdHaftRichtl ausscheidet, wenn das Gericht die Unzulänglichkeit ihrer Umsetzung im ProdHaftG erkennt (vgl gerade oben Rn 47). Daß bei Auslegungsfragen im Hinblick auf das ProdHaftG eine Vorlagepflicht besteht, anerkennt inzidenter auch der **Bundesgerichtshof** in seiner bislang einzigen Entscheidung zu diesem Gesetz (BGH NJW 1995, 2162, 2164 – Mineralwasserflasche II).

4. Haftung wegen unterlassener oder unzureichender Umsetzung der Richtlinie

49 Zum Schutz der durch die Umsetzung einer Richtlinie begünstigten Privatrechtssubjekte, aber auch zwecks Sanktionierung pflichtwidriger Umsetzungen bzw einschlägiger Unterlassungen durch die Mitgliedsstaaten anerkennt der EuGH in Fortentwicklung des Gemeinschaftsrechts eine **Haftung des Mitgliedsstaates für Schäden, die seinen Staatsbürgern wegen säumiger bzw unzureichender Umsetzung einer Richtlinie entstehen** (grundlegend EuGH Slg 1991, 5357, Rn 31 ff = NJW 1992, 165 – Francovic). Die Voraussetzungen eines solchen Anspruchs stellen sich nach einer gewissen Konsolidierungsphase (insbesondere nach systematischer Annäherung an die Haftung der Mitgliedsstaaten wegen legislativen Unrechts – grundlegend hierzu: EuGH Slg 1996 I 1029 Rn 24 ff = JZ 1996, 776 – Brasserie du Pêcheur Anm EHLERS) nunmehr (vgl EuGH JZ 1997, 198 – Dillenkofer ua/BRD Anm EIDENMÜLLER) wie folgt dar: (1) Der haftende Mitgliedsstaat muß gegen eine gemeinschaftsrechtliche Norm verstoßen haben, die die **Verleihung von Rechten an den Geschädigten bezweckt**; hier wird ua gerade im Hinblick auf eine Richtlinie gefordert, daß sie inhaltlich **hinreichend bestimmt** ist, um einen solchen Schutzzweck konkret erkennen zu lassen (EuGH aaO Slg 1991, 5357, Rn 40 – Francovic). (2) Dabei genügt nicht jede Säumnis oder jeder Umsetzungsmangel, sondern der dem Mitgliedstaat zur Last gelegte Verstoß gegen Art 5 EGV muß „hinreichend qualifiziert" sein. Davon geht der EuGH aus, wenn ein Organ oder ein Mitgliedsstaat bei der Rechtssetzung die Grenzen, die der Ausübung seiner Befugnisse gesetzt sind, offenkundig und erheblich überschritten hat. Die einfache Verletzung des Gemeinschaftsrechts wirkt insbesondere dann haftungsbegründend, wenn dem Mitgliedsstaat nicht die Wahl zwischen verschiedenen gesetzgeberischen Möglichkeiten offenstand und er über einen erheblich verringerten oder gar auf Null reduzierten Ermessensspielraum verfügte (EuGH aaO – Dillenkofer, Rn 25); ein qualifizierter Verstoß wird auch dann bejaht, wenn der Mitgliedsstaat während der Umsetzungsfrist überhaupt nicht tätig wurde (Rn 26). (3) Zwischen dem Verstoß des Mitgliedsstaates gegen Art 5 EGV und dem dem Geschädigten entstandenen Schaden muß ein **unmittelbarer Kausalzusammenhang** bestehen (zu diesem Tatbestandsmerkmal EIDENMÜLLER JZ 1997, 201, 202 f). In diesem Sinne hat der EuGH Schadensersatzansprüche etwa wegen unzureichender Umsetzung der Haustürwiderrufsrichtlinie ebenso für möglich gehalten

(EuGH NJW 1994, 2473 = ZEuP 1996, 117, Rn 27 ff – Paola Faccini Dori/Recreb Srl Anm HERBER)
wie wegen verspäteter Umsetzung der Reiserichtlinie (EuGH JZ 1997, 198 Rn 16 ff –
Dillenkofer; vgl aus der Fülle der Literatur zu dieser Problemstellung: instruktiv BRÖHMER JuS 1997,
117 und OEHLER JuS 1997, 317; ferner: DETTERBECK VerwArch 85 [1994] 159 ff; PIEPER NJW 1992,
2454; SCHLEMMER-SCHULTE/UKROW EuR 27 [1992] 82; UKROW, Richterliche Rechtsfortbildung
durch den EuGH [1995] 273 ff; HENRICHS, Haftung der EG-Mitgliedsstaaten für die Verletzung von
Gemeinschaftsrecht [1995] jeweils mwN).

Auch **wegen säumiger oder unzureichender Umsetzung der ProdHaftRichtl** kommen **50**
daher Schadensersatzansprüche gegenüber Mitgliedsstaaten in Betracht (dazu Kurzinformation PHI 1992, 8). Diese könnten etwa gegenüber dem **französischen Staat** damit
begründet werden, daß dieser die Umsetzung der Richtlinie trotz der Durchführung
zweier Vertragsverletzungsverfahren bisher noch nicht bewerkstelligt hat (Rn 76);
auch gegenüber **Griechenland** kommen Ansprüche für die Zwischenzeit in Betracht,
in der das griechische Verbraucherschutzgesetz eine Entlastung wegen fehlender
Kenntnis bzw fahrlässiger Unkenntnis des Herstellers vom Produktfehler vorsah und
den Lieferantenbegriff so einschränkte, daß Schutzlücken entstanden (Rn 78).
Schließlich sind auch **gegenüber der Bundesrepublik** solche Ansprüche unter zwei
Aspekten denkbar: Zum einen nämlich wegen der Ausnahme der Arzneimittelhaf-
tung vom gesetzlichen Anwendungsbereich nach § 15 Abs 1 ProdHaftG (vgl § 15
Rn 1 ff), zum anderen aber nach hier vertretener Auffassung wegen der Art 16 Abs 1
ProdHaftRichtl entgegenstehenden Einführung einer Haftungshöchstgrenze für
Körperverletzungen auch im Einzelfall in § 10 ProdHaftG (§ 10 Rn 6). Die entscheidende Schwierigkeit bei der Begründung solcher Klagen dürfte jedoch in dem vom
EuGH geforderten **Kausalitätsnachweis** zwischen dem Verstoß des Mitgliedsstaates
gegen Art 5 EGV und dem eingetretenen Schaden liegen. Durch die verzögerte oder
unzureichende Umsetzung der ProdHaftRichtl entstehen nämlich französischen
oder deutschen Klägern nur dann Schäden, wenn diese ihre Schäden nicht bereits
aufgrund der bestehenden Rechtsgrundlagen gegenüber den Herstellern liquidieren
können.

III. Verhältnis zu anderen Normen

1. Recht der unerlaubten Handlungen

Der Anspruch aus § 1 Abs 1 Satz 1 ProdHaftG steht zum möglichen Anspruch aus **51**
§ 823 Abs 1 BGB in einem **Verhältnis freier Anspruchskonkurrenz** (Art 13 ProdHaft-
Richtl und § 15 Abs 2 ProdHaftG; dazu unten § 15 Rn 12 ff; vgl hier nur DIEDERICHSEN, in:
Probleme der Produzentenhaftung 9, 17). Dies folgt aus der grundlegenden Entscheidung
der an der Entstehung der Richtlinie beteiligten Organe, die ProdHaftRichtl weniger
als Element der Rechtsvereinheitlichung zu verstehen, sondern vielmehr als einen
gemeinschaftsweiten Mindestschutz, der die nationalen Haftungsinstitute, soweit sie
in ihrem Umfang über ihn hinausgehen bzw ihn ergänzen, nicht beseitigen will (vgl
Rn 45).

Gerade **im systematischen Vergleich mit der aus § 823 Abs 1 BGB** begründeten Produ- **52**
zentenhaftung zeigen sich auch die **Unzulänglichkeiten des Anspruchs aus § 1 Abs 1 Satz
1 ProdHaftG** (vgl dazu MEDICUS, Bürgerliches Recht [17. Aufl 1996] Rn 650; sowie BRÜGGEMEIER/
REICH WM 1986, 149; SACK VersR 1988, 439, 442 ff; SCHMIDT-SALZER DB 1987, 1285, 1286 f; vgl

auch LAMMERICH, Die Rechtsnatur und VOGT, Die Einstandspflicht, beide passim): Es wird nicht
für Produktbeobachtungsfehler gehaftet (§ 3 Rn 112 ff) und auch nicht für die Schäden, die durch die fehlende Sicherheit landwirtschaftlicher Naturprodukte bzw
Jagderzeugnisse entstehen (§ 2 Satz 2 ProdHaftG). Der Ersatz von Personenschäden
ist höhenmäßig beschränkt (§ 10 ProdHaftG) und Schmerzensgeld wird nicht
gewährt (§ 1 Rn 36 f). Schließlich beschränkt sich die Haftung für Sachschäden auf
privat genutzte Sachen (§ 1 Abs 1 Satz 2 ProdHaftG), sie ist im Hinblick auf weiterfressende Schäden eingeschränkt (§ 1 Abs 1 Satz 2 ProdHaftG, vgl § 1 Rn 10 ff), und
ein Sachschaden wird nur abzüglich des Selbstbehaltes nach § 11 ProdHaftG
ersetzt.

53 **Systematisch überlegen** ist das ProdHaftG in den Normen des § 1 Abs 2 Nr 2 und § 4
ProdHaftG. **§ 1 Abs 2 Nr 2 ProdHaftG** begründet inzidenter eine Verantwortung des
Herstellers für den Sicherheitszustand des Produkts im entscheidenden Zeitpunkt
des Inverkehrbringens, ohne daß es darauf ankäme, ob der Hersteller die Sicherheitsrisiken selbst verursacht, geschweige denn verschuldet hat. **§ 4 ProdHaftG** erweitert schließlich in den Fällen arbeitsteiliger Produktion den Kreis der Verantwortlichen weit über das aufgrund § 823 Abs 1 BGB begründbare Maß hinaus (aA zT
DIEDERICHSEN, in: Probleme der Produzentenhaftung 12, 21 f). In Gestalt des Quasi-Herstellers (§ 4 Abs 1 Satz 2), des Importeurs (§ 4 Abs 2) und des subsidiär haftenden
Lieferanten (§ 4 Abs 3) kann der Geschädigte diese Personen gleich dem Hersteller
selbst in Anspruch nehmen, obwohl diese auf die Beschaffenheit des Produktes tatsächlich in keinerlei Weise Einfluß genommen haben. Aber auch die pauschale
gesamtschuldnerische Verantwortung aller in einer Produktionskette hintereinan-
dergeschalteten Erzeuger (§ 4 Abs 1 Satz 1), die nur in einem Ausnahmefall eingeschränkt wird (§ 1 Abs 3), verbessert die Rechtsdurchsetzungschancen des Geschädigten immens. Hier liegen praktische Rechtsanwendungschancen des Gesetzes, die
von der Praxis bisher noch nicht ausreichend genutzt wurden.

2.   UN-Kaufrecht

54 Vgl unten Rn 59.

3.   Gentechnikrecht

55 Vgl § 2 Rn 50 ff.

4.   Umwelthaftungsrecht

56 Das ProdHaftG kann grundsätzlich auch in umwelthaftungsrechtlichen Fällen zur
Anwendung kommen (vgl GMILKOWSKY, Die Produkthaftung für Umweltschäden und ihre
Deckung durch die Produkthaftpflichtversicherung [1995]). Seine praktische Bedeutung ist
jedoch aufgrund einiger Tatbestandsmerkmale des Anspruchs nach § 1 Abs 1 Satz 1
ProdHaftG eingeschränkt (vgl auch § 2 Rn 27 ff und § 3 Rn 101 ff). Dieser Anspruch
grenzt nämlich die Ersatzpflicht auf Personenschäden bzw die *Beschädigung einer*
Sache ein; die Schäden, die aus der Belastung der Umwelt als solcher resultieren,
ohne Bewirkung einer Körperverletzung oder Sachbeschädigung, sind also nicht
liquidierbar. Weiterhin ist gerade der Ersatz wegen Sachbeschädigung auf **privat**
genutzte Sachen eingeschränkt (§ 1 Abs 1 Satz 2 ProdHaftG); Schäden an öffent-

lichen Sachen (Wälder, Seen usw) können danach nicht liquidiert werden (§ 1 Rn 25). Ferner setzt der Anspruch ein **Inverkehrbringen** des Produkts voraus, worunter eine bewußte Freigabe des Produktes aus dem Einflußbereich des Herstellers mit Richtung auf die Endverbrauchermärkte verstanden wird, und nicht bloß ein – gewolltes oder ungewolltes – Freisetzen von Giftstoffen. Schließlich knüpft der Fehlerbegriff des § 3 Abs 1 lit b ProdHaftG an die *Gebrauchs*erwartungen der beteiligten Verkehrskreise an; darunter fallen gerade nicht die Erwartungen im Hinblick auf die Entsorgung des Produkts (§ 3 Rn 101 ff).

D. Internationaler Geltungsbereich

I. Haager Konvention

Die von der Bundesrepublik **nicht ratifizierte Haager Konvention** vom 2. 10. 1973 über 57 das auf die Produkthaftpflicht anwendbare Recht (abgedruckt RabelsZ 37 [1973] 594, dazu LORENZ RabelsZ 37 [1973] 317 ff), kann auch für deutsche Gerichte im Wege des Rückverweises (Renvois) relevant werden (MünchKomm/KREUZER Art 38 Rn 197).

Die Konvention sieht folgende **Anknüpfungsleiter** der Produkthaftung vor: Gem **Art 4** 58 sind anwendbar „die Sachvorschriften des Staates des Verletzungsortes, wenn in diesem Staat außerdem liegt a) der gewöhnliche Aufenthaltsort der geschädigten Person oder b) der Hauptgeschäftssitz der in Anspruch genommenen Person oder c) der Ort, an dem das Produkt von der unmittelbar geschädigten Person erworben wurde". Ungeachtet des Art 4 sind nach **Art 5** anwendbar „die Sachvorschriften des Staates, in dem sich die unmittelbar geschädigte Person gewöhnlich aufhält, wenn in diesem Staat außerdem liegt a) der Hauptgeschäftssitz der in Anspruch genommenen Person oder b) der Ort, an dem das Produkt von der unmittelbar geschädigten Person erworben wurde." Nach **Art 6** folgt weiter: „Wenn keines der in Artikel 4 und 5 bezeichneten Rechte gilt, sind anwendbar die Sachvorschriften des Staates, in dem die in Anspruch genommene Person ihren Hauptgeschäftssitz hat, es sei denn der Kläger stützt seinen Anspruch auf die Sachvorschriften des Staates des Verletzungsortes." Eine **Einschränkung** ergibt sich schließlich aus **Art 7**: „Weder das Recht am Verletzungsort noch das Recht am gewöhnlichen Aufenthaltsort der unmittelbar geschädigten Person ist gemäß Art 4, 5 und 6 anwendbar, wenn die in Anspruch genommene Person nachweist, daß sie vernünftigerweise nicht voraussehen konnte, daß das bestimmte Produkt oder ihre Produkte der gleichen Art in dem fraglichen Staat im Handel angeboten werden würden."

II. UN-Kaufrecht

Das ProdHaftG geht dem UN-Kaufrecht überall dort vor, wo das UN-Kaufrecht von vorn- 59 **herein nicht anwendbar** ist, nämlich im Bereich des Ersatzes von Personenschäden (Art 5 UN-Kaufrecht) oder in den Fällen, in denen der in Anspruch genommene Hersteller das Produkt nicht zugleich dem Geschädigten verkauft hat (HERBER MDR 1993, 105). Nach **hM** verdrängt das ProdHaftG das UN-Kaufrecht aber auch dann, wenn Sachschäden zu liquidieren sind und der Hersteller gegenüber dem Geschädigten zugleich als Verkäufer aufgetreten ist. Begründet wird dieses Ergebnis mit zwei sehr unterschiedlichen Auffassungen. Nach der einen beschränkt sich der Anwen-

dungsbereich des UN-Kaufrechts allein auf die wirtschaftlichen Folgen der Vertragsverletzung, erstreckt sich aber nicht auf weitere Rechtsgutsverletzungen (SCHLECHT-
RIEM CornellIntLJ 21 [1988] 473; krit wohl zu Recht HERBER MDR 1993, 105 und OTTO MDR 1992,
533, 537). Nach aA tritt das Regelungsprogramm des UN-Kaufrechts nach Art 90
UN-Kaufrecht zurück, wobei sich das Problem stellt, ob die ProdHaftRichtl als
sekundäres Gemeinschaftsrecht dem Inhalt eines völkerrechtlichen Übereinkommens gleichsteht. Dies dürfte richtiger Auffassung nach zu bejahen sein (zur Vergleichbarkeit HERBER MDR 1993, 105; ders, in: vCAEMMERER/SCHLECHTRIEM, Kommentar zum einheitlichen UN-Kaufrecht [1990] Art 90 Rn 12; HERBER/CZERWENKA, Internationales Kaufrecht [1991]
Art 90 Rn 4; aA OTTO MDR 1993, 306 mit gerade im Hinblick auf Art 90 zweifelhaften Ausführungen zur Anknüpfung des UN-Kaufrechts).

III. Nationales Kollisionsrecht

1. Tatort- und Ubiquitätsregel

60 **Bisweilen** wird eine **vertragsakzessorische Anknüpfung** der Produkthaftung erwogen,
wenn die vom Produkt ausgehende Rechtsgutsbeeinträchtigung zugleich auch eine
vertragliche Pflichtverletzung beinhaltet (W LORENZ, in: FS Wahl [1973] 185, 200; DROBNIG,
Produktehaftung, in: vCAEMMERER, Vorschläge und Gutachten zur Reform des deutschen Internationalen Privatrechts der außervertraglichen Schuldverhältnisse [1983] 298, 317; KOCH ZHR 152
[1988] 537, 547, 554). Gerade für die Anknüpfung des Anspruchs nach § 1 Abs 1 Satz 2
ProdHaftG läßt sich dies indes nicht aufrechterhalten, da diese Norm ausweislich
ihrer Entstehungsgeschichte (Rn 19 ff) und systematischen Anlage (vgl § 3 Rn 11 ff)
gerade einen vertragsunabhängigen Anspruch vermitteln soll.

61 Die Anwendung der **herrschenden Tatortregel** auf die Produzentenhaftung und das
Produkthaftungsrecht hat zu einem schwer übersehbaren Meinungsstreit darüber
geführt, was im einzelnen als Handlungs- und Erfolgsort anzusehen ist (Herstel-
lungs-, Absatz-, Erwerbs- oder Verletzungsort; vgl den Überblick bei MünchKomm/
KREUZER Rn 201; WANDT, Internationale Produkthaftung 445). Nach dem Vorbild des Haager
Übereinkommens (oben Rn 57) rückt aber immer mehr der **Absatz-, Markt- bzw Ver-
triebsort** in den Mittelpunkt der Überlegungen (WANDT, Internationale Produkthaftung
461 ff; ders, in: SCHMIDT-SALZER/HOLLMANN Bd 2 Brosch 22 Rn 45; SOERGEL/LÜDERITZ Art 38
Rn 62). Dafür spricht der so herstellbare Gleichlauf zwischen Produkthaftung und
Wettbewerbsrecht – die Produkthaftung repräsentiert ja einen zentralen Wettbe-
werbsfaktor. Die Haftungsverantwortung nach § 1 Abs 1 Satz 1 knüpft indes zentral
an den Begriff des Inverkehrbringens an (vgl § 1 Abs 2 Nr 1 und 2) – ein Umstand,
der es zunächst nahelegen würde, an den **Ort des Inverkehrbringens** anzuknüpfen.
Dagegen sprechen jedoch erhebliche **Bedenken**: Dieser Ort ist nämlich für jeden am
Produktionsvorgang beteiligten Hersteller gesondert zu beurteilen (vgl dazu insbesondere § 1 Rn 57), was gerade bei grenzüberschreitender Produktion einem inneren
Entscheidungsgleichklang entgegensteht, weil für jeden Teilprodukt-, Grundstoff-
oder Endprodukthersteller ein eigener Ort maßgeblich sein könnte. Im übrigen folgt
aus der Zwecksetzung des § 4 Abs 2 ProdHaftG, daß die gesetzliche Haftung darauf
zielt, dem Produktgeschädigten den Zugriff auf einen innerhalb des Geltungsbereichs des EWR ansässigen Haftungsschuldner zu gewährleisten (vgl zur Zwecksetzung
§ 4 Rn 67 ff). Diese Wertung verbietet es, vom einzelnen Hersteller ausgehend an den
Ort anzuknüpfen, an dem er das Produkt vermarktet hat, weil dadurch in Fällen

grenzüberschreitender Produktion regelmäßig fernerliegende Rechtsordnungen berufen werden könnten. Im übrigen sieht § 4 Abs 1 Satz 1 ProdHaftG die Teilprodukt-, Grundstoff- und Endprodukthersteller als eine dem Geschädigten haftende Einheit an. All dies legt es nahe, an den **Ort des Endverbrauchermarktes** innerhalb des Geltungsbereichs des EWR anzuknüpfen, auf dem das Produkt zum ersten Mal plaziert wurde.

Fraglich ist weiter, ob hinsichtlich der Anknüpfung der Produkthaftung zwischen **62** **Produktkäufern und -benutzern** auf der einen Seite und den durch das Produkt verletzten unbeteiligten **Außenseitern** (innocent bystander, vgl § 3 Rn 17) auf der anderen unterschieden werden sollte (so ua WANDT, Internationale Produkthaftung 454 ff; ders, in: SCHMIDT-SALZER/HOLLMANN Bd 2 Brosch 22 Rn 45; vgl auch SACK, in: FS E Ulmer [1973] 495, 506; STOLL, in: FS Kegel [1977] 113, 127 ff). Diese Differenzierung erscheint jedoch deshalb **fraglich**, weil der Unterschied zwischen beiden Personengruppen gerade darin besteht, daß die eine das Produkt vom Hersteller bzw seinen Absatzmittlern vertraglich erworben hat bzw dem Produkterwerber nahe steht (wie der Arbeitnehmer als Produktbenutzer dem Arbeitgeber), während im Hinblick auf die andere Gruppe eine solche vertragliche Verbindung gerade nicht besteht. Der Anspruch nach § 1 Abs 1 Satz 1 ProdHaftG ist aber ausweislich Entstehungsgeschichte (Rn 19 ff) und systematischer Ausgestaltung (§ 3 Rn 11 ff) gerade unabhängig von konkurrierenden Vertragsbeziehungen ausgestaltet; eine Differenzierung danach, ob der Geschädigte dem Hersteller vertraglich verbunden ist oder nicht, findet daher im Gesetz keine Grundlage; insoweit kommt nur eine einheitliche Anknüpfung in Betracht (ähnlich für die Produzentenhaftung: MünchKomm/KREUZER Art 38 EGBGB Rn 203).

Nach **hM** (BGH NJW 1981, 1606; OLG Celle BB 1979, 392; MünchKomm/KREUZER Art 38 **63** Rn 203; TASCHNER/FRIETSCH § 5 Rn 22; HOLLMANN, in: SCHMIDT-SALZER/HOLLMANN Brosch 2 Rn 10) findet zugunsten des Geschädigten die sog **Ubiquitätsregel** (Überblick Münch-Komm/KREUZER Art 38 Rn 50 ff) Anwendung. Kommen danach mehrere Handlungs- und Erfolgsorte in Betracht, so ist der materiell günstigste auf den Geschädigten anzuwenden, wobei dem Geschädigten auch im Hinblick auf einen Produkthaftungsanspruch eine **Wahlbefugnis** zusteht. **Dagegen** spricht jedoch **der systematische Zusammenhang zwischen Produktaußenhaftung und Rückgriff**. Gerade weil das Recht der Produktaußenhaftung auch den Rückgriff regiert (vgl § 5 Rn 28 ff), gefährdet der Geschädigte die Gleichrangigkeit der ihm gesamtschuldnerisch haftenden Hersteller (§ 5 Satz 1 ProdHaftG) beim Rückgriff (§ 5 Satz 2 ProdHaftG), wenn er das Recht der Außenhaftung wählen kann (grundlegend WANDT, Internationale Produkthaftung 418 f; vgl aber auch ders, in: SCHMIDT-SALZER/HOLLMANN Bd 2 Brosch 22 Rn 42 ff). Es hinge nämlich letztlich vom Zufall – sprich: der Wahl des Geschädigten – ab, nach welchem Recht der in Anspruch genommene Hersteller die anderen als Gesamtschuldner haftenden Hersteller in Anspruch nehmen könnte; insbesondere könnte der Geschädigte hinsichtlich verschiedener Hersteller unterschiedliche Rechte wählen. Dadurch verbesserte oder verschlechterte sich die Situation der Gesamtschuldner anhand von sachlich kaum begründbaren Umständen. Hier zeigt sich, daß das Kollisionsrecht anders als das materielle Recht über kein Instrumentarium verfügt, um Außenhaftung und Regreß aufeinander abzustimmen (so WANDT aaO); denn auch die hilfsweise einheitliche Anknüpfung an das Recht des Regreßberechtigten bzw das Recht des Regreßverpflichteten beinhaltet bedenkliche aleatorische Elemente, weil die Bestimmung des anwendbaren Rechtes letztlich von der Zufälligkeit abhinge, wen der Geschädigte in Anspruch genommen hat und wer daher zum Regreß berechtigt bzw verpflichtet ist. Aufgrund dieser Überlegung erscheint die Ubiquitätsregel gerade im Hinblick auf die Regreßproblematik nicht praktikabel. Der Anspruch nach § 1 Abs 1 Satz 1 ProdHaftG ist daher vom hier vertretenen Standpunkt **einheitlich an den Endverbrauchermarkt** anzuknüpfen, an dem das Produkt erstmals abgesetzt wurde.

2. Anknüpfung der Rückgriffsansprüche

64 Vgl dazu § 5 Rn 28 ff.

IV. Annex: Internationale Zuständigkeit

65 Die internationale Zuständigkeit in Produkthaftungsprozessen richtet sich im Anwendungsbereich des **EuGVÜ** nach Art 5 Nr 3 und nunmehr nach den Art 13−15 EuGVÜ in seinen Fassungen seit dem ersten Beitrittsabkommen zum EuGVÜ (BGBl 1983 II 802). Direkt zuständig ist das Gericht am Verbraucherwohnsitz. Die **Vollstreckung** richtet sich nach den Art 31 ff (WANDT, in: SCHMIDT-SALZER/HOLLMANN Brosch 23 Rn 19 ff; TASCHNER/FRIETSCH Rn 20).

E. Die Umsetzung der Richtlinie in Europa und ihre Vorbildfunktion in der Welt*

I. Europäische Rechtsordnungen unter dem Einfluß der Produkthaftungsrichtlinie

1. Belgien**

66 Die traditionelle belgische Produzentenhaftung orientiert sich weitgehend **am fran-**

---

* **Schrifttum** (Auswahl): vBAR, Gemeineuropäisches Deliktsrecht Bd 1 (1996); ders, Deliktsrecht in Europa, 7 Bände (bis 1993); BORER/KRAMER/POSCH/SCHWANDER, Produktehaftung – Schweiz, Europa, USA, Schweizerische Beiträge zum Europarecht, Bd 29 (Bern 1986); BRENDL, Produkt- und Produzentenhaftung – Handbuch für die betriebliche Praxis (Loseblatt); BRUCKNER, Die Produkt-(Produzenten-)Haftung im europäischen Vergleich unter Berücksichtigung der Haftung der Deutschen Bundespost Telekom, Archiv PR 1992, 103; DIEDERICHSEN, Die Haftung des Warenherstellers (1967); FICKER, Grundprobleme der Produktenhaftung, in: FS Duden (1977) 93 ff; FELDMANN, Europäische Produkthaftung und die Verteilung des Haftpflichtschadens (1979); GIESEN, Produkthaftung im Umbruch, JZ 1989, 517; HILL-ARNING/HOFFMAN, Produkthaftung in Europa (1995); HOHLOCH, Produkthaftung in Europa, ZEuP 1994, 408; HONDIUS, The Impact of the Products Liability Directive on Legal Development and Consumer Protection in Western Europe, Canterbury L Rev 1989, 34; ders, Comparative Product Liability (Dartmouth 1993); JUNKE, Internationale Aspekte des Produkthaftungsgesetzes (1991); KELLY/ATTREE, European Produkt Liability (London/Dublin/Edinburg/Munich 1992); KRAMER, Zur Konzeption des Konsumentenschutzes, KritV 1986, 270; KULLMANN/PFISTER, Produzentenhaftung (Loseblatt); LITTBARSKI, Zum Stand der Internationalen Produkthaftung, JZ 1996, 231; LÖRTSCHER, Internationales Produkthaftungsrecht in der Schweiz, ZVglRWiss 88 (1989) 71; LORENZ,

zösischen Recht (vgl KOCKS PHI 1990, 182 ff). Folgerichtig hat die deliktische Haftung nur eine untergeordnete Bedeutung, während der gewährleistungsrechtliche Schadensersatzanspruch nach Art 1645 Code civil dominiert. Auch hier wird zu Lasten eines gewerblichen Verkäufers wie im französischen Recht vermutet, daß er den Sachmangel kannte. Eine signifikante **Ausnahme** besteht jedoch insoweit, als das belgische Recht anders als das französische dem Verkäufer eine **Entlastungsmöglichkeit** einräumt, wenn er beweist, daß die Unkenntnis des Fehlers unvermeidbar war (preuve de l'ignorance invincible; dazu M WEBER PHI 1994, 225).

Die ProdHaftRichtl wurde durch die **Loi relative à la responsabilité du fait des produits** **67** **défectueux** (Moniteur Belge vom 22. 3. 1991 – Belgisch Staatsblad; Text PHI 1991, 132) veröffentlicht und ist am 1. 4. 1991 in Kraft getreten. Eine Besonderheit bietet Art 11 insoweit, als dort ausdrücklich auch ein Schmerzensgeldanspruch vorgesehen ist. Für landwirtschaftliche Naturprodukte wird ebensowenig gehaftet wie für Entwicklungsschäden. Ein Haftungshöchstbetrag für Personenschäden ist nicht vorgesehen. Nach Art 13 gelten die alten Anspruchsgrundlagen weiter fort.

2. Dänemark*

Die richterrechtlich entwickelte deliktische **Haftung des Herstellers** setzt zwar grund- **68** sätzlich Verschulden voraus, doch wird stark nach den einzelnen Fehlertypen (Konstruktions-, Fabrikations-, Instruktions- und Systemfehler) differenziert und insbesondere im Hinblick auf Ausreißer (unvermeidbare Fabrikationsfehler) eine objektive Haftung begründet. Eine dänische Entwicklung ist dabei die im skandinavischen Raum verbreitete **Lehre vom Systemfehler**, der idR keine Haftung nach sich zieht; darunter werden offensichtliche und allgemein bekannte Produktrisiken verstanden, aber auch nicht identifizierbare oder geringe Restrisiken (DAHL 97). Eine

---

Europäische Rechtsangleichung auf dem Gebiet der Produzentenhaftung – Zur Richtlinie des Rates der Europäischen Gemeinschaften vom 25. Juli 1985, ZHR 157 (1987) 1; ders, Some Comparative Aspects of the European Unification of the Law of Products Liability, CornellLR 60 (1975) 1000; vMARSCHALL, Rechtsvergleichende Überlegungen zur Produkthaftung, AG 1987, 97; PEUSTER/WERDER, Produkthaftung in der Europäischen Gemeinschaft – Betriebswirtschaftliche Anmerkungen zur Risikoanalyse angesichts landesspezifischer Risikoparameter, DB 1991, 112; TASCHNER, Internationale Entwicklung in der Produkthaftung, insbesondere Stand der Umsetzung der EG-Richtlinie zur Produkthaftung, PHI 1997, 68; WANDT, Internationale Produkthaftung (1995); WESCH, Die Produzentenhaftung im internationalen Rechtsvergleich (1994); WOODROFFE, Consumer Law in EEC (London 1984).

** **Schrifttum:** KOCKS, Grundzüge des belgischen Produkthaftungs- und Gewährleistungsrechts, PHI 1990, 182; FALLON, La loi du 25 février 1991 relative à la responsabilité du fait des produits défectueux, JT 1991, 465; FONTAINE, La protection du consommateur en Belgique, RabelsZ 40 (1976) 614; M WEBER, Entlastungsbeweis der „unvermeidbaren Unkenntnis" im vertraglichen und deliktischen Produkthaftungsrecht, PHI 1994, 225.

* **Schrifttum:** BLOTH, Produkthaftung in Schweden, Norwegen und Dänemark (1993); DAHL, Consumer Legislation in Denmark (1981) 97; FLEMING HJORTH HANSEN, Produkthaftung in Dänemark, in: BRENDL, 9 III 151; ders, Die Umsetzung der Produkthaftungs-Richtlinie in dänisches Recht, PHI 1987, 10; SINDING, Grundzüge der Produkthaftung in Dänemark, PHI 1990, 112; HANSEN, Die Umsetzung der Produkthaftpflicht-Richtlinie in dänisches Recht, PHI 1987, 10.

weitere Besonderheit besteht in der **objektiven Händlerhaftung**. Der Händler des Produkts haftet dem Geschädigten nämlich ohne eigenes Verschulden, wenn zugleich eine Haftung des Herstellers gegenüber dem Geschädigten begründet ist. Die Händlerhaftung ist dabei akzessorisch, also im Hinblick auf Grund und Höhe von der Herstellerhaftung abhängig. Der Geschädigte darf wahlweise den Händler oder den Hersteller in Anspruch nehmen, der Händler wiederum kann sich im Wege des Rückgriffs an den Hersteller als Letztverantwortlichen halten.

69 Die **ProdHaftRichtl** wurde durch das **Lov om Produktsanvar** (Gesetz Nr 371 vom 7. Juni 1989, Lovtidende for Konigeret Danmark A Nr 371 vom 7. 6. 1989, 1260 ff; Text PHI 1989, 175) umgesetzt. Es ist seit 10. Juni 1989 in Kraft. Eine Haftung für landwirtschaftliche Naturprodukte besteht ebensowenig wie für Entwicklungsrisiken. Ein Haftungshöchstbetrag für Personenschäden wurde nicht eingeführt. Aufgrund Art 13 finden die traditionellen Anspruchsgrundlagen weiterhin Anwendung.

3. Finnland*

70 Im Rahmen der traditionellen Produzentenhaftung spielt das **Schadensersatzgesetz** vom 31. 5. 1974 (Skadeståndslag 412/74) eine herausragende Rolle, das eine Verschuldenshaftung gegen den Produkthersteller, aber auch gegen Importeure, Verkäufer, Vermieter usw begründet. Hinsichtlich der Anspruchsvoraussetzungen wird nach den Fehlertypen unterschieden, wobei Fehler in der Vertriebsphase sowie bei der Produktpräsentation eigene Kategorien bilden.

71 Die **Umsetzung der ProdHaftRichtl** vollzog sich durch Änderung des am 17. August 1990 verabschiedeten und am 1. September 1991 in Kraft getretenen **Tuotevastuulaki** bzw **Produktansvarslag** (Säädöskokoelma/Finlands Forfattningssamling Nr 694 vom 23. 8. 1990; dtsch Übers PHI 1991, 53 ff). Dieses Änderungsgesetz datiert vom 8. Januar 1993 und trat am 1. Januar 1994 in Kraft. Neben dem luxemburgischen ProdHaftG begründet das finnische die schärfste Haftung, weil der Gesetzgeber sich sowohl zugunsten einer Haftung für Naturprodukte entschieden hat, als auch dem Hersteller den Einwand des Entwicklungsrisikos abgeschnitten und keinen Haftungshöchstbetrag eingeführt hat. Im übrigen finden die hergebrachten Anspruchsgrundlagen neben dem ProdHaftG weiterhin Anwendung (§ 11).

4. Frankreich**

72 Erhebliche praktische Bedeutung hat der aus **Art 1645 Code civil** begründete, syste-

---

* **Schrifttum**: PAANILA, Das finnische Produkthaftungsgesetz, RIW/AWD 1991, 560; POHL/HENRY, Das neue finnische Produkthaftungsgesetz, PHI 1991, 42; DUFWA, Schweden, Norwegen, Finnland und die EG-Richtlinie (Teil 1), PHI 1988, 106 ff und (Teil 2) PHI 1988, 141; WILHEMSSON, The Product Liability in Finland – A Maximalist Version of the Products Liability Debate, Journal of Consumer Policy 1991, 15.

** **Schrifttum**: CHAMBRAUD/FOCHER/MORIN, The Importance of Community Law for French Consumer Protection, Journal of Consumer Policy 1994, 23; FAGNART, La directive du 25 juillet 1985 sur la responsabilité du fait des produits, Cahiers du droit européen 1987, 3; FIKKER, Die Schadensersatzpflicht des Verkäufers und seiner Vormänner bei Sachmängeln in der französischen Rechtsprechung (1962); GASPARD, Das Gesetz Badinter und die Verjäh-

matisch dem Gewährleistungsrecht angehörende Schadensersatzanspruch. Dieser setzt neben einem verdeckten Sachmangel (vice caché) voraus, daß der Verkäufer den Sachmangel kannte. Beim gewerblichen Verkäufer („vendeur professoniel") wird diese Kenntnis indes unwiderleglich vermutet (zur Vermutung erstmals: C App Bourges vom 27. 6. 1893, D P 1894.II.573; zu ihrer Unwiderleglichkeit: Cour de cass 21. 10. 1925, D P 1926.I.9; vgl zum heutigen Rechtsstand etwa Cass civ 17. 2. 1965, Bullciv 1965. III. 112; FICKER aaO ff). **Begründet** wird diese unwiderlegliche Vermutung mit der Parömie, daß der gewerblich Tätige auf seinem Gebiet kundig ist oder es zumindest zugunsten des unerfahrenen Laien zu sein hat (unusquique peritus esse debet artis suae: DIEDERICHSEN, Recht des Warenkaufs 208; FICKER, in: FS Duden 93 ff, 96).

In Kombination mit der **action directe** (zu dieser: FICKER 118 ff sowie die Arbeiten von TEYSSIÉ, Les groupes de contrats [Paris 1975] und NERET, Le sous-contrat [Paris 1979] sowie die klärende Entscheidung Cass Ass plén, 12. 7. 1991 Bull civ IV Nr 5 und den Überblick bei GHESTIN/JAMIN/BILLIAU, Les effets du contrats [2. Aufl 1994 Paris] Rn 721) kann der Geschädigte Ansprüche nicht nur gegenüber seinem Vertragspartner, dem Händler, geltend machen, sondern auch im Wege des **Durchgriffs durch die Vertragskette** gegenüber dem Hersteller selbst. Begründet wird dies mit der Überlegung, daß die gegen den Hersteller gerichteten Gewährleistungsrechte eine Art Zubehör der Kaufsache seien („accessoire de la chose", zum dogmatischen Hintergrund: OECHSLER, Gerechtigkeit im modernen Austauschvertrag [1997] 357 f). **73**

Dritte, die dem Hersteller weder unmittelbar noch vertraglich verbunden sind, werden – hierin zeigt sich die traditionelle Zurückhaltung des französischen Rechts gegenüber vertraglichen Drittwirkungen (vgl Art 1165 Code civil; dazu ZWEIGERT/KÖTZ, Rechtsvergleichung [3. Aufl 1996] 460 ff) – nicht in den vertraglichen Schutzbereich einbezogen. Hier kommt indes eine deliktische Lösung über die **Gefährdungshaftung des Art 1384 Code civil** für den die tatsächliche Sachgewalt Ausübenden (**gardien**) in Betracht. Zwar gibt der Hersteller, nachdem er das Produkt in Verkehr gebracht hat, die tatsächliche Sachherrschaft auf, jedoch fingiert die Rechtsprechung hier eine **74**

rungsfristen der EG-Richtlinie, PHI 1988, 13; GHESTIN, La directive communautaire du 25 juilliet 1985 sur la responsabilité du fait des produits défectueux, Recueil Dalloz-Sirey 1986, 135; ders, Conformité et garanties dans la vente (Paris, Librairie Général de droit et de jurisprudence, 1983); ders, Sécurité des consommateurs et responsabilité du fait des produits défectueux (Paris LGDJ 1987); HUET, Contrats civils et commerciaux, Responsabilité du vendeur et garanties contre les vices cachés (1987); CHRISTIAN KLEIN, Die Produkthaftung nach französischem Recht, AnwBl 1992, 207; KRAUSS, Der Vorentwurf zur Umsetzung der Produkthaftungsrichtlinie, PHI 1988, 26; KULLMANN/PFISTER Bd 2 Rn 4700, 1 ff; CATHÉRINE LEM, Die Haftung für fehlerhafte Produkte nach deutschem und französischem

Recht (1993); LORENZ, Die Anpassung des französischen Code civil an die Richtlinie des Rates der Europäischen Gemeinschaften zur Rechtsangleichung auf dem Gebiet der Produzentenhaftung, in: FS Ferid (1988) 289; REVEL, Responsabilité pour vice du produit, JC Resp Civ, Fasc 366–1 (1985); ROHS, in: Graf vWESTPHALEN, Produkthaftungshandbuch Bd 2, § 123; SOLENTE/CLAVET, Neue Entwicklungen im französischen Produkthaftungsrecht durch höchstrichterliche Rechtsprechung, PHI 1995, 96; SONNENBERGER, Neue Wege der Produzentenhaftung im französischen Recht, in: FS Steindorff (1990) 777; VINEY, L'état de la responsabilité des fabricants et distributeurs en droit français, L'Assurance française no 589, 15. 2. 1989, 109.

Jürgen Oechsler

fortbestehende „Herrschaft" über die Konstruktion und innere Beschaffenheit der Sache (**garde de structure**) im Gegensatz zur üblichen garde de comportement (vgl etwa Cass civ 12. 11. 1975, JCP 1976.II.18478).

75 Schließlich kann der geschädigte Dritte den **Letztkäufer als Eigentümer der Sache** im Wege der gardien-Haftung nach Art 1384 Code civil in Anspruch nehmen; dieser wiederum ist, wenn er vom Geschädigten in Anspruch genommen wird, in der Lage, im Wege des „appel de garantie" (dazu ROHS Rn 41) alle Vorverkäufer, Zwischenhändler und Hersteller in ein einheitliches Verfahren einzubeziehen.

76 Die **Umsetzung der ProdHaftRichtl** ist zum Zeitpunkt der Kommentierung noch nicht erfolgt. Die Kommission hat bereits ein Verfahren nach Art 169 EGV eingeleitet, und Frankreich wurde am 14. 1. 1993 durch den EuGH verurteilt. Ein zweites Verfahren nach Art 169 EGV, nunmehr wegen Mißachtung der EuGH-Entscheidung, ist eingeleitet (dazu TASCHNER PHI 1997, 68). Im **ersten Entwurf eines ProdHaftG** (Projet de loi modifiant le code civil et relative à la responsabilité du fait du défaut de sécurité du produit [9ième Legislatur du 23. 5. 1990] abgedruckt bei C LEM, Die Haftung für fehlerhafte Produkte nach deutschem und französischem Recht [1993] 115 ff) war die neuzuschaffende Haftung als eine **abschließende Spezialregelung** gedacht, die **die bisher bestehenden Anspruchsgrundlagen verdrängen sollte**.

5. Griechenland*

77 Das **traditionelle griechische Produkthaftungsrecht** wird stark von der deutschen Rechtswissenschaft beeinflußt. Nach § 914 ZGB ist derjenige, der einem anderen rechtswidrig und schuldhaft einen Schaden zufügt, zum Schadensersatz verpflichtet, wobei eine Beweislastumkehr hinsichtlich des Verschuldens (analog § 925 ZGB) stattfindet.

78 Die **Umsetzung der ProdHaftRichtl** in das griechische Recht vollzog sich überaus wechselhaft in vier Etappen (ALEXANDRINOU 400 ff; HILL-ARNING/HOFFMAN 77). 1988 wurde die EG-Richtlinie durch eine Ministerialverordnung in nationales Recht umgesetzt, deren verfassungsrechtliche Wirksamkeit indes starken Zweifeln unterlag. Deshalb wurde die Umsetzung als Teil des umfangreicher angelegten Gesetzes Nr 1961/1991 über den Verbraucherschutz und sonstige Vorschriften auf neue Grundlagen gestellt und durch Art 50 die alte VO außer Kraft gesetzt. Dieses Gesetz wiederum wurde durch Gesetz Nr 2000/1991, das am 24. 12. 1991 in Kraft trat und einige **bedenkliche Abweichungen von der Richtlinie** enthielt, novelliert: Beim damaligen Stand der Umsetzung wurde die Entlastungsmöglichkeit wegen Entwicklungsfehlern erweitert in eine Entlastung für den Fall, daß der Hersteller den Fehler nicht

---

* **Schrifttum**: ALEXANDRINOU, The Greek Consumer Protection Act of 1994, GRUR Int 1996, 400; KARAKOSTAS, Grundzüge der Produkthaftung in Griechenland, PHI 1988, 157; MUSULAS, Zur Neuregelung der Produkthaftpflicht in Griechenland, RIW/AWD 1989, 175; PANTELIDOU, Die Entwicklung der Produzentenhaftung im griechischen Recht, RIW/AWD 1990, 540; PAPANIKOLAOU, Griechenland – Rechtsprechung zur Produzentenhaftung, in: BRENDL, 9 III, 506 ff; ROKAS, Die Umsetzung der Produkthaftungsrichtlinie der EG: Das Beispiel Griechenland, VersR 1989, 437; TSOUROULIS, Verbraucherschutz in Griechenland, PHI 1993, 223.

kannte bzw kennen konnte (!), und damit im Ergebnis eine Verschuldenshaftung eingeführt; auch wurde der Begriff des Lieferanten so eng gefaßt, daß Rechtsschutzlücken entstanden (ALEXANDRINOU 401). Im **neuerlichen Verbraucherschutzgesetz Nr 2251/94**, das am 16. 11. 1994 in Kraft trat (in Übersetzung abgedruckt in GRUR Int 1995, 894), wurden diese Einschränkungen weitgehend beseitigt. Nun umfaßt der Produktbegriff auch landwirtschaftliche Naturerzeugnisse und Jagderzeugnisse. Zwar kann sich der Hersteller im Hinblick auf ein Entwicklungsrisiko entlasten; ein Haftungshöchstbetrag ist aber nicht eingeführt.

6. Großbritannien*

Von **historisch zentraler Bedeutung** für die englische Produzentenhaftung ist die **79** Lehre von der **privity of contract**, die die vertraglichen Verpflichtungswirkungen strikt auf das Verhältnis zwischen den Vertragsparteien beschränkt (ZWEIGERT/KÖTZ, Einführung in die Rechtsvergleichung [3. Aufl 1996] 463 ff; die folgenden Ausführungen zum Common Law gelten nur für England, Wales und Nordirland, nicht für **Schottland**). Eine vertragliche Produkthaftung war daher nur in dem Sonderfall vorstellbar, daß Hersteller und Käufer einander vertraglich verbunden waren; eine Durchbrechung der über die Händler zum Hersteller hinführenden Vertragskette wie im französischen Recht oder die Einbeziehung Dritter in die vertraglichen Schutzwirkungen zwischen Hersteller und erstem Händler, wie dies zunächst im deutschen Recht als Möglichkeit offenstand (vgl allerdings BGHZ 51, 91, 93 ff – Hühnerpest), kam also nicht in Betracht. Bis auf den heutigen Tag spielt die vertragliche Haftung nach Sec 11 ff des am 1. 1. 1980 in Kraft getretenen Sale of Goods Act 1979 für den Problembereich der Produkthaftung eine untergeordnete Rolle.

Über den unmittelbaren vertraglichen Anwendungsbereich wirkte sich das privity- **80** Prinzip auch auf das englische Deliktsrecht (**Law of Tort**) aus. Die Entwicklung der Produkthaftung war zunächst eng verbunden mit der Entstehung des **tort of negligence**, einem heute generalklauselartigen Fahrlässigkeitsdelikt zum Schutz vor Vermögensschäden (DIEDERICHSEN, Die Haftung des Warenherstellers 234). Diese Entwicklung erfuhr einen Einhalt durch die in der Entscheidung Winterbottom v Wright (10 M & W 109; 152 Eng Rep 402) begründete **non-liability rule**. Deliktische Ansprüche wegen Sachmängeln oder Produktfehlern wurden dort versagt, weil das vertragliche Leistungsstörungsrecht in diesem Problembereich als abschließende Regelung angesehen wurde. Der Problembereich des Produkthaftungsrechtes wurde danach nur sehr unvollkommen, nämlich allein durch das zwischen den Parteien geltende Leistungs-

---

* **Schrifttum:** BEHRENS, Produkthaftung in Ausfüllung der EG-Richtlinie nach den englischen und deutschen nationalen Regeln (1991); CLARK, Product Liability (1989); WRIGHT, Product Liability – The Law and its Implications for Risk Management (1989); HOWELLS, Das UK-Verbraucherschutzgesetz 1987 – Ausführung der EG-Richtlinie zur Produkthaftung, Europ Zeitschrift für Verbraucherrecht 1987, 156; KULLMANN/PFISTER Kz 4800 u 4810; ROYCE/LEWIS, Product Liability & Consumer Safety (1988); SCHNOPFHAGEN, Produkthaftung in England, ZfRV 1993, 62; SPEDDING, New Product Liability and Safety Regime in the UK, Int Bus Lawyer 88, 74; STAPLETON, Product Liability (London 1994); TRIEBEL, in: Graf vWESTPHALEN, Produkthaftungshandbuch § 124; vBERNSTORFF, Die Produkthaftung im englischen Recht, RIW/AWD 1984, 188; SMITH/HAMILL, Neuregelung der Produkthaftpflicht im Vereinigten Königreich – Der Consumer Protection Act 1987, PHI 1988, 82.

störungsrecht, abgedeckt; ein Außenseiterschutz existierte praktisch nicht. Die non-liability rule zwang indes zur Ausarbeitung besonderer Begründungen, um im Sonderfall eine Verkehrspflicht iSd negligence Haftung (duty of care) zu begründen (WESCH 17 f). Dabei spielte der Aspekt des ausnahmsweise **gefährlichen Produkts** (inherently dangerous products) eine besondere Rolle (vgl nur Heaven v Pender [1881−5] AllERRep 35; [1883] QBd 503; 52 LJQB 702); er wurde nachträglich im amerikanischen Produkthaftungsrecht zum Entwurf eines ersten Produktsicherheitskonzeptes fortgeführt (§ 3 Rn 5).

81 Das **moderne britische Produkthaftungsrecht** setzt mit der Aufgabe der non-liability rule in der Entscheidung Donoghue v Stevenson ([1932] AC 562; [1932] AllERRep 1) ein. Nun bildete der durch Produktsicherheitsrisiken verursachte Schadensfall bei Verletzung einer dem Hersteller obliegenden angemessenen Sorgfaltspflicht (**reasonable duty of care**) einen Anwendungsfall der negligence-Haftung. Diese entwickelte sich im Laufe der Zeit **hin zu einer objektiven Haftung**. Aufgrund der Beweiserleichterung des „res ipsa loquitur" wurde nämlich bei Fehlern des Produktes iVm den Gesamtumständen des Falles auf Fahrlässigkeit des Täters geschlossen (Grant v Australian Knitting Mills Ltd [1933] 50 Commonwealth Law Reports 387; vgl weiter HILL-ARNING/HOFFMAN 179 f).

82 Die **Produkthaftungsrichtlinie** wurde im **Consumer Protection Act**, Part I: Product Liability, umgesetzt, der zum 1. 3. 1988 in Kraft getreten ist (Eliz II Ch 43, deutsche Übersetzung PHI 1989, 18). Eine Haftung für Entwicklungsfehler besteht danach nicht; auch sind landwirtschaftliche Naturprodukte von der Haftung ausgenommen. Allerdings wurde kein Haftungshöchstbetrag eingeführt. Die alte negligence-Rechtsprechung gilt daneben weiter fort (HILL-ARNING/HOFFMAN 176 ff; Zweifel bei HOHLOCH ZEuP 1994, 409, 429 Fn 94).

7. Irland*

83 Die irische Produzentenhaftung knüpft an die englische Entscheidung Donoghue v Stevenson ([1932] AC 562; [1932] AllERRep 1; oben Rn 81), die unter Überwindung der non-liability rule die allgemeine negligence-Haftung für fehlerhafte Produkte etablierte: Gehaftet wurde bei einer Verletzung der reasonable duty of care. Es werden jedoch neben dem Hersteller weitere Personen in den Kreis der Verpflichtungsadressaten einbezogen, wenn zwischen dem Schädiger und dem Geschädigten nur ein ausreichendes Näheverhältnis besteht (**neighbour principle**: SHIELDS, in: KELLY/ATTREE, European Product Liability [London/Dublin/Edinburg/Munich 1992] 186 f) Entscheidendes Kriterium ist dabei die Frage, ob der Schädiger vorhersehen konnte, daß der Geschädigte mit seinem Produkt in Berührung kommen würde. Eine Besonderheit besteht auch im Rahmen der Zurechnung aufgrund der sog **rechtlichen Kausalität** (legal causation), einer wertenden Betrachtungsweise, nach der etwa bei rücksichtslosem Verhalten des Geschädigten der vom Verhalten des Schädigers zur Verletzung führende Kausalverlauf als abgebrochen angesehen wird (HILL-ARNING/HOFFMAN 88). Ersetzt werden neben Vermögensschäden nominelle symbolische **Schäden** und punitive damages, wobei der Umfang durch das Merkmal der Vorhersehbarkeit eingeschränkt ist (HILL-ARNING/HOFFMAN 89).

---

* **Schrifttum**: HILL-ARNING/HOFFMAN 85 ff.

schränkt ist (Hill-Arning/Hoffman 89). Hinsichtlich des Herstellerverschuldens gilt wie im englischen Recht die Beweiserleichterung der res ipsa loquitur (oben Rn 81).

Die **Produkthaftungsrichtlinie** wurde im Liability for Defective Product Act 1991 (Offi- **84** cial Journal Nr L 210 vom 7. 8. 1985, 29 ff; Text PHI 1992, 64) umgesetzt. Eine Haftung für Entwicklungsfehler besteht nicht; landwirtschaftliche Naturprodukte und Jagderzeugnisse wurden nicht in den Produktbegriff miteinbezogen. Ein Haftungshöchstbetrag wurde nicht eingeführt. Die bisherigen deliktischen Anspruchsgrundlagen zur Liquidierung von Produkthaftungsschäden finden weiterhin Anwendung.

8. Island*

Das Lög um skaosemisábyrgo wurde am 27. März 1991 verabschiedet und trat am **85** 1. Januar 1992 in Kraft (Nr 25 vom 27. 3. 1991, abgedruckt bei Hill-Arning/Hoffman 241 ff). Für landwirtschaftliche Naturprodukte wird nicht gehaftet; der Hersteller kann sich im Hinblick auf ein Entwicklungsrisiko entlasten. Schließlich wurde ein Haftungshöchstbetrag von 70 Millionen ECU eingeführt. Die bisherige außervertragliche, durch die Rechtsprechung entwickelte Haftung für Produktschäden gilt weiter fort.

9. Italien**

Während die vertragliche Produkthaftung aufgrund der Art 1490, 1494 Codice **86** civile (Cc) ua wegen möglicher Haftungsausschlüsse nach Art 1341, 1342 Cc und der relativen Wirkung der Verträge nur eine untergeordnete Rolle spielte, war die Produkthaftung Gegenstand einer Fortbildung der deliktischen Haftung nach den Art 2043 ff Cc: Zwar muß der Geschädigte alle anspruchsbegründenden Tatbestandsvoraussetzungen beweisen; jedoch wurden ihm bereits frühzeitig in Gestalt des prima-facie-Beweises Erleichterungen zuerkannt (Cass 21. 5. 1957 Nr 4004). Heute tendiert die Praxis zu weitreichender Umkehr der Beweislast (Kullmann/Pfister Kz 4900, 22 ff); insbesondere eine Verschuldensvermutung (presunzione di colpa) kann dem Hersteller auferlegt werden, wenn für die Beurteilung des Verschuldens Umstände maßgeblich sind, die im Gefahrenbereich des Herstellers liegen (Cass 25. 5. 1964 Nr 1270; 13. 3. 1980 Nr 1696).

Die **ProdHaftRichtl** wurde durch Dekret des Präsidenten umgesetzt (Decreto del Presi- **87** dente della Repubblica vom 24. 5. 1988, Gazzetta Ufficiale Nr 146 vom 23. 6. 1988, 21, Text PHI 1988, 125) und trat am 29. 7. 1988 in Kraft. Eine Haftung für landwirtschaftliche Naturprodukte besteht sowenig wie für Entwicklungsschäden. Ein Haftungshöchst-

---

* **Schrifttum**: Hill-Arning/Hoffman 96 ff.

** **Schrifttum**: Alpa, Reponsabilità civile e danno (Milano 1988); Guerreri, An Overview of Italian Product Liability Law, ZLW 1995, 21; Jenny, in: Brendl 9 III, 251 ff; Kandut, Zur Neuordnung der Produkthaftung in Italien, PHI 1988, 114; Posch/Padovini, in: Graf

vWestphalen, Produkthaftungshandbuch § 125; Busnelli/Ponzanelli, La responsibilità del produttore tra legge speciale e codice civile, in: Patti, Il danno da prodotti (1990) 19 ff; diMajo, I problemi della recezione della direttive communitaria sulla responsbilità da prodotti difettosi, ebenda 3 ff.

betrag für Personenschäden wurde nicht eingeführt. Nach Art 15 Abs 1 finden die bisher geltenden Anspruchsgrundlagen weiterhin Anwendung.

10. Liechtenstein*

88 Das liechtensteinische Recht orientiert sich am österreichischen. Hier wie dort steht das Institut des Vertrages mit Schutzwirkungen für Dritte im Mittelpunkt der Produkthaftung.

89 Das am 12. November 1992 verabschiedete **Gesetz über die Produktehaftpflicht** ist noch nicht in Kraft getreten (Text PHI 1993, 58). Nachdem die Schweiz als Ergebnis der Volksabstimmung vom 6. 12. 1992 den EWR-Vertrag nicht ratifizierte, folgte ihr darin auch Liechtenstein, um den mit der Schweiz bestehenden Zollvertrag nicht zu gefährden. Da aber das ProdHaftG nach seinem Art 14 nur gemeinsam mit dem EWR-Vertrag in Kraft treten sollte, ist es bis heute **noch nicht in Kraft**. Vorgesehen ist, landwirtschaftliche Naturprodukte von der Haftung auszunehmen, dem Hersteller den Einwand des Entwicklungsrisikos zuzubilligen und auf einen Haftungshöchstbetrag für Körperschäden zu verzichten.

11. Luxemburg**

90 Die **traditionelle luxemburgische Produkthaftung** orientiert sich am französischen Vorbild, sieht also insbesondere die Schadensersatzhaftung nach Art 1645 Code civil (Cc) vor, im Rahmen derer beim gewerblichen Verkäufer Kenntnis des Sachmangels vermutet wird. Allerdings besteht – anders als im französischen Recht – noch Streit über die Voraussetzungen der Haftung des **gardien de structure** nach Art 1384 Abs 1 Cc bzw über deren Einschränkung (vgl die Cour de Cassation vom 23. 11. 1989 Nr 30/89 und die Cour d'Appel vom 15. 6. 1988 – Bernard Moteurs c/CFL, auf die HILL-ARNING/HOFFMAN 115 f aufmerksam machen).

91 Die **Umsetzung der ProdHaftRichtl** ist durch die Loi du 21 avril 1989 relative à la responsbilité du fait des produits défectueux erfolgt (Memorial, Journal Officiel du Grand-Duché de Luxembourg vom 28. 4. 1989, a-Nr 25, 522; Text PHI 1989, 126). Bei Ausübung aller Optionen hat sich der Gesetzgeber für die jeweils schärfere Haftungsvariante entschieden: Daher wird für landwirtschaftliche Naturprodukte bzw Jagderzeugnisse ebenso gehaftet wie für Entwicklungsfehler, und ein Haftungshöchstbetrag für Personenschäden wurde nicht eingeführt. Die traditionellen Anspruchsgrundlagen finden gem Art 8 weiterhin Anwendung.

---

* **Schrifttum**: POSCH/SCHNEIDER, Neues Produkthaftpflichtgesetz in Liechtenstein, PHI 1993, 56; HILL-ARNING/HOFFMAN 110 ff; CAPAUL-DUBS, Einführung in das liechtensteinische Recht (1992).

** **Schrifttum**: HILL-ARNING/HOFFMAN 113 ff; HAMMELMANN/RAVARANI, La responsabilité civile du fait des produits défectueux, in: Mélanges dédiers à Michel Deveaux (Luxemburg 1990) 53 ff.

12. Niederlande*

Die **traditionelle niederländische Produkthaftung** beruht auf einer auf der Grundlage **92**
von Art 1401 Burgerlijk Wetboek (nunmehr Art 162 des neugefaßten BW) fortent-
wickelten deliktischen Haftung für vermutetes Verschulden (Hoge Rad Nederlandsche
Jurisprudentie [NJ] 1973, 315 – Jumbo; dazu sowie zu der Halcion-Entscheidung DOMMERING/VAN
RONGEN 4). Über die Landesgrenzen hinaus fand die Entscheidung des Hoge Rads
zur **alternativen Kausalität** in einem DES-Fall Beachtung (XX cs/Bayer Nederland cs nr 14
667, Tijschrift voor Consumentenrecht 1992, 325; vgl auch PHI 1993, 12; dazu HONDIUS, A Dutch
DES Case, ConsLJ 1994, 40; KLINGE-VAN ROOIJ/SNIJDER, Auf dem Weg zu einem neuen Produkthaftungsrecht, EuZW 1993, 569; H P WESTERMANN/MAY, Alternative Kausalität in der Arzneimittelhaftung, DWiR 1993, 257; ZÄTZSCH, Kausalitätsprobleme bei deliktischen Massenschäden,
ZVglRWiss 93 [1993] 177; vgl zu dieser Problemstellung § 4 Rn 52; zur nunmehr überholten **Gewährleistungshaftung** vgl nur HOHLOCH ZEuP 1994, 408, 418, Fn 33).

Die ProdHaftRichtl wurde in den **Art 185—193 BW** (Staatsblad 90 Nr 487; Text PHI 1991, **93**
27) umgesetzt. Für landwirtschaftliche Naturprodukte wird danach ebensowenig
gehaftet wie für Entwicklungsfehler. Ein Haftungshöchstbetrag ist nicht vorgesehen.
Die traditionellen Anspruchsgrundlagen gelten gem Art 193 BW weiter fort.

13. Norwegen**

In Norwegen konkurrieren wie in Schweden eine verschuldensabhängige und eine **94**
verschuldens*un*abhängige außervertragliche Haftung, wobei letztere bereits etwa im
Falle explodierender Mineralwasserflaschen relevant wurde (BLOTH RIW/AWD 1993,
887, 887 ff; ausführlich auch HILL-ARNING/HOFFMAN 133 ff). Entwickelt wurden diese ungeschriebenen Anspruchsgrundlagen durch die Rechtsprechung; das Fallmaterial ist
allerdings sehr gering.

Das **Lov om produktansvar** trat am 1. Januar 1989 in Kraft (Norsk Lovtidende 1988, 1025; **95**

---

* **Schrifttum**: BARENDRECHT, in: Graf vWEST-
PHALEN, Produkthaftungshandbuch § 127; FAU-
RE/VAN BUGGENHOUT, Produktenaansprake-
lijkheid, Rechtskundig Weekblad 1987/88, 1;
DOMMERING-VAN RONGEN, Neue Entwicklungen im Produkthaftungsrecht der Niederlande,
PHI 1990, 2; HONDIUS, Niederländisches Verbraucherrecht, VuR 1996, 295; HONDIUS/
BRAAMS, Auf dem Wege zu einem europäischen Haftungsrecht – Beitrag der Niederlande
(Saarbrücken – Europa-Institut 1990);
SCHMITT, Zur Produkthaftpflicht in den Niederlanden, VersR 1978, 308; DINTJER TEBBENS,
De Europese richtlijn produktaansprakelijk-
heid, Ned Juristenblad 1986, 369; WASSENAER
vanCATWICK, Neuregelung der Produzentenhaftung in den Niederlanden, PHI 1988, 48;
ders, Produktenaansprakelijkheid (Zwolle

1986); ders, Produkthaftpflichtaspekte in den
Niederlanden, in: BRENDL 9 III, 301 ff.
** **Schrifttum**: BLOTH, Verschuldensunabhängige Haftung in Norwegen, RIW/AWD 1993,
887; ders, Produkthaftung in Schweden, Norwegen und Dänemark (1993); DUFWA, Schweden, Norwegen, Finnland und die EG-Richtlinie (Teil 2), PHI 1988, 140; HARALDSEN, Norwegen, in: Products Liability – An International
Manual of Practice (1987); HOWELLS, Norwegi-
an Product Liability, Product Liability International 1990, 100; KULLMANN/PFISTER, Produzentenhaftung, Kz 5030; LODRUP, Product Liability in Norway, Journal of Consumer Policy
1991, 7; MATHESON, in: KELLY/ATTREE, European Product Liability (London/Dublin/Edin-
burg/Munich 1992) 197 ff.

Jürgen Oechsler

Text PHI 1989, 91). Dieses Gesetz wurde im November 1991 an die **ProdHaftRichtl**
angepaßt (Endringer i produktanvarsloven, Norges Forsikringsforbond sirkulaere Nr 62,
25. 11. 1991); die Änderung trat am 1. Januar 1993 in Kraft. Eine **Besonderheit** besteht
in der Produktbeobachtungsverantwortung des Herstellers, die durch Einschränkung der Entlastungsmöglichkeit des Herstellers nach Art 7 lit b (entsprechend § 1
Abs 2 Nr 2 des deutschen ProdHaftG) begründet wird (dazu § 3 Rn 112 ff). Weiterhin
enthält das Gesetz einen eigenen Abschnitt über die **Arzneimittelhaftung**, in dem die
Arzneimittelindustrie zum Abschluß einer Versicherung verpflichtet wird. Die Versicherung gilt unmittelbar zugunsten der Geschädigten und ersetzt Schäden, die
durch Arzneimittel verursacht wurden, ohne daß es auf die Fehlerhaftigkeit des
Arzneimittels oder ein Verschulden ankommt (selbst bei Fehlgebrauch). Die **Optionen** wurden wie folgt gehandhabt: Eine Haftung des Herstellers von Naturprodukten
ist nicht vorgesehen, wohl aber in §§ 1−3 d eine Haftung des *Verkäufers* solcher
unbearbeiteter Naturprodukte. Für Entwicklungsrisiken wird gehaftet, und eine
Haftungshöchstgrenze wurde nicht eingeführt. Im übrigen gelten die allgemeinen
Anspruchsgrundlagen weiter fort (§§ 1−2 Abs 2).

14. Österreich*

96 Das österreichische Recht liquidiert Produkthaftungsschäden über das Institut des
Vertrages mit Schutzwirkungen für Dritte. Danach entfaltet der Kaufvertrag des Herstellers mit dem ersten Händler Schutzwirkungen zugunsten desjenigen, der Benutzer der Sache geworden ist (vgl die theoretischen Vorarbeiten von BYDLINSKI, Vertragliche
Sorgfaltspflichten zugunsten Dritter, JBl 1960, 359; KOZIOL, Österreichisches Haftpflichtrecht Bd II
[1973] 61, 72 sowie die beiden Entscheidungen OGH JBl 1979, 483 – Thermostromkessel; JBl 1977,
146 – Porit-Kombiplatten). Im Rahmen der außervertraglichen Haftung nach den
§§ 1295 ff ABGB hat sich dafür anders als im deutschen Deliktsrecht keine Beweislastumkehr zugunsten des Geschädigten entwickelt.

97 Das österreichische **Produkthaftungsgesetz** trat am 1. Juli 1988 in Kraft (BGBl

---

* **Schrifttum**: FITZ/PURTSCHELLER/REINDL,
Produkthaftung (1988); KOZIOL, Grundfragen
der Produkthaftung (1980); KRAFT, Das neue
Produkthaftungsgesetz und seine Auswirkungen auf den deutschen Hersteller, PHI 1988, 54;
NOVACEK, Produkthaftungsgesetz in Österreich
beschlossen, GewArch 1988, 155; POSCH, in:
Graf vWESTPHALEN, Produkthaftungshandbuch
§ 128; ders, Teilnahme am EWR bedingt Novelle des PHG, PHI 1993, 16; ders, Zwei Jahre
österreichisches Produkthaftungsgesetz, PHI
1990, 134; ders, Produkthaftung und Versicherung in Österreich, ZSchR NF 114/1 (1995) 55;
ders, Die Auswirkungen der Teilnahme Österreichs an der Europäischen Integration auf das
österreichische Bürgerliche Recht, ZEuP 1995,
507; ders, Leitentscheidung zum Ersatz von
„Weiterfresserschäden" nach umgesetztem Ge-

meinschaftsrecht, PHI 1994, 149; PFISTER, Die
Produzentenhaftung nach österreichischem
Recht, RIW 1978, 153; ROSSMANITH, Technische Sicherheit und Produkthaftung (1987). Vgl
ferner W LORENZ, Internationale Zuständigkeit
österreichischer Gerichte für Klagen gegen ausländische Produzenten, IPRax 1993, 193; ders,
Zur Anknüpfung der Produzentenhaftung im
österreichischen Recht, IPRax 1988, 373;
WANDT, Das Internationale Produkthaftungsrecht Österreichs und der Schweiz, PHI 1989, 2;
WELSER, Produkthaftungsgesetz (Wien 1988);
ders, Das neue Produkthaftungsgesetz, WBl
1988, 165; ders, Lücken und Tücken des Produkthaftungsgesetzes, WBl 1988, 281; WIES-
BAUER, Produkthaftung in Österreich, in:
BRENDL 9 II, 501 ff.

Nr 99/1988 vom 21. Jänner 1988; Text PHI 1988, 61). Eine Haftung für landwirtschaftliche Naturprodukte besteht danach sowenig wie für Entwicklungsfehler. Ein Haftungshöchstbetrag für Personenschäden wurde indes nicht eingeführt. Nach § 15 Abs 1 sind die bisher geltenden Anspruchsgrundlagen weiter anwendbar.

15. Portugal**

Das traditionelle Produkthaftungsrecht gründet auf Art 483 Abs 1 Código civil **98** (Cc), wobei die Rechtsprechung eine Verschuldensvermutung in den Fällen gefährlicher Tätigkeit einer Person eingeführt hat. Hier ist nach Art 493 Abs 2 Cc eine Entlastung nur möglich, wenn der Betreffende beweist, daß er die nach den Umständen erforderliche Sorgfalt eingehalten hat. Eine verschulden*un*abhängige Haftung kommt allerdings nur in den gesetzlich ausdrücklich geregelten Fällen in Betracht (Art 483 Abs 2 Cc), wobei die Haftung für den Hersteller von Gas und Elektrizität nach Art 509 Abs 1 Cc in Konkurrenz zum neuen ProdHaftG treten kann.

Die ProdHaftRichtl wurde durch das **Decreto-Lei N 383/89** (Dekretgesetz, Diário da Repú- **99** blica – I. Série N 255, 4880 ff; Text PHI 1990, 10) vom 6. November 1989 umgesetzt und durch ein änderndes Dekretgesetz auf dem Festland am 12. November 1989, auf Madeira und den Azoren am 16. November 1989 und auf Macao am 6. Dezember 1989 in Kraft gesetzt. Eine Haftung für landwirtschaftliche Naturprodukte besteht nicht; der Hersteller kann sich im Hinblick auf Entwicklungsrisiken entlasten, und es wurde ein Haftungshöchstbetrag für Personenserienschäden iHv 10 Milliarden Peseten (ca 100 Millionen DM) eingeführt.

16. Schweden**

Die **wirtschaftlich untergeordnete Bedeutung des Produkthaftungsrechts** in Schweden **100** erklärt sich aus dem Umstand, daß Personenschäden zum größten Teil durch Versicherungen abgedeckt werden, diesen aber kraft Gesetzes **kein Rückgriffsrecht** auf den Schädiger zusteht (HELLNER aaO; BLOTH 148 ff; HILL-ARNING/HOFFMAN 162). Auch für die durch Arzneimittel hervorgerufenen Schäden wird ein Versicherungsfond unterhalten (Ökemedelsförordningen, SFS 1992:859), wobei den Betroffenen unter wesentlich günstigeren Voraussetzungen als im Produkthaftungsrecht Ersatz zuerkannt werden kann (HILL-ARNING/HOFFMAN 162).

Steht der Geschädigte zum Verkäufer oder Dienstleister in einer vertraglichen Ver- **101**

---

* **Schrifttum:** STIEB, Produkthaftung in Portugal, PHI 1991, 18; HILL-ARNING/HOFFMAN 151 ff.

** **Schrifttum:** BERNITZ, Schwedisches Verbraucherschutzrecht, RabelsZ 40 (1976) 593; BLOTH, Produkthaftung in Schweden, Norwegen und Dänemark (1993); ders, Ausdehnung und Verschärfung der Produkthaftung in Schweden, PHI 1987, 209 ff; DUFWA, Schweden, Norwegen, Finnland und die EG-Richtlinie (Teil 1) PHI 1988, 106, (Teil 2) PHI 1988,

141; ÖRTENHOLM, Produkthaftung in Schweden, in: BRENDL, 9 III 101 ff; HELLNER, Haftungsersetzung durch Versicherungsschutz in Schweden, in: FLEMING/HELLNER/vHIPPEL, Haftungsersetzung durch Versicherungsschutz (1980) 24; RADAU, Gefährdungshaftung und Haftungsersetzung durch Versicherungsschutz – das deutsche Arzneimittelgesetz und die schwedische Arzneimittelversicherung, VersR 1991, 387; WITTE, in: vBAR, Deliktsrecht in Europa (1991) 43.

Jürgen Oechsler

bindung, kommen Schadensersatzansprüche wegen eines fehlerhaften Produktes nach dem **Konsumentenkaufgesetz** (Konsumentköplag, SFS 1990:932) bzw dem **Konsumentendienstleistungsgesetz** (Konsumentjänstlag, SFS 1985:716) in Betracht. Wer aufgrund eines dieser Gesetze dem Geschädigten Ersatzleistungen erbringt, kann dann aufgrund der Rückgriffsnorm des schwedischen ProdHaftG (§ 11) Regreß auf den Hersteller nehmen.

102 Neben einer **verschuldensabhängigen deliktischen Haftung** für fehlerhafte Produkte (Sandeståndslag, SFS 1972:207, 1975:404, § 1 2. Kapitel) besteht eine **verschuldensunabhängige Haftung** für Personenschäden, die durch fehlerhafte Lebensmittel hervorgerufen werden; diese strengere Haftung wurde durch eine Entscheidung des Obersten Schwedischen Gerichtshofes (Högsta Domstol) im Jahre 1989 begründet (Högsta Domstol, Nytt Juridiskts Arkiv 1989, 389 ff), hat aber zu einer Differenzierung der Anspruchsgrundlagen nach der Art des Schadens geführt; der verschuldensabhängigen Haftung dürften danach weiterhin Schäden an wirtschaftlich genutzten Sachen zuzurechnen sein (BLOTH 60 ff; HILL-ARNING/HOFFMAN 161).

103 Das **Produktansvarslag** wurde am 23. 1. 1992 verabschiedet und ist am 1. Januar 1993 in Kraft getreten (abgedruckt in Svensk författningsamling SFS 1992:18; Text PHI 1992, 159). Vor Inkrafttreten wurden am 3. Dezember bereits einige Änderungen verabschiedet, die teilweise am 1. 1. 1993 in Kraft traten, teilweise (insbesondere die §§ 6 und 7 betr die Importeurhaftung) am 1. 1. 1994 (Lag om ändring i produktansvarslagen [1992:18] abgedruckt in: Svensk författningsamling SFS 1992:1137). **Besonderheiten** enthält dieses Gesetz insoweit, als Art 7 lit f (entspricht § 1 Abs 3 des deutschen ProdHaftG) nicht umgesetzt wurde (beachte § 1 Rn 50). Für landwirtschaftliche Naturprodukte wird gehaftet. Generell kann sich der Hersteller mit dem Einwand des Entwicklungsrisikos entlasten. Ein Haftungshöchstbetrag für Personenschäden ist nicht vorgesehen.

17. Schweiz*

104 Vor Inkrafttreten des Produktehaftpflichtgesetzes wurden Produkthaftungsfälle

---

* **Schrifttum**: BORER, Produkthaftung in der Schweiz (1986); BÜHLER, Definition des Produktfehlers im Produkthaftpflichtgesetz, AJP 1993, 1425; FELLMANN, Produzentenhaftung in der Schweiz, ZSchR NF 107/1 (1988) 275; ders, Das neue Bundesgesetz über die Produkthaftpflicht in der Schweiz, PHI 1993, 184; FELLMANN/VBÜREN-VMOOS, Grundriß der Produktehaftpflicht (1993); H-J HESS, Kommentar zum Produktehaftpflichtgesetz (2. Aufl 1993); HONSELL, Produkthaftung in der Schweiz, PHI 1996, 154; JÄGGI, Das Bundesgesetz über die Produktehaftpflicht, AJP 1993, 1419; KÄSTLI, Produkthaftung – Eine Herausforderung für den schweizerischen Gesetzgeber?, recht 1990, 85; LUTZ, Haftung für Gebrauchsanleitungen –

ein Sonderfall der Produktehaftung, SJZ 1993, 1; NATER, Zur Entwicklung der Produktehaftpflicht in der Schweiz, SJZ 1989, 389; POSCH, in: Graf vWESTPHALEN, Produkthaftungshandbuch § 129; REHBINDER, Konsumentenschutzpolitik im schweizerischen Recht, RIW 1991, 97; SCHNYDER, Folgeschäden von Sachmängeln im deutschen und im Schweizerischen Kaufrecht, ZVglRWiss 83 (1984) 84; SCHWEIHAUSER, Hersteller, Mehrzahl von Ersatzpflichtigen und Regress im Produktehaftungsrecht (St Gallen 1993); Schweizerische Arbeitsgemeinschaft für Qualitätsförderung (SAQ) und Verein schweizerischer Maschinenindustrieller (VSM), Die Risiken der Produktehaftung (1982); STARK, Einige Gedanken zur Produktehaft-

nach allgemeinen Bestimmungen des Schweizerischen Obligationenrechts (OR), und zwar nach den Vorschriften über die vertragliche Haftung (Art 208 Abs 2 und 3) und die außervertragliche Schädigung (Art 41), liquidiert. Eine Besonderheit des Schweizerischen Rechtes liegt dabei in der **Fortentwicklung der Gehilfenhaftung nach Art 55 OR zu einer Haftung für vermutetes Organisationsverschulden**, die wegen der praktischen Unzerstörbarkeit der Vermutung im Ergebnis an eine verschuldensunabhängige Haftung heranreicht (vgl BGE 64 II 254 – Steiggurt; 90 II 86 – Friteuse; 96 II 108 – Fleckenreiniger; 119 II 456 ff – Schachtrahmen; JT 1986 I 571 f – Klappstuhl; HONSELL PHI 1996, 154).

Die Schweizerische Studienkommission für die Gesamtrevision des Haftpflichtrechts **105** plädierte 1991 für eine am Vorbild der ProdHaftRichtl ausgerichtete Neuregelung des Produkthaftungsrechts; damit wollte die Schweiz zugleich eine ihrer vermeintlichen Pflichten anläßlich des Beitritts zum EWR erfüllen; dieser scheiterte jedoch bekanntlich durch die Volksabstimmung vom 6. 12. 1992. Dennoch wurde der auf das neue Gesetz bezogene Bundesbeschluß den Eidgenössischen Räten zur Abstimmung vorgelegt, wobei vor allem die Studienkommission die Notwendigkeit der Teilnahme der Schweiz am europäischen Integrationsprozeß betonte (HILL-ARNING/HOFFMAN 164 f). Das **Produktehaftpflichtgesetz** (Text PHI 1993, 192) selbst trat am 1. 1. 1994 in Kraft. Landwirtschaftliche Naturprodukte und Jagderzeugnisse sind danach keine Produkte; eine Haftung für Entwicklungsschäden besteht nicht; dafür existiert kein Haftungshöchstbetrag. Die Haftung nach Art 55 OR besteht weiter fort und hat – soweit dies bereits erkennbar ist – in der Praxis größere Bedeutung als das neue Gesetz (HONSELL 155).

18. Spanien*

Noch im Jahre 1984 war in Spanien ein Verbraucherschutzgesetz verabschiedet wor **106** den, das in den Art 25–30 eine **Gefährdungshaftung** für fehlerhafte Produkte ein-

pflicht, in: FS Oftinger (1969) 281; ders, Recueil des travaux suisse presenté aux deuxième congrès international de droit comparé (1979) 1 ff; STAUDER, Schweizerische Produkthaftung im europäischen Umfeld, ZSchR NF 109/1 363 (1990); WALTER, Produktehaftung nach schweizerischem Recht, in: FS Lange (1992) 749; DANIEL VOGEL, Die Produkthaftung des Arzneimittelherstellers nach schweizerischem und deutschem Recht (Zürich 1991); WIDMER, Grundlagen und Entwicklung der Schweizer Produktehaftung, ZSchR NF 114/1 (1995), 23; ders, Braucht die Schweiz eine Produkthaftung?, in: POSCH/SCHILCHER, Rechtsentwicklung in der Produkthaftung (1981) 103; ders, Produkthaftung – Schweiz – Europa – USA (1986). Vgl auch LÖRTSCHER, Internationales Produkthaftungsrecht in der Schweiz, ZVglRWiss 88 (1989) 71; WANDT, Internationa-

les Produkthaftungsrecht in Österreich und der Schweiz, PHI 1989, 2.
* **Schrifttum:** BRÜGGEMANN, Die Produkthaftung im spanischen Recht (1988); MARTÍN GIL, Das neue spanische Produkthaftungsgesetz, PHI 1993, 149; BIRKE, Das neue spanische Konsumentenschutzgesetz, PHI 1985, 88; FRÖHLINGDORF, Das neue spanische Verbraucherschutzgesetz, RIW/AWD 1985, 99; GERLACH, Die moderne Entwicklung der Privatrechtsordnung in Spanien, ZVglRwiss 85 (1986) 247; LEIBLE, Grundzüge des spanischen Lebensmittelrechts II, ZLR 1992, 479; LOPEZ-SANCHEZ, Implementation fo EEC Consumer Directives in Spain, Journal of Consumer Policy 1994, 83; RODRIGUEZ BUJAN/BRÜGGEMANN, Produzentenhaftung nach spanischem Zivilrecht, PHI 1983, 56.

Jürgen Oechsler

führte (dazu Birke PHI 1985, 88; Fröhlingsdorf RIW 1985, 99; Rodriguez Bujan/ Brüggemann PHI 1983, 56 ff). Diese Vorschriften sind nunmehr durch Art 2 des neuen spanischen Produkthaftungsgesetzes (Gesetz 22/94 vom 6. Juli 1994, in Kraft seit 8. Juli 1994, Text PHI 1994, 169) **verdrängt** und gelten nur noch, soweit das neue Gesetz nicht anwendbar ist, also insbesondere für landwirtschaftliche Naturprodukte, Jagderzeugnisse und Dienstleistungen (Martín Gil PHI 1993, 149). Die vorangegangene Debatte um die Umsetzung der ProdHaftRichtl war durch einen Kompetenzkonflikt zwischen Justiz- und Gesundheitsministerium gekennzeichnet (Martín Gil aaO), der schließlich den Kompromiß über die Fortgeltung des alten Verbraucherschutzgesetzes hervorbrachte. Die Haftung für Entwicklungsrisiken nach Art 6 ProdHaftG erfaßt nur die Arznei- und Lebensmittelprodukte, die zum menschlichen Verzehr bestimmt sind. Ferner wurde ein Haftungshöchstbetrag von 10,5 Mrd spanischen Peseten (ca 120 Millionen DM) eingeführt (Art 11). Dabei ist aufgrund der Gesetzesfassung des Art 10 noch unklar, ob auf der Grundlage des neuen Gesetzes Schmerzensgeld beansprucht werden kann; andernfalls könnte es zu einer Konkurrenz bzw zu einem Konflikt mit den allgemeinen Normen (Art 104 Strafgesetzbuch und Art 9.3 des „Ley Orgánica de protección civil del derecho al honor, la intimidad personal y familiar", Martín Gil 152) kommen. Zugleich wird in Spanien ein System von Pflichtversicherungen durch die Hersteller zur Deckung der bedeutendsten Produkthaftungsschäden (aber auch Schäden durch fehlerhafte Dienstleistungen) eingeführt (Martín Gil 153).

19. Sonstige, insbesondere mittel- und osteuropäische Staaten

107 Auch der erste Abschnitt des **russischen Verbraucherschutzgesetzes**, das am 7. April 1992 in Kraft trat (Text auszugsweise in PHI 1994, 100 ff; dazu Mindach, Rußland: Verbraucherschutzgesetz – Produktsicherheit und Produkthaftung, PHI 1994, 100 ff) und das **ukrainische Verbraucherschutzgesetz** (abgedruckt PHI 1997, 31 f; dazu Mindach, Das ukrainische Verbraucherschutzgesetz, ebenda, 29 ff) orientieren sich am Vorbild der ProdHaftRichtl (Taschner PHI 1997, 68, 72). Nach russischem Recht wird für landwirtschaftliche Naturprodukte nicht gehaftet; der Hersteller kann sich allerdings im Hinblick auf Entwicklungsrisiken nicht entlasten; Haftungshöchstbeträge für Personenschäden wurden nicht eingeführt. Nach ukrainischem Recht ist eine Entlastung für Entwicklungsrisiken hingegen möglich; ansonsten stimmt die Rechtslage mit der russischen überein. Vgl zum **weißrussischen Verbraucherschutzgesetz** Mosgo, Das weißrussische Produkthaftpflichtrecht, PHI 1997, 103.

108 **Ungarn** hat durch Gesetz (X/1993 vom 16. Februar 1993, Amtsblatt vom 2. März 1993) ein Produkthaftungsgesetz erlassen, das sich im Wortlaut beinahe vollständig an der ProdHaftRichtl orientiert. Es ist seit 1. Januar 1994 in Kraft (Text PHI 1994, 28). Für landwirtschaftliche Naturprodukte wird danach nicht gehaftet, der Hersteller kann sich im Hinblick auf Entwicklungsrisiken entlasten, und ein Haftungshöchstbetrag für Personenserienschäden wurde nicht eingeführt (Taschner PHI 1997, 68, 71 f; vgl ferner Boric/Tercsak, Grundzüge des Entwurfs zum ungarischen Produkthaftungsgesetz, PHI 1993, 22; Vekas, Konsumentenschutz im ungarischen Zivilrecht, ZfRV 1983, 17; Fülöp, Beweislast nach dem neuen ungarischen Produkthaftungsgesetz, PHI 1994, 185; Sandor, Probleme der Produzentenhaftung in Ungarn, PHI 1989, 30).

109 Zur Entwicklung in **Polen** vgl Janik, Grundzüge der Produkthaftung in Polen, PHI

1988, 96; Gawronski, Die Entwicklung des Versicherungsschutzes für Produkthaftpflichtrisiken in Polen, PHI 1988, 170.

II. Außereuropäische Rechtsordnungen, die sich an der Produkthaftungsrichtlinie orientieren

1. Australien*

Das traditionelle australische Produkthaftungsrecht beruhte auf dem Trade Prac- **110** tice Act von 1974 und der im Common Law entwickelten negligence-Haftung (vgl etwa Kellam VersR 1991, 970, 973). Mit Wirkung vom 1. Juli 1992 hat das Land jedoch seinem Trade Practice Act einen Teil VA hinzugefügt, in dem eine Gefährdungshaftung begründet ist, die ausdrücklich dem Vorbild der ProdHaftRichtl folgt. In die Neuregelung werden landwirtschaftliche Naturprodukte einbezogen; eine Haftung für Entwicklungsrisiken findet nicht statt, dafür wurde kein Haftungshöchstbetrag für Personenschäden eingeführt.

2. Brasilien**

Brasilien hat in Kapitel IV des Verbraucherschutzgesetzes (Bundesgesetz vom Nr 8.078 **111** am 11. 9. 1990, abgedruckt PHI 1994, 143) eine am Vorbild der ProdHaftRichtl orientierte Haftung eingeführt, die – soweit ersichtlich (vgl Polido PHI 1994, 136) – überhaupt erst ein Bewußtsein für die Problemlage im Rahmen der brasilianischen Rechtsordnung geschaffen hat. Dafür reicht der Anwendungsbereich des brasilianischen Gesetzes erheblich über den der Richtlinie hinaus; einbezogen sind nämlich auch unbewegliche und immaterielle Wirtschaftsgüter, insbesondere Dienstleistungen (Art 3). Für Entwicklungsrisiken wird nicht gehaftet, dafür aber besteht kein Haftungshöchstbetrag für Personenschäden. Die Verjährung der Ansprüche beträgt 5 Jahre.

3. China***

Seit Mitte der achtziger Jahre unternahm die chinesische Regierung verstärkte **112** Anstrengungen um die Produktsicherheit, und zwar durch Erlaß von Verwaltungs-

---

* **Schrifttum:** Harland, Reform of the Law of Product Liability in Australia, Journal of Consumer Policy 1992, 191; Pyne, An Historical Overview and Recent Developments in Products Liability Law in Australia, ZLW 1995, 413; Kellam/Wesch, Produkthaftung und Schäden am Produkt selbst, PHI 1996, 29; Kellam: Explodierende Gasflaschen, VersR 1991, 970; dies, Produkthaftung in Australien, PHI 1991, 176; dies, Die Reform der Produkthaftung in Australien, PHI 1990, 118; Kurzinformation: Produkthaftung – Kenntnisstand der Unternehmen, PHI 1996, 29.

** **Schrifttum:** Polido, Das brasilianische Verbraucherschutzgesetz, PHI 1994, 136; Schmidt,

Produkthaftung in Richtung EG?, VW 1990, 294; ders, Brasilien – Haftungsverschärfung durch Konsumentenschutzgesetz, VW 1990, 1501.

*** **Schrifttum:** Epstein, Tortious Liability for Defective Products, Journal of Chinese Law 2 (1988) 286; Etgen, Chinesisches Produkthaftungs- und Verbraucherschutzrecht, PHI 1996, 42; Riley/Chan, Product Liability in the People's Republic of China (Honkong 1993); Stukken, Grundzüge der Produkthaftung in China, PHI 1992, 211; Taschner, Internationale Entwicklung in der Produkthaftung, PHI 1997, 68, 73.

Jürgen Oechsler

vorschriften über die Standardisierung, Überwachung und Lizenzierung von Produkten (dazu EPSTEIN, Journal of Chinese Law 2 [1988] 286), zu verstärken. 1986 wurden die **„Regeln über die Haftung für die Qualität von Industrieprodukten"** erlassen sowie als Anspruchsgrundlage eine verschuldensunabhängige Haftung in **Art 122** der Allgemeinen Grundsätze des Zivilrechts (AGZ) eingeführt. Danach haften Hersteller und Verkäufer eines Produktes, das nicht den Normen entspricht und dadurch einen Personen- oder Sachschaden herbeiführt (dazu STUCKEN PHI 1992, 211 ff).

113 Auf der 30. Sitzung des Permanenten Ausschusses des 7. Nationalen Volkskongresses der Volksrepublik China wurde am 22. Februar 1993 ein **„Gesetz über die Qualität von Produkten der Volksrepublik China"** verabschiedet, das in enger Anlehnung an die ProdHaftRichtl entstanden ist (TASCHNER PHI 1997, 68, 73; abgedruckt in engl Übers in China Law and Practice 5/93, 21 ff, in Kraft getreten am 22. Februar 1993). Neben der in **Art 29 Abs 1** begründeten **verschuldensunabhängigen Haftung** gilt Art 122 AGZ weiter fort; ob das Gesetz die Regeln über die Haftung für die Qualität von Industrieprodukten verdrängt, ist noch nicht geklärt (dazu ETGEN PHI 1996, 42 f). Der Produktbegriff umfaßt nur bewegliche Sachen (Art 2); der Fehlerbegriff des Art 34 rekurriert auf Produktsicherheitsgefahren; die Entlastungsgründe des Herstellers nach Art 29 Abs 2 sind eng an Art 7 ProdHaftRichtl angelehnt. Eine **Besonderheit** liegt in der durch Art 28 Abs 4 eröffneten **Freizeichnungsmöglichkeit** von der Haftung, die allerdings den scharfen allgemeinen Anforderungen an eine Haftungsfreizeichnung genügen muß (zu diesen ETGEN 44). Im Bereich der durch die Richtlinie eröffneten **Optionen** hat sich der Gesetzgeber wohl gegen eine Haftung für landwirtschaftliche Naturprodukte entschieden (unklar TASCHNER 73 einerseits und 76 andererseits; richtig ETGEN 43); der Hersteller kann sich im Hinblick auf Entwicklungsfehler entlasten; ein Haftungshöchstbetrag für Personenschäden ist nicht vorgesehen. (Überblick über den Gesetzesinhalt in deutscher Sprache bei ETGEN PHI 1997, 42, 43 ff).

114 Auf den 1. Januar 1994 datiert schließlich ein **Gesetz zum Schutz der Rechte und Interessen der Verbraucher** (China Laws for Foreign Business, 16 – 480, 20 – 081f), das gem Art 2 Satz 1 auch eine Haftung für Produkte sowie **Dienstleistungen** und landwirtschaftliche Naturerzeugnisse eröffnet (Art 54). Gem **Art 40** wird eine unternehmerische Haftung begründet, bei der sich allerdings Gewährleistungs- und Produkthaftungsaspekte überkreuzen (Überblick bei ETGEN PHI 1996, 42, 45 f).

4. Japan*

115 Bislang waren Produktschäden als Vertragsverletzung nach Art 415 Japanisches BGB (JBGB) oder aufgrund der deliktischen Generalnorm des Art 709 JBGB zu liquidieren. **Art 709** beruht auf einer **Verschuldenshaftung**, wurde aber durch die japa-

---

* **Schrifttum:** ENGELHARDT, Produktverantwortung in Japan, WiB 1997, 186; HAYASHIDA, The Product Liability of Japan, ZLW 1996, 162; ders, The Jurisdiction in Aviation Cases, ZLW 1993, 250; ISHIBASHI/KAZUAKIRA, Rechtsprobleme bei Pharmaschäden in Japan, in: BADURA/KITAGAWA, Arzneimittelprobleme in Deutschland und Japan (1980) 83 ff; MITSUI,

Das japanische Produkthaftungsgesetz, PHI 1996, 72; ders PHI 1984, 15; OHLANDT/OZAKI, Produkthaftung in Japan, RIW/AWD 1985, 21; RAINDLE-MARCURE, in: Graf vWESTPHALEN Produkthaftungshandbuch § 126; TSUBURAYA, Japan – Das neue Produkthaftungsgesetz, PHI 1995, 138; BT-Drucks 11/2447,10.

nische Rechtsprechung mittels Erhöhung der Anforderungen an die „hohe Sorgfalt" des Produzenten fortentwickelt. Spektakuläre Entscheidungen wie die des Bezirksgerichts Kanazawa im sog SMON-Fall (Zehntausende waren 1964 an zT schweren Nervenleiden erkrankt, weil sie ein fehlerhaftes Medikament zur Behandlung von Darmkrankheiten eingenommen hatten; dazu MITSUI PHI 1984, 15), des Bezirksgerichts Fukuoka im Kanemi-Reisöl-Fall 1968 (MITSUI PHI 1996, 72, 73) oder des Bezirksgerichts Osaka (MITSUI PHI 1996, 72, 73) zeigen durchweg die Tendenz, den Produzenten für die fehlende Sicherheit seiner Produkte zur Verantwortung zu ziehen und die Sicherheitsrisiken selbst als Folge eines schuldhaften Verstoßes gegen die erhöhten Sorgfaltsmaßstäbe des Produzenten zu erklären (MITSUI PHI 1996, 72 spricht von durch die Rechtsprechung eingeführten „Beweiserleichterungen" für den Geschädigten, was aus der Systematik des deutschen Rechts eher zweifelhaft erscheint).

Am 22. Juni 1994 hat der japanische Reichstag ein **Produkthaftungsgesetz** verabschie- **116** det, das am 1. Juli 1995 in Kraft trat (inoffizielle Übersetzung von ASAMI PHI 1994, 134 f). Die japanische Wissenschaft verfolgte die Entwicklungen in den USA und Europa bereits seit langem. Dabei erweckte vor allem die Importeurhaftung nach Art 3 Abs 2 ProdHaftRichtl Interesse und erzeugte den Wunsch nach einer vglb japanischen Lösung (TASCHNER PHI 1997, 68, 72). Das Gesetz stellt dementsprechend „die nationale wirtschaftliche Entwicklung" und „die Entschädigung der Opfer eines fehlerhaften Produkts" als Regelungsziel an den Anfang (§ 1). Begründet wird eine verschuldensunabhängige Haftung ohne – wie zwischenzeitlich in Japan diskutiert (MITSUI PHI 1996, 72, 74) – Kausalitätsvermutung. Insbesondere der Fehlerbegriff lehnt sich eng an die Richtlinie an. Eine Haftung für Naturprodukte und unbewegliche Sachen, Elektrizität und Dienstleistungen ist ausdrücklich ausgenommen; für Entwicklungsrisiken wird nicht gehaftet; Haftungshöchstbeträge sind nicht vorgesehen.

5. Südkorea

In Südkorea bestehen Bestrebungen, dem japanischen Vorbild folgend, ein am **117** Modell der ProdHaftRichtl orientiertes Gesetz zu schaffen (TASCHNER PHI 1997, 68, 73).

§ 1
Haftung

(1) Wird durch den Fehler eines Produkts jemand getötet, sein Körper oder seine Gesundheit verletzt oder eine Sache beschädigt, so ist der Hersteller des Produkts verpflichtet, dem Geschädigten den daraus entstehenden Schaden zu ersetzen. Im Falle der Sachbeschädigung gilt dies nur, wenn eine andere Sache als das fehlerhafte Produkt beschädigt wird und diese andere Sache ihrer Art nach gewöhnlich für den privaten Ge- oder Verbrauch bestimmt und hierzu von dem Geschädigten hauptsächlich verwendet wird.

(2) Die Ersatzpflicht des Herstellers ist ausgeschlossen, wenn

1. er das Produkt nicht in den Verkehr gebracht hat,

Jürgen Oechsler

2. nach den Umständen davon auszugehen ist, daß das Produkt den Fehler, der den Schaden verursacht hat, noch nicht hatte, als der Hersteller es in den Verkehr brachte,

3. er das Produkt weder für den Verkauf oder eine andere Form des Vertriebs mit wirtschaftlichem Zweck hergestellt noch im Rahmen seiner beruflichen Tätigkeit hergestellt oder vertrieben hat,

4. der Fehler darauf beruht, daß das Produkt in dem Zeitpunkt, in dem der Hersteller es in den Verkehr brachte, dazu zwingenden Rechtsvorschriften entsprochen hat, oder

5. der Fehler nach dem Stand der Wissenschaft und Technik in dem Zeitpunkt, in dem der Hersteller das Produkt in den Verkehr brachte, nicht erkannt werden konnte.

(3) Die Ersatzpflicht des Herstellers eines Teilprodukts ist ferner ausgeschlossen, wenn der Fehler durch die Konstruktion des Produkts, in welches das Teilprodukt eingearbeitet wurde, oder durch die Anleitungen des Herstellers des Produkts verursacht worden ist. Satz 1 ist auf den Hersteller eines Grundstoffs entsprechend anzuwenden.

(4) Für den Fehler, den Schaden und den ursächlichen Zusammenhang zwischen Fehler und Schaden trägt der Geschädigte die Beweislast. Ist streitig, ob die Ersatzpflicht gemäß Absatz 2 und 3 ausgeschlossen ist, so trägt der Hersteller die Beweislast.

Systematische Übersicht

Produkthaftungsgesetz

Alphabetische Übersicht

Jürgen Oechsler

A. Haftungstatbestand

I. Überblick

1 Abs 1 Satz 1 der Vorschrift normiert **den zentralen gesetzlichen Haftungstatbestand**. Dieser wird in Satz 2 unter zwei Gesichtspunkten für Sachschäden eingeschränkt (unten Rn 9 ff und 21 ff). Zentraler Gegenstand der Norm sind indes die **Entlastungs-**

möglichkeiten des Herstellers in den Abs 2 und 3; diese beziehen sich zT auf die Voraussetzungen des Haftungsanspruchs (Abs 2 Nr 1 – 3, Abs 3 Satz 1 1. Var) bzw auf Einwendungen gegen diesen (Abs 2 Nr 4 – 5, Abs 3 Satz 1 2. Var). Alle Entlastungstatbestände des Abs 2 nehmen auf die zentrale Haftungsvoraussetzung des **Inverkehrbringens** des Produkts Bezug (der Begriff des „Vertriebs" in Nr 3 steht dem des Inverkehrbringens gleich; unten Rn 90), wobei der Norm des Abs 2 Nr 2 **das zentrale Haftungsprinzip** des Gesetzes zugrundeliegt. Abs 4 schließlich regelt einen Teil der **Beweislastfragen**.

Einem bestimmten **Haftungstyp (Gefährdungshaftung oder Haftung für Verhaltens-** 2 **unrecht)** läßt sich der Tatbestand des § 1 Abs 1 Satz 1 ProdHaftG nicht einheitlich zuordnen (zum Streitstand: Einl 27 ff). Die Verantwortlichkeit des Inanspruchgenommenen knüpft vielmehr an **drei sehr unterschiedliche Zurechnungselemente** an: seine Produktverantwortung als Hersteller (§ 4 ProdHaftG), den Umstand, daß er das Produkt in den Verkehr gebracht hat (vgl § 1 Abs 2 Nr 1 und 2 ProdHaftG), und die Fehlerhaftigkeit des Produkts zum Zeitpunkt des Inverkehrbringens (§ 3 ProdHaftG). Dazu bereits Einl 1 ff.

II. Geschützte Rechtsgüter

1. Leben und Körper

Der Hersteller haftet im Falle der Tötung, Körper- und Gesundheitsverletzung des 3 Anspruchstellers. Diesen Verletzungstatbeständen liegen die auch in § 823 Abs 1 BGB geschützten Rechtsgüter zugrunde. Begrifflich besteht kein Unterschied.

Im Umkehrschluß aus § 1 Abs 1 Satz 2 ProdHaftG kommt es für die Ersatzfähigkeit 4 **nicht** darauf an, daß die Beeinträchtigungen von Leben, Körper und Gesundheit der **Privatsphäre des Anspruchstellers** zuzurechnen sind (also zB kein Ausschluß der Haftung bei Verletzung eines gewerblichen Käufers, eines Arbeitnehmers, der mit dem Produkt nach dem Inverkehrbringen arbeitet usw: BT-Drucks 11/2447, 13; Brüggemeier/Reich WM 1986, 149, 151).

Die Aufzählung der geschützten Rechtsgüter ist **abschließend**. Ein Anspruch wegen 5 Beeinträchtigung der **Freiheit** oder der **Persönlichkeit** wie in § 823 Abs 1 BGB kommt nicht in Betracht (MünchKomm/Cahn Rn 4).

Für **primäre Vermögensschäden** wird nicht gehaftet. Dies folgt im Umkehrschluß aus 6 dem Begriff des Sachschadens (Honsell JuS 1995, 211, 213) sowie aus der abschließenden Aufzählung der geschützten Rechtsgüter (Schmidt-Salzer BB 1986, 1103; ders DB 1987, 1285, 1287; MünchKomm/Cahn Rn 6; Taschner/Frietsch Rn 43; zur rechtspolitischen Kritik Sack VersR 1988, 439, 447 ff).

2. Sachschäden

a) Allgemeines
Die Ersatzfähigkeit von Sachschäden war **während der Entstehung der Produkthaf-** 7 **tungsrichtlinie** umstritten. In seiner Stellungnahme zum ersten Vorschlag der Kommission ließ der Wirtschafts- und Sozialausschuß die Bestrebung erkennen, Sachschäden ganz aus der Richtlinie auszuklammern bzw diesbezüglich eine Sonder-

regelung einzuführen (ABlEG 1979 Nr C 114/61, Rn 2. 7. 2. 1.). Die Auseinandersetzung
führte zu einer Kompromißlösung, die die Ersatzfähigkeit von Sachschäden im Hinblick auf den Verbraucherschutzzweck stark einschränkte und Überschneidungen
mit dem Kaufmängelgewährleistungsrecht vermied (Art 9 Abs 1 lit b; § 1 Abs 1 Satz
2 2. Var ProdHaftG: BT-Drucks 11/2447, 13; Brüggemeier/Reich WM 1986, 149, 151; Taschner NJW 1986, 611, 616). Ferner wurde die Geltendmachung der Ansprüche durch
einen Selbstbehalt (§ 11 ProdHaftG) erschwert.

8 Der Begriff des **Sachschadens** umfaßt neben Eigentumsverletzungen auch Beeinträchtigungen beschränkter dinglicher Rechte und des Rechts zum Besitz (Münch-
Komm/Cahn Rn 5). Der Besitz als solcher ist indes nicht geschützt.

**b) Beschädigung einer anderen Sache als des fehlerhaften Produkts
(Abs 1 Satz 2 HS 1)**
aa) Entstehungsgeschichte und Zweck der Norm

9 Die Einschränkung des Ersatzanspruchs auf eine andere Sache als das Produkt geht
auf einen Vorschlag des Wirtschafts- und Sozialausschusses in seiner Stellungnahme
zum ersten Richtlinienvorschlag der Kommission zurück. Seiner Ansicht nach
berührten Schäden am Produkt selbst Fragen der kaufrechtlichen Gewährleistung
und des „Kundendienstes", die allenfalls Gegenstand einer eigenen, das Gewährleistungsrecht betreffenden Richtlinie sein könnten, hier aber nicht zu regeln seien
(ABlEG 1979 Nr C 114/61, Rn 2. 8.). Die Kommission übernahm diese Betrachtungsweise in ihrem zweiten Vorschlag. Auch für sie kommt es entscheidend darauf an, die
Produkthaftung durch dieses Merkmal vom kaufrechtlichen Gewährleistungsrecht
abzugrenzen (Taschner NJW 1986, 611, 616; vgl allgemein zur Bemühung der Kommission um
eine Abgrenzung gegenüber dem Gewährleistungsrecht Einl 19 ff).

bb) Streitstand bzgl der Haftung für „weiterfressende Schäden"

10 Ein Sachschaden kann nur ersetzt werden, wenn er eine andere Sache als das fehlerhafte Produkt betrifft. Fraglich ist, ob diese Norm die vom Bundesgerichtshof auf
der Grundlage von § 823 Abs 1 BGB entwickelte Haftung für „**weiterfressende Schäden**" im Bereich des ProdHaftG ausschließt (die Haftung nach § 823 Abs 1 BGB wird
durch das ProdHaftG nicht berührt; vgl § 15 Rn 12 ff) oder ob sie auch im Rahmen
des § 1 Abs 1 Satz 2 HS 1 ProdHaftG fortgeführt werden kann. Gegen eine Haftung
für diese Schäden nach § 1 Abs 1 Satz 1 ProdHaftG ist die **überwiegende Ansicht**
(Brüggemeier/Reich WM 1986, 149, 151; Cahn ZIP 1990, 482, 484; MünchKomm/Cahn Rn 10;
Diederichsen, Probleme der Produzentenhaftung [1988] 7, 30; Kullmann/Pfister Kz 3600 B IV
1; Landfermann RIW 1980, 161, 168; Lorenz ZHR 151 [1987] 1, 16; Merkel NJW 1987, 358, 361;
Reinelt DAR 1988, 80, 87; Rolland Rn 44 ff; Schmidt-Salzer BB 1987, 1404, 1406; Taschner/
Frietsch § 1 Rn 39 f; Tiedtke NJW 1990, 2961, 2963; ders PHI 1990, 64; **für eine Haftung hingegen:**
Buchner DB 1988, 32, 36; Kullmann, Produkthaftungsgesetz 28 f; Mayer VersR 1990, 691, 698;
Landscheidt NJZ 1989, 169, 171; Steinmeyer, DB 1989, 2157; eher unklar Graf vWestphalen
NJW 1990, 83, 84; bejahend indes ders Jura 1992, 511, 514; **unentschieden:** Sack VersR 1990, 439,
444 f).

11 Greift der Schaden von einem Teil des Produktes auf dessen Rest über, so hat
zunächst der **achte Senat des Bundesgerichtshofs** eine Eigentumsverletzung iSd § 823
Abs 1 BGB dann bejaht, wenn der fehlerhafte Teil gegenüber dem übrigen Produkt
funktional abgrenzbar war (BGHZ 67, 359, 364 f – Schwimmschalter). Der sechste Senat

führt diese Rechtsprechung unter einer anderen Begründung fort: Danach schützen die deliktischen Verkehrspflichten – anders als das Gewährleistungsrecht – nicht die Nutzungs- und Werterwartungen des Erwerbers im Hinblick auf die Mangelfreiheit der Kaufsache (Nutzungs- oder **Äquivalenzinteresse**), sondern das Interesse an der Integrität von Eigentum und Besitz des Erwerbers (**Integritätsinteresse**). Dieses umfaßt allerdings auch das Interesse des Erwerbers an der Bewahrung der erworbenen Sache selbst – also des Produkts. Diese Überlegung zwingt bei „weiterfressenden" Beschädigungen innerhalb des Produkts zu einer Unterscheidung: Nicht ersetzbar, weil nicht vom Integritätsinteresse erfaßt, sind danach diejenigen Fälle, in denen der Schaden auf den Unwert der Mangelhaftigkeit der Sache zurückgeht, also „**stoffgleich**" mit diesem ist (BGHZ 86, 256, 258 f – Gaszug; vgl den vglw aktuellen Überblick über die Rechtsprechung bei D KOCH, Produkthaftung 116 ff). Eine Eigentumsverletzung iSd § 823 Abs 1 BGB kommt folglich nur dann in Betracht, wenn in der Beschädigung oder Zerstörung der übrigen Produktteile sich nicht der Unwert des Mangels verwirklicht, sondern die Rechtsgutsbeeinträchtigung als eigenwertiger Schaden angesehen werden muß.

Es wäre sicherlich zu eng, wollte man im Rahmen einer **historischen Auslegung** den an **12** der Entstehung der Produkthaftung mitwirkenden Gemeinschaftsorganen den Willen zur Verhinderung der Haftung für „weiterfressende" Schäden im Rahmen des § 1 Abs 1 Satz 1 ProdHaftG unterstellen. Denn auch in anderen Rechtsordnungen existieren „Produkthaftungen", die den durch den Produktfehler verursachten Schaden am Produkt selbst neben den sonstigen Rechtsgutsbeeinträchtigungen unterschiedslos miteinbeziehen (vgl zur französischen Gewährleistungshaftung für défauts cachés hier nur SACK VersR 1988, 439, 445). Dem **Gemeinschaftsgesetzgeber** ging es ausschließlich um eine **Abgrenzung des Produkthaftungsrechts vom Gewährleistungsrecht** (vgl oben Rn 9); dies aber beabsichtigt auch die **Rechtsprechung** des 6. Senats; fehl geht deshalb die Auffassung, § 1 Abs 1 Satz 2 ProdHaftG stehe dieser Rechtsprechung entgegen, weil die Vorschrift die Haftung auf das Integritätsinteresse beschränken wolle (so aber TIEDTKE NJW 1990, 2961, 2964; vgl auch ders, PHI 1990, 64 ff).

Der **deutsche Gesetzgeber**, der allerdings an die Vorgaben des Art 9 Abs 1 lit b Prod- **13** HaftRichtl gebunden war, wollte laut Begründung des Regierungsentwurfs das mit einem Fehler behaftete Produkt selbst nicht miteinbeziehen; denn Schäden am Produkt selbst würden durch das Gewährleistungsrecht „zufriedenstellend reguliert" (BT-Drucks 11/2447, 13). Gerade an dieser Überlegung läßt sich indes zweifeln, wird doch die Haftung für „weiterfressende" Schäden heute geradezu als Substitut für die nach § 477 BGB zu rasch verjährenden Gewährleistungsrechte verstanden (vgl in diesem Sinne SACK VersR 1988, 439, 444).

Vorsichtiger fällt deshalb auch das **Urteil des Rechtsausschusses** aus, der sich nach **14** eigenen Angaben mit der Frage befaßt hat, „ob ... in die Rechtsprechung zum ‚weiterfressenden Mangel' eingegriffen werde" (BT- Drucks 11/5520, 13). Die Antwort ist klar: „Der Ausschuß geht davon aus, daß der vorliegende Gesetzesentwurf den aufgrund der Rechtsprechung insoweit erreichten Stand der deliktsrechtlichen Produkthaftung nicht berührt." (aaO). Er vertritt allerdings ferner die Ansicht, daß das fehlerhafte Produkt „grundsätzlich" nicht selbst Gegenstand von Schadensersatzansprüchen nach diesem Gesetz sein könne, da sonst die Unterscheidung zwischen vertraglicher Gewährleistung und Produkthaftung in nicht tragbarer Weise verwischt

würde. Jedoch will er die anläßlich der Auslegung des Begriffs „andere Sache" auftretenden Abgrenzungsfragen der Rechtsprechung überlassen (aaO).

15 Auch der **Wortlaut des § 1 Abs 1 Satz 2 ProdHaftG** wurde entsprechend bemüht. Für
eine Haftung hinsichtlich „weiterfressender" Schäden der alten Rechtsprechung
spreche, daß nicht der Schaden am „gelieferten" Produkt, sondern am fehlerhaften
Produkt zu ersetzen sei; beides sei indes nicht identisch (SACK VersR 1990, 439, 444; **aA**
allerdings ohne Begründung TIEDTKE NJW 1990, 2961, 2962).

16 Weiter führt **ein systematisches Argument aus § 2 Satz 1 ProdHaftG**. Danach ist Produkt
jede bewegliche Sache, auch wenn sie zum Teil einer anderen beweglichen Sache
oder einer unbeweglichen Sache geworden ist (zu den Implikationen dieses systematischen
Zusammenhangs mit jeweils unterschiedlichem Gewicht CAHN ZIP 1990, 482, 484; MünchKomm/
CAHN Rn 10; SACK VersR 1990, 439, 444; TIEDTKE NJW 1990, 2961, 2964; Graf vWESTPHALEN Jura
1992, 511, 513; ders NJW 1990, 83, 84). Fraglich ist deshalb, ob § 1 Abs 1 Satz 2 1. HS
ProdHaftG bei der **Beschädigung des Endprodukts durch ein eingebautes Teilprodukt
iSd § 2 Satz 1 ProdHaftG** Haftungsansprüche ausschließt oder nicht. Dafür, daß das
Endprodukt im Verhältnis zu dem zugelieferten Teilprodukt eine „andere" Sache iSd
§ 1 Abs 2 Satz 1 darstellt, spricht zunächst, daß die Produkteigenschaft gem § 2 Satz
1 nicht durch den Einbau ausgeschlossen wird; End- und Teilprodukt müßten daher
als verschiedene Sachen angesehen werden (Graf vWESTPHALEN Jura 1992, 511, 513; im
Zwischenergebnis auch CAHN ZIP 1990, 482, 484; MünchKomm/CAHN Rn 10). **Gegen** die Möglichkeit einer Liquidierung der Schäden, die ein eingebautes Teilprodukt an den
übrigen Komponenten des Endprodukts verursachen kann, wird indes folgender
vermeintlicher Widerspruch angeführt: Verletzt das Endprodukt einen Außenstehenden, der selbst nicht Eigentümer des Produkts ist, und wird das Produkt dabei selbst
zerstört, kommt es zu einer scheinbar uneinheitlichen Beurteilung der Fehlerhaftigkeit des Produkts. Der Außenstehende darf das zusammengesetzte *End*produkt als
fehlerhaft ansehen; aus Sicht des Eigentümers des zerstörten Endprodukts aber war
dieses fehlerfrei und nur das darin eingebaute Teilprodukt fehlerhaft (CAHN aaO).
Darin liegt indes kein Widerspruch, sondern nur die Konsequenz der im Umkehrschluß aus § 1 Abs 3 begründeten pauschalen Verantwortlichkeit des Endherstellers:
Das Gesetz erspart dem Anspruchsteller, die Fehlerursache genau im Verantwor-
tungsbereich des Zulieferers oder des Herstellers des Endproduktes zu lokalisieren,
und faßt die Verantwortlichkeit beider im Regelfall zu einer gesamtschuldnerischen
Verantwortung zusammen (§ 4 Abs 1 Satz 1 iVm § 5 Satz 1). Aus diesem Grund darf
der durch ein Endprodukt Geschädigte dieses auch dann als fehlerhaft ansehen,
wenn der einzige Fehler des Endprodukts in einem eingebauten fehlerhaften Teilprodukt besteht. Dies bedeutet indes keineswegs, daß das Gesetz das Endprodukt in
diesem Fall in jeder Hinsicht als „fehlerhaft" ansehen würde. Soweit sich nämlich
End- und Teilprodukthersteller im Innenverhältnis nach § 5 Satz 2 auseinanderset-
zen, kommt es sehr wohl auf die Frage nach der Fehlerquelle an; dann „gilt" das
Endprodukt gerade nicht als fehlerhaft, wenn das haftungsrelevante Sicherheitsrisi-
siko allein durch das Teilprodukt hervorgerufen wurde (§ 5 Rn 11). Hieran zeigt sich
deutlich, daß die im Umkehrschluß aus § 1 Abs 3 begründete Fehlerhaftigkeit des
Endprodukts nur hinsichtlich bestimmter Rechtsfolgen, nicht aber in jedem Fall und
uneingeschränkt gilt.

17 **Gegen** die Möglichkeit der Liquidierung von Schäden, die ein eingebautes Teilpro-

dukt an den übrigen Komponenten des Endprodukts verursachen kann, wird weiter eingewendet, sie führe dazu, daß derjenige, der in der Arbeitsteilung den engeren Aufgabenkreis wahrnehme (der Teilprodukthersteller), schärfer hafte als der mit einem weiteren Aufgabenkreis Betraute (Endprodukthersteller; so TIEDTKE NJW 1990, 2961, 2964). Dieser Widerspruch besteht indes bei näherem Blick auf die Gesetzeslage gerade nicht. Denn auch der Endprodukthersteller haftet, wenn der Fehler der von ihm in Verkehr gebrachten Sache iSd § 2 gerade in den Sicherheitsdefiziten des Teilprodukts bestand (so zu Recht Graf vWESTPHALEN Jura 1992, 511, 514; im Innenverhältnis der Haftungsschuldner richtet sich der Ausgleich dann nach der vorwiegenden Verursachung: § 5 Rn 15 ff). Dies ergibt sich im Umkehrschluß aus § 1 Abs 3 und ist direkte Konsequenz aus § 1 Abs 2 Nr 2; denn auch diese Norm impliziert eine Haftung des Endproduktherstellers für alle Fehler des aus verschiedenen Teilkomponenten zusammengefügten Endprodukts, gleichgültig, ob er sie selbst zurechenbar verursacht (verschuldet) hat oder ein Dritter. Ergänzend will § 4 Abs 1 Satz 1 dem Geschädigten ja gerade ersparen, die Fehlerquelle in einem der Verantwortungsbereiche der an der Wertschöpfungskette beteiligten Teil-, Grundstoff- und Endproduzenten zu lokalisieren.

Als weiteres Argument gegen die Übertragbarkeit der Rechtsprechung zum „weiter- **18** fressenden" Schaden wird schließlich ein vermeintlicher **Rechtsharmonisierungsbedarf** angeführt. Weil die Rechtsprechung zum „weiterfressenden" Schaden zum einen umstritten, zum anderen aber in den übrigen europäischen Ländern unbekannt gewesen sei, müsse sie durch § 1 Abs 1 Satz 2 gesperrt sein, um den Vereinheitlichungseffekt der Richtlinie nicht zu gefährden (SACK VersR 1990, 439, 444; Graf vWESTPHALEN NJW 1990, 83, 84; CAHN ZIP 1990, 482, 484; MünchKomm/CAHN Rn 10). Diese Überlegungen überzeugen jedoch deshalb nicht, weil die Richtlinie selbst ebensowenig wie das ProdHaftG eine vollkommene Rechtsvereinheitlichung des Produkthaftungsrechts anstrebt. Aus Art 13 bzw § 15 Abs 2 folgt vielmehr, daß die einzelnen Produkthaftungsgesetze der Mitgliedstaaten in den Kontext der jeweiligen nationalen Rechtsordnung gestellt sind und lege artis in diesen systematisch eingepaßt werden müssen (dazu Einl 45).

cc) Ergebnis und Begriff der anderen Sache

Im **Ergebnis** wird man daher **differenzieren** müssen: Die in BGHZ 86, 256, 258 f – **19** Gaszug begründete Rechtsprechung ist nicht in vollem Umfang auf den Anspruch nach § 1 Abs 1 Satz 1 übertragbar. Soweit der Bundesgerichtshof nämlich vorsieht, auch Schäden an ein- und derselben beweglichen Sache iSd § 2 Satz 1 ProdHaftG zu ersetzen und hier nur zwischen dem in der Schadensverursachung ausgedrückten Unwert unterscheiden will, findet das Gesetz wegen § 1 Abs 1 Satz 2 keine Anwendung, weil dann der Fehler nicht zu einer Schädigung einer *anderen* Sache iSd Gesetzes führt, was sich maßgeblich nach § 2 Satz 1 bestimmt. Besteht ein Endprodukt jedoch aus mehreren eingebauten Teilprodukten iSd § 2 Satz 1, kommt durchaus ein Ersatzanspruch in Betracht, wenn aufgrund des Fehlers eines Teilproduktes die übrigen Teilkomponenten bzw das Endprodukt beschädigt wird. Dem Eigentümer des Endprodukts haften dann der Teil- und der Endprodukthersteller gleichermaßen (§ 4 Abs 1 Satz 1, arg e contr e § 1 Abs 3 Satz 1).

Für das Merkmal **„eine andere Sache als das fehlerhafte Produkt"** kommt es folglich **20** entscheidend auf den **Produktbegriff iSd § 2 Satz 1** an. Mit der Frage nach der Eigenständigkeit des Produkts hat sich die Rechtsprechung des Bundesgerichtshofes seit BGHZ 86, 256, 258 f – Gaszug indes nicht mehr beschäftigt, weil es infolge dieser Entscheidung – anders als noch in BGHZ 67, 359, 364 f – Schwimmschalter – nicht mehr darauf ankommt, daß das fehlerhafte Produktteil funktional abgrenzbar ist. Nach § 1 Abs 1 Satz 2 kommt es indes wegen § 2 Satz 1 wiederum auf die **Kriterien der Schwimmschalter-Doktrin** an, und es stellt sich in jedem Einzelfall die Frage, ob die defizitäre Teilkomponente ein eigenes Produkt iSd § 2 Satz 1 ist. Der **Gesetzgeber** hat zu Recht darauf aufmerksam gemacht, daß hier letztlich die **Verkehrsauffassung** entscheiden müsse (BT-Drucks 11/2447, 13). Seiner Auffassung nach kommt es nicht auf eine technisch denkbare oder mögliche Trennung des schadensauslösenden Teils von den anderen Teilen einer Sache an (BT-Drucks 11/2447, 13), sondern idR wird sich **das komplette Endprodukt** – so wie es der Geschädigte erworben hat oder wie es aus sonstigen Gründen bei ihm vorhanden ist – **als die eine Sache** darstellen, die eine andere Sache des Geschädigten beschädigt hat (BT-Drucks 11/2447, 13). Ausnahmen sollen etwa für den Fall gelten, wenn ein Teilprodukt später als Ersatz mit den restlichen Teilen der bereits beim Geschädigten vorhandenen Sache verbunden worden ist (BT-Drucks 11/2447, 13). **Entscheidend** dürfte es wohl darauf ankommen, ob der Bestandteil aus Sicht der Betroffenen (zum Adressatenkreis vgl § 3 Abs 1) **als eigenständige Ware auf den Märkten gehandelt** wird.

c) Privater Ge- und Verbrauch (Abs 1 Satz 2 HS 2)
aa) Normzweck

21 Die Einschränkung der Ersatzansprüche auf Sachen, die ihrer Art nach gewöhnlich für den privaten Ge- oder Verbrauch bestimmt und hierzu von dem Geschädigten hauptsächlich verwendet werden (vgl auch Art 9 Abs 1 lit b RL), erklärt sich aus dem in der Richtlinie ausgedrückten Kompromiß, eine Haftung für Sachschäden zwar aufzunehmen, diese aber eng und ausschließlich an Verbraucherschutzgesichtspunkten auszugestalten (oben Rn 7; BT-Drucks 11/2447, 13; Brüggemeier/Reich WM 1986, 149, 151; Taschner NJW 1986, 611, 616). Dem deutschen Gesetzgeber erschien diese Beschränkung „hinnehmbar", weil die gewerblichen Sachnutzer regelmäßig bessere Möglichkeiten hätten, ihre Rechtsbeziehungen auf vertraglicher Basis zu regeln (BT-Drucks 11/2447, 13; vgl allerdings auch zur rechtspolitischen **Kritik** dieser Norm Ulbrich ZRP 1988, 251).

bb) Bestimmung für den privaten Ge- und Verbrauch

22 Nach Auffassung des Gesetzgebers kommt es auf die **Zweckbestimmung der Sache nach der Verkehrsanschauung** an: „Maßgebend ist, wofür solche Sachen nach der Verkehrsauffassung gewöhnlich bestimmt sind." (BT-Drucks 11/2447, 13).

23 **Privat** bedeutet dabei **nicht gewerblich**, dh „nicht (dem) beruflichen, freiberuflichen oder gewerblichen Bereich" zugehörig (BT-Drucks 11/2447, 13; MünchKomm/Cahn Rn 12; Schmidt-Salzer BB 1986, 1103; Graf vWestphalen NJW 1990, 83, 84). Es gelten also dieselben Maßstäbe, die ansonsten für die Abgrenzung zwischen gewerblicher und nicht gewerblicher Tätigkeit maßgeblich sind (vgl zum Handels„gewerbe" § 1 HGB), mit dem Unterschied, daß die traditionellen Ausnahmen vom Gewerbebegriff (freie Berufe, Urproduktion) ebenfalls als nicht privat iSd § 1 Abs 1 Satz 2 anzusehen sind.

24 Der **Hersteller** kann durch Warenbezeichnungen, Produktbeschreibungen und ähnliches **keinen Einfluß auf die Einordnung als gewerblich** nehmen (BT-Drucks 11/2447, 13: dort wird als Beispiel die Bezeichnung „Profi-Gerät" genannt, die eine Zuordnung zum privaten Bereich nicht ausschließt, wenn Maschinen dieser Art nach der Verkehrsauffassung überlicherweise dem privaten Bereich zugeordnet werden; ähnlich MünchKomm/CAHN Rn 13; ROLLAND Rn 80 f; TASCHNER/FRIETSCH Rn 34).

Nicht privat sind richtiger Auffassung auch die im **Eigentum der öffentlichen Hand** 25 stehenden Sachen (FRIETSCH DB 1990, 29, 33). Damit wird die Bedeutung des Prod-HaftG im Bereich der **Umwelthaftung** erheblich eingeschränkt. Für diese ist ohnehin charakteristisch, daß Rechtsgüter beeinträchtigt werden, an denen kein zivilrechtliches Eigentum begründet ist. Gem Abs 1 Satz 2 findet darüber hinaus auch keine Haftung für die Beschädigung öffentlicher Sachen (zB Staatsforst) statt.

Die Begriffe **Ge- und Verbrauch** sind weit auszulegen; dies legt das Begriffspaar selbst 26 nahe. Auch wenn eine Sache nur zur Weiterveräußerung erworben wurde, diese Weiterveräußerung aber noch nicht in eine gewerbliche Tätigkeit mündet, dürfte noch von einem privaten *Ge*brauch die Rede sein.

Zum Merkmal **gewöhnlich** vgl gerade unten Rn 29. 27

cc) Verwendung für den privaten Ge- und Verbrauch
Daneben kommt es darauf an, daß der Anspruchsberechtigte die Sache auch tatsäch- 28 lich privat verwendet hat. Entscheidend kommt es also auf die praktische **Widmung der Sache** und damit auf die Frage an, welche tatsächlichen Verwendungszwecke der Eigentümer oder Benutzer dem Produkt beigelegt hat. Setzt der Anspruchsteller die beschädigte Sache, obwohl sie ursprünglich für den privaten Gebrauch bestimmt war, tatsächlich für berufliche Zwecke ein, liegen die Voraussetzungen des § 1 Abs 1 Satz 2 ProdHaftG nicht vor und eine Haftung findet nicht statt. Der **Gesetzgeber** bezieht sich auf das Bsp einer Schreibmaschine, die dem (frei-)beruflichen Lebensbereich zuzuordnen ist, wenn sie in der Praxis des Rechtsanwalts verwendet wird, selbst wenn diese Art der Schreibmaschine gewöhnlich für den privaten Gebrauch bestimmt ist (BT-Drucks 11/2447, 13).

Bereits die an der Entstehung der Richtlinie mitwirkenden Gemeinschaftsorgane 29 haben das **Problem der gemischten Benutzung für private und gewerbliche Zwecke** erkannt. Nach Auffassung des Wirtschafts- und Sozialausschusses sollen derartige Produkte unter die Regelung fallen, wenn sie überwiegend privat genutzt würden (ABlEG 1979 Nr C 114/61, Rn 2.9.2.; vgl auch das Europäische Parlament ABlEG 1979 Nr C 127/61, 64). Die Richtlinie bringt diesen Gedanken in Art 9 b ii deutlich zum Ausdruck, weil die Sache danach „hauptsächlich" privat genutzt sein muß. Demgegenüber weicht der in § 1 Abs 1 Satz 2 verwendete Begriff „**gewöhnlich**" in Begriffsnuancen ab und ist weniger klar; er muß indes richtlinienkonform ausgelegt werden. Entscheidend ist daher, ob die Sache *hauptsächlich* für den privaten Gebrauch verwendet wird (ähnlich MünchKomm/CAHN Rn 15; Graf vWESTPHALEN NJW 1990, 83 f; ROLLAND Rn 8). **Zu weit** geht daher die Auffassung, es komme allein auf die subjektive Einschätzung des Geschädigten an, gleichgültig, ob das Produkt gleichermaßen oder sogar überwiegend gewerblich oder beruflich genutzt werde (MAYER VersR 1990, 691, 693).

Jürgen Oechsler

30 **Unerheblich** ist, ob die beschädigte Sache gerade im Schadenszeitpunkt privat gebraucht wurde (KULLMANN, Produkthaftungsgesetz 31; MünchKomm/CAHN Rn 16; ROLLAND Rn 84 f).

31 Dennnoch verbleiben **Abgrenzungsschwierigkeiten**, wenn privater und gewerblicher Bereich nicht räumlich getrennt sind (vgl das Bsp des Hundes, der sowohl den Bauernhof als auch den Privatbesitz schützen soll: SACK VersR 1988, 439, 443; vgl auch K MAYER VersR 1990, 691, 693) sowie dann, wenn im gewerblichen Bereich Gegenstände benutzt werden, die auch der persönlichen Sicherheit dienen (ULBRICH ZRP 1988, 251: Feuerlöscher, Bohrmaschine usw). **Beweisbelastet** ist der Geschädigte; dies folgt zwar nicht unmittelbar aus § 1 Abs 4 ProdHaftG, ergibt sich aber aus der anspruchsbegründenden Bedeutung des Tatbestandsmerkmals (ähnlich ROLLAND Rn 175; MünchKomm/CAHN Rn 66). Er muß nachweisen, daß die Sache **hauptsächlich** dem privaten Ge- und Verbrauch dient und auch so gewidmet ist. Lassen sich die Nutzungsarten nicht aufteilen, geht die Unsicherheit daher zu seinen Lasten.

III. Die objektive Zurechnung

32 Das Gesetz verwendet zwar den Begriff des ursächlichen Zusammenhangs (§ 1 Abs 4 Satz 1) bzw das Tatbestandsmerkmal „verursacht" (§ 1 Abs 3 Satz 1). Dennoch richten sich Kausalität und objektive Zurechnung **nach den allgemeinen Grundsätzen des deutschen Rechts.** Dies war auch den an der Entstehung der Richtlinie beteiligten Gemeinschaftsorganen von Beginn an klar; bereits im ersten Richtlinienentwurf heißt es, daß die Beurteilung des Kausalzusammenhangs zwischen Fehler und Schaden im Einzelfall den einzelstaatlichen Rechten überlassen bleibe (ABIEG 1976 Nr C 241/9, BegrErwägungen Abs 13). Dies ist auch **allgemein hM** (vgl hier nur MünchKomm/CAHN Rn 70; SACK VersR 1988, 439, 451; SCHLECHTRIEM VersR 1986, 1033, 1034; SCHMIDT-SALZER BB 1986, 1103, 1104; WIECKHORST JuS 1990, 86, 91) und gilt für den haftungsbegründenden wie für den haftungsausfüllenden Zurechnungszusammenhang (zum insoweit unklaren Wortlaut des Abs 4 Satz 1 vgl unten Rn 155).

33 Aus diesem Grund ist die **Lehre vom Schutzzweck der Norm** auf das ProdHaftG anwendbar (SCHLECHTRIEM VersR 1986, 1033, 1034; zurückhaltend allerdings SACK VersR 1988, 439, 451; vgl auch HAGER, Zum Schutzbereich der Produzentenhaftung, AcP 184 [1984] 413; HELLMANN, Produkthaftung und Schutzzwecklehre [Diss Kiel 1993]). Auch **Schockschäden und Rentenneurosenfälle** werden nach den allgemeinen Grundsätzen zugerechnet (vgl etwa DEUTSCH VersR 1991, 1205, 1206; MünchKomm/CAHN Rn 70).

34 Die besonders für die haftungsausfüllende Zurechnung bekannten **Beweiserleichterungen** sind anwendbar, soweit es sich nicht gerade um Umkehrungen der Beweislast handelt (unten Rn 153).

IV. Schaden

35 Der dem § 1 Abs 1 Satz 1 zugrundeliegende Begriff des Schadens entspricht dem **Vermögensschaden** (vgl im einzelnen die §§ 7 – 11). Das deutsche ProdHaftG regelt insbesondere **keinen Anspruch auf Ersatz immaterieller Schäden** (Schmerzensgeld). Allerdings erkennt die Praxis bisweilen einen **Anspruch auf Nutzungsentschädigung** auf der Grundlage des § 1 Abs 1 Satz 1 zu (LG Lübeck VersR 1993, 1282, 1283, wo die vom

Hersteller gelieferten Adventskerzen eine Wohnung verrußten und dadurch die Hälfte der Wohnung nicht nutzbar war).

§ 1 Abs 1 Satz 1 vermittelt also **keinen Anspruch auf Schmerzensgeld**; dies ergibt sich **36** im Umkehrschluß aus § 8. Ursprünglich ging der Wirtschafts- und Sozialausschuß in seiner Stellungnahme zum ersten Richtlinienentwurf davon aus, daß der Schadensbegriff durch die Richtlinie nicht harmonisiert sei und deshalb sich der Umfang der Ersatzleistungen (insbesondere auch der Anspruch auf **Schmerzensgeld**) nach dem nationalen Recht der Mitgliedstaaten richten müsse (AB!EG 1979 Nr C 114/61, Rn 2. 7. 1.). Es wurde befürchtet, daß der Geschädigte andernfalls gezwungen sei, unter Berufung auf verschiedene Rechtsgrundlagen (verschuldensunabhängige Haftung und Haftung aus Verschulden) zu prozessieren, um vollen Ersatz zu erlangen (AB!EG 1979 Nr C 114/61, Rn 2. 7. 2. 2.). Die **Kommission** ging in ihrem zweiten Vorschlag ebenfalls von der Ersatzfähigkeit auch immaterieller Schäden auf der Grundlage des durch die Richtlinie zu begründenden Anspruchs aus (AB!EG 1979 Nr C 271/3, BegrErwägungen Abs 15). Die Bemühungen um eine Einbeziehung immaterieller Schäden zerschlugen sich indes, weil sich die Mitgliedstaaten nicht auf eine Begriffsbestimmung des immateriellen Schadens einigen konnten (Taschner NJW 1986, 611, 616).

Dennoch verbietet **Art 9 Abs 2 ProdHaftRichtl** richtiger Ansicht nach dem nationalen **37** Gesetzgeber nicht, auch immaterielle Schäden in die zu ersetzenden Posten miteinzubeziehen (so ausführlich Sack VersR 1988, 439, 443). Denn die Vorschrift erklärt die Rechtsvorschriften der Mitgliedstaaten betreffend immaterielle Schäden lediglich für nicht „berührt". Neben Art 13, der ohnehin bereits die Anwendbarkeit des bestehenden nationalen Produkthaftungsrechts zuläßt, macht diese Vorschrift nämlich nur dann Sinn, wenn man sie so versteht, daß die Richtlinie die Haftungs*voraussetzungen* für die Ersetzbarkeit immaterieller Schäden regele, das nationale Recht aber die Haftungs*folgen* (Sack VersR 1990, 439, 443 im Anschluß an Fagnart, Cahiers de droit européen [1987] 3 ff und Ghestin Dalloz 1986 chron 135, 138). Der **deutsche Gesetzgeber** hat davon keinen Gebrauch gemacht und damit entscheidend zur Rechtszersplitterung der deutschen Produkthaftung beigetragen, weil der Geschädigte seine Schmerzensgeldansprüche nunmehr über die Produzentenhaftung nach § 823 Abs 1 BGB geltend machen muß (vgl dazu aus Sicht der Praxis Weber VersR 1993, 1283 f sowie die Entscheidung des AG Staufen VersR 1994, 24). Der **belgische Gesetzgeber** hat hingegen in Art 11 der loi relative à la responsabilité du fait des produits défectueux (Einl 66 f) einen Schmerzensgeldanspruch vorgesehen.

Die **Abgrenzung zwischen materiellem und immateriellem Schaden** richtet sich nach **38** nationalem Recht, also insbesondere nach den Maßstäben des § 253 BGB (MünchKomm/Cahn Rn 7; Taschner/Frietsch Art 9 Rn 16; Koch ZHR 152 [1988] 537, 549).

Ersetzt werden alle **sekundären Vermögensschäden**, die infolge einer Verletzung eines **39** der in § 1 Abs 1 Satz 1 geschützten Rechtsgüter entstehen (MünchKomm/Cahn Rn 6). Die Mindermeinung, die aus dem Wortlaut des Art 9 lit b (entspricht § 1 Abs 1 Satz 2 ProdHaftG) der Richtlinie etwas anderes herleiten will (Taschner/Frietsch Art 9 Rn 12), verkennt die Bedeutung der Vorschrift, die eine Abgrenzung gegenüber dem Gewährleistungsrecht anstrebt, nicht aber eine Eingrenzung des sekundären Vermögensschadens; auch entgangener Gewinn ist daher ersetzbar (so auch MünchKomm/ Cahn aaO).

B. Entlastungsmöglichkeiten

40 Die in den Absätzen 2 und 3 der Norm eröffneten Entlastungsmöglichkeiten beziehen sich zT auf die Voraussetzungen des Haftungsgrundes selbst (Abs 2 Nr 1 – 3, Abs 3 Satz 1 1 HS), zT aber auch auf Einwendungen gegen den Haftungsanspruch (Abs 2 Nr 4 – 5, Abs 3 2 HS; vgl bereits BRÜGGEMEIER/REICH WM 1986, 149, 152). Im Mittelpunkt der Gesamtregelung steht dabei das haftungsbegründende Zurechnungskriterium des Inverkehrbringens.

I. Das nicht in den Verkehr gebrachte Produkt (Abs 2 Nr 1)

1. Normzweck

41 Nach **Auffassung des Gesetzgebers** entspricht es allgemeiner Lebenserfahrung, daß ein im Markt befindliches Produkt auch mit Wissen und Wollen des Herstellers in den Verkehr gebracht worden ist. Aus diesem Grund hält er es für sachgerecht, dem Hersteller die Beweisführung dafür aufzuerlegen, daß das Produkt in Ausnahmefällen gerade nicht aufgrund seines freien Willensentschlusses in den Verkehr geraten ist (BT-Drucks 11/2447, 14; HOLLMANN DB 1985, 2389, 2394).

42 Die Entlastungsmöglichkeit soll nicht nur für den **Hersteller** iSd § 4 Abs 1 Satz 1, sondern auch für den **Quasi-Hersteller** (§ 4 Abs 1 Satz 2), den **Importeur** (§ 4 Abs 2) und den **Lieferanten** (§ 4 Abs 3) gelten (BT-Drucks 11/2447, 14; MünchKomm/CAHN Rn 23). Hier erscheint indes jeweils eine differenziertere Betrachtung erforderlich (vgl zum Quasi-Hersteller § 4 Rn 66; zum Importeur § 4 Rn 91 f sowie zum Lieferanten § 4 Rn 124 f).

43 Die **rechtspolitische Kritik** am Zurechnungskriterium des Inverkehrbringens entzündet sich gelegentlich an der vermeintlichen Zufälligkeit der durch seine Anwendung erzielten Ergebnisse (CAHN ZIP 1990, 482, 485; MünchKomm/CAHN Rn 25): So bestehe gem § 1 Abs 2 Nr 1 gerade keine Verantwortlichkeit, wenn das Produkt noch auf dem Gelände des Herstellers einen Personenschaden verursache oder anläßlich der Zulieferung von einem unselbständigen Tochterunternehmen (nach **hM** noch Teil des Produktionsvorganges und kein Inverkehrbringen) Schaden stifte (Bsp bei CAHN bzw MünchKomm/ CAHN aaO). Die Beispiele verdeutlichen indes gerade die **zentrale Abgrenzungsfunktion dieses Tatbestandsmerkmals**: Auf der Grundlage von § 1 Abs 1 Satz 1 wird der Hersteller nicht für Sachgefahren als solche zur Verantwortung gezogen, sondern nur für diejenigen Gefahren, die als Folge der **Produktvermarktung im weiteren Sinne** entstehen. § 1 Abs 1 Satz 1 beschränkt sich folglich auf einen Teilausschnitt der wesentlich umfangreichen, auch das Öffentliche Recht berührenden Thematik der Produktsicherheit (§ 3 Rn 5 ff). Der Sinn dieser Einschränkung erklärt sich zunächst aus dem Grundkonzept der ProdHaftRichtl, nach der der Hersteller das Haftungsrisiko versichern und die Versicherungsprämien auf alle Verbraucher umlegen soll (Einl 15 ff); dies ist nur bei einer sachlichen Eingrenzung des Haftungsrisikos möglich. Ein weiterer teleologischer Aspekt tritt hinzu: Der Hersteller soll nur dann für die Sicherheitsgefahren des Produkts einstehen, wenn er seiner Auffassung nach den Herstellungsprozeß durch Besorgung aller relevanten Sicherheitsrisiken abgeschlossen hat. Haftete er bereits früher, zB für Störungen während der Fertigungsphase, so würde ihm die Erprobung gefährlicher Materialien oder der Versuch mit ungewohnten Techniken im Herstellungsprozeß durch das Haftungsrecht erheblich erschwert;

die in § 1 Abs 1 Satz 1 ausgesprochene Sanktion wirkte dann innovationshemmend, was schließlich dem weiteren Ziel der Produkthaftung – der Verbesserung der Produktqualität – abträglich wäre.

2. Der Begriff des Inverkehrbringens

a) Definitionen

Die **Vorstellung des Gesetzgebers** der Begriffsinhalt des Inverkehrbringens erschließe **44** sich „aus dem natürlichen Wortsinn" (BT-Drucks 11/2447, 14), zeugt angesichts der zahlreichen mit diesem Begriff verbundenen Fragestellungen von eher eingeschränktem Problembewußtsein. In Richtlinie und Gesetz **fehlt eine Definition**. Der Gesetzgeber bezieht sich indes auf die Definition des **Art 2 lit d des Europäischen Übereinkommens vom 27. Januar 1977 über die Produkthaftung bei Körperverletzung und Tötung** (European Treaty Series No 91 [Strasbourg 27. 1. 1977]). Nach dieser Vorschrift ist ein Produkt in den Verkehr gebracht, „wenn der Hersteller es einer anderen Person ausgeliefert hat" (so BT-Drucks 11/2447, 14). Dies liegt nach Auffassung des Gesetzgebers immer dann vor, wenn ein Produkt – sei es auch in Form eines Teilprodukts oder eines Grundstoffs – in die Verteilungskette gegeben wird, also **wenn der Hersteller es aufgrund seines Willensentschlusses einer anderen Person außerhalb seiner Herstellersphäre übergeben hat** (BT-Drucks aaO).

Danach ist ein Produkt **in den Verkehr gebracht**, wenn es aufgrund eines Willensent- **45** schlusses des Herstellers einer von diesem verschiedenen, außerhalb seiner Gefahrensphäre befindlichen Person übergeben worden ist, wobei es genügt, daß das Produkt einen weiteren Schritt in der Herstellungs- oder Verteilerkette auf dem Weg zum Benutzer oder Verbraucher vorangebracht wird (FRIETSCH DB 1990, 29, 31; TASCHNER/FRIETSCH Art 7 Rn 7; CAHN ZIP 1990, 482, 484 f; ROLLAND Rn 88; LANDSCHEIDT Rn 27, 85; WIECKHORST JuS 1990, 86, 92).

In **§ 6 des österreichischen Produkthaftungsgesetzes** findet sich folgende Begriffsbestim- **46** mung: „Ein Produkt ist in den Verkehr gebracht, sobald es der Unternehmer, gleich aufgrund welchen Titels, einem anderen in dessen Verfügungsmacht oder zu dessen Gebrauch übergeben hat." In § 1-2 2) des norwegischen Produkthaftungesetz heißt es ähnlich: „Das Produkt ist 'in den Verkehr gebracht', wenn es einem Verkäufer, Frachtführer, Erwerber oder Benutzer übergeben, angeboten oder zur Inbesitznahme bereitgestellt worden ist."

b) „Das" Produkt – der relevante Zeitpunkt

Der Hersteller kann sich entlasten, wenn er „das" Produkt nicht in den Verkehr **47** gebracht hat. Fraglich ist, ob damit das einzelne Fabrikat bzw Werkstück gemeint ist oder die ganze Produktlinie bzw der Produkttyp (dazu HOLLMANN 1985, 2389, 2393; Graf vWESTPHALEN II § 62 Rn 61 f; REICH, Europäisches Verbraucherrecht Rn 184). Diese Frage stellt sich insbesondere bei **Produktserien**. Eine **einheitliche Beurteilung der Produktserie** als fehlerhaft oder fehlerfrei ist aus der Systematik des Gesetzes **nicht begründbar**; denn diese einheitliche Beurteilung müßte entweder an den Zeitpunkt der Auslieferung des ersten oder des letzten Fabrikats anknüpfen, das der Produktserie angehört. Dies widerspräche indes dem Fehlerbegriff nach § 3 Abs 1, insbes lit c; nach diesem konkretisieren sich die Sicherheitserwartungen gerade im Zeitpunkt des Inverkehrbringens (vWESTPHALEN aaO; REICH aaO, allerdings mißverständlich in seiner Kritik

am herrschenden Werktorprinzip): Läge der entscheidende Zeitpunkt aber bereits im
Moment der Auslieferung des ersten Fabrikats einer Produktserie, bräuchte der
Hersteller auf spätere Änderungen der Sicherheitserwartungen der betroffenen Verkehrskreise keine Rücksicht zu nehmen; auch wenn mittlerweile Gefahren bei der
Verwendung seines Produkts bekannt würden, könnte er die der Produktserie angehörenden Werkstücke unverändert weiterliefern, weil die Sicherheitserwartungen zu
einem historischen Zeitpunkt **eingefroren** wären. Käme es indes auf den Zeitpunkt
der Auslieferung des letzten, einer bestimmten Produktserie angehörenden Fabrikats an, entstünde leicht ein systematischer Widerspruch zu § 1 Abs 2 Nr 5: Der
Hersteller haftete für den zu diesem Zeitpunkt bereits ausgelieferten größeren Teil
seiner Serie auch dann, wenn im Zeitpunkt der Vermarktung dieses Teils das Sicherheitsrisiko nach dem Stand von Wissenschaft und Technik noch nicht erkennbar
war.

48 „Das" Produkt iSd § 1 Abs 2 Nr 1 ist daher stets **das einzelne Fabrikat**, gleichgültig, ob
dieses individuell angefertigt ist oder einer Produktserie angehört (Graf vWESTPHALEN
§ 62 Rn 61). Dafür spricht nicht zuletzt auch der systematische Zusammenhang zu § 1
Abs 1 Satz 1. Die Rechtsgutverletzung muß danach durch den Fehler „eines Produkts" entstanden sein. Da aber nur das einzelne in den Verkehr gebrachte Werkstück konkrete Verletzungen beim Verbraucher oder außenstehenden Dritten
hervorrufen kann, spricht alles dafür, den Begriff auch in § 1 Abs 2 Nr 2 in diesem
Sinne zu verwenden.

49 Maßgeblich ist, in den Metaphern der **hM** gesprochen, der Zeitpunkt, in dem das
Produkt das „Werktor" des Herstellers passiert hat (TASCHNER/FRIETSCH Art 7 Rn 7:
Werktorprinzip). Das Produkt muß daher den Einflußbereich des Herstellers verlassen
haben. Dabei findet **keine Differenzierung zwischen Konstruktions- und Fabrikations-**
fehlern statt (so aber HOLLMANN 1985, 2389, 2393, der bei Kontruktionsfehlern auf den Zeitpunkt
der „Herstellung des Produkts", bei Fabrikationsfehlern hingegen auf den Augenblick abstellen will,
in dem das Produkt den Bereich der Herstellerkontrolle verlassen hat; beide Zeitpunkte lägen
zudem **vor** dem endgültigen Verlassen der Einflußsphäre des Herstellers).

c)   Der Begriff des Verkehrs
50 Der Hersteller kann sich schließlich entlasten, wenn er das Produkt nicht „in den
Verkehr" gebracht hat. Dabei geht es um die Frage, ob das Produkt **die Einflußsphäre**
des Herstellers endgültig verlassen hat.

51 Der Hersteller haftet also prinzipiell nicht nach § 1 Abs 1 Satz 1, wenn die spezifische, vom Produkt ausgehende Sicherheitsgefahr **in seinem Einflußbereich**, etwa auf
dem Werksgelände, zu Rechtsgutverletzungen führt (so auch CAHN ZIP 1990, 482, 485).
Bei einer **Verletzung von Arbeitskräften** während des Produktionsvorgangs haftet der
Hersteller, wenn er selbst nicht Arbeitgeber ist (anderfalls greift ohnehin das Privileg
des § 636 RVO), wegen § 1 Abs 2 Nr 1 nicht.

52 Eine Haftung kommt ebenfalls nicht in Betracht, wenn das **Produkt den Einflußbe-**
reich des Herstellers vorübergehend verläßt. Vorstellbar ist etwa, daß das Produkt zum
Zwecke einer Materialprüfung, einer Reparatur oder einer Probefahrt vom Werksgelände zu Dritten verbracht wird (SCHMIDT-SALZER/HOLLMANN Bd 1 Art 7 Rn 33; KULL-
MANN, Produkthaftungsgesetz 37; TASCHNER/FRIETSCH Art 7 Rn 8; MünchKomm/CAHN Rn 22; **aA**

Rolland Rn 92). **Teleologisch** läßt sich dies mit der Überlegung rechtfertigen, daß der Hersteller nur dann für die Sicherheitsgefahren des Produkts einstehen soll, wenn er seiner Auffassung nach den Herstellungsprozeß durch Besorgung aller relevanten Sicherheitsrisiken abgeschlossen hat. Andernfalls würden Erprobungen gefährlicher Materialien oder Tests mit ungewohnten Techniken während der Fertigungsphase durch die Sanktionen des Haftungsrechts erheblich erschwert.

Wegen der besonderen Zwecksetzung der **Importeurhaftung** nach § 4 Abs 2 gilt indes **53** nach hier vertretener Auffassung ausnahmsweise etwas anderes. Der Import stellt danach bereits das Inverkehrbringen iSd § 1 Abs 2 Nr 1 dar; es kommt nicht darauf an, wann die eingeführte Ware das Lager des Importeurs verläßt und ausgeliefert wird (str, ausführlich § 4 Rn 91 f). Denn die Haftung nach § 4 Abs 2 zielt darauf, den Produktgeschädigten vor einer aufwendigen Rechtsverfolgung im Ausland zu bewahren; deshalb haftet ausnahmsweise derjenige Händler (Händler haften im übrigen nicht nach § 1 Abs 1 Satz 1 vgl § 4 Rn 93 ff), der das Produkt in den EWR verbracht hat. Dieser besondere Haftungszweck rechtfertigt es indes nicht, den Importeur auch noch nach der Einfuhr bis zur inländischen Produktvermarktung haftungsrechtlich wie einen Hersteller zu behandeln. Die damit verbundene zeitliche Erweiterung der Haftung kann nämlich insbesondere wegen § 1 Abs 2 Nr 2 für den Importeur nachteilig sein, wenn am Produkt nach der Einfuhr und bis zu seiner Vermarktung durch den Importeur neue Sicherheitsdefizite entstehen. Zwar spricht hier vordergründig für eine zeitliche Erweiterung der Haftung, daß das Produkt sich während dieses Zeitraums im Gewahrsam des Importeurs und damit in seiner Gefahrensphäre befand. Doch wirkt dieser Umstand im System des ProdHaftG zu Lasten eines Händlers nicht haftungsbegründend und rechtfertigt daher auch keine Haftungserweiterung. Denn auch ein inländischer Händler ist nicht bereits deshalb verantwortlich, weil er das Produkt eine Zeit lang in seinem Gewahrsam hat und während dieser Zeit Sicherheitsdefizite entstanden sind. Vielmehr haftet er idR überhaupt nicht (arg e § 4 Abs 1 Satz 1) bzw nur dann, wenn besondere zusätzliche Gründe in seiner Person vorliegen (arg e § 4 Abs 1 Satz 2, Abs 2 und Abs 3).

Fraglich ist, ob der Hersteller haftet, wenn das Produkt **für eigene Zwecke des Her-** **54** **stellerbetriebs** eingesetzt wird (**Eigenverbrauch**; bejahend: MünchKomm/Cahn Rn 22; Rolland Rn 93). Dafür spricht zunächst, daß der Hersteller auch in diesem Fall das Produkt – wirtschaftlich betrachtet – vermarktet, dh zum eigenen ökonomischen Vorteil einsetzt. Dies reicht jedoch allein für eine haftungsbegründende Zurechnung nicht aus. Verbleibt die selbstproduzierte Maschine zu Zwecken des Eigenverbrauchs auf dem Werksgelände, findet nämlich die in Nr 1 typischerweise vorausgesetzte Gefährdung größerer Verkehrskreise durch die Vermarktung des Produkts gerade nicht statt. Betroffen sind die Arbeitnehmer und die das Werksgelände betretenden Geschäftspartner; deren Gefährdung allein – dies zeigt der Fall des auf dem Werksgelände für den Abtransport gelagerten Produkts – begründet ein Inverkehrbringen noch nicht. Verwendet der Hersteller das Produkt selbst, findet daher **typischerweise keine haftungsbegründende Gefährdung der Produktkäufer und -benutzer** statt. Fraglich ist allenfalls, ob der Hersteller **außenstehenden Dritten** haftet. Dies wird man im Einzelfall bejahen müssen, wenn es aus Sicht des am allgemeinen Verkehr beteiligten Dritten keinen Unterschied macht, ob sich die Sicherheitsgefahr anläßlich eines Produktgebrauchs durch den Hersteller oder durch eine andere Person realisiert. Verwendet der Hersteller den eigenproduzierten Lkw und geht von

diesem eine Sicherheitsgefahr aus, die zur Verletzung anderer Straßenverkehrsteil-
nehmer führt, gebietet der in § 1 Abs 1 Satz 1 intendierte Integritätsschutz hier von
einem Inverkehrbringen auszugehen (ähnlich allerdings unter dem Gesichtspunkt des Art 7
lit c SCHLECHTRIEM VersR 1986, 1033, 1038).

55 Fraglich ist schließlich, ob **Lieferungen innerhalb der Wertschöpfungskette**, dh von
einem Teilhersteller an den Endhersteller usw ein Inverkehrbringen iSd Abs 2 Nr 2
darstellen. CAHN (MünchKomm Rn 20 f) erwägt – allerdings im Ergebnis ablehnend –
die Möglichkeit eines funktionsbezogenen Begriffs des Inverkehrbringens, wonach
das Produkt erst in den Verkehr gebracht ist, wenn es „die Herstellersphäre" (dh die
gesamte Wertschöpfungskette der produzierenden und vertreibenden Unternehmen) verlassen hat und in die Verbrauchersphäre gelangt ist (zweifelnd hinsichtlich der
Einbeziehung der Herstellerkette in den Schutzzweck des § 1 Abs 1 Satz 1 immerhin SCHMIDT-
SALZER/HOLLMANN Art 7 Rn 34 f).

56 Nach **hM** bedeutet indes auch eine Lieferung innerhalb der Wertschöpfungskette, zB
von einem Teil- zum Endhersteller, ein Inverkehrbringen der Ware; davon geht insbesondere auch der Gesetzgeber aus (BT-Drucks 11/2447, 14; SCHLECHTRIEM VersR 1986,
1033, 1037; FRIETSCH DB 1990, 29, 31; HOLLMANN DB 1985, 2389, 2396; MünchKomm/CAHN
Rn 21 f; ROLLAND Rn 95; WIECKHORST JuS 1990, 86, 92). Dafür spricht der Text von Art 2 d
der Straßburger Konvention, auf die der Gesetzgeber in seiner Begründung Bezug
nimmt (BT-Drucks aaO); dort genügt die „Weitergabe an eine andere Person" (ähnlich
HOLLMANN aaO). Für diese Lösung spricht auch, daß der Gesetzgeber den Fall der
Schädigung eines gewerblichen Abnehmers in § 1 Abs 1 Satz 2 sehr wohl mitbedacht
hat und dessen Schadensersatzansprüche allein im Hinblick auf den Sachschaden,
nicht aber auf Personenschäden einschränkt.

57 In ihrer **Konsequenz** bedeutet diese Überlegung, daß das Produkt im Verlauf seines
Herstellungsprozesses von **jedem Teilprodukt-, Grundstoff- oder Endprodukthersteller**
iSd § 4 Satz 1 **aufs Neue in den Verkehr gebracht** wird. Entsprechend muß die Verantwortung jedes einzelnen Herstellers isoliert und für sich geprüft werden, weil sich die
**Sicherheiterwartungen im Verlauf der Weiterleitung innerhalb der Wertschöpfungskette
ändern** können (REICH, Europäisches Verbraucherrecht Rn 184): Ein Zulieferteil, das der
Teilhersteller gem § 1 Abs 2 Nr 5 noch fehlerfrei in den Verkehr bringen konnte, weil
seine Sicherheitsmängel zum Zeitpunkt der Auslieferung an den Endhersteller nach
dem Stand von Wissenschaft und Forschung nicht erkennbar waren, wird fehlerhaft,
wenn es der Endhersteller – montiert in das Endprodukt – ausliefert, *nachdem* die
Sicherheitsgefahren mittlerweile erkennbar geworden sind. Gleiches gilt auch für die
Konkretisierung des Fehlerbegriffs in § 3 ProdHaftG, wenn sich die Sicherheitserwartungen während des Produktionszyklus verändern. Darin liegt **kein Verstoß gegen
§ 3 Abs 2**; denn diese Vorschrift setzt voraus, daß ein verbessertes Produkt ausgeliefert wird, *nachdem* das erste, um dessen Fehlerhaftigkeit es geht, in den Verkehr
gebracht worden ist (vgl den Wortlaut „später"; ähnlich REICH aaO). **Ob ein Produkt
fehlerhaft ist, muß deshalb jeweils relativ im Hinblick auf den in Anspruch genommen
Hersteller überprüft werden** (so auch FRIETSCH DB 1990, 29, 31; HOLLMANN DB 1985, 2389,
2396; MünchKomm/CAHN Rn 21; ROLLAND Rn 95).

58 Dadurch entstehen aus Sicht des einzelnen Herstellers **Beweisprobleme**. Dieser muß
uU beweisen, daß sich die Sicherheitserwartungen erst *nach* dem Zeitpunkt geändert

haben, zu dem er das Produkt in den Verkehr gebracht hat (§ 3 Abs 1 lit c; Entsprechendes gilt für die Erkennbarkeit aufgrund des Standes von Wissenschaft und Technik iSd § 1 Abs 2 Nr 5). Diese Fragestellung berührt den Anwendungsbereich des § 1 Abs 2 Nr 2 (REICH, Europäisches Verbraucherrecht Rn 184).

Gehaftet wird auch für Rechtsgutsverletzungen, die während des **Transports zum** 59 **Endhersteller** entstehen; hier genügt aus Sicht des versendenden Teilherstellers, bereits die Aufgabe zum Versand (MünchKomm/CAHN Rn 24; vgl auch SCHLECHTRIEM VersR 1986, 1033, 1038 allerdings im Hinblick auf Art 7 lit c = Abs 2 Nr 3). Art 7 Nr 2 der **italienischen** ProdHaftVO vom 24. 5. 1988 (PHI 1988, 125 ff) und § 6 Satz 2 des **österreichischen** Produkthaftungsgesetzes („Der Versand genügt") treffen eine entsprechende Regelung. Wird ein **Zwischenprodukt** jedoch **zwischen unterschiedlichen Betriebsteilen des Herstellers** transportiert, gilt dasselbe wie beim Transport zu einer Materialprüfung oder wie bei einer Probefahrt (oben Rn 52). Das Produkt wurde noch nicht in den Verkehr gebracht, weil es den Einflußbereich des Herstellers noch nicht endgültig verlassen hat.

Wie sich aus einem Schluß aus § 4 Abs 2 Satz 1 ergibt, erfaßt Nr 1 nicht nur den 60 Verkauf, sondern **alle Vertriebsformen**, etwa auch Leasing, Miete usw.

Auch das öffentliche **Ausstellen des Produkts auf Messen** ist bereits ein Inverkehrbrin- 61 gen (MünchKomm/CAHN Rn 22a; POTT/FRIELING Rn 77; KULLMANN/PFISTER Kz 3602, S 10).

Richtiger Ansicht nach bedeutet indes die **Abfallbeseitigung** kein Inverkehrbringen 62 (SCHLECHTRIEM VersR 1986, 1033, 1037). In Nr 1 kommt es vielmehr entscheidend auf die Auslieferung der Ware an, die unmittelbar oder mittelbar den Weg über die Wertschöpfungskette zum Endverbraucher nimmt. Nur wenn die Abfälle nicht ganz beseitigt, sondern weiterverwertet werden sollen, ist eine Haftung des Herstellers möglich. Dieser haftet allerdings **nicht für unredliches Verhalten eines Abfallbeseitigungsunternehmens**, das statt zu beseitigen wiederverwertet (SCHLECHTRIEM 1038).

d) Subjektive Zurechnung

Der Begriff des Inverkehrbringens beinhaltet nach **hM** auch ein subjektives Ele- 63 ment, das den Hersteller vor den **Risiken unfreiwilligen Besitzverlustes** schützen soll (so ausdrücklich CAHN ZIP 1990, 482, 484 f). Deshalb haftet der Hersteller nach **hM** nicht für unfreiwilligen Besitzverlust bei Diebstahl und Unterschlagung (BT-Drucks 11/2447, 14; CAHN ZIP 1990, 482, 484; MünchKomm/CAHN Rn 19; HOLLMANN DB 1985, 2389, 2394; KULLMANN, Aktuelle Fragen der Produkthaftpflicht, 151 f; POTT/FRIELING Rn 74; SCHLECHTRIEM VersR 1986, 1033, 1037). Dem ist im Prinzip zuzustimmen; **Kritik** verdient indes das Einbeziehen der **Unterschlagung** nach § 246 StGB, weil hier der Hersteller einer anderen Person Gewahrsam eingeräumt hat, und er arg e contr § 935 Abs 1 BGB damit eine Risikodisposition getroffen hat, die auch bei der Beurteilung des Inverkehrbringens berücksichtigt werden muß.

Nach **hM** ist **keine Willenserklärung** erforderlich, insbesondere kommt es auf Willens- 64 mängel iSd § 119 BGB nicht an (MünchKomm/CAHN Rn 19; ROLLAND Rn 89; LANDSCHEIDT Rn 93; Graf vWESTPHALEN § 60 Rn 37). Auch muß sich der Herstellerwille nicht auf das einzelne Fabrikat beziehen; es genügt, wenn dessen Auslieferung dem von ihm aufgestellten Fertigungs- und Vertriebsplan entspricht.

II.   Fehlereintritt nach dem Inverkehrbringen (Abs 2 Nr 2)

1.   Normzweck und Entstehungsgeschichte

65 Nach Auffassung des Gesetzgebers stellt die Norm klar, daß der Hersteller Fehler, die nach dem Inverkehrbringen zT durch unsachgemäße Behandlung innerhalb der Vertriebskette oder durch den Geschädigten selbst verursacht werden, nicht zu vertreten hat (BT-Drucks 11/2447, 14). Der Grund für die dem Hersteller aufgebürdete Beweislast liegt in dessen vermeintlich besserer Möglichkeit zur Beweisführung. Die im Herstellungsprozeß vorgenommenen Qualitäts-, Eingangs- und Ausgangskontrollen, deren Dokumentation dem Hersteller zur Verfügung stünden, spielten hier die entscheidende Rolle (BT-Drucks 11/2447, 14; ARENS ZZP 104 [1991] 123, 129; für die Richtlinie ähnlich: TASCHNER NJW 1986, 611, 614).

66 Hat der Geschädigte den Fehler, den Schaden und die Ursächlichkeit bewiesen, wird nach **hM gem Abs 2 Nr 2 vermutet**, daß der Fehler bereits in dem Augenblick vorlag, in dem das Produkt in den Verkehr gebracht wurde (ARENS ZZP 104 [1991] 123, 129; TASCHNER NJW 1986, 611, 614; FOERSTE VersR 1988, 958, 960; MAYER VersR 1990, 691, 699; LORENZ ZHR 151 [1987] 1, 11; ROLLAND Rn 181 ff). **Anderer Auffassung** nach (SCHMIDT-SALZER/HOLLMANN Art 1 Rn 47 ff) soll zur Begründung einer solchen Vermutung der Fehlernachweis soweit geführt werden, daß die ernsthafte Möglichkeit von schadensverursachenden Vorgängen nach Abschluß des Herstellungsprozesses ausgeschlossen ist; die Vorschrift sei dann nicht anzuwenden, wenn konkrete Anhaltspunkte dafür vorlägen, daß die Fehlerverursachung nicht dem Hersteller zur Last fiele. Gegen diese Auffassung spricht der unmißverständliche Wortlaut des Gesetzes ebenso wie die Tatsache, daß der Gesetzgeber durch **Beweiserleichterungen** (vgl unten Rn 72 ff) dem Interesse des Herstellers an Einschränkung seiner Haftungsverantwortung bereits Rechnung getragen hat (ARENS ZZP 104 [1991] 123, 130; ROLLAND Rn 187; FOERSTE VersR 1988, 958, 960).

67 Das **Schrifttum** hat in der durch Abs 2 Nr 2 begründeten **Beweislastverteilung** teilw eine der wenigen grundsätzlichen Neuerungen des ProdHaftG gegenüber der Produzentenhaftung auf der Grundlage von § 823 Abs 1 BGB erkannt (W LORENZ ZHR 151 [1987] 1, 11; BUCHNER DB 1988, 32, 34; HOLLMANN DB 1985, 2389, 2394). Doch mittlerweile hat der Bundesgerichtshof auch im Rahmen des § 823 Abs 1 und möglicherweise unter Vorgriff auf die Regelung des Abs 2 Nr 2 (so jedenfalls BRÜGGEMEIER KritV 1991, 297, 302; vgl auch ders VuR 1988, 345, 347) ebenfalls eine systematisch vergleichbare Beweislastumkehr in Betracht gezogen (BGHZ 104, 323 = NJW 1988, 2611 – Limonadenflasche Anm REINELT; dazu ARENS ZZP 104 [1991] 123, 131 ff; EMMERICH JuS 1989, 142; SCHMIDT-SALZER PHI 1988, 146, 152).

68 Im **Umkehrschluß** bringt § 1 Abs 2 Nr 2 indes das **zentrale Haftungsprinzip des Gesetzes** zum Ausdruck. Der Hersteller hat danach für die Sicherheitsdefizite des Produktes im Zeitpunkt des Inverkehrbringens einzustehen, wobei es keinen Unterschied macht, ob er diese selbst (zurechenbar) verursacht bzw verschuldet hat oder nicht. Darin unterscheidet sich die Haftungsbegründung deutlich von derjenigen nach § 823 Abs 1 BGB: Für die Haftung nach § 1 Abs 1 Satz 1 ProdHaftG kommt es nicht darauf an, ob der Produktfehler auf einem Fehlverhalten des Anspruchsadressaten beruht; es genügt, daß er zum Zeitpunkt des Inverkehrbringens durch den Hersteller vorhanden war. Dies impliziert ua eine über §§ 31, 831 BGB hinausgehende **Einstandspflicht für das Verhalten Dritter** (Arbeitnehmer, Prokuristen, Organe aber auch Geschäftspartner, Zulieferer; dazu § 6 Rn 8 ff) und erleichtert die Beweisführung hinsichtlich der Produktfehler: Zwar muß der Fehlerbegriff auch nach § 3 Abs 1 ProdHaftG zT aus menschlichem Fehlverhalten heraus begründet werden (vgl dazu ausführlich Einl 37 ff und § 3 Rn 36 ff, 85 ff, 103), doch braucht der Geschädigte nicht zu beweisen, daß es gerade das Fehlverhalten des Anspruchsgegners war, das das Sicherheitsdefizit begründet hat – ein im Rahmen arbeitsteiliger Produktionsprozesse erheblicher strategischer Vorteil bei der Rechtsdurchsetzung. Während im Rahmen des § 823 Abs 1 BGB die Haftung sachlich auf Fälle fehlerhafter Herstellung eingeschränkt ist, zieht das ProdHaftG arg e § 1 Abs 2 Nr 2 in Anknüpfung an ein anderes Herstellerverhalten eine sachliche Grenze: das Inverkehrbringen. Insbesondere das Zeitmoment – die Beschränkung der Verantwortlichkeit auf die im Zeitpunkt des Inverkehrbringens vorhandenen Sicherheitsdefizite – erfüllt die Abgrenzungsfunktion, die im Rahmen des § 823 Abs 1 BGB dem Vorwurf der rechtswidrigen und schuldhaften Verkehrspflichtverletzung zukommt.

2. Der Tatbestand

a) Inverkehrbringen
Zum Begriff des **Inverkehrbringens** vgl oben Rn 44 ff. **69**

b) Der Fehler, der den Schaden verursacht hat
Beweisgegenstand iSd Abs 2 Nr 2 ist zunächst ein bestimmter **Fehler**. Hier entsteht **70** durch das komplizierte Zusammenspiel zwischen dem Fehlerbegriff nach § 3 Abs 1 lit c auf der einen Seite und dem Begriff des Inverkehrbringens auf der anderen **systematischer Harmonisierungsbedarf.** Nach § 3 Abs 1 lit c liegt ein Fehler nämlich nur dann vor, wenn nach den Sicherheitserwartungen *zum Zeitpunkt des Inverkehrbringens* die erforderliche Produktsicherheit fehlt. Der Wortlaut des § 1 Abs 2 Nr 2 hingegen setzt scheinbar voraus, daß auch nach diesem Zeitpunkt noch ein „Fehler" des Produktes auftreten kann, denn es ist ja von einem Fehler die Rede, der nach dem Inverkehrbringen entstanden sein soll. Im systematischen Zusammenhang des Abs 2, wo die Verantwortlichkeit des Herstellers durchweg an das Inverkehrbringen anknüpft, dürfte indes klar sein, daß der Gesetzgeber durch diese Wortwahl ebensowenig eine Durchbrechung des Fehlerbegriffs beabsichtigte wie eine Erweiterung der Herstellerhaftung über den Zeitraum des Inverkehrbringens hinaus. Der vermeintliche Widerspruch löst sich im Hinblick auf die **Relativität des Fehlerbegriffs** auf. Ob nämlich ein Produkt fehlerhaft ist, muß jeweils relativ im Hinblick auf den in Anspruch genommenen Hersteller überprüft werden (so FRIETSCH DB 1990, 29, 31; HOLLMANN DB 1985, 2389, 2396; MünchKomm/CAHN Rn 21; KULLMANN/PFISTER Kz 3602, 11; LANDTSCHEIDT Rn 87 f; POTT/FRIELING Rn 79; ROLLAND Rn 95; Graf vWESTPHALEN § 60 Rn 43). In einer Wertschöfungskette kommt es für jeden einzelnen Teilprodukt-, Grundstoff- oder Endprodukthersteller darauf an, wann er das Produkt in den Verkehr gebracht hat. Nach § 1 Abs 2 Nr 2 haftet er nur für die Sicherheitsdefizite in diesem Zeitpunkt. Treten bei seinen Nachmännern weitere Fehler hinzu, sind diese allein verantwortlich, nicht aber er selbst. Aus Sicht des Produktgeschädigten kann daher durchaus dem letzten Hersteller in der Kette ein Fehler des Produkts anzulasten sein; fraglich ist dann jedoch, ob dieser Fehler auch seinen Vordermännern entge-

Jürgen Oechsler

gengehalten werden kann. Diese können sich nach § 1 Abs 2 Nr 2 entlasten, wenn das Sicherheitsdefizit später hinzugetreten ist.

71 Es muß sich um den **Fehler** handeln, **der den Schaden verursacht hat**. Dieses Merkmal bezieht sich offenbar auf den **Rechtswidrigkeitszusammenhang** zwischen Fehler und eingetretener Rechtsgutsverletzung und nimmt damit auf die Kategorie des **Schutzzwecks der Norm** Bezug (dazu oben Rn 33; vgl zu den Eigentümlichkeiten des Wortlauts, der nicht zwischen haftungsbegründender und -ausfüllender Kausalität unterscheidet unten Rn 162). Der Entlastungsbeweis ist also nicht dadurch ausgeschlossen, daß das Produkt tatsächlich im Zeitpunkt des Inverkehrbringens fehlerbehaftet war. Voraussetzung ist nur, daß sich dieser Fehler selbst nicht im Hinblick auf die Rechtsgutsverletzung ausgewirkt hat. Der Hersteller muß in den Grenzen des Abs 2 Nr 2 den Nachweis führen, daß gerade ein später hinzugetretenes Sicherheitsdefizit zur Verletzung geführt hat.

c) Beweisanforderungen („wenn nach den Umständen davon auszugehen ist")

72 Nach **hM** sind die **Beweisanforderungen** an den Hersteller in Abs 2 Nr 2 **reduziert**. Er muß nicht die volle richterliche Überzeugung darüber herstellen, daß das Sicherheitsdefizit, also der Fehler, der die Rechtsgutsverletzung letztlich herbeigeführt hat, der Sache erst nach dem Zeitpunkt des Inverkehrbringens anhaftete. Der Hersteller muß lediglich einen **Geschehensablauf** beweisen, **der nach allgemeiner Lebenserfahrung die Schlußfolgerung auf den Zeitpunkt des Fehlereintritts plausibel erscheinen läßt** (Arens ZZP 104 [1991] 123, 130; Buchner DB 1988, 32, 34; Cahn ZIP 1990, 482, 483; MünchKomm/Cahn Rn 32; Foerste VersR 1988, 958, 960; Frietsch DB 1990, 29, 31; Hollmann DB 1985, 2389, 2394; Rolland Rn 108; Schlechtriem VersR 1986, 1033, 1038; Schmidt-Salzer/Hollmann Bd 1 Art 7 Rn 51 f; Taschner/Frietsch Art 7 Rn 12; **aA** Taschner NJW 1986, 611, 614).

73 Dafür spricht bereits die **Entstehungsgeschichte der Richtlinie**. Im ersten Vorschlag wollte die Kommission noch eine „Vermutung" dafür aufstellen, daß der Fehler dem Produkt bereits im Zeitpunkt des Inverkehrbringens anhaftet (ABlEG 1976 Nr C 241/9, BegrErwägungen Abs 11). Bereits der Wirtschafts- und Sozialausschuß bemängelte jedoch daran, daß den Gerichten der Mitgliedstaaten ein Ermessensspielraum hinsichtlich der Möglichkeit verbleiben müsse, „an Sicherheit grenzende Vermutungen" bei der Urteilsfindung zu berücksichtigen (ABlEG 1979 Nr C 114/61, Rn 2. 4. 1). Im zweiten Vorschlag der Kommission findet sich daraufhin bereits die Einschränkung, daß das Produkt „unter Berücksichtigung aller Umstände" zum Zeitpunkt des Inverkehrbringens fehlerhaft gewesen sein müsse (ABlEG 1979 Nr C 271/3, Art 5 lit b). Die Richtlinie formuliert in Art 7 lit b: „unter Berücksichtigung der Umstände". Besonders deutlich ist insofern auch der englische Richtlinientext: „It is probable that the defect ... did not exist" (darauf weisen hin: Hollmann DB 1985, 2389, 2394; Schlechtriem VersR 1986, 1033, 1038; **aA** allerdings Taschner NJW 1986, 611, 614, der von einer echten Beweislastumkehr zu Lasten des Herstellers ausgeht und entsprechend strenge Anforderungen an den Gegenbeweis stellt).

74 Der Tendenz der Richtlinie schließt sich auch der **deutsche Gesetzgeber** an. Dieser hat den Wortlaut der Vorschrift („wenn nach den Umständen davon auszugehen ist") in Anlehnung an die Richtlinie bewußt zu Zwecken der Beweiserleichterung gewählt. Damit soll verdeutlicht werden, daß der Richter zwar sorgfältig die Umstände des

Einzelfalls prüfen müsse; ergibt diese Prüfung jedoch **ein großes Maß an Wahrscheinlichkeit für die Nichtexistenz des Fehlers zur Zeit des Inverkehrbringens** oder für das
spätere Entstehen des Fehlers, so sei der Hersteller entlastet (BT-Drucks 11/2447,
14).

Der Hersteller muß einen **Geschehensablauf** beweisen, **der nach allgemeiner Lebenser-** 75
**fahrung die Schlußfolgerung auf den Zeitpunkt des Fehlereintritts plausibel erscheinen
läßt** (ARENS ZZP 104 [1991] 123; ROLLAND Rn 107 ff; FOERSTE VersR 1988, 958, 960). Die
Beweisanforderungen des Abs 2 Nr 2 sind erfüllt, wenn der Hersteller dem Gericht
eine **hohe Wahrscheinlichkeit** eines anderen Tatsachenverlaufs nahegelegt hat (Münch-
Komm/CAHN Rn 32); **die volle richterliche Überzeugung** braucht **nicht** hergestellt zu
werden.

Als **mögliche Geschehensabläufe** werden im Schrifttum in Betracht gezogen: Die 76
unsachgemäße Lagerung des Produkts durch einen Abnehmer des Herstellers, die
mangelhafte Installation des Produkts durch den Geschädigten, fehlerhafte Bedie-
nung durch den Benutzer, sachfremde oder übernormale Benutzung, unzureichende
Pflege und Wartung (ARENS ZZP 104 [1991] 123, 130; ROLLAND Rn 110).

Entscheidende Bedeutung kommt dabei der **Zeitspanne zwischen dem Zeitpunkt, in** 77
dem das Produkt in den Verkehr gebracht wurde, und dem Schadenseintritt zu (BT-Drucks
11/2447, 14; ARENS ZZP 104 [1991] 123, 130; MünchKomm/CAHN Rn 31). Denn je größer diese
Zeitspanne ist, desto geringer wird bei einem ge- oder benutzten Produkt die Wahrscheinlichkeit sein, daß der Fehler bereits im Zeitpunkt des Inverkehrbringens
vorlag.

Nach **hM** gehören zu den Beweismitteln insbesondere **Qualitäts-, Eingangs- und Aus-** 78
gangskontrollen und entsprechende Dokumentationen (BT-Drucks 11/2447, 14; BUCHNER DB
1988, 32, 34; MünchKomm/CAHN Rn 31; SCHLECHTRIEM VersR 1986, 1033, 1038; **aA**, dh den wirtschaftlichen Aufwand solcher Dokumentationen im Verhältnis zum Haftungsrisiko bezweifelnd,
SCHMIDT-SALZER DB 1987, 1285). **Fraglich** ist indes, ob sich der Hersteller überhaupt
durch die **Darlegung** und den Beweis des Umstandes entlasten kann, sein **Produktionsverfahren sei sorgfältig und insbesondere auf Verhinderung von Fabrikationsfehlern
angelegt gewesen.** Steht dies fest, spricht für den Hersteller noch kein Erfahrungssatz
dafür, daß das aufgetretene Produktsicherheitsrisiko nicht als Fabrikationsfehler vor
Inverkehrbringen entstanden ist. Denn der Hersteller haftet nach ganz hM auch für
Ausreißer (§ 3 Rn 104 ff), dh solche Fabrikationsfehler, die gerade auch bei aller Sorgfalt der Produktion und Kontrolle nicht zu vermeiden sind. Da der Nachweis einer
sorgfältigen Gestaltung des Produktionsverfahrens aber die Möglichkeit eines Ausreißers gerade nicht ausschließen kann, trägt er auch **keinen Anscheinsbeweis** für die
Fehlerfreiheit im Zeitpunkt des Inverkehrbringens (ähnlich ROLLAND Rn 112). Wollte
man hingegen eine nach § 1 Abs 2 Nr 2 relevante Beweiserleichterung allein auf den
Nachweis sorgfältiger Produktion gründen, könnte sich der Hersteller bald ebenso
wie im Rahmen der Verschuldenshaftung entlasten (so zu Recht kritisch ROLLAND Rn 112;
CAHN ZIP 1990, 482, 483; MünchKomm/CAHN Rn 33).

3. Praktischer Anwendungsbereich

79 Nach dem Willen des Gesetzgebers findet die Vorschrift auf **alle Typen des Herstellers** iSd § 4 Anwendung (BT-Drucks 11/2447, 14).

80 Sachlich sieht der Gesetzgeber den praktischen Anwendungsbereich des § 1 Abs 2 Nr 2 etwas eng auf **Fabrikationsfehler** beschränkt, weil Konstruktions- und Instruktionsfehler meist von Anfang an vorlägen (BT-Drucks 11/2447, 14). Die demgegenüber geäußerte Befürchtung, die milden Anforderungen an die Beweisführung des Herstellers in Abs 2 Nr 2 könnten die Verantwortlichkeit des Herstellers für sog **Ausreißer**, dh nicht zu verhindernde Fabrikationsfehler einschränken (so MünchKomm/CAHN Rn 33 im Anschluß an ROLLAND Rn 112; CAHN ZIP 1990, 482, 483), ist unbegründet (vgl oben § 1 Rn 78 und § 3 Rn 104 ff).

81 Im Anschluß an die Rechtsprechung des Bundesgerichtshofs **zu explodierenden Mineralwasser- und Limonadenflaschen** (BGHZ 104, 323 = NJW 1988, 2611; NJW 1993, 528; vgl auch NJW 1995, 2162) wird auch im Rahmen des Abs 2 Nr 2 zutreffend darauf abgestellt, daß der Hersteller sich dadurch im Wege des Anscheinsbeweises entlasten kann, daß er die Erfüllung seiner Befundsicherungspflichten nachweist (so SCHIEMANN LM ProdHaftG § 1 Nr 1); er muß die wiederverwendeten Flaschen vor dem Befüllungsvorgang einer Druckprobe von 6 bar und einer visuellen Überprüfung nach sichtbaren Schäden unterzogen haben (BGH NJW 1993, 528; rechtsvergleichend dazu KELLAM VersR 1991, 970).

82 Die Vorschrift hat auch Bedeutung für die Beurteilung von **Instruktionsfehlern** (MünchKomm/CAHN Rn 28; ROLLAND Rn 106; SCHMIDT-SALZER/HOLLMANN Bd 1, Art 7 Rn 63; TASCHNER/FRIETSCH Art 6 Rn 7). Das Produkt leidet nur dann unter einer fehlerhaften Darbietung (= Instruktionsfehler) iSd § 3 Abs 1 lit a (dazu § 3 Rn 42 ff), wenn es im Zeitpunkt des Inverkehrbringens nicht den berechtigten Sicherheitserwartungen des Herstellers genügt. Erweckt der Hersteller etwa durch eine Werbekampagne falsche Vorstellungen hinsichtlich der Sicherheit des Produkts oder fordert er zu einer Art des Gebrauchs auf, für die das Produkt nicht bestimmt ist, kommt es wegen § 3 Abs 1 lit c sehr genau darauf an, welche Produkte zum Zeitpunkt dieser Werbeaussage bereits in den Verkehr gebracht worden sind und welche nicht. Wegen der zeitlichen Begrenzung der Haftungsverantwortung in § 3 Abs 1 lit c haftet der Hersteller nämlich nicht, wenn sich die falsche Instruktion auf ein Produkt bezog, das zu diesem Zeitpunkt bereits in den Verkehr gebracht war. Diesem haftet dann kein Fehler iSd § 3 an. Den Fall **nachträglicher Instruktionsfehler** regelt die Richtlinie nämlich nicht (dazu § 3 Rn 112 ff).

83 Eigenständige Bedeutung hat die Vorschrift auch, soweit das Produkt unter einem **Konstruktionsfehler** leidet. Dies gilt insbesondere bei **Produktserien** (wie hier REICH, Europäisches Verbraucherrecht Rn 184). Im Rahmen einer Produktserie wird nämlich jedes einzelne Fabrikat bzw Werkstück isoliert in den Verkehr gebracht. Verändern sich indes während Fertigung und Vertrieb einer Serie die Sicherheitserwartungen (§ 3 Abs 1) bzw werden bestimmte Sicherheitsgefahren durch Wissenschaft und Technik überhaupt erst erkennbar (§ 1 Abs 2 Nr 5), muß der Hersteller die Konstruktion des Produkttyps den veränderten Bedingungen anpassen. Unterläßt er dies, haftet er für alle Fabrikate, die *nach* der maßgeblichen Veränderung der Bedingungen in den Verkehr gebracht wurden. Da allerdings auf dem Markt sowohl Fabrikate kursieren, die vor der maßgeblichen Veränderung in den Verkehr gebracht wurden, als auch solche, die danach ausgeliefert wurden, muß der Hersteller im Einzelfall nachweisen, daß ein bestimmtes Werkstück ausgeliefert wurde, bevor die maßgebliche Veränderung eingetreten war.

Fehlt dem Produkt eine im Verkehr gem § 3 Abs 1 vorauszusetzende **Haltbarkeitsei-** 84 **genschaft** liegt der Fehler bereits vor Inverkehrbringen vor, auch wenn sich die fehlende Haltbarkeit erst nachträglich durch vorzeitigen Verschleiß bzw frühzeitiges Verderben bemerkbar macht (SCHLECHTRIEM VersR 1986, 1033, 1038; MünchKomm/CAHN Rn 29; SCHMIDT-SALZER/HOLLMANN Art 7 Rn 64; TASCHNER/FRIETSCH Art 6 Rn 7. Zur zivilrechtlichen Bedeutung des Mindesthaltbarkeitsdatums vgl MICHALSKI/RIEMENSCHNEIDER BB 1993, 2097).

Fehlen dem Produkt Sicherheitsvorkehrungen gegenüber **späteren Manipulations-** 85 **möglichkeiten**, haftet ihm uU ebenfalls ein Fehler vor dem Zeitpunkt des Inverkehrbringens an (MünchKomm/CAHN Rn 30; PFEIFER, Produktfehler und Fehlverhalten des Produzenten 242).

III. Nicht gewerbsmäßige Produktion (Abs 2 Nr 3)

1. Zweck der Vorschrift

Nach dem Willen der an der Richtlinie beteiligten Organe soll der Hersteller das aus 86 § 1 Abs 1 Satz 1 resultierende Haftungsrisiko versichern und die durch die Versicherung entstehende Prämienlast gleichermaßen auf alle Beteiligten umlegen, damit die Sicherheitsrisiken der von ihm in den Verkehr gebrachten Produkte gleichmäßig zwischen den Produktnachfragern verteilt werden (Einl 15 ff). Diese Möglichkeit setzt eigentlich voraus, daß der Hersteller für sein Produkt eine finanzielle Gegenleistung fordert, im Rahmen derer die **Risikoumlage** erfolgen kann; die Umlagemöglichkeit wäre auch dann gewährleistet, wenn das Gesetz nur auf die Fälle Anwendung fände, in denen das Produkt zum eigenen beruflichen Fortkommen eingesetzt wird, weil dann die Umlage über die während der beruflichen Tätigkeit vereinnahmten Leistungen erfolgen könnte. Der **Normzweck des Abs 2 Nr 3** schießt indes über dieses Anliegen hinaus (aA WIECKHORST JuS 1990, 86, 92), weil im Rahmen dieser Vorschrift eine Entlastung nur möglich ist, wenn der nicht kommerzielle Vertriebszweck und die fehlende Berufsbezogenheit des Herstellungs- und Vertriebsprozesses **kumulativ** vorliegen. Werden also im eigenen Betrieb erzeugte Produkte aus karitativen Gründen weitergegeben, findet wegen der Berufsbezogenheit des Herstellungsvorgangs gerade keine Entlastung statt (zu den Beispielen unten Rn 93 ff).

Nicht überzeugend ist auch die Überlegung, die **Vorschrift begrenze die Haftung auf das** 87 **Phänomen industrieller Produktion** (REICH, Europäisches Verbraucherrecht Rn 180; SCHMIDT-SALZER/HOLLMANN Art 7 Rn 71 ff). Zwar läßt sich auch der **Richtlinie** in Abs 3 der Begründungserwägungen die Überlegung entnehmen, daß sich die Haftung nur auf Sachen erstrecken dürfe, die industriell hergestellt seien. Diese Überlegung wird indes im Regelungsprogramm der Richtlinie nur unvollkommen durch die Ausnahme von landwirtschaftlichen Naturprodukten und Jagderzeugnissen umgesetzt (Art 2 Satz 1 und 2). Art 7 lit c (auf den Abs 2 Nr 3 zurückgeht) erfaßt aber bspw den

Fall, daß ein „Hobby-Hersteller" seine Produkte in Gewinnerzielungsabsicht an Dritte vertreibt. Von einer Begrenzung der Haftung auf den Bereich der industriellen Produktion kann daher keine Rede sein.

88   Letztlich nimmt Abs 2 Nr 3 lediglich **den rein privaten Lebensbereich** von der Haftung aus. TASCHNER (NJW 1986, 611, 613) erwähnt als Beispiel die Entlastung desjenigen, der seinen Nachbarn zu selbstgebackenem Apfelkuchen einlädt. Das Beispiel ist in seiner Skurrilität und Selbstverständlichkeit signifikant für den eingeschränkten Geltungsbereich der Norm.

2.   Tatbestand

89   Der Tatbestand des Abs 2 Nr 3 enthält **zwei Befreiungsgründe, die kumulativ vorliegen müssen** (so BT-Drucks 11/2447, 14, vgl auch zum folgenden): Das Produkt darf erstens nicht für den Verkauf oder eine andere Form des Vertriebs mit wirtschaftlichem Zweck hergestellt sein und zweitens nicht im Rahmen seiner beruflichen Tätigkeit hergestellt oder vertrieben werden.

90   Der Begriff des **Verkaufs** entspricht dem Typus des § 433 Abs 1 BGB. **Vertrieb** iSd Abs 2 Nr 3 ist indes ein Synonym für den Begriff des Inverkehrbringens (Münch-Komm/CAHN Rn 38; ROLLAND Rn 119). Zu den **anderen Formen des Vertriebs** zählen arg e § 4 Abs 2 Satz 1 auch die Vermietung und der Mietkauf, nach **hM** auch das Leasing (BT-Drucks 11/2447, 14; FRIETSCH DB 1990, 29, 31; HOLLMANN DB 1985, 2389, 2394; SCHLECHT-RIEM VersR 1986, 1033, 1037).

91   Das Produkt muß zu einer anderen Form des Vertriebs **mit wirtschaftlichem Zweck** hergestellt worden sein. Im systematischen Vergleich zum Fall des Verkaufs ist klar, daß damit die Absicht gemeint ist, eine Gegenleistung von wirtschaftlichem Wert zu erhalten (MünchKomm/CAHN Rn 37; TASCHNER/FRIETSCH Art 7 Rn 18); diese muß indes nicht notwendig in Geld bestehen. Der **Zweck** dieses Merkmals wird gelegentlich darin gesehen, daß ein auf wirtschaftliche Gegenleistung zielender Produzent die erhöhten Sorgfaltsanforderungen bei der Produktion ins Auge fassen müsse (Münch-Komm/CAHN Rn 39).

92   Das Produkt darf nicht im Rahmen der beruflichen Tätigkeit hergestellt oder vertrieben worden sein. Unter **Beruf** iSd Vorschrift wird man jede nicht rein private, auf Dauer und Gewinnerzielung hin angelegte Tätigkeit verstehen dürfen. Eine Differenzierung zwischen Haupt- und Nebenberuf findet richtiger Ansicht nach nicht statt (MünchKomm/CAHN Rn 40). Allerdings reicht die bloße Nutzung beruflicher Kenntnisse nicht aus (MünchKomm/CAHN aaO im Anschluß an ROLLAND Rn 118); die Herstellung bzw der Vertrieb des Produkts muß vielmehr in den durch den Beruf geschaffenen organisatorischen Rahmen integriert sein.

93   **Beispiele: Keine Entlastung** für den **Hobby-Handwerker**, der bewegliche Sachen in der Absicht des späteren entgeltlichen Vertriebs fertigt (BT-Drucks 11/2447, 14); für den Hersteller, der die im Rahmen seiner Fabrik hergestellten Produkte **aus karitativen Zwecken** unentgeltlich weitergibt (BT-Drucks aaO; K MAYER VersR 1990, 691, 693; vgl auch FRIETSCH DB 1990, 29, 31); anläßlich des **Verteilens von Werbegeschenken** durch den Hersteller (MünchKomm/CAHN Rn 37; ROLLAND Rn 121)

Eine **Entlastung** findet jedoch im Hinblick auf die **Haftung für privaten Hausabfall** statt **94** (SCHLECHTRIEM VersR 1986, 1033, 1038). Bei Abfall, der zur Weiterverwertung abgegeben wird, handelt es sich um ein Produkt (vgl § 2 Rn 27 ff), das in den Verkehr gebracht wird (oben Rn 62). Abs 2 Nr 3 verhindert jedoch, daß Privatpersonen nach § 1 Abs 1 Satz 1 in Anspruch genommen werden können: Denn der Abfall wird nicht zu einem Vertrieb mit wirtschaftlichem Zweck hergestellt **und** fällt nicht im Rahmen einer beruflichen Tätigkeit an. Für gewerbliche Abfälle greift die Ausnahme hingegen nicht; hier mag der Abfall zwar für einen Vertrieb mit wirtschaftlichem Zweck hergestellt worden sein, jedoch fällt er im Rahmen der beruflichen Tätigkeit an, so daß die zweite Tatbestandshälfte der Entlastungsvorschrift nicht vorliegt.

ZT wird die **Auffassung** vertreten, die Vorschrift erfasse auch den **Transport von Zwi- 95 schenprodukten**, die in einem Betriebsteil hergestellt und nun zum anderen transportiert würden (SCHLECHTRIEM VersR 1986, 1033, 1038). Hier stellt sich indes bereits die Frage, ob solche Produkte in den Verkehr gebracht worden sind (oben Rn 59).

Die Vorschrift ist **auf alle Hersteller** anwendbar (BT-Drucks 11/2447, 14 f).   **96**

IV. Zwingende Rechtsvorschriften (Abs 2 Nr 4)

1. Normzweck

Die Vorschrift will Konflikte zwischen **Gesetzesloyalität** einerseits und dem Streben **97** nach Abwendung der Haftungsverantwortung andererseits vermeiden. Dies setzt eine echte **Zwangslage des Herstellers** voraus: Er muß kraft Gesetzes unausweichlich zu einer bestimmten Produktionsweise gezwungen sein, wobei der anschließende Produktfehler nur auf diese Vorschrift, nicht aber auf eine freie Entscheidung des Herstellers zurückgeführt werden darf. (BT-Drucks 11/2447, 15; HOLLMANN DB 1985, 2389, 2395; W LORENZ ZHR 151 [1987] 1, 12; TASCHNER NJW 1986, 611, 614; WIECKHORST JuS 1990, 86, 92).

Die daran anschließende Folgefrage einer **Haftung des Gesetzgebers** in diesen Fällen **98** (angedeutet bei HOLLMANN DB 1985, 2389, 2395; vgl MARBURGER, Technische Normen im Recht der technischen Sicherheit, BB-Beilage 1985, 4, 16, 20 ff; PLUM, Zur Ausfallhaftung von Behörden, Prüfern, Sachverständigen und Betreibern/Anwendern gegenüber dem Produktgeschädigten, VersR 1979, 603 ff) ist im Gesetz nicht geregelt und dürfte auf der Grundlage von § 839 BGB iVm Art 34 GG wegen des Legalcharakters der „Amtspflichtverletzung" (**legislatives Unrecht**) ausgeschlossen sein.

Rechtspolitisch ist die Vorschrift vor allem deshalb höchst **fragwürdig** (MünchKomm/ **99** CAHN Rn 42; D KOCH S 102 f; MARBURGER, in: FS Lukes [1989] 97, 98), weil die Folgen legislativ gerechtfertigter Produktfehler auf den durch die fehlende Produktsicherheit berührten Geschädigten abgewälzt werden.

2. Tatbestand

a) Rechtsvorschrift

100 Der Hersteller kann sich nicht auf jede technische Norm* berufen. Nach übereinstimmender Ansicht kommen vielmehr nur **Parlamentsgesetze und Verordnungen** in Betracht (BT-Drucks 11/2447, 15; FRIETSCH DB 1990, 29, 32; W LORENZ ZHR 151 [1987] 1, 12; K MAYER VersR 1990, 691, 693; WIECKHORST JuS 1990, 86, 92). Insbesondere besitzen **DIN-Normen** und vergleichbare technische Normen **nicht** die in Abs 2 Nr 4 vorausgesetzte Qualität einer Rechtsvorschrift (BT-Drucks 11/2447, 15; HOLLMANN DB 1985, 2389, 2395; LORENZ ZHR 151 [1987] 1, 12; MünchKomm/CAHN Rn 43).

101 Verweist ein Gesetz oder eine Verordnung auf eine technische Norm, ist zu unterscheiden. Den Anforderungen des Abs 2 Nr 4 entspricht **nur die starre Verweisung** (BT-Drucks 11/2447, 15; BRÜGGEMEIER/REICH WM 1986, 149, 152; HOLLMANN DB 1985, 2389, 2395; REICH, Europäisches Verbraucherrecht Rn 183; **Bsp:** § 35h Abs 1 StVZO); denn hier nimmt der Gesetz- bzw Verordnungsgeber eine technische Norm nur in der zu einem bestimmten Zeitpunkt bestehenden Fassung in seinen Willen auf. Eine **dynamische Verweisung**, die sich auf die technische Norm „in ihrer jeweiligen Fassung" bezieht, genügt nach **hM** nicht (vgl als **Bsp** etwa § 3 Gerätesicherheitsgesetz). Diese Unterscheidung scheint vor allem unter dem teleologischen Gesichtspunkt des § 14 gerechtfertigt, weil sich andernfalls die Berufs- und Interessenverbände der Hersteller die dynamischen Verweisungen leicht durch Änderung der technischen Normen zu Nutze machen und Entlastungsmöglichkeiten nach § 1 Abs 2 Nr 4 in eigener Angelegenheit begründen könnten.

102 Nach **hM** ist Abs 2 Nr 4 **nicht auf hoheitliche Einzelakte** anwendbar. Der Gesetzgeber begründet dies mit der Überlegung, daß Art 7 lit d der Produkthaftungsrichtlinie – dort ist von „hoheitlich erlassenen Normen" die Rede – eng auszulegen sei. Im übrigen sei es dem Hersteller zumutbar, sich durch ein Rechtsmittel gegen einen Einzelakt zur Wehr zu setzen (BT-Drucks 11/2447, 15; BRÜGGEMEIER/REICH WM 1986, 149, 152; FRIETSCH DB 1990, 29, 32; MARBURGER, in: FS Lukes [1989] 97, 103 f, 118; ROLLAND Rn 130; TASCHNER/FRIETSCH § 3 Rn 86; SCHMIDT-SALZER/HOLLMANN Art 7 Rn 96; REICH, Europäisches Verbraucherrecht Rn 183; **aA** SCHMIDT-RÄNTSCH ZRP 1987, 437, 442; MünchKomm/CAHN Rn 43 schätzt die Verteidigungschancen des Herstellers gegen den VA als wenig realistisch ein, bevorzugt aus teleologischen Gründen jedoch eine enge Auslegung der Norm). Gerade die zweite Überlegung überzeugt schon deshalb nicht, weil auch auf Widerspruch und Klage gegen einen Verwaltungsakt eine rechtskräftige Entscheidung des letztinstanzlichen Gerichts ergeht, die den Hersteller zu einer bestimmten Verfahrensweise zwingt und genau den Loyalitätskonflikt heraufbeschwört, auf den Abs 2 Nr 4 seiner Zwecksetzung nach eine Antwort geben will (ähnlich KULLMANN, Aktuelle Rechtsfragen der Produkt-

---

* **Schrifttum:** Vgl allgemein MARBURGER, Die Regeln der Technik im Recht (1979); ders, Technische Normen im Recht der technischen Sicherheit, BB 1985, Beil 4, 16 ff; MICKLITZ, Internationales Produktsicherheitsrecht – Zur Begründung einer Rechtsverfassung für den Handel mit risikobehafteten Produkten (1995); MÜLLER-GRAFF, Technische Regeln im Bin- nenmarkt (1991); BRUNNER, Technische Normen in Rechtssetzung und Rechtsanwendung (1991); HUTH, Die Bedeutung technischer Normen für die Haftung des Warenherstellers nach § 823 BGB und dem Produkthaftungsgesetz (1992); MÜLLER-FOELL, Die Bedeutung technischer Normen für die Konkretisierung von Rechtsvorschriften (1987).

haftpflicht 154). Der **Wortlaut der Vorschrift** („Rechtsvorschriften") erfaßt jedenfalls Verwaltungsakte nicht. So kann sich der Hersteller weder zu seiner Entlastung auf die **Betriebserlaubnis** für Kfz, § 20 StVZO, noch auf die **Arzneimittelzulassung** nach §§ 21 ff AMG berufen (BRÜGGEMEIER/REICH aaO). Fraglich ist daher auch, ob die sicherheitstechnischen Anforderungen in **Arbeitsschutz- und Unfallverhütungsvorschriften**, die die Berufsgenossenschaften in ihrer Eigenschaft als Träger der gesetzlichen Unfallversicherung erlassen, von Abs 2 Nr 4 erfaßt sind, weil diese Vorschriften von der zuständigen Aufsichtsbehörde genehmigt werden (für die Anwendbarkeit des Abs 2 Nr 4: HOLLMANN DB 1985, 2389, 2395).

b) Zwingender Charakter

Damit der Hersteller dem haftungsbefreienden Loyalitätskonflikt unterworfen wird, **103** muß die Rechtsvorschrift **zwingend** sein. Nach Auffassung des Gesetzgebers bedeutet dies, daß der Hersteller das Produkt nur entweder nach den Maßgaben der relevanten Vorschrift oder überhaupt nicht herstellen darf. Bleibt es dem Hersteller überlassen, abweichende Lösungen mit jeweils gleichem oder höherem Sicherheitsstandard zu ergreifen, liegt gerade keine zwingende Rechtsvorschrift im Sinne dieser Regelung vor (BT-Drucks 11/2447, 15; BT-Drucks 11/5520, 13; FRIETSCH DB 1990, 29, 32; K MAYER VersR 1990, 691, 693; MünchKomm/CAHN Rn 44; WIECKHORST JuS 1990, 86, 90).

Nicht zwingend sind deshalb alle Normen, die lediglich einen **Mindeststandard** vorge- **104** ben (BT-Drucks 11/2447, 15; MünchKomm/CAHN Rn 44; JOERGES/FALKE/MICKLITZ/BRÜGGE-MEIER, Die Sicherheit von Konsumgütern [1988] 302; SCHLECHTRIEM VersR 1986, 1033, 1037; TASCHNER/FRIETSCH Rn 89). Auch genügt es nicht, wenn eine Norm lediglich **Schutzziele** normiert, selbst wenn zur Erreichung dieser Ziele gesetzliche Generalklauseln geschaffen werden (BT-Drucks 11/2447, 15; HOLLMANN DB 1985, 2389, 2395; W LORENZ ZHR 151 [1987] 1, 12).

Nicht zwingend sind auch die sog **grundlegenden Sicherheitsanforderungen**, die in **105** Zusammenarbeit zwischen der EG-Kommission und dem Ständigen Ausschuß erarbeitet werden (BT-Drucks 11/2447, 15; BRÜGGEMEIER/REICH WM 1986, 149, 152). Nach der Entschließung des Rates vom 7. 5. 1985 über eine neue Konzeption auf dem Gebiet der technischen Harmonisierung und der Normung (sog **Modellrichtlinie**, ABlEG 7. Mai 1985 Nr C 136/1) soll der Abbau technischer Handelshemmnisse dadurch erreicht werden, daß in der jeweiligen EU-Richtlinie, die die nationalen Rechtsvorschriften über die technischen Vermarktungsvoraussetzungen bestimmter Produkte harmonisiert, nur noch die „grundlegenden Sicherheitsanforderungen" formuliert werden. Deshalb werden von der Kommission in Zusammenarbeit mit einem ständigen Ausschuß Listen europäischer und nationaler technischer Normen erstellt. Auf dem Weg des Normenverweises wird erreicht, daß die Beachtung der (europäischen oder nationalen) technischen Normen zugleich den Sicherheitsanforderungen der jeweiligen Richtlinie genügt (BRÜGGEMEIER/REICH WM 1986, 149, 152 f; KRÄMER, EWG-Verbraucherrecht [1985] Rn 314; MARBURGER, in: FS Lukes [1989] 97, 100 f; JOERGES/FALKE/MICKLITZ/ BRÜGGEMEIER, Die Sicherheit von Konsumgütern und die Entwicklung der Europäischen Gemeinschaft [1988] 305 ff).

Nicht zwingend sind ferner sog **Positiv- oder Negativlisten**, wie sie im nationalen Recht **106** oder im Gemeinschaftsrecht im Hinblick auf **Konservierungsstoffe für Lebensmittel oder Inhaltsstoffe von Kosmetika** üblich sind. Der Umstand, daß ein Stoff zugelassen ist (Positivliste) bzw nicht verboten ist (Negativliste), begründet nicht sofort eine Enlastung im Sinne des § 1 Abs 2 Nr 4, weil der Hersteller über die Verwendung von Zusatzstoffen frei ist und in keine Loyalitätskonflikte gerät (Brüggemeier/Reich WM 1986, 149, 153; Reich, Europäisches Verbraucherrecht Rn 183 mwN).

107 Die Entlastung greift nur dann, wenn sich in der Rechtgutsverletzung gerade die in der zwingenden Norm vorgesehene Produktionsanweisung ausgewirkt hat (**Rechtswidrigkeitszusammenhang**; ähnlich Brüggemeier/Reich WM 1986, 149, 153; Reich, Europäisches Verbraucherrecht Rn 183); dies verdeutlicht gerade der englische Wortlaut des Art 7 lit d: „the defect is due to compliance of the product with mandatory regulations issued by the public authorities".

c) Ausländische Normen

108 Nach **verbreiteter Auffassung** ist „Rechtsvorschrift" iSd Abs 2 Nr 4 nur die nationale Gesetzesnorm oder Verordnung, nicht die ausländische (Schlechtriem VersR 1986, 1033, 1036 f; Brüggemeier/Reich WM 1986, 149, 152 f; MünchKomm/Cahn Rn 45). Denn im Nachbarland sei die Einhaltung inländischer Sicherheitsnormen ebenso unmaßgeblich, wie die Einhaltung ausländischer Gesetze im Inland. Andernfalls ließe sich der Begünstigung der eigenen Industrie im Export durch den nationalen Gesetzgeber kein Einhalt gebieten. Ein **Importeur** könne sich daher bspw nicht damit entlasten, daß das Produkt inhaltlich zwingenden Sicherheitsbestimmungen entspreche (MünchKomm/Cahn Rn 46).

109 Diese Einschränkung gilt indes **nicht für nationale Normen von Mitgliedsstaaten der Europäischen Union**, weil hier das **Verbot von Maßnahmen gleicher Wirkung wie mengenmäßige Beschränkungen des Art 30 EGV** anwendbar ist. Als verbotene Maßnahme, die in ihrer Wirkung einer Kontigentierung gleichsteht, sieht der EuGH jede Regelung an, die Einfuhren zwischen den Mitgliedstaaten unmittelbar oder mittelbar, tatsächlich oder potentiell behindert (EuGH 11.1.1974, Slg 837, 847 – Dassonville; 20.2.1979, Slg 649 – Cassis de Dijon). Erkennt das inländische ProdHaftG eine ausländische Norm daher nicht iSd Abs 2 Nr 4 an, muß dies entweder im Rahmen des Art 36 EGV, und zwar „aus Gründen der öffentlichen Sittlichkeit, Ordnung und Sicherheit, zum Schutz der Gesundheit und des Lebens von Menschen, Tieren oder Pflanzen" gerechtfertigt sein (zu weiteren Gründen und Einschränkungen: Reich, Europäisches Verbraucherrecht Rn 29 ff) oder aus einem der vom EuGH entwickelten „**zwingenden Erfordernisse**" (EuGH 20.2.1979, Slg 649, 662 – Cassis de Dijon); dann muß die Nichtanerkennung „einer wirksamen steuerrechtlichen Kontrolle, dem Schutz der öffentlichen Gesundheit, der Lauterkeit des Handelsverkehrs oder des Verbraucherschutzes" dienen (vgl hier nur Reich Rn 37 ff). Diese sehr strikt gehandhabten Maßstäbe dürften auch nach der neuerlichen Einschränkung der Rechtsprechung des EuGH zu Art 30 EGV für das Produkthaftungsrecht fortgelten, weil es hier um Normen geht, die „das Produkt als solches betreffen" und nicht dessen „Verkaufsmodalitäten" (vgl EuGH 24.11.1993, Slg 6097 Rn 22 f – Keck). Aus diesem Grund muß davon ausgegangen werden, daß die in einem Mitgliedsstaat anerkannten Sicherheitsstandards idR auf alle übrigen Mitgliedsstaaten „**durchschlagen**" (Krämer DAR 1982, 37; Reich, Europäisches Verbraucherrecht Rn 186), wenn nicht ausnahmsweise eines der erwähnten besonderen Schutzinteressen auf dem Spiele steht.

V. Entwicklungsrisiken (Abs 2 Nr 5)*

1. Entstehungsgeschichte, systematische Stellung und Zwecksetzung

Die Einbeziehung von Entwicklungsrisiken in die Produkthaftung zählte **zu den** 110 **umstrittensten Fragen während der Entstehung der Richtlinie.**

Streitig ist schon der **Begriff des Entwicklungsrisikos.** Nach **einer Auffassung**, die auch 111 zum Gegenstand des Abs 2 Nr 5 geworden ist, geht es um Fehler, die zum Zeitpunkt des Inverkehrbringens des Produkts aufgrund des historischen Wissensstandes nicht erkennbar waren (TASCHNER NJW 1986, 611, 615; so auch BUCHNER DB 1988, 32, 33). Nach **anderer Auffassung** ist der Begriff weiter: Er erfaßt auch solche Fälle, in denen ein Produkt fehlerhaft *wird*, weil sich die Sicherheitserwartungen *nach dem* Inverkehrbringen der Sache erhöht haben; dies allein entspreche der Konzeption einer verschuldensunabhängigen Haftung für Konstruktionsfehler, die tatbestandlich jede Bezugnahme auf legitime Sicherheitserwartungen im Zeitpunkt des Inverkehrbringens vermeiden müsse (W LORENZ ZHR 151 [1987] 1, 23, Fußn 32). Dieses zweite Verständnis vom Entwicklungsfehler war zumindest während der Beratungen im Europaparlament gegenwärtig (vgl LORENZ aaO; aA und sehr scharf TASCHNER NJW 1986, 611, 615, wonach die weite Begriffsbedeutung nie eine Rolle gespielt habe).

In ihrem **ersten Richtlinienvorschlag** hatte die Kommission eine **unbeschränkte Haftung** 112 **für Entwicklungsfehler** ieS vorgesehen (ABlEG 1976 Nr C 241/9, BegrErwägung Abs 6 und Art 1 Abs 2). Ihr schien der Hersteller nicht besonders schutzbedürftig, was mit dem Umstand zusammenhängen mag, daß vor allem der erste Entwurf streng am **Risikoumlageprinzip** ausgerichtet war (dazu ausführlich Einl 15 ff). Nach den Vorstellungen der Kommission sollte der Hersteller das Produkthaftungsrisiko nämlich versichern und die durch die Versicherungsprämien entstehenden wirtschaftlichen Lasten über den Preis auf alle Verbraucher umlegen können. Im Ergebnis sollten dadurch die wirtschaftlichen Belastungen der Sicherheitsrisiken auf alle Produktkäufer gleich verteilt werden (ABlEG 1976 Nr C 241/9, BegrErwägungen Abs 5; Bulletin der EG, Beilage Nr 11/1976, Nr 2, 14; ABlEG 1979 Nr C 114/61, Rn 1. 1. 3.). Dieser Regelungsgedanke sollte auch auf Entwicklungsfehler Anwendung finden, weil andernfalls der einzelne Verbraucher „dem Risiko, daß die Fehlerhaftigkeit eines Produkts erst während des Gebrauchs erkannt wird, schutzlos ausgeliefert" werde (ABlEG 1976 Nr C 241/9, BegrErwägungen Abs 6). Die Verbraucherschutzorganisationen unterstützten diese Haftung als ein „**Kernstück der Richtlinie**" (REICH, Europäisches Verbraucherrecht Rn 181, vgl auch die Stellungnahme des Beratenden Verbraucherausschusses Doc CCC/27/76 v 5. 2. 1976). Die **Kritik** führte die von einer solchen Haftung ausgehende **Innovationsbehinderung** und Verschlechterung der **wettbewerblichen Rahmenbedingungen** an (vgl etwa HOLLMANN DB 1985, 2389, 2395). Umstritten war außerdem, welche wirtschaftlichen Belastungen durch die **Versicherung dieser Risiken** entstünden (optimistisch etwa PAULI PHI 1987, 138, 142; SACK VersR 1988, 439, 448 mwN; TASCHNER PHI 1986, 54, 55; aA HOLLMANN DB 1985, 2389, 2395; KRETSCHMER PHI 1986, 34, 35). Hinzu trat eine zum Entstehungszeitpunkt der

---

* **Schrifttum:** BÖHMEKE-TILLMANN, Konstruktions- und Instruktionsfehler – Haftung für Entwicklungsrisiken? (Diss Marburg 1992); KORT, „Stand der Wissenschaft und Technik" im neuen deutschen und „state of the art" im amerikanischen Produkthaftungsrecht, VersR 1989, 1116; SCHRUPKOWSKI, Die Haftung für Entwicklungsrisiken in Wissenschaft und Technik (1995).

Richtlinie grundsätzlich skeptische Einstellung im Hinblick auf die Gefahren einer ausufernden Produkthaftung nach amerikanischem Vorbild (product liability crisis: DIE-DERICHSEN NJW 1978, 1291; HOLLMANN DB 1985, 2392; vHÜLSEN RIW 1979, 375; LANDFERMANN RIW 1980, 166; vgl rückblickend: LORENZ ZHR 151 [1987] 1, 6 f; WANDT, Internationale Produkt-haftung [1995] 121) – eine Einstellung, die heute aufgrund der zwischenzeitlichen praktischen Erfahrungen kaum noch geteilt wird (HONSELL JuS 1995, 211; REICH, Europäisches Verbraucherrecht, 411; SCHMIDT-SALZER/HOLLMANN Einl Nr 209; SCHMIDT-SALZER DB 1987, 1285, 1286 ff). Den einschlägigen Bedenken an einer Haftung für Entwicklungs-risiken schloß sich der **Wirtschafts- und Sozialausschuß** in seiner Stellungnahme an; bei gespaltenem Meinungsbild gab hier die Überlegung den Ausschlag, die Haftung behindere Innovationen und führe zu einer Benachteiligung der europäischen Wirt-schaft im Weltvergleich (WSA Rn 1. 2. 1.1). Im **Europäischen Parlament** überwog eine ähnliche Einschätzung (ABlEG 1979 Nr C 127/61, 62; vgl auch den Bericht von G J CALE-WAERT, Bericht über den Vorschlag der Kommission der Europäischen Gemeinschaften an den Rat für eine Richtlinie, Europäisches Parlament [Sitzungsdokumente 1979 – 1980, Dok 71/79 vom 17. April 1979] zu Ziff 19 f, 16). Die **Kommission** beharrte indes im **zweiten Vorschlag** auf ihrem ursprünglichen Standpunkt (ABlEG 1979 Nr C 271/3, BegrErwägungen Abs 6, Art 1 Abs 2).

113 Die **Richtlinie** mündet demgegenüber in einen **Kompromiß** (W LORENZ ZHR 151 [1987] 1, 13): Dem Hersteller wird in Art 7 lit e der Beweis dafür aufgebürdet, daß „der vor-handene Fehler nach dem Stand der Wissenschaft und Technik zu dem Zeitpunkt, zu dem er das betreffende Produkt in den Verkehr brachte, nicht erkannt werden konnte". Den Mitgliedsstaaten steht es jedoch frei, diesen Entlastungsbeweis auszu-schließen (BegrErwägungen Abs 16, Art 7 e und 15 Abs 1 b).

114 Der **deutsche Gesetzgeber** hat davon keinen Gebrauch gemacht und dies mit der Annahme begründet, die Haftung für nicht vorhersehbare Entwicklungsfehler sei in der Praxis eher selten und müsse folglich nicht zum Gegenstand der Harmonisierung gemacht werden (BT-Drucks 11/2447, 12). Diese Überlegung hätte indes eher für die Einbeziehung der Entwicklungsrisiken gesprochen als gegen sie (PAULI PHI 1987, 138, 142; SACK VersR 1988, 439, 448)

115 Die Vorschrift widerspricht im übrigen nicht § 3 Abs 2 (dazu BT-Drucks 11/2447, 16). Denn diese Vorschrift stellt als Sonderfall des § 3 Abs 1 lit c nur klar, daß für die berechtigten Sicherheitserwartungen allein auf den Zeitpunkt des Inverkehrbringens abzustellen ist (vgl den Wortlaut „später"). Zeitlich nachfolgende Veränderungen in den Erwartungen der Beteiligten, die insbesondere durch eine Produktverbesserung herbeigeführt werden, bleiben unberücksichtigt. Dies entspricht dem Begriff des Entwicklungsfehlers ieS (dazu oben Rn 111), wie er gerade Abs 2 Nr 5 zugrundeliegt; auch hier ist die Verantwortlichkeit des Herstellers durch den Zeitpunkt des Inver-kehrbringens begrenzt.

116 Die Vorschrift **gilt für sämtliche Hersteller iSd § 4** (BT-Drucks 11/2447, 16); allerdings kommt es für jeden Hersteller gesondert darauf an, wann er das Produkt in den Verkehr gebracht hat (MünchKomm/CAHN Rn 52; dazu oben Rn 70).

117 **Nach dem Zeitpunkt des Inverkehrbringens** besteht auf der Grundlage von § 1 Abs 1 Satz 1 ProdHaftG keine **Produktbeobachtungs- oder Rückrufpflicht** für die ausgelieferten Fabrikate, wenn der Fehler nach einer Fortentwicklung von Wissenschaft und Technik erkennbar wird; insoweit beinhaltet das ProdHaftG eine **Regelungslücke** (SCHLECHTRIEM VersR 1986, 1033, 1037). Allerdings muß der Hersteller während einer Produktserie die Konstruktionspläne für den Produkt*typ* dem steigenden Erkenntnisstand anpassen: Entläßt er nämlich neue, der Serie angehörende Fabrikate, wird das erweiterte Wissen zugrundegelegt, das zum Zeitpunkt ihres Inverkehrbringens besteht (BT-Drucks 11/2447, 16; SCHLECHTRIEM aaO). Die **Beweislast** dafür, daß ein bestimmtes auf dem Markt gehandeltes Produkt vor oder nach der Erweiterung des Standes von Wissenschaft und Technik in den Verkehr gebracht worden ist, trägt nach Abs 4 Satz 2 iVm Abs 2 Nr 2 der Hersteller (unten Rn 170).

2. Tatbestand

a) Fehler

Nach Auffassung des **Bundesgerichtshofs** findet § 1 Abs 2 Nr 5 **ausschließlich auf Kon-** **118** **struktionsfehler** Anwendung und **nicht auf Fabrikationsfehler** (sog „Ausreißer"; BGH NJW 1995, 2162, 2163 – Mineralwasserflasche II Anm SCHIEMANN LM ProdHaftG § 1 Nr 1; FOERSTE JZ 1995, 1063; J MEYER WiB 1995, 717; EMMERICH JuS 1995, 935). Die Quellen belegen jedoch, worauf die **Kritik** an dieser Rechtsprechung zutreffend hinweist, diese Unterscheidung nicht (zu Recht FOERSTE JZ 1995, 1063). Die von der Rechtsprechung zur Begründung aus dem Schrifttum zitierte Äußerung, die Anwendbarkeit des § 1 Abs 2 Nr 5 auf Fabrikationsfehler sei „schwer vorstellbar" (W LORENZ ZHR 151 [1987] 1, 14 Fn 26; TASCHNER Art 7 Rn 38), besagt wenig. Denn ausschlaggebend ist allein der Zweck der Vorschrift, die Verantwortlichkeit des Herstellers auf den Erkenntnisstand zum Zeitpunkt des Inverkehrbringens zu beschränken (FOERSTE aaO). Dem **Bundesgerichtshof** ging es in seiner Entscheidung indes allein um die Frage, ob auf der Grundlage von § 1 Abs 2 Nr 5 eine Entlastung für unvermeidbare Fabrikationsfehler (**Ausreißer**) in Betracht kommt (hier: explodierende Mineralwasserflaschen). Dies scheitert jedoch nicht daran, daß Ausreißer grundsätzlich von dieser Vorschrift nicht erfaßt wären, sondern daran, daß es im Rahmen des § 1 Abs 2 Nr 5 auf die nicht vorhandene *Erkennbarkeit des Fehlertyps* (dazu unten Rn 132) ankommt und nicht auf seine fehlende *Vermeidbarkeit* bei bestehender Erkennbarkeit (so auch FOERSTE aaO).

Entgegen der Auffassung des Bundesgerichtshofs ist § 1 Abs 2 Nr 5 daher auch auf **119** **Instruktionsfehler** anwendbar (vgl zu diesem Problemkreis auch BÖHMEKE-TILLMANN, Konstruktions- und Instruktionsfehler – Haftung für Entwicklungsrisiken? [Diss Marburg 1992]; J MEYER, Instruktionshaftung [1992]). Denn die Gebrauchsanleitung oder Produktbeschreibung des Herstellers kann gerade deshalb zu einer bestimmten Produktverwendung raten, weil zum Zeitpunkt des Inverkehrbringens die mit dieser Verwendungsart verbundenen Produktgefahren nach dem Stand von Wissenschaft und Forschung nicht erkennbar waren.

Fraglich ist weiter, was genau **erkennbar** sein muß: **der konkrete Fehler des schadens-** **120** **stiftenden Produkts oder das zugrundeliegende allgemeine Fehlerrisiko.** Der **Bundesgerichtshof** stellt hier zu Recht auf die **Erkennbarkeit des Fehlerrisikos** ab (BGH NJW 1995, 2162, 2163; ebenso das OLG Frankfurt/M NJW 1995, 2498, 2499) Denn es kommt nicht darauf an, daß der Fehler im Einzelfall mangels konkreter Voraussehbarkeit nicht *vermeidbar* war; nach dem insoweit unmißverständlichen Wortlaut des Abs 2 Nr 5 entlastet allein die fehlende *Erkennbarkeit* (FOERSTE JZ 1994, 1063).

Jürgen Oechsler

b)   Erkennbarkeit

121 Der Fehler darf nicht erkennbar sein. § 1 Abs 2 Nr 5 begründet insoweit **keinen Widerspruch zu § 3 Abs 1 lit c** (aA BUCHNER DB 1988, 32, 33, aber auch W LORENZ ZHR 151 [1987] 1, 23). Denn auch ein nach dem Stand von Wissenschaft und Technik nicht erkennbarer Fehler kann gegen die Sicherheitserwartungen der betroffenen Verkehrskreise verstoßen (so zu Recht TASCHNER NJW 1986, 611, 615; vgl auch REICH, Europäisches Verbraucherrecht Rn 182). Denn Gegenstand der Sicherheitserwartungen in § 3 Abs 1 ist in erster Linie die Integrität der in § 1 Abs 1 Satz 1 geschützten Rechtsgüter; Gegenstand der Erkennbarkeit in Abs 2 Nr 5 hingegen die Ursachen bzw Gefahrenquellen, die letztlich zu einer Beeinträchtigung dieser Rechtsgüter führen können: Ein Produkt kann daher ein beträchtliches Krebsrisiko bergen, obwohl die ihm zugrundeliegende Sicherheitsgefahr zum Zeitpunkt des Inverkehrbringens nach dem Stand von Wissenschaft und Technik nicht erkennbar ist.

122 Was **erkennbar** ist, bestimmt sich nach einem **objektiven Maßstab** (vgl nur OLG Frankfurt/M NJW 1885, 2498, 2499) und **hängt von der zugrundeliegenden Gefahr ab**; je höher das Risikopotential ist, desto strenger sind die Anforderungen an die Nachforschungs-, Erkenntnis- und Dokumentationspflicht (BRÜGGEMEIER/REICH WM 1986, 149, 153). Hier zeigen sich deutliche **Parallelen zum objektiven Verschuldensbegriff des § 276 Abs 1 Satz 2 BGB** (so ausdrücklich W LORENZ ZHR 151 [1987] 1, 14). Zwar entlastet den Hersteller nicht wie dort die Einhaltung der sog **inneren Sorgfalt** (hM allerdings zweifelhaft; dazu Einl 41), doch muß er ansonsten gerade den auch dort vorausgesetzten Maßstäben **eines objektiv vernünftigen Verkehrsteilnehmers in seiner Position genügen** (vgl unten Rn 125).

123 Im Rahmen des Abs 2 Nr 5 entlastet schließlich **allein die fehlende Erkennbarkeit, nicht die fehlende Vermeidbarkeit des Produktfehlers** (OLG Frankfurt/M NJW 1995, 2498 f; FOERSTE JZ 1995, 1063; ähnlich TASCHNER/FRIETSCH § 1 Rn 100). Ist ein Fehlerrisiko nach dem Stand von Wissenschaft und Technik erkennbar, im Einzelfall indes nicht zu vermeiden (vgl den Ausreißereinwand beim Fabrikationsfehler § 3 Rn 104 ff), findet die Vorschrift keine Anwendung. Insoweit spricht das Schrifttum gelegentlich von einer „**Entwicklungslücke**" (FOERSTE aaO).

c)   Der Stand von Wissenschaft und Technik

124 Nach **Auffassung des Gesetzgebers** umfaßt der Stand von Wissenschaft und Technik den „Inbegriff der Sachkunde . . ., die im wissenschaftlichen und technischen Bereich vorhanden ist, also die Summe an Wissen und Technik, die allgemein anerkannt ist und allgemein zur Verfügung steht." (BT-Drucks 11/2447, 15; FRIETSCH DB 1990, 29, 32). Der Begriff der **Wissenschaft** bezieht sich dabei auf die theoretischen Erkenntnisse um die Produktsicherheit, der Begriff der **Technik** entsprechend auf die praktische Seite (MünchKomm/CAHN Rn 49; ROLLAND Rn 143; TASCHNER/FRIETSCH Art 7 Rn 43; vgl auch KORT, „Stand der Wissenschaft und Technik" im neuen deutschen und „state of the art" im amerikanischen Produkthaftungsrecht, VersR 1989, 1116).

125 Fraglich ist, inwieweit sich dieser Maßstab von dem in § 823 Abs 1 BGB vorausgesetzten unterscheidet (vgl die Entscheidungen: BGHZ 80, 186, 196 f = NJW 1981, 1603 – Derosal; NJW 1991, 2307, 2308 zur Beweislast). Gelegentlich wird die **Ansicht** vertreten, der § 823 Abs 1 BGB zugrundeliegende Maßstab sei strenger, weil es dort nach der Rechtsprechung auf den „neuesten Stand von Wissenschaft und Technik" ankomme und nicht

auf den vom Gesetzgeber des Abs 2 Nr 5 erwogenen „allgemein anerkannten" (Graf vWESTPHALEN NJW 1990, 83, 85). **Anderer Ansicht** nach (WIECKHORST JuS 1990, 86, 92 im Anschluß an MARBURGER, Die Regeln der Technik im Recht [1979] 161) begründet Abs 2 Nr 5 gerade einen schärferen Maßstab, weil die Haftung nicht mehr vom Herstellerverhalten abhänge, sondern allein durch das *objektiv* Mögliche begrenzt werde. **Indes ist keiner der beiden Ansichten zuzustimmen.** Das Tatbestandsmerkmal der fehlenden Erkennbarkeit in Abs 2 Nr 5 nimmt auf das Herstellerverhalten Bezug; weiterhin überspannt die hM den Umfang des zu berücksichtigenden Wissensstandes nicht über das in § 823 Abs 1 BGB vorausgesetzte Maß (vgl Rn 126). Daher fallen unterschiedliche Formulierungen (neuester, allgemeiner Wissensstand) kaum ins Gewicht, zumal sich eine Haftungsverschärfung nach § 823 Abs 1 BGB gegenüber Abs 2 Nr 5 teleologisch kaum begründen ließe. Die im Umkehrschluß aus Abs 2 Nr 5 erwachsende Verantwortung des Herstellers ist insoweit von der Verschuldenshaftung nach § 823 Abs 1 BGB nicht zu unterscheiden (LORENZ ZHR 151 [1987] 1, 14).

Zur Entlastung nach Abs 2 Nr 5 ist der Hersteller zur „**Verwertung des Gefahrwissens,** **126** **das im Zeitpunkt des Inverkehrbringens zur Verfügung**" steht, gehalten (BGH NJW 1995, 2162, 2163 – Mineralwasserflasche II; SCHIEMANN LM ProdHaftG § 1 Nr 1; FOERSTE JZ 1995, 1063; J MEYER WiB 1995, 717; EMMERICH JuS 1995, 935). **Zu weit** geht die Auffassung, niemand auf der Welt dürfe in der Lage sein, die Gefahr zu erkennen (TASCHNER/FRIETSCH § 1 Rn 103; **aA** MünchKomm/CAHN Rn 49 f; KRETSCHMER, in: MARTINEK/SEMLER, Vertriebsrechtshandbuch [1996] § 36 Rn 75). Auf diese Weise würde entgegen der gesetzgeberischen Zielsetzung auf Umwegen doch eine Haftung für Entwicklungsrisiken eingeführt. Nach **hM** kommt es indes **nicht auf die Erkenntnismöglichkeiten des einzelnen Herstellers**, sondern auf den **allgemeinen Stand von Wissenschaft und Technik** an (BT-Drucks 11/2447, 15; FRIETSCH DB 1990, 29, 32; TASCHNER NJW 1986, 611, 615; Graf vWESTPHALEN NJW 1990, 83, 85; SCHMIDT-SALZER/HOLLMANN Art 7 Rn 108).

Zum Stand von Wissenschaft und Technik zählt in der Regel **nur das publizierte bzw** **127** **das dem Hersteller zugängliche Wissen**, nicht aber das allein einem Erfinder vertraute, persönliche oder geheime Wissen (grundlegend MünchKomm/CAHN Rn 49 f). Entwickelt der in Anspruch genommene Hersteller jedoch selbst ein nicht veröffentlichtes Verfahren, ist ihm das damit gewonnene **Sonderwissen zuzurechnen** (CAHN aaO).

Streitig ist, ob und inwieweit zum Stand der Wissenschaft auch **Außenseiter- und Min-** **128** **dermeinungen** gehören. Nach **einer Auffassung** ist nicht allein der Bestand an anerkannten Regeln der Technik und der vermeintlich gesicherte Wissenskanon der akademischen Wissenschaft maßgeblich; gerade die Wissenschaft müsse als Prozeß und Diskurs verstanden werden, dessen Stand sich ständig neu definiere (so vor allem BRÜGGEMEIER/REICH WM 1986, 149, 153; REICH, Europäisches Verbraucherrecht Rn 193; MünchKomm/CAHN Rn 50; TASCHNER NJW 1988, 611, 615). **Anderer Auffassung** nach müssen die Mindermeinungen zumindest verifizierbar sein, um vom Hersteller beachtet werden zu müssen (BUCHNER DB 1988, 32, 34; kritisch auch W LORENZ ZHR 151 [1987] 1, 14). **Bewertung:** An der Erörterung der Streitfrage stört, daß sie zu sehr vom Konzept eines geisteswissenschaftlichen Meinungsstreits getragen ist. Im naturwissenschaftlichen Bereich wird die Auseinandersetzung um die maßgeblichen Erkenntnisse nicht anhand der Zahl der überzeugten Befürworter entschieden, sondern durch empirische Überprüfung. Die isolierte Mindermeinung von gestern kann morgen einzig herrschende Meinung, ja sogar Gesetz sein, wenn sie im empirischen Test bestätigt wird. Dies beeinflußt auch die an den Hersteller zu richtenden Verhaltensmaßstäbe: Der Hersteller muß die Theorien und Ansichten beachten, für deren Richtigkeit **ernsthafte empirische Anhaltspunkte** bestehen (ähnlich BUCHNER aaO). Wenn also in einer Testreihe einzelne Sicherheitsrisiken einer bestimmten Produktionstechnik nach anerkannten Erhebungsmethoden und für Dritte **nachvollziehbar** nachgewiesen wurden, darf der Hersteller nicht über sie hinweggehen, selbst wenn letzte Zweifel hinsichtlich der Schlüssigkeit der zugrundeliegenden Theorie bestehen.

129 Die hM nimmt zu Recht **keine Differenzierungen im Hinblick auf den Zuschnitt des Herstellerunternehmens** vor. Unerheblich ist, ob es sich um ein **kleines, in einem lokalen Bereich operierendes Unternehmen** handelt oder ein großes internationales Unternehmen (BUCHNER DB 1988, 32, 33 f). Insbesondere dürfen sich die Erkenntnisse **nicht auf den Wissensstand innerhalb der Landes- oder Regionengrenzen beschränken** (BT-Drucks 11/2447, 15; BUCHNER DB 1988, 32, 34; KOCH ZHR 152 [1988] 537, 559; JOERGES/FALKE/MICKLITZ/ BRÜGGEMEIER, Die Sicherheit von Konsumgütern und die Entwicklung der europäischen Gemeinschaft [1988] 303; MünchKomm/CAHN Rn 50 f; TASCHNER/FRIETSCH § 1 Rn 103 und Art 7 Rn 43; aA LORENZ ZHR 151 [1987] 1, 14 f; HOLLMANN DB 1985, 2389, 2396). Auch Branchenzugehörigkeit und Spezialisierung schränken den zu beachtenden Kenntnisstand nicht ein (BRÜGGEMEIER/REICH WM 1986, 149, 153; KULLMANN, Aktuelle Rechtsfragen 156; MünchKomm/ CAHN Rn 51; ROLLAND Rn 144; aA SCHMIDT-SALZER/HOLLMANN Art 7 Rn 134 f).

d)   Anwendungsbereich

130 § 1 Abs 2 Nr 5 ProdHaftG ist gem § 37 Abs 2 Satz 2 GenTG nicht anwendbar auf Produkte, die **gentechnisch veränderte Organismen** enthalten oder aus solchen bestehen und aufgrund einer Genehmigung nach § 16 Abs 2 GenTG oder einer Zulassung aufgrund anderer Rechtvorschriften iSd § 2 Nr 4 HS 2 ProdHaftG in den Verkehr gebracht wurden (näheres dazu § 2 Rn 50 ff).

VI.   Entlastung des Herstellers eines Teilprodukts oder Grundstoffes (Abs 3)

131 Die Vorschrift steht **in systematischem Zusammenhang zu den §§ 4 Abs 1 Satz 1 iVm 5 Satz 1.** Dort werden alle an einem arbeitsteiligen Produktionsprozeß Beteiligten (der Hersteller des Endproduktes sowie die Hersteller von Grundstoffen und Teilprodukten, vgl auch Abs 1 Satz 2, Abs 2 und 3) als „Hersteller" behandelt und sind dem Geschädigten folglich nach § 1 Abs 1 Satz 1 grundsätzlich für alle Fehler des Produkts gesamtschuldnerisch verantwortlich (§ 5 Satz 1). Der Umstand, daß der einzelne Teilhersteller zur Fertigung des Endprodukts möglicherweise nur einen sachlich begrenzten Beitrag geleistet hat, schränkt also seine Haftung für Produktfehler idR nicht anteilmäßig ein, sondern steht seiner pauschalen Verantwortung für Fehler des Produkts, soweit sie im Zeitpunkt des Inverkehrbringens vorhanden waren (§ 1 Abs 2 Nr 2), nicht im Wege. Dieser Regelung liegt die bereits in der Richtlinie ausgedrückte **Wertung** zugrunde, **daß die für den Geschädigten undurchsichtige Teilung der Produktionsverantwortung zwischen mehreren Unternehmen seinen Schutz vor Produktsicherheitsrisiken nicht schmälern dürfe** (BegrErwäg Abs 4, 5). Insbesondere trägt der Geschädigte – wie sich im Umkehrschluß aus § 5 Satz 1 ergibt – nicht **das Insolvenzrisiko des Endherstellers**; dieses wird vielmehr den Regreß nehmenden Teil- und Grundstoffherstellern aufgebürdet (KULLMANN, Produkthaftungsgesetz [1990] 91; WANDT BB 1994, 1436, 1437).

Allerdings stehen die §§ 4 Abs 1 Satz 1 iVm 5 Satz 1 unter der Einschränkung des § 1 Abs 2 132 **Nr 1 und 2.** Auch wenn der Teilprodukt- oder Grundstoffhersteller als Hersteller des Endproduktes angesehen wird, haftet er doch nur für diejenigen Mängel, die dem Endprodukt anhafteten, als er es in den Verkehr brachte. Diesbezüglich müssen **drei Fallkonstellationen** unterschieden werden: (**1**) Liefert der Subunternehmer einen fehlerfreien Grundstoff an den Endprodukthersteller und fügt dieser ihn in das Endprodukt ein, so hat der Subunternehmer das Endprodukt nie iSd § 1 Abs 2 Nr 1 in den Verkehr gebracht. Wird er daher vom Geschädigten wegen Konstruktionsfehlern des Endproduktes in Anspruch genommen, kann er sich entsprechend nach § 1 Abs 2 Nr 1 bzw Nr 2 verteidigen; § 1 Abs 3 erscheint hier eher als Wiederholung oder Selbstverständlichkeit (auf diesen Fall stellt vor allem der Gesetzgeber ab: BT-Drucks 11/2447, 16; vgl auch TASCHNER Art 6 Rn 13; ROLLAND Rn 148). (**2**) Anders liegen die Dinge jedoch, wenn das Endprodukt im Wege einer vertikal orientierten Wertschöpfungskette gefertigt wird und das Unternehmen des Teilprodukt- oder Grundstoffherstellers durchläuft. Fügt dieser seinen Leistungsbeitrag in das noch unfertige Produkt ein und liefert es – fertig oder noch unfertig – an die nächste, nachgeschaltete Produktionsstufe aus, so haftet er arg e § 1 Abs 2 Nr 2 für *alle* dem Produkt anhaftenden Sicherheitsdefizite, gleichgültig, ob sie auf seinen eigenen Leistungsbeitrag zurückgehen oder auf die von dritter Seite zu verantwortende Konstruktion. **In diesem Fall gewinnt § 1 Abs 3 eigenständige Bedeutung** und gestattet trotz des Konstruktionsfehlers eine Entlastung gegenüber dem Geschädigten. (**3**) Eigenständigen Regelungsgehalt entfaltet die Norm ferner, wenn der Grundstoff und das Teilprodukt fehlerhaft sind, diese Fehler aber auf eine **Anleitung des Endproduktherstellers** zurückgehen. Hier kann sich der Grundstoff- oder Teilprodukthersteller trotz der Fehlerhaftigkeit gegenüber dem Geschädigten entlasten (die zT polemische Kritik an der vermeintlichen Bedeutungslosigkeit § 1 Abs 3 ProdHaftG ist daher sachlich nicht berechtigt: BUCHNER DB 1988, 32, 35; vgl auch W LORENZ ZHR 151 [1987] 1, 13).

Die gerade dargestellten Zusammenhänge besitzen im Hinblick auf das **schwedische** 133 **Produkthaftungsgesetz** praktische Relevanz; dort wurde die Ausnahmevorschrift des Art 7 lit f nicht ausdrücklich normiert, weil sie der Gesetzgeber für eine Selbstverständlichkeit hielt. Darin dürfte zwar kein Verstoß gegen die Richtlinie liegen, weil so die Position des Produktgeschädigten noch verbessert und damit der durch die Richtlinie gewährte Mindestschutz nicht unterlaufen wird. Angesichts der eigenständigen Bedeutung von § 1 Abs 3 stellt sich indes die Frage, ob die Entlastungsmöglichkeit, die ja im Hinblick auf den zweiten und dritten Fall gerade keine Selbstverständlichkeit beinhaltet, im schwedischen Recht Anwendung findet.

Soweit § 1 Abs 3 gegenüber § 1 Abs 2 Nr 1 und 2 eigenständige Bedeutung entfaltet, 134 dürfte die Vorschrift ihrer **Zwecksetzung** nach einem charakteristischen **Loyalitätskonflikt im Zulieferwesen** Rechnung tragen: Der Teilprodukt- oder Grundstoffhersteller ist nämlich vor die Wahl zwischen der Haftung nach § 1 Abs 1 Satz 1 gegenüber dem Produktgeschädigten oder einer aus dem Leistungsstörungsrecht begründeten Haftung gegenüber dem Endprodukthersteller infolge einer Mißachtung der vertraglich vereinbarten Konstruktionsvorgaben bzw der aus dem Vertrag resultierenden Anleitungsbefugnisse (§ 315 BGB) gestellt. So erinnert der Zweck der Norm an § 1 Abs 2 Nr 4, wo die Entlastung ebenfalls aus einem Loyalitätskonflikt heraus begründet wird. Hier wie dort erscheint es allerdings zweifelhaft, daß dieser Konflikt gerade auf Kosten des unbeteiligten Produktgeschädigten entschieden wird.

135 § 1 Abs 3 eröffnet nur eine **vorwärtsgerichtete Entlastungsmöglichkeit** des Teilprodukt oder Grundstoffherstellers gegenüber den nachgelagerten Endherstellern, **nicht aber eine rückwärtsgerichtete Entlastungsmöglichkeit** des Endherstellers gegenüber dem Teilhersteller (Wandt DB 1994, 1436; vgl dazu unten Rn 147).

1. Das fehlerfreie Teilprodukt (Abs 3 Satz 1 HS 1)

136 Die Verantwortung des Herstellers eines Teilprodukts ist ausgeschlossen, wenn der Fehler durch die Konstruktion des Produkts, in welches das Teilprodukt eingearbeitet wurde, verursacht worden ist. Nach **Auffassung des Gesetzgebers** hat die Vorschrift allein klarstellende Funktion, da eine Haftung des Teilherstellers schon mangels Fehlerhaftigkeit des Teilprodukts ausgeschlossen sei (BT-Drucks 11/2447, 16; ähnlich Rolland Rn 148; Schmidt-Salzer/Hollmann Bd 1 Art 7 Rn 151). Dies ist **nicht ganz unbedenklich** (vgl gerade oben Rn 131 f), weil auch Fälle denkbar sind, in denen das Endprodukt das Werk des Grundstoff- oder Teilproduktherstellers durchläuft und von diesem an den Endprodukthersteller ausgeliefert und damit in den Verkehr gebracht wird. Hier haftet der Grundstoff- oder Teilprodukthersteller für alle Sicherheitsdefizite, die das unfertige Produkt im Zeitpunkt des Inverkehrbringens hatte, nicht nur für die durch seinen Leistungsbeitrag verursachten, sondern auch für die durch die Konstruktionsfehler Dritter bedingten (arg e § 1 Abs 2 Nr 2). Bedeutung hat die Vorschrift auch im Rahmen der **Beweislastverteilung**. Gem § 1 Abs 4 Satz 1 trägt nämlich der Geschädigte die Beweislast für die Fehlerhaftigkeit des Endprodukts. Dem Teilhersteller wird jedoch die Beweislast für die genaue Fehlerquelle innerhalb des Endprodukts auferlegt: Er muß beweisen, daß nicht das von ihm gelieferte Teilprodukt, sondern die Konstruktion des Endprodukts fehlerursächlich war (ähnlich MünchKomm/Cahn Rn 57).

137 Zum Begriff des **Teilprodukts** vgl § 4 Rn 14. In Betracht kommt nur ein **Fehler, der durch die Konstruktion des Produkts, in das das Teilprodukt eingearbeitet wurde**, entstanden ist. Dem Wortlaut nach ist die Vorschrift auf Konstruktionsfehler des Endprodukts beschränkt. Der Teilhersteller kann sich folglich **nicht** entlasten, wenn das Endprodukt, in das sein Teilprodukt eingearbeitet wurde, einen **Fabrikations- und Instruktionsfehler** aufweist (MünchKomm/Cahn Rn 58; Taschner/Frietsch Art 7 Rn 54; aA Schmidt-Salzer/Hollmann Art 7 Rn 171 f).

138 Abs 3 Satz 1 HS 2 setzt die **Fehlerfreiheit des Teilprodukts selbst** voraus (MünchKomm/Cahn Rn 54; Rolland Rn 150). Ein **Problem** besteht daher, **wenn ein ansonsten fehlerfreies Teilprodukt Sicherheitsgefahren nur dann aufweist, wenn es gerade in ein bestimmtes Endprodukt eingebaut** wird. Hier gibt § 3 Abs 1 lit b die Entscheidungsmaßstäbe vor; für die Fehlerhaftigkeit des Produkts kommt es nämlich darauf an, mit welchem Produktgebrauch der Teilhersteller billigerweise rechnen mußte. Nach allgemeinen Grundsätzen (§ 3 Rn 59 ff) haftet er für die bei bestimmungsgemäßem Gebrauch und **vorsehbarem Fehlgebrauch** auftretenden Sicherheitsrisiken; nicht verantwortlich ist er für die von einem **Produktmißbrauch** ausgehenden Sicherheitsgefahren. Dies bedeutet, daß der Teilhersteller nicht einseitig durch vertragliche Vereinbarung oder Produktbeschreibung seine Verantwortlichkeit im Hinblick auf die Montage seines Produktes einschränken kann (zu eng daher MünchKomm/Cahn Rn 59, vgl nämlich dort auch § 3 Rn 18), sondern sich auch auf sachlich naheliegende, gebräuchliche und nicht eigenmächtige Verwendungsarten einrichten muß, wenn diese vorhersehbar sind.

Dies entspricht im übrigen der **Rechtsprechung des Bundesgerichtshofs zu § 823 Abs 1 BGB:** Danach muß der Hersteller eines „Zulieferprodukts" dafür einstehen, daß das von ihm gefertigte Produkt im Rahmen des bestimmungsgemäßen Gebrauchs durch andere in der Weiterverarbeitung in vollem Umfang fehlerfrei und ohne Gefährdung des Eigentums Dritter eingesetzt werden kann. Er ist dabei nicht nur im „Kernbereich des normalen bestimmungsgemäßen Gebrauchs" verantwortlich, sondern für jedwede Art des Gebrauchs, „die nach der Art der Bewerbung und Beschreibung des Produkts durch den Hersteller für den Verwender entsprechend dessen Kenntnissen im Rahmen seines Fachgebiets bei sachgemäßer Betrachtung in Frage kommt." (BGH NJW 1996, 2224. 2225). Dies dürfte auch der **hM** entsprechen (TASCHNER/ FRIETSCH Rn 121; KULLMANN, Produkthaftungsgesetz 51; Graf vWESTPHALEN NJW 1990, 83, 86; SCHLECHTRIEM VersR 1986, 1033, 1041; SCHMIDT-SALZER/HOLLMANN Art 17 Rn 158 ff; ROLLAND Rn 154 ff).

Schärfere Anforderungen können im Einzelfall gelten, wenn das Teilprodukt zum **139** Einbau in ein dem Teilhersteller bekanntes Endprodukt **bestellt** worden ist, weil hier der Teilhersteller im Kaufvertrag die Verwendbarkeit verspricht und dies auch die Erwartungen iSd § 3 Abs 1 lit b beeinflußt (im Ergebnis ebenso MünchKomm/CAHN Rn 59; SCHMIDT-SALZER/HOLLMANN Art 7 Rn 191 ff). Allerdings haftet auch hier der Teilhersteller für vorhersehbaren Fehlgebrauch (§ 3 Rn 59 ff).

2. Anleitungen des Endproduktherstellers als Fehlerursache (Abs 3 Satz 1 HS 2)

Entlastet ist der Teilhersteller auch, wenn er beweisen kann, daß der Fehler des **140** Teilprodukts auf **Anleitungen des Herstellers** beruht. Der Gesetzgeber versteht darunter „Vorgaben des Endherstellers" (BT-Drucks 11/2447, 16). Dies setzt voraus, daß die Beschaffenheit des Teilprodukts nach konkreten Vorstellungen des Herstellers bereits im Herrschaftsbereich des Teilherstellers gestaltet wird (FRIETSCH DB 1990, 29, 32; TASCHNER/FRIETSCH § 1 Rn 124 ff). Die Anleitungen können dabei die Art und Weise der Herstellung und Beschaffenheit des Teilprodukts betreffen, es kann sich jedoch auch um unzutreffende Informationen des Endproduktherstellers über die Beschaffenheit des Endprodukts bzw über den Einsatzbereich des Teilprodukts im Endprodukt handeln (so zu Recht bereits MünchKomm/CAHN Rn 63).

Im Schrifttum wird indes bisweilen eine **teleologische Einschränkung** dieses Merkmals **141** gefordert. Erkennt der Teilhersteller nämlich, daß die Anleitungen des Endproduktherstellers zu Produktsicherheitsgefahren führen, befolgt er sie aber dennoch anstandslos, kann er sich nicht gegenüber dem Geschädigten im Hinblick auf die Anleitung des Herstellers entlasten. Andernfalls fiele seine Haftungsverantwortung hinter die aufgrund von § 823 Abs 1 BGB bestehende deutlich zurück (SCHLECHTRIEM VersR 1986, 1033, 1040 f; vgl auch ROLLAND Rn 159).

Stellungnahme: Entscheidend dürfte es darauf ankommen, daß die Anleitung des **142** Herstellers dem Teilhersteller keinen Spielraum mehr zu eigenen technischen Gestaltungen läßt, sondern ihn zu der letztlich sicherheitsgefährdenden Produktionsweise geradezu gezwungen hat. Insoweit sind gewisse Parallelen zum Entlastungsgrund des Abs 2 Nr 4 erkennbar, wo der Hersteller sich mit einem Loyalitätskonflikt zwischen der Beobachtung *gesetzlicher* Produktionspflichten und den Geboten der Produktsicherheit entlasten darf. Dem erscheint in Teilaspekten der

Fall vergleichbar daß der Teilhersteller aufgrund *vertraglicher* Verpflichtung von einem anderen zu einer bestimmten Produktionsweise gezwungen werden kann. Folglich kann es auch **nicht** auf die **Erkennbarkeit** der von den Anleitungen des Endherstellers ausgehenden **Gefahren** durch den Teilhersteller ankommen. Auch in diesem Fall ist eine Entlastung möglich; das Gesetz sieht keine einschlägige Einschränkung des Entlastungsgrundes vor (**aA** ROLLAND Rn 159; SCHLECHTRIEM VersR 1986, 1033, 1040 f; kritisch zu Recht FUCHS BauR 1995, 747, 758).

143 Fraglich ist auch hier, unter welchen Umständen es als Fehler des Teilprodukts anzusehen ist, wenn dieses gerade beim Einbau in das Endprodukt Sicherheitsrisiken aufwirft. Hier gilt das oben Gesagte (oben Rn 138; wie hier KULLMANN/PFISTER Kz 3602, 25; Graf vWESTPHALEN § 64 Rn 18; **aA** auch hier MünchKomm/CAHN Rn 63).

144 Die Vorschrift findet **keine analoge Anwendung** auf das Verhältnis **zwischen dem Hersteller des Endprodukts und dessen Händler**, der Weisungen hinsichtlich des Herstellungsverfahrens erteilt hat. Dafür spricht einerseits, daß Abs 3 Satz 1 HS 2 von der grundsätzlichen Konstruktionskompetenz des Endherstellers ausgeht, die beim Händler gerade fehlt (so MünchKomm/CAHN Rn 65; ähnlich ROLLAND Rn 168 f; **aA** SCHMIDT-SALZER/HOLLMANN Art 7 Rn 202 ff). Schwerer wiegt jedoch der Einwand, daß andernfalls für den Geschädigten eine Rechtsschutzlücke entstünde, weil er den Händler nicht nach § 1 Abs 1 Satz 1 in Anspruch nehmen könnte.

3. Der Hersteller eines Grundstoffs

145 Zum Begriff des Grundstoffs vgl § 4 Rn 15.

146 In Art 7 lit f ist eigentlich keine Ausnahme für den Hersteller des Grundstoffs vorgesehen, obwohl diesem gegenüber in Art 3 Abs 1 der Richtlinie eine Verantwortung neben Teil- und Endhersteller begründet wird. Dabei liegt jedoch ein Redaktionsversehen vor, das in § 1 Abs 3 Satz 2 korrigiert worden ist (**hM:** HOLLMANN DB 1985, 2389, 2396; LORENZ ZHR 151 [1988] 1, 13 Fußn 33; MünchKomm/CAHN Rn 53; ROLLAND Rn 147).

4. Verantwortlichkeit des Herstellers des Endprodukts, wenn allein das Teilprodukt fehlerhaft war

147 Gelegentlich wird auch eine analoge Anwendung des § 1 Abs 3 Satz 1 HS 2 zur Entlastung des Endherstellers erwogen, wenn der Fehler des Endprodukts allein auf einen Fehler des Teilprodukts zurückzuführen ist. So soll sich etwa ein Verleger für Fehler des Druckwerks damit entlasten dürfen, daß ihm der Autor ein fehlerhaftes Manuskript geliefert hat (MünchKomm/MERTENS/CAHN[2] § 2 Rn 6, revidiert nunmehr von CAHN NJW 1996, 2899, 2904; MünchKomm/CAHN § 2 Rn 6; für die analoge Anwendung auch SCHMIDT-SALZER/HOLLMANN Art 7 Rn 215; LANDSCHEIDT Rn 52). Diese **Ansicht** ist indes **abzulehnen**, weil es für eine Analogie an einer **planwidrigen Regelungslücke** im Gesetz **fehlt**. § 1 Abs 3 Satz 1 normiert nur eine Ausnahme vom Grundsatz des § 4 Abs 1 Satz 1; der Gesetzgeber hat den Fall der Entlastungsmöglichkeit des Endherstellers gegenüber den Fehlern des Teilherstellers kaum übersehen, wenn er gerade den umgekehrten Fall einer ausdrücklichen Regelung unterzog. Im übrigen beschränkte sich diese Entlastungsmöglichkeit nicht allein auf eine Analogie des Abs 3 Satz 1,

sondern auch auf eine teleologische Reduktion des § 4 Abs 1 Satz 1. Auch für diese
fehlt es indes an überzeugenden Sachgründen. Durch die Ausweitung des Ausnah-
metatbestandes würde nämlich der in der Richtlinie beabsichtigte Schutz des
Geschädigten vor einer Aufteilung der Haftungsverantwortungen auf die unterschiedlichen, in einer arbeitsteiligen Produktionsorganisation tätigen Unternehmen
gerade unterlaufen: Die pauschale Verantwortung aller Beteiligter für alle Endpro-
duktfehler (vgl § 4 Abs 1 Satz 1) soll ja verhindern, daß der Geschädigte die schwer
durchschaubaren Abgrenzungen der Produktionsverantwortungsbereiche nachvollziehen muß, um vor Gericht den richtigen Haftungsschuldner in Anspruch zu
nehmen. Würde Abs 3 Satz 1 aber im Wege der Analogie erstreckt und § 4 Abs 1
Satz 1 teleologisch reduziert, könnte sich der Endhersteller zu Lasten des Geschädigten nach einem kostenaufwendigen Beweisverfahren entlasten und dürfte diesen
wegen der Haftungsverantwortung an einen seiner Zulieferer verweisen. Im Gegenteil wird man im **Umkehrschluß aus § 1 Abs 3 Satz 1** die **grundlegende Wertung**
entnehmen müssen, daß **der Endhersteller**, indem er alle Teile des Produkts – ua auch
das fehlerhafte Teilprodukt – in den Verkehr setzt, **für alle Fehler der Sache, auch die
im Teilprodukt angelegten, haftet**.

5.   Fehlender Rechtswidrigkeitszusammenhang

Fraglich ist, ob sich der Teilhersteller ganz allgemein auch mit dem Nachweis entla- **148**
sten kann, daß der Fehler des von ihm hergestellten Teilprodukts die Rechtsgutsverletzung gerade nicht herbeigeführt hat, sondern diese auf einen anderen Fehler des
Endprodukts zurückzuführen ist (vgl auch Lüderitz, in: FS Rebmann [1989] 755, 768).
Dabei ist zunächst folgendes zu bedenken: Der Teilhersteller haftet nur für Produkte, die er selbst in Verkehr gebracht hat (arg e § 1 Abs 2 Nr 1). Eine Haftung für
Sicherheitsdefizite des Endprodukts, in das sein Teilprodukt montiert wurde, kommt
daher nur in Betracht, wenn er das Endprodukt selbst – möglicherweise in einem
frühen Produktionsstadium – in den Verkehr gebracht, dh von seinem Werk aus an
die nachfolgende Fertigungsstufe ausgeliefert hat. Ferner haftet der Teilprodukthersteller nach § 1 Abs 2 Nr 2 nur für Fehler, die dem Produkt bereits im Zeitpunkt des
durch ihn veranlaßten Inverkehrbringens anhafteten. Das vorerwähnte Problem
stellt sich also nur, wenn das Endprodukt das Werk des Teilherstellers durchlaufen
hat, dort um das Teilprodukt vervollständigt und in den Verkehr gebracht wurde und
bereits in diesem Zeitpunkt unter dem einschlägigen Sicherheitsdefizit litt.

Für eine „Entlastung" des Teilproduktherstellers spräche zunächst, daß es in diesen **149**
Fällen am **Rechtswidrigkeitszusammenhang** zwischen dem Fehler seines Produkts und
der eingetretenen Rechtsgutsverletzung fehlt. Der Fehler des von ihm hergestellten
Produkts könnte gerade hinweggedacht werden, ohne daß der Verletzungserfolg entfällt. Die Lehre vom Schutzbereich der Norm, in deren Rahmen auch ein fehlerhafter Rechtswidrigkeitszusammenhang berücksichtigt werden muß, findet auf das
ProdHaftG auch grundsätzlich Anwendung (oben Rn 33). Doch paßt sie hier gerade
deshalb nicht, weil die Verantwortung des Teilherstellers nicht an den Vorwurf
rechtswidrigen Verhaltens anknüpft, sondern an eine davon unabhängige Gefahrenverantwortung, die in § 1 Abs 2 Nr 2 ausgedrückt ist: Der Teilhersteller haftet eben
für alle Sicherheitsrisiken, die das von ihm in den Verkehr gebrachte Produkt belasten, unabhängig davon, ob er für diese nach Verschuldensgesichtspunkten einzustehen hat oder nicht. § 1 Abs 3 Satz 1 liefert insoweit auch keine Grundlage für eine

Rechtsanalogie, weil die Vorschrift einer besonderen **Konfliktsituation im Zulieferwesen** Rechnung trägt: Dem Teilprodukt- oder Grundstoffhersteller wird zugute gehalten, daß er die Sicherheitsrisiken wegen loyaler Beachtung der vertraglich vereinbarten Konstruktionspläne bzw Anleitungen des Endproduktherstellers geschaffen hat. Die Schaffung neuer Entlastungstatbestände würde im übrigen – auch bei einer für den Teilprodukt- bzw Grundstoffhersteller nachteiligen Beweislastverteilung – die Rechtsdurchsetzung des Geschädigten verzögern, weil im Prozeß mit komplizierten Beweisaufnahmen über die Fehlerquelle und die zugrundeliegenden Kausalverläufe gerechnet werden müßte.

C.   Beweislastverteilung und Beweisführung

I.   Überblick

150 Nach § 1 Abs 4 Satz 1 trägt der Geschädigte die Beweislast für den Fehler, den Schaden und den ursächlichen Zusammenhang zwischen Fehler und Schaden; der Hersteller hingegen die Beweislast für die Entlastungsgründe in § 1 Abs 2 und 3.

151 Daß dem Geschädigten die **Beweislast für den haftungsbegründenden Tatbestand** – sieht man einmal von Abs 2 Nr 1 – 3 ab – auferlegt wird, wird bisweilen etwas euphorisch als „Magna Charta zum Schutz der Industrie vor ungerechtfertigten Ansprüchen" ausgegeben (TASCHNER NJW 1986, 611, 613 f; vgl auch ROLLAND Rn 172). Immerhin wurde diese Regelung angeblich gegen energische Initiativen der Verbraucherschutzverbände durchgesetzt (TASCHNER 614). Der **Zweck** dieser Regelung liegt darin, zu verhindern, daß jeder Unfall als Produktschadensfall deklariert wird (TASCHNER aaO).

152 Der **deutsche Gesetzgeber** rechtfertigt diese Beweisverteilung aus dem „**Prinzip der Waffengleichheit**" (BT-Drucks 11/5520, 13). Allerdings könne der Richter die bekannten **Beweisreduzierungen** des deutschen Rechts anwenden (BT-Drucks 11/5520, 13). Dieser letzte Schritt läßt sich im übrigen aus der Entstehungsgeschichte der Richtlinie begründen. Schon der Wirtschafts- und Sozialausschuß stellte in seiner Erwiderung zum ersten Richtlinienvorschlag der Kommission – im Ergebnis unwidersprochen – klar, daß den Gerichten der Mitgliedstaaten ein Ermessensspielraum verbleiben müsse, um an Sicherheit grenzende Vermutungen bei der Urteilsfindung zu berücksichtigen (ABlEG 1979 Nr C 114/61, Rn 2. 1. 1.).

153 Nach **absolut hM** sind daher **die bekannten Beweiserleichterungen des deutschen Rechts** auch bei Geltendmachung eines Anspruchs nach § 1 Abs 1 Satz 1 **anwendbar** (BT-Drucks 11/5520, 13; ARENS ZZP 104 [1991] 123, 127; BUCHNER DB 1988, 32, 33; HOLLMANN DB 1985, 2389, 2394; MünchKomm/CAHN Rn 66; SCHMIDT-SALZER/HOLLMANN Art 4 Rn 23 f; TASCHNER/FRIETSCH § 1 Rn 137; Graf vWESTPHALEN NJW 1990, 83, 86; vgl auch REINELT NJW 1988, 2614). **Nicht** anwendbar sind indes **echte Vermutungen** bzw **Umkehrungen der Beweislast** (ARENS ZZP 104 [1991] 123, 127; BRÜGGEMEIER/REICH WM 1986, 149, 154; SCHLECHTRIEM VersR 1986, 1033, 1034; ROLLAND Rn 173; **krit** LÜDERITZ, in: FS Rebmann [1989] 755, 767). Andernfalls würde nämlich die in Abs 4 bewußt im beiderseitigen Interesse von Geschädigtem und Hersteller austarierte Beweislastverteilung verändert. **§ 286 ZPO** ist allerdings **anwendbar** (BT-Drucks 11/2447, 13).

Fraglich ist, ob die Beweislastverteilung des Abs 4 Satz 1 zu einer Verschlechterung 154
der Rechtsposition des Geschädigten gegenüber der **Rechtslage im Rahmen der Produzentenhaftung** aufgrund § 823 Abs 1 BGB führt. Dies wird zT verneint (Münch-
Komm/Cahn Rn 66), zT jedoch auch **bejaht** (Brüggemeier ZHR 152 [1988] 511, 535;
Brüggemeier/Reich WM 1986, 149, 154, allerdings in extensiver Interpretation von BGHZ 80, 186
= NJW 1981, 1603; vgl auch Federspiel PHI 1986, 81, 82; Schubert PHI 1989, 74, 86 f). Soweit
der Geschädigte nunmehr aufgrund der **neuesten Rechtsprechung** (BGH NJW 1996,
2508) auch vom Beweis für die objektive Pflichtwidrigkeit des Herstellers iSd § 823
Abs 1 BGB entlastet werden kann, scheint die Beweissituation jedoch dort in der Tat
partiell günstiger als in Abs 4 Satz 1.

II. Der Geschädigte

1. Überblick

Die Norm des **Abs 4 Satz 1 ist unvollständig.** Sie verhält sich weder zur Beweislast im 155
Hinblick auf Abs 1 Satz 2, noch auf § 4. Im übrigen unterscheidet sie nicht zwischen
der Beweislast für die haftungsbegründende und die haftungsausfüllende Kausalität.

2. Produktverantwortung des Inanspruchgenommenen nach § 4 (Individualisierungsbeweis)

Der Geschädigte muß zunächst beweisen, daß das schadensverursachende Produkt 156
überhaupt dem in Anspruch genommenen Hersteller zuzurechnen ist (**Individualisie-
rungsbeweis**) und eine grundsätzliche Verantwortung der anderen Seite für das
Produkt besteht (Arens ZZP 104 [1991] 123, 128; Frietsch DB 1990, 29, 33 Fußn 75; Wieckhorst JuS 1990, 86, 91; MünchKomm/Cahn Rn 72; Rolland Rn 174).

§ 830 Abs 1 Satz 2 BGB ist in Fällen alternativer Kausalität grundsätzlich anwendbar, 157
praktisch aber aufgrund seiner engen Voraussetzungen wenig bedeutsam (dazu § 4
Rn 45 ff).

3. Beweislast für Fehler

Der **deutsche Gesetzgeber** lehnt eine generelle Beweismaßreduzierung zugunsten des 158
Geschädigten ab (BT-Drucks 11/5520, 13); insoweit bleibt es bei der Regel des Abs 4
Satz 1. Doch sind die allgemeinen Beweiserleichterungen anwendbar (vgl oben
Rn 153).

Im Vordergrund steht dabei zunächst die sog **Fehleridentifikation.** Der Geschädigte 159
muß die Art des Fehlers nicht genau bezeichnen, sondern es genügt, wenn er nachweist, daß das Produkt vor Gefahrenübergang irgendeinen Mangel hatte, der als
Schadensursache in Betracht kommt (Arens ZZP 104 [1991] 123, 125; Jäckle, Die Produzentenhaftung unter dem Zeitaspekt betrachtet – insbesondere zu den nachträglichen Pflichten des
Warenherstellers [1990] 144).

Ferner kommt aus mehreren Gründen ein **prima facie-Beweis für das Vorhandensein** 160
eines Fehlers in Betracht (Arens ZZP 104 [1991] 123, 128; Buchner DB 1988, 32, 33; Brüg-

GEMEIER/REICH WM 1986, 149, 153; MünchKomm/CAHN Rn 66). Dies ist **einmal** dann der Fall, wenn der der Rechtsgutsverletzung zugrundeliegende Geschehensablauf typischerweise auf einen bestimmten Fehler zurückzuführen ist, wie ihn das betreffende Produkt aufweist (vgl das Bsp OLG Frankfurt/M NJW 1995, 2498: Anscheinsbeweis für Erkrankung durch Verzehr eines infizierten Kuchens, wenn im Restaurant zum Zeitpunkt des Verzehrs eine bereits erkrankte Person beschäftigt ist, dazu noch unten Rn 164; OLG Frankfurt/M NJW-RR 1994: Ist der Lenker eines Fahrrades nach dem Sturz des Radfahrers verdreht, muß man aber einige Kraft aufwenden, um ihn wieder in die normale Stellung zu drehen, dann besteht kein Anscheinsbeweis dafür, daß als Ursache des Sturzes ein vorher schon vorhandener, nicht ausreichend fester Sitz des Lenkers in Betracht kommt).

161 Bedeutsam ist in diesem Zusammenhang, daß nach **hM** die **Einhaltung gesetzlicher Sicherheitsvorschriften bzw die Befolgung technischer Normen** (DIN, VDE, DVGW usw; BT-Drucks 11/2447, 19) den „**Anschein**" begründen kann, „daß das Produkt den berechtigten Sicherungserwartungen der Allgemeinheit entspricht" (BT-Drucks 11/2447, 19; FRIETSCH DB 1990, 29, 33; PAULI PHI 1987, 138, 146; ROLLAND Rn 41; TASCHNER/ FRIETSCH Art 6 Rn 20; WIECKHORST VersR 1995, 1003, 1011). Begründet wird dies mit der Überlegung, daß, wer Normen einhält, auch ein fehlerfreies Produkt anstrebt (BT-Drucks 11/2447, 19). In dieser Allgemeinheit besteht indes kein typisierter Erfahrungssatz, der einen **Anscheinsbeweis** im Prozeß tragen könnte (kritisch auch MünchKomm/ CAHN § 3 Rn 24). Vielmehr kommt es im Einzelfall darauf an, ob die Sicherheitsnorm sachlich gerade die einschlägige Sicherheitsgefahr betrifft, ob sie diese vollständig regelt und zeitlich nicht veraltet ist. In einem solchen Fall kann bei dennoch auftretenden Sicherheitsrisiken ein Anscheinsbeweis für das Vorliegen der Voraussetzungen des § 1 Abs 2 Nr 5 (**Entwicklungsfehler**) in Frage kommen. Aus denselben Überlegungen heraus begründet **die Nichtbefolgung** der erwähnten Vorschriften den Anschein der **Fehlerhaftigkeit** des Produkts (kritisch auch MünchKomm/CAHN § 3 Rn 24).

4.   Haftungsbegründender und -ausfüllender Ursachenzusammenhang

162 Abs 4 Satz 1 differenziert seinem Wortlaut nach nicht zwischen haftungsbegründendem und haftungsausfüllendem Ursachenzusammenhang, sondern spricht von einem ursächlichen Zusammenhang zwischen Fehler und Schaden; dennoch muß auch im ProdHaftG der Ursachenzusammenhang zwischen Fehler und Rechtsgutsverletzung und derjenige zwischen Rechtsgutsverletzung und (weiterem) Schaden unterschieden werden; beide sind vom Geschädigten zu beweisen (OLG Hamm OLG Report 1994, 159; ARENS ZZP 104 [1991] 123, 127; MünchKomm/CAHN Rn 69; ROLLAND Rn 95; TASCHNER/ FRIETSCH § 1 Rn 143 und Art 4 Rn 8).

163 Soweit es um den Ursachenzusammenhang zwischen dem Fehler und der Verletzung eines der in § 1 Abs 1 Satz 1 geschützten Rechtsgüter geht (**haftungsbegründende Kausalität**), ist der Geschädigte beweisbelastet; ferner finden nach **hM keine Beweiserleichterungen** Anwendung (ARENS ZZP 104 [1991] 123, 125; BAUMGÄRTL, Handbuch der Beweislast im Privatrecht, Bd 1 [1981] § 823 Rn 75). Zu Recht weist die **Kritik** an dieser Sichtweise jedoch auf die längst eingetretene **Verrechtlichung des Anscheinsbeweises im Zusammenhang mit dem Fehlerbegriff** hin. Der Fehler bedeutet letztlich nichts weiter als eine Normabweichung, die als solche wiederum eine gewisse Gefährlichkeit anzeigt. Die Gefährlichkeit impliziert aber qua definitione die Wahrscheinlichkeit eines Kausalverlaufs (LÜDERITZ, in: FS Rebmann [1989] 755, 767; MünchKomm/CAHN Rn 70 im Anschluß an BGH NJW 1968, 247 – Schubstreben; JZ 1971, 29 – Bremsanlage).

So anerkennt das **OLG Celle** (OLG-Rp 1994, 209) einen Anscheinsbeweis im Hinblick **164** auf die Ursächlichkeit des Produktfehlers für den eingetretenen Schaden, wenn keinerlei Anhaltspunkte für eine nachträgliche Produktveränderung bestehen und das Produkt unter **Verletzung von Sicherheitsnormen** hergestellt worden ist (vgl auch das OLG Hamm OLG Report 1994, 159). Dies geht indes zu weit, weil die Verletzung von Sicherheitsnormen allenfalls einen Erfahrungssatz hinsichtlich der Fehlerhaftigkeit des Produkts (vgl oben Rn 161 und § 3 Rn 94 ff) begründet, nicht aber im Hinblick auf die Kausalität. Das **OLG Frankfurt/M** (NJW 1995, 2498) hat einen **Anscheinsbeweis für die Fehlerhaftigkeit und die Kausalität** angenommen: Der Geschädigte hatte im Restaurant des Herstellers einen Kuchen verzehrt und war kurze Zeit später an Hepatitis A erkrankt. Später stellte sich heraus, daß beim Hersteller zur selben Zeit ein unter dieser Krankheit leidender Koch beschäftigt war. Für das Gericht ergab sich der Anscheinsbeweis aus dem sachlichen und zeitlichen Zusammenhang zwischen Kuchenverkehr und Vorhandensein einer Infektionsquelle (vgl auch LG Lübeck VersR 1993, 1282, 1283, wo ebenfalls ein Anscheinsbeweis für Fehler und Kausalität angenommen wurde: Ein Zimmer des Geschädigten war verrußt und außer den vom Hersteller produzierten Adventskerzen war keine Rußquelle in Sicht). Das **OLG Hamm** (OLG Report 1994, 159) hält gar eine **Beweislastumkehr** für möglich, wenn der Hersteller Beweismittel vernichtet bzw nicht aufbewahrt hat (im konkreten Fall schied diese Möglichkeit aus, weil der Geschädigte ebenfalls Beweismittel vernichtet hatte). Dies ist indes **nicht unproblematisch**, da nach **hM** eine echte Beweislastumkehr nach den hergebrachten Regeln entgegen § 1 Abs 4 ProdHaftG nicht begründet werden darf.

Umstritten ist auch, ob eine Beweislastumkehr bei einer **fehlerhaften Produktinstruk- 165 tion** iSd § 3 Abs 1 lit a Platz greift; es stellt sich hier die Frage, ob nicht der Hersteller beweisen muß, daß die Rechtsgutsverletzung auch dann eingetreten wäre, wenn die Instruktion richtig gewesen wäre. Der **deutsche Gesetzgeber hat diese Möglichkeit klar verneint** (vgl die Stellungnahme des Rechtsausschusses, BT-Drucks 11/5520, 13 f); er sah sich an einer solchen Beweislastverteilung durch die zwingende Vorgabe der Richtlinie gehindert. Die Gegenansicht (MünchKomm/CAHN Rn 72; TIEDTKE, Deutschland – Die Beweislast bei Instruktionsfehlern, PHI 1992, 138) beruft sich demgegenüber auf die nicht fernliegende Überlegung, daß im Rahmen einer angeblich verschuldensunabhängigen Herstellerhaftung nicht mildere Maßstäbe gelten könnten als im Rahmen des § 823 Abs 1 BGB. Nach den Grundsätzen der **hM** käme allerdings nur ein auf die fehlerhafte Instruktion gestützter **Anscheinsbeweis** in Betracht, weil Vermutungen und Beweislastumkehrungen des nationalen Rechts auf den Anspruch nach § 1 Abs 1 Satz 1 gerade keine Anwendung finden.

Soweit der Ursachenzusammenhang zwischen Rechtsgutsverletzung und weiterem **166** Schaden betroffen ist (**haftungsausfüllende Kausalität**), entfaltet vor allem § 287 ZPO insoweit Bedeutung, als es um die Frage geht, *ob* ein Schaden entstanden ist. Er findet auch auf den Anspruch nach § 1 Abs 1 Satz 1 Anwendung (ARENS ZZP 104 [1991] 123, 127).

5.   Voraussetzungen des Abs 1 Satz 2

167 Diese Umstände sind als Haftungsvoraussetzungen – entsprechend der herrschenden Normentheorie (ROSENBERG/SCHWAB Zivilprozeßrecht [15. Aufl 1993] § 117 II 1) – vom Geschädigten zu beweisen (MünchKomm/CAHN Rn 65; ROLLAND Rn 175).

6.   Schaden

168 Die Beweislast trägt nach Abs 4 Satz 1 der Geschädigte; indes ist § 287 ZPO anwendbar (ARENS ZZP 104 [1991] 123, 127).

III.   Der Hersteller

1.   Beweisführung

169 Ein **ungelöstes Problem der Beweisführung** des Herstellers liegt in der Wahrung seiner Geheimhaltungsinteressen. Der Hersteller kann sich etwa im Rahmen des § 1 Abs 2 Nr 5 ProdHaftG regelmäßig nur durch **Offenbarung geheimer Betriebsdaten** entlasten. Vor deren Verrat durch die Gegenseite ist er nach §§ 174 Abs 3 Satz 1 iVm 172 Nr 3 GVG erst dann geschützt, wenn das Gericht die Beteiligten zur Geheimhaltung verpflichtet hat; dabei handelt es sich um eine Ermessensentscheidung des Gerichts. So steht zu befürchten, daß sich der Klageweg „zu einem interessanten Feld der Produktspionage entwickeln" könnte (HELLMIG/ALLKEMPER CR 1993, 520).

2.   Beweislast und Beweiserleichterungen

170 Der Hersteller trägt nach Abs 4 Satz 2 die Beweislast für die Entlastungsgründe des Abs 2 und 3. **Grundsätzlich** trifft ihn der **Vollbeweis**; dh der Richter muß davon überzeugt sein, daß die tatsächlichen Umstände eines Entlastungstatbestandes mit an Sicherheit grenzender Wahrscheinlichkeit vorliegen; die überwiegende Wahrscheinlichkeit reicht jedoch nicht aus (ARENS ZZP 104 [1991] 123, 124).

171 Eine **Ausnahme** bildet jedoch Abs 2 Nr 2; hier ist das Beweismaß nach **hM** wesentlich reduziert (oben Rn 72 ff).

172 Ein **Anscheinsbeweis** führt zu einer weiteren Erleichterung im Falle des Abs 2 Nr 2: Denn die Einhaltung technischer Vorschriften begründet unter engen Voraussetzungen einen Anscheinsbeweis für die Fehlerfreiheit des Produkts im Zeitpunkt des Inverkehrbringens (§ 3 Rn 94 ff).

173 Auch im Rahmen des **Abs 3 Satz 1** wird eine Beweiserleichterung für den Fall erwogen, daß der **Teilhersteller nachgewiesen** hat, **daß das Produkt ungeeignet zum Einbau in das Endprodukt** war (MünchKomm/CAHN Rn 73). Dies ist indes mangels eines den Anscheinsbeweis begründbaren Erfahrungssatzes **abzulehnen**. Der Teilhersteller haftet nämlich nach Art 3 lit b auch für vorhersehbaren Fehlgebrauch (§ 3 Rn 59 ff); ist sein Produkt daher ungeeignet zum Einbau in das Endprodukt, stellt sich gerade die Frage, ob der Einbau einen noch dem Hersteller zurechenbaren Fehlgebrauch darstellt oder einen Mißbrauch, für den ihn keine Verantwortung trifft. Aus der fehlenden Eignung des Teilprodukts zur Einarbeitung in das Endprodukts ist also kein Schluß auf die Fehlerfreiheit des Teilprodukts möglich.

§ 2
Produkt

Produkt im Sinne dieses Gesetzes ist jede bewegliche Sache, auch wenn sie einen Teil einer anderen beweglichen Sache oder einer unbeweglichen Sache bildet, sowie Elektrizität. Ausgenommen sind landwirtschaftliche Erzeugnisse des Bodens, der Tierhaltung, der Imkerei und der Fischerei (landwirtschaftliche Naturprodukte), die nicht einer ersten Verarbeitung unterzogen worden sind; gleiches gilt für Jagderzeugnisse.

Systematische Übersicht

Alphabetische Übersicht

A.   Einleitung

I.   Überblick

1 Das ProdHaftG schaltet der Haftungsverantwortung des Herstellers **drei inhaltliche Zurechnungskriterien** vor: die allgemeine Produktverantwortung nach § 4, das Inverkehrbringen des Produkts nach § 1 Abs 2 und die Fehlerhaftigkeit des Produkts nach § 3. Im **Produktbegriff** selbst hingegen begründet das Gesetz, sieht man einmal von der problematischen Ausnahme des Satzes 2 ab, **keine nennenswerte Anwendungshürde**. Zwar sind unbewegliche Sachen und rein immaterielle Leistungen wie etwa Dienstleistungen nach Satz 1 vom gesetzlichen Anwendungsbereich ausgenommen;

ansonsten genügt jedoch jede bewegliche und sogar die eingebaute Sache den Tatbestandsanforderungen des Produktbegriffs. Stellt sich deshalb etwa die Frage nach einer Haftung für sicherheitsgefährdende Blutspenden oder Industrieabfälle, sind die Anwendungsprobleme des § 1 Abs 1 Satz 1 selten in den Tatbestandsvoraussetzungen des Produktbegriffs begründet, sondern meist in einem der anderen drei zentralen Zurechnungskriterien. In der folgenden Darstellung sollen dennoch – aus Gründen der Übersichtlichkeit – einige Problembereiche, die übergreifend mehrere Normen des ProdHaftG berühren, im Zusammenhang dargestellt werden (unten Rn 27 ff).

II. Entstehungsgeschichte

Dem ersten Richtlinienvorschlag der Kommission lag zunächst ein **einheitlicher Pro-** **2** **duktbegriff** zugrunde, der bereits durch den Begriff der beweglichen Sache definiert war. Nach dem ausdrücklichen Willen der Kommission umfaßte er auch „**landwirtschaftlich und handwerklich gefertigte Produkte**" (ABlEG 1976 Nr C 241/9, BegrErwägungen Abs 7 sowie Art 1 Abs 1); auch ihnen gegenüber schien der Kommission eine Haftung aus Verbraucherschutzgründen geboten (Bulletin der EG, Beilage Nr 11/1976, Nr 3, 14). Bereits im Wirtschafts- und Sozialausschuß regten sich erste Gegenstimmen (ABlEG 1979 Nr C 114/15, Rn 2.7.2.4.). Das Europäische Parlament präsentierte darauf einen Gegenvorschlag, wonach der „Hersteller eines landwirtschaftlichen, handwerklichen oder künstlerischen Produkts" von der Haftung befreit sein sollte, „wenn dieses Produkt offensichtlich nicht die Merkmale einer industriellen Fertigung aufweist" (ABlEG 1979 Nr C 127/61, 63). Insbesondere Italien drängte darauf, die Unterschiede industrieller und handwerklicher Produktion bei der Ausgestaltung der Haftung stärker zu berücksichtigen (W Lorenz ZHR 151 [1987] 1, 10). So beschränkte die Kommission in ihrem zweiten Vorschlag die Haftung „auf bewegliche Sachen, die Gegenstand industrieller Fertigung sind: infolgedessen sind landwirtschaftliche Urprodukte, handwerklich gefertigte Sachen und künstlerische Produkte von dieser Haftung auszuschließen" (ABlEG 1979 Nr 271/3, BegrErwägung Abs 7, Art 1 Abs 3).

Dem hat sich der Rat in der **Richtlinie** indes nur vordergründig angeschlossen. In den **3** Erwägungsgründen heißt es zwar: „Die Haftung darf sich nur auf bewegliche Sachen erstrecken, die industriell hergestellt werden" (BegrErwägungen Abs 3 Satz 1). Dieser Rechtsgedanke wird indes nur auf landwirtschaftliche Produkte und Jagderzeugnisse eingeschränkt (BegrErwägungen Abs 3 S 2, Art 2), wobei den Mitgliedsstaaten zugleich die Option eingeräumt wird, auch auf diese Ausnahme vom Produktbegriff zu verzichten (BegrErwägungen Abs 14, Art 15 Abs 1 a).

Im ersten Rezeptionsstadium schien es zunächst unklar, ob die Richtlinie aufgrund **4** des bereits zitierten Abs 3 Satz 1 der Begründungserwägungen nicht doch auch die Ausnahme **handwerklicher Erzeugnisse** gestattete; (Hollmann DB 1985, 2389, 2391; abl zu Recht Buchner DB 1988, 32, 35). Der Rechtsausschuß des Bundestages erkannte indes in Abs 3 Satz 1 keine für die Normierung maßgebliche Aussage und lehnte aus diesem Grund die Ausdehnung des Ausnahmebereiches ab (BT-Drucks 11/5520, 12).

Bewertung: Die Entscheidung, nicht industriell gefertigte Erzeugnisse vom Produkt- **5** begriff auszunehmen, ist sicherlich rechtspolitisch vertretbar und an dieser Stelle nicht zu beanstanden. Daß diese Ausnahme allerdings ohne sachlichen Grund nur

Jürgen Oechsler

einen Teil der nicht industriell gefertigten Erzeugnisse erfaßt, wird zu Recht dem im Hintergrund wirkenden „special interest lobbying" zugeschrieben und läßt keine tragfähige Gerechtigkeitsidee erkennen (REICH, Europäisches Verbraucherrecht Rn 410; W LORENZ ZHR 151 [1987] 1, 17 f; TASCHNER NJW 1986, 611, 613; vgl auch die Kritik des Beratenden Verbraucherausschusses in seiner Stellungnahme vom 21. 2. 1980, Doc CCC/10/10): Die Kritik argwöhnt, daß es ausschließlich darum gegangen sei, die hoch subventionierte Landwirtschaft vor einer strikten Einstandspflicht zu bewahren (REICH aaO).

6 In den **Beratungen des Rechtsausschusses** (BT-Drucks 11/5520, 14; dazu TASCHNER/FRIETSCH § 2 Rn 3) wandten vor allem die Fraktionen der GRÜNEN und der SPD ein, die Privilegierung der bäuerlichen Betriebe gehe an der Lebenswirklichkeit vorbei, weil die heutige Landwirtschaft in Form industrieller Massentierhaltung und mit industriemäßigen Produktionsmethoden betrieben werde (vgl auch REICH aaO; vgl auch W LORENZ ZHR 151 [1987] 1, 18). Die Ausschußmehrheit entschloß sich dennoch für die Privilegierung landwirtschaftlicher Naturprodukte und Jagderzeugnisse. Begründet wurde dies mit der Überlegung, dieser Bereich sei den Gefahren der Einflußnahme Dritter durch Fremdemissionen besonders ausgesetzt; diese aber dürften dem landwirtschaftlichen Erzeuger nicht zugerechnet werden. Auch könne es zu Nachweisschwierigkeiten über die Person des Produkterzeugers kommen (BT-Drucks 11/2447, 12). Schließlich seien keine wesentlichen Haftungslücken zu befürchten, da sich das Haftungsprivileg nur auf diejenigen landwirtschaftlichen Produkte erstrecke, die unverarbeitet in den Verkehr gebracht würden; dies sei aber angesichts der teils zugelassenen, teils zweckmäßigen Nachbehandlung landwirtschaftlicher Naturerzeugnisse eher die Ausnahme (BT-Drucks 11/5520, 14).

B.   Der Produktbegriff

I.   Anforderungen an den Produktbegriff

1.   Der Begriff der beweglichen Sache

7 Nach den Vorstellungen des **Gesetzgebers** ist der Begriff der beweglichen Sache **weit auszulegen**. Er umfaßt jede bewegliche Sache, ohne daß es auf eine spezifische Gefährlichkeit oder einen besonderen Verwendungszweck der Sache ankäme (BT-Drucks 11/2447, 16; BT-Drucks 11/5520, 14). Die **ganz hM** ist ihm darin gefolgt:

8 Denn nach hM findet **keine Differenzierung nach der Herstellungsart** statt: Das Gesetz findet auf industriell gefertigte Sachen ebenso Anwendung wie auf **handwerklich, kunstgewerblich** oder **künstlerisch** gefertigte Sachen (BT-Drucks 11/2447, 17; HOLLMANN DB 1985, 2389, 2390; KULLMANN/PFISTER Kz 3603, 4; MünchKomm/CAHN Rn 2; ROLLAND Rn 3 f; ausführlich TASCHNER/FRIETSCH § 2 Rn 11 ff und Art 2 Rn 15; Graf vWESTPHALEN § 61 Rn 15). Dies entspricht dem historischen Willen der an der Entstehung der Richtlinie und des ProdHaftG beteiligten Organe (oben Rn 2 ff) und wird heute zusätzlich mit der Überlegung begründet, daß sich durch diesen weiten Begriff schwierige Abgrenzungsfragen erübrigen (MünchKomm/CAHN Rn 2). Auch eine **Einzelanfertigung** (zB Individualsoftware) kann dem Produktbegriff unterfallen (unten Rn 69).

9 **Unerheblich** ist auch der **Verwendungszweck** der Sache: Sowohl konsumtive als auch

gewerblich benötigte Erzeugnisse unterfallen dem Produktbegriff (ERMAN/SCHIEMANN Rn 1; ROLLAND Rn 3).

§ 2 Satz 1 findet nach **hM** gleichermaßen Anwendung auf neuwertige oder **gebrauchte** 10 **Sachen** (ERMAN/SCHIEMANN Rn 2; KULLMANN/PFISTER Kz 3603, 2; MünchKomm/CAHN Rn 4; ROLLAND Rn 26). Dies wird nur gelegentlich unter Hinweis auf die rechtspolitischen Regelungsziele des Gesetzgebers **bestritten** (SCHMIDT-SALZER/HOLLMANN Art 2 Rn 27); eine entsprechende Einschränkung des Produktbegriffs ist indes mit dem gesetzlichen Schutzzweck unvereinbar, zumal es für eine solche Differenzierung im Gesetz selbst und in den Materialien an Anhaltspunkten fehlt und sonst breite Marktsegmente (etwa für generalüberholte Waren) ausgeblendet würden, wobei die Unterscheidung zwischen alt und neu den geschützten Personen sicherlich auch nicht in jedem Fall erkennbar ist. Der **gesteigerten Schutzwürdigkeit des Herstellers** vor unberechtigter Inanspruchnahme in diesen Fällen trägt die **hM** auf andere Weise Rechnung: Zum einen will sie ihm den Nachweis nach § 1 Abs 2 Nr 2 erleichtern, daß der Fehler erst nach Inverkehrbringen des Produkts entstanden ist (KULLMANN/PFISTER Kz 3603, 2 f; MünchKomm/CAHN Rn 4; TASCHNER/FRIETSCH § 2 Rn 35; Graf vWESTPHALEN § 61 Rn 8). Dies kann sicher nicht bedeuten, daß zugunsten des Herstellers einer gebrauchten Sache bereits ein einschlägiger prima facie-Beweis spricht; die Überzeugungskraft seiner Beweisführung verstärkt sich jedoch, wenn er andere Umstände nachweisen kann, die dafür sprechen, daß der Fehler letztlich auf die allgemeine Altersanfälligkeit des Produkts zurückging. Im übrigen wird die **Schutzwürdigkeit der Sicherheitserwartungen** nach § 3 Abs 1 im Hinblick auf eine gebrauchte Sache vorsichtiger beurteilt (MünchKomm/CAHN Rn 4); ein Fehler ist dann nicht unter denselben Voraussetzungen anzunehmen, die für neuwertige Sachen gelten.

Nach wohl **hM** bestimmt sich der Begriff der beweglichen Sache im übrigen nach § **90** 11 **BGB** (KULLMANN/PFISTER Kz 3603, 1; MünchKomm/CAHN Rn 5; ROLLAND Rn 13; TASCHNER/FRIETSCH § 2 Rn 17; wohl auch ERMAN/SCHIEMANN Rn 2; Graf vWESTPHALEN § 61 Rn 2, 4 ff). Dies wird bisweilen ohne weiteres vorausgesetzt bzw mit der Überlegung begründet, mangels weiterer Vorgaben in der Richtlinie sei ein Rückgriff auf den nationalen Begriff der beweglichen Sache unumgänglich (MünchKomm/CAHN Rn 5; ROLLAND Rn 5; Graf vWESTPHALEN aaO). Nach einer vor allem im **Computerrecht** vertretenen **MM** (JUNKER, Computerrecht Rn 483; ders WM 1988, 1217, 1249; TAEGER CR 1996, 257, 262; KORT DB 1994, 1505, 1507; ders CR 1990, 171, 174; LEHMANN NJW 1992, 1721, 1724) darf der Sachbegriff hingegen nicht auf körperliche Gegenstände beschränkt werden; dies gebiete die mit der Richtlinie verfolgte Rechtsvereinheitlichung, die eine autonome, von den §§ 90 ff BGB zu unterscheidende Auslegung nahelege, wie sich gerade in § 2 Satz 1 HS 2 zeige, wonach auch die eingebaute Sache als rechtlich selbständig angesehen werde (auf den Unterschied gegenüber §§ 93 f BGB wird auch im baurechtlichen Schrifttum hingewiesen: FUCHS BauR 1995, 747, 748).

Umstritten ist dabei, welche Bedeutung in diesem Zusammenhang der ausdrück- 12 lichen Einbeziehung der **Elektrizität** in den Produktbegriff (§ 2 Satz 1 HS 3) zukommt. Die **hM** sieht darin einen Ausnahmefall und zieht den Umkehrschluß, daß ansonsten nur körperliche Gegenstände einbezogen seien (CAHN NJW 1996, 2899, 2900; MünchKomm/CAHN Rn 5; MEYER ZIP 1991, 1393, 1394; TASCHNER/FRIETSCH § 2 Rn 19; Art 2 Rn 3; wohl auch TAEGER CR 1996, 257, 259); die **Mindermeinung** verneint indes diesen Ausnahmecharakter und schließt aus der Einbeziehung auf einen insgesamt erweiterten Produkttatbestand (LEHMANN NJW 1992, 1721, 1724; MEIER/WEHLAU CR 1990, 95, 98; Graf vWESTPHALEN § 61 Rn 45).

13 Auch der **Rechtsvergleich** liefert keine eindeutigen Ergebnisse. Der englische Richtlinientext erfaßt „all movables", das Ausführungsgesetz indes den Begriff „goods" (auch TAEGER CR 1996, 257, 259 im Anschluß an SMITH/HAMILL PHI 1988, 82; EHRICKE CR 1990, 451, 454). Der im französischen Richtlinientext verwendete Begriff „produit" soll indes mehr bedeuten als „meubles" und in etwa „marchandise" entsprechen (FAGNART Cahiers de droit Européen 1987, 1, 18 f; darauf weist bereits TAEGER aaO hin).

14 Bewertung: Die MM überbewertet die mit der Richtlinie verfolgten Vereinheitlichungsziele. Der Rat selbst weist in den Erwägungsgründen auf die unvollkommenen Harmonisierungswirkungen der Richtlinie hin (BegrErwäg Abs 18), die in ihr vorgesehene freie Konkurrenz der nationalen Produzentenhaftungen (Art 13) bestätigt dies im übrigen. Zu Recht beruht die **hM** auf der Überlegung, daß dort, wo es im Richtlinientext erkennbar an Vorgaben fehlt, auch keine das nationale Recht verdrängende Regelung vorliegen kann. Ferner bedarf der Produktbegriff sachlicher Einschränkungen wie spätestens an dem Umstand deutlich wird, daß auch nach Auffassung der Kommission Dienstleistungen nicht dem Produktbegriff unterfallen, sondern einer eigenen Regelung bedürfen (vgl den Richtlinienentwurf, ABl Nr C 12/8 vom 18. 1. 1991, der aber vorzeitig zurückgezogen wurde Agence Europe N 6259 vom 25. Juni 1994, 9). Da auf der Grundlage von § 2 Satz 1 aber schwerlich eine allgemeine Auskunfts- oder Arzthaftung begründet werden soll, muß die Grenze letztlich in der körperlichen Konkretheit des Leistungsgegenstandes liegen.

15 Die im Schrifttum vereinzelt erwogenen **weiteren Einschränkungen** sind im Hinblick auf ihren Erkenntniswert bzw ihre Herleitung **eher zweifelhaft**. So sollen dem Produktbegriff nur die **Ergebnisse menschlicher Tätigkeit** unterfallen (MAYER VersR 1990, 691, 695; Graf vWESTPHALEN § 61 Rn 1; TASCHNER/FRIETSCH § 2 Rn 8). Diese Einschränkung ergibt sich im System des ProdHaftG indes bereits aus dem in § 4 Abs 1 Satz 1 vorausgesetzten Begriff der Herstellung, nicht aber aus dem Produktbegriff des § 2 Satz 1.

16 Auch soll der Produktbegriff **eine Zweckbestimmung des Herstellers** als weiteres Tatbestandsmerkmal voraussetzen (BUCHWALDT NJW 1996, 13, 14; vgl auch KULLMANN Rn 3603, 3; TASCHNER/FRIETSCH § 2 Rn 26; Art 2 Rn 6). Dies soll ua aus § 3 Abs 1 lit a folgen (fehlerhafte Darbietung) und deshalb naheliegen, weil etwa aus einem Lebewesen erst dann ein Produkt entstehe, wenn es von dem Landwirt, Züchter, Fischer oder Jäger dazu bestimmt werde, von Menschen verzehrt zu werden (vgl BUCHWALDT aaO unter Hinweis auf einschlägige lebensmittelrechtliche Regelungen). Dies geschehe durch das Fangen, Schlachten, Ernten usw (BUCHWALDT aaO). Dem widerspricht jedoch im System des ProdHaftG die Vorschrift des § 1 Abs 2: Die dort geregelten Entlastungstatbestände implizieren, daß die Haftung des Herstellers ein **Inverkehrbringen des Produkts** voraussetzt. Dieser Zurechnungstatbestand regelt gerade das Konkretisierungsproblem, das die MM mit ihren Überlegungen zur Zweckbestimmung des Produkts verfolgt. Denn immer, wenn der Hersteller ein Erzeugnis iSd § 2 Satz 1 zu Vermarktungszwecken aus den Händen gibt, dürfte eine entsprechende Zweckbestimmung vorliegen. Ob vor diesem Zeitpunkt einschlägige Konkretisierungshandlungen stattgefunden haben, ist ohne Belang, weil vor diesem Zeitpunkt eine

Haftungsverantwortung nicht besteht (§ 1 Abs 2 Nr 1). Dies zeigen folgende Beispiele: Wird eine bewegliche Sache auf dem Werksgelände des Herstellers entsorgt und kommt es dabei zu Rechtsgutsverletzungen, haftet der Hersteller wegen § 1 Abs 2 Nr 1 ProdHaftG selbst dann nicht, wenn er die Sache zuvor ausdrücklich zum Produkt bestimmt hätte. Auf der anderen Seite kann sich der Hersteller nicht damit entlasten, er habe eine fehlerhafte, in Verkehr gebrachte Sache nicht zum Produkt gewidmet (arg e § 1 Abs 2 Nr 2).

2. Unbewegliche Sachen

Der Hersteller haftet nicht für unbewegliche Sachen nach § 1 Abs 1 Satz 1 (arg e § 2 **17** Satz 1). Zu den unbeweglichen Sachen zählen zunächst unstreitig **Grundstücke und die auf dem Grundstück errichteten Gebäude** (hM vgl nur BT-Drucks 11/2447, 17; daran anschließend KULLMANN/PFISTER Kz 3606, 1 f; MünchKomm/CAHN Rn 8 f; ROLLAND Rn 7 ff; TASCHNER/FRIETSCH § 2 Rn 41 ff). Ob andere mit dem Grundstück fest verbundene Bauwerke – zB **Versorgungsleitungen** – als unbewegliche Sachen anzusehen sind (Graf vWESTPHALEN § 61 Rn 26), erscheint fraglich (vgl nämlich unten Rn 25).

Darüber hinaus gelten **die §§ 94 f BGB** jedoch nicht uneingeschränkt, sondern treten **18** hinter der **Spezialregelung** des **§ 2 Satz 1 HS 2** zurück (vgl BT-Drucks 11/5520, 14 sowie die oben Zitierten): Danach kann ein Produkt auch Teil einer beweglichen oder unbeweglichen Sache sein, weshalb durch Einbau einer Sache in ein Gebäude ihre haftungsrechtliche Selbständigkeit entgegen § 94 Abs 2 BGB gerade nicht untergeht. Auch findet **§ 95 Abs 1 Satz 2 BGB keine Anwendung** (hM BT-Drucks 11/5520, 14; MünchKomm/CAHN Rn 9; ROLLAND Rn 8; TASCHNER/FRIETSCH § 2 Rn 47; Graf vWESTPHALEN § 61 Rn 25). Ob ein Gebäude in Ausübung eines einschlägigen Rechtes auf fremdem Grundstück oder im Auftrag des Grundstückseigentümers selbst errichtet wird, spielt für die Haftung des Bauunternehmers keine Rolle, weil es für die Haftungsbegründung nicht auf den zufälligen Willen des Bauherren ankommen darf (TASCHNER/FRIETSCH aaO). Für diese Überlegung spricht auch, daß § 95 Abs 1 Satz 2 BGB einen Interessenausgleich zwischen dem Eigentümer und dem Inhaber des beschränkten dinglichen Rechtes erstrebt, kaum aber für die in § 1 Abs 1 Satz 1 ProdHaftG verfolgten Haftungszwecke taugt. Die Zufälligkeiten des auf dem Grundstück herrschenden Nutzungsregimes können die Rechtsstellung des Geschädigten schwerlich beeinflussen.

Bodenbestandteile (Steine, Kies usw) werden nach ihrem Herauslösen bewegliche **19** Sachen und unterfallen dem Produktbegriff (TASCHNER/FRIETSCH § 2 Rn 48; Graf vWESTPHALEN § 61 Rn 26), wobei sich allerdings die Frage stellt, ob sie zu den landwirtschaftlichen Erzeugnissen des Bodens iSd des Satzes 2 zählen (dazu unten Rn 88).

Schiffe, die im Schiffahrtsregister oder Schiffsbauwerke, die im Schiffsbauregister **20** eingetragen sind, werden als unbewegliche Sachen angesehen; alle übrigen hingegen als bewegliche (TASCHNER/FRIETSCH § 2 Rn 34; Graf vWESTPHALEN § 61 Rn 29; aA ROLLAND Rn 11). **Flugzeuge** sind nach Auffassung des Gesetzgebers bewegliche Sachen (anders wäre das Beispiel in BT-Drucks 11/2447, 20 nicht zu verstehen, wonach eine Luftverkehrsgesellschaft ausnahmsweise nicht haften soll, wenn sie Flugzeuge allein für ihren Flugbetrieb importiert; zu dieser Problematik § 4 Rn 88).

3. Produkte, die den Teil einer beweglichen Sache oder einer unbeweglichen Sache bilden (Satz 1 HS 2)

a) Entstehungsgeschichte und Zweck

21 Die Erweiterung des Produktbegriffs auf Sachen, selbst „wenn diese in ein Bauwerk eingebaut (sind)", begegnet erstmals in der Stellungnahme des Europäischen Parlaments (ABlEG 1979 Nr C 127/61, 62) und wurde über den zweiten Richtlinienvorschlag der Kommission (ABlEG 1979 Nr 271/3, Art 1 Satz 2) letztlich in die Richtlinie (Art 2 Satz 1) übernommen. Ausschlaggebend war sowohl die Absicht, eine komplizierte Kasuistik zu vermeiden, wie sie für das deutsche Recht etwa im Bereich der §§ 946, 93 BGB typisch ist, und Ungerechtigkeiten vorzubeugen: Der Einbau sollte nicht zugleich den Haftungsausschluß bedeuten (W Lorenz ZHR 151 [1987] 1, 17). So wurde die Regelung im Schrifttum vor allem auch im Sinne einer Einbeziehung der **Haftung für fehlerhafte Baumaterialien** in die Richtlinie verstanden (vgl etwa Kullmann/Pfister Kz 3603, 1 f im Anschluß an Taschner Art 2 Rn 2; Kullmann BauR 1993, 153, 160; ferner Graf vWestphalen § 61 Rn 28).

22 Darüber hinaus erkannte der deutsche Gesetzgeber ausdrücklich auch die **Bedeutung für das Bauhandwerk** (BT-Drucks 11/5520, 14). Die Norm könne stets dann die Herstellerhaftung des Handwerkers auslösen, wenn bei der Montage einer Anlage durch den verantwortlichen Handwerker „ein eigenständiges konstruktives Element zum Tragen komm(e)". Aus den §§ 93, 94 BGB dürfe dagegen nichts Gegenteiliges hergeleitet werden.

23 Der Zweck der Norm liegt richtiger Auffassung nach in einer **Perpetuierung der Haftung über den Zeitpunkt des Einbaus hinaus** (Rolland Rn 8; MünchKomm/Cahn Rn 10).

b) Produkthaftung für fehlerhafte Baustoffe

24 Das ProdHaftG begründet nicht nur eine Haftung des Herstellers fehlerhafter Baumaterialien, sondern führt auch zu einer Haftungsverantwortung des **Bauhandwerkers**, wenn dieser fehlerhafte Materialien bei der Herstellung eines von ihm gefertigten Endprodukts verwendet*. Der **Bauhandwerker** haftet nämlich subsidiär als Lieferant nach § 4 Abs 3 Satz 1, wenn er auf Anfrage des Geschädigten den Hersteller nicht binnen eines Monats benennen kann (vgl dazu und zum folgenden etwa: BT-Drucks 11/5520, 14); er haftet aber auch unmittelbar als Hersteller des Endprodukts nach § 4 Abs 1 Satz 1, wenn er mit Hilfe fehlerhafter Baustoffe, die er von dritter Seite bezogen hat, ein eigenes Endprodukt herstellt und an den Bauherren veräußert hat (zur Herstellung durch Montage vgl § 4 Rn 20 ff). Die **besondere Bedeutung des Prod-HaftG** im Bereich der Haftung für Baustoffe und Bauleistungen liegt gerade im weiten Herstellerbegriff des § 4 (Fuchs BauR 1995, 747, 758 ff).

25 Die Haftung erfaßt über §§ 93 f BGB hinausgehend auch **Anlagen der technischen**

---

* **Schrifttum:** Vgl allgemein: Derleder, Deliktshaftung für Werkmängel, AcP 195 (1995) 137; Fuchs, Die deliktsrechtliche Haftung für fehlerhafte Bauprodukte, BauR 1995, 747; Keilholz, Die Bedeutung der EG-Produkthaftungsrichtlinie 1985 für das private Bau-recht, BauR 1987, 259; Kullmann, Aktuelle Rechtsfragen zur Produkthaftung bei Baustoffen, BauR 1993, 153, 160; Soergel, Bauvertragliche Gewährleistung und Produkthaftung, in: FS Locher (1990) 235.

Gebäudeeinrichtung (BT-Drucks 11/5520, 14) wie bspw Aufzüge, Heizungs- und Klimaanlagen (Taschner/Frietsch § 2 Rn 32, 47; Kullmann/Pfister Kz 3603, 2; Rolland Rn 8; Graf vWestphalen § 61 Rn 25). Nur das Gebäude selbst wird als unbewegliche Sache angesehen (oben Rn 17).

In der Praxis dürfte der Anwendungsbereich des ProdhaftG dennoch im Vergleich zu **26** § 823 Abs 1 BGB beschränkt sein (dazu Derleder AcP 195 [1995] 137, 167 f; Fuchs BauR 1995, 747, 748; Soergel, in: FS Locher [1990] 235). Eine wesentliche Einschränkung der Haftung folgt insbesondere aus § 1 Abs 1 Satz 2 ProdHaftG, wonach die Haftung für Sachbeschädigungen entfällt, wenn die Sache gewöhnlich nicht für den privaten Ge- und Verbrauch bestimmt ist (Fuchs BauR 1995, 747, 748). Dadurch fallen Schäden an gewerblich genutzen Grundstücken, Gebäuden und Gebäudeeinrichtungen aus dem Anwendungsbereich des § 1 Abs 1 Satz 1 ProdHaftG heraus.

II. Einzelfragen

1. Abfall*

Nach **hM** unterfallen Abfälle der Haftung nach dem ProdHaftG **nur in sehr** **27** **beschränktem Umfang.** Im Hinblick auf die Begründung bestehen jedoch einige Unklarheiten. Nach verbreiteter Ansicht sind die bei der Produktion typischerweise anfallenden Industrieabfälle (Schlacke, Schmutzwasser usw) **keine Produkte**, weil ihnen vom Hersteller nicht die Zweckbestimmung als Produkt beigelegt werde (Schmidt-Salzer/Hollmann Art 2 Rn 31; Taschner/Frietsch § 2 Rn 26, Art 2 Rn 6; vgl auch MünchKomm/Cahn Rn 16; im Anschluß an Brüggemeier/Reich WM 1986, 149, 155; Mayer VersR 1990, 691, 695; Paschke/Köhlbrandt NuR 1993, 256, 261). Dagegen spricht jedoch, daß im Produktbegriff des § 2 Satz 1 eine solche Zweckbestimmung nicht vorausgesetzt ist, sondern die Eigenschaft einer beweglichen Sache genügt. Auf die vom Hersteller verfolgten Zwecke kommt es nicht im Rahmen des Produktbegriffes, sondern beim Inverkehrbringen nach § 1 Abs 2 an (vgl dazu bereits oben Rn 16); dies zeigt folgende Überlegung: Wird eine bewegliche Sache auf dem Werksgelände des Herstellers entsorgt und kommt es dabei zu Rechtsgutsverletzungen, haftet der Hersteller wegen § 1 Abs 2 Nr 1 ProdHaftG selbst dann nicht, wenn er die Sache zuvor ausdrücklich zum Produkt bestimmt hätte. Auf der anderen Seite kann sich der Hersteller nicht damit entlasten, er habe eine fehlerhafte, in Verkehr gebrachte Sache nicht zum Produkt gewidmet (arg e § 1 Abs 2). Auf Zweckbestimmungen, die der Hersteller der Sache beilegt, kommt es also für die Haftungsbegründung ebensowenig an wie für die Entlastung. Ernsthafte Einwände gegen die Haftung für Abfälle lassen sich daher allein im Hinblick auf die drei zentralen, die Herstellerhaftung tragenden Zurechnungskriterien begründen: die Produktverantwortung des

---

* **Schrifttum:** G Hager, Ökologisierung des Verbraucherschutzrechtes, UPR 1995, 401; ders, Umwelthaftung und Produkthaftung, JZ 1990, 397; Molitoris, Gewährleistung und Produkthaftung bei Remanufacturing von Gebrauchttechnik im internationalen Recht, PHI 1997, 38; Salje, Umwelt- und Produkthaftung der Produzenten, Lieferanten und Nutzer von Klärschlamm und Komposten an Beispielen aus der Praxis, AgrarR 1997, 201; vWilmowski Die Haftung des Abfallerzeugers, NuR 1991, 253; Beckmann, Produktverantwortung, UPR 1996, 41; Paschke/Köhlbrandt, Beseitigung von Industrieabfällen durch Spezialunternehmen, NuR 1993, 256.

Herstellers nach § 4, das Inverkehrbringen als Produkt iSd § 1 Abs 2 Nr 1 – 5 und die
Fehlerhaftigkeit des Produkts (§ 3 Abs 1).

28   Nach **Auffassung des Gesetzgebers** wird bei typischen Industrieabfällen keine Produktverantwortung iSd § 4 begründet, weil der Verantwortliche die Abfälle nicht „hergestellt" habe (BT-Drucks 11/2447, 16 f). Diese Auffassung ist indes unter systematischen
Gesichtspunkten zweifelhaft, weil sie dem Begriff der Herstellung in § 4 einen
erfolgsbezogenen, auf Vertrieb gerichteten Tätigkeitsinhalt zuschreibt; zu diesem
Aspekt verhält sich im System des ProdHaftG aber gerade der Begriff des **Inverkehrbringens** iSd § 1 Abs 2 Nr 1. **Richtiger Ansicht** nach kommt es daher im Hinblick auf
die Haftung für Abfälle zunächst auf die **Frage** an, **ob die Abfälle in den Verkehr**
gebracht werden iSd § 1 Abs 2 Nr 1 (vgl § 1 Rn 62). Dies muß dann verneint werden,
wenn Abfall zur Vernichtung weitergegeben wird (SCHLECHTRIEM VersR 1986, 1033,
1037 f; PASCHKE/KÖHLBRANDT NuR 1993, 256, 261). Nur wenn die Abfälle nicht ganz beseitigt, sondern weiterverwertet werden sollen, kommt eine Haftung des Herstellers in
Betracht. Dieser haftet allerdings **nicht für unredliches Verhalten eines Abfallbeseitigungsunternehmens**, das statt zu beseitigen wiederverwertet (SCHLECHTRIEM 1038).
Anders liegen die Dinge auch, wenn Abfall gesammelt und als Grundstoff (zB
Schrott) vertrieben wird; dann kommt eine Haftung eines Grundstoffherstellers im
Hinblick auf ein **fehlerhaftes Recyclingprodukt** durchaus in Betracht (BT-Drucks 11/2447,
17; MünchKomm/CAHN Rn 15; PASCHKE/KÖHLBRANDT NuR 1993, 256, 261; ähnlich wohl ROL-
LAND Rn 31).

29   Fraglich ist weiter, inwieweit Abfall einen **Produktfehler iSd § 3** aufweisen kann; dies
ist dann wenig problematisch, wenn Abfälle weiterveräußert und von den Erwerbern
zu **Recyclingprodukten** verarbeitet werden. Hier stellt sich aus Sicht der betroffenen
Verkehrskreise im Hinblick auf **§ 3 Abs 1 lit b** die Frage, ob der Abfall die Sicherheit
im Hinblick auf den Gebrauch bietet, mit dem man billigerweise rechnen kann. Es
geht also darum, ob der Abfall als Grundstoff zur sicheren Herstellung des Recyc-
lingproduktes geeignet ist oder nicht.

30   Problematischer liegen indes **die reinen Entsorgungsfälle.** Hier mag ein im Hinblick
auf § 3 Abs 1 lit b fehlerfreies Produkt gerade bei seiner Entsorgung Sicherheitsrisiken entstehen lassen: Die Bildröhren der Personalcomputer etwa werden mit
schwermetallhaltiger Beschichtung ausgeliefert, um gesundheitsgefährdende Abstrahlungen zu verhindern; dies erhöht zwar ihre Gebrauchssicherheit iSd § 3 Abs 1
lit b, nicht aber ihre Entsorgungssicherheit, weil es hier Verseuchungen des Erdreiches zu verhindern gilt (Beispiel bei vWILMOWSKI NuR 1991, 253, 266). Die Ausweitung des
Fehlerbegriffs auch auf solche **originären Entsorgungsrisiken** scheint indes eher ein
rechtspolitisches Postulat (HAGER, Umwelthaftung und Produkthaftung, JZ 1990, 397, 398 f,
407; ders UPR 1995, 491); **mit dem geltenden Recht ist sie nicht vereinbar** (ROLLAND § 2 Rn 33
und § 3 Rn 13 ff; PASCHKE/KÖHLBRANDT NuR 1993, 256, 261; MünchKomm/CAHN Rn 16; aA vWIL-
MOWSKI NuR 1991, 253, 265 f iS einer Ökologisierung des Fehlerbegriffs im Rahmen des § 3 Abs 1;
vgl auch KRÄMER, EWG-Verbraucherrecht [1985] 312 f). Weder Entstehungsgeschichte noch
Wortlaut des § 3 Abs 1 geben ausreichenden Anhalt für eine so weitreichende Haftungsverantwortung des Herstellers. Vielmehr knüpft § 4 Abs 1 Satz 1 die Produktverantwortung des Anspruchsadressaten an den Herstellungs-, nicht aber den
Entsorgungsvorgang an; würden in § 3 Abs 1 auch originäre Entsorgungsrisiken
erfaßt, bliebe es unverständlich, warum in § 4 nicht auch der Entsorger wenigstens

subsidiär (vgl Abs 3) für einschlägige Fehler haftete. Nach § 1 Abs 2, insbesondere Nr 1, wirkt schließlich das Inverkehrbringen des Produktes haftungsbegründend. Wie der systematische Vergleich zur Unterscheidung von § 3 Nr 7 und Nr 8 GenTG zeigt, die wegen § 37 Abs 2 iVm § 16 Abs 2 GenTG auch für die Anwendung des ProdHaftG von Bedeutung sind (unten Rn 54 ff, 58), bedeutet „Inverkehrbringen" etwas anderes als „Freisetzen", nämlich nicht nur das Herauslassen gefährlicher Stoffe aus dem eigenen Gefahrenbereich, sondern die *Vermarktung* sicherheitsgefährdender Produkte in Absatzketten und auf Endverbrauchermärkten. Knüpft aber die Haftungsverantwortung des Herstellers an die Produktvermarktung an, kann sie den Abschluß der Vermarktung im Zeitpunkt der Entsorgung kaum überdauern. Daß es sich bei der Entsorgung von Abfällen um einen von der Produkthaftung verschiedenen Problemkreis handelt, zeigt sich nicht zuletzt auch am Vorschlag einer Richtlinie des Rates über die zivilrechtliche Haftung für die durch Abfälle verursachten Schäden (BR-Drucks 528/89; TASCHNER/FRIETSCH § 2 Rn 25).

Nach **hM** können indes **Produkte im Falle der Dereliktion zu Abfällen iSd § 1 des Abfall-** 31 **gesetzes** werden, wenn sich der Besitzer des Produktes einfach entledigt. Leidet das Produkt nach allgemeinen Maßstäben unter einem Fehler iSd § 3 Abs 1, führt die **Dereliktion nicht zur Entlastung des Herstellers** (BT-Drucks 11/2447, 17; KULLMANN/PFISTER Kz 3603, 3; MünchKomm/CAHN Rn 14; ROLLAND Rn 32; ERMAN/SCHIEMANN Rn 2; PASCHKE/ KÖHLBRANDT NuR 1993, 256, 261; SCHLECHTRIEM VersR 1986, 1033, 1037; TASCHNER/FRIETSCH § 2 Rn 26; Graf vWESTPHALEN § 61 Rn 12).

2. Arzneimittel

Vgl § 15. 32

3. Baustoffe und bauhandwerkliche Leistungen

Vgl oben Rn 24 ff. 33

4. Blut, menschliche Organe*

Blut und menschliche Organe kommen nach ihrer Abtrennung vom menschlichen 34

---

* **Schrifttum** (Auswahl): DEUTSCH, Die Infektion als Zurechnungsgrund, NJW 1986, 757; ders, Rechtsprobleme von AIDS, VersR 1988, 533; EBERBACH, Rechtsprobleme der HTLV-III-Infektion (AIDS) (1986); EICHHOLZ, Die Bedeutung der arzneimittelrechtlichen Produkthaftung für das Blutspenden und den Vertrieb von Blutkonserven, NJW 1991, 732; GIESEN/POLL, Zur Haftung für infizierte Blutkonserven im amerikanischen und deutschen Recht, RIW 1993, 265; LIPPERT, Die Eigenblutspende, VersR 1992, 790; NOEHRBASS, Produkthaftpflicht und AIDS, VW 1990, 1119; REINELT, Zur Haftung des Arzneimittelherstellers für die Übertragung von Viren durch Blutprodukte, VersR 1990, 565; SCHMIDT-RÄNTSCH, Die Umsetzung der Produkthaftrichtlinie des Rats der EG vom 25. 7. 1985, ZRP 1987, 437, 439; SCHÜNEMANN/PFEIFFER, Die Rechtsprobleme von AIDS (1988); SPICKHOFF, Zur Haftung für HIV-kontaminierte Blutkonserven, JZ 1991, 756; UTZ, Schadensrechtliche Probleme im Zusammenhang mit einer HIV-Infektion, AIFO 1988, 94; WUSSOW, Versicherungsrechtliche Fragen im Zusammenhang mit AIDS, VersR 1988, 660. Vgl schließlich RIEDEL/KARPENSTEIN, Europarechtliche

Körper als **Produkte** in Betracht (**hM**: BT-Drucks 11/2447, 16; OLG Hamburg NJW 1990, 2322; HONSELL JuS 1995, 211, 212; MünchKomm/CAHN Rn 12; TASCHNER/FRIETSCH § 2 Rn 27; Art 2 Rn 4; Graf vWESTPHALEN § 61 Rn 16; **krit** allein MAYER VersR 1990, 691, 695).

35 Es handelt sich dabei **nicht** um Erzeugnisse iSd **§ 2 Satz 2**, die nur infolge erster Verarbeitung zum Produkt werden (HONSELL JuS 1995, 211, 212).

36 **Arzneimittel**, die auf der Grundlage von Blutplasma erzeugt werden (Blutgerinnungs-mittel, Gammaglobulin usw), fallen nach § 15 Abs 1 nicht in den Anwendungsbe-reich des Gesetzes (DEUTSCH VersR 1992, 521, 525; ERMAN/SCHIEMANN Rn 2; HONSELL JuS 1995, 211, 212; KULLMANN/PFISTER Kz 3603, 3).

37 Nach **hM** kommt eine Haftung von **Blut- und Organbanken** für übertragene Krank-heiten in Betracht (BT-Drucks 11/2447, 16; KULLMANN/PFISTER Kz 3603, 3; MünchKomm/CAHN Rn 12; SCHMIDT-RÄNTSCH ZRP 1987, 437, 439). In Blutbanken kommt es zur Aufar-beitung des Blutes zu Konserven oder zu seiner Veränderung in Blutplasma. Dadurch entstehen neue Produkte, hinsichtlich deren jeweils eine Produktverant-wortung nach § 4 Abs 1 Satz 1 begründet wird. Eine Entlastung der Hersteller nach § 1 Abs 2 Nr 3 scheidet angesichts des regelmäßig gewerbsmäßigen Betriebs aus.

38 Der **Blut- oder Organspender** soll sich nach **hM** regelmäßig nach § 1 Abs 2 Nr 3 ent-lasten können (BT-Drucks 11/2447, 16; MünchKomm/CAHN Rn 12). Dies ist indes nicht unproblematisch, wenn bspw eine im Gesundheitswesen beschäftigte Person Blut spendet, weil ihr der Arbeitgeber im Gegenzug eine Vergünstigung anbietet: Denn eine Entlastungswirkung nach **§ 1 Abs 2 Nr 3** setzt *kumulativ* voraus, daß das Produkt weder in Verfolgung wirtschaftlicher Zwecke hergestellt wird, noch im Rahmen der eigenen beruflichen Tätigkeit des Herstellers, die auch unentgeltlich sein kann. **Rich-tiger Ansicht** nach dürfte der Spender von der allgemeinen Produktverantwortung nach § 4 Satz 1 allein deshalb ausgenommen sein, weil er das Blut bzw das Organ nicht hergestellt hat (DEUTSCH VersR 1992, 521, 525: Wer eine Niere spendet, „der hat nichts hergestellt, sondern nur etwas abgegeben"; KULLMANN/PFISTER Kz 3603, 3; TASCHNER/FRIETSCH § 2 Rn 27; Art 2 Rn 5; Graf vWESTPHALEN § 61 Rn 16).

39 **Künstliche Körperteile** sind Produkte iSd § 2 Satz 1. Geht die Sacheigenschaft durch feste und beständige Integration in den Körper unter, tritt keine Entlastung ein. Denn aus den §§ 1 Abs 2 Nr 2, 3 Abs 1 lit c folgt, daß es für die Haftungsverant-wortung des Herstellers auf den Zeitpunkt des Inverkehrbringens des Produkts ankommt, in dem die Sacheigenschaft unzweifelhaft besteht. Daß die Prothese zum späteren Zeitpunkt der Schädigung keine Sache mehr darstellt, ist demnach uner-heblich (so auch TASCHNER/FRIETSCH Rn 28; unrichtig im Hinblick auf den maßgeblichen Zeit-punkt der Verantwortung: Graf vWESTPHALEN § 61 Rn 17).

40 Der **menschliche Leichnahm** wird **idR nicht als Sache** angesehen (KALLMANN FamRZ 1969, 572, 578; ROLLAND Rn 29; ZIMMERMANN NJW 1979, 569, 570). Soweit die Rechtsordnung jedoch seine weitere Verwendung billigt, ist von einer Sacheigenschaft auszugehen, so daß insoweit die Anwendung des § 2 Satz 1 nicht gehindert ist (ROLLAND Rn 29).

Grenzen der geplanten Reform des Arzneimit-
telhaftungsrechts, MedR 1996, 193.

5. Dienstleistungen

Der Vorschlag der Kommission vom 20. Dezember 1990 für eine Richtlinie des Rates **41** über die Haftung für Dienstleistungen (ABlEG Nr C 12/8; LITTBARSKI, Entwurf einer Richtlinie für die Haftung bei Dienstleistungen, BAnz 1992) wurde im Zuge der Subsidiaritätsdebatte zurückgezogen (Agence Europe N 6259 vom 25. Juni 1994, 9. Vgl zu dieser Problematik: GILCHER, Produkthaftung für Dienstleistungen [Diss Saarbrücken 1994]; GEISENDÖRFER, Offene Fragen des Richtlinienvorschlags der EG-Kommission zur Haftung bei Dienstleistungen, VersR 1991, 33; HEINEMANN, Auf dem Wege zur europäischen Dienstleistungshaftung, ZEuP 1991, 1193; KRETSCHMER PHI 1991, 64).

Obwohl zahlreiche Sachgründe für eine haftungsrechtliche Gleichbehandlung von **42** Produkten und Dienstleistungen sprechen (dazu GILCHER, Produkthaftung für Dienstleistungen [1994] 122 ff), kommt eine Anwendung des ProdHaftG nicht in Betracht (ausdrücklich etwa TASCHNER/FRIETSCH § 2 Rn 8); denn nach § 2 Satz 1 beschränkt sich die Haftung auf bewegliche Sachen; dieser Begriff ist aber nach **hM** iSd § 90 BGB zu verstehen (oben Rn 11).

Werden Dienstleistungen im Hinblick auf ein Produkt erbracht, tritt dadurch grund- **43** sätzlich keine Haftungsverantwortlichkeit nach § 1 Abs 1 Satz 1 ein (dazu Graf vWESTPHALEN § 61 Rn 10 f; TASCHNER/FRIETSCH § 2 Rn 37 f; SCHMIDT-SALZER III/1 Art 2 Rn 25), es sei denn infolge der „Dienstleistung" würde ein neues Produkt iSd § 4 Abs 1 Satz 1 hergestellt. Haftungsbegründend kann eine Dienstleistung ferner sein, wenn sie als Produktdarbietung nach § 3 Abs 1 lit a anzusehen ist.

6. Elektrizität und andere Energieträger*

Die Elektrizität wurde offensichtlich erst im letzten Stadium der Richtlinienbera- **44** tungen (W LORENZ ZHR 151 [1987] 1, 18), wohl auf Wunsch der italienischen Delegation (DEUTSCH VersR 1992, 521, 525), in die Richtlinie aufgenommen.

Fehlerhaft ist Elektrizität im Falle von **Frequenz- und Spannungsschwankungen** (KULL- **45** MANN/PFISTER Kz 3603, 2; LORENZ ZHR 151 [1987] 1, 18; MAYER VersR 1990, 691, 697; SCHMIDT-SALZER/HOLLMANN Art 2 Rn 80; TASCHNER/FRIETSCH Art 6 Rn 27; Graf vWESTPHALEN § 61 Rn 22). **Streitig** ist, ob auch die **Stromunterbrechung** eine Haftung auslöst. Dies wird bisweilen bejaht, weil es aus Sicht des geschützten Abnehmers keinen Unterschied mache, ob ein elektrisches Gerät durch Spannungsschwankungen oder durch Stromausfall geschädigt werde (HONSELL JuS 1995, 211; W LORENZ ZHR 151 [1987] 1, 18; Graf vWESTPHALEN § 61 Rn 22). Die wohl **hM** lehnt dies zu Recht ab, weil die Nichtlieferung eines Produkts schwerlich dem Fall der Lieferung eines fehlerhaften Produktes iSd § 3 Abs 1 gleichgesetzt werden kann (DEUTSCH VersR 1992, 521, 525; BRÜGGEMEIER ZHR 152 [1988] 511, 513; KULLMANN/PFISTER Kz 3603, 2). Die Stromunterbrechung erscheint daher eher als ein Problem des Leistungsstörungsrechts.

Die Herstellerhaftung konkurriert mit dem Ersatzanspruch aus § 2 Abs 1 Satz 1 Haft- **46**

---

* **Schrifttum**: KLEIN, Die Haftung von Versorgungsunternehmen, UTR Bd 6 (1988); ders, Die Haftung von Versorgungsunternehmen nach dem Produkthaftungsgesetz, BB 1991, 917.

Jürgen Oechsler

pflichtgesetz, wobei die praktische Bedeutung des Anspruchs aus § 1 Abs 1 Satz 1 ProdHaftG vor allem hinsichtlich der Haftungsfälle besteht, in denen die Haftpflicht nach § 2 Abs 3 HaftpflichtG ausgeschlossen ist. Dies dürfte vor allem die Beschädigung von Energieverbrauchsgeräten betreffen, die gem § 2 Abs 3 Nr 2 HaftpflichtG von der dort begründeten Haftung ausgenommen sind.

47 Im Hinblick auf Ansprüche aus § 1 Abs 1 Satz 1 ist eine **Freizeichnung** wegen § 14 **nicht möglich**. Dies gilt gerade für Verträge, die im Rahmen der Verordnung über Allgemeine Bedingungen für die Gasversorgung von Tarifkunden (AVBGasV – BGBl 1979 I 676), der Verordnung über Allgemeine Bedingungen für die Elektrizitätsversorgung von Tarifkunden (AVBEltV – BGBl 1979 I 684), der Verordnung über Allgemeine Bedingungen für die Versorgung mit Fernwärme (AVBFernwärmeV – BGBl 1980 I 742) abgeschlossen wurden oder abzuschließen sind, soweit die Versorgungsunternehmen iSd § 4 Hersteller sind (hM BT-Drucks 11/2447, 16 und 25 f; BRÜGGEMEIER/REICH WM 1986, 149, 154; KLEIN BB 1991, 917, 924; ROLLAND Rn 20).

48 Auch **andere Energieträger** unterfallen dem Produktbegriff des § 2 Satz 1. Dies gilt für **Gas** und **Wasser** schon deshalb, weil es sich in beiden Fällen um bewegliche Sachen handelt, die im übrigen nicht § 2 Satz 2 unterfallen, aber auch für **Fernwärme**, weil hier nicht auf die Wärme als solche abgestellt wird, sondern auf den Wärmeträger (Dampf, Kondensat und Heizwasser), den die Versorgungsunternehmen zur Verfügung stellen (BT-Drucks 11/2447, 16; KLEIN BB 1991, 917, 918; BRÜGGEMEIER/REICH WM 1986, 149, 150; HONSELL JuS 1995, 211; ROLLAND Rn 14; TASCHNER/FRIETSCH § 2 Rn 19, Art 2 Rn 3; Graf vWESTPHALEN § 61 Rn 6).

49 Die nach **§ 3 Abs 1 relevanten Sicherheitserwartungen** werden durch die vom Bundeswirtschaftsminister nach §§ 7 Abs 2 Energiewirtschaftsgesetz, 27 AGBG erlassenen **Verordnungen über allgemeine Bedingungen der Elektrizitätsversorgung, der Gasversorgung, der Wasserversorgung und der Fernwärmeversorgung mit konkretisiert** (KLEIN BB 1991, 917, 920 mwN): Bei der Gaslieferung sind etwa Brennwert und Druck des Gases möglichst gleichbleibend zu halten; Wasser muß den geltenden Rechtsvorschriften und den anerkannten Regeln der Technik für die vereinbarte Bedarfsart (Trink- oder Betriebswasser) entsprechen. Bedeutung entfalten insoweit auch die Regelungen in § 11 Bundes-Seuchengesetz, die einschlägigen Normen des Lebensmittel- und Bedarfsgegenständegesetzes, der Trinkwasserverordnung und der Trinkwasseraufbereitungsverordnung (dazu KLEIN aaO; ders, Die Haftung von Versorgungsunternehmen [1988]).

7.   Gentechnik*

a)   Haftung nach dem Gentechnikgesetz
50 Das Gesetz zur Regelung der Gentechnik (vom 16. Dezember 1993, BGBl I 2066 idF v

---

* **Schrifttum** (Auswahl): DEUTSCH, Haftung und Rechtsschutz im Gentechnikrecht, VersR 1990, 10; ders, Produzentenhaftung im Gentechnikrecht, PHI 1991, 75; ders, Haftung für unerlaubte bzw fehlerhafte Genomanalyse, VersR 1991, 1205; ders, Produkt- und Arznei-mittelhaftung im Gentechnikrecht, in: FS W Lorenz [1991] 65; BROCKS/POHLMANN/SENFT, Das neue Gentechnikgesetz (1991); HASSKARL, Gentechnikrecht (1990); HIRSCH/SCHMIDT-DIDCZUHN, Gentechnikgesetz (1991); dies, Die Haftung für das gentechnische Restrisiko,

24. 6. 1994, BGBl I 1416) begründet nach § 32 Abs 1 eine Haftung, wenn infolge von Eigenschaften eines Organismus', die auf gentechnischen Arbeiten beruhen, jemand getötet, sein Körper oder seine Gesundheit verletzt oder eine Sache beschädigt wird; der Betreiber ist dann verpflichtet, den daraus entstehenden Schaden zu ersetzen.

Der **Begriff der gentechnischen Arbeiten** ist in § 3 Nr 2 definiert: Es handelt sich um die **51** Erzeugung gentechnisch veränderter Organismen (lit a) bzw die Verwendung, Vermehrung, Lagerung, Zerstörung oder Entsorgung sowie den innerbetrieblichen Transport gentechnisch veränderter Organismen, soweit noch keine Genehmigung für die Freisetzung oder das Inverkehrbringen zum Zweck des späteren Ausbringens in die Umwelt erteilt wurde. Zu Lasten des Betreibers spricht eine **gesetzliche Vermutung** (kritisch DEUTSCH VersR 1990, 1041, 1044 f; vgl auch HIRSCH/SCHMIDT-DIDCZUHN VersR 1990, 1193, 1197 f): Ist der Schaden durch gentechnisch veränderte Organismen verursacht worden, so wird vermutet, daß er durch Eigenschaften dieser Organismen verursacht wurde, die auf gentechnischen Arbeiten beruhen (§ 34 Abs 1 GenTG).

Den **Umfang der Ersatzpflicht** regeln die Abs 2–8 des § 32 GenTG; dort finden sich **52** auch weitere Modalitäten (Haftung mehrerer Betreiber, Mitverschulden des Geschädigten bzw Schadensumfang je nach Verletzungsart). Stellt eine Sachbeschädigung auch eine Verletzung der Natur bzw Umwelt dar, so ist § **251 Abs 2 BGB** mit der Maßgabe anzuwenden, daß Aufwendungen für die Wiederherstellung des vorherigen Zustandes nicht allein deshalb unverhältnismäßig sind, weil sie den Wert der Sache erheblich übersteigen (DEUTSCH VersR 1990, 1041, 1045). Der **Haftungshöchstbetrag** beläuft sich auf einhundertsechzig Millionen Deutsche Mark (§ 33 Satz 1 GenTG). § 32 Abs 1 GenTG ist **nicht auf zugelassene Arzneimittel anwendbar** (§ 37 Abs 1 GenTG).

Zum **Gentechnikrecht der Europäischen Gemeinschaft** vgl hier nur KAMEKE, Gemein- **53** schaftsrechtliches Gentechnikrecht – Die Freizeichnungsrichtlinie 90/220/EWG (1995); SCHENEK, Das Gentechnikrecht der Europäischen Gemeinschaft (1995). Beachte hier insbesondere die Bemühungen um eine **Novel Food-Verordnung** (Vorschlag für eine VO des Rates über neuartige Lebensmittel und neuartige Lebensmittelzutaten vom 7. 7. 1992, ABl vom 29. 7. 1992 Nr C 190/3, geändert Abl Nr C 1994, 16/10; dazu etwa MEYER, Novel Food: Information, Kennzeichnung, Produkthaftung, ZLR 1996, 403).

b) Produkthaftung für gentechnische Erzeugnisse
Der **Anspruch aus § 32 Abs 1 GenTG tritt** nach § 37 Abs 2 Satz 1 GenTG **hinter dem** **54** **Anspruch aus § 1 Abs 1 Satz 1 ProdHaftG zurück**, wenn Produkte, die gentechnisch veränderte Organismen enthalten oder aus solchen bestehen, aufgrund einer Genehmigung nach § 16 Abs 2 GenTG oder einer Zulassung oder Genehmigung nach

---

VersR 1990, 1193; KAMEKE, Gemeinschaftsrechtliches Gentechnikrecht – Die Freizeichnungsrichtlinie 90/220/EWG (1995); A H MEYER, Novel Food: Information, Kennzeichnung, Produkthaftung, ZLR 1996, 403; NÖTHLICHS/WEBER, Gentechnikgesetz (1991); OTT, Zur Konkurrenzklausel des § 2 Nr 4 des Gentechnikgesetzes, NuR 1992, 459; zum Gemein-

schaftsrecht: POHLMANN, Neuere Entwicklungen im Gentechnikrecht (1990); SCHENEK, Das Gentechnikrecht der Europäischen Gemeinschaft (1995); zum alten Rechtsstand: DAMM, Gentechnologie und Haftungsrecht, JZ 1989, 561; POHLMANN, Neuere Entwicklungen im Gentechnikrecht (1990) 91 ff.

Jürgen Oechsler

anderen Vorschriften iSd § 2 Nr 4 GenTG zweiter Halbsatz in den Verkehr gebracht werden. Auf diese Produkte finden ferner nach § 37 Abs 2 Satz 2 GenTG die **§ 1 Abs 2 Nr 5 und § 2 Satz 2 ProdHaftG keine Anwendung**; überdies haftet **entgegen § 4 ProdHaftG** nur der Hersteller, dem die Zulassung oder Genehmigung für das Inverkehrbringen erteilt worden ist.

55 Die Anwendung des ProdHaftG setzt gem § 37 Abs 2 Satz 1 GenTG voraus, daß eine **Genehmigung nach § 16 Abs 2 GenTG** erteilt worden ist. Diese ist nach § 16 Abs 2 erforderlich für das Inverkehrbringen von Produkten, die gentechnisch veränderte Organismen enthalten oder aus solchen bestehen. Zuständig ist das Robert-Koch-Institut (§ 14 Abs 1 GenTG). Das GenTG unterscheidet dabei in § 3 Nr 7 und 8 klar zwischen Freisetzen und Inverkehrbringen und beschränkt die Anwendbarkeit des ProdHaftG auf den letzteren Fall. Der **Zweck dieser Regelung** liegt darin, die Haftung des ProdHaftG auf den Vertriebsbereich zu beschränken und es dem Betreiber von gentechnischen Arbeiten zu verwehren, die Anwendung des ProdHaftG durch ungenehmigtes Freisetzen seiner Produkte zu erschleichen (BT-Drucks 11/5662, 36; Deutsch VersR 1990, 1041, 1046; ders PHI 1991, 75, 76).

56 Fraglich ist, wie im Falle einer **fehlerhaften Genehmigung** zu verfahren ist. Eine rechtswidrige aber bestandskräftige Genehmigung dürfte die Voraussetzungen des § 37 Abs 2 Satz 1 GenTG erfüllen; nicht jedoch eine nichtige Genehmigung (Hirsch/Schmidt-Didczuhn VersR 1990, 1193, 1203). Setzt sich der Betreiber gegen Nebenbestimmungen der Genehmigung mittels Widerspruchs (vgl allerdings § 16 Abs 7 GenTG) oder Klage zur Wehr, kommt es darauf an, ob diese isoliert anfechtbar sind und die Genehmigung durch das Verfahren nicht berührt wird.

57 Erforderlich ist, daß das Produkt **lebende Organismen** enthält. Dies wird unmittelbar in § 37 Abs 2 Satz 1 GenTG vorausgesetzt, ergibt sich aber auch aus dem Begriff des Inverkehrbringens in § 3 Nr 8 GenTG, auf den dort Bezug genommen wird. Ein nur nach gentechnischen Methoden hergestelltes Produkt ohne lebende Organismen erfüllt diese Voraussetzungen nicht (Hirsch/Schmidt-Didczuhn VersR 1990, 1193, 1203).

58 Das **Inverkehrbringen** bedeutet nach § 3 Nr 8 GenTG die Abgabe von Produkten, die gentechnisch veränderte Organismen enthalten oder aus solchen bestehen, an Dritte und das Verbringen in den Geltungsbereich des GenTG, soweit die Produkte nicht zu gentechnischen Arbeiten in gentechnischen Anlagen bestimmt oder Gegenstand einer genehmigten Freisetzung sind. Unter zollamtlicher Überwachung durchgeführter Transitverkehr und die Abgabe sowie das Verbringen in den Geltungsbereich des GenTG zum Zwecke der klinischen Prüfung gelten nicht als Inverkehrbringen. **Nicht** erfaßt ist das **Freisetzen**, das gem § 3 Nr 7 im gezielten Ausbringen von gentechnisch veränderten Organismen in die Umwelt besteht, soweit noch keine Genehmigung für das Inverkehrbringen zum Zweck des späteren Ausbringens in die Umwelt erteilt wurde.

59 Ferner findet das ProdHaftG nach § 37 Abs 2 Satz 1 Anwendung, wenn die **Genehmigung nach anderen Vorschriften iSd § 2 Nr 4 HS 2 GenTG** erteilt worden ist. Dies sind Rechtsnormen, die den Vorschriften des GenTG insoweit entsprechen, als sie die Zulässigkeit des Inverkehrbringens von einer entsprechenden Risikoabschätzung

abhängig machen. Der **Zweck** dieser Norm liegt darin, bewährte spezialgesetzliche Prüfungsverfahren auch beim Inverkehrbringen gentechnischer Produkte eingreifen zu lassen und zusätzliche Verfahren zu vermeiden, soweit dies unter Sicherheitsaspekten angemessen erscheint (HIRSCH/SCHMIDT-DIDCZUHN § 2 Rn 12; OTT NuR 1992, 459, 460). Der Gesetzgeber selbst sah das **Arzneimittel-** und das **Tierseuchengesetz** als einschlägig an (BT-Drucks 11/5622, 22; ähnlich FRITSCH/HAVERKAMP BB 1990, Beil 31, 4; NÖTHLICHS/WEBER § 2 Rn 1d). Grundsätzlich kommen jedoch auch andere dem **Gefahrstoffrecht** angehörige Regelungswerke wie das Pflanzenschutz-, Düngemittel-, Futtermittel-, Lebensmittel- und Bedarfsgegenständegesetz in Betracht, wobei richtiger Ansicht nach nur das Zulassungsverfahren nach dem PflanzenschutzG die in § 2 Nr 4 HS 2 GenTG vorausgesetzte Risikoabwägung eröffnet (grundlegend dazu OTT NuR 1992, 459, 461 ff).

Auf gentechnische Produkte ist das **ProdHaftG modifiziert anwendbar.** So ist eine **60** Privilegierung gentechnischer Produkte nach **§ 2 Satz 2 ProdHaftG ausgeschlossen,** weil sonst im zentralen Einsatzbereich der Gentechnologie nicht gehaftet würde (BT-Drucks 11/5622, 36; DEUTSCH VersR 1990, 1041, 1046; HIRSCH/SCHMIDT-DIDCZUHN VersR 1990, 1193, 1203). Auch die Entlastungsmöglichkeit nach **§ 1 Abs 2 Nr 5 ProdHaftG** entfällt, weil der Gesetzgeber das Entwicklungsrisiko als das eigentliche und primäre Risiko der Gentechnik ansah (BT-Drucks 11/5662, 36; DEUTSCH VersR 1990, 1041, 1046; ders PHI 1991, 75, 77; HIRSCH/SCHMIDT-DIDCZUHN VersR 1990, 1193, 1203).

Die verschärfte Haftung nach § 37 Abs 2 Satz 2 GenTG trifft indes nur **den Hersteller, 61 dem die Genehmigung erteilt worden ist.** Der Gesetzgeber will die im weiteren Sinne als Hersteller anzusehenden Dritten (vgl § 4) insbesondere nicht für Entwicklungsrisiken haften lassen. Die Haftung soll den Betreiber der zugrundeliegenden gentechnischen Arbeiten belasten und nicht etwa sonstige Nutznießer bei der Weiterverwertung (BT-Drucks 11/5622, 36 f; vgl auch DEUTSCH PHI 1991, 75, 77).

Außerhalb von § 37 Abs 2 GenTG kommt eine Anwendung des ProdHaftG auch dort **62** in Betracht, wo der Regelungsgegenstand des GenTG nicht berührt ist. Dieses gilt nach § 2 Abs 1 nur für gentechnische Anlagen, gentechnische Arbeiten, die Freisetzung von gentechnisch veränderten Organismen und das Inverkehrbringen einschlägiger Produkte. Mangels einer gentechnischen Arbeit iSd § 3 Nr 2 GenTG findet das Gesetz daher ua keine Anwendung auf Genomanalysen. Daher kommt eine Haftung nach § 1 Abs 1 Satz 1 ProdHaftG für **fehlerhafte Genomanalyse** in Betracht (DEUTSCH VersR 1991, 1205, 1206). Zu denken ist an Gesundheitsschäden durch die Mitteilung fehlerhafter Analyseergebnisse; diese liegen noch im Schutzbereich des § 1 Abs 1 Satz 1 ProdHaftG (DEUTSCH aaO).

8.   Lebensmittel*

Bei Lebensmitteln ist häufig der Ausnahmetatbestand des § 2 Satz 2 berührt (unten **63** Rn 84 ff); dort stellt sich die für die Haftungsbegründung zentrale Frage, ob bereits

---

* **Schrifttum:** W ZIPFEL, Lebensmittelrecht – Kommentar der gesamten lebensmittelrechtlichen Vorschriften (Loseblatt); EDELMANN, Zur Haftung von Gastwirten für infizierte Speisen, ZLR 1996, 425; A H MEYER, Novel Food: Information, Kennzeichnung, Produkthaftung, ZLR 1996, 403.

eine erste Verarbeitung stattgefunden hat (unten Rn 99 ff). Bei **gentechnisch erzeugten Lebensmitteln**, die lebende Organismen beinhalten (dazu A H Meyer ZLR 1996, 403 sowie oben Rn 50 ff) hingegen ist § 2 Satz 2 ProdHaftG wegen § 37 Abs 2 Satz 2 GenTG nicht anwendbar. Hier haftet der Hersteller auch für **Entwicklungsrisiken**, weil § 37 Abs 2 Satz 2 GenTG die Entlastungsmöglichkeit nach § 1 Abs 2 Nr 5 ProdHaftG ausschließt.

9.   Software*

64 **Überblick: Software** wird von der **hM** zu Recht als **Produkt** angesehen, wenn sie **in Verbindung mit einem Datenträger** (Diskette, CD-ROM etc) vertrieben wird (MünchKomm/Cahn Rn 7; Erman/Schiemann Rn 2; Rolland Rn 16; Taschner/Frietsch § 2 Rn 22 f; vgl weiter Bauer PHI 1989, 98, 100; Engel CR 1986, 702, 707; Gaul RDV 1991, 213 ff; Hoeren CR 1988, 908, 911; ders PHI 1989, 138; König NJW 1989, 2604, 2605; Kort CR 1990, 171; F Koch CR 1989, 955; Meier/Wehlau CR 1990, 95, 99; Heymann CR 1990, 176; Stürmer CR 1986, 754; aA Taschner/Frietsch Art 6 Rn 28). In einer Stellungnahme gegenüber dem Europäischen Parlament hat auch die **Kommission** erkennen lassen, daß sie von der Anwendbarkeit der ProdHaftRichtlinie auf Software ausgeht (Stellungnahme der EG Kommission ABlEG Nr C 114/42 vom 8. 5. 1989).

65 **Streitig** ist, ob auch die **trägerlos mittels Datenfernübertragung (online) überspielte Software** ein Produkt darstellt: **Bejahend** Cahn NJW 1996, 2899, 2904; Hoeren PHI 1989, 138, 139 f; Taeger CR 1996, 257, 261; Graf vWestphalen § 61 Rn 38; vgl allerdings noch ders NJW 1990, 83, 87; **zu Recht abl** Taschner/Frietsch § 2 Rn 22 f; Erman/Schiemann Rn 2; Rolland Rn 16; Bauer PHI 1989, 98, 100.

66 **Zum Diskussionsstand**: Streitig ist, ob es sich bei der nicht auf einem Datenträger

---

* **Schrifttum** (Auswahl): Bauer, Produkthaftung für Software nach geltendem und künftigem deutschen Recht, PHI 1989, 38 und 98; Cahn, Produkthaftung für verkörperte geistige Leistungen, NJW 1996, 2899; Engel, Produzentenhaftung für Software, CR 1986, 702; Günther, Produkthaftung für Software, CR 1993, 544; Henssler, Die zivil- und urheberrechtliche Behandlung von Software, MDR 1993, 489; Heymann, Haftung des Softwareimporteurs, CR 1990, 176; Hoeren, Produkthaftung für Software, PHI 1989, 138; Junker, Computerrecht – Gewerblicher Rechtsschutz, Mängelhaftung, Arbeitsrecht, JZ 1989, 316; ders, Ist Software Ware?, WM 1988, 1217 und 1249; F Koch, Produkthaftung, CR 1989, 955; Kort, Fehlerbegriff und Produkthaftung für medizinische Software, CR 1990, 251; ders, Produkteigenschaft medizinischer Software, CR 1990, 171; Koutses, Auswirkungen des Produkthaftungsgesetzes auf Informations- und Steuerungstechnologie, RDV 1989, 5; Lehmann, Produkt- und Produzentenhaftung für Software, NJW 1992, 1721; ders, Produzentenhaftung bei integrierter Produktion – computer integrated manufacturing (cim), BB 1993, 1603; Mincke, Die rechtliche Einordnung des Softwareerwerbs – Bedenken gegen die Sachkauf-Theorie, JurPC 1991, 932; Meier/Wehlau, Produzentenhaftung des Softwareherstellers, CR 1990, 95; Reese, Produkthaftung und Produzentenhaftung für Hard- und Software, DStR 1994, 1121; Spindler, Deliktsrechtliche Haftung im Internet – nationale und internationale Rechtsprobleme, ZUM 1996, 533; Stürmer, Aspekte der Versicherung von Produkthaftpflicht für Software, CR 1986, 754; Taeger, Außervertragliche Haftung für fehlerhafte Computerprogramme (1995) 34 ff; ders, Produkt- und Produzentenhaftung bei Schäden durch fehlerhafte Computerprogramme, CR 1996, 257.

abgespeicherte Software um einen **körperlichen Gegenstand iSd § 90 BGB** handelt. Dies ist richtiger Ansicht nach **zu verneinen** (JUNKER WM 1988, 1249, 1251; NJW 1993, 824; JZ 1993, 447, 448 f; KÖNIG, Das Computerprogramm im Recht [1991] 258; MEHRINGS NJW 1986, 1904, 1905; ZAHRNT IuR 1986, 252; vgl auch zum immateriellen Charakter der Software: HOEREN, Softwareüberlassung als Sachkauf [1989] Rn 74 ff; KÖNIG 71 ff; MARLY, Softwareüberlassungsverträge [1991] 32 ff; REDEKER, Der EDV-Prozeß [1992] Rn 267 ff). Das **Gegenargument**, die Nutzung von Software setze stets ihre Verkörperung voraus (HOEREN PHI 1989, 138, 139; TAEGER CR 1996, 257, 261; CAHN NJW 1996, 2899, 2904), verfängt nicht. Denn nicht jede Art der Verkörperung entspricht den Voraussetzungen des § 2 Abs 1 Satz 1. Auch das gesprochene Wort kann in Schallwellen, in elektromagnetischen Impulsen usw verkörpert sein, ohne damit bereits als körperlicher Gegenstand bzw bewegliche Sache iSd § 90 BGB zu gelten. Die nicht auf Datenträger gespeicherte Software ist daher eher einer Information vergleichbar, die stets auch in Erklärungszeichen verkörpert sein muß, um von Dritten verstanden zu werden, deshalb aber kaum körperlicher Gegenstand iSd § 90 BGB ist (BAUER PHI 1989, 38, 41; so auch TASCHNER/FRIETSCH Art 6 Rn 28).

So stellt sich die **Anschlußfrage**, ob § 2 Satz 1 ProdHaftG ein gegenüber § 90 BGB **67** **erweiterter Begriff der beweglichen Sache** zugrundeliegt, der sich nicht allein auf körperliche Gegenstände beschränkt; dies wird von der **hM** jedoch **verneint** (dazu bereits oben Rn 11). Insbesondere lehnt es die **hM** ab, aus der Nennung der Elektrizität in § 2 Satz 1 ProdHaftG Schlüsse auf die Einbeziehung von Software in einen erweiterten Begriff der beweglichen Sache zu ziehen; im Gegenteil sieht sie in der Elektrizität den regelungsbedürftigen Ausnahmefall (CAHN NJW 1996, 2899, 2900; MünchKomm/CAHN Rn 5, vgl allerdings auch Rn 7; MEYER ZIP 1991, 1393, 1394; TASCHNER/FRIETSCH § 2 Rn 19; Art 2 Rn 3; wohl auch TAEGER CR 1996, 257, 259; aA LEHMANN NJW 1992, 1721, 1724; MEIER/WEHLAU CR 1990, 95, 98; Graf vWESTPHALEN § 61 Rn 45). Die trägerlos überspielte Software ist folglich kein Produkt iSd § 2 Satz 1.

Der **Datenträger**, auf dem Software abgespeichert ist, erfüllt indes zweifellos die **68** Anforderungen des § 90 BGB und damit auch diejenigen des § 2 Satz 1 ProdHaftG. Zweifel könnten allenfalls dadurch entstehen, daß nicht der Datenträger, sondern die auf ihm verkörperte Software das eigentliche Wirtschaftsgut repräsentiert (ENGEL CR 1986, 702, 706; MÜLLER-HENGSTBERG NJW 1994, 3128, 3130 f; krit CAHN NJW 1996, 2899, 2901). Jedoch rechtfertigt sich eine **einheitliche Betrachtung von Datenträger und Information** aus den gleichen teleologischen Argumenten, die auch die (analoge) Anwendung des Kaufrechts auf Standardsoftwareverträge durch die **hM** tragen (BGH WM 1987, 1492; WM 1989, 1890, 1892; WM 1990, 510, 512; vgl hier nur MARTINEK, Moderne Vertragstypen Bd 3 [1993] 15 f): Software hat ausgesprochenen Warencharakter und unterscheidet sich gerade auf diese Weise von den typischen immateriellen Wirtschaftsgütern. Den Softwarenehmer interessiert, anders als etwa den Lizenznehmer, nicht die Nutzung einer Erfindung oder einer schöpferischen Idee, die er selbst in konkrete Produkte umzusetzen gedenkt, sondern viel eher ähnelt Standardsoftware einem Werkzeug oder einer Maschine, von der der Erwerber ein bestimmtes Spektrum an Einzelfunktionen erwartet und die er unmittelbar als Hilfsmittel für seine persönlichen und wirtschaftlichen Zwecke einsetzt (ähnlich im Hinblick auf die Anwendbarkeit der §§ 433 ff BGB: KULLMANN/PFISTER Kz 3603, 5; TAEGER CR 1996, 257, 261; Graf vWESTPHALEN § 61 Rn 40; vgl auch ROLLAND Rn 16 mit dem einleuchtenden Gedanken, daß auch jeder Konstruktionsfehler eine verkörperte intellektuelle Fehlleistung darstellt, die nicht zu einer Differenzierung zwischen immaterieller und materieller Produktkomponente nötigt).

69 Zu Recht wendet die **hM** § 2 Satz 1 auch auf sog **Individualsoftware** an (DEUTSCH NJW 1992, 73, 76; nunmehr auch HOEREN CR 1992, 660; vgl noch ders PHI 1989, 138, 142; HOLLMANN DB 1985, 2389, 2390; LEHMANN NJW 1992, 1721, 1724; ROLLAND Rn 19; TAEGER CR 1996, 257, 262 f; Graf vWESTPHALEN § 61 Rn 40) Die **Gegenmeinung** (ENGEL CR 1986, 702, 705 f; KORT CR 1990, 171, 175; wohl auch KULLMANN/PFISTER Kz 3603, 5; vgl auch MINCKE JurPC 1991, 932, 937), die vor allem darauf abstellt, daß Individualsoftware nicht im Wege der industriellen Massenfertigung produziert, sondern jeweils als Einzelstück nach besonderen Vorgaben hergestellt werde, verkennt, daß § 2 Satz 1 ProdHaftG gerade keine industrielle Fertigung des Produkts voraussetzt (oben Rn 8).

70 Eine weitere These ergibt sich aus der besonderen **Fehleranfälligkeit von Software**: Ab einer gewissen Komplexität der Aufgabenstellung sind die Steuerungsabläufe nach verbreiteter Auffassung nicht mehr fehlerfrei programmierbar (vgl hier nur LEHMANN NJW 1992, 1721, 1725; TAEGER CR 1996, 257 mwN; Martinek, Moderne Vertragstypen Bd 3 18 f mwN). Dies hat Einfluß auf die den Fehlerbegriff konkretisierenden Sicherheitserwartungen nach § 3 Abs 1 (vgl nur LEHMANN NJW 1992, 1721, 1725). Ob die Konsequenz indes soweit geht, daß fehlerfreie Software überhaupt nicht erwartet werden darf (BAUER PHI 1989, 38; HONSELL JuS 1995, 211, 212), scheint fraglich, zumal die Auswirkungen von Softwarefehlern zu immensen Beeinträchtigungen des Integritätsinteresses führen können (TAEGER, Außervertragliche Haftung für fehlerhafte Computerprogramme 34 ff; ders CR 1996, 257). Hier wird der Erwerber zumindest Basissicherheit im Hinblick auf diejenigen zentralen Funktionen erwarten dürfen, die den wirtschaftlichen Gegenstand eines Computerprogramms ausmachen (TAEGER CR 1991, 257, 265); die erhöhte Fehleranfälligkeit dürfte dabei zugleich erhöhte Hinweis- und Beratungspflichten nach sich ziehen (TAEGER CR 1991, 257, 266).

10. Tiere

71 Lebende Tiere sind grundsätzlich Produkte iSd § 2 Satz 1. Eher zweifelhaft erscheint die Überlegung, dies folge bereits aus § 90a BGB (so aber KULLMANN/PFISTER Kz 3603, 1; ROLLAND Rn 27; krit daher zu Recht DEUTSCH VersR 1992, 521, 525). Denn danach sind Tiere gerade keine Sachen (Satz 1), die Vorschriften über Sachen finden auf sie nur analoge Anwendung, soweit nicht ein anderes bestimmt ist (Satz 3). Doch ergibt sich die Haftung für Tiere im Umkehrschluß aus § 2 Satz 2: Denn dort hielt es der Gesetzgeber für erforderlich, die Erzeugnisse der Tierhaltung vor der ersten Verarbeitung vom Produktbegriff auszunehmen (TASCHNER/FRIETSCH § 2 Rn 29; MünchKomm/CAHN Rn 13; Graf vWESTPHALEN § 61 Rn 18).

72 Nach verbreiteter Ansicht fallen auch **Mikroorganismen** wie Bakterien, Viren oder Bazillen (dazu K SCHUHMACHER, Haftung für Mikroorganismen in Deutschland und den Vereinigten Staaten von Amerika [1995]) unter den Produktbegriff des § 2 Satz 1 (Graf vWESTPHALEN § 61 Rn 19; wohl auch DEUTSCH VersR 1992, 521, 525; vorzugswürdig scheinen indes die Argumente der **Gegenansicht**: vgl STAUDINGER/BELLING/EBERL-BORGES [1997] § 831 Rn 7 ff sowie TASCHNER/FRIETSCH § 2 Rn 31). **Problematisch** ist auch, ob den Anspruchsgegner im Einzelfall eine **Produktverantwortung iSd § 4** treffen kann; dazu muß er die Mikroorganismen hergestellt haben (Deutsch VersR 1992, 521, 525; ähnlich wohl auch Taschner/ Frietsch aaO).

11. Verlagserzeugnisse*

Praktische Bedeutung. Ein Blick auf die Rechtsprechung amerikanischer Gerichte **73** (vgl Gilcher, Produkthaftung für Dienstleistungen 111 ff; Kretschmer PHI 1988, 77; Meyer RIW 1991, 728) zeigt ein breites Problemspektrum, das in diesem Umfang noch nicht Gegenstand von Rechtsstreitigkeiten vor deutschen Gerichten geworden ist. Die Frage nach der Verantwortung des Zeitungsverlegers stellte sich etwa für den Fall, daß ein Auftragsmörder über ein Zeitungsinserat gefunden wurde (Fall eines Gerichtes in Houston, berichtet von Foerste NJW 1991, 1433); gehaftet wurde für eine Flugkarte, die einen Berg nicht verzeichnete, so daß ein Flugzeug mit diesem kollidierte (Halstead v US, Jeppesen & Co and Salooney [1982] 535 FSupp 782). In der deutschen Rechtsprechung (dazu Foerste NJW 1991, 1433) spielten erschlichene Falschanzeigen (betr Verlobung: OLG Saarbrücken NJW 1978, 2395; LG Trier BB 1964, 193; betr Geschäftsaufgabe: BGH NJW 1972, 1658) eine Rolle. In einschlägigem Zusammenhang steht auch die Empfehlung in einer Nottestamentsmappe, bei Errichtung des Nottestamentes den Schwiegervater des Bedachten als Zeugen zuzuziehen, obwohl dieser regelmäßig ausgeschlossen ist, so daß die Erbeinsetzung scheiterte (BGH NJW 1973, 843 – Nottestamentsmappe; vgl auch zu unrichtigen Auskünften über ein an der Börse notiertes Unternehmen: BGH NJW 1978, 997 – Börseninformationsdienst). Einschlägig war schließlich auch die durch einen Kommafehler entstandene, in einem diagnostischen Handbuch ausgesprochene Empfehlung, vor der Urinprobe eine 25%ige Kochsalzlösung (richtig: eine 2,5%ige) zu injizieren (BGH NJW 1970, 1963 – Carter-Robbins-Test). Eine neuere Entscheidung betrifft schließlich die Haftung des Verlegers eines Restaurantführers für unrichtige Auskünfte des Testessers (BGH ZIP 1998, 39).

Überblick. Einigkeit besteht insoweit, als Fehler, die sich aus der Körperlichkeit des **74** Buches ergeben (zB giftige Druckerschwärze) einen Anspruch aus § 1 Abs Abs 1 Satz 1 ProdHaftG begründen (vgl insoweit nur die ansonsten kritischen Autoren: Foerste NJW 1991, 1433, 1438; Kullmann/Pfister Kz 3603, 5; Mayer VersR 1990, 691, 697). Fraglich ist indes, ob auch für **inhaltliche Fehler des Buches** gehaftet wird, wobei **Druckfehler** eine Mittelstellung einnehmen. Diesbezüglich ist der **Meinungsstand** gespalten (eine Haftung **bejahen:** Belz, Schadensersatz und Produkthaftung [2. Aufl 1992] 68; Cahn NJW 1996, 2899, 2903; Meyer ZIP 1991, 1393, 1402; Erman/Schiemann Rn 2; Höckelmann, Produkthaftung für Verlagserzeugnisse [1994] 118 ff; Landscheidt Rn 33a; MünchKomm/Cahn Rn 6; Pott/Frieling § 3 Rn 89 ff; Rolland Rn 16 ff, 20; Schmidt-Salzer/Hollmann Art 2 Rn 25; Taschner/Frietsch § 2 Rn 20; Graf vWestphalen § 61 Rn 14; für die Produzentenhaftung auch Röhl JZ 1979, 369,

---

* **Schrifttum** (Auswahl): Bund, Das Äuße-rungsrisiko des Wissenschaftlers, in: FS vCaemmerer (1978) 312; Cahn, Produkthaftung für verkörperte geistige Leistungen, NJW 1996, 2899; Foerste, Die Produkthaftung für Druckwerke, NJW 1991, 1433; Gilcher, Produkthaftung für Dienstleistungen (1994) 111 ff; Heldrich, Freiheit der Wissenschaft – Freiheit zum Irrtum?, Jur Studiengesellschaft Karlsruhe H 179 (1987) 46 ff; Kretschmer Börsenblatt für den deutschen Buchhandel 1987, 1855; Lang, Die Haftung für Fehler in Druckwerken (1992); Röhl, Fehler in Druckwerken, JZ 1979, 369; J Meyer, Produkthaftung für Verlagserzeugnisse, ZIP 1991, 1393; ders, Produkthaftung für Verlagserzeugnisse in den USA – Vorbild für Deutschland?, RIW 1991, 728.

375 ff. **Kritisch** hingegen: BUND, in: FS vCaemmerer [1978] 325 ff; DEUMELAND MDR 1984, 231 f; FOERSTE NJW 1991, 1393, 1402; HELDRICH, Freiheit der Wissenschaft 46 ff; HONSELL JuS 1995, 211, 212; KULLMANN/PFISTER Kz 3603, 4 f; KRETSCHMER Börsenbl für den deutsch Buchhandel 1987, 1855; LANG, Die Haftung für Fehler in Druckwerken [1982] 69 ff; TASCHNER/FRIETSCH Art 6 Rn 27; WENZEL, Das Recht der Wort- und Bildberichterstattung [3. Aufl 1986] Rn 10).

75 **Fraglich** ist zunächst die Relevanz von **Art 5 Abs 3 Satz 1 GG** für die Haftung des Autors. Nach einer Auffassung ist es mit der Wissenschaftsfreiheit unvereinbar, den Verfasser wissenschaftlicher Werke für einschlägige Folgeschäden haften zu lassen, weil dies die Beschreitung neuer Wege in der Forschung behindere und dazu zwinge, sich stets an den gesicherten Ergebnissen beim status quo auszurichten (HELDRICH, Freiheit der Wissenschaft – Freiheit zum Irrtum?, Jur Studiengesellschaft Karlsruhe 179 [1987] 46 ff, 53; vgl auch BUND, in: FS vCaemmerer [1978] 325, 327). Dieses Argument hält einer genaueren Überprüfung indes nicht stand (vgl bereits grundlegend FOERSTE NJW 1991, 1433, 1434): Für die Fehlerhaftigkeit kommt es nach § 3 Abs 1 ProdHaftG auf die Sicherheitserwartungen der beteiligten Verkehrskreise an. Eine eigene von der **hM** abweichende These muß so dargestellt werden, daß sie von einem vernünftigen Adressaten als solche erkannt wird. Richtet der Leser sein Handeln dennoch an dieser aus, so geschieht dies aus eigener Entscheidung und im Bewußtsein der Risiken, die ein Abweichen vom gesicherten Kenntnisstand beinhaltet. Dafür ist der Verfasser regelmäßig nicht verantwortlich; sein Buch ist insoweit schon nicht fehlerhaft; des Rekurses auf Art 5 Abs 3 Satz 1 GG bedarf es nicht (krit auch MünchKomm/CAHN Rn 6; vgl schließlich MEYER ZIP 1991, 1393, 1404). **Zweifelhaft** ist daher auch, **ob** Art 5 Abs 3 GG dem **Verleger** ein **Haftungsprivileg** vermitteln kann (zu Recht kritisch FOERSTE NJW 1991, 1432, 1435; vgl aber HELDRICH, Freiheit der Wissenschaft – Freiheit zum Irrtum?, Jur Studiengesellschaft Karlsruhe 179 [1987] 54 ff, 58).

76 Für die Anwendung des § 2 Satz 1 spricht zunächst, daß auch die auf einem Datenträger abgespeicherte **Software** als bewegliche Sache angesehen wird (oben Rn 64), obwohl auch hier – wie beim Buch – zwischen dem Informationsträger (Diskette, CD-ROM) und der Information selbst unterschieden werden kann.

77 Im Unterschied zur Software bereiten Verlagserzeugnisse jedoch insoweit ein **Zurechnungsproblem**, als die in Büchern enthaltenen Informationen selbst nicht schädigen, sondern erst von Dritten aufgenommen und in schädigendes Handeln umgesetzt werden müssen (FOERSTE NJW 1991, 1433, 1439: Bücher steuern die Willensbildung; HONSELL JuS 1995, 211, 212; vgl auch KULLMANN/PFISTER Kz 3603, 5; MEYER ZIP 1991, 1393, 1404; RÖHL JZ 1979, 369). Der Hinweis, daß auch für wirkungslose Produkte gehaftet werde, obwohl auch hier die Rechtsgutsverletzung nicht unmittelbar durch das fehlerhafte Produkt bewirkt werde (vgl etwa CAHN NJW 1996, 2899, 2902 f; kritisch allerdings im Hinblick auf die Vergleichbarkeit FOERSTE NJW 1991, 1433, 1438) und die Überlegung, inhaltliche Fehler seien viel eher mit den Instruktionsfehlern iSd § 3 Abs 1 lit a zu vergleichen, (CAHN aaO; MEYER ZIP 1991, 1393, 1400), führt nicht sonderlich weit. Denn gerade das Beispiel des § 3 lit a zeigt, daß nur für die auf ein Produkt iSd § 2 Satz 1 bezogenen Instruktionen gehaftet wird, nicht aber für Informationen als solche. Nach übereinstimmender Ansicht begründet § 1 Abs 1 Satz 1 **keine allgemeine Auskunftshaftung**; dies hängt maßgeblich mit der Einschränkung des Produktbegriffs auf bewegliche Sachen zusammen (§ 2 Satz 1).

Fraglich ist also gerade, **warum für unrichtige Auskünfte gehaftet werden soll, wenn sie in** 78 **einem Buch verkörpert** sind. Die Antworten der Haftungsbefürworter überzeugen in diesem Punkt nicht. So wird die Haftung damit gerechtfertigt, daß die drucktechnische Vervielfältigung von Gedanken ihre **massenhafte Verbreitung** ermögliche (Meyer ZIP 1991, 1393, 1402). Im Rahmen des ProdHaftG kommt es indes für die Haftungsbegründung nicht auf eine bestimmte Herstellungs- oder Vertriebsart an; es erscheint daher kaum einsichtig, warum aus dem Verbreitungsgrad einer Information auf ihren Produktcharakter geschlossen werden kann. Im übrigen bliebe unerklärlich, warum für andere durch Massenmedien verbreitete Informationen (Rundfunk, Fernsehen, E-Mail usw) gerade nicht gehaftet wird (ähnlich Cahn NJW 1996, 2899, 2903). Zweifelhaft ist auch die Überlegung, eine gedruckte Information genösse **größeres Vertrauen**; die drucktechnische Verkörperung hebe die Information aus dem Bereich des Unverbindlichen hervor. Wichtige Informationen lasse man sich letztlich „schwarz auf weiß" geben (Cahn aaO). Die Anspielung auf das Zitat aus der Faustschen Schülerszene ist nicht ohne Doppelsinn, ist doch dort der entsprechende Ratschlag gerade *ironisch* gemeint. In der Tat erscheint es fraglich, in der drucktechnischen Niederlegung einen Tatbestand für schützenswertes Vertrauen zu erkennen; ein solches Vertrauen dürfte in aller Regel eher bei dem mit Druckwerken gänzlich Unvertrauten anzutreffen sein. Für das heutige Verlagswesen sind konkurrierende, einander widerstreitende Veröffentlichungen prägend; ein schlichtes Vertrauen auf das in Buchform Niedergelegte dürfte schon deshalb kaum anzutreffen sein; auf keinen Fall aber ist es schutzwürdig. Auch vermag dieser Rechtsgedanke nicht zu verdeutlichen, warum für andere Formen der Information (zB die vertrauensheischenden Auskünfte eines „Börsenexperten" in einem Fernsehmagazin) nicht nach § 1 Abs 1 Satz 1 ProdhaftG gehaftet wird.

Richtiger Ansicht nach handelt es sich bei der Haftung für inhaltliche Fehler von 79 Büchern daher um einen **Sonderfall der allgemeinen Auskunftshaftung**, der nach den allgemeinen Voraussetzungen und unter den dort vorgesehenen engen Voraussetzungen zu behandeln ist (vgl § 826 Rn 198 ff). Für die Produkthaftung bleibt hier kein Raum. Im **Ergebnis** haftet der Hersteller demnach nur für die aus der Körperlichkeit des Buches sich ergebenden Gefahren (zB Feuergefährlichkeit, Gesundheitsschädlichkeit), nicht aber für die falsche Information (Kullmann/Pfister Kz 3603, 5; Mayer VersR 1990, 691, 697; ähnlich Foerste NJW 1991, 1433, 1438 f).

Für dieses Ergebnis sprechen auch **Anwendungsprobleme im Hinblick auf das Prod-** 80 **HaftG**, die sich stellen, wenn man den Produktbegriff grundsätzlich bejahte. Zwar könnte man in der Übergabe des Manuskripts an den Verleger durchaus noch ein Inverkehrbringen iSd § 1 Abs 2 Nr 1 erblicken (aA Meyer ZIP 1991, 1393, 1402). Der **Autor** ist aber **nicht Hersteller eines Teilprodukts** und auch **nicht Hersteller eines Grundstoffs** (Meyer ZIP 1991, 1393, 1402): Das von ihm beim Verleger abgelieferte Manuskript geht nämlich nicht als bewegliche Sache – wie zB ein chemischer Grundstoff – in die körperliche Beschaffenheit des Endprodukts ein, sondern nur die in ihm enthaltenen Ideen und geistigen Gestaltungen werden zur Fertigung des Endproduktes verwandt. Der Autor steht daher einem **Lizenzgeber** nahe, der ebenfalls nur seine Ideen zur Fertigung zur Verfügung stellt und nach ganz **hM** nicht haftet (§ 4 Rn 31). Verfehlt erscheint hingegen die **Gegenauffassung**, Konstruktionspläne, Berechnungen oder Zubereitungsanleitungen, die nicht in körperlicher Form in das schadensstiftende Produkt eingingen, seien keine Teilprodukte, sondern aufgrund ihrer Verkörperung eigenständige Endprodukte und begründeten insoweit die Autorenhaftung (CAHN NJW 1996, 2899, 2904). Denn der Schadenseintritt beim Verbraucher, Produktbenutzer oder Außenseiter (innocent bystander) geht idR adäquat kausal auf das anhand der Pläne, Berechungen und Anleitungen gefertigte *Endprodukt* (Buch) zurück und nur *mittelbar* auf die Pläne, Berechnungen und Anleitungen selbst; für Schäden des Endproduktes Buch haftete daher der Autor schon deshalb nicht, weil er es nicht in den Verkehr gebracht hat (vgl § 1 Abs 2 Nr 1). Im übrigen ließe sich mit dieser Argumentation ohne weiteres auch eine Haftung des Lizenzgebers begründen, wenn er dem Lizenznehmer die technische Konstruktionsanleitung in verkörperter Form (zB als schriftlichen Plan) zukommen ließe; diese Konsequenz zieht die Gegenansicht aber bezeichnenderweise nicht (MünchKomm/CAHN § 4 Rn 2). Ihr ist deshalb nicht zu folgen.

81 Wendet man das ProdHaftG **entgegen der hier vertretenen Auffassung** auch auf inhaltliche Fehler des Verlagserzeugnisses an, so tritt die seit langem rechtspolitisch erwünschte **Haftungskanalisierung auf den Verleger** ein (vCAEMMERER, in: FS Hakulinen [1972] 75, 85). Denn der Autor haftet nach hier vertretener Ansicht schon deshalb nicht, weil er nicht Hersteller iSd § 4 Abs 1 Satz 1 ProdHaftG ist. Aber auch wenn man der Gegenmeinung folgt, scheidet die Möglichkeit einer **Entlastung des Verlegers** für inhaltliche Manuskriptfehler „analog" § 1 Abs 3 aus, weil diese Vorschrift gerade keine Entlastungsmöglichkeit des Endherstellers gegenüber dem Hersteller eines Teilprodukts oder Grundstoffs eröffnet (vgl dazu ausführlich § 1 Rn 135, 147; aA SCHMIDT-SALZER/HOLLMANN Art 7 Rn 215; LANDSCHEIDT Rn 52 MünchKomm/MERTENS/CAHN[2] Rn 6; mittlerweile jedoch revidiert: CAHN NJW 1996, 2899, 2904 und MünchKomm/CAHN Rn 6). Die an den Verleger gerichteten **Sicherheitserwartungen** hängen in diesem Fall vom angesprochenen Leserkreis ab (FOERSTE NJW 1991, 1433, 1435). Dabei ist die **Rechtsprechung des Bundesgerichtshofs zur Produzentenhaftung** im Rahmen des Art 3 Abs 1 mit zu berücksichtigen. Lassen sich nämlich Fehler „durch eine verkehrsübliche und wirtschaftlich allgemein vertretbare Herstellungsweise zwar weitgehend, aber nicht mit Sicherheit vermeiden", so muß bei der Konkretisierung der Sicherheitserwartungen berücksichtigt werden, „daß der Verkehr auf die Abwesenheit eines einzelnen solchen Fehlers nicht vertraut und nicht vertrauen darf" (BGH NJW 1970, 1963 – Carter-Robbins-Test; vgl jedoch auch BGH ZIP 1998, 35).

82 Vgl noch zur Frage, ob die **Überwälzung der Korrekturlast** rechtmäßig ist (FOERSTE NJW 1991, 1432, 1435 mwN). Richtiger Ansicht nach sind auf die Fahnenkorrektur die **Grundsätze gefahrgeneigter Arbeit anwendbar**; dafür spricht die Monotonie des Korrekturlesens einerseits und die dabei vorausgesetzte dauernde Anspannung andererseits (FOERSTE 1436; DEUTSCH JZ 1971, 65 f; LANG, Die Haftung für Fehler in Druckwerken 111 ff).

C. Die Ausnahme für landwirtschaftliche Naturprodukte und Jagderzeugnisse (Satz 2)

83 Zur **Entstehungsgeschichte** und der **rechtspolitischen Kritik** der Ausnahme vgl oben Rn 2 ff. Zur **Produzentenhaftung** für die einschlägigen Erzeugnisse aufgrund § 823 Abs 1 BGB vgl HAHN, Deliktische Produkthaftung für landwirtschaftliche Erzeugnisse und Naturprodukte (Diss Göttingen 1993).

I. Die freigestellten Erzeugnisse

1. Landwirtschaftliche Erzeugnisse

Nach **Auffassung des Gesetzgebers** ist der Begriff des landwirtschaftlichen Erzeugnis- **84** ses **weit auszulegen** (BT-Drucks 11/2447, 17). Da sich das Haftungsprivileg des § 2 Satz 2 nämlich nur auf diejenigen landwirtschaftlichen Produkte erstrecke, die unverarbeitet in den Verkehr gebracht würden, trete die Haftung angesichts der häufig üblichen Nachbehandlung landwirtschaftlicher Naturerzeugnisse ohnehin nur im Ausnahmsfall ein (BT-Drucks 11/5520, 14). Die **Gegenansicht** will indes den Begriff des Erzeugnisses als Ausnahmetatbestand eng auslegen (Taschner/Frietsch § 2 Rn 62 und Art 2 Rn 10; Rolland Rn 52, 56; Schmidt-Salzer III/1 Rn 4.479; Graf vWestphalen § 61 Rn 47 f). Da indes – entgegen weitverbreitetem Mißverständnis – kein Rechtssatz existiert, nach dem Ausnahmevorschriften enger auszulegen seien als andere Normen (vgl nur Larenz, Methodenlehre [6. Aufl 1991] 355), überzeugt die Gegenansicht ebensowenig (ähnlich im Ergebnis: Buchwaldt NJW 1996, 13, 16) wie die Einschätzung des Gesetzgebers.

Beachte die Ausnahme für **gentechnisch hergestellte landwirtschaftliche Erzeugnisse** **85** (oben Rn 60).

2. Erzeugnisse des Bodens

Zu den **Erzeugnissen des Bodens** zählt alles, was beim Ackerbau – vom Getreide über **86** die Hackfrüchte und Ölsaaten bis zum Hopfen – sowie beim Gemüse-, Obst- und Gartenbau und schließlich beim Weinbau gewonnen wird (Buchwaldt NJW 1996, 13 f). Bestritten wird dies zT für die **Erzeugnisse der Forstwirtschaft** (Erman/Schiemann Rn 3). Dies überzeugt indes kaum, weil den zu fällenden Bäumen das Prädikat eines Bodenerzeugnisses – etwa im Vergleich zu einer Gemüsepflanze – nicht einfach deshalb abgesprochen werden kann, weil in § 2 Satz 2 nur „landwirtschaftliche" Bodenerzeugnisse genannt sind.

Der **Begriff des Bodens** wird übereinstimmend nicht auf den natürlich gewachsenen **87** Boden beschränkt, sondern ausgedehnt auf die künstlich angelegten oder künstlich zusammengesetzten Böden, wie sie bei der **Champignonzucht** oder bei **Hydrokulturen** üblich sind (BT-Drucks 11/2447, 17; Taschner/Frietsch Rn 53; Graf vWestphalen § 61 Rn 50; Bartl Rn 32).

Umstritten ist, ob **Bodenbestandteile** „Erzeugnisse" des Bodens sind (Sand, Ton, **88** Kohle, Kies); dies dürfte richtiger Ansicht nach zu bejahen sein (Rolland Rn 45; aA Graf vWestphalen § 61 Rn 51; Erman/Schiemann Rn 3), weil auch hier infolge der Produktgewinnung selbständige bewegliche Sachen entstehen. Bedenkt man, daß nicht selten auch die Nutzpflanze vor der Ernte mit dem Boden fest verwurzelt ist – insoweit also bildlich als Bestandteil des Bodens angesehen werden kann –, leuchtet es nicht ein, warum die Extrahierung anderer Bodenbestandteile einer unterschiedlichen rechtlichen Behandlung unterzogen werden soll. Umstritten ist insbesondere, ob **Torf** ein Erzeugnis des Bodens ist. Dies wird mit der Begründung abgelehnt, daß dieses Erzeugnis nicht durch organisches Wachsen entstehe (eher ablehnend Rolland Rn 44 f; Erman/Schiemann Rn 3). **Richtiger und h Ansicht** nach dürfte es sich dennoch um ein Bodenerzeugnis handeln (BT-Drucks 11/2447, 17; Kullmann/Pfister Kz 3603, 8;

Jürgen Oechsler

TASCHNER/FRIETSCH Art 2 Rn 10; PALANDT/THOMAS Rn 3). **Gülle** und **Jauche** sind zwar keine Erzeugnisse des Bodens (ROLLAND Rn 45), wohl aber solche der Tierhaltung.

89 Die **Art der Produktgewinnung ist unerheblich**. Auch die im Wald gesammelten **Pilze, Beeren, Kräuter, Nüsse, Kastanien** sind danach Erzeugnisse des Bodens (BT-Drucks 11/2447, 17; BARTL Rn 32; BUCHWALDT NJW 1996, 13, 14; KULLMANN/PFISTER Kz 3603, 6 f; ROLLAND Rn 46; TASCHNER/FRIETSCH Art 2 Rn 12 und § 2 Rn 53; Graf vWESTPHALEN § 61 Rn 50).

90 **Unerheblich** ist ferner, **ob die Erzeugnisse als Lebensmittel verwendet werden können**. Tabak, Holz, Zweige, Blätter, Kork, Blumen, Blumenzwiebeln, Blumenknollen, Samen und Baumschulenerzeugnisse sind danach ebenso Bodenerzeugnisse (BUCHWALDT NJW 1996, 13, Fn 3) wie etwa Moos (BT-Drucks 11/2447, 17).

3. Erzeugnisse der Tierhaltung

91 **Erzeugnisse der Tierhaltung** sind die vom Tier gewonnenen beweglichen Sachen wie Milch, Fleisch und Eier, aber auch Nichtlebensmittel wie Wolle, Federn, Seide, Felle, Haut, Knochen (BUCHWALDT NJW 1996, 13, 14, zT Fn 6; TASCHNER/FRIETSCH Rn 54). Während der RegEntwurf die Ausnahme noch auf die Erzeugnisse der **Tierzucht** beschränken wollte, wurde der Wortlaut später auf die Tierhaltung ausgeweitet; die Tierzucht ist damit jedoch mitgemeint (BT-Drucks 11/5520, 14 f).

92 Für das Haftungsprivileg nach § 2 Satz 2 kommt es ebensowenig wie bei der Begründung der Haftung selbst darauf an, ob im Einzelfall von industrieller Produktgewinnung auszugehen ist oder von einer kleinbäuerlichen (vgl bereits oben Rn 2 ff). So fällt die **Massentierhaltung** ebenso unter den gesetzlichen Anwendungsbereich (BUCHWALDT NJW 1996, 13, 14; ROLLAND Rn 44; DEUTSCH JZ 1989, 465, 468) wie die **Pelztierzucht** (Graf vWESTPHALEN § 61 Rn 4; ROLLAND Rn 43) und die **Tierzucht für wissenschaftliche oder sportliche Zwecke** (ROLLAND Rn 43).

93 **Strittig** ist, ob **Dung** und **Gülle** zu den Erzeugnissen der Tierhaltung rechnen. Dies muß richtiger Ansicht nach **bejaht** werden (KULLMANN/PFISTER Kz 3603, 8; aA ROLLAND Rn 45). Als bewegliche Sachen, die unmittelbares Ergebnis der Tierhaltung sind, fallen diese Stoffe schon nach der allgemeinen Begriffsbestimmung unter die Ergebnisse der Tierzucht. Daß mit ihrer Hilfe im Wege der Düngung in die Gewinnung anderer Naturerzeugnisse eingegriffen wird, ändert nichts an ihrer eigenen Qualität als Erzeugnisse der Tierhaltung.

4. Erzeugnisse der Imkerei

94 Erzeugnisse der Imkerei sind die beweglichen Sachen, die im Wege der Bienenhaltung gewonnen werden können (zB Honig, Bienenwachs, Gelée Royale, Propolis, Bienengift). Die Imkerei wird zwar in der Richtlinie nicht erwähnt; der Gesetzgeber sieht sie jedoch als eine Sonderform der Landwirtschaft an (BT-Drucks 11/5520, 14; TASCHNER/FRIETSCH Rn 55).

95 In **Honig** und **Wachs** sieht der Gesetzgeber jedoch Erzeugnisse, die bereits einer ersten Verarbeitung iSd § 2 Satz 2 unterzogen sind und damit **nicht** am **Haftungsprivileg** teilnehmen. Zugrunde liegt die Auffassung, daß die Wabe das eigentliche

landwirtschaftliche Naturprodukt darstelle, die Gewinnung von Honig und Wachs aber bereits eine erste Verarbeitungsstufe darstelle (BT-Drucks 11/5520, 14; ebenso BUCH-WALDT NJW 1996, 13, 17; TASCHNER/FRIETSCH § 2 Rn 55 f). Hier ist die schwierige Abgrenzung zwischen Produktgewinnung einerseits und erster Verarbeitung andererseits berührt (dazu unten Rn 103 ff). Daß in § 2 Satz 2 die Erzeugnisse der Imkerei ausdrücklich freigestellt sind, könnte nämlich ebenso zu dem Schluß verleiten, daß gerade die zentralen Imkereierzeugnisse – Honig und Wachs – gemeint sind und das Schleudern und Erwärmen ein noch nicht haftungsbegründendes Verfahren zur Gewinnung dieser Produkte darstellte.

5. Erzeugnisse der Fischerei

Dazu zählen Fische, Krustentiere (Krebse, Garnelen, Krabben), Schalentiere **96** (Austern, Miesmuscheln) und Weichtiere (Schnecken) (BUCHWALDT NJW 1996, 13, 14).

Auch **Zuchtprodukte** (Austern, Zuchtfische) fallen unter den Begriff. Insoweit neh- **97** men alle **Erzeugnisse der Wasserwirtschaft** am Haftungsprivileg Teil (ROLLAND Rn 48). Auch Meerespflanzen, Tang (ROLLAND Rn 48; aA Graf vWESTPHALEN Rn 54) und **Algen** (BUCHWALDT NJW 1996, 13, 14 aA Graf vWESTPHALEN § 61 Rn 54) gelten insoweit als Erzeugnisse der Fischerei.

6. Jagderzeugnisse

Jagderzeugnisse sind die erlegten freilebenden Tiere, aber auch Geweih, Fell, Pelz, **98** Federn (BUCHWALDT NJW 1996, 13, 14, zT Fn 14). Ob die Jagd zulässig war, ist unerheblich (TASCHNER/FRIETSCH Rn 58). Die **Einschränkung des Haftungsprivilegs für den Fall einer ersten Verarbeitung** bezieht sich eigentlich nur auf landwirtschaftliche Naturprodukte, nicht aber auf Jagderzeugnisse. Nach **hM** handelt es sich dabei jedoch um ein Redaktionsversehen; auch im Hinblick auf Jagderzeugnisse wirkt daher eine erste Verarbeitung haftungsbegründend (TASCHNER/FRIETSCH Art 2 Rn 14; ROLLAND Rn 50).

II. Der Begriff der ersten Verarbeitung*

1. Risikospezifischer Inhalt des Verarbeitungsbegriffs nach hM

Nach **Auffassung des deutschen Gesetzgebers**, der von der Option des Art 15 Abs 1 **99** lit a ProdHaftRichtl keinen Gebrauch gemacht hat und es bei dem Haftungsprivileg für landwirtschaftliche Naturprodukte sowie Jagderzeugnisse beließ, sind diese **Erzeugnisse** nur **in ihrem natürlichen Endzustand von der Haftung ausgenommen.** Für eine gewachsene Feldfrucht bspw, die aus dem Boden gesundheitsschädigende Substanzen aufgenommen hat, wird danach nicht gehaftet (BT-Drucks 11/2447, 17).

Der Begriff der ersten Verarbeitung – so die weitere Auffassung des Gesetzgebers – **100** ist dabei **nicht mit** dem Verarbeitungsbegriff des § **950 BGB identisch** (dazu und zum

---

* Dazu BUCHWALDT, Die erste Verarbeitung
landwirtschaftlicher Naturprodukte und Jagderzeugnisse, NJW 1996, 13.

folgenden BT-Drucks 11/2447, 17). Er soll vielmehr die **Grenze** markieren, **ab der die Produkte sich als Ergebnis menschlicher Fertigung** darstellen. Es komme darauf an, ob das Naturprodukt durch die einschlägige Tätigkeit verändert oder „naturrein" vertrieben werde. Von einer Veränderung sei dabei auszugehen, wenn das Produkt so beeinflußt werde, daß von Natur aus nicht vorhandene Risikofaktoren entstünden.

101 Zugrunde liegen folgende **Gerechtigkeitsgedanken:** Durch die Verarbeitung ist das Produkt Risiken unterworfen, die von Natur aus nicht vorhanden sind; gerade diese **Risikoerhöhung rechtfertigt die Inanspruchnahme des Erzeugers** (BT-Drucks 11/2447, 17; BUCHWALDT NJW 1996, 13, 15; KULLMANN/PFISTER Kz 3603, 9 f; Graf vWESTPHALEN § 61 Rn 60, 63; TASCHNER/FRIETSCH § 2 Rn 64 und Art 2 Rn 13; TASCHNER NJW 1986, 611, 613; ROLLAND Rn 53; PALANDT/THOMAS Rn 4). Weiterhin könne ein Erzeuger die Produktsicherheit um so besser gewährleisten, je stärker er Zugriff auf das Erzeugnis nehme. Durch die Verarbeitung unterwerfe der Hersteller aber das Erzeugnis gerade seiner Kontrolle und hafte wegen dieser Steuerungsmöglichkeit für die fehlende Produktsicherheit (BUCHWALDT NJW 1996, 13, 15; KULLMANN/PFISTER Kz 3603, 8; Graf vWESTPHALEN § 61 Rn 48 f; ROLLAND Rn 45; BARTL Rn 31; TASCHNER/FRIETSCH Art 2 Rn 10 und § 2 Rn 64). Die **Kritik** muß zunächst an dem Rekurs auf die Steuerungsmöglichkeiten des Herstellers Anstoß nehmen, weil diese zu Unrecht die Kriterien einer Haftung für Verhaltensunrecht bemüht. Im Rahmen des § 1 Abs 1 Satz 1 kommt es aber gerade nicht darauf an, daß dem Hersteller die Vermeidbarkeit des Produktsicherheitsrisikos vorwerfbar ist, vielmehr haftet er bereits dann, wenn er ein Produkt in den Verkehr bringt, dessen Fehler er selbst nicht verursacht hat (arg e § 1 Abs 2 Nr 2). Gegen das Argument der Steuerbarkeit spricht zudem, daß der Hersteller – hat er das Bodenerzeugnis erst einer ersten Verarbeitung unterzogen – für *alle* Produktsicherheitsrisiken haftet, also auch für die während des natürlichen Wachstumsvorgangs aufgetretenen (dazu unten Rn 122), die er nicht steuern konnte.

102 Der **zentrale Einwand gegen den herrschenden Ansatz** ergibt sich indes aus der Schwierigkeit der **Abgrenzung** eines risikospezifischen Begriffs der ersten Verarbeitung **gegenüber der Produktgewinnung.** Nimmt man das in § 2 Satz 2 ausgesprochene Haftungsprivileg ernst, so wird man dem Berechtigten die übliche Gewinnung der dort genannten Erzeugnisse erlauben müssen. Milch und Schlachtfleisch werden aber bspw durch erhebliche menschliche Eingriffe in die natürlichen Wachstumsprozesse gewonnen – verbunden mit allen damit einhergehenden erhöhten Risiken (zB Kontaminierung von Schlachtmesser oder Melkmaschine). Die Abgrenzung zwischen Produktgewinnung einerseits und erster Verarbeitung andererseits läßt sich in diesen Fällen nicht allein unter Hinweis auf eine Risikoerhöhung oder Begründung naturfremder Risiken begründen, weil diese bereits während der Produktgewinnung gegenwärtig sind. Deshalb kann es nur darum gehen, die **Reichweite des jeweiligen Privilegierungstatbestandes** zu ermitteln und in diesem Zusammenhang zu fragen, ob eine bestimmte Produkt*gewinnungsart* noch durch die Haftungsfreistellung des einschlägigen Erzeugnisses gedeckt ist oder nicht. Dabei wird man idR davon ausgehen müssen, daß der Gesetzgeber mit der Freistellung eines bestimmten Erzeugnisses von der Produkthaftung auch die Tätigkeit freigestellt hat, die üblicherweise nach der Verkehrsanschauung zur Gewinnung des Erzeugnisses erforderlich ist. Erst dort, wo die befreiende Wirkung des Privilegierungstatbestandes endet, kommt dann eine Haftungsbegründung im Wege der ersten Verarbeitung in Betracht.

2. Die der ersten Verarbeitung vorgelagerte und freigestellte Produktgewinnung

Grundsatz: Wenn der Gesetzgeber bestimmte Erzeugnisse nach § 2 Satz 2 von der **103** Produkthaftung freistellt, so stellt er damit inzident auch die Handlungen frei, die zur Gewinnung solcher Erzeugnisse führen (grundlegend BUCHWALDT NJW 1996, 13, 14). Wenn also für Fischereierzeugnisse gerade nicht gehaftet wird, so kann auch das Fischen selbst nicht haftungsbegründend sein; denn ohne diese Tätigkeit könnte niemals ein Fischereierzeugnis entstehen. Das Fischen als solches, obwohl es auf einer zielgerichteten menschlichen Tätigkeit unter Einsatz risikoträchtigen Geräts beruht (zB kontaminierte Harpune), kann daher nicht als erste Verarbeitung iSd § 2 Satz 2 haftungsbegründend wirken.

Zur **entscheidenden Vorfrage** wird daher, **was genau iSd § 2 Satz 2 als Erzeugnis zu** **104** **verstehen ist**. Denn die Tätigkeiten, die zur Gewinnung dieses Erzeugnisses führen, können eine Haftung gerade nicht begründen. Betrachtete man bspw im Rahmen der Tierhaltung das lebende Tier als das definitive Erzeugnis, so käme dessen Schlachtung – entgegen hier vertretener Auffassung (vgl sogleich unten Rn 105) – bereits als erste Verarbeitung in Betracht. Sieht man hingegen das Tier*fleisch* als das einschlägige Erzeugnis der Tierhaltung an, so bedeutet die Schlachtung eine Handlung, die zur Gewinnung dieses nach § 2 Satz 2 freigestellten Produktes führt und deshalb nicht als erste Verarbeitung haftungsbegründend wirken kann. Nach zT vertretener **Ansicht** repräsentiert das lebende Tier als solches noch kein Produkt, solange es an einer einschlägigen Zweckbestimmung des Herstellers hinsichtlich seiner späteren Verwendung fehlt; dies zeige § 3 Abs 1 lit b (BUCHWALDT NJW 1996, 13, 14; KULLMANN/ PFISTER Kz 3603, 3). Diese Betrachtungsweise ist indes **abzulehnen**, weil der Tatbestand des Produktbegriffs gem § 2 Satz 1 keine Zweckbestimmung voraussetzt, und eine solche Zweckbestimmung im übrigen in systematisch unklarem Verhältnis zum haftungsbegründenden Merkmal des Inverkehrbringens in § 1 Abs 2 Nr 1 stünde. Nach dem Haftungsmodell des ProdHaftG gibt der Hersteller nämlich die definitive „Zweckbestimmung" gerade dadurch ab, daß er die bewegliche Sache aus seinem Einflußbereich endgültig mit Richtung auf den Endverbrauchermarkt entläßt; nicht ohne Grund markiert dieser Zeitpunkt und nicht der Augenblick einer vorangehenden Zweckbestimmung auch den Umfang seiner Haftungsverantwortung (§ 1 Abs 2 Nr 2; vgl dazu bereits oben Rn 16). **Richtiger Ansicht** nach kommt es daher bei der Bestimmung des Erzeugnisbegriffes im Einzelfall auf den gesetzlichen Privilegierungszweck an. In § 2 Satz 2 wollte der Gesetzgeber bestimmte Produkttypen und die zu ihrer Gewinnung führenden Herstellungsverfahren freistellen. Auch wenn die hinter dieser Entscheidung stehende rechtspolitische Überzeugung anfechtbar erscheinen mag (oben Rn 5), so rechtfertigt dies doch keine Auslegung der Norm, die ihren Regelungsgegenstand letztlich obsolet werden ließe. Welche Erzeugnisse daher durch die in § 2 Satz 2 verwendeten Tatbestandsmerkmale freigestellt sind, muß sich **nach der Verkehrsanschauung** bestimmen, und zwar so, daß ein Normanwendungsbereich verbleibt, der dem sozialen Stellenwert und der Marktstellung des Produkts aus Sicht eines vernünftigen Verkehrsteilnehmers entspricht. Danach bezeichnen die Erzeugnisse der Tierhaltung aber schwerlich nur die lebenden Tiere selbst, sondern auch die durch Schlachtung der Tiere gewonnenen Produkte wie Fleisch, Felle, Knochen usw.

Aufgrund dieser Überlegung kann das **Fischen, Fangen, Schlachten, Erlegen und Ern-** **105**

ten, das zur Gewinnung der landwirtschaftlichen Naturprodukte und der Jagderzeugnisse führt, nicht haftungsbegründend sein und daher **keine erste Verarbeitung** darstellen (BUCHWALDT NJW 1996, 13, 14). Gerade beim **Schlachten** könnte man daran trotzdem zweifeln, weil dieses ja auf eine Unterbrechung des Wachstumsprozesses zielt und allein auf menschlicher Einwirkung beruht. Dennoch kommt es – wie gerade dargestellt (oben Rn 104) – hier wie sonst **nicht auf den Grad der menschlichen oder risikoträchtigen technischen Einwirkung an**, sondern darauf, daß **die Gewinnung der in § 2 Satz 2 enumerierten Rohstoffe nach dem Zweck der Norm jeweils freigestellt sein muß** (im Ergebnis übereinstimmend: BUCHWALDT NJW 1996, 13, 14; Graf vWESTPHALEN § 61 Rn 60; TASCHNER/FRIETSCH Rn 59; SCHMIDT-SALZER/HOLLMANN Art 2 Rn 74; SCHMIDT-SALZER III/1 Rn 4.478; ROLLAND Rn 52; ders im übrigen zu Recht auch für das **Zerteilen** und **Zerlegen** Rn 54; **aA** gerade im Hinblick auf das Schlachten: TASCHNER/FRIETSCH Art 2 Rn 13; im Hinblick auf den **Erntevorgang** wird indes Produktgewinnung bejaht: TASCHNER/FRIETSCH § 2 Rn 59; ähnlich kritisch BARTL Rn 38; KOCH ZHR 152 [1988] 537, 538). Nach Auffassung des Gesetzgebers löst auch das **Düngen der Pflanze** oder **das Behandeln mit Pflanzenschutzmitteln** sowie das **Füttern oder Mästen** keine Haftung aus (BT-Drucks 11/2447, 17; ähnlich BUCHWALDT NJW 1996, 13, 14; KULLMANN/PFISTER Kz 3603, 9; Graf vWESTPHALEN § 61 Rn 59; ROLLAND Rn 55; SCHLECHTRIEM VersR 1986, 1033, 1035; TASCHNER/FRIETSCH Rn 59).

3. Praktische Begriffsbildung

a) Die entscheidenden Wertungen

106 Weil die Verarbeitung bereits dem natürlichen Wortsinne nach auf **menschlicher Arbeit** beruht, liegt sie begrifflich nicht vor, solange der natürliche Prozeß des Heranreifens oder Wachsens des Naturproduktes oder Jagderzeugnisses ununterbrochen anhält (BUCHWALDT NJW 1996, 13, 15; ROLLAND Rn 52).

107 Ferner kommt die Annahme einer ersten Verarbeitung in den Fällen der **Produktgewinnung** nicht in Betracht, wenn es sich dabei um Verfahren zur Gewinnung der nach § 2 Satz 2 privilegierten Erzeugnisse handelt (Einzelheiten oben Rn 103 f).

108 Nach § 4 Abs 1 Satz 1 ProdHaftG haftet nur, wer ein Produkt *herstellt*. Auch als Verarbeitung iSd § 2 Satz 2 kommt daher nur eine herstellende Tätigkeit in Betracht. **Abgrenzungsschwierigkeiten** bestehen dabei im Hinblick auf **die vorbereitenden und begleitenden Tätigkeiten von Handel und Vertrieb**, die im Einzelfall durchaus auf einer Einwirkung auf das Produkt beruhen mögen, arg e contr e § 4 Abs 1 Satz 2, Abs 2 und Abs 3 im Regelfall aber keine Haftung begründen können. Fraglich ist stets, wo die für den Handel typische Serviceleistung endet und wo die Herstellung eines neuen Produkts beginnt (ähnlich BUCHWALDT NJW 1996, 13, 16; ähnlich KULLMANN/PFISTER Kz 3605, 5, 17 ff; TASCHNER/FRIETSCH Art 3 Rn 10 und § 2 Rn 64; vgl auch § 4 Rn 36 ff).

109 **Reinigung, Lagerung, Verpacken** oder **Sortieren** stellen richtiger Ansicht nach **in der Regel keine erste Verarbeitung** dar (BT-Drucks 11/2447, 17). Dies gilt prinzipiell auch für das **Wiegen, Messen, Um- und Abfüllen, Stempeln, Bedrucken, Verpacken, Kühlen, Lagern, Aufbewahren** und **Befördern** (Katalog nach BUCHWALDT NJW 1996, 13, 17 unter Bezug auf § 7 LMBG „Behandeln"). Daß von diesen Tätigkeiten ein zusätzliches Risiko ausgehen kann (Beispiel: die verschmutzte Waage, das kontaminierte Packpapier), genügt zutreffender Auffassung nach für eine Haftungsverschärfung nicht (BUCHWALDT NJW 1996, 13, 17). Denn das Erzeugnis wird in diesem Fall keiner Einwirkung ausgesetzt, die an Gefahrenintensität über dasjenige hinausginge, was auch im Rahmen der Produktgewinnung oder des Produkthandels üblich ist und dort gerade keine Haftung auslöst.

Allerdings kommt es **nicht** darauf an, daß der Verarbeitungsvorgang gerade **spezifisch** **110** **industrielle Produktionsrisiken** birgt (BUCHWALDT NJW 1996, 13, 16; KULLMANN/PFISTER Kz 3603, 8 f; DEUTSCH NJW 1992, 71, 76; SCHMIDT-SALZER III/1 Rn 4.478; TASCHNER NJW 1986, 611, 613); denn die Haftung nach § 1 Satz 1 ist sachlich nicht auf spezifisch industrielle Risiken beschränkt (oben Rn 8).

Auch ist es für die Haftungsbegründung **unmaßgeblich, ob** *gerade infolge* der Verar- **111** beitung die Produktsicherheitsgefahr entstanden ist. Vielmehr reicht die abstrakte Gefährlichkeit der Verarbeitung aus (BUCHWALDT NJW 1996, 13, 15); nach der ersten Verarbeitung haftet der Hersteller nämlich nach ganz **hM** auch für die zuvor während des Wachstumsprozesses entstandenen Sicherheitsgefahren; dies folgt aus einem Umkehrschluß aus § 1 Abs 2 Nr 2 ProdHaftG (unten Rn 122).

Regelmäßig liegt eine **erste Verarbeitung** vor, wenn **auf die stoffliche Substanz des** **112** **Erzeugnisses eingewirkt** und diese **verändert** wird (BUCHWALDT NJW 1996, 13, 16; TASCH-NER/FRIETSCH Rn 63). Der Gesetzgeber will die Entscheidung im Einzelfall der Rechtsprechung überlassen (BT-Drucks 11/2447, 17; BT-Drucks 11/5520, 14).

b)   Einzelheiten
Die als erste Verarbeitung in Betracht kommenden Tätigkeiten sind ua in §§ 7 Abs 1 **113** LMBG, 2 Weingesetz, 2 Abs 1 Milch- und Margarinegesetz, § 2 FleischhygieneVO, § 2 FischhygieneVO beschrieben (dazu BUCHWALDT NJW 1996, 13, 15 Fn 27). **Im einzelnen** dürfte folgendes gelten:

Ob die **Konservierung** eine erste Verarbeitung darstellt, hängt davon ab, ob sie in die **114** Produktbeschaffenheit eingreift. Dies ist immer anläßlich der Beigabe von Konservierungsstoffen anzunehmen (BT-Drucks 11/5520, 14; ROLLAND Rn 53). Weiter dürfte beim **Abkochen** oder **Einsalzen** von einer ersten Verarbeitung auszugehen sein (BT-Drucks 11/5520, 14; ähnlich ERMAN/SCHIEMANN Rn 3; TASCHNER/FRIETSCH Rn 64); insbesondere gilt dies auch für das **Abkochen von Krabben an Bord unmittelbar nach dem Fang** (BT-Drucks 11/5520, 14) aber auch für das **Pasteurisieren von Milch** (BUCHWALDT NJW 1996, 13, 17). Umstritten ist, ob das **Tiefgefrieren** eine erste Verarbeitung darstellt (bejahend MünchKomm/CAHN Rn 23; TASCHNER/FRIETSCH Rn 64; **aA** BUCHWALDT NJW 1996, 13, 17; ROLLAND Rn 53: nur, wenn dem Eis Konservierungsstoffe beigefügt werden). Die Entscheidung dürfte von der Reaktion der Produktsubstanz auf den Friervorgang im Einzelfall abhängen. Das bloße **Kühlen** beinhaltet jedenfalls keine Verarbeitung (Graf vWEST-PHALEN § 61 Rn 61). Auch liegt im **Lagern** des Erzeugnisses keine Verarbeitung (ROLLAND Rn 53).

Das **Verpacken der Ware** stellt regelmäßig keine erste Verarbeitung der Ware dar **115** (BT-Drucks 11/2447, 17; MünchKomm/CAHN Rn 23; Graf vWESTPHALEN § 61 Rn 62; **aA** MAYER VersR 1990, 691, 695). **Art 2 Nr 3 der italienischen ProdukthaftungsVO**, der beim industriellen Verpacken eine erste Verarbeitung annimmt, liegt insoweit neben der Sache, als das Verpacken keine produktionsspezifische Tätigkeit darstellt, sondern auf einer typischen Hilfstätigkeit des Produktvertriebs beruht (§ 4 Rn 36). Im übrigen kommt es für die Haftungsbegründung nach dem ProdHaftG gerade nicht darauf an, ob eine Produkteinwirkung von industrieller oder handwerklicher Art ist (oben Rn 8), so daß die Sonderbehandlung *industrieller* Verpackung auch insoweit systematisch fehlläuft. Eine erste Verarbeitung liegt jedoch nach den oben erarbeiteten Grundsätzen vor, wenn eine **Salatverpackung mit Schutzgas gefüllt** ist (BUCHWALDT NJW 1996, 13, 17).

116 Das **Reinigen** (Abreiben, Abwaschen) von Erzeugnissen beinhaltet dann keine Verarbeitung, wenn nicht in die Beschaffenheit der Erzeugnisse eingegriffen wird. Andernfalls ist aber durchaus auch hier ein Verarbeitungsschritt vorstellbar (vgl auch ROLLAND Rn 53).

117 Eine erste Verarbeitung beinhalten **alle Formen der Speisezubereitung** (BUCHWALDT NJW 1996, 13, 17): Kochen, Dünsten sowie die konsumgerechte Fleisch- und Fischzubereitung genügt (MAYER VersR 1990, 691, 695). Gleiches gilt für die Herstellung von Formfleisch- und Fischerzeugnissen (BUCHWALDT NJW 1996, 13, 17). Auch die Herstellung von Kondensmilch oder Milcherzeugnissen (Butter, Käse usw) aus Rohmilch führt zu einer ersten Verarbeitung (BT-Drucks 11/2447, 17).

118 Das **Mahlen von Körnern** führt zu einer ersten Verarbeitung, weil dadurch nicht nur der Zerkleinerungsgrad festgelegt, sondern auch bestimmt wird, welche Stoffe im Mehl erhalten bleiben sollen und welche nicht (BUCHWALDT NJW 1996, 13, 16).

119 Das Lösen des **Bienenhonigs** aus der Wabe und die Herstellung von **Bienenwachs** beinhalten nach herrschender, wenngleich nicht zweifelsfreier Meinung eine erste Verarbeitung (oben Rn 95).

120 Auch in der **Herstellung von Fruchtsaft** oder dem Keltern von **Trauben zu Most** liegt eine erste Verarbeitung, weil die physikalische Beschaffenheit der Trauben verändert wird; dasselbe gilt für die önologischen Verfahren, die bei frischen, gelesenen Weintrauben angewandt werden dürfen (§§ 13 und 15 Weingesetz iVm Art 15, Anh VI VO Nr 822/87/EWG; so bereits BUCHWALDT NJW 1996, 13, 17).

121 Bei der **Herstellung von Chemikalien oder Pharmazeutika** ist bereits umstritten, ob die Tatbestandsvoraussetzungen des Haftungsprivilegs nach § 2 Satz 2 überhaupt vorliegen können. Auf jeden Fall dürfte regelmäßig eine erste Verarbeitung der Naturprodukte vorliegen (KULLMANN/PFISTER Kz 3603, 7; SCHMIDT-SALZER Bd III/1 Rn 4.479; Graf vWESTPHALEN § 61 Rn 57; ROLLAND Rn 56; KOCH ZHR 152 [1988] 537, 538).

4. Haftungsverantwortung des Verarbeiters

122 **Nach der ersten Verarbeitung** haftet der Hersteller, wenn er das Produkt in den Verkehr gebracht hat, **für alle Sicherheitsrisiken**, auch für die zuvor während des Wachstums und der Produktgewinnung entstandenen (BT-Drucks 11/2447, 17; BUCHWALDT NJW 1996, 13, 15; BARTL Rn 36; KULLMANN/PFISTER Kz 3603, 9; TASCHNER/FRIETSCH Rn 68; ROLLAND Rn 54 f; SCHIMINOWSKI AgrarR 1993, 338, 343; Graf vWESTPHALEN § 61 Rn 64 f). Dies ist zwingende Folge der Richtlinienvorgabe, nach der ein Erstverarbeiter zum Endprodukthersteller wird; der Endprodukthersteller haftet nämlich arg e § 1 Abs 2 Nr 2 für alle Sicherheitsdefizite, gleichgültig ob er diese selbst (zurechenbar) verursacht hat oder nicht (so auch BT-Drucks 11/2447, 17).

III. Eingeschränkter Anwendungsbereich des § 2 Satz 2 auf gentechnische Produkte

§ 2 Satz 2 ProdHaftG ist gem § 37 Abs 2 Satz 2 GenTG nicht anwendbar auf Pro- **123** dukte, die **gentechnisch veränderte Organismen** enthalten oder aus solchen bestehen und aufgrund einer Genehmigung nach § 16 Abs 2 GenTG oder einer Zulassung aufgrund anderer Rechtvorschriften iSd § 2 Nr 4 HS 2 GenTG in den Verkehr gebracht wurden (näheres dazu oben Rn 50 ff).

§ 3
Fehler

(1) Ein Produkt hat einen Fehler, wenn es nicht die Sicherheit bietet, die unter Berücksichtigung aller Umstände, insbesondere

a) seiner Darbietung,

b) des Gebrauchs, mit dem billigerweise gerechnet werden kann,

c) des Zeitpunkts, in dem es in den Verkehr gebracht wurde,

berechtigterweise erwartet werden kann.

(2) Ein Produkt hat nicht allein deshalb einen Fehler, weil später ein verbessertes Produkt in den Verkehr gebracht wurde.

Systematische Übersicht

Jürgen Oechsler

Alphabetische Übersicht

A. Dogmatik des Fehlerbegriffs*

I. Einleitung

Der **Produktfehler** nimmt in der Systematik des Gesetzes neben dem Merkmal des **1**
Inverkehrbringens (§ 1 Abs 2 Nr 1 und 2) und der Produktverantwortung nach § 4
eine **zentrale Rolle** ein (Graf vWESTPHALEN, Produkthaftungshandbuch II § 62 Rn 2; ders NJW
1990, 83, 87; WIECKHORST VersR 1995, 1005, 1009, 1014; vgl auch BORER, Fehlerbegriff 262 ff;
BARTL § 3 Rn 11; MAYER VersR 1990, 691, 695). Nach hier vertretener Auffassung begründet § 3 Abs 1 indes **keinen Einheitsfehlerbegriff**, sondern nimmt bei der Haftungsbegründung auf die bekannten Fehlertypen Bezug (Rn 12, 103 ff). Die Unterschiede
zur Verkehrspflichtverletzung nach § 823 Abs 1 BGB sind insoweit marginal.

1. Zur Entstehungsgeschichte der Vorschrift

Die maßgebliche, nunmehr § 3 ProdHaftG zugrundeliegende Konzeption wurde **2**
bereits in der frühesten Entwurfsphase der Produkthaftungsrichtlinie ausgearbeitet:
Im ersten Vorentwurf der bei der Kommission gebildeten Arbeitsgruppe (dazu Einl 9)
wurde der Fehlerbegriff noch mit dem Begriff der **Gebrauchsuntauglichkeit** gleichgesetzt (EWG-DOK XI/334/74 – D, Art 3), doch bereits im zweiten Vorentwurf findet sich
folgende, an das Konzept der **Produktsicherheit** anknüpfende Definition: „Eine

---

* **Schrifttum** (Auswahl:) BORER, Der Fehlerbegriff nach deutschem, amerikanischem und
europäischem Recht (Bern 1986); FEGER, Darbietung und Produkthaftung (1990); HAGER,
Deutschland – Fehlerbegriff, Entwicklungsrisiko und Produktbeobachtungspflicht bei der
Produkthaftung, PHI 1991, 2; JÄCKLE, Die Produzentenhaftung unter dem Zeitaspekt betrachtet – insbesondere zu den nachträglichen Pflichten des Warenherstellers (1990); J MEYER, Instruktionshaftung (1992); PFEIFER, Produktfehler oder Fehlverhalten des Produzenten – Das
neue Produkthaftungsrecht in Deutschland, den
USA und nach der EG-Richtlinie (1987);
SCHLECHTRIEM, Dogma und Sachfrage – Überlegungen zum Fehlerbegriff des Produkthaftungsgesetzes, in: FS Rittner (1991) 545;
SCHMIDT-SALZER, Der Fehler-Begriff der EG-
Richtlinie Produkthaftung, BB 1988, 349;
WIECKHORST, Recht und Ökonomie des Produkthaftungsgesetzes (1994) 139 ff.

Jürgen Oechsler

Sache ist fehlerhaft, wenn sie Personen oder Sachen nicht die Sicherheit bietet, die man zu erwarten berechtigt ist." (EWG-DOK XI/355/75 – D, Art 4). Ausschlaggebend für diese Veränderung waren zwei Sachüberlegungen (REICH, Europäisches Verbraucherrecht Rn 176; TASCHNER NJW 1986, 611, 614): Zum einen sollte der Fehlerbegriff der Richtlinie **systematisch klar vom Fehlerbegriff des Kaufrechts unterschieden** werden; auf den im Vertrag vorausgesetzten Gebrauch (vgl diesbez etwa § 459 Abs 1 Satz 1 BGB) konnte es vor allem deshalb nicht ankommen, weil auch ein **Schutz** derjenigen **Außenstehenden** (innocent bystander) beabsichtigt war, die das schädigende Produkt selbst nicht käuflich erworben hatten. Zum anderen wurde die **Gefahr** erkannt, **daß der Hersteller als stärkerer Verhandlungspartner die Gebrauchsfunktionen des Produktes gegenüber seinen Vertragspartnern mit haftungsbeschränkender Wirkung eingrenzen könnte.**

3 In seiner Stellungnahme zum ersten Vorschlag der Kommission neigt das **Europäische Parlament** jedoch einer zugunsten der Herstellerinteressen einschränkenden Definition zu: Danach setzte der Fehler voraus, daß die Sache bei „**bestimmungsgemäßem Gebrauch**" nicht die ausreichende Sicherheit bot (ABlEG v 21. 5. 1979 Nr C 127/61, 63). Durch diese Modifikation soll der Erfahrung aus den US-amerikanischen „**misuses cases**" Rechnung getragen und Fälle des Produktmißbrauchs der Verantwortung des Herstellers enthoben werden (zum Sachproblem unten Rn 59 ff; W LORENZ ZHR 151 [1987] 1, 21 f). Die Kommission übernimmt diese Änderung in ihren zweiten Richtlinienvorschlag (ABlEG 1979 Nr C 271/3, Art 4), der Rat jedoch erweitert die Herstellerverantwortung in der Richtlinie auf den Gebrauch „mit dem billigerweise gerechnet werden muß" (Art 6 Abs 1 lit b ProdHaftRichtl) und relativiert den verbleibenden haftungsbeschränkenden Stellenwert dieses Tatbestandsmerkmals auch durch redaktionelle Mittel: Während es im zweiten Kommissionsvorschlag noch heißt: „Eine Sache ist fehlerhaft, wenn sie bei bestimmungsgemäßem Gebrauch für Personen oder Sachen nicht die Sicherheit bietet, die man unter Berücksichtigung aller Umstände … zu erwarten berechtigt ist" (ABlEG 1979 Nr C 271/3, Art 4), werden in der Richtilinie die Gebrauchserwartungen des Herstellers nur als einer von drei gleichberechtigterweise und „insbesondere" zu berücksichtigenden Umständen aufgeführt (Art 6 lit b ProdHaftRichtl). **Der deutsche Gesetzgeber** hat diese Bedeutung der Definition des Fehlerbegriffs erkannt und seiner eigenen Regelung zugrundegelegt (BT-Drucks 11/2447, 17; Stellungnahme des Rechtsausschusses BT-Drucks 11/5520, 15).

4 In seiner Stellungnahme zum ersten Entwurf erweitert das **Europäische Parlament** den von der Kommission erwogenen Fehlertatbestand auch in anderer Richtung. Unter Bezugnahme auf Art 2 lit c der Straßburger Konvention (dazu W LORENZ ZHR 151 [1987] 1, 21) schlägt das Parlament nämlich die **Berücksichtigung besonderer Umstände** vor (ABlEG v 21. 5. 1979 Nr C 127/61, 63). Als besonderer Umstand kommt danach der auf das Herstellerverhalten bezogene Gesichtspunkt der „**Darbietung**" des Produktes in Betracht sowie der „Zeitpunkt, zu dem das Produkt in den Verkehr gebracht wurde" (ABlEG v 21. 5. 1979 Nr C 127/61). Durch diesen zweiten Gesichtspunkt soll eine Haftung in denjenigen Fällen verhindert werden, in denen sich die Sicherheitserwartungen seit der Markteinführung des Produktes erhöht haben (W LORENZ 22). Diese Überlegungen fanden Eingang in den zweiten Richtlinienvorschlag (ABlEG 1979 Nr C 271/3, Art 4) und die Richtlinie (Art 6 Abs 1 lit a und c ProdHaftRichtl).

2.   Das Konzept der Produktsicherheit*

Die Definition des Fehlerbegriffs steht im Kontext der übrigen Anstrengungen der 5
Gemeinschaft zur Erreichung von **Produktsicherheit**. Das Produktsicherheitskonzept
dürfte wohl **historisch** auf eine „juristische Entdeckung" des amerikanischen Richters
Cardozo in der Entscheidung **Mac Pherson v Buick Motor Co** (217 NY 382; 111 NE 1050
[1916]) zurückgehen. Bis zu dieser hatte das Common Law der Vereinigten Staaten an
das englische Vorbild angeknüpft und war der dort geltenden „non-liability rule"
gefolgt (vgl Einl 80; vgl zum folgenden nur Wesch, Die Produzentenhaftung im internationalen
Vergleich [1994] 23 f). Nach dieser waren Produkthaftungsschäden ausschließlich zwischen Verkäufer und Käufer des Produktes, und zwar auf vertraglicher Grundlage,
auszutragen. Deliktische Ansprüche Drittgeschädigter gegenüber dem Hersteller
schieden entsprechend dieser Regel aus. Das englische Common law kannte indes
eine Ausnahme für besonders gefährliche Produkte (inherently oder imminently
dangerous products); hier konnte die negligence-Haftung (Haftung wegen fahrlässiger Vermögensverletzung) gegenüber dem Hersteller ausnahmsweise greifen. Die
besondere juristische Leistung Cardozos beruht gerade auf der Verallgemeinerung
des Begriffs vom gefährlichen Produkt; seiner Auffassung nach war jedes fehlerhafte
Produkt ein besonders gefährliches Produkt (auf die folgende Passage weist bereits Wesch
S 24, Fn 82, hin):

> "If the nature of a thing is such that it is reasonably certain to place life and limb in peril when
> negligently made, it is then a thing of danger. Its nature gives warning of the consequences to
> be expected. If to the element of danger there is added knowledge that the thing will be used
> by persons other than the purchaser, and used without new tests, then, irrespective of con-
> tract, the manufacturer of this thing of danger is under a duty to make it carefully."

Mit der Gleichsetzung des fehlerhaften mit dem besonders gefährlichen Produkt
rückt die Fehlerhaftigkeit des Produkts als Gefahrenquelle in den Mittelpunkt der

---

* **Schrifttum** dazu: Bourgoignie, La protection du consommateur en matière de produits et
de sevices défectueux et dangereux, in: Centre
International d'Etudes et de Recherches Euro-
péennes (Hrsg), La protection du consommateur (1984) 129; Brüggemeier, Produkthaftung und Produktsicherheit, ZHR 152 (1988)
511; Brunner, Technische Normen in Rechtssetzung und Rechtsanwendung (1991); Höpke,
Die allgemeine Produktsicherheitsrichtlinie der
EG und das Verhältnis ihres Sicherheitsstandards zum deutschen Produkthaftungsrecht
(Diss Osnabrück 1995); Huth, Die Bedeutung
technischer Normen für die Haftung des Warenherstellers nach § 823 BGB und dem Produkthaftungsgesetz (1992); Joerges, Die Verwirklichung des Binnenmarktes und die Euro-
päisierung des Produktsicherheitsrechts, in: FS
Steindorff (1990) 1247; Joerges/Falke/Mick-
litz/Brüggemeier, Die Sicherheit von Konsumgütern und die Entwicklung der Europäischen Gemeinschaft (1988); Kessler, Produktsicherheit im europäischen Binnenmarkt,
EuZW 1993, 751; Marburger, Die Regeln der
Technik im Recht (1979); ders, Technische Normen im Recht der technischen Sicherheit, BB
1985, Beil 4, 16 ff; Micklitz, Internationales
Produktsicherheitsrecht – Zur Begründung
einer Rechtsverfassung für den Handel mit risikobehafteten Produkten (1995); Müller-
Graff, Technische Regeln im Binnenmarkt
(1991); Müller-Foell, Die Bedeutung technischer Normen für die Konkretisierung von
Rechtsvorschriften (1987); Nettelbeck, Pro-
duktsicherheit/Produkthaftung (1995); Reich,
Europäisches Verbraucherrecht (3. Aufl 1996)
445 ff mwN.

juristischen Begründung. Der Fehler- oder Gefahrenbegriff stellte sich aber in der Folgezeit als der systematisch überzeugende tragende Haftungsgrund nicht nur für die spätere strict liability (Gefährdungshaftung; vgl § 402 Restatement [Second] of Torts) heraus, sondern auch für eine auf Verhaltensunrecht beruhende deliktische Produzentenhaftung; denn **Gegenstand des Fehlerbegriffs** sind – richtig gesehen – **negativ formulierte Verkehrspflichten** (SCHLECHTRIEM, in: FS Rittner [1991] 545; BRÜGGEMEIER ZHR 152 [1988] 511, 517; SCHMIDT-SALZER BB 1986, 1103, 1104; SIMITIS, in: FS Duden [1977] 605 ff; aA DIEDERICHSEN NJW 1978, 1281, 1284; ROLLAND Rn 2): Dort wo die Rechtsordnung einen gefahrvollen Fehler erkennt, müssen nämlich Pflichten zu seiner Kontrolle und Behebung entstehen; diese Pflichten aber treffen den Produzenten und wirken bei ihrer Verletzung haftungsbegründend.

6 Die **Diskussion auf europäischer Ebene** fügte dieser fundamentalen Einsicht vor allem **den politischen Aspekt** hinzu. Aus deutscher Sicht sprachlich verunglückt, dafür aber umso plastischer im rechtspolitischen Impetus wurde ein **„Grundrecht" aller EG-Bürger auf Sicherheit der Produkte** postuliert (so MICKLITZ, in: PAASVIRTA/RISSANEN, Principles of Justice and the Law of the EU 259, 280; REICH, Europäisches Verbraucherrecht Rn 209). Andere Länder kennen in der Tat entsprechende Verbrauchergrundrechte: So räumt die **portugiesische Verfassung** in Art 60 Abs 1 den Verbrauchern ein Recht auf ein vernünftiges Maß an Qualität der Güter und Dienstleistungen und auf Schadensersatz ein (HILL-ARNING/HOFFMAN 152); das **brasilianische** (Einl Rn 111 f, Art 6) und das **griechische Verbraucherschutzgesetz** (Einl 77 f, im ersten Kapitel) statuieren entsprechende „Konsumentengrundrechte".

7 Der Rat jedenfalls erhebt in dem 1976 verabschiedeten **Ersten Programm der Europäischen Wirtschaftsgemeinschaft** für eine Politik zum Schutz und zur Unterrichtung der Verbraucher (ABlEG Nr C 92/1) folgende Forderung: „Güter und Dienstleistungen, die den Verbrauchern zur Verfügung gestellt werden, müssen so beschaffen sein, daß sie bei Gebrauch unter normalen oder vorhersehbaren Bedingungen keine Gefahren für Gesundheit und Sicherheit der Verbraucher darstellen; wenn sie solche Gefahren darstellen, müssen sie mittels schneller und einfacher Verfahren aus dem Verkehr gezogen werden" (Rn 15 a i). Mittlerweile ist in Erfüllung dieses frühen Postulats die **Richtlinie** 92/59/EWG des Rates vom 29. Juni 1992 **über die allgemeine Produktsicherheit ergangen** (AblEG Nr L 228/24), die vor allem den öffentlich-rechtlichen Teilbereich der Materie regelt (zum Inhalt vgl REICH, Europäisches Verbraucherrecht Rn 244; BRÜGGEMEIER ZHR 152 [1988] 511, 523; JOERGES, in: FS Steindorff [1990] 1247; KESSLER EuZW 1993, 751). Diese ist mittlerweile durch **das deutsche Produktsicherheitsgesetz** (Gesetz zur Regelung der Sicherheitsanforderungen an Produkte und zum Schutze der CE-Kennzeichnung, BGBl 1997 I 934) umgesetzt worden (BODEWIG, Produktsicherung und -haftung im Kfz-Bereich – Probleme des Rückrufs fehlerhafter Produkte in der Automobilindustrie, in: 34. Deutscher Verkehrsgerichtstag 1996, 141; HAAGER, Das neue Produktsicherheitsgesetz, WiB 1997, 1176; VIEWEG Produktrückruf als Instrument präventiven Verbraucherschutzes – Bisherige Rechtslage und Änderungen nach dem Inkrafttreten des Produktsicherheitsgesetzes, Jura 1997, 561; VOGEL, Das neue Produktsicherheitsgesetz, PHI 1997, 158).

8 Die Sicherheitsrichtlinie regelt aus deutscher Sicht **den öffentlich-rechtlichen Teil des Gesamtproblems** und setzt auf ein enges Zusammenspiel der Verwaltungen der Mitgliedsstaaten und der Kommission. Von der Sache her geht es um die Begründung einer allgemeinen Sicherheitsverpflichtung (Art 3 f SicherheitRichtl), die letztlich durch Sicherheitsrichtlinien und technische Normen der Gemeinschaft und der Mitgliedstaaten verwirklicht werden soll. Deren Einhaltung wird durch eine von der Verwaltung der Mitgliedsstaaten und der Kommission gemeinsam betriebene Produktbeobachtung sichergestellt, wobei der Kommission in Art 9 SicherheitRichtl spektakulärerweise das Recht zuerkannt wird, die Mitgliedstaaten unter engen Voraussetzungen zu Sofortmaßnahmen zu verpflichten; dies können Warnungen vor Produktgefahren, Verhängung von Auslieferungsverboten bzw Rücknahmen sein. Die sachliche Rechtfertigung dieser Regelung folgt aus der Überlegung, daß gerade die **Produktbeobachtung** und der mit ihr verbundene **Rückruf fehlerhafter Produkte** im Rahmen des Privatrechts nur lückenhaft betrieben werden kann; denn der einzelne Anspruchsberechtigte kann vom Hersteller regelmäßig nur den Rückruf des *eigenen* Produktes, nicht aber den aller übrigen gleichermaßen fehlerhaften verlangen (BRÜGGEMEIER ZHR 152 [1988] 511, 524 ff). Die mit der Fehlerhaftigkeit verbundenen Gefahren für die Öffentlichkeit können daher nur in einem Verwaltungsverfahren besorgt werden.

Das **Produkthaftungsrecht** umfaßt schließlich **einen Teil der privatrechtlichen Seite des** 9
Sicherheitskonzepts (BRÜGGEMEIER ZHR 182 [1988] 511; REICH, Europäisches Verbraucherrecht Rn 176). Von daher scheint es nicht unwichtig, daß die Sicherheitsrichtlinie den **Begriff des sicheren Produkts** in **Art 2 lit b** so bestimmt:

„jedes Produkt, das bei normaler oder vernünftigerweise vorhersehbarer Verwendung, was auch die Gebrauchsdauer einschließt, keine oder nur geringe mit seiner Verwendung zu vereinbarende und unter Wahrung eines hohen Schutzniveaus für die Gemeinschaft und Sicherheit von Personen vertretbare Gefahren birgt, insbesondere im Hinblick auf

– die Eigenschaften des Produkts, unter anderem seine Zusammensetzung, seine Verpackung, die Bedingungen für seinen Zusammenbau, seine Wartung;

– seine Einwirkung auf andere Produkte, wenn eine gemeinsame Verwendung mit anderen Produkten vernünftigerweise vorhersehbar ist;

– seine Aufmachung, seine Etikettierung, gegebenenfalls seine Gebrauchs- und Bedienungsanleitung und Anweisungen für seine Beseitigung sowie alle sonstigen Angaben oder Informationen seitens des Herstellers;

– die Gruppen von Verbrauchern, die bei der Verwendung des Produkts einem erhöhten Risikio ausgesetzt sind, vor allem Kinder.

Die Möglichkeit, einen höheren Sicherheitsgrad zu erreichen, oder die Verfügbarkeit anderer Produkte, die eine geringere Gefährdung aufweisen, ist kein ausreichender Grund, um ein Produkt als nicht sicher oder gefährlich anzusehen ...“

Diese Definition mag im Rahmen der Produkthaftung eine Auslegungshilfe sein, sie 10
ist indes **nicht bindend** (so zu Recht JOERGES/BRÜGGEMEIER, in: MÜLLER-GRAFF, Gemeinsames Privatrecht in der Europäischen Gemeinschaft [1993] 233, 262).

3. Systematische Abgrenzung zum Kaufrecht und zu § 823 Abs 1 BGB

11 § 3 ProdHaftG unterscheidet sich in seinen Voraussetzungen zunächst vom **kaufmännischen Fehlerbegriff des § 459 Abs 1 BGB**. Wie aus der Entstehungsgeschichte der Richtlinie (oben Rn 2) und dem Wortlaut des § 3 Abs 1 lit b ProdHaftRichtl hervorgeht, hängt der Produktfehler gerade nicht von dem „nach dem Vertrage vorauszusetzenden Gebrauch" ab, sondern von den Sicherheitserwartungen der Allgemeinheit, die allein durch die billigenswerten Gebrauchserwartungen des Herstellers eingeschränkt werden (vgl bereits ABlEG 1976 Nr C 241/9, BegrErwägungen Abs 10 und Art 4 sowie DIEDERICHSEN NJW 1978, 1281, 1285 f; SCHLECHTRIEM VersR 1986, 1033, 1035; HOLLMANN DB 1985, 2389, 2392; TASCHNER NJW 1986, 611, 614). Entscheidend für die Differenzierung sind zwei Wertungsüberlegungen (vgl BRÜGGEMEIER/REICH WM 1986, 149, 150; HOLLMANN DB 1985, 2389, 2392; MünchKomm/CAHN Rn 2; REICH, Europäisches Verbraucherrecht Rn 176; TASCHNER NJW 1986, 611, 614; SCHLECHTRIEM VersR 1986, 1033, 1035): (1) Der Ersatzanspruch nach § 1 steht auch demjenigen zu, der das Produkt selbst nicht käuflich erworben hat, jedoch durch einen Produktfehler in seinen Rechten verletzt ist (**Außenseiter**, innocent bystander). Deshalb kann es für die Konkretisierung der in § 3 zu berücksichtigenden Sicherheitserwartungen nicht allein auf den Horizont des Käufers ankommen; vielmehr muß auch die Warte der übrigen potentiell in Mitleidenschaft Gezogenen miteinbezogen werden. Im Begriff der Gebrauchstauglichkeit werden demgegenüber nur die im Kaufvertrag konkretisierten Sicherheitserwartungen des Käufers ausgedrückt; diese sind den übrigen durch die Produktbeschaffenheit gefährdeten Verkehrsteilnehmern aber unbekannt und können im Prinzip für diese nicht maßgeblich sein. Allerdings besteht eine bedeutende Ausnahme von diesem Grundsatz bei der Berücksichtigung des Kaufpreises (unten Rn 85 ff). (2) Die Gebrauchstauglichkeit bestimmt sich schließlich nach den zwischen den Parteien vereinbarten Verwendungszwecken und Funktionsbestimmungen; deshalb besteht nach hM die Gefahr, daß der Hersteller als überlegener Vertragspartner Funktions- und Gebrauchsbeschränkungen mit haftungsbefreiender Wirkung gegenüber der jeweils unterlegenen Käuferseite durchsetzen könnte; für die berechtigten Sicherheitserwartungen kann es daher auf die Gebrauchstauglichkeit der Sache schon deshalb nicht ankommen, weil andernfalls das Freizeichnungsverbot des § 14 unterlaufen werden könnte.

12 Die Tatbestandsvoraussetzungen des Fehlerbegriffs in § 3 unterscheiden sich allenfalls in Teilbereichen von den Voraussetzungen einer Verkehrspflichtverletzung in **§ 823 Abs 1 BGB**. Denn richtiger Auffassung nach (siehe bereits Einl Rn 28, 33, 38 f) erfaßt § 3 nicht nur **Fehler des Produkts** (so DIEDERICHSEN NJW 1978, 1281, 1284; MünchKomm/CAHN Rn 3; ROLLAND Rn 2; vgl allerdings auch BRÜGGEMEIER/REICH WM 1986, 149, 150), sondern gerade im Bereich der Haftung für Konstruktions- und Instruktionsfehler (dazu unten Rn 85 ff, 108 f und Rn 46) auch ein **Fehlverhalten des Herstellers** – also echtes Verhaltensunrecht wie in § 823 Abs 1 BGB (SCHLECHTRIEM, in: FS Rittner 545 ff; KÖTZ, in: FS W Lorenz 109, 112 ff). **Der Fehlerbegriff „verschlüsselt"** also zT **einzelne Verhaltens- bzw Verkehrspflichten des Herstellers** (SCHLECHTRIEM, in: FS Rittner 545; BRÜGGEMEIER ZHR 152 [1988] 511, 517; SCHMIDT-SALZER BB 1986, 1103, 1104; SIMITIS, in: FS Duden 605 ff; **aA** DIEDERICHSEN NJW 1978, 1281, 1284; ROLLAND Rn 2).

13 Nach ganz hM konkretisieren sich schließlich die in § 3 ProdHaftG vorausgesetzten **Sicherheitserwartungen nach denselben Maßstäben wie die Verkehrspflichten des Herstel-**

lers iSd **§ 823 Abs 1 BGB** (BT-Drucks 11/2447, 17 f; Frietsch DB 1990, 29, 32; Kötz, in: FS W Lorenz 109, 112; Kullmann VersR 1988, 655, 656; W Lorenz ZHR 151 [1987] 1, 23 ff; Rolland § 3 Rn 6; Schlechtriem VersR 1986, 1033, 1035; ders, in: FS Rittner 545, 549; Schmidt-Salzer BB 1988, 349, 350; Graf vWestphalen NJW 1990, 83, 87; Wieckhorst VersR 1995, 1005, 1010).

Die **Entscheidung gegen** einen dem § 3 Abs 1 ProdHaftG zugrundeliegenden **Einheits-** **14** **begriff des Fehlers** (nur Fehler des Produkts, nicht auch Fehler des Herstellers) bedeutet indes nicht, daß § 1 Abs 1 Satz 1 gleich eine Verschuldenshaftung begründete; dies ist insbesondere angesichts des in § 1 Abs 2 Nr 2 zum Ausdruck kommenden Haftungsgedankens schwer vertretbar (zur Diskussion über den Haftungstyp Einl 27 ff).

II. Die Sicherheitserwartungen

1. Der maßgebliche allgemeine Erwartungshorizont

Die nach § 3 ProdHaftG maßgeblichen Sicherheitserwartungen bestimmen sich **15** grundsätzlich anhand des **Horizonts der durch die fehlende Produktsicherheit betroffenen Allgemeinheit** (Taschner, in: Taschner/Frietsch Art 6 Rn 4; ders NJW 1986, 611, 614; Frietsch DB 1990, 29 32; Reich, Europäisches Verbraucherschutzrecht Rn 182; Schlechtriem VersR 1986, 1033, 1035). Die **Gegenauffassung**, nach der es auf das Verständnis eines „verständigen Verbrauchers" ankomme (Brüggemeier/Reich WM 1986, 149, 150; Hollmann DB 1985, 2389, 2392; Schmidt-Salzer BB 1988, 349, 350; Wieckhorst JuS 1990, 86, 89), ist mit Entstehungsgeschichte, System und Zweck der Norm nicht vereinbar.

Nach Art 6 der Produkthaftungsrichtlinie kommt es nämlich auf die Sicherheit an, **16** die „man" erwarten darf (nicht konsequent daher Hollmann DB 1985, 2389, 2392, der „man" im Sinne der berechtigten Sicherheitserwartungen der Verbraucher versteht). Mit der passivischen Fassung des Wortlauts von § 3 Abs 1 ProdHaftG hat der deutsche **Gesetzgeber** keine Bedeutungsänderung verbunden (Schmidt-Salzer BB 1988, 349, 351). Dies ergibt sich aus den Materialen, nach denen es ebenfalls „nicht auf einen individuellen Empfängerhorizont . . ., sondern auf die berechtigten Erwartungen der Allgemeinheit und damit auf objektive Maßstäbe" ankommt (BT-Drucks 11/2447, 18).

Die **sachliche Relevanz** dieser Unterscheidung zeigt sich beim Schutz der **Außenstehen-** **17** **den,** der sog **innocent bystander,** die als Verkehrsteilnehmer mit den Gefahren des Produktes meist anläßlich der Produktbenutzung durch Dritte konfrontiert werden (Bsp: Ein Passant im Straßenverkehr [Außenseiter] wird verletzt, weil die Bremse eines Fahrzeugs fehlerhaft konstruiert ist und dieses vom Fahrer [Produktbenutzer] nicht mehr rechtzeitig angehalten werden kann). Die Erwartungen dieser Außenstehenden an die Produktsicherheit konkretisieren sich folglich nicht aus der Warte eines Produkt*verbrauchers,* sondern aus derjenigen des Verkehrsteilnehmers. Damit verbunden ist ein Folgeproblem: Haftungsbeschränkungen zugunsten des Herstellers hängen bisweilen von Umständen ab, die nur dem Produktkäufer (aus der kaufvertraglichen Vereinbarung) bzw dem Produktbenutzer (zB aus einer Gebrauchsanleitung) bekannt sind (zB Produktbeschreibung des Herstellers, Produktpreis, Gebrauchsanleitung usw). Dem Außenstehenden sind sie jedoch regelmäßig unbekannt. So repräsentieren die **Verbrauchererwartungen** aus Sicht des Außenstehenden einen **Sonderhorizont,** der sich aus einem Sonderwissen zusammen-

Jürgen Oechsler

setzt, das teilweise zugunsten des Herstellers haftungsbeschränkende Bedeutung entfalten kann. Eine eigene komplizierte Fragestellung liegt darin, ob und wie diese haftungsbeschränkenden Umstände dem Außenseiter zugerechnet werden können (unten Rn 36 ff).

18 Zur Konkretisierung des Fehlerbegriffs kommt es **nicht** auf den Begriff der „**übermäßigen" Gefahr (unreasonable dangerousness)** an, wie dies gelegentlich im Hinblick auf § 402 A, Restatement of Torts (2d) befürwortet wird (SCHMIDT-SALZER BB 1988, 349, 350). § 3 Abs 1 gibt bereits aufgrund seines Wortlautes dazu keine Veranlassung (REICH, Europäisches Verbraucherschutzrecht Rn 182). Auch besteht wenig Anlaß, an diesen mittlerweile auch im amerikanischen Recht zT überholten Begriff anzuknüpfen (Graf vWESTPHALEN NJW 1990, 83, 87).

19 Nach ganz **hM** konkretisieren sich die in § 3 ProdHaftG vorausgesetzten **Sicherheitserwartungen nach denselben Maßstäben wie die Verkehrspflichten des Herstellers iSd § 823 Abs 1 BGB** (BT-Drucks 11/2447, 17 f; FRIETSCH DB 1990, 29, 32; KÖTZ, in: FS W Lorenz 109, 112; KULLMANN VersR 1988, 655, 656; W LORENZ ZHR 151 [1987] 1, 23 ff; ROLLAND Rn 6; SCHLECHTRIEM VersR 1986, 1033, 1035; ders, in: FS Rittner 545, 549; SCHMIDT-SALZER BB 1988, 349, 350; Graf vWESTPHALEN NJW 1990, 83, 87; WIECKHORST VersR 1995, 1005, 1010). Es kommt also darauf an, daß „derjenige Sicherheitsstandard erreicht ist, den die in dem entsprechenden Bereich herrschende Verkehrsauffassung für erforderlich hält" (BGH VersR 1972, 559).

20 Zunächst kommt es für die Konkretisierung der Maßstäbe entscheidend auf den **Adressatenkreis** an. Diesem gehören nicht nur Käufer und Benutzer des Produkts an, sondern auch alle, die durch den Einsatz des Produktes im allgemeinen Verkehr gefährdet werden; dies können insbesondere **Außenstehende** sein, die das Produkt weder selbst erworben noch benutzt haben. Aus dem **Gefährdungspotential**, das von einer bestimmten **Beschaffenheit des Produkts** bzw einem bestimmten **Herstellerverhalten** ausgeht, läßt sich daher auf den Kreis derjenigen Beobachter schließen, deren Integritätssphäre potentiell betroffen ist und deren Sicherheitserwartungen daher für die Beurteilung der Produktbeschaffenheit bzw des Herstellerverhaltens maßgeblich sind (ähnlich WIECKHORST VersR 1995, 1005, 1009 f, der vom Schutzzweck der betroffenen Integritätsinteressen ausgehen will). Folglich lassen sich **zwei Fallgruppen** unterscheiden: (1) Für **Produkte, die an alle Verkehrsteilnehmer vertrieben werden** (zB Konsumgüter des täglichen Bedarfs) oder die – wenngleich an eine bestimmte Zielgruppe vertrieben – doch im allgemeinen Verkehr benutzt werden und deshalb auch Außenstehende gefährden können (zB ein Lastkraftwagen), sind die **Durchschnittserwartungen eines ordentlichen Verkehrsteilnehmers** maßgeblich (ähnlich Graf vWESTPHALEN NJW 1990, 83, 87; WIECKHORST VersR 1995, 1005, 1009 f). (2) **Für Produkte, die an einen speziellen Adressatenkreis vertrieben werden** und nicht im allgemeinen Verkehr zum Einsatz kommen, sind die besonderen Erwartungen dieser Gruppe maßgeblich.

2. Sonderhorizonte

21 Wird das Produkt nur an einen eingeschränkten Personenkreis vertrieben, und gefährdet es auch nicht Außenstehende im allgemeinen Verkehr, so können im Anschluß an die vorangegangenen Überlegungen nicht die Erwartungen der Allgemeinheit maßgeblich sein, sondern nur die (objektivierten) Vorstellungen des betroffenen Personenkreises (WIECKHORST JuS 1990, 86, 89; ders VersR 1995, 1005, 1009). Diese wirken sich idR haftungsbeschränkend zugunsten des Herstellers aus, mitunter aber auch haftungsverschärfend (siehe unten Rn 28 ff).

a)   Käufer und Produktbenutzer
Die Erwartungen der Produktkäufer bestimmen sich insbesondere nach dem Inhalt **22** des mit dem Hersteller oder seinem Absatzmittler abgeschlossenen Kaufvertrages. Hier können die berechtigten Sicherheitserwartungen durch zwei Umstände gegenüber dem im allgemeinen Verkehr zugrundeliegenden Maßstab eingeschränkt werden: Einmal durch den **Produktpreis** (unten Rn 85 ff) und zum anderen durch **Produktbeschreibungen** und **Gebrauchsanleitungen** des Herstellers, soweit diese nicht auf eine Umgehung des § 14 ProdHaftG zielen (unten Rn 72 ff).

Aus Sicht des **Produktbenutzers**, der selbst nicht Käufer ist (zB der Arbeiter, der die **23** vom Arbeitgeber erworbene Maschine bedient), konkretisieren sich die Sicherheitserwartungen idR aus der **Gebrauchsanleitung** des Herstellers und den dort beigefügten Warnhinweisen, soweit diese iSd § 14 zulässig sind (unten Rn 73 ff). Allerdings kann auch der Produktpreis die schützenswerten Sicherheitserwartungen des Benutzers einschränken; dies hängt allerdings nicht mit einem Sonderwissen des Benutzers zusammen, sondern mit dem beschränkten sachlichen Umfang der Verhaltensanforderungen, die an den Hersteller gestellt werden können (unten Rn 85 ff).

Im übrigen sind nicht alle subjektiven, möglicherweise leichtfertigen oder eigennützigen **24** Vorstellungen der Käufer und Benutzer maßgeblich, sondern nur die **Erwartungen eines verständigen Beobachters** (BRÜGGEMEIER/REICH WM 1986, 149, 150; HOLLMANN DB 1985, 2389, 2392; SCHMIDT-SALZER BB 1988, 349; WIECKHORST JuS 1990, 86, 89). Welche Erwartungen geschützt werden, bestimmt sich also nach rechtlichen Gesichtspunkten.

b)   Fachleute
Wird ein Produkt allein an **Fachleute** vertrieben, so kommt es auch nur auf die **Kenntnisse** **25** **des durchschnittlich versierten Fachmanns** an (ähnlich MünchKomm/CAHN Rn 12; LANDSCHEIDT Rn 43; vgl zur Produzentenhaftung: BGH BB 1975, 1031 Anm SCHMIDT-SALZER und Graf vWESTPHALEN). Erwirbt ein **Nichtfachmann** das Gerät, obwohl er nicht über die typischerweise für den Gebrauch vorausgesetzten Kenntnisse und Fähigkeiten verfügt, so handelt er **auf eigene Gefahr** (SCHMIDT-SALZER BB 1988, 349, 352): Seine Sicherheitserwartungen beeinflussen den vom Hersteller geforderten Standard nicht; es liegt in diesen Fällen also kein Fehler iSd § 3 vor.

Dieselben Kriterien gelten für die Beurteilung der Frage, ob ein **Warnhinweis** des **26** Herstellers in der Produktbeschreibung oder Gebrauchsanleitung ausreichend ist. In **Österreich** hat der OGH in einschlägigem Zusammenhang entschieden, daß gerade nicht auf diejenigen Gefahren hingewiesen werden muß, die einem durchschnittlichen Produktbenutzer bekannt sind (OGH ecolex 1993, 237; vgl auch OGH RdW 1993, 7; HONSELL JuS 1995, 211, 212). Dies galt bislang auch für die **Produzentenhaftung** (BGH VersR 1959, 523 – Seilhexe; BB 1959, 1035 – Bolzensetzgerät; VersR 1986, 653, 654 – Überrollbügel) und ist entsprechend bei der Auslegung des § 3 verbindlich.

Wird ein Produkt nur an **Fachleute** vertrieben, **benutzen** diese **das Produkt** jedoch im **27**

allgemeinen Geschäftsverkehr, hängen die an den Hersteller gerichteten Sicherheitserwartungen allerdings uU nicht allein vom Verständnis der Fachleute ab, die das
Produkt erwerben oder benutzen, sondern auch vom Horizont der allgemeinen Verkehrsteilnehmer, die durch bestimmte Eigenarten des Produkts in ihren Rechten
betroffen werden: Lastkraftwagen werden idR an Frachtführer, Bauunternehmer
usw vertrieben und von Fahrern mit besonderer Ausbildung benutzt; dennoch dürfen zB die Ladevorrichtungen dieser Fahrzeuge nicht allein so beschaffen sein, wie es
diese Fachleute erwarten, sondern sie müssen den Sicherheitsanforderungen genügen, die ein Außenstehender erwartet, der hinter einem Lastwagen parkt oder ihn
auf der Straße überholt.

c)   Kinder und sonstige Risikogruppen

28 Die Haftung des Herstellers erweitert sich gegenüber den allgemeinen Maßstäben
dann, wenn seine Produkte an Risikogruppen vertrieben werden bzw diese typischerweise gefährden. Für die Auslegung des § 3 ProdHaftG dürfte von Bedeutung
sein, daß Art 2 lit b der Produktsicherheitsrichtlinie 92/59/EWG ausdrücklich voraussetzt, daß die Produktsicherheit auch von den Erwartungen solcher Produktbenutzer abhängt, die bei der Verwendung des Produkts einem erhöhten Risiko
ausgesetzt sind; vor allem **Kinder** werden dabei genannt.

29 Im allgemeinen Deliktsrecht gilt Kindern gegenüber der **Vertrauensgrundsatz** nicht,
dh, andere Verkehrsteilnehmer müssen sich ggf auch auf ein rechtswidriges, unver-
nünftiges Verhalten von Kindern einstellen. Der diesem Prinzip zugrundeliegende
Rechtsgedanke bestimmt auch den Inhalt dessen, was iSd § 3 „berechtigterweise
erwartet werden kann". Allerdings braucht nicht jeder Hersteller sich auf den
Erwartungshorizont von Kindern einzustellen. Voraussetzung ist vielmehr, daß sein
Produkt sich gerade an Kinder richtet (**Kinderspielzeug**, TASCHNER NJW 1986, 611, 614) oder
zur Erziehung und Pflege von Kindern verwendet wird (vgl nur BGHZ 116, 60 = NJW
1992, 560 – Kindertee I Anm TIEDTKE PHI 1992, 138; NJW 1994, 932 – Kindertee II; dazu aus Sicht
des ProdHaftG etwa HONSELL JuS 1995, 211, 213).

30 Entsprechend ist der Rahmen der geschützten Sicherheitserwartungen im Hinblick
auf **Kinderspielzeug** sehr weit. Eine Holzeisenbahn für Kleinkinder ist auch dann
fehlerhaft, wenn sie nicht ungefährdet in den Mund genommen werden kann (TASCH-
NER NJW 1986, 611, 614). Die sog **Spielzeugrichtlinie** vom 3. Mai 1988 (88/378/EWG, ABl L
187/1 dazu mwN REICH, Europäisches Verbraucherrecht Rn 239) gibt Sicherheitsmaßstäbe
vor, die auch bei der Auslegung des § 3 von Bedeutung sein dürften.

31 Ähnliche Grundsätze gelten auch für diejenigen Produkte, die sich speziell an **Personengruppen mit besonderen körperlichen, geistigen oder seelischen Einschränkungen**
richten. Auch hier erweitert sich der Umfang der berechtigten Sicherheitserwartungen gerade in Anbetracht der besonderen Einschränkungen dieser Gruppen und der
ggf vorhandenen herabgesetzten Selbstschutzmöglichkeiten der Produktbenutzer.

d)   Arbeitnehmer

32 Nach dem Willen des Gesetzgebers erfaßt das ProdHaftG ausdrücklich auch Scha-
densfälle im **arbeitsrechtlichen Bereich**; der Arbeitnehmer soll danach Schutz vor
Schädigungen durch Produkte im Betrieb erfahren (BT-Drucks 11/2447, 26). Solche
Ansprüche kommen gegenüber dem Arbeitgeber von vornherein nur dann in Betracht,

wenn dieser sowohl Hersteller des Produktes ist (§ 4) als auch dasselbe in den Verkehr gebracht hat (§ 1 Abs 2 Nr 1). Praktisch ist dies vor allem in den Fällen des **Eigenverbrauchs** vorstellbar, wenn der Arbeitgeber das selbst fabrizierte Produkt eigener Verwendung im Betrieb zuführt (§ 1 Rn 54). Die Sicherheitserwartungen des Arbeitnehmers entsprechen dann denjenigen des Produktbenutzers.

Eine Haftung des Arbeitgebers scheidet hingegen von vornherein für **die gerade in** 33 **der Fabrikation befindlichen Produkte** und die von ihnen ausgehenden Sicherheitsgefahren aus. Denn diese Produkte sind nicht in den Verkehr gebracht (§ 1 Abs 2 Nr 1; so auch BT-Drucks 11/2447, 26; vgl § 1 Rn 51).

Die Haftung des Arbeitgebers für die durch Körperverletzung entstandenen Schä- 34 den ist im übrigen in den Fällen des § 104 SGB VII (vormals § 636 RVO) ausgeschlossen. Hier kommt nur eine Haftung für eine Beeinträchtigung des privat genutzten Eigentums (§ 1 Abs 1 Satz 2) in Betracht.

Handelt es sich beim **Hersteller** um **eine vom Arbeitgeber verschiedene Person**, kommt 35 eine Herstellerhaftung nach den allgemeinen Voraussetzungen in Betracht. Die Sicherheitserwartungen des Arbeitnehmers entsprechen dann denen eines Produktbenutzers.

3. Einrechnung von Sonderwissen in den allgemeinen Erwartungshorizont (Produktpreis, Warnhinweise, Gebrauchsanleitungen)

Die Herstellerverantwortung wird durch ein im Wortlaut des § 3 nicht ausdrücklich 36 genanntes Zurechnungsmoment eingeschränkt. Denn nach ganz **hM** hängt das Maß der berechtigten Sicherheitserwartungen ua von dem für das Produkt geforderten **Preis** ab (dazu im einzelnen unten Rn 85 ff). Insbesondere mutet auch der Gesetzgeber dem Hersteller nicht zu, bei der Fertigung eines Niedrigpreisproduktes diejenigen Sicherheitsvorkehrungen zu verwirklichen, die sonst nur bei einem Hochpreisprodukt erwartet werden können (BT-Drucks 11/2447, 18). Informationen über den Produktpreis sind aber idR nur dem Käufer des Produkts und dem Hersteller selbst zugänglich. Insbesondere außenstehende Dritte (dazu oben Rn 17), die von der defizitären Beschaffenheit des Produkts im allgemeinen Verkehr betroffen sind, verfügen über entsprechende Informationen nicht. **Fraglich** ist daher, ob dennoch der durch den Produktpreis begrenzte wirtschaftliche Gestaltungsspielraum des Herstellers im Verhältnis zu den Außenseitern berücksichtigt werden kann.

Das zugrundeliegende Problem läßt sich dogmatisch nur dadurch bewältigen, daß zu 37 dem nach § 3 Abs 1 ProdHaftG relevanten Gegenstand der schützenden **Sicherheitserwartungen** der Außenstehenden nicht allein die Beschaffenheit des Produktes zählt, sondern **auch das Verhalten des Herstellers** selbst (grundlegend Kötz, in: FS W Lorenz 109, 117; Lüderitz, in: FS Rebmann 755, 765). Der Produktpreis ist dem Außenstehenden ja unbekannt; auch ein objektiver Beobachter in seiner Situation könnte ihn nicht in Erfahrung bringen und seine Sicherheitserwartungen an ihm ausrichten. Was ein objektiver Beobachter in der Position des Außenstehenden indes erwarten darf, ist, daß ein Hersteller den durch den jeweiligen Produktpreis eröffneten wirtschaftlichen Gestaltungsspielraum bestmöglich zur Wahrung von Produktsicherheit ausschöpft. Gegenstand der Sicherheitserwartungen ist also nicht das Produkt selbst, sondern eine Verhaltenspflicht des Herstellers, die sich anhand unternehmensinterner Umstände (des jeweiligen Produktpreises) konkretisiert.

38 Eine Parallelproblematik begegnet in der **Frage, ob Warnhinweise und Gebrauchsanleitungen des Herstellers die Fehlereigenschaft nicht nur gegenüber dem unmittelbaren Adressaten, sondern auch gegenüber Dritten entfallen lassen.** Schreibt der Hersteller in der Gebrauchsanleitung eine bestimmte Handhabung des Produkts zur Vermeidung einer bestimmten Sicherheitsgefahr vor (zu diesem Themenkomplex ausführlich unten Rn 72 ff), hält sich der Käufer oder Produktbenutzer jedoch nicht daran und realisiert sich deshalb die einschlägige Sicherheitsgefahr in einer Rechtsgutsverletzung unbeteiligter Dritter, stellt sich die **Frage**, ob hier aus Sicht des unbeteiligten Dritten von einem Fehler die Rede sein kann. Diese Frage hat praktische Bedeutung für die Anwendung des **§ 6 Abs 2**: Nach dieser Vorschrift ist es nämlich auf die Haftung des Herstellers ohne Einfluß, wenn der Schaden durch einen Fehler des Produkts und zugleich durch die Handlung eines Dritten verursacht worden ist. Damit der Hersteller dem Dritten nach dieser Vorschrift verantwortlich ist, muß indes zunächst die Frage geklärt werden, ob das mit Warnhinweisen versehene Produkt **überhaupt fehlerhaft** war (dies berücksichtigt nicht ausreichend CAHN ZIP 1990, 482, 486, der von einer Verantwortlichkeit des Herstellers ausgeht).

39 Die Problemstellung ist der Frage nach der Berücksichtigung des Produktpreises bei der Konkretisierung von Sicherheitserwartungen iSd § 3 Abs 1 ProdHaftG vergleichbar (unten Rn 85 ff): Tritt nämlich beim Produkt eine Sicherheitsgefahr auf, steht der Hersteller vor der Alternative, ob er den Produktkäufer bzw -benutzer vor der Gefahr warnt oder ob er die Gefahr gleich durch eine technische Vorkehrung beseitigt. Möglicherweise sind jedoch technische Vorkehrungen dem Hersteller nicht zumutbar, weil sie mit einer wirtschaftlichen Belastung verbunden sind, die außer Verhältnis zum Produktpreis steht. Der Produktpreis eröffnet auch hier den entscheidenden wirtschaftlichen Spielraum für die technische Ausgestaltung des Produkts. Fraglich ist daher im Einzelfall, ob vom Hersteller im Hinblick auf den Produktpreis verlangt werden kann, daß er die Sicherheitsgefahr durch technische Vorkehrungen beseitigt oder ob er sich damit begnügen darf, nur vor ihr zu warnen. Dort, wo die Basissicherheit des Produkts betroffen ist (zu diesem Begriff unten Rn 88), genügt ein Warnhinweis indes nie. Reicht ein Warnhinweis vor der Gefahr aber aus, so beeinflußt dies die berechtigten Sicherheitserwartungen iSd § 3 Abs 1 ProdHaftG: Das Produkt ist fehlerfrei iSd § 3 Abs 1 ProdHaftG, wenn der Hersteller vor der einschlägigen Sicherheitsgefahr warnt. Beachten nun der Produktkäufer bzw der Produktverwender diesen Warnhinweis nicht und verletzen beide gerade dadurch Rechtsgüter eines Dritten, so haftet der Hersteller dafür nicht; denn er hat ein fehlerfreies Produkt in den Verkehr gebracht und kann sich nach § 1 Abs 2 Nr 2 ProdHaftG entlasten. Für das *Verschulden* des Produktkäufers bzw -benutzers gegenüber den außenstehenden Dritten kann er nicht zur Verantwortung gezogen. **Abzulehnen** ist daher die Auffassung, der Hersteller hafte – unabhängig davon, ob der Warnhinweis berechtigt war und ob er ausreichte, den Produktbenutzer vor einschlägigen Gefahren zu bewahren, – stets wegen § 6 Abs 2 (so tendeziell CAHN ZIP 1990, 482, 489; vgl aber nunmehr MünchKomm/CAHN Rn 16; SCHLECHTRIEM VersR 1986, 1033, 1042). Denn § 6 Abs 2 ProdHaftG setzt voraus, daß das Produkt *fehlerhaft* ist. Daran fehlt es jedoch in einem solchen Fall.

4.   Erkennbarkeit des Produktfehlers?

Der Fehlerbegriff in § 3 ProdHaftG setzt **nicht die Erkennbarkeit des Produktfehlers** 40
voraus. Dies ergibt sich aus § 1 Abs 2 Nr 5, wonach auch ein zum Zeitpunkt des
Inverkehrbringens nicht erkennbarer Umstand einen Produktfehler begründen kann
(MünchKomm/Mertens/Cahn[2] Rn 16; Rolland Rn 28). Dennoch kann auch ein solcher
Fehler gegen die berechtigten Sicherheitserwartungen des jeweils geschützten Personenkreises verstoßen (BGH NJW 1995, 2162, 2163; aA Buchner DB 1988, 32, 33 und W
Lorenz ZHR 151 [1987] 1, 23; dazu auch Foerste JZ 1995, 1063). Denn diese Erwartungen
richten sich nicht auf die technische Eigenart des Produktes, sondern auf das Interesse der beteiligten Verkehrskreise, in ihrer Integritätssphäre nicht beeinträchtigt zu
werden: Ist daher zum Zeitpunkt des Inverkehrbringens noch nicht erkennbar, daß
ein neuer bei der Herstellung verwendeter Werkstoff ein erhöhtes Krebsrisiko für
jeden Produktbenutzer birgt, so bleibt das Produkt dennoch hinter den zu diesem
Zeitpunkt bestehenden Sicherheitserwartungen zurück; denn gleichgültig, welche
Vorstellungen die Betroffenen von der technischen Beschaffenheit des Werkstoffs
haben, erwarten sie doch, bei seiner Benutzung keinem erhöhten Krebsrisiko ausgesetzt zu sein (so zu Recht Taschner NJW 1986, 611, 615; vgl auch Reich, Europäisches
Verbraucherrecht Rn 182).

B.   Einzelumstände zur Konkretisierung der Sicherheitserwartungen

Die Konkretisierung der berechtigten Sicherheitserwartungen erfolgt unter Berück- 41
sichtigung aller Umstände, insbesondere der in § 3 Abs 1 genannten drei Gesichtspunkte. Daraus folgt erstens, daß der Fehlerbegriff im Rahmen einer **Einzelfallabwägung** unterschiedlicher Sachgesichtspunkte festgestellt wird (MünchKomm/Cahn
Rn 9; Schmidt-Salzer/Hollmann Art 6 Rn 197; Taschner/Frietsch Rn 11) und zweitens,
daß die **Aufzählung** der zu berücksichtigenden Gründe im Gesetz **nicht abschließend**
ist (BT-Drucks 11/2447, 18).

I.   Die Produktdarbietung (lit a)

1.   Begriff

Im Rahmen der Einzelabwägung, die zur Konkretisierung des Fehlerbegriffs erfor- 42
derlich ist, muß gem § 3 Abs 1 lit a die **Darbietung des Produkts** berücksichtigt
werden. Nach **Auffassung des Gesetzgebers** sind darunter „alle Tätigkeiten zu verstehen, durch die das Produkt der Allgemeinheit oder dem konkreten Benutzer
vorgestellt wird. Erfaßt sind damit zB die Produktbeschreibung, die Gebrauchsanweisung und die Produktwerbung" (BT-Drucks 11/2447, 18; vgl zum Begriff auch Taschner NJW 1986, 611, 614; Schlechtriem VersR 1986, 1033, 1036; Wieckhorst VersR 1995, 1003,
1011). Der Begriff der Darbietung bezieht sich also auf ein Verhalten des Herstellers,
eine Haftung wegen fehlerhafter Darbietung erscheint folglich als Haftung wegen
Verhaltensunrecht (vgl Einl 33). Außerdem dürften darunter auch die äußere Gestaltung des Produkts selbst sowie Warnhinweise vor Gefahren des Produkts fallen
(MünchKomm/Cahn Rn 10). Vom **Normzweck** des § 3 Abs 1 her betrachtet, geht es um
jede Art produktbezogener Kommunikation des Herstellers mit dem Verbraucher, die dem

Verbraucher Vorstellungen über den Gebrauch und die Gefährlichkeit des Produktes vermittelt (MAYER VersR 1990, 691, 695; ähnlich TASCHNER/FRIETSCH Art 6 Rn 14).

43 Der Begriff der Darbietung umfaßt auch die **individuelle Darbietung** gegenüber einem Verbraucher (MünchKomm/CAHN Rn 14). Von größerer praktischer Bedeutung dürfte indes die haftungsbegründende Funktion der **Werbung** (unten Rn 44 f), die haftungsbeschränkende Wirkung von Produktbeschreibungen und Warnhinweisen (unten Rn 72 ff) sowie die damit verbundene Fragestellung der Instruktionsfehler (unten Rn 46 ff) sein.

2. Werbung

44 Nach **hM** kann Werbung die Sicherheitserwartungen der Verbraucher konkretisieren, insbesondere erhöhen (BT-Drucks 11/2447, 18; HOLLMANN DB 1985, 2389, 2394; MünchKomm/CAHN Rn 13; SCHLECHTRIEM VersR 1986, 1033, 1036; SCHMIDT-SALZER/HOLLMANN Art 6 Rn 208 ff; ROLLAND Rn 22). Dies trifft auf die Fälle zu, in denen Werbung bestimmte Verwendungszwecke des Produkts nahelegt, Sicherheitsgefahren überspielt oder die erhöhte Sicherheit des Produkts im Hinblick auf einen bestimmten Verwendungszweck deutlich herausstellt.

45 **Entscheidend** für die haftungsbegründende Funktion von Werbeaussagen dürfte es indes sein, ob beim Adressaten **ernsthafte und konkrete Sicherheitsvorstellungen** geweckt werden oder ob die Werbeinhalte eher als letztlich unverbindliche marktschreierische Anpreisungen verstanden werden. Im Rahmen der Produzentenhaftung hat der Bundesgerichtshof die haftungsbegründende Wirkung von Werbung zunächst zurückhaltend beurteilt: „In aller Regel läßt sich . . . in der Werbung für Markenwaren, die den Endabnehmer in besonders eindringlicher Weise anspricht, noch keine Zusage finden, für etwaige Mängel der Ware haften zu wollen (BGHZ 48, 118, 122 f). Das kann auch dann nicht angenommen werden, wenn es um die, zudem erheblich weitergehende Frage geht, ob der Hersteller auch einem Endabnehmer seines Produkts direkt haften wolle . . ." (BGHZ 51, 91, 98 – Hühnerpest, vgl ebendort auch 100). Zwar sind im Rahmen des § 3 Abs 1 lit a nicht allein die von einem Rechtsgeschäftswillen iSd § 459 Abs 2 BGB getragenen Werbeaussagen relevant (vgl dazu STAUDINGER/HONSELL [1995] § 459 Rn 140 ff), doch kommt es entscheidend darauf an, daß ein **objektiver Beobachter in der Person des Werbeadressaten** dem Werbeinhalt **ernsthafte Aussagen über die Produktsicherheit** entnimmt (vgl in diesem Sinne etwa BGHZ 116, 60, 68 = NJW 1992, 560 – Kindertee I).

3. Instruktionsfehler*

46 Nach **hM** erfaßt § 3 Abs 1 lit a die Haftung für mangelhafte Aufklärung über die Produktverwendung bzw die Produktrisiken (sog **Instruktionsfehler**: BT-Drucks 11/2447, 18; BUCHNER DB 1988, 32, 34; REICH, Europäisches Verbraucherrecht Rn 182; KOCH ZHR 152 [1988] 537, 552; WIECKHORST VersR 1995, 1003, 1011).

---

* **Schrifttum** (Auswahl): BÖHMEKE-TILLMANN, Konstruktions- und Instruktionsfehler – Haftung für Entwicklungsrisiken? (Diss Marburg 1992); FEGER, Darbietung und Produkthaftung (1990); J MEYER, Instruktionshaftung (1992).

Haftungsgrund ist hier nicht die Produktgefahr selbst, sondern ein **Verhaltensunrecht** 47
des Herstellers; ebensowenig wie die Darbietung des Produkts Teil der Produktbeschaffenheit selbst ist, repräsentiert der Instruktionsfehler einen *Produkt*fehler;
vielmehr beruht er auf einem **Fehlverhalten des Herstellers** (KÖTZ, in: FS W Lorenz 109,
111; SCHLECHTRIEM, in: FS Rittner 545, 551 f; so auch TASCHNER, in: FS vCaemmerer 343, 354). Im
Ergebnis besteht daher kein sachlicher Unterschied zur Produzentenhaftung für
Instruktionsfehler auf der Grundlage von § 823 Abs 1 BGB. Die Frage nämlich, ob
§ 1 ProdHaftG für solche Fehler eine verschuldensabhängige oder eine auf dem
objektivem Fehlerbegriff gründende Haftungsverantwortlichkeit eröffnet, beruht
weitgehend auf einem Streit um Terminologie (dazu Einl 41).

So werden die Maßstäbe einiger jüngerer Entscheidungen zur **Produzentenhaftung** 48
vom Schrifttum auch zur Konkretisierung des § 3 Abs 1 lit a herangezogen (HONSELL JuS
1995, 211, 213; J MEYER WiB 1994, 324 im Hinblick auf die Entscheidungen BGHZ 116, 60 = NJW
1992, 560 – Kindertee I, Anm TIEDTKE PHI 1992, 138; NJW 1994, 932 – Kindertee II). Bei
unübersehbar großen Gefahren muß auf die Folgen unsachgemäßer Anwendung
hingewiesen werden (zur Produzentenhaftung: BGH NJW 1972, 2217). Nicht nur die **Art der**
drohenden Gefahr muß dabei deutlich herausgestellt werden, sondern der zu den konkreten
Folgen führende **Sachzusammenhang nachvollziehbar dargestellt** werden (BGHZ 116, 60,
68).

Die Haftung wegen fehlerhafter Darbietung **schließt bedeutsame Lücken in der Sicher-** 49
heitsverantwortung des Herstellers. Dies betrifft etwa die Fälle, wo eine Sicherheitsgefahr nicht (allein) aus der Beschaffenheit des Produkts herrührt, sondern sich erst im
Zusammenspiel mit anderen Produkten ergibt. Weiß der Hersteller eines Pflanzenschutzmittels im Zeitpunkt des Inverkehrbringens, daß dieses in Verbindung mit
anderen Pflanzenschutzmitteln zu Verbrennungen an den Pflanzen führt, und unterläßt er trotzdem eine einschlägige Warnung, so liegt eine fehlerhafte Produktdarbietung iSd § 3 Abs 1 lit a vor, und der Hersteller ist haftbar (dazu SCHLECHTRIEM VersR
1986, 1033, 1036).

Zur **Beweislastverteilung** bei fehlerhafter Produktinstruktion § 1 Rn 165.   50

4. Maßgeblicher Zeitpunkt

Nach hM kommt es auch für die fehlerhafte Produktdarbietung auf den **Zeitpunkt des** 51
Inverkehrbringens an (MünchKomm/CAHN Rn 15; ROLLAND Rn 26 f). Von einem Fehler
iSd § 3 Abs 1 lit a kann folglich nur dann die Rede sein, **wenn der fehlerhafte Hinweis**
bzw die unrichtige Werbeaussage ergangen ist, bevor das einzelne Werkstück den Produk-
tionsbereich des Herstellers verlassen hat und an einen Absatzmittler bzw den Endverbraucher weitergegeben wurde (zum Begriff des Inverkehrbringens § 1 Rn 44 ff).

Dadurch entstehen **zahlreiche, in der Praxis noch ungelöste Folgeprobleme.** Zunächst 52
trifft den Hersteller nämlich keine Verantwortung für die Produkte, die zum Zeitpunkt der fehlerhaften Darbietung bereits in den Verkehr gebracht waren (arg e § 1
Abs 2 Nr 2). Aus **Sicht des geschädigten Verbrauchers** erscheint es indes als **Zufällig-**
keit, ob das von ihm erworbene Produkt bereits vor Beginn der gefahrbringenden
Darbietung (zB einer Werbekampagne) das Werk verlassen hatte oder danach. Weil
die meisten Produkte erst das Absatzmittlungssystem des Herstellers durchlaufen

müssen, zwischengelagert und keineswegs in zeitlicher Reihenfolge verkauft werden, ist der auf die Werbung vertrauende Kunde nicht vor den aus ihr resultierenden Gefahren geschützt, wenn er zufällig ein vor dem Start der Kampagne ausgeliefertes Produkt erworben hat. Zu seinen Gunsten wirkt sich allenfalls aus, daß der Hersteller für die Fehlerfreiheit des Produkts zum Zeitpunkt des Inverkehrbringens nach § 1 **Abs 2 Nr 2** die Beweislast trägt. Diese Vorschrift begründet indes keine echte Beweislastumkehr (vgl § 1 Rn 72 ff) und bewirkt daher nur einen unvollkommenen Schutz.

53   Ferner trifft den Hersteller eine erhebliche **Dokumentationslast** (optimistischer SCHMIDT-SALZER DB 1987, 1285), weil er über das Auslieferungsdatum der einzelnen Fabrikate Protokoll führen muß, um im Haftungsfall nachweisen zu können, ob das vom Geschädigten erworbene Produkt vor oder nach der von ihm zu verantwortenden fehlerhaften Darbietung in den Verkehr gebracht wurde.

54   Schließlich beinhaltet die nachträgliche fehlerhafte Darbietung auch ein **Zurechnungsproblem**. Unternimmt der Hersteller eine fehlerhafte Darbietung zu einem Zeitpunkt, in dem das Produkt seinen eigenen Unternehmensbereich bereits verlassen hat und sich nun bei einem Großhändler befindet, haftet dieser, wenn er die Tatbestandsvoraussetzungen des Herstellerbegriffs gem § 4 Abs 1 Satz 2, Abs 2 bzw 3 erfüllt, soweit er selbst zeitlich nach der fehlerhaften Darbietung an einen Einzelhändler bzw Endverbraucher ausliefert: Denn im Umkehrschluß aus § 1 Abs 2 Nr 2 ist er für alle Sicherheitsdefizite des Produkts, auch die von ihm nicht zu verantwortenden Darbietungsfehler, verantwortlich. Im Ergebnis begründet das Gesetz hier eine **Haftung der nachgeordneten Produktions- oder Handelsstufe für eine fehlerhafte Darbietung der vorgelagerten.** Da unter den Begriff der Darbietung nicht in erster Linie Fehler des Produkts, sondern Fehler des Herstellers gefaßt werden (dazu oben Rn 42), geht es hier von der Sache her um die **Zurechnung von Verhaltensunrecht Dritter.**

55   **Bewertung**: Die geschilderten Probleme entstünden nicht, wenn es für Darbietungsfehler (Herstellerfehler) anders als für echte Produktfehler nicht auf den Zeitpunkt des Inverkehrbringens des einzelnen Produkts ankäme. Dafür spricht im Wortlaut des § 3 Abs 1, daß die Darbietung (lit a) neben dem Zeitpunkt des Inverkehrbringens (lit c) ein gleichberechtigter Gesichtspunkt in der Abwägung sein soll. Eine gewisse Verstärkung könnte dieses Argument durch § 1 Abs 2 Nr 2 erhalten: Die Vorschrift setzt voraus, daß das Produkt auch einen „Fehler" haben muß, der erst nach dem Zeitpunkt des Inverkehrbringens entstanden ist. Der Wortlaut des § 1 Abs 2 Nr 2 erklärt sich indes aus dem komplizierten Zusammenspiel der beiden Zurechnungselemente „Inverkehrbringen" und „Fehler" (dazu § 1 Rn 70). Darüber hinaus kommt gerade in dieser Norm das entscheidende Zurechnungsmoment des Gesetzes in Betracht: Weil sich die Haftung des Herstellers auf alle Sicherheitsgefahren und nicht nur auf die von ihm selbst zurechenbar verursachten erstreckt, kann die Tatbestandsabgrenzung zwar nicht in Anknüpfung an ein Unrechtsverhalten des Herstellers erfolgen, sie muß aber dennoch an ein Herstellerverhalten anknüpfen, um zu verhindern, daß die Produkthaftung in eine umfassende Sachverantwortung umschlägt: So setzt das Inverkehrbringen eine im System des ProdHaftG unverzichtbare zeitliche Grenze, von der in keinem Einzelfall abgewichen werden kann. Die vorerwähnten Anwendungsschwierigkeiten sind folglich hinzunehmen.

II. Der Produktgebrauch, mit dem billigerweise gerechnet werden kann (lit b)

1. Begriff und Zweck

Der Produktgebrauch, mit dem der Hersteller billigerweise rechnen kann, beinhaltet **56** nach Auffassung des deutschen Gesetzgebers **nicht nur den bestimmungsgemäßen Gebrauch des Produkts, sondern auch dessen vorhersehbaren oder üblichen Fehlgebrauch** (BT-Drucks 11/2447, 18; vgl auch MünchKomm/Cahn Rn 17; Rolland Rn 37; Schmidt-Salzer BB 1988, 349, 354; Taschner/Frietsch Rn 44; Taschner NJW 1986, 611, 614; Wieckhorst VersR 1995, 1003, 1012). Maßstab für die Beurteilung sind dabei **die berechtigten Erwartungen eines verständigen Herstellers** (Schmidt-Salzer BB 1988, 349, 351; Graf vWestphalen § 62 Rn 54; Wieckhorst VersR 1995, 1003, 1012).

Das Tatbestandsmerkmal dient der **Einschränkung der Haftungsverantwortung** des **57** Herstellers. Der Umfang dieser Einschränkung war im Verlaufe der Beratungen der Produkthaftungsrichtlinie allerdings umstritten: Im ersten Vorentwurf wurde der Fehlerbegriff noch mit dem Begriff der **Gebrauchsuntauglichkeit** gleichgesetzt (EWG-Dok XI/334/74 – DV Art 3) – eine Entscheidung, die bereits im zweiten Vorentwurf revidiert wurde; nach diesem sollte die **Sicherheit** maßgeblich sein, „**die man zu erwarten berechtigt ist.**" (EWG-DOK XI/355/75 – D, Art 4; dazu Reich, Europäisches Verbraucherrecht Rn 176; Taschner NJW 1986, 611, 614). Durch diese Veränderung war zunächst eine **Abgrenzung vom kaufrechtlichen Fehlerbegriff** beabsichtigt, weil die Produkthaftungsrichtlinie nicht nur dem Schutz der Produktkäufer dienen sollte, sondern auch dem Schutz der durch das Produkt verletzten unbeteiligten Außenstehenden. Gleichzeitig sollte durch die **Abkehr von der Gebrauchstauglichkeit** verhindert werden, daß der Hersteller als stärkerer Verhandlungspartner die Gebrauchsfunktionen des Produktes gegenüber seinen Vertragspartnern mit haftungsbeschränkender Wirkung im Vertrag eingrenzen konnte (zu diesem Problemkreis noch unten Rn 72 ff). Das **Europäische Parlament** befürwortete hingegen eine eingeschränkte Verantwortlichkeit des Herstellers für den „**bestimmungsgemäßen Gebrauch**" der Sache (ABlEG v 21. 5. 1979 Nr C 127/61, 63; dazu W Lorenz ZHR 151 [1987] 1, 21 f). Dem folgte zwar die Kommission in ihrem zweiten Richtlinienvorschlag (ABlEG 1979 Nr C 271/3, Art 4), nicht jedoch der Rat, der durch die weitergehende Bezugnahme auf den Gebrauch, „mit dem billigerweise gerechnet werden muß" (Art 6 Abs 1 lit b ProdukthaftRichtl) die Verantwortung des Herstellers klar erweiterte.

Angesichts dieser sehr bewußten Wortwahl in der Richtlinie, deren Bedeutung auch **58** dem deutschen Gesetzgeber gegenwärtig war (Begr RegE BT-Drucks 11/2447, 17; Stellungnahme des Rechtsausschusses BT-Drucks 11/5520, 15), nehmen die **Sicherheitserwartungen des Anspruchstellers** gegenüber den **Benutzungserwartungen des Herstellers** einen eindeutigen Vorrang ein (Schlechtriem VersR 1986, 1033, 1035; aA Schmidt-Salzer BB 1988, 349, 352; ders, Produkthaftung III/1 Rn 4.977). Etwas anderes folgt auch nicht aus der tatsächlichen Wechselbezüglichkeit von Sicherheits- und Benutzungserwartungen (zu dieser Schmidt-Salzer BB 1988, 349; Graf vWestphalen NJW 1990, 83, 87).

2. Gebrauch, Fehlgebrauch, Mißbrauch

Der Hersteller ist gem § 3 Abs 1 lit b verantwortlich für den **bestimmungsgemäßen** **59** **Gebrauch des Produkts und den vorhersehbaren oder üblichen Fehlgebrauch** (BT-Drucks

Jürgen Oechsler

11/2447, 18; vgl auch Brüggemeier/Reich WM 1986, 149, 150; MünchKomm/Cahn Rn 18; Rolland Rn 37; Schlechtriem VersR 1986, 1033, 1035; Schmidt-Salzer BB 1988, 349, 354; Tasch-
ner/Frietsch Rn 44; Taschner NJW 1986, 611, 614; Wieckhorst VersR 1995, 1003, 1012; ders
JuS 1992, 86, 89). Für den **Produktmißbrauch** hingegen ist er **nicht verantwortlich** (Brüg-
gemeier/Reich WM 1986, 149, 150; Hollmann DB 1985, 2389, 2393; Kullmann, Produkthaftungsgesetz [1990] 75 f; Landscheidt Rn 43; MünchKomm/Cahn Rn 18; Schlechtriem VersR
1986, 1033, 1035 f; Schmidt-Salzer BB 1988, 349, 354; Taschner NJW 1986, 611, 614; Graf
vWestphalen NJW 1990, 83, 88).

60 Dies entspricht der Rechtslage bei der Anwendung des § 823 Abs 1 BGB (BGHZ 51,
91, 102 = VersR 1969, 155; NJW 1981, 2514; BGHZ 104, 323 = VersR 1988, 930). Dort muß der
Hersteller gewisse Überlastungen oder Fehlnutzungen, die nicht fernliegend sind,
bei Wahrnehmung seiner Verkehrspflichten berücksichtigen (BGH VersR 1962, 825, 828;
VersR 1972, 559, 560; NJW 1972, 2217, 2221 – Estil; BGHZ 104, 323 = VersR 1988, 930; BGHZ 105,
346, 351 = VersR 1989, 91, 92). Allerdings erstreckt sich diese Verantwortung nicht auf
Fälle des Produktmißbrauchs (BGH NJW 1981, 2514 – Sniffing).

61 Der **bestimmungsgemäße Gebrauch** des Produkts folgt ua aus der **Produktdarbietung**
(§ 3 Abs 1 lit a), dh aus Produktbeschreibungen, Gebrauchsanleitungen und Warnungen des Herstellers (dazu unten Rn 72 ff). Da diese die erlaubten Gebrauchsfunktionen indes nur in Grenzen einschränken können, kommt es daneben auch auf
die **Verkehrsübung** an, dh die übliche Benutzung des Produkts im Verkehr (Wieckhorst VersR 1995, 1003, 1012). Dies hat der **Bundesgerichtshof** nunmehr für die Haftung
des Zulieferers auf der Grundlage von § 823 Abs 1 BGB entschieden. Danach zählt
zum bestimmungsgemäßen Gebrauch nicht nur der „Kernbereich des normalen
bestimmungsgemäßen Gebrauchs", sondern jeder Einsatz des Produkts, „der nach
der Art der Bewerbung und Beschreibung des Produkts durch den Hersteller für den
Verwender entsprechend dessen Kenntnissen im Rahmens seines Fachgebiets bei
sachgemäßer Betrachtung in Frage kommt" (BGH NJW 1996, 2224, 2225).

62 Von zentraler Bedeutung ist die **Abgrenzung zwischen Fehlgebrauch und Mißbrauch
des Produkts**; denn diese Unterscheidung entspricht auch der Grenze der Verantwortlichkeit des Herstellers. Ein zentrales Unterscheidungskriterium ist die **Vorhersehbarkeit der Gebrauchsart** für den Hersteller; der **Fehlgebrauch** muß vorhersehbar
sein (BT-Drucks 11/2447, 18; Hollmann DB 1985, 2389, 2393; Schmidt-Salzer BB 1988, 349,
353; Graf vWestphalen NJW 1990, 83, 88; Wieckhorst VersR 1995, 1003, 1012). Das hier
vorauszusetzende Maß an Verantwortlichkeit erweitert sich jedoch gegenüber solchen Produktbenutzern, denen gegenüber der deliktsrechtliche **Vertrauensgrundsatz**
nicht gilt (dazu oben Rn 28 ff). So liegt ein Fehlgebrauch und kein Mißbrauch im Falle
des Dauernuckelns von **Kleinkindern** an Teeflaschen vor (Baby-Bottle-Syndrom, so zu
Recht Honsell JuS 1995, 211, 213 im Anschluß an BGHZ 116, 60 = NJW 1992, 560 – Kindertee I)
oder dann, wenn ein Kleinkind die Holzeisenbahn in den Mund steckt (Taschner NJW
1986, 611, 614).

63 Ob der Hersteller im Einzelfall eine bestimmte Gebrauchsart voraussehen muß,
hängt von deren **sachlicher Nähe zum bestimmungsgemäßen Gebrauch** ab (Schmidt-
Salzer BB 1988, 349, 355; Wieckhorst VersR 1995, 1003, 1013; MünchKomm/Cahn Rn 18). Ein
Produktmißbrauch liegt immer dann vor, wenn die neuartige Verwendungsart sich
stark von den Gebrauchsfunktionen unterscheidet, die zuvor vom Hersteller vorge-

sehen bzw im Verkehr üblich waren. Je mehr sich die tatsächliche Produktnutzung vom bestimmungsgemäßen Gebrauch entfernt, desto höher sind daher die Anforderungen an den Nachweis, daß sie dennoch den berechtigten Sicherheitserwartungen des Geschädigten entspricht (Wieckhorst VersR 1995, 1003, 1013).

Bei der Abgrenzung mag schließlich auch folgender **Wertungsgedanke** maßgeblich **64** sein: Im Gegensatz zum Fehlgebrauch beruht der Mißbrauch auf einer **eigenverantwortlichen Entscheidung des Benutzers**, zu der der Hersteller durch die Gestaltung und Darlegung des Produkts im Grunde keine Veranlassung gegeben hat (Graf vWestphalen NJW 1990, 83, 88). Es geht letztlich um ein Handeln auf **eigene Gefahr**, im Rahmen dessen sich nicht mehr die typischen Gefahren der Warenproduktion bzw der Produktfehlerhaftigkeit verwirklichen, sondern das Verhalten des Benutzers die eigentliche Gefahrenquelle darstellt.

Nach zT vertretener Auffassung liegt gerade in der **Markteinführungsphase** eines Pro- **65** dukts die **Verantwortung für Anwendungserweiterungen eher beim Benutzer als beim Hersteller**, weil der Hersteller möglicherweise in diesem Zeitraum durch Produktbeobachtung erst auf neue Gebrauchsarten aufmerksam werden kann und durch entsprechende Sicherheitsvorkehrungen reagieren muß (Schmidt-Salzer BB 1988, 349, 355; vgl auch Schmidt-Salzer/Hollmann Art 6 Rn 157 ff). Dies dürfte jedoch zu weit gehen, da erstens das ProdHaftG das Korrektiv einer aktiven Produktbeobachtungspflicht des Herstellers nicht kennt und zweitens der Hersteller sich bereits *vor* der Markteinführung auch auf neue Benutzungsarten einstellen muß.

Wenig hilfreich erscheint es auch, die Verantwortlichkeit des Herstellers von weite- **66** ren unbestimmten Rechtsbegriffen wie „**Zumutbarkeit**" (Schmidt-Salzer BB 1988, 349, 353) und „**Billigkeit**" abhängig zu machen (MünchKomm/Cahn Rn 18).

Ein **Beispiel für einen Produktmißbrauch** im Rahmen der Produzentenhaftung liegt **67** etwa vor, wenn ein Mittel zum Reinigen von Metallteilen zum sog Sniffing benutzt wird (BGH NJW 1981, 2514 – Sniffing). Der mit dem Kfz verursachte Straßenverkehrsunfall ist schließlich ein vom Hersteller vorauszusehender **Fehlgebrauch** (Schmidt-Salzer BB 1988, 349, 353; Schmidt-Salzer/Hollmann Art 6 Rn 144; Hollmann DB 1985, 2389, 2389; Wieckhorst VersR 1995, 1003, 1012).

Im Rahmen eines vom Hersteller zu vertretenden Fehlgebrauchs kommt indes uU **68** ein **Mitverschulden des Produktbenutzers** nach § 6 Abs 1 in Betracht (BT-Drucks 11/2447, 18).

Auch wenn der Hersteller für einen mißbräuchlichen Produktgebrauch nicht zur **69** Verantwortung gezogen werden kann, trifft ihn die **Pflicht, vor vorhersehbarem mißbräuchlichem Produktgebrauch zu** warnen; fehlt hier eine Warnung, kann ein Instruktionsfehler nach § 3 Abs 1 lit a vorliegen (BT-Drucks 11/2447, 18; ähnlich Schmidt-Salzer BB 1988, 349, 355). Dies gilt im Rahmen des ProdHaftG allerdings nur bis zum Zeitpunkt des Inverkehrbringens des einzelnen Produkts. Nach diesem Zeitpunkt begründet das Gesetz keine allgemeine Produktbeobachtungspflicht (dazu unten Rn 112 ff).

Abzulehnen ist hingegen die Begründung von **Sorgfaltspflichten des Benutzers** (so **70**

Jürgen Oechsler

SCHMIDT-SALZER BB 1988, 349, 353; WIECKHORST JuS 1990, 86, 89), die vermeintlich immer dann entstehen, wenn die Benutzungsart die Grenze zum Mißbrauch des Produkts überschreitet. Die unachtsame, leichtfertige Benutzung des Produkts stellt aus Sicht des Benutzers im Verhältnis zum Hersteller allenfalls **eine Obliegenheit** dar, die zum Verlust von Ersatzansprüchen führt. Im Verhältnis zu Dritten aber beinhaltet sie einen Verstoß gegen Verkehrssicherungspflichten und kann bei Verletzung der in § 823 Abs 1 BGB geschützten Rechtsgüter haftungsbegründend wirken.

71 Auch **im Verhältnis zu unbeteiligten Dritten**, die verletzt wurden, obwohl sie das Produkt weder erworben noch benutzt haben, gelten dieselben Grundsätze. Wird der Dritte durch einen Fehlgebrauch des Produkts seitens des Benutzers verletzt, liegt ein Fehler iSd § 3 Abs 1 vor, und ein evtl Mitverschulden des Benutzers mindert die Ansprüche des Dritten gegenüber dem Hersteller nicht (§ 6 Abs 2). Bei einem Mißbrauch des Produkts war das Produkt indes nicht fehlerhaft iSd § 3 Abs 1 lit b; dem Dritten haftet nur der Produktbenutzer.

3. Einschränkung der Sicherheitserwartungen durch den Hersteller

72 Der Hersteller darf das Maß der berechtigten Sicherheitserwartungen der Verbraucher in Grenzen mit **Mitteln der Produktdarbietung** beeinflussen (BT-Drucks 11/2447, 25; MünchKomm/CAHN Rn 7; SCHMIDT-SALZER BB 1988, 349, 355; WIECKHORST VersR 1995, 1003, 1012). In Betracht kommen dabei Produktbeschreibungen, die den Verwendungszweck des Produkts einschränken, Gebrauchsanleitungen und Warnhinweise.

73 Die **Grenzen** dieser Möglichkeit ergeben sich zum einen aus der Tatsache, daß der Hersteller stets auch für einen vorhersehbaren Fehlgebrauch des Produkts haftet (oben Rn 59 ff) und zum anderen aus der Überlegung, daß eine Produktbeschreibung wegen § 14 ProdHaftG nicht zur Freizeichnung des Herstellers führen darf (BRÜGGE-MEIER/REICH WM 1986, 149, 150; CAHN ZIP 1990, 482, 486; WIECKHORST VersR 1995, 1003, 1012). Deshalb kommt es entscheidend auf die **sachliche Rechtfertigung** der einschränkenden Beschreibung an (MünchKomm/CAHN Rn 7). Bedeutend erscheint dabei die Überlegung, daß Warnhinweise und Produktbeschreibungen uU die Möglichkeit eröffnen, alternativ zu einer technischen Beseitigung der Sicherheitsrisiken die Produktsicherheit mittels Einflußnahme auf das Verhalten des Produktbenutzers herzustellen. Fraglich ist deshalb, wann der Hersteller auf diese Mittel zurückgreifen und gleichzeitig auf technische Lösungen zur Behebung der Sicherheitsgefahr verzichten darf. Dies dürfte regelmäßig anzunehmen sein, wenn ein technischer Schutz vor dem Sicherheitsrisiko unmöglich oder wirtschaftlich nicht vertretbar ist (SCHLECHTRIEM, in: FS Rittner, 545, 550; ders VersR 1986, 1033, 1036, Fn 21: für den unvermeidbaren aber dem Publikum bekannten Ausreißer). Problematisch sind dabei vor allem die Fälle fehlender wirtschaftlicher Vertretbarkeit. Hier kann sich angesichts des Produktpreises im Einzelfall die Frage stellen, ob der Produktbenutzer vom Hersteller eine technische Beseitigung der Sicherheitsgefahr erwarten kann oder ob er sich mit einem Warnhinweis abfinden muß. Dabei gelten die allgemeinen Grundsätze der für die Produktsicherheit maßgeblichen Kosten-/Nutzen-Relation (**risk utility**), die unten im Zusammenhang dargestellt werden (unten Rn 85 ff). Ist eine sichere Konstruktion technisch möglich und im Rahmen der Kosten-/Nutzenkalkulation ohne weiteres wirtschaftlich vertretbar, darf der Hersteller sich nicht mit Warnhinweisen oder einschränkenden Produktbeschreibungen begnügen; andernfalls ist sein Pro-

dukt fehlerhaft (BORER, Fehlerbegriff 274; SCHUBERT PHI 1989, 74, 80; WIECKHORST VersR 1995, 1003, 1012).

Insbesondere darf ein Produkt, das die erforderliche **Basissicherheit** (zum Begriff unten **74** Rn 88) unterschreitet, nicht deshalb in den Verkehr gebracht werden, weil der Benutzer auf diesen Umstand eigens aufmerksam gemacht wird (WIECKHORST VersR 1995, 1003, 1012).

Auch bei umfangreicher Warnung durch den Hersteller kann im Einzelfall dann ein **75** Sicherheitsrisiko verbleiben, wenn das Produkt nicht nur von Fachleuten, sondern auch erkennbar von **Laien** benutzt wird (MünchKomm/CAHN Rn 12; ROLLAND Rn 16).

Produktbeschreibungen, Warnhinweise und Gebrauchsanleitungen können auch die **76** **Haftung des Herstellers gegenüber außenstehenden Dritten**, die das Produkt weder kaufen noch benutzen, praktisch einschränken; denn stand es dem Hersteller zu, der Sicherheitsgefahr durch Warnhinweise zu begegnen und war der Inhalt seiner Instruktionen nicht zu beanstanden, hat er ein fehlerfreies Produkt in den Verkehr gebracht und kann sich nach § 1 Abs 2 Nr 2 entlasten (oben Rn 36 ff).

Schließlich kann in der Mißachtung eines Warnhinweises ein Grund für ein **Mitver-** **77** **schulden** nach § 6 Abs 1 liegen (BT-Drucks 11/2447, 25).

III. Der Zeitpunkt, zu dem das Produkt in den Verkehr gebracht wird (lit c)

Zum Begriff des Inverkehrbringens vgl § 1 Rn 44 ff. **78**

Wurde das Produkt in den Verkehr gebracht, wird der Hersteller nicht mehr dadurch **79** verantwortlich, daß sich die Sicherheitserwartungen der betroffenen Verkehrskreise nach diesem Zeitpunkt ändern (BT-Drucks 11/2447, 18; ROLLAND Rn 39; TASCHNER/ FRIETSCH Art 6 Rn 8; SCHMIDT-SALZER/HOLLMANN Bd 1 Art 6 Rn 241). Zwar kann das Produkt auch nach diesem Zeitpunkt aus Sicht der geänderten Sicherheitserwartungen der betroffenen Verkehrsteilnehmer fehlerhaft werden, diese Fehlerhaftigkeit läßt sich dem Hersteller indes nicht mehr entgegenhalten (ähnlich MünchKomm/CAHN Rn 21). Im Rahmen einer Wertschöpfungskette kann dies dazu führen, daß ein Teil der Hersteller iSd § 4 für die Sicherheitsgefahren des Produktes nicht verantwortlich sind, weil sie das Produkt vor der einschlägigen Änderung der Verbrauchererwartungen in den Verkehr gebracht haben, während Hersteller einer nachgelagerten Produktionsstufe das Produkt erst nach diesem Zeitpunkt ausliefern und deshalb auf der Grundlage der neuen geänderten Sicherheitserwartungen Verantwortung tragen (vgl auch § 1 Rn 57).

IV. Produktverbesserungen (Abs 2)

Die Vorschrift soll Fallkonstellationen abdecken, die zT im französischen (vgl Cour de **80** Cassation vom 23. 5. 1973, Bull civ I No 181, dazu vgl TASCHNER/FRIETSCH Art 6 Rn 31 – 33; REICH, Europäisches Verbraucherrecht 408), aber auch im amerikanischen Recht (zu Diskussion um die **subsequent repair doctrince**: 98th Congress [2nd Edition] 44; HOLLMANN DB 1985, 2389, 2393) eine Rolle gespielt haben. Ihre wirtschaftliche Zielsetzung besteht darin, Innovatio-

nen und Produktverbesserungen nicht durch die mit ihnen verbundenen haftungsrechtlichen Risiken zu hemmen.

81 Wegen § 3 Abs 1 lit c ist die Vorschrift eigentlich **entbehrlich**, weil sie gegenüber dieser
Norm keinen eigenständigen Regelungsgehalt besitzt (so bereits MünchKomm/CAHN
Rn 25; zur Unterscheidung von § 1 Abs 2 Nr 5: TASCHNER NJW 1986, 611, 614; ders, Product Liability
– Actual Legislation and law-reform in Europe, in: WOODRUFFE, Consumer Law in the EEC [Lon-
don 1984]; Graf vWESTPHALEN NJW 1990, 83, 89). Im Grunde geht es hier wie dort darum,
daß sich der an das Produkt anzulegende Sicherheitsstandard stets im Zeitpunkt des
Inverkehrbringens konkretisiert. Spätere Umstände – und dazu zählt § 3 Abs 2 ausdrücklich die „spätere" Verbesserung der Produktqualität – dürfen keine Berücksichtigung finden. Die Vorschrift bezieht sich ferner **nur auf das einzelne, bereits in den
Verkehr gebrachte Produkt** und zielt nicht auf Entlastung des Herstellers von der
Pflicht, während des Laufs einer **Produktserie** neue Erkenntnisse zu berücksichtigen
und sein Produkt anzupassen (BT-Drucks 11/2447, 18).

82 § 3 Abs 2 steht auch der auf anderer Rechtsgrundlage beruhenden **Produktbeobachtungspflicht** nicht entgegen (BT-Drucks 11/2447, 18). Reagiert der Hersteller also durch
eine nachträgliche Qualitätsverbesserung auf später eintretende Risiken, folgt aus
§ 3 Abs 2 gerade nicht, daß er vor den Gefahren der zuvor ausgelieferten Fabrikate
nicht gem §§ 823 Abs 1, 1004 Abs 1 Satz 1 BGB warnen bzw ihretwegen einen Rückruf einleiten müßte.

83 Der **Wortlaut** der Vorschrift ist zudem **mißverständlich**, weil die spätere Produktverbesserung **nur die Verantwortlichkeit desjenigen Herstellers ausschließt, der das einzelne
Produkt zum Zeitpunkt der Verbesserung bereits in den Verkehr gebracht hat.** Die Teil-
produkt-, Grundstoff- und Endprodukthersteller, die ihm in der Wertschöpfungskette nachfolgen, sind demgegenüber dennoch verantwortlich, wenn das von ihnen
weiterbearbeitete Produkt zu einem Zeitpunkt in den Verkehr gebracht wird, in dem
infolge der Auslieferung eines verbesserten Produkttyps die Sicherheitserwartungen
bereits erhöht wurden (so bereits MünchKomm/CAHN Rn 25).

84 Ist die **Produktverbesserung vor dem Zeitpunkt des Inverkehrbringens** erfolgt, kann die
Norm keine Anwendung finden (vgl den Wortlaut: „später"). Ob hier der alte Produkttyp aufgrund der Konkurrenzsituation zum neuen fehlerhaft ist, beurteilt sich
ganz allgemein nach der für Konstruktionsfehler verbindlichen Kosten-/Nutzenrela-
tion (dazu unten Rn 85 ff).

V.   **Sonstige, im Gesetz nicht ausdrücklich genannte Umstände**

1.   **Der Produktpreis und Kosten-/Nutzenrelation**

85 Nach **absolut hM** werden die Sicherheitserwartungen durch den **Preis des Produkts**
mitbestimmt (BT-Drucks 11/2447, 18; DIEDERICHSEN, in: Probleme der Produzentenhaftung
[1988] 9, 22 f; FRIETSCH DB 1990, 29, 22; HOLLMANN DB 1985, 2389, 2392; KÖTZ, in: FS W Lorenz
109, 115 ff; LÜDERITZ, in: FS Rebmann 755, 763 ff; MAYER VersR 1990, 691, 695; MünchKomm/
CAHN Rn 23; REICH, Europäisches Verbraucherrecht Rn 182; SCHLECHTRIEM VersR 1986, 1033,
1036; SCHMIDT-SALZER BB 1988, 349, 351 mwN; Graf vWESTPHALEN NJW 1990, 83, 88; WIECK-
HORST VersR 1995, 1003, 1011). Dem liegt die erstmals von amerikanischen Gerichten

ausgeprochene (dazu Lüderitz aaO, Kötz aaO) Wertung zugrunde, daß die **Sicherheitserwartungen** zumindest des Produktkäufers **nicht unabhängig von dem durch den Produktpreis eröffneten technischen Gestaltungsrahmen des Herstellers beurteilt werden dürfen** (vgl nur Barker v Lull Engineering Co, 573 P 2d 454 [1978]; dazu Hoechst, Die US-amerikanische Produkthaftung 46 f; vHülsen RIW/AWD 1979, 365, 366; Graf vWestphalen WM 1979, 543). Zum Preis eines Kleinwagens – um ein vielzitiertes Beispiel zu nennen – kann der Produktkäufer nicht die Sicherheitsvorkehrungen erwarten, die für eine Luxuslimousine üblich sind (ABS, ASR, Seitenaufprallschutz, Überrollbügel usw). Dies hängt damit zusammen, daß dem Hersteller im Rahmen des durch den Produktpreis eröffneten wirtschaftlichen Gestaltungsspielraums nur wirtschaftlich vertretbare Sicherheitsvorkehrungen zugemutet werden können.

Dieser Rechtsgedanke beeinflußt auch das Verhältnis zu **unbeteiligten Dritten**, die das **86** Produkt weder gekauft noch benutzt haben und deren Rechtsgüter durch das Produkt verletzt werden (ausführlich dazu bereits oben Rn 36 ff). Denn auch ihnen gegenüber kann der Hersteller nicht zu mehr an Sicherheit verpflichtet sein, als ihm wirtschaftlich möglich ist. Probleme bereitet nur, daß diesen Außenstehenden der Produktpreis selbst unbekannt ist und sie damit die Kostenkalkulation nicht nachvollziehen können. Ihre Erwartungen sind daher nur insoweit geschützt, als sie von jedem Hersteller erwarten können, daß er die im gegebenen wirtschaftlichen Rahmen möglichen Sicherheitsvorkehrungen ergreift. Aus Sicht des Herstellers begründen diese Erwartungen eine Verhaltenspflicht (Kötz, in: FS W Lorenz 109 sowie oben Rn 36 ff und Einl 38 f), deren Konkretisierung allerdings von Umständen abhängt, die für die geschützten Außenseiter selbst nicht einsehbar sind (Preis, Kostenkalkulation, technische Möglichkeiten usw).

Im einzelnen liegen der **Kosten-/Nutzenrelation** ein kompliziertes Geflecht von inein **87** andergreifenden Wertungen zugrunde (vgl insbesondere zum risk-utility-test des amerikanischen Rechts hier nur Kötz, in: FS W Lorenz 109, 115 ff; Lüderitz, in: FS Rebmann [1989] 755, 763; Hoechst, Die US-amerikanische Produkthaftung 46 f; vHülsen RIW/AWD 1979, 365, 366; Graf vWestphalen WM 1979, 543). Im Rahmen einer **Gesamtbetrachtung** müssen nämlich folgende Faktoren beachtet werden: (1) die mit der Wahl einer bestimmten Konstruktion verbundenen Risiken, (2) die Höhe und Wahrscheinlichkeit des Risikoeintritts, (3) die Bekanntheit des Risikos, (4) der wirtschaftliche Aufwand für die Umgehung des Risikos bei gleicher Konstruktion, (5) die Möglichkeiten alternativer technischer Konstruktionen, (6) die Sicherheitsgefahren der alternativen technischen Konstruktionen, (7) die Wahrscheinlichkeit des Eintritts gerade dieser Gefahren (8) und schließlich die Erhöhung der Produktionskosten durch die Entscheidung für die Alternativkonstruktion sowie (9) eine evtl Verminderung der Benutzerfreundlichkeit durch die Alternativkonstruktion.

Einigkeit besteht auch darin, daß ein Produkt stets die sog **Basissicherheit** gewährlei **88** sten muß (BT-Drucks 11/2447, 18; MünchKomm/Cahn Rn 23; Kullmann/Pfister Kz 3604, 13; Rolland Rn 44; Schlechtriem VersR 1986, 1033, 1036; Taschner/Frietsch Rn 56; Graf vWestphalen NJW 1990, 83, 88). Es muß mit anderen Worten **elementaren Sicherheitsanforderungen** genügen, die unabhängig vom Produktpreis erwartet werden dürfen (eine Treppe muß begehbar sein, ein Auto muß bremsen können; kritisch hinsichtlich des Begriffs Kötz, in: FS W Lorenz 109, 115).

89 Fraglich ist weiter, ob nur der Produktpreis oder auch die **Herstellungskosten** berücksichtigt werden müssen (für letzteres HOLLMANN DB 1985, 2389, 2392; BRÜNING PHI 1986, 78, 79). Die Berücksichtigung der Herstellungskosten wird wegen deren fehlender Erkennbarkeit für den Verbraucher verneint (WIECKHORST VersR 1995, 1005, 1011). Bedenkt man indes, daß es für die Sicherheitserwartungen unbeteiligter Dritter auf die Erkennbarkeit des Produktpreises ebenfalls nicht ankommt (oben Rn 36 ff), wiegt dieses Argument nicht schwer.

2. Unvermeidbare und bekannte Risiken sowie höhere Gewalt

90 Nach Auffassung des Gesetzgebers bestimmen sich die Sicherheitserwartungen auch nach der „**Natur des Produkts**" (BT-Drucks 11/2447, 18). Dabei geht es um die Fälle, in denen die Nebenwirkungen eines Produktes **technisch nicht zu beseitigen** bzw **allgemein bekannt** sind. Bei einem Küchenmesser ist das Risiko der Verletzung an der Messerschneide allgemein bekannt, es läßt sich im übrigen auch nicht vermeiden (Bsp bei WIECKHORST VersR 1995, 1005, 1011). Für solche offenkundigen und unvermeidbaren Risiken trägt der Hersteller keine Verantwortung; das Produkt ist insoweit fehlerfrei (BT-Drucks aaO; KULLMANN/PFISTER, Kz 1520, 40: Sozialadäquanz; SCHLECHTRIEM, in: FS Rittner 545, 550; ders VersR 1986, 1033, 1036, Fn 21 für den offenkundigen und unvermeidbaren Ausreißer; TASCHNER/FRIETSCH Rn 54; Graf vWESTPHALEN § 62 Rn 27; WIECKHORST VersR 1995, 1005, 1011). Die skandinavische Literatur hat für solche Sicherheitsrisiken den **Begriff des Systemfehlers** entwickelt (DAHL, Consumer Legislation in Denmark [1981] 97): Sobald nämlich die Sicherheitsrisiken der Öffentlichkeit bekannt seien, obliege es allein der Entscheidung des Verbrauchers, ob die Vorteile des Produkts die mit ihm verbundenen Sicherheitsgefahren ausglichen; für die Konsequenzen seiner Entscheidung könne er andere nicht mehr zur Verantwortung ziehen (vgl zur Parallelproblematik der **unavoidable dangerous products** im amerikanischen Recht LÜDERITZ RIW 1988, 782 sowie der **Entlastung des Herstellers wegen höherer Gewalt** TASCHNER/FRIETSCH Rn 32; eher zweifelnd DEUTSCH VersR 1992, 521 526).

91 Nach Auffassung des Gesetzgebers fallen unter die offenbaren und unvermeidbaren Risiken auch die Gefahren, die **von den in alkoholischen Getränken** und **Tabakwaren** enthaltenen Giftstoffen ausgehen (BT-Drucks 11/2447, 18).

92 Die gleiche Frage stellt sich auch im Hinblick auf die besondere **Fehleranfälligkeit von Software**. Es besteht weithin Übereinstimmung, daß ab einer gewissen Komplexität der Aufgabenstellung die Steuerungsabläufe nicht mehr fehlerfrei programmierbar sind (vgl hier nur LEHMANN NJW 1992, 1721, 1725; TAEGER CR 1996, 257 mwN; MARTINEK, Moderne Vertragstypen Bd 3 18 f jeweils mwN). Dies hat Einfluß auf die den Fehlerbegriff konkretisierenden Sicherheitserwartungen nach § 3 Abs 1 (vgl nur LEHMANN NJW 1992, 1721, 1725): Ob die Konsequenz indes soweit geht, daß fehlerfreie Software überhaupt nicht erwartet werden darf (BAUER PHI 1989, 38; HONSELL JuS 1995, 211, 212; TASCHNER/FRIETSCH Art 6 Rn 28; WELSER Rn 5), erscheint fraglich, zumal Softwarefehler zu immensen Beeinträchtigungen des Integritätsinteresses führen können (Bsp bei TAEGER, Außervertragliche Haftung für fehlerhafte Computerprogramme [1995] 34 ff; ders CR 1996, 257). Hier wird der Erwerber zumindest Basissicherheit im Hinblick auf diejenigen zentralen Funktionen erwarten dürfen, die den wirtschaftlichen Gegenstand eines Computerprogramms ausmachen (TAEGER CR 1991, 257, 265); die erhöhte Fehler-

anfälligkeit dürfte dabei zugleich erhöhte Hinweis- und Beratungspflichten nach sich ziehen (Taeger CR 1991, 257, 266).

Zur Behandlung des **offenkundigen unvermeidbaren Ausreißers** (unten Rn 105). **93**

3.   Die Einhaltung von Sicherheitsnormen

Nach **hM** begründet die Einhaltung gesetzlicher Sicherheitsvorschriften bzw die **94** Befolgung technischer Normen (DIN, VDE, DVGW usw) (BT-Drucks 11/2447, 19) den „**Anschein** . . ., daß das Produkt den berechtigten Sicherungserwartungen der Allgemeinheit entspricht" (BT-Drucks 11/2447, 19; Frietsch DB 1990, 29, 33; Pauli PHI 1987, 138, 146; Rolland Rn 41; Taschner-Frietsch Art 6 Rn 20; Wieckhorst VersR 1995, 1003, 1011). Begründet wird dies mit der Überlegung, daß, wer Normen einhält, auch ein fehlerfreies Produkt anstrebt (BT-Drucks 11/2447, 19).

In dieser Allgemeinheit besteht indes kein typisierter Erfahrungssatz, der einen **95** **Anscheinsbeweis** im Prozeß tragen könnte (kritisch auch: MünchKomm/Cahn Rn 24). Vielmehr kommt es im Einzelfall darauf an, ob die Sicherheitsnorm sachlich gerade die einschlägige Sicherheitsgefahr betrifft, ob sie diese vollständig regelt und zeitlich nicht veraltet ist. In einem solchen Fall spricht uU ein Anscheinsbeweis für das Vorliegen der Voraussetzungen des § 1 Abs 2 Nr 5. Auch nach Auffassung der **hM** **schließt** die Einhaltung solcher Normen **die Haftung nicht zwingend aus**. Begründet wird dies mit ähnlichen Überlegungen: Die Regelwerke seien häufig nicht abschließend (Rolland Rn 41; Wieckhorst VersR 1995, 1003, 1011), die Produktsicherheit werde darin in ihrer Bedeutung bisweilen durch andere Regelungsgegenstände relativiert (BT-Drucks 11/2447, 19), und eine Veraltung könne vergleichsweise rasch eintreten (BT-Drucks aaO). Ergänzend wird man hinzufügen müssen, daß den Industrieverbänden verwehrt werden muß, im Rahmen von Normenkartellen (§ 5 GWB) entgegen § 14 Freizeichnungsmöglichkeiten für ihre Mitglieder zu begründen.

Aus denselben Überlegungen heraus begründet **die Nichtbefolgung** solcher Vorschrif- **96** ten den Anschein der **Fehlerhaftigkeit** des Produkts (zu weit MünchKomm/Cahn Rn 24).

Zu unterscheiden ist der **Fall des § 1 Abs 2 Nr 4.** Hier kann sich der Hersteller entla- **97** sten, weil ihm eine bestimmte Produktionsweise durch staatliches Gesetz *zwingend* vorgeschrieben wird (vgl § 1 Rn 97, 103 ff).

4.   Regionale Verbrauchergewohnheiten und die Schranke des Art 36 EGV

Nach zT vertretener Auffassung sollen regionale, insbesondere **nationale Unter-** **98** **schiede in den Sicherheitserwartungen** regelmäßig nicht berücksichtigt werden. Importierte Produkte werden danach auch dann als fehlerhaft angesehen, wenn sie ausreichende Sicherheit für den im Herstellerstaat billigerweise zu erwartenden Gebrauch aufweisen, im Inland jedoch auf erhöhte Sicherheitserwartungen treffen (MünchKomm/Cahn Rn 20; Rolland Rn 16; Schlechtriem VersR 1986, 1033, 1036; Schmidt-Salzer/Hollmann Art 6 Rn 94 ff).

In dieser Allgemeinheit läßt sich indes eine Erhöhung der in § 3 Abs 1 geschützten **99**

Sicherheitserwartungen anhand nationaler Besonderheiten im Rahmen des europäischen Binnenmarktes kaum begründen. Dabei geht es nicht vorrangig um die Gefahren der Rechtszersplitterung (HOLLMANN DB 1985, 2389, 2392), sondern vor allem um mögliche Verstöße gegen das **Verbot von Maßnahmen gleicher Wirkung wie mengenmäßige Beschränkungen in Art 30 EGV.** Als solche Maßnahme sieht der EuGH in ständiger Rechtsprechung jede Regelung an, die Einfuhren zwischen den Mitgliedsstaaten unmittelbar oder mittelbar, tatsächlich oder potentiell behindert (EuGH 11. 1. 1974, Slg 837, 847 – Dassonville; 20. 2. 1979, Slg 649 – Cassis de Dijon). Dies ist im Rahmen des Art 36 EGV nur „aus Gründen der öffentlichen Sittlichkeit, Ordnung und Sicherheit, zum Schutz der Gesundheit und des Lebens von Menschen, Tieren oder Pflanzen" bzw aus sog „zwingenden Erfordernissen" erlaubt (EuGH, 20. 2. 1979, Slg 649, 662 – Cassis de Dijon), dh „einer wirksamen steuerrechtlichen Kontrolle, dem Schutz der öffentlichen Gesundheit, der Lauterkeit des Handelsverkehrs und des Verbraucherschutzes" (zu den Einzelheiten vgl hier nur REICH, Europäisches Verbraucherrecht Rn 37 ff sowie zu weiteren Gründen und Einschränkungen Rn 29 ff). Diese sehr strikt gehandhabten Maßstäbe dürften auch nach der Änderung der Rechtsprechung des EuGH zu Art 30 EGV für Fälle des § 3 fortgelten, weil die hier konkretisierten Normen der Produktsicherheit „das Produkt als solches betreffen" und nicht dessen „Verkaufsmodalitäten" (vgl EuGH 24. 11. 1993, Slg 6097 Rn 22 f – Keck).

100 Aus diesem Grund muß davon ausgegangen werden, daß die in einem Mitgliedsstaat anerkannten Sicherheitsstandards idR auf alle übrigen „durchschlagen" (KRÄMER DAR 1982, 37; REICH, Europäisches Verbraucherrecht Rn 186), wenn nicht ausnahmsweise besondere Schutzinteressen auf dem Spiele stehen.

5.   Ökologisierung des Fehlerbegriffs?

101 Fraglich ist, ob Gegenstand der berechtigten Sicherheitserwartungen auch die **gefahrenfreie Entsorgung des Produktes** ist. Dies ist Gegenstand der gelegentlich geforderten Ökologisierung des Fehlerbegriffs (vWILMOWSKI NuR 1991, 253, 265 f; vgl auch KRÄMER, EWG-Verbraucherrecht [1985] 312 f). Danach ist ein Produkt auch dann fehlerhaft, wenn es den berechtigten Sicherheitserwartungen im Hinblick auf die Entsorgung und Abfallbeseitigung nicht entspricht (Bsp bei vWILMOWSKI 266: Die Bildröhren der Personalcomputer werden mit schwermetallhaltiger Beschichtung ausgeliefert, um gesundheitsgefährdende Abstrahlungen zu verhindern; dies erhöht ihre Gebrauchssicherheit iSd § 3 Abs 1 lit b, nicht aber ihre Entsorgungssicherheit, weil es hier Verseuchungen des Erdreiches zu verhindern gilt).

102 Die **hM lehnt** eine solche Ausweitung des Fehlerbegriffes zu Recht ab (ROLLAND § 2 Rn 33 und § 3 Rn 13 ff; PASCHKE/KÖHLBRANDT NuR 1993, 256, 261; nur als rechtspolitisches Postulat: HAGER JZ 1990, 397, 398 f, 407; ders UPR 1995, 491). Weder Entstehungsgeschichte noch Wortlaut des § 3 Abs 1 geben den geringsten Anhalt für eine so weitreichende Haftungsverantwortung des Herstellers. Sie paßt auch nicht in den systematischen Zusammenhang des § 4 Abs 1 Satz 1: Dort knüpft die Verantwortung an die Produktherstellung, nicht aber an die Entsorgung an. Erfaßte § 3 Abs 1 auch Entsorgungsgefahren, bliebe unverständlich, warum der Entsorger in § 4 Abs 1 Satz 1 nicht neben dem Endhersteller haftete. Der Hersteller haftet schließlich nur für das in den Verkehr gebrachte, also das vermarktete Produkt; dies impliziert, daß seine Verantwortung mit dem Abschluß des Vermarktungsprozesses endet (vgl auch § 2 Rn 27 ff).

Daß es sich bei der Entsorgung von Abfällen um einen von der Produkthaftung verschiedenen Problemkreis handelt, zeigt nicht zuletzt der Vorschlag einer Richtlinie des Rates über die zivilrechtliche Haftung für die durch Abfälle verursachten Schäden (BR-Drucks 528/89; TASCHNER/FRIETSCH § 2 Rn 25).

C. Fehlerkategorien

Entgegen verbreiteter Ansicht ist die bekannte Unterscheidung einzelner Fehlerty- **103** pen durch Inkrafttreten des ProdHaftG nicht gegenstandslos geworden; § 3 Abs 1 begründet also **keinen Einheitsfehlerbegriff** (so aber SCHMIDT-SALZER BB 1988, 349, 356; SCHMIDT-SALZER/HOLLMANN Art 6 Rn 112; vgl auch MAYER VersR 1990, 691, 696; TASCHNER/ FRIETSCH Art 6 Rn 11; WIECKHORST JuS 1990, 86, 90; ähnlich MünchKomm/CAHN Rn 3). Dies zeigt sich bereits daran, daß das Gesetz bei der Haftungsbegründung im einzelnen nach dem jeweiligen Fehlertyp unterscheidet (vgl etwa Entwicklungsfehler: § 1 Abs 2 Nr 5; Konstruktionsfehler: § 1 Abs 3; Instruktionsfehler: § 3 Abs 1 lit a). Dies erklärt sich aus dem Umstand, daß der Differenzierung der einzelnen Fehlertypen zugleich sachliche Unterschiede in den Haftungsvoraussetzungen zugrundeliegen. So kommt es etwa darauf an, ob gerade ein *Verhalten* des Herstellers haftungsbegründend wirkt (so bei Konstruktions-, Instruktions- und Produktbeobachtungsfehlern) oder ob ein auf Fehlervermeidung gerichtetes Handlungsgebot nicht erhoben werden kann und statt dessen für eine bloße Gefahr Einstandspflichten entstehen (Ausreißer, Entwicklungsfehler). Der Rechtsvergleich mit den Vereinigten Staaten bestätigt diese Unterscheidung; dort findet die verschuldensunabhängige Haftung des § 402a Restatement of Torts (2d) vor allem auf Fabrikationsfehler Anwendung, während bei Konstruktionsfehlern weiterhin Kriterien der negligence-Haftung (Fahrlässigkeitshaftung) wie Voraussehbarkeit und Vermeidbarkeit entscheidend sind (vHÜLSEN RIW 1980, 365; PFEIFER, Produktfehler 116 ff, 124 ff, 225 ff; SCHLECHTRIEM, in: FS Rittner 545, 548 mwN; vgl auch allerdings einschränkend MünchKomm/ CAHN Rn 3 f). Gerade die Abhängigkeit der berechtigten Sicherheitserwartungen von Kosten-/Nutzenrelationen hat dabei gezeigt, daß der Fehlerbegriff zT sachlich zwingend auch aus einem Fehlverhalten des Herstellers begründet werden muß (Einl 28, 33 und vor allem 38 f sowie oben Rn 36 ff).

I. Fabrikationsfehler

Eine Abweichung des einzelnen Produkts von den Konstruktionsvorgaben des Her- **104** stellers (Fabrikationsfehler) beinhaltet nach übereinstimmender Meinung stets einen Fehler iSd § 3 Abs 1, gleichgültig, ob diese Abweichung vermeidbar oder unvermeidbar (**Ausreißer**) war (vgl nur BUCHNER DB 1988, 32, 34; HONSELL JuS 1995, 211, 212; KÖTZ, in: FS W Lorenz 109, 112 f; LARENZ/CANARIS § 84 VI 1; REICH, Europäisches Verbraucherrecht Rn 182; SCHLECHTRIEM VersR 1986, 1033, 1035; ders, in: FS Rittner 545, 549). Die Haftung für den unvermeidbaren Ausreißer beinhaltet entsprechend keine Verantwortung für Verhaltensunrecht, sondern eine Gefahrenverantwortung (vgl vCAEMMERER, in: FS Rheinstein Bd II [1969] 659, 667; W LORENZ ZHR 151 [1987] 1, 10; TASCHNER, in: FS vCaemmerer 343, 350).

Fraglich ist indes, ob auch **der dem Publikum bekannte unvermeidbare Ausreißer** haf- **105** tungsbegründend wirkt (bejahend FOERSTE JZ 1995, 1063). Gegen eine Haftung des

Herstellers spricht jedoch, daß solche Fehler uU von den Käufern bewußt hingenommen werden, weil mit ihrer Beseitigung erheblicher wirtschaftlicher Aufwand
verbunden wäre, dessen Lasten über den Kaufpreis zu tragen sie nicht bereit wären
(SCHLECHTRIEM, in: FS Rittner 545, 550; ders VersR 1986, 1033, 1036 Fn 21). Im Ergebnis wird
man differenzieren müssen: Wirkt sich der Ausreißer nur bei einer bestimmten Art
des Produktgebrauchs aus, die der Produktkäufer und -verwender ohne weiteres
unterlassen kann, ohne daß der übliche Verwendungszweck des Produkts beeinträchtigt wird, dürfte eine Instruktion (Warnung) ausreichen, um eine Fehlerfreiheit
des Produkts zu bejahen und den Hersteller nach § 1 Abs 2 Nr 2 von der Haftung
befreien (SCHLECHTRIEM aaO). In allen übrigen Fällen bleibt es indes bei der Herstellerhaftung, die insoweit ja nicht an den Vorwurf eines Verhaltensunrechts, sondern
an eine Gefahrenverantwortung anknüpft (ähnlich FOERSTE aaO). Zum **offenkundigen
und unvermeidlichen** Fehler vgl auch oben Rn 90 ff und zur Instruktion als Mittel der
Produktsicherheit oben Rn 72 ff.

106 Angesichts der erleichterten Beweisanforderungen zugunsten des Herstellers im
Rahmen des § 1 Abs 2 Nr 2 (vgl § 1 Rn 72 ff) stellt sich die Frage, ob der Hersteller sich
mit der **Darlegung** entlasten kann, sein **Produktionsverfahren sei sorgfältig und insbe-
sondere auf Verhinderung von Fabrikationsfehlern angelegt gewesen**, so daß der im
Einzelfall aufgetretene Fehler nicht auf einen *vor* Inverkehrbringen entstandenen
Fabrikationsfehler zurückzuführen sei, sondern einem später eingetretenen Sicher-
heitsrisiko zugeschrieben werden müsse, für das er keine Verantwortung trage. Dem
Hersteller würde damit praktisch eine „Exkulpations"möglichkeit eröffnet, die sich
von derjenigen des § 823 Abs 1 BGB nicht unterschiede und die Einbeziehung von
Außenseitern in die Haftung im Ergebnis obsolet machte (so ROLLAND § 1 Rn 112; CAHN
ZIP 1990, 482, 483; MünchKomm/CAHN § 3 Rn 3 und § 1 Rn 33). Die Zulassung einer solchen
Entlastungsmöglichkeit widerspricht in der Tat der von der ganz **hM** angenommenen
Haftung für Ausreißer, weil Ausreißer begriffsnotwendig auch dort unterlaufen, wo
alle Sicherheitsrisiken im Produktionsverfahren unter ordnungsgemäßer Kontrolle
des Herstellers sind. Deshalb kann an eine solche Darlegung durch den Hersteller
auch kein den Anscheinsbeweis tragender Erfahrungssatz knüpfen: Daß nämlich ein
Produktionsverfahren im Hinblick auf die Sicherheit der Produkte ordentlich durchgeführt und überwacht wird, läßt ja gerade nicht den Schluß zu, daß ein selbst bei
aller Sorgfalt unvermeidbarer Fabrikationsfehler (Ausreißer) nicht entstanden sein
kann.

107 Richtiger Ansicht nach ist § 1 Abs 2 Nr 5 auf Fabrikationsfehler anwendbar (FOERSTE
JZ 1995, 1063; aA BGH NJW 1995, 2162, 2163); allerdings liegen die Voraussetzungen
dieser Vorschrift im Falle eines Ausreißers nicht vor, weil hier die Gefahr nach dem
Stand von Wissenschaft und Technik *erkennbar*, technisch jedoch nicht *vermeidbar*
war (FOERSTE aaO: sog Entwicklungslücke; § 1 Rn 123).

II.   Konstruktionsfehler

108 Die Haftung für eine fehlerhafte Konstruktion des Produkts nach § 3 beruht auf der
Verletzung von Verkehrspflichten (KÖTZ, in: FS W Lorenz 109, 114 ff; LORENZ ZHR 151
[1987] 1, 14: „Eine verschuldensunabhängige Haftung für Konstruktionsfehler hat die Richtlinie also
nicht gebracht."; LÜDERITZ, in: FS Rebmann 755, 766; SCHLECHTRIEM, in: FS Rittner 545, 550 f;
ders VersR 1986, 1033, 1035).

Dies folgt bereits aus dem Begriff des Konstruktionsfehlers, der entsteht, wenn ein **109** Produkt entgegen rechtlich erforderlicher Konstruktions*gebote* hergestellt wird (TASCHNER, in: FS vCaemmerer 343, 353; grundsätzlich vCAEMMERER, in: FS Rheinstein [1969] 659, 666). Dafür sprechen aber auch zwingende Sachgründe: Denn der Grad der vom Hersteller zu tragenden Verantwortung richtet sich nach dem wirtschaftlichen Rahmen, der ihm aufgrund des Produktpreises für technische Sicherheitsvorkehrungen eröffnet ist. Die zugrundeliegende Kosten-/Nutzenrelation (dazu oben Rn 85 ff) ist allerdings lediglich dem Hersteller und dem Produktkäufer, nicht jedoch Dritten bekannt, die ebenfalls durch § 3 geschützt sind. Dogmatisch sinnvoll läßt sich diese Einschränkung der Haftungsverantwortung des Herstellers nur als eine Verhaltenspflicht des Herstellers darstellen, bei Gewährleistung von Basissicherheit, die Sicherheits*maßstäbe* dem eigenen wirtschaftlichen Gestaltungsspielraum entsprechend einzuhalten (KÖTZ, in: FS W Lorenz 109, 116 f; LÜDERITZ, in: FS Rebmann 755, 765 f; dazu ausführlich Einl 38 f sowie oben Rn 36 ff).

III. Instruktionsfehler

Vgl oben § 3 Rn 46 ff. **110**

Zur Beweislastverteilung bei fehlerhafter Produktinstruktion s § 1 Rn 165. **111**

IV. Produktbeobachtungsfehler und Rückrufanspruch*

Nach zutreffender **ganz hM** begründet § 1 Abs 1 Satz 1 **keine Haftung für sog Pro-** **112** **duktbeobachtungsfehler** (BRÜGGEMEIER/REICH WM 1986, 149, 155; BUCHNER DB 1988, 32, 35; HONSELL JuS 1995, 211, 213; KOCH ZHR 152 [1988] 537, 552; KÖTZ, in: FS W Lorenz 109, 111; LORENZ ZHR 151 [1987] 1, 15; MünchKomm/CAHN Rn 4; REICH, Europäisches Verbraucherrecht Rn 184; SCHMIDT-SALZER/HOLLMANN Art 6 Rn 259; **aA** SACK VersR 1988, 439, 448 f; unklar SCHMIDT-SALZER BB 1988, 349, 355). Aus § 3 Abs 1 läßt sich also **keine** Pflicht des Herstellers ableiten, das weitere Schicksal der auf den Markt eingeführten Produkte zu beobachten und vor den so erkannten Sicherheitsrisiken zu warnen bzw das Produkt zurückzurufen, wenn eine Warnung zur Abwendung der Sicherheitsrisiken nicht ausreicht. **Begründet** wird dies aus dem systematischen Zusammenhang zu den § 1 Abs 2 Nr 2 und 5 (bzw Art 7 lit b und e ProdHaftRichtl). Nach diesen kommt es für die Verantwortung des Herstellers allein auf die Erkennbarkeit des Fehlers im Zeitpunkt des Inverkehrbringens an (W LORENZ ZHR 151 [1987] 1, 15; MünchKomm/CAHN Rn 4; REICH, Europäisches Verbraucherrecht Rn 184; **aA** SACK VersR 1988, 439, 448). Dies ergibt sich im übrigen auch aus der zentralen Norm des § 1 Abs 2 Nr 2.

---

* **Schrifttum**: BODEWIG, Produktsicherung und -haftung im Kfz-Bereich – Probleme des Rückrufs fehlerhafter Produkte in der Automobilindustrie, in: 34. Deutscher Verkehrsgerichtstag 1996, 141; JÄCKLE, Die Produzentenhaftung unter dem Zeitaspekt betrachtet – insbesondere zu den nachträglichen Pflichten des Warenherstellers (1990); KUNZ, Die Produktbeobachtungs- und die Befundsicherungspflicht als Verkehrssicherungspflichten des Warenherstellers, BB 1994, 450; RETTENBECK, Die Rückrufpflicht in der Produkthaftung (1993); SACK, Produzentenhaftung und Produktbeobachtunspflicht, BB 1985, 813; SEELING, Die Rückrufpflicht des Warenherstellers (Diss Würzburg 1993); STECKLER, Die Produktbeobachtungsverantwortung des Zulieferers im Rahmen zwischenbetrieblicher Arbeitsteilung, WiB 1994, 300.

113 Dafür spricht auch die **Entstehungsgeschichte des Gesetzes**. Das Europäische Parlament wollte nämlich den ersten Richtlinienvorschlag der Kommission, wie folgt, ergänzen: „(1) In dem in Artikel 1 vorgesehenen Fall haftet der Hersteller nicht, wenn er, sobald er von dem Fehler Kenntnis erhalten hat oder hätte erhalten müssen, rechtzeitig und angemessen für die Unterrichtung der Öffentlichkeit gesorgt und ferner alle Maßnahmen getroffen hat, die angesichts der Umstände des Falles zur Beseitigung der schädlichen Folgen des Fehlers in vernünftiger Weise beitragen können. (2) Der Hersteller hat den Nachweis zu führen, daß er den im vorstehenden Absatz genannten Verpflichtungen nachgekommen ist" (ABlEG v 21. 5. 1979 Nr C 127/61, 62 f). Diese Regelung sollte die vom Parlament ebenfalls befürwortete Nichthaftung für Entwicklungsrisiken kompensieren (REICH, Europäisches Verbraucherrecht Rn 184; SCHLECHTRIEM, in: FS Rittner 545, 552). Da jedoch die Kommission in ihrem zweiten Vorschlag an der Haftung für Entwicklungsfehler festhielt (dazu § 1 Rn 112), bedurfte es dieser Kompensation nicht. Auch schienen die versicherungstechnischen und rechtlichen Probleme einer Produktbeobachtungs- und Rückrufpflicht angeblich zu groß (TASCHNER, Produkthaftung Art 1 Rn 70; W LORENZ, in: FS Ferid [1988] 289, 297).

114 Allerdings hat **Norwegen** (Einl 94 f) dennoch eine Produktbeobachtungsverantwortung eingefügt, indem es den zentralen Entlastungsgrund des Art 7 lit b ProdHaft-Richtl (§ 1 Abs 2 Nr 2 ProdHaftG) erweiterte. Danach haftet der Hersteller nicht, wenn er glaubhaft macht, „daß der Sicherheitsmangel nicht vorhanden war, als das Produkt in den Verkehr gebracht wurde, und der Mangel oder Schaden auch danach nicht hätte vermindert oder behoben werden müssen."

115 Die **Produktsicherheitsrichtlinie** (Richtlinie 92/59/EWG vom 29. Juni 1992, ABl Nr L 228/24) sieht in Art 5 f und 9 ein **verwaltungsrechtliches Produktbeobachtungs- und Rückrufverfahren** vor (oben Rn 8; dazu REICH, Europäisches Verbraucherrecht Rn 244; BRÜGGEMEIER ZHR 152 [1988] 511, 523; JOERGES, in: FS Steindorff [1990] 1247; KESSLER EuZW 1993, 751).

V.   Entwicklungsfehler

116 Vgl § 1 Rn 110 ff.

VI.   Haftung wegen Wirkungslosigkeit*

117 Nach **hM** bedeutet auch die Wirkungslosigkeit des Produkts einen Fehler iSd § 3 Abs 1. Wie im Rahmen des § 823 Abs 1 BGB (vgl dazu hier nur BGHZ 80, 186 = NJW 1981, 1603; KULLMANN BB 1985, 409; HAGER AcP 184 [1984] 413 ff) kommt es indes darauf an, daß der Produktkäufer oder -benutzer im Vertrauen auf die Wirksamkeit des Produkts anderweitige Vorkehrungen zur Sicherung seiner in § 1 Abs 1 Satz 1 geschützten Rechtsgüter unterlassen hat (BT-Drucks 11/2447, 18; BRÜGGEMEIER/REICH WM 1986, 149, 150; BUCHNER DB 1988, 32, 35; FRIETSCH, in: TASCHNER/FRIETSCH Rn 20; HONSELL JuS 1995, 211, 212; KULLMANN, Produkthaftungsgesetz [1990] 82 f; KULLMANN/PFISTER Kz 3600; Münch-Komm/CAHN Rn 13; ROLLAND Rn 24; SCHLECHTRIEM VersR 1986, 1033, 1034; aA indes TASCHNER, in: TASCHNER/FRIETSCH Art 6 Rn 225, 228, 232; MAYER VersR 1990, 691, 696).

---

* **Schrifttum**: KULLMANN, Die Rechtsprechung des BGH zur deliktischen Haftung des Herstellers für Schäden an der von ihm hergestellten   Sache, BB 1985, 409; HAGER, Zum Schutzbereich der Produzentenhaftung, AcP 184 (1984) 413 ff.

Gegen die Anwendbarkeit des § 3 in diesen Fällen ließe sich zwar anführen, daß dort **118** die *Sicherheits*erwartungen, nicht die *Gebrauchs*erwartungen des Geschädigten maßgeblich sind (so HONSELL JuS 1995, 211, 212), ist doch die Enttäuschung von Gebrauchserwartungen typischerweise Gegenstand des Kaufrechts (BRÜGGEMEIER/REICH WM 1986, 149, 150; REICH, Europäisches Verbraucherrecht Rn 185). **Für** die Anwendbarkeit wird indes angeführt, hier handele es sich typischerweise um einen Darbietungsfehler iSd § 3 Abs 1 lit a (BT-Drucks 11/2447, 18; BRÜGGEMEIER/REICH WM 1986, 149, 150; SCHLECHTRIEM VersR 1986, 1033, 1036). **Ergänzend** rechtfertigt sich die Anwendung des § 3 ProdHaftG auch aus der Überlegung, daß die Haftung für wirkungslose Produkte **eigentlich ein Problem der objektiven Zurechnung** ist und für diese die bekannten Maßstäbe des deutschen Rechts gelten (§ 1 Rn 32): Zur Verletzung geschützter Rechtsgüter kommt es nämlich deshalb, weil der Geschädigte einen schadensstiftenden Kausalverlauf nicht unterbricht. Er unterläßt dies, weil er der Ansicht ist, dem Kausalverlauf bereits durch Einsatz des Produktes Einhalt geboten zu haben. Daß seine Fehlvorstellungen dabei möglicherweise durch eine kaufvertragliche Vereinbarung über den Produktgebrauch beeinflußt werden, hindert die deliktische Verantwortung des Herstellers in den Grenzen des § 3 Abs 1 lit c prinzipiell nicht. Dieser haftet indes nur dann, wenn ein hypothetischer rettender Kausalverlauf hinzugedacht werden kann, der die schädigende Kausalkette unterbrochen hätte. Nur wenn ein anderes Produkt existiert, das die Verletzung der Rechtsgüter hätte verhindern können, und nur dann, wenn dieses vom Geschädigten alternativ eingesetzt worden wäre, ist der Hersteller verantwortlich.

Auch in **Österreich** wird das ProdHaftG in Fällen der Wirkungslosigkeit eines Pro- **119** duktes angewendet (HONSELL JuS 1995, 211, 215; MUSGER WBl 1990, 289). In **Frankreich** existiert eine ähnliche Judikatur zu Pflanzenschutzmitteln, allerdings nach traditionellem Haftungsrecht (Cass civ 22 nov 1978, Juris Classeur Périodique 1979 II No 13163 Anm VINEY).

VII. „Weiterfressende" Fehler

Vgl § 1 Rn 10 ff. **120**

§ 4
Hersteller

(1) Hersteller im Sinne dieses Gesetzes ist, wer das Endprodukt, einen Grundstoff oder ein Teilprodukt hergestellt hat. Als Hersteller gilt auch jeder, der sich durch das Anbringen seines Namens, seiner Marke oder eines anderen unterscheidungskräftigen Kennzeichens als Hersteller ausgibt.

(2) Als Hersteller gilt ferner, wer ein Produkt zum Zweck des Verkaufs, der Vermietung, des Mietkaufs oder einer anderen Form des Vertriebs mit wirtschaftlichem Zweck im Rahmen seiner geschäftlichen Tätigkeit in den Geltungsbereich des Abkommens über den Europäischen Wirtschaftsraum einführt oder verbringt.

(3) Kann der Hersteller des Produkts nicht festgestellt werden, so gilt jeder Lieferant als dessen Hersteller, es sei denn, daß er dem Geschädigten innerhalb eines Monats,

nachdem ihm dessen diesbezügliche Aufforderung zugegangen ist, den Hersteller oder diejenige Person benennt, die ihm das Produkt geliefert hat. Dies gilt auch für ein eingeführtes Produkt, wenn sich bei diesem die in Absatz 2 genannte Person nicht feststellen läßt, selbst wenn der Name des Herstellers bekannt ist.

Systematische Übersicht

Alphabetische Übersicht

A. Allgemeines

I. Entstehungsgeschichte und Zweck

1 Die im komplexen Herstellerbegriff zum Ausdruck kommende **erweiterte Produktverantwortung** der Produkthaftungsrichtlinie der EU stellt aus deutscher Sicht **die
eigentliche Neuerung gegenüber der Produktverschuldenshaftung** mit Beweislastumkehr
dar (FRIETSCH DB 1990, 29, 30; SCHLECHTRIEM VersR 1986, 1033, 1040; ähnlich BUCHNER DB
1988, 32, 34; W LORENZ ZHR 151 [1987] 1, 12). Umso erstaunlicher erscheint es, daß der
erweiterte Herstellerbegriff bereits zu einem recht frühen Stadium der Richtlinien-
konzeption definitive Gestalt annahm und seitdem nicht mehr im Brennpunkt der
rechtspolitischen Auseinandersetzung stand. Gem **Art 2 des ersten Vorentwurfs** zu
einer Richtlinie (EWG-Dok XI/334/74 – D; zur Entstehungsgeschichte vgl im übrigen Einl 5 ff)
sollte sich der Herstellerbegriff noch auf diejenigen Personen beschränken, die ein
Produkt angefertigt und in den Verkehr gebracht hatten (dazu etwa REICH, Europäisches
Verbraucherschutzrecht Rn 408 f). Bereits im zweiten Vorentwurf (EWG-Dok XI/355/75 – D)
wurde zwischen dem Hersteller eines fehlerhaften Werkstoffes, eines Teil- und Endproduktes sowie dem Quasi-Hersteller (zum Begriff unten Rn 53) unterschieden – eine
Differenzierung, die im ersten Vorschlag übernommen und um die Verantwortlichkeit des Lieferanten ergänzt wurde, wenn der Hersteller nicht festgestellt werden
kann (ABlEG 1976 Nr C 241/9, Art 2 sowie BegrErwägungen Abs 8). Die Richtlinie konkretisiert die entscheidende **rechtspolitische Überlegung** so: „Der Schutz des Verbrauchers erfordert es, alle am Produktionsprozeß beteiligten Hersteller haften zu lassen,
sofern ihr End- oder Teilprodukt oder der von ihnen gelieferte Grundstoff fehlerhaft
war. Aus demselben Grund haftet derjenige, der ein Produkt unter seinem Namen,
Warenzeichen oder Erkennungszeichen vertreibt, der als Händler die nur ihm
bekannte Identität des Herstellers nicht preisgibt, und der Importeur von Produkten, die außerhalb der Europäischen Gemeinschaft hergestellt sind" (BegrErwägungen
Abs 8).

2 Es entspricht einer vertrauten, wenn auch nicht unumstrittenen **Auffassung**, daß die
eigentliche Aufgabe der Produkthaftung nicht unbedingt in der Kompensation mangelnder Produktsicherheit zu sehen sei (nach dieser Ansicht hat sich die Produktsicherheit stetig verbessert), sondern **in der erleichterten Identifizierung des Haftungs-
verantwortlichen in arbeitsteiligen Produktionsprozessen** (DEUTSCH VersR 1988, 1197;
LÜDERITZ, in: FS Rebmann 755, 763). In vielen Fällen übersieht der Geschädigte das
komplizierte Verantwortungsgefüge der am Herstellungsvorgang Beteiligten selbst
nicht, insbesondere wenn sich die Leistungsbeiträge überkreuzen und Fehlerquellen
aus ganz unterschiedlichen Verantwortungsbereichen resultieren können. So trägt er
ein erhebliches Prozeßrisiko, wenn ihm auferlegt wird, gerade diejenige Person in
Anspruch zu nehmen, die im Verantwortungsgefüge den Fehler verschuldet hat. Der
erweiterte Herstellerbegriff des § 4 Abs 1 Satz 1 nimmt ihm nicht nur dieses Risiko
teilweise ab, sondern erübrigt im Wege der Importeurhaftung (Abs 2) auch die
Rechtsdurchsetzung im Ausland. Die subsidiäre Lieferantenhaftung (Abs 3) stellt
dabei ergänzend für den Fall anonymer Produkte sicher, daß dem Geschädigten ein
inländischer Schuldner zur Verfügung steht. Schließlich haften auch solche Personen
(Quasi-Hersteller), die Vertrauen im Hinblick darauf in Anspruch genommen
haben, für die Sicherheit des Produkts als Hersteller Verantwortung zu tragen (Abs 1
Satz 2).

Das Gesetz zielt also auf einen **möglichst lückenlosen Schutz des Geschädigten** (BT- **3** Drucks 11/2447, 19; FRIETSCH DB 1985, 2389, 2391; WANDT BB 1994, 1437). Dieser kann quasi alle am Produktionsprozeß beteiligten Teil-, Grundstoff- und Endhersteller in Anspruch nehmen, gleichgültig, wer im Innenverhältnis die Verantwortung zu tragen hat (arg e § 5 Satz 1). Dieser **Grundsatz** wird allerdings **durch § 1 Abs 2 Nr 1 und 2 sowie Abs 3 in seiner Bedeutung eingeschränkt:** Jeder Hersteller trägt nur Verantwortung für den Sicherheitszustand, den das Produkt in dem Augenblick hatte, in dem er es selbst in den Verkehr gebracht, dh an die nachfolgende Fertigungsstufe ausgeliefert hat (§ 1 Abs 2 Nr 2). Der Teilprodukthersteller, der als Zulieferer eine Einzelkomponente an den Endprodukthersteller liefert, bringt zwar diese Einzelkomponente in Verkehr und haftet folglich für ihren Sicherheitszustand, nicht aber für das daraufhin beim Endprodukthersteller fertiggestellte Endprodukt; er kann sich folglich nach § 1 Abs 2 Nr 1 entlasten, wenn der Fehler nicht in den von ihm gelieferten Teilen wurzelt, sondern in den übrigen Bestandteilen des Endprodukts (das Teilprodukt verliert nach § 2 Satz 1 seine eigenständige Produktqualität durch Einbau nicht!). Weitere Entlastungsmöglichkeiten eröffnet dem Hersteller eines Teilprodukts oder eines Grundstoffs § 1 Abs 3. Allerdings liegt die Beweislast für die Entlastungsgründe beim jeweiligen Hersteller (§ 1 Abs 4 Satz 2), wobei wiederum Beweiserleichterungen bestehen (insbes in § 1 Abs 2 Nr 2, dazu § 1 Rn 72 ff). Im Bereich der sog **horizontalen Arbeitsteilung** sind nicht alle nach Verschuldensgrundsätzen Verantwortlichen zugleich Haftungsschuldner iSd § 4 Abs 1 Satz 1: Schaltet der Hersteller nämlich auf seiner Fertigungsstufe Dritte für einen unselbständigen Leistungsbeitrag ein (Testreihen, Prüfungen usw), resultiert daraus noch keine Produktverantwortung iSd § 4 Abs 1 Satz 1 (unten Rn 35). Allerdings entsteht dadurch keine Schutzlücke, weil der Hersteller sich gem § 6 Abs 2 Satz 1 gegenüber dem Geschädigten nicht damit entlasten kann, daß der Fehler auf den Dritten zurückgehe. § 4 ist, dies zeigt gerade das Beispiel der horizontalen Arbeitsteilung, als **abschließende Regelung** zu verstehen (ROLLAND Rn 1); außerhalb dieser Norm können weitere Tatbestände einer Produktverantwortung nicht begründet werden.

Durch das Zusammenspiel von § 4 Abs 1 Satz 1 und § 1 Abs 3 schafft das Gesetz **4** einen nicht geringen **Anreiz für den Geschädigten, den Endprodukthersteller in Anspruch zu nehmen,** weil dieser für alle Fehler des von ihm in Verkehr gebrachten Produkts Verantwortung trägt und sich nicht entlasten kann (Graf vWESTPHALEN NJW 1990, 83, 90; WANDT BB 1994, 1437, 1438). Dies bedeutet indes **keine Kanalisierung der Haftung auf den Endprodukthersteller** (mißverständlich insoweit Graf vWESTPHALEN aaO), weil das Gesetz den Geschädigten nicht ausschließlich auf diesen verweist, sondern ihm gerade durch die gesamtschuldnerische Haftung aller am Produktionsprozeß beteiligten Hersteller dessen Insolvenzrisiko abnehmen will (arg e § 5 Satz 1; so auch WANDT aaO).

II. Unterschiede zur Produzentenhaftung

Überblick: Die Produzentenhaftung nach § 823 Abs 1 BGB gründet auf dem **Vorwurf 5 der schuldhaften Verletzung einer Verhaltenspflicht** durch den Anspruchsgegner; **§ 4 Abs 1 Satz 1** hingegen knüpft **an den tatsächlichen Beitrag des Anspruchsgegners zur Herstellung des betreffenden Produktes** an, ohne daß darüber hinaus auch auf eine persönliche Verantwortung für die im Einzelfall realisierte Sicherheitsgefahr des Produkts vorausgesetzt wäre. Deshalb kann aufgrund von § 4 Abs 1 Satz 1 eine Haftungsverantwortung prinzipiell auch gegenüber einem Anspruchsgegner begründet werden, der die Sicherheitsgefahr des Produkts nicht persönlich zu verantworten hat (vgl allerdings § 1 Abs 3); Voraussetzung ist allein, daß der Betreffende das Endprodukt in den Verkehr gebracht hat (§ 1 Abs 2 Nr 1) und der Fehler bereits zu diesem Zeitpunkt bestand (§ 1 Abs 2 Nr 2). Andererseits erstreckt sich die Produzentenhaftung nach § 823 Abs 1 BGB auch auf solche Anspruchsgegner, die keinen eigenverantwortlichen Produktbeitrag erbracht haben (Angestellte, unten Rn 7) und deshalb nicht nach § 4 Abs 1 Satz 1 verantwortlich sind.

6 Im Rahmen der Produzentenhaftung hat die **Rechtsprechung** die **Gefahrabwendungspflichten des Endproduktherstellers** für zugelieferte Produkte **eingeschränkt.** Der Endhersteller ist grundsätzlich nur verantwortlich, wenn er den Zulieferer unsorgfältig ausgewählt oder die Güte der von ihm gelieferten Produkte nicht ausreichend geprüft hat (BGH VersR 1972, 559, 560 – Förderkorb). Dabei braucht der Endhersteller allerdings nicht alle Untersuchungen vorzunehmen, die das Zulieferunternehmen als Spezialist bereits vorgenommen hat oder hätte vornehmen müssen (BGH VersR 1960, 855, 856 – Kondenstopf); seine Anstrengungen beschränken sich auf das nach der Verkehrsauffassung Übliche und Zumutbare (BGH VersR 1972, 559, 560 – Förderkorb; vgl auch NJW 1977, 839 – Autokran; BB 1980, 443 – Klapprad). Die Haftung beruht also auf einer Trennung der **Verantwortungsbereiche der am Produktionsprozeß beteiligten Einzelhersteller:** Für den jeweils eigenen Produktionsbereich trägt jeder volle Verantwortung, für die Leistungsbeiträge der anderen treffen ihn nur eingeschränkte Prüf- und Kontrollpflichten (vgl hier nur Fuchs BauR 1995, 747, 756 sowie ausführlich Steinmann, Qualitätssicherungsvereinbarungen zwischen Endproduktherstellern und Zulieferern [1993] 61 ff: **rollenspezifische Pflichtendifferenzierung**). Auch **Importeur** und **Großhändler** unterliegen nach den skizzierten Grundsätzen eingeschränkten Gefahrabwendungspflichten (BGH DB 1980, 775; NJW 1981, 2250 f; NJW 1968, 2238, 2239; Kossmann, Der Handel im System der Produkthaftpflicht, NJW 1984, 1664 ff; vgl auch Frietsch DB 1985, 2389, 2391; Brüggemeier/Reich WM 1986, 149, 151).

7 Allerdings erfaßt die Produzentenhaftung nach § 823 Abs 1 BGB – anders als § 4 Abs 1 Satz 1 – auch **Mitarbeiter des Herstellerunternehmens** (BGH NJW 1975, 1827, 1828; Rolland Rn 6 f und Teil II Rn 83 f; MünchKomm/Cahn Rn 1). Dies ist bei aller rechtspolitischen Kritik im Rahmen einer Haftung für Verhaltensunrecht sehr wohl begründbar, wenn diesen Personen im Hinblick auf die beim Geschädigten eingetretene Rechtsgutverletzung uU eine eigene, persönliche Pflichtverletzung zur Last fällt. Die Anwendbarkeit des § 4 Abs 1 Satz 1 hängt hingegen nicht von einem persönlichen Vorwurf an den Anspruchsadressaten ab, sondern von seinem tatsächlichen Beitrag zum Produktionsprozeß. Dieser Beitrag muß dem eines eigenverantwortlichen Produzenten entsprechen (unten Rn 9). Eine Haftung von Mitarbeitern nach § 4 Abs 1 Satz 1 scheidet daher aus.

B.   Haftung des Herstellers (Abs 1 Satz 1)

I.   Der Begriff der Herstellung

8 Nach dem **Wortlaut des Gesetzes** ist „Hersteller ..., wer das Endprodukt ... herstellt". Diese **Tautologie** (kein Ruhmesblatt für den deutschen Gesetzgeber!) läßt sich nur **aus System und Zweck des Gesetzes auflösen.** Entscheidend ist insoweit die Bezugnahme der Vorschrift auf den **Produktbegriff des § 2 Satz 1** und der **Umkehrschluß aus § 4 Abs 1 Satz 2 und Abs 3.** Danach hängt die Produktverantwortung von drei Voraussetzungen ab: (1) Der Anspruchsgegner muß für eigene Rechnung gehandelt haben (unten Rn 9 ff), (2) sein Handeln muß auf die Schaffung einer (neuen) beweglichen Sache hin ausgerichtet sein (unten Rn 12 ff), und (3) es muß über das Maß an Einwirkung auf eine bewegliche Sache hinausgehen, das im Rahmen des Produktvertriebs und -handels üblich ist (unten Rn 36 ff).

1. Tätigkeit für eigene Rechnung

Nach ganz **hM** ist Hersteller iSd § 4 Abs 1 Satz 1 **nur der Unternehmer selbst, nicht** **9** **seine Mitarbeiter, Arbeiter und Organe** (SCHLECHTRIEM VersR 1986, 1033, 1040; Münch-Komm/CAHN Rn 1; ROLLAND Rn 7; TASCHNER/FRIETSCH Rn 8). Dies läßt sich im übrigen aus einem Umkehrschluß aus § 4 Abs 1 Satz 2 begründen: Wenn man sich durch das Anbringen seines Namens oder Warenzeichens als Hersteller im Sinne des Gesetzes ausgeben kann, so kann damit nur eine Tätigkeit für eigene Rechnung gemeint sein; denn Mitarbeiter, Arbeiter und Organe kennzeichnen Produkte nicht mit ihrem Namen oder Kennzeichen. Diese Einschränkung des Herstellerbegriffs entspricht im übrigen der während der **Entstehung der Richtlinie** vorherrschenden Vorstellung; hier stand die zentrale Verantwortung des Unternehmens in Produkthaftungsfragen im Mittelpunkt der Überlegungen (EG-Bulletin, Beil 11/1976, 14 f).

Unternehmer ist dabei die Person, die **Organisationsgewalt über den Herstellungsprozeß** **10** ausübt (ROLLAND Rn 5 im Anschluß an BRÜGGEMEIER/REICH WM 1986, 149, 151; TASCHNER Art 3 Rn 1). **Bisweilen wird zusätzlich gefordert,** die **Herstellung** müsse **als eigene ausgegeben** werden; so hafte der Arzt nicht als Hersteller, wenn er ein Medikament verschreibe (SCHLECHTRIEM VersR 1986, 1033, 1039). Beim Verschreiben fehlt es indes von vornherein an einer Tätigkeit, die man unter das „Herstellen" eines Medikamentes fassen könnte. Schwerer wiegt die Überlegung, auch ein Entwicklungsbüro, das im Auftrag eines Automobilunternehmens Entwürfe fertige, dürfe nicht als Hersteller angesehen werden (SCHLECHTRIEM aaO). Tatsächlich dürfte die Anwendbarkeit des Gesetzes in diesen Fällen nicht von der Frage abhängen, ob im eigenen Namen gehandelt wurde, sondern davon, ob die entsprechende Person eine bewegliche Sache „hergestellt" hat (vgl zur Relevanz von Plänen im Herstellungsprozeß unten Rn 31).

Der Unternehmer haftet für die Fehler, die durch die unselbständig am Fertigungs- **11** prozeß beteiligten **Mitarbeiter, Arbeiter und Organe** verursacht wurden, nach § 1 Abs 2 Nr 2 und § 6 Abs 2 ProdHaftG (SCHLECHTRIEM VersR 1986, 1033, 1039; WANDT BB 1994, 1436, 1438)

2. Bewegliche Sache als Resultat der Herstellung

Das **Produkt** wird in § 2 Satz 1 ProdHaftG als bewegliche Sache definiert. Das Tat- **12** bestandsmerkmal der **Herstellung** in § 4 Satz 1 steht in engem systematischem und teleologischem Zusammenhang zu diesem Begriff und erscheint folglich als die Tätigkeit, die auf Schaffung einer beweglichen Sache gerichtet ist. **Probleme** bereitet die **Begriffsabgrenzung** dort, wo sich eine Tätigkeit darauf beschränkt, auf eine bestehende bewegliche Sache einzuwirken (Montage, Reparatur). Im Einzelfall stellt sich dann die Frage, ob infolge der Einwirkung ein neues Produkt entstanden ist oder ob lediglich am alten Produkt eine Dienstleistung erbracht wurde, die selbst keine Produktverantwortung iSd § 4 Abs 1 Satz 1 begründet. Die Abgrenzung kann sich nur aus Sicht der am Produkt interessierten Nachfrager, dh aufgrund der Marktverhältnisse ergeben.

a)   Endprodukt, Teilprodukt, Grundstoff

13 Unter dem in § 4 Abs 1 Satz 1 verwendeten Begriff **Endprodukt** ist eine bewegliche Sache zu verstehen, die ohne weitere Veränderung von den Nachfragern (idR Verbraucher) zur Bedarfsbefriedigung verwendet werden kann (ähnlich TASCHNER/ FRIETSCH Rn 18).

14 Ein **Teilprodukt** ist hingegen eine bewegliche Sache, die in ein weiteres Produkt (das Endprodukt) eingeht, dabei aber in ihrer Beschaffenheit – wenn man vom Erfordernis der Montage absieht – nicht mehr verändert wird. Die Unterscheidung zwischen End- und Teilprodukt richtet sich nach der Verkehrsauffassung (TASCHNER/FRIETSCH Rn 19).

15 **Grundstoffe** sind Materialien und Rohstoffe, die zu Teil- oder Endprodukten weiterverarbeitet werden (TASCHNER/FRIETSCH Art 3 Rn 8; MünchKomm/CAHN Rn 10; ROLLAND Rn 21). Anders als Teilprodukte gehen sie in veränderter Beschaffenheit in das Endprodukt ein (zur Kritik an der Notwendigkeit des Begriffs TASCHNER/FRIETSCH Rn 42).

16 In allen drei Fällen handelt es sich um **bewegliche Sachen** (MünchKomm/CAHN Rn 10, 11). **Dienstleistungen, Produktionsideen** oder **Pläne** sind daher weder Teilprodukte noch Grundstoffe (TASCHNER/FRIETSCH Art 3 Rn 9).

b)   Unerheblichkeit der Produktionsart

17 Auf die Art und Weise, wie eine bewegliche Sache hergestellt wird, kommt es nicht an. Insbesondere wird **nicht industrielle Fertigung** vorausgesetzt (dazu § 2 Rn 8). Auch die **Produktgewinnung** im Wege der Urproduktion kann als Herstellung Produktverantwortung begründen, wenn das entsprechende Produkt nicht gerade nach § 2 Satz 2 vom Anwendungsbereich ausgenommen ist (TASCHNER/FRIETSCH Rn 12 und 17).

18 An einer **Produktgewinnung** fehlt es jedoch beim **Blut- oder Organspender** (dazu oben § 2 Rn 38). Der Umstand, daß der Körper dieser Person die gewonnenen Stoffe ursprünglich hervorgebracht hat, genügt für eine Herstellung in § 4 Abs 1 Satz 1 nicht (DEUTSCH VersR 1992, 521, 525: Wer eine Niere spendet, „der hat nichts hergestellt, sondern nur etwas abgegeben"; so auch KULLMANN/PFISTER Kz 3603, 3; TASCHNER/FRIETSCH § 2 Rn 27; Art 2 Rn 5; Graf vWESTPHALEN § 61 Rn 16). Wie die Parallele zur Urproduktion zeigt, werden hier Produkte erst von anderen Personen im Wege des (operativen) Eingriffs gewonnen.

19 Auch künstlerische oder handwerkliche Fertigung genügt dem Begriff des Herstellens (ROLLAND Rn 5; vgl dazu § 2 Rn 8).

c)   Assembling, Montage, Reparatur usw

20 Nach **hM** fällt auch das **Assembling** unter den Begriff der Herstellung, dh der Zusam-

menbau von ausschließlich vorgefertigten Teilen zu einem vom Assembler konstruierten und vermarkteten Endprodukt (BT-Drucks 11/2447, 19; Brüggemeier/Reich WM 1986, 149, 151; Honsell JuS 1995, 211, 213; Mayer VersR 1990, 691, 694; MünchKomm/Cahn Rn 4; Rolland Rn 13; Graf vWestphalen NJW 1990, 83, 89).

Fraglich ist, ob die **Montage** den Voraussetzungen des § 4 Abs 1 Satz 1 genügt. Die **21** Montageleistung kommt indes nur dann als Herstellung iSd Vorschrift in Betracht, wenn durch sie – wirtschaftlich betrachtet – aus dem alten ein neues Produkt entsteht (Rolland Rn 14). Beispielhaft zeigt sich dies an der Haftungsverantwortung des **Bauhandwerkers** (dazu Fuchs BauR 1995, 747). Sieht man nämlich einen Fensterrahmen und einen *in ein Gebäude montierten* Fensterrahmen wirtschaftlich als zwei unterschiedliche Produkte an, so schafft der Bauhandwerker im Rahmen seiner Tätigkeit ein – wirtschaftlich betrachtet – neues Produkt und trägt für dieses nach § 4 Abs 1 Satz 1 Verantwortung. Diese Auffassung vertritt der **Gesetzgeber** gerade im Hinblick auf das Bauhandwerk. Der Rechtsausschuß des Deutschen Bundestages rechtfertige den erweiterten Produktbegriff des § 2 Satz 1 (auch die eingebaute Sache ist dort ein Produkt, vgl oben § 2 Rn 21 ff) angesichts der Konsequenz, daß so eine „Herstellerhaftung" der Bauhandwerker begründet würde (BT-Drucks 11/5520, 14).

Ob das montierte Produkt gegenüber dem unmontierten ein wirtschaftlich eigen **22** ständiges, „neues" Produkt ist, das vom Monteur geschaffen wird, beurteilt sich aus **Sicht der potentiell Produktgeschädigten**, dh der Nachfrager und Verkehrsbeteiligten, wobei einzelne **Gesichtspunkte** erhöhte Indizwirkung haben: Ua kommt es wohl darauf an, ob das montierte Produkt einen anderen Bedarf deckt als das unmontierte, welchen wirtschaftlichen Wert die Montageleistung, gerade auch im Verhältnis zum Wert des unmontierten Produkts hat (Rolland Rn 14) und wie sich durch eine Montageleistung dieser Art das Sicherheitsrisiko verändert. Ein weiteres wichtiges Indiz wird darin liegen, ob die Montageleistung einem **eigenständigen Berufsbild** entspricht (Bauhandwerker, Kfz-Mechaniker, der ein Gerät in das Fahrzeug einbaut, usw) und nicht ohne weiteres von jedem Laien ausgeführt werden kann. Gleiches gilt tendenziell auch dann, wenn die Montage produktbezogene Kenntnisse oder Spezialwissen erfordert.

Aufgrund dieser Überlegungen liegt **keine Herstellung** iSd § 4 Abs 1 Satz 1 vor, wenn **23** die Endmontage eine wirtschaftlich unbedeutende Service- oder Kulanzleistung des Händlers darstellt, die der Kunde selbst ohne weiteres selbst ausführen könnte (Taschner/Frietsch Rn 27).

Die **Reparatur** oder **Wartung** einer Sache wird von der **hM** idR zu Recht nicht als **24** Herstellung iSd § 4 Abs 1 Satz 1 angesehen (Mayer VersR 1990, 691, 694; MünchKomm/ Cahn § 2 Rn 3; Schmidt-Salzer/Hollmann Art 2 Rn 28; Taschner/Frietsch Rn 12), denn hier produziert der Werkunternehmer nach der Verkehrsauffassung keine neue Sache, sondern stellt nur die Funktionstauglichkeit der alten wieder her.

Die **Generalüberholung** (zB Runderneuerung eines Reifens) bedeutet indes nach der **25** Verkehrsauffassung die Herstellung einer beweglichen Sache mit wirtschaftlich eigenem (deutlich erhöhtem) Wert; sie genügt daher den Voraussetzungen des § 4 Abs 1 Satz 1 (Mayer VersR 1990, 691, 694, Fn 32; **aA** MünchKomm/Cahn Rn 6). Gleiches gilt für das **Recycling**.

26 Bei der **Komplettierung oder Ergänzung eines Produkts** bzw beim **Einbau von Ersatzteilen** ist zu differenzieren: Wird ein Produkt durch eine andere bewegliche Sache komplettiert, so ist diese andere bewegliche Sache bereits selbst Produkt nach § 2 Satz 1. Es stellt sich dann die Frage, ob der Werkunternehmer durch Montage dieser beweglichen Sache ein Produkt mit eigenem wirtschaftlichen Wert hergestellt hat. Dies hängt davon ab, ob durch die Montageleistung das andere Produkt, in das diese bewegliche Sache eingebaut wurde, so stark wirtschaftlich verändert wird, daß man von der Herstellung eines neuen Gesamtprodukts sprechen kann. Die **hM** hält es jedenfalls für möglich, daß der Umfang der Ergänzung eine so starke Veränderung hinsichtlich der Funktionsfähigkeit und des wirtschaftlichen Wertes des Gesamtprodukts zur Folge hat, daß die Voraussetzungen des § 4 Abs 1 Satz 1 im Einzelfall vorliegen können (MünchKomm/Cahn Rn 6; Schmidt-Salzer/Hollmann Art 3 Rn 19 ff; Rolland Rn 14; aA Taschner/Frietsch Rn 33). Beim **Einbau von Ersatzteilen** wird das Hauptprodukt, in das die Ersatzteile montiert werden, wohl regelmäßig nicht neu „hergestellt" iSd § 4 Abs 1 Satz 1. Fraglich ist hier nur, ob der Monteur als Hersteller des Ersatzteils angesehen werden kann; dies richtet sich nach den genannten Kriterien (oben Rn 22) und dürfte idR dann zu bejahen sein, wenn ein Spezialist bzw eine besonders ausgebildete Person die Montageleistung vornimmt. Die Überlegung, der Monteur hafte dann nicht, wenn der Hersteller des Ersatzteils dessen Funktionsfähigkeit garantiere (Taschner/Frietsch Rn 33), steht im Widerspruch zur Wertung der § 4 Abs 1 Satz 1 iVm § 5 Satz 1, wonach alle in einer Wertschöpfungskette nacheinander geschalteten Produzenten dem Verbraucher haften, unabhängig von ihren vertraglichen Vereinbarungen mit dem Geschädigten (arg e § 14!).

27 Schließlich stellt sich noch die Frage, ob diejenige Person, die **auf Anweisung eines Produzenten** das Produkt für diesen **zusammenbaut**, als Hersteller angesehen werden kann, wenn sie selbst das Produkt nicht vermarktet. Aus § 1 Abs 3 2. Fall ProdHaftG geht indes hervor, daß das Gesetz prinzipiell auch die unter der Anleitung eines Endproduktherstellers stehende Teilprodukt- oder Grundstofffertigung erfaßt. Allenfalls dann, wenn der Anspruchsadressat ansonsten als Absatzmittler (Handelsvertreter, Vertragshändler usw) agiert und sich sein Fertigungsbeitrag auf ein Zusammenfügen auf Anleitung des Herstellers beschränkt, muß die Frage nach einem eigenen Herstellungsbeitrag verneint werden (weitergehend Mayer VersR 1990, 691, 694 Fn 31). Auch sind **Fälle horizontaler Arbeitsteilung** nicht erfaßt, im Rahmen derer ein Produzent auf seiner Marktstufe eine produktbezogene Serviceleistung in Auftrag gibt (unten Rn 35).

d) Verpacken und Abfüllen

28 Ob derjenige, der eine bewegliche Sache verpackt oder abfüllt, ein neues Produkt iSd § 4 Abs 1 Satz 1 herstellt, entscheidet sich wiederum nach der **Verkehrsauffassung** (Rolland Rn 12). Es gelten ähnliche Kriterien wie bei der Montage (oben Rn 22). Zugleich berührt diese Frage den **Problemkomplex des Produktvertriebs**, der arg e contr e § 4 Abs 3 vom Anwendungsbereich des ProdHaftG ausgenommen ist (dazu unten Rn 36 ff). Nach verbreiteter Auffassung entfällt eine Herstellung iSd Abs 1 Satz 1 indes immer dann, wenn beim Verpacken und Abfüllen nicht in die **Substanz des Produktes** eingegriffen wird; unbedenklich soll daher das Umfüllen und Aufteilen in kleinere Einheiten usw sein (MünchKomm/Cahn Rn 7; Rolland Rn 11 f; Taschner/ Frietsch § 4 Rn 34 f). Dieses Kriterium ist indes überaus unscharf, wie leicht zu bildende Grenzfälle zeigen (Milch wird in mit Keimen verunreinigte Flaschen abgefüllt,

Salatköpfe werden in mit Schneckengift versehenes Packpapier eingeschlagen). Vielmehr wird man gerade umgekehrt sagen müssen, daß stets dann, wenn vom Verpakken Sicherheitsgefahren für das Produkt ausgehen, auch in die Produktsubstanz eingegriffen wird. Eine Eingrenzung des haftungsbegründenden Merkmals der Herstellung ist auf dieser Grundlage also kaum möglich. Die Systematik des § 4 legt indes ohnehin eine **andere Argumentation** nahe. Wie sich im **Umkehrschluß aus Abs 3** dieser Vorschrift ergibt, wollte der Gesetzgeber den Produktvertrieb grundsätzlich vom Anwendungsbereich des Gesetzes ausnehmen. Daraus wird man zunächst folgern dürfen, daß Verpacken und Abfüllen immer dann aus dem gesetzlichen Anwendungsbereich herausfallen, wenn sie sich ihrem äußeren Erscheinungsbild nach im Einzelfall als typische Hilfstätigkeiten des Warenabsatzes darstellen. Darüber hinaus kommt ein Herstellen iSd Abs 1 Satz 1 nur in den wenigen Fällen in Betracht, in denen die technische Bedeutung oder der wirtschaftliche Wert des Abpackens oder Abfüllens im Verhältnis zum abgepackten bzw abgefüllten Gut so außerordentlich ist, daß aus Sicht der potentiell Produktgeschädigten ein neues Produkt entsteht.

Wird *anläßlich* des Verpackens oder Abfüllens aber zugleich die chemische und phy- **29** sikalische **Beschaffenheit** des Verpackungs- bzw Füllgutes so **verändert** (zB wird einem Extrakt Wasser beigemischt; so ROLLAND Rn 12), daß wirtschaftlich betrachtet ein neues Produkt entsteht, ist schon nach allgemeinen Grundsätzen von einem Herstellen iSd Abs 1 Satz 1 auszugehen, ohne daß es darauf ankommt, daß diese Veränderung auch als Verpacken oder Verfüllen der Ware betrachtet werden kann.

e)   Erstellung in Lizenz, im Wege des Franchising und in einem Konzern
Die **hM** sieht den **Lizenznehmer**, der ein Produkt aufgrund einer entsprechenden **30** Gestattung des Lizenzgebers herstellt, zu Recht als Hersteller an (BT-Drucks 11/2447, 20; DEUTSCH VersR 1992, 521, 525; ROLLAND Rn 31; Graf vWESTPHALEN NJW 1990, 83, 89; vgl auch HÖLZLWIMMER, Produkthaftungsrechtliche Risiken des Technologietransfers durch Lizenzverträge [1993]). Da seine Verantwortung nach Abs 1 Satz 1 nicht verhaltensbezogen ist, haftet er auch für solche Konstruktionsfehler, die in dem Produktionsverfahren oder den Konstruktionsplänen gründen, welche Gegenstand der Lizenz sind (BT-Drucks 11/2447, 20; Graf vWESTPHALEN NJW 1990, 83, 89). Insbesondere kann der Lizenznehmer sich in diesen Fällen **nicht** aufgrund § 1 Abs 3 Satz 1 entlasten, weil diese Vorschrift nur eine in der Wertschöpfungskette vorwärtsgerichtete Entlastung des Lieferanten gegenüber dem Endhersteller, nicht aber des Endherstellers (hier Lizenznehmer) gegenüber vorgelagerten Produktionsstufen (Lizenzgeber) zuläßt.

Richtiger Auffassung nach ist der **Lizenzgeber nicht Hersteller** (BT-Drucks 11/2447, 20; **31** MünchKomm/CAHN Rn 2, allerdings auch Ausnahmen erwägend; MAYER VersR 1990, 691, 694; TASCHNER/FRIETSCH Rn 15; vgl aber ROLLAND Rn 32 ff; sowie zur Haftung des Lizenzgebers in den Vereinigten Staaten: ANN, Die Produkthaftung des Lizenzgebers [1991] 30 ff). Denn die Konstruktionspläne und Produktionsverfahren, die Gegenstand des Schutzrechtes sind, stellen kein Teilprodukt und auch keinen Grundstoff dar, der in das Endprodukt verarbeitet wird. Als Grundstoff und Teilprodukt kommen nämlich nur bewegliche Sachen in Betracht (**hM** oben Rn 16); zwar mögen der in Gestalt gedruckten Papiers verkörperte Plan oder das in einem Schriftstück niedergelegte Produktionsverfahren noch als bewegliche Sachen anzusehen sein; diese beweglichen Sachen werden jedoch nicht selbst in das Endprodukt (die in Lizenz hergestellte bewegliche Sache) eingearbeitet, sondern nur die in ihnen eingearbeiteten Ideen. Dies aber kann für eine Produktverantwortung iSd § 4 Abs 1 Satz 1 nicht ausreichen.

32 Die **hM** erwägt zu Recht eine mögliche **Haftung des Lizenzgebers als Quasi-Hersteller**, wenn der Lizenznehmer als der tatsächliche Hersteller nach außen hin nicht erkennbar in Erscheinung tritt und durch die Anbringung eines Kennzeichens des Lizenzgebers der Eindruck erweckt wird, als sei der Lizenzgeber Hersteller. Dies wird insbesondere für Fälle der Lizenzfertigung im Ausland für möglich gehalten, die im Inland unter der Marke des hier ansässigen Unternehmens vertrieben werden (BT-Drucks 11/2447, 20; TASCHNER/FRIETSCH Rn 15).

33 Einige Autoren sehen im Zusammenhang mit der Lizenz auch den **Franchisegeber** nicht als Hersteller an, weil er die Ware selbst nicht fertige (MünchKomm/CAHN Rn 2, allerdings auch Ausnahmen erwägend; TASCHNER/FRIETSCH Rn 15). Diese Sichtweise scheint indes vor allem deshalb zu eng, weil der Franchisevertrag sich idR nicht in der Lizenzierung eines Produktionsverfahrens erschöpft, sondern in der Praxis den Franchisegeber zur Belieferung des Franchisenehmers mit Teilprodukten bzw auch Endprodukten verpflichtet (MARTINEK, in: MARTINEK/SEMLER, Vertriebsrechtshandbuch [1997] § 19 Rn 7 ff; vgl nur das Franchising im Imbißketten- oder im Automobilgeschäft). In diesen Fällen trägt der Franchisegeber ohne weiteres als Hersteller eines Teil- oder Endprodukts Verantwortung nach § 4 Abs 1 Satz 1.

34 Ob die **Konzernspitze** als Hersteller iSd § 4 Abs 1 Satz 1 haftet, hängt davon ab, inwieweit sie in den Produktionsablauf des Tochterunternehmens involviert ist. Richtiger Ansicht nach dürfte es an der Herstellereigenschaft nur dann fehlen, wenn sich die Spitze ganz aus dem technischen Produktionsablauf der Tochter heraushält (dazu HOMMELHOFF ZIP 1990, 761, 763 f).

f) Horizontale Arbeitsteilung

35 Umstritten ist, ob Unternehmen, die auf derselben Fertigungsstufe wie der Hersteller tätig sind und für diesen eine produktbezogene Dienstleistung erbringen – zB Konstruktionsfirmen, Test- oder Qualitätsprüfungsinstitute –, Hersteller iSd § 4 Abs 1 Satz 1 sind (ablehnend zu Recht die **hM**: STEINMANN, Qualitätssicherungsvereinbarungen zwischen Endproduktherstellern und Zulieferern [1993] 84 f; ROLLAND Rn 19 f; KULLMANN, Produkthaftungsgesetz 85 f; MünchKomm/CAHN Rn 11; aA SCHMIDT-SALZER, EG-Richtlinie Produkthaftung Art 3 Rn 96 ff; TASCHNER/FRIETSCH Rn 7, 37 ff; vgl auch Graf vWESTPHALEN § 63 Rn 7). Dies ist nach richtiger Ansicht im Hinblick auf den systematischen Zusammenhang zwischen § 4 Abs 1 Satz 1 und § 2 Satz 1 zu verneinen: Produktion bedeutet danach die Herstellung einer beweglichen Sache, was bei der Erbringung von Dienstleistungen schwerlich zu bejahen ist. In den vorgenannten Fällen der horizontalen Arbeitsteilung gestaltet der Dienstleister aber das Produkt kaum jemals so grundlegend um, daß nach der Verkehrsauffassung von der Schaffung einer neuen beweglichen Sache auszugehen wäre. Die Durchführung einer vom Hersteller vorgegebenen Testreihe oder die Vornahme von Kontrollmaßnahmen begründet daher, auch wenn sie zum späteren Produktsicherheitsrisiko maßgeblich beigetragen hat, keine Verantwortung nach § 4 Abs 1 Satz 1. Das **Gegenargument**, Produkthaftungsrichtlinie und -gesetz wollten alle am Produktionsprozeß Beteiligten möglichst lückenlos einbeziehen, also auch im Zweifel diese Dienstleister (TASCHNER/FRIETSCH Rn 7, 37 ff), verfängt nicht. Zutreffend ist allein, daß die Richtlinie (vgl dort BegrErwägung 4) den Schutz des

Geschädigten *lückenlos* ausgestalten wollte; weil aber der Endprodukthersteller für die Fehler der von ihm eingeschalteten Dienstleister nach § 1 Abs 2 Nr 2 und § 6 Abs 2 einstehen muß, besteht eine Schutzlücke aus Sicht des Geschädigten nicht; ihm wird insbesondere nicht das Risiko der arbeitsteiligen Organisation des Herstellerbetriebes aufgebürdet. Die Einführung einer neuen Haftungsverantwortung des sog **Nebenherstellers** (so TASCHNER/FRIETSCH Rn 38) ist **abzulehnen**, da sie gegen das Enumerationsprinzip des § 4 durch Begründung eines neuen Tatbestandes von Produktverantwortung verstößt. Letztlich wäre sie auch systemfremd, weil eine Person zur Verantwortung gezogen werden könnte, die das Produkt nicht in den Verkehr gebracht, sondern an diesem nur einzelne Handlungen vollzogen hat (§ 1 Abs 2 Nr 1).

3. Ausnahme der Vertriebstätigkeit

Wie der **Umkehrschluß aus § 4 Abs 3 Satz 1** nahelegt, kann gegenüber dem Lieferanten **36** einer Sache, dh dem Absatzmittler oder Vertriebsagenten, nur ausnahmsweise eine Verantwortung nach dem Gesetz begründet werden. Dies ist **hM** (vgl neben BT-Drucks 11/2447, 20; BUCHNER DB 1988, 32, 35 sowie den folgenden Nachweis).

Zur **Abgrenzung von Vertriebs- und Produktionstätigkeit** bestehen weitgehend überein- **37** stimmende Auffassungen. Nach TASCHNER/FRIETSCH (Rn 22 ff) kommt es entscheidend darauf an, ob in die Produktgestaltung oder in eine wesentliche Produkteigenschaft eingegriffen wird – in diesem Fall nämlich steht die Fertigungsfunktion im Vordergrund der Unternehmerleistung – oder ob eine im Vergleich mit dem Herstellungsprozeß nur unerhebliche Manipulation am Produkt erfolgt ist (aaO mwN; ähnlich FRITZ/PURTSCHELLER/REINDL, Produkthaftung [Wien 1988] Rn 10; vgl SCHMIDT-SALZER/HOLLMANN Art 3 Rn 32, 37 ff). Die Entscheidung dürfte im Einzelfall davon abhängen, ob durch die Tätigkeit der in Anspruch zu nehmenden Person **nach der Verkehrsauffassung ein neues Produkt** entsteht oder nicht (ROLLAND Rn 12; dazu bereits oben Rn 22).

Aus **§ 4 Abs 3 Satz 1 ProdHaftG** aber folgt eine **zentrale gesetzgeberische Wertentschei- 38 dung**: Wenn die Absatztätigkeit nicht dem gesetzlichen Anwendungsbereich unterfällt, so müssen auch die **typischen Hilfstätigkeiten des Absatzmittlers** vom Herstellungsbegriff ausgenommen sein. Eine verkehrstypische Hilfstätigkeit des Vertriebs kann die Haftung daher nicht begründen.

Daher fällt der sog **Make-ready-Service des Kfz-Herstellers** (TASCHNER/FRIETSCH Rn 25: zB **39** Entfernen der Lackschutzschicht, Freistellung der Aggregate) ebensowenig unter die Anwendungsbereich des § 4 Abs 1 Satz 1 wie **Endmontagen**, wenn sie wirtschaftlich betrachtet kein neues Produkt entstehen lassen, sondern sich als bloße Hilfstätigkeiten des Warenabsatzes darstellen (vgl zu den Abgrenzungskriterien im einzelnen oben Rn 22). Gleiches gilt für **sonstige Serviceleistungen** (technische Prüfungen oder die Einstellung einzelner Funktionen des Produkts nach den Wünschen des Abnehmers; MünchKomm/CAHN Rn 5; SCHMIDT-SALZER/HOLLMANN Art 3 Rn 21; ROLLAND Rn 14). Zum **Einbau von Ersatzteilen** vgl oben Rn 26.

4. Besonderheiten bei der Haftung für gentechnisch erzeugte Produkte

Nach § 37 Abs 2 Satz 2 GenTG haftet der Hersteller für gentechnisch erzeugte Pro- **40** dukte verschärft (dazu § 2 Rn 54 ff). Er ist auch für Erzeugnisse iSd § 2 Satz 2 verantwortlich und kann sich nicht mit dem Einwand des Entwicklungsfehlers nach § 1 Abs 2 Nr 5 entlasten. Diese besonders scharfe Verantwortung bezieht sich hingegen nur auf den **Hersteller, dem die gentechnische Genehmigung erteilt worden ist** (§ 2 Rn 55). Der Gesetzgeber will die übrigen iSd § 4 Abs 1 Satz 1 als Hersteller anzusehenden Beteiligten nämlich insbesondere nicht für Entwicklungsrisiken haften lassen. Die Haftung soll den Betreiber der zugrundeliegenden gentechnischen Anlagen treffen und nicht sonstige Nutznießer im Wege der Weiterverwertung (BT-Drucks 11/5622, 36 f; vgl auch Deutsch PHI 1991, 75, 77).

II.   Exkurs: Haftung mehrerer auf gleicher Marktstufe konkurrierender Hersteller

1.   Problemstellung und Überblick über die Rechtslage

41 Nach § 4 Abs 1 Satz 1 haften dem Geschädigten Teilprodukt-, Grundstoff- und Endprodukthersteller „des" Produktes. Problematischer gestaltet sich der Rechtsschutz des Geschädigten aber dann, wenn **mehrere nach demselben fehlerhaften Prinzip konstruierte Produkte von konkurrierenden Anbietern hergestellt und in Verkehr gebracht werden.** Der Geschädigte kann in solchen Fällen dadurch in Beweisnot geraten, daß er sich (1) möglicherweise nicht mehr daran erinnern bzw nicht mehr nachweisen kann, welches dieser Produkte er verwendet hat, bzw (2) welches der Produkte ihn geschädigt hat, wenn er alle konkurrierenden Produkte alternativ oder kumulativ verwendet hat.

42 Die Fragestellung wurde erstmals in der Entscheidung **Sindell v Abbott Laboratories** des Supreme Court of California relevant (163 Cal Rptr 132 = 449 US 912 [1980]; dazu Bodewig, Probleme Alternativer Kausalität bei Massenschäden, ACP 185 [1985] 505; Eberl-Borges, § 830 BGB und die Gefährdungshaftung, AcP 196 [1996] 491; deLousanoff, „Market Share" Liability – Die neueste Entwicklung im amerikanischen Recht der Produzentenhaftung, RIW 1983, 143; Otte, Marktanteilshaftung [1990]; Deutsch VersR 1982, 712). Probleme entstanden dadurch, daß Diethylstilbestrol (**DES**), ein synthetisch hergestelltes weibliches Sexualhormon, in einer Vielzahl einzelner Präparate über lange Zeit hinweg Schwangeren zur Vermeidung von Fehlgeburten verschrieben wurde. Nach 12 – 20 Jahren wurde bei den Töchtern dieser Mütter eine seltene Art von Unterleibskrebs festgestellt, der auf DES zurückgeführt werden konnte. Allerdings ließ sich nach dieser Zeitspanne nicht mehr klären, welche Präparate die Mütter eingenommen hatten.

43 Diese Fragestellung betrifft die Haftung nach § 1 Abs 1 Satz 1 auch dann, wenn man den Ausschluß der **Arzneimittelhaftung** in § 15 Abs 1 ProdHaftG für wirksam hält (vgl dort Rn 1 ff) und kann vor allem im Zusammenhang mit der **Nahrungsmittelherstellung** Bedeutung erlangen (vgl auch die Entscheidung des OLG Neustadt VersR 1958, 251, wo verschiedene Bauern Obst verbotenerweise mit E 605 gespritzt hatten; dazu Eberl-Borges 537 Fn 131).

44 Die Norm des **§ 830 Abs 1 Satz 2 BGB** ist zwar auf diese Fälle anwendbar, aufgrund ihrer engen Tatbestandsvoraussetzungen jedoch nur bedingt zur Problemlösung tauglich (unten Rn 47). Es stellt sich daher die Frage, ob die vom Supreme Court of

California entwickelte **Market Share Liability** auf das deutsche Recht übertragbar ist (unten Rn 50 ff).

2. Anwendbarkeit des § 830 Abs 1 Satz 2 BGB*

Die Norm weicht von einem zentralen deliktsrechtlichen Verantwortungsprinzip **45** insoweit ab, als auch Ansprüche gegenüber solchen Personen geltend gemacht werden können, die den Schaden nicht selbst verursacht haben. Sie ist grundsätzlich **auf Ansprüche nach § 1 Abs 1 Satz 1 ProdHaftG anwendbar** (SCHLECHTRIEM VersR 1986, 1033, 1034; EBERL-BORGES AcP 196 [1996] 491, 538).

Der Tatbestand kennt **vier Voraussetzungen** (vgl § 830 Rn 66): (1) Mehrere Personen **46** müssen unabhängig voneinander jeweils eine für den Geschädigten gefährliche Handlung begangen haben, (2) eine dieser Handlungen muß den Schaden verursacht haben, (3) die Handlung jeder dieser Personen kann den Schaden verursacht haben und (4) der wirkliche Urheber des Schadens darf nicht zu ermitteln sein.

Das zentrale **Anwendungsproblem** liegt indes in der **Frage, ob § 830 Abs 1 Satz 2 BGB** **47** **voraussetzt, daß der Geschädigte ein Exemplar jedes der als Schadensverursacher in Betracht kommenden Produkttypen benutzt** (zB verzehrt) **haben muß.** Dies **bejaht** die **hM zu Recht** (vgl EBERL-BORGES 536 f mwN; DEUTSCH NJW 1990, 2941, 2942; ders VersR 1979, 685, 689; aA BODEWIG 521 f; wohl auch W LORENZ ZHR 151 [1987] 1, 9). Zunächst könnte man zwar entgegnen, daß es aus Sicht des Produktbenutzers auf einem Zufall bzw zumindest auf einem mit dem Produktsicherheitsrisiko nicht in innerem Zusammenhang stehenden Umstand beruht, welches Produkt er benützt; insoweit müßte es für die Anwendbarkeit des § 830 Abs 1 Satz 2 BGB eigentlich genügen, daß der Benutzer ein Produkt aus der gleichermaßen fehlerhaft konstruierten Gruppe benutzt. Dagegen spricht jedoch entscheidend, daß die Anwendbarkeit des § 830 Abs 1 Satz 2 BGB einen besonderen Grad der Gefahrenkonkretisierung im Hinblick auf alle Beteiligten voraussetzt (EBERL-BORGES 536). Für dessen Eintritt kann es nicht bereits genügen, daß die miteinander konkurrierenden Hersteller ihre Produkte „in den Verkehr gebracht" haben (arg e § 1 Abs 2 Nr 1). Denn gerade weil § 830 Abs 1 Satz 2 BGB vom sog „Verursachungsprinzip" abweicht und eine Schadenszurechnung auch dort ermöglicht, wo die Ursachenzusammenhänge zum Verantwortlichen nicht zweifelsfrei festgestellt worden sind, ist ein **an die Stelle der Kausalität tretendes Korrektiv** erforderlich, nämlich die **konkrete Gefährdung des Geschädigten.** Diese läßt sich nicht schon dann bejahen, wenn ein Produkt nur auf den Markt gebracht worden ist, sondern setzt voraus, daß der Geschädigte sich den Sicherheitsgefahren direkt ausgesetzt hat. Dies ist nur im Falle der Produktbenutzung bzw des unmittelbaren Kontaktes mit dem Produkt der Fall.

Eine **weitere Einschränkung des § 830 Abs 1 Satz 2 BGB** resultiert aus dem Erfordernis, **48** daß jeder der an der Schadensentstehung Beteiligten (hypothetisch) den Erfolg auch hätte allein herbeiführen können. Die Norm ist daher nicht anwendbar, wenn die Schäden nur durch das Zusammenwirken mit einem anderen Produkt entstehen (BGH NJW 1994, 932, 934 – Kindertee II). Der einzelne Hersteller trägt nach § 830 Abs 1

---

* **Schrifttum:** BODEWIG, Probleme alternativer Kausalität bei Massenschäden, AcP 185 (1985) 505; EBERL-BORGES, § 830 BGB und die Gefährdungshaftung, AcP 196 (1996) 491.

Jürgen Oechsler

Satz 2 BGB **keine Produktverantwortung für Substitutionsprodukte**, insbesondere entsteht zwischen den Herstellern von Substitutionsprodukten **keine Gefahrengemeinschaft** (BGH aaO; vgl zuvor OLG Frankfurt/M EWiR 1993, 368; vgl allerdings zur möglichen Haftung für einen Schadensteil analog § 830 Abs 1 Satz 2 BGB: EBERL-BORGES AcP 196 [1996] 491, 538 im Anschluß an BGH NJW 1994, 932, 934).

49 Zum **Erfordernis des einheitlichen räumlichen und zeitlichen Zusammenhangs** in § 830 Abs 1 Satz 2 BGB und seiner Kritik vgl BODEWIG AcP 185 (1985) 505, 514 f; vgl auch STAUDINGER/BELLING/EBERL-BORGES (1997) § 830 Rn 90 ff.

3. Market Share Liability

50 Der **Supreme Court of California** (Sindell v Abbott Laboratories, 163 Cal Rptr 132 = 449 US 912 [1980]; dazu BODEWIG, Probleme Alternativer Kausalität bei Massenschäden, AcP 185 [1985] 505; EBERL-BORGES, § 830 BGB und die Gefährdungshaftung, AcP 196 [1996] 491; DELOUSANOFF, „Market Share" Liability – Die neueste Entwicklung im amerikanischen Recht der Produzentenhaftung, RIW 1983, 143, 148 ff; OTTE, Marktanteilshaftung [1990]; DEUTSCH VersR 1982, 712) hat in Fallgestaltungen, in denen nach deutschem Recht die Voraussetzungen des § 830 Abs 1 Satz 2 BGB nicht vorlagen, eine sog **Market Share Liability** erwogen. Dabei geht es um eine auf einem Wahrscheinlichkeitsurteil beruhende Umkehr der Beweislast für die Schadensverursachung. Läßt sich nämlich nicht mehr feststellen, welches von verschiedenen, miteinander konkurrierenden und gleichermaßen fehlerhaften Produkten der Geschädigte verwendet hat, so soll die Verantwortung der Hersteller **pro rata** an die im Schädigungszeitpunkt bestehende (historische) Marktstruktur anknüpfen. Die Wahrscheinlichkeit, daß der Benutzer das Produkt eines bestimmten Herstellers eingenommen hat, entspricht danach genau dessen Marktanteil. Der einzelne Hersteller hat im Verhältnis seines Marktanteiles zu dem der anderen Schadensersatz zu leisten, wenn er nicht nachweisen kann, daß er als Verursacher im konkreten Fall nicht in Frage kommt. Das Gericht verzichtet dabei jedoch auf eine exakte Rekonstruktion der historischen Marktstuktur und nimmt Ungenauigkeiten zu Lasten der einzelnen Hersteller in Kauf. Die Klage ist danach begründet, wenn auf der Beklagtenseite der wesentliche Marktanteil (substantial share) vertreten ist.

51 Dem zugrundeliegenden **Gerechtigkeitsgedanken**, der Marktdurchsetzung und Haftungsverantwortung in ein Verhältnis zueinander setzen will, begegnen aus deutscher Sicht einige **Bedenken**. Die Darlegungs- und Beweissituation des Klägers erschwert sich nämlich zunächst dadurch, daß er in seinem Vortrag auf eine möglicherweise Jahrzehnte zurückliegende Marktstruktur rekurrieren muß; zwischenzeitlich eingetretene gesellschaftsrechtliche Umorganisationen, Insolvenzen, Geschäftsaufgaben oder Sitzverlegungen ins Ausland lassen die Bestimmung des Anspruchsgegners folglich mühsam erscheinen. Ungenauigkeiten bei der Bestimmung des historischen Marktanteils, wie sie das kalifornische Gericht zum Ausgleich dieser praktischen Probleme zulassen will, widerstreben indes dem zugrundeliegenden Gerechtigkeitsgedanken, der ja gerade auf der Relation von Marktdurchsetzung und Haftungsverantwortung beruht. Zweitens fehlt es im deutschen Recht an einer dogmatischen Kategorie, die Marktanteil und Haftungszurechnung jenseits von § 830 Abs 1 Satz 2 BGB in Gestalt einer solchen „**Marktstrukturverantwortung**" in Beziehung setzen könnte. Beim jetzigen Stand läßt sich daher die Tragfähigkeit des Gerechtigkeitsgedankens eher schwer abschätzen (optimistisch Lorenz ZHR 151 [1987] 1, 9), und man wird im Zweifel von einer **Sperrwirkung des § 830 Abs 1 Satz 2 BGB** ausgehen müssen: Diese Vorschrift regelt nämlich die Verantwortung in den Fällen alternativer Kausalität abschließend; wo ihre Voraussetzungen nicht greifen, kann nach deutschem Recht eine Haftungsverantwortung eben nicht begründet werden.

Der **Hoge Raad der Nederlanden** (Rechtspraak va de week 1992, Nr 219; dazu Zätzsch, Kau- **52** salitätsprobleme bei deliktischen Massenschäden, ZVglRWiss 93 [1993] 177; H-P Westermann/ May, Alternative Kausalität in der Arzneimittelhaftung, DWiR 1993, 257; Klinge-vanRooij/Snij- der, Auf dem Weg zu einem neuen Produkthaftungsrecht, EuZW 1993, 569) hat in den vorliegenden Fällen eine pro rata-Haftung verneint und eine **gesamtschuldnerische Haftung aller Hersteller** begründet, weil der Geschädigte vor dem Insolvenzrisiko der einzelnen Hersteller geschützt werden soll. Dieser Schutzzweck allein rechtfertigt indes kaum eine über § 830 Abs 1 Satz 2 BGB hinausgehende Verantwortung.

C. Haftung des Quasi-Herstellers (Abs 1 Satz 2)

I. Haftungsgrund

Die **Haftung** nach § 4 Abs 1 Satz 2 knüpft zunächst an den äußerlichen Umstand an, **53** daß ein Unternehmen sich durch Anbringen seines Namens, seiner Marke oder eines anderen unterscheidungskräftigen Kennzeichens **als Hersteller ausgibt** (BT-Drucks 11/2447, 19). Die an **amerikanischem Vorbild** ausgerichtete Haftungsbegründung (vgl W Lorenz ZHR 151 [1987] 1, 20) findet in diesem Umfang im Rahmen der **Produzentenhaftung** nach § 823 Abs 1 BGB keine Parallele. Dort lehnte es die Rechtsprechung bekanntlich ab, aus dem Umstand der Kennzeichnung der Ware allein auf einen Garantietatbestand zu schließen (vgl nur BGHZ 51, 91, 98 f – Hühnerpest: „Darin, daß der Produzent seine Ware unter Benennung seiner Urheberschaft, nämlich mit seinem Etikett, in Originalverpackungen, unter seinem Warenzeichen oder der von ihm geprägten Bezeichnung [Markenwaren] usw vertreiben läßt, liegt im allgemeinen noch keine Willenserklärung in dem Sinne, daß er dem Verbraucher für sorgfältige Herstellung einstehen wolle . . .“). Eine Haftung kam allenfalls dann in Betracht, wenn die Kennzeichnung der Ware auf die konkludente Übernahme einer Pflicht zur Prüfung der Produktsicherheit hindeutete (BGH BB 1977, 1117; NJW 1980, 1219 – Klapprad; vgl auch BGH VersR 1977, 839; vgl auch Wilms, Produkte- und Produzentenhaftung aus Marken oder ähnlichen Zeichen [Zürich 1984]). Die Haftung nach Abs 1 Satz 2 geht darüber bewußt hinaus (BT-Drucks 11/2447, 19).

Richtiger Ansicht nach liegt der Haftungsgrund der Norm in dem mit der Kennzeich- **54** nung verbundenen **Rechtsschein besonderer Verantwortung für die Produktsicherheit** (ähnlich Brüggemeier/Reich WM 1986, 149, 152; Taschner/Frietsch Rn 44). Indem Produktkäufer, -benutzer aber auch sonstige Verkehrsteilnehmer das Produkt aufgrund seiner Kennzeichnung mit dem Unternehmen des Zeichenträgers identifizieren, gehen sie möglicherweise nicht in jedem Fall davon aus, daß dieser das Produkt selbst hergestellt hat, sie vertrauen jedoch darauf, daß dieser für die Sicherheit des Produkts besondere Verantwortung übernimmt, dh mit seinem Namen einsteht. Entscheidend kommt es danach darauf an, daß der Zeichenträger durch die Kennzeichnung den Eindruck erweckt, nicht nur Distributionsstelle oder Absatzmittler des Produkts zu sein, sondern bei dessen Herstellung besondere Sicherheitsverantwortung zu übernehmen. Werden die so geweckten Erwartungen in die Produktsicherheit enttäuscht, so ist derjenige, der den falschen Schein gegenüber dem Publikum begründet hat, entsprechend verantwortlich.

55 Nicht überzeugend ist die **Gegenansicht** (ROLLAND Rn 26; TASCHNER/FRIETSCH Art 3 Rn 14; unklar MünchKomm/CAHN Rn 11, der auf den objektiven Anschein abstellt, jedoch eine „Vertrauenshaftung" ablehnt; da der Händler im übrigen praktisch nie wirklich Hersteller ist, kommt keine Vertrauens-, sondern allenfalls eine Rechtsscheinhaftung in Betracht). Nach ihr beruht die Vorschrift gerade nicht auf einer Haftung für enttäuschtes Vertrauen oder verursachten Rechtsschein, sondern bezwecke allein, dem Geschädigten, der den wahren Hersteller auf Grund der Darbietung des Produkts nicht feststellen könne, als weiteren Schuldner denjenigen zur Verfügung zu stellen, der das Produkt mit seinem Erkennungszeichen versehen hat. Der **systematische Vergleich mit § 4 Abs 3 Satz 1**, der ausdrücklich eine solche Ausfallhaftung des Händlers für anonyme Produkte begründet, zeigt indes, daß § 4 Abs 1 Satz 2 von vornherein über Regelungsanliegen dieser Art hinausreicht. Zum einen bliebe der Norm ansonsten neben § 4 Abs 3 Satz 1 kaum ein eigener Anwendungbereich (ähnlich MünchKomm/CAHN Rn 11), zum anderen spricht dafür der Umstand, daß § 4 Abs 1 Satz 2 nicht als bloße Ausfallhaftung, sondern von vornherein als eigenständiger Haftungtatbestand angelegt ist. Denn **wahrer Hersteller und Scheinhersteller haften nebeneinander** (BT-Drucks 11/2447, 20) und nicht wie in § 4 Abs 3 Satz 1 in einem Stufenverhältnis.

56 Daß die Haftung unter Rechtsscheinsgesichtspunkten begründet ist, zeigt sich schließlich in der der Norm immanenten **Haftungsbegrenzung**. Denn trotz des weitgefaßten Wortlautes erstreckt sich die Haftung nach § 4 Abs 1 Satz 2 nicht auf alle Fälle, in denen ein Unternehmen seine Marken oder Kennzeichen auf der Ware anbringt. Erkennt der Verkehr, daß ein Unternehmen die Ware **als Händler gekennzeichnet** hat (**Handelsmarke**), so **liegen** die **Haftungsvoraussetzungen gerade nicht vor** (BT-Drucks 11/2447, 19 f, 20; vgl unten Rn 64). Entgegen dem Wortlaut „gilt" begründet die Norm auch **keine Fiktion** (TASCHNER/FRIETSCH Rn 2), vielmehr hängt der Rechtsfolgeneintritt von den im Einzelfall zu überprüfenden Erwartungen der Verkehrsteilnehmer ab.

57 Aus der Rechtsscheinsbegründung folgt aber auch die **Selbständigkeit der Haftung des Quasi-Herstellers gegenüber der Haftung des wahren Herstellers** (ähnlich auch ROLLAND § 1 Rn 98). Die Haftung des Quasi-Herstellers entfällt nämlich nicht etwa dann, wenn eine Haftung gegenüber dem wahren Hersteller sachlich nicht begründet wäre (vorstellbar im Falle des § 1 Abs 2 Nr 2; dazu unten Rn 66). Denn der Quasi-Hersteller hat durch die Kennzeichnung der Ware selbständig Vertrauen im Hinblick auf seine Verantwortung für die Produktsicherheit bei den Verkehrsteilnehmern geweckt; ebenso selbständig muß er für dessen Enttäuschung haften.

58 **In der Praxis** werden von der Vorschrift vor allem diejenigen Unternehmen erfaßt, die wie Versandhäuser und Handelsketten Konsumgüter durch anonym bleibende Hersteller produzieren lassen und dann später unter eigener Marke oder Kennzeichen vertreiben (BT-Drucks 11/2447, 19; vgl weiter SCHMIDT-SALZER/HOLLMANN Art 3 Rn 130 ff).

II. Der Tatbestand

1. Das Kennzeichen

Gegenstand der Verkehrserwartungen sind der auf dem Produkt angebrachte **Name,** 59
die Marke oder ein anderes unterscheidungskräftiges Zeichen. Erfaßt werden alle im
geschäftlichen Verkehr verwendeten unterscheidungskräftigen Kennzeichen, also
neben Marken auch Geschäftsbezeichnungen (BT-Drucks 11/2447, 19, allerdings noch auf
dem Stand vor Einführung des Markengesetzes) und Ausstattungen. Ausschlaggebend für
die Haftungsbegründung ist die **Kennzeichnungskraft** des Zeichens, also die Eignung,
auf ein bestimmtes Unternehmen als Träger der Produktsicherheitsverantwortung
hinzuweisen. Die Eintragungsfähigkeit des Zeichens und der dabei vorausgesetzte
hohe Grad an Kennzeichnungskraft sind indes nicht erforderlich (MünchKomm/CAHN
Rn 13), sondern es geht allein darum, daß die Verkehrsteilnehmer (Produktkäufer,
-benutzer und Außenstehender) vom Zeichen auf einen Träger der Produktsicherheitsverantwortung schließen können.

2. Anbringen

Anbringen bedeutet in diesem Zusammenhang nicht nur das Kennzeichnen der Ware 60
selbst, sondern auch die Befestigung des Kennzeichens auf der Verpackung oder
seine sonstige Verwendung beim Anbieten des Produkts; auch die entsprechende
Gestaltung einer Verpackung mit Ausstattungsqualität kann ein Anbringen bedeuten (BT-Drucks 11/2447, 19; TASCHNER/FRIETSCH Rn 46). Der Begriff ist also weit auszulegen; es genügt, daß der Verantwortliche **irgendeinen Zusammenhang zwischen Produkt
und Kennzeichen** herstellt.

Allerdings beinhaltet das Anbringen auch ein **Zurechnungselement.** Zwar muß der 61
Verantwortliche sein Zeichen nicht selbst angebracht haben, damit eine Haftung
nach § 4 Abs 1 Satz 2 begründet wird (BT-Drucks 11/2447, 20: vgl nämlich dort das Bsp des
Lizenzgebers); allerdings setzt ein Anbringen durch Dritte das **Einverständnis des Zei-
chenträgers** voraus. **Keine Haftung** besteht **bei unbefugter Zeichenverwendung.** Der
Zeichenträger haftet also nicht etwa auch dann, wenn seine Marke von einem Drit-
ten zum Zwecke der **Ruf- und Markenausbeutung** angebracht wird (MünchKomm/CAHN
Rn 14).

Aufgrund des Gesetzeswortlauts von § 4 Abs 1 Satz 2 unhaltbar erscheint die 62
Ansicht, nicht das Anbringen, sondern die **Verwendung des Kennzeichens im Verkehr**
begründe erst die Verantwortung (Graf vWESTPHALEN NJW 1990, 83, 89). Diese Sichtweise vermengt das Zurechnungskriterium des Inverkehrbringens (§ 1 Abs 2) mit
der Produktverantwortung des § 4 Abs 1 Satz 2. Zwar haftet auch der Quasi-Hersteller nur für ein in den Verkehr gebrachtes Produkt (§ 1 Abs 2 Nr 1); darin liegt jedoch
eine andere Sachfrage, die von den Voraussetzungen des § 4 Abs 1 Satz 2 klar unterschieden werden sollte.

3. Als Hersteller

Die Haftung tritt nur ein, wenn sich der Quasi-Hersteller durch die Verwendung des 63
Zeichens **als Hersteller ausgibt.** Dieses Tatbestandsmerkmal erfüllt **zwei Funktionen.**

Es nimmt zum einen diejenigen Fälle von der Haftung aus, in denen das verwendete Zeichen den Zeichenträger als bloßen Händler ausweist, und es schränkt zweitens die Haftung auf die Person ein, die durch die Kennzeichnungswirkung des Zeichens als Zeichenträger ausgewiesen ist.

64 **Keine Haftungsverantwortlichkeit** besteht folgerichtig, wenn das Zeichen den Inhaber gerade nicht als Hersteller, sondern als Händler (**Handelsmarke**) ausweist (BT-Drucks 11/2447, 19 f; MünchKomm/CAHN Rn 14; TASCHNER/FRIETSCH Rn 49 und Art 3 Rn 15; Graf vWESTPHALEN NJW 1990, 83, 89 sowie die folgenden). Zu diesem Zweck muß das Kennzeichen des Herstellers auf der Verpackung oder der Ware angebracht sein oder das Zeichen des Inanspruchgenommenen eindeutig auf dessen reine Vertriebstätigkeit hindeuten (SCHMIDT-SALZER/HOLLMANN Art 3 Rn 141; MünchKomm/CAHN Rn 14; ROLLAND Rn 28). An einer Kennzeichnung „als Hersteller" fehlt es hingegen nicht bereits dann, wenn das Zeichen geographische Angaben enthält, die auf eine Fertigung im Ausland schließen lassen (ROLLAND Rn 28; MünchKomm/CAHN Rn 12).

65 Es haftet die Person, die durch das Zeichen „als Hersteller" ausgewiesen ist. **Unerheblich** ist im Prinzip die **rechtliche Inhaberschaft** am Zeichen; entscheidend ist allein seine tatsächliche Kennzeichnungswirkung aus Sicht der beteiligten Verkehrskreise (BT-Drucks 11/2447, 19; TASCHNER/FRIETSCH Rn 47; vgl allerdings auch zum Zurechnungsmoment des „Anbringens" bei unbefugter Tätigkeit Dritter oben Rn 61). Ist zB ein ausländisches Konzernunternehmen als Inhaber eines Warenzeichens eingetragen, wird dieses Zeichen aber von einem inländischen Unternehmen, das zu demselben Konzern gehört, in einer Weise verwendet, daß der Verkehr davon ausgeht, das inländische Unternehmen trage Verantwortung für die Produktsicherheit, so haftet auch das inländische Unternehmen (ähnlich BT-Drucks 11/2447, 19).

4. Inverkehrbringen

66 § 4 Abs 1 Satz 2 setzt nicht ausdrücklich voraus, daß der Quasi-Hersteller das Produkt in den Verkehr gebracht hat. Allerdings hängt von diesem Vorgang die Haftungsverantwortung nach § 1 Abs 2 ab. Hier dürfte wie beim Endhersteller der Zeitpunkt maßgeblich sein, in dem das Produkt den unternehmerischen Einflußbereich des Quasi-Herstellers verläßt und auf den Markt gebracht wird (BT-Drucks 11/2447, 14; MünchKomm/CAHN § 1 Rn 23). Dies bedeutet, **daß der Quasi-Hersteller evtl nach § 1 Abs 2 Nr 2 weiterreichender haftet als der wahre Endprodukthersteller**. Dieser ist nämlich nur für diejenigen Sicherheitsmängel verantwortlich, die im Zeitpunkt der Auslieferung an den Quasi-Hersteller (zB Händler) bestehen. Für sämtliche Sicherheitsdefizite, die von diesem Zeitpunkt ab bis zur Auslieferung durch den Quasi-Hersteller hinzukommen, ist letzterer entsprechend allein haftbar (vgl auch ROLLAND § 1 Rn 96).

D. Haftung des Importeurs (Abs 2)*

I. Zwecksetzung

Die Norm zielt auf eine **erleichterte Rechtsverfolgung des Geschädigten**, wenn das 67
Produkt außerhalb des Europäischen Wirtschaftsraumes hergestellt worden ist. Sie
beruht damit auf einem (verdeckten) **kollisionsrechtlichen Regelungsziel** (ähnlich SACK
VersR 1988, 439, 441; vgl auch WANDT, Internationale Produkthaftung 240 f). Von der Sache her
geht es um eine Entschärfung der Anknüpfungsfragen sowie um eine Erleichterung
der praktischen Rechtsdurchsetzung im Ausland, weil ein inländischer Verantwort-
licher (Importeur) anstelle des ausländischen Herstellers in Anspruch genommen
werden kann.

Begründet wird diese Regelung mit der Überlegung, der Geschädigte sei in übersee- 68
ischen Drittstaaten anders als innerhalb des Geltungsbereichs des Europäischen
Gerichtsstands- und Vollstreckungsübereinkommens (EuGVÜ) und der Produkthaftungsrichtlinie prozessual und materiell nicht ausreichend geschützt; insbesondere werde ihm dort keine einheitliche und vorhersehbare Behandlung seines Falles
zuteil (BT-Drucks 11/2447, 20). Die **Unterscheidung** spiegelt ähnliche Differenzierungen
wider, die bereits zuvor in der deutschen Rechtsprechung üblich waren (vgl etwa BGH
NJW 1980, 1219, 1220). Danach darf denjenigen Importeuren, die technische Geräte
aus dem Bereich der EG „zumindest aus einem der sechs ursprünglichen Mitgliedsstaaten" in die Bundesrepublik Deutschland einführten, im Rahmen des § 823 Abs 1
BGB keine größeren Pflichten als den Großhändlern auferlegt werden, die im Inland
erzeugte Waren vertreiben (vgl dazu ZOLLER, Die Produkthaftung des Importeurs [1992]).
Allerdings ist die **Differenzierung zu pauschal** und berücksichtigt nicht, wie leicht oder
wie schwer der Geschädigte tatsächlich seine Rechte im Drittstaat durchsetzen kann.
So ist die **Schweiz** (Einl 104 f) dem Abkommen von Lugano (BGBl 1994 II 2658) beige-
treten und hat ein am Modell der ProdHaftRichtl ausgerichtetes nationales Gesetz
geschaffen. Weil sie aber den Vertrag über den europäischen Wirtschaftsraum nicht
ratifiziert hat, haftet der schweizerische Importeur nach § 4 Abs 2. Der isländische
Importeur kann indessen nicht in Anspruch genommen werden, obwohl die Rechtsdurchsetzung in Island für den deutschen Produktgeschädigten ungleich schwerer ist
als die in der Schweiz. Ferner haftet nach **hM** auch der **Re-Importeur** nach § 4 Abs 2
(unten Rn 84), wobei es zumindest in diesem Fall für die Haftungsbegründung offensichtlich gar nicht darauf ankommt, daß der Hersteller seinen gewerblichen Sitz im
Inland hat und dort leicht greifbar ist. Die **Kritik** hat die Importeurhaftung daher
nicht ganz unverdient als **verdeckte Marktzugangsschranke auf dem Gemeinsamen
Markt** diskreditiert (SCHLECHTRIEM VersR 1986, 1033, 1040; vgl auch BRÜGGEMEIER/REICH WM
1986, 149, 152 zur Gefahr künstlicher Handelshemmnisse, sowie REINDL WBl 1991, 121 und SACK

---

* **Schrifttum**: FITZ, Wer ist Importeur im Sinne
des Produkthaftungsgesetzes?, in: Institut für
Handelsrecht an der Universität Innsbruck,
Produkthaftung, vergleichende Werbung,
Schriftenreihe des Instituts (1988) 3; G MEIER,
Haftung des Importeurs als „Ersatzhersteller"
im innergemeinschaftlichen Warenverkehr,
NJW 1982, 1182; REINDL, Die Importeurhaf-

tung nach dem Produkthaftungsgesetz und das
Freihandelsabkommen Österreich/EWG, WBl
1991, 121; SACK, Die Importeurhaftung nach
dem Produkthaftungsgesetz und das Freihandelsabkommen Österreich/EWG, WBl 1991,
35; ZOLLER, Die Produkthaftung des Importeurs (1992).

WBl 1991, 35 zum temporären Konflikt mit dem Freihandelsabkommen zwischen Österreich und der EWG). Die wettbewerbliche Bedeutung der Importeurhaftung begründete daher nicht ohne Grund das besondere Interesse **Japans**, ein nationales Produkthaftungsgesetz nach dem Vorbild der Richtlinie zu schaffen (Taschner PHI 1997, 68, 72).

69 Der **ursprüngliche Text der Richtlinie und des Produkthaftungsgesetzes** mußten in den nationalen Ausführungsgesetzen aufgrund des Abkommens vom 2. Mai 1992 über den Europäischen Wirtschaftsraum (**EWR-Vertrag**), das am 1. Januar 1994 in Kraft getreten ist (BGBl 1993 II 266), ergänzt werden. Der Vertrag sieht in Anhang III (516) eine Anpassung der ProdHaftRichtl im Bereich der Importeurhaftung vor: Danach wird erstens gehaftet für Einfuhren in den EWR, zweitens aber auch für Einfuhren aus einem EFTA-Staat in die Gemeinschaft und umgekehrt sowie aus einem EFTA-Staat in einen anderen. Diese zweite Haftungsalternative ist indes auflösend bedingt durch das Inkrafttreten des Luganer Abkommens – das Parallelabkommen zum EuGVÜ vom 16. 9. 1988 (BGBl 1994 II 2658); dies ist mittlerweile erfolgt; deshalb entfällt auch die entsprechende Einschränkung. § 4 Abs 2 Satz 2 ProdHaftG enthielt dementsprechend zunächst noch folgende Bestimmung: „Satz 1 gilt für das Einführen oder das Verbringen in den Geltungsbereich des Vertrages zur Gründung der Europäischen Wirtschaftsgemeinschaft aus einem Staat, der Mitglied der europäischen Freihandelsassoziation ist, entsprechend." Diese Bestimmung ist zum 1. 3. 1995 außer Kraft getreten (BGBl 1995 II 221).

70 Das **finnische** ProdHaftG sieht in § 13 die Möglichkeit vor, durch VO den Import aus einzelnen Staaten von der Importeurhaftung zu befreien, wenn diese im Wege der Gegenseitigkeit auf eine Importeurhaftung gegenüber finnischen Unternehmen verzichten. Diese Regelung dürfte inzwischen – nachdem Finnland nicht mehr nur EWR-, sondern EU-Mitglied ist – **gegen die Umsetzungspflicht des finnischen Staates verstoßen** und haftungsbegründend wirken; denn die Vorschrift senkt den Schutz der Produktgeschädigten unter den Standard der Richtlinie, weil sie diese wiederum dem Risiko auswärtiger Rechtsdurchsetzung in den Vertragsstaaten aussetzt.

71 Die Importeurhaftung hat **amerikanische Vorbilder** (W Lorenz ZHR 151 [1987] 1, 21), doch haftete der Importeur bereits zuvor schon **nach deutschem Recht**, und zwar gem § 3 Gerätesicherheitsgesetz sowie § 84 AMG – beides Schutzgesetze iSd § 823 Abs 2 BGB, allerdings beschränkt auf Körperschäden; danach ist der Importeur verantwortlich für die Beachtung der allgemein anerkannten Regeln der Technik, der Arbeitsschutzbestimmungen sowie der Unfallverhütungsvorschriften. Im Rahmen der **Produzentenhaftung** nach § 823 Abs 1 BGB schränkt die Rechtsprechung die Prüfungspflicht des Importeurs auf die eines Großhändlers ein (BGH NJW 1980, 1219 – Klappfahrrad; OLG Düsseldorf NJW 1980, 533 mAnm Kropphollere; OLG Zweibrücken NJW 1987, 2684; Schlechtriem VersR 1986, 1033, 1039 f; Meier NJW 1982, 1182). So haften der importierende Großhändler, der unter seiner eigenen Marke verkauft, die ausgegliederte Vertriebsgesellschaft des Herstellers (BGH NJW 1981, 2250) und erst recht der letzte Händler in der Absatzkette nur, wenn ihnen jeweils der Vorwurf mangelnder Sorgfalt bei der gebotenen Untersuchung des Produkts gemacht werden kann. Die Untersuchungspflicht beschränkt sich indes im wesentlichen auf Fabrikationsfehler, nicht aber auf Konstruktionsfehler und schon gar nicht auf verdeckte Konstruktionsfehler (BGH NJW 1981, 2250).

II. Tatbestand

1. Geltungsbereich des Abkommens über den Europäischen Wirtschaftsraum

Der Geltungsbereich des Abkommen vom 2. Mai 1992 über den Europäischen Wirt- **72** schaftsraum (**EWR-Vertrag**), das am 1. Januar 1994 in Kraft getreten ist (BGBl 1993 II 266), bestimmt sich nach **Art 126 Abs 1**. Danach findet das Abkommen Anwendung auf die Gebiete, in denen der Vertrag zur Gründung der Europäischen Wirtschaftsgemeinschaft und der Vertrag über die Europäische Gemeinschaft für Kohle und Stahl angewendet wird. Ferner ist der Vertrag anwendbar auf die Hoheitsgebiete der Republik Österreich, der Republik Finnland, der Republik Island, des Fürstentums Liechtenstein, des Königreichs Norwegen, des Königreichs Schweden und der Schweizerischen Eidgenossenschaft.

Das Haftungsprivileg gilt – entgegen Art 126 Abs 1 EWR-Vertrag – jedoch **nicht** für **73** die **Schweiz** und **Liechtenstein**, da beide den EWR-Vertrag nicht ratifiziert haben (Vgl Einl 105 und 89).

Der EWR-Vertrag ist gem Art 126 Abs 2 und 3 auch nicht auf die **Åland-Inseln 74** anwendbar. Hier kann Finnland durch einseitige Erklärung nach Abs 2 die Anwendung bewirken.

Der **Geltungsbereich des Vertrages über die Europäische Wirtschaftsgemeinschaft 75** bestimmt sich nach **Art 227**. Wird eine Ware aus diesem räumlichen Bereich nach Deutschland eingeführt oder verbracht, so kommt eine Haftung des Importeurs nicht in Betracht (**Haftungsprivileg**). Dabei ist der Geltungsbereich des Vertrages umfassender als das Gebiet, auf dem der gemeinsame Zolltarif der Gemeinschaft wirksam ist. Deshalb findet das Haftungsprivileg auch auf die Einfuhr aus **Freihäfen** oder aus **Zollausschlußgebieten** Anwendung (ROLLAND Rn 42). Wird **Fischfang** in Hoheitsgewässern, im Bereich des Festlandsockels und der sog **Fischereizonen**, dh innerhalb 200 sm vor der Küste, betrieben, so sind die so gewonnenen Produkte im jeweiligen Land gewonnen (ROLLAND Rn 52 ff).

Das Privileg findet **keine Anwendung** auf die Kleinstaaten **San Marino, Monaco, 76 Andorra** und die **Vatikanstadt** (so auch ROLLAND Rn 4; TASCHNER/FRIETSCH Rn 57 unter Hinweis auf die Antwort der EG-Kommission [Abl vom 2. März 1987, Nr C 54/31]). Bei ihnen handelt es sich nicht um Kleinstaaten iSd § 227 Abs 4 EGV.

Keine Anwendung findet das Haftungsprivileg auf die Einfuhr aus **Grönland** (Abl EG **77** 1985 Nr L 29/1), den **Färörinseln** (Prot Nr 2 zur Beitrittsakte 1972, Art 227 Abs 5 lit a EGV), den Großbritannien verbliebenen Hoheitszonen auf **Zypern** (Akrotiri und Dhekelia) und richtiger **Ansicht** nach auch nicht für die Einfuhr aus den **Kanalinseln** und der **Isle of Man**, weil diese nach § 227 Abs 5 lit c EGV in Verbindung mit Protokoll Nr 3 zu der Beitrittsakte 1972 (ABlEG 1972 Nr L 73/164) grundsätzlich ausgenommen sind und hier nur die EG-Regelung für Zölle und mengenmäßige Beschränkungen Anwendung finden, aber gerade nicht die Produkthaftungsrichtlinie (ROLLAND Rn 45). Wegen der zahlreichen Ausnahmen vom Gemeinschaftsrecht im Hinblick auf die **Kanarischen Inseln** findet auch für eine Einfuhr aus diesem Gebiet das Privileg keine Anwendung (Sonderregime vgl Prot Nr 2 [Abl 1985 Nr L 302/27] und Art 25 Abs 2, 3 der Beitrittsakte; wie hier TASCHNER/FRIETSCH Rn 57; aA ROLLAND Rn 46).

78 Von den **Überseeterritorien Frankreichs** fallen die Departements Guadelupe, Guayana, Martinique und Réunion sowie die Inseln St Pierre und Miguelon (so ROLLAND Rn 47; aA TASCHNER/FRIETSCH Rn 57) unter die Bestimmungen des EWG-Vertrages (EuGH Slg 1978, 1787, 1805) und nehmen daher am Haftungsprivileg teil, nicht jedoch die übrigen Territorien (Neukaledonien sowie Französisch-Polynesien usw; vgl Anhang IV zum EWG-Vertrag; TASCHNER/FRIETSCH Rn 57; ROLLAND Rn 47). **Niederländisch-Neuguinea** fällt unter den Anwendungsbereich und nimmt am Haftunsprivileg teil (ROLLAND Rn 47); allerdings nicht Aruba, Bonaire, Curaçao, Saba, St Eustatius und Sint Maarten. Für die Überseegebiete **Großbritanniens** gilt der EWG-Vertrag nicht (vgl zum einen EuGH Slg 1979, 2871, 2919, zum anderen Art 227 Abs 3 Satz 2 und Abs 5 lit b EGV; vgl TASCHNER/FRIETSCH Rn 57). Das Haftungsprivileg findet jedoch Anwendung auf **Gibraltar**, weil dort aufgrund Art 28 der Beitrittsakte von 1972 (ABlEG Nr L 73/164) das Gemeinschaftsrecht nur partiell nicht anwendbar ist (Handel mit landwirtschaftlichen Produkten, Fragen der Harmonisierung der Umsatzsteuer; wie hier ROLLAND Rn 45).

79 Die Regelung des § 227 Abs 2 EWG-Vertrag über **Algerien** ist gegenstandslos geworden.

80 Die **Einfuhr aus assoziierten Staaten** genießt das Haftungsprivileg nicht; hier begründet die Einfuhr eine Importeurhaftung nach § 4 Abs 2.

81 Vgl noch zum Verbringen von Waren aus dem Hoheitsgebiet der ehemaligen Deutschen Demokratischen Republik in die Bundesrepublik (TASCHNER/FRIETSCH Rn 58 ff). Eine Haftung für Altfälle besteht prinzipiell, weil hier von einer nicht privilegierten Einfuhr auszugehen war (TASCHNER/FRIETSCH Rn 58). So erklärt sich auch das Merkmal „verbringt"; damit sollte die Einfuhr von Produkten aus der DDR ins Bundesgebiet dem Import in den Geltungsbereich des EGV gleichgestellt werden (vgl den Rechtsausschuß BT-Drucks 11/5520, 15). Aufgrund des **Einigungsvertrages** vom 31. 8. 1990 (Besondere Bemerkungen zur Überleitung von Bundesrecht, Kapitel III, Sachgebiet B, Abschnitt III, Nr 8, BGBl II 889, 953) findet das Gesetz nur auf solche Produkte Anwendung, die am Tag des Wirksamwerdens des Beitritts (3. 10. 1990) oder danach in Verkehr gebracht wurden.

2. Einführen, Verbringen

82 **Einführen** ist das tatsächliche Verbringen des Produkts aus einem Drittstaat in das Gebiet der Europäischen Gemeinschaft (ROLLAND Rn 55). Der bloße **Transfer** durch ein anderes Land (zB die Schweiz) begründet noch keinen (Re-)Import (TASCHNER/FRIETSCH Rn 60). Die Beweislast dafür, daß der Inanspruchgenommene das Produkt eingeführt hat, trägt der **Geschädigte** (arg e § 1 Abs 4; ROLLAND Rn 65).

83 Das Merkmal des **Verbringens** das historisch auf den innerdeutschen Handel zwischen Bundesrepublik und DDR bezogen war (vgl oben 81), ist **mittlerweile überholt**.

Nach ganz **hM** haftet auch der **Re-Importeur** bei Wiedereinfuhr von EU-Ware auf den **84** Gemeinsamen Markt. Zur Begründung werden **unterschiedliche Argumente** genannt: Zum einen handele es sich bei § 4 Abs 2 um eine originäre Haftung, die nicht von der Möglichkeit abhänge, ob der Hersteller im Inland zur Verantwortung gezogen werden könne oder nicht (BT-Drucks 11/2447, 20; BRÜGGEMEIER/REICH WM 1986, 149, 152; MAYER VersR 1990, 691, 694; SCHMIDT-SALZER/HOLLMANN Art 3 Rn 204 f; TASCHNER/FRIETSCH Rn 60). Zweitens gelte es, Wettbewerbsverzerrungen zu vermeiden (Graf vWESTPHALEN NJW 1990, 83, 89). Drittens genügten die für den Export vorgesehenen Produkte möglicherweise nur den geringeren ausländischen Sicherheitsstandards und begründeten insoweit ein erhöhtes Schutzbedürfnis (MünchKomm/CAHN Rn 19) und viertens solle der Geschädigten vor dem Prozeßrisiko bewahrt werden, im Re-Importeur den falschen Anspruchsgegner in Anspruch zu nehmen (MünchKomm/CAHN Rn 17).

Kritik: Hier bedarf es indes einer am Schutzzweck des § 4 Abs 2 ausgerichteten **tele-** **85** **ologischen Reduktion.** In Fällen des Re-Imports hat der Hersteller nämlich regelmäßig seinen Sitz auf dem Gebiet des Gemeinsamen Marktes; die Rechtsdurchsetzung ihm gegenüber ist daher in einem Maße gewährleistet, daß sich eine Importeurhaftung eigentlich erübrigt (vgl nämlich zur Zwecksetzung der Importeurhaftung oben Rn 67 ff; ROLLAND Rn 55). Rechtfertigen läßt sich die Haftung des Importeurs daher nur in den Ausnahmefällen, in denen der Hersteller das Produkt den niedrigen Sicherheitserwartungen eines Landes außerhalb der Europäischen Union angepaßt hat, insoweit also ein iSd § 3 Abs 1 ProdHaftG fehlerfreies Produkt in den Verkehr gebracht hat und erst durch den Re-Import ein Fehler dadurch entstanden ist, daß die inländischen Sicherheitserwartungen höher liegen. Hier kann der Geschädigte den Hersteller wegen § 1 Abs 2 Nr 2 nicht mehr in Anspruch nehmen; weil der Hersteller als Haftungsadressat ausscheidet, die Rechtsdurchsetzung ihm gegenüber also nicht nur faktisch erschwert, sondern rechtlich unmöglich ist und die Fehlerhaftigkeit des Produktes zugleich auf die Entscheidung des Importeurs über den Re-Import zurückgeht, scheint es angemessen, den Importeur in diesen Fällen zur Verantwortung zu ziehen (ähnlich bereits ROLLAND Rn 56).

Richtiger Ansicht nach haftet auch der **Importeur eines Teilprodukts** nach § 4 Abs 2, **86** da es ihn nicht entlasten kann, wenn das von ihm importierte Produkt später eingebaut wird (ROLLAND Rn 57; MünchKomm/CAHN Rn 22; SCHMIDT-SALZER/HOLLMANN Art 3 Rn 248).

3. Zum Zweck des Vertriebs mit wirtschaftlichem Zweck und im Rahmen der geschäftlichen Tätigkeit

Die Einfuhr muß zum Zweck des **Vertriebs** mit wirtschaftlichem Zweck erfolgen; die **87** in § 4 Abs 2 genannten Fälle Verkauf, Vermietung, Mietkauf sind Regelbeispiele. Das **Leasing** und uU eine **Schenkung** mit wirtschaftlichem Zweck (zB Werbegeschenk) fallen ebenso unter diesen Begriff (TASCHNER/FRIETSCH Rn 61).

Nach **Auffassung des Gesetzgebers** ist der **Eigenverbrauch nicht** erfaßt. In den Materia- **88** lien wird der Fall einer Luftverkehrsgesellschaft erwähnt, die Flugzeuge für ihren Flugbetrieb importiert (BT-Drucks 11/2447, 20; TASCHNER/FRIETSCH Rn 62). Zugrunde liegt erkennbar die Vorstellung, der Eigenverbrauch stelle keine Form des Vertriebs dar, da die Sache vom Importeur nicht in den Verkehr gebracht wird. Diese **Sichtweise** ist

Jürgen Oechsler

indes **zu eng**. Denn auch der Eigenverbrauch kann ein Inverkehrbringen darstellen, wenn der Eigentümer das Produkt im allgemeinen Verkehr benutzt und dabei Außenstehende (innocent bystander) den Produktsicherheitsrisiken aussetzt (vgl ausführlich § 1 Rn 54). Transportiert der Flugzeugimporteur nämlich Fluggäste mit den von ihm eingeführten Maschinen, haftet er diesen nach § 4 Abs 2 für Produktsicherheitsrisiken; es würde die Fluggäste gerade iSd Regelungsanliegens des § 4 Abs 2 (erleichterte Rechtsdurchsetzung; oben Rn 67 ff) benachteiligen, wenn sie ihre Schäden in diesem Fall gegenüber dem ausländischen Hersteller liquidieren müßten (ähnlich kritisch im Hinblick auf den Begriff des Inverkehrbringens MünchKomm/CAHN Rn 23; ROLLAND Rn 60 f; SCHMIDT-SALZER/HOLLMANN Art 3 Rn 214 ff).

89 Der Vertrieb muß ferner einem **wirtschaftlichen Zweck** dienen. Für die **unentgeltliche Weitergabe** des Produkts (Schenkung, Leihe) wird daher idR nicht gehaftet, es sei denn, der Importeur verfolgte gerade durch die unentgeltliche Zuwendung weitere wirtschaftliche Zwecke (**Werbegeschenke**; BT-Drucks 11/2447, 20).

90 Auch muß die Einfuhr in den **Rahmen der geschäftlichen Tätigkeit** des Importeurs fallen. Dieses Tatbestandsmerkmal ist weit auszulegen und umfaßt alle Tätigkeiten, die **nicht privater Natur** sind (ROLLAND Rn 58).

4. Inverkehrbringen

91 Die Haftung des Herstellers hängt im Hinblick auf § 1 Abs 2 Nr 1 – 5 vom Zeitpunkt des Inverkehrbringens des Produktes ab. Nach **hM** (BT-Drucks 11/2447, 14; MünchKomm/CAHN § 1 Rn 23; ROLLAND Rn 100; aA TASCHNER/FRIETSCH Art 7 Rn 6) sind der Zeitpunkt des Imports und der Zeitpunkt des Inverkehrbringens zu unterscheiden: Der Importeur bringt das Produkt nach dieser Sichtweise erst dann in den Verkehr, wenn dieses im Inland seinen unternehmerischen Einflußbereich verläßt und vermarktet wird. **Richtiger Ansicht** nach muß dieser Zeitpunkt aber mit dem Zeitpunkt des Imports zusammenfallen. **Maßgeblicher Zeitpunkt** ist daher stets der **Augenblick der Einfuhr**. Dies gilt sowohl für die Tatbestandsvoraussetzungen des § 4 Abs 2 (BT-Drucks 11/2447, 20; ROLLAND Rn 62; MünchKomm/CAHN Rn 24) als auch für den Begriff des Inverkehrbringens iSd § 1 Abs 2 (TASCHNER/FRIETSCH Art 7 Rn 6). Denn die Verantwortung des Importeurs gründet allein auf der Einfuhr des Produktes, nicht auf seiner Beteiligung am Herstellungsprozeß. Nicht schützenswert ist daher die Erwartung, der Importeur trage auch ab dem Zeitpunkt der Einfuhr bis zum Zeitpunkt der Auslieferung des Produkts weiterhin Verantwortung für die neu hinzutretenden Produktsicherheitsrisiken (so aber ROLLAND Rn 100). Begründet wird die hM mit der Überlegung, die Verzögerung des Zeitpunktes des Inverkehrbringens sei für den Importeur günstiger, weil ihm Zeit verbleibe, das Produkt auf seine Sicherheit zu prüfen (arg e § 1 Abs 2 Nr 1). Diese Argumentation verfängt indes schwerlich; denn zum einen wird der Importeur, auch wenn die Einfuhr als Import gilt, bereits aus praktischen Gründen schwerlich haften, bevor er die eingeführten Produkte an Dritte ausgeliefert hat; zum anderen aber übersieht die hM die mit § 1 Abs 2 Nr 2 in Zusammenhang stehende Haftungserweiterung, wenn der Stichtag hinausgeschoben wird: Der Importeur haftet nämlich dann auch für Sicherheitsdefizite, die zwischen dem Zeitpunkt der Einfuhr und dem Zeitpunkt der Auslieferung entstehen. Nun ließe sich zugunsten einer solchen Haftung anführen, daß die Sache während dieses Zeitraums gerade im Gefahrenbereich des Importeurs aufbewahrt wird und den von diesem

ausgehenden Sicherheitsrisiken ausgesetzt ist. Letztlich scheint dieses Argument aber nicht stichhaltig, wie ein Umkehrschluß aus § 4 Abs 3 zeigt: Der Importeur ist nämlich nur Händler; Händler haften aber nach dem Gesetz nicht für die von ihnen verursachten Produktsicherheitsrisiken (vgl oben Rn 36), obwohl sie stets die Produkte in ihrem Gefahrenbereich aufbewahren, transportieren usw. Der Importeur ist daher als Händler anzusehen, der nur eingeschränkt und im Ausnahmefall wegen eines Sondertatbestandes (der Einfuhr nämlich) Verantwortung trägt, ansonsten aber nicht für die typischen Händlerrisiken (Aufbewahrung, Transport usw) mit haftungsbegründender Wirkung zur Verantwortung gezogen werden kann. Nach dieser Betrachtungsweise haftet der Importeur gem § 1 Abs 2 Nr 2 nur für die zum Zeitpunkt des Imports bestehenden Produktsicherheitsdefizite.

Wie gerade erwähnt, müssen **die weiteren Tatbestandsvoraussetzugnen des § 4 Abs 2** 92 ebenfalls im Zeitpunkt der Einfuhr vorliegen. Wird daher eine Sache zunächst zu Zwecken des rein privaten Eigenbedarfs eingeführt und später doch – in Abänderung der Pläne – zu einem wirtschaftlichen Zweck im Rahmen der eigenen beruflichen Tätigkeit weiterveräußert, ist die Haftung nicht begründet (BT-Drucks 11/2447, 20; ROLLAND Rn 62; MünchKomm/CAHN Rn 24). Andererseits dürften die Voraussetzungen des § 4 Abs 2 vorliegen, wenn eine Sache zur eigenen Nutzung eingeführt wird, in der Absicht, sie später als gebrauchte Sache zu veräußern.

E. Lieferantenhaftung (Abs 3 Satz 1)

I. Haftungsgrund

Der **Gesetzgeber** versteht § 4 Abs 3 Satz 1 als **Auffanghaftung** (BT-Drucks 11/2447, 20; 93 TASCHNER/FRIETSCH Rn 64) und bisweilen wenig systemgerecht als gesetzliche Fiktion der Herstellereigenschaft (BT-Drucks 11/5520, 15; zu Recht kritisch TASCHNER/FRIETSCH Rn 2). Im Hinblick auf den Haftungsgrund existieren **zwei Ansichten:**

Nach einer **Mindermeinung** beruht die Haftung auf der **verweigerten Aufklärung über** 94 **den Hersteller oder die Vorlieferanten** (SCHLECHTRIEM VersR 1986, 1033, 1040). Die Norm drohe Sanktionen zur Erzwingung der Auskunft an, mit der Konsequenz, daß der Händler nur hafte, wenn bei rechtzeitiger Auskunft der durch den Produktfehler herbeigeführte Schaden hätte abgewendet oder ausgeglichen werden können (vgl auch TASCHNER/FRIETSCH Rn 64: „Sanktionsdrohung zur Erzwingung der Auskunft"; jedoch widersprüchlich). **Dagegen** spricht, daß das ProdHaftG selbst weder eine einklagbare Auskunftspflicht begründet, noch eine solche voraussetzt. Nach **hM** stellt die **Auskunft** aus Sicht des Lieferanten eine **bloße Obliegenheit** dar (vgl statt vieler SPICKHOFF NJW 1992, 2055, 2056; MünchKomm/CAHN Rn 27; ROLLAND Rn 83 f; SCHMIDT-SALZER Art 3 Rn 283; TASCHNER/FRIETSCH Rn 64; WANDT BB 1994, 1436, 1437).

Nach **hM schließt** die Norm eine **Schutzlücke zugunsten des Geschädigten.** Dieser soll 95 bei Verschleierung des Herstellers bzw beim Vertrieb von anonymen Produkten im Lieferanten einen Anspruchsgegner finden. Die Haftung verfolgt dabei zugleich den präventiven Zweck einer allgemeinen Offenlegung der Herstellerverhältnisse, will aber keine Auskunft im Einzelfall erzwingen. Die Lieferanten sollen jedoch zu einer Dokumentation der Vertriebskette angehalten werden (BT-Drucks 11/2447, 20; vgl auch

Erläuterung 9, EG-Bulletin Beil 11/1976, 15; FRIETSCH DB 1985, 2389, 2391; SPICKHOFF NJW 1992, 2055, 2056).

96 Die Norm bringt gegenüber dem Rechtsstand der **Produzentenhaftung** eine echte Neuerung, haftet doch dort der Händler als solcher nicht (BGH NJW 1981, 2250; selbst nicht bei konzernmäßiger Verflechtung mit dem Hersteller: BGH NJW 1987, 1009; dazu KOSSMANN NJW 1984, 1664; FOERSTE, in: Graf vWESTPHALEN, Produkthaftungshandbuch Bd 1 [2. Aufl 1997] § 26).

II. Tatbestand

1. Lieferant

97 **Lieferant** ist jeder, der das Produkt vertreibt, ohne selbst nach Abs 1 oder Abs 2 Hersteller zu sein, zB der Vermieter, Leasinggeber usw (MünchKomm/CAHN Rn 29; SCHMIDT-SALZER/HOLLMANN Art 3 Rn 279 ff).

98 In einer **Vertriebskette** kommt jeder Zulieferer, Groß- oder Einzelhändler usw als Verpflichtungsadressat iSd Vorschrift in Betracht; andernfalls liefe nämlich die in § 4 Abs 3 Satz 1 begründete Obliegenheit der Benennung des Vorlieferanten leer (ROLLAND Rn 67). Der Geschädigte soll nämlich, wenn ihm sein Lieferant den Vorlieferanten nennt, weiter gegen diesen vorgehen können, um möglichst so auf den Hersteller zu stoßen.

2. Nichtfeststellbarkeit des Herstellers

99 Voraussetzung ist, daß der Hersteller des Produkts nicht festgestellt werden kann. Dies läßt sich im Einzelfall zunächst nur unter Berücksichtigung der **Schutzbedürftigkeit** des Geschädigten feststellen. Fraglich ist stets, ob der Auskunft Begehrende **auf die Auskunft** überhaupt **angewiesen** ist (grundlegend SPICKHOFF NJW 1992, 2055, 2056). Dabei kommt es nicht auf eine rein objektiv bestehende Ermittlungsmöglichkeit an, sondern auf das dem Geschädigten **Zumutbare** (ROLLAND Rn 69; MünchKomm/CAHN Rn 30).

100 **Richtiger Ansicht** nach hängt die Schutzbedürftigkeit davon ab, daß der **Hersteller beim Inverkehrbringen der Ware nicht erkennbar** war; für eine **spätere Vernichtung oder Unterdrückung der Herstellerkennzeichnung** auf der Ware kann der Lieferant hingegen nicht verantwortlich sein (SPICKHOFF NJW 1992, 2055, 2057; TASCHNER/FRIETSCH Rn 69). Dafür sprechen zwei Gesichtspunkte: Zum einen zielt § 4 Abs 3 Satz 1 auf einen Schutz des Geschädigten vor anonymen Produkten; ein Produkt, das mit Herstellerkennzeichnung in den Verkehr gebracht wird, ist indes nicht anonym. Weiterhin knüpft das Gesetz die Herstellerverantwortung ausschließlich an Umstände, die in den Zeitpunkt vor Inverkehrbringen des Produktes fallen (§ 1 Abs 2 Nr 2, § 3 Abs 1 lit c). Wenn beide Normen auf die Kennzeichnung des Produktes auch nicht unmittelbar anwendbar sind, spricht der systematische Zusammenhang dafür, die Verantwortung des Lieferanten für die Kennzeichnung des Herstellers ebenfalls auf diesen Zeitpunkt zu begrenzen.

101 Für **spätere Unterdrückung oder Zerstörung der Herstellerbezeichnung** ist der **Lieferant**

daher **nicht verantwortlich**. Dies ergibt sich für den Fall, daß der Geschädigte selbst etwa die Produktverpackung, in der die Herstellerbezeichnung vorhanden war, weggeworfen hat (SPICKHOFF NJW 1992, 2055, 2056 f; ähnlich bereits ROLLAND Rn 72 ff), dürfte aber auch im Falle des zufälligen Untergangs gelten (MünchKomm/CAHN Rn 31; vgl gerade im Anschluß).

Fraglich ist, was **einem geschädigten Außenstehenden** (innocent bystander) an eigener **102** Ermittlung zuzumuten ist, wenn der Produktkäufer die Herstellerbezeichnung vernichtet hat. Auch in diesem Fall dürfte jedoch ausschlaggebend sein, daß der Lieferant nur für anonyme Produkte haftet und seine Verantwortung auf den Zeitpunkt des Inverkehrbringens des Produkts begrenzt ist. Daß der Außenseiter die Ermittlungsschwierigkeiten nicht verschuldet hat, darf nicht dazu führen, daß ihm nunmehr der Lieferant haftet, der diese Schwierigkeiten ebenfalls nicht zu verantworten hat.

Bringt der Lieferant ein anonymes Produkt in den Verkehr, so kommt es **nicht** darauf **103** an, **ob** zu diesem Zeitpunkt **mit einem späteren Auskunftsersuchen von Produktgeschädigten** zu rechnen war (SPICKHOFF NJW 1992, 2055, 2058; **aA** zT SCHMIDT-SALZER Art 3 Rn 292; TASCHNER/FRIETSCH Rn 71).

Fraglich ist weiter, ob der Hersteller auch dann nicht feststellbar ist, wenn der **Quasi-** **104** **Hersteller** (§ 4 Abs 1 Satz 2) oder der **Importeur** (§ 4 Abs 2) **bekannt** sind. Dafür spricht zunächst, daß beide nur als Hersteller des Produktes „gelten" (vgl den Wortlaut der gerade zitierten Normen), nicht aber wirklich Hersteller des Produktes sind. Dennoch ginge der über § 4 Abs 3 Satz 1 vermittelte Schutz zu weit, wollte man auch in diesem Fall den Lieferanten zur Verantwortung ziehen. Zum einen nämlich schützt die Norm den Geschädigten vor den Folgen des Vertriebs anonymer Produkte (oben Rn 93 ff); um ein solches handelt es sich im Falle der Quasi-Herstellung iSd § 4 Abs 1 Satz 2 aber gerade nicht, weil hier der Anspruchsgegner ja anhand des auf der Ware angebrachten unterscheidungskräftigen Zeichens identifiziert wird (vgl dazu TASCHNER, Produkthaftung Art 3 Rn 26 und ROLLAND Rn 79 f). Zum anderen zeigt gerade **ein Umkehrschluß aus § 4 Abs 3 Satz 2**, daß es dem Gesetz nur darum geht, dem Geschädigten einen inländischen Schuldner zur Verfügung zu stellen, der für das Endprodukt volle Haftungsverantwortung übernehmen muß. Dies ist in den Fällen des § 4 Abs 1 Satz 2 und Abs 2 stets gewährleistet, so daß für die Haftung nach Abs 3 Satz 1 mangels Schutzlücke kein Anlaß besteht.

Die Voraussetzungen des § 4 Abs 3 Satz 1 liegen indes dann vor, wenn **nur der Her-** **105** **steller eines Teilprodukts oder eines Grundstoffs bekannt** ist. Beide tragen nämlich nur Verantwortung für die Fehler der von ihnen hergestellten Erzeugnisse und auch nur bis zu dem Zeitpunkt, an dem sie diese Produkte in den Verkehr gebracht haben (§ 1 Abs 2 Nr 2; dazu noch mwN unten Rn 113).

3. Aufforderung zur Benennung

Der Geschädigte muß den Lieferanten zur Benennung des Herstellers auffordern. **106** Die Aufforderung setzt die Rechtsfolge des § 4 Abs 3 Satz 1 nur dann in Gang, wenn sie im Hinblick auf das Produkt **ausreichend individualisiert** ist (ROLLAND Rn 85). Aller-

Jürgen Oechsler

dings braucht der Geschädigte den Lieferanten nicht ausdrücklich auf die Monatsfrist aufmerksam zu machen (ROLLAND Rn 87).

107 Fraglich ist, ob der Geschädigte den Lieferanten zur **Benennung eines Teilproduktherstellers** auffordern kann. Dafür spricht zunächst, daß auch der Teilprodukthersteller
dem Geschädigten als Gesamtschuldner haftet und insoweit ein Interesse an seiner
Identifizierung besteht (so ROLLAND Rn 78; aA SCHMIDT-SALZER/HOLLMANN Art 3 Rn 302).
Richtiger Auffassung nach löst eine solche Aufforderung jedoch nicht die Rechtsfolge des Art 4 Abs 3 Satz 1 aus. Zwar spricht § 4 Abs 3 Satz 1 nur vom „Hersteller
des Produkts“, worunter man gem § 4 Abs 1 Satz 1 auch den Teilprodukthersteller
fassen könnte (vgl § 4 Abs 1 Satz 1). Doch kann vom Lieferanten nur erwartet werden, daß er seinen Vormann (den Vorlieferanten oder Endprodukthersteller) nennt,
nicht aber, daß er sich auch zugunsten später potentiell Geschädigter über die
Bezugsquellen seines Vertragspartners informiert.

4. Monatsfrist

108 In **Art 3 Abs 3 der ProdHaftRichtl** ist keine bestimmte Frist vorgesehen („innerhalb
angemessener Zeit“). Auch der Regierungsentwurf ließ die Frist zunächst unbestimmt, jedoch bestand der Rechtsausschuß des Bundestages im Interesse der
Rechtssicherheit auf einer Monatsfrist (BT-Drucks 11/5520, 15). Dadurch dürfte der
deutsche Gesetzgeber nicht gegen seine Pflichten zur Transformation der Richtlinie
verstoßen haben (ebenso ROLLAND Rn 88); auch der **schwedische Gesetzgeber** hat in § 7
des schwedischen ProdHaftG (Einl 100 ff) eine Monatsfrist bestimmt, der **portugiesische** hingegen in Art 2 Abs 2 lit b des portugiesischen Dekretgesetzes (Einl 98 f) eine
Dreimonatsfrist.

109 Die Frist ist **keine Notfrist** mit der Möglichkeit der Wiedereinsetzung in den vorigen
Stand (BT-Drucks 11/5520, 15).

5. Benennung des Herstellers

110 **Benennen** bedeutet, den Geschädigten in die Lage zu versetzen, gegen den Hersteller
oder einen Vorlieferanten gerichtlich vorgehen zu können (LG Lübeck VersR 1993, 1282,
1283; MAYER VersR 1990, 691, 694). Ausreichend dürfte die Nennung von Name, Firmen-
bezeichnung und Anschrift des Vordermannes sein (ROLLAND Rn 89; MünchKomm/CAHN
Rn 33; weitergehend SCHMIDT-SALZER/HOLLMANN Art 3 Rn 329 f).

111 Fraglich ist, ob von einem Benennen auch dann auszugehen ist, wenn der Lieferant
nicht weiß, von wem er das Produkt bezogen hat, er dem Geschädigten indes **alle in
Frage kommenden Hersteller namentlich nennt**. **Teilweise** wird die Nennung aller in
Frage kommenden Hersteller als ausreichend angesehen, weil der Geschädigte nach
§ 830 Abs 1 Satz 2 BGB geschützt sei und das Risiko der Herstellerbestimmung in
diesen Fällen nicht auf den Lieferanten abwälzen dürfe (ROLLAND Rn 98). Dem dürfte
jedoch gerade angesichts der engen Voraussetzungen des § 830 Abs 1 Satz 2 BGB zu
widersprechen sein; die findet richtiger Ansicht nach dann keine Anwendung, wenn
der Geschädigte nur ein Produkt verwendet hat, das von einem der in Betracht
kommenden Hersteller in den Verkehr gebracht wurde (oben Rn 47). Anwendbar ist

die Norm allein, wenn der Geschädigte die Produkte aller Hersteller verwendet hat und unklar ist, welches den Schaden verursacht hat.

Da es nicht Zweck des § 4 Abs 3 Satz 1 ist, zugunsten des Geschädigten das Insol- **112** venzrisiko des Herstellers auf den Lieferanten zu wälzen, genügt **auch die Benennung eines insolventen Herstellers** (BT-Drucks 11/2447, 20; MAYER VersR 1990, 691, 694).

Unzureichend ist die **Benennung des Teilprodukt- oder Grundstoffherstellers**; denn beide **113** haften wegen § 1 Abs 2 Nr 2 nicht für das Endprodukt, sondern nur für die Fehlerhaftigkeit der von ihnen gefertigten Teilprodukte bzw Grundstoffe, und zwar nur zu dem Zeitpunkt, zu dem sie diese in den Verkehr gebracht haben (§ 1 Abs 2 Nr 2). Aus Sicht des Geschädigten verbleibt also eine Schutzlücke, weil kein Anspruchsgegner Verantwortung für den Sicherheitsstandard des Endproduktes zum Zeitpunkt seines Inverkehrbringens trägt (MünchKomm/CAHN Rn 32; TASCHNER/FRIETSCH Rn 70).

Benennt der Lieferant einen **Vorlieferanten**, so haftet dieser, wenn er nicht seinerseits **114** seinen Vorlieferanten benennt (BT-Drucks 11/2447, 20 f; BRÜGGEMEIER/REICH WM 1986, 149, 152).

Bei **Benennung des Falschen** als Hersteller tritt die Haftung nach § 4 Abs 3 Satz 1 ein, **115** wobei es auf die Gutgläubigkeit des Lieferanten nach dem gesetzlichen Schutzzweck nicht ankommen kann (MAYER VersR 1990, 691, 694). Entsteht dem Geschädigten durch vergebliche Rechtsverfolgung gegenüber dem zu Unrecht Benannten ein **Schaden**, kommt zunächst eine Haftung des Lieferanten nach den Grundsätzen der Auskunftshaftung (konkludenter Vertrag, § 826 BGB usw) in Betracht. Weil dieser Schaden indes auch adäquat durch die ursprüngliche Rechtsgutsverletzung iSd § 1 Abs 1 Satz 1 ProdHaftG verursacht wurde, ist eine Haftung des Lieferanten nach dieser Vorschrift iVm § 4 Abs 3 Satz 1 einschlägig (MAYER VersR 1990, 691, 694).

Ist die **Herstellereigenschaft des Benannten nicht beweisbar**, haftet der Lieferant eben- **116** falls nach § 4 Abs 3 Satz 1; denn richtiger Ansicht nach trägt er die Beweislast dafür, daß es sich bei der benannten Person um den Hersteller handelt (so MAYER VersR 1990, 691, 694). Hinsichtlich eines beim Geschädigten durch die vergebliche Rechtsverfolgung gegenüber dem Benannten entstandenen Schadens haftet der Lieferant so, als habe er den Falschen benannt (vgl gerade oben Rn 115).

Der **Hersteller** ist auch dann nicht „feststellbar" iSd § 4 Abs 3 Satz 1, wenn er seinen **117** Sitz **außerhalb des Geltungsbereichs des Abkommens über den Europäischen Wirtschaftsraum** hat. Dies folgt gerade im Umkehrschluß aus § 4 Abs 3 Satz 2, wonach die Benennung eines solchen Herstellers gerade nicht zum Haftungsausschluß führt.

6. Freiwerden wegen wirtschaftlicher Unmöglichkeit?

Nach einer **Mindermeinung** bedeutet die **Aufbewahrungspflicht von Dokumenten** zum **118** Nachweis der Lieferung durch den Hersteller ein schweres wirtschaftliches Opfer (bereits daran zweifelnd SCHMIDT-SALZER DB 1987, 1285), so daß eine (analoge) Anwendung der Regelungen über die wirtschaftliche Unmöglichkeit des Herstellers in Betracht zu ziehen sei (SCHLECHTRIEM VersR 1986, 1033, 1034). Weil etwa beim Vertrieb kleiner Schrauben die Dokumentationslasten außer Verhältnis zum Produktwert stünden, könne die Haftung entfallen, wenn sie der Lieferant nicht zu vertreten habe. Die **hM lehnt dies zu Recht ab**. Auf ein Vertretenmüssen oder sonstige Zumutbarkeitserwägungen komme es im Rahmen des § 4 Abs 3 Satz 1 nicht an (MAYER VersR 1990, 691, 694 Fn 41; MünchKomm/CAHN Rn 34; ROLLAND Rn 77; SCHMIDT-SALZER Art 3 Rn 276; SPICKHOFF NJW 1992, 2055, 2057; TASCHNER/FRIETSCH Rn 82). Andernfalls könnten sich die Lieferanten geringwertiger Produkte stets von der Verantwortung nach § 4 Abs 3 Satz 1 befreien; da aber auch ein zu niedrigem Preis gehandeltes Produkt aufgrund seiner Sicherheitsdefizite große Schäden bewirken kann, entstünde aus Sicht des Geschädigten eine vom Gesetzgeber nicht gewollte Schutzlücke.

7. Rechtsfolgen der unterlassenen Benennung

119 Das Nichtbenennen innerhalb der Monatsfrist ist **aufschiebende Bedingung der Haftung** (ROLLAND Rn 82; MünchKomm/CAHN Rn 25; **aA** auflösend bedingte Haftung SCHMIDT-SALZER/HOLLMANN Art 3 Rn 283). Erschwert der Geschädigte dem Lieferanten die Benennung, kann § 162 Abs 2 BGB zur Anwendung kommen.

120 Der Nichtbenennung steht gleich: die **Benennung des Falschen** (oben Rn 115), die **Benennung einer Person, deren Herstellereigenschaft sich nicht beweisen läßt** (oben Rn 116) sowie die Benennung eines Herstellers, der seinen **Sitz außerhalb des Geltungsbereichs des Abkommens über den Europäischen Wirtschaftsraum hat** (oben Rn 117).

121 Fraglich ist, ob die Haftung des Lieferanten durch eine **nachträgliche Benennung des Herstellers nach Ablauf der Monatsfrist** beeinflußt wird (MAYER VersR 1990, 691, 694). Dafür spricht, daß der Geschädigte in diesem Fall in Person des Herstellers den primären Anspruchsgegner gefunden hat und daß zu seinen Lasten keine Schutzlücke mehr besteht, die über § 4 Abs 3 Satz 1 geschlossen werden müßte. Deshalb wird in diesen Fällen **nach einer Ansicht** nur eine **Haftung des Lieferanten für den Verzögerungsschaden** begründet, wenn der Lieferant für die Verzögerung plausible Gründe nennt (ROLLAND Rn 95 f; POTT/FRIELING Rn 85; ERMAN/SCHIEMANN Rn 6; SCHLECHTRIEM VersR 1986, 1033, 1040; unentschlossen MAYER VersR 1990, 691, 694). Nach **anderer Auffassung besteht die Haftung** hingegen **in vollem Umfang weiter fort**, weil § 4 Abs 3 Satz 1 als eigenständiger Tatbestand neben § 4 Abs 1 Satz 1 trete (ausführlich MünchKomm/CAHN Rn 26; Graf vWESTPHALEN § 63 Rn 94; vgl auch SCHMIDT-SALZER/HOLLMANN Art 3 Rn 338 ff). Für die zweite Auffassung spricht zunächst die Überlegung, daß der Geschädigte in jedem Falle vor einem kollusiven Zusammenwirken von Lieferant und Hersteller mit dem Ziel der Herstellerverschleierung geschützt werden muß. Entfällt die Rechtsfolge des § 4 Abs 3 Satz 1 nämlich auch nachträglich, so haben es diese beiden Akteure in der Hand, den Geschädigten entgegen der gesetzlichen Zwecksetzung über die Person des letztlich Verantwortlichen hinzuhalten und erst bei Erhebung der Klage den Anspruch zu Fall zu bringen. Diese Gefahr besteht allerdings dann nicht, wenn erstens nur geringfügige Überschreitungen der Monatsfrist (evtl bis zu zwei weiteren Monaten) berücksichtigt werden und zweitens dem Lieferanten die Beweislast dafür auferlegt wird, daß die Verzögerung nicht auf einem kollusiven Akt beruhte. Bürdet man dann dem Lieferanten zusätzlich, wie von der ersten Meinung gefordert, die Verzögerungskosten auf, scheint der Schutz des Geschädigten ausreichend gewährleistet.

122 Fraglich ist weiter, ob der Lieferant dem Anspruch des Geschädigten die **Einreden**

und **Entlastungsmöglichkeiten entgegenhalten** darf, **die dem Hersteller gegenüber dem Geschädigten zugestanden hätten.** Die praktische Relevanz dieser Fragestellung folgt insbesondere aus § 1 Abs 2 Nr 2: Denn regelmäßig vermarktet der Lieferant das Produkt zu einem späteren Zeitpunkt als der (unbekannte) Hersteller. Kann sich der Lieferant die Rechtsstellung des Herstellers zu eigen machen, so wird der Stichtag für die zeitliche Begrenzung seiner Verantwortung zurückverlegt. Er haftet dann nur für die Sicherheitsdefizite des Produkts, die im Zeitpunkt des Inverkehrbringens durch den Hersteller bestanden und nicht für die später hinzutretenden Fehler. Auch wenn dieser Zeitpunkt wegen der Anonymität des Herstellers selbst nicht bekannt ist, kann im übrigen stets davon ausgegangen werden, daß das Produkt spätestens dann von seinem Hersteller in den Verkehr gebracht ist, wenn der Lieferant es selbst erwirbt. Seine Haftung beschränkte sich also auf den Zeitpunkt des Erwerbs. Läßt man den Lieferanten indes nicht in die Rechtsposition des Herstellers einrücken und knüpft vielmehr an den Zeitpunkt an, zu dem er selbst das Produkt vermarktet hat, erweitert sich seine Verantwortlichkeit in zeitlicher Hinsicht: Er wird nun auch für die Fehler des Produkts verantwortlich, die vom Zeitpunkt des Erwerbs bis zur Auslieferung auf den Markt entstanden sind. Für diese zweite Sichtweise spricht die **Entstehungsgeschichte der Norm.** Denn im **Bundestag** hatte die Fraktion der GRÜNEN erwogen, den Lieferanten in die Rechtsstellung des Herstellers, an dessen Stelle er haftet, einrücken zu lassen und ihm dieselben Einwendungen nach § 1 Abs 2 und 3 zuzubilligen. Die Mehrheit im Bundestag lehnte dies mit der Begründung erheblicher Nachweisschwierigkeiten ab; der Hersteller sei ja gerade unbekannt und deshalb schwer erreichbar (BT-Drucks 11/5520, 15). Daß der Lieferant indes haften soll, nur weil ihm der Beweis der Entlastungsvoraussetzungen nicht zugemutet werden könne, leuchtet als Argument schwerlich ein. Im übrigen ist die Möglichkeit einer anderen objektiven Interpretation aufgrund des Wortlauts des § 4 Abs 3 Satz 1 nicht unmöglich: Danach „gilt" der Lieferant ja als Hersteller, was bereits dem natürlichen Wortsinn nach nahelegt, ihn rechtlich wie den wahren Hersteller zu behandeln. Die Gegenansicht sieht hingegen in § 4 Abs 3 Satz 1 einen gegenüber § 4 Abs 1 Satz 1 **eigenständigen Haftungstatbestand**; dieser beruhe auf eigenen, von der Herstellerhaftung verschiedenen Tatbestandsvoraussetzungen (MünchKomm/CAHN Rn 26; Graf vWESTPHALEN § 63 Rn 94; vgl auch SCHMIDT-SALZER/HOLLMANN Art 3 Rn 338 ff). Nach dieser Ansicht finden die Ausschlußtatbestände des § 1 Abs 2 auf den Händler analog Anwendung; es kommt also bspw darauf an, wann der Händler das Produkt in den Verkehr gebracht hat (MünchKomm/CAHN Rn 35). **Dagegen** spricht jedoch, daß sich aus der vermeintlichen Eigenständigkeit des § 4 Abs 3 Satz 1 schwerlich mehr herleiten läßt als aus dem **Zweck der Norm.** Dieser aber zielt darauf, eine Schutzlücke zugunsten des Geschädigten zu schließen: Bei Verschleierung des Herstellers und beim Vertrieb anonymer Produkte soll dieser auf einen inländischen Haftungsschuldner (vgl Abs 3 Satz 2) zugreifen können, der für das Endprodukt volle Verantwortung trägt. Es geht indes **nicht** darum, **die Rechtsstellung des Geschädigten gegenüber dem Fall der unmittelbaren Inanspruchnahme des Herstellers** zu **verbessern.** Der Geschädigte hat nur einen Anspruch darauf, daß anstelle des Herstellers der Lieferant haftet, nicht aber darauf, daß diese Haftung auch sachlich ausgeweitet wird. Allerdings könnte man noch einwenden, daß es im Streit beider Auffassungen gerade um die Erweiterung der Haftung nach § 1 Abs 2 Nr 2 und damit um die Interimszeit zwischen dem Erwerb und der Veräußerung des Produkts durch den Lieferanten geht. In dieser Zeit befindet sich das Produkt ja gerade in der Einflußsphäre des Lieferanten – ein Umstand, der es nahelegt, den Lieferanten für die in dieser Zeit auftretenden Produktfehler zur Verantwortung zu ziehen. Im systematischen Zusammenhang des ProdHaftG überzeugt dieses Argument indes nicht. Dies zeigt sich schon an dem Umstand, daß regelmäßig nur der Hersteller und nicht der Lieferant haftet (arg e § 4 Abs 1 Satz 1 und arg e contr e § 4 Abs 1 Satz 2, Abs 2 und 3). Diese Regelung impliziert aber, daß der Gesetzgeber es bewußt in Kauf genommen hat, daß Händler und Lieferanten – wie es den üblichen Begleitumständen des Warenabsatzes entspricht – das Produkt ohne Haftungsfolgen in ihrem Gewahrsam halten und dort den von ihnen ausgehenden Sicherheitsgefahren aussetzen dürfen. Dieser Umstand allein – dies belegt die Freistellung des Handels – rechtfertigt also keine Haftung nach § 1 Abs 1 Satz 2; er vermag folglich auch keine Haftungs*erweiterung* des Lieferanten nach § 4 Abs 3 Satz 1 zu begründen. **Zutreffender Ansicht** nach kann sich der Lieferant daher auf die Einreden des Herstellers berufen (ROLLAND Rn 92 ff, 93a; POTT/ FRIELING Rn 85; ERMAN/SCHIEMANN Rn 6; SCHLECHTRIEM VersR 1986, 1033, 1040; unentschlossen MAYER VersR 1990, 691, 694).

123 Im **Ergebnis** folgt aus dem oben Gesagten, daß der Lieferant nicht haftet, wenn gegenüber dem Hersteller die Haftungsvoraussetzungen nicht begründet sind. Hat der Hersteller das Produkt etwa nicht in den Verkehr gebracht, kann auch der Lieferant nicht in Anspruch genommen werden (ROLLAND § 1 Rn 102).

124 Weiterhin gilt im Rahmen des § 1 Abs 2 Nr 2 als **Zeitpunkt des Inverkehrbringens** der Zeitpunkt, in dem der Hersteller das Produkt in den Verkehr gebracht hat und nicht der Zeitpunkt, in dem der Lieferant selbst die Ware ausliefert (**aA** BT-Drucks 11/2447, 14 und 25, Erl zu § 13, 1. Abs letzter Satz, wo der Gesetzgeber davon ausgeht, daß beim Lieferanten der Zeitpunkt der Auslieferung maßgeblich ist, also nicht der Zeitpunkt des Inverkehrbringens durch den wahren Hersteller). Auch wenn dieser Zeitpunkt wegen der Anonymität des Herstellers nicht nachweisbar ist, wird man regelmäßig davon ausgehen, daß der Hersteller das Produkt spätestens in dem Zeitpunkt in den Verkehr brachte, in dem es der Lieferant erwarb. Im Zweifel ist daher der **Zeitpunkt des Erwerbs durch den Lieferanten** nach § 1 Abs 2 Nr 2 maßgeblich.

125 Die **Beweislast** dafür, daß die Haftung gegenüber dem Hersteller nicht oder nur in geringerem Umfang begründet gewesen wäre, trägt richtiger Auffassung nach der **Lieferant**. Zwar handelt es sich bei diesen Umständen eigentlich um haftungsbegründende Tatsachen, die der Geschädigte im Rahmen einer (hypothetischen) Klage gegenüber dem Hersteller selbst darlegen und beweisen müßte. Doch zielt § 4 Abs 3 Satz 1 seiner Zwecksetzung nach gerade darauf, den Geschädigten vor den Schwierigkeiten der Ermittlung des Herstellers zu schützen. Deshalb kann auch die schwierige Beweisführung, ob und in welcher Höhe gegenüber dem nicht zu ermittelnden Hersteller ein Anspruch begründet wäre, nur dem sich damit entlastenden Lieferanten, nicht aber dem Geschädigten obliegen.

F.   Nennung des Importeurs bei ausländischem Sitz des Herstellers (Abs 3 Satz 2)

126 § 4 Abs 3 Satz 2 ergänzt den Schutz von Satz 1 insoweit, als nur die **Benennung eines inländischen Schuldners** den Lieferanten von der Haftungsverantwortung befreit (BT-Drucks 11/2447, 21). Der Tatbestand steht unter den selben Einschränkungen wie Satz 1.

§ 5
Mehrere Ersatzpflichtige

Sind für denselben Schaden mehrere Hersteller nebeneinander zum Schadensersatz verpflichtet, so haften sie als Gesamtschuldner. Im Verhältnis der Ersatzpflichtigen zueinander hängt, soweit nichts anderes bestimmt ist, die Verpflichtung zum Ersatz sowie der Umfang des zu leistenden Ersatzes von den Umständen, insbesondere davon ab, inwieweit der Schaden vorwiegend von dem einen oder anderen Teil verursacht worden ist; im übrigen gelten die §§ 421 bis 425 sowie § 426 Abs. 1 Satz 2 und Abs. 2 des Bürgerlichen Gesetzbuches.

Systematische Übersicht

Alphabetische Übersicht

Jürgen Oechsler

I. Allgemeines

1 Die **ProdHaftRichtlinie** regelt die gesamtschuldnerische Haftung der beteiligten Hersteller im Außenverhältnis (vgl Art 5 sowie Abs 5 der Begründungserwägungen), zum Ausgleich im Innenverhältnis verhält sie sich hingegen nicht. Die Regelung des § 5 Satz 1 ist daher im Hinblick auf die gemeinschaftsrechtlichen Vorgaben in der Richtlinie auszulegen, § 5 Satz 2 ist hingegen eine **Norm des nationalen Rechts**.

2 **Zweck der gesamtschuldnerischen Haftung** ist eine **gerechte Verteilung des Insolvenzrisikos**. Der Geschädigte soll aus einer Produktions- oder Verteilerkette den wirtschaftlich Leistungsfähigsten in Anspruch nehmen können. Auch muß er nicht gegen alle Hersteller vorgehen, um jedem gegenüber den jeweils verschuldeten Teil seines Schadens zu liquidieren (so in den Beratungen der Richtlinie vor allem das Europäische Parlament ABlEG v 21. 5. 1979 Nr C 127/61, 63; vgl auch BT-Drucks 11/2447, 21).

3 Durch das **Zusammenspiel der §§ 3 Abs 1 lit c, 1 Abs 2 Nr 2 und 5 Satz 1 ProdHaftG** entsteht indes ein erhebliches **Interesse des Geschädigten**, seine **Ansprüche im Zweifel gegenüber dem Hersteller des Endproduktes** geltend zu machen. Für alle Fehler nämlich, die von vorgeschalteten Teilprodukt- oder Grundstoffherstellern verursacht wurden, muß auch der Endprodukthersteller einstehen, weil er das Endprodukt belastet mit diesen Fehlern in den Verkehr gebracht hat (§ 1 Abs 2 Nr 2 iVm § 3 Abs 1 lit c). Der Geschädigte braucht sich mit ihm also anders als mit einem Teilprodukthersteller (vgl § 1 Abs 3 Satz 1) oder dem Hersteller eines Grundstoffs (§ 1 Abs 3 Satz 2) nicht über den Verantwortungsumfang im einzelnen auseinanderzusetzen. ZT will das **Schrifttum** darin sogar eine **Haftungskanalisierung auf den Hersteller des Endproduktes** erkennen (Graf vWᴇsᴛᴘʜᴀʟᴇɴ NJW 1990, 83, 90). Dies geht sicher zu weit, weil das Gesetz den Geschädigten gerade nicht einseitig an den Endprodukthersteller verweist, sondern ihm ausweislich der gesamtschuldnerischen Haftung nach § 5 Satz 1 die Möglichkeit offenhält, auch andere Verantwortliche in Anspruch zu nehmen (Wᴀɴᴅᴛ BB 1994, 1436, 1438). Allerdings wird aufgrund des einmal entstandenen Anreizes zur Rechtsdurchsetzung gegenüber dem Endprodukthersteller ein **Ausgleich im Innenverhältnis** erforderlich, **der** die im Außenverhältnis nach § 1 Abs 2 Nr 2 iVm § 3 Abs 1 lit c ausgeblendeten **Verhaltens- und Verschuldenselemente berücksichtigt** (Wᴀɴᴅᴛ aaO). Der nach Verschuldensgesichtspunkten nicht verantwortliche Endprodukthersteller haftet daher zwar dem Geschädigten im Außenverhältnis, im Innenverhältnis zu seinen Zulieferern kann er jedoch Rückgriff nehmen. Wirtschaftlich betrachtet besteht sein Nachteil gerade darin, das Konkursrisiko seiner Rückgriffsschuldner **zugunsten des Geschädigten** tragen zu müssen.

II. Die gesamtschuldnerische Haftung

4 Die gesamtschuldnerische Haftung findet nur Anwendung, wenn für den Schaden **mehrere Hersteller** verantwortlich sind. Nach **hM** setzt dies zu Recht voraus, daß **alle Hersteller nach § 1 Abs 1 Satz 1 ProdHaftG haften** (Rᴏʟʟᴀɴᴅ Rn 6; MünchKomm/Cᴀʜɴ Rn 2; Tᴀsᴄʜɴᴇʀ/Fʀɪᴇᴛsᴄʜ Rn 3; eine Ausnahme macht das **schwedische Produkthaftungsgesetz**, das den Rückgriff in § 11 ausdrücklich auch dann zuläßt, wenn ein Händler oder Dienstleister aufgrund des Konsumentenkauf- oder Konsumentendienstleistungsgesetzes Ersatz schuldet).

5 Bei den Verpflichtungsadressaten muß es sich also um **Hersteller** handeln. Für **Gehil-**

fen, Vertreter oder **Organe** wird arg e § 6 Abs 2 Satz 2 nicht gehaftet; hier kommt es jedoch zu einem Innenausgleich analog § 5 Satz 2 (vgl ebenda).

§ 5 Satz 1 ist **nicht anwendbar, wenn** ein Anspruchsgegner **nicht nach § 1 Abs 1 Satz 1** 6 **haftet**, sondern aufgrund einer anderen Haftungsnorm (etwa Vertrag, § 823 Abs 1 BGB). Unschädlich ist es jedoch, wenn ein Hersteller außer nach § 1 Abs 1 Satz 1 auch aufgrund einer anderen Norm haftet (ROLLAND Rn 7).

Ferner kommt eine gesamtschuldnerische Haftung nur gegenüber solchen Herstel- 7 lern in Betracht, die die **Voraussetzungen des § 1 Abs 1 Satz 1** erfüllen und sich nicht gem § 1 Abs 2 oder Abs 3 entlasten können.

Die Haftung der verschiedenen Hersteller muß sich schließlich auf **denselben Schaden** 8 beziehen. Deshalb kommt durchaus eine Haftung bei alternativer Kausalität iSd § 830 Abs 1 Satz 2 BGB in Betracht; in diesen Fällen haben zwar denklogisch nicht alle Hersteller den Schaden verursacht. Entscheidend kommt es jedoch darauf an, daß sie für einen Schadensfall „nebeneinander" haften (ähnlich zT allerdings nicht auf § 830 Abs 1 Satz 2 BGB bezogen: ROLLAND Rn 7 f; MünchKomm/CAHN Rn 3). **Unschädlich** ist es, wenn die Hersteller in unterschiedlicher Höhe für den Schaden haften (ROLLAND Rn 8).

Fraglich ist, ob ein **Mitverschulden des Geschädigten** der gesamtschuldnerischen Haf- 9 tung entgegensteht (dazu WANDT in: SCHMIDT-SALZER, Kommentar EG-Richtlinie Produkthaftung Bd 2 Brosch 21 Rn 26). Nach deutschem Recht ist ein Mitverschulden mit einer gesamtschuldnerischen Haftung der Schädiger partiell nicht vereinbar, weil der Geschädigte als Mitschädiger angesehen wird. Deshalb muß der Schadenersatzbetrag in solchen Fällen in Teil- und Gesamtschulden entsprechend der Mitverschuldensquote aufgespalten werden (STEFFEN DAR 1990, 41; ders, Haftungsprobleme bei einer Mehrheit von Schädigern, in: Arbeitsgemeinschaft Verkehrsrecht im DAV, Haftungsprobleme – Der Alkohol [1990] 7 ff; HERTEL, Haftungsprobleme bei einer Mehrheit von Schädigern ebenda 30 ff; E LORENZ, Die Lehre von den Haftungs- und Zurechnungseinheiten und die Stellung des Geschädigten in Nebentäterfällen [1979]; WANDT, in: SCHMIDT-SALZER/HOLLMANN Bd 2 Brosch 20 Rn 15 ff). **Zweifelhaft** erscheint, **ob dies auch im Rahmen des § 5 Satz 1 gilt**. Die Richtlinie ordnet in ihrem Art 5 die gesamtschuldnerische Haftung „unbeschadet des einzelstaatlichen Rückgriffsrechts" an. Zunächst ließe dies daran denken, daß die Durchbrechung der gesamtschuldnerischen Haftung durchaus als eine Besonderheit des deutschen Rückgriffsrechts zu behandeln wäre, die durch die Richtlinie nicht beeinträchtigt werden soll. Die Art 5 ProdHaftRichtl zugrundeliegende Unterscheidung ist jedoch eine andere: Die Norm beschränkt sich erkennbar auf eine Regelung des Außenverhältnisses zwischen dem Geschädigten und den Herstellern und spart den Ausgleich im Innenverhältnis der Hersteller untereinander aus. Dies zeigt gerade ihre **Entstehungsgeschichte**: Das **Europäische Parlament** hielt nämlich in seiner Stellungnahme zum ersten Kommissionsvorschlag eine gesamtschuldnerische Haftung der Hersteller für geboten, „unbeschadet des Rechts jedes einzelnen, sich gegenüber Dritten schadlos zu halten" (ABlEG 1979 Nr C 127/61, 63); der zweite und letztlich für die Endfassung maßgebliche Vorschlag der Kommission folgte dieser Überlegung (ABlEG 1979 Nr C 271/3, Art 3). Bedenkt man ferner, daß Art 8 Abs 2 der Richtlinie im Falle des Mitverschuldens nur eine Anspruchsminderung, nicht aber den Wegfall der gesamtschuldnerischen Verantwortung der Hersteller anordnet, und daß die Durchbrechung der gesamtschuldnerischen Haftung im Falle des Mitverschuldens einen deutschen Sonderweg darstellt, der in anderen Rechtsordnungen ohne Parallelen ist (Wandt, in: Schmidt-Salzer/Hollmann Brosch 20 Rn 29), spricht vieles dafür, daß auch bei Mitverschulden des Geschädigten die gesamtschuldnerische Haftung der Hersteller fortbesteht.

III. Der Innenausgleich

I. Normzweck

10 Die Richtlinie macht hinsichtlich des Innenausgleichs keine Vorgabe. So hat der **Gesetzgeber** nach eigener Auskunft den § 5 Satz 2 am Vorbild von § 17 Abs 1 Satz 1 Straßenverkehrsgesetz, § 41 Abs 1 Satz 1 Luftverkehrsgesetz und § 13 Abs 1 Satz 1 Haftpflichtgesetz ausgestaltet (BT-Drucks 11/2447, 21). Erkennbar bestehen auch Parallelen zu den § 254 Abs 1 Satz 1 BGB und § 93 Satz 2 AMG (Wandt BB 1994, 1436, 1439).

11 Die **Ausblendung von Verschuldensfragen bei der Haftungsbegründung im Außenverhältnis dient allein dem Schutz des Geschädigten** und beinhaltet **keine Privilegierung der am Produktionsvorgang beteiligten Hersteller untereinander** (Wandt BB 1994, 1436, 1438). Deshalb verdienen beim Innenausgleich die Verletzung von Verhaltenspflichten und Verschuldensfragen besondere Beachtung. Der Gesetzgeber bringt dies in § 5 Satz 2, HS 2 dadurch zum Ausdruck, daß gerade **kein Verweis auf § 426 Abs 1 Satz 1 BGB** erfolgt. An die Stelle einer gleichmäßigen Haftung tritt daher ein am Grundgedanken des § 254 Abs 1 BGB ausgerichteter Ausgleich, der bei Fehlen einer vertraglichen Vereinbarung darauf gründet, inwieweit der Schaden vorwiegend von dem einen oder von dem anderen Teil verursacht worden ist (BT-Drucks 11/2447, 21 im Anschluß an BGH VersR 1957, 441; so auch Taschner/Frietsch Rn 12).

12 § 5 Satz 2 vermittelt schließlich einen **originären Regreßanspruch**, der grundsätzlich auch dann noch besteht, wenn der Haftungsanspruch aus § 1 Abs 1 Satz 1 ProdHaftG bereits **verjährt** (Wandt BB 1994, 1436, 1440) oder nach § 13 **erloschen** ist (Lorenz ZHR 151 [1987] 1, 35; MünchKomm/Cahn Rn 7; Rolland Rn 14; Taschner/Frietsch Rn 16; zweifelnd Wandt BB 1994, 1436, 1440; vgl auch Mayer VersR 1990, 691, 698 f).

13 Weiter schließt § 5 Satz 2 auch einen **Anspruch auf Befreiung** von der Leistungspflicht gegenüber den anderen Gesamtschuldnern ein, und zwar in dem Umfang, in dem die ausgleichspflichtigen Gesamtschuldner im Innenverhältnis den Schaden zu tragen haben (Rolland Rn 15). Hat der in Anspruch genommene Gesamtschuldner an den Gläubiger gezahlt, verwandelt sich der Befreiungsanspruch in einen **Zahlungsanspruch** (Rolland Rn 16).

14 Gem § 5 Satz 2 iVm § 426 Abs 2 Satz 1 BGB geht die Forderung des Gläubigers gegenüber den anderen Gesamtschuldnern über, soweit ein Gesamtschuldner den Gläubiger befriedigt hat und von den anderen Gläubigern Ausgleich verlangen kann (**Legalzession**; vgl allgemein auch BGHZ 17, 214, 222).

2. Die vorwiegende Verursachung

Die Verantwortung im Innenverhältnis bestimmt sich nach dem **Verhältnis der Verur- 15 sachungsbeiträge, korrigiert durch eine Abwägung des gegenseitigen Verschuldens** (LUKES, Reform der Produkthaftung [1979] 150; WANDT BB 1994, 1436, 1439; ROLLAND Rn 22). Während die Verantwortung im Außenverhältnis nach § 4 Abs 1 Satz 1 weitgehend von Verschuldenselementen frei ist, kommt es im Innenverhältnis der Hersteller auf Verschuldensanteile an, weil es hier nicht um leichte Schadensliquidierung, sondern um gerechte Schadensverteilung geht.

Bedeutend für die Verteilung ist einmal die **Aufgabenverteilung** zwischen den Herstel- 16 lern (MünchKomm/CAHN Rn 6). Hat der Zulieferer den Fehler verursacht, der Herstel- ler aber eine Überwachungspflicht verletzt, so kommt nur eine partielle Weiterver- lagerung auf den Zulieferer in Betracht (WANDT BB 1994, 1436, 1438). Weiterhin soll es auf den **Grad des eingebrachten Risikos** ankommen (ROLLAND Rn 22).

Im Innenverhältnis entlastend muß dabei wirken, wenn die Haftung im Außenverhält- 17 nis lediglich den Schutz des Vertrauens des Geschädigten bzw die Schließung von Rechtsschutzlücken bezweckt, nicht aber auf einem Ursachenbeitrag des Herstellers gründet. So haftet der **Quasi-Hersteller** iSd § 4 Abs 1 Satz 2 nur, weil er durch Kenn- zeichnung der Ware den Eindruck eigener Verantwortung für die Produktsicherheit erweckt; tatsächlich trägt er durch sein Verhalten zu den Produktsicherheitsrisiken nicht bei. Im Innenverhältnis zum wahren Hersteller hat er deshalb das schadensre- levante Produktsicherheitsrisiko weder verursacht, noch verschuldet. Danach müßte er im Innenverhältnis vollständig von der Verantwortung freigestellt werden. Glei- ches gilt für den **Lieferanten**, der subsidiär nach § 4 Abs 3 Satz 1 haftet. Auch seine Verantwortung gründet nicht auf einem kausalen Beitrag zur Steigerung bzw Begründung von Produktsicherheitsrisiken, sondern auf dem gesetzgeberischen Anliegen, die durch Vertrieb anonymer Produkte entstandene Schutzlücke zugun- sten des Geschädigten zu schließen.

Beim **Importeur** schließlich muß unterschieden werden: Soweit seine Haftung aus- 18 schließlich mit der schweren Erreichbarkeit des im Ausland ansässigen Herstellers begründet wird, trifft ihn im Hinblick auf die Fehlerhaftigkeit des Produkts und den eingetretenen Schaden schwerlich der Vorwurf eines eigenen Ursachenbeitrags. Soweit aber eine Haftung des **Re-Importeurs** in Betracht zu ziehen ist (oben § 4 Rn 84 f) kann die Fehlerhaftigkeit des Produkts darauf beruhen, daß dieses eigentlich für einen ausländischen Markt mit niedrigeren Sicherheitserwartungen bestimmt war und nun ua dadurch fehlerhaft wurde, daß es den auf dem heimischen Markt herr- schenden erhöhten Sicherheitserwartungen nicht genügt. Hier kommt auch **eine originäre Verantwortung** des Re-Importeurs in Betracht, weil er durch die Einfuhr bestimmt hat, welche Sicherheitserwartungen an das Produkt gerichtet werden.

Aus **§ 6 Abs 2** iVm § 5 folgt, daß jeder Hersteller Verantwortung für die Dritten trägt, 19 die er selbst in den Produktionsprozeß eingeschaltet hat und die nicht als Hersteller haften (**Arbeiter, Organe**, aber auch **selbständige Dienstleister**; vgl § 6 Rn 15).

Irrelevant ist die Frage, **wie sich der Schaden wirtschaftlich auswirkt**, weil etwa ein 20

Schuldner eine Haftpflichtversicherung unterhält, der andere aber nicht (WANDT BB
1994, 1436, 1439).

3. Vertraglich vereinbarte Maßstäbe des Innenausgleichs

21 § 5 Satz 2 sieht seinem Wortlaut nach vertragliche Vereinbarungen über den Innenausgleich vor; darin liegt insbesondere **kein Verstoß gegen § 14 Satz 1** (BT-Drucks
11/2447, 25).

22 Vor allem im Rahmen der **Just-In-Time-Produktion** spielen für den Innenausgleich
sog **Qualitätssicherungsvereinbarungen** eine entscheidende Rolle (dazu STEINMANN, Qua-
litätssicherungsvereinbarungen zwischen Endproduktherstellern und Zulieferern [1993] 103 ff;
MARTINEK, Moderne Vertragstypen Bd 3 [1993] 303 ff; MERZ, Qualitätssicherungsvereinbarungen
im rechtlichen Gefüge moderner industrieller Lieferbeziehungen [1992]; DROSTE, Der Regreß des
Herstellers gegen den Zulieferanten [1994]; GEBHARDT, Der Zuliefervertrag [1994]; SAXINGER,
Zulieferverträge im deutschen Recht [1993]; STECKLER, Die rechtlichen Risiken der Just-in-Time-
Produktion [1996]; Graf vWESTPHALEN/BAUER, Just-In-Time-Lieferungen und Qualitätssicherungs-
vereinbarungen [1993]; vgl auch folgende Einzelbeiträge: ENSTHALER NJW 1994, 817; GRUNEWALD
NJW 1995, 1777; HOLLMANN CR 1992, 13; KLEBE/ROTH CR 1990, 677, 678; KREIFELS ZIP 1990,
489; LEHMANN BB 1990, 1849; NAGEL/RIESS/THEIS DB 1989, 1505, 1509 f; dies BB 1993, 873; SURA
MDR 1994, 332; TEICHLER BB 1991, 428; Graf vWESTPHALEN CR 1993, 65). Um eigene Lager-
und Entwicklungskosten zu sparen, lagern die Produzenten nämlich die Fertigung
von Teilprodukten auf ihre Zulieferer aus und verpflichten diese, je nach Abruf zu
zeitnaher Anlieferung an das eigene Werk („just in time"). Zur Vermeidung von
Verzögerungen scheidet dabei aus ökonomischer Sicht eine Prüfung der Warenqua-
lität durch den Produzenten im Zeitpunkt der Anlieferung aus, erstens weil sich
dadurch der Zeitraum zwischen der Anlieferung durch den Zulieferer und der Endmontage vergrößert und zweitens weil im Zeitpunkt der Anlieferung keine Zeit mehr
für die Mängelbeseitigung verbleibt, soll der Produktionsablauf nicht für längere
Zeit unterbrochen werden. Konsequenterweise verlagern die Hersteller daher
umfangreiche Vorkehrungen zur Mängelvermeidung in den Produktionsablauf des
Zulieferunternehmens vor. Auf der Grundlage besagter Qualitätssicherungsvereinbarungen wird der Zulieferer zur Herstellung fehlerfreier Teilprodukte verpflichtet,
wobei dem Hersteller umfangreiche Kontroll- und Einflußmöglichkeiten über das
Zulieferunternehmen eingeräumt werden. Diesen Vereinbarungen kommt wegen
§ 14 Satz 1 iVm § 5 Satz 1 ProdHaftG **keine Bedeutung im Außenverhältnis** zum Verbraucher zu, doch sind sie von erheblichem Einfluß auf den **Innenausgleich zwischen
Teil- und Endhersteller.** Im Innenverhältnis zum Endhersteller kann der Zulieferer
nämlich nicht mehr geltend machen, der Endhersteller trage einen Teil der Verantwortung für den Schaden mit, weil er das Zulieferteil vor Eingang nicht ausreichend
kontrolliert habe; denn die **Kontroll- und Rügeobliegenheit des Endherstellers ist in der
Vereinbarung gerade abbedungen** (kritisch STEINMANN 105). Andererseits führt die Qualitätssicherungsvereinbarung richtiger Ansicht nach auch zu einer **erhöhten Verantwortlichkeit des Endherstellers im Innenverhältnis,** und zwar in dem Maße, in dem ihm
durch die Qualitätssicherungsvereinbarung Einflußmöglichkeiten auf den Produktionsablauf im Zulieferunternehmen eingeräumt worden sind (STEINMANN 104 ff; **aA**
etwa LEMPENNAU DB 1980, 1679, 1681; NAGEL DB 1991, 319, 325; wN zur Gegenmeinung bei
STEINMANN Fn 340).

Hierbei verdient **der systematische Zusammenhang** zu § 1 Abs 3 ProdHaftG besondere 23
Beachtung: Soweit Anleitungen des Endproduktherstellers einen Fehler des zugelieferten Teilprodukts herbeigeführt haben, vermag sich der Zulieferer bereits im
Außenverhältnis zu entlasten und haftet dann nicht als Gesamtschuldner nach § 5
Satz 1 BGB. Bei Einflußnahmen, die unterhalb dieser Schwelle liegen (zum Begriff der
Anleitung vgl oben § 1 Rn 140 ff), kommt statt dessen eine vollständige oder teilweise
Entlastung des Zulieferers im Innenverhältnis zum Endprodukthersteller in
Betracht, wenn dem Hersteller vertragliche Einflußmöglichkeiten in demjenigen
Bereich der Fertigung eingeräumt wurden, in dem der Fehler entstanden ist und
diese Einflußmöglichkeiten sich auf den Fehler mit ausgewirkt haben.

Bisweilen finden sich in den Qualitätssicherungsvereinbarungen auch **ausdrückliche** 24
Haftungszuweisungen an den Zulieferer (dazu STEINMANN 106; Graf vWESTPHALEN CR 1993,
65, 72); diese führen unmittelbar zu einer Schadensverlagerung im Rahmen des § 5
Satz 2 ProdHaftG, soweit sie nach § 9 AGBG wirksam sind (STEINMANN 106). Für die
grundsätzliche **Wirksamkeit einer solchen Klausel** spricht, daß der Teilhersteller idR
allein für die Sicherheit des von ihm hergestellten Teilproduktes verantwortlich ist
(ENSTHALER NJW 1994, 817, 822; STEINMANN 142). **Unwirksam** wird die Klausel jedoch
dann, wenn sie den Zulieferer auch für solche Fehler des Produkts im Innenverhältnis zur Verantwortung zieht, die infolge einer Anleitung des Endproduktherstellers
an den Zulieferer iSd § 1 Abs 3 ProdHaftG entstanden sind. Hier verstieße die Klausel gegen den Gerechtigkeitsgehalt des § 1 Abs 3 Satz 1 ProdHaftG (§ 9 Abs 2 Nr 1
AGBG) (ähnlich, jedoch mit anderer Begründung jeweils STEINMANN 142 und Graf vWESTPHA
LEN aaO). Darüber hinaus dürfte es grundsätzlich aus Sicht des Endproduktherstellers
eine Treuwidrigkeit iSd § 242 BGB darstellen (venire contra factum proprium),
wenn er sich einerseits im Wege der Qualitätssicherungsvereinbarung gezielte Einflußmöglichkeiten auf die Produktion im Zulieferunternehmen einräumen ließe,
andererseits aber den Zulieferer voll zur Verantwortung ziehen könnte, wenn der
Produktfehler genau in dem Bereich entstanden ist, der seiner Kontrolle und Einflußnahme unterliegt. Dieser Gerechtigkeitsgedanke muß die Beurteilung der Klausel nach § 9 Abs 1 AGBG entscheidend beeinflussen (ähnlich STEINMANN 142 und Graf
vWESTPHALEN aaO).

4. Die Haftung der übrigen Regreßschuldner

Dem Rückgriffsberechtigten haften die Regreßschuldner **grundsätzlich nur anteilsmä** 25
ßig (pro rata) und nicht gesamtschuldnerisch; denn die Verantwortlichkeit der Rückgriffsschuldner gegenüber dem Rückgriffsgläubiger ist auf ihren jeweiligen Tatbeitrag begrenzt (Wandt BB 1994, 1436, 1439). Bei **Ausfall eines Regreßschuldners** haben die
übrigen im Verhältnis der auf sie entfallenden Anteile seinen Anteil zu tragen (§ 5
Satz 2 HS 2 ProdHaftG iVm § 426 Abs 1 Satz 2 BGB). Der Ausgleichsanspruch
umfaßt allerdings **nicht die Prozeßkosten**, die durch Abwehr des Anspruchs gegenüber
dem Gläubiger entstanden sind (BGH VersR 1957, 800; ROLLAND Rn 17).

Nach allgemeinen Grundsätzen kommt eine **gesamtschuldnerische Haftung** aber dann 26
in Betracht, wenn der **Regreßberechtigte selbst im Innenverhältnis keinen Anteil zu tra**
gen hat, seinem Rückgriffsanspruch also eher der Charakter eines Ersatzanspruches
zukommt (RGZ 87, 64, 68; BGHZ 17, 214, 222; VersR 1957, 441; aA ROLLAND Rn 16). Daran
ist insbesondere beim **Rückgriff des Quasi-Herstellers**, des nach § 4 Abs 3 Satz 1 haf-

tenden **Lieferanten** und in Grenzen auch des nach § 4 Abs 2 haftenden **Importeurs** zu denken, weil diese im Innenverhältnis grundsätzlich keine Verantwortung tragen (oben Rn 17 f). Hier dürfte auch der Fall einzuordnen sein, daß der Fehler des End-produktes allein auf einem Fehler des Teilprodukts gründet und der Endprodukther-steller allein deshalb haftet, weil er das mit dem fehlerhaften Teilprodukt versehene Endprodukt in den Verkehr gebracht hat (ROLLAND Rn 16).

27 Nach allgemeinen Regeln kann schließlich auch der Regreßberechtigte, der einen eigenen Anteil zu tragen hat, auf die anderen wie auf Gesamtschuldner zugreifen, wenn die anderen Regreßschuldner eine sog **Haftungseinheit** bilden (RGZ 136, 275, 287; BGHZ 6, 3, 27; 61, 213, 220; BGH NJW 1978, 2392. Vgl insbes auch zur **Zurechnungseinheit** BGHZ 61, 213, 219).

5. Internationaler Anwendungsbereich*

28 Das von der Bundesrepublik **nicht ratifizierte Haager Übereinkommen** vom 2. 10. 1973 über das auf die Produkthaftpflicht anwendbare Recht (abgedruckt RabelsZ 37 [1973] 594, dazu LORENZ RabelsZ 37 [1973] 317 ff) verhält sich nicht zur Verteilung des Haftungsschadens (vgl zu dem allerdings nicht durchgesetzten Entwurf einer Regreßnorm durch die Spezialkommission der Haager Konferenz: WANDT, in: SCHMIDT-SALZER/HOLLMANN Bd 2 Brosch 22 Rn 9). Deshalb richtet sich die Anknüpfung nach den allgemeinen Vorschrif-ten.

29 **Art 33 Satz 2 EGBGB** regelt das auf die **Legalzession** im Falle der Gesamtschuld anwendbare Recht. Soweit der Anwendungsbereich dieser Norm reicht – die Einzel-heiten sind allerdings umstritten (unten Rn 31) – richten sich nach **ganz hM** auch die anderen Regreßansprüche (originärer Anspruch iSd § 426 Abs 1, Ansprüche aus GoA bzw ungerechtfertigter Bereicherung) nach dem die Legalzession regierenden Recht (WANDT, in: SCHMIDT-SALZER/HOLLMANN Bd 2 Brosch 22 Rn 23). Dieser **Gleichklang** ist **erforderlich**, weil nicht die technische Regreßabwicklung im einzelnen, sondern das materielle Rückgriffsrecht den für die Anknüpfung relevanten Schwerpunkt bil-det.

30 Gem Art 33 Abs 3 Satz 1 iVm Satz 2 richtet sich die Legalzession nach dem **Recht, das für die Forderung des Gläubigers gegenüber dem Regreßberechtigten maßgebend** ist. Das **Recht der Außenhaftung determiniert** danach **das Regreßrecht**. Zugrunde liegt die **Gerechtigkeitsüberlegung**, daß die Gesamtschuldner gleichrangig behandelt werden müssen und daß die Bestimmung des anwendbaren Rechts nicht von dem Zufall abhängen darf, welchen von mehreren Gesamtschuldnern der Geschädigte gerade in Anspruch genommen hat und wer daher auf die anderen Gesamtschuldner Rückgriff nehmen darf (WANDT, in: SCHMIDT-SALZER/HOLLMANN Bd 2 Brosch 22 Rn 38). Unstreitig

---

* **Schrifttum:** vBAR, Abtretung und Legalzes-sion im neuen deutschen Internationalen Privat-recht, RabelsZ 53 (1989) 462; KOCH, Interna-tionale Produkthaftung und Grenzen der Rechtsangleichung durch die EG-Richtlinie, ZHR 152 (1988) 537; STOLL, Rechtskollision bei Schuldnermehrheit, in: FS Müller-Freien-fels (1986) 632; WANDT, in: SCHMIDT-SALZER/ HOLLMANN Bd 2 Brosch 22; ders, Internationa-le Produkthaftung (1995); ders, Produkthaftung mehrerer und Regreß, BB 1994, 1463; WINK-KELMANN, Produkthaftung bei internationalen Unternehmenskooperationen (1991).

findet Art 33 Abs 3 Satz 2 EGBGB immer dann **Anwendung, wenn die Gesamtschuldner nach demselben Recht haften** (WANDT Rn 21 mwN).

Fraglich ist die **Anwendbarkeit des Art 33 Abs 3 Satz 2 EGBGB** hingegen, **wenn die** 31 **Gesamtschuldner nach unterschiedlichen Rechten haften.** Nach einer **Meinung** findet die Norm auch in diesen Fällen Anwendung (vBAR, Internationales Privatrecht Bd 2 [1991] Rn 584; ders RabelsZ 53 [1989] 462, 483 f; WINCKELMANN 192 f). Nach **anderer Meinung** scheidet die Anwendung vor allem aus entstehungsgeschichtlichen Gründen aus (STOLL, in: FS Müller-Freienfels [1986] 632, 634 f; WANDT, in: SCHMIDT-SALZER/HOLLMANN Bd 2 Brosch 22 Rn 26 f; ders ZVglRWiss 86 [1987], 272, 290 ff; KOCH ZHR 152 [1988] 537, 555). Die Norm geht nämlich auf Art 13 Abs 2 EuGVÜ zurück, der sich nur zur vertraglichen Haftung verhält, also stets den Fall voraussetzt, daß einheitlich nach dem auf den Vertrag anwendbaren Recht gehaftet wurde. Die Ausweitung der Regelung durch den deutschen Gesetzgeber auf außervertraglich begründete Forderungen darf nach diesem Verständnis nicht dazu führen, die Norm auch auf Fälle anzuwenden, bei denen nach unterschiedlichen Rechten gehaftet werde. Dafür spreche auch der Wortlaut des Art 33 Abs 3 Satz 2 EGBGB „dieselbe Forderung". Aber auch diese Gegenansicht greift zT auf den der Norm zugrundeliegenden Rechtsgedanken zurück, nach welchem das Recht des Rückgriffs durch das Recht der Außenhaftung regiert wird (WANDT Rn 38). Der **Streit** hat danach **keine sonderlich praktische Bedeutung.** Auch der **Gesetzgeber** geht davon aus, daß sich der **Rückgriff einheitlich nach dem Recht der Außenhaftung richtet** (BT-Drucks 11/2447, 21; TASCHNER/FRIETSCH Rn 22).

Gerade aus Sicht der Rückgriffsproblematik stellt die Bestimmung des die Produktaußen- 32 **haftung regierenden Rechts ein besonderes Problem** dar. Während die hM an der Tatortregel verbunden mit einem Wahlrecht des Geschädigten (**Ubiquitätsregel**) festhält (vgl Einl 61 ff sowie aus der ProdHaftLiteratur TASCHNER/FRIETSCH § 5 Rn 22; HOLLMANN, in: SCHMIDT-SALZER/HOLLMANN Brosch 2 Rn 10), weist WANDT (Internationale Produkthaftung, 1995; vgl aber auch ders, in: SCHMIDT-SALZER/HOLLMANN Bd 2 Brosch 22 Rn 42 ff) zu Recht darauf hin, daß das Kollisionsrecht anders als das materielle Recht keine Instrumentarien besitzt, um Außenhaftung und Regreß aufeinander abzustimmen. Hat es der Betroffene nämlich in der Hand, in bezug auf einzelne an der Produktion Beteiligte unterschiedliche Rechte zu wählen, so ist die im Hinblick auf den Gleichrang der Gesamtschuldner gebotene einheitliche Behandlung gerade gefährdet. Eine einheitliche Behandlung wäre dann nur möglich durch Anknüpfung an das Recht des Regreßberechtigten bzw das Recht des Regreßverpflichteten. Dies öffnete allerdings dem Zufall wiederum Tür und Tor, weil die Bestimmung des anwendbaren Rechtes letztlich von der Zufälligkeit abhinge, wen der Geschädigte in Anspruch genommen hat und wer daher zum Regreß berechtigt ist. Praktikabel erscheint daher die bereits oben (§ 1 Rn 61) vertretene und begründete einheitliche Anknüpfung an den Ort des innerhalb des Geltungsbereichs des EWR belegenen **Endverbrauchermarktes,** auf dem das Produkt zum ersten Mal plaziert wurde.

Die **internationale Zuständigkeit** bei Regreßklagen richtet sich nach **Art 5 Nr 3 EuGVÜ** 33 (WANDT, in: SCHMIDT-SALZER/HOLLMANN Brosch 23, Rn 19 ff; TASCHNER/FRIETSCH Rn 20).

§ 6
Haftungsminderung

(1) Hat bei der Entstehung des Schadens ein Verschulden des Geschädigten mitge-wirkt, so gilt § 254 des Bürgerlichen Gesetzbuchs; im Falle der Sachbeschädigung steht das Verschulden desjenigen, der die tatsächliche Gewalt über die Sache ausübt, dem Verschulden des Geschädigten gleich.

(2) Die Haftung des Herstellers wird nicht gemindert, wenn der Schaden durch einen Fehler des Produkts und zugleich durch die Handlung eines Dritten verursacht wor-den ist. § 5 Satz 2 gilt entsprechend.

Systematische Übersicht

Alphabetische Übersicht

I. Mitverantwortung des Geschädigten für den eingetretenen Schaden (Abs 1)

1. Entstehungsgeschichte und Zweck

Der **erste Richtlinienvorschlag** regelte die Haftungsminderung bei Mitverantwortlich- **1** keit des Geschädigten am Schaden nicht. Offensichtlich betrachtete man diese Rechtsfolge als Selbstverständlichkeit (TASCHNER/FRIETSCH Rn 1). Der **Wirtschaftsausschuß** gab indes in seiner Stellungnahme zu bedenken, daß der Ersatzanspruch des Geschädigten bei Mitverschulden herabgesetzt werden müsse (ABIEG 1979 NR C 114/15, Rn 2. 5. 1.). Das **Europäische Parlament** präzisierte diese Überlegung dahin, daß im Falle eines Mitverschuldens des Geschädigten selbst sowie der Personen, für die er nach nationalem Recht hafte, im Rahmen der Regelungen des nationalen Rechts eine Haftungsminderung eintreten müsse (ABIEG 1979 NR C 127/61, 64). Dem schloß sich die Kommission im zweiten Richtlinienvorschlag an (ABIEG 1979 Nr C 271/3, BegrErwägung Abs 12, Art 5 Abs 2).

Nach **hM** beinhaltet Art 8 Abs 2 ProdHaftRichtl und der auf ihm gründende § 6 **2** Abs 1 eine „**stillschweigende Weiterverweisung auf das jeweilige nationale Recht**" (SCHMIDT-SALZER/HOLLMANN Art 8 Rn 6; TASCHNER/FRIETSCH Rn 6; ROLLAND Rn 2; Münch-Komm/CAHN Rn 4). Maßgeblich für den nationalen Gesetzgeber ist nur die Überlegung, daß der Geschädigte in Höhe seines Eigenbeitrags zum Schaden an den wirtschaftlichen Lasten zu beteiligen ist; die weitere Ausführung bleibt den einzelnen Produkthaftungsgesetzen vorbehalten (vgl die Entscheidung des OLG Hamm VersR 1993, 765, 766 zum Mitverschulden).

2. Tatbestand

a) Systematischer Überblick
Art 8 Abs 2 der ProdHaftRichtl formuliert den maßgeblichen Tatbestand präziser als **3** § 6 Abs 1. Danach kommt eine Haftungsminderung in Betracht, „wenn der Schaden durch einen Fehler des Produkts und zugleich durch Verschulden des Geschädigten oder einer Person, für die der Geschädigte haftet, verursacht worden ist".

Zunächst setzt die Norm eine **Obliegenheitsverletzung** voraus; dem Geschädigten **4** gereicht es Nachteil, daß er die Sorgfalt außer Acht gelassen hat, die nach Lage der Dinge erforderlich erscheint, um sich selbst vor Schaden zu bewahren (BT-Drucks 11/2447, 21; SCHLECHTRIEM VersR 1986, 1033, 1039; TASCHNER/FRIETSCH Rn 10). Zum „Vorwurf" gereicht ihm ein Verschulden gegen sich selbst (RGZ 149, 7; BGHZ 3, 49; 57, 137; NJW 1970, 944). Die Norm verweist ausdrücklich auf § **254 BGB**; angesichts der Entstehungsgeschichte des Art 8 Abs 2 ProdHaftRichtl und der weitgehenden Verweisung auf das nationale Recht, wird man diese Verweisung wohl als **Rechtsgrundverweisung** verstehen müssen. Das OLG Hamm (VersR 1993, 765, 766) wendet etwa § 254 Abs 2 BGB auf den Anspruch aus § 1 Abs 1 Satz 1 an. Hinsichtlich der Einzelheiten kann daher auf die einschlägige Kommentierung verwiesen werden. Auf jeden Fall kommt es im Rahmen des § 6 Abs 1 ebenso auf eine **Abwägung der Gesamtumstände** an (TASCHNER/FRIETSCH Rn 15) wie auf **Zurechnungsfähigkeit**, soweit gerade ein Verschulden des Geschädigten haftungsmindernd wirken soll (ROLLAND Rn 9 ff, dort auch für eine analoge Anwendung des § 829 BGB).

5 **Praktisch** relevant wird § 6 Abs 1 etwa in den Fällen des schuldhaft **falschen Produktgebrauchs**, wobei allerdings darauf zu achten ist, daß der Hersteller nicht für alle
Fälle des Produktgebrauchs (zB Produktmißbrauch § 3 Rn 59 ff, vgl auch § 3 Abs 1 lit b) haftet. Nur in den Fällen des vorhersehbaren Fehlgebrauchs ist der Hersteller danach
verantwortlich. Denkbar ist die Anwendung der Norm auch in den Fällen der sog
freiwilligen Selbstgefährdung bzw des **Handelns auf eigene Gefahr**, das etwa dann vorliegen kann, wenn das Produkt trotz Kenntnis des Fehlers gebraucht wird (ROLLAND
Rn 54). Auch gilt einschränkend, daß es von vornherein an einer Haftung des Herstellers fehlen kann, wenn der Fehler **offenkundig** war, weil sich dann keine die
Fehlereigenschaft begründenden Sicherheitserwartungen bei den beteiligten Verkehrskreisen bilden konnten (§ 3 Rn 90 ff). Eine **Einwilligung in die Rechtsgutsverletzung**, deren Berücksichtigung man ansonsten im Rahmen des § 254 BGB erwägen
könnte, **scheitert regelmäßig an § 14 ProdHaftG** (so bereits ROLLAND Rn 56). Ebensowenig wie der Geschädigte einen wirksamen Haftungsausschluß mit dem Hersteller
vereinbaren kann, vermag er eine haftungsbefreiende Einwilligung in die Rechtsgutsverletzung zu erteilen; **allerdings** kann das Verhalten des Geschädigten in diesen
Fällen – insbesondere bei einer bewußten Selbstgefährdung – nach § 6 Abs 1 schadensmindernd berücksichtigt werden (ROLLAND aaO).

b) Bei der Entstehung des Schadens

6 Über ihren unmittelbaren Wortlaut hinaus greift die Norm auch bei einer **unterlassenen Schadensminderung**; dies ergibt sich aus ihrem Charakter als Rechtsgrundverweisung auf § 254, und dort auf Abs 2 Satz 1 (ähnlich ROLLAND Rn 4; MünchKomm/CAHN
Rn 2).

c) Das mitwirkende Verschulden

7 Dem Geschädigten ist über das Verschulden hinaus auch eine **Betriebsgefahr** zure-
chenbar; dies entspricht dem Zweck des § 6 Abs 1 sowie der Verweisung auf § 254
Abs 1 (SCHLECHTRIEM VersR 1986, 1033, 1039; ROLLAND Rn 12 f; MünchKomm/CAHN Rn 3; **aA**
TASCHNER/FRIETSCH Rn 13 und Art 8 Rn 9).

d) Verantwortung des Geschädigten und seiner Hilfspersonen

8 Art 8 Abs 2 ProdHaftRichtl stellt klar, daß die Haftungsminderung auch bei Verschul-
den „einer Person, für die der Geschädigte haftet", eintreten kann. Aus der
Entstehungsgeschichte der Norm geht eindeutig hervor, daß die **Frage, ob der
Geschädigte für die andere Person haftet**, nach nationalem Recht zu klären ist (vgl die
Stellungnahme des Europaparlaments oben Rn 1).

9 Für **Erfüllungsgehilfen** haftet der Geschädigte daher nur bei **Bestehen einer Sonderrechtsverbindung** zum Hersteller, weil § 254 Abs 2 Satz 2 auch im Rahmen der
Verweisung von § 6 Abs 1 als Rechtsgrundverweisung auf den § 278 BGB anzusehen
ist (hM SCHLECHTRIEM VersR 1986, 1033, 1039; ROLLAND Rn 41; KULLMANN, Produkthaftungsgesetz 110 f; TASCHNER/FRIETSCH Rn 11; aA MünchKomm/CAHN Rn 5). Im Hinblick auf das
Verschulden von **Verrichtungsgehilfen** kann sich der Geschädigte entsprechend § 831
Abs 1 Satz 2 BGB exkulpieren.

10 Der Gesetzgeber hat in § 6 Abs 1 HS 2 eine **besondere Verantwortlichkeit des Geschädigten für den Gewahrsamsträger** begründet, die den Vorschriften der §§ 9 StVG, 4
HaftPflG und 34 LuftVG nachgebildet ist (BT-Drucks 11/2447, 21). Dies ist deshalb

unbedenklich, weil Art 8 Abs 2 ProdHaftRichtl die Frage der Haftungsverantwortung zwischen Gehilfe und Geschädigten dem nationalen Recht überläßt (so auch MünchKomm/CAHN Rn 6). Der **Zweck** dieser Norm liegt darin, daß sie selbständig neben die Haftung für andere Hilfspersonen tritt und anders als etwa § 831 Abs 1 Satz 2 BGB **keine Exkulpationsmöglichkeit** zuläßt (BT-Drucks 11/2447, 21; ROLLAND Rn 52).

Tatbestandsvoraussetzung ist, daß **die Person die tatsächliche Gewalt ausübt**. Dies ist **11** nach **hM** beim unmittelbaren Besitzer (§ 854 BGB), beim Besitzdiener (§ 855 BGB), nicht aber bei einem mittelbaren Besitzer (§ 868 BGB) anzunehmen (BT-Drucks 11/2447, 21; ROLLAND Rn 53; TASCHNER/FRIETSCH Rn 14; MünchKomm/CAHN Rn 7;).

Anspruchsmindernd wirkt das Verschulden des Gewahrsamsinhabers indes nur, **12** wenn dieser **die tatsächliche Gewalt berechtigterweise ausübt**; für ein Verschulden des **Diebes wird nicht gehaftet** (ROLLAND Rn 53). Zwar hat sich bei der Interpretation der Parallelnorm des § 34 LuftVG eine andere Auffassung durchgesetzt (dazu ROLLAND Rn 53), diese ist jedoch nicht auf das ProdHaftG übertragbar. Das Gesetz begründet nämlich selbst gegenüber dem Hersteller – regelmäßig ein Unternehmer (arg e § 1 Abs 2 Nr 3) – eine Haftungsverantwortung nur, wenn er die Sache in den Verkehr gebracht hat, woran es gerade im Falle des Diebstahls fehlt (§ 1 Rn 63). Dies spricht dafür, auch im Rahmen der anspruchsmindernden Mitverantwortung des Geschädigten ein vergleichbares **Zurechnungskriterium** anzuerkennen (ebenso ROLLAND aaO; **aA** MünchKomm/CAHN Rn 7).

3. Rechtsfolge

Es kommt **nicht nur eine Haftungsminderung**, wie in Art 8 Abs 2 ausdrücklich voraus- **13** gesetzt, in Betracht, sondern, dies zeigt der Rechtsgrundverweis auf § 254 BGB, auch ein **Haftungsausschluß** (SCHLECHTRIEM VersR 1986, 1033, 1038).

II. Mitverantwortung Dritter für den eingetretenen Schaden (Abs 2 Satz 1)

1. Entstehungsgeschichte und Zweck

Die Norm geht auf eine Initiative des **Wirtschafts- und Sozialausschusses** in seiner **14** Stellungnahme zum ersten Richtlinienvorschlag zurück. Nach Auffassung des Ausschusses soll die Haftung des Herstellers nicht dadurch gemindert werden, daß der Schaden gleichzeitig durch einen Fehler des Produkts und die Einwirkung eines Dritten verursacht wird, es sei denn, das Verhalten des letzteren sei dem Haftungsbereich des Geschädigten zuzurechnen und somit unter dem Aspekt des Mitverschuldens von Belang (ABlEG 1979 NR C 114/15, Rn 2. 6. 1.). Ähnliche Überlegungen sind letztlich in die **Richtlinie** eingegangen (BegrErwäg Abs 8 Satz 2, Art 8 Abs 1).

Der **systematische Stellenwert** der Norm im Gesetz ist **umstritten**. Nach einer **Auffas-** **15** sung regelt § 6 Abs 2 Satz 1 den Fall der Mitverursachung des Schadens durch Dritte, für die der Hersteller ansonsten nicht haftet (so wohl MünchKomm/CAHN Rn 9). **Anderer Ansicht** nach beinhaltet die Norm ein zentrales Wertungsargument hinsichtlich der Haftung des Herstellers für seine **Mitarbeiter, Arbeiter und Organe**; wenn nämlich bereits für einen Dritten gehaftet werde, so gelte dies erst recht für die Personen, für

die der Hersteller ansonsten besonders verantwortlich sei (SCHLECHTRIEM VersR 1986,
1033, 1039). **Nach einer dritten Meinung** regelt die Norm unmittelbar die Verantwortung des Herstellers für die ihm nahestehenden Hilfsorgane im Verhältnis zum
Geschädigten (ROLLAND Rn 61; vgl auch WANDT BB 1994, 1436, 1437 f). Gem § 1 Abs 2 Nr 2
haftet der Hersteller zwar auch ohne Entlastungsmöglichkeit für das Fehlverhalten
Dritter, aber nur wenn dieses vor Gefahrenübergang zu einem Produktfehler geführt
hat. Deshalb behält § 6 Abs 2 Satz 1 eigene Bedeutung für den Fall, daß ein Gehilfe
des Herstellers nach Inverkehrbringen des Produkts zum Schaden des Anspruchsberechtigten beigetragen hat. In der Praxis wird die Norm dem Geschädigten die
schwierige Beweisführung darüber erübrigen, ob das Gehilfenverhaltung vor oder
nach dem Zeitpunkt des Inverkehrbringens erfolgt ist, weil § 6 Abs 2 ProdHaftG auf
jeden Fall auch ein nachträgliches Verhalten erfaßt.

16 Die **zentrale Rechtsfolge der Norm** besteht darin, daß der Schadensbeitrag des Dritten
die Verantwortung des Herstellers im Verhältnis zum Geschädigten **nicht** auf eine
Teilhaftung reduziert, sondern insoweit die volle Verantwortung fortbestehen läßt
(ROLLAND Rn 1). Eine systematische Besonderheit dieser Rechtsfolge liegt gerade
darin, daß der **Hersteller** neben dem anderen Schadensverursacher **einseitig wie ein
Gesamtschuldner behandelt** wird; denn ungeachtet des Beitrags des anderen Scha-
densverursachers trägt er im Außenverhältnis zum Geschädigten volle Verantwortung; dies erklärt, warum § 6 Abs 2 Satz 2 für den **Regreß im Innenverhältnis zwischen
Hersteller und Drittem** auf den Ausgleich zwischen Gesamtschuldnern nach § 5 Satz 2
verweist (ausdrücklich BT-Drucks 11/2447, 21).

2.   Tatbestandsvoraussetzungen

17 Als **Dritter** kommt nur eine Person in Betracht, deren Tatbeitrag für den Geschädigten nicht gerade nach § 6 Abs 1 anspruchsmindernd wirkt (BT-Drucks 11/2447, 21;
MünchKomm/CAHN Rn 9; zu weit ROLLAND Rn 61). Dies sind auf der einen Seite die **Mitarbeiter, Arbeiter und Organe** des Herstellers (SCHLECHTRIEM VersR 1986, 1033, 1039;
ROLLAND Rn 61; vgl auch WANDT BB 1994, 1436, 1437 f) und auf der anderen Seite die
selbständigen Unternehmen, die er im Wege der **horizontalen Arbeitsteilung** für Serviceleistungen am Produkt eingeschaltet hat und die keine Hersteller iSd § 4 Abs 1
Satz 1 sind (WANDT BB 1994, 1436, 1439; zur horizontalen Arbeitsteilung § 4 Rn 35). Darüber
hinaus kommen auch **Dritte** in Betracht, die nicht durch den Hersteller eingeschaltet
wurden, sondern eigenständig zum Schaden beigetragen haben.

18 Aus dem Wortlaut „**der Schaden**" wird zu Recht gefolgert, daß der Dritte zu demselben Schaden beigetragen haben muß wie der Hersteller (MünchKomm/CAHN Rn 10).

19 Die Norm regelt **allein den Fall kumulativer Kausalität**: Der Fehler des Produkts und
die Handlung des Dritten müssen nach dem Wortlaut der Norm nebeneinander zum
Schaden beigetragen haben. Dies findet seine Bestätigung in Art 8 Abs 1 der Prod-
HaftRichtl, wo die einschlägige Passage lautet: „durch einen Fehler des Produkts
und zugleich durch die Handlung eines Dritten" (MünchKomm/CAHN Rn 11; vgl auch
ROLLAND Rn 13). Die Norm greift deshalb **nicht bei überholender Kausalität** ein (so
bereits zutreffend MünchKomm/CAHN aaO): Hat die Handlung des Dritten den Schaden
bereits tatsächlich verursacht und hätte das Produkt aber bei hypothetischer
Betrachtung wenig später zu demselben Schaden geführt, liegen die Voraussetzun-

gen der Norm nicht vor. Im übrigen richten sich die daran anschließenden **Fragen der objektiven Zurechnung** wie im Rahmen des § 1 Abs 1 Satz 1 nach nationalem Recht (vgl § 1 Rn 32; ROLLAND Rn 14; MünchKomm/CAHN Rn 12).

Umstritten ist, ob der Hersteller auch für **vorsätzliches Verhalten des Dritten** haftet. **20** Dies wird zB in Sabotagefällen **teilweise** mit dem Argument **verneint**, hier trete eine Enthaftung wegen höherer Gewalt ein (TASCHNER/FRIETSCH Rn 19; SCHMIDT-SALZER/ HOLLMANN Art 8 Rn 15 ff; **aA** MünchKomm/CAHN Rn 9; KULLMANN, Produkthaftungsgesetz 33 f). Diese Auffassung verdient **Zustimmung**: § 6 Abs 2 Satz 1 steht nämlich in systematischem Zusammenhang zu § 3 Abs 1 und läßt eine Entlastung des Herstellers nur insoweit nicht zu, als der Verkehr im Hinblick auf die Sicherheit des Produkts zu Recht erwarten darf, daß der Hersteller für den Dritten Verantwortung trägt. Verantwortung für vorsätzliches Verhalten kann indes kaum erwartet werden, zumal sich in diesem eher ein allgemeines Lebensrisiko (auch des Produktkäufers, -benutzers, Außenseiters) realisiert, als ein Risiko der Warenproduktion.

III. Ausgleich im Innenverhältnis (Abs 2 Satz 2)

Der **systematische Stellenwert** der Norm erklärt sich aus der besonderen Behandlung **21** des Herstellers im Verhältnis zum Dritten in Abs 2 Satz 1. Seine Relevanz zeigt sich gerade bei der **Streitfrage**, ob der Tatbestand das Bestehen eines Gesamtschuldverhältnisses voraussetzt oder nicht (bejahend BRÜGGEMEIER/REICH WM 1986, 149, 152; ROLLAND Rn 15, 73). Die Frage dürfte aufgrund der eindeutigen Quellenlage und des Telos der Norm zu **verneinen** sein (ebenso MünchKomm/CAHN Rn 13). In den **Materialien** heißt es nämlich (BT-Drucks 11/2447, 21): „Bei mitwirkenden Handlungen Dritter unterliegt somit der Hersteller der vollen Haftung und muß versuchen, sich im Wege des Rückgriffs bei dem Dritten schadlos zu halten. Durch diese gesetzliche Regelung entsteht zwischen dem haftenden Hersteller und dem Dritten eine Situation, in welcher es angemessen ist, diese im Innenverhältnis wie Gesamtschuldner zu behandeln". § 6 Abs 2 Satz 1 behandelt also den Hersteller im Verhältnis zum Geschädigten **wie einen Gesamtschuldner**; denn der Hersteller haftet dem Geschädigten für den vollen Schaden ohne Ansehung des Tatbeitrages des Dritten. Trägt somit der Hersteller gegenüber dem Geschädigten das Insolvenzrisiko des Dritten, versteht es sich, daß er auch wie ein Gesamtschuldner auf den Dritten Rückgriff nehmen kann.

Im **Verhältnis zwischen Hersteller und Dritten** gelten daher die zu § 5 Satz 2 dargestell- **22** ten Grundsätze (§ 5 Rn 10 ff).

Soweit nach § 6 Abs 2 Satz 1 eine Haftung des Herstellers für Unternehmer besteht, **23** die er im Wege der horizontalen Arbeitsteilung eingeschaltet hat, eröffnet § 6 Abs 2 Satz 2 **einen zweistufigen Regreß** (WANDT BB 1994, 1436, 1439). Im Verhältnis der verschiedenen für das Produkt haftenden Hersteller (erste Stufe) trägt jeder Verantwortung für die von ihm eingeschalteten Dienstleister im Rahmen des § 5 Satz 2; auf einer zweiten Stufe kann der betreffende Hersteller dann auf seine Dienstleister im Wege des § 6 Abs 2 Satz 2 iVm § 5 Satz 2 Rückgriff nehmen. Dies hat zur Folge, daß jeder Hersteller im Verhältnis zu den anderen mithaftenden Herstellern das Konkursrisiko der von ihm eingeschalteten Leistungsträger zu übernehmen hat.

§ 7
Umfang der Ersatzpflicht bei Tötung

(1) Im Falle der Tötung ist Ersatz der Kosten einer versuchten Heilung sowie des Vermögensnachteils zu leisten, den der Getötete dadurch erlitten hat, daß während der Krankheit seine Erwerbsfähigkeit aufgehoben oder gemindert war oder seine Bedürfnisse vermehrt waren. Der Ersatzpflichtige hat außerdem die Kosten der Beerdigung demjenigen zu ersetzen, der diese Kosten zu tragen hat.

(2) Stand der Getötete zur Zeit der Verletzung zu einem Dritten in einem Verhältnis, aus dem er diesem gegenüber kraft Gesetzes unterhaltspflichtig war oder unterhaltspflichtig werden konnte, und ist dem Dritten infolge der Tötung das Recht auf Unterhalt entzogen, so hat der Ersatzpflichtige dem Dritten insoweit Schadensersatz zu leisten, als der Getötete während der mutmaßlichen Dauer seines Lebens zur Gewährung des Unterhalts verpflichtet gewesen wäre. Die Ersatzpflicht tritt auch ein, wenn der Dritte zur Zeit der Verletzung gezeugt, aber noch nicht geboren war.

1   Art 9 Abs 1 lit a ProdHaftRichtl macht im Hinblick auf den Umfang des zu ersetzenden Schadens keine Vorgaben. Die §§ 7 – 9 gehen daher allein auf Vorstellungen des deutschen Gesetzgebers zurück. Erkennbar sind diese Normen an bereits bekannten Vorbildern, insbesondere den §§ 842 ff BGB orientiert. Das ProdHaftG setzt demgegenüber allenfalls einige neue Akzente, auf die im folgenden kurz aufmerksam gemacht werden soll.

2   § 7 entspricht in seinem wesentlichen Regelungsgehalt dem § 844 BGB. Nach Auskunft des Gesetzgebers ist die Vorschrift unmittelbar den § 10 StVG, § 5 HPflG und § 86 AMG nachgebildet und stimmt in Teilbereichen mit den § 35 LuftVG, § 28 AtomG überein (BT-Drucks 11/2447, 22).

3   § 7 Abs 1 Satz 1, der im System des § 844 BGB keine Parallele findet, hat nur klarstellende Funktion; denn die hier erwähnten Ansprüche sind dem Getöteten bereits vor seinem Verscheiden entstanden und können ohnehin nach § 8 liquidiert werden (BT-Drucks 11/2447, 22). Die Norm impliziert allerdings, daß nur die vor dem Versterben entstandenen Vermögensschäden ersetzt werden, später hinzutretende gerade nicht (BT-Drucks 11/2447, 22). Die Universalsukzession der Erben des Getöteten in dessen Ansprüche nach § 1922 Abs 1 BGB wird nicht berührt (BT-Drucks 11/2447, 22).

4   Das zentrale Regelungsanliegen der Norm besteht darin, daß ausnahmsweise mittelbar Geschädigten, in deren Person also nicht alle Anspruchsvoraussetzungen vorliegen, eigene Ansprüche gegenüber dem Hersteller eingeräumt werden (BT-Drucks 11/2447, 22). Vorausgesetzt wird deshalb, daß in der Person des Getöteten alle Tatbestandsvoraussetzungen verwirklicht waren. Dabei kann der Hersteller dem Dritten seine Einwendungen gegenüber dem Geschädigten entgegenhalten (BT-Drucks 11/2447, 22).

5   Ferner werden nur die üblichen und angemessenen Beerdigungskosten ersetzt (BT-Drucks 11/2447, 22).

Die in **Abs 2** normierte Schadensersatzpflicht (keine Unterhaltspflicht, BT-Drucks **6**
11/2447, 22) setzt voraus, daß gegenüber dem Getöteten sämtliche Voraussetzungen
einer gesetzlichen **Unterhaltspflicht** (vgl die §§ 1569 ff, 1601 ff, 1615a ff BGB) verwirklicht waren (BT-Drucks 11/2447, 22). Bei der Überprüfung der Voraussetzungen,
aber auch bei der Bemessung von Höhe und Dauer der nach § 9 zu zahlenden Scha-
densersatzrente ist stets der **hypothetische Vergleich** mit der Situation maßgeblich, die
bestehen würde, wenn der Getötete noch lebte (BT-Drucks 11/2447, 22). Ein Mitverschulden des Getöteten muß sich der Unterhaltsberechtigte nach § 846 BGB anrechnen lassen (BT-Drucks 11/2447, 22; MünchKomm/CAHN Rn 5). Eine Ersatzpflicht besteht
nur bei Tötung, **nicht bei Körperverletzung** (MünchKomm/CAHN Rn 4).

§ 8
Umfang der Ersatzpflicht bei Körperverletzung

**Im Falle der Verletzung des Körpers oder der Gesundheit ist Ersatz der Kosten der
Heilung sowie des Vermögensnachteils zu leisten, den der Verletzte dadurch erleidet,
daß infolge der Verletzung zeitweise oder dauernd seine Erwerbsfähigkeit aufgehoben
oder gemindert ist oder seine Bedürfnisse vermehrt sind.**

Die Norm ist nach **Auskunft des Gesetzgebers** den § 11 StVG, § 6 HPflG und § 87 **1**
AMG nachgebildet (BT-Drucks 11/2447, 22; zum systematischen Stellenwert vgl § 7 Rn 1).

Unter den Begriff der **Heilbehandlungskosten** fallen auch Aufwendungen für im **2**
Ergebnis erfolglose Maßnahmen, die nach ärztlicher Erfahrung und medizinischer
Erkenntnis zunächst erfolgversprechend schienen (BT-Drucks 11/2447, 22). Daß die
Ersatzfähigkeit solcher Kosten nur in § 7 Abs 1 Satz 1, nicht aber in § 8 erwähnt ist,
beruht also **nicht** auf einer entsprechenden gesetzgeberischen Wertentscheidung;
vielmehr richtet sie sich wie in § 249 BGB nach dem Maßstab der Erforderlichkeit
(MünchKomm/CAHN Rn 3). Auch die **Nebenkosten der Heilung**, also etwa Aufwendun-
gen für Hauspflege, Transport usw müssen ersetzt werden (BT-Drucks aaO).

Die mit dem (zeitweisen) **Verlust der Erwerbsfähigkeit** verbundenen Schäden werden **3**
wie in § 842 BGB liquidiert (BT-Drucks 11/2447, 23). Insoweit wird auf die dortige
Kommentierung verwiesen. Eine **abstrakte Schadensberechnung** – nämlich abhängig
vom Grad der Behinderung – **lehnt der Gesetzgeber ausdrücklich ab** (BT-Drucks 11/2447,
23); es kommt vielmehr auf den **entgangenen Gewinn** an (§ 252 BGB).

Eine **Vermehrung der Bedürfnisse** entsteht durch Aufwendungen, die der Verletzte **4**
treffen muß, um einen seinen früheren Gewohnheiten entsprechenden Lebensstil
wiederherstellen zu können (BT-Drucks 11/2447, 23). Darunter fallen Aufwendungen
für Dienstleistungen fremder Personen infolge einer unfallbedingten Körperbehin-
derung oder Erkrankung bzw Aufwendungen für Geräte, Medikamente, Verkehrs-
mittel usw (BT-Drucks aaO). Für die Ersatzfähigkeit kommt es nicht darauf an, ob der
Geschädigte die Aufwendungen für die konkret benötigten Hilfsmittel getätigt oder
mangels eigener Mittel unterlassen hat (BT-Drucks aaO im Anschluß an BGH NJW 1958,
627).

5 Eine zentrale Entscheidung des Gesetzgebers ergibt sich im Umkehrschluß aus § 8. Ein **Anspruch auf Schmerzensgeld besteht nicht** (so ausdrücklich BT-Drucks aaO; vgl dazu § 1 Rn 36 ff).

§ 9
Schadensersatz durch Geldrente

(1) Der Schadensersatz wegen Aufhebung oder Minderung der Erwerbsfähigkeit und wegen vermehrter Bedürfnisse des Verletzten sowie der nach § 7 Abs. 2 einem Dritten zu gewährende Schadensersatz ist für die Zukunft durch eine Geldrente zu leisten.

(2) § 843 Abs. 2 bis 4 des Bürgerlichen Gesetzbuchs ist entsprechend anzuwenden.

1 Die Norm ist nach **Auskunft des Gesetzgebers** den § 13 StVG, § 8 HPflG, § 38 LuftVG und § 89 AMG nachgebildet (BT-Drucks 11/2447, 23). Die Verpflichtung zur Rentenzahlung dient dabei dem **Schutz des Geschädigten und der Allgemeinheit**: Es soll verhindert werden, daß dem Geschädigten ein einmal ausgezahlter Betrag durch Fehldispositionen oder Geldentwertung verloren geht und der Geschädigte den Sozialhilfeträgern zur Last fällt (BT-Drucks aaO).

2 Die Norm **schränkt** allerdings die **Möglichkeiten privatautonomer Gestaltung nicht ein** (BT-Drucks aaO). Im Rahmen eines Abfindungsvergleichs kann deshalb die Zahlung eines einmaligen Betrages ausbedungen werden (BT-Drucks aaO). § 14 Satz 1 findet demnach keine Anwendung.

3 Die Rentenzahlungspflicht bezieht sich nach dem ausdrücklichen Wortlaut **nicht auf die Heilungskosten** (MünchKomm/CAHN Rn 6). Ist allerdings die Höhe der Heilbehandlungskosten nicht abschätzbar, so müssen entsprechende Schäden als **vermehrte Bedürfnisse** nach § 8 geltend gemacht (BT-Drucks 22) und vom Hersteller in Form einer Rente entrichtet werden.

4 Hinsichtlich der Abwicklung im einzelnen verweist § 9 Abs 3 auf **§ 843 Abs 2 – 4 BGB**.

§ 10
Haftungshöchstbetrag

(1) Sind Personenschäden durch ein Produkt oder gleiche Produkte mit demselben Fehler verursacht worden, so haftet der Ersatzpflichtige nur bis zu einem Höchstbetrag von 160 Millionen Deutsche Mark.

(2) Übersteigen die mehreren Geschädigten zu leistenden Entschädigungen den in Absatz 1 vorgesehenen Höchstbetrag, so verringern sich die einzelnen Entschädigungen in dem Verhältnis, in dem ihr Gesamtbetrag zu dem Höchstbetrag steht.

Alphabetische Übersicht

I. Entstehungsgeschichte*

In ihrem **ersten Richtlinienvorschlag** geht die Kommission vom zwingenden Erfor- **1** dernis einer **höhenmäßigen Haftungsbegrenzung** aus: „Da die Haftung des Herstellers vom Verschulden unabhängig gemacht wird, ist es notwendig, sie der Höhe nach zu begrenzen. Eine unbegrenzte Haftung macht das Schadensrisiko unberechenbar und nur unter hoher Kostenbelastung versicherbar" (ABlEG 1976 Nr C 241/9, BegrErwäg Abs 1). Zugrunde lag die Vorstellung von einem **System aus globaler und Einzelfall-begrenzung**: Während die Haftung für Serienschäden hinsichtlich der Einbußen aus Körperverletzung global auf 25 Millionen ECU beschränkt sein sollte, wollte die Kommission dem Geschädigten im Einzelfall einen der Höhe nach unbeschränkten Haftungsanspruch erhalten. Die praktisch als bedeutender angesehene **Haftung für Sachschäden** wurde auch im Einzelfall eingeschränkt, und zwar auf 15.000 ECU für bewegliche und 50.000 ECU für unbewegliche Sachen (ABlEG 1976 Nr C 241/9, Art 7 Abs 2).

Begründet wurde diese Regelung mit vermeintlich nationalen Rechtstraditionen, mit **2** der Gefahr anderweitig eintretender Investitionshemmnisse bzw mit der Befürchtung zu hoher Versicherungsprämien zur Abdeckung der Risiken (vgl auch ABlEG 1976 Nr C 241/9, BegrErwäg Abs 15; HOLLMANN DB 1985, 2439; zur **Kritik** vgl nur TASCHNER NJW 1986, 611, 613). Die Regelung ist wohl vor allem unter deutschem Einfluß entstanden; denn in allen Mitgliedsstaaten außer Deutschland waren Gefährdungshaftungstatbestände der Höhe nach nicht begrenzt (TASCHNER NJW 1986, 611, 612). Auch der **deutsche Gesetz-geber** sollte sich später zur Rechtfertigung des § 10 auf eine vermeintliche **Rechtstra-dition** berufen (BT-Drucks 11/2447, 12 und 24), die aber vor allem deshalb zweifelhaft ist, weil im deutschen Recht auch Gefährdungshaftungen ohne Höchstgrenze existieren (§§ 833 BGB, 22 WHG; so bereits CAHN ZIP 1990, 482, 486).

---

* **Schrifttum**: TASCHNER, Begrenzung der Ge-fährdungshaftung durch Haftungshöchstsum-men, in: FS vCaemmerer (1983) 73.

3 Das Meinungsbild im **Wirtschafts- und Sozialausschuß** war uneinheitlich; zT wurde die Begrenzung als Kehrseite der erweiterten Herstellerhaftung begrüßt (ABlEG 1979 NR C 114/15, Rn 2. 10. 1. 1.), zT fehlte aber auch nicht der Hinweis, daß die vorgesehenen Summen nicht die typischen Serienschäden wie in den Contergan- bzw Thalidomid-Katastrophen abdeckten (ABlEG 1979 NR C 114/15, Rn 2. 10. 1. 2.). Das **Europäische Parlament** schlug hingegen in seiner Stellungnahme erstmals vor, die Entscheidung über die Einführung einer höhenmäßigen Haftungsbegrenzung den Mitgliedstaaten zu überlassen (ABlEG 1979 NR C 127/61, 64). Die Kommission griff dies in ihrem zweiten Vorschlag auf: Der Rat sollte die Haftungshöchstgrenzen abändern und im Fall von Körperschäden sogar gegebenenfalls aufheben können (ABlEG 1979 Nr C 271/3, BegrErwäg Abs 18, Art 7 Abs 1).

4 Die **Richtlinie** beruht letztlich auf einem **Kompromiß**. Die Haftung für Sachschäden wird durch den Selbstbehalt nach Art 9 b i ProdHaftRichtl eingeschränkt (Richtlinie BegrErwäg Abs 2 Satz 2), und zwar zwecks „Vermeidung einer allzu großen Zahl von Streitfällen". Zu einer allgemeinen Haftungsbegrenzung konnte sich der Rat indes ebensowenig entschließen wie zum Verzicht auf diese; insoweit sei nämlich auf die unterschiedlichen Rechtstraditionen Rücksicht zu nehmen (Richtlinie BegrErwäg Abs 16). Deshalb wird den Mitgliedstaaten das Recht eingeräumt, die „Gesamthaftung" für die Folgen von Tod und Körperverletzung auf eine Höchstsumme von 70 Millionen ECU zu begrenzen (Richtlinie Art 16 Abs 1): Damit sind globale Schäden gemeint, die durch gleiche Produkte mit demselben Fehler entstehen; eine Begrenzung im Einzelfall ist gerade nicht vorgesehen (Taschner NJW 1986, 611, 613).

5 Zehn Jahre nach der Bekanntgabe der Richtlinie sollte die Kommission dem Rat einen **Bericht** über die Frage unterbreiten, wie sich diese Haftungsbegrenzung durch diejenigen Mitgliedstaaten, die von der in Absatz 1 vorgesehenen Möglichkeit Gebrauch gemacht haben, auf den Verbraucherschutz und auf das Funktionieren der Märkte ausgewirkt hat (Art 16 Abs 2 Satz 1 ProdHaftRichtl). Der **Rat** sollte dann unter Berücksichtigung dieses Berichts nach Maßgabe des Art 100 EGV auf Vorschlag der Kommission über die **Aufhebung der in Art 16 Abs 1 ProdHaftRichtl vorgesehenen Haftungsbegrenzungsmöglichkeit** beschließen (Art 16 Abs 2 Satz 2 ProdHaftRichtl). Der am 13. 12. 1995 vorgelegte Bericht (KOM [95] 617 v 13. 12. 1995; vgl dazu Kurznotiz PHI 1996, 56) verzichtet indes zunächst auf einen solchen Vorschlag, weil die Erfahrungsbasis mit den nationalen Höchstbetragsgrenzen zu gering erschien.

II. Der Tatbestand des Abs 1

6 Die Norm setzt voraus, daß Personenschäden durch ein Produkt oder gleiche Produkte mit demselben Fehler verursacht worden sind. Das **Gesetz unterscheidet** also **nicht zwischen Gesamthaftung und Haftung im Einzelfall**. Der deutsche Gesetzgeber hat sich hier bewußt über die Vorgabe in Art 16 Abs 1 ProdHaftRichtl hinweggesetzt. Dies wurde mit der Überlegung begründet, daß die gem Art 16 Abs 1 ProdHaftRichtl mögliche Einführung einer Haftungshöchstgrenze a maiore ad minus auch dort eingreifen könne, wo lediglich im Einzelfall *ein* Schadensfall eingetreten sei; dies rechtfertige sich deshalb, weil im Einzelfall nur selten ein so hoher Schaden vorstellbar sei (BT-Drucks 11/2447, 24; dazu auch Rolland Rn 5; Schmidt-Salzer BB 1987, 1404, 1406; Schmidt-Salzer/Hollmann Art 16 Rn 12 ff; Pauli PHI 1987, 138, 143). Diese **Regelung verstößt** indes **gegen Art 16 Abs 1 ProdHaftRichtl**; dort wird die Einführung

der Haftungsbegrenzung ausdrücklich auf den Fall des Gesamtschadens eingeschränkt, wobei aus der Entstehungsgeschichte der Richtlinie ebenso klar hervorgeht, daß zwischen Einzelschaden und Serienschaden unterschieden werden sollte
(ähnlich BRÜGGEMEIER/REICH ZHR 152 [1988] 511, 532; TASCHNER/FRIETSCH Art 16 Rn 4). Dieser Unterschied rechtfertigt sich gerade im Hinblick auf das zugrundeliegende
Zurechnungsproblem: Die Zurechnung hoher Schäden in Serienfällen erweist sich
nämlich als ein Problem des haftungsbegründenden Kausalzusammenhangs: Gerade
weil ein Produkttyp aufgrund seiner massenhaften Verbreitung so unübersehbar
viele Rechtsgutsverletzungen iSd § 1 Abs 1 Satz 1 verursachen kann, besteht erhöhter Anlaß zur Einschränkung der Schadenszurechnung. Entsteht hingegen im Einzelfall ein hoher Schaden, nämlich als Folge einer Rechtsgutsverletzung iSd § 1
Abs 1 Satz 1, so sind Fragen des haftungsausfüllenden Kausalzusammenhangs
berührt. Hier genügt für die Zurechnung selbst im Rahmen der Verschuldenshaftung
die bloße adäquate Schadensverursachung; weitere Zurechnungselemente spielen
regelmäßig keine Rolle (vgl nur LARENZ/CANARIS, Schuldrecht II/2 353). Denn der Täter ist
nicht davor geschützt, daß sein Opfer besonders hohe Schäden erleidet. Dieser
Unterschied zeigt, daß der gesetzgeberische Schluß a maiore ad minus letztlich ein
Fehlschluß ist und nach allgemeinen Grundsätzen eine **Haftung der Bundesrepublik
wegen Nichtumsetzung der Richtlinie** auslösen kann, wenn im Einzelfall einmal ausnahmsweise so hohe Schäden entstehen sollten (dazu Einl 49 f).

Es muß sich um **gleiche Produkte** handeln. Dieser Begriff ist in Anbetracht des 7
Schutzzwecks von § 10 Abs 1 näher zu konkretisieren. Die Norm will die durch die
Massenfabrikation möglichen **Folgen einer Fehlermultiplikation** einschränken. Zum
Schutz des Herstellers sind daher die Produkte „gleich", die einem Bau- oder Kon-
struktionstyp angehören (ähnlich ROLLAND Rn 3). Indes darf dahinter **der Schutz der
Produktkäufer, -verwender und der durch die fehlende Sicherheit bedrohten Außenste-
henden** nicht vollständig zurücktreten. Setzt der Hersteller daher eine bestimmte
Konstruktionsidee bei verschiedenen Produkttypen ein, die auf unterschiedlichen
Märkten ganz andere Nachfragergruppen ansprechen, so sind diese verschiedenen
Produkttypen gerade nicht gleich iSd § 10. Dafür spricht folgende Überlegung: Das
fehlerhafte Produkt bedroht zunächst die potentiellen Käufer auf dem Markt, auf
dem es gehandelt wird; über diese gefährden seine Sicherheitsdefizite aber auch
solche Personen, denen die Käufer das Produkt zur Benutzung überlassen (zB Angestellte), und solche, die am allgemeinen Verkehr teilnehmen (Außenseiter). Verwendet der Hersteller daher dieselbe Konstruktionsidee in Produkten, die auf unterschiedlichen Endverbrauchermärkten vertrieben werden, so erhöht sich die Zahl der
gefährdeten Personen beträchtlich und der Haftungshöchstbetrag reicht möglicherweise zur Deckung der wesentlichen Schäden im Einzelfall nicht mehr aus. Dieser
Umstand sowie der Gesichtspunkt, daß auch der Hersteller in solchen Konstellationen die Konstruktionsidee nicht nur auf einem Markt, sondern auf mehreren
Märkten kommerzialisiert hat, rechtfertigt es, **für jeden einzelnen Markt von einem
einheitlichen Produkt** auszugehen.

Die Produkte müssen **denselben Fehler** beinhalten. Unstreitig kommen dabei **Kon-** 8
struktionsfehler in Betracht (vgl nur ROLLAND Rn 4; MünchKomm/CAHN Rn 3); dasselbe
gilt aber auch für **Instruktionsfehler**, wenn den Produkten jeweils dieselbe, das
Sicherheitsrisiko erhöhende fehlerhafte Produktbeschreibung beigefügt wird (Münch-
Komm/CAHN Rn 3). Aber auch **Fabrikationsfehler** können darunter fallen, etwa wenn

Jürgen Oechsler

durch falsche Einstellung einer Maschine eine ganze Serie von Produkten so gefertigt wird, daß ein einheitliches Sicherheitsrisiko entsteht (ROLLAND Rn 4; aA TASCHNER/ FRIETSCH Art 16 Rn 4).

9 Haften dem Geschädigten mehrere **Hersteller als Gesamtschuldner**, so kann der Geschädigte von jedem einzelnen den vollen Höchstbetrag verlangen. § 10 Abs 1 betrifft nämlich nur die Belastung des einzelnen Herstellers (so auch MünchKomm/ CAHN Rn 5). Im Ergebnis können also die Geschädigten insgesamt mehr als 160 Millionen DM verlangen, wenn ihr Schaden größer ist. Die **gesamtschuldnerische Haftung mehrerer ist aber durch den Haftungshöchstbetrag begrenzt** (KULLMANN, Produkthaftungsgesetz [1990] 91; vgl auch WANDT, in: SCHMIDT-SALZER Bd 2, Produkthaftung mehrerer und Regreß im deutschen Recht, Vorbem; aA ANDERLE, Der Haftungsumfang des harmonisierten Produkthaftungsrechtes [1990] 84). Es ist also ausgeschlossen, daß der Geschädigte vom einzelnen Hersteller mehr als 160 Millionen DM verlangt und diesen iH des Überschusses auf die anderen Haftungsschuldner verweist. Aus § 10 Abs 1 folgt, daß der Hersteller nur für den Höchstbetrag verantwortlich ist; dementsprechend kann ihm auch nicht das mit dem Rückgriff auf die anderen Haftungsschuldner verbundene Konkursrisiko für Mehrbeträge aufgebürdet werden.

10 Offene Fragen verbleiben auch, **wenn ein ausländischer Hersteller, in dessen Heimatrecht keine dem § 10 Abs 1 vglb Haftungsbegrenzung besteht, auf einen als Gesamtschuldner mithaftenden deutschen Hersteller Rückgriff nehmen will** (dazu MünchKomm/CAHN Rn 7). Haftet der ausländische Hersteller nämlich über den Höchstbetrag des § 10 Abs 1 hinaus und will er – etwa wenn der deutsche Produzent allein verantwortlich ist – auch in dieser Höhe Rückgriff nehmen, so ist der deutsche Hersteller nur unvollkommen geschützt. Zunächst knüpft nämlich nach Internationalem Privatrecht das Rückgriffsrecht an das Deliktsstatut an (vgl § 5 Rn 28 ff). Würde der deutsche Hersteller aber vor einem deutschen Gericht verklagt, würde dieses wegen **Art 38 EGBGB** dem Rückgriff nur bis zur Höchstsumme des § 10 Abs 1 stattgeben. Macht der ausländische Hersteller den Anspruch jedoch vor einem ausländischen Gericht geltend und ist das ausländische Kollisionsrecht anwendbar, greift diese Sperre idR nicht. In diesen Fällen wird auch die Anerkennung des ausländischen Titels nicht an einem Verstoß gegen die deutsche öffentliche Ordnung iSd Art 27 Nr 1 EuGVÜ scheitern, weil hierfür die faktische Außerkraftsetzung von § 10 Abs 1 kaum ausreichen dürfte (so bereits MünchKomm/CAHN Rn 7).

11 Die **Summe des Haftungshöchstbetrags** ergibt sich aus dem in Art 16 Abs 1 ProdHaft-Richtl genannten Betrag von 70 Millionen ECU in dem Umrechnungssatz von Art 18 Abs 1 ProdHaftRichtl. Ob eine Anpassung der Beträge unter wirtschaftlichen und geldwertspezifischen Gesichtspunkten erforderlich ist, prüft der Rat gem Art 18 Abs 2 ProdHaftRichtl alle fünf Jahre. § 17 ProdHaftG sieht eine entsprechende Ermächtigung zur Umsetzung solcher Anpassungen durch Verordnung des Bundesministers der Justiz vor.

III. Die Kürzungsregelung des Abs 2

12 Die Kürzungsregelung des § 10 Abs 2 findet in der Richtlinie kein Vorbild; sie ist dem Vorbild der § 12 Abs 2 Satz 2 StVG, § 10 Abs 2 HPflG und § 88 Satz 2 AMG nachgestaltet (BT-Drucks 11/2447, 24). Übersteigt danach der mehreren Geschädigten

zu leistende Ersatz die Höchstbetragsgrenze, so verringern sich die einzelnen Entschädigungen in dem Verhältnis, in dem ihr Gesamtbetrag zu dem Höchstbetrag steht. Der einzelne Geschädigte erhält maW eine **Quote vom Höchstbetrag**, die dem Grad seiner Beeinträchtigung im Verhältnis zu dem der anderen Gläubiger entspricht.

Auch wenn der Gesetzgeber selbst **Anwendungsschwierigkeiten** vermeintlich nicht zu **13** erkennen vermag (BT-Drucks 11/2447, 24), wirft die Norm einige **praktische Probleme** auf. Soweit nämlich ein einzelner Geschädigter seinen Anspruch gegenüber dem Hersteller geltend macht, vermag dieser nicht zu erkennen, wieviele bereits Geschädigte oder künftig zu Schaden Kommende noch von ihm Ersatz verlangen werden. Dem Hersteller kann aber nicht zugemutet werden, zunächst den verlangten Ersatz an den Geschädigten zu leisten, nachträglich aber, bei Überschreiten der Höchstgrenze, das zuviel Gezahlte wieder zurückzufordern. Damit bürdete man dem Hersteller nicht nur das Konkursrisiko der einzelnen Geschädigten auf, sondern verpflichtete ihn entgegen § 10 Abs 1 dazu, zunächst den Gläubigern im Außenverhältnis über den Höchstbetrag hinaus Ersatz zu leisten, um im Wege des Rückgriffs wegen Überzahlung einen Ausgleich zu finden. Aus § 10 Abs 1 muß daher konsequenterweise ein **Leistungsverweigerungsrecht des Herstellers bereits gegenüber dem ersten Geschädigten bestehen**, wenn erkennbar ist, daß weitere Anspruchsteller wegen desselben Fehlers gleicher Produkte ihre Ansprüche geltend machen und der Gesamtschaden die Höchstgrenze übersteigen wird. In diesem Fall braucht er sich wegen § 10 Abs 1 auf eine Ersatzleistung im Einzelfall nicht einzulassen, sondern kann **den geschuldeten Höchstbetrag nach § 372 Satz 2 BGB mit befreiender Wirkung hinterlegen** und den Geschädigten als Prätendenten den Streit um die jeweilige Quote überlassen.

§ 10 Abs 1 aber zwingt die Geschädigten zu einer **Notgemeinschaft** zusammen. Weil **14** der einzelne Geschädigte wie ein Konkursgläubiger von vornherein nur einen Anspruch auf die Quote hat, müßte das Gesetz eigentlich ein Verfahren bereitstellen, im Rahmen dessen die Forderungen angemeldet, auf ihre Verität überprüft und Ausschlußfristen gesetzt werden können, damit sich die Höhe der Quote im Einzelfall errechnen läßt. All dies fehlt indessen; vielmehr wird den Geschädigten zugemutet, sich untereinander über die Quoten zu einigen. In der vorliegenden Form ist **§ 10 Abs 2 daher praktisch nicht anwendbar** (vgl auch die Stellungnahme des Bundesrates Nr 10, abgedruckt bei ROLLAND S 447 sowie ROLLAND Rn 7; MünchKomm/CAHN Rn 8).

Ein weiteres **Problem** ergibt sich bei **Auslandsberührung des Falles** (grundlegend ROL- **15** LAND Rn 9). Kommt es durch ein gleiches Produkt iSd § 10 Abs 1 sowohl in Italien als auch in Deutschland zu Schäden, so wenden italienische Gerichte möglicherweise das italienische Recht an, also die Verordnung des Präsidenten Nr 224, die keine höhenmäßige Haftungsbegrenzung enthält (vgl Einl 87), deutsche Gerichte hingegen das deutsche Recht (Einl 61 ff). Nur in Deutschland kann sich der Hersteller aber auf eine Haftungsbeschränkung berufen. Es stellt sich dann die Frage, ob er die in Italien erbrachten Ersatzleistungen auf den Höchstbetrag nach § 10 Abs 1 anrechnen lassen kann. Dies könnte dazu führen, daß deutsche Geschädigte leer ausgingen. Denn die italienischen Gläubiger sind wegen Fehlens einer § 10 Abs 1 entsprechenden Regelung gerade nicht in eine Notgemeinschaft mit den deutschen Geschädigten gezwungen; ihre Ansprüche beschränken sich nicht auf die Quote, sondern umfassen

Jürgen Oechsler

vollen Ersatz und können daher aus deutscher Sicht leicht das Erreichen der Grenze des § 10 Abs 1 bedeuten. Würden indes die Zahlungen des Herstellers an die italienischen Geschädigten nicht berücksichtigt, führte dies dazu, daß die deutschen Gläubiger zu Lasten des Herstellers besser gestellt würden: Zur Kürzung nach § 10 Abs 2 käme es dann nur deshalb nicht, weil einige Geschädigte im Ausland ansässig sind; dieser Zufall darf sich nicht zugunsten der deutschen Geschädigten auswirken. **Vorzugswürdig** ist daher die Lösung ROLLANDS (Rn 10): Zahlungen des Herstellers an ausländische Geschädigte, deren Heimatrecht keine dem § 10 Abs 1 vglb Regelung erhält, werden im Rahmen des § 10 Abs 2 in der Höhe angerechnet, in denen der Hersteller ihnen verpflichtet gewesen wäre, wenn es sich um inländische Geschädigte gehandelt hätte. Dh: Der Hersteller kann die fiktive Quote der ausländischen Geschädigten in Abzug bringen. Ein **unlösbares Problem** verbleibt in Gestalt der Frage, wie die Ansprüche deutscher Geschädigter im Ausland bei der Berechnung und Ausschüttung hinsichtlich dort bestehender Haftungshöchstgrenzen berücksichtigt werden sollen.

§ 11
Selbstbeteiligung bei Sachbeschädigung

Im Falle der Sachbeschädigung hat der Geschädigte einen Schaden bis zu einer Höhe von 1125 Deutsche Mark selbst zu tragen.

1   Die Vorschrift geht auf Art 9 lit b ProdHaftRichtl zurück. Zur Entstehungsgeschichte der Norm vgl insbes § 10 Rn 1 ff, 4. **Der deutsche Gesetzgeber** begründet die Norm mit der Notwendigkeit, die Haftung wegen Sachschäden auf die „gravierenden Fälle" zu beschränken (BT-Drucks 11/2447, 24; vgl RL BegrErwäg Abs 9). Diese rechtspolitische Zielsetzung ist als solche zweifelhaft und § 11 als Mittel zur Erreichung dieses Ziels untauglich (vgl MünchKomm/CAHN Rn 1). Die Norm trägt allenfalls zur Erschwerung der Rechtsdurchsetzung und zur Komplizierung bei, weil der Geschädigte den iH des Selbstbehaltes nicht ersetzbaren Schaden aufgrund anderer Anspruchsgrundlagen zu liquidieren versuchen wird. Entgegen der Intention der Richtlinie sind dann schwierige Beweisaufnahmen über Verschuldensfragen wegen Bagatellbeträgen unentbehrlich.

2   Ein zentrales Detail der **Interpretation des Art 9 lit b ProdHaftRichtl** war dabei **lange Zeit nicht zweifelsfrei**. Fraglich war nämlich, ob der Selbstbehalt als **Sockelbetrag** zu verstehen sei, der in keinem Fall, auch nicht bei Übersteigen der vorgesehenen Summe, zu ersetzen sei (TASCHNER, Produkthaftung Art 8 Rn 16; BUCHNER DB 1988, 32, 36; OPFERMANN ZIP 1988, 463, 469) oder ob es sich um eine **Freigrenze** handelte, bei deren Überschreitung der gesamte Schaden ersetzt werden mußte (STORM PHI 1986, 112, 115; SACK VersR 1988, 439, 446 f). Der **Rechtsausschuß des Deutschen Bundestages** (BT-Drucks 11/5520, 16) sah sich dabei an eine Empfehlung der Kommission (ABlEG 1989 Nr C 132/51, dazu HOLLMANN RIW 1988, 81, 84; CAHN ZIP 1990, 482, 485) gebunden und hat für einen Sockelbetrag votiert. Dem entspricht § 11 ProdHaftG.

3   Der **Betrag** errechnet sich nach Art 9 lit b iVm Art 18 Abs 1 Satz 2 ProdHaftRichtl zum Stichtag 26. 7. 1985, an welchem der Kurs des ECU auf 2,24575 DM festgesetzt

war (ABlEG Nr C 185, 5). Eine **Anpassungsmöglichkeit** der Beträge an geldwertspezifische und sonstige wirtschaftliche Veränderungen kann der Rat im periodischen Abstand von fünf Jahren vornehmen (Art 18 Abs 2 ProdHaftRichtl). Deren Umsetzung dient § 17 ProdHaftG (vgl auch § 10 Rn 11).

Der **Selbstbehalt gilt für jeden einzelnen Geschädigten.** Erleiden mehrere eine Sachbe- **4** schädigung, so wird jeder auf den Selbstbehalt verwiesen. Schulden hingegen mehrere Hersteller einem Geschädigten Ersatz, so greift der Selbstbehalt nur einmal (ebenso MünchKomm/CAHN Rn 2).

Ersetzt werden können auch **Nutzungsentschädigungen** (vgl LG Lübeck VersR 1993, 1282, **5** 1283: Dort hatten die vom Hersteller gelieferten Adventskerzen die Wohnung des Geschädigten verrußt, so daß sie zur Hälfte nicht mehr bewohnbar war. Das Gericht hat hier auf der Grundlage von § 1 Abs 1 Satz 1 eine Nutzungsentschädigung zugesprochen).

§ 12
Verjährung

(1) Der Anspruch nach § 1 verjährt in drei Jahren von dem Zeitpunkt an, in dem der Ersatzberechtigte von dem Schaden, dem Fehler und von der Person des Ersatzberechtigten Kenntnis erlangt oder hätte erlangen müssen.

(2) Schweben zwischen dem Ersatzpflichtigen und dem Ersatzberechtigten Verhandlungen über den zu leistenden Schadensersatz, so ist die Verjährung gehemmt, bis die Fortsetzung der Verhandlungen verweigert wird.

(3) Im übrigen sind die Vorschriften des Bürgerlichen Gesetzbuchs über die Verjährung anzuwenden.

Alphabetische Übersicht

I.   Entstehungsgeschichte und systematische Stellung

1 Die Norm geht auf **Art 10 ProdHaftRichtl** zurück. Bereits der erste Richtlinienvorschlag sah vor, daß die Haftung binnen drei Jahren vom Zeitpunkt der möglichen Kenntnis an verjähren sollte (ABlEG 1976 Nr C 241/9, Art 8); daneben war auch das nunmehr in § 13 ProdHaftG geregelte Erlöschen des Anspruchs nach 10 Jahren (ABlEG 1976 Nr C 241/9, Art 10) normiert, wobei die nationalen Vorschriften über die **Hemmung oder Unterbrechung der Verjährung** nur auf die Dreijahresfrist, nicht aber die Zehnjahresfrist Anwendung finden sollten (ABlEG 1976 Nr C 241/9, BegrErwägung Abs 22). Insbesondere der **Wirtschafts- und Sozialausschuß** wollte gemeinschaftsweit eine Hemmung der Verjährungsfrist für den Fall durchsetzen, daß der Geschädigte auf außergerichtlicher Ebene eine Durchsetzung seiner Ansprüche versucht (ABlEG 1979 Nr C 114/15, Rn 2.11.2). Die Richtlinie hat dies offengelassen und im Wege des Art 10 Abs 2 ProdHaftRichtl dem nationalen Gesetzgeber hier Spielraum eingeräumt, den dieser im Anschluß an § 852 Abs 2 BGB ausgestaltet hat.

2 Die Verjährung nach § 12 Abs 1 gilt **nicht für Rückgriffsansprüche** nach § 5 Satz 2 bzw § 6 Abs 2 Satz 2. Dies folgt bereits aus dem Wortlaut von § 12 Abs 1 (MünchKomm/Cahn Rn 7). Diese Rückgriffsansprüche können auch dann noch bestehen, wenn der Anspruch des Geschädigten im Außenverhältnis bereits verjährt ist (§ 5 Rn 12).

II.   Die Tatbestandsvoraussetzungen der Verjährung

3 Im Gegensatz zu § 852 Abs 1 BGB beginnt die Frist nicht erst bei positiver **Kenntnis**, sondern bereits bei **fahrlässiger Unkenntnis** der zentralen anspruchsbegründenden Tatsachen zu laufen. Insoweit ist der Gesetzgeber der zwingenden Vorgabe des Art 10 Abs 1 ProdHaftRichtl gefolgt (BT-Drucks 11/2447, 24). Der Fristablauf beginnt bereits bei **einfacher Fahrlässigkeit** (MünchKomm/Cahn Rn 1).

4 Die **Kenntnis** bezieht sich nur auf die für die Anspruchsbegründung erforderliche Tatsachenebene; eine unzutreffende rechtliche Würdigung ist unmaßgeblich (Rolland Rn 4).

5 Bei einem **beschränkt Geschäftsfähigen** kommt es auf die Kenntnis des gesetzlichen Vertreters (§ 1629 BGB) an (Rolland Rn 5 im Anschluß an RGZ 152, 115, 116; BGH VersR 1963, 161, 162). Denn nur der gesetzliche Vertreter kann über die Geltendmachung der Ansprüche entscheiden. Danach entscheidet auch im Falle der **Betreuung** die Kenntnis des Betreuers, wenn der Produkthaftungsfall unter einen dem Betreuer zugewiesenen Aufgabenkreis iSd § 1896 Abs 2 Satz 1 BGB fällt und für diesen ein Einwilligungsvorbehalt (§ 1903 BGB) erklärt ist. Fehlt es indes am Einwilligungsvorbehalt, verbleibt dem Betreuten selbst ein Entscheidungsrecht, und es genügt, wenn nur er Kenntnis erlangt. Dies gilt erst recht, wenn der Produkthaftungsfall in einen Lebensbereich fällt, für den nach § 1896 Abs 2 Satz 2 BGB kein Betreuer bestellt werden darf.

6 Die Voraussetzungen einer im Rahmen des § 12 Abs 1 ggf relevanten **Wissensvertretung** richten sich nach nationalem Recht (Rolland Rn 6 ff). So wird das Wissen eines Organs der geschädigten juristischen Person ebenso zugerechnet wie das Wissen des

Vertreters dem Vertretenen, wenn der Schadensfall sich im Aufgabenbereich des Vertreters ereignet hat (arg e § 166 Abs 1 BGB).

Die Kenntnis bzw fahrlässige Unkenntnis muß sich zunächst auf den **Schaden** bezie- 7 hen. Hier gelten – mangels Vorgaben in der ProdHaftRichtl – die zu § 852 BGB entwickelten Grundsätze. Der Geschädigte muß daher nicht die volle Höhe des Schadens bzw alle Schadenspositionen usw überschauen; vielmehr genügt **Kenntnis vom Eintritt irgendeines Schadens** (BGH VersR 1990, 277; NJW 1960, 380). Entscheidend dürfte sein, ob der Verletzte aufgrund seines Kenntnisstandes zur Erhebung der Feststellungsklage in der Lage ist (BGH WM 1960, 885; ROLLAND Rn 9). Soweit **Spätschäden** vom Betroffenen in einem frühen Stadium nicht vorausgesehen werden können (vgl JÜRGEN KOCH, Haftungsprobleme bei Produktspätschäden [1987]), beginnt der Lauf der Frist nach § 12 Abs 1 hingegen nicht (ROLLAND Rn 9). So kann der Anspruch hinsichtlich der erkennbaren Schäden verjährt sein, während er hinsichtlich solcher Spätschäden möglicherweise noch besteht.

Fahrlässige Unkenntnis von der **Person des Ersatzpflichtigen** ist anzunehmen, wenn 8 Name und Anschrift des Schadensersatzschuldners erlangbar sind (ROLLAND Rn 13; MünchKomm/CAHN Rn 6). Dies ist indes für jede nach § 4 ProdHaftG haftende Person gesondert festzustellen (MünchKomm/CAHN Rn 7).

Die fahrlässige Unkenntnis muß schließlich auch den **Fehler** betreffen. Es geht dabei 9 um die tatsächlichen Voraussetzungen des § 3 (MünchKomm/CAHN Rn 5), wobei der Geschädigte allerdings nicht technische Detailfragen nachvollziehen, sondern die vom Produkt ausgehende konkrete Gefährdung seiner Sicherheitsinteressen in ihrer praktischen Auswirkung kennen muß.

Fraglich ist weiterhin, ob die fahrlässige Unkenntnis sich auch auf den **Ursachenzu-** 10 **sammenhang zwischen Fehler und Schaden** beziehen muß (so STORM PHI 1986, 112, 115; ROLLAND Rn 11; MünchKomm/CAHN Rn 5). **Dafür** spricht, daß der Geschädigte im Prozeß diesen Ursachenzusammenhang beweisen muß (§ 1 Abs 4 Satz 1). **Allerdings** beschränken sich sowohl Art 10 Abs 1 ProdHaftRichtl als auch § 13 Abs 1 ausschließlich auf die Enumeration von Schaden, Fehler und Person des Geschädigten als möglichen Gegenständen der Kenntnis bzw fahrlässigen Unkenntnis des Geschädigten. Nimmt man hinzu, daß Ursachenzusammenhänge zwischen Fehler und Schaden sehr häufig erst nach Klärung intrikater technischer Probleme erkennbar sind, scheint eine nachträgliche Erweiterung der ausdrücklich genannten Voraussetzungen des § 12 Abs 1 problematisch. Die Verjährung zu Lasten des Geschädigten liefe erst, wenn dieser durch möglicherweise umfangreiche Privatgutachten die Beweislage aus seiner Sicht überprüft und gesichert hätte. Dagegen spricht zum einen, daß zugunsten des Geschädigten im Produkthaftungsprozeß gerade in diesem Sachpunkt Beweishilfen gewährt werden (§ 1 Rn 72 ff) und daß zweitens dem Geschädigten nach Kenntniserlangung von Schaden und Fehler ausreichend Zeit verbleibt, den Ursachenzusammenhang innerhalb der nun laufenden Dreijahresfrist zu eruieren.

Die **Dreijahresfrist** des § 12 Abs 1 wird **nicht durch konkurrierende (vertragliche) Ver-** 11 **jährungsfristen beeinflußt**, wie dies im Hinblick auf § 852 BGB möglich ist (ROLLAND

Rn 33; MünchKomm/CAHN Rn 2). Insoweit enthält Art 10 Abs 1 eine verbindliche Vorgabe.

III. Hemmung bei Verhandlungen (§ 12 Abs 2)

12 Abs 2 läßt eine Hemmung der Verjährungsfrist für die Zeit der Verhandlungen zwischen dem Ersatzpflichtigen und dem Ersatzberechtigten über den Schadensersatzanspruch eintreten, soweit die Verhandlungen nicht verweigert werden. Die Norm findet keine ausdrückliche Entsprechung in der Richtlinie, ist aber durch **Art 10 Abs 2 ProdHaftRichtl** gedeckt, nachdem die Rechtsvorschriften der Mitgliedstaaten über die Hemmung oder Unterbrechung der Verjährung durch die Richtlinie nicht berührt werden.

13 Die Norm ist **§ 852 Abs 2 BGB** nachgebildet (ROLLAND Rn 16). Es kann auf die dort geltenden Maßstäbe verwiesen werden, wobei eine **großzügige Auslegung des Begriffs „Verhandlungen"** aufgrund des Schutzzwecks angezeigt ist. Denn es geht in erster Linie um eine Erleichterung der außergerichtlichen Einigung, wobei allerdings Mißbräuche seitens des Schuldners durch Hinauszögern der Verhandlungen verhindert werden müssen. Daher fällt **jede ernstgemeinte Auseinandersetzung, gleichgültig in welcher Form**, unter den Verhandlungsbegriff.

IV. Anwendbarkeit der allgemeinen Verjährungsvorschriften (Abs 3)

14 § 12 Abs 3 ist weiter gefaßt als Art 10 ProdHaftRichtl (ROLLAND Rn 19). Dort wird nur hinsichtlich Hemmung und Unterbrechung der Verjährung auf das Recht der Mitgliedstaaten verwiesen. Dies ist bei der Auslegung zu berücksichtigen. Soweit § 12 Abs 3 auf andere Normen des Verjährungsrechtes als diejenigen über Hemmung und Unterbrechung verweist, sind diese nur anwendbar, soweit sie nicht den Vorgaben der Richtlinie – insbesondere Art 10 f ProdHaftRichtl – widersprechen.

15 Im einzelnen gilt: **§ 195 BGB** (die regelmäßige dreißigjährige Verjährung) kommt nicht zur Anwendung, weil diese durch das Institut der Erlöschung nach Art 11 ProdHaftRichtl verdrängt wird (**aA** ROLLAND Rn 22). Anwendbar ist hingegen **§ 218 BGB** (Verjährung des rechtskräftigen Anspruchs). Zwar fehlt es hier an einem Pendant zu § 13 Abs 2; es leuchtet jedoch ein, daß der titulierte Anspruch eigenen Verjährungsvoraussetzungen unterliegen muß (ROLLAND Rn 23). **Fraglich** ist, ob sich die **Wirkung** der Verjährung nach **§ 222 BGB** richtet, weil einem ausländischen Hersteller möglicherweise nicht bewußt ist, daß er sich auf diese Einrede ausdrücklich berufen muß. In der Richtlinie fehlt eine einheitliche Regelung über die Verjährungswirkung, so daß insoweit das nationale Recht die Lücke schließen muß (ROLLAND Rn 26). **Eine Abkürzung der Verjährung** nach § 225 Satz 2 BGB scheitert an § 14 Satz 1 (ROLLAND Rn 29). Die Frage eines möglichen Ausschlusses oder einer Erschwerung der Verjährung richtet sich mangels Vorgaben in der Richtlinie nach **§ 225 Satz 1 BGB** (ROLLAND Rn 29).

§ 13
Erlöschen von Ansprüchen

(1) Der Anspruch nach § 1 erlischt zehn Jahre nach dem Zeitpunkt, in dem der Hersteller das Produkt, das den Schaden verursacht hat, in den Verkehr gebracht hat. Dies gilt nicht, wenn über den Anspruch ein Rechtsstreit oder ein Mahnverfahren anhängig ist.

(2) Auf den rechtskräftig festgestellten Anspruch oder auf den Anspruch aus einem anderen Vollstreckungstitel ist Absatz 1 Satz 1 nicht anzuwenden. Gleiches gilt für den Anspruch, der Gegenstand eines außergerichtlichen Vergleichs ist oder der durch rechtsgeschäftliche Erklärung anerkannt wurde.

Alphabetische Übersicht

I. Systematische Stellung und Zweck der Norm

Der deutsche **Gesetzgeber** sieht im Erlöschen einen **Ausgleich für die ursprünglich zu** **1** **Lasten des Herstellers vermutete Fehlerhaftigkeit** des Produkts (vgl § 1 Abs 2 Nr 2 und 5; BT-Drucks 11/2447, 25). Die Entstehungsgeschichte der Richtlinie deutet indes auf ein anderes Regelungsziel hin: Nach zehn Jahren sind nämlich Produktfehler nicht mehr eindeutig dem Sicherheitszustand zurechenbar, den der Hersteller im Zeitpunkt des Inverkehrbringens zu verantworten hat (arg e § 1 Abs 2 Nr 2). Hier kann ein Sicherheitsdefizit vielmehr auch auf **normale Abnutzung** des Produkts zurückgehen. Das Erlöschen des Anspruchs nach 10 Jahren soll folglich Beweisnöten des Herstellers vorbeugen (Richtlinie BegrErwäg 11; W Lorenz ZHR 151 [1987] 1, 34; Hollmann DB 1985, 2439, 2440). Die Stichhaltigkeit dieser Argumentation wird mit dem Argument bezweifelt, daß Beweisnöte allenfalls im Hinblick auf Fabrikations- nicht aber in Bezug auf Konstruktionsfehler auftreten könnten (MünchKomm/Cahn Rn 1). Das amerikanische Fallmaterial zeigt jedoch, daß gerade bei der Beurteilung von Konstruktionsdefiziten der Einwand des „wear and tear" praktische Bedeutung entfaltet (Stuckey v Young Exploration Co, 586 P 2d 726, 731 [Supreme Court of Oklahoma] dazu W Lorenz aaO). Weiterhin bezweckt die Norm eine **Erleichterung der Versicherbarkeit** des nunmehr zeitlich begrenzten Haftungsrisikos (W Lorenz aaO). **Rechtspolitisch fraglich** ist allerdings, ob die Erreichung dieser Ziele angesichts der Länge der Zehnjahresfrist möglich ist (Honsell JuS 1995, 211, 214).

Die Norm begründet eine **Ausschlußfrist** (BT-Drucks 11/2447, 12; W Lorenz ZHR 151 **2** [1987] 1, 35; MünchKomm/Cahn Rn 2; Rolland Rn 2 f; Schmidt-Salzer/Hollmann Art 11

Rn 8 ff; TASCHNER/FRIETSCH Art 11 Rn 2). Eine **vertragliche Verlängerung der Frist**, etwa bei Zusicherung einer längeren Lebensdauer, ist arg e contr e § 14 Satz 1 zulässig (SCHMIDT-SALZER/HOLLMANN Art 11 Rn 25; ROLLAND Rn 13; TASCHNER/FRIETSCH Rn 10; aA MünchKomm/MERTENS/CAHN Rn 2; KULLMANN/PFISTER Kz 3610, 3a; Graf vWESTPHALEN § 67 Rn 21).

II. Tatbestandsvoraussetzungen des Erlöschens

3 Vorausgesetzt wird, daß das Produkt, das den Schaden verursacht hat, **in den Verkehr gebracht** worden ist. Der Begriff ist identisch mit dem in § 1 Abs 2 Nr 1 verwendeten (vgl § 1 Rn 44 ff; für den Quasi-Hersteller § 4 Rn 66, Importeur § 4 Rn 91, Lieferanten § 4 Rn 124).

4 Dabei muß es sich um das **Produkt** handeln**, das den Schaden verursacht hat**. Schon der Wortlaut stellt klar, daß es sich hierbei um das einzelne Werkstück bzw Fabrikat handeln muß und nicht etwa um den Produkttyp als solchen. Dies entspricht auch der **hM** (BT-Drucks 11/2447, 25; MünchKomm/CAHN Rn 3; ROLLAND Rn 5; TASCHNER/FRIETSCH Rn 14; BRÜGGEMEIER/REICH WM 1986, 149, 154; zweifelnd HOLLMANN DB 1985, 2439, 2440).

5 Weiterhin muß der *Hersteller* das Produkt in den Verkehr gebracht haben. Gem § 4 ProdHaftG kommen diesbezüglich jedoch ganz unterschiedliche Beteiligte in Betracht. Hinsichtlich jedes Anspruchsgegners sind daher die Voraussetzungen des § 13 Abs 1 gesondert zu prüfen (**hM**: BT-Drucks 11/2447, 25; LORENZ ZHR 151 [1987] 1, 35; ROLLAND Rn 6 ff; MünchKomm/CAHN Rn 4). Die **abweichende Ansicht** (SCHMIDT-SALZER/ HOLLMANN Art 11 Rn 17 ff), die einheitlich auf den Zeitpunkt abstellen will, in dem der Endhersteller das Produkt in den Verkehr gebracht hat, findet zu Recht keine Gefolgschaft. Denn sie bricht mit dem im System des § 1 Abs 2 Nr 2 angelegten Prinzip der Einzelverantwortung der Hersteller für den Zustand des Produkts zu dem Zeitpunkt des jeweiligen Inverkehrbringens (vgl § 1 Rn 55 ff).

6 Die **Rückgriffsansprüche** zwischen den verschiedenen Herstellern nach § 5 Satz 2 sowie zwischen den Herstellern und sonstigen Dritten nach § 6 Abs 2 Satz 2 sind indes rechtlich **selbständig** und **erlöschen nicht nach § 13 Abs 1 Satz 1 ProdHaftG** (vgl dazu bereits § 5 Rn 12). Ein Gesamtschuldner kann daher auch dann noch in Anspruch genommen werden, wenn der Ersatzanspruch des Geschädigten im Außenverhältnis erloschen ist.

III. Hemmung des Fristablaufs (Abs 1 Satz 2)

7 Nach **Art 11 letzter HS ProdHaftRichtl** erlischt der Ersatzanspruch nicht, wenn der Geschädigte in der Zwischenzeit ein gerichtliches Verfahren gegen den Hersteller eingeleitet hat. § 13 Abs 1 Satz 2 läßt hinsichtlich der Einleitung bereits die **Anhängigkeit** genügen; **nicht erforderlich ist Rechtshängigkeit** (MünchKomm/CAHN Rn 7; ROLLAND Rn 15; aA TASCHNER/FRIETSCH Art 11 Rn 8).

8 Die Beschränkung des § 13 Abs 1 Satz 2 auf die **Geltendmachung im (gerichtlichen) Rechtsstreit bzw Mahnverfahren** beruht nicht auf einer Vorgabe in Art 11 ProdHaftRichtl; dort ist nur von der Einleitung eines gerichtlichen Verfahrens die Rede.

Deshalb greift die Norm auch, wenn eine der anderen, in § 209 Abs 2 BGB genannten Handlungen vorliegt (ROLLAND Rn 15; MünchKomm/MERTENS/CAHN Rn 7).

Richtiger Auffassung nach begründet § 13 Abs 1 Satz 2 eine **Hemmung** iSd § 205 **9** BGB (ROLLAND Rn 16). Ziel der Norm ist es nur, das Erlöschen während der versuchten Rechtsdurchsetzung zu verhindern. Diese Wirkung tritt ein, wenn der zur Rechtsdurchsetzung benötigte Zeitraum in die Verjährungsfrist nicht eingerechnet wird; die Rechtsfolge einer echten Unterbrechung nach § 217 BGB würde über dieses Ziel hinausschießen. Mangels Vorgaben in der Richtlinie ist bei Abbruch oder anderweitigem Scheitern der Durchsetzung an eine **analoge Anwendung des § 212 BGB** zu denken: Dann wird die Zeit während des Rechtsdurchsetzungsversuches nachträglich doch noch in die Verjährungsfrist eingerechnet (ROLLAND Rn 17; MünchKomm/ CAHN Rn 8).

IV. Ausnahmen von der Ausschlußfrist (Abs 2)

Die in § 13 Abs 2 ProdHaftG enumerierten Ausnahmen finden in Art 11 ProdHaft- **10** Richtl kein Vorbild. Dennoch ist die Norm unbedenklich (BT-Drucks 11/2447, 25; ähnlich ROLLAND Rn 19; MünchKomm/CAHN Rn 9), weil sie nur ein der Richtlinie zugrunde liegendes Prinzip im Wege der **teleologischen Reduktion** klar zum Ausdruck bringt: Zweck der Frist nach Abs 1 ist es, eine mit fortschreitendem Zeitablauf immer schwerer zu beseitigende rechtliche Unklarheit über Grund und Umfang des Anspruchs in Grenzen zu vermeiden. Werden Grund und Höhe aber durch gütliche Vereinbarung zwischen den Parteien endgültig außer Streit gestellt bzw liegt eine rechtskräftige Feststellung des Anspruches vor, ist das Ziel der Rechtsklarheit erreicht und der weitere Fristlauf wird gestoppt. Dies zeigt sich schon an den andernfalls zu gewärtigen Konsequenzen: Würde nämlich die Ausschlußfrist ungeachtet der rechtskräftigen Feststellung des Anspruchs weiterlaufen, so könnte nachträglich jeder aus § 1 Abs 1 Satz 1 ProdHaftG begründete Titel im Wege der Vollstreckungsgegenklage (vgl § 767 Abs 2 ZPO) kassiert werden, wenn der Fristablauf in den Zeitraum nach der letzten mündlichen Verhandlung im Erstverfahren fiele: Denn mit Fristablauf wären die Anspruchsvoraussetzungen durch ein nachträgliches Ereignis weggefallen. Diese Konsequenz verfolgen indes weder Richtlinie noch ProdHaftG.

Die Aufzählung in Abs 2 wird im Schrifttum als **abschließend** angesehen (Münch- **11** Komm/CAHN Rn 10). **Dagegen** spricht jedoch, daß § 13 Abs 2 keine Enumeration von Ausnahmetatbeständen beinhaltet, sondern im Wege der teleologischen Reduktion einen dem Art 11 ProdHaftRichtl zugrundeliegenden allgemeinen Rechtsgedanken klarstellt (vgl gerade oben Rn 10): In allen Fällen, in denen der Anspruch auch auf sonstige Weise zwischen den Parteien außer Streit steht, läuft die Ausschlußfrist nicht mehr.

§ 13 Abs 1 Satz 1 ProdHaftG – dies stellt Abs 2 der Norm klar – ändert also nichts an **12** der **dreißigjährigen Verjährung** von rechtskräftig titulierten Ansprüchen nach § 218 BGB. Soweit es um die Vollstreckung aus einem **ausländischem Urteil** geht, kommt als rechtskräfig festgestellter Anspruch iSd § 13 Abs 2 allein das Vollstreckungsurteil in Betracht (MünchKomm/CAHN Rn 10).

13 Der Anspruch erlischt auch dann nicht, wenn ein **anderer Vollstreckungstitel** vorliegt. Die Norm ist auf alle in § 794 ZPO genannten Titel, insbesondere den **gerichtlichen Vergleich** anwendbar.

14 Die Ausschlußfrist ist auch dann gestoppt, wenn ein **außergerichtlicher Vergleich** (vgl insoweit § 779 BGB) über ihn zustandegekommen ist oder wenn der Hersteller den Anspruch durch „rechtsgeschäftliche Erklärung anerkennt". **Richtiger Ansicht** nach ist damit nicht ein Anerkenntnis iSd § 781 BGB gemeint, weil dieses ja ohnehin neben dem Ersatzanspruch eine neue Forderung begründet, sondern ein **deklaratorisches, kausales Anerkenntnis** (ROLLAND Rn 18). Ein einseitiges Anerkenntnis iSd § 208 BGB genügt indes nicht (MünchKomm/CAHN Rn 11). Dagegen spricht der Zweck des Abs 2 Satz 2, der dem Erlöschen nach Abs 1 Satz 1 nur dort Grenzen setzt, wo Umfang und Höhe des Anspruchs zwischen den Parteien *verbindlich* außer Streit stehen. Dazu bedarf es idR einer verbindlichen Gerichtsentscheidung oder einer Einigung der Parteien; einseitige Akte reichen nicht aus.

§ 14
Unabdingbarkeit

Die Ersatzpflicht des Herstellers nach diesem Gesetz darf im voraus weder ausgeschlossen noch beschränkt werden. Entgegenstehende Vereinbarungen sind nichtig.

Alphabetische Übersicht

I.   Zu Entstehungsgeschichte und Zweck

1 Die Norm geht auf **Art 12 ProdHaftRichtl** zurück, wonach die Haftung des Herstellers gegenüber dem Geschädigten nicht durch eine die Haftung begrenzende oder von der Haftung befreiende Klausel begrenzt oder ausgeschlossen werden kann. Im ersten und zweiten Richtlinienvorschlag war **ursprünglich eine weite Fassung der Norm** vorgesehen (Art 10 ProdHaftRichtl); danach sollte jeder Ausschluß und jede Haftungsbegrenzung unmöglich sein. Wie sich aus den Materialien (Erläuterung Nr 29, EG-Bulletin Beil 11/1976, 20) ergibt, war auch daran gedacht, dem Hersteller die **Einwendung** abzuschneiden, **der Geschädigte habe die aus der Produktverwendung resultie-**

renden Risiken freiwillig auf sich genommen. Diese Fassung konnte sich indes im Rat nicht durchsetzen (TASCHNER Art 12 Rn 2; HOLLMANN DB 1985, 2439, 2441). Im Umkehrschluß wird daher gefolgert, daß ein **Handeln auf eigene Gefahr** im Rahmen des Anspruchs aus § 1 Abs 1 Satz 1 berücksichtigt werden müsse (ROLLAND Rn 5).

§ 14 ProdHaftG bezweckt allein den **Schutz des Geschädigten gegenüber dem Hersteller** 2 (Richtlinie BegrErwäg Abs 12; BT-Drucks 11/2447, 25). Offensichtlich erkennt der Rat im Hersteller grundsätzlich einen dem Geschädigten strukturell überlegenen Marktpartner, der unter Einsatz seiner Verhandlungsmacht die Vereinbarung von Haftungsfreizeichnungen gegenüber dem Geschädigten durchsetzen kann.

§ **14 Satz 2** erspart die Subsumtion des § 14 Satz 1 unter § 134 BGB im Einzelfall. 3

II. Persönlicher Anwendungsbereich

Das Verbot gilt nur **zwischen Hersteller und potentiell Geschädigtem** (ROLLAND Rn 6). 4 Der Geschädigte muß jedoch nicht unbedingt Verbraucher sein; die Norm gilt vielmehr **auch im kaufmännischen Verkehr** (BRÜGGEMEIER/REICH WM 1986, 149, 154; ROLLAND Rn 1).

Dies hat **Konsequenzen für die Rechtsbeziehungen zwischen den Herstellern iSd § 4 Abs 1** 5 **Satz 1 ProdHaftG.** Diese dürfen grundsätzlich von den Rechtsfolgen des ProdHaftG abweichen (BT-Drucks 11/2447, 25; § 5 Rn 21 ff; MünchKomm/CAHN Rn 1), insbesondere eine vertragliche Regelung über den Rückgriff im Innenverhältnis nach § 5 Satz 2 treffen. Soweit jedoch ein in der Wertschöpfungskette nachgelagerter Hersteller durch die Sicherheitsgefahren eines Produktes gefährdet ist, das ihm vom vorgelagerten Hersteller geliefert wird, kommt er als potentieller Gläubiger eines Anspruchs aus § 1 Abs 1 Satz 1 ProdHaftG in Betracht und kann daher nicht auf Ersatzansprüche verzichten (ROLLAND Rn 6).

III. Sachlicher Anwendungsbereich

Nach § 14 Satz 1 darf die Ersatzpflicht des Herstellers weder eingeschränkt noch aus- 6 geschlossen werden. Das Verbot bezieht sich also nur auf den Anspruch aus § 1 Abs 1 Satz 1, nicht aber auf Rückgriffsansprüche nach § 5 Satz 2 bzw § 6 Abs 2 Satz 2.

Die Tatbestandsmerkmale **Einschränkung** und **Ausschluß** sind dabei **weit auszulegen.** 7 Nicht nur echte Freizeichnungsklauseln in individuellen Vereinbarungen, allgemeinen Geschäftsbedingungen oder auf der Verpackung sind damit bezeichnet (BT-Drucks 11/2447, 25), sondern jede **Gestaltung, deren Rechtsfolge in eine Begrenzung oder Aushöhlung des Anspruchs aus § 1 Abs 1 Satz 1 mündet** (ROLLAND Rn 7 f; MünchKomm/ CAHN Rn 3). Dies können Vereinbarungen über eine Verkürzung der Verjährung nach § 12, der Ausschlußfrist nach § 13, aber auch der Beweislastverteilung sein.

Bedeutung hat § 14 vor allem bei der Beurteilung der **Rechtmäßigkeit einer Produkt-** 8 **beschreibung.** Hier darf der Hersteller zwar vor Sicherheitsgefahren warnen und das Funktionenspektrum seines Produktes festlegen, darf sich damit jedoch nicht seiner Verantwortung für einen voraussehbaren Fehlgebrauch seines Produktes entziehen (dazu ausführlich oben § 3 Rn 72 ff und 59 ff).

Jürgen Oechsler

9 Aus der Norm resultiert auch ein zentrales Argument gegen die Anerkennung **dynamischer Verweisungen** auf technische Normen als Entlastungsgrund nach § 1 Abs 2 Nr 4 (§ 1 Rn 101) und gegen die Berücksichtigung **technischer Normen** zum Zwecke der Herabsetzung der relevanten Sicherheitserwartungen iSd § 3 Abs 1 (§ 3 Rn 95).

10 Ob § 14 auch die Möglichkeiten der **Rechtswahl** einschränkt (so MünchKomm/CAHN Rn 5; vorsichtiger ROLLAND Rn 18) muß **bezweifelt** werden. Die Norm ist nämlich kaum international zwingend; ihr Zweck liegt allein darin, den potentiell Geschädigten vor der vermuteten Verhandlungsmacht des Herstellers zu schützen, nicht aber ihm in allen Fällen mit internationalem Bezug den deutschen Schutzstandard zu garantieren. Im zentralen Fall einer mißbräuchlichen Rechtswahl, dem Inlandsfall, finden nach Art 27 Abs 3 EGBGB ohnehin die zwingenden Normen des deutschen Rechtes und damit die §§ 1 ff ProdHaftG Anwendung. Art 27 Abs 3 EGBGB gilt richtiger Auffassung *analog* auch für Fälle mit Auslandsberührung, in denen die Parteien ein sachlich unverbundenes ausländisches Recht wählen (str; dazu mwN OECHSLER, in: MARTINEK/SEMLER, Vertriebsrechtshandbuch [1996] § 55 Rn 6 ff); gegenüber Verbrauchern reicht der Schutz schließlich nach Art 29 Abs 1 EGBGB in Einzelfällen noch weiter. Gegen eine Sperrwirkung des § 14 spricht auch der Art 27 Abs 3 EGBGB zugrundeliegende Zweck: Diese Norm geht auf einen Kompromiß der Vertragsparteien des EuGVÜ zurück, die die Rechtswahl in jedem Fall zulassen wollten und die damit verbundenen Härten durch Einschränkungen der Rechtsfolgen der Rechtswahl einschränkten (OECHSLER aaO). Ein über Art 27 Abs 3, 29 Abs 1 EGBGB hinausgehender Schutz auf der Grundlage von § 14 erscheint daher weitgehend entbehrlich.

11 Die Norm steht einem **außergerichtlichen Vergleich** gem § 779 BGB über einen bereits entstandenen Ersatzanspruch nach § 1 Abs 1 Satz 1 **nicht entgegen**. Denn das Verbot des § 14 Satz 1 gilt nur für die Zeit **vor dem Schadensfall**, nicht aber für bereits entstandene Ersatzansprüche (BT-Drucks 11/2447, 25; ROLLAND Rn 2; vgl auch MünchKomm/CAHN Rn 1, 2). Dagegen spricht zwar der weitergehende Wortlaut des Art 12 ProdHaftRichtl; seine Bedeutung relativiert sich jedoch mit Blick auf die Materialien (RL BegrErwäg Abs 12; vgl Erläuterung Nr 29, EG-Bulletin Beil 11/1976, 20). Im übrigen wäre das im Gesetz vorgesehene **Privileg von Verhandlungen nach § 12 Abs 2** weitgehend gegenstandslos, wenn es aus Sicht der Beteiligten nichts zu verhandeln gäbe.

12 **Maßgeblicher Zeitpunkt** ist dabei nach **richtiger Ansicht** das Vorliegen des Schadensfalls, zu dem insbesondere auch der Schadenseintritt zählt (ROLLAND Rn 2). Die **Gegenansicht**, die bereits die Rechtsgutsverletzung nach § 1 Abs 1 Satz 1 genügen lassen will (MünchKomm/CAHN Rn 2), berücksichtigt den Schutz des Geschädigten nicht ausreichend. Dieser soll erst dann über die ihm zustehenden Ansprüche disponieren dürfen, wenn er sie grob überblickt. Im übrigen gerät die Gegenmeinung hinsichtlich der nicht erkennbaren Spätschäden zu Folgeproblemen, die sie dann nur mit Hilfe der §§ 138, 242 BGB lösen kann. Ein Verzicht ist daher nur möglich, wenn wesentliche Teile des Schadens bereits eingetreten sind und nur ein unbedeutender, aber überschaubarer Restschaden verbleibt. Im Hinblick auf nicht vorhersehbare Folgeschäden ist ein Verzicht hingegen wegen § 14 Satz 1 nicht möglich.

13 § 14 hat schließlich besondere Bedeutung für die **Haftungsbeschränkungen in den Verträgen der Versorgungswirtschaft** (vgl dazu § 2 Rn 47).

§ 15
Arzneimittelhaftung;
Haftung nach anderen Rechtsvorschriften

(1) Wird infolge der Anwendung eines zum Gebrauch bei Menschen bestimmten Arzneimittels, das im Geltungsbereich des Arzneimittelgesetzes an den Verbraucher abgegeben wurde und der Pflicht zur Zulassung unterliegt oder durch Rechtsverordnung von der Zulassung befreit worden ist, jemand getötet, sein Körper oder seine Gesundheit verletzt, so sind die Vorschriften des Produkthaftungsgesetzes nicht anzuwenden.

(2) Eine Haftung aufgrund anderer Vorschriften bleibt unberührt.

Alphabetische Übersicht

I.   Die Ausnahme der Arzneimittelhaftung (Abs 1)

1.   Verstoß gegen die Richtlinie

Umstritten ist, ob Art 13 ProdHaftRichtl die in § 15 Abs 1 ProdHaftG vorgesehene **1** Ausnahme der Arzneimittelhaftung vom Anwendungsbereich des ProdHaftG deckt. Die **praktische Relevanz des Streites** ergibt sich aus dem Umstand, daß die §§ 84 ff **Arzneimittelgesetz** (AMG vom 24. 8. 1976, BGBl I 2445, idF vom 19. 4. 1994, BGBl I 3018) bei allen **Vorteilen für den Geschädigten** (vgl zB die Haftung für Entwicklungsschäden; Überblick LARENZ/CANARIS II/2, § 84 VI 2) **auch Nachteile** beinhalten: **(1)** So setzt die Haftung nach § 84 Satz 2 Nr 1 AMG voraus, daß der Geschädigte das Arzneimittel *bestimmungsgemäß* verwendet hat; den bestimmungsgemäßen Gebrauch des Arzneimittels legt dabei der Hersteller in der dem Arzneimittel beigefügten Kennzeichnung, Gebrauchsinformation oder Fachinformation (§§ 10 ff AMG) fest; damit verbunden ist jedoch die Gefahr verdeckter Haftungsfreizeichnungen mittels einschränkender Produktbeschreibungen; aus diesem Grund haftet der Hersteller nach § 3 Abs 1 lit b ProdHaftG auch für den vorhersehbaren Fehlgebrauch und kann insoweit das Funktionenspektrum seines Produktes nicht wirksam einschränken (§ 3 Rn 59 ff und 72 ff). **(2)** Weiterhin werden die Sicherheitserwartungen des Arzneimittelverwenders gegenüber § 3 Abs 1 ProdHaftG eingeschränkt; denn § 84 Satz 2 Nr 1 AMG mutet ihm schädliche Wirkungen zu, wenn sie über ein nach den Erkenntnissen der medizinischen Wissenschaft vertretbares Maß nicht hinausgehen; solche Schäden sind folglich nach dem AMG nicht haftungsbegründend. (3) Die Haftung setzt weiterhin voraus, daß die Ursachen der schädlichen Wirkung allein im Bereich der Entwicklung oder Herstellung des Produkts liegen (§ 84 Abs 1 Satz 2 Nr 1 AMG); diesbezüglich ist der Geschädigte auch beweispflichtig (vgl hier nur ROLLAND Rn 57); das ProdHaftG erleichtert die Position des Geschädigten demgegenüber erheblich, weil es seinem Anwendungsbereich nach nicht auf die Gefahren industrieller Produktion beschränkt ist (Einl 18; § 2 Rn 8) und den Hersteller ungeachtet der Fehlerursache für *alle* Sicherheitsrisiken zur Verantwortung zieht, die das Produkt im Zeitpunkt des Inverkehrbringens hatte (arg e contr e § 1 Abs 2 Nr 2 ProdHaftG). (4) § 84 AMG begründet nach **hM** keine Haftung für wirkungslose Produkte (DEUTSCH VersR 1979, 685, 686; ROLLAND Rn 40) wie das ProdHaftG (§ 3 Rn 117 ff), und (5) im Falle der Tötung eines Menschen beschränkt § 88 Abs 1 Nr 1 AMG die Haftung auf 1.000.000 DM (bei Körperverletzung besteht eine dem § 8 ProdHaftG vglb Regelung in § 87 AMG).

2 Die **Befürworter des § 15 Abs 1 ProdHaftG** (vor allem ROLLAND, Zur Sonderstellung des Arzneimittelherstellers im System des Produkthaftungsrechts, in: FS W Lorenz [1991] 193, 194 ff; ders, Produkthaftungsrecht Rn 2; MünchKomm/CAHN Rn 2; ferner LORENZ ZHR 151 [1987] 1, 14; vWESTPHALEN NJW 1990, 83, 92) argumentieren mit dem **Wortlaut des Art 13 ProdHaft-Richtl**. Danach werden diejenigen Ansprüche durch die Richtlinie nicht berührt, „die ein Geschädigter aufgrund der Vorschriften über die vertragliche oder außervertragliche Haftung oder aufgrund einer zum Zeitpunkt der Bekanntgabe der Richtlinie bestehenden *besonderen Haftungsregelung* geltend machen kann". Nach dieser Ansicht macht die zweite Alternative in Art 13 ProdHaftRichtl und der dort ausgesprochene Bezug auf eine „besondere Haftungsregel" nur dann Sinn, wenn darin etwas anderes ausgesprochen ist als der bereits in der ersten Alternative klargestellte Grundsatz der freien Konkurrenz mit den Instituten des nationalen Privatrechts. Die zweite Alternative könne daher nur bedeuten, daß diese nationalen Sonderregeln nicht nur mit dem zu schaffenden Produkthaftungsgesetz konkurrierten, sondern dieses verdrängten. Maßgebend sei dabei die Fassung dieser Gesetze zum Zeitpunkt der Bekanntgabe der Richtlinie (**Stichtagsprinzip**). Diese Betrachtungsweise wird mit einem Blick auf die Entstehungsgeschichte der Norm gerechtfertigt. So bestand angeblich während der Beratungen der Richtlinie Einvernehmen darüber, daß das AMG der Bundesrepublik das zu schaffende deutsche Produkthaftungsgesetz in seinem Anwendungsbereich verdrängen sollte, und man war angeblich der Auffassung, daß Art 13 der Richtlinie in der vorliegenden Fassung eine geeignete Rechtsgrundlage für diese Ausnahme darstellte (TASCHNER Art 13 Rn 4; vgl auch TASCHNER/FRIETSCH Art 13 Rn 5). Eine gewisse Bestätigung findet diese Sichtweise durch den Umstand, daß die Kommission in ihrer Bewertung der Umsetzung der Richtlinie durch die Bundesrepublik die Sonderregelung des § 15 ProdHaftG nicht beanstandet hat (TASCHNER, Niederschrift über die öffentliche Anhörung in der 14. Sitzung des Unterausschusses „Europarecht" des Rechtsausschusses des Deutschen Bundestages vom 10. 3. 1989, 24, zitiert nach ROLLAND, in: FS W Lorenz 193, 195).

3 Dennoch halten diese Argumente der **Kritik** (ANDERLE, Der Haftungsumfang des harmonisierten Produkthaftungsrechts 37 ff; BRÜGGEMEIER ZHR 152 [1988] 511, 532; BUCHNER DB 1988, 32, 36; KOCH ZHR 152 [1988] 537, 560; KULLMANN, Produkthaftungsgesetz 140; MAGNUS JZ 1990, 1100, 1102; MEYER ZRP 1989, 207, 210; PAULI PHI 1987, 138, 141; SACK VersR 1988, 439, 442;

TASCHNER/FRIETSCH § 15 Rn 25; WASSENAER VAN CATWICK PHI 1988, 48, 50) nicht stand. Zunächst bestehen Zweifel, ob der Rat Art 13 2. Alt ProdHaftRichtl wirklich als Rechtsgrundlage für Sonderregelungen verstanden hat, die die nationalen Prod-HaftG verdrängen sollen. Dagegen spricht schon die BegrErwäg Abs 13 Satz 3 der Richtlinie: „Soweit in einem Mitgliedstaat ein wirksamer Verbraucherschutz im Arzneimittelbereich auch bereits durch eine besondere Haftungsregelung gewährleistet ist, müssen Klagen aufgrund dieser Regelung *ebenfalls* weiterhin möglich sein." (Hervorhebung durch den Verf; auf diese Stelle weist auch ROLLAND S 195 hin). Weiterhin ist der Tatbestand „besondere Haftungsregelung" viel zu unbestimmt, um als so weitreichende Ermächtigung zur Verdrängung der Richtlinie in Betracht zu kommen. Auch die von der Rechtsprechung entwickelte, von den Tatbestandsvoraussetzungen und dem System des § 823 Abs 1 BGB im übrigen zT weit abweichende Produzentenhaftung könnte danach als *besondere* Haftungsregelung angesehen werden, mit der Konsequenz, daß danach das ProdHaftG insgesamt verdrängt wäre. Schließlich ergibt sich im Umkehrschluß aus Art 14 ProdHaftRichtl, daß der Rat dort, wo er eine bestimmte Materie vom Anwendungsbereich der Richtlinie ausnehmen wollte, dies ausdrücklich geregelt hat. Schließlich ist für die Auslegung des Art 13 ProdHaft-Richtl wie für jede Norm nur der objektive, im Gesetzestext zum Ausdruck gebrachte Wille des Gesetzgebers maßgeblich und nicht die letztlich nur schwer aufzuhellenden subjektiven Motive der im Gesetzgebungsverfahren Beteiligten (LARENZ, Methodenlehre [6. Aufl 1991] 316 ff; OECHSLER, Gerechtigkeit im modernen Austauschvertrag [1997] 202 ff). Versteht man Art 13 2. Fall ProdHaftRichtl aber als Stichtagsregelungen so sind neue Konflikte vorprogrammiert, weil dann der deutsche Gesetzgeber die §§ 84 ff AMG nicht mehr ändern dürfte (ROLLAND Rn 8); nur in seiner zum Stichtag geltenden Fassung ginge das nationale Gesetz nämlich der ProdHaftRichtl vor (MünchKomm/CAHN Rn 2 f). Diese Sichtweise läßt indes einiges an Praxisbezug vermissen, weil nach ihr das AMG auf einem historischen Stand, ohne Veränderungsmöglichkeiten durch den Gesetzgeber eingefroren würde – eine Konsequenz, die der deutsche Gesetzgeber selbst anscheinend nicht gezogen hat, wie sich an der Novelle vom 19. 10. 1994 (BGBl I 3018) zeigt, in der etwa der für die Haftung relevante § 88 Nr 1 AMG abgeändert wurde. Art 13 2. Alt ProdHaftRichtl gestattet daher nur die Konkurrenz der besonderen Haftungsregelung, nicht das Verdrängen der allgemeinen Produkthaftung. **§ 15 Abs 1 ProdHaftG findet danach in Art 13 ProdHaftRichtl keine Rechtsgrundlage**.

Die denkbaren **praktischen Konsequenzen** daraus sind vielgestaltig (vgl auch ROLLAND **4** 197). Die Kommission kann ein Verfahren wegen Verletzung des EWG-Vertrages nach Art 169 EGV anstrengen, was allerdings vergleichsweise unwahrscheinlich ist, da sie § 15 Abs 1 ProdHaftG nicht beanstandet hat (vgl oben Rn 2). Auch kommt eine Vorlage nach Art 177 EGV in Betracht (Einl 48). Nach der Rechtsprechung des EuGH kommt indes eine **Haftung der Bundesrepublik für die Nichtumsetzung der Richtlinie** in Betracht (Einl 49 f), wenn ein Arzneimittelgeschädigter Nachteile dadurch erleidet, daß seine Vermögenseinbußen – die andernfalls über § 1 Abs 1 Satz 1 ProdHaftG liquidiert werden könnten – wegen der Einschränkungen des AMG nicht geltend zu machen sind. Dieser Haftung kann der deutsche Gesetzgeber ua durch Anpassung der §§ 84 ff AMG an das ProdHaftG entgehen (vgl auch ROLLAND, 198 ff).

2. Tatbestandsvoraussetzungen

5 Da den deutschen Gerichten keine Verwerfungskompetenz wegen der fehlerhaften Umsetzung der Richtlinie in § 15 Abs 1 ProdHaftG zusteht, kommt es in der Praxis weiterhin auf die Tatbestandsmerkmale der Norm an.

6 Der **Begriff des Arzneimittels** ergibt sich aus § 2 AMG, allerdings mit der aus § 84 Satz 1 AMG folgenden Einschränkung, daß nur die für eine Anwendung beim Menschen vorgesehenen Arzneimittel vom ProdHaftG ausgenommen sind. Für **Tierarznei** wird also nach § 1 Abs 1 Satz 1 ProdHaftG gehaftet.

7 Ferner muß das Mittel der **Zulassungspflicht des § 21 Abs 1 AMG** unterliegen. Im Umkehrschluß wird daher für die in § 21 Abs 2 AMG genannten Arzneimittel nach § 1 Abs 1 Satz 1 ProdHaftG gehaftet, nämlich für die in den Apotheken hergestellten Arzneimittel in Chargengröße (§ 21 Abs 2 Nr 1 AMG), die zur klinischen Prüfung bestimmten Arzneimittel (§ 21 Abs 2 Nr 2 AMG) und wohl auch für homöopathische Arzneimittel (vgl nun aber den neuen § 38 Abs 1 Satz 2 AMG).

II. Das Konkurrenzverhältnis zu anderen Regelungen

1. Der Vorrang atomrechtlicher Übereinkommen (Art 14 ProdHaftRichtl)

8 Nach Art 14 findet die ProdHaftRichtl keine Anwendung auf Schäden infolge eines nuklearen Zwischenfalls, die in von den Mitgliedstaaten ratifizierten internationalen Übereinkommen geregelt sind. Die Richtlinie will den Vorrang des zwischen den Mitgliedstaaten bestehenden Vertragssystems zur Atomhaftung nicht antasten. Der **deutsche Gesetzgeber** hat indes auf eine ausdrückliche Umsetzung des Art 14 ProdHaftRichtl verzichtet, weil sich seiner Ansicht nach der Vorrang bereits unmittelbar aus den §§ 25, 25a AtomG ergebe und eine explizite Regelung im ProdHaftG zu falschen Umkehrschlüssen im Hinblick auf das Verhältnis der §§ 25, 25a AtomG zu anderen Materien (§ 22 WHG etwa) führen könne (BT-Drucks 11/2447, 26). Im Abkommen vom 2. Mai 1992 über den Europäischen Wirtschaftsraum (**EWR-Vertrag**), das am 1. Januar 1994 in Kraft getreten ist (BGBl 1993 II 266) findet sich in Anhang III (516) eine einschlägige Anpassung der ProdHaftRichtl: Danach ist die Richtlinie nicht auf nukleare Schäden anwendbar, die in einem von EFTA-Staaten und EG-Mitgliedstaaten ratifizierten internationalen Abkommen erfaßt sind.

9 Bei den **einschlägigen Abkommen** handelt es sich um das **Pariser Übereinkommen** vom 29. Juli 1960 idF des Zusatzprotokolls vom 28. 1. 1964 (BGBl 1976 II 311); das Brüsseler Zusatzübereinkommen vom 31. 1. 1963 idF des Zusatzprotokolls vom 28. 1. 1964 und des Protokolls vom 16. 11. 1982 (BGBl 1976 II 318) sowie das Brüsseler **Kernmaterial-Seetransport-Übereinkommen** (BGBl 1975 II 1026). **Problematisch** ist die Rechtslage beim **Brüsseler Reaktorschiffübereinkommen** vom 25. 5. 1962 über die Haftung der Inhaber von Reaktorschiffen nebst Zusatzprotokoll (BGBl 1975 II 977). Nach § 25a Abs 1 Nr 1 Satz 2 AtomG ist dieses zwar in Deutschland anzuwenden, doch hat die Bundesrepublik das Abkommen nicht ratifiziert (TASCHNER/FRIETSCH Art 14 Rn 3). Die Regelungen dieses Abkommens fiele demnach nicht unter das Privileg des Art 14 ProdHaftRichtl (so ROLLAND Rn 68).

Aus deutscher Sicht kommt es entgegen dem Wortlaut des Art 14 nicht darauf an, **10** daß die anderen Mitgliedstaaten das Abkommen ratifiziert haben, sondern darauf, ob dies von Seiten der Bundesrepublik erfolgt ist (MünchKomm/CAHN Rn 5).

Das Tatbestandsmerkmal „**nuklearer Zwischenfall**" bezieht sich auf Art 3 a des Pariser **11** Übereinkommens (TASCHNER/FRIETSCH Art 14 Rn 6).

2. Die Öffnungsklausel (Abs 2)

Nach § 15 Abs 2 bleibt die Haftung aufgrund anderer Vorschriften unberührt. Alle **12** vertraglichen und außervertraglichen Anspruchsgrundlagen des deutschen Rechts sind daher neben dem ProdHaftG anwendbar.

Die auf Art 13 ProdHaftRichtl zurückgehende Norm ist aus zwei Gründen **von 13 rechtspolitisch fragwürdigem Gehalt**: Sie steht einer nennenswerten Rechtsvereinheitlichung im Europäischen Wirtschaftsraum entgegen, weil dort neben dem harmonisierten Produkthaftungsrecht die alten nationalen Institute in ihrer schwer überschaubaren Komplexität weiter konkurrieren; zum anderen führt die Norm zu Wertungswidersprüchen und Rechtszersplitterung im Rahmen der nationalen Rechtsordnung.

Diese nachteiligen Effekte wurden sowohl vom Rat der Europäischen Gemeinschaf- **14** ten als auch vom Bundesgesetzgeber bewußt in Kauf genommen. Von vornherein kam nämlich dem Ziel der **Rechtsvereinheitlichung** gegenüber den Regelungsanliegen des Verbraucherschutzes nur eine eher dienende Funktion zu (ausführlich Einl 10 ff). Denn zum Zeitpunkt des ersten Richtlinienvorschlages beinhaltete der EWG-Vertrag keine Ermächtigungsgrundlage, auf Gemeinschaftsebene Verbraucherschutzmaßnahmen zu initiieren. Gerade deshalb hat die Kommission den Weg über die generalklauselartige Ermächtigung zur Rechtsangleichung nach Art 3 h, 100 EWGV gewählt (dazu REICH, Europäisches Verbraucherrecht Rn 35). Bei der Begründung der Öffnungsklausel des Art 11 im ersten Entwurf (Vorläufer des Art 13 ProdHaftRichtl und damit Vorbild von § 15 Abs 2 ProdHaftG) zeigt sich die untergeordnete Bedeutung der Harmonisierungsziele gegenüber den Verbraucherschutzanliegen. Von vornherein sollten nämlich die nationalen Haftungsnormen mit dem zu schaffenden Haftungsrecht konkurrieren, weil „[d]iese Vorschriften . . . ebenfalls dem Ziele eines Verbraucherschutzes [dienen]. Daher läßt die Richtlinie diese Vorschriften unberührt." (ABlEG 1976 Nr C 241/9, BegrErwäg Abs 24; vgl später BegrErwäg Abs 13 Satz 2 der Richtlinie). Von Anfang an war also nur ein einheitlicher Mindestschutz für Produktgeschädigte geplant, der den im Einzelfall erhöhten nationalen Schutzstandard nicht beseitigen, sondern nur nach unten als ein unverzichtbarer gemeinsamer Sockel absichern sollte (HOHLOCH ZEuP 1994, 408, 430). Daß durch das Nebeneinander des zu schaffenden einheitlichen Rechts und der nationalen Haftungsinstitute dabei eine echte Harmonisierung praktisch unmöglich blieb, wurde bewußt hingenommen.

Der **bundesdeutsche Gesetzgeber** hat die Umsetzung der Produkthaftungsrichtlinie als **15** eine in sich abgeschlossene Aufgabe verstanden und keinen Anlaß gesehen, im Rahmen des Gesetzesvorhabens die deutsche Produkthaftung auf einheitliche systematische Grundlagen zu stellen. Wertungswidersprüche zwischen der Produzenten- und der Produkthaftung auf der einen und eine Rechtszersplitterung aus Sicht der

Betroffenen auf der anderen Seite hat er dabei seltsam uninteressiert in Kauf genommen. So erhebt der deutsche Gesetzgeber den Anspruch, ein ProdHaftG geschaffen zu haben, aus dem sich gegenüber den bereits bekannten und weiter fortgeltenden Anspruchsgrundlagen (§§ 823 Abs 1 und 2, 826 BGB) „Änderungen ... künftig nur in Randbereichen ergeben" (BT-Drucks 11/2447, 11; vgl dazu die Anträge und Kritik der Oppositionsparteien BT-Drucks 11/5520, 11 f sowie die Anträge in BT-Drucks 11/3718 und BT-Drucks 11/5594). Wenig Gespür für die selbstverantwortete Zersplitterung der Rechtslage und die zur Bedeutungslosigkeit verkümmerte Rolle des neugeschaffenen Gesetzes offenbart der gesetzgeberische Ratschlag an die Geschädigten, Schmerzensgeldansprüche, Sachschäden im unternehmerischen Bereich (§ 1 Abs 1 Satz 2), Ersatzansprüche über die Grenzen des § 10 hinaus oder bis zum Selbstbehalt des § 11 künftig über § 823 Abs 1 BGB zu liquidieren (BT-Drucks 11/2447, 11 f).

16 Dieser Befund mag **rechtspolitisch bedenklich** sein, er liefert jedoch angesichts des eindeutigen und im Normtext klar formulierten gesetzgeberischen Willens **keine Handhabe für eine korrigierende Auslegung** der Norm. Dies betrifft insbesondere die richterrechtlichen **Rechtsfortbildungen auf der Grundlage von § 823 Abs 1 BGB**. Nach den Vorstellungen von Rat und deutschem Gesetzgeber normiert das ProdHaftG Mindestanforderungen an die nationale Produkthaftung, die dem Geschädigten auch dann gewährt werden, wenn die traditionellen nationalen Institute dahinter zurückbleiben; diese Mindestanforderungen sollen die Hersteller im europäischen Wirtschaftsraum zugleich als jeweils einheitliche Mindestbelastung im Wettbewerb einkalkulieren können. Eine darüber hinausgehende wirkliche Vereinheitlichung und Systematisierung des Produkthaftungsrechtes kann und will das deutsche Produkthaftungsrecht nicht leisten. Seine Normen sind daher **keine Leitbilder bei der Konkretisierung der Produzentenhaftung nach § 823 Abs 1 BGB**, sie schließen bestehende Rechtsfortbildungen (zB die gegenüber § 1 Abs 1 Satz 2 ProdHaftG umfangreichere Haftung für weiterfressende Schäden, § 1 Rn 10 ff) nicht aus und verhindern die weitere Fortbildung des § 823 Abs 1 BGB (vgl BGH JZ 1993, 678 – Mineralwasserflasche I) nicht (so OLG Hamburg NJW 1990, 2322; OLG Düsseldorf OLG Report 1993, 208 f).

17 Zur Konkurrenz mit dem **UN-Kaufrechtsübereinkommen** (CISG) vgl oben Einl 59.

18 Zur Konkurrenz mit dem Umwelthaftungsrecht Einl 56.

19 Zur Konkurrenz mit dem Gentechnikrecht § 2 Rn 50 ff.

§ 16
Übergangsvorschriften

Dieses Gesetz ist nicht auf Produkte anwendbar, die vor seinem Inkrafttreten in den Verkehr gebracht worden sind.

§ 17
Erlaß von Rechtsverordnungen

Der Bundesminister der Justiz wird ermächtigt, durch Rechtsverordnung die Beträge

der §§ 10 und 11 zu ändern oder das Außerkrafttreten des § 10 anzuordnen, wenn und soweit dies zur Umsetzung einer Richtlinie des Rates der Europäischen Gemeinschaften auf der Grundlage der Art 16 Abs. 2 und 18 Abs. 2 der Richtlinie des Rates vom 25. Juli 1985 zur Angleichung der Rechts- und Verwaltungsvorschriften der Mitgliedstaaten über die Haftung für fehlerhafte Produkte erforderlich ist.

Zur Bedeutung dieser Ermächtigungsgrundlage vgl § 10 Rn 11, § 11 Rn 3.   **1**

Bisher wurde von der Ermächtigungsgrundlage noch kein Gebrauch gemacht.   **2**

§ 18
Berlin-Klausel

Dieses Gesetz gilt nach Maßgabe der § 13 Abs. 1 des Dritten Überleitungsgesetzes auch im Land Berlin. Rechtsverordnungen, die aufgrund dieses Gesetzes erlassen werden, gelten nach Maßgabe des § 14 des Dritten Überleitungsgesetzes auch im Land Berlin.

Die Klausel ist heute gegenstandslos.   **1**

§ 19
Inkrafttreten

Dieses Gesetz tritt am 1. Januar 1990 in Kraft.

Aufgrund des **Einigungsvertrages** vom 31. 8. 1990 (Besondere Bemerkungen zur Überleitung von Bundesrecht Kapitel III Sachgebiet B Abschnitt III, Nr 8, BGBl II 889, 953) findet das Gesetz auf dem Gebiet der ehemaligen DDR nur auf solche Produkte Anwendung, die am Tag des Wirksamwerdens des Beitritts (3. 10. 1990) oder danach in den Verkehr gebracht wurden.   **1**

Sachregister

Die fetten Zahlen beziehen sich auf die Paragraphen, die mageren Zahlen auf die Randnummern.

475

J. von Staudingers
Kommentar zum Bürgerlichen Gesetzbuch
mit Einführungsgesetz und Nebengesetzen

Übersicht Nr 54/1. Juli 1998

Die Übersicht informiert über die Erscheinungsjahre der Kommentierungen in der 12. Auflage, in der 13. und in der 14. Bearbeitung (= Gesamtwerk Staudinger). *Kursiv* geschrieben sind diejenigen Teile, die zur Komplettierung der 12. Auflage noch ausstehen.

	12. Aufl.	13. Bearb.	14. Bearb.
Erstes Buch. Allgemeiner Teil			
Einl BGB; §§ 1 - 12; VerschG	1978/1979	1995	
§§ 21 - 103	1980	1995	
§§ 104 - 133	1980		
§§ 134 - 163	1980	1996	
§§ 164 - 240	1980	1995	
Zweites Buch. Recht der Schuldverhältnisse			
§§ 241 - 243	1981/1983	1995	
AGBG	1980		
§§ 244 - 248	1983	1997	
§§ 249 - 254	1980		
§§ 255 - 292	1978/1979	1995	
§§ 293 - 327	1978/1979	1995	
§§ 328 - 361	1983/1985	1995	
§§ 362 - 396	1985/1987	1995	
§§ 397 - 432	1987/1990/1992/1994		
§§ 433 - 534	1978	1995	
Wiener UN-Kaufrecht (CISG)		1994	
§§ 535 - 563 (Mietrecht 1)	1978/1981 (2. Bearb.)	1995	
§§ 564 - 580 a (Mietrecht 2)	1978/1981 (2. Bearb.)	1997	
2. WKSchG (Mietrecht 3)	1981	1997	
MÜG (Mietrecht 3)		1997	
§§ 581 - 606	1982	1996	
§§ 607 - 610	1988/1989		
VerbrKrG; HWiG; § 13 a UWG		1998	
§§ 611 - 615	1989		
§§ 616 - 619	1993	1997	
§§ 620 - 630	1979	1995	
§§ 631 - 651	1990	1994	
§§ 651 a - 651 k	1983		
§§ 652 - 704	1980/1988	1995	
§§ 705 - 740	1980		
§§ 741 - 764	1982	1996	
§§ 765 - 778	1982	1997	
§§ 779 - 811	1985	1997	
§§ 812 - 822	1979	1994	
§§ 823 - 825	1985		
§§ 826 - 829	1985/1986	1998	
ProdHaftG		1998	
§§ 830 - 838	1986	1997	
§§ 839 - 853	1986		
Drittes Buch. Sachenrecht			
§§ 854 - 882	1982/1983	1995	
§§ 883 - 902	1985/1986/1987	1996	
§§ 903 - 924	1982/1987/1989	1996	
Umwelthaftungsrecht		1996	
§§ 925 - 984	1979/1983/1987/1989	1995	
§§ 985 - 1011	1980/1982	1993	
ErbbVO; §§ 1018 - 1112	1979	1994	
§§ 1113 - 1203	1981	1996	
§§ 1204 - 1296	1981	1997	
§§ 1-84 SchiffsRG		1997	
§§ 1-25 WEG (WEG 1)	1997		
§§ 26-64 WEG; Anh Besteuerung (WEG 2)	1997		

	12. Aufl.	13. Bearb.	14. Bearb.
Viertes Buch. Familienrecht			
§§ 1297 - 1302; EheG u.a.; §§ 1353 - 1362	1990/1993		
§§ 1363 - 1563	1979/1985	1994	
§§ 1564 - 1568; §§ 1-27 HausratsVO	1994/1996		
§§ 1569 - 1586 b			
§§ 1587- 1588; VAHRG	1995	1998	
§§ 1589 - 1600 o	1983	1997	
§§ 1601 - 1615 o	1992/1993	1997	
§§ 1616 - 1625	1985		
§§ 1626 - 1665; §§ 1-11 RKEG	1989/1992/1997		
§§ 1666 - 1772	1984/1991/1992		
§§ 1773 - 1895; Anh §§ 1773 - 1895 (KJHG)	1993/1994		
§§ 1896 - 1921	1995		
Fünftes Buch. Erbrecht			
§§ 1922 - 1966	1979/1989	1994	
§§ 1967 - 2086	1978/1981/1987	1996	
§§ 2087 - 2196	1980/1981	1996	
§§ 2197 - 2264	1979/1982	1996	
§§ 2265 - 2338 a; BeurkG	1981/1982/1983		
§§ 2339 - 2385	1979/1981	1997	
EGBGB			
Einl EGBGB; Art 1 - 6, 32 - 218	1985		
Art 219 - 221, 230 - 236	1993	1996	
Art 222		1996	
EGBGB/Internationales Privatrecht			
Einl IPR; Art 3, 4 (= Art 27, 28 aF), 5, 6	1981/1984/1988	1996	
Art 7 - 11	1984		
IntGesR	1980	1993	
Art 13 - 17	1983	1996	
Art 18		1996	
IntVerfREhe	1990/1992	1997	
Kindschaftsrechtl. Ü; Art 19 (= Art 18, 19 aF)	1979	1994	
Art 20 - 24	1988	1996	
Art 25, 26 (= Art 24 - 26 aF)	1981	1995	
Vorbem Art 27 - 37	1987		
Art 27 - 37; 10			
Art 38	1992		
IntSachenR	1985	1996	
BGB-Synopse 1896-1998		1998	
Demnächst erscheinen			
AGBG		1998	
§§ 249 - 254		1998	
§§ 2265-2338 a		1998	
Einl EGBGB; Art 1 - 2, 50 - 218		1998	
IntGesR			1998
Art 27 - 37; 10 EGBGB	1998		
Art 38 EGBGB		1998	

Nachbezug der 12. Auflage: Abonnenten haben die Möglichkeit, die 12. Auflage komplett oder in Teilen zum Vorzugspreis zu beziehen (so lange der Vorrat reicht). Hierdurch verfügen sie schon zu Beginn ihres Abonnements über das Gesamtwerk Staudinger.

Reprint 1. Auflage: Aus Anlaß des 100jährigen Staudinger-Jubiläums ist die 1. Auflage (1898-1903) als Reprint erschienen. Rund 3.600 Seiten in sechs Bänden. Halbleder DM 1.200,- (Zu beziehen bei Schmidt Periodicals, D-83075 Bad Feilnbach).

Dr. Arthur L. Sellier & Co. - Walter de Gruyter GmbH & Co., Berlin
Postfach 30 34 21, D-10728 Berlin

STAUDINGER
BGB

1898–1998:
100 Jahre STAUDINGER!

Die Kommentatorinnen und die Kommentatoren 1898–1998

Karl-Dieter Albrecht	Rudolf Ertl	Wolfgang Kappe	Philipp Mayring
Hermann Amann	Wilhelm Felgentraeger	Ralf Katschinski	Dieter Medicus
Martin Avenarius	Murad Ferid	Fritz Keidel	Detlef Merten
Christian von Bar	Karl-Heinz Fezer	Theodor Keidel	Heinz Mohnen
Wolfgang Baumann	Karl Firsching	Benno Keim	Peter O. Mülbert
Okko Behrends	Johann Frank	Sibylle Kessal-Wulf	Walter Müller
Günther Beitzke	Rainer Frank	Ernst Keßler	Dirk Neumann
Detlev W. Belling	Peter Funk	Fritz Kiefersauer	Hans C. Nipperdey
Hans Berg	Franz Gamillscheg	Ferdinand Kirchhof	Ulrich Noack
Wolfgang Beutler	Karl Geiler	Diethelm Klippel	Hans-Heinrich Nöll
Werner Bienwald	Hugo Glaser	Volker Kluge	Jürgen Oechsler
Andreas Blaschczok	Horst Göppinger	Hans-Georg Knothe	Hartmut Oetker
Dieter Blumenwitz	Walter Gotthardt	Karl Kober	Wolfgang Olshausen
Gustav Boehmer	Hans Gramm	Helmut Köhler	Dirk Olzen
Erhard Bökelmann	Eugen D. Graue	Jürgen Kohler	Fritz Ostler
Reinhard Bork	Bernhard Großfeld	Friedrich Korkisch	Gerhard Otte
Franz Brändl	Karl-Heinz Gursky	Viktor Krämer	Hansjörg Otto
Wolf-Rüdiger Bub	Ulrich Haas	Heinrich Kreuzer	Erwin Pätzold
Elmar Bund	Norbert Habermann	Günther Kriegbaum	Lore Maria Peschel-Gutzeit
Jan Busche	Johannes Hager	Jan Kropholler	Frank Peters
Michael Cieslar	Rainer Hausmann	Ludwig Kuhlenbeck	Axel Pfeifer
Michael Coester	Dieter Henrich	Hans-Dieter Kutter	Alfred Pikalo
Dagmar Coester-Waltjen	Reinhard Hepting	Gerd-Hinrich Langhein	Jörg Pirrung
Helmut Coing	Felix Herzfelder	Wolfgang Lauterbach	Rainer Pitschas
Matthias Cremer	Joseph Hönle	Oskar Lechner	Ulrich Preis
Rolf Dietz	Bernd von Hoffmann	Heinrich Lehmann	Günter Promberger
Hermann Dilcher	Heinrich Honsell	Ludwig Leiß	Leo Raape
Ottmar Dittmann	Klaus J. Hopt	Manfred Löwisch	Manfred Rapp
Heinrich Dörner	Norbert Horn	Werner Lorenz	Thomas Rauscher
Helmut Donau	Christian Huber	Peter Mader	Peter Rawert
Christina Eberl-Borges	Ulrich Huber	Ulrich Magnus	Eckhard Rehme
Werner F. Ebke	Heinz Hübner	Peter Mankowski	Wolfgang Reimann
Eberhard Eichenhofer	Rainer Jagmann	Peter Marburger	Gert Reinhart
Volker Emmerich	Ulrich von Jeinsen	Wolfgang Marotzke	Wolfgang Reuss
Norbert Engel	Hubert Kaduk	Michael Martinek	Dieter Reuter
Theodor Engelmann	Dagmar Kaiser	Jörg Mayer	Reinhard Richardi
Helmut Engler	Rainer Kanzleiter	Theo Mayer-Maly	Volker Rieble

Dr. Arthur L. Sellier & Co. – Walter de Gruyter GmbH & Co., Berlin
Postfach 30 34 21, D-10728 Berlin, Tel. (030) 2 60 05-0, Fax (030) 2 60 05-222

STAUDINGER BGB

1898–1998:
100 Jahre STAUDINGER!

BGB-Synopse 1896-1998

**Gesamtausgabe des Bürgerlichen Gesetzbuches
von seiner Verkündung 1896 bis 1998 in synoptischer Darstellung**

Wiedergabe des authentischen Urtextes vom 18. August 1896 (Faksimile aus Reichs-Gesetz-blatt 1896, 195 - 603) und des gültigen Textes des Bürgerlichen Gesetzbuches (Stand: 1. Juli 1998) sowie der seit Inkrafttreten des BGB vorgenommenen Änderungen. Sonderband im Rahmen von „J. von Staudingers Kommentar zum Bürgerlichen Gesetz-buch mit Einführungsgesetz und Nebengesetzen" anläßlich seines 100jährigen Jubiläums.
Geleitwort: Professor Dr. EDZARD SCHMIDT-JORTZIG, MdB, Bundesminister der Justiz, Bonn.
Redaktor: Professor Dr. HANS-WOLFGANG STRÄTZ, Universität Konstanz
Lexikon-Oktav. XXXII, 1736 Seiten. 1998. Gebunden. Für Staudinger-Bezieher DM 100,-/öS 730,-/sFr 91,- Einzelbezugspreis DM 158,-/öS 1.153,-/sFr 141,- ISBN 3-8059-0902-0
Broschierte Studienausgabe DM 78,-/öS 569,-/sFr 71,- ISBN 3-8059-0903-9

Wer sich mit Fragen des Zivilrechts befaßt, kommt am BGB nicht vorbei. Es ist für Juristen wie für Laien von tagtäglicher Bedeutung. Wer damit arbeitet, weiß vermutlich, daß es sich um ein altes, über hundertjähriges Gesetzbuch handelt. Gleichwohl ist es bis heute die unverzichtbare Grundlage der privaten Rechtsordnung; denn es wurde laufend den veränderten Anforderungen angepaßt. Die gebräuchlichen Textausgaben vermerken zwar die Änderungen, geben jedoch nur den jeweils gültigen Stand der Gesetzesentwicklung wieder. Welche Teile häufig oder grundlegend, welche Teile wenig geändert wurden, läßt sich darin kaum ablesen - schon gar nicht, was eigentlich inhaltlich geändert wurde. Das vor Augen zu haben, ist jedoch Ausgangspunkt für die Frage nach dem Warum, nach Anlässen und Motiven der Eingriffe des jeweiligen Gesetzgebers.

Die im Rahmen von „J. von Staudingers Kommentar zum BGB" als besonderer Band vorgelegte synoptische Gesamtausgabe der Textentwicklung des Bürgerlichen Gesetzbuches, die sämtliche Änderungen wiedergibt, schafft hier Abhilfe. Sie enthält auf den jeweils linken Seiten den faksimilierten Urtext und stellt diesem auf den jeweils rechten Seiten den heute gültigen Wortlaut gegenüber. Sämtliche Zwischenstufen und Veränderungen werden (unter Angabe ihrer Quellen im Reichs-Gesetzblatt und im Bundesgesetzblatt) ebenfalls auf den rechten Seiten in einer eigenen Spalte dokumentiert. Die synoptische Darstellung macht augenfällig, wie sich die Neuerungen in ihre alte Umge-

Dr. Arthur L. Sellier & Co. – Walter de Gruyter GmbH & Co., Berlin

Postfach 30 34 21, D-10728 Berlin, Tel. (030) 2 60 05-0, Fax (030) 2 60 05-222

STAUDINGER BGB

„Sein neues Konzept ist geradezu **das literarische Ei des Kolumbus.**"

RA Dr. Egon Schneider
Beilage 3, 2
zu ZAP 20/1995

bung eingepaßt haben. Die Gegenüberstellung der nahezu unveränderten Grundlagenteile mit den von Grund auf neu gestalteten Teilen des Gesetzes erleichtert es, die tragenden Fundamente unserer Rechtsordnung von den aktuell-zeitbezogenen Auf- und Überbauten zu unterscheiden.

Die synoptische Gesamtausgabe der Textentwicklung des BGB versteht sich als Studienausgabe für diejenigen, die sich nicht mit dem jeweils aktuellen Gesetzgebungsstand begnügen, sondern verstehen wollen, wie und warum eine Regelung so geworden ist, wie sie jetzt ist. Sie ist deshalb für den vertieften, wissenschaftlichen Unterricht von hohem Nutzen. Sie regt z. B. an, zu untersuchen, wie neue Regelungen auf das Verständnis der bestehengebliebenen Vorschriften eingewirkt haben, und ob der alte Bestand eine Neuerung so in seinen systematischen Zusammenhang einbezogen hat, daß der Impuls des Gesetzgebers teilweise oder ganz absorbiert wurde.

Für Praktiker ist die synoptische Gesamtausgabe als Dokumentation ein unverzichtbares Hilfsmittel zum raschen Nachschlagen außer Kraft getretener, aber für Einzelfragen noch relevanter Vorschriften. Sie erleichtert außerdem das Arbeiten mit dem „Staudinger" und den anderen Kommentaren zum BGB: Die parallele Benutzung der synoptisch dargestellten Textentwicklung des BGB und der Einzelkommentierung hilft, bei der Vertiefung filigraner Einzelprobleme den Gesamtzusammenhang einer Materie im Blick zu behalten.

Die synoptische Gesamtausgabe wendet sich schließlich auch an den politisch und historisch interessierten Bürger. Das BGB hat die privaten Rechtsverhältnisse im Wilhelminischen Kaiserreich, in der Weimarer Republik, im Dritten Reich und in der Bundesrepublik geprägt. Jede dieser Staatsformen hat das Bürgerliche Gesetzbuch an seine Vorstellungen von Recht und Gerechtigkeit angeglichen und so seine Spuren darin hinterlassen. Heute stellen die verschiedenen Reformen und Novellen ein wichtiges zeitgeschichtliches Dokument dar. Die synoptische Gesamtausgabe vermittelt ihrem Leser daher nicht zuletzt ein aufschlußreiches Bild vom (Un-)Geist der jeweiligen Zeit.

Wichtiger Hinweis für die Abonnenten der 13. Bearbeitung des Staudinger:
Im Rahmen Ihres Abonnements haben Sie die „BGB-Synopse 1896-1998" geliefert bekommen. Sie können weitere Exemplare dieser Ausgabe zu den gleichen Bezugsbedingungen (DM 100,-) oder - bei entsprechendem Bedarf - als broschierte, inhaltlich identische Studienausgabe (DM 78,-) beziehen.

Dr. Arthur L. Sellier & Co. – Walter de Gruyter GmbH & Co., Berlin

Postfach 30 34 21, D-10728 Berlin, Tel. (030) 2 60 05-0, Fax (030) 2 60 05-222